Edgar Löw (Hrsg.)

Rechnungslegung für Banken nach IAS

Edgar Löw (Hrsg.)

Rechnungslegung für Banken nach IAS

Praxisorientierte Einzeldarstellungen

GABLER

Bibliografische Information Der Deutschen Bibliothek
Die Deutsche Bibliothek verzeichnet diese Publikation in der Deutschen Nationalbibliografie; detaillierte bibliografische Daten sind im Internet über <http://dnb.ddb.de> abrufbar.

Dr. Edgar Löw ist Partner bei KPMG Deutsche Treuhand-Gesellschaft AG Wirtschaftsprüfungsgesellschaft und leitet das Departement of Professional Practice Banking & Finance.
Die Beitragsautoren sind Mitarbeiter aus Banken und der Wirtschaftsprüfung und verfügen über langjährige praktische Erfahrungen bei der Rechnungslegungsumstellung auf die IAS.

1. Auflage April 2003
Nachdruck Juli 2003

Lektorat: Karin Janssen

Der Gabler Verlag ist ein Unternehmen der Fachverlagsgruppe BertelsmannSpringer.
www.gabler.de

Umschlaggestaltung: Ulrike Weigel, www.CorporateDesignGroup.de
Druck und buchbinderische Verarbeitung: Lengericher Handelsdruckerei, Lengerich
Gedruckt auf säurefreiem und chlorfrei gebleichtem Papier
Printed in Germany

ISBN 3-409-12376-8

Vorwort

„Nicht weil die Dinge schwierig sind, wagen wir sie nicht, sondern weil wir sie nicht wagen, sind sie schwierig" – könnte über einem Projekt zur Umstellung der Rechnungslegung von HGB auf IAS ebenso stehen wie über dem Vorhaben, darüber ein Buch herauszugeben.

Eine Rechnungslegungsumstellung wird von kapitalmarktorientierten Konzernen entsprechend der am 7. Juni 2002 vom Ministerrat der Europäischen Union verabschiedeten und im Frühherbst desselben Jahres im Amtsblatt der Europäischen Union veröffentlichten „Verordnung des Europäischen Parlaments und des Rates betreffend die Anwendung internationaler Rechnungslegungsstandards" (EU-Verordnung) ab dem Geschäftsjahr 2005, gegebenenfalls mit einer erweiterten Übergangsregelung für bestimmte Unternehmen ab dem Jahr 2007, verlangt. Ein Buchprojekt konnte nur durch den völlig unzeitgemäßen Einsatz der mitwirkenden Autoren verwirklicht werden. Die Verfasser waren von der Idee, ihr Wissen nicht nur in Vorträgen auf Seminarveranstaltungen bereitwillig weiterzugeben, sondern dieses auch schriftlich zu fixieren, sehr schnell zu überzeugen. Neben der beruflichen Anspannung im Tagesgeschäft bedurfte es zur Fertigstellung eines gewaltigen Opfers an persönlicher Freizeit, wofür ein bloßer Dank an dieser Stelle eigentlich viel zu gering erscheint.

Die Verfasser haben eine Rechnungslegungsumstellung (mindestens) schon einmal praktisch durchgestanden, sei es als Mitarbeiter führender deutscher Kreditinstitute, sei es als Mitarbeiter aus der Wirtschaftsprüferbranche. In diesem Sinne trägt die Autorengemeinschaft in ihrer Zusammensetzung zu großer „Marktnähe" bei. Neben einer Beschreibung der theoretischen Basis liegt das Schwergewicht in einem Aufzeigen der praktischen Umsetzungsschwierigkeiten und deren Überwindung.

Die Rahmenbedingungen einer Rechnungslegung nach IAS werden vornehmlich auf internationaler Ebene beim International Accounting Standards Board (IASB) in London gesetzt. Zusätzlich wirkt die europäische Ebene ein. So wurde die Verpflichtung zur Erstellung eines Konzernabschlusses nach IAS für börsenorientierte Unternehmen verknüpft mit einem sogenannten Endorsement Mechanism, der Notwendigkeit der Anerkennung von IAS durch die Europäische Union und der (vorgeschalteten) Prüfung der Vereinbarkeit der IAS mit den politischen Zielen der EU. Hierzu wurden neue Institutionen gegründet. Schließlich obliegt es der nationalen Ebene unter anderem, über die in der EU-Verordnung enthaltenen Mitgliedstaatenwahlrechte zu entscheiden. Neben dem federführenden Bundesministerium der Justiz (BMJ) wird die Rechnungslegung in Deutschland seit dem Jahre 1998 maßgeblich durch das Deutsche Rechnungslegungs Standards Committee (DRSC) geprägt. Weiterhin stehen Entscheidungen zum Enforcement aus, also der Durchsetzung, dass dort, wo IAS „drauf" steht, auch IAS „drin" sind. Der erste Beitrag widmet sich allen diesen institutionellen und organisatorischen

Rahmenbedingungen der künftigen Rechnungslegung nach IAS und hinterfragt dabei das internationale und nationale Umfeld.

In den fachbezogenen Beiträgen wird auf die derzeitigen Regelungen nach IAS ebenso eingegangen, wie auf die anstehenden materiellen Veränderungen, soweit sie gegenwärtig bereits absehbar sind. Insofern finden sich regelmäßig Hinweise auf geplante Änderungen, etwa aufgrund des gut 400 Seiten umfassenden Improvements Projects oder des rund 350 Seiten starken (umstrittenen) Amendments Projects zu Finanzinstrumenten, beide Mitte des Jahres 2002 erschienen.

Der erste Beitrag zur Bankbilanzierung beschäftigt sich mit den Instrumenten Bilanz, Gewinn- und Verlustrechnung sowie Notes für einen Bankenabschluss nach IAS. Er stellt gleichzeitig einen komprimierten Überblick über die generellen Veränderungen in einem Abschluss nach IAS im Vergleich zu einem deutschen Abschluss dar. Der Artikel geht darüber hinaus auf mögliche Erleichterungen der Umstellung auf IAS durch einen geplanten Standard zur Erstanwendung (First-Time-Application) ein.

Die Vorstellung der Instrumente eines Abschlusses nach IAS werden abgerundet durch die Beiträge zur Eigenkapitalveränderungsrechnung, die unter IAS eine spezifische Bedeutung erlangt, und zur Kapitalflussrechnung unter Einschluss der bankspezifischen Regelungen der Deutschen Rechnungslegungs Standards (DRS).

Übergreifenden Einfluss auf einen Konzernabschluss hat die Festlegung des Konsolidierungskreises und die Wahl der Konsolidierungsmethode, weshalb vor Erörterung von Einzelfragen zur Bilanzierung (Ansatz, Bewertung und Offenlegung) ein eigenständiger Artikel diesem Themenbereich gewidmet ist.

In einer Bankbilanz umfassen Financial Assets etwa 97% der Aktivseite und Financial Liabilities rund 95% der Passivseite. Daher ist dem Komplex von Ansatz und Bewertung, einschließlich der praktischen Umsetzungsmöglichkeiten der Bilanzierungsanforderungen, ein gesonderter Beitrag gewidmet. Publizitätspflichten von Financial Instruments werden getrennt davon in einem weiteren Artikel in einen inneren Zusammenhang zu den zugrundeliegenden Risiken gekleidet.

Abgerundet wird die Behandlung von Einzelfragen der Aktivseite einer Bankbilanz durch einen Beitrag zu Immateriellen Vermögenswerten, der der zunehmend wichtigeren Frage der Bilanzierung von Software ein besonderes Augenmerk widmet, sowie durch einen Beitrag zur Bilanzierung von Leasingverhältnissen, der Wege zur Klassifizierung von Leasingverträgen unter IAS und der Folge für die Bilanzierung beim Leasinggeber und Leasingnehmer aufzeigt.

Für die Bilanzierung von Versicherungsverträgen gibt es noch keinen eigenen Standard unter den IAS. Eine unveränderte Übernahme des nach HGB erstellten (Teilkonzern-) Abschlusses einer Versicherungsgesellschaft, wie noch in den ersten Konzernabschlüssen der Deutschen Bank Mitte der 90er Jahre erfolgt, ist inzwischen gleichwohl kaum vertretbar. Die Praxis behilft sich häufig mit einer Adaption von US-GAAP. Gleichzeitig arbeitet das IASB mit Hochdruck an einem Projekt zur Behandlung von Versicherungsverträgen. Beigefügter Beitrag gewährt einen Einblick in den aktuellen Stand der Erörterungen.

Auf der Passivseite – nicht nur einer Bankbilanz – gewinnen die Pensionsverpflichtungen eine besondere Bedeutung, stecken doch in ihnen regelmäßig dann stille Lasten, wenn der Konzernabschluss nach HGB in gängiger Praxis unter der Prämisse der einkommensteuerlichen Regelungen erstellt wurde. Der Artikel zu Pensionsverpflichtungen zeigt dabei unter anderem, dass die Versicherungsmathematik nur das umzusetzen vermag, was zuvor – bisweilen vielleicht auch unter Einfluss langfristiger bilanzpolitischer Überlegungen – entschieden wurde.

Die Gesamtheit der Ansatz- und Bewertungsfragen steht – wie so häufig – auch nach IAS unter steuerlichem Vorbehalt. Zwar dürfen Regelungen zur steuerlichen Gewinnermittlung die Aufstellung eines Abschlusses nach IAS nicht beeinflussen (und insbesondere nicht zur Legung stiller Reserven führen), aber der Themenbereich Bilanzansatz und Bewertung ist regelmäßig unter dem Gesichtspunkt latenter Steuern zu betrachten, weshalb dem Gebiet tatsächlicher und latenter Steuern sowie der Umsetzung des weitreichenden Temporary-Konzeptes nach IAS ein eigener Artikel gewidmet ist.

Die einzelnen Fachartikel beschreiben jeweils neben Ansatz- und Bewertungsfragen auch Offenlegungsanforderungen in den Notes. Von zentraler analytischer Bedeutung für die Beurteilungsfähigkeit der Ertragskraft einer Bank wird darüber hinaus die in den Notes zu publizierende Segmentberichterstattung angesehen. Sie bildet das Bindeglied zwischen internem Rechnungswesen (Management Accounting) und externer Rechnungslegung (Financial Accounting) und kristallisiert sich als Anknüpfungspunkt für eine Harmonisierung beider Systeme heraus. In dem entsprechenden Beitrag werden zusätzlich zu den Anforderungen nach IAS und DRS Entwicklungs(fort)schritte der Segmentberichterstattung in der Praxis unter IAS (insbesondere im Großbankenbereich) beleuchtet und daraus Handlungsempfehlungen abgeleitet.

Derzeit stehen aktienbasierte Vergütungsprogramme nicht nur hinsichtlich der bisweilen vergüteten Beträge im Blickpunkt öffentlichen Interesses. Das IASB hat sich mit deren Bilanzierung eingehend auseinandergesetzt. Beigefügter Artikel untersucht den im Dezember des Jahres 2002 hierzu ergangenen Standardentwurf und seinen potentiellen Einfluss auf künftige Abschlüsse unter IAS.

Banken, die eigene Aktien emittiert haben, sind von der Regelung betroffen, Kennziffern zum Gewinn pro Aktie anzugeben. Die Bedeutung der zu veröffentlichenden Kennziffern wird durch die Pflicht unterstrichen, sie nach IAS auf der Seite der Gewinn- und Verlustrechnung zu platzieren. In dem entsprechenden Beitrag werden die konzeptionellen Unterschiede des Gewinns pro Aktie nach internationalen Regeln und nach den Vorstellungen der DVFA herausgestellt und für die Umsetzung praktische Berechnungsmöglichkeiten gezeigt.

Die Rechtsverpflichtung, unterjährige Zwischenabschlüsse zu erstellen, ergibt sich originär aus nationalen oder börsenspezifischen Regeln. Für die praktische Aufstellung halten die IAS einen eigenständigen Standard bereit, dessen inhaltliche Anforderungen in einem gesonderten Beitrag behandelt werden.

Nach Veröffentlichung eines Bankabschlusses auf der Grundlage der IAS beginnt die Arbeit der Analysten. Der letzte Artikel hält dem Bilanzierenden den Spiegel der Außensicht vor. Er erlaubt (auch) wegen der Hinzuziehung zahlreicher empirischer Beispiele einen tiefen Einblick in die Methodik, schonungslos Stärken und Schwächen eines Kreditinstituts allein aus dem gelieferten Zahlenwerk erkennen zu können – verschweigt aber auch nicht die Grenzen der Bilanzanalyse.

Im Fokus aller Beiträge liegt selbstverständlich die Umstellung einer Bankenrechnungslegung auf IAS. Zusätzlich war es den Verfassern möglich, angebrachte Quervergleiche zu den US-GAAP zu ziehen. Spätestens seit der gemeinsamen Erklärung des IASB und des amerikanischen Financial Accounting Standards Board (FASB) in Norwalk Ende des Jahres 2002 ist offensichtlich, dass eine Konvergenz beider international akzeptierter Rechnungslegungssysteme angestrebt wird. Bei Regelungslücken kann es sich mithin empfehlen, eher bestehende US-GAAP zu adaptieren als auf das deutsche Regelwerk zu rekurrieren. Entsprechende Verweise in den Artikeln werden dieser Überlegung gerecht.

Frau Claudia Splittgerber und Frau Karin Janssen gebührt der Dank, ohne das geringste Zögern die Idee von praxisorientierten Einzeldarstellungen einer Rechnungslegung für Banken nach IAS verlagsseitig unterstützt zu haben.

Frankfurt am Main, 11. März 2003

Edgar Löw

Inhaltsübersicht

Inhaltsverzeichnis

Stephan Schildbach

Eigenkapitalveränderungsrechnung

Edgar Löw

Kapitalflussrechnung

Karsten Lorenz

Leasingverhältnisse

Joachim Kölschbach

Versicherungsgeschäfte

Antje Walter

Tatsächliche und latente Ertragsteuern

Edgar Löw und Harald E. Roggenbuck

Segmentberichterstattung

Norbert Roß und Sylke Baumunk

Aktienbasierte Vergütung

Harald E. Roggenbuck

Gewinn pro Aktie

Britta Graf-Tiedtke

Bankbilanzanalyse

Abkürzungsverzeichnis

a.a.O.	an angegebenem Ort
Abb.	Abbildung
Abs.	Absatz
AfA	Absetzung für Abnutzung
AfS	Available-for-Sale
AG	Aktiengesellschaft (Die Aktiengesellschaft, Zeitschrift)
AICPA	American Institute of Certified Public Accountants
AktG	Aktiengesetz
AO	Abgabenordnung
APB	Accounting Principles Board
App.	Appendix
ARB	Accounting Research Bulletin
Art.	Artikel
Aufl.	Auflage
BB	Betriebs-Berater (Zeitschrift)
BC	Basis for Conclusions
BetrAVG	Gesetz zur Verbesserung der betrieblichen Altersversorgung
BFA	Bankenfachausschuss
BFuP	Betriebswirtschaftliche Forschung und Praxis (Zeitschrift)
BGB	Bürgerliches Gesetzbuch
BGBl.	Bundesgesetzblatt
BIZ	Bank für Internationalen Zahlungsausgleich
BMJ	Bundesministerium der Justiz
BNP	Banque Nationale de Paris
BörsG	Börsengesetz
BörsZulV	Börsenzulassungsverordnung
Bp	basis point
BS	Bilanzsumme
bspw.	beispielsweise
BStBl	Bundessteuerblatt
BT	Bankers Trust
BuW	Betrieb und Wirtschaft (Zeitschrift)
bzw.	beziehungsweise
CESR	Committee of European Securities Regulators
CF	Cash Flow

DAX	Deutscher Aktienindex
DB	Der Betrieb (Zeitschrift)
DBO	Defined Benefit Obligation
DBW	Die Betriebswirtschaft (Zeitschrift)
DCF	Discounted-Cash-Flow
d.h.	das heißt
DIG	Derivatives Implementation Group
d.J.	diesen Jahres
DP	Discussion Paper
DRSC	Deutsches Rechnungslegungs Standards Committee
DRS	Deutscher Rechnungslegungs Standard
DSOP	Draft Statement of Principles
DSR	Deutscher Standardisierungsrat
DStR	Deutsches Steuerrecht (Zeitschrift)
DVFA	Deutsche Vereinigung für Finanzanalyse und Anlageberatung
EBIT	Earnings before Interest and Tax
ED	Exposure Draft
ed.	Edition
EFRAG	European Financial Advisory Group
EG	Europäische Gemeinschaft
EITF	Emerging Issues Task Force
EpS	Earnings per Share
EStG	Einkommensteuergesetz
EStR	Einkommensteuerrecht
etc.	et cetera
EU	Europäische Union
EUR	Euro
EURIBOR	European Interbank Offered Rate
evtl.	eventuell
exkl.	exklusive
F	Framework
FA	Finanzanlageergebnis
FAS	Financial Accounting Standard
FASB	Financial Accounting Standards Board
FAZ	Frankfurter Allgemeine Zeitung
FB	Finanz Betrieb (Zeitschrift)
f.	folgende
ff.	fortfolgende
FER	Fachempfehlungen zur Rechnungslegung
FIN	FASB Interpretation
Fn.	Fußnote

FS	Festschrift
GA	Abschreibungen auf Geschäfts- oder Firmenwerte
GBP	Britische Pfund
GE	Gesamtertrag
gem.	gemäß
GewStG	Gewerbesteuergesetz
ggf.	gegebenenfalls
GmbH	Gesellschaft mit beschränkter Haftung
GmbHG	Gesetz betreffend die Gesellschaften mit beschränkter Haftung
GuV	Gewinn- und Verlustrechnung
HE	Handelsergebnis
HFA	Hauptfachausschuss
HGB	Handelsgesetzbuch
Hrsg.	Herausgeber
hrsg.	herausgegeben
HtM	Held-to-Maturity
HVB	HypoVereinsbank
IAA	Internationale Aktuarvereinigung
IAS	International Accounting Standard
IASB	International Accounting Standards Board
IASC	International Accounting Standards Committee
IASCF	International Accounting Standards Committee Foundation
i.d.R.	in der Regel
IDW	Institut der Wirtschaftsprüfer
i.e.S.	im engeren Sinne
i.w.S.	im weiteren Sinne
IFRIC	International Financial Reporting Interpretations Committee
IFRS	International Financial Reporting Standard
i.H.v.	in Höhe von
inkl.	inklusive
IOSCO	International Organization of Securities Commissions
IPO	Initial Public Offering
IStR	Internationales Steuerrecht (Zeitschrift)
IT	Informationstechnologie
i.V.m.	in Verbindung mit

JbFSt	Jahrbuch der Fachanwälte für Steuerrecht
JWG	Joint Working Group of Standard Setters
KAGG	Gesetz über Kapitalanlagegesellschaften
k.A.	keine Angabe
Kap.	Kapitel
KapAEG	Kapitalaufnahmeerleichterungsgesetz
KfW	Kreditanstalt für Wiederaufbau
KfZ	Kraftfahrzeug
KGV	Kurs/Gewinn-Verhältnis
KonTraG	Gesetz zur Kontrolle und Transparenz im Unternehmensbereich
KoR	Kapitalmarktorientierte Rechnungslegung (Zeitschrift)
KPMG	Klynfeld Peat Marwick Goerdeler
KSt	Körperschaftsteuer
KStG	Körperschaftsteuergesetz
KWG	Kreditwesengesetz
L&R	Originated Loans and Receivables
lt.	laut
max.	maximal
M&A	Mergers & Acquisitions
mind.	mindestens
Mio.	Million(en)
MR	Marktrisiken
Mrd.	Milliarde(n)
NAV	Net Asset Value
n.F.	neue Fassung
NIFs	Not Issuance Facilities
No.	Number
NPL	Non-Performing-Loan(s)
Nr.	Nummer
n.v.	nicht verfügbar
NYSE	New York Stock Exchange
o.a.	oben angeführt
OCI	Other Comprehensive Income
OECD	Organisation for Economic Cooperation and Development
o.g.	oben genannt

OTC	Over-the-Counter
o.V.	ohne Verfasser
ÖVFA	Österreichische Vereinigung für Finanzanalyse und Anlageberatung
p.	page
p.a.	per anno
PCAM	Private Clients and Asset Management
PER	Price Earnings Ratio
PÜ	Provisionsüberschuss
PWC	PricewaterhouseCoopers
RAROC	Risk-Adjusted Return on Capital
rd.	rund
RechKredV	Verordnung über die Rechnungslegung der Kreditinstitute und Finanzdienstleistungsinstitute
RIW	Recht der Internationalen Wirtschaft (Zeitschrift)
Rn.	Randnummer
ROA	Return on Assets
RoAuM	Return on Assets under Management
ROE	Return on Equity
RORAC	Return on Risk-Adjusted Capital
RORWA	Return on Risk Weighted Assets
RREEF	Real Estate Investment Managers
RS	Rechnungslegungsstandard
RUFs	Revolving Underwriting Facilities
RV	Risikovorsorge
RWA	gewichtete Risikoaktiva
Rz.	Randziffer
S&P	Standard & Poor's
SARs	Stock Appreciation Rights
SE	Sonstige betriebliche Erträge
SEC	Securities and Exchange Commission
SFAS	Statement of Financial Accounting Standard
SG	Schmalenbach-Gesellschaft
SIC	Standing Interpretations Committee
sog.	so genannte(r)
StuW	Steuer und Wirtschaft (Zeitschrift)
StuB	Steuern und Bilanzen (Zeitschrift)
SÜ	Saldo übrige Erträge/Aufwendungen

TransPuG	Transparenz- und Publizitätsgesetz
Tsd.	Tausend
Tz.	Textziffer
u.a.	und andere
u.ä.	und ähnliche(s)
USA	United States of America
USD	amerikanische Dollar
US-GAAP	United States-Generally Accepted Accounting Principles
u.U.	unter Umständen
VA	Verwaltungsaufwand
VaR	Value-at-Risk
VC	Venture Capital
vgl.	vergleiche
vs.	versus
VW	Versicherungswirtschaft (VW)
WpHG	Wertpapierhandelsgesetz
WPg	Die Wirtschaftsprüfung (Zeitschrift)
WP	Wertpapiere
YEN	Japanische Yen
z.B.	zum Beispiel
Zfbf	Schmalenbachs Zeitschrift für betriebswirtschaftliche Forschung
ZfgK	Zeitschrift für das gesamte Kreditwesen
Ziff.	Ziffer
ZÜ	Zinsüberschuss
zzgl.	zuzüglich

Liesel Knorr

Internationale und nationale Rechnungslegung im Umbruch

1. Aufbruchsphase – Bestandsaufnahme

Bereits 1991 wurde festgestellt, die Rechnungslegung befände sich gegenwärtig in einer historisch bedeutsamen Umbruchphase[1]; die Anzahl der Beiträge, die in jüngster Zeit im Zusammenhang mit der Entwicklung der Rechnungslegung ein Fragezeichen im Titel aufführen[2], lässt vermuten, dass weiterhin Unsicherheit besteht, sowohl über die Träger der Veränderungen, als auch die Ebene, die Art der Rechnungslegungsalternativen und den Umfang der Wahlmöglichkeiten.

1.1 Harmonisierungsbestrebungen

Das Interesse an einer internationalen Harmonisierung der Rechnungslegung setzt bereits mit der zunehmenden Industrialisierung um die Wende vom 19. in das 20. Jahrhundert ein. Der Berufsstand der Accountants (außerhalb Deutschlands nicht ausschließlich Wirtschaftsprüfer) bot Diskussionsforen an, gründete eine erste Organisation, die Studien zu Rechnungslegungs- und Prüfungspraktiken veröffentlichte.

Auch wenn der Zweck der Rechnungslegung mehr oder minder einheitlich als standardisierte Informationsweitergabe vom Unternehmensmanagement an seine Vertragspartner gesehen wird, haben sich aufgrund unterschiedlicher ordnungspolitischer Rahmenbedingungen, Rechts- und Steuersysteme sowie Kapitalmarktverhältnisse in den einzelnen Ländern unterschiedliche Systeme herausgebildet. Die Unterschiede bestehen hinsichtlich der Adressaten, Aufgabenstellung des Inhalts, des Umfangs und der Form der Rechnungslegungsdaten, aber auch der Entstehung und Auslegung von Rechnungslegungsnormen und der hierfür zuständigen Institutionen sowie der hiervon betroffenen Unternehmen[3]. Den Bemühungen in der Europäischen Union kommt besondere Beach-

---

1 Vgl. ROST, P., Der internationale Harmonisierungsprozess der Rechnungslegung, Frankfurt am Main 1991, S. 1.

2 Vgl. BLANCHET, J./CROOCH, M., Internationalization of Accounting and Financial Reporting: at the Crossroads?, in: KÜTING, K./LANGENBUCHER, G. (Hrsg.), Internationale Rechnungslegung, Stuttgart 1999, S. 3-11; ERNST, C., Bilanzrecht: quo vadis?, WPg 2001, S. 1440-1445; HAHN, K., Deutsche Rechnungslegung im Umbruch, DStR 2001, S. 1267-1272; HAVERMANN, H., Konzernrechnungslegung – quo vadis, WPg 2000, S. 693-705; MOXTER, A., Zukunft der Rechnungslegung?, DB 2001, S. 605-607.

3 Vgl. PELLENS, B. u.a., Internationale Rechnungslegung, 4. Aufl., Stuttgart 2001, S. 34.

tung zu, da in diesem Gebiet alle auf der Welt bekannten Grundtypen von Rechnungslegungssystemen nebeneinander existieren[4].

Während sich bis in die 60er Jahre des 20. Jahrhunderts fast ausschließlich private Organisationen mit dem Vergleich und der Harmonisierung von Rechnungslegungssystemen beschäftigen, nehmen sich seit den 70er Jahren verstärkt auch politische Organisationen des Themas an.

1.2 International Accounting Standards Committee

Auf Initiative Großbritanniens folgte zum Zweck der international koordinierten Harmonisierung von Rechnungslegungsnormen im Juni 1973 die Gründung des International Accounting Standards Committees. Nach angelsächsischem Verständnis sollte ein Gremium geschaffen werden, das als Reaktion auf die zunehmende Verrechtlichung der Rechnungslegung innerhalb der EU den Einfluss von Berufsverbänden sichert[5]. Bei der Entwicklung der ersten Standards stand der Wunsch im Vordergrund, Schritte in Richtung auf eine verbesserte Vergleichbarkeit der Finanzinformationen zu unternehmen. International wenig verbreitete Ansatz- und Bewertungsmethoden wurden eliminiert, bei fehlendem Konsens Wahlrechte zugelassen. In einer zweiten Phase wurde zunächst die International Organization of Securities Commissions (IOSCO) mit in die Arbeiten einbezogen, um die Akzeptanz der entwickelten Standards zu erhöhen. Auf Drängen der IOSCO wurden letztlich zehn Standards überarbeitet; zum Zwecke verbesserter Vergleichbarkeit wurden im Wesentlichen Wahlrechte reduziert. Ab dieser Phase wurden auch das Financial Accounting Standards Board der USA und die Europäische Kommission in die Beratungen eingebunden. Schließlich erfolgte 1995 eine Übereinkunft zwischen IOSCO und IASC, welche Mindestanforderungen in dem so genannten Kernsatz von Standards enthalten sein mussten, um International Accounting Standards als kapitalmarkttaugliche Rechnungslegungsvorschriften akzeptieren zu können[6]. Mit der Verabschiedung des Standards zu Ansatz und Bewertung von Finanzinstrumenten im Dezember 1998 lagen Standards zu allen „Pflichtthemen" nach der Vereinbarung mit der IOSCO vor.

---

4 Vgl. ROST, P., Der internationale Harmonisierungsprozess der Rechnungslegung, Frankfurt 1991, S. 123.

5 Vgl. BIENER, H., Die Rechnungslegungsempfehlungen des IASC und deren Auswirkungen auf die Rechnungslegung in Deutschland, BFuP 1993, S. 345-356.

6 Vgl. KLEEKÄMPER, H. u.a., Ziele, Organisation, Entwicklung und Bedeutung des IASB, in: BAETGE, J. u.a. (Hrsg.), Rechnungslegung nach International Accounting Standards (IAS), 2. Aufl., Stuttgart 2002, S. 13.

1.3 Europäische Kommission

Die Europäische Union hat nicht die Harmonisierung der nationalen Rechnungslegungsvorschriften zum Hauptziel; ihre übergeordnete Zielsetzung ist volkswirtschaftlich ausgerichtet, die Aktivitäten sind daher vor dem Hintergrund der Errichtung des Binnenmarktes einzuordnen. Die Koordination des Gesellschaftsrechts, also auch der Rechnungslegung, erfolgte in der EG zunächst in Form von Richtlinien. Diese Richtlinien sind kein unmittelbares nationales Recht, sondern verpflichten die Mitgliedstaaten, den Inhalt in nationale Gesetze zu transformieren. Die so genannte Bilanzrichtlinie[7] ist der Initialversuch zur Harmonisierung der Rechnungslegung; sie wurde nach 15-jähriger Beratung 1978 verabschiedet. Die so genannte Konzernabschlussrichtlinie[8] wurde 1983 nach nahezu 12-jährigen Verhandlungen verabschiedet. Es folgten noch Richtlinien für Banken[9] und Versicherungen[10].

Die Richtlinien schreiben kein einheitliches, standardisiertes Rechnungslegungssystem vor. Sie markieren einen Korridor, innerhalb dessen die Mitgliedstaaten ihre nationalen Rechnungslegungssysteme ausgestalten können. Dazu sehen die Richtlinien Mindestvorschriften vor; sie enthalten eine Fülle von Mitgliedstaatenwahlrechten und an die Unternehmen weiterzugebende so genannte Unternehmenswahlrechte vor.

Aus der Erfahrung, dass Abschlüsse auf der Grundlage der EU-Richtlinien und deren Umsetzung in nationales Recht nicht auf internationaler Ebene akzeptiert werden, wohl auch, dass eine neu zu erarbeitende regionale Lösung in einem angemessenen Zeitrahmen nicht herbei zu schaffen ist, hat die Europäische Kommission bereits im November 1995 den Schluss gezogen, ihre Strategie zu ändern[11], indem sie das Gewicht der EU im internationalen Harmonisierungsprozess stärken wolle, der im IASC bereits weit fortgeschritten sei. Das weitere Vorgehen der EU-Kommission wurde bereits damals klar vorgezeichnet. Neue Rechtsvorschriften oder Änderungen der bestehenden EU-Vorschriften sollten so weit wie möglich vermieden werden, auf die Aufstellung zusätzlicher Anforderungen sollte verzichtet werden. Es folgte die Prüfung der Vereinbarkeit der IAS mit den Richtlinien, die als Rahmen bestehen bleiben sollen. Diese Überprüfung hat – mit viel Wohlwollen - nur wenige Konfliktfälle ergeben.

---

7 Vgl. Vierte Richtlinie 78/660/EWG des Rates vom 25. Juli 1978 aufgrund von Artikel 54 Absatz 3 Buchstabe g) des Vertrages über den Jahresabschluss von Gesellschaften bestimmter Rechtsformen.

8 Vgl. Siebte Richtlinie 83/349/EWG des Rates vom 13. Juni 1983 aufgrund von Artikel 54 Absatz 3 Buchstabe g) des Vertrages über den konsolidierten Abschluss.

9 Richtlinie 86/635/EWG des Rates vom 8. Dezember 1986 über den Jahresabschluss und den konsolidierten Abschluss von Banken und anderen Finanzinstituten.

10 Richtlinie 91/674/EWG des Rates vom 19. Dezember 1991 über den Jahresabschluss und den konsolidierten Abschluss von Versicherungsunternehmen.

11 Vgl. COM 95 (508), www.europa.eu.int/comm/internal_market/de/company.

1.4 Deutsche Rechnungslegung

Die gesetzlichen Vorschriften zur deutschen Rechnungslegung wurden in der Vergangenheit nicht kontinuierlich reformiert. Zwischen wenigen, grundsätzlichen Reformen lagen teilweise Jahrzehnte. Mit der Transformation der EU-Richtlinien war den europäischen Vorgaben entsprochen, weitere Reformen waren zunächst nicht in Sicht.

Da handelsrechtliche Abschlüsse nicht den Ansprüchen der Unternehmen genügten, die auf internationalen Kapitalmärkten als Emittent auftreten wollten, gingen diese dazu über, ihre (Konzern-)Rechnungslegung auf US-GAAP oder IAS umzustellen. Dies erfolgte entweder über die Ausübung handelsrechtlicher Ansatz-, Bewertungs-, Ausweis- und Konsolidierungswahlrechte dahingehend, dass eine formelle und/oder materielle Anpassung an ausländische oder internationale Regeln erreicht wird, oder über die Veröffentlichung paralleler Abschlüsse.

In der Literatur ist umstritten, ob Konzernabschlüsse erstellt werden können, die gleichzeitig HGB und US-GAAP oder IAS entsprechen; eine Gegenüberstellung von HGB und US-GAAP oder IAS lässt eine Übereinstimmung mit sämtlichen Regelungen als nicht realistisch erscheinen[12].

Die Veröffentlichung paralleler Abschlüsse löst möglicherweise Irritationen, zumindest aber Erklärungsbedarf aus wegen der Zwei- oder Mehrdimensionalität einiger oder gar aller Konzernabschlussgrößen[13]. Im Zeitvergleich oder auch dem Vergleich mit Konkurrenten spielen die HGB-Zahlen kaum noch eine Rolle.

2. Auf dem Weg zur Konvergenz

Aus der Neuausrichtung des International Accounting Standards Committees und seinem derzeitigen Arbeitsprogramm sowie den Reformen der EU ergibt sich, dass das Ziel der Harmonisierung von dem der Konvergenz oder auch Harmonisierung im engeren Sinne abgelöst werden soll. Es werden zwar noch Hindernisse aufgeführt, wie die Unmöglichkeit der verbindlichen Durchsetzung in einzelnen Ländern, mit weiterhin bestehenden Wahlrechten und der fortwährenden Konkurrenz mit nationalen Systemen[14]. Mit den neuen Projekten des IASB, die weitere Wahlrechte aufheben werden, und der Über-

---

12 Vgl. PELLENS, B. u.a., a.a.O., S. 536f. und die dort aufgeführte Literatur.

13 Vgl. NIEHUS, R., 7. EG-Richtlinie = „US GAAP"? – „Duale" Konzernrechnungslegung in Frankreich, WPg 1991, S. 1-8, hier S. 4.

14 Vgl. KLEEKÄMPER, H. u.a., a.a.O., S. 9f.

nahme der IAS in Landesrecht, z.B. in Australien, werden diese Hürden in den nächsten Jahren weitgehend entfallen.

2.1 Internationale Veränderungen

2.1.1 Vom IASC zum IASB

In Vorbereitung auf die Zeit nach der Fertigstellung des Kernsatzes von Standards nach der IOSCO-Vereinbarung hat das IASC 1996 eine Arbeitsgruppe eingesetzt, deren Diskussionspapier mit dem Titel „Shaping IASC for the future" Grundlage für die Restrukturierung der Organisation und Arbeit wurde. Um den Anspruch als globaler Standardsetter zu untermauern und die weltweite Akzeptanz der Verlautbarungen weiterhin zu fördern, setzt sich der International Accounting Standards Board nun folgende Ziele[15]:

- im Interesse der Öffentlichkeit einheitliche, qualitativ hochwertige, verständliche und durchsetzbare globale Rechnungslegungsstandards zu entwickeln, die zu einer qualitativ hochwertigen, transparenten und vergleichbaren Informationsdarstellung in den Jahresabschlüssen und anderen Finanzberichten führen, um die Kapitalmarktteilnehmer und andere Nutzer bei der wirtschaftlichen Entscheidungsfindung zu unterstützen;
- Förderung der Nutzung und strengen Anwendung dieser Standards;
- Herbeiführen der Konvergenz nationaler Rechnungslegungsstandards und der Verlautbarungen des IASB zur Erreichung qualitativ hochwertiger Lösungen.

Mit der Einbindung nationaler Standardsetter in den Entwicklungsprozess soll schon frühzeitig auf Konvergenz hin gearbeitet werden. Der Vergleich der derzeitigen Lösungen bei IAS und US-GAAP steht im Vordergrund eines kurzfristigen Überarbeitungsprozesses einer Reihe von Standards, um so insbesondere auch die Akzeptanz der IAS für eine Börsennotierung in den USA zu verbessern. Noch ist der Ansatz in beiden Systemen unterschiedlich, welche Regelungsdichte oder -tiefe als erforderlich angesehen wird. Die Diskussion, ob Prinzipien weniger anfällig für Missbrauch sind als ein eng geknüpftes Regelwerk, ist durch die spektakulären Fälle der letzten Monate zwar verstärkt, aber noch nicht abgeschlossen worden.

---

[15] Vgl. BAETGE, J. u.a., Die Restrukturierung des International Accounting Standards Committee – Das IASC auf dem Weg zum globalen Standardsetter?, DB 2000, S. 1033-1038.

2.1.2 Neuausrichtung der EU

Im Juni 2000 hat die EU-Kommission die Maßnahmen vorgestellt, die sie zur Umsetzung ihrer in 1995 angekündigten Strategie ergreifen werde[16]. Ohne Umweg über nationale Transformations-Gesetzgebung werden die IAS im Wege einer gemeinschaftsrechtlichen Verordnung unmittelbar für die Konzernabschlüsse kapitalmarktorientierter Unternehmen in den Mitgliedstaaten gelten und durch diese Verpflichtung das überkommene Bilanzrecht überlagern. Allerdings richtet sich die Verpflichtung zur Konzernrechnungslegung nach wie vor nach den in nationales Recht transformierten Vorschriften der Konzernabschlussrichtlinie, so dass den Voraussetzungen, Wahlrechten und Befreiungen noch Bedeutung zukommt.

Um die Konformität der IAS Vorschriften mit den EU-Bilanzrichtlinien und den politischen Zielen der EU sicherzustellen, ist ein formelles Anerkennungsverfahren vorgesehen. Im Rahmen dieses Verfahrens werden die vom IASB verabschiedeten Standards und Interpretationen von einem mit Delegierten der Mitgliedstaaten besetzten Regelungsausschuss geprüft. So wird auch die Brücke geschaffen zwischen den Verlautbarungen der privaten Organisation IASB und der Rechtssetzung der politischen Organisation EU-Kommission. Zur fachlichen Unterstützung des Regelungsausschusses ist ein privatwirtschaftlich getragenes Expertengremium gegründet worden, die European Financial Reporting Advisory Group (EFRAG), das bei der Erarbeitung von IASB-Verlautbarungen bereits mitwirkt und die Standpunkte zu den anstehenden Themen innerhalb der EU koordinieren soll.

Neben der kommentierenden Begleitung der Arbeit des IASB hat EFRAG bereits ein Votum abgegeben für die Annahme der am 20. September 2002 gültigen Verlautbarungen des IASB, der en bloc Übernahme des Ausgangsbestands. Der Wille, einen europäischen Sonderweg zu vermeiden, wird insbesondere beim Thema Finanzinstrumente auf die Probe gestellt.

Da die Richtlinien nach wie vor als Rahmen für die Rechnungslegung aller Unternehmen gelten, auch trotz zahlreicher Wahlrechte zur Vergleichbarkeit von Abschlüssen beitragen sollen, ist weiterhin sicherzustellen, dass keine Konflikte zu IAS bestehen. Die Modernisierungsrichtlinie, die kurz vor ihrer Verabschiedung durch den Rat steht, löst Konflikte im Wesentlichen durch Einfügung neuer Mitgliedstaatenwahlrechte.

---

16 Mitteilung der Kommission an den Rat und das Europäische Parlament, Rechnungslegungsstrategie der EU, Künftiges Vorgehen, KOM (2000) 359, www.europa.eu.int/comm/internal_market/de/company.

2.2 Nationale Veränderungen

Ausgangspunkt der gesetzgeberischen Initiativen, die sich im Gesetz zur Verbesserung der Wettbewerbsfähigkeit deutscher Konzerne an Kapitalmärkten und zur Erleichterung der Aufnahme von Gesellschafterdarlehen (Kapitalaufnahmeerleichterungsgesetz) und dem Gesetz zur Kontrolle und Transparenz im Unternehmensbereich (KonTraG) widerspiegeln, war der fortschreitende Ansehensverlust des gemeinschaftsrechtlichen und speziell deutschen Bilanzrechts auf außereuropäischen Kapitalmärkten. Um deutsche Großunternehmen, die als internationale Kapitalnachfrager auf eine Börsenzulassung an globalen Finanzmärkten angewiesen und damit zu Abschlüssen nach IAS bzw. US-GAAP gezwungen sind, schnell von den zusätzlichen Kosten zu entlasten und sie so in ihrer Wettbewerbsfähigkeit zu stärken, hat der deutsche Gesetzgeber mit dem § 292a HGB für die bis 2004 begrenzte Zeit den Geltungsanspruch deutschen Konzernabschlussrechts zurückgenommen. Dieser Paragraph erlaubt kapitalmarktorientierten Unternehmen unter Einhaltung bestimmter Voraussetzungen, einen Konzernabschluss nach international anerkannten Bilanzierungsvorschriften aufzustellen.

Der Gesetzgeber war sich bewusst, dass mittel- bis langfristig eine Öffnung des deutschen Bilanzrechts für internationale Gepflogenheiten unumgänglich ist. Da in der laufenden Legislaturperiode die Zeit für eine Reform fehlte, wurde nur eine Übergangsvorschrift befristet bis zum Ende des Jahres 2004 konzipiert. Über die Vorstellung, baldmöglichst Vorschläge zur Überarbeitung des deutschen Rechts vorzulegen, ist die Entwicklung der EU inzwischen hinweggegangen. Für die kapitalmarktorientierten Konzernabschlüsse gibt es auf nationaler Ebene nichts mehr in deutschem Recht vorzulegen, für die anderen kann je nach Ausübung der Mitgliedstaatenwahlrechte genügend Spielraum geschaffen werden, dass ein dringender Handlungsbedarf nicht besteht.

Eine erste Angleichung der HGB-Konzernrechnungslegung an internationale Gepflogenheiten erfolgte mit der Pflicht zur Erstellung einer Kapitalflussrechnung und einer Segmentberichterstattung für börsennotierte Konzerne in 1998, die dann in 2002 um einen Eigenkapitalspiegel ergänzt wurde; außerdem wurde auch hier der Geltungsbereich auf kapitalmarktorientierte Konzerne erweitert[17].

Mit der Schaffung eines privaten Rechnungslegungsgremiums und dessen Anerkennung durch das Bundesministerium der Justiz hat der Gesetzgeber sich dem internationalen Trend folgend darum bemüht, einen flexiblen und schnellen Regelsetzungsmechanismus zu installieren. Der Aufgabenbereich wurde jedoch zunächst auf die Konzernrechnungslegung beschränkt, womit der Aktionsraum auf nationaler Ebene sehr begrenzt ist.

---

17 § 297 Abs. 1 Satz 2 neu gefasst durch das Transparenz- und Publizitätsgesetz vom 19. Juli 2002.

3. Rechnungslegung ab 2005 – Ziel erreicht?

Folgende Dokumente werden ab 2005 die Grundlage der periodischen Rechnungslegung in Deutschland bilden:

- EU-Verordnung zur Anwendung internationaler Rechnungslegungsstandards,
- Richtlinien zum Einzel- und zum Konzernabschluss, für Banken, für Versicherungen, zur Zwischenberichterstattung,
- von der EU-Kommission übernommene IFRS und Interpretationen,
- in nationales Recht transformierte Bestimmungen der Richtlinien,
- Deutsche Rechnungslegungs Standards.

Die Europäische Kommission hat für Konzernabschlüsse kapitalmarktorientierter Mutterunternehmen einheitliche Vorgaben auf dem Verordnungsweg durchgesetzt. Sie betont, dass mit der Modernisierung der Richtlinien den Mitgliedstaaten das Tempo überlassen werde, mit dem sie die Vorschriften für die anderen Unternehmen anpassen. Das gemeinsame Ziel ist damit abgesteckt, wenn auch so abstrakt, dass mit der Umsetzung noch Jahre (Jahrzehnte?) vergehen können. Die Internationalisierung der Rechnungslegung steht zwar auf dem Zehn-Punkte-Programm der Bundesregierung für die laufende Legislaturperiode. Anzeichen für Maßnahmen, die über das Pflichtprogramm der Mitgliedstaatenwahlrechte in der Verordnung hinausgehen, zeichnen sich noch nicht ab[18], zumal die Einhaltung der Frist zur Umsetzung der Fair-Value-Richtlinie (bis zum 31. Dezember 2003) schon nicht mehr erwartet werden kann.

Weitere Maßnahmen zur Anpassung des sozioökonomischen Umfelds sind angedacht. Auf europäischer Ebene hat eine Expertengruppe einen Bericht zu Gesellschaftsrecht und Unternehmensführung im November 2002 vorgelegt, in dem zum Beispiel auf das Problem der Dividendenbemessung eingegangen wird. Die im europäischen Gesellschaftsrecht verankerten Grundsätze der Kapitalerhaltung sind mit der Vereinnahmung unrealisierter Vermögensmehrungen, wie sie sich aus zunehmender Fair-Value-Bilanzierung ergeben, nicht vereinbar. Erst eine Lösung dieses Konfliktes, möglicherweise über einen Liquiditätstest als Berechnungsgrundlage für Dividenden, gibt den Weg frei für eine vollständige Übernahme der IFRS auch im Jahresabschluss der Unternehmen. Eine kritische Äußerung zur Anwendung der IAS erfolgte von der Deutschen Bundesbank[19],

---

18 Vgl. BÖCKING, H.-J., Die Durchsetzung von Rechnungslegungsstandards, Frankfurt am Main 2000; BÖCKING, H.-J., IAS für Konzern- und Einzelabschluss?, WPg 2001, S. 1433-1440; NIEHUS, R., „Auch für Einzelabschlüsse gelten grundsätzlich die IAS?“ – Ein Beitrag zu den (möglichen) Grenzen einer „Internationalisierung“ der Rechnungslegung im Einzelabschluss, WPg 2001, S. 737-752; ZABEL, M., IAS zwingend für Konzern- und Einzelabschluss?, WPg 2001, S. 919-924.

19 Vgl. DEUTSCHE BUNDESBANK, Rechnungslegungsstandards für Kreditinstitute im Wandel, Monatsbericht Juni, Frankfurt am Main 2002.

die ihre aufsichtsrechtlichen Belange in einer Kapitalerhaltungsbilanz nach HGB besser aufgehoben sieht als in einer kapitalmarktorientierten Bilanzierung nach IAS.

Über die Zukunft der steuerlichen Gewinnermittlung in Deutschland im Licht des europäischen Bilanzrechts wird nachgedacht[20]. Langfristig wird die Lösung der steuerlichen Gewinnermittlung vom Handelsrecht als Chance der Rückbesinnung auf deren Grundprinzipien gesehen. Auch hier ist ein konkreter Zeitplan noch nicht in Sicht.

Die Integrität der Kapitalmärkte erfordert die Durchsetzung von Rechnungslegungsgrundsätzen („enforcement")[21]. Die gegenwärtigen Regelungen in der EU ergeben ein uneinheitliches Bild hinsichtlich einer Überwachung der Qualität finanzieller Informationen kapitalmarktorientierter Unternehmen. In Deutschland gibt es weder eine gesonderte behördliche (wie zum Beispiel in Frankreich und Italien), noch eine privatrechtliche Instanz (wie in Großbritannien). Das Committee of European Securities Regulators (CESR) hat im Oktober 2002 ein Konsultationspapier zu den grundlegenden Prinzipien der Durchsetzung der Rechnungslegungsgrundsätze in Europa veröffentlicht[22], in dem zunächst davon ausgegangen wird, dass dies auf nationaler Ebene erfolgen solle. Das Zehn-Punkte-Programm der Bundesregierung sieht vor, in einem Gesamtkonzept von Maßnahmen der Verbesserung des Anlegerschutzes und der Marktintegrität auch eine Enforcement-Stelle zu errichten. Die dem Gedanken des Binnenmarktes eher entsprechende europäische Lösung scheitert wohl zunächst an der uneinheitlichen Ausgangssituation in den Mitgliedstaaten.

Rechnungslegungsvorschriften werden häufig mit Verkehrsregeln verglichen. Das Fahren auf der rechten Straßenseite hat sich noch nicht überall durchgesetzt; es ist mehr eine Frage der Gewohnheit und der Infrastruktur als des Prinzips. Aus Dänemark wurde nun bei der Diskussion zur Rechnungslegung der kleinen und mittleren Unternehmen in Europa in Erinnerung gerufen, wie bei der Umstellung des Verkehrs in Schweden vor mehr als dreißig Jahren vorgegangen wurde. Um den Übergang so reibungslos wie möglich vorzunehmen, sei er in Etappen erfolgt: in den ersten sechs Monaten hätten lediglich die Lastwagen die neuen Regeln zu befolgen gehabt. Wenn wir aus den (schmerzvollen?) Erfahrungen lernen wollen, gibt es noch einiges, was in kürzester Zeit zu bewegen ist.

---

[20] Vgl. HERZIG, N., Internationalisierung der Rechnungslegung und steuerliche Gewinnermittlung, WPg 2000, S. 104-119 und HERZIG, N./BÄR, M., Die Zukunft der steuerlichen Gewinnermittlung im Licht des europäischen Bilanzrechts, DB 2003, S. 1-8.

[21] Vgl. BÖCKEM, H., Die Durchsetzung von Rechnungslegungsstandards, Frankfurt am Main 2000, S. 149ff.

[22] CESR, Proposed Statement of Principles of Enforcement of Accounting Standards in Europe, www.europefesco.org.

Edgar Löw

Bilanz, Gewinn- und Verlustrechnung sowie Notes

1. Rechtsgrundlagen

Der Jahresabschluss einer Bank besteht – ebenso wie der Jahresabschluss eines anderen Unternehmens – nach IAS 1.7 aus einer Bilanz, einer Gewinn- und Verlustrechnung, einer Kapitalflussrechnung[1], einer Eigenkapitalveränderungsrechnung[2] sowie Notes.

Neben diesen Pflichtbestandteilen eines Jahresabschlusses wird nach IAS 1.8 empfohlen, außerhalb des Abschlusses einen Bericht über die Unternehmenslage durch das Management zu veröffentlichen, der die wesentlichen Einflussfaktoren auf die Vermögens-, Finanz- und Ertragslage des Unternehmens erläutert. Dabei wird beispielhaft beschrieben, dass im Rahmen dieses Berichtes auf die Ertragskomponenten und die beeinflussenden Umfeldbedingungen ebenso eingegangen werden könnte wie auf die Finanzierungsquellen und auf Ressourcen, die sich gerade nicht in finanziellen Größen widerspiegelt. Bei Letzterem ist etwa an eine Berichterstattung über Aktionäre, Kunden, Mitarbeiter und Gesellschaft zu denken, wie sie beispielhaft von der Deutschen Bank erfolgt[3]. Insbesondere Kunden und Mitarbeiter bilden in Dienstleistungsunternehmen die bedeutendsten Erfolgsquellen, so dass zu erwarten ist, dass die Anforderungen durch Analysten und Ratingagenturen und die Presse an eine entsprechende Berichterstattung hierüber zunehmen wird.

Nach IAS 30.7 wird die Empfehlung hinzugefügt, dass den Abschlussadressaten darüber hinaus ein (gegenüber den reinen Abschlussinstrumenten) zuverlässigeres Bild einer Bank vermittelt würde, wenn das Management ergänzend in einer Erläuterung zum Abschluss auf das Risikomanagement und die Risikokontrolle einginge.

IAS 30 regelt die branchenspezifischen Besonderheiten der Rechnungslegung für Banken und ähnliche Finanzinstitute. Nach IAS 30.4 ist IAS 30 als Ergänzung zu anderen Standards anzuwenden. Bei Erstellung eines Konzernabschlusses einer Bank gilt IAS 30 für den Konzernabschluss (IAS 30.5). In IAS 30 werden Offenlegungs- und Angabepflichten geregelt. Sollten andere Standards Themen behandeln, die auch in IAS 30 angesprochen werden, fungiert IAS 30 insoweit als lex specialis. Regeln indes andere Standards bestimmte Themenbereiche, die von IAS 30 nicht erfasst werden, sind die

---

1 Vgl. den Beitrag „Kapitalflussrechnung“.

2 Vgl. den Beitrag „Segmentberichterstattung“.

3 Vgl. DEUTSCHE BANK, Geschäftsbericht 2001, Frankfurt, S. 13-17 sowie erstmals im Geschäftsbericht 1998, S. 39-42. Zu dem Konzept vgl. LÖW, E./WEIDE, T., Das Management von Stakeholder Benefits als Werttreiber in Banken, in: Wertorientiertes Management – Konzepte und Umsetzungen zur Unternehmenswertsteigerung, hrsg. von WAGENHOFER, A./HREBICEK, G., Stuttgart 2000, S. 239-258.

anderen Standards zusätzlich zu IAS 30 zu erfüllen. Dabei ist bisweilen allerdings eine bankspezifische Interpretation geboten, etwa bei den Regelungen zur Erstellung einer Kapitalflussrechnung oder einer Segmentberichterstattung.

IAS 30 wurde 1990 vom Board genehmigt und 1994 an das seit 1991 bestehende Format, das für alle Standards einzuhalten ist, angepasst. Er ist seit den Geschäftsjahren anzuwenden, die am oder nach dem 1. Januar 1991 begonnen haben. Änderungen ergaben sich seitdem lediglich aufgrund des neuen Standards zu Ansatz und Bewertung von Financial Instruments (IAS 39) in zwei Textziffern.

Im Jahre 1999 wurde vom IASC die Überarbeitung von IAS 30 beschlossen. Hierzu wurde Anfang des Jahres 2000 ein Steering Committee gegründet. Von deutscher Seite sind in dem Gremium Wolfgang Kolb der Dresdner Bank sowie (über den Basler Ausschuss) Karl-Heinz Hillen der Deutschen Bundesbank vertreten. Bei der Überarbeitung geht es neben einer eher redaktionellen Bereinigung um Regelungsinhalte, die bereits in anderen Standards aufgenommen sind, im wesentlichen um eine Anpassung der Ausweisvorschriften sowie um eine Einbeziehung von Anforderungen zur Offenlegung von Risiken, Risikomanagementsystemen und Systemen zum Risikocontrolling. Durch die Besetzung des Steering Committees gerade mit den deutschen Persönlichkeiten ist sichergestellt, dass zum einen ein Abgleich mit den Anforderungen durch Basel II erfolgt und zum anderen Elemente der deutschen Risikoberichterstattung von Banken nach DRS 5-10 in den endgültigen Standard einfließen werden.

Die derzeit gültige Fassung von IAS 30 regelt im Wesentlichen folgende Aspekte:

- gesonderter Ausweis bestimmter Aufwands- und Ertragskomponenten in der Gewinn- und Verlustrechnung oder in den Notes,
- Angabe wesentlicher Aktiv- und Passivpositionen in der Bilanz oder in den Notes,
- Darstellung der Entwicklung der Risikovorsorge im Kreditgeschäft,
- Die Möglichkeit der Bildung von Vorsorgereserven für allgemeine Risiken aus dem Bankgeschäft in offener Form,
- Markt- oder Zeitwertangaben von finanziellen Vermögenswerten,
- Strukturierung von Forderungen und Verbindlichkeiten nach Restlaufzeiten,
- Angabe von Konzentrationen im Bereich von Forderungen, Verbindlichkeiten sowie bei bilanzunwirksamen Positionen,
- Eventualverbindlichkeiten, einschließlich anderer außerbilanzieller Positionen,
- Zur Sicherheit übertragene Vermögenswerte,
- Treuhandgeschäfte,
- Geschäftsvorfälle mit verbundenen und assoziierten Unternehmen gemäß IAS 24.

Ergänzend zu IAS 30 kommen für eine Bank insbesondere folgende Standards zur Anwendung:

- IAS 1: Darstellung des Jahresabschlusses,
- IAS 7: Kapitalflussrechnungen,[4]
- IAS 12: Ertragsteuern,[5]
- IAS 14: Segmentberichterstattung,[6]
- IAS 17: Leasingverhältnisse,[7]
- IAS 21: Auswirkungen von Änderungen der Wechselkurse,
- IAS 26: Bilanzierung und Berichterstattung von Altersversorgungsplänen,[8]
- IAS 32: Finanzinstrumente: Angaben und Ausweis,[9]
- IAS 39: Finanzinstrumente: Ansatz und Bewertung,[10]
- IAS 40: Als Finanzinvestition gehaltene Immobilien.

In Abhängigkeit von der Geschäftstätigkeit treten im Einzelfall weitere Standards in ihrer Bedeutung hervor, während andere Standards von geringerem Einfluss sein können.

Zusätzlich sind selbstverständlich alle weiteren Standards (z.B. zu Immateriellen Vermögenswerten[11] oder zu Earnings per Share[12]) im Bedarfsfall sowie alle einschlägigen Interpretationen (SIC's) des International Financial Reporting Interpretations Committee (IFRIC, vormals Standing Interpretations Committee, SIC) anzuwenden.

---

4 Vgl. den Beitrag „Kapitalflussrechnung".

5 Vgl. den Beitrag „Tatsächliche und latente Ertragsteuern".

6 Vgl. den Beitrag „Segmentberichterstattung".

7 Vgl. den Beitrag „Leasingverhältnisse".

8 Vgl. den Beitrag „Pensionsverpflichtungen (und sonstige Leistungen)".

9 Vgl. den Beitrag „Offenlegung von Finanzinstrumenten".

10 Vgl. den Beitrag „Ansatz und Bewertung von Finanzinstrumenten".

11 Vgl. den Beitrag „Immaterielle Vermögenswerte".

12 Vgl. den Beitrag „Gewinn pro Aktie".

2. Hintergrund und Ziele

Zielsetzung der Gesamtheit aller zum Jahresabschluss gehörenden Instrumente ist die Vermittlung von Informationen, die dem Anteilseigner eine fundierte Grundlage bieten sollen, um darauf basierend Entscheidungen über das finanzielle Engagement treffen zu können. IAS 30 soll in diesem Zusammenhang nach IAS 30.6 gewährleisten, dass Jahresabschlussadressaten relevante, verlässliche und vergleichbare Informationen erhalten. Den Abschlussadressaten wird ein vorrangiges Interesse an der Liquidität und Solvenz einer Bank nach IAS 30.7 unterstellt. Eine Bank sei in besonderem Ausmaß Währungsschwankungen, Zinsänderungen, Marktpreisbewegungen und Kontrahentenausfällen ausgesetzt. Gleichwohl sind die in IAS 30 normierten Regelungen nur sehr bedingt geeignet, gerade diese Informationsbedürfnisse zu befriedigen. Die Erfüllung des deutschen Standards zur Risikoberichterstattung von Kreditinstituten (DRS 5-10) hilft, Informationsdefizite zu reduzieren[13].

Allgemein ist nach IAS 30.6 ein spezifisches Informationsbedürfnis der Jahresabschlussempfänger über die Geschäftstätigkeit einer Bank zu berücksichtigen, wobei die Zurverfügungstellung der Informationen insgesamt auf ein zumutbares Maß beschränkt bleiben (kann). Insofern ist davon auszugehen, dass eine Rechnungslegung im Rahmen der vorgegebenen IAS den Informationsanforderungen der Adressaten genügt. Die IAS bieten in ihrer Gesamtheit Regeln, die die Informationsbedürfnisse der Rechnungslegungsadressaten expressis verbis berücksichtigen. Daher dürften normalerweise Angaben, die über die von den Standards geforderten Ansatz-, Bewertungs- und Offenlegungsanforderungen hinausgehen, nicht erforderlich sein.

Gleichwohl sollte die Aufforderung, die geschäftstypischen Risiken über das Zahlenwerk hinausgehend verbal zu erläutern, auch nicht als leerer, formelhafter Appell missverstanden werden. Sowohl die Erwähnung zu Beginn des Standards als auch der Umfang der Postulate belegen die Gewichtigkeit, mit der zu entsprechender Transparenz aufgefordert wird[14]. Umso bedeutender ist dann allerdings die Anforderung nach einer (intertemporalen) Vergleichbarkeit zu werten. Wesentliche Abweichungen in der Bilanzierung oder in betraglicher Hinsicht sind zu erläutern.

Als besonders gewichtig wird in IAS 30.8 die Angabe von Bilanzierungs- und Bewertungsmethoden angesehen. Dies gilt umso mehr als IAS 30.8 eine Vereinheitlichung von

---

13 Vgl. Löw, E./Lorenz, K., Risikoberichterstattung nach den Standards des DRSC und im internationalen Vergleich, KoR 2001, S. 211-222.

14 Vgl. Krumnow, J./Löw, E., IAS 30 – Angabepflichten im Jahresabschluss von Banken und ähnlichen Finanzinstituten (Disclosures in the Financial Statements of Banks and Similar Financial Institutions), in: Baetge, J./Dörner, D./Kleekämper, H./Wollmert, P./Kirsch, H.-J. (Hrsg.): Rechnungslegung nach International Accounting Standards (IAS), 2. Aufl., Stuttgart 2002, Tz. 11.

Bilanzierungs- und Bewertungsmethoden zweckmäßigerweise nicht vorschreibt. Zur Erfüllung der Anforderungen des allgemeinen Standards ist es deshalb auch erforderlich, dem Jahresabschlussleser die in der praktischen Bilanzierung teilweise unterschiedlichen Bilanzierungs- und Bewertungsmethoden verständlich zu erläutern.

Nach IAS 30.8 könnte es daher erforderlich sein, im Zusammenhang mit den Bilanzierungsgrundsätzen auf folgende Bereiche näher einzugehen:

- Ausweis der wesentlichen Ertragsarten,
- Bewertung von finanziellen Vermögenswerten,
- Unterscheidungsmerkmale, die bei Geschäftsvorfällen und ähnlichen Vereinbarungen zur Aktivierung beziehungsweise Passivierung innerhalb der Bilanz oder nur zum Ausweis von Eventualforderungen führen,
- Grundlagen der Ermittlung von Verlusten im Kreditgeschäft und der Abschreibung uneinbringlicher Forderungen,
- Grundlagen der Bildung von Vorsorgen für allgemeine Risiken im Bankgeschäft und deren bilanzieller Behandlung.

Auf diese Aspekte wird schwerpunktmäßig im Verlauf des Standards weiter Bezug genommen. Aus deren vertiefenden Beschreibung zeigt sich, dass im Regelfall nur verbale Erläuterungen die geforderte Verständlichkeit der Bilanzierungsgrundlagen gewährleisten.

In der Praxis der Bankenabschlüsse nach IAS findet sich zur Erfüllung dieser Anforderungen üblicherweise zu Beginn der finanziellen Berichterstattung ein gesonderter Textteil, in dem auf die Bilanzierungs- und Bewertungsmethoden ausführlich eingegangen wird[15]. Hierin werden die Grundlagen der Rechnungslegung umfassend dargestellt.

Zur Erfüllung der Anforderung von § 292a Abs. 2 Nr. 4 c HGB, wonach „eine Erläuterung der vom deutschen Recht abweichenden Bilanzierungs- und Bewertungs- und Konsolidierungsmethoden“ erforderlich ist, wird bisweilen eine Trennung der allgemeinen Darstellung der Bilanzierungs- und Bewertungsmethoden nach IAS und der Überleitungserläuterung nach HGB in verschiedenen Textteilen vorgenommen. Teilweise wird der Text zur deutschen Rechtsverpflichtung auch im Anschluss an die nach DRS 5-10 vorzunehmende Risikoberichterstattung abgedruckt, um auf diese Weise eine deutliche Unterscheidung der internationalen und der nationalen Anforderungen optisch zum Ausdruck zu bringen. Unzulässig und dem expliziten Gesetzeswortlauf zuwider laufend wäre jedoch ein lapidarer Verweis auf die Veröffentlichung der Überleitungserläuterung im Handelsregister. Da die Überleitungserläuterung gerade dem deutschen Anleger die Unterschiede zwischen dem ihm (noch) unbekannten Abschluss nach IAS und

15 Vgl. zur praktischen Bilanzierung von Banken unter IAS insbesondere die synoptische Gegenüberstellung von Bankenabschlüssen bei LÖW, E., Deutsche Bankabschlüsse nach IAS, Stuttgart 2000.

dem bekannten Abschluss nach HGB verdeutlichen soll, ist diese Rechtsverpflichtung eine der im Konzernabschluss zwingend zu erfüllenden Bedingungen zur Erreichung der Befreiungswirkung des internationalen Abschlusses für einen ansonsten derzeit noch aufzustellenden Abschluss nach HGB.

3. Inhaltliche Änderungen des Bilanzierungswechsels

3.1 Unterschiede in der Bilanz

3.1.1 Grundkonzeption

Die IAS betonen in ihrer Gesamtheit sehr stark die Erfolgsrechnung, deren Komponenten und deren Vergleichbarkeit. Dies kommt auch in dem Aufbau von IAS 30 zum Ausdruck, in dem die Vorschriften zur Gewinn- und Verlustrechnung vor den Regelungen zur Bilanz platziert sind. Gleichwohl waren die ersten praktischen Bankabschlüsse nach IAS häufig noch von dem traditionellen Aufbau unter HGB geprägt. So stellten lediglich die Deutsche Bank, die Dresdner Bank, die Commerzbank sowie die BHF-Bank von Anbeginn ihrer Bilanzierung unter IAS an die Erfolgsrechnung vor die Bilanz. Die übrigen Banken beließen es zunächst bei der herkömmlichen Reihenfolge.

Eine ausdrückliche Verpflichtung zur Erstellung einer Bilanz ist in IAS 30.18 formuliert. Danach sind die Aktiva und getrennt davon die Passiva nach Arten zusammenzufassen und nach ihrer relativen, abnehmenden Liquidität zu ordnen. Als Mindestangaben sind für die Bilanz oder die Notes nach IAS 30.19 mindestens folgende Angaben offen zu legen:

Aktiva

- Barreserve und Guthaben bei der Zentralnotenbank,
- Schatzwechsel und andere rediskontfähige Wechsel,
- Öffentliche und andere Wertpapiere,
- Forderungen und Kredite an Kreditinstitute,
- Andere Geldmarktgeschäfte,
- Forderungen an Kunden,

- Wertpapiere des Anlagevermögens,

Passiva

- Verbindlichkeiten gegenüber Kreditinstituten,
- Andere Verbindlichkeiten aus Geldmarktgeschäften,
- Verbindlichkeiten gegenüber anderen Kunden,
- Einlagenzertifikate (CD´s),
- Eigene Akzepte und andere verbriefte Verbindlichkeiten,
- Andere aufgenommene Gelder.

Werden von einer Bank einige Positionen zu einer Gesamtposition zusammengefasst, hat eine Aufgliederung in den Notes zu erfolgen, damit die Mindestinformationen nicht verloren gehen.

Aus diesen Regelungen lässt sich zunächst die Schlussfolgerung ziehen, dass IAS 30 keine starre Gliederung vorgibt. Vielmehr werden nur Mindestanforderungen enumeriert, wobei der bilanzierenden Bank grundsätzlich die Wahl bleibt, ob ihnen in der Bilanz oder den Notes gefolgt wird. Da mithin keine Mindestgliederung – etwa wie nach der EU-Bankbilanzrichtlinie beziehungsweise der RechKredV – vorgeschrieben ist, kann die Bilanz gegenüber der ausführlichen Gliederung nach den deutschen Formblättern auf wesentliche Positionen beschränkt und dadurch übersichtlich gestaltet werden.

In der Bilanzierungspraxis werden indes die von IAS vorgesehenen Bilanzpositionen nicht in Reinkultur publiziert. Durchgesetzt hat sich vielmehr ein an die vorgegebenen Positionen angeglichenes Bilanzschema.

3.1.2 Aktiva

Unterschiede in der Bilanz (1)

Auswirkungen auf Aktiva

Barreserve
Forderungen an Kreditinstitute
Forderungen an Kunden
➔ Risikovorsorge
➔ Handelsaktiva
➔ Finanzanlagen
➔ Immaterielle Vermögenswerte
➔ Sachanlagen
➔ Ertragsteueransprüche
Sonstige Aktiva

Summe der Aktiva

An den gekennzeichneten Positionen in der Abbildung ergeben sich deutliche Unterschiede zu einer Bilanzierung nach HGB[16].

Basierend auf der EU-Bankbilanzrichtlinie gestattet das deutsche Handelsrecht Kreditinstituten, stille versteuerte Vorsorgereserven zu bilden (sogenannte § 340f HGB-Reserven). In der Präambel der Bankbilanzrichtlinie wird diese Möglichkeit mit dem besonderen Risiko und der Vertrauensempfindlichkeit des Bankgeschäfts begründet. Im einzelnen erlaubt § 340f HGB Banken, Forderungen und bestimmte Wertpapiere (der Liquiditätsreserve) um bis zu 4% ihres Gesamtbetrages unter zu bewerten, soweit dies nach vernünftiger kaufmännischer Beurteilung zur Sicherung gegen die besonderen Risiken des Geschäftszweiges notwendig ist. Die Bildung und Auflösung stiller ver-

16 Vgl. hierzu auch den Erfahrungsbericht von LÖW, E./TÖTTLER, C., Bankspezifische Aspekte der Umstellung auf IAS, in: Die Umstellung der Rechnungslegung auf IAS/US-GAAP, hrsg. von AUER, K. V., Wien 1998, S. 271-309.

steuerter Vorsorgereserven findet ihre Anwendung in der sogenannten Überkreuzkompensation. Danach dürfen bestimmte Erfolgskomponenten miteinander verrechnet werden. Im Ergebnis kann also die Nettorisikovorsorge im Kreditgeschäft mit den Erfolgen aus Wertpapieren der Liquiditätsreserve saldiert werden.

Nach IAS 30.50 und IAS 30.52 ist die Möglichkeit der Bildung und Auflösung stiller Reserven ausdrücklich untersagt. Das Verbot ergibt sich im übrigen auch aus der Gesamtkonzeption der IAS, die jegliche Form stiller Reservebildung grundsätzlich ausschließen möchte, weil ansonsten eine verzerrte und kaum interpretierbare Information über die Ergebnis- und Eigenkapitalgröße des bilanzierenden Unternehmens geliefert würde.

Die Überkreuzkompensation ist nach den IAS ebenfalls hinfällig. Dies führt dazu, dass im Konzernabschluss nach dem HGB bestehende stille Vorsorgereserven, die durch das Mutter- oder die Tochterunternehmen gebildet wurden, im Rahmen der Erstanwendung von IAS aufzulösen sind. Die entsprechenden Vermögenspositionen, von welchen die § 340f HGB-Reserven abgesetzt wurden, also die Forderungen und/oder die Wertpapiere der Liquiditätsreserve, sind im Abschluss nach den IAS entsprechend höher anzusetzen[17].

Beim Übergang von HGB auf IAS stellt sich die Frage, ob durch die Erstanwendung die bisherigen, nach HGB zulässigerweise gebildeten stillen Reserven erkennbar werden[18]. Der Einblick in die Auflösung stiller Reserven wird zumindest dadurch erschwert, dass die Forderungs- und Wertpapierpositionen bei einer Bilanzierung nach IAS strukturell voneinander abweichen. Im Forderungsbereich können Umgruppierungen durch Leasingaktivitäten erforderlich werden. Bei den Wertpapieren kommt es zu Wertpapierkategorien nach IAS 39 mit Bewertungsfolgen, die weder mit den Kategorien nach HGB übereinstimmen noch zu gleichen Wertansätzen führen. Ausschlaggebend ist hierbei insbesondere der partiell erforderliche Wertansatz zu Fair Values. Wertunterschiede können mithin sowohl auf die Marktwertbilanzierung als auch auf die Bildung und Auflösung stiller Reserven in den Wertpapieren zurückgeführt werden. Die Effekte aus diesen Buchungen hängen vom Umfang der Geschäftsaktivitäten ab und sind von außen ohne zusätzliche Informationen nicht nachvollziehbar.

Die Risikovorsorge ist als Bestandsposition bei den nach IAS bilanzierenden Banken auf der Aktivseite als eigenständige Position mit negativem Vorzeichen ausgewiesen. Sie findet sich üblicherweise unmittelbar im Anschluss an die Forderungen. In der Position sind damit die Wertberichtigungen für Bonitäts- und Länderrisiken sowie für latente Ausfallrisiken enthalten. Der Ausweis unmittelbar unter den Forderungen zeigt den engen Zusammenhang sehr deutlich.

---

17 Vgl. BELLAVITE-HÖVERMANN, Y./PRAHL, R., Bankbilanzierung nach IAS, Stuttgart 1997, S. 28.

18 Vgl. ebenda.

Unterschiede in der Bilanz (2)

Risikovorsorge

- Offener Ausweis der Risikovorsorge nach IAS 30.43 - üblicherweise auf der Aktivseite
  - dadurch Errechenbarkeit einer Kennziffer "Risikovorsorge in Prozent des Kreditvolumens"
    - hohe Quote kann bedeuten
      - hoher Stellenwert der Vorsorge oder
      - ungenügende Portfolioqualität
- Offenlegung der Entwicklung der Risikovorsorge in den Notes nach IAS 30.43
  - internationale Usance ist eine Aufschlüsselung nach
    - Bonitätsrisiken
    - Länderrisiken
    - Pauschalwertberichtigungen

Mit dem Ausweis der Risikovorsorge aus dem Kreditgeschäft beschäftigt sich in IAS 30 ein eigener Abschnitt (IAS 30.43-49). IAS 30.45 stellt grundsätzlich klar, dass die laufende Geschäftstätigkeit einer Bank zwangläufig auch Verluste mit sich bringt. Aus diesem Grunde erforderliche Einzel- und Pauschalwertberichtigungen werden als notwendig angesehen und sind erfolgswirksam zu berücksichtigen. Dabei sind Einzelwertberichtigungen von der entsprechenden Forderungskategorie, also etwa von den Forderungen an Unternehmen, an private und öffentliche Haushalte sowie Sonstige, abzusetzen. Pauschalwertberichtigungen sind nach IAS 30.45 ebenfalls unmittelbar von den jeweiligen Forderungskategorien abzusetzen.

Es handelt sich nach IAS 30.45 um notwendige Wertherabsetzungen, die mit der Geschäftstätigkeit unmittelbar verbunden sind. Hieran hat sich auch durch die Regelungen zum Impairment nach IAS 39 nichts geändert. Unabhängig, ob die Bildung von Pauschalwertberichtigungen nach IAS 39 für zulässig erachtet wird – hieran könnte nach dem Wortlauf von IAS 39 möglicherweise ein Zweifel bestehen (diese Ansicht wird hier jedoch nicht vertreten) –, geht IAS 30 als lex specialis für eine Bank jedenfalls vor. Die Bildung von Pauschalwertberichtigungen ist mithin verpflichtend.

Die Wertermittlung der Risikovorsorge im Kreditgeschäft bleibt indes in IAS 30 offen. Auch IAS 39 ist insoweit recht vage. In diesem Sinne verbleibt der bilanzierenden Bank ein gewisser Ermessensspielraum, institutsindividuelle Kriterien der Erkennung, Qualifizierung und Quantifizierung des notwendigen Risikovorsorgepotentials zu entwickeln. Zum Zwecke intersubjektiver Nachvollziehbarkeit erscheint die Erstellung einer konzerninternen Richtlinie hierzu jedoch erforderlich. Die Kriterien der Bildung und Auflösung sind darüber hinaus im Zeitablauf stetig beizubehalten (IAS 30.45). Daraus ergibt sich die Anforderung, eine ergebnisabhängige oder in sonstiger Weise willkürliche Veränderung der Methode zu unterlassen. Nicht gemeint ist selbstverständlich, dass verfeinerte Ansätze zur Bestimmung der notwendigen Risikovorsorge nicht zur Anwendung gelangen könnten.

Durch die Möglichkeit, den Bruttobestand der Forderungen ersehen oder errechnen zu können und den separaten Ausweis der Risikovorsorge kann eine Kennziffer „Risikovorsorge in Prozent des Kreditvolumens" berechnet werden[19]. Zur Interpretation dieser Kennziffer sind indes unreflektierte Gegenüberstellungen zu vermeiden. „Ein hoher Prozentsatz kann indizieren, dass der Risikovorsorge ein hoher Stellenwert beigemessen wird, ebenso gut aber auch auf eine ungenügende Qualität des Kreditportfolios hindeuten. Hier sind also Schlussfolgerungen ohne weitergehende Analysen unangebracht. Auf eine vorsichtige Behandlung auftretender Kreditrisiken weist eine hohe Zuführung zu Wertberichtigungen und Rückstellungen im Kreditgeschäft allerdings dann hin, wenn sie von vergleichsweise hohen Auflösungen begleitet wird"[20].

Hinsichtlich des Ansatzes und der Bewertung von Wertpapieren hat IAS 39 gravierende Neuerungen gebracht. Der Ausweis von Einzelpositionen in der Bilanz wird von IAS 39 jedoch nicht angesprochen. Hier gelten die bisherigen Regelungen fort. Dies bedeutet, dass es nach wie vor in der Bilanz bei einem Ausweis von Handelsaktiva (beziehungsweise Handelspassiva) und Finanzanlagen bleiben kann.

---

19 So schon KRUMNOW, J., IAS-Rechnungslegung für Banken, in: Die Bank 1996, S. 396-403, hier S. 400.

20 KRUMNOW, J./LÖW, E., a.a.O., Tz. 84.

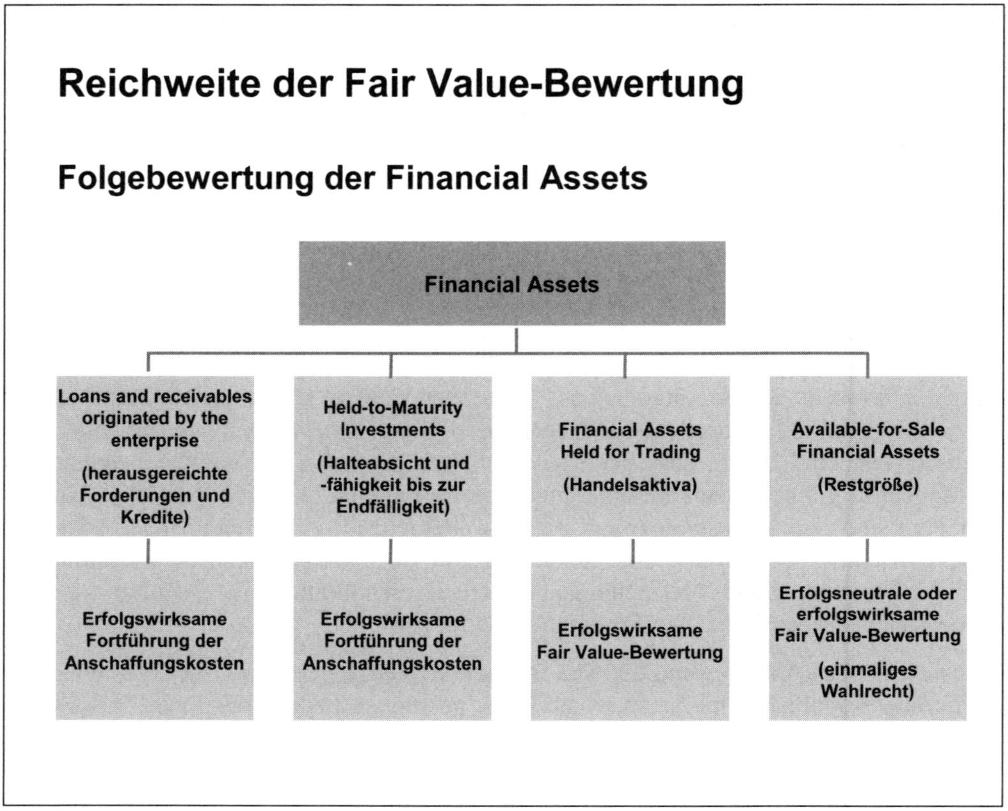

Demgegenüber sieht IAS 39 zum Zwecke der Bewertung eine Kategorisierung von Financial Instruments auf der Aktivseite in vier und auf der Passivseite in zwei Kategorien vor: durch das Unternehmen begründete Forderungen, zu Handelszwecken gehaltene finanzielle Vermögenswerte, bis zur Endfälligkeit zu haltende finanzielle Vermögenswerte sowie zur Veräußerung verfügbare finanzielle Vermögenswerte (die auch in deutschen Abschlüssen häufig unter der englischen Originalbezeichnung als Available-for-Sale Financial Instruments geführt werden) als finanzielle Vermögenswerte der Aktivseite sowie in Handelsaktivitäten eingegangene Verbindlichkeiten und sonstige finanzielle Verbindlichkeiten als finanzielle Verbindlichkeiten der Passivseite.[21]

Zusätzlich gehen alle Derivate – also auch solche, die nicht unmittelbar im Rahmen von Handelsaktivitäten eingesetzt werden – zu Fair Values in die Bilanz ein. Eine der wesentlichen Zielsetzungen von IAS 39 war es schließlich, dass es einen außerbilanziellen Raum für Derivate nicht mehr geben solle. Alle Wertänderungen der Derivate

21 Vgl. Abschnitt 2.3 im Beitrag „Ansatz und Bewertung von Financial Instruments".

durchlaufen – von der Ausnahme einer Absicherung durch sogenannte Cash Flow Hedges abgesehen – die Gewinn- und Verlustrechnung.

Financial Instruments nach IAS und US-GAAP und Ausnahmen aus dem Anwendungsbereich

Umfang der Financial Instruments in der Bilanz

Aktiva	**Passiva**
➔ Barreserve	➔ Verbindlichkeiten ggü. KI
➔ Forderungen an Kreditinstitute	➔ Verbindlichkeiten ggü. Kunden
➔ Forderungen an Kunden	➔ Verbriefte Verbindlichkeiten
Risikovorsorge	➔ Handelspassiva
➔ Handelsaktiva	➔ Rückstellungen
➔ Finanzanlagen	Ertragsteuerverpflichtungen
Immaterielle Vermögenswerte	➔ Sonstige Passiva
Sachanlagen	Nachrangkapital
Ertragsteueransprüche	Anteile in Fremdbesitz
➔ Sonstige Aktiva	Eigenkapital
Summe der Aktiva	**Summe der Passiva**

Zusätzlich: Bislang nicht bilanzierte Derivate (außerhalb des Handels)

Bei den vom Unternehmen herausgereichten Krediten und Forderungen handelt es sich um finanzielle Vermögenswerte, die vom Unternehmen durch direkte Bereitstellung von Bargeld, Dienstleistungen (und Waren) geschaffen wurden. Bei Banken gehören in diese Kategorie demnach Forderungen an Kunden oder Kreditinstitute. Auf dem Sekundärmarkt erworbene Kredite und Forderungen fallen nicht in die Kategorie der durch das Unternehmen begründeten Fordrungen, sondern sind je nach Zweck des Erwerbs in eine der übrigen Kategorien einzustellen. Die Bestände dieser Kategorie sind sowohl bei der Erstbewertung als auch zu späteren Bewertungsstichtagen unverändert zu (fortgeführten) Anschaffungskosten zu bewerten, so dass sich bei dieser Kategorie zum Bewertungsansatz nach HGB lediglich im Detail gewisse Änderungen ergeben werden.

Bei der Kategorie der zu Handelszwecken gehaltenen finanziellen Vermögenswerte und finanziellen Schulden handelt es sich um Finanzinstrumente, die mit der Intention erworben bzw. eingegangen wurden, kurzfristig Gewinne zu generieren. Diese Absicht ist zum Zeitpunkt der Klassifizierung maßgeblich. In diese Kategorie fallen Aktien und festverzinsliche Wertpapiere, aber auch Derivate. Bei Derivaten handelt es sich grundsätzlich um zu Handelszwecken abgeschlossene beziehungsweise gehaltene Finanzinstrumente mit Ausnahme derer, die als Sicherungsinstrumente im Rahmen des Hedge Accounting eingesetzt werden.[22] Aus der Aufspaltung von hybriden Instrumenten resultierende eingebettete Derivate werden ebenfalls als zu Handelszwecken gehalten eingestuft. Außer den Derivaten können nach derzeit gültigem Stand von IAS 39 lediglich Wertpapierleerverkäufe als zu Handelszwecken gehaltene finanzielle Schulden eingeordnet werden.

Die Erstbewertung der Kategorie der zu Handelszwecken gehaltenen finanziellen Vermögenswerte und finanziellen Schulden erfolgt zu Anschaffungskosten, die zu diesem Zeitpunkt dem Fair Value der gegebenen oder erhaltenen Gegenleistung entsprechen. Die Folgebewertung der zu Handelszwecken gehaltenen Finanzinstrumente ist zum Fair Value vorzunehmen. Jegliche Gewinne oder Verluste aus der Bewertung sind in der Gewinn- und Verlustrechnung zu erfassen.

Auch schon nach HGB haben einzelne Banken das strenge Einzelbewertungsprinzip verlassen. Über die Zwischenschritte der Mikro- und Makrobewertung wurde schließlich auf die Portfoliobewertung übergegangen. Die Handelsgeschäfte mit Wertpapieren, Finanzinstrumenten einschließlich Derivaten sowie Devisen und Edelmetallen konnten danach als sogenannte Handelsbücher oder Portfolien strukturiert werden. Ein institutionalisiertes Risikomanagement und eine enge Limitierung führen hierbei zu einer unmittelbaren Adjustierung von Risikopositionen, so dass sich Marktrisiken im Sinne einer kompensatorischen Wertentwicklung nahezu völlig ausgleichen. Die Ergebnisse aus den Portfolien werden im Bereich der OTC-Zinsderivate dabei nach der Barwertmethode ermittelt. Maximal mit dem deutschen Recht vereinbar schien, die aus dieser Art der Bewertung hervorgehenden positiven Werte anteilig für eine Periode zu vereinnahmen. Negative Werte waren selbstverständlich in voller Höhe durch die Bildung von Rückstellungen zu berücksichtigen.

Demgegenüber gestattet die Bilanzierung nach IAS eine betriebswirtschaftlich sinnvolle Abbildung der Handelsaktivitäten. IAS 39 hat insoweit nicht zu einer veränderten Rechtssituation geführt, da über IAS 25 das kurzfristig angelegte Engagement einer Bank auch bisher schon zu Marktwerten zu erfassen war. Der Marktwertansatz des Handels ist insoweit unumstritten. In der Umstellung der Bilanzierung treten in der Regel keine gravierenden Probleme auf, da die externe Rechnungslegung unter IAS lediglich das abbildet, was im internen Rechnungswesen ohnehin zur Steuerung benötigt wird.

---

22 Vgl. Abschnitt 2.5 im Beitrag „Ansatz und Bewertung von Financial Instruments".

Unterschiede in der Bilanz (3)

Handelsaktiva

- Bilanzierung von
  - Wertpapieren des Handelsbestandes (Schuldverschreibungen, Aktien) und
  - positiven Marktwerten von derivativen Finanzinstrumenten
- Positive Marktwerte von derivativen Finanzinstrumenten umfassen
  - positive Bewertungsergebnisse aus zu Marktwerten bilanzierten Derivaten des Handels
- Bewertung der Handelsaktivitäten komplett zu Marktwerten nach IAS 25.19 und (neu) IAS 39
- Gesonderter Ausweis der Handelsaktivitäten von den
  - Finanzanlagen gemäß IAS 30.19 beziehungsweise
  - Held-to-Maturity Investments und Available-for-Sale Financial Assets gemäß IAS 39.10

Der Ausweis der Handelsaktivitäten erfolgt auf der Aktivseite der Bilanz üblicherweise unter der Position Handelsaktiva. Auf der Passivseite findet sich der Handel unter der Position der Handelspassiva wieder. Durch die Zuordnung auch derjenigen Derivate zum Handelsbereich, die im Bankbuch eingesetzt werden - über die Regelungen von IAS 39 -, kann die Position jedoch auch Komponenten enthalten, die außerhalb des Handels einer Bank liegen. Es ist dem bilanzierenden Kreditinstitut freigestellt, eine getrennte Darstellung innerhalb der Bilanz in verschiedenen Bilanzpositionen oder eine Aufgliederung in den Notes vorzunehmen. Zu Analysezwecken ist es in jedem Fall erforderlich, die Bestandteile der Handelsaktiva und Handelspassiva genauer zu untersuchen.

Aus den Zuordnungsregeln von IAS 39 folgt weiterhin, dass es nicht verwunderlich wäre, wenn zukünftig zusätzlich solche Banken Handelsaktiva und -passiva zu zeigen hätten, die aufsichtsrechtlich zum klassischen Handel nicht berechtigt sind. Setzen Nichthandelsinstitute Derivate zur Absicherung ihres Bankbuches ein, erfüllen aber nicht die formalen Voraussetzungen von IAS 39 zur Akzeptanz von sogenanntem Hedge Accounting, sind die Derivate zwingend dem Handel zuzuordnen und die positiven und negativen Marktwerte in der Bilanz (in der Regel also unter Handelsaktiva und -passiva) auszuweisen.

Eine Einstufung in die Kategorie der bis zur Endfälligkeit zu haltenden finanziellen Vermögenswerte erfordert aus der Investition resultierende feste oder bestimmbare Zahlungen sowie eine feste Laufzeit. Aufgrund dieser Kriterien können beispielsweise Aktien mangels Fälligkeit nicht dieser Kategorie zugeordnet werden. Außerdem ist erforderlich, dass die Bank die zu Beginn und an späteren Stichtagen nachprüfbare Absicht sowie die Möglichkeit besitzt, die Papiere auch weiterhin bis zur Endfälligkeit durchzuhalten. Als bis zur Endfälligkeit zu haltende finanzielle Vermögenswerte werden bei der erstmaligen Bewertung zu Anschaffungskosten bewertet. Zu späteren Bewertungsstichtagen erfolgt die Bewertung zu fortgeführten Anschaffungskosten.

Ein Kreditinstitut darf keine finanziellen Vermögenswerte als bis zur Endfälligkeit zu halten einstufen, wenn es im laufenden oder während der vergangenen zwei Geschäftsjahre mehr als einen unwesentlichen Teil der in dieser Kategorie gehaltenen Investments verkauft, übertragen oder darauf eine Verkaufsoption ausgeübt hat. Dies würde als sogenannter schädlicher Verkauf angesehen. In diesem Fall ist die gesamte Kategorie in die Kategorie der Available-for-Sale Financial Instruments umzugliedern. Daraus resultiert eine Änderung der Bewertung zu Anschaffungskosten in eine Bewertung zum Fair Value. Die zwangsweise Umwidmung ist erfolgswirksam vorzunehmen. Die Belegung der Kategorie der bis zur Endfälligkeit zu haltenden finanziellen Vermögenswerte ist erst nach zwei Jahren wieder zulässig.[23]

Aus diesen Gründen ist ihre Bestückung auch eher selten. Insofern sollte bei der Einführung von IAS im Einzelfall grundsätzlich darüber entschieden werden, ob ihre Nutzung überhaupt möglich ist. Die meisten Banken haben daher von der Zuordnung von Investments zu dieser Kategorie auch abgesehen.

Sollte die Kategorie gleichwohl bestückt werden – dies mag im Rahmen der typischen Hypothekenbankgeschäfte im Einzelfall durchaus zweckmäßig sein – ist innerhalb der Bilanz ein separater Ausweis nicht erforderlich. Die Kategorie der bis zur Endfälligkeit zu haltenden finanziellen Vermögenswerte kann vielmehr mit der Kategorie der Available-for-Sale Financial Instruments zusammengefasst und als Finanzanlagen ausgewiesen werden.

Available-for-Sale Financial Instruments stellen nach der Konzeption von IAS 39 eine Restgröße der finanziellen Vermögenswerte dar, die keiner der zuvor genannten Kategorien zugeordnet werden können oder sollen.[24] Dennoch kommt ihr unter IAS im Vergleich zu den übrigen Kategorien eine herausragende Bedeutung zu. Hierzu gehören neben allen Formen der nicht-festverzinslichen Wertpapiere auch die festverzinslichen Wertpapiere, die nicht in die Kategorie der bis zur Endfälligkeit zu haltenden Wert-

23 Vgl. Abschnitt 2.3.2 im Beitrag „Ansatz und Bewertung von Financial Instruments“.

24 Vgl. Abschnitt 2.3.4 im Beitrag „Ansatz und Bewertung von Financial Instruments“.

papiere eingestuft werden können oder sollen sowie die Anteile an nicht konsolidierten verbundenen Unternehmen. Dabei handelt es sich in der Regel um über 50% liegendem Anteilsbesitz, der indes aus Gründen der Wesentlichkeit nicht konsolidiert wird.

Unterschiede in der Bilanz (4)

Finanzanlagen

- Bilanzierung von
  - Anteilen an nicht konsolidierten verbundenen Unternehmen,
  - Anteilen an assoziierten, nach der Equity-Methode bewerteten Unternehmen und
  - Sonstigen Finanzanlagen (Wertpapiere des Anlagevermögens und Sonstiger Anteilsbesitz)
- Gesonderter Bilanzausweis nach IAS 30.19 beziehungsweise Neukategorisierung in
  - Held-to-Maturity Investments und
  - Available-for-Sale Financial Assets nach IAS 39.10

Die in die Kategorie der Available-for-Sale Financial Instruments eingestuften finanziellen Vermögenswerte sind bei Zugang zu Anschaffungskosten zu bewerten. Zu späteren Bewertungsstichtagen erfolgt eine Bewertung zum Fair Value. Für die Berücksichtigung der Fair Value-Änderungen sieht IAS 39 in der gegenwärtig bestehenden Fassung ein einmaliges, konzernweit einheitlich auszuübendes Wahlrecht vor. Das Wahlrecht besteht in der sofortigen Berücksichtigung der Bewertungsergebnisse in der Gewinn- und Verlustrechnung oder alternativ in einer gesonderten Position innerhalb des Eigenkapitals, der sogenannten Revaluation Reserve (Neubewertungsreserve), aus der die Bewertungsergebnisse erst bei Verkauf und Ausbuchung des entsprechenden finanziellen Vermögenswertes über die Gewinn- und Verlustrechnung umgebucht werden. Bonitätsbedingte Wertminderungen sind allerdings sofort erfolgswirksam zu berücksichtigen.

Auch wenn die bis zur Endfälligkeit zu haltenden finanziellen Vermögenswerte und die Available-for-Sale Financial Instruments in der Bilanz in einer Gesamtkategorie der

Finanzanlagen zusammengefasst ausgewiesen werden sollten, hat eine differenzierte Aufgliederung doch in den Notes zu erfolgen.

Neben den bis zur Endfälligkeit zu haltenden finanziellen Vermögenswerten und den Available-for-Sale Financial Intruments gehören zu den umfassend zu verstehenden Finanzanlagen natürlich auch noch die Anteile an at equity bewerteten Unternehmen.

Bei den at equity bewerteten Unternehmen handelt es sich um sogenannte assoziierte Unternehmen. Diese wiederum sind nach IAS 28.3 Unternehmen, auf die der Anteilseigner maßgeblichen Einfluss ausüben kann und welche weder Tochterunternehmen noch Joint Ventures des beteiligten Unternehmens darstellen Dabei wird maßgeblicher Einfluss als Möglichkeit verstanden, an den finanz- und geschäftspolitischen Entscheidungsprozessen des Beteiligungsunternehmens teilzuhaben, ohne diese Entscheidungsprozesse beherrschen zu können. Bei einer Beteiligungsquote ab 20% greift eine Assoziierungsvermutung, so dass ein maßgeblicher Einfluss unterstellt wird, wenn der Anteilseigner direkt oder indirekt über Tochterunternehmen 20% oder mehr der Stimmrechte des assoziierten Unternehmens hält. Die Assoziierungsvermutung ist nach IAS 28.4 widerlegbar, indem der Anteilseigner nachweist, dass kein maßgeblicher Einfluss ausgeübt werden kann.

Eine Besonderheit in diesem Zusammenhang, gerade für Bankkonzerne, stellt die Behandlung von Industrieminderheitsbeteiligungen im Konzernabschluss dar[25]. Die entsprechenden Anteile sind einer Bank häufig historisch „zugefallen“. Die Anteilseignerstellung kam aufgrund einer speziellen Konstellation zustande, die nicht eine Einflussnahme auf die Geschäfts- und Finanzpolitik des jeweiligen Unternehmens zum Ziel hatte. Sie ist vielmehr Ausdruck einer sozio-ökonomisch geprägten Unternehmenspolitik in einem spezifischen gesellschaftlichen Umfeld und resultiert aus einer Umwandlung von einer Fremdkapitalgeber- in eine Anteilseignerstellung. „Die Industrieunternehmen genießen eine Autonomie, die mit einem maßgeblichen Einfluss nicht kompatibel ist“[26].

Diese typisch deutsche Besonderheit der Industrieminderheitsbeteiligungen ist in angloamerikanisch geprägten Ländern unüblich, da es Banken in diesen Ländern vielfach nicht gestattet ist, eine über 5% hinausgehende Beteiligung an Industrieunternehmen einzugehen. Insofern gibt es aufgrund der in den meisten Staaten vorherrschenden Regulierung des Anteilsbesitzes von Banken im Nichtbankenbereich sowohl hinsichtlich der Höhe der Beteiligungen als auch hinsichtlich der Gewichtigkeit der betroffenen Unternehmen international keine mit den deutschen Gegebenheiten vergleichbaren Beteiligungen. Daher hat sich weder das seinerzeitige IASC noch das amerikanische Financial Accounting Standards Board (FASB) - das völlig inhaltsgleiche Regeln erlassen hat - mit dem entsprechenden Sachverhalt auseinandergesetzt. Die Lösungen der hieraus resul-

25 Vgl. hierzu insbesondere BELLAVITE-HÖVERMANN, Y./PRAHL, R., a.a.O., S. 77.

26 PRAHL, R./NAUMANN, T.K., Bankkonzernrechnungslegung nach neuem Recht: Grundsätzliche Konzepte, wichtige Vorschriften zum Übergang und andere ausgewählte Einzelfragen, in: WPg 1993, S. 235-246, hier S. 243.

tierenden Fragen bei der Konzernrechnungslegung lassen sich nicht isoliert aus dem Regelwerk der internationalen Bilanzierung herleiten.

In der Bilanzierungspraxis haben die deutschen Kreditinstitute bei Anwendung der Rechnungslegung nach IAS die Vorgehensweise entsprechend der Interpretation des deutschen Rechts übernommen. In der Regel führte dies nicht zur Eingruppierung der Industrieminderheitsbeteiligungen zu den assoziierten Unternehmen.

Vor Implementierung von IAS 39 hatte diese Zuordnung der Industrieminderheitsbeteiligungen zur Folge, dass die Bilanzierung zu fortgeführten Anschaffungskosten statt nach der Equity-Methode erfolgte. Nachdem IAS 39 bei den Available-for-Sale Financial Instruments einen Wertansatz in der Bilanz zum Fair Value vorschreibt, scheint sich das Problem entschärft zu haben, führt doch auch die Anwendung der Equity-Bewertung zu einem Wertansatz, der dem Fair Value recht nahe kommen sollte. Hierbei ist indes zu bedenken, dass weiterhin Unterschiede in der Gewinn- und Verlustrechnung zu verzeichnen sind. So durchlaufen bei Anwendung der Equity-Methode die anteilig zugeordneten Gewinne und Verluste im Entstehungszeitpunkt die Gewinn- und Verlustrechnung, während die Fair Value-Änderungen bei Available-for-Sale Financial Instruments üblicherweise in der Neubewertungsrücklage „geparkt“ werden. Es handelt sich mithin noch immer um mehr als eine rein akademische Frage.

Die SEC hat demgegenüber zu erkennen gegeben, dass sie einer eher formalistischen Betrachtungsweise zuneigt. Sollte eine Bank eine Notierung an der New York Stock Exchange für die nähere Zukunft nicht ausschließen, empfiehlt es sich zur Vermeidung eines Konfliktfalles mit der SEC, entsprechend stark formalistisch zu entscheiden und Beteiligungen – gleichgültig an welchen Unternehmen gehalten – mit einer Beteiligungsquote über 20% der Stimmrechte als assoziierte Unternehmen einzustufen und at equity zu bewerten.

Dies entspricht im übrigen auch der üblichen Vorgehensweise der deutschen Versicherungswirtschaft, auch wenn sich der Sachverhalt fundamental anders darstellt. Im Gegensatz zu Banken, die Industrieminderheitsbeteiligungen häufig unfreiwillig zur Sicherung ihrer Finanzmittel eingehen, begründen Versicherungen das Beteiligungsverhältnis in der Regel aktiv, um in bonitätsmäßig einwandfreien Unternehmen Mittel anzulegen.

Für das Immaterielle Anlagevermögen ist in IAS 38 eine Aktivierung vorgesehen, wenn es hinreichend wahrscheinlich ist, dass dem Unternehmen der künftige wirtschaftliche Nutzen aus dem betrachteten Vermögenswert zufließen wird und die Anschaffungs- oder Herstellungskosten des Vermögenswertes zuverlässig bemessen werden können.[27] Diese Regelung gilt unabhängig davon, ob ein immaterieller Vermögenswert extern erworben wurde oder selbst geschaffen wird. Die deutsche Regelung von § 248 Abs. 2 HGB,

27 Vgl. den Beitrag „Immaterielle Vermögenswerte“.

wonach immaterielle Vermögensgegenstände des Anlagevermögens nur dann zu aktivieren sind, wenn ein entgeltlicher Erwerb vorliegt, ist nach IAS mithin obsolet.

Unterschiede in der Bilanz (5)

Immaterielle Vermögenswerte (1)

- Bilanzierung nach IAS 38.19, wenn
  - eine hinreichende Wahrscheinlichkeit besteht, dass dem Unternehmen der künftige wirtschaftliche Nutzen zufließen wird und
  - die Anschaffungs- oder Herstellungskosten zuverlässig bemessen werden können
- Erstbilanzierung zu Anschaffungs- oder Herstellungskosten (IAS 38.22)
- Folgebilanzierung zu Anschaffungs- oder Herstellungskosten abzüglich (planmäßiger und außerplanmäßiger) Abschreibungen (Benchmark-Methode; IAS 38.63) oder zum Neubewertungsbetrag (alternativ zulässige Methode; IAS 38.64), wobei Neubewertungen in hinreichend regelmäßigen Abständen vorzunehmen sind

Allerdings enthält IAS 38 zusätzliche Ansatzkriterien für selbst geschaffene immaterielle Vermögenswerte. Zur Beurteilung, ob ein selbst geschaffener immaterieller Vermögenswert anzusetzen ist, hat nach IAS 38.40 eine Unterteilung in eine Forschungs- und eine Entwicklungsphase vorgenommen zu werden. Ein aus der Entwicklung entstehender immaterieller Vermögenswert ist zu aktivieren, wenn weitere, in IAS 38.45 enumerierte Kriterien erfüllt sind. Im Zweifel ist allerdings von Forschungsaktivitäten auszugehen, die nicht zu einer Aktivierung führen dürfen.

In der Praxis ist nach diesen Vorschriften bisweilen eine Aktivierung selbsterstellter Software angebracht. So finden sich in Abschlüssen deutscher Banken unter IAS durchaus merkbare Beträge immateriellen Anlagevermögens (abgesehen von Geschäftswerten), die wenigstens teilweise aus der Aktivierung selbsterstellter Software resultieren dürften.

Für die Folgebilanzierung unterscheidet der Standard zwei Alternativen. Nach der Benchmark-Methode hat eine Verteilung des aktivierten Betrages über die voraussichtliche (und nach IAS 38.79 bestmöglich zu schätzende) Nutzungsdauer zu erfolgen. Alternativ ist eine regelmäßige Neubewertung unter Bezugnahme auf einen aktiven Markt gemäß IAS 38.64 zulässig.

Unterschiede in der Bilanz (6)

Immaterielle Vermögenswerte (2)

- Auswirkungen vor allem
  - bei selbsterstellter Software (IAS 38.45)
  - beim Goodwill (IAS 38.56 (b) i.V.m. IAS 22.41; konkrete Bilanzierung in IAS 22 geregelt)
- Ausweis als gesonderte Position nach IAS 1.66, nicht jedoch nach IAS 30.19
- Offenlegung eines detaillierten Anlagespiegels nach IAS 38.107 beziehungsweise IAS 22.88

Ein Aktivierungsverbot gilt für einen selbst geschaffenen Geschäfts- oder Firmenwert sowie selbst geschaffene Markennamen, Drucktitel, Verlagsrechte, Kundenlisten und ähnlichen Positionen. Aufgrund der vorgesehenen Neuregelung von Ansatz und Bewertung insbesondere des Geschäftswertes im Rahmen von Unternehmenserwerben, wird dieses spezielle Aktivierungsverbot indes vermutlich in Zukunft keinen dauerhaften Bestand behalten.

Gegenwärtig ist bei Unternehmenserwerben noch IAS 22 und IAS 27 anzuwenden, wobei in IAS 22 die Unternehmensbeziehungen definiert werden und in IAS 27 der Kreis der im Rahmen der Vollkonsolidierung in den Konzernabschluss einzubeziehenden Unternehmen festlegt wird. Eine für den Bankenbereich außerordentlich bedeutsame Neuerung brachte die (verbindlich anzuwendende) Standardinterpretation SIC 12.[28]

---

28 Vgl. Abschnitt 2.1 im Beitrag „Konsolidierungskreis und Konsolidierungsmethoden".

Nach IAS 27.7 ist jedes Mutterunternehmen grundsätzlich verpflichtet, einen Konzernabschluss aufzustellen. Entsprechend des deutschen Rechtes enthält auch IAS 27.8 die Möglichkeit, von der Aufstellung eines (Teil-)Konzernabschlusses dann abzusehen, wenn das betreffende Unternehmen in einen übergeordneten Konzernabschluss einbezogen wird – über das deutsche Recht hinausgehend jedoch nur, sofern die Minderheitsaktionäre dem zustimmen. In der Praxis wird diese Regelung allerdings üblicherweise entsprechend den Regelungen der §§ 291 und 292 HGB angewandt. Dies bedeutet, dass die grundsätzliche Aufstellungspflicht (für Teilkonzernabschlüsse) in der ersten Prüfungsstufe aus dem auf der 7. EU-Richtlinie basierenden HGB abgeleitet wird. Erst auf der nächsten Prüfungsstufe wird die Wahl von IAS erwogen und gegenwärtig über § 292a HGB als befreiend für einen Konzernabschluss nach HGB begründet. Insofern laufen die Aufstellungspflichten von IAS 27 im deutschen Rechtsraum praktisch ins Leere. Durch die Verpflichtung der Aufstellung eines Konzernabschlusses aufgrund der EU-Verordnung ab dem Jahre 2005 für bestimmte Unternehmen dürfte sich hieran nichts ändern.

In der Praxis kommt jedoch auch die Konstellation vor, dass in einem Konzern die Muttergesellschaft nicht unter die EU-Verordnung fällt, indes eine Tochtergesellschaft – sei es, weil sie einen an der Börse notierten Free Float besitzt oder sei es, weil sie Fremdkapitaltitel emittiert hat, die an einer Börse notiert werden (in diesem Fall also gegebenenfalls ab dem Jahr 2007). Hier stellt sich die Frage, ob die Tochtergesellschaft, die nach dem HGB in den übergeordneten Konzernabschluss der Muttergesellschaft einbezogen wird und daher keinen eigenen Konzernabschluss erstellt, erstens künftig einen eigenen Teilkonzernabschluss nach IAS zu erstellen hat oder zweitens für das Mutterunternehmen eine Pflicht zur Erstellung eines Konzernabschlusses auslöst. Dem Sinn und Zweck der EU-Verordnung entspricht es, entweder einen eigenen Teilkonzernabschluss nach IAS zu erstellen oder tatsächlich eine Ausdehnung der Rechtsverpflichtung einer Bilanzierung nach IAS für den Gesamtkonzernabschluss anzunehmen, da die EU den Investorenschutz eindeutig in den Vordergrund stellt und über die Rechnungslegung nach IAS zu erfüllen sucht. Offizielle Stellungnahmen seitens der Europäischen Kommission liegen hierzu noch nicht vor.

Die Verpflichtung zur Aufstellung eines Konzernabschlusses richtet sich danach, ob ein Mutter-Tochter-Verhältnis gegeben ist. Zu dessen Beurteilung wird nach IAS 27.7 und IAS 27.12 ausschließlich das Control-Konzept herangezogen. Dieses gilt im wesentlichen (widerlegbar) als erfüllt, wenn ein Unternehmen über mehr als die Hälfte der Stimmrechte an einem anderen Unternehmen verfügen kann. Aus den Regelungen von IAS 27 war in der Praxis kaum ein Unterschied zum Konsolidierungskreis nach HGB zu ziehen. Dies änderte sich jedoch fundamental durch die Interpretation SIC 12.

SIC 12 konkretisiert das Kriterium der Beherrschung für die Festlegung der Konsolidierungspflicht von Zweckgesellschaften (Special Purpose Entities/Special Purpose Vehicles). Bei Zweckgesellschaften handelt es sich nach SIC 12.1 um Unternehmen, die gegründet werden, um ein genau definiertes Ziel zu erreichen. In der Bankenpraxis finden sich solche Zweckgesellschaften häufig im Leasinggeschäft, etwa bei Sale and Lease Back-Konstruktionen oder zur Verbriefung von Finanzinstrumenten, zum Beispiel in Form von Asset Backed Securities. Auch Spezialfonds (nach § 1 Abs. 2 KAGG) sind Zweckgesellschaften im Sinne der Interpretation. SIC 12 versucht, die Konsolidierungspflicht bei solchen Konstruktionen nicht an der rechtlichen Ausgestaltung, sondern an dem wirtschaftlichen Gehalt auszurichten[29]. Unter bestimmten, in SIC 12.9 und SIC 12.10 näher ausgeführten Bedingungen hat eine Einbeziehung solcher Konstruktionen in den Konsolidierungskreis zu erfolgen. Dies gilt im übrigen unabhängig von der Rechtsform der Zweckgesellschaft und sogar losgelöst davon, ob Eigenkapital an der Special Purpose Entity gehalten wird. Durch SIC 12 kann es mithin zu einer deutlichen Ausweitung der konsolidierungspflichtigen Unternehmen kommen.

Da IAS 27 die Einbeziehung eines Unternehmens in den Konzernabschluss grundsätzlich als Erwerbsvorgang betrachtet, ist die Konsolidierung entsprechend IAS 27.18 prinzipiell nach der Erwerbsmethode vorzunehmen. Diese findet ihre Umsetzung in der Anwendung der Buchwertmethode als Benchmark-Treatment oder in der Neubewertungsmethode als Allowed Alternative Treatment. Bei der Buchwertmethode werden die erworbenen Vermögenswerte und Schulden des erworbenen Unternehmens mit dem Fair Value angesetzt, wobei bestehende stille Reserven oder Lasten nur in Höhe des beteiligungsproportionalen Anteils, also ohne Minderheitenanteile, aufzudecken sind. Die auf Minderheiten entfallenden Anteile (bisweilen als Anteile in Fremdbesitz bezeichnet) an den Vermögenswerten und Schulden werden bei der Buchwertmethode gemäß IAS 22.32 auf der Basis der Buchwerte vor dem Erwerbszeitpunkt angesetzt. Die Neubewertungsmethode deckt demgegenüber auch die den Minderheiten anteilig zuzurechnenden Fair Values der Vermögenswerte und Schulden auf. Die Neubewertungsmethode ist indes nur zu wählen, wenn Gründe gegen eine Konsolidierung nach der Buchwertmethode angegeben werden können.

Ein nach Aufdeckung stiller Reserven verbleibender Restbetrag ist nach geltendem IAS 22 als Geschäftswert zu aktivieren und über einen Zeitraum bis maximal 20 Jahre abzuschreiben. Für die Zukunft ist vorgesehen, die planmäßigen Abschreibungen zu ersetzen durch einen Impairment-Test. Hierzu ist der Geschäftswert – vereinfachend dargestellt – auf Unternehmensbereiche aufzuteilen. Eine (außerplanmäßige) Abschreibung ist dann vorzunehmen, wenn der Buchwert des Geschäftswertes in einem Unternehmensbereich unter seinen tatsächlichen Wert fällt. Die Wertermittlung dieses Wertes wiederum soll unter Anwendung der Discounted Cash-Flow-Methode erfolgen. Implizit vermischen sich durch diese Art der Vergleichswertermittlung also derivativ erworbener mit originär (in dem Unternehmensbereich) geschaffenem Geschäftswert. Solange die Summe aus derivativ erworbenem und originär geschaffenem Geschäftswert höher ist als der anteilig dem betreffenden Unternehmensbereich zugeordnete (erworbene) Geschäftswert, liegt kein Impairment-Fall vor.

---

29 Vgl. SIC 12.4 und SIC 12.8.

Gegen dieses ausschließlich politisch motivierte Verfahren, das faktisch die umstrittenen Regelungen von FAS No. 141 und FAS No. 142 adaptiert, ließen sich mannigfaltige theoretische Einwände erheben. Die Bilanzierungsschwierigkeit der Geschäftswertbilanzierung resultiert daraus, dass die Bilanz auf einzelbewertbare Vermögenswerte zugeschnitten ist und der Geschäftswert als Saldogröße einer Gesamtbewertung das rechnerische Ergebnis einer Subtraktion und insofern eigentlich einen Fremdkörper darstellt. Da es indes weniger um eine systemkonforme Beantwortung eines tatsächlich schwierigen Bilanzierungsproblems handelt, wird die Kritik vermutlich nicht dazu führen, dass das IASB von der vorgesehenen Neuregelung Abstand nehmen wird. Für die Praxis wird diese Art der Geschäftswertbilanzierung nahezu willkürliche Gestaltungsspielräume eröffnen, die dem Außenstehenden nicht gefallen können. Eine intersubjektive Nachprüfbarkeit durch Externe ist jedenfalls kaum mehr möglich.

Das Sachanlagevermögen umfasst nach IAS 16.6 in der Bilanz Vermögensgegenstände materieller Art, die ein Unternehmen für Zwecke der Herstellung oder der Lieferung von Gütern und Dienstleistungen, zur Vermietung an Dritte oder für Verwaltungszwecke besitzt und die erwartungsgemäß länger als eine Periode genutzt werden. Eine Sachanlage ist gemäß IAS 16.7 als Vermögenswert anzusetzen, wenn es wahrscheinlich ist, dass ein mit ihm verbundener künftiger wirtschaftlicher Nutzen dem Unternehmen zufließen wird und wenn gleichzeitig seine Anschaffungs- oder Herstellungskosten verlässlich ermittelt werden können. Die Abgrenzung des Sachanlagevermögens unterscheidet sich damit nicht von den Regelungen nach HGB.

Unterschiede in der Bilanz (7)

Sachanlagen (1)

- Erstbilanzierung zu Anschaffungs- oder Herstellungskosten nach IAS 16.14
- Folgebilanzierung zu Anschaffungskosten abzüglich (planmäßiger und außerplanmäßiger) Abschreibungen (Benchmark-Methode; IAS 16.28) oder zum Zeitwert (alternativ zulässige Methode; IAS 16.29)

Die Erstbilanzierung erfolgt zu Anschaffungs- oder Herstellungskosten. Die Anschaffungskosten umfassen den Kaufpreis und alle direkt zurechenbaren Kosten, die anfallen, um den Vermögenswert in einen betriebsbereiten Zustand für seine vorgesehene Verwendung zu bringen (IAS 16.15). Verwaltungs- und andere Gemeinkosten zählen nur dann zu den Anschaffungskosten, wenn sie direkt dem Erwerb des Vermögenswertes oder seiner Versetzung in den betriebsbereiten Zustand zugerechnet werden können (IAS 16.17). „Die Ermittlung der Herstellungskosten für selbsterstellte Vermögenswerte folgt denselben Grundsätzen wie beim Erwerb von Vermögenswerten“[30].

Die Folgebewertung hat nach der Benchmark-Methode gemäß IAS 16.28 zu Anschaffungskosten abzüglich der kumulierten Abschreibungen zu erfolgen. Alternativ zulässig aufgrund von IAS 16.29 ist auch eine Neubewertung zum beizulegenden Zeitwert am Tage der Neubewertung abzüglich nachfolgender kumulierter planmäßiger Abschreibungen. Neubewertungen haben mit hinreichender Regelmäßigkeit zu erfolgen. Dadurch soll sichergestellt werden, dass der Buchwert nicht wesentlich von dem Wert abweicht, der sich bei einer Bewertung mit dem beizulegenden Zeitwert am Bilanzstichtag ergeben würde. Bei Grundstücken und Gebäuden sieht der Standard den beizulegenden Zeitwert im Regelfall im Marktwert, der üblicherweise über hauptamtliche Gutachter zu bestimmen wäre.

Wendet eine Bank zur Bilanzierung ihrer Gebäude die Benchmark-Methode an, so sind die Gebäude über die voraussichtliche Nutzungsdauer planmäßig abzuschreiben. Eine leistungsabhängige Abschreibung dürfte mit dem Prozess der Leistungserstellung einer Bank grundsätzlich nicht vereinbar sein. Da IAS 16.43 vorsieht, dass eine Übereinstimmung mit dem wirtschaftlichen Nutzungsverlauf des Gebäudes gegeben sein sollte, kommt eine degressive Abschreibung von Gebäuden ebenfalls wohl nur selten in Betracht. Die lineare Abschreibung dürfte dem Nutzungsverlauf am ehesten gerecht werden.

Außerplanmäßige Abschreibungen sind in Übereinstimmung mit IAS 36 vorzunehmen. Darin wird eine Wertminderung (ein Impairment-Fall) angenommen, wenn der Buchwert eines Vermögenswertes seinen erzielbaren Betrag überschreitet. Für Vermögenswerte, deren grundsätzliche Bilanzierung zu fortgeführten Anschaffungskosten erfolgt, ist der Betrag der Wertminderung über die Gewinn- und Verlustrechnung zu verrechnen. Dabei enthält IAS 36 zwei Methoden der Wertermittlung für den sogenannten erzielbaren Betrag. Danach ist entsprechend IAS 36.5 der erzielbare Betrag der höhere Wert aus dem Nettoveräußerungspreis und dem Nutzungswert. Der Nettoveräußerungspreis wiederum ist der durch einen Verkauf des Vermögenswertes erzielbare Betrag. Hierzu ist von einer marktüblichen Transaktion auszugehen, die zwischen sachverständigen und vertragswilligen Vertragsparteien erfolgen würde. Der Nutzungswert ist demgegenüber der Barwert der geschätzten künftigen Cash Flows, die aus der fortgesetzten Nutzung eines Vermögenswertes und seinem Abgang aus der Bilanz am Ende seiner Nutzungs-

[30] IAS 16.18.

dauer erwartet werden. Hinweise zur Bestimmung des Cash Flows und zum anzusetzenden Diskontierungszinssatz sind in IAS 36.27-56 in umfangreichen Ausführungen enthalten. Die entsprechenden Vorgaben sollen sicherstellen, dass die Cash-Flow-Prognosen und die Anwendung eines Zinssatzes auf vernünftigen und vertretbaren Annahmen beruhen.

Sollte sich eine Bank zur Anwendung der Neubewertungsmethode entschließen, wäre dieses Verfahren für jeweils eine ganze Gruppe der Sachanlagen anzuwenden. Bezogen auf den üblichen Geschäftsverkehr im Bankwesen kämen als Gruppen beispielsweise in Betracht: unbebaute Grundstücke, Grundstücke und Gebäude, Kraftfahrzeuge, Betriebsausstattung sowie Geschäftsausstattung.

In der Bilanzierungspraxis ist die Bilanzierung zu fortgeführten Anschaffungskosten gängig. Dies mag damit zusammenhängen, dass bei einer Neubewertung zufällige Wertschwankungen auf den Grundstücksmärkten zu veränderten Wertausweisen in der Bilanz führen, die dem langfristigen Anlagecharakter vielleicht nicht gerecht würden. Möglicherweise sind es aber auch die mit dem Einholen eines Bewertungsgutachtens verbundenen relativ hohen Kosten, die im Bankenbereich die Neubewertung des Sachanlagevermögens in den vorliegenden Abschlüssen verhinderten.

Die entsprechenden Bilanzierungsregelungen gelten grundsätzlich auch für die Betriebs- und Geschäftsausstattung, die ein Teil des Sachanlagevermögens darstellt. Eine Aktivierungspflicht besteht aufgrund von IAS 16.7 mithin, wenn das Kreditinstitut über den betreffenden Vermögenswert bei wirtschaftlicher Betrachtungsweise verfügen kann und die Nutzungsdauer voraussichtlich über einem Jahr liegen wird, unter der Voraussetzung, dass ein zukünftiger Nutzen zufließen wird und die Anschaffungs- (oder Herstellungskosten) zuverlässig ermittelt werden können. Da Banken Sachanlagen normalerweise nicht selbst herstellen, ergibt sich aus diesen Regelungen üblicherweise kein praktisches Problem.

Die auf den ersten Blick mit dem deutschen Recht nahezu identischen Regeln führen in der praktischen Bilanzierung dennoch zu Wertunterschieden. Zwar sieht IAS 16.47 neben der linearen Abschreibungsmethode auch die degressive Methode und die leistungsabhängige Abschreibung vor, aber die nach HGB gängige Praxis der Übernahme steuerlicher Abschreibungsbeträge ist prinzipiell ausgeschlossen. Stimmen steuerliche Abschreibungssätze mit den Abschreibungen überein, die wirtschaftlich den Nutzungsverlauf zweckadäquat widerspiegeln, so liegt eine Identität der Abschreibungen (zufällig) faktisch vor – die im Abschluss nach IAS gewählte Methode darf indes nicht mit steuerrechtlichen Erwägungen begründet werden.

Unzulässig sind in jedem Fall Sonderabschreibungen nach dem Fördergebietsgesetz oder Übertragungen von § 6b EStG-Reserven. Sie sind durch planmäßige Abschreibungen zu ersetzen. Auch wenn die Bilanzposition des Sachanlagevermögens in einer Bankbilanz selten ein Volumen von über 1% einnimmt, kann die Wertermittlung gerade im Bereich von Grundstücken und Gebäuden sehr zeitaufwendig sein, wenn regelmäßig steuerliche

Begünstigungsregelungen beansprucht und die Bilanzierung auch im Konzernabschluss unter HGB entsprechend vorgenommen wurde. Dies gilt umso mehr für Konzerne mit zahlreichen Auslandstochtergesellschaften bei Inanspruchnahme ähnlicher Regelungen in den betreffenden Ländern.

In praktischer Hinsicht stellt sich zudem die Frage der Behandlung geringwertiger Wirtschaftsgüter. Aus der Konzeption der IAS, die steuerliche Wertansätze unberücksichtigt lassen, ist eine Antwort hierauf selbstverständlich nicht zu gewinnen. In der Literatur wird zweckmäßigerweise die praxisnahe Ansicht vertreten, dass eine im deutschen Steuerrecht in § 6 Abs. 2 EStG eröffnete Sofortabschreibung aufgrund des Wesentlichkeitsprinzips analog in einem Abschluss nach IAS angewandt werden kann[31].

Unterschiede in der Bilanz (8)

Sachanlagen (2)

- Tendenziell höherer Wertansatz im Abschluss nach IAS, weil steuerliche Bewertungswahlrechte den Ansatz nicht beeinflussen dürfen, zum Beispiel
  - Sonderabschreibungen nach dem Fördergebietsgesetz
  - Übertragungen nach § 6b EStG
- Enthalten im Abschluss nach IAS keine Leasinggegenstände, wenn die Bank beim Finanzierungsleasing als Leasinggeber auftritt
  - statt der Leasingobjekte werden Forderungen in Höhe der Barwerte der vertraglich vereinbarten Zahlungen ausgewiesen (IAS 17.28)

In praktischer Hinsicht stellt sich zudem die Frage der Behandlung geringwertiger Wirtschaftsgüter. Aus der Konzeption der IAS, die steuerliche Wertansätze unberücksichtigt lassen, ist eine Antwort hierauf selbstverständlich nicht zu gewinnen. In der Literatur wird zweckmäßigerweise die praxisnahe Ansicht vertreten, dass eine im deutschen Steu-

31 Vgl. BALLWIESER, W., IAS 16 Sachanlagen, in: BAETGE, J./DÖRNER, D. u.a. (Hrsg.), a.a.O., Tz. 3.

errecht in § 6 Abs. 2 EStG eröffnete Sofortabschreibung aufgrund des Wesentlichkeitsprinzips analog in einem Abschluss nach IAS angewandt werden kann[32].

Zu weiteren Veränderungen im Sachanlagevermögen kann es ansonsten durch eine unterschiedliche Abgrenzung kommen, insbesondere wenn eine Bank umfangreiche Leasingaktivitäten betreibt. Die Behandlung von Leasinggeschäften ist in IAS 17 geregelt.[33] Dabei wird zwischen Finance Leases und Operating Leases unterschieden. Alle Leasingverträge nach deutschem Leasingverständnis und diesen ähnliche Vertragstypen sind hiernach im Konzernabschluss nach IAS nach eingehender Würdigung aller relevanten Aspekte entweder als Finance Lease oder als Operating Lease zu klassifizieren. Die übliche Übernahme der Zuordnungsregeln nach den deutschen Leasingerlassen für den Konzernabschluss ist unzulässig. Während bei Finance Leases die Zurechnung des Leasinggegenstandes grundsätzlich zum Leasingnehmer erfolgt, wird der Leasinggegenstand bei Operating Leases weiter beim Leasinggeber ausgewiesen. Für die Zuordnung ist letztlich die Verteilung von Risiken und Chancen aus dem Leasingobjekt zwischen Leasinggeber und Leasingnehmer ausschlaggebend. Bei der Beurteilung, welche Auswirkungen der retrospektive Übergang auf die Bilanzierung von Leasingverhältnissen nach den IAS hat, sind sämtliche Leasingverhältnisse in Betracht zu ziehen. Im Zusammenhang mit dem Übergang auf die Rechnungslegung nach IAS ist hierbei erforderlich, sämtliche leasingähnlichen Vertragsverhältnisse zu homogenen Gruppen zusammenzufassen und hinsichtlich ihrer Auswirkungen sowohl zum Erstanwendungszeitpunkt als auch in den Folgeperioden zu analysieren. Dies kann einen nicht zu unterschätzenden Zeitaufwand für die Ermittlung der relevanten Daten bedeuten. Gegebenenfalls sind Anpassungen in den IT-Systemen unvermeidlich.

Einen zusätzlichen Unterschied im Sachanlagevermögen hat IAS 40 für Immobilien gebracht, die nicht selbst genutzt werden (etwa als Verwaltungsgebäude oder Filiale). So ist zu prüfen, ob eine Einstufung als Investment Property notwendig ist. IAS 40 ist für den Ansatz und die Bewertung der Investment Properties sowie für die Angaben zu diesen Immobilien anzuwenden (die deutsche Übersetzung der als Finanzinvestition gehaltenen Immobilie hat sich im Sprachgebrauch (noch) nicht durchgesetzt). Nach IAS 40.2 behandelt der Standard Ansatz und Bewertung von Finanzinvestitionen in Immobilien in den Abschlüssen eines Leasingnehmers, soweit Finanzierungsleasing vorliegt, und in den Abschlüssen eines Leasinggebers bei Operate Leases. Werden Sachverhalte allerdings in dem spezifischen Leasingstandard IAS 17 geregelt, so gehen diese Vorgaben vor. IAS 40 enthält über die Ansatz- und Bewertungsfragen hinausgehend auch Offenlegungsanforderungen. Der Standard ist aber nicht auf Leasingverhältnisse begrenzt.

Als Investment Properties werden vielmehr nach IAS 40.4 ganz allgemein und übergreifend Immobilien verstanden, die vom Eigentümer (oder vom Leasingnehmer im Rahmen

---

32 Vgl. BALLWIESER, W., IAS 16 Sachanlagen, in: BAETGE, J./DÖRNER, D. u.a. (Hrsg.), a.a.O., Tz. 3.

33 Vgl. den Beitrag „Leasingverhältnisse“.

eines Finanzierungsleasingverhältnisses) zur Erzielung von Mieteinnahmen und/oder zum Zwecke der Wertsteigerung gehalten werden. Der Standard selbst enthält Beispiele für Immobilien, die als Finanzinvestition gehalten werden (IAS 40.6). Außerdem werden Fälle enumeriert, die nicht in den Anwendungsbereich von IAS 40 fallen, weil sie keine Investment Properties darstellen (IAS 40.7). Für Kreditinstitute sind dabei nur bestimmte Beispiele besonders relevant.

Investment Properties

Beispiele für Investment Properties

- Grundstücke, die langfristig zum Zwecke der Wertsteigerung gehalten werden
- Gebäude im Eigentum des Bilanzierenden und gleichzeitig Vermietung im Rahmen eines Operating-Leasingverhältnisses

Beispiele für Fälle, die keine Investment Properties sind

- Immobilien, die vom Eigentümer selbst genutzt werden (IAS 16-relevant)
- Immobilien, die ausschließlich zum Zwecke der Weiterveräußerung in naher Zukunft erworben wurden
- Immobilien, die für Dritte erstellt oder entwickelt wurden

Der übergreifende Standard geht natürlich nicht auf die Besonderheiten des Kreditgewerbes - zumal in Deutschland - ein. Aus der hinter dem Standard stehenden Regelungsabsicht wird aber erkennbar, dass Rettungserwerbe im Immobilienbereich sicherlich nicht in den Anwendungsbereich des Standards fallen. Sie sind vielmehr nach den Vorschriften von IAS 16 zu behandeln, was in der Praxis dazu führt, dass ein Ansatz zu fortgeführten Anschaffungskosten entsprechend dem Benchmark Treatment vorgesehen ist. Die Bewertung zum Fair Value wird demgegenüber lediglich als alternative Behandlung betrachtet.

Im Ergebnis mag die Einordnung nach IAS 16 oder IAS 40 gleichgültig erscheinen. Aus der Entstehungsgeschichte von IAS 40 ist jedoch erkennbar, dass dem IASB für Investment Properties viel stärker an einer marktnahen Bewertung gelegen ist[34]. Der Entwurf

34 Für die Fortentwicklung ist geplant, Investment Properties als gesonderte Bilanzposition aufzunehmen.

dieses Standards hat diese Bewertung noch als einzig zulässiges Verfahren vorgesehen. Erst bei Erlass des endgültigen Standards wurde eine Wahlmöglichkeit eingeräumt. Diese Entscheidungsfreiheit wird vom geltenden IAS 40 völlig neutral betrachtet, indem in IAS 40 keine Unterscheidung zwischen Benchmark Treatment und Allowed Alternative Treatment aufgenommen wurde.

So ist nach IAS 40.24 die Bilanzierung zum Fair Value oder zu fortgeführten Anschaffungskosten freigestellt. Unabhängig davon, ob – in der Terminologie des Standards – das Modell des beizulegenden Zeitwertes oder das Anschaffungskostenmodell angewendet wird, verlangt IAS 40.26 die Angabe des beizulegenden Zeitwertes. Kommt dieser nicht in der Bilanz zum Ansatz, ist er in den Notes offen zu legen.

Aufgrund von IAS 40.47 gilt eine widerlegbare Vermutung, dass ein Unternehmen in der Lage ist, den beizulegenden Zeitwert laufend zu bestimmen. Eher als Ausnahme wird es angesehen, dass eindeutige substanzielle Hinweise vorliegen könnten, die eine Ermittlung des Fair Values nicht möglich erscheinen lassen. Dies sei wohl nur dann der Fall, wenn vergleichbare Markttransaktionen selten und anderweitige Schätzungen für den beizulegenden Zeitwert – etwa basierend auf diskontierten Cash-Flow-Prognosen – nicht verfügbar sind. Die Erstellung eines Gutachtens wird zwar in IAS 40.26 empfohlen, ist jedoch nicht verpflichtend.

Wählt eine Bank die Bilanzierung auf Basis des Fair Value-Modells, so sind im Sinne eines „ganz oder gar nicht-Ansatzes" alle Investment Properties zum Fair Value zu bewerten. Fair Value-Änderungen sind nach IAS 40.28 erfolgswirksam über die Gewinn- und Verlustrechnung zu bewerten (bei Wahl der Neubewertungsmethode für die (übrigen) Sachanlagen wäre ein „Parken" in der Neubewertungsrücklage erforderlich). Die Bilanzierung zum Fair Value ist solange fortzusetzen, bis die betreffende Immobilie abgeht (oder selbst genutzt wird). Dies gilt auch dann, wenn vergleichbare Markttransaktionen seltener auftreten oder Marktpreise seltener verfügbar wären.

Sofern sich eine Bank für das Anschaffungskostenmodell entscheidet, hat es seine gesamten Immobilien, die als Finanzinvestition gehalten werden, entsprechend der Benchmark-Methode von IAS 16 zu bewerten.

Die Bilanzierung, Bewertung und Offenlegung von Ertragsteuern wird in einem eigenständigen Standard, IAS 12, auf knapp 70 Textseiten und in über 90 Textziffern umfassend behandelt.[35] Das Schwergewicht der Neuregelungen aus dem im Jahre 1996 überarbeiteten Standard liegt in den latenten Steuern.[36] IAS 12 ersetzt dabei in seiner jetzigen Fassung das ursprüngliche theoretische Timing-Konzept durch das weiterreichende Temporary-Konzept. Während die früheren Regelungen konzeptionell mit den auf den Europäischen Richtlinien basierenden HGB-Vorschriften materiell überein-

35 Vgl. den Beitrag „Tatsächliche und latente Ertragsteuern".

36 Vgl. zum Ausweis von latenten Steuern den Abschnitt 7.1 im Beitrag „Tatsächliche und latente Ertragsteuern"in diesem Buch.

stimmten, bringt die Neuregelung durch den erweiterten Ansatz gravierende Auswirkungen in einem Abschluss nach IAS. Nunmehr sind nicht nur alle Ergebnisunterschiede anzusetzen, die sich in absehbarer Zeit quasi automatisch über die Gewinn- und Verlustrechnung ausgleichen, sondern darüber hinaus auch (zunächst) erfolgsneutrale Wertunterschiede zwischen der steuerlichen Gewinnermittlung und einem (Konzern-)Abschluss nach IAS. In gängiger Sprachregelung werden diese Unterschiede quasi permanente Differenzen genannt, selbst wenn der Standard diesen Begriff nicht verwendet. Nach IAS 12 ist ein Unternehmen also verpflichtet, eine latente Steuerschuld und – von wenigen Ausnahmen abgesehen – einen latenten Steueranspruch für alle temporären Differenzen, einschließlich der quasi permanenten Unterschiede, anzusetzen.

Unterschiede in der Bilanz (9)

Ertragsteueransprüche

- Steueransprüche und Steuerschulden sind getrennt von anderen Vermögenswerten und Schulden in der Bilanz darzustellen (IAS 12.69, IAS 1.66)
- Latente Steueransprüche und latente Steuerschulden sind von tatsächlichen Steuererstattungsansprüchen und tatsächlichen Steuerschulden zu unterscheiden (IAS 12.69)
- Saldierungsmöglichkeit nur unter sehr restriktiven Voraussetzungen gegeben (IAS 12.71, 74)
- Umfangreiche Offenlegungspflichten (IAS 12.79 - 82)

Neben den Regelungen zu latenten Steuern enthält der Standard (selbstverständlich) auch Vorschriften zur Bilanzierung von tatsächlichen Steuerschulden und Steuererstattungsansprüchen. Nach IAS 12.12 sind die tatsächlichen Ertragsteuern für die laufende und frühere Perioden in dem Umfang, in dem sie noch nicht (voraus-) bezahlt sind, als Verbindlichkeit anzusetzen. Falls der auf die laufende und frühere Perioden entfallende und bereits bezahlte Betrag den für diese Perioden geschuldeten Betrag übersteigt, sieht IAS 12.12 zweckmäßiger Weise für den Unterschiedsbetrag eine Aktivierungspflicht vor. Der in der Erstattung tatsächlicher Ertragsteuern einer früheren Periode bestehende Vorteil eines steuerlichen Verlustrücktrages ist als Vermögenswert gemäß IAS 12.13 zu aktivieren. Darüber hinaus sieht IAS 12.34 vor, dass ein latenter Steueranspruch für den Vortrag noch nicht genutzter steuerlicher Verluste und noch nicht genutzter Steuergutschriften in dem Umfang zu bilanzieren ist, in dem es wahrscheinlich ist, dass zukünftiges zu versteuerndes Ergebnis zur Verfügung stehend wird, gegen das die noch nicht genutzten steuerlichen Verluste und noch nicht genutzten Steuergutschriften verwendet werden können.

Steueransprüche und Steuerschulden sind aufgrund von IAS 12.69 getrennt von anderen Vermögenswerten und Schulden in der Bilanz darzustellen. Latente Steueransprüche und latente Steuerverbindlichkeiten sind von tatsächlichen Ansprüchen und Schulden zu unterscheiden.

3.1.3 Passiva

Auch bei den Passivpositionen finden die vorgeschlagenen Mindestausweise nur in leicht modifizierter Form Anwendung. Für institutsindividuelle Lösungen verbleibt genügend Raum. Wünschenswert ist allerdings eine starke Annäherung der Gliederungen, um hierdurch die Vergleichbarkeit „auf den ersten Blick" zu erhöhen.

Unterschiede in der Bilanz (10)

Auswirkungen auf Passiva

Verbindlichkeiten gegenüber Kreditinstituten
Verbindlichkeiten gegenüber Kunden
Verbriefte Verbindlichkeiten
➔ Handelspassiva
➔ Rückstellungen
➔ Ertragsteuerverpflichtungen
Sonstige Passiva
Nachrangkapital
➔ Anteile in Fremdbesitz
Eigenkapital
– Gezeichnetes Kapital
– Kapitalrücklage
– Gewinnrücklagen
– Konzerngewinn

Summe der Passiva

Die Passivseite einer Bankbilanz wird – hinsichtlich der Höhe der Bilanzpositionen – dominiert von dem Einfluss des Standards zum Ansatz und zur Bewertung von Finanzinstrumenten, IAS 39, und von den Regelungen zur Bildung von Pensionsrückstellungen.

Für die Financial Liabilities trifft IAS 39 die Unterscheidung in Verbindlichkeiten, die dem Handel zuzuordnen sind und sonstigen finanziellen Verbindlichkeiten.

Unter der Position Handelspassiva findet sich die Bilanzierung von Verpflichtungen aus Leerverkäufen und von negativen Marktwerten der derivativen Finanzinstrumente. Negative Marktwerte umfassen dabei die negativen Bewertungsergebnisse der zu Marktwerten bilanzierten Derivate des Handels. Vor Implementierung von IAS 39 erschöpfte sich die Zuordnung der relevanten Derivate auf diejenigen derivativen Finanzinstrumente, die auch tatsächlich in entsprechender Verantwortung des Handels lagen. Durch die neuen Regelungen von IAS 39, die eine zwangsweise Zuordnung von (allen) Derivaten zum Handel vorsehen, es sei denn sie wären in einen rechnungslegungsmäßig abbildungsfähigen Sicherungszusammenhang gekleidet, kann analog zur Aktivseite die Passivposition nunmehr auch negative Marktwerte von Derivaten des Bankbuches enthalten. In früheren Bankabschlüssen erfolgte demgegenüber häufig eine Subsumtion unter die Position der Sonstigen Passiva.

Unterschiede in der Bilanz (11)

Handelspassiva

- Bilanzierung von
  - Verpflichtungen aus Leerverkäufen und
  - negativen Marktwerten von derivativen Finanzinstrumenten
- Negative Marktwerte von derivativen Finanzinstrumenten umfassen
  - negative Bewertungsergebnisse aus zu Marktwerten bilanzierten Derivaten des Handels
- Bewertung der Handelsaktivitäten komplett zu Marktwerten nach IAS 25.19 und (neu) IAS 39

Die Passivierung von Pensionsrückstellungen wird bisweilen als markantestes Beispiel dafür herangezogen, dass ein unter deutschen Regeln erstellter Abschluss trotz des dominierenden Vorsichtsprinzips gravierende stille Lasten enthalten kann.[37] So kam es in der Praxis der Umstellung der Rechnungslegung auf internationale Regeln – seien es nun IAS oder US-GAAP – regelmäßig zu einem bemerkenswerten Nachholeffekt bei der Bildung der Pensionsrückstellungen. Überragende Beachtung fand etwa die Umstellung der Daimler Benz AG im Jahre 1993. Im Gegensatz zu einem Gewinn in Höhe von 615 Mio. DM war nach US-GAAP ein Verlust von 1.839 Mio. DM auszuweisen[38], der vornehmlich mit der Bilanzierung der Pensionsrückstellungen begründet wurde. Bei Interpretation des Jahresüberschusses ist ergänzend zu berücksichtigen, dass auch das Konzerneigenkapital einen deutlichen Sprung erfahren hat. Es betrug nach US-GAAP 26,3 Mrd. DM im Vergleich zu 18,1 Mrd. DM nach HGB und war damit knapp 50% höher. Solche Eigenkapitalzuwächse sind im Bankenbereich bislang nicht üblich gewesen.

Im Zusammenhang mit der Passivierung von Pensionsrückstellungen darf nach den Erfahrungen der veröffentlichten Abschlüsse allerdings durchaus mit bemerkenswert höheren Beträgen gerechnet werden. Der Unterschied von häufig 20% bis 30% höheren Wertansätzen nach IAS erklärt sich durch die deutsche Bilanzierungspraxis, die mangels konkreter Vorgaben des HGB in der Regel auf die einkommensteuerliche Regelung zurückgegriffen hat. Insofern schlägt sich in einem deutschen Abschluss das Teilwertverfahren von § 6a EStG nieder. Demgegenüber sieht IAS 19 davon abweichende Verfahren zur Bildung von Rückstellungen vor. So ist der dem steuerrechtlichen Teilwertverfahren in Deutschland zugrundegelegte Diskontierungssatz von 6% zu ersetzen durch den Kapitalmarktzins für langfristige Mittelanlagen auf dem Kapitalmarkt in Titeln erster Bonität (in der Regel Staatsanleihen). Eine Berücksichtigung von Versorgungsberechtigten erst ab dem Zeitpunkt, zu dem sie in der Mitte des Geschäftsjahres mindestens 30 Jahre alt werden, wie dies von § 6a EStG vorgesehen ist, entspricht nicht IAS 19. Außerdem werden bei der Bewertung der Pensionsverpflichtungen nach den IAS künftig zu erwartende Gehaltssteigerungen und Pensionsanpassungen rechnerisch berücksichtigt. Da künftige Gehaltssteigerungen und Pensionsanpassungen sowie die zugrundezulegenden Marktzinsen im Zeitablauf im Gegensatz zu § 6a EStG also nicht konstant bleiben, können die Pensionsrückstellungen im Zeitablauf durchaus stärker schwanken.

---

37 Vgl. den Beitrag „Pensionsverpflichtungen (und sonstige Leistungen)".

38 Vgl. DAIMLER BENZ, Geschäftsbericht 1993, Stuttgart.

Unterschiede in der Bilanz (12)

Rückstellungen, hier: Pensionsrückstellungen nach IAS 19

IAS	HGB
■ Bewertung zum "Marktwert"	■ Bewertung zum "Teilwert"
– Diskontierung zum aktuellen Marktzins (Deutsche Bank 1997: 5 % bis 9 %)	– Bewertung orientiert sich faktisch an § 6a EStG
– prognostizierte Gehaltsentwicklung (Deutsche Bank 1997: 2,5 % bis 5 %)	– Barwert künftiger Pensionsleistungen
– Anpassung der laufenden Pensionszahlungen (Deutsche Bank 1997: 2 % bis 4 %)	– Diskontierungssatz von 6 %
– Deutsche Bank Wertansatz zum 31.12.1997: 6,6 Mrd. DM	– Deutsche Bank Wertansatz zum 31.12.1997: 4,7 Mrd. DM (letzter Parallelabschluss)

Die Regelungen nach IAS 19 unterscheiden bei den Pensionsrückstellungen zwei Verfahren, leistungsorientierte Versorgungszusagen und betragsorientierte Versorgungspläne. Bei den leistungsorientierten Versorgungszusagen orientieren sich die späteren Versorgungsleistungen nach IAS 19.15 an den künftig gültigen Bezügen und der Zahl der Dienstjahre des Mitarbeiters. Für die Rechtsverpflichtung der Bank ist die Rückstellung dann derart zu bilden, dass sie sich periodisch über die verbleibenden Dienstjahre des Mitarbeiters aufbaut.

Bei den beitragsorientierten Versorgungsplänen besteht die Verpflichtung des Kreditinstituts lediglich in der Zahlung von vereinbarten Beträgen an einen separaten Fonds, der die Leistungen im Versorgungsfall erbringt. Als erstes größeres deutsches Kreditinstitut hat die Deutsche Bank zum Jahresende 2002 angekündigt, dass sie den größten Teil ihrer Pensionsrückstellungen in eine Fonds-Struktur einbringen wird. Das Deckungsvermögen der Verpflichtungen ist dem Zugriff der Bank dabei entzogen. Auf diese Weise bereitet sich die Bank auf eine Weiterentwicklung zu einem streng beitragsbezogenen Pensionssystem vor, falls der deutsche Gesetzgeber den Weg zu einem echten Pensionsfonds einmal ebnen sollte.

Nach IAS 19 bestimmen sich die Versorgungsleistungen an den Arbeitnehmer nach den an den Fonds geleisteten Beiträgen und den hieraus durch das Fondsmanagement erwirtschafteten Ergebnissen. Der auf das Geschäftsjahr entfallende vereinbarte Betrag ist in der Gewinn- und Verlustrechnung nach IAS 19.18 als Aufwand zu erfassen.

Im ersten Abschluss nach IAS der Deutschen Bank im Geschäftsjahr 1995 war ein Zuführungsbetrag zu den Pensionsrückstellungen im Vergleich zum HGB in Höhe von 2,1 Mrd. DM zu verzeichnen. Der Unterschied verflüchtigte sich auch in den Folgejahren nicht.

Fremdanteile am Eigenkapital und am Konzernjahresüberschuss sind jeweils gesondert auszuweisen. Sie werden nach gegenwärtig gültigem IAS 27.15 und IAS 27.26 als Position sui generis betrachtet und sind als Minderheitenanteile am Eigenkapital gesondert zwischen dem Eigenkapital und dem Fremdkapital auszuweisen und (nur) das auf die Anteilseigner des Mutterunternehmens entfallende Nettoergebnis als Konzernergebnis zu zeigen. Nach IAS 27 sind auf Minderheitsaktionäre entfallende Verluste, die deren Anteil am Eigenkapital der betreffenden Gesellschaft übersteigen, direkt mit den Gewinnrücklagen zu verrechnen, es sei denn für den Minderheitsaktionär besteht eine bindende Verlustausgleichsverpflichtung, und dieser ist auch in der Lage, der Verpflichtung nachzukommen.

Unterschiede in der Bilanz (13)

Anteile in Fremdbesitz

- Gesonderter Ausweis in der Bilanz nach IAS 1.66 gefordert
- Eigene Position außerhalb des Eigenkapitals und der Schulden (Position sui generis; IAS 27.26)
- Auf konzernfremde Gesellschafter entfallende Ergebnisse sind in der GuV gesondert auszuweisen (IAS 27.26)

Nach der Stellung von IAS 27 sind die Fremdanteile also streng genommen weder Eigenkapital noch Fremdkapital, besitzen durch die Herauslösung aus den Eigenkapitalpositionen allerdings starken Fremdkapitalcharakter. Eine solche Handhabung ist insofern verständlich, als diesem Kapital aus Konzernsicht nur eine Finanzierungsfunktion zukommt, während sich die Haftungsfunktion auf das jeweilige Einzelunternehmen beschränkt. Betriebswirtschaftlich gibt es gleichwohl das Gegenargument, dass dieses Kapital zu Eigenkapitalkostensätzen zur Verfügung steht und somit nicht zu Leverage-Effekten genutzt werden kann. Die Positionierung der Anteile in Fremdbesitz wird gegenwärtig überdacht.

Alle Effekte aus der Umstellung der Rechnungslegung münden letztlich in einer Veränderung der Gewinnrücklagen. Zwar ergibt sich dies nicht unmittelbar aus gegenwärtig bestehenden Standards[39]. So ist nach IAS 8.46 lediglich geregelt, dass bei der erstmaligen Anwendung eines Standards spezifische Übergangsvorschriften zu beachten sind. Im übrigen ist gemäß IAS 1.11 ein Konzernabschluss bei der erstmaligen Anwendung von Standards nur dann als vollständig übereinstimmend mit den IAS zu bezeichnen, wenn alle relevanten Standards eingehalten worden sind. Zur Auslegung normiert inzwischen aber die offizielle Interpretation SIC 8.3 die Fiktion, dass in der Periode, in der ein Unternehmen zum ersten Mal IAS als primäre Basis der Rechnungslegung anwendet, der Abschluss grundsätzlich so aufzustellen ist, als ob er schon immer nach den Standards und Interpretationen, die für die Periode der erstmaligen Anwendung von IAS gelten, aufgestellt worden wäre. Die entsprechenden materiellen Auswirkungen aus der Erstanwendung sind nach SIC 8.5 mit den Gewinnrücklagen zu verrechnen.

Überleitung von HGB auf IAS und Behandlung der Unterschiedsbeträge

Erstanwendung retrospektiv

- IAS 1 (revised 1997) und IAS 8 ließen die Frage offen

  (IAS 8.49: "Eine Änderung einer Bilanzierungs- oder Bewertungsmethode ist retrospektiv vorzunehmen, es sei denn, dass der auf frühere Perioden entfallende Anpassungsbetrag nicht vernünftig bestimmt werden kann.")
- Klarstellung der retrospektiven Erstanwendung explizit durch SIC 8.3
- Retrospektive Erstanwendung vermeidet:
  - weltweites Mißtrauen gegen die Bilanzierung nach IAS bei Interpretation "durch die deutsche Brille"
  - Kompatibilitätsprobleme zwischen IAS und HGB, z.B. bei der Marktbewertung von Handelsaktivitäten

---

39 Eine Neuregelung ist allerdings geplant, der entsprechende Entwurf wurde Mitte des Jahres 2002 veröffentlicht.

3.2 Unterschiede in der Gewinn- und Verlustrechnung

3.2.1 Grundkonzeption

Auch für die Gewinn- und Verlustrechnung gibt IAS 30 kein starres Gliederungsschema vor. So ist es der bilanzierenden Bank grundsätzlich frei gestellt, welche Positionen in die Gewinn- und Verlustrechnung aufgenommen werden. Der Vergleichbarkeit wäre es jedoch abträglich, wenn die Gliederungspositionen zu deutlich von einander abwichen. In IAS 30.9-17 wird allerdings der Ausweis von bestimmten Ertrags- und Aufwandskomponenten geregelt. Auf diese Weise soll ein Mindestmaß an Vergleichbarkeit sichergestellt werden.

In der Praxis hatten sich vor Inkrafttreten von IAS 39 – zumindest in Deutschland – weitgehend einheitliche Gliederungsformen herausgebildet. Nach Implementierung des Standards zu Ansatz und Bewertung von Finanzinstrumenten zeigen sich jedoch deutlichere Unterschiede, die sich in den kommenden Jahren möglicherweise wieder egalisieren werden.

Grundsätzliche Informationsverluste entstehen gleichwohl nicht. Entscheidet sich die bilanzierende Bank im Einzelfall gegen einen gesonderten Ausweis einer bestimmten Aufwands- oder Ertragsquelle in der Gewinn- und Verlustrechnung, so ist diese in den Notes entsprechend offen zu legen. Dies gilt auch für die Detaildichte, die die RechKredV in einem deutschen Abschluss im Rahmen der Gliederung der Gewinn- und Verlustrechnung vorsieht. Bei (zulässiger und üblicher) Wahl einer straffen Gliederung der Gewinn- und Verlustrechnung werden die weiteren Informationen in den Notes bereitgehalten.

Eine Beschränkung in der Gewinn- und Verlustrechnung auf die wesentlichen Positionen und eine Verlagerung der Detailinformationen in die Notes besitzt für den Bilanzierenden den Vorteil, innere Zusammenhänge besser verdeutlichen zu können. Der Abschlussleser ist allerdings mangels einheitlicher Gliederungen der Erfolgsrechnung gezwungen, für Institutsvergleiche jeweils sowohl die entsprechende Gewinn- und Verlustrechnung sowie die betreffenden Notesangaben gemeinsam zu betrachten.

Aus IAS 30 geht ferner nicht hervor, ob die Gewinn- und Verlustrechnung in der international vorherrschenden Staffelform oder in der Kontoform vorzulegen ist. Auch IAS 1 enthält hierzu keine strikte Vorgabe, so dass von einem Wahlrecht auszugehen ist. Aus Gründen der Vergleichbarkeit mit publizierten Abschlüssen empfiehlt sich die Offenlegung nach der Staffelform. Der Einzug von Zwischensummen erleichtert das Erkennen von sachlogischen Zusammenhängen.

In IAS 30.9 ist die grundsätzliche Verpflichtung zur Erstellung einer Gewinn- und Verlustrechnung normiert. Außerdem regelt IAS 30.9, dass Erträge und Aufwendungen – ganz allgemein – nach Arten zu gruppieren und die Summe der Hauptertrags- und –aufwandsarten gesondert auszuweisen sind. Insofern besteht die abstrakte Verpflichtung des Einzelausweises für bestimmte Erfolgskomponenten in der Gewinn- und Verlustrechnung.

IAS 30.11 unterstellt bei folgenden Ertragsarten, dass es sich bei einer Bank typischerweise um Hauptertragsarten handelt:

- Zinserträge,
- Dienstleitungsentgelte,
- Provisionserträge,
- Handelsergebnis.

Der Unterschied zwischen den bezeichneten Dienstleistungsentgelten und den Provisionserträgen bleibt nach IAS 30 offen. Normalerweise werden beide Begriffe synonym verwendet.

Sollte eine der oben aufgeführten Positionen bei der bilanzierenden Bank tatsächlich eine Hauptertragsart darstellen, so ergibt sich aus dem Zusammenspiel von IAS 30.11 mit IAS 30.9 eine Ausweispflicht in der Gewinn- und Verlustrechnung. Eine Verlagerung in die Notes wäre in diesem Fall ebenso unzulässig wie eine Saldierung mit den korrespondierenden Aufwendungen.

Demgegenüber kann auf einen separaten Ausweis in der Gewinn- und Verlustrechnung verzichtet werden, wenn für das bilanzierende Kreditinstitut die genannte Ertragsart nicht zu einer Hauptertragsart gehört. Da auch für die Publizität in den Notes das Wesentlichkeitskriterium herangezogen werden kann, braucht die entsprechende Ertragsart auch nicht (künstlich) in den Notes aufgegliedert zu werden.

Im Vergleich zu den Hauptertrags- und Aufwandsarten enthält IAS 30.10 für bestimmte Erfolgskomponenten explizit ein Wahlrecht zur Offenlegung in der Gewinn- und Verlustrechnung oder in den Notes. Bezogen auf die Ertragsarten handelt es sich um:

- Zinsen und ähnliche Erträge,
- Dividendenerträge,
- Provisionserträge,
- Gewinne abzüglich Verluste aus Wertpapieren des Handelsbestandes,
- Gewinne abzüglich Verluste aus Wertpapieren des Anlagevermögens,
- Gewinne abzüglich Verluste aus dem Devisenhandel,
- Sonstige betriebliche Erträge.

Es stellt sich unmittelbar die Frage, wie die Eröffnung des Wahlrechtes zur Offenlegung in der Gewinn- und Verlustrechnung oder in den Notes zu der Verpflichtung zum Ausweis von Hauptertragsarten ausschließlich in der Gewinn- und Verlustrechnung steht. Auf den ersten Blick scheint hier ein Widerspruch zu bestehen.

IAS 30.10 enthält lediglich eine Aufzählung der generell offen zu legenden Erfolgskomponenten. Daher ist diese Enumeration auch umfangreich ausgefallen. Sollte eine dieser Erfolgsbestandteile bei der betreffenden Bank tatsächlich eine Haupterfolgsquelle darstellen, so greift IAS 30.11 ergänzend ein, indem er klarstellt, dass in diesem Fall eine Pflicht zum Ausweis in der Gewinn- und Verlustrechnung gegeben ist, eine Verlagerung in die Notes wäre unzulässig.

Für die übrigen Erfolgskomponenten gilt dann das aufgeführte Wahlrecht, die Offenlegung in die Notes zu verlagern. So ist es beispielsweise möglich (und in der Praxis auch üblich), die Gewinne abzüglich der Verluste aus dem Devisenhandel und die Gewinne abzüglich der Verluste aus Wertpapieren der übergeordneten Position des Handelsergebnisses unterzuordnen und dementsprechend lediglich die zentrale (Haupt-) Erfolgsposition in der Gewinn- und Verlustrechnung zu zeigen.

Insofern beschränkt sich der Wahlrechtsausweis eher auf die Aufgliederung von zusammengefassten Positionen, wie Zinserträge (die auch die Dividendenerträge mit beinhalten) oder das Handelsergebnis.

Die gleiche Regelung gilt selbstverständlich auch für die Aufwendungen. IAS 30.12 nennt als Hauptaufwandsarten:

- Zinsaufwendungen,
- Provisionsaufwendungen,
- Verluste aus dem Kreditgeschäft,
- Erfolgsbelastungen aus der Verminderung des Wertansatzes von Investments,
- Allgemeine Verwaltungsaufwendungen.

Analog zu den Hauptertragsarten sind die Hauptaufwandsarten dann zwingend in der Gewinn- und Verlustrechnung zu zeigen, wenn sie bei dem bilanzierenden Kreditinstitut in der Geschäftstätigkeit eine wesentliche Belastung darstellen. Andernfalls ist keine Ausweispflicht gegeben, weder in der Gewinn- und Verlustrechnung noch – wegen des Wesentlichkeitsprinzips – in den Notes.

Für die nachfolgenden Aufwendungen sieht IAS 30.10 ein (formales) Wahlrecht zum Ausweis in der Gewinn- und Verlustrechnung oder den Notes vor:

- Zinsen und ähnliche Aufwendungen,
- Provisionsaufwendungen,
- Verluste aus dem Kreditgeschäft,

- Allgemeine Verwaltungsaufwendungen,
- Sonstige betriebliche Aufwendungen.

Entsprechend der Regelung für die Erträge ist auch für diese Aufwendungen festzustellen, dass die Wahlmöglichkeit eher für die Aufgliederung der entsprechenden Aufwandskomponenten gegeben ist. Sollte eine dieser Aufwendungen nämlich unwesentlich sein, so liegt keine Verpflichtung zum gesonderten Ausweis vor, weder in der Gewinn- und Verlustrechnung mangels Hauptaufwandsart noch in den Notes mangels Wesentlichkeit.

Die Positionen der Gewinn- und Verlustrechnung sind brutto auszuweisen. Das allgemein postulierte Saldierungsverbot von IAS 30.14-16 wird für die Zinsaufwendungen und –erträge in IAS 30.16 nochmals gesondert hervorgehoben. Es wird für die Zinsen damit begründet, dass auf diese Weise die Zusammensetzung des Zinsüberschusses sowie die Gründe für dessen Veränderungen transparenter werden.

Demgegenüber sollten Erträge und Aufwendungen, die im Zusammenhang mit Sicherungsgeschäften stehen, ökonomisch gesehen nicht von den zugrundeliegenden Geschäften losgelöst werden. Folgerichtig gestatten IAS 30.13 und IAS 30.14 eine Gesamtbetrachtung der Sicherungsgeschäfte.

Außerdem sind aus dem Saldierungsverbot explizit ausgenommen die Gewinne und Verluste aus

- Wertpapieren des Handelsbestandes,
- Wertpapieren des Anlagevermögens,
- Devisenhandelsaktivitäten.

In der Praxis hat sich ein Gliederungsschema für die Gewinn- und Verlustrechnung bewährt, das leicht abweichende Positionsbezeichnungen gegenüber den Begriffen von IAS 30 enthält.

Unterschiede in der Gewinn- und Verlustrechnung (1)

Auswirkungen auf die Gewinn- und Verlustrechnung

Zinserträge
Zinsaufwendungen
Zinsüberschuss
➔ Risikovorsorge im Kreditgeschäft
Zinsüberschuss nach Risikovorsorge
Provisionserträge
Provisionsaufwendungen
Provisionsüberschuss
➔ Handelsergebnis
Ergebnis aus Finanzanlagen
Verwaltungsaufwand
Saldo der Sonstigen Erträge/Aufwendungen aus der gewöhnlichen Geschäftstätigkeit
➔ Ergebnis aus der gewöhnlichen Geschäftstätigkeit vor Steuern
➔ Ertragsteuer auf das Ergebnis der gewöhnlichen Geschäftstätigkeit
Ergebnis aus der gewöhnlichen Geschäftstätigkeit nach Steuern (i.d.R. Jahresüberschuss)

Ebenso wie in der Bilanz, kommt es auch in der Gewinn- und Verlustrechnung zu gesonderten, und insoweit IAS 30 ergänzenden, Ausweispflichten aus branchenübergreifenden Standards. Dazu gehört etwa die Offenlegung der Ertragsteuern auf das Ergebnis der gewöhnlichen Tätigkeit, das aus dem Ertragsteuerstandard IAS 12 stammt oder die Präsentation eines die typische Geschäftstätigkeit kennzeichnenden Saldos, die aus dem allgemeinen Gliederungsstandard IAS 1 resultiert.

3.2.2 Unterschiede in einzelnen Erfolgspositionen

Nach IAS 30.10 gehören zu den Hauptaufwandsarten in der Terminologie des Standards auch Verluste aus dem Kreditgeschäft. Dabei wird die genaue Abgrenzung der Position offengelassen. Statt von Verlusten im Kreditgeschäft wird üblicherweise von der Risikovorsorge im Kreditgeschäft gesprochen.

Nach IAS beschränkt sich die Risikovorsorgeposition in der Gewinn- und Verlustrechnung auf das Kreditgeschäft. Die nach HGB mögliche Überkreuzkompensation der Aufwendungen und Erträge aus der Risikovorsorge im Kreditgeschäft mit Erfolgsbeiträgen aus Wertpapieren der Liquiditätsreserve ist nicht gestattet. Unzulässig ist außerdem die Verrechnung mit Erfolgsbeiträgen aus der stillen Bildung oder Auflösung von Vorsorgereserven für allgemeine Bankrisiken, wie sie § 340f HGB erlaubt.

„Die klare Trennung gestattet es, die „reine Risikovorsorge“ des Kreditgeschäfts direkt an den Zinsüberschuss anzubinden und in der Saldoposition „Zinsüberschuss nach Risikovorsorge“ den betriebswirtschaftlichen Zusammenhang deutlich werden zu lassen, dass im Zins auch eine Risikoprämie enthalten ist“[40].

Unterschiede in der Gewinn- und Verlustrechnung (2)

Risikovorsorge im Kreditgeschäft

- Gesonderter Ausweis in der GuV nach IAS 30.10
- Keine Überkreuzkompensation mehr zulässig (d.h. keine Saldierung von Erfolgskomponenten des Kreditgeschäftes mit Erfolgskomponenten der Wertpapiere der Liquiditätsreserve unter Einbeziehung der § 340f HGB-Reserven erlaubt)

↓

Ausweis der reinen Risikovorsorge
im Kreditgeschäft

Da IAS 30 keine präzise Begriffsabgrenzung vornimmt – der Standard enthält keinen den weiteren Erläuterungen vorgelagerten Abschnitt mit Definitionen -, kann es in der Praxis zu leicht unterschiedlichen Abgrenzungen kommen. Eine Aufgliederung der Einzelkomponenten in eine Bildung von Wertberichtigungen (die sich aus Einzel- und Pauschalwertberichtigungen zusammensetzen) und in unmittelbare Abschreibungen (als Sofortabschreibungen) hat sich in der Gewinn- und Verlustrechnung tendenziell nicht durchgesetzt.

Die erfolgswirksamen Auflösungen von Wertberichtigungen sowie die Eingänge aus abgeschriebenen Forderungen und der Aufwand aus der Dotierung von Rückstellungen im Kreditgeschäft (im wesentlichen Eventualverbindlichkeiten) beziehungsweise der Erträge aus deren Auflösung fließen mithin bei zahlreichen Banken in die Position der

40 Löw, E., a.a.O., S. 15.

Risikovorsorge im Kreditgeschäft. In diesen Fällen werden die Direktabschreibungen und die Eingänge aus abgeschriebenen Forderungen also nicht gesondert in der Gewinn- und Verlustrechnung deutlich. Eine Zuordnung der Eingänge auf abgeschriebene Forderungen würde bei diesem Vorgehen demnach die Nettozuführung zur Kreditrisikovorsorge reduzieren. Auch wenn der Wortlaut von IAS 30.10 scheinbar nur von Verlusten, streng genommen also nur von Aufwendungen, spricht, ist aus ökonomischen Gründen eine Einbeziehung der Auflösungen von Wertberichtigungen als auch der Erträge aus dem Eingang abgeschriebener Forderungen zweckmäßig. Eine Aufgliederung in den Notes zeigt die genaue Entwicklung.

Direktabschreibungen, die in diesem Sinne nicht gesondert in der Gewinn- und Verlustrechnung gezeigt werden, gehen in die Risikovorsorge buchungstechnisch als Zuführung zur Risikovorsorge und gleichzeitig als deren zweckbestimmte Verwendung ein.

Mangels konkreter Vorgaben durch IAS 30 scheint durchaus auch zulässig zu sein, die Eingänge aus abgeschriebenen Forderungen nicht der Kreditrisikovorsorge (mindernd) zuzuordnen, sondern eine Subsumtion unter die Sonstigen betrieblichen Erträge vorzunehmen. Eine Erläuterung der Vorgehensweise sowie der gesonderte Ausweis in den Notes sichert die notwendige Information, um Analysen vornehmen zu können.

In der Praxis ergeben sich weitere Abgrenzungsfragen, die durch IAS 39 zu Finanzinstrumenten ausgelöst wurden. Ein wesentliches Ziel von IAS 39 ist es, alle Derivate (zu Fair Values) in die Bilanz zu nehmen. Wenn das bilanzierende Unternehmen keine Mikro-Beziehung nachweisen kann, um auf diese Weise eine im Risikomanagement vorgenommene Sicherungsbeziehung auch bilanziell wirksam werden zu lassen oder lassen zu können, sieht IAS 39 vor, dass die Fair Value-Änderungen von (freistehenden) Derivaten dem Handelsergebnis zuzuordnen sind. Dahinter steckt die Überlegung des IASB, dass Derivate, die nicht in Hedge-Beziehungen stehen, (wohl) zu Spekulationszwecken gehalten werden.

Unabhängig, ob diese Auffassung für die große Anzahl der (klassischen) Wertpapierderivate in betriebswirtschaftlicher Hinsicht gilt, trifft sie angesichts der Risikomanagementaktivitäten europäischer Banken in der weitaus überwiegenden Mehrheit der Fälle jedenfalls nicht für Kreditderivate zu. In der Geschäftstätigkeit der Banken werden Kreditderivate fast ausschließlich zu Absicherungszwecken genutzt.

Für das Zusammenspiel von Krediten und Kreditderivaten ergibt sich für das bilanzierende Kreditinstitut zunächst die Schwierigkeit, dass die Kredite zu fortgeführten Anschaffungskosten bilanziert werden, während die entsprechenden Kreditderivate zu Fair Values anzusetzen sind. Wertminderungen von Krediten werden mithin in der Risikovorsorge ausgewiesen, Werterhöhungen über die Anschaffungskosten hinaus bleiben unberücksichtigt. Kompensierende Wertentwicklungen von Kreditderivaten sind demgegenüber im Handelsergebnis zu zeigen. Diese Unplausibilität ist durch den Standard vorgezeichnet und lässt sich nicht vermeiden.

Kommt es jedoch zum Credit Event, erhält die Bank aus einem Kreditderivat eine Ausgleichszahlung, die den Kreditausfall ersetzt. Ökonomisch könnte der bloße Ausweis der zweckbestimmten Verwendung in der Risikovorsorge zu einer irreführenden Fehleinschätzung der betrachteten Bank führen, wenn die Zahlung aus dem Kreditderivat im Handelsergebnis gezeigt würde. Hier erscheint es zweckmäßig, eine Kompensation über die Risikovorsorgeposition herzustellen.

Es ist indes nicht auszuschließen, dass Kreditderivate auch zur Generierung von Zusatzerträgen spekulativ eingesetzt werden. Insofern ist eine Zuordnung aller Wertänderungen und Zahlungsströme aus einem Kreditderivat streng zum Handelsergebnis sicherlich ebenfalls zulässig.

Der fehlende Präzisionsgrad von Positionsabgrenzungen der Bilanz oder der Gewinn- und Verlustrechnung durch IAS 30 gestattet einer Bank die dem Handelsergebnis im übrigen zuzuweisenden Komponenten weitestgehend individuell festzulegen. Insofern eröffnet IAS 30 den Kreditinstituten eine Möglichkeit, das Handelsergebnis um Refinanzierungsaufwendungen und laufende Erträge der im Handel gehaltenen Finanzinstrumente, also um Zinsen und Dividenden, zu erweitern. Nach deutschem Handelsrecht sind diese beiden Ergebniskomponenten zwingend im Zinsergebnis auszuweisen, obwohl betriebswirtschaftlich die Zuordnung zum Handelsergebnis zu einer erhöhten Aussagekraft des Handelsergebnisses führt. Eine entsprechende Zuordnung bewirkt selbstverständlich implizit einen Einfluss auf die Zinsmarge, die üblicherweise sinken wird.

Unterschiede in der Gewinn- und Verlustrechnung (3)

Handelsergebnis

- Bewertung der Handelsaktivitäten zu Marktwerten (IAS 25.19 sowie (neu) IAS 39.66, 69)
  - höhere Volatilität der Ergebnisse
  - reine Periodenverschiebung
- Handelsergebnisse nach IAS
  - ermöglicht auch laufende Zinsen, Dividenden, Provisionen und Refinanzierungsbestandteile zu erfassen
  - führt zu einem betriebswirtschaftlich aussagefähigerem Ergebnisausweis
  - bewirkt eine niedrigere Zinsmarge und eine niedrigere Provisionsquote
- Offenlegungspflichten nach IAS 25, IAS 32 und IAS 39

Die zusätzliche Beeinflussung des Handelsergebnisses durch solche Derivate, die aufgrund von IAS 39 dem Handel zuzuordnen sind, obwohl sie nicht im Handelsbuch eingesetzt werden, mag ökonomisch auf den ersten Blick teilweise befremdlich erscheinen, ist aber nicht zu vermeiden. In der Gewinn- und Verlustrechnung ließe sich allenfalls mit einem Davon-Vermerk operieren, der unter IAS ansonsten jedoch eher systemfremd wirkt und deshalb selten vorzufinden ist. Andernfalls hat eine Aufgliederung in den Notes zu erfolgen.

Aus dem branchenübergreifenden IAS 1 ergibt sich, dass der Ausweis einer das operative (gewöhnliche, übliche, typische) Geschäft kennzeichnenden Größe obligatorisch ist. So fordert IAS 1.75 als Pflichtpositionen unter anderem Results of operating activities sowie Profit or loss from ordinary activities. Der allgemeingültige Standard ist bankspezifisch zu interpretieren. Ein Nebeneinander beider Größen entspricht nicht notwendigerweise dem banktypischen Geschäft. Daher wäre es ausreichend, wenn nur eine einzige Position zum bankbetrieblichen Geschäft ausgewiesen würde.

Unterschiede in der Gewinn- und Verlustrechnung (4)

Ergebnis aus der gewöhnlichen Geschäftstätigkeit

- IAS 1.75 fordert als Pflichtpositionen
  - Results of operating activities und
  - Profit or loss from ordinary activities
- In der Praxis Erfüllung durch Ausweis
  - des Betriebsergebnisses (ohne Finanzanlageergebnis und a.o. Erträge/Aufwendungen) oder
  - des Ergebnisses aus der gewöhnlichen Geschäftstätigkeit (unter Einbeziehung des Finanzanlageergebnisses (explizit) und i.d.R. Auflösung der a.o. Erträge/Aufwendungen)

Der Ausweis hat sich in der Praxis tendenziell verändert. Zunächst haben sich die meisten Banken für einen Ausweis der Größe Betriebsergebnis auch in einem Konzernabschluss nach IAS entschieden, da dieser Ausweis bei Analysten für die Beurteilung der Ertragskraft und Ertragslage zentrale Bedeutung hat.

Die Angabe des Betriebsergebnisses hatte sich für einen Bankabschluss nach HGB Anfang bis Mitte der 90er Jahre durchgesetzt, obwohl dies weder für den Einzelabschluss noch für den Konzernabschluss handelsrechtlich vorgeschrieben ist. Vielmehr wurde von der Kreditwirtschaft eine Definition entwickelt, die sich in der Praxis bewährt hat[41]. Zum Betriebsergebnis gehören als Komponenten nach HGB

- Zinsüberschuss,
- Provisionsüberschuss,
- Nettoergebnis aus Finanzgeschäften,
- Verwaltungsaufwand,

41 Vgl. KRUMNOW, J., Das Betriebsergebnis der Banken – ein aussagefähiger Indikator?, in: ZfgK, 1993, S. 64-68; siehe auch BUNDESVERBAND DEUTSCHER BANKEN, Banken wollen ihre Zwischenergebnisse umfassender offen legen, Der Bankenverband informiert, Betriebswirtschaft und Zahlungsverkehr, Juli 1993, II/Nr. 13, Ziff.1, S. 351ff.

- Saldo der sonstigen betrieblichen Erträge und Aufwendungen,
- Risikovorsorge.

Im Vergleich zu dem freiwillig zu veröffentlichten Betriebsergebnis besteht seit der Novellierung der Bankenrechnungslegung im Jahr 1993 die Pflicht zur gesonderten Angabe des Ergebnisses der gewöhnlichen Geschäftstätigkeit – zumindest im Anhang. Das Ergebnis der gewöhnlichen Geschäftstätigkeit umfasst neben den Komponenten des Betriebsergebnisses zusätzlich[42]

- die Erträge aus Gewinngemeinschaften, Gewinnabführungs- oder Teilgewinnabführungsverträgen,
- die Erträge aus der Auflösung von Sonderposten mit Rücklageanteil sowie Einstellungen in Sonderposten mit Rücklageanteil,
- das Bewertungsergebnis zu Beteiligungen, Anteilen an verbundenen Unternehmen und wie Anlagevermögen behandelten Wertpapieren,
- die Aufwendungen aus Verlustübernahme.

Die nach HGB vorgenommenen Begriffsabgrenzungen lassen sich leicht auf die übliche Terminologie in Bankenabschlüssen nach IAS übertragen. Im wesentlichen unterscheidet sich das Ergebnis der gewöhnlichen Betriebstätigkeit mithin durch die Einbeziehung des Finanzanlageergebnisses.

Für Banken, die Erwerb und Veräußerung von Finanzanlagen als banktypische Geschäftstätigkeit betrachten, ist die Abgrenzung des Betriebsergebnisses zu eng. Inzwischen sind die Kreditinstitute vermehrt dazu übergegangen, das Ergebnis der gewöhnlichen Geschäftstätigkeit als eine Größe in der Gewinn- und Verlustrechnung auszuweisen, die die übliche Geschäftstätigkeit am besten kennzeichnet. Die Veräußerung von (vormaligen) Beteiligungen ist tatsächlich in den vergangenen Jahren in gewisser Regelmäßigkeit vorgenommen worden – und dies nicht etwa nur, weil eine geänderte Steuergesetzgebung in Deutschland unter bestimmten Voraussetzungen für Steuerfreiheit der Erträge gesorgt hat.

Bisweilen finden sich in der Gewinn- und Verlustrechnung auch beide Zwischenzeilen, nämlich sowohl das Betriebsergebnis als auch das Ergebnis der gewöhnlichen Geschäftstätigkeit. Dies erlaubt es einer Bank, gegenüber der Öffentlichkeit die operativen Erfolge in Anlehnung an die in der abgelaufenen Periode verfolgte Geschäftsstrategie herauszuheben - ohne die Notwendigkeit, die Struktur der Gewinn- und Verlustrechnung permanent anzupassen. Für Analysezwecke ist auf die Abgrenzung des üblichen Geschäfts zu achten.

---

42 Vgl. KRUMNOW, J./SPRIẞLER, W. u.a. (Hrsg.), Rechnungslegung der Kreditinstitute, Stuttgart 1994, Tz. 29-39 zu § 2 RechKredV.

Unterschiede in der Gewinn- und Verlustrechnung (5)

Ertragsteuern auf das Ergebnis der gewöhnlichen Geschäftstätigkeit

Komponenten des Ertragsteueraufwandes

- Laufende Steuern
  - tatsächlicher Steueraufwand, der im Konzern für das Geschäftsjahr nach steuerlichen Grundsätzen entstanden ist
- Latenter Steueraufwand (-ertrag)
  - dem Konzerngewinn soll nicht nur der Steueraufwand lt. Steuerbilanz zugerechnet werden, sondern der gesamte Steueraufwand, der sich gemäß der Konzernerfolgsermittlung ergibt, unabhängig davon, wann er in der Steuerbilanz wirksam wird

Nach IAS 12 ist der Steueraufwand so auszuweisen, als sei der Konzern Grundlage der Besteuerung. Unterschiede zu den tatsächlichen Steuern, die in der steuerlichen Gewinnermittlung auf Einzelabschlussebene ermittelt werden, stellen latenten Steueraufwand oder Steuerertrag dar. Die Position der Ertragsteuern umfasst beide Komponenten in einer gemeinsamen Position, die in der Gewinn- und Verlustrechnung gesondert offen zu legen ist.[43]

[43] Vgl. auch Abschnitt 7.2 im Beitrag „Tatsächliche und latente Ertragsteuern".

3.3 Zusatzinformationen in den Notes

3.3.1 Grundkonzeption

Neben Unterschieden in Bilanz und Gewinn- und Verlustrechnung ergeben sich bei einer Bilanzierung nach IAS auch einschneidende Änderungen der Offenlegung in den Notes. Deren Informationsgehalt geht qualitativ und quantitativ weit über den handelsrechtlichen Anhang hinaus[44].

Die nach IAS gewährte Wahlmöglichkeit, bestimmte Publizitätspflichten durch Einzelpositionen in der Bilanz beziehungsweise in der Gewinn- und Verlustrechnung oder alternativ in den Notes zu erfüllen, impliziert, dass der Angabeumfang der Notes nicht fest vorgegeben ist. Die Aufgabe der Notes besteht darin, das Zahlenwerk der übrigen Instrumente zu größerem Verständnis für den externen Adressaten zu führen.

Aufgrund der Interdependenz zwischen dem reinen Zahlenwerk und den Notes sind beide Bereiche regelmäßig zusammen zu betrachten, wenn der Jahresabschluss insgesamt, aber auch eine einzelne Position aus dem Zahlenwerk analysiert und gewürdigt werden soll. Ein unmittelbarer Bankenvergleich „auf einen Blick" könnte allerdings wegen der Wahlfreiheit der Darstellung in den klassischen Zahleninstrumenten oder in den Notes, die institutsspezifisch unterschiedlich ausgeübt werden kann, erschwert sein. In der Praxis sind die Gliederungen von Bilanz und Gewinn- und Verlustrechnung weitgehend übereinstimmend. Unterschiede im Detail sind als nicht so gravierend einzuschätzen, dass die grundsätzliche Vergleichbarkeit in Frage zu stellen wäre. Die IAS eröffnen einer Bank mithin genügend Freiräume, um strategischen Besonderheiten flexibel Rechnung tragen zu können.

Insgesamt ergibt sich aber ein relativ einheitliches Bild von Auswirkungen auf die Notes, von welchen prinzipiell jede Bank, die ihre Rechnungslegung auf IAS umstellt, betroffen wird. Einige dieser Anforderungen ergeben sich direkt aus IAS 30, andere Offenlegungspflichten resultieren aus anderen, im Bankenabschluss ergänzend anzuwendenden Standards.

44 Vgl. dazu auch Löw, E., a.a.O., S. 15.

Unterschiede in den Notes

Auswirkungen auf die Notes

- Wesentliche zusätzliche Angaben in den Notes
  - Segmentberichterstattung
  - Entwicklung der Risikovorsorge und Aufgliederung des Vorsorgebestandes
  - Umfassende Darstellung der Ertragsteuern auf das Ergebnis der gewöhnlichen Geschäftstätigkeit sowie der Steuerforderungen und der Ertragsteuerverpflichtungen
  - Detailangaben zu Pensionsverpflichtungen
  - Anlagespiegel für Finanzanlagen, Sachanlagen und Immaterielle Vermögenswerte (einschließlich Goodwill)
  - Restlaufzeitengliederung für Aktiva und Passiva in Laufzeitbändern
  - Treuhandgeschäfte
  - Ausweis des Ergebnisses je Aktie und des Bereinigten Ergebnisses je Aktie auf der Seite der Gewinn- und Verlustrechnung

3.3.2 Wesentliche Offenlegungspflichten aus branchenübergreifenden Standards

Die wohl wichtigste Neuerung die eine Rechnungslegung nach IAS für den Erläuterungsteil einer Bank gebracht hat, war die Offenlegungspflicht einer Segmentberichterstattung[45], die inzwischen auch nach deutschem Recht obligatorisch geworden ist.

Die Anforderungen von IAS 14 zur Segmentberichterstattung gelten branchenübergreifend. Der Standard ist eindeutig auf Industrie- und Handelsunternehmen ausgerichtet und daher bankspezifisch zu interpretieren, da auch IAS 30 keine speziellen Regelungen zur Segmentberichterstattung von Kreditinstituten enthält.

Die Berichterstattung hat nach zwei verschiedenen Berichtsformaten zu erfolgen, wobei das sogenannte primäre Berichtsformat höhere Offenlegungsanforderungen enthält als das sekundäre Berichtsformat. Nach IAS 14.13 wird unterstellt, dass sich der organisatorische Aufbau eines Unternehmens vornehmlich nach den wesentlichen Risikoquellen richtet. Daher haben die interne Organisationsstruktur und sein internes Rechnungs- und Berichtswesen zur Bestimmung der Segmente herangezogen zu werden. Durch die Segmentberichterstattung wird also das interne Reporting weitgehend nach außen gekehrt.

In der Bankenpraxis ist eine Hauptsegmentierung auf der Basis von Kunden oder Produkten (also nach Unternehmensbereichen oder Geschäftsfeldern) üblich, während das sekundäre Berichtsformat in einer regionalen Aufgliederung zu sehen ist.

Für das primäre Berichtsformat (in der Regel also für Unternehmensbereiche) sind folgende Angabepflichten formuliert: Segmenterlöse und Segmentergebnis (jeweils mit Überleitungspflicht auf die Gewinn- und Verlustrechnung), Segmentvermögen und Segmentverbindlichkeiten (jeweils mit Überleitungspflicht auf die Bilanzpositionen), Investitionen in Segmentvermögen, Segmentabschreibungen, Sonstige nicht zahlungswirksame Segmentaufwendungen sowie Ergebnisanteil und Beteiligungswert der nach der Equity-Methode einbezogenen Unternehmen.

Die Angabepflichten für das sekundäre Berichtsformat sind nach IAS 14 auf lediglich drei Positionen beschränkt, es besteht kein Überleitungserfordernis. Im einzelnen handelt es sich um den Ausweis von Segmenterlösen, Segmentvermögen und Investitionen in Segmentvermögen.

Die entsprechenden Ausweisvorgaben durch IAS 14 geben die Chancen und Risiken eines diversifizierten Bankkonzern nicht zweckadäquat wieder und sind daher nach dem Regelungsziel von IAS 14 bankspezifisch zu interpretieren. Dabei kommt es in der Praxis zu unterschiedlichen Segmenten, die durch institutsspezifische Besonderheiten geprägt sind. Bei den einzelnen Offenlegungspositionen kann auf Interpretationen des deutschen Rechnungslegungsstandards für eine Segmentberichterstattung einer Bank

45 Vgl. den Beitrag „Segmentberichterstattung“.

(DRS 3-10), die mit IAS 14 kompatibel sind, zurückgegriffen werden. Dabei ist zu berücksichtigen, dass der deutsche Standard über die internationalen Angabepflichten deutlich hinausgeht und insofern Maßstäbe für eine Segmentberichterstattung einer Bank setzt. In der Offenlegungspraxis kommt es allerdings zu häufig zu strukturellen Veränderungen des Organisationsaufbaus mit einem entsprechendem Wechsel in der Segmentabgrenzung. Hier würde eine geringere Kreativität für den außenstehenden Bilanzleser sicherlich zu einem größeren Informationsnutzen im Zeitablauf führen.

Für das gesamte Anlagevermögen – also für Finanzanlagen, für Immaterielles Anlagevermögen sowie für Sachanlagen – ist nach IAS ein detaillierter Anlagespiegel faktisch obligatorisch, auch wenn dem Begriff nach nicht explizit gefordert. Die entsprechenden Offenlegungspflichten lassen sich aber zweckmäßigerweise in dieser Darstellungsform erfüllen. Dabei handelt es sich insbesondere um Offenlegungspflichten zu den jeweiligen Bruttowerten und kumulierten Abschreibungen zu Beginn und am Ende des Geschäftsjahres sowie zur Entwicklung des Buchwertes vom Anfang bis zum Ende des Geschäftsjahres mit bestimmten Einzelangaben. Angaben über Käufe im Zusammenhang mit Unternehmenszusammenschlüssen werden wohl so selten erforderlich werden, als dass dafür eine Spalte in einer tabellarischen Gestaltung vorgesehen werden sollte (was natürlich im Einzelfall zu prüfen ist).

Dasselbe gilt für die Veröffentlichung von Wertänderungen, die sich aus Neubewertungen ergeben (ausgenommen Financial Instruments). Sie enthält – abgesehen von Finanzinstrumenten – nur dann Relevanz, wenn die entsprechende Bilanzierungsmethode gewählt wurde. Im übrigen schreiben die IAS keine bestimmte Darstellungsform vor und verlangen auch keinen Ausweis von Leerzeilen.

Eine Zusammenfassung der Angabepflichten im Sachanlagevermögen zu Grundstücken und Gebäuden mit anderem Sachanlagevermögen in einem Anlagespiegel des Sachanlagevermögens hat sich in der Praxis als übersichtlich und zweckmäßig erwiesen. Eine Verbindung mit dem Anlagespiegel von Immateriellen Vermögenswerten und mit dem Anlagespiegel der Finanzanlagen ist möglich, aber nicht zwingend. Üblicherweise werden drei getrennte Anlagespiegel veröffentlicht.

Folgende Angaben werden im Vergleich zum Anlagespiegel einer Bank nach HGB zusätzlich offengelegt

- die Bruttobuchwerte am Ende des Geschäftsjahres (aufgrund der Angabe von Zugängen, Abgängen, Umbuchungen und Zuschreibungen des Geschäftsjahres sowie der kumulierten Abschreibungen ergibt sich allerdings auch nach dem HGB implizit der Restbuchwert zum Ende des Geschäftsjahres),
- die kumulierten Abschreibungen zu Beginn des Geschäftsjahres,
- der getrennte Ausweis von außerplanmäßigen Abschreibungen und
- Differenzen, die aus der Währungsumrechnung stammen.

Für den Bereich der Steuern enthält IAS 12 umfangreiche Offenlegungsanforderungen.[46] Neben den Ausweispflichten in der Bilanz und der Gewinn- und Verlustrechnung sind in den Notes weitere Angaben zu präsentieren. Dabei scheint die lapidare Pflicht zur Angabe der Hauptbestandteile des Steueraufwandes (Steuerertrages), die IAS 12.79 formuliert, auf den ersten Blick unproblematisch erfüllbar zu sein. Acht in IAS 12.80 enumerierte mögliche Bestandteile zeigen indes, dass der Komplexitätsgrad der Anforderung nicht zu unterschätzen ist.

In der Praxis können aber auch die übrigen Offenlegungspflichten die Notwendigkeit nach sich ziehen, IT-Verfahren zu implementieren, die zuvor nicht bestanden. Nach IAS 12.81 ist weiterhin anzugeben

- die Summe des Betrages tatsächlicher und latenter Steuern, resultierend aus Positionen, die direkt dem Eigenkapital belastet oder gutgeschrieben wurden,
- der Steueraufwand (oder –ertrag), der sich auf außerordentliche Positionen des abgelaufenen Geschäftsjahres bezieht,
- eine Erläuterung der Relation zwischen Steueraufwand (oder –ertrag) und dem Ergebnis des zugrundeliegenden Abschlusses nach IAS, wobei zwei alternative Präsentationsformen zugelassen sind (in der Praxis ist dabei nahezu ausschließlich eine Überleitungsrechnung betraglicher Art vorzufinden),
- eine Erläuterung zu Steuersatzänderungen,
- der Betrag der abzugsfähigen temporären Differenzen, der noch nicht genutzten steuerlichen Verluste und der noch nicht genutzten Steuergutschriften, für die in der Bilanz kein latenter Steueranspruch angesetzt wurde,
- die Summe des Betrages temporärer Unterschiede im Zusammenhang mit Anteilen an Tochtergesellschaften, Zweigniederlassungen und assoziierten Unternehmen sowie Anteilen an Gemeinschaftsunternehmen, für die keine latenten Steuern in der Bilanz gebildet wurden,
- hinsichtlich jeder Art von temporären Unterschieden (und jeder Art noch nicht genutzter steuerlicher Verluste und noch nicht genutzter Steuergutschriften) der Betrag der in der Bilanz angesetzten latenten Steueransprüche und latenten Steuerschulden für das Berichtsjahr und das Vorjahr sowie der Betrag des latenten Steuerertrages oder Steueraufwandes, der in der Gewinn- und Verlustrechnung erfasst wurde (sofern diese Angabe nicht bereits aus den Änderungen der in der Bilanz angesetzten Beträge hervorgeht),
- bei aufgegebenen Geschäftsbereichen der Steueraufwand für den auf die Aufgabe entfallenden Gewinn oder Verlust und das Periodenergebnis (soweit es aus der ge-

[46] Vgl. Abschnitt 8 im Beitrag „Tatsächliche und latente Ertragsteuern“.

wöhnlichen Tätigkeit des aufgegebenen Geschäftsbereiches resultiert (mit Vorjahreszahlenangaben),

- der Betrag der ertragsteuerlichen Konsequenzen von vorgeschlagenen Dividendenzahlungen, die nicht als Verbindlichkeit im Abschluss bilanziert wurden.

Im Einzelfall und unter bestimmten Umständen können aufgrund von IAS 12 weitere Offenlegungspflichten ausgelöst werden. Die Angaben in einem Konzernabschluss nach IAS können so leicht mehrere Textseiten der Notes füllen.

Ähnlich umfangreich sind auch die Offenlegungsanforderungen in Verbindung mit Pensionsverpflichtungen. Der Standard ist mit 158 Textziffern und 77 Originaltextseiten ohnehin einer der umfangreichsten Rechnungslegungsstandards. Insgesamt finden sich in IAS 19 in 24 Textziffern Angabepflichten. Die jeweiligen Angabepflichten unterscheiden sich je nach Art der Versorgungszusage und sind verstreut an verschiedenen Stellen von IAS 19 zu finden. Während die Informationsanforderungen zu Ertragsteuern und zu latenten Steuern häufig zusätzliche Herausforderungen an die IT-Landschaft stellt, liegen die erforderlichen Grundlagen zu den Angabepflichten nach IAS 19 in vielen Banken im Personalcontrolling vor. Bei einem weit verzweigten Konzern, insbesondere mit umfangreichen Auslandsaktivitäten ist gleichwohl empfehlenswert, im Rahmen einer Umstellung das Augenmerk nicht nur auf die Berechnung der Pensionsrückstellung zu richten, sondern frühzeitig die Verfügbarkeit der Daten zur Erfüllung der umfangreichen Offenlegungspflichten zu prüfen.

3.3.3 Offenlegungspflichten aus IAS 30

Abgesehen von branchenübergreifenden Offenlegungspflichten sind Banken selbstverständlich auch dazu verpflichtet, die branchenspezifischen Angabepflichten von IAS 30 zu erfüllen. Der Standard behandelt in nachfolgend aufgeführter Reihenfolge

- Erfolgsunsicherheiten und andere Verpflichtungen einschließlich anderer außerbilanzieller Positionen (IAS 30.26-29),
- Fälligkeiten von Vermögenswerten und Schulden (IAS 30.30-39),
- Konzentrationen von Vermögenswerten, Schulden und bilanzunwirksamen Positionen (IAS 30.40-42),
- Verluste aus dem Kreditgeschäft (IAS 30.43-49),
- Allgemeine Risiken der Tätigkeit einer Bank (IAS 30.50-52),
- Als Sicherheit übertragene Vermögenswerte (IAS 30.53-54),
- Treuhandgeschäfte (IAS 30.55),
- Geschäftsvorfälle mit nahe stehenden Unternehmen und Personen (IAS 30.56-58).

Die Aufzählung der Angaben in dem Standard entsprechen nicht unbedingt dem Schwerpunkt der Außenbetrachtung durch Analysten und sonstige Jahresabschlussleser oder der Bedeutung im Gesamtrahmen einer Abschlusserstellung. Von besonderer Relevanz sind etwa die Offenlegungsanforderungen in direktem Zusammenhang mit dem Kreditgeschäft[47].

IAS 30.43-49 beschäftigt sich mit der Angabe von "Verlusten aus dem Kreditgeschäft". Der gleiche Begriff findet sich in IAS 30.10 als GuV-Posten. Die in IAS 30.43-49, insbesondere in IAS 30.43 angesprochenen Angabepflichten beschreiben jedoch inhaltlich nicht die GuV-Posten, sondern umfassen allgemeine Anforderungen an die Angaben über die Risikovorsorge im Kreditgeschäft. Die wesentlichen Angabepflichten zur Risikovorsorge im Kreditgeschäft einer Bank ergeben sich aus IAS 30.43. Danach hat eine Bank im Einzelnen anzugeben

- die Bilanzierungs- und Bewertungsmethoden, nach denen mit Risiken behaftete Kredite als solche identifiziert und abgeschrieben werden,
- die detaillierte Darstellung der Entwicklung der Risikovorsorge im Kreditgeschäft der Berichtsperiode: Separat auszuweisen ist hierbei
    - der Betrag, der während der Periode als Verlust aus dem Kreditgeschäft ausgewiesen wurde,
    - der Betrag, der während der Periode als Abschreibung aufwandswirksam verbucht wurde,
    - der Ertrag aus in früheren Perioden abgeschriebenen, aber in der Berichtsperiode wieder eingegangenen Forderungen,
- der Gesamtbetrag der Verluste aus dem Kreditgeschäft zum Bilanzstichtag,
- der Gesamtbetrag der Kredite, für die keine Zinszahlungen eingehen sowie die Grundlage der Ermittlung dieses Betrages.

Nach IAS 30.43(a) sind die Bilanzierungs- und Bewertungsmethoden anzugeben, auf deren Basis eine Risikovorsorge im Kreditgeschäft betrieben wird. Zweckmäßig ist es, die von der rechnungslegenden Bank berücksichtigten Risiken im Kreditgeschäft zu benennen und die einschlägigen Beurteilungskriterien anzugeben, also etwa, wenn Ratingsysteme zur Ermittlung von Länderrisiken eingesetzt werden und welche Einflussfaktoren gegebenenfalls das Rating beeinflussen. Die Risikovorsorge sollte nicht erfolgsabhängig gebildet werden, sondern intersubjektiv nachprüfbaren Kriterien folgen. Dies macht es unter Umständen notwendig, auf die Bilanzierung nach IAS ausgerichtete Richtlinien zu formulieren.

---

47 Vgl. zu den nachfolgenden Ausführungen insbesondere KRUMNOW, J./LÖW, E., a.a.O., Tz. 75-88.

IAS 30.43(b) legt rein formal zwei Angabepflichten fest. IAS 30.43(b) Satz 1 schreibt die detaillierte Darstellung der Entwicklung der Risikovorsorge im Kreditgeschäft, Satz 2 den Ausweis bestimmter Einzelangaben hierin vor. Dies bedeutet allerdings noch nicht, dass die Entwicklung der Risikovorsorge im Kreditgeschäft auf diese Weise abschließend dargestellt werden kann. Zu einer aussagefähigen Bestandsentwicklung vom Vorjahresbilanzstichtag bis zum Bilanzstichtag ist auch die in IAS 30.43(c) genannte Angabepflicht in eine zusammenfassende Darstellung mit einzubeziehen.

Eine Aufgliederung der Entwicklung der Risikovorsorge nach Bonitäts-, Länder- und latenten Risiken wird von IAS 30 nicht gefordert, entspricht allerdings internationalen Usancen und hat sich auch in den Konzernabschlüssen deutscher Banken unter IAS durchgesetzt.

IAS 30.43(b) verlangt einen separaten Ausweis des als Verluste aus dem Kreditgeschäft berücksichtigten Betrages. Um eine Abgrenzung zu den im nachfolgenden Satz geforderten Abschreibungen zu erhalten, kann es sich bei der letzten Anforderung nur um einen Bruttoausweis der gemeinhin als Wertberichtigungen bezeichneten Aufwendungen handeln. Es geht mithin um die unsaldierte, nicht mit der Auflösung verrechnete Darstellung der Wertberichtigungen. Durch den hier separat geforderten Ausweis der Aufwendungen ist zwar nicht ausdrücklich gesagt, dass auch die Auflösung zur zweckbestimmten Verwendung gezeigt wird. Unter Einbeziehung der nachfolgend von IAS 30.43(b) geforderten Angabepflichten lässt sich die Auflösung zur zweckbestimmten Verwendung, die im betreffenden Jahr die Gewinn- und Verlustrechnung nicht mehr berührt, jedoch ermitteln. Damit könnte diese auch gesondert aufgeführt werden. Die entsprechende internationale Gepflogenheit findet sich üblicherweise auch in den Abschlüssen nach IAS von deutschen Kreditinstituten.

IAS 30.43(b) fordert einen Ausweis des als Abschreibungen aufwandswirksam verbuchten Betrages. Im Unterschied zum letzten erwähnten, gesondert zu zeigenden Ausweis sollten hierunter die Sofortabschreibungen zu verstehen sein. Damit wäre der Betrag ersichtlich, für den keine Vorsorge getroffen wurde.

IAS 30.43(b) behandelt den Ertrag, der aus in früheren Perioden abgeschriebenen, aber im Geschäftsjahr wieder eingehenden Forderungen resultiert. Die Begriffsverwendung written off zeigt, dass hierunter der Teil der Forderungen zu fassen ist, der abgeschrieben ist. Die Eingänge aus abgeschriebenen Forderungen könnten in der Position der Gewinn- und Verlustrechnung der Risikovorsorge im Kreditgeschäft (mit-)erfasst, aber auch unter sonstigen betrieblichen Erträgen verbucht sein. Je nachdem, wie die Eingänge aus abgeschriebenen Forderungen verbucht werden, stellt sich die Entwicklung der Risikovorsorge im Kreditgeschäft unterschiedlich dar. Werden Eingänge aus abgeschriebenen Forderungen nicht in der Risikovorsorge aus dem Kreditgeschäft in der Gewinn- und Verlustrechnung einbezogen, so kann in nachfolgender Abbildung die entsprechende Zeile entfallen.

Risikovorsorge in Mio. €	**Bonitätsrisiken**	**Länderrisiken (Pauschalwertberichtigung)**	**Latente Risiken**	**Insgesamt**	**Risikovorsorge im Kreditgeschäft – GuV –**
Stand	31.12.02 31.12.01	31.12.02 31.12.01	31.12.02 31.12.01	31.12.02 31.12.01	31.12.02 31.12.01
Zugänge					
– zu Lasten GuV gebildete Vorsorgen					
Abgänge					
– zweckbestimmte Verwendung					
– zu Gunsten GuV aufgelöste Vorsorgen					
– Effekte aus Wechselkursveränderungen					
Insgesamt					
Anpassungen aus Erstkonsolidierungen					
Währungskursdifferenz					
Eingänge aus abgeschriebenen Forderungen					
in Mio. € Stand	31.12.03 31.12.02	31.12.03 31.12.02	31.12.03 31.12.02	31.12.03 31.12.02	

Entwicklung der Risikovorsorge ohne Einbeziehung der Eingänge aus früheren Abschreibungen; Quelle: Krumnow, J./Löw, E., a.a.O., Tz. 81.

Ein Ausweis der zugunsten der Erfolgsrechnung aufgelösten Risikovorsorge – wie in obiger Abbildung dargestellt – ist zwar nicht explizit gefordert, international aber durchaus gängige Praxis.

Nach IAS 30.43(d) ist der Gesamtbetrag sowie die Ermittlungsgrundlage der Kredite, für die keine Zinszahlungen eingehen, zu veröffentlichen (vgl. auch IAS 30.48). International üblich ist es, Kredite zinslos zu stellen, wenn hierauf nach 90 Tagen keine Zinsen (mehr) eingehen. Da IAS 30 keinen Zeitrahmen vorgibt, kann auf diese internationalen Usancen zurückgegriffen werden, worüber nach IAS 30.43(d) zu berichten wäre. Nach US-GAAP gibt es beispielsweise die Regelung von 90 days past due. Andere Zeiträume sind mit der Vorschrift ebenfalls vereinbar.

IAS 30.44 behandelt die über die notwendige Risikovorsorge im Kreditgeschäft hinausgehende und üblicherweise als dispositiv genannte Risikovorsorge. Ihre Handhabung wird in IAS 30.46 näher erläutert. Die Risikovorsorge im Kreditgeschäft ist erfolgswirksam im Rahmen der Gewinn- und Verlustrechnung zu erfassen (IAS 30.45), die "dispositive" Vorsorge dagegen im Rahmen der Gewinnverwendung mit den Gewinnrücklagen zu verrechnen (IAS 30.44). Dies gilt auch für Minderungen der dispositiven Vorsorge.

Während IAS 30.43 und IAS 30.44 konkrete Ausweispflichten enthalten, werden diese in IAS 30.45–49 vornehmlich (mit Ausnahme der Forderung nach Absetzung der Risikovorsorge von der betreffenden Kreditnehmergruppe) erläutert. So stellt IAS 30.45 klar, dass die laufende Geschäftstätigkeit einer Bank zwangsläufig auch Verluste im Kreditgeschäft mit sich bringt. Erforderliche Einzel- sowie Pauschalwertberichtigungen sind erfolgswirksam zu berücksichtigen. Dabei sind Einzelwertberichtigungen von der entsprechenden Forderungskategorie, also etwa von Forderungen an Unternehmen, an private und öffentliche Haushalte sowie Sonstige, abzusetzen. Dies kann innerhalb der Bilanz oder in den Notes erfolgen. Latente Verluste, welchen durch Pauschalwertberichtigungen Rechnung getragen wird, sind nach IAS 30.45 ebenfalls unmittelbar von den jeweiligen Forderungskategorien abzusetzen. Es handelt sich bei beiden Wertberichtigungsarten um notwendige, der Geschäftstätigkeit unmittelbar verhaftete Wertherabsetzungen.

Nachdem IAS 30.35 ganz allgemein den Aufwandscharakter der (notwendigen) Risikovorsorge im Kreditgeschäft betont, hebt IAS 30.47 hervor, dass es für die Jahresabschlussadressaten erforderlich ist, die Auswirkungen von Verlusten im Kreditgeschäft auf die Finanz- und Ertragslage der Rechnung legenden Bank zu erkennen, um die Effizienz des Ressourceneinsatzes beurteilen zu können. Deshalb habe die bilanzierende Bank den Gesamtbetrag der Risikovorsorge im Kreditgeschäft zum Bilanzstichtag sowie deren Entwicklung darzustellen. Die Entwicklung der Risikovorsorge einschließlich des Ertrages aus in früheren Perioden abgeschriebenen, aber in der Berichtsperiode wieder eingehenden Krediten, ist dabei gesondert zu zeigen.

Auf die bilanzielle Behandlung von Eventualverbindlichkeiten geht IAS 37 ein. Der Standard regelt im Einzelnen die Angabepflichten von Eventualverbindlichkeiten (IAS 37.84-92). Bezug nehmend auf diesen für alle Unternehmensformen und -branchen geltenden IAS 37 sind in IAS 30.26–29 für bestimmte Eventualpositionen gesonderte Angabeanforderungen für Banken normiert. Diese gelten zusätzlich zu den Publizitätspflichten nach IAS 37, wie IAS 30.27 ausdrücklich hervorhebt.

Von einer Bank sind gem. IAS 30.26 folgende Eventualverbindlichkeiten einschließlich anderer außerbilanzieller Positionen auszuweisen:

- Art und Höhe von Verpflichtungen, Kredite zu gewähren, die unwiderrufbar sind, weil sie nicht im Ermessen der Bank zurückgezogen werden können, ohne das Risiko bedeutsamer Vertragsstrafen bzw. Aufwendungen auf sich nehmen zu müssen,
- Art und Höhe von Eventualverbindlichkeiten und anderen Verpflichtungen, die aus bilanzunwirksamen Positionen entstehen, einschließlich derjenigen, die sich beziehen auf:
    - unmittelbare Kreditsubstitute einschließlich allgemeiner Kreditgarantien, Bankakzeptgarantien und Standby-Akkreditive, die als finanzielle Garantien für Kredite und Sicherheiten dienen,
    - bestimmte transaktionsbezogene Eventualpositionen einschließlich Vertragserfüllungsgarantien, Bietungsgarantien, Gewährleistungen und mit bestimmten Transaktionen zusammenhängende Standby-Akkreditive,
    - kurzfristige, selbstliquidierende, handelsbezogene Eventualverpflichtungen, die aus dem Güterverkehr entstehen, z.B. Dokumentenakkreditive, bei denen die zugrundeliegende Lieferung als Sicherheit verwendet wird,

- Pensionsgeschäfte, die nicht bilanziert werden (potenzielle Rücknahmeverpflichtungen aus unechten Pensionsgeschäften),
- Zins- und devisenbezogene Positionen, einschließlich Swaps, Optionen und Termingeschäfte,
- andere Verpflichtungen, wie Nifs (Note Issuance Facilities) und Rufs (Revolving Underwriting Facilities).

(1)	Unwiderrufliche Kreditzusagen	
(2)	Eventualverbindlichkeiten und andere Verpflichtungen aus bilanzunwirksamen Positionen	- unmittelbare Kreditsubstitute - Eventualpositionen aus banktypischen Verpflichtungszusagen - aus zugrunde liegenden Warengeschäften resultierende Eventualverbindlichkeiten (z.B. Dokumentenakkreditive) - Pensionsgeschäfte (soweit nicht bilanziert) - zins- und devisenkursbezogene Positionen - andere Verpflichtungen wie NIFs und RUFs[48]

Über die traditionell als Eventualverbindlichkeiten bezeichneten Gewährleistungsverträge, Bürgschaften und Ähnliches hinaus ist nach IAS 30.26 die Angabe bestimmter Daten zu derivativen Geschäften obligatorisch. Diese Pflichtangaben werden ergänzt durch die noch weiterreichenden Angabeanforderungen von IAS 32, der die Publizität von Finanzinstrumenten regelt.[49] Da IAS 32 zeitlich nach IAS 30 verabschiedet und in Kraft gesetzt wurde, fehlt in IAS 30 ein Querverweis auf IAS 32 – er wurde auch nicht im Zusammenhang mit den redaktionellen Anpassungen aufgrund von IAS 39 eingefügt. Aus IAS 32.4 ist allerdings zu entnehmen, dass IAS 32 die Angabepflichten nach IAS 30.26–29 nicht überlagern, sondern ergänzen soll.

Als Mindestangaben für finanzielle Vermögenswerte sind, wahlweise in der Bilanz oder in den Notes nach IAS 30.25 die Fair Values , aufgeteilt für jede der folgenden Kategorien aufzuführen

- vom Unternehmen selbst begründete (herausgereichte) Forderungen,
- Investments, für die eine Durchhalteabsicht bis zur Endfälligkeit besteht,
- Handelsaktiva,
- Available-for-Sale Financial Instruments.

48 Vgl. KRUMNOW, J./LÖW, E., a.a.O., Tz. 43.

49 Vgl. den Beitrag "Offenlegung von Finanzinstrumenten".

Vom generellen Bilanzansatz zum Fair Value nimmt IAS 39.69-92 aus den vier Kategorien der Financial Assets lediglich die Forderungen, die das Unternehmen selbst begründet hat, sowie die – in der Praxis kaum relevanten – Investments, für die eine Durchhalteabsicht besteht, aus. Für diese gilt weiterhin eine Bilanzierung zu fortgeführten Anschaffungskosten, so dass die Offenlegung deren Fair Values in den Notes obligatorisch wird.

Eine Bank hat ihre Vermögenswerte und Schulden nach Restlaufzeiten auszuweisen. Detailfragen zur Restlaufzeitengliederung sind in IAS 30.30-39 enthalten[50].

IAS 30.30 enthält die Verpflichtung, Aktiva und Passiva nach Restlaufzeiten zu gliedern. Dabei wird unter Fristigkeit die Restlaufzeit bis zum vertraglichen Fälligkeitszeitpunkt auf Basis des Bilanzstichtages verstanden. Die Fristen sind in aussagefähige Fälligkeitsgruppen zusammenzufassen. Mögliche Gruppenbildungen ergeben sich aus IAS 30.33.

IAS 30.30 oder IAS 30.33 liefern keine genaueren Kriterien zur Fristigkeitskategorienbildung. Insofern kann die bilanzierende Bank entsprechend ihrer Geschäftsstruktur verfahren. Der Hinweis auf aussagefähige Fristenkategorien ist damit als Ober- und Untergrenze einer Fälligkeitsgruppierung zu verstehen. Eine Atomisierung von Kategorien soll ebenso vermieden werden wie eine Zusammenfassung mehrerer Fristen zu einer Gesamtgruppe, bei der wesentliche Einblicke in die Fristenstruktur verloren gehen.

Kongruenz bzw. die gesteuerte und kontrollierte Inkongruenz von Fristen und Verzinsungen von Aktiva und Passiva sind von grundlegender Bedeutung für die Führung einer Bank. Wenn IAS 30.31 es als "ungewöhnlich" bezeichnet, dass Banken eine vollständige Fristenkongruenz zwischen Aktiva und Passiva aufweisen, so ist dies zurückhaltend ausgedrückt. Immerhin besteht nach traditioneller Ansicht gerade eine Aufgabe für eine Bank darin, eine Fristentransformation durchzuführen. Eine vollständige Fristenkongruenz ist mithin nicht nur "ungewöhnlich", sondern widerspricht der Geschäftstätigkeit einer Bank. Gleichwohl kann natürlich eine völlige Inkongruenz unter ungünstigen Rahmenbedingungen zu Liquiditätsschwierigkeiten führen. IAS 30.31 drückt dies etwas unspezifisch dahingehend aus, dass eine inkongruente Position das Gewinnpotenzial, aber auch das Verlustrisiko erhöhen könne.

In diesem Sinne schildert IAS 30.32, dass die Fristen von Aktiva und Passiva sowie die Fähigkeit, verzinsliche Passiva zu einem akzeptablen Aufwand zu ersetzen, wichtig sind für die Beurteilung

- der Liquidität und
- der Anfälligkeit gegenüber Zins- und Wechselkursänderungen.

50 Vgl. hierzu ausführlich KRUMNOW, J./LÖW, E., a.a.O., Tz. 52-69.

Diese Argumentation gilt im Übrigen nicht nur hinsichtlich der einer Bank offenstehenden Möglichkeiten, verzinsliche Passiva zu beschaffen, sondern auch bezüglich der Fähigkeiten, unverzinsliche Einlagen zu attrahieren.

Die Begründung allerdings, wonach die Fristenstruktur von Aktiva und Passiva zur Einschätzung der Anfälligkeit der Bank gegenüber Zins- und Wechselkursänderungen bedeutsam sei, enthält gewisse Implikationen. Eine unmittelbare Verknüpfung zwischen einem Zinsänderungsrisiko und der Laufzeit besteht normalerweise nur, wenn eine Festzinsvereinbarung über die gesamte Laufzeit gegeben ist. Wird indes angenommen, dass Aktiva und Passiva – wie in angloamerikanischen Ländern durchaus üblich – vor ihrer Endfälligkeit mobilisiert werden, dann schlägt sich eine Preisänderung (Zins, Wechselkurs) unmittelbar im Wert der betrachteten Position nieder. Das gilt unabhängig von der Restlaufzeit, denn diese bestimmt lediglich die absolute Höhe, nicht aber das Faktum der Wertänderung als solches.

IAS 30.33 räumt ein, dass für die Bildung von Fristigkeitskategorien die individuelle Sichtweise der bilanzierenden Bank relevant ist, weil sich die Aktiva und Passiva ihrer Art nach und von Bank zu Bank unterscheiden. Folgerichtig gibt IAS 30.33 mögliche Kategorien von Fristigkeiten an, und zwar Restlaufzeiten

- bis zu einem Monat,
- von mehr als einem Monat bis zu drei Monaten,
- von mehr als drei Monaten bis zu einem Jahr,
- von mehr als einem Jahr bis zu fünf Jahren sowie
- von mehr als fünf Jahren.

Diese Gruppen sollten als Richtschnur aufgefasst werden. Ihr exemplarischer Charakter erlaubt Abweichungen. IAS 30.33 selbst nennt die in der Praxis häufige Zusammenfassung der Aktiva bzw. Passiva mit bis zu einem Jahr Restlaufzeit.

Bei Tilgungsdarlehen stellt sich die Frage der Eingruppierung. Beispielsweise ließe sich auf den Zeitpunkt der letzten Zahlung zurückgreifen. IAS 30.33 legt demgegenüber eine Zuordnung der einzelnen zu leistenden Teilbeträge zu der jeweiligen Fälligkeitsperiode fest. Damit zerfällt das rechtlich einheitliche Tilgungsdarlehen zum Zwecke der Fristengliederung in diejenigen Teile, in die wirtschaftlich gesehen die Zahlungsfälligkeiten gehören. Diese Regelung steht völlig im Einklang mit der Zielsetzung der Fristengliederung, nämlich der Gewährung eines Einblickes in die Liquiditätslage der Bank.

Um den Grad der Fristenkongruenz und damit die Abhängigkeit der Bank von sonstigen Liquiditätsquellen zu verdeutlichen, wird in IAS 30.34 explizit hervorgehoben, dass die von der Bank gewählten Fristenkategorien sowohl für die Aktiva als auch für die Passiva bindend sind. Es ist also unzulässig, für Aktiva und Passiva verschiedene Restlaufzeitgliederungen vorzunehmen.

IAS 30.35 beschäftigt sich mit Gliederungskriterien der Fristigkeiten von Aktiva und Passiva. Es werden keine Ermittlungs- oder Berechnungsmethoden der Restlaufzeiten angegeben, sondern lediglich verschiedene Alternativen dargestellt, nach welchen die Fristigkeiten ausgedrückt werden können. IAS 30.35 lässt eine Darstellung zu als

- Restlaufzeit ab Bilanzstichtag bis zum Rückzahlungszeitpunkt,
- Kombination mit der ursprünglichen Laufzeit bis zum Rückzahlungszeitpunkt oder
- Restlaufzeit bis zum nächsten Zinsänderungstermin.

Diese drei Kriterien sind abschließend, wobei die dritte Möglichkeit als bloße Ergänzung der beiden ersten Darstellungen erkennbar ist.

Nach IAS 30.40 hat eine Bank alle wesentlichen Konzentrationen von Aktiva, Passiva und bilanzunwirksamen Positionen nach geographischen Regionen, Kunden- oder Branchengruppen oder nach anderen Risikoschwerpunkten anzugeben. Zusätzlich ist die Höhe von erheblichen offenen Nettodevisenpositionen auszuweisen. Hierbei ist nicht geregelt, wann im Sinne des Standards eine wesentliche Konzentration vorliegt. Damit hat die bilanzierende Bank hierüber unter Zugrundelegung der Gesamtsituation und nach gewissenhafter Prüfung institutsindividuell zu entscheiden. IAS 30.41 begründet die Publizitätspflicht lediglich mit dem Hinweis, die Angabe wesentlicher Konzentrationen in der Verteilung der Aktiva und in den Ursprüngen der Passiva seien nützliche Informationen im Hinblick auf potenzielle Risiken bei der Realisierung der Aktiva und Passiva.

Die bilanzierende Bank hat nach IAS 30.53 den Gesamtbetrag der besicherten Passiva sowie die Art und die Höhe der als Sicherheit übertragenen Aktiva anzugeben. Nach IAS 30.53 reicht eine Aufgliederung der besicherten Verbindlichkeiten nicht aus. Vielmehr sind die Werte der entsprechenden Aktiva nach Verbindlichkeiten gegliedert auszuweisen. Die Vorschrift ist auf den Begriff Verbindlichkeiten beschränkt, so dass davon auszugehen ist, dass Eventualverbindlichkeiten nicht unter den Regelungsumfang fallen. Eine Aufgliederung nach Einzelbeträgen je nach Art der übertragenen Aktiva ist nicht erforderlich. Ebenso wenig unterscheidet IAS 30.53, ob die Übertragung für eigene oder fremde Passiva erfolgt.

IAS 30.54 begründet die Angabepflicht damit, dass Banken in einigen Ländern durch Gesetz oder nationale Usancen verpflichtet seien, Aktiva als Sicherheit für bestimmte Einlagen oder sonstige Passiva zu bestellen und dass die betreffenden Beträge häufig eine beträchtliche Höhe aufweisen, deren Kenntnis für die Beurteilung der finanziellen Lage der Bank von wesentlicher Bedeutung sei. Die Hinterlegung von Sicherheiten ist in der Praxis obligatorisch bei Geschäften an Terminbörsen und standardisierten Wertpapierleihegeschäften. In verschiedenen Ländern ist es außerdem üblich, für die Teilnahme an Clearingsystemen oder Börseneinrichtungen Wertpapiere zu hinterlegen.

IAS 30.55 regelt die Bilanzierung von Treuhandgeschäften speziell für Banken. Die Depotverwahrung schließt IAS 30.55 ausdrücklich von der Treuhandaktivität aus. Da das Treuhandverhältnis oder die der treuhänderischen Tätigkeit vergleichbare Dienstleistung auf rechtlicher Grundlage beruht, gehören die betreffenden Vermögenswerte nicht der bilanzierenden Bank. Sie sind deshalb nach IAS 30.55 auch nicht in der Bankbilanz auszuweisen; d.h. Treuhandvermögen und Treuhandverbindlichkeiten dürfen nicht als (positive und negative) Vermögensbestandteile der bilanzierenden Bank ausgewiesen werden. Es besteht keine Optionsmöglichkeit zugunsten einer Bilanzierung.

IAS 30.56 enthält einen Querverweis auf IAS 24, der die Publizitätsanforderungen bei Geschäften mit nahe stehenden Unternehmen/Personen beinhaltet. Dabei ist der Begriff der nahe stehenden Unternehmen/Personen umfassender zu verstehen als der Begriff der verbundenen Unternehmen.

In einigen Ländern werden Geschäfte mit nahe stehenden Unternehmen/Personen nach nationalem Recht oder durch Aufsichtsbehörden nur in eingeschränktem Umfange erlaubt oder überhaupt nicht zugelassen, während solche Geschäfte in anderen Ländern uneingeschränkt möglich sind. IAS 30.56 betont die Bedeutung von IAS 24 gerade für Jahresabschlüsse von Banken in Ländern, in welchen entsprechende Geschäftsaktivitäten erlaubt sind.

IAS 30.57 erläutert, dass bestimmte Geschäfte zwischen nahe stehenden Unternehmen/Personen zu begünstigten Konditionen abgeschlossen werden können als mit Dritten. Beispielhaft wird hierzu erwähnt, dass dem nahe stehenden Unternehmen bzw. der nahe stehenden Person von der bilanzierenden Bank höhere Kreditbeträge oder niedrigere Zinsen gewährt werden könnten, als es sonst üblich wäre. Außerdem lassen sich Kredite oder Einlagen schneller und mit geringerer Formalität umschichten. Auch wenn Geschäfte mit nahe stehenden Unternehmen/Personen zum gewöhnlichen Geschäftsablauf gehören, verpflichtet IAS 30.57 Banken dazu, die Angaben gem. IAS 24 anzugeben, weil der Abschlussleser hieran ein Interesse hat. Die Bezugnahme auf den gewöhnlichen Geschäftsablauf impliziert grundsätzlich auch dann eine Publizitätspflicht, wenn die Geschäfte zu Marktkonditionen abgeschlossen wurden. Einzelheiten regelt IAS 24.

IAS 30.58 enthält Angabeempfehlungen, welchen normalerweise zu folgen ist, um die Publizitätspflichten von IAS 24 zweckadäquat zu erfüllen. In diesem Sinne stellt IAS 30.58 klar, dass eine Bank, wenn sie Geschäftsbeziehungen zu nahe stehenden Unternehmen/Personen unterhält, die Geschäftsarten und -elemente bekannt gibt, und diese Geschäftsbeziehungen für ein Verständnis des Jahresabschlusses der Bank notwendig sind. Hierzu gehören – um IAS 24 gerecht zu werden – eine Erläuterung der Kreditpolitik der Rechnung legenden Bank gegenüber nahe stehenden Unternehmen/Personen und folgende Angaben:

- Kredite, Einlagen, Akzeptkredite und Schuldscheine (wobei gem. IAS 30.58 die Gesamtbeträge, die zu Beginn und am Ende der Periode offen sind sowie Kredit-, Einlagen- oder andere Bewegungen und Rückzahlungen während der Periode angegeben werden können),
- wichtigste Hauptertragskomponenten, Zins- und Provisionsaufwendungen,

- unwiderrufliche Zusagen, Eventualverbindlichkeiten sowie Verpflichtungen aus bilanzunwirksamen Positionen.

IAS 30.50 lässt für allgemeine Risiken des Bankgeschäfts die Bildung offener Vorsorgereserven durch Dotierung eines gesonderten Bilanzpostens zu. Weder für die Gesamthöhe des Bilanzpostens noch für deren jährliche Zuführung definieren IAS 30.50–52 eine Höchstgrenze. Letztlich dürfte eine Restriktion in einer institutsindividuellen vernünftigen kaufmännischen Beurteilung liegen. Über die Kriterien der Bestimmung der allgemeinen Risikovorsorge im Bankgeschäft ist nach IAS 30.8(e) zu berichten.

Nach IAS 30.50 wird die Bildung und Auflösung der allgemeinen Vorsorgereserven nach abgeschlossener Ermittlung des Jahresüberschusses vorgenommen. Die Vorsorgereserven gehören eindeutig zum Eigenkapital. Es ist also nicht erlaubt, die Bildung und Verwendung derartiger allgemeiner Vorsorgereserven innerhalb der Gewinn- und Verlustrechnung darzustellen.

IAS 30.51 hebt hervor, dass nationale Umstände oder Gesetzgebungen Banken dazu berechtigen oder verpflichten können, für allgemeine Risiken im Bankgeschäft vorzusorgen. Nach deutschem Recht besteht diese Möglichkeit durch § 340g HGB, der den offenen Ausweis eines Sonderpostens für allgemeine Bankrisiken gestattet. Eine gesetzliche Grundlage kann auch in bankaufsichtsrechtlichen Regelungen bestehen. Allerdings ist dies keine konstituierende Voraussetzung. Die nach IAS 30.50 gegebene Möglichkeit zur Bildung allgemeiner, offener Vorsorgereserven stellt IAS 30.51 zusätzlich zu der Risikovorsorge im Kreditgeschäft gem. IAS 30.45 und zusätzlich zu den Vorsorgen für Eventualverbindlichkeiten gem. IAS 37.

Insgesamt zeigt die Erfahrung, dass die Notes in einem Konzernabschluss einer Bank nach IAS deutlich umfangreicher ausfallen, als die Angaben, die üblicherweise in einem Konzernabschluss auf der Grundlage von HGB vermittelt werden.

4. Mögliche Erleichterungen der Umstellung auf IAS durch einen geplanten Standard zur Erstanwendung (First-Time Application)?

4.1 Hintergrund des geplanten Standards zur First-Time Application

Mitte des Jahres 2002 hat der IASB einen Exposure Draft zur First-Time Application of International Financial Reporting Standards veröffentlicht. Der Entwurf soll in einen Standard münden, der die Interpretation SIC 8 zur erstmaligen Anwendung von IAS als primärer Grundlage der Rechnungslegung ersetzt. Banken, die ihre Rechnungslegung nach HGB auf IAS ab einem Geschäftsjahr umstellen wollen, das am 1. Januar 2003 oder später beginnt, werden diesen Standard anzuwenden haben (Tz. 38). Es ist vorgesehen, dass Sie den Standard bei einer früheren Umstellung der Rechnungslegung auch vorzeitig anwenden dürfen. Mit dem neuen Standard zur First-Time Application würde SIC 8 zurückgezogen und dementsprechend seine Gültigkeit verlieren.

Für den IASB ist der Standard zur First-Time Application of International Financial Reporting Standards von besonderer Wichtigkeit, da durch die EU-Verordnung in den kommenden Jahren mit einer Welle sowohl verbindlicher wie auch freiwilliger Umstellungen in der Rechnungslegung von Unternehmen zu rechnen ist. Mit Blick auf die immense Anzahl von Unternehmen, die wegen der EU-Verordnung künftig zur Rechnungslegung nach IAS verpflichtet sein werden – von der EU wird eine Zahl von 7.000 Unternehmen genannt -, bestand dringender Handlungsbedarf.

Bislang ist in den IAS lediglich geregelt, dass bei der erstmaligen Anwendung eines Standards spezifische Übergangsvorschriften („Transitional Provisions") zu beachten sind (IAS 8.46). Im übrigen ist ein Konzernabschluss bei der erstmaligen Anwendung von Standards nur dann als vollständig übereinstimmend mit den IAS zu bezeichnen, wenn alle relevanten Standards eingehalten worden sind (IAS 1.11). Zur Auslegung dieses Standards normiert SIC 8 die Fiktion, dass in der Periode, in der ein Unternehmen zum ersten Mal IAS als primäre Basis der Rechnungslegung anwendet, der Abschluss grundsätzlich so aufzustellen ist, als ob er schon immer nach den Standards und Interpretationen, die für die Periode der erstmaligen Anwendung von IAS gelten, aufgestellt worden wäre (SIC 8.3).

Denkbar wäre indes auch eine Erstanwendung, die den letzten Abschluss nach nationalen Vorschriften unverändert als Eröffnungsbilanz nach IAS zulassen würde. Vor einer klarstellenden Interpretation mit SIC 8, die sich mit dieser Frage beschäftigte, verfuhren einige Unternehmen aus der chemischen Industrie entsprechend. So wurde eine solche prospektive Erstanwendung der IAS beispielsweise von Bayer und Schering vollzogen. Die Vergleichbarkeit dieser Abschlüsse mit solchen Abschlüssen, die „schon immer" nach IAS erstellt wurden, ist jedoch erst dann erreicht, wenn sich in künftigen Perioden kein Sachverhalt mehr in einem Abschluss nach IAS findet, der auf der Basis von Rechnungslegungsregeln erstellt wurde, die mit den IAS prinzipiell nicht kompatibel sind.

Überleitung von HGB auf IAS und Behandlung der Unterschiedsbeträge

Erstanwendung der IAS prinzipiell denkbar

▪ prospektiv ⬇ keine Anpassung der Eröffnungsbilanz an IAS-Vorschriften, d.h. Identität zwischen letztem HGB-Abschluss und IAS-Eröffnungsbilanz	▪ retrospektiv ⬇ rückwirkende Anpassung der Bilanzierungs- und Bewertungsmethoden, d.h. Eröffnungsbilanzerstellung so, als sei schon immer nach IAS bilanziert worden

Demgegenüber hat SIC 8.3 die retrospektive Erstanwendung zum ersten Mal verbindlich festgelegt. Die Unterschiedbeträge zwischen einem Abschluss nach HGB und einem Abschluss nach IAS sind aufgrund der Anforderung von SIC 8.5 mit den Gewinnrücklagen der ersten Periode zu verrechnen, die nach IAS dargestellt wird. Diese Regelung wird in SIC 8.11 damit begründet, dass es nicht sachgerecht sei, die kumulierten Auswirkungen der Veränderungen aus der Umstellung von nationalen Rechnungslegungsregeln zu IAS in der Gewinn- und Verlustrechnung zu erfassen. Aus SIC 8.12 geht darüber hinaus klarstellend hervor, dass Abschlüsse von Unternehmen, die IAS zum ersten Mal als Grundlage der Rechnungslegung anwenden, unter der Annahme aufzustellen sind, dass die aktuellen Standards schon immer angewandt wurden. Vorrangiges Interesse der Regelungen ist aber, dass alle Unternehmen gleich behandelt werden sollten, unabhängig davon, ob sie IAS in vorangegangenen Perioden angewendet haben.

First Time Application

Prinzip retrospektiver Erstanwendung von IAS nach SIC 8.3 als geltende Rechtsgrundlage

- Fiktion
  - In der Periode, in der ein Unternehmen zum ersten Mal IAS als primäre Grundlage der Rechnungslegung anwendet, ist der Abschluss grundsätzlich so aufzustellen, als ob er schon immer nach den Standards und Interpretationen, die für die Periode der erstmaligen Anwendung von IAS gelten, aufgestellt worden wäre.
- Ziel
  - Gleichbehandlung von bisherigen und zukünftigen IAS-Anwendern als notwendige Bedingung für eine Vergleichbarkeit von Konzernabschlüssen

An diesem Prinzip retrospektiver Anwendung von IAS soll nach dem Willen des IASB auch künftig festgehalten werden, und zwar unabhängig davon, dass in Übergangsvorschriften einiger Standards die prospektive Anwendung von IAS geregelt ist (Tz. 9, 13). Der IASB begründet seine Prinzipientreue erneut vor allem mit der nach seiner Auffassung erforderlichen Gleichbehandlung von bisherigen und zukünftigen IAS-Anwendern als notwendiger Bedingung für eine Vergleichbarkeit von Konzernabschlüssen.

4.2 Drei Fallkategorien von Ausnahmen der retrospektiven Erstanwendung

Obwohl der IASB am Prinzip der retrospektiven Anwendung von IAS nicht rütteln will, zieht er sich im Exposure Draft zur First-Time Application of International Financial Reporting Standards keineswegs auf einen puristischen oder dogmatischen Standpunkt zurück. Vielmehr entspricht es pragmatischer Vernunft, dass der IASB Erfahrungen aus der Umstellungspraxis berücksichtigt und über die allgemeine Ausnahme in SIC 8 hinaus im Standardentwurf spezielle Ausnahmen vom Prinzip der retrospektiven Anwendung von IAS zulässt (Tz. 13). Diese Ausnahmen werden in drei Fallkategorien eingeteilt. Unter die erste Kategorie (Tz. 14a) werden vier Fälle subsumiert, bei denen die Bewertung bestimmter Aktiva und Passiva auf Basis historischer Kosten zum Umstellungszeitpunkt erfahrungsgemäß mit einer relativ hohen Wahrscheinlichkeit unverhältnismäßig hohe Kosten oder Mühen verursacht. Aus diesem Grund soll es Unternehmen ermöglicht werden, die Bewertung solcher Aktiva und Passiva auf einer alternativen Basis durchzuführen und diese Bewertungsbasis auch als Grundlage für die Folgebewertung heranzuziehen.

First Time Application

Überblick über die Regelungen des ED

- Beibehaltung des Prinzips retrospektiver Anwendung (SIC 8.3), aber Einschränkung durch zahlreiche Ausnahmen (ED 7)
- Beibehaltung der Durchbrechung der Bilanzkontinuität (SIC 8.5), aber Ausdehnung der Angabepflichten (ED 12)
- Überleitungsrechnungen für das Eigenkapital und Periodenergebnis ("Reconciliations of the Entity's Equity and Profit or Loss") (ED 31)
- Erläuterungen zu den Auswirkungen der Umstellung auf die finanzielle Lage und den Cash Flow des Unternehmens (ED 30)
- Ausdrückliche und uneingeschränkte Erklärung zur Übereinstimmung des ersten Abschlusses mit den IFRS als Anerkennungsvoraussetzung (ED 2)

So sollen erstens bei der Bewertung von Sachanlagen nach IAS 16 oder Immobilien, die als Finanzinvestition gehalten werden und von IAS 40 behandelt werden, deren Fair Values im Umstellungszeitpunkt als alternative Bewertungsbasis insbesondere dann verwendet werden können, wenn aufgrund fehlender Dokumentationen (z.B. Anlageverzeichnisse) eine Rekonstruktion historischer Anschaffungs- oder Herstellungskosten nicht mehr oder kaum noch möglich ist (Tz. 16, 18). Um die Zeitwerte ermitteln zu können, sind die in IAS 22 kodifizierten Regeln zur Bestimmung der Fair Values von Vermögenswerten und Verbindlichkeiten aus Unternehmenszusammenschlüssen maßgebend, sofern nicht andere Standards genauere Richtlinien für die Berechnung von Fair Values enthalten (Tz. 15).

Zweitens sollen Geschäftswerte und andere Vermögenswerte sowie Verbindlichkeiten aus Unternehmenszusammenschlüssen (die in IAS 22 geregelt werden) vor dem Umstellungszeitpunkt unter Berücksichtigung bestimmter Anpassungen zu ihren bisherigen Buchwerten nach nationalen Standards fortgeführt werden können. Anpassungen werden zum einen dann erforderlich, wenn ein Unternehmen nach nationalen Standards einen Unternehmenszusammenschluss als Erwerb klassifiziert und dabei bestimmte Posten als Immaterielle Anlagewerte qualifiziert hat, die nach den Aktivierungskriterien von IAS 38 nicht als Immaterielle Anlagewerte bilanziert werden dürfen; in diesem Fall sind solche Posten einschließlich der damit zusammenhängenden abgegrenzten Steuern und Minderheitsanteilen als Teil des Geschäftswerts zu bilanzieren. Zum anderen werden Anpassungen dann notwendig, wenn aufgrund einer obligatorischen Prüfung der Werthaltigkeit des Geschäftswerts zum Umstellungszeitpunkt ein Wertminderungsaufwand im Sinne von IAS 36 zu berücksichtigen ist (Tz. 20-21, Anhang B).

Drittens sind Vermögenswerte oder Verbindlichkeiten aus Leistungen an Arbeitnehmer (IAS 19) im Fall leistungsorientierter Versorgungspläne zum Umstellungszeitpunkt in Übereinstimmung mit IAS 19 zu bewerten, sofern keine versicherungsmathematischen Gewinne oder Verluste unerfasst bleiben (Tz. 22).

Viertens ist geplant, dass Differenzen aus der Umrechnung einer Nettoinvestition in eine wirtschaftlich selbständige ausländische Teileinheit nach dem Standard über die Auswirkungen von Änderungen der Wechselkurse, IAS 21, als separate Komponente des Eigenkapitals zu klassifizieren sind. Wenn ein Unternehmen ohne unverhältnismäßig hohe Kosten oder Mühen nicht in der Lage ist, zum Umstellungszeitpunkt diese kumulierte Umrechnungsdifferenz nach IAS 21 zu bestimmen, soll es ersatzweise eine nach den nationalen Standards berechnete kumulierte Umrechnungsdifferenz als gleichwertig zugrundelegen können (Tz. 23).

In die zweite Kategorie von Ausnahmen (Tz. 14b) werden Fälle eingeordnet, bei denen Vermögenswerte und Verbindlichkeiten nach nationalen Standards mit Methoden bewertet worden sind, die Abschlussadressaten einen größeren Informationsnutzen versprechen als die Methode zur Bewertung mit historischen Kosten. Selbst wenn die historischen Kosten nach den IAS ohne unverhältnismäßig hohe Kosten oder Mühen bestimmt werden können, sollen Unternehmen die Möglichkeit erhalten, Vermögensgegenstände und Verbindlichkeiten mit den bisherigen Werten nach nationalen Standards anzusetzen und diese Wertansätze als Basis der Folgebewertung zu verwenden.

Wenn ein Unternehmen auf der Grundlage nationaler Standards Sachanlagen oder als Finanzinvestitionen gehaltene Immobilien vor dem Umstellungszeitpunkt beispielsweise mit einem allgemeinen oder speziellen Preisindex neu bewertet hat, kann es die Wertansätze dieser Güter zum Neubewertungszeitpunkt als Basis der Folgebewertung nach den IAS heranziehen, wenn sie mit den historischen Kosten im Sinne der IAS weitgehend vergleichbar sind. Analog dazu kann jeder nach nationalen Standards zugrunde gelegte Wertmaßstab für solche Güter als Basis der Folgebewertung nach den IAS verwendet werden, wenn er weitgehend mit den Fair Values vergleichbar ist (Tz. 17, 18). Im übrigen sollen Fair Values einer Folgebewertung dann zugrunde gelegt werden können, wenn Unternehmen anlässlich singulärer Ereignisse (z.B. Privatisierungen) den Vermögenswerten und Verbindlichkeiten Zeitwerte beilegen (Tz. 19).

Die dritte Kategorie (Tz. 14c) umfasst schließlich den Ausnahmefall, dass eine retrospektive Anwendung von IAS 39 bei der Bilanzierung von Sicherungsgeschäften („Hedge Accounting") ausdrücklich verboten ist. Im Entwurf wird betont, dass die Vorschriften des IAS 39 zu Sicherungsgeschäften vom Umstellungszeitpunkt an prospektiv anzuwenden sind (Tz. 4, Anhang C). Für Sicherungsgeschäfte, die bereits vor dem Umstellungszeitpunkt nach den nationalen Standards bestimmt waren, soll das Unternehmen die Ansatz-, Ausbuchungs- und Bewertungsvorschriften des IAS 39 vom Umstellungszeitpunkt an prospektiv anwenden, und zwar unabhängig davon, ob die Dokumentationskriterien von IAS 39 zu Beginn der Sicherungsbeziehung erfüllt waren, und auch unabhängig davon, ob das Sicherungsgeschäft die Effektivitätskriterien von IAS 39 vor dem Umstellungszeitpunkt erfüllt hat. Wenn ein Unternehmen eine Transaktion vor dem Umstellungszeitpunkt als Sicherungsgeschäft bestimmt hat, darf es die Bestimmung der Transaktion als Sicherungsgeschäft nicht retrospektiv umkehren.

Im Fall von Fair Value Hedges, also Geschäften zur Absicherung beizulegender Zeitwerte von Vermögenswerten und Verbindlichkeiten in der Eröffnungsbilanz nach IAS, soll ein Unternehmen erstens die Buchwerte abgesicherter Vermögenswerte und Verbindlichkeiten im Umstellungszeitpunkt anpassen, zweitens jede Anpassung an den Buchwerten von Sicherungsinstrumenten und gesicherten Grundgeschäften in den Gewinnrücklagen erfassen und drittens die Vorschriften zur Bilanzierung von Sicherungsgeschäften gemäß IAS 39 auf nach dem Umstellungszeitpunkt entstehende Gewinne und Verluste aus Sicherungsinstrumenten anwenden. Wenn ein Unternehmen bei der Bilanzierung von Sicherungsgeschäften nach nationalen Standards die Abgrenzung von Gewinnen oder Verlusten aus Cash Flow Hedges, also Geschäften zur Absicherung von Zahlungsströmen, berücksichtigt hat, soll es abgegrenzte Gewinne und Verluste dann den Gewinnrücklagen zuordnen, wenn der Eintritt der gesicherten Transaktion nicht mehr erwartet wird; sofern jedoch erwartet wird, dass die gesicherte Transaktion noch eintritt, werden abgegrenzte Gewinne und Verluste als separate Komponente des Eigenkapitals klassifiziert. Nur zu diesem Zweck soll es ausreichen, wenn die Dokumentations- und Effektivitätskriterien von IAS 39 zur Qualifizierung einer Sicherungsbeziehung als bilanzierungsfähiges Sicherungsgeschäft erst zum Zeitpunkt der Umstellung der Rechnungslegung von nationalen Standards auf die IAS erfüllt werden.

4.3 Retrospektive Vollumstellung oder Wahl aller Erleichterungen

Soweit die Ausnahmen vom Prinzip der retrospektiven Anwendung von IAS für ein sich in der Umstellungsphase befindendes Unternehmen anwendbar sind, hat das Unternehmen sämtliche Ausnahmen anzuwenden, wenn es sich entschließt, zur Vereinfachung der Umstellung seiner Rechnungslegung das Prinzip der retrospektiven Anwendung von IAS zu durchbrechen (Tz. 14). Das Kreditinstitut hat also nur zwei Optionen: Entweder nutzt es alle anwendbaren Ausnahmen oder es macht von keiner anwendbaren Ausnahme Gebrauch. Beide Optionen haben unterschiedliche Konsequenzen. Wenn sich das Unternehmen für die erste Option entscheidet und alle anwendbaren Ausnahmen nutzt, hat es der Umstellung seiner Rechnungslegung nur die letzte Version der IAS zugrunde zu legen. Wenn sich das Unternehmen indes für die zweite Option entscheidet und von keiner anwendbaren Ausnahme Gebrauch macht, hat es auch frühere, bereits außer Kraft gesetzte Versionen eines Standards anzuwenden, sofern spätere Versionen die prospektive Anwendung des Standards vorschreiben (Tz. 8, 13).

First Time Application

Ausnahmen vom Prinzip der retrospektiven Anwendung

- Ein Unternehmen hat zwei Optionen (ED 13)
  - 1. Option - Inanspruchnahme aller Ausnahmen
    Die Konsequenz ist, dass das Unternehmen der Umstellung seiner Rechnungslegung nur die letzte Version der IAS zugrundezulegen hat
  - 2. Option - Keine Ausnahme
    Die Konsequenz ist, dass das Unternehmen bei der Umstellung seiner Rechnungslegung auch frühere, bereits außer Kraft gesetzte Versionen eines Standards anzuwenden hat, sofern spätere Versionen die prospektive Anwendung vorschreiben

Bei einer Umstellung ist sorgfältig abzuwägen, ob die kurzfristige Erleichterung des Übergangs auf die Rechnungslegung nach IAS mit hohen Ansätzen der Aktiva „erkauft" wird. In den Folgejahren würde sich in diesem Fall die erhöhte Bemessungsbasis in der Gewinn- und Verlustrechnung in höheren Abschreibungsraten wiederfinden.

Voraussetzung für die Anerkennung eines ersten Konzernabschlusses auf der Grundlage von IAS ist eine ausdrückliche und uneingeschränkte Erklärung zur Übereinstimmung dieses Konzernabschlusses mit den IAS. Ein Unternehmen, dass erstmals einen Konzernabschluss nach IAS veröffentlicht, hat darauf zu achten, dass alle in diesem Abschluss dargestellten Geschäftsjahre nach den Bilanzierungs- und Bewertungsmethoden präsentiert werden, die zum Berichtszeitpunkt in Kraft gesetzt sind. Berichtszeitpunkt ist der Schluss des letzten Geschäftsjahres, das im Konzernabschluss nach IAS dargestellt wird. Die zu diesem Zeitpunkt geltenden Bilanzierungs- und Bewertungsmethoden sind selbstverständlich auch bei der Aufstellung der Eröffnungsbilanz nach IAS anzuwenden. Es ist die Bilanz, die zum Zeitpunkt der Umstellung der Rechnungslegung von nationalen Standards auf die IAS. Der Exposure Draft fordert ausdrücklich nicht, dass diese Bilanz im ersten Konzernabschluss dargestellt wird (Tz. 10).

Beim Übergang von der Schlussbilanz nach nationalen Standards zur Eröffnungsbilanz nach IAS sind alle Anpassungen zu berücksichtigen, die sich aus der retrospektiven Anwendung der zum Berichtszeitpunkt geltenden Ansatz-, Bewertungs- und Ausweisvorschriften nach IAS ergeben. Materielle Anpassungen aus Ansatz- und Bewertungsmaßnahmen sind erfolgsneutral mit dem Eigenkapital in der Eröffnungsbilanz nach IAS zu verrechnen und nicht erfolgswirksam in der Gewinn- und Verlustrechnung des Übergangsjahrs zu erfassen (Tz. 11). Es bleibt somit wie in SIC 8.5 bei der Durchbrechung des Bilanzzusammenhangs im Umstellungszeitpunkt. Anders als in SIC 8.7 sind aber künftig umfassendere Informationen über die Auswirkungen der Umstellung auf die finanzielle Lage und den Cash Flow des Unternehmens zu liefern (Tz. 30). Überleitungsrechnungen für das Eigenkapital und den Gewinn bzw. Verlust nach nationalen Standards und IAS sollen es dem Abschlussadressaten ermöglichen, die materiellen Anpassungen in der Bilanz, Gewinn- und Verlustrechnung und Kapitalflussrechnung zu verstehen und Änderungen bei Bilanzierungs- und Bewertungsmethoden von Änderungen bei Schätzungen und von Berichtigungen bei Fehlern zu unterscheiden (Tz. 31-32). Für den Fall, dass Sachanlagen oder als Finanzinvestitionen gehaltene Immobilien ausnahmsweise mit ihren beizulegenden Zeitwerten als Grundlagen der Folgebewertung angesetzt werden, sind für jeden Posten in der Eröffnungsbilanz die Summe der Zeitwerte wie auch die Summe der Anpassungen zwischen den Zeitwerten und den bisherigen Buchwerten anzugeben (Tz. 35). Offenzulegen sind schließlich auch die Gründe, warum eine IAS-konforme Bewertung zu historischen Anschaffungs- oder Herstellungskosten unverhältnismäßig hohe Kosten oder Mühen verursachen würde.

In der Vergangenheit war es nicht erforderlich, die Effekte einer Umstellung auf IAS betraglich zu bekannt zu geben. Durch die Änderung des HGB zugunsten einer Regelung, die einen Abschluss nach IAS als befreiend für den ansonsten obligatorischen Konzernabschluss nach HGB anerkennt, haben im Jahre 1998 nachfolgende deutsche Kreditinstitute ihren Konzernabschluss nach IAS erstellt. Die materiellen Auswirkungen des Bilanzierungswechsels sind vor dem Hintergrund einzuschätzen, dass zu diesem Zeitpunkt der Standard zu Ansatz und Bewertung von Finanzinstrumenten noch nicht anzuwenden war.

Unterschiede in Bilanz, Gewinn- und Verlustrechnung sowie Erläuterungen (Notes)

Vergleich der Geschäftsberichte 1998 von HypoVereinsbank, Dresdner Bank, Commerzbank, HSBC Trinkhaus & Burkhardt, BHF Bank und DG Bank mit dem Geschäftsbericht 1995 der Deutschen Bank (in Mrd. DM)

Schwerpunkte der Rechnungslegung nach IAS	**Konsequenzen für den Abschluss**	**Deutsche Bank**	**HypoVereins-bank**	**Dresdner Bank (separate Aufstellung)**	**Commerz-bank**	**BHF Bank**	**HSBC Trinkaus & Burkhardt (GB 1997)**	**DG Bank**
"Stille" Reserven	Unzulässigkeit von § 340f HGB-Vorsorgereserven	+ 1,4	+ 0,9	+ 0,6	+ 0,3	+ 0,1	+ 43,4 Mio. DM	+ 1,0
Goodwill	Aktivierungspflicht des Goodwill, Abschreibung zu Lasten der GuV	+ 1,9	+ 0,7	+ 1,7	+ 0,6	n.a.		+ 0,4
Handelsergebnis	Mark-to-market-Ansatz	+ 0,6	+ 0,1	+ 0,4	+ 0,3	+ 1,0	+ 157,8 Mio. DM	n.a.

Schwerpunkte der Rechnungslegung nach IAS	**Konsequenzen für den Abschluss**	**Deutsche Bank**	**HypoVereins-bank**	**Dresdner Bank (separate Aufstellung)**	**Commerz-bank**	**BHF Bank**	**HSBC Trinkaus & Burkhardt (GB 1997)**	**DG Bank**
Wertpapiere	Anlagebestände zu Anschaffungskosten (Zuschreibungspflicht)	+ 0,3	n.a.	+ 0,4	n.a.	n.a.	+ 34,6 Mio. DM	- 1,0
Pensionsrück-stellungen	Marktzins, Gehaltsent-wicklung und Renten-anpassung	- 2,1	- 1,0	- 0,9	- 0,4	- 40 Mio. DM	- 33,7 Mio. DM	- 0,4
Leasing	Finanzierungsleasing zu Forderungen, Kor-rektur degressiver Abschreibungen	1,4	n.a.	n.a.	n.a.	n.a.	n.a.	n.a.

Schwerpunkte der Rechnungslegung nach IAS	**Konsequenzen für den Abschluss**	**Deutsche Bank**	**HypoVereins-bank**	**Dresdner Bank (separate Aufstellung)**	**Commerz-bank**	**BHF Bank**	**HSBC Trinkaus & Burkhardt (GB 1997)**	**DG Bank**
Steuern	Sonderabschreibungen und Sonderposten unzu-lässig, latente Steuern	+ 1,0 - 0,1	+ 0,5 + 0,6	+ 0,5 - 0,3	+ 0,1 n.a.	- 0,2	- 80,8 Mio. DM	- 0,3
Sonstige Anpassungen	Diverse	+ 0,2	- 0,1	- 0,2	+ 0,3	+ 0,2	n.a.	+ 0,8
Erstan-wendung	**Saldo rückwirkender Anpassungen (Gewinnrücklagen)**	**+ 4,6**	**+ 1,7**	**+ 2,2**	**+ 1,2**	**+ 0,2**	**+ 0,1**	**+ 1,4**

Anlagen

Anlage 1: Bilanz der HypoVereinsbank zum 31.12.2001

AKTIVA

	Notes	2001	2000	Veränderungen	
		in Mio €	in Mio €	in Mio €	in %
Barreserve	6,43	8 036	6 509	+ 1 527	+ 23,5
Handelsaktiva	7,44	69 210	79 296	- 10 086	- 12,7
Forderungen an Kreditinstitute	8,45	89 499	91 378	- 1 879	- 2,1
darunter: Hypothekendarlehen		384	406	- 22	- 5,4
Kommunalkredite		23 395	26 080	- 2 685	- 10,3
Forderungen an Kunden	8, 46, 47	431 060	424 372	+ 6 688	+ 1,6
darunter: Hypothekendarlehen		174 607	170 297	+ 4 310	+ 2,5
Kommunalkredite		64 477	67 977	- 3 500	- 5,1
Risikovorsorge	9,48	- 12 852	- 12 754	- 98	- 0,8
Finanzanlagen	10,49	114 493	109 512	+ 4 981	+ 4,5
Sachanlagen	11,50	4 736	5 677	- 941	- 16,6
Immaterielle Vermögenswerte	13,51	3 634	3 862	- 228	- 5,9
Sonstige Aktiva	52	20 354	8 662	+ 11 692	>+ 100,0
Summe der Aktiva		**728 170**	**716 514**	**+ 11 656**	**+ 1,6**

PASSIVA

	Notes	2001	2000	Veränderungen	
		in Mio €	in Mio €	in Mio €	in %
Verbindlichkeiten gegenüber Kreditinstituten	14, 56	14 5170	153 217	- 8 047	- 5,3
darunter: begebene Hypotheken- und					
öffentliche Namenspfandbriefe		10 546	10 059	+ 487	+ 4,8
Verbindlichkeiten gegenüber Kunden	14, 57	215 404	202 093	+ 13 311	+ 6,6
darunter: begebene Hypotheken- und					
öffentliche Namenspfandbriefe		43 742	46 032	- 2 290	- 5,0
Verbriefte Verbindlichkeiten	14, 58	256 421	261 199	- 4 778	- 1,8
darunter: Hypothekenpfandbriefe und					
öffentliche Pfandbriefe		136 028	134 512	+ 1 516	+ 1,1
Handelspassiva	15, 59	29 150	40 849	- 11 699	- 28,6
Rückstellungen	16, 60	9 490	6 958	+ 2 532	+ 36,4
Sonstige Passiva	17,61	20 888	9 718	+ 11 170	>+100,0
Nachrangkapital	62	23 487	20 703	+ 2 784	+ 13,4
Anteile in Fremdbesitz	63	3 050	2 182	+ 868	+ 39,8
Eigenkapital	64	25 110	19 595	+ 5 515	+ 28,1
Gezeichnetes Kapital		1 609	1 607	+ 2	+ 0,1
Kapitalrücklage		13 133	13 228	- 95	- 0,7
Gewinnrücklagen		4 326	4 304	+ 22	+ 0,5
Bewertungsänderungen von Finanzinstrumenten		5 585	—	+ 5 585	>+ 100
Konzerngewinn		457	456	+ 1	+ 0,2
Summe der Passiva		**728 170**	**716 514**	**+ 11 656**	**+ 1,6**

Anlage 2: Gewinn- und Verlustrechnung der HypoVereinsbank 2001

Erträge/Aufwendungen

	Notes	2001	2000	Veränderungen	
		in Mio €	in Mio €	in Mio €	in %
Zinserträge	29	38 784	31 106	+ 7 678	+ 24,7
Zinsaufwendungen	29	31 453	25 956	+ 5 497	+ 21,2
Zinsüberschuss	29	7 331	5 150	+ 2 181	+ 42,3
Kreditrisikovorsorge	30	2 074	1 186	+ 888	+ 74,9
Zinsüberschuss nach Kreditrisikovorsorge		5 257	3 964	+ 1 293	+ 32,6
Provisionserträge		3 592	2 812	+ 780	+ 27,7
Provisionsaufwendungen		715	389	+ 326	+ 83,8
Provisionsüberschuss	31	2 877	2 423	+ 454	+ 18,7
Handelsergebnis	32	592	548	+ 44	+ 8,0
Verwaltungsaufwand	33	7 735	5 117	+ 2 618	+ 51,2
Saldo sonstige betriebliche Erträge/Aufwendungen	34	485	55	+ 430	>+100,0
Betriebsergebnis		**1 476**	**1 873**	**- 397**	**- 21,2**
Finanzanlageergebnis	37	530	325	+ 205	+ 63,1
Abschreibungen auf Geschäfts- oder Firmenwerte	38	321	89	+ 232	>+100,0
Saldo übrige Erträge/Aufwendungen	39	- 136	- 131	- 5	- 3,8
Ergebnis der gewöhnlichen Geschäftstätigkeit		**1 549**	**1 978**	**- 429**	**- 21,7**
Saldo außerordentliche Erträge/Aufwendungen		—	- 126	+ 126	+100,0
Ergebnis vor Steuern		1 549	1 852	- 303	- 16,4
Ertragsteuern	19,40	582	668	- 86	- 12,9
Jahresüberschuss		**967**	**1 184**	**- 217**	**- 18,3**
Fremdanteile am Jahresüberschuss		- 29	- 105	+ 76	+ 72,4
Jahresüberschuss ohne Fremdanteile		**938**	**1 079**	**- 141**	**- 13,1**
Einstellung in Gewinnrücklagen		481	623	- 142	- 22,8
Konzerngewinn		**457**	**456**	**+ 1**	**+ 0,1**

Stephan Schildbach

Eigenkapitalveränderungsrechnung

1. Funktionen und Standards von Eigenkapitalveränderungsrechnungen

1.1 Funktionen der Eigenkapitalspiegel im Einzel- und Konzernabschluss

Informationen zur periodischen Entwicklung des bilanziellen Eigenkapitals in Einzel- und Konzernabschlüssen[1] kapitalmarktorientierter Kreditinstitute lassen sich den Abschlussadressaten aus zwei Gründen nur unzureichend über Bilanzen kommunizieren. Zum einen konzentrieren Bilanzen die Informationen über das Eigenkapital von Kreditinstitute oder Bankkonzernen auf bestimmte Zeitpunkte und ermöglichen daher schon instrumentell keine Darstellung der Eigenkapitalveränderungen für bestimmte Zeiträume. Auch die Gegenüberstellung von Bestandsgrößen aufeinanderfolgender Geschäftsjahre innerhalb der Eigenkapitalgliederung von Bilanzen ändert daran nur wenig. Aus solchen Vorjahresvergleichen können lediglich Differenzen zwischen Eigenkapitalpositionen als aggregierte Informationen abgeleitet werden, während die Abschlussadressaten auf den Kapitalmärkten zusätzlich an den einzelnen Ursachen dieser Differenzen, also an disaggregierten Informationen interessiert sind. Zum anderen reduzieren Bilanzen die Informationen über das Eigenkapital in Abhängigkeit vom Regelwerk der Rechnungslegung auf eine mehr oder weniger grobe Gliederung von Eigenkapitalpositionen und erlauben somit auch konzeptionell keine vollständigen und tiefgehenden Einblicke in die Eigenkapitalveränderungen bestimmter Perioden.

Als mögliche Lösung dieser Informationsdefizite scheinen erläuternde Angaben zur bilanziellen Eigenkapitalgliederung in den Notes auf den ersten Blick zu genügen. Doch bei näherer Betrachtung kann diese Lösung kaum befriedigen. Verbale Erläuterungen können zwar jene Defizite beseitigen, die aus der zeitlichen Konzentration und sachlichen Reduktion von Informationen resultieren, sie lassen aber zugleich neue Probleme

---

1 Vgl. zur Bilanzierung des Eigenkapitals allgemein BAETGE, J. u.a., Bilanzen, 5. Aufl., Düsseldorf 2001, S. 409-459; speziell zum Eigenkapital im Einzelabschluss vgl. HEYMANN, G., Eigenkapital, in: CASTAN, E. u.a. (Hrsg.), Beck'sches Handbuch der Rechnungslegung, Band II, München 2002 (B231); speziell zum Eigenkapital im Konzernabschluss vgl. BRUNS, H.-G., Eigenkapitalausweis, in: CASTAN, E. u.a. (Hrsg.), Beck'sches Handbuch der Rechnungslegung, Band II, München 2002 (C450).

dadurch entstehen, dass sie die Informationen nicht zweckadäquat, also an den Bedürfnissen der Kapitalmarktakteure orientiert, in einer sowohl transparenten wie auch kompakten Art und Weise verfügbar machen. Eine kapitalmarktfreundliche Informationspolitik muss darauf ausgerichtet sein, Informationen nicht nur umfassend, sondern auch unmittelbar an die Akteure zu bringen. Da Investoren, Analysten und Ratingagenturen erfahrungsgemäß kaum Zeit für eine ausgedehnte Exploration von Texten aufwenden können, sind Informationen über periodische Eigenkapitalveränderungen über ein alternatives, zeitschonendes Instrument anzubieten. Zu diesem Zweck wird das Konzept des tabellarischen Spiegels herangezogen, das in Standards der internationalen Rechnungslegung schon seit Jahren vorgeschrieben und über DRS 7 auch in der deutschen Rechnungslegung von Kreditinstituten verbindlich ist.

Das Konzept des tabellarischen Spiegels besteht darin, die Wertbestände spezifizierter Eigenkapitalpositionen (Gezeichnetes Kapital, Kapitalrücklage, Gewinnrücklagen, Neubewertungsrücklage, Umrechnungsrücklage) zum Anfang des Geschäftsjahres durch sukzessive Addition und Subtraktion wertbeeinflussender Faktoren auf die Wertbestände dieser Eigenkapitalpositionen zum Abschluss des Geschäftsjahres überzuleiten (Eigenkapitalspiegel). Bei dieser Überleitung sollten die wertbeeinflussenden Faktoren möglichst nach übergeordneten Kriterien sortiert werden, damit die Veränderungen des Eigenkapitals kriterienspezifisch differenziert und quantifiziert werden können. Zur Auswahl dieser Kriterien genügt die einfache Überlegung, dass Veränderungen des Eigenkapitals prinzipiell auf Entscheidungen zurückgeführt werden können, die entweder durch das Gesellschaftsrecht (z.B. Kapitalerhöhungen oder Gewinnausschüttungen) oder die Rechnungslegung (Ansatz und Bewertung von Vermögenswerten und Verbindlichkeiten) verursacht sind. Entsprechend dieser Überlegung lassen sich kapitalinduzierte Eigenkapitalveränderungen ohne Einfluss auf das Periodenergebnis und bilanzinduzierte Eigenkapitalveränderungen mit oder ohne Einfluss auf das Periodenergebnis unterscheiden.

Eigenkapitalspiegel haben somit generell die Funktion, interessierte Kapitalmarktakteure über die verschiedenen Ursachen von Eigenkapitalveränderungen komplett und direkt zu informieren. Diese Informationen sind insbesondere für Adressaten von Einzel- und Konzernabschlüssen relevant, die nach den International Accounting Standards (IAS) oder den United States Generally Accepted Accounting Principles (US-GAAP) aufgestellt werden. In diesen Regelwerken der Rechnungslegung werden bei einer Vielzahl geschäftlicher Transaktionen qualitativ und quantitativ bedeutsame Entscheidungen über den Ansatz und die Bewertung von Vermögenswerten und Verbindlichkeiten getroffen, die zwar das Eigenkapital verändern, aber nicht das Periodenergebnis beeinflussen. Ursache hierfür ist, dass die zu den Buchungen auf Aktiv- oder Fremdkapitalkonten korrespondierenden Buchungen nicht ertrags- oder aufwandswirksam in der Gewinn- und Verlustrechnung, sondern ergebnisneutral auf Rücklagenkonten im Eigenkapital erfolgen. Ohne Eigenkapitalspiegel könnten die Kapitalmarktakteure solche bilanzinduzierten Eigenkapitalveränderungen kaum mehr von den bilanzinduzierten Eigenkapitalveränderungen unterscheiden, die mit einer betragsgleichen Veränderung des Periodenergebnisses verbunden sind. Für Investoren ist zur Beurteilung der ökonomischen Effizienz ihres finanziellen Engagements die Analyse der Eigenkapitalveränderungsrechnung daher fast ebenso wichtig wie die der Gewinn- und Verlustrechnung.

Spezielle Informationsfunktionen erfüllen Eigenkapitalspiegel als komplementäre Instrumente zu den Bilanzen in Einzel- und Konzernabschlüssen. Veränderungen des bilanziellen Eigenkapitals in den Einzelabschlüssen von Kreditinstituten können einerseits auf gesellschaftsrechtlichen Entscheidungen zur Erhöhung oder Herabsetzung des gezeichneten Kapitals, zur Bildung oder Auflösung von Kapital- und Gewinnrücklagen sowie zur teilweisen oder vollständigen Verwendung des Periodenergebnisses beruhen. Das konstitutive Merkmal dieser Eigenkapitalveränderungen ist, dass ihre Ursachen in den Beziehungen zwischen der Gesellschaft und ihren Gesellschaftern (owner movements in equity) gründen, die durch (positives) Gesetzesrecht oder (dispositives) Vertragsrecht geregelt sind. Von diesen Eigenkapitalveränderungen sind im Eigenkapitalspiegel des Einzelabschlusses andererseits jene zu unterscheiden, deren Ursachen in der Anwendung nationaler oder internationaler Bilanzierungsstandards auf geschäftliche Transaktionen bestehen. Sie führen zu Eigenkapitalveränderungen, die nicht auf Beziehungen zwischen der Gesellschaft und ihren Gesellschaftern zurückzuführen sind (non-owner movements in equity) und sich erfolgswirksam im Periodenergebnis oder erfolgsneutral in speziellen Passivpositionen innerhalb des Eigenkapitals niederschlagen. Mit der nach Ursachen differenzierenden Darstellung von Eigenkapitalveränderungen liefert der Eigenkapitalspiegel dem Adressaten des Einzelabschlusses wertvolle Informationen über die Entwicklung (Verbesserung bzw. Verschlechterung) der Kapitalhaftung und Risikovorsorge der Gesellschaft sowie die Gewinnbeteiligungs- und Geschäftsführungsrechte der Gesellschafter.

Während Gläubiger- und Gesellschafterrechte an das bilanzielle Eigenkapital im Einzelabschluss eines Kreditinstituts anknüpfen, verbinden sich mit dem konsolidierten Eigenkapital im Konzernabschluss einer Muttergesellschaft keine gesetzlichen oder vertraglichen Ansprüche der Fremdkapital- und Eigenkapitalgeber. Das Eigenkapital im Konzernabschluss ist prinzipiell auch nicht mit dem Eigenkapital im Einzelabschluss der Muttergesellschaft identisch. Zwar wird im Rahmen der Kapitalkonsolidierung das Eigenkapital von Tochtergesellschaften durch Verrechnung mit den korrespondierenden Beteiligungen der Muttergesellschaft eliminiert und ausschließlich das Eigenkapital der Muttergesellschaft in den Konzernabschluss integriert, doch folgen aus der Kapitalkonsolidierung und weiteren Konsolidierungsmaßnahmen (Konsolidierung konzerninterner Forderungen und Verbindlichkeiten, Aufwendungen und Erträge sowie interimistischer Gewinne und Verluste) einschließlich der Währungsumrechnung Differenzen, die im Konzernabschluss vorhandene Eigenkapitalpositionen der Muttergesellschaft beeinflussen und zusätzliche Eigenkapitalpositionen verursachen. Es ist die Funktion von Konzerneigenkapitalspiegeln, die sich aus der Bilanzierung solcher Eigenkapitalpositionen ergebenden Veränderungen im konsolidierten Eigenkapital darzustellen.

1.2 Nationale und internationale Standards für Eigenkapitalspiegel

Sowohl nach den IAS wie auch den US-GAAP sind Eigenkapitalspiegel seit geraumer Zeit separate Pflichtbestandteile von Abschlüssen. Es entspricht der kapitalmarktorientierten Attitüde dieser Regelwerke der Rechnungslegung, Eigenkapitalspiegel gleichberechtigt mit den anderen Elementen des Abschlusses (Bilanz, Gewinn- und Verlustrechnung, Kapitalflussrechnung und Notes) als eigenständiges Instrument zu veröffentlichen. In ihren Regelwerken unterscheiden weder die IAS noch die US-GAAP explizit zwischen Eigenkapitalspiegeln für Einzelabschlüsse (individual financial statements) und Konzernabschlüsse (consolidated financial statements). Ursache dieser fehlenden Abgrenzung ist, dass die IAS und US-GAAP gleichermaßen von rechtlich selbständigen Unternehmen wie auch von Unternehmenszusammenschlüssen als wirtschaftliche Einheiten (Konzerne) anzuwenden sind. Eine Differenzierung von Einzel- und Konzernabschlüssen dient somit ausschließlich der Abgrenzung von rechnungslegenden Einheiten[2]. Da auch nach den IAS bzw. US-GAAP das bilanzielle Eigenkapital vom konsolidierten Eigenkapital einer Muttergesellschaft zu unterscheiden ist, sind implizit Eigenkapitalspiegel in Einzelabschlüssen von Eigenkapitalspiegeln in Konzernabschlüssen zu differenzieren.

Mit der Überarbeitung von IAS 1, Presentation of Financial Statements, im Jahr 1997 ist die Aufstellung und Veröffentlichung einer Eigenkapitalveränderungsrechnung erstmals für Geschäftsjahre verbindlich, die am oder nach dem 01.07.1998 beginnen. Bei der Aufstellung des Eigenkapitalspiegels hat ein Unternehmen die Option, entweder sämtliche Veränderungen des Eigenkapitals darzustellen oder nur die Veränderungen des Eigenkapitals auszuweisen, die nicht aus Transaktionen zwischen der Gesellschaft und den Gesellschaftern (non-owner movements in equity) resultieren (IAS 1.7). In IAS 1.86 wird präzisiert, dass ein Unternehmen in der Eigenkapitalveränderungsrechnung zumindest angeben muss:

- „das Periodenergebnis,
- jeden Ertrags- und Aufwands-, Gewinn- oder Verlustposten, der nach anderen Standards direkt im Eigenkapital erfasst wird, sowie die Summe dieser Posten, und
- die Gesamtauswirkungen der Änderungen der Bilanzierungs- und Bewertungsmethoden und der Berichtigung der Fehler, die als Benchmark-Methode in IAS 8 behandelt wird".

Zusätzlich kann ein Unternehmen entweder in der Eigenkapitalveränderungsrechnung oder in den Notes ausweisen

2 Vgl. PELLENS, B., Internationale Rechnungslegung, 4. Auflage, Stuttgart 2001, S. 170ff. und 450f.

- „Kapitaltransaktionen mit Anteilseignern und Ausschüttungen an Anteilseigner,
- den Betrag der angesammelten Ergebnisse zu Beginn der Periode und zum Bilanzstichtag sowie die Bewegungen während der Periode und
- eine Überleitungsrechnung der Buchwerte jeder Kategorie des gezeichneten Kapitals, des Agios und sämtlicher Rücklagen[3] zu Beginn und am Ende der Periode, die jede Bewegung gesondert angibt".

Nach der ersten Präsentationsalternative werden sämtliche Eigenkapitalpositionen in Spalten sortiert und zeilenweise nach ergebniswirksamen und ergebnisneutralen Transaktionen differenziert vom Periodenanfangsbestand auf den Periodenendbestand übergeleitet. Auf diese Art und Weise werden dem Abschlussadressaten alle von IAS 1.86 geforderten Informationen ohne zusätzlichen Bedarf an verbalen Erläuterungen komplett und kompakt zur Verfügung gestellt. Bei der zweiten Präsentationsalternative werden die ergebniswirksamen und ergebnisneutralen Veränderungen des Eigenkapitals aus der Geschäftstätigkeit mit Dritten unter Berücksichtigung der Effekte von Änderungen der Ansatz- und Bewertungsmethoden sowie von Berichtigungen grundlegender Fehler in einer separaten Rechnung dargestellt und als Gesamterfolg für das Geschäftsjahr und das Vorjahr die Größe „Total Recognised Gains and Losses" ausgewiesen. Aus dem Gesellschaftsverhältnis resultierende Veränderungen des Eigenkapitals und die Rechnung zur Überleitung der Buchwerte des gezeichneten Kapitals und der Rücklagen erfolgt davon isoliert in den Notes. Für den Abschlussadressaten werden die Informationen dadurch zwar auch vollständig, aber nicht zusammenhängend bereit gestellt. Beide Präsentationsalternativen haben ihre Berechtigung, weil sie sich an adressatenspezifischen Informationswünschen orientieren; die erste richtet sich eher an professionelle Adressaten, die zweite eher an unerfahrene Anleger.

Zur Begründung der Informationsfunktion einer Eigenkapitalveränderungsrechnung weist IAS 1.88 ausdrücklich darauf hin, dass es „für die Beurteilung der Veränderungen der Vermögens-, Finanz- und Ertragslage eines Unternehmens zwischen zwei Bilanzstichtagen wichtig ist, sämtliche Gewinne und Verluste zu berücksichtigen, ..., einschließlich jener, die direkt im Eigenkapital erfasst werden". Denn „mit Ausnahme der Veränderungen, die aus Transaktionen mit den Anteilseignern resultieren, wie etwa Kapitaleinlagen und Dividenden, stellt die Gesamtveränderung des Eigenkapitals das Ergebnis der Tätigkeit des Unternehmens in der Periode dar" (IAS 1.87).

Im Gegensatz zu den IAS war nach dem für die deutsche Rechnungslegung maßgeblichen HGB bislang keine Eigenkapitalveränderungsrechnung aufzustellen und zu ver-

---

3 Hierzu zählen neben der Kapitalrücklage und den Gewinnrücklagen die Neubewertungsrücklagen für Sachanlagen (IAS 16.64(f)) und immaterielle Vermögenswerte (IAS 38.113(b)), die Rücklagen für Available-for-Sale Financial Assets (IAS 39.170(a)) und Cash Flow Hedges (IAS 39.169(c)) sowie die Währungsumrechnungsrücklage (IAS 21.42(b)).

öffentlichen. Mit Inkrafttreten des Transparenz- und Publizitätsgesetzes am 26.07.2002 schreibt indes § 297 Abs. 1 Satz 2 HGB vor, dass ein kapitalmarktorientiertes Mutterunternehmen, das einen organisierten Markt im Sinne des § 2 Abs. 5 WpHG durch eigene Wertpapiere oder Wertpapiere eines Tochterunternehmens (§ 2 Abs. 1 Satz1 WpHG) in Anspruch nimmt oder die Zulassung solcher Wertpapiere zum Handel an einem organisierten Markt beantragt hat, im Rahmen seines Konzernabschlusses neben Bilanz, Gewinn- und Verlustrechnung, Notes, Kapitalflussrechnung und Segmentberichterstattung auch einen Eigenkapitalspiegel aufstellen und veröffentlichen muss. Zur Interpretation des unbestimmten Rechtsbegriffs „Eigenkapitalspiegel" ist der Deutsche Rechnungslegungs Standard Nr. 7 (DRS 7) über das Konzerneigenkapital und Konzerngesamtergebnis heranzuziehen. DRS 7 ist bereits am 03.04.2001 durch den Deutschen Standardisierungsrat (DSR) verabschiedet und vom Bundesministerium der Justiz (BMJ) am 26.04.2001 bekannt gemacht worden.

Nach DRS 7.6 ist die Entwicklung des Konzerneigenkapitals vollständig in einem Konzerneigenkapitalspiegel auszuweisen. Es besteht somit für ein Unternehmen keine Option, Eigenkapitalveränderungen im Konzern teilweise in den Notes darzustellen. In DRS 7.7 werden die einzelnen Komponenten des Konzerneigenkapitals enumeriert, für die die periodischen Veränderungen auszuweisen sind:

- Gezeichnetes Kapital des Mutterunternehmens,
- nicht eingeforderte ausstehende Einlagen des Mutterunternehmens,
- Kapitalrücklage,
- erwirtschaftetes Konzerneigenkapital,
- eigene Anteile, die zur Einziehung bestimmt sind,
- kumuliertes übriges Konzernergebnis, bezogen auf die Gesellschafter des Mutterunternehmens,
- Eigenkapital des Mutterunternehmens in der Konzernbilanz,
- Eigene Anteile, die nicht zur Einziehung bestimmt sind,
- Eigenkapital des Mutterunternehmens,
- Eigenkapital der Minderheitsgesellschafter,
- davon: Minderheitenkapital
- davon: kumuliertes übriges Konzernergebnis, bezogen auf Minderheitsgesellschafter
- Konzerneigenkapital.

Aus dem gezeichneten Kapital, den nicht eingeforderten ausstehenden Einlagen, der Kapitalrücklage, dem erwirtschafteten Konzerneigenkapital, den zur Einziehung bestimmten eigenen Anteilen und dem kumulierten übrigen Eigenkapital der Gesellschafter des

Mutterunternehmens resultiert das Eigenkapital des Mutterunternehmens gemäss Konzernbilanz. Nach Subtraktion der nicht zur Einziehung bestimmten eigenen Anteile vom Eigenkapital des Mutterunternehmens in der Konzernbilanz verbleibt als Differenz das Eigenkapital des Mutterunternehmens. Und nach Addition des Eigenkapitals der Minderheitsgesellschafter zum Eigenkapital des Mutterunternehmens ergibt sich als Summe das Konzerneigenkapital. Das erwirtschaftete Konzerneigenkapital ist laut DRS 7.5 der nicht auf Minderheitsgesellschafter entfallende Teil des Konzerneigenkapitals, der aus dem Konzernjahresüberschuss/-fehlbetrag des Geschäftsjahres bzw. früherer Geschäftsjahre gebildet worden ist. Es umfasst die Gewinnrücklagen, den Gewinn- oder Verlustvortrag sowie den Jahresüberschuss oder -fehlbetrag des Mutterunternehmens, die Jahresüberschüsse bzw. -fehlbeträge der Tochterunternehmen seit ihrer erstmaligen Konsolidierung und die kumulierten Beträge aus ergebniswirksamen Konsolidierungsmaßnahmen. Das kumulierte übrige Konzernergebnis setzt sich zusammen aus solchen Veränderungen des Konzerneigenkapitals im Geschäftsjahr und in früheren Geschäftsjahren, die aufgrund von Vorschriften des HGB bzw. anderer DRS nicht (ergebniswirksam) in der Gewinn- und Verlustrechnung, sondern (ergebnisunwirksam) im bilanziellen Eigenkapital erfasst werden („neutrale Transaktionen").

Zur Funktion eines Eigenkapitalspiegels im Konzernabschluss führt DRS 7.2 aus: „Angesichts der Komplexität der Konzerneigenkapitalstruktur ist zur Verbesserung des Informationswerts eine solche Darstellung (der Entwicklung des Konzerneigenkapitals; *hinzugefügt durch den Verfasser*) ... geboten. Dabei wird die Entwicklung des Eigenkapitals des Mutterunternehmens gesondert von der des Eigenkapitals der Minderheitsgesellschafter abgebildet. Unter Berücksichtigung der erfolgsneutralen Veränderungen des Konzerneigenkapitals wird der in der Konzern-Gewinn- und Verlustrechnung ermittelte Konzernjahresüberschuss/-fehlbetrag – ebenfalls gesondert für das Mutterunternehmen und die Minderheitsgesellschafter – auf ein Konzerngesamtergebnis übergeleitet. Dieses Konzerngesamtergebnis enthält alle Veränderungen des Konzerneigenkapitals, die nicht auf Ein- und Auszahlungen auf der Ebene der Gesellschafter beruhen."

2. Bilanzierung des Eigenkapitals und der Eigenkapitalveränderungen nach IAS

2.1 Zeitpunktbezogene Bilanzierung von Eigenkapital

2.1.1 Definition des Eigenkapitals und konsolidierten Eigenkapitals

2.1.1.1 Abgrenzungskriterium für Eigen- und Fremdkapital

Die auf einen bestimmten Zeitpunkt (Stichtag) bezogene Bilanzierung des Eigenkapitals wird in keinem speziellen IAS geregelt. IAS 1.66(m) sieht als branchenunabhängige Mindestanforderung für die bilanzielle Gliederung des Eigenkapitals eine Untergliederung in gezeichnetes Kapital (Issued Capital) und Rücklagen (Reserves) vor. Bei Kreditinstituten kommt nach IAS 30.50 als branchenspezifische Eigenkapitalposition die Rücklage für allgemeine Bankrisiken (Reserve for General Banking Risks) hinzu. Nach dem Rahmenkonzept (Framework) des International Accounting Standards Committee (IASC) wird Eigenkapital als Residualgröße zwischen den Vermögenswerten und Verbindlichkeiten eines Unternehmens definiert („Equity is the residual interest in the assets of the enterprise after deducting all its liabilities“, F 49.(c)). Damit hängt der Wert des bilanziellen Eigenkapitals entscheidend von den Ansatz- und Bewertungsvorschriften für die Aktiva und übrigen Passiva ab (F 67). Trotz seines Status als Residualgröße ist das Eigenkapital in verschiedene Kategorien zu unterteilen. Dabei trägt das IASC der Tatsache Rechnung, dass Spezifika nationalen Handels- und Steuerrechts oder gesellschaftsrechtliche Statuten die Unterteilung der Eigenkapitalkategorien maßgeblich beeinflussen können (F 66). Das IASC nennt in F 65 exemplarisch Gesellschafterbeiträge („funds contributed by shareholders“), Gewinnrücklagen vor oder nach Verwendung (Retained Earnings, „reserves representing appropriations of retained earnings“) oder Kapitalerhaltungsrücklagen („reserves representing capital maintenance adjustments“). Eine an der Vorschrift für den Eigenkapitalspiegel orientierte Gliederung des bilanziellen Eigenkapitals eines Kreditinstituts nach den IAS könnte etwa die folgende Struktur haben[4]:

4 Vgl. KIRSCH, H., Besonderheiten des Eigenkapitalausweises und der Eigenkapitalveränderungsrechnung nach IAS, in: BuW, 2002, S. 310.

- Gezeichnetes Kapital (Issued Capital),
- Kapitalrücklage (Capital Paid-in in Excess of Par-value),
- Gewinnrücklagen (Retained Earnings),
- Rücklage für allgemeine Bankrisiken (Reserve for General Banking Risks)
- Neubewertungsrücklage (Revaluation Surplus),
- sonstiges Eigenkapital (Other Income) und
- eigene Anteile (Treasury Shares).

Zur Abgrenzung von Eigenkapital (Equity) und Fremdkapital (Liabilities) rekurriert das IASC auf den ökonomischen Gehalt und nicht den juristischen Rahmen eines Sachverhalts (F 51). Mit dieser wirtschaftlichen Betrachtungsweise folgt es einem wesentlichen Grundsatz seines Rahmenkonzepts, nach dem Geschäftsvorfälle „are accounted for and presented in accordance with their substance and economic reality and not merely their legal form" (F 35). Fremdkapital wird definiert als gegenwärtige Schulden eines Unternehmens, die durch Ereignisse in der Vergangenheit verursacht worden sind und in der Zukunft den Verlust ökonomischer Ressourcen zur Folge haben werden („A liability is a present obligation of the enterprise arising from past events, the settlement of which is expected to result in an outflow from the enterprise of resources embodying economic benefits", F 49(b)). Schulden resultieren vor allem aus vertraglichen oder gesetzlichen Verpflichtungen, sie können sich aber auch aus wirtschaftlichem Verhalten ohne rechtliche Verpflichtungen ergeben (F 60). Die Erfüllung von Schulden wird insbesondere durch Zahlung von Geld, Lieferung von Gütern oder Leistung von Diensten erfolgen, sie kann aber auch in der Substitution von Schulden durch anderes Fremdkapital oder die Transformation von Schulden in Eigenkapital bestehen (F 62).

Das zentrale Kriterium für eine Abgrenzung von Eigenkapital und Fremdkapital findet sich in IAS 32, Financial Instruments: Disclosure and Presentation. Dort werden finanzielle Schulden (Financial Liabilities) von Eigenkapitalinstrumenten (Equity Instruments) abgegrenzt. Finanzielle Schulden werden als vertragliche Verpflichtungen eines Unternehmens definiert, finanzielle Vermögenswerte (Financial Assets) an ein anderes Unternehmen abgeben oder mit einem anderen Unternehmen unter potenziell nachteilhaften Bedingungen austauschen zu müssen. Zu den finanziellen Vermögenswerten eines Unternehmens zählen neben Kassenbeständen und Bankguthaben auch Ansprüche auf liquide und sonstige finanzielle Vermögenswerte eines anderen Unternehmens. Unter die sonstigen finanziellen Vermögenswerte fallen insbesondere Rechte eines Unternehmens, originäre oder derivative Finanzinstrumente mit einem anderen Unternehmen unter potenziell vorteilhaften Bedingungen austauschen zu können sowie aktivierte Eigenkapitalinstrumente eines anderen Unternehmens. Eigenkapitalinstrumente sind definiert als vertragliche Ansprüche eines Unternehmens am Residuum aus Vermögenswerten und Verbindlichkeiten eines anderen Unternehmens (IAS 32.5).

Unternehmen, die Finanzinstrumente emittieren, haben diese nach dem wirtschaftlichen Gehalt und nicht dem rechtlichen Rahmen als Eigenkapital oder Fremdkapital zu qualifizieren (IAS 32.18-19). Die Qualifikation von Finanzinstrumenten als Eigen- oder Fremdkapital hängt davon ab, ob ein Unternehmen, das Finanzinstrumente ausgibt (Emittent), gegenüber einem Vertragspartner, der das Finanzinstrument annimmt (Investor), vertragliche Verpflichtungen auf Leistung liquider oder anderer finanzieller Vermögenswerte hat oder nicht („The critical feature in differentiating a financial liability from an equity instrument is the existence of a contractual obligation on one party to the financial instrument (the issuer) either to deliver cash or another financial asset to the other party (the holder)..."). Im ersten Fall liegt eine finanzielle Schuld, im zweiten Fall ein Eigenkapitalinstrument vor (IAS 32.20-21). Im Regelfall ist die Klassifizierung von Finanzinstrumenten als Eigen- oder Fremdkapital vergleichsweise unproblematisch. So begründen die von vornherein vereinbarte Verpflichtung zur Rückzahlung des überlassenen Kapitals (Darlehenstilgung) oder die unbedingt vereinbarte Verpflichtung zur Vergütung der Kapitalüberlassung (Darlehenszinsen) den Fremdkapitalcharakter von Finanzinstrumenten.

Ein typisches Beispiel für den Eigenkapitalcharakter von Finanzinstrumenten sind Stammaktien, die ein Unternehmen grundsätzlich nicht verpflichten, finanzielle Vermögenswerte an die Aktionäre zu transferieren („Common shares do not oblige the issuer to transfer assets to shareholders", IAS 32.A18). Kapitalauszahlungen aufgrund späterer Kapitalherabsetzungsbeschlüsse oder Gewinnausschüttungen infolge späterer Dividenden- oder Liquidationsbeschlüsse ändern am Eigenkapitalcharakter von Stammaktien nichts, da ein Unternehmen keine vertragliche Verpflichtung zu solchen Leistungen hat (IAS 32.21). Bei Vorzugsaktien wird die Qualifikation als Eigen- oder Fremdkapital ausdrücklich davon abhängig gemacht, ob ein Unternehmen eine Verpflichtung zur Kapitalrückzahlung bzw. ein Aktionär einen Anspruch auf Aktienrückkauf über einen festen oder noch festzulegenden Betrag und an einem bestimmten oder noch zu bestimmenden Datum haben. Ist dies der Fall, sind Vorzugsaktien Fremdkapital, ist dies nicht der Fall, sind sie Eigenkapital (IAS 32.22, IAS 32 A.20-21). Im Ergebnis führt das Kriterium zur Abgrenzung von Eigen- und Fremdkapital nach den IAS sowohl bei Stamm aktien wie auch bei Vorzugsaktien zu einer nach dem HGB entsprechenden Abgrenzung. Divergierende Abgrenzungen zwischen Eigen- und Fremdkapital nach IAS und HGB können sich indes bei Genussrechten, Einlagen stiller Gesellschafter, eigenkapitalersetzenden Gesellschafterdarlehen oder Gesellschafterdarlehen mit Rangrücktritt ergeben; problematisch ist auch die Qualifikation bestimmter Finanzinstrumente als Eigen- oder Fremdkapital.

2.1.1.2 Abgrenzungsprobleme bei Genussrechten/stillen Beteiligungen

Genussrechte sind schuldrechtliche Ansprüche, die ihrem Inhaber zwar Vermögensrechte (z.B. das Recht auf Gewinnbeteiligung), aber keine Verwaltungsrechte (z.B. das Recht auf Stimmbeteiligung) gewähren. Der Begriff des Genussrechts wird nicht gesetzlich definiert, aber im Gesetz (vgl. z.B. §§ 160 Abs. 1 Nr. 6, 221 Abs. 3, 4 AktG) vorausgesetzt. Genussrechte können in Genussscheinen (Inhaber-, Order- oder Namenspapiere) verbrieft sein. Ihre wirtschaftliche Bedeutung nimmt aufgrund zahlreicher Möglichkeiten zur rechtlichen Ausgestaltung mehr und mehr zu. Primär dienen Genussrechte der Kapitalbeschaffung, sekundär aber auch der Abgeltung besonderer Leistungen wie z.B. der Hingabe von Lizenzen oder Patenten.

Ob Genussrechte als Eigen- oder Fremdkapital zu qualifizieren sind, hängt von der schuldrechtlichen Ausgestaltung des Einzelfalls ab. Als Qualifikationskriterien werden in der deutschen Rechnungslegung regelmäßig die Voraussetzungen in der Stellungnahme des HFA zur Bilanzierung von Genussrechten[5] herangezogen, die allerdings nicht unumstritten sind. Notwendige, wenn auch nicht hinreichende Bedingung für die Qualifikation eines Genussrechts als Eigenkapital ist, dass es zumindest auch der Kapitalbeschaffung dient; ein Genussrecht, das ausschließlich auf die Abgeltung bestimmter Leistungen zielt, ist stets als Fremdkapital zu qualifizieren[6]. Zu den hinreichenden Bedingungen zählt, dass das Kapital erstens nachhaltig und zweitens nachrangig überlassen wird. Die Kapitalüberlassung gilt als nachhaltig bei einer mindestens fünfjährigen Rückzahlungssperre[7]; an anderer Stelle wird die Kapitalüberlassung auf unbestimmte Zeit bei einer Kündigungsfrist von mindestens fünf Jahren[8] gefordert. Sie gilt als nachrangig, wenn nach der schuldrechtlichen Vereinbarung im Insolvenz- oder Liquidationsfall Rückzahlungsansprüche der Genussrechtsinhaber hinter die Ansprüche aller anderen Gläubiger zurücktreten. Drittens muss das überlassene Kapital in voller Höhe mit Verlusten verrechenbar sein; damit durch Ausschüttungen an die Genussrechtsinhaber die gesetzlichen Kapitalerhaltungsvorschriften für Kapitalgesellschaften nicht umgangen werden können, sind Verluste vor einer Verrechnung mit ausschüttungsgesperrtem Eigenkapital mit Genussrechtskapital zu verrechnen. Viertens dürfen Vergütungen auf ein Genussrecht erst ausgezahlt werden, wenn nicht ausschüttungsgesperrtes Eigenkapital verfügbar ist. Und fünftens muss die Genussrechtsvergütung erfolgsabhängig sein. Sind alle Qualifikationskriterien erfüllt, ist Genussrechtskapital als Eigenkapital auszuweisen. Da die schuldrechtliche Ausgestaltung von Genussrechten regelmäßig eine Pflicht des Emittenten bzw. ein Recht des Inhabers zur Kapitalrückzahlung an einem fixierten Termin vorsieht, sind Genussrechte aufgrund von IAS 32.22, IAS 32.A.20-21 hingegen grundsätzlich auch dann als Fremdkapital auszuweisen, wenn sie alle handelsrechtlichen Kriterien für Eigenkapital erfüllen; eine Ausnahme ist nur dann gegeben, wenn Genussrechte den Charakter von Vorzugsaktien haben[9].

---

5 Vgl. HFA des IDW, Behandlung von Genussrechten im Jahresabschluss von Kapitalgesellschaften, S. 420f.

6 Vgl. HEYMANN, G., Eigenkapital, a.a.O., Rz. 19.

7 Vgl. HEYMANN, G., Eigenkapital, a.a.O., Rz. 19.

8 Vgl. BAETGE, J. u.a., Bilanzen, a.a.O., S. 456f.

9 Vgl. HEYMANN, G., Eigenkapital, a.a.O., Rz. 19.

Wie bei Genussrechten kann auch bei Einlagen stiller Gesellschafter die Qualifikation als Eigen- oder Fremdkapital nach den IAS anders entschieden werden als nach dem HGB. Stille Gesellschaften (§§ 230ff. HGB) bestehen nur im Innenverhältnis der Gesellschaft, im Außenverhältnis treten sie nicht in Erscheinung. Stille Gesellschafter überlassen einem Unternehmen einen Vermögenswert. Dafür werden sie im Fall der typischen stillen Gesellschaft am Gewinn und gegebenenfalls auch Verlust beteiligt, im Fall der atypischen stillen Gesellschaft haben sie zusätzlich Anteil am Fortführungs- bzw. Zerschlagungsvermögen, also an den stillen Reserven des Unternehmens. Verlustanteile sind auf die Höhe der Einlage beschränkt, bereits ausgezahlte Gewinnanteile hat der stille Gesellschafter bei späteren Verlusten nicht zurückzuzahlen.

Um Einlagen stiller Gesellschafter nach dem HGB als Eigenkapital zu qualifizieren, sind wie bei den Genussrechten die einschlägigen Eigenkapitalkriterien kumulativ zu erfüllen: die Nachhaltigkeit der Kapitalüberlassung, die Nachrangigkeit der Kapitalrückzahlung, die Einhaltung der Kapitalerhaltungsvorschriften für das Grund- bzw. Stammkapital und die Erfolgsabhängigkeit der Vergütung[10]. Sind diese Kriterien erfüllt, werden Einlagen stiller Gesellschafter als Eigenkapital ausgewiesen. Nach den IAS ist eine Qualifizierung als Eigenkapital nicht möglich, wenn die stille Gesellschaft auf bestimmte Zeit und ohne automatische Verlängerung bei Nicht-Kündigung gegründet worden ist. Ist die stille Gesellschaft hingegen auf unbestimmte Zeit oder auf bestimmte Zeit mitautomatischer Verlängerung bei fristgemäßer Kündigung gegründet worden, wird die Einlage stiller Gesellschafter als Eigenkapital qualifiziert[11].

2.1.1.3 Abgrenzungsprobleme bei bestimmten Gesellschafterdarlehen

Darlehen, die Kapitalgesellschaften von ihren Gesellschaftern gewährt werden, sind wie Darlehen von fremden Dritten prinzipiell unter das Fremdkapital zu fassen. Droht einer Kapitalgesellschaft in einer wirtschaftlichen Krisensituation Zahlungsunfähigkeit oder Überschuldung, könnten sich Gesellschafter dazu veranlasst sehen, der Gesellschaft statt voll haftendem Eigenkapital ein Darlehen zu gewähren oder ein bereits gewährtes Darlehen stehen zu lassen, um im Insolvenzfall eine Rückgewähr ihrer Forderung zu erreichen. Indes sieht das Gesellschaftsrecht vor, dass ein Gesellschafter „den Anspruch auf Rückgewähr des Darlehens im Insolvenzverfahren über das Vermögen der Gesellschaft nur als nachrangiger Insolvenzgläubiger geltend machen" kann (§ 32a GmbHG; diese für GmbHs geltende Norm ist auf AGs übertragbar). Dadurch erlangt das vom Gesellschafter der Gesellschaft zur Verfügung gestellte Fremdkapital den Charakter eines eigenkapitalersetzenden Darlehens. Aus diesem Grund wird handelsrechtlich vereinzelt der Ausweis als Eigenkapital befürwortet. Nach wohl herrschender handelsrechtlicher Auffassung wird indes die Klassifizierung als Fremdkapital gefordert, da auch eigen-

10 Vgl. BAETGE, J. u.a., Bilanzen, a.a.O., S. 456f.

11 Vgl. HEYMANN, G., Eigenkapital, a.a.O., Rz. 19.

kapitalersetzende Darlehen der Gesellschaft unter der Annahme der Unternehmensfortführung nicht dauerhaft zur Verfügung stehen[12]; eine Krisensituation schließt die Prämisse des Going Concern nicht aus. Ebenso wird nach den IAS ein Ausweis eigenkapitalersetzender Darlehen als Eigenkapital abgelehnt, da aufgrund der unsicheren Bedingtheit des Rückgewähranspruchs des Gesellschafters gegenüber der Gesellschaft nur ein Ausweis als Fremdkapital möglich sei[13]. Mit diesen Argumenten werden auch Gesellschafterdarlehen mit Rangrücktritt als Fremdkapital und nicht Eigenkapital qualifiziert.

2.1.1.4 Abgrenzungsprobleme bei bestimmten Finanzinstrumenten

Während bei Genussrechten und stillen Beteiligungen zu entscheiden ist, ob sie dem Grunde nach als Eigenkapital oder Fremdkapital abzugrenzen sind, besteht bei strukturierten Finanzinstrumenten (compound instruments) das Abgrenzungsproblem darin, die in diesen Finanzinstrumenten enthaltenen Eigen- und Fremdkapitalanteile der Höhe nach zu separieren (IAS 32.23-24, IAS 32.A22-23). Als Beispiel für solch hybride Finanzinstrumente wird eine Wandelschuldverschreibung angeführt, die durch den Inhaber in Stammaktien des Emittenten transformiert werden kann (IAS 32.25, IAS 32.A23). Aus der Perspektive des Emittenten besteht eine Wandelschuldverschreibung aus zwei Komponenten: Zum einen aus einer finanziellen Schuld, nämlich der vertraglichen Verpflichtung des Emittenten zum Transfer liquider oder sonstiger finanzieller Vermögenswerte an den Inhaber, und zum anderen aus einem Eigenkapitalinstrument, und zwar einer Kaufoption, die dem Inhaber für eine bestimmte Zeit das Recht auf Wandlung der Schuldverschreibung in Stammaktien des Emittenten garantiert. Zur Lösung des Abgrenzungsproblems ist das hybride Finanzinstrument nach Maßgabe der relativen Zeitwerte (Fair Values) seiner Eigenkapital- und Fremdkapitalkomponenten zu zerlegen. Weil der Zeitwert der Eigenkapitalkomponente von hybriden Finanzinstrumenten häufig nur schwer direkt zu ermitteln ist, wird als Alternative vorgeschlagen, zunächst den meist relativ leicht zu bestimmenden Zeitwert der Fremdkapitalkomponente zu ermitteln und diesen sodann vom gesamten Wert des Finanzinstruments zu subtrahieren; als Differenz verbleibt der indirekt ermittelte Zeitwert der Eigenkapitalkomponente (IAS 32.28, IAS 32.A24).

Beispiel: Ein Unternehmen emittiert 2.000 Stück einer Wandelanleihe zu je 1.000 € (Emissionsvolumen: 2 Mio. €). Der Nominalzins beträgt 6% p.a. nachschüssig, die Laufzeit 3 Jahre. Eine Wandlung der Anleihe in 250 Stammaktien je 1.000 € ist jederzeit möglich. Der im Emissionszeitpunkt vergleichbare Marktzins für Schuldverschreibungen beläuft sich auf 9% p.a.:

---

12 Vgl. BAETGE, J. u.a., Bilanzen, a.a.O., S. 451f.; HEYMANN, G., Eigenkapital, a.a.O. (Fn. 1), Rz. 27.

13 Vgl. HEYMANN, G., Eigenkapital, a.a.O., Rz. 187.

	Barwert des Kapitalbetrags durch Abzinsung über 3 Jahre mit 9% p.a.	1.544.367 €
+	Barwert der nachschüssigen Zinszahlungen von 120.000 € (Abzinsung über 3 Jahre mit 9% p.a.)	303.755 €
=	Wert der finanziellen Schuld (Fremdkapitalkomponente)	1.848.122 €
	Gesamtwert des strukturierten Finanzinstruments	2.000.000 €
-	Wert der finanziellen Schuld (Fremdkapitalkomponente)	1.848.122 €
=	Wert der Eigenkapitalkomponente	151.878 €

In diesem Beispiel bestimmt das Unternehmen (Emittent) einer in Stammaktien wandelbaren Anleihe zunächst den Barwert der finanziellen Schuld durch Diskontierung der künftig zu leistenden Zahlungen (Rückzahlung des Anleihebetrages und Zahlung der Zinsen) mit dem adäquaten Marktzinssatz, der für eine vergleichbare, aber nicht mit einer Eigenkapitalkomponente verbundenen finanziellen Schuld zu zahlen wäre. Danach resultiert aus der Subtraktion des Barwerts der finanziellen Schuld vom Gesamtwert des strukturierten Finanzinstruments der Wert der Eigenkapitalkomponente, die durch die Option auf Wandlung der Anleihe in Stammaktien repräsentiert wird (IAS 32.29).

Ein spezielles Problem zur Abgrenzung von Eigen- und Fremdkapital zeigt sich bei solchen Finanzinstrumenten, die selbst Verpflichtungen zum Austausch mit Finanzinstrumenten anderer Unternehmen begründen (IAS 32.5). Finanzinstrumente umfassen nach IAS 32.9 sowohl originäre Finanzinstrumente (z.B. Forderungen, Verbindlichkeiten, Eigenkapitaltitel) als auch derivative Finanzinstrumente (z.B. Optionen, Futures, Forwards, Swaps). Aus der Verpflichtung zum Austausch von Finanzinstrumenten kann per Saldo ein finanzieller Vermögenswert, eine finanzielle Schuld oder ein Eigenkapitalinstrument resultieren. Nur soweit sich aus dem Austausch von Finanzinstrumenten ein Eigenkapitalinstrument ergibt, kommt ein Ausweis als Eigenkapital in Frage. Ob ein Eigenkapitalinstrument oder eine finanzielle Schuld das Ergebnis des Austauschs von Finanzinstrumenten ist, hängt davon ab, ob dem Unternehmen aus dem Austausch der Finanzinstrumente ein finanzieller Nachteil entstehen kann (IAS 32.20). Ist ein finanzieller Nachteil möglich, sind Finanzinstrumente in jedem Fall als Fremdkapital zu qualifizieren. Nur wenn diese Möglichkeit ausgeschlossen werden kann, handelt es sich bei dem Finanzinstrument um Eigenkapital. Beispiele für Verpflichtungen zum Austausch von Finanzinstrumenten, die keine Nachteile mit sich bringen können, sind nach IAS 32.A7 „Optionsscheine bzw. Optionen auf Zeichnung oder Erwerb von Stammaktien beim emittierenden Unternehmen“.

2.1.1.5 Abgrenzungsprobleme im Konzernabschluss

Für die Abgrenzung des konsolidierten Eigenkapitals im Konzernabschluss eines Mutterunternehmens gelten im Prinzip die selben definitorischen Kriterien wie für das bilanzielle Eigenkapital im Einzelabschluss eines Mutterunternehmens. Indes können aus der Konsolidierung des Eigenkapitals aller in den Konzernabschluss zu integrierenden Unternehmen zusätzliche Passivpositionen resultieren, die als Eigenkapital, Fremdkapital oder konzernspezifische Passiva sui generis interpretiert werden könnten. Von herausragender Bedeutung sind Minderheitenanteile am Eigenkapital von Tochterunternehmen, die durch Kapitalkonsolidierung in den Konzernabschluss ihres Mutterunternehmens integriert werden. Da der Konzernabschluss auf der Fiktion basiert, dass alle konsolidierten Unternehmen nicht nur wirtschaftlich, sondern auch rechtlich eine Einheit bilden, bereitet die bilanzielle Interpretation von Minderheitenanteilen und folglich auch ihr passivischer Ausweis im Konzernabschluss Probleme. So ist nicht nur im Schrifttum umstritten, ob Minderheitenanteile dem Konzerneigen- oder -fremdkapital zuzuordnen sind. Auch in den Regelwerken der Rechnungslegung wird das Zuordnungsproblem unterschiedlich gelöst.

Nach § 307 Abs.1 HGB sind nicht dem Mutterunternehmen gehörende Anteile von Minderheitsgesellschaftern an Tochterunternehmen innerhalb des konsolidierten Eigenkapitals zu passivieren; die Minderheitenanteile werden folglich als Eigenkapital interpretiert[14]. Im Gegensatz dazu sind die Minderheitenanteile nach IAS 1.661 und IAS 27.26 im Konzernabschluss getrennt vom Fremdkapital und Eigenkapital, das auf Anteilseigner des Mutterunternehmens entfällt, als Passivposition sui generis anzusetzen[15]. Diese an der angelsächsischen Interessentheorie orientierte Bilanzierung versteht den Konzernabschluss lediglich als erweiterten Abschluss des Mutterunternehmens, in dem die Anteile der Mehrheitsgesellschafter (interests) ausgewiesen werden sollen. Ein solches Verständnis schließt freilich auch eine Interpretation der Minderheitenanteile als Fremdkapital nicht aus[16].

---

14 Vgl. BRUNS, H.-G., Eigenkapitalausweis, a.a.O., Rz. 30.

15 Vgl. BRUNS, H.-G., Eigenkapitalausweis, a.a.O., Rz. 77; Das IASB schlägt in seinem „Exposure Draft of Proposed Improvements to International Accounting Standards“ vom 15. Mai 2002 vor, künftig Minderheitenanteile innerhalb des Eigenkapitals, jedoch getrennt vom Eigenkapital, das auf Anteilseigner des Mutterunternehmens entfällt, auszuweisen.

16 Vgl. BRUNS, H.-G., Eigenkapitalausweis, a.a.O., Rz. 77; KIRSCH, HANNO, Besonderheiten, a.a.O., S. 309.

2.1.2 Struktur des Eigenkapitals und konsolidierten Eigenkapitals

2.1.2.1 Gezeichnetes Kapital (Issued Capital)

Unter dem Eigenkapital und dem konsolidierten Eigenkapital sind zumindest das gezeichnete Kapital und die Rücklagen auszuweisen (IAS 1.66(m)). Außerdem sollen entweder in der Bilanz oder in den Notes die verschiedenen Arten des gezeichneten Kapitals und der Rücklagen gesondert dargestellt werden (IAS 1.73(e)). Da die bilanzielle Struktur des Eigenkapitals und des Konzerneigenkapitals im Wesentlichen durch nationale Normen des Gesellschaftsrechts determiniert wird, beschränken sich die IAS vernünftigerweise auf rudimentäre Gliederungsvorschriften. So kann etwa ein auf dem deutschen Kapitalmarkt engagiertes Kreditinstitut sein Eigenkapital im IAS-Einzelabschluss bzw. das konsolidierte Eigenkapital im IAS-Konzernabschluss sehr flexibel unter Berücksichtigung der gesellschaftsrechtlichen Normen des AktG und GmbHG sowie in Anlehnung an die Gliederungsvorschriften der RechKredV[17] und des HGB bilanzieren.

Das gezeichnete Kapital (issued capital) ist der Teil des Eigenkapitals, auf den „die Haftung der Gesellschafter für die Verbindlichkeiten der Kapitalgesellschaft gegenüber den Gläubigern beschränkt ist“ (§ 272 Abs. 1 Satz 1 HGB). Die Legaldefinition für das gezeichnete Kapital ist missverständlich formuliert, weil bei einer Kapitalgesellschaft nicht die Gesellschafter, sondern nur die Gesellschaft mit ihrem Vermögen gegenüber den Gläubigern haftet. Gesellschafter haften mit ihrer Einlage, also dem Betrag der übernommenen Aktien (§ 23 Abs. 2 AktG) im Fall einer Aktiengesellschaft (AG) bzw. der übernommenen Stammeinlagen (§ 3 Abs. 1 GmbHG) im Fall einer Gesellschaft mit beschränkter Haftung (GmbH). Dies folgt unmittelbar aus § 152 Abs. 1 AktG und § 42 Abs. 1 GmbHG, wonach das gezeichnete Kapital bei AGs als Grundkapital und bei GmbHs als Stammkapital auszuweisen ist[18].

Liegen dem Grundkapital verschiedene Aktiengattungen zugrunde, sind in der Bilanz die auf jede Aktiengattung entfallenden Beträge des Grundkapitals anzugeben

[17] Nach § 25 Abs. 1 RechKredV haben Kreditinstitute unter dem gezeichneten Kapital „...alle Beträge auszuweisen, die entsprechend der Rechtsform des Instituts als von den Gesellschaftern oder anderen Eigentümern gezeichnete Eigenkapitalbeträge gelten; auch Einlagen stiller Gesellschafter, Dotationskapital sowie Geschäftsguthaben sind in diesen Posten einzubeziehen...“; vgl. hierzu im Einzelnen Scharpf, P., Bankbilanz, Düsseldorf 2002, S. 534-538.

[18] Der Betrag des gezeichneten Kapitals leitet sich aus dem Nennwert der Aktien bzw. dem rechnerischen Wert der Stammeinlagen ab. Bei einer AG lautet das Grundkapital auf einen Mindestnennbetrag von 50.000 € (§ 7 AktG), bei einer GmbH beträgt das Stammkapital mindestens 25.000 € (§ 5 Abs. 1 GmbHG). Der Anteil der Gesellschafter am Grund- bzw. Stammkapital bestimmt deren Vermögens- und Verwaltungsrechte gegenüber der Gesellschaft; das gezeichnete Kapital repräsentiert somit die Bezugsgröße für die Rechte der Gesellschafter.

(§ 152 Abs. 1 Satz 2 AktG). Die Zahl der Aktien jeder Aktiengattung ist entweder in der Bilanz oder im Anhang anzugeben (§ 160 Abs. 1 Nr. 3 AktG). Sofern beide Angaben an der gleichen Stelle im Jahresabschluss zu finden sein sollen, können sie auch zusammen im Anhang ausgewiesen werden. Aktiengattungen unterscheiden sich nach dem Umfang der Rechte in Stammaktien, Vorzugsaktien und Mehrstimmrechtsaktien sowie nach dem Ausmaß ihrer Übertragbarkeit in Inhaberaktien, Namensaktien und vinkulierte Namensaktien[19]. Vorratsaktien und Genussrechte sind grundsätzlich keine besonderen Aktiengattungen[20]. Im Gegensatz zum AktG finden sich im GmbHG keine Angabepflichten für das Stammkapital, obwohl auch hier verschiedene Gattungen von Geschäftsanteilen möglich sind. So können Geschäftsanteile mit besonderen Vermögens- und Verwaltungsrechten ausgestattet sein, z.B. einem Gewinnvorausrecht oder Mehrstimmrecht. In solchen Fällen sollten daher entsprechende Angaben zum Stammkapital in der Bilanz bzw. im Anhang erfolgen.

Auch nach den IAS sind extensive Angaben zum gezeichneten Kapital normiert. IAS 1.74(a) schreibt vor, dass entweder in der Bilanz oder in den Notes für jede Klasse von Anteilen anzugeben sind

- „die Anzahl der genehmigten Anteile,
- die Anzahl der ausgegebenen und voll eingezahlten Anteile und die Zahl der ausgegebenen und nicht voll eingezahlten Anteile,
- der Nennwert der Anteile oder, dass die Anteile keinen Nennwert haben,
- eine Überleitungsrechnung der Anzahl der im Umlauf befindlichen Anteile am Anfang und am Ende der Periode,
- die Rechte, Vorzugsrechte und Beschränkungen für die jeweilige Kategorie von Anteilen, einschließlich Beschränkungen bei der Ausschüttung von Dividenden und der Rückzahlung des Kapitals,
- Anteile am Unternehmen, die vom Unternehmen selbst, von Tochterunternehmen oder von assoziierten Unternehmen gehalten werden, und
- Anteile, die für eine Ausgabe auf Grund von Optionen und Verkaufsverträgen vorgehalten werden, unter der Angabe von Modalitäten und Beträge“.

Gezeichnetes Kapital ist gemäss § 283 HGB stets mit dem Nennwert anzusetzen. Da sowohl bei AGs als auch bei GmbHs lediglich ein Viertel des gezeichneten Kapitals in bar eingezahlt werden muss (§ 36 Abs. 1 AktG, § 7 Abs. 2 GmbHG), kann eine Differenz zwischen dem gezeichneten und dem eingezahlten Kapital entstehen. Diese Differenz ist

---

19 Vgl. BAETGE, J. u.a., Bilanzen, a.a.O., S. 420.

20 Vgl. HEYMANN, G., Eigenkapital, a.a.O., Rz. 47.

nach dem HGB als „Ausstehende Einlagen auf das gezeichnete Kapital" auszuweisen. Von diesen ausstehenden Einlagen kann seitens der Gesellschaft ein Teil eingefordert und ein Teil noch nicht eingefordert sein. Wirtschaftlich betrachtet stellen die ausstehenden Einlagen einen Korrekturposten zum gezeichneten Kapital dar; solange sie nicht eingefordert sind, geben sie lediglich das Haftungspotential der Gesellschaft wieder. Rechtlich gesehen sind die ausstehenden Einlagen Forderungen der Gesellschaft an die Gesellschafter; dies gilt für die eingeforderten und für die noch nicht eingeforderten ausstehenden Rücklagen. Wegen des dualen Charakters von ausstehenden Einlagen lässt das HGB zwei äquivalente Dokumentationsalternativen zu. Nach der Bruttomethode sind dem gezeichneten Kapital die ausstehenden Einlagen auf der Aktivseite vor dem Anlagevermögen gegenüberzustellen und die davon eingeforderten Einlagen zu vermerken. Nach der Nettomethode werden die noch nicht eingeforderten Einlagen vom gezeichneten Kapital offen abgesetzt und als Differenz das eingeforderte Kapital dargestellt; die eingeforderten, aber noch nicht eingezahlten ausstehenden Einlagen werden auf der Aktivseite im Umlaufvermögen ausgewiesen.

Da nach dem Rahmenkonzept des IASC auf der Aktivseite der Bilanz nur Positionen ausgewiesen werden dürfen, die als Vermögenswerte mit wirtschaftlichem Nutzen unmittelbar oder mittelbar zur Liquidität des Unternehmens beitragen[21], sind im Gegensatz zum HGB nach den IAS alle Eigenkapitalpositionen passivisch zu bilanzieren. Ausstehende Einlagen auf das gezeichnete Kapital sind somit auf der Passivseite einer IAS-konformen Bilanz offen vom Eigenkapital abzusetzen.

Sowohl AGs als auch GmbHs dürfen unter bestimmten Bedingungen und im begrenzten Umfang (§ 71 AktG, § 33 GmbHG) eigene Anteile erwerben. Eigene Anteile sind unter den Wertpapieren zu aktivieren (§ 266 Abs. 1 HGB). Wie ausstehende Einlagen stellen auch eigene Anteile einen Korrekturposten zum gezeichneten Kapital dar, weil sie im Insolvenzfall nicht oder kaum liquidierbar sind. Um zu verhindern, dass ein dem Buchwert der eigenen Anteile entsprechender Betrag ausgeschüttet wird, ist betragsgleich eine Rücklage für eigene Anteile zu passivieren (§ 272 Abs. 4 HGB).

Nach dem Rahmenkonzept des IASC ist eine korrespondierende Bilanzierung von eigenen Anteilen und einer Rücklage für eigene Anteile unzulässig, da eigene Anteile die IAS-Kriterien für einen Vermögenswert nicht erfüllen. Die IAS-konforme Bilanzierung von eigenen Anteilen regelt SIC -16 (Gezeichnetes Kapital – Rückgekaufte eigene Eigenkapitalinstrumente (eigene Anteile)). In SIC -16.3 sind eigene Anteile als Instrumente definiert, die „gemäß IAS 32 als Eigenkapital klassifiziert sind, vom emittierenden Unternehmen selbst oder von seinen konsolidierten Tochterunternehmen erworben und gehalten werden und rechtlich für die Wiederausgabe oder den Wiederverkauf verfügbar sind, auch wenn das Unternehmen beabsichtigt, die Eigenkapitalinstrumente einzuzie-

21 „An Asset is a resource controlled by the enterprise as a result of past events and from which future economic benefits are expected to flow to the enterprise", F 49(a).

hen." Eigene Anteile sind daher wie ausstehende Einlagen offen vom Eigenkapital abzusetzen (SIC -16.4). Dies kann nach SIC -16.10 entweder durch Absetzung der Anschaffungskosten der eigenen Anteile vom Eigenkapital in einem Betrag (One-line Adjustment), durch Absetzung des rechnerischen Nennwerts vom gezeichneten Kapital und Verrechnung des Differenzbetrags von Anschaffungskosten und rechnerischem Nennwert mit anderen Eigenkapitalposten (Par-Value Method) oder durch proportionale Absetzung von allen Eigenkapitalposten erfolgen. Sofern ein Kreditinstitut Transaktionen mit eigenen Anteilen tätigt, werden die Ergebnisse nicht ertrags- bzw. aufwandswirksam in der GuV, sondern erfolgsneutral in der Eigenkapitalveränderungsrechnung erfasst.

Im Konzernabschluss eines Kreditinstituts ist als gezeichnetes Kapital sein gezeichnetes Kapital aus dem Einzelabschluss auszuweisen. Ausstehende Einlagen auf das gezeichnete Kapital sowie eigene Anteile sind im Konzernabschluss ebenso wie im Einzelabschluss auszuweisen[22].

2.1.2.2 Kapitalrücklage (Capital Paid-in in Excess of Par-Value)

Rücklagen werden traditionell in die Kapitalrücklage und Gewinnrücklagen unterschieden. Die Kapitalrücklage entsteht durch Einzahlungen der Gesellschafter über das gezeichnete Kapital hinaus (externe Unternehmensfinanzierung). Ursache der Einzahlungen sind insbesondere Emissionen von Eigen- und Fremdkapitaltiteln der Gesellschaft. Die Pflicht zum separaten Ausweis einer Kapitalrücklage im IAS-Abschluss eines Kreditinstituts lässt sich aus IAS 1.73(e) und IAS 1.74(b) ableiten. Da die IAS jedoch keine detaillierten Regeln zur Abgrenzung einer Kapitalrücklage enthalten, bietet sich eine Abgrenzung entsprechend § 272 Abs. 2 HGB an; im Einzelnen handelt es sich dabei um folgende Sachverhalte[23]:

- Agio bei der Ausgabe von Anteilen einschließlich Bezugsanteilen über den Nennbetrag bzw. rechnerischen Wert hinaus (§ 272 Abs. 2 Nr.1 HGB). Hierzu zählen Aufgelder aus der Emission von Aktien bzw. Geschäftsanteilen bei Gründungen, Kapitalerhöhungen oder Verschmelzungen sowie bei mittelbarem Bezugsrecht der Aktien, bei Vorratsaktien und beim Umtausch von Wandelschuldverschreibungen in Aktien. Bei Sacheinlagen ergibt sich das Agio als Differenz des Zeitwertes des eingelegten Vermögenswertes und des Nennwerts der hierfür gewährten Anteile. Emissionskosten dürfen das Agio nicht mindern.
- Agio bei der Ausgabe von Schuldverschreibungen für Wandlungsrechte und Optionsrechte zum Erwerb von Anteilen (§ 272 Abs. 2 Nr.2 HGB). Aufgelder können erstens auf einen über dem Rückzahlungsbetrag liegenden Emissionskurs einer Wandelschuldverschreibung oder Optionsanleihe zurückzuführen sein, sie können aber zwei-

22 Vgl. BRUNS, H.-G., Eigenkapitalausweis, a.a.O., Rz. 9.

23 Vgl. BAETGE, J. u.a., Bilanzen, a.a.O. (Fn. 1), S. 436-439; HEYMANN, G., Eigenkapital, a.a.O., Rz. 83-98.

tens auch durch niedrigverzinsliche Schuldverschreibungen für Wandlungs- und Optionsrechte verursacht werden. Emissionskosten dürfen das Agio nicht mindern.

- Zuzahlungen, die Gesellschafter gegen Gewährung von Vorzügen für ihre Anteile leisten (§ 272 Abs. 2 Nr.3 HGB). Zu diesen Vorzügen zählen besondere Rechte bei der Verteilung von Unternehmensgewinnen und Gesellschaftsvermögen, Mehrstimmrechte oder Rechte zur Verhinderung von Aktienpools.
- Andere Zuzahlungen, die Gesellschafter in das Eigenkapital der Gesellschaft leisten (§ 272 Abs. 2 Nr.4 HGB). Hierzu zählen freiwillige Einzahlungen zur Stärkung der Eigenkapitalbasis des Unternehmens, aber auch Einzahlungen im Zusammenhang mit Kapitalherabsetzungen (§§ 229 Abs. 1, 231 Satz 1 und 3, 232, 237 Abs. 5 AktG) und eingeforderten Nachschüssen (§ 42 Abs. 2 Satz 3 GmbHG).

Über diese vom deutschen Gesellschaftsrecht bestimmten Sachverhalte hinaus sind unter der Kapitalrücklage auch folgende IAS-spezifische Sachverhalte auszuweisen:

- Einzahlungen aufgrund der Emission von Finanzinstrumenten, die zwar formell als Fremdkapital zu charakterisieren sind, durch SIC -5 (Klassifizierung von Finanzinstrumenten – Bedingte Erfüllungsvereinbarungen) jedoch unter bestimmten Bedingungen als Eigenkapital klassifiziert werden (SIC -5.6).
- Auszahlungen aufgrund der Emission bzw. des Rückkaufs von Finanzinstrumenten, die nach IAS 32 als Eigenkapital klassifiziert sind; die Auszahlungen müssen gemäß SIC -17 (Eigenkapital – Kosten einer Eigenkapitaltransaktion) als Transaktionskosten der Emission bzw. des Rückkaufs direkt zurechenbar sein (SIC -17.5-6).

Wie nach dem HGB ist auch nach den IAS die Kapitalrücklage nicht nach den einzelnen Sachverhalten aufzugliedern, sondern kann in einem Betrag ausgewiesen werden. Nach den IAS kann sie unter der Bezeichnung „Capital Paid-in in Excess of Par-value" firmieren.

Im Konzernabschluss eines Kreditinstituts ist als Kapitalrücklage seine Kapitalrücklage aus dem Einzelabschluss auszuweisen. Sie beinhaltet also nur die Aufgelder und Zuzahlungen, die durch Gesellschafter des Mutterunternehmens in das Eigenkapital geleistet werden[24].

2.1.2.3 Gewinnrücklagen (Retained Earnings)

Gewinnrücklagen bilden zusammen mit der Kapitalrücklage die offenen Rücklagen eines Unternehmens. Offene Rücklagen sind von den verdeckten Rücklagen zu unterscheiden, die durch eine Unterbewertung von Aktiva bzw. Überbewertung von Passiva entstehen (stille Reserven). Gewinnrücklagen werden grundsätzlich aus thesaurierten

---

24 Vgl. BRUNS, H.-G., Eigenkapitalausweis, a.a.O., Rz. 10.

Jahresüberschüssen des Unternehmens gebildet (interne Unternehmensfinanzierung). Wie bei der Kapitalrücklage lässt sich die Pflicht zur gesonderten Darstellung von Gewinnrücklagen im IAS-Abschluss eines Kreditinstituts aus IAS 1.73(e) und IAS 1.74(b) deduzieren. Da die IAS jedoch auch zur Abgrenzung von Gewinnrücklagen keine detaillierten Regeln enthalten, bietet sich eine Abgrenzung entsprechend § 272 Abs. 3-4 HGB an; danach sind folgende Arten von Gewinnrücklagen zu unterscheiden[25]:

- Gesetzliche Rücklage (§ 272 Abs. 3 HGB): Zum Zweck der Kapitalhaftung und Risikovorsorge ist bei AGs aus den Gewinnen des Unternehmens eine Gewinnrücklage nach § 150 Abs. 1 AktG zu bilden; für GmbHs gibt es keine vergleichbare gesetzliche Vorschrift. Die Bildung und Auflösung der gesetzlichen Rücklage unterliegt einer strengen gesetzlichen Normierung[26].
- Rücklage für eigene Anteile (§ 272 Abs. 4 HGB): Zum Zweck des Gläubiger- und Aktionärsschutzes haben AGs, die von ihren Aktionären eigene Anteile entgeltlich oder unentgeltlich zurück erworben haben, eine Rücklage für eigene Anteile in Höhe des Bilanzwerts dieser Anteile zu bilden[27]. Für GmbHs gilt diese Vorschrift analog. Da sich die eigenen Anteile und die Rücklage für eigene Anteile betragsgleich als korrespondierende Aktiv- und Passivpositionen neutralisieren, wird Ausschüttungen

---

25 Vgl. BAETGE, J. u.a., Bilanzen, a.a.O., S. 439-445; HEYMANN, G., Eigenkapital, a.a.O., Rz. 99-125.

26 In die gesetzliche Rücklage sind so lange 5% des um einen eventuellen Verlustvortrag geminderten Jahresüberschusses einzustellen, bis die gesetzliche Rücklage und die Kapitalrücklage zusammen 10% des Grundkapitals erreichen (§ 150 Abs. 2 AktG); bei der Berechnung sind nur die Beträge der Kapitalrücklage zu berücksichtigen, die nach § 272 Abs. 2 Nr. 1-3 HGB gebildet wurden. Über diese obligatorische Dotierung der gesetzlichen Rücklage hinaus kann die Hauptversammlung im Rahmen ihrer Gewinnverwendungsbefugnis fakultativ weitere Beträge aus Jahresüberschüssen in die gesetzliche Rücklage einstellen (§ 58 Abs. 3 AktG). Bei für Konzerne typischen Gewinnabführungs- oder Beherrschungsverträgen bestimmt § 300 AktG die Bildung der gesetzlichen Rücklage. Im Sinne des Gläubigerschutzes unterliegt die Auflösung der gesetzlichen Rücklage rigiden Vorschriften, wobei zwei Fälle zu unterscheiden sind:

Wenn die gesetzliche Gewinnrücklage und die Kapitalrücklage 10% des Grundkapitals nicht überschreiten (§ 150 Abs. 3 AktG), dann dürfen sie nur verwendet werden

zum Ausgleich eines Jahresfehlbetrags, soweit dieser nicht durch einen Gewinnvortrag gedeckt und/oder durch andere Gewinnrücklagen ausgeglichen werden kann, und

zum Ausgleich eines Verlustvortrags, soweit dieser nicht durch einen Jahresüberschuss gedeckt und/oder durch andere Gewinnrücklagen ausgeglichen werden kann.

Wenn die gesetzliche Gewinnrücklage und die Kapitalrücklage 10% des Grundkapitals überschreiten (§ 150 Abs. 4 AktG), dann dürfen sie nur verwendet werden

zum Ausgleich eines Jahresfehlbetrags, soweit dieser nicht durch einen Gewinnvortrag gedeckt ist, und

zum Ausgleich eines Verlustvortrags, soweit dieser nicht durch einen Jahresüberschuss gedeckt ist, und

zur Kapitalerhöhung aus Gesellschaftsmitteln nach §§ 207-220 HGB.

Sofern im zweiten Fall die gesetzliche Rücklage zum Ausgleich eines Jahresfehlbetrags verwendet wird, dürfen nicht gleichzeitig aus anderen Gewinnrücklagen Ausschüttungen an die Aktionäre erfolgen. Allerdings darf im zweiten Fall eine gesetzliche Rücklage auch dann zum Ausgleich eines Jahresfehlbetrags verwendet werden, wenn andere Gewinnrücklagen zur Verfügung stünden.

27 Vgl. 2.1.2.1

in Höhe diese Betrags vorgebeugt (Ausschüttungssperre)[28].

- Satzungsmäßige Rücklagen (§ 272 Abs. 3 HGB): In der Satzung einer AG bzw. dem Gesellschaftsvertrag einer GmbH kann vorgesehen sein, dass den Gewinnrücklagen aus dem Jahresüberschuss entweder obligatorisch oder fakultativ Beträge zugeführt werden (§ 58 Abs. 4 AktG, § 29 Abs. 1 GmbHG)[29].
- Andere Gewinnrücklagen (§ 272 Abs. 3 HGB): In den anderen Gewinnrücklagen sind alle aus dem Jahresüberschuss zugeführten Beträge enthalten, die weder gesetzliche noch satzungsmäßige Rücklagen und auch nicht Rücklagen für eigene Anteile sind. Bei AGs kann die Höhe des aus dem Jahresüberschuss in die anderen Gewinnrücklagen eingestellten Betrags davon abhängen, welches Gremium einer AG den Jahresabschluss feststellt[30]. Bei GmbHs entscheidet die Gesellschafterversammlung im Zusammenhang mit der Feststellung des Jahresabschlusses über die Höhe der Zu-

---

28 Die Rücklage für eigene Anteile kann aus einem Jahresüberschuss, einem Gewinnvortrag, aus frei verfügbaren Gewinnrücklagen oder einer Kapitalrücklage nach § 272 Abs. 2 Nr. 4 HGB dotiert werden. In welcher Reihenfolge diese Eigenkapitalposten zur Dotierung herangezogen werden sollen, lässt das HGB offen. Vorrangig sollten disponible Gewinnrücklagen und eine disponible Kapitalrücklage verwendet werden, um die Gewinnverwendungsbefugnis der Hauptversammlung nicht einzuschränken. Steht keiner dieser Eigenkapitalposten zur Disposition, ist die Rücklage für eigene Anteile gleichwohl zu bilden und ein Bilanzverlust auszuweisen. Die Rücklage für eigene Anteile ist nur dann aufzulösen, wenn die eigenen Anteile eingezogen, ausgegeben, veräußert oder niedriger bewertet werden. Werden eigene Anteile nur zwecks Einziehung erworben, dürfen sie nicht aktiviert werden, sondern sind passivisch im Eigenkapital durch offenen Abzug ihres Nennwerts bzw. rechnerischen Werts vom Grundkapital zu erfassen (§ 272 Abs. 1 Satz 4 HGB); eine Differenz zwischen den Anschaffungskosten und dem Nennwert bzw. rechnerischen Wert der eigenen Anteile ist mit den Gewinnrücklagen zu verrechnen. Eine Rücklage für eigene Anteile ist in diesem Fall nicht zu bilden.

29 Soweit Satzung bzw. Gesellschaftsvertrag regeln, dass Gewinnrücklagen aus dem Jahresüberschuss verpflichtend gebildet werden müssen, sind sie als satzungsmäßige (statutarische) Rücklagen auszuweisen. Regeln Satzung bzw. Gesellschaftsvertrag hingegen, dass Gewinnrücklagen freiwillig gebildet werden dürfen, sind sie unter den anderen Gewinnrücklagen darzustellen. Wenn in einer Satzung vorgeschrieben wird, dass der gesetzlichen Rücklage über die in § 150 Abs. 2 AktG kodifizierte Grenze hinaus weitere Beträge zuzuführen sind, werden diese Beträge in die gesetzlichen Rücklage eingestellt. Die Auflösung statutarischer Rücklagen folgt wie die Bildung den Regeln der Satzung bzw. des Gesellschaftsvertrags.

30 Wenn Vorstand und Aufsichtsrat den Jahresabschluss feststellen (Regelfall), dürfen sie höchstens 50% des Jahresüberschusses nach Abzug einer Zuführung zur gesetzlichen Rücklage und eines Verlustvortrags in die anderen Gewinnrücklagen einstellen. Sie dürfen den anderen Rücklagen darüber hinaus auch höhere Beträge, gegebenenfalls den gesamten Gewinn zuführen, wenn dies eine entsprechende Satzungsbestimmung gestattet; Voraussetzung ist, dass die anderen Gewinnrücklagen vor der Zuführung nicht die Hälfte des Grundkapitals übersteigen bzw. nach der Zuführung nicht die Hälfte des Grundkapitals übersteigen würden (§ 58 Abs. 2 AktG).
Wenn die Hauptversammlung den Jahresabschluss feststellt (Ausnahmefall), kann die Satzung bestimmen, dass aus dem Jahresüberschuss Beträge in die anderen Gewinnrücklagen einzustellen sind. In diesem Fall ist die Zuführung auf 50% des Jahresüberschusses nach Abzug einer Zuführung zur gesetzlichen Rücklage und eines Verlustvortrags beschränkt (§ 58 Abs. 1 AktG). In einem Gewinnverwendungsbeschluss kann die Hauptversammlung über die Zuführung weiterer Beträge in die Gewinnrücklagen beschließen (§ 58 Abs. 3 AktG).

führung von Beträgen aus dem Jahresüberschuss in die anderen Gewinnrücklagen; die zugeführten Beträge stehen indes immer erst in der Bilanz des Folgejahres[31].

Für allgemeine Risiken der Geschäftstätigkeit einer Bank einschließlich künftiger Verluste und anderer unvorhersehbarer Risiken haben Kreditinstitute die Möglichkeit, nach IAS 30.50 eine Rücklage zu bilden, die mit dem Sonderposten für allgemeine Bankrisiken nach § 340g HGB vergleichbar ist.

Im Konzernabschluss sind unter den Gewinnrücklagen nur die gesetzlichen, satzungsmäßigen und anderen Gewinnrücklagen des Mutterunternehmens auszuweisen; die gesetzlichen, satzungsmäßigen und anderen Rücklagen von Tochterunternehmen sind vollständig in das konsolidierungspflichtige Kapital zu integrieren und daher nicht unter das Konzerneigenkapital zu subsumieren (§ 301 Abs. 1 HGB). Die anderen Gewinnrücklagen umfassen im Konzernabschluss außerdem solche Positionen des konsolidierten Eigenkapitals, die auf spezielle Konsolidierungstechniken zurückzuführen sind[32]. Bei den Rücklagen für eigene Anteile sind zu unterscheiden die von Mutter- und Tochterunternehmen für eigene Anteile des Mutterunternehmens gebildeten Rücklagen und die von Tochterunternehmen für eigene Anteile gebildeten Rücklagen. Da alle von Mutter- und Tochterunternehmen gehaltenen Anteile des Mutterunternehmens in den Konzernabschluss einbezogen werden müssen, sind (korrespondierend) nicht nur die beim Mutterunternehmen für eigene Anteile gebildete Rücklage, sondern auch die bei Tochterunternehmen gebildeten Rücklagen für von ihnen gehaltene Anteile des Mutterunternehmens in den Konzernabschluss einzubeziehen. Somit dürfen bei Tochterunternehmen gebildete Rücklagen für von ihnen gehaltene Anteile des Mutterunternehmens nicht in das konsolidierungspflichtige Kapital integriert werden (§ 301 Abs. 1 HGB), weil sonst die Neutralisation der aktivierten Anteile des Mutterunternehmens im Konzernabschluss nicht möglich ist. Im Konzernabschluss sind also die jeweils bei Mutter- und Tochterunternehmen aktivierten Anteile des Mutterunternehmens und die passivierten Rücklagen für eigene Anteile des Mutterunternehmens zusammengefasst auszuweisen. Nur die von Tochterunternehmen für eigene Anteile gebildeten Rücklagen und die korrespondierenden eigenen Anteile sind in die Kapitalkonsolidierung zu integrieren.

---

31 Schließlich dürfen der Vorstand und Aufsichtsrat einer AG und der Geschäftsführer einer GmbH mit Zustimmung der Gesellschafterversammlung auch die Eigenkapitalanteile von

Wertaufholungen bei Vermögensgegenständen des Anlage- und Umlaufvermögens, die nach früheren außerplanmäßigen bzw. steuerrechtlichen Abschreibungen notwendig wurden, und

Passivposten, die bei der steuerrechtlichen Gewinnermittlung gebildet wurden und nicht im Sonderposten mit Rücklageanteil ausgewiesen werden dürfen

in die anderen Gewinnrücklagen einstellen.

32 Vgl. BRUNS, H.-G., Eigenkapitalausweis, a.a.O., Rz. 11-16.

2.1.2.4 Ergebnisvortrag und Jahresergebnis bzw. Bilanzergebnis

Nach deutschem Handelsrecht ist der Einzelabschluss die Basis der Ergebnisverwendung. Ergebnisverwendung findet bei der Auflösung der Kapitalrücklage, bei der Einstellung in bzw. Auflösung von Gewinnrücklagen und bei Ausschüttungen an Gesellschafter statt (§ 158 Abs. 1 AktG). Kapitalgesellschaften haben das Wahlrecht, die Bilanz ihres Einzelabschlusses ohne Berücksichtigung der Ergebnisverwendung oder mit Berücksichtigung der teilweisen bzw. vollständigen Ergebnisverwendung aufzustellen[33].

---

[33] Somit stehen für den Ergebnisausweis in der Bilanz drei Alternativen zur Verfügung:

Ausweis des Jahresergebnisses ohne Berücksichtigung der Ergebnisverwendung (§ 266 Abs. 3 HGB): Wird die Bilanz vor der teilweisen oder vollständigen Ergebnisverwendung aufgestellt, ist der Jahresüberschuss als positive Differenz von Erträgen und Aufwendungen bzw. der Jahresfehlbetrag als negative Differenz von Erträgen und Aufwendungen separat in der Bilanz auszuweisen, und zwar nach dem gezeichneten Kapital, der Kapitalrücklage, den Gewinnrücklagen und dem Gewinnvortrag bzw. Verlustvortrag (Ergebnisvortrag). Ein Gewinnvortrag resultiert aus Jahresüberschüssen früherer Geschäftsjahre, die noch nicht ausgeschüttet oder den Rücklagen zugeführt wurden. Umgekehrt ergeben sich Verlustvorträge aus Jahresfehlbeträgen früherer Geschäftsjahre, die noch nicht durch Gewinne oder aufgelöste Rücklagen ausgeglichen wurden.

Ausweis des Jahresergebnisses mit Berücksichtigung der teilweisen Ergebnisverwendung (§ 268 Abs. 1 HGB): Wird die Bilanz nach der teilweisen Ergebnisverwendung aufgestellt, tritt an die Stelle des Ergebnisvortrags und des Jahresergebnisses das Bilanzergebnis (Bilanzgewinn bzw. Bilanzverlust). Ein Bilanzgewinn ist die positive Summe, ein Bilanzverlust die negative Summe aus dem Jahresergebnis (Jahresüberschuss/Jahresfehlbetrag), dem Ergebnisvortrag (Gewinnvortrag/Verlustvortrag), Auflösungen der Kapitalrücklage und den Einstellungen in Gewinnrücklagen bzw. Auflösungen von Gewinnrücklagen.

Ausweis des Jahresergebnisses mit Berücksichtigung der vollständigen Ergebnisverwendung (§ 268 Abs. 1 HGB): Eine nach der vollständigen Ergebnisverwendung aufgestellte Bilanz weist kein Bilanzergebnis auf, weil weder ein Bilanzgewinn noch ein Bilanzverlust verbleibt. In diesem Fall stehen unter dem Eigenkapital nur noch das gezeichnete Kapital, die Kapitalrücklage und die Gewinnrücklagen. Ein Bilanzergebnis von Null kann z.B. eintreten, wenn ein Jahresüberschuss aufgrund gesetzlicher oder statutarischer Vorschriften vollständig den Gewinnrücklagen zugeführt werden muss, ein Jahresfehlbetrag durch Auflösung von Gewinnrücklagen ausgeglichen wird, oder ein Jahresüberschuss zum Teil in die Gewinnrücklagen eingestellt und der restliche Teil infolge eines schon vor der Bilanzaufstellung gefassten Beschlusses ausgeschüttet wird; der auszuschüttende Betrag wäre als Verbindlichkeit gegenüber den Gesellschaftern zu bilanzieren.

Die Aufstellung der Bilanz unter Berücksichtigung der teilweisen Ergebnisverwendung ist bei der AG der Regelfall, bei der GmbH ist sie dann möglich, wenn der Geschäftsführer laut Gesellschaftsvertrag zur teilweisen Verwendung des Jahresergebnisses etwa durch Vorabausschüttungen befugt ist. Die Aufstellung der Bilanz unter Berücksichtigung der vollständigen Ergebnisverwendung ist sowohl bei der AG wie auch der GmbH eher der Ausnahmefall. Der Fall einer vollständigen Verwendung des Jahresüberschusses durch teilweise Rücklagenzuführung und restliche Gewinnausschüttung mit Passivierung einer Verbindlichkeit gegenüber den Gesellschaftern ist bei der AG nicht möglich, da die Hauptversammlung einen Gewinnverwendungsbeschluss nach § 174 Abs. 1 AktG nur auf der Grundlage eines bereits festgestellten Jahreabschlusses fassen kann. Bei einer GmbH fordert § 42 Abs. 2 GmbHG nur, dass die Gesellschafter innerhalb einer bestimmten Frist nach Ablauf des Geschäftsjahrs den Jahresabschluss festzustellen und die Ergebnisverwendung zu beschließen haben. Eine Aufstellung der Bilanz ohne Berücksichtigung der Ergebnisverwendung ist bei der AG prinzipiell ausgeschlossen, da gemäß § 158 Abs. 1 AktG eine Ergebnisverwendungsrechnung vorgeschrieben ist. Für eine GmbH besteht keine vergleichbare Vorschrift, so dass bei ihr eine Aufstellung der Bilanz ohne Berücksichtigung der Ergebnisverwendung durchaus üblich ist.

Deutsche Kreditinstitute sind zur Aufstellung einer Gewinnverwendungsrechnung nach RechKredV Formblatt 2 und 3 für die GuV verpflichtet, in der das Jahresergebnis unter Berücksichtigung eines Ergebnisvortrags sowie der Veränderungen von Rücklagen und Genussrechtskapital zum Bilanzergebnis entwickelt wird.

Im Konzernabschluss werden Ergebnisvorträge des Mutterunternehmens generell im konsolidierten Eigenkapital erfasst. Bei den Ergebnisvorträgen von Tochterunternehmen ist zu unterscheiden, ob sie vor oder nach dem Erwerb entstanden sind: Vor dem Erwerb entstandene Ergebnisvorträge werden in die Kapitalkonsolidierung integriert, nach dem Erwerb entstandene Ergebnisvorträge werden im Konzernabschluss entweder als Gewinn-/Verlustvortrag oder in den Gewinnrücklagen bilanziert. In Bezug auf das Jahresergebnis ist wie beim Einzelabschluss des Mutterunternehmens auch beim Konzernabschluss zu differenzieren, ob der Ausweis ohne Berücksichtigung der Verwendung des Konzernjahresergebnisses oder mit Berücksichtigung der teilweisen bzw. vollständigen Ergebnisverwendung erfolgt (§§ 298 i.V.m. 268 Abs.1 HGB). Ohne Berücksichtigung der Ergebnisverwendung wird im Konzerneigenkapital der Konzernjahresüberschuss bzw. Konzernjahresfehlbetrag aus der GuV passiviert. Bei Berücksichtigung der teilweisen Ergebnisverwendung tritt an die Stelle des Gewinn- bzw. Verlustvortrags und des Jahresüberschusses bzw. Jahresfehlbetrags im Konzern der Konzernbilanzgewinn bzw. Konzernbilanzverlust[34]. In der Konsolidierungspraxis deutscher Publikumskonzerne ist es durchaus üblich, als Konzernbilanzergebnis das Bilanzergebnis im Einzelabschluss des Mutterunternehmens auszuweisen.

Der Ausweis eines Ergebnisvortrags, Jahresergebnisses bzw. Bilanzergebnisses in Abhängigkeit von diversen Alternativen der Ergebnisverwendung im Einzel- und Konzernabschluss ist ein Spezifikum des deutschen Gesellschaftsrechts. In den IAS gibt es keine Vorschriften über den Ausweis des Jahresergebnisses. Nur IAS 1.86 über die Eigenkapitalveränderungsrechnung liefert einen Hinweis, dass Jahresergebnisse letztlich kumuliert in einer Gewinnrücklage darzustellen sind. Weil in den IAS eine explizite Vorschrift fehlt, scheint es zwar zulässig, die Gliederung des Eigenkapitals im IAS-Einzelabschluss und im IAS-Konzernabschluss an die jeweilige handelsrechtliche Eigenkapitalgliederung anzupassen. Jedoch würde ein solcher Ausweis – insbesondere im Konzernabschluss – nicht den internationalen Usancen der bilanziellen Eigenkapitalgliederung entsprechen und die Adressaten auf dem Kapitalmarkt eher verwirren als informieren. Insbesondere die Praxis des Ausweises identischer Bilanzergebnisse im Einzel- und Konzernabschluss eines Mutterunternehmens wird zu Recht kritisiert[35]. Aus diesen Gründen sollte das Konzernjahresergebnis internationalen Gepflogenheiten entsprechend in den Gewinnrücklagen ausgewiesen werden.

---

34 Vgl. BRUNS, H.-G., Eigenkapitalausweis, a.a.O., Rz. 17-18.

35 Vgl. BRUNS, H.-G., Eigenkapitalausweis, a.a.O., Rz. 55-57.

In einem IAS-Abschluss werden die aus einer handelsrechtlichen Gewinnverwendungsrechnung verfügbaren Informationen im Eigenkapitalspiegel (oder alternativ in den Notes) bereitgestellt. Da nach IAS 1.86(f) Veränderungen bei den Rücklagen für jede Rücklagenart gesondert auszuweisen sind, wird über Einstellungen aus dem Jahresergebnis in die Gewinnrücklagen zwangsläufig informiert. Entsprechend wird nach IAS 1.86(e) über den Ergebnisvortrag berichtet, der systematisch mit dem Bilanzergebnis vergleichbar ist. Obwohl den Abschlussadressaten die aus einer handelsrechtlichen Gewinnverwendungsrechnung bereit gestellten Informationen auch über den Eigenkapitalspiegel (oder alternativ die Notes) eines IAS-Abschlusses verfügbar gemacht werden können, haben nach den IAS bilanzierende deutsche Banken bislang nicht auf die Veröffentlichung einer Gewinnverwendungsrechnung nach handelsrechtlichem Vorbild verzichtet[36]. Sofern im Eigenkapitalspiegel nicht wie nach IAS 1.86(a) gefordert das Jahresergebnis, sondern das Bilanzergebnis ausgewiesen wird, sollte in einer zusätzlichen Gewinnverwendungsrechnung die Entwicklung des Bilanzergebnisses dargestellt werden.

2.1.2.5 Sonstiges Eigenkapital (Other Equity)

Kapitalgesellschaften, die deutschem Gesellschaftsrecht unterliegen und ihre Einzel- und Konzernabschlüsse nach den IAS aufstellen, können innerhalb des bilanziellen und konsolidierten Eigenkapitals das Grundkapital bzw. Stammkapital als gezeichnetes Kapital (Issued Capital) sowie die Kapital- und Gewinnrücklagen unter den Rücklagen (Reserves) i.S.v. IAS 1.66(m) ausweisen. Da in IAS 1.73(e) zur Untergliederung des Eigenkapitals (in Bilanz oder Notes) lediglich gefordert wird, dass „beim gezeichneten Kapital und bei den Rücklagen die verschiedenen Gruppen von eingezahltem Kapital, Agio und Rücklagen gesondert dargestellt (werden)“, ist es Kapitalgesellschaften möglich, sich bei der Gliederung des Eigenkapitals in der Bilanz exakt an den Vorgaben zur Eigenkapitalgliederung im handelsrechtlichen Einzelabschluss (§ 266 Abs. 3 HGB) und Konzernabschluss (§ 298 Abs. 1 i.V.m. § 266 Abs. 3 HGB) zu orientieren. Nur der in Abhängigkeit von handelsrechtlichen Alternativen der Ergebnisverwendung gesonderte Ausweis von Ergebnisvorträgen und Jahresergebnissen bzw. Bilanzergebnissen sollte unterbleiben, stattdessen sollten die (akkumulierten) Jahresergebnisse direkt unter den Gewinnrücklagen ausgewiesen werden. Eine mit dem handelsrechtlichen Gliederungsschema übereinstimmende Eigenkapitalgliederung im Einzel- und Konzernabschluss nach IAS ist möglich, weil in IAS 1.66 kein verbindliches Schema zur Struktur und Sequenz von Bilanzpositionen vorgegeben wird, sondern lediglich eine nicht abschließende Enumeration von gegebenenfalls mindestens in die Bilanz aufzunehmender Posten (IAS 1.68). Diese Liste ist weder komplett noch detailliert, um Unternehmen bei der Anwendung

---

[36] Vgl. Dresdner Bank, Geschäftsbericht 2000, S. 96; Commerzbank, Geschäftsbericht 2000, S. 69; UBS, Geschäftsbericht 2000, S. 156.

von IAS genügend Flexibilität für Erweiterungen und Vertiefungen der Bilanzgliederung unter Berücksichtigung nationaler Normen des Gesellschaftsrechts zu ermöglichen (IAS 1.67, 1.72).

Die Notwendigkeit für eine im Vergleich zu IAS 1.66(m) extensivere oder intensivere Gliederung des Eigenkapitals kann sich indes nicht nur aus nationalen gesellschaftsrechtlichen Normen, sondern den IAS selbst ergeben. In zahlreichen Standards des International Accounting Standards Board (IASB) und dazu veröffentlichten Interpretationen des Standing Interpretations Committee (SIC) werden Geschäftsvorfälle beschrieben, die sich nicht indirekt durch erfolgswirksame Buchungen auf Aufwands- und Ertragskonten über die GuV im Eigenkapital niederschlagen, sondern direkt durch erfolgsneutrale Buchungen auf Rücklagenkonten das Eigenkapital verändern. Aus solchen Geschäftsvorfällen resultierendes sonstiges Eigenkapital (other equity) sollte zur adäquaten Information der Adressaten von Einzel- und Konzernabschlüssen nach IAS vom gezeichneten Kapital sowie von den Kapital- und Gewinnrücklagen isoliert ausgewiesen werden. Die IAS sehen indes explizit nur bei der erfolgsneutralen Bewertung bestimmter Vermögenswerte zum Zeitwert eine eigenständige Eigenkapitalposition (Neubewertungsrücklage) vor. Sonstiges Eigenkapital kann im übrigen aus Anpassungsergebnissen bei der Umstellung der nationalen Rechnungslegung auf die IAS, bei der Berichtigung von Bilanzierungsfehlern oder der Änderung von Bilanzierungsmethoden, aus Bewertungsergebnissen bei zur Veräußerung verfügbaren finanziellen Vermögenswerten (Available-for-Sale-Assets) und bei Finanzinstrumenten zur Absicherung von Zahlungsströmen (Cash Flow Hedges) sowie aus Umrechnungsdifferenzen bei wirtschaftlich selbständigen ausländischen Teileinheiten (Foreign Entities) entstehen.

2.2 Zeitraumbezogene Bilanzierung von Eigenkapitalveränderungen

2.2.1 Veränderungen im bilanziellen Eigenkapital von Einzelabschlüssen

2.2.1.1 Erhöhung und Herabsetzung des gezeichneten Kapitals

Gezeichnetes Kapital kann durch verschiedene, im deutschen Gesellschaftsrecht geregelte Maßnahmen der Kapitalerhöhung und Kapitalherabsetzung verändert werden. Kreditinstitute haben diese Veränderungen im Eigenkapitalspiegel nach IAS entsprechend darzustellen. Bei AGs können Kapitalerhöhungen in vier, Kapitalherabsetzungen in drei gesetzlich normierten Kategorien auftreten. GmbHs stehen jeweils nur zwei Kategorien zur Verfügung. Als Kategorien der Kapitalerhöhung sind zu unterscheiden:

- Kapitalerhöhung gegen Einlagen (§§ 182-191 AktG, §§ 55-57b GmbH): Gegen Bar- oder Sacheinlagen erhöht sich der Nennwert des Grundkapitals (Stammkapitals) durch Ausgabe neuer Aktien (Geschäftsanteile)[37].
- Bedingtes Kapital (§§ 192-201 AktG): Die Möglichkeit zur bedingten Kapitalerhöhung steht grundsätzlich nur AGs, nicht aber GmbHs zur Verfügung. Bei einer bedingten Kapitalerhöhung erhöht sich der Nennwert des Grundkapitals nur insoweit, wie Obligationäre von Wandelschuldverschreibungen von ihrem Recht auf Umtausch der Schuldverschreibung in Aktien (Wandelanleihe) bzw. von ihrem Recht auf Bezug von Aktien (Optionsanleihe) Gebrauch machen[38].
- Genehmigtes Kapital (§§ 192-201 AktG): Wie Kapitalerhöhungen durch bedingtes Kapital sind auch Kapitalerhöhungen durch genehmigtes Kapital nur für AGs, nicht aber für GmbHs verfügbar. Beim genehmigten Kapital wird der Vorstand einer AG im Rahmen ihrer Satzung ermächtigt, das Grundkapital um einen bestimmten Nennbetrag durch Emission neuer Aktien gegen Bar- oder Sacheinlagen zu erhöhen[39].
- Kapitalerhöhung aus Gesellschaftsmitteln (§§ 207-220 AktG, §§ 55-57b GmbH): Im Gegensatz zur Kapitalerhöhung gegen Einlagen und zum bedingten sowie genehmigten Kapital wird das gezeichnete Kapital von AGs bzw. GmbHs bei Kapitalerhöhungen aus Gesellschaftsmitteln nicht durch externe Liquidität erhöht, sondern intern durch gleichzeitige Auflösung und Umwandlung frei verfügbarer Kapital- und Gewinnrücklagen[40].

Als Kategorien der Kapitalherabsetzung sind zu unterscheiden:

---

37 Kapitalerhöhungen gegen Einlagen setzen bei AGs einen Beschluss der Hauptversammlung mit Dreiviertelmehrheit des vertretenen Grundkapitals, bei GmbHs einen Beschluss der Gesellschafterversammlung mit Dreiviertelmehrheit der abgegebenen Stimmen voraus. Gesellschafts- und bilanzrechtlich wirksam werden Kapitalerhöhungen gegen Einlagen erst mit ihrer Eintragung in das Handelsregister. Bei Über-pari-Emissionen wird der den Nennwert übersteigende Betrag (Agio) in die Kapitalrücklage eingestellt; Unter-pari-Emissionen sind zum Schutz der Gläubiger und Aktionäre verboten.

38 Da die Zeitpunkte und die Nennwerte einer Kapitalerhöhung davon abhängen, wann und in welchem Umfang Obligationäre von ihren Umtausch- bzw. Bezugsrechten Gebrauch machen, erhöht sich das Grundkapital erst nach Eintragung des Beschlusses zur bedingten Kapitalerhöhung durch die Hauptversammlung und nach Ausgabe der Aktien. Die Höhe des bedingten Kapitals darf die Hälfte des Grundkapitals nicht überschreiten.

39 Dieses genehmigte Kapital darf wie das bedingte Kapital höchstens die Hälfte des Grundkapitals betragen. Mit Eintragung des genehmigten Kapitals in das Handelsregister ist die Kapitalerhöhung zu bilanzieren.

40 Die aus der Erhöhung des gezeichneten Kapitals resultierenden neuen Aktien werden den Anteilseignern im Verhältnis ihrer bisherigen Anteile am Grund- bzw. Stammkapital zugeteilt, so dass sich ihre Vermögens- und Verwaltungsrechte nicht verändern. Bei AGs sind Kapitalerhöhungen aus Gesellschaftsmitteln nur insoweit möglich, als kein Bilanzverlust entsteht und die Kapitalrücklage sowie gesetzliche Rücklage einschließlich der Zuführungen 10% bzw. den statutarisch höheren Anteil des Grundkapitals übersteigen. Gesellschafts- und bilanzrechtlich wirksam werden Kapitalerhöhungen aus Gesellschaftsmitteln erst mit ihrer Eintragung in das Handelsregister.

- Ordentliche Kapitalherabsetzung (§§ 222-228 AktG, § 58 GmbHG): Durch die Herabsetzung des Nennwerts von Aktien einer AG bzw. von Geschäftsanteilen einer GmbH erfolgt im Regelfall eine ordentliche Kapitalherabsetzung. Grenzen der Herabsetzung des Nennwerts von Anteilen setzen das Mindestgrundkapital von 50.000 € bei AGs bzw. das Mindeststammkapital von 25.000 € bei GmbHs sowie der Mindestnennwert pro Aktie von 1 €[41].
- Vereinfachte Kapitalherabsetzung (§§ 229-236 AktG, § 58a-58f GmbHG): Zur Erleichterung der Kapitalherabsetzung in einem Sanierungsfall gibt es die vereinfachte Kapitalherabsetzung. In einem Sanierungsfall erfolgt die Kapitalherabsetzung zur Kompensation von Verlusten oder zur Dotierung in die Kapitalrücklage, aber nicht zur Kapitalrückzahlung an die Anteilseigner[42].
- Kapitalherabsetzung durch Einziehung von Aktien (§§ 237-239 AktG): Bei der AG ist außerdem eine Kapitalherabsetzung durch Einziehung von Aktien möglich, während bei der GmbH die Einziehung von Geschäftsanteilen als autonomes Rechtsinstitut nicht an die Herabsetzung des Stammkapitals gebunden ist, aber damit verbunden werden kann[43].

---

41 Sofern dieser Mindestnennwert pro Aktie bei einer ordentlichen Kapitalherabsetzung durch Herabsetzung des Nennwerts von Aktien unterschritten würde, ist auch die Zusammenlegung von Aktien zulässig. Der Nennwert der Kapitalherabsetzung kann zur Auflösung von Verlustvorträgen, zur Einstellung in die Kapitalrücklage oder zur Kapitalrückzahlung an die Anteilseigner verwendet werden. Im Fall der Kapitalrückzahlung an Anteilseigner sind den Gläubigern Sicherheiten zu leisten. Mit der Eintragung des Beschlusses über die Kapitalherabsetzung in das Handelsregister ist in der Bilanz das herabgesetzte gezeichnete Kapital und in der GuV ein etwaiger Ertrag aus der Kapitalherabsetzung auszuweisen. Eine ordentliche Kapitalherabsetzung bedarf bei einer AG einer Dreiviertelmehrheit des vertretenen Grundkapitals und bei einer GmbH einer Dreiviertelmehrheit der in der Gesellschafterversammlung anwesenden Stimmen.

42 Daher besteht eine erste Vereinfachung der Kapitalherabsetzung darin, dass Gläubigern keine Sicherheiten geleistet werden müssen und brauchen. Eine zweite Vereinfachung besteht darin, dass die Kapitalherabsetzung auch rückwirkend im Jahresabschluss des Vorjahres berücksichtigt werden kann, indem das gezeichnete Kapital sowie die Kapital- und Gewinnrücklagen so ausgewiesen werden, wie sie nach der Kapitalherabsetzung ausgewiesen würden. Auch die vereinfachte Kapitalherabsetzung kann durch Herabsetzung des Nennwerts von Aktien einer AG bzw. Geschäftsanteilen einer GmbH oder zusätzlich durch Zusammenlegung von Aktien erfolgen. Voraussetzung der vereinfachten Kapitalherabsetzung bei einer AG ist, dass zuvor der 10% des Grundkapitals überschreitende Teil von Kapitalrücklage und gesetzlicher Rücklage – bezogen auf das herabgesetzte Grundkapital – sowie die Gewinnrücklagen aufgelöst und ein etwaiger Gewinnvortrag verrechnet wurde. Nach Eintragung des Beschlusses über die Kapitalherabsetzung in das Handelsregister ist in der Bilanz das herabgesetzte gezeichnete Kapital und in der GuV ein etwaiger Ertrag aus der Kapitalherabsetzung auszuweisen.

43 Mit der Einziehung von Aktien wird ein Teil der gesamten Vermögens- und Verwaltungsrechte beseitigt, jedoch ändern sich nicht die Anteile der Aktionäre an diesen Rechten in Relation zueinander. Im übrigen gelten bei einer Kapitalherabsetzung durch Aktieneinziehung die Vorschriften zur ordentlichen Kapitalherabsetzung. Eine durch die Hauptversammlung beschlossene Kapitalherabsetzung durch Einziehung von Aktien ist mit ihrer Eintragung in das Handelsregister, oder bei Einziehung der Aktien nach der Handelsregistereintragung mit der Einziehung bilanz- und gesellschaftsrechtlich wirksam.

Veränderungen des Eigenkapitals durch Kapitalerhöhungen und Kapitalherabsetzungen sind von Kreditinstituten entweder in einem IAS-Eigenkapitalspiegel auszuweisen oder in den Notes anzugeben (IAS 1.86(d)). Insbesondere bei kapitalmarktorientierten Kreditinstituten sollten Erhöhungen bzw. Herabsetzungen des gezeichneten Kapitals bereits aus dem Eigenkapitalspiegel hervorgehen; über die gesellschaftsrechtliche Kategorie einer Kapitalerhöhung bzw. Kapitalherabsetzung kann auch in den Notes berichtet werden.

2.2.1.2 Bildung und Auflösung von Kapital- und Gewinnrücklagen

Auch Veränderungen des Eigenkapitals durch Einstellungen in oder Auflösungen von Kapital- und Gewinnrücklagen sind von Kreditinstituten in einem IAS-Eigenkapitalspiegel vollständig auszuweisen. Veränderungen bei den Rücklagen beeinflussen das Jahresergebnis in der GuV nicht, sie werden jedoch in der handelsrechtlichen GuV als Bestandteile der Ergebnisverwendungsrechnung nach dem Jahresergebnis zur Überleitung auf das Bilanzergebnis dargestellt (§ 275 Abs. 4 HGB i.V.m. § 158 Abs. 1 AktG).

Bei Einstellungen in die Kapitalrücklage fließen einem Unternehmen grundsätzlich liquide Mittel zu, nämlich Aufgelder (Agios) bei der Emission von Aktien (§ 272 Abs. 2 Nr. 1 HGB) und Obligationen (§ 272 Abs. 2 Nr. 2 HGB) oder Gelder aus Zuzahlungen für Anteilsvorzüge (§ 272 Abs. 2 Nr. 3 HGB) und anderen Zuzahlungen (§ 272 Abs. 2 Nr. 4 HGB). In diesen Fällen liegen Aktiv-Passiv-Mehrungen (Bilanzverlängerungen) vor, die die GuV nicht berühren[44]. Einstellungen in die Kapitalrücklage können auch bei der Emission von Schuldverschreibungen oder Anleihen erfolgen, die nach SIC -5.6 als Eigenkapital klassifiziert werden, weil es zum Zeitpunkt der Emission unwahrscheinlich ist, dass die Tilgung in Zahlungsmitteln oder anderen finanziellen Vermögenswerten erfolgt[45]. Auflösungen der Kapitalrücklage sind nur im engen Rahmen des § 150 Abs. 2-4 AktG zum Ausgleich von Jahresfehlbeträgen und Verlustvorträ-

44 Einstellungen in die Kapitalrücklage können aber auch das Ziel von Herabsetzungen des gezeichneten Kapitals durch ordentliche Kapitalherabsetzung (§§ 222-228 AktG, § 58 GmbHG), vereinfachte Kapitalherabsetzung (§§ 229-236 AktG, § 58a-58f GmbHG) oder Kapitalherabsetzung durch Einziehung von Anteilen (§§ 237-239 AktG) sein. Da Einstellungen in die Kapitalrücklage aus Kapitalherabsetzungen (§§ 229 Abs. 1, 231, 232 und 237 Abs. 5 AktG) nicht im Katalog von § 272 Abs. 2 HGB enumeriert sind, wird vorgeschlagen, sie im Rahmen der Ergebnisverwendungsrechnung zu berücksichtigen, auch wenn in § 158 Abs. 1 AktG nur Auflösungen der Kapitalrücklage, aber nicht Einstellungen in die Kapitalrücklage zur Ergebnisverwendung zählen. In diesen Fällen wäre die GuV berührt.

45 Schuldverschreibungen oder Anleihen können nach SIC -5 (Klassifizierung von Finanzinstrumenten – Bedingte Erfüllungsvereinbarungen) unter der Bedingung emittiert werden, dass die Pflicht des Emittenten bzw. das Recht des Inhabers auf die Art der Erfüllung durch Hingabe finanzieller Vermögenswerte oder Ausgabe von Eigenkapitalinstrumenten vom Eintritt bzw. Nichteintritt ungewisser zukünftiger Ereignisse oder dem Ausgang ungewisser Umstände abhängt, die weder durch den Emittenten noch den Inhaber beeinflusst werden können; nur wenn zum Emissionszeitpunkt die Erfüllung in finanziellen Vermögenswerten sehr unwahrscheinlich ist, sind die Fremdkapitaltitel als Eigenkapital zu klassifizieren.

gen sowie zur Kapitalerhöhung aus Gesellschaftsmitteln möglich[46]. Unter der Kapitalrücklage sind nach SIC -17.5 auch direkt zurechenbare externe Kosten aus der Emission oder dem Erwerb eigener Eigenkapitalinstrumente ergebnisneutral zu berücksichtigen; zu diesen Transaktionskosten zählen z.B. Beratungshonorare, Registrierungsgebühren, Druckkosten und Stempelsteuern; nicht zurechenbare interne Kosten des Unternehmens sind ergebniswirksam zu verrechnen[47].

Einstellungen in die Gewinnrücklagen erfolgen aus Jahresüberschüssen des laufenden Geschäftsjahres und früherer Geschäftsjahre (§ 272 Abs. 3 HGB) und sind daher über die Ergebnisverwendungsrechnung in der GuV vorzunehmen[48]. Auflösungen von Gewinnrücklagen erfolgen in Abhängigkeit von der Rücklagenart nach gesetzlichen oder statutarischen Vorschriften[49]. Rücklagen für allgemeine Bankrisiken (General Banking Risks) werden von Kreditinstituten nach IAS 30.50 ergebnisneutral durch Auflösung von Gewinnrücklagen eingebucht bzw. durch Einstellung in Gewinnrücklagen ausgebucht.

46 Auflösungen der Kapitalrücklage zum Ausgleich von Jahresfehlbeträgen und Verlustvorträgen werden in der Ergebnisverwendungsrechnung in der GuV vollzogen, Auflösungen der Kapitalrücklage zur Kapitalerhöhung aus Gesellschaftsmitteln durch einen Passivtausch in der Bilanz.

47 Bei Zurechnungsproblemen in Fällen strukturierter Produkte oder multipler Transaktionen fordert SIC -17 (Eigenkapital – Kosten einer Eigenkapitaltransaktion) sachgerechte Zuordnungen.

48 Bei einer gesetzlichen Rücklage haben Einstellungen nach § 150 Abs. 2 AktG aus Jahresüberschüssen zu erfolgen, bis sie zusammen mit der Kapitalrücklage 10% des Grundkapitals erreicht. Auch im Zusammenhang mit vereinfachten Kapitalherabsetzungen können Einstellungen in die gesetzliche Rücklage erfolgen (§ 231 Abs. 1 AktG). Einstellungen in statutarische Rücklagen und andere Gewinnrücklagen sind unter Beachtung von § 58 Abs. 1, 2 AktG zulässig. Eine Rücklage für eigene Anteile kann aus frei verfügbaren Gewinnrücklagen gebildet werden (§ 272 Abs. 4 Satz 3 HGB). Ihre Bildung ist wahlweise durch Passivtausch in der Bilanz oder über die Ergebnisverwendungsrechnung in der GuV durchzuführen.

49 Für die Auflösung einer gesetzlichen Rücklage gelten die gleichen Vorschriften wie für die Auflösung einer Kapitalrücklage (§ 150 Abs. 2-4 AktG); sie ist zum Ausgleich von Jahresfehlbeträgen und Verlustvorträgen sowie zur Kapitalerhöhung aus Gesellschaftsmitteln möglich (vgl. 2.1.2.3). Wie bei Auflösungen einer Kapitalrücklage werden Auflösungen gesetzlicher Rücklagen zum Ausgleich von Jahresfehlbeträgen und Verlustvorträgen in der Ergebnisverwendungsrechnung der GuV vollzogen, Auflösungen gesetzlicher Rücklagen zur Kapitalerhöhung aus Gesellschaftsmitteln über einen Passivtausch in der Bilanz. Rücklagen für eigene Anteile sind nur bei Wiederausgabe, Veräußerung oder Einziehung (§ 272 Abs. 4 Satz 2 HGB) aufzulösen; ihre Auflösungen erfolgen grundsätzlich in der Ergebnisverwendungsrechnung der GuV. Statutarische Rücklagen sind je nach ihrer in der Satzung kodifizierten Zielsetzung aufzulösen. Meist ist die Umwandlung in gezeichnetes Kapital durch einen Passivtausch in der Bilanz das Ziel. Ist der Grund für die Zielsetzung entfallen, sind statutarische Rücklagen in andere Gewinnrücklagen umzubuchen, wenn sie unter Beachtung von § 58 Abs. 1, 2 AktG gebildet wurden; ist dies nicht der Fall, z.B. weil ihre Bildung nach § 58 Abs. 3 AktG erfolgte, ist eine direkte Umbuchung nur möglich, wenn sie zur Einstellung in andere Gewinnrücklagen nach § 58 Abs. 1, 2 AktG zulässig ist oder zur Einstellung in eine Rücklage für eigene Anteile verwendet werden soll (§ 272 Abs. 4 Satz 3 HGB). Ansonsten sind statutarische Rücklagen über die Ergebnisverwendungsrechnung der GuV aufzulösen. Andere Gewinnrücklagen sind auch über die Ergebnisverwendungsrechnung der GuV aufzulösen, nur ihre Auflösung zur Kapitalerhöhung aus Gesellschaftsmitteln erfolgt über einen Passivtausch in der Bilanz.

2.2.1.3 Anpassungsergebnisse aus der Konversion von HGB auf IAS

In der Periode, in der ein Unternehmen zum ersten Mal IAS als primäre Grundlage der Rechnungslegung anwendet, ist der Abschluss grundsätzlich so aufzustellen, als ob er schon immer nach den Standards und Interpretationen, die für die Periode der erstmaligen Anwendung von IAS gelten, aufgestellt worden wäre (SIC-8.3). Auch die nach IAS 1.38 in den Abschluss für diese Periode einzubeziehende Vorperiode ist in vollständiger Übereinstimmung mit den IAS darzustellen (SIC-8.4). Entschließt sich beispielsweise ein Kreditinstitut, dessen Geschäftsjahr mit dem Kalenderjahr übereinstimmt, erstmals für das Berichtsjahr 2005 (Reporting Period) seinen Konzernabschluss nach den IAS zu veröffentlichen, hat es in den Abschluss zum 31.12.2005 (Date of Reporting) auch das Vorjahr als Umstellungsperiode (Transition Period) zu integrieren und eine IAS-Eröffnungsbilanz zum 1.1.2004 (Date of Transition) aufzustellen. Ziel des Prinzips der retrospektiven Konversion einer nationalen Rechnungslegung auf IAS ist die Vergleichbarkeit der Abschlüsse bisheriger und zukünftiger IAS-Anwender. Das Prinzip fordert insbesondere den erstmaligen Ansatz und die erstmalige Bewertung sämtlicher Vermögenswerte und Verbindlichkeiten in vollständiger Übereinstimmung mit den gültigen IAS. So sind alle bislang in einem HGB-Abschluss bilanzierten Vermögensgegenstände und Schulden, die die Aktivierungs- und Passivierungskriterien der IAS nicht erfüllen, auszubuchen, und umgekehrt alle nach den IAS zu bilanzierenden Aktiva und Passiva, die im HGB-Abschluss bisher nicht erfasst wurden, einzubuchen. Auf sämtliche in der IAS-Eröffnungsbilanz angesetzten Posten sind schließlich die Bewertungsstandards der IAS anzuwenden.

Aus diesen Ansatz- und Bewertungsmaßnahmen zur Konversion der Rechnungslegung von HGB auf IAS resultieren Anpassungsergebnisse, die als kumulierter Effekt nicht ergebniswirksam in der Gewinn- und Verlustrechnung der Umstellungsperiode, sondern ergebnisneutral direkt im Eigenkapital der IAS-Eröffnungsbilanz auszuweisen sind. Nach SIC-8.5 ist jede Anpassung aus der Umstellung der nationalen Rechnungslegung auf die IAS „als eine Anpassung der Eröffnungswerte der angesammelten Gewinnrücklagen der ersten Periode, die nach IAS dargestellt wird, zu behandeln." Daraus folgt, dass der kumulierte Eigenkapitaleffekt aus Anpassungsergebnissen der Ansatz- und Bewertungsmaßnahmen zum Umstellungszeitpunkt nicht in der Eigenkapitalveränderungsrechnung der Umstellungsperiode, sondern in einer speziellen Rechnung zur Überleitung des Eigenkapitals in der HGB-Schlussbilanz zum Eigenkapital in der IAS-Eröffnungsbilanz ausgewiesen wird. Im obigen Beispiel hätte das Kreditinstitut eine Überleitungsrechnung vom 31.12.2003 auf den 1.1.2004 aufzustellen. Eine solche Überleitungsrechnung haben etwa die Commerzbank oder die HypoVereinsbank in ihren Geschäftsberichten 1998 veröffentlicht[50]. Beide Kreditinstitute haben ihre Rechnungslegung 1998 von HGB auf IAS umgestellt und zum 1.1.1997 eine IAS-Eröffnungsbilanz

---

50 Vgl. COMMERZBANK, Geschäftsbericht 1998, S. 47; HypoVereinsbank, Geschäftsbericht 1998, S. 13.

aufgestellt, in der sie alle Anpassungsergebnisse aus der Konversion mit den zum 31.12.1996 akkumulierten Gewinnrücklagen verrechnet haben.

Bei Kreditinstituten resultieren Anpassungsergebnisse vor allem aus der Marktbewertung von Wertpapieren des Handelsbestands und aus Wertkorrekturen bei Wertpapieren des Anlagevermögens. Wertpapiere des Handelsbestands sind von Kreditinstituten nach den IAS als Financial Assets Held for Trading mit ihrem Fair Value zu bewerten (IAS 39.69). Wertpapiere des Anlagevermögens sind nach den IAS als Held-to-Maturity Investments mit ihren fortgeführten Anschaffungskosten unter Verwendung der Effektivzinsmethode zu bewerten (IAS 39.73). Als Anpassungsergebnisse schlagen sich erfahrungsgemäss auch bei Kreditinstituten insbesondere die Aktivierung von Geschäfts- und Firmenwerten (§ 255 Abs. 4 HGB, IAS 22) sowie die Passivierung von Pensionsrückstellungen (§§ 249 Abs. 1 Satz 1, 253 Abs. 1 Satz 2 HGB, IAS 19) im kumulierten Eigenkapitaleffekt nieder; weitere Anpassungsergebnisse kommen aus der zusätzlichen Einstellung von aktiven oder passiven latenten Steuern (§ 274 HGB, IAS 12) und der Auflösung von Sonderposten mit Rücklageanteil (§§ 247 Abs. 3, 273 HGB) sowie Wertberichtigungen aus steuerrechtlichen Abschreibungen (§§ 254, 279 Abs. 2 HGB).

Die generelle Erfassung sämtlicher Anpassungsergebnisse unter den akkumulierten Gewinnrücklagen im Konversionszeitpunkt wird mit Hinweis auf Widersprüche zwischen SIC-8.3 und SIC-8.5 kritisiert[51]. Es wird argumentiert, dass Unternehmen einerseits beim Übergang auf die IAS nach SIC-8.5 Ergebnisse aus der Bewertung von Available-for-Sale Financial Assets und Cash Flow Hedges im Anfangsbestand der Gewinnrücklagen zu erfassen haben, während sie andererseits bei Anwendung der IAS von Beginn ihrer Tätigkeit an nach SIC-8.3 solche Bewertungsergebnisse jeweils unter eigenen Positionen im Eigenkapital hätten ansetzen müssen (IAS 39.103(b)(ii) und IAS 39.158(a)). Das Argument ließe sich – für Kreditinstitute freilich weniger bedeutsam – auch auf Ergebnisse aus der Neubewertung von Sachanlagen übertragen, die nach SIC-8.5 ebenfalls unter den akkumulierten Gewinnrücklagen im Umstellungszeitpunkt auszuweisen sind, nach SIC-8.3 hingegen unter der Neubewertungsrücklage abzubilden gewesen wären (IAS 16.29). Die Kritik ist indes nicht stichhaltig. Anpassungsergebnisse, die ausschließlich aus der Konversion einer nationalen Rechnungslegung auf die IAS resultieren, sind singuläre Effekte und sollten unter dem Informationsaspekt en bloc im Anfangsbestand der Gewinnrücklagen erfasst werden; sie unterscheiden sich von den periodischen Bewertungsergebnissen gerade dadurch, dass sie in die einmalige Eigenkapitalüberleitungsrechnung zum Umstellungszeitpunkt fließen, aber nicht in die Eigenkapitalveränderungsrechnungen nach dem Umstellungszeitpunkt.

Es ist geplant, die Interpretation SIC-8, First-Time Application of IASs as the Primary Basis of Accounting, durch einen neuen Standard "First-Time Application of Inter-

---

51 Vgl. KIRSCH, H., Besonderheiten, a.a.O., S. 310.

national Financial Reporting Standards" zu ersetzen, der als Entwurf am 31.7.2002 vom IASB veröffentlicht wurde[52]. Ziel des Standardentwurfs ist nicht mehr primär die Vergleichbarkeit der Abschlüsse bisheriger und zukünftiger IAS-Anwender, sondern die Vergleichbarkeit der Abschlüsse potentieller IAS-Anwender, die ihre Rechnungslegung zum selben Zeitpunkt von nationalen Standards auf die IAS umstellen. Am Prinzip der retrospektiven Konversion will der IASB zwar festhalten, indes sollen zahlreiche Befreiungsvorschriften die Umstellung der Rechnungslegung auf die IAS wesentlich erleichtern. Unter diesen Befreiungsvorschriften finden sich auch explizite Verbote zur retrospektiven Anwendung von IAS, die insbesondere für Kreditinstitute von praktischer Relevanz wären. Sie hätten einen erheblichen Einfluss auf die Eigenkapitalüberleitungsrechnungen von HGB auf IAS im Konversionszeitpunkt und auch auf die Eigenkapitalveränderungsrechnungen in den Perioden danach. Von den Verboten wären vor allem die nachfolgend näher beschriebenen Bilanzierungskomplexe „Sicherungsgeschäfte" und „Unternehmenszusammenschlüsse" betroffen[53]:

Sicherungsgeschäfte (Hedge Accounting): Die Vorschriften zur Bilanzierung und Bewertung von Sicherungsgeschäften in IAS 39 sollen künftig nur noch prospektiv angewendet werden können. Transaktionen, die vor der Umstellung nicht als Sicherungsgeschäft qualifiziert wurden, können ab diesem Zeitpunkt als Sicherungsgeschäft in der IFRS-Eröffnungsbilanz designiert werden, wenn sie die Kriterien von IAS 39 ab dann erfüllen. Wurden umgekehrt Transaktionen vor der Umstellung als Sicherungsgeschäfte eingestuft, können sie ab diesem Zeitpunkt als Sicherungsgeschäfte fortgeführt werden, selbst wenn sie die Kriterien von IAS 39 davor nicht erfüllt haben. Bei Fair Value Hedges sollen die Buchwerte abgesicherter Vermögenswerte und Verbindlichkeiten im Konversionszeitpunkt angepasst und die Ergebnisse aus der Anpassung der Buchwerte von gesicherten Grundgeschäften und Sicherungsinstrumenten in den Gewinnrücklagen erfasst werden. Bei Cash Flow Hedges wären abgegrenzte Gewinne und Verluste entweder in die Gewinnrücklagen einzustellen, wenn mit dem Eintritt der gesicherten Transaktion mit hoher Wahrscheinlichkeit nicht mehr gerechnet werden kann, oder als separate Komponente des Eigenkapitals auszuweisen, wenn mit dem Eintritt der gesicherten Transaktion weiterhin gerechnet wird. Laufende Gewinne und Verluste aus Fair Value Hedges und Cash Flow Hedges nach dem Konversionszeitpunkt sollen entsprechend den Regeln des Hedge Accounting abgebildet werden, wenn die einschlägigen Kriterien erfüllt sind. Das Hedge Accounting wird vor allem bei Kreditinstituten, die ihre Rechnungslegung auf IAS umstellen, künftig einen noch stärkeren Einfluss auf die Struktur des Eigenkapitalspiegels nehmen[54].

---

52 Vgl. IASB, Exposure Draft ED 1 First-Time Application of International Financial Reporting Standards; vgl. hierzu auch Abschnitt 4.1 im Beitrag "Bilanz, Gewinn- und Verlustrechnung sowie Notes".

53 Vgl. ZEIMES, M., Zur erstmaligen Anwendung von International Financial Reporting Standards - Anmerkungen zum Standardentwurf ED 1 des IASB, in: WPg, 2002, S. 1003-1005.

54 Vgl. hierzu auch Abschnitt 2.6 im Beitrag "Ansatz und Bewertung von Financial Instruments".

Unternehmenszusammenschlüsse (Business Combinations): Auch die Vorschriften zur Bilanzierung und Bewertung von Unternehmenszusammenschlüssen in IAS 22 sollen zum Konversionszeitpunkt nur noch prospektiv angewendet werden können. Bislang hat die Umstellung der Rechnungslegung von nationalen Standards auf IAS vor allem bei Unternehmenszusammenschlüssen häufig den meisten Arbeitsaufwand und den größten Eigenkapitaleffekt verursacht. Künftig wird sich ein etwa nach HGB bilanzierter Unternehmenszusammenschluss beinahe unverändert in die IFRS-Eröffnungsbilanz übernehmen lassen. So sollen die HGB-Buchwerte aller aus einem Unternehmenszusammenschluss resultierenden Vermögenswerte und Verbindlichkeiten zum Zeitpunkt der Umstellung betragsgleich in die IFRS-Eröffnungsbilanz übertragen werden können. Nur solche Vermögenswerte und Verbindlichkeiten, die die Bilanzierungskriterien der IAS nicht erfüllen, wären auszubuchen; nach den IAS nicht bilanzierbare immaterielle Vermögenswerte, die bei einem Unternehmenszusammenschluss neben einem Goodwill aktiviert worden sind, wären jedoch in den Goodwill umzubuchen. Ein positiver Goodwill wäre im Konversionszeitpunkt um einen Impairment nach IAS 36 zu korrigieren, ein negativer Goodwill zu eliminieren. Anpassungsergebnisse, die künftig beim Übergang der Rechnungslegung von HGB auf IAS im Zusammenhang mit Unternehmenszusammenschlüssen verbleiben, sollen ebenfalls ergebnisneutral unter den Gewinnrücklagen bilanziert werden.

2.2.1.4 Ergebnisse aus der Berichtigung von Bilanzierungsfehlern

Nach IAS 8.31 folgen Fehler bei der Aufstellung eines Abschlusses aus einer falschen Anwendung von Bilanzierungs- und Bewertungsmethoden, einer nicht zweckadäquaten Interpretation von Sachverhalten oder falschen Kalkulationen; sie können durch Versehen oder betrügerische Absichten verursacht sein. Die bilanziellen Konsequenzen aufgedeckter Fehler aus Abschlüssen vergangener Perioden hängen nach IAS 8.32 von ihrer materiellen Auswirkung auf die Vermögens, Finanz- oder Ertragslage eines Unternehmens ab. Fehler mit vergleichsweise schwachen Auswirkungen werden durch Korrektur im Ergebnis der Periode berücksichtigt, in der sie aufgedeckt worden sind. Bei grundlegenden Fehlern mit erkennbar starker Auswirkung auf die Vermögens, Finanz- oder Ertragslage erfolgt die Korrektur nach der Benchmark-Methode (IAS 8.34) oder der alternativ zulässigen Methode (IAS 8.35). Nach der alternativ zulässigen Methode werden grundlegende Fehler ebenfalls im Ergebnis der Periode erfasst, in der sie aufgedeckt wurden; vergleichende Informationen sind in diesem Fall wie im Abschluss der vergangenen Perioden darzustellen.

Nach der Benchmark-Methode werden grundlegende Fehler retrospektiv korrigiert. Dabei ist zu unterscheiden, ob ein Fehler in eine im Abschluss dargestellte Periode fällt oder in eine Periode vor der (ersten) Vergleichsperiode. Im ersten Fall wird ein Fehler in der Periode berichtigt, in der er verursacht wurde; dadurch wird der Abschluss einschließlich der vergleichenden Informationen so dargestellt, als ob kein Fehler geschehen sei. Die Fehlerberichtigung kann zu einer Anpassung des Anfangsbestands der Gewinnrücklagen der Berichtsperiode führen. Im zweiten Fall ist ein Fehler durch Anpassung des Anfangsbestands der Gewinnrücklagen der (ersten) Vergleichsperiode zu berichtigen. Anpassungsergebnisse aus der ergebnisneutralen Korrektur grundlegender Fehler nach der Benchmark-Methode sind in der Eigenkapitalveränderungsrechnung unter den Gewinnrücklagen auszuweisen.

Im Rahmen der anstehenden Strukturreform des IASB-Regelwerks[55] soll auch die Bilanzierung von Fehlern in IAS 8, Net Profit or Loss for the Period, Fundamental Errors and Changes in Accounting Policies, neu geregelt werden. Das IASB beabsichtigt, die Unterscheidung zwischen Fehlern und grundlegenden Fehlern aufzugeben und das Methodenwahlrecht zur bilanziellen Behandlung von Fehlern abzuschaffen. Fehler sollen künftig generell retrospektiv korrigiert werden. Somit wäre es Unternehmen nicht mehr möglich, Fehlerkorrekturen wie nach der alternativ zulässigen Methode ergebniswirksam im Gewinn oder Verlust der Berichtsperiode zu erfassen und die Vergleichsinformationen so darzustellen, wie sie in den Abschlüssen der Vorperioden enthalten sind. Vielmehr wären Fehler wie bei der Benchmark-Methode immer ergebnisneutral im Anfangsbestand von Gewinnrücklagen anzusetzen; Vergleichsinformationen sollen stets angepasst werden. Folgerichtig wird vorgeschlagen, die Begriffe „Benchmark-Methode" und „alternativ zulässige Methode" aus dem Normenkatalog zur Korrektur von Fehlern in IAS 8 zu streichen. Durch die geplante Verschärfung der Vorschriften zur Fehlerkorrektur würden die Ergebnisse aus berichtigten Fehlern faktisch ohne Ausnahme über die Eigenkapitalveränderungsrechnung und nicht mehr über die Gewinn- und Verlustrechnung bilanziert.

2.2.1.5 Ergebnisse aus der Änderung von Bilanzierungsmethoden

Auch Änderungen von Bilanzierungs- und Bewertungsmethoden können zur ergebnisneutralen Anpassung von Gewinnrücklagen führen, die in der Eigenkapitalveränderungsrechnung abzubilden sind. Grundsätzlich sollten Bilanzierungs- und Bewertungsmethoden nach IAS 8.42 nur geändert werden, wenn eine Satzung oder ein Standardsetter dies verlangen, um Tendenzen in der Vermögens-, Finanz- und Ertragslage nicht zu verschleiern (IAS 8.41). Änderungen von Bilanzierungs- und Bewertungsmethoden können indes genau dann angezeigt sein, wenn sie die intertemporale Vergleichbarkeit von Abschlüssen eines Unternehmens verbessern (IAS 8.43). Wie bei der Berichtigung grundlegender Bilanzierungsfehler kann auch die Änderung von Bilanzierungs- und Bewertungsmethoden nach der Benchmark-Methode (IAS 8.49) oder der alternativ zulässigen Methode (IAS 8.54) erfolgen; bei beiden Methoden sind jeweils zwei Varianten zu unterscheiden: die retrospektive und die prospektive Variante (IAS 8.52 und IAS 8.56 i.V.m. IAS 8.45). Bei der alternativ zulässigen Methode ist die Änderung einer Bilanzierungs- und Bewertungsmethode retrospektiv vorzunehmen, wenn ein auf frühere

[55] Vgl. „Exposure Draft of Proposed Improvements to International Accounting Standards" vom 15. Mai 2002.

Perioden bezogenes Anpassungsergebnis verlässlich zu bestimmen ist. Jedes Anpassungsergebnis ist im Ergebnis der Berichtsperiode zu erfassen; Vergleichsinformationen sind so darzustellen, wie sie in den Abschlüssen früherer Perioden enthalten sind. Ist ein auf frühere Perioden bezogenes Anpassungsergebnis nicht verlässlich zu bestimmen, ist die Änderung der Bilanzierungs- und Bewertungsmethode prospektiv durchzuführen.

Bei der Benchmark-Methode wird die Änderung einer Bilanzierungs- und Bewertungsmethode ebenfalls retrospektiv durchgeführt, wenn ein auf frühere Perioden bezogenes Anpassungsergebnis verlässlich zu bestimmen ist (IAS 8.49). Von der Änderung betroffene Vermögenswerte und Verbindlichkeiten werden so dargestellt, als ob von Anfang an nach der neuen Methode verfahren worden wäre. Nun ist erneut zu differenzieren, ob die Änderung einer Bilanzierungs- und Bewertungsmethode in eine im Abschluss dargestellte Periode fällt oder in eine Periode vor der (ersten) Vergleichsperiode. Im ersten Fall werden Anpassungsergebnisse im Anfangsbestand der Gewinnrücklagen der Berichtsperiode erfasst; vergleichende Informationen sind anzupassen, wenn dies praktisch durchführbar und wirtschaftlich vertretbar ist. Im zweiten Fall werden Anpassungsergebnisse im Anfangsbestand der Gewinnrücklagen der (ersten) Vergleichsperiode berücksichtigt (IAS 8.50). Sofern sich Anpassungsergebnisse früherer Perioden nicht verlässlich bestimmen lassen, wird die Änderung einer Bilanzierungs- und Bewertungsmethode prospektiv vorgenommen (IAS 8.52).

Von der geplanten Strukturreform des IASB-Regelwerks wäre auch der Normenkatalog zur Änderung von Bilanzierungs- und Bewertungsmethoden in IAS 8 betroffen. Während bislang bei Änderungen von Bilanzierungs- und Bewertungsmethoden unterschieden wird zwischen Änderungen, die auf die erstmalige Anwendung eines Standards zurückzuführen sind, und weiteren Änderungen, soll künftig zwischen fakultativen (Voluntary Changes in Accounting Policies) und obligatorischen Änderungen differenziert werden; die obligatorischen Änderungen entsprechen den durch die Erstanwendung eines Standards (Adoption of a Standard) bedingten Änderungen. Derzeit sind Änderungen von Bilanzierungs- und Bewertungsmethoden, die mit der erstmaligen Anwendung eines Standards erfolgen, entweder nach den speziellen Übergangsvorschriften des Standards vorzunehmen, oder, wenn es diese nicht gibt, wie bei den weiteren Änderungen nach der Benchmark-Methode bzw. alternativ zulässigen Methode. Beide Methoden sollen jedoch künftig entfallen. Dadurch geht Unternehmen die Möglichkeit verloren, die Bilanzierung und Bewertung von Vermögenswerten und Verbindlichkeiten prospektiv zu ändern.

Änderungen von Bilanzierungs- und Bewertungsmethoden aufgrund der Erstanwendung von Standards sollen künftig grundsätzlich nur noch nach den speziellen Übergangsvorschriften der jeweiligen Standards vollzogen werden. Nur für den Fall, dass es solche Übergangsvorschriften nicht gibt, soll die für freiwillige Änderungen geltende Methode angewendet werden. Diese Methode eröffnet indes ausschließlich die Möglichkeit einer retrospektiven Änderung der Bilanzierung und Bewertung von Vermögenswerten und Verbindlichkeiten mit einer ergebnisneutralen Anpassung des Eröffnungsbilanzwerts von Gewinnrücklagen der Berichtsperiode bzw. der (ersten) Vergleichsperiode; Vergleichsinformationen sind entsprechend anzupassen, es sei denn, dass dies unverhältnismäßig hohe Kosten oder Mühen verursachen würde. Damit wäre es Unternehmen nicht mehr möglich, Ergebnisse aus Änderungen von Bilanzierungs- und Bewertungsmethoden im Gewinn oder Verlust der Berichtsperiode auszuweisen und Vergleichsinformationen so darzustellen, wie sie in den Abschlüssen der Vorperioden enthalten sind. Infolge der geplanten Verschärfung der Vorschriften über die Änderung von Bilanzierungs- und Bewertungsmethoden ist zu erwarten, dass sich Ergebnisse aus dem Wechsel von Methoden künftig nur noch in der Eigenkapitalveränderungsrechnung und nicht mehr in der Gewinn- und Verlustrechnung niederschlagen werden.

2.2.1.6 Bildung und Auflösung der Neubewertungsrücklage

Zur Folgebewertung von Vermögenswerten des Sachanlagevermögens und bestimmter Vermögenswerte des immateriellen Vermögens haben Unternehmen das Wahlrecht, Gruppen von Sachanlagen bzw. immateriellen Vermögenswerten entweder nach der Benchmark-Methode mit den fortgeführten Anschaffungs- oder Herstellungskosten (IAS 16.28 und IAS 38.63) oder nach der alternativ zulässigen Methode mit den Neubewertungsbeträgen (IAS 16.29 und IAS 38.64) anzusetzen. Die fortgeführten Anschaffungs- oder Herstellungskosten ergeben sich aus den um kumulierte Abschreibungen und Wertminderungen reduzierten historischen Anschaffungs- oder Herstellungskosten eines Vermögenswerts. Der Neubewertungsbetrag gleicht zum Zeitpunkt der Neubewertung dem Fair Value eines Vermögenswerts und entspricht zu den folgenden Bewertungszeitpunkten dem Fair Value abzüglich kumulierter Abschreibungen und Wertminderungen.

Wird im Rahmen einer Neubewertung der Buchwert eines Vermögenswerts auf einen (höheren) Neubewertungsbetrag zugeschrieben, ist innerhalb des Eigenkapitals eine Neubewertungsrücklage zu bilden, in die der Zuschreibungsbetrag ergebnisneutral eingestellt wird (IAS 16.37 und IAS 38.76). Ist der auf einen (höheren) Neubewertungsbetrag zugeschriebene Buchwert des Vermögenswerts in der Folge wieder zu vermindern, wird die Neubewertungsrücklage ergebnisneutral aufgelöst, die Auflösung ist bis zu den fortgeführten Anschaffungs- oder Herstellungskosten möglich. Weitere Verminderungen des Neubewertungsbetrags sind ergebniswirksam als Wertminderungsaufwand anzusetzen (IAS 16.38 und IAS 38.77); da die Neubewertungsrücklage insoweit nicht negativ werden kann, sind die Wertansätze dieser neubewerteten Vermögenswerte separat zu dokumentieren. Eine spätere Wertaufholung ist analog durch einen ergebniswirksamen Zuschreibungsertrag zu berücksichtigen; diese Zuschreibung ist wiederum durch die fortgeführten Anschaffungs- oder Herstellungskosten beschränkt. Weitere Wertaufholungen führen erneut zur Bildung einer Neubewertungsrücklage.

Durch ergebnisneutrale Zuschreibungen erhöht sich das Abschreibungsvolumen der neu bewerteten Vermögenswerte nicht. Bei einer Nutzung der neu bewerteten Vermögenswerte wird die Neubewertungsrücklage ergebnisneutral aufgelöst; der Auflösungsbetrag resultiert aus der Differenz zwischen der Abschreibung auf den Neubewertungsbetrag im

Zeitpunkt der Neubewertung und der Abschreibung auf die historischen Anschaffungs- oder Herstellungskosten (IAS 16.39 und IAS 38.78). Werden die neu bewerteten Vermögenswerte stillgelegt oder veräußert, ist eine verbliebene Neubewertungsrücklage ergebnisneutral in die Gewinnrücklagen umzubuchen.

Alle Zu- und Abgänge innerhalb der Neubewertungsrücklage werden in der Eigenkapitalveränderungsrechnung abgebildet. In welchem Ausmaß die Eigenkapitalveränderungsrechnung von Bewegungen innerhalb der Neubewertungsrücklage beeinflusst wird, hängt zum einen davon ab, wie viele Sachanlagen oder immaterielle Vermögenswerte neu bewertet werden und welchen Gruppen sie zugeordnet sind. Denn nach IAS 16.34 und IAS 38.70 hat die Entscheidung für eine Neubewertung bestimmter Vermögenswerte zur Folge, dass ganze Gruppen von Vermögenswerten, denen sie zugeordnet sind, neu bewertet werden müssen. Zum anderen ist von Bedeutung, in welchen zeitlichen Abständen Neubewertungen bei den einzelnen Kategorien von Vermögenswerten zu wiederholen sind, um zu verhindern, dass Buchwerte und Fair Values nicht wesentlich voneinander abweichen (IAS 16.32 und IAS 38.68). Bei immateriellen Vermögenswerten kommt hinzu, dass Voraussetzung für eine Anwendung der Neubewertungsmethode die Existenz aktiver Märkte ist (IAS 38.64, 70-75), auf denen homogene Produkte gehandelt, vertragswillige Käufer und Verkäufer gefunden und Preise der Öffentlichkeit verfügbar gemacht werden.

2.2.1.7 Bewertungsergebnisse aus Available-for-Sale Financial Assets

In IAS 39.10 werden die vier Kategorien finanzieller Vermögenswerte (Financial Assets) definiert[56]:

- Zu Handelszwecken gehaltene finanzielle Vermögenswerte (Financial Assets Held for Trading),
- bis zur Endfälligkeit zu haltende Finanzinvestitionen (Held-to-Maturity Investments),
- vom Unternehmen ausgereichte Kredite und Forderungen (Loans and Receivables Originated by the Enterprise) und
- zur Veräußerung verfügbare finanzielle Vermögenswerte (Available-for-Sale Financial Assets).

Unter die Kategorie der Available-for-Sale Financial Assets sind sämtliche finanziellen Vermögenswerte zu subsumieren sind, die sich nicht in eine der drei anderen Kategorien einordnen lassen (IAS 39.21).

Nach IAS 39.69 werden zur Veräußerung verfügbare finanzielle Vermögenswerte mit ihrem Zeitwert bilanziert. Bei Available-for-Sale Financial Assets besteht im Gegensatz

56 Vgl. hierzu auch Abschnitt 2.3 im Beitrag “Ansatz und Bewertung von Financial Instruments”.

zu Financial Assets Held for Trading das Wahlrecht, Gewinne oder Verluste entweder in der Periode, in der sich ein Kursanstieg bzw. Kursrückgang ereignet hat, ergebniswirksam zu erfassen, oder die Gewinne bzw. Verluste solange ergebnisneutral mit dem Eigenkapital zu verrechnen, bis der finanzielle Vermögenswert verkauft, eingezogen, abgegangen oder wertgemindert ist (IAS 39.103(b)). Sofern Verluste aus Available-for-Sale Financial Assets direkt im Eigenkapital erfasst worden sind und objektive Hinweise auf eine Wertminderung des Vermögenswerts schließen lassen, sind die kumulierten Verluste auch dann aus dem Eigenkapital zu eliminieren und im Periodenergebnis zu erfassen, wenn die Available-for-Sale Financial Assets nicht ausgebucht wurden (IAS 39.117 i.V.m. IAS 39.110).

Für die Gewährung des Wahlrechts dürfte die Tatsache ausschlaggebend gewesen sein, dass die bisherige Kursentwicklung bei Available-for-Sale Financial Assets wegen des vermutlich weiter in der Zukunft liegenden Realisationszeitpunktes anders als bei Financial Assets Held for Trading noch nicht als irreversibel zu betrachten ist. Eine etwaige auf den Bewertungsgewinn entfallende (latente) Steuerschuld bzw. ein eventuell auf den Bewertungsverlust entfallender (latenter) Steuererstattungsanspruch ist bei ergebnisneutraler Behandlung der Wertanpassung aus diesen finanziellen Vermögenswerten ebenfalls ergebnisneutral gegen das Eigenkapital zu verrechnen (IAS 12.61). Unabhängig vom Wahlrecht des IAS 39.103(b) besteht jedoch die Verpflichtung, bereits eingetretene Wertminderungsaufwendungen über die GuV zu berücksichtigen (IAS 39.109).

Im Fall einer Veräußerung von Available-for-Sale Financial Assets ist die ergebnisneutrale Bilanzierung von Kursgewinnen und Kursverlusten aufzugeben. Einerseits sind die Bewertungsergebnisse, die bis zum Zeitpunkt der Veräußerung akkumuliert wurden, ergebnisneutral auszubuchen. Andererseits wird aus der Veräußerung ein Gewinn bzw. Verlust in Höhe der Differenz aus Veräußerungspreis und historischen Anschaffungskosten realisiert, der die Gewinnrücklagen erhöht bzw. vermindert.

2.2.1.8 Bewertungsergebnisse aus Cash Flow Hedges

Nach IAS 39.137 werden drei Kategorien von Sicherungsbeziehungen unterschieden:

- Absicherung des beizulegenden Zeitwerts (Fair Value Hedge)
- Absicherung des Zahlungsstroms (Cash Flow Hedge)
- Absicherung einer Nettoinvestition in eine wirtschaftlich selbständige ausländische Teileinheit (Hedge of a Net Investment in a Foreign Entity)

Cash Flow Hedges sind finanzielle Vermögenswerte, die die Risiken von Schwankungen des Cash Flows aus bestimmten Vermögenswerten, Verbindlichkeiten oder potentiellen Transaktionen absichern (IAS 39.137(b)). Sind die Dokumentations- und Effektivitätskriterien nach IAS 39.142 erfüllt, ist der als wirksames Sicherungsgeschäft bestimmte Teil des Gewinns oder Verlusts aus einem Sicherungsinstrument mittels der Eigenkapitalveränderungsrechnung ergebnisneutral im Eigenkapital zu erfassen (IAS 39.158). Die

Auflösung dieser Position erfolgt, wenn die abgesicherte Verpflichtung oder die vorgesehene Transaktion das Periodenergebnis beeinflusst oder die Sicherungsbeziehung als nicht mehr effektiv betrachtet wird.

Beispiel:

Eine Bank sichert ihre für Januar 2003 erwarteten Provisionserlöse in Höhe von 180 Mio. $ durch Terminkauf zu 0,90 $/€ im September 2002 ab. Zum Bilanzstichtag am 31.12.2002 beträgt der Terminkurs 0,92 $/€, und der Wert des abgeschlossenen Termingeschäfts beläuft sich auf 4,348 Mio. €. Zum 31.12.2002 bucht die Bank das Sicherungsgeschäft – ohne den Effekt latenter Steuern – wie folgt:

Sonstige Aktiva	4.348 Mio. €	
an Eigenkapital		4,348 Mio. €

Falls im Januar 2003 die erwarteten in $ getätigten Provisionserlöse zum festgelegten Terminkurs verkauft werden, lauten die Buchungen:

Eigenkapital	4.348 Mio. €	
an Sonstige Aktiva		4,348 Mio. €
Bank	200 Mio. €	
an Provisionserlöse		200 Mio. €

Der Effekt aus der im Verhältnis zum Bilanzstichtag günstigen Sicherung ist nunmehr in den Provisionserlösen enthalten. Sofern die Bank zum Terminkurs am Bilanzstichtag verkauft hätte, wäre der Provisionserlös mit 195,652 Mio. € zu erfassen gewesen. Die restlichen 4,348 Mio. € resultieren somit aus der für die Bank vorteilhaften Sicherung. In gleicher Höhe, in der diese Ertragsrealisierung stattfindet, erfolgt die ergebnisneutrale Ausbuchung des Zeitwerts des finanziellen Sicherungsgeschäfts.

2.2.2 Veränderungen im konsolidierten Eigenkapital von Konzernabschlüssen

2.2.2.1 Konsolidierung des Eigenkapitals von Konzernunternehmen

Im Regelwerk der IAS wird keine Trennung zwischen Standards für Einzel- und Konzernabschlüsse vorgenommen. So unterscheidet IAS 1.86 auch nicht explizit zwischen dem Eigenkapitalspiegel im Einzelabschluss und dem Konzerneigenkapitalspiegel im konsolidierten Abschluss eines Mutterunternehmens. Die bei der Aufstellung eines Konzernabschlusses relevanten Vorschriften finden sich in verschiedenen Standards. Von zentraler Bedeutung ist jedoch IAS 22 für Unternehmenszusammenschlüsse (Business Combinations), in dem die bei der Aufstellung eines Konzernabschlusses anzuwendenden Konsolidierungstechniken geregelt sind. Zu diesen Techniken zählen die Konsolidierung des Eigenkapitals bei der erstmaligen Integration von Konzernunternehmen und die fortlaufende Konsolidierung konzerninterner Forderungen und Verbindlichkeiten, Aufwendungen und Erträge sowie Gewinne und Verluste; bei Konzernen mit ausländischen Unternehmen (Foreign Entities) ist zusätzlich die Währungsumrechnung zu berücksichtigen. Die Konsolidierungstechniken verändern das Konzerneigenkapital und schlagen sich somit auch im Eigenkapitalspiegel eines konsolidierten Abschlusses nieder. Ob aus der Anwendung der Konsolidierungstechniken weitere Eigenkapitalpositionen in die Konzernbilanz und damit auch in den Konzerneigenkapitalspiegel einzufügen sind, bleibt zu untersuchen[57].

IAS 22 regelt die Kapitalkonsolidierung unter den Prämissen des Unternehmenserwerbs (Acquisition, vgl. IAS 22.10-12) bzw. der Interessenzusammenführung (Uniting of Interests, vgl. IAS 22.13-16)[58]. Im Regelfall des Unternehmenserwerbs (IAS 22.17-76) erfolgt die Kapitalkonsolidierung entweder nach der bevorzugten Methode (Benchmark Treatment) durch beteiligungsproportionale Neubewertung (IAS 22.32) oder nach der alternativ zulässigen Methode (Allowed Alternative Treatment) durch vollständige Neubewertung (IAS 22.34) der Vermögenswerte und Verbindlichkeiten des erworbenen Tochterunternehmens[59]. Bei Anwendung der Benchmark-Methode wird der Beteiligungsbuchwert des Mutterunternehmens mit dem kapitalanteilig neubewerteten Eigenkapital des Tochterunternehmens verrechnet. Zur anteiligen Neubewertung des Eigenkapitals werden die Vermögenswerte und Verbindlichkeiten des Tochterunternehmens zu ihren mit der Kapitalquote des Mutterunternehmens gewichteten Fair Values und zu den mit der Kapitalquote von Minderheitsgesellschaftern gewichteten Buchwerten angesetzt. Bei Anwendung der alternativ zulässigen Methode ist der Beteiligungsbuchwert des Mutterunternehmens mit dem vollständig neubewerteten Eigenkapital des Tochterunternehmens zu verrechnen. Im Unterschied zur Benchmark-Methode werden die stillen Reserven in den Vermögenswerten und Verbindlichkeiten also nicht nur in Höhe der Kapitalquote des Mutterunternehmens aufgelöst, sondern auch in Höhe der Kapitalquote der Minderheitsgesellschafter. Beide Methoden sind mit den im deutschen Handelsrecht kodifizierten Varianten der Kapitalkonsolidierung im Fall des Unternehmenserwerbs (§ 301 Abs. 1 Nr. 1 und 2 HGB) nur bedingt vergleichbar; während die IAS-Methoden Neubewertungen über die Anschaffungskosten der Beteiligung hinaus ermöglichen, be-

57 Vgl. BRUNS, H.-G., Eigenkapitalausweis, a.a.O., Rz. 3.

58 Vgl. hierzu auch die Abschnitte 6.2 und 6.3 in dem Beitrag „Konsolidierungskreis und Konsolidierungsmethoden“.

59 Zur Kapitalkonsolidierung bei Unternehmenserwerb vgl. ORDELHEIDE, D., Kapitalkonsolidierung nach der Erwerbsmethode, in: CASTAN, E. u.a. (Hrsg.), Beck'sches Handbuch der Rechnungslegung, Band II, München 2002 (C401-403); zur Kapitalkonsolidierung bei Interessenzusammenführung vgl. PFAFF, D., Kapitalkonsolidierung nach der Interessenzusammenführungsmethode, in: CASTAN, E. u.a. (Hrsg.), Beck'sches Handbuch der Rechnungslegung, Band II, München 2002 (C410); zur Konzernrechnungslegung von Banken vgl. VOSS, B. W., Konzernrechnungslegung der Kreditinstitute, in: CASTAN, E. u.a. (Hrsg.), Beck'sches Handbuch der Rechnungslegung, Band III, München 2002 (C810).

grenzen die HGB-Varianten Neubewertungen auf den Buchwert bzw. Anschaffungswert der Beteiligung[60].

Aus Kapitalkonsolidierungen resultierende Differenzen zwischen den Beteiligungsbuchwerten und den Buchwerten des (teilweise oder vollständig) neubewerteten Eigenkapitals sind als positiver Goodwill zu aktivieren (IAS 22.41-43) oder als negativer Goodwill aktivisch von Vermögenswerten abzusetzen (IAS 22.59-60, 64); sie sind grundsätzlich nur ergebniswirksam aufzulösen. In einem konsolidierten Eigenkapitalspiegel schlagen sich Auflösungen von Konsolidierungsdifferenzen damit ausnahmslos als Veränderungen des periodischen Konzernergebnisses nieder. So ist ein positiver Goodwill unter Berücksichtigung regelmäßiger Impairment-Tests nach IAS 36 aufwandswirksam über die Nutzungsdauer abzuschreiben (IAS 22.44-58); eine ergebnisneutrale Verrechnung mit Gewinnrücklagen, wie sie § 309 Abs. 1 HGB alternativ zur pauschalierten oder individuellen Abschreibung eines Geschäfts- oder Firmenwerts ermöglicht, ist definitiv ausgeschlossen. Auch ein negativer Goodwill ist unter den Bedingungen eines Badwill oder Lucky-Buy ertragswirksam (IAS 22.61-63) aufzulösen; die Regelungen sind mit denen in § 309 Abs. 2 HGB zur Auflösung eines passiven Unterschiedsbetrags aus der Kapitalkonsolidierung vergleichbar.

Im Ausnahmefall einer Interessenzusammenführung (IAS 22.77-83) erfolgt die Kapitalkonsolidierung ohne Neubewertung der Vermögenswerte und Verbindlichkeiten durch einfache Verrechnung des Beteiligungsbuchwerts im Abschluss eines Mutterunternehmens mit dem Buchwert des gezeichneten Kapitals im Abschluss eines Tochterunternehmens; es ist indes geplant, die Prämisse des Uniting-of-Interests aufzugeben[61]. Verbleibt im Fall der Interessenzusammenführung eine Differenz aus der Kapitalkonsolidierung, ist sie ergebnisneutral dem Konzerneigenkapital hinzuzurechnen bzw. vom Konzerneigenkapital abzuziehen (IAS 22.79); unter welcher Position des Konzerneigenkapitals Konsolidierungsdifferenzen zu buchen sind, lässt der Standard offen. In einem konsolidierten Eigenkapitalspiegel wären diese Differenzen entweder als Veränderungen der Gewinnrücklagen oder unter einer speziellen Position „Konsolidierungsdifferenz aus einem Uniting-of-Interests" auszuweisen; die erste Alternative sieht etwa auch § 309 Abs. 2 HGB für eine Kapitalkonsolidierung bei Interessenzusammenführung nach deutschem Handelsrecht (§ 302 Abs. 1 HGB) vor.

2.2.2.2 Konsolidierung konzerninterner Forderungen und Schulden

Geschäfte zwischen Konzernunternehmen, bei denen der Leistungsaustausch zum Abschlussstichtag noch nicht abgeschlossen ist, führen in den Einzelabschlüssen der Unter-

---

60 Zu den Unterschieden der Methoden der Kapitalkonsolidierung nach IAS und HGB vgl. BRUNS, H.-G., Eigenkapitalausweis, a.a.O., Rz. 20-27 und 70-74.

61 Vgl. „Exposure Draft ED 3 Business Combinations".

nehmen zu Forderungen und Verbindlichkeiten gegenüber verbundenen Unternehmen. Wenn sich in der Summenbilanz des Konzerns diese debitorischen und kreditorischen Salden betragsgleich gegenüberstehen, können mit einer Konsolidierungsbuchung sämtliche konzerninternen Forderungen und Verbindlichkeiten aus dem Konzernabschluss eliminiert werden (IAS 27.17 und § 303 HGB). In Bankkonzernen hat die Schuldenkonsolidierung aufgrund der branchentypischen Geschäfte eine spezifische Bedeutung; zu den konsolidierungspflichtigen Geschäften zählen insbesondere

- das konzerninterne Interbankengeschäft,
- das Refinanzierungsgeschäft für eine Konzernmutter und
- das Refinanzierungsgeschäft für externalisierte Funktionen.

Soweit sich bei einzelnen konzerninternen Geschäften Forderungen und Verbindlichkeiten am Abschlussstichtag nicht gleichwertig gegenüberstehen, resultieren aus der Schuldenkonsolidierung Differenzen. Sie können auf asymmetrische Ansatz- und Bewertungsentscheidungen bei Gläubigern und Schuldnern, abweichende Stichtage von Einzel- und Konzernabschluss oder divergierende Buchungstermine zurückzuführen sein[62]. Asymmetrische Ansatz- und Bewertungsentscheidungen können beispielsweise vorliegen, wenn einer Garantierückstellung keine analoge Forderung gegenübersteht, eine Darlehensforderung mit einem niedrigeren Wert als dem Rückzahlungsbetrag der korrespondierenden Darlehensverbindlichkeit angesetzt wird, eine Leistungsforderung durch eine Einzel- oder Pauschalwertberichtigung mit einem niedrigeren Wert als dem Erfüllungsbetrag der korrespondierenden Leistungsverbindlichkeit bilanziert wird oder eine Fremdwährungsforderung zum Devisengeldkurs und die korrespondierende Fremdwährungsverbindlichkeit zum Devisenbriefkurs bewertet wird.

Wenn der Einzelabschlussstichtag eines Tochterunternehmens vom Konzernabschlussstichtag des Mutterunternehmens abweicht (IAS 27.19), werden bei gewöhnlichem Geschäftsverlauf zwischen dem früheren (späteren) Einzelabschlussstichtag und dem späteren (früheren) Konzernabschlussstichtag Schuldverhältnisse begründet bzw. beendet; dadurch kann es zum asymmetrischen Ausweis korrespondierender Forderungen und Verbindlichkeiten kommen. Auch zeitliche Buchungsunterschiede durch abweichende Wertstellungstermine im Zahlungsverkehr oder Falschbuchungen in der Praxis termingebundener Abschlusserstellung führen regelmäßig zum asymmetrischen Ausweis korrespondierender Forderungen und Verbindlichkeiten.

IAS 27.17 gibt keine Hinweise, wie mit Differenzen aus der Schuldenkonsolidierung zu verfahren ist. Ist eine Konsolidierungsdifferenz auf Ansatz- und Bewertungsunterschiede zurückzuführen, liegt es nahe, sie internationalen Bilanzierungsusancen folgend durch

---

62 FISCHER, H., Schuldenkonsolidierung, in: CASTAN, E. u.a. (Hrsg.), Beck'sches Handbuch der Rechnungslegung, Band II, München 2002 (C420).

Korrektur des Konzerneigenkapitals zu eliminieren. Da die Differenz über mehr als eine Periode bestehen kann, ist nur eine erstmalige Korrektur des Eigenkapitals in der Periode ihrer Entstehung ergebniswirksam. Eine wiederholte Korrektur des Eigenkapitals um diese Differenz in Folgeperioden wäre ergebnisneutral, weil sie bereits das Konzernergebnis einer Vorperiode verändert hat. Somit ist stets nur die Veränderung einer kumulierten Konsolidierungsdifferenz gegenüber der Vorperiode ergebniswirksam: Erhöht sich eine (aktive) passive Konsolidierungsdifferenz aus der Vorperiode, so verringert (erhöht) sich das Konzernergebnis. Zur ergebnisneutralen Berichtigung einer Konsolidierungsdifferenz zum Ende der Vorperiode ist ein Korrekturposten zum Konzerneigenkapital zu bilanzieren; dieser hat im Fall einer passiven Differenz den Charakter von Eigenkapital, im Fall einer aktiven Differenz den Charakter einer Wertberichtigung zum Eigenkapital. Innerhalb eines Konzerneigenkapitalspiegels kann sich die Eliminierung von Differenzen aus der Schuldenkonsolidierung folglich sowohl ergebniswirksam als Veränderung des Konzernergebnisses wie auch ergebnisneutral als Veränderung des Eigenkapitals durch Korrekturposten auswirken.

Sind Differenzen aus der Schuldenkonsolidierung das Ergebnis divergierender Buchungstermine oder abweichender Bilanzstichtage (IAS 27.19), sind im Konzernabschluss entsprechend ergebniswirksame bzw. ergebnisneutrale Korrekturbuchungen vorzunehmen. Die Korrekturbuchungen heben Buchungsunterschiede aufgrund zeitlicher Differenzen auf.

2.2.2.3 Differenzen aus der Währungsumrechnung

Differenzen aus der Währungsumrechnung treten als Bestandteil des Eigenkapitals nur in Konzernabschlüssen mit wirtschaftlich selbständigen ausländischen Tochterunternehmen auf. Wirtschaftlich selbständige ausländische Tochterunternehmen zeichnen sich dadurch aus, dass die Währung des Sitzlandes des Tochterunternehmens die funktionale Währung darstellt. Diese ausländischen Unternehmen sind in ihrer Geschäftstätigkeit weitgehend autonom, es bestehen relativ wenig geschäftliche Beziehungen zu anderen Unternehmen des Konzerns, die Absatz- und Beschaffungspreise werden durch den lokalen Markt bestimmt und die Finanzierung sowie Erwirtschaftung des Cash Flows erfolgt in Landeswährung (IAS 21.25 f.). Die Vermögenswerte und Verbindlichkeiten der wirtschaftlich selbständigen ausländischen Tochterunternehmen sind mit dem jeweiligen Stichtagskurs, die Aufwendungen und Erträge mit den Wechselkursen am Tag der Geschäftsvorfälle bzw. zur Vereinfachung mit Durchschnittskursen umzurechnen. Bei der Integration ausländischer Tochterunternehmen in den Konzernabschluss können folgende Umrechnungsdifferenzen auftreten:

- Differenzen aus der Umrechnung des Jahresergebnisses in der GuV zu Durchschnittskursen und in der Bilanz zu Stichtagskursen,
- Differenzen aus der Umrechnung des historischen Eigenkapitals und des während der Zugehörigkeit zum Konzern erwirtschafteten Bilanzgewinns zu den jeweiligen Stichtagskursen.

Sämtliche Umrechnungsdifferenzen sind ergebnisneutral im Eigenkapital zu erfassen.

Beispiel[63]:

Das Mutterunternehmen erwirbt ein US-Unternehmen zum 31.12.01 (Kurs: 1 $ = 1 €). Der Durchschnittskurs in 02 beträgt 0,85 $ / €, der Stichtagskurs zum 31.12.01 0,9 $ / €.

Bilanz zum 31.12.01 in Mio. $

Handelsaktiva	120	Eigenkapital	130
Kreditforderungen	100	Fremdkapital	140
Geschäftswert	50		
Bilanzsumme	270	Bilanzsumme	270

Am 31.12.02 sieht die Bilanz des US-Tochterunternehmens wie folgt aus:

Bilanz zum 31.12.02 in Mio. $

Handelsaktiva	100	Eigenkapital (historisch)	130
Kreditforderungen	150	Bilanzgewinn	15
Geschäftswert	40	Fremdkapital	145
Bilanzsumme	290	Bilanzsumme	290

Die in € umgerechnete Bilanz hat dann folgendes Aussehen:

Bilanz zum 31.12.02 in Mio. €

Handelsaktiva	111,11	Eigenkapital (historisch)	130,00
Kreditforderungen	166,67	Bilanzgewinn	17,65
Geschäftswert	44,44	Umrechnungsdifferenz	13,46
		Fremdkapital	161,11
Bilanzsumme	322,22	Bilanzsumme	322,22

63 In Anlehnung an KIRSCH, H., Besonderheiten, a.a.O., S. 314.

Umrechnungsdifferenzen werden zu jedem Bilanzstichtag neu ermittelt und sind solange Bestandteil des Eigenkapitals, wie das wirtschaftlich selbständige ausländische Tochterunternehmen im Konzern verbleibt. Beim Verkauf des Tochterunternehmens ist die Umrechnungsdifferenz ergebnisneutral auszubuchen und durch den tatsächlichen Veräußerungsgewinn oder -verlust zu ersetzen. Falls in obigem Beispiel das Tochterunternehmen am 1.1.03 zu 161,11 Mio. € (Wert des in € zum Stichtagskurs umgerechneten Eigenkapitals am 31.12.02) verkauft würde, gingen aus Sicht des Konzerns das Vermögen in Höhe von 322,22 Mio. € und das Fremdkapital in Höhe von 161,11 Mio. € ab. Bei Verkauf des Tochterunternehmens liegt weiterhin eine ergebniswirksame Umschichtung vor, da nunmehr die Umrechnungsdifferenz realisiert ist. Daher lauten die bei der Endkonsolidierung durchzuführenden Buchungen (in Mio. €) aus Sicht des Konzerns:

Bank	161,11	an	Handelsaktiva	111,11
Fremdkapital	161,11		Kreditforderungen	166,67
			Geschäftswert	44,44
Umrechnungsdifferenz	13,46	an	Veräußerungsgewinn	13,46

3. Muster und Praxis der Eigenkapitalveränderungsrechnung

3.1 Schematische Darstellung einer Eigenkapitalveränderungsrechnung

Aus der Analyse möglicher Veränderungen des bilanziellen und konsolidierten Eigenkapitals resultiert folgende IAS-konforme Struktur der Eigenkapitalveränderungsrechnung[64]. Die Darstellung berücksichtigt nicht die verschiedenen Möglichkeiten zur Bilanzierung eigener Anteile. Bei eigenen Anteilen sind zwei Ausweisalternativen zu unterscheiden. Zum einen können die Anschaffungskosten der eigenen Anteile als isolierter Posten innerhalb des Eigenkapitals ausgewiesen werden, so dass sich eine separate Entwicklungsrechnung ergibt. Zum anderen können die Anschaffungskosten für eigene Anteile auch in den entsprechenden Komponenten des mit den Anteilen zurück erworbenen Eigenkapitals zerlegt werden; in diesem Fall sind die folgenden Entwicklungsrechnungen für die untergeordneten Positionen des Eigenkapitals um die Veränderungen des Eigenkapitals, das auf die eigenen Anteile entfällt, zu ergänzen.

A. Entwicklung des gezeichneten Kapitals

  Anfangsbestand des gezeichneten Kapitals

\+ Erhöhung des gezeichneten Kapitals aus Einlagen, bedingtem Kapital, genehmigtem Kapital oder Gesellschaftsmitteln

– Verringerung des gezeichneten Kapitals aus ordentlicher oder vereinfachter Kapitalherabsetzung bzw. Einziehung von Aktien

\+ Umgliederung aus den Rücklagen in das gezeichnete Kapital

– Umgliederung aus dem gezeichneten Kapital in die Rücklagen

= Endbestand des gezeichneten Kapitals

64 Vgl. KIRSCH, H., Besonderheiten, a.a.O., S. 315.

B. Entwicklung der Kapitalrücklage

	Anfangsbestand der Kapitalrücklage
+	Erhöhung der Kapitalrücklage aus Kapitalerhöhung
–	Verringerung der Kapitalrücklage aus Kapitalrückzahlung
+	Umgliederung aus dem gezeichneten Kapital in die Kapitalrücklage
–	Umgliederung aus der Kapitalrücklage in das gezeichnete Kapital
–	Kosten der Eigenkapitalbeschaffung
+	Steuereffekt aus den Kosten der Eigenkapitalbeschaffung
=	Endbestand der Kapitalrücklage

C. Entwicklung der Gewinnrücklagen

	Anfangsbestand der Gewinnrücklagen
+/–	Anpassungsergebnisse aus dem Übergang auf IAS nach SIC-8
+/–	Anpassungsergebnisse aus der Änderung der Bilanzierungs- und Bewertungsmethoden nach IAS 8
+/–	Anpassungsergebnisse aus der Berichtigung grundlegender Fehler nach IAS 8
+/–	Periodengewinn/Periodenverlust
–	Dividendenausschüttung
+	Umbuchung der Neubewertungsrücklage bei Verkauf eines Vermögenswerts
+	Umgliederung aus dem gezeichneten Kapital in die Gewinnrücklage
+	Umgliederung aus der Kapitalrücklage in die Gewinnrücklage
–	Umgliederung aus den Gewinnrücklagen in das gezeichnete Kapital
=	Endbestand der Gewinnrücklagen

D. Entwicklung der Neubewertungsrücklage

	Anfangsbestand der Neubewertungsrücklage
+	Erhöhung der Neubewertungsrücklage auf Grund von Neubewertungen
–	Verringerung der Neubewertungsrücklage auf Grund von Neubewertungen
–	Umbuchung der Neubewertungsrücklage bei Verkauf eines Vermögenswerts
=	Endbestand der Neubewertungsrücklage

E. Entwicklung der Bewertungsergebnisse für Available-for-Sale Financial Assets

	Anfangsbestand der Bewertungsergebnisse für Available-for-Sale Financial Assets
+/–	Veränderung der Bewertungsergebnisse für Available-for-Sale Financial Assets in der Berichtsperiode
–/+	Steuereffekt aus der Veränderung der Bewertungsergebnisse für Available-for-Sale Financial Assets in der Berichtsperiode
–/+	Realisierung der Bewertungsergebnisse für Available-for-Sale Financial Assets in der Berichtsperiode (Reclassification)
+/–	Steuereffekt aus der Realisierung der Bewertungsergebnisse für Available-for-Sale Financial Assets in der Berichtsperiode (Reclassification)
=	Endbestand der der Bewertungsergebnisse für Available-for-Sale Financial Assets

F. Entwicklung der Bewertungsergebnisse für Cash Flow Hedges

	Anfangsbestand der Bewertungsergebnisse für Cash Flow Hedges
+/–	Veränderung der Bewertungsergebnisse für Cash Flow Hedges in der Berichtsperiode
–/+	Steuereffekt aus der Veränderung der Bewertungsergebnisse für Cash Flow Hedges in der Berichtsperiode
–/+	Realisierung der Bewertungsergebnisse für Cash Flow Hedges in der Berichtsperiode (Reclassification)
+/–	Steuereffekt aus der Realisierung der Bewertungsergebnisse für Cash Flow Hedges in der Berichtsperiode (Reclassification)
=	Endbestand der Bewertungsergebnisse für Cash Flow Hedges

G. Entwicklung der Währungsumrechnungsrücklage

	Anfangsbestand der Währungsumrechnungsrücklage
+/–	Veränderung der Währungsumrechnungsrücklage für am Ende der Periode konsolidierte Konzerngesellschaften in der Berichtsperiode
–/+	Realisierung der Währungsumrechnungsrücklage in der Berichtsperiode (Reclassification)
=	Endbestand der Währungsumrechnungsrücklage

3.2 Beispiele für Eigenkapitalveränderungsrechnungen von Geschäftsbanken

Entwicklung des Eigenkapitals der Commerzbank vom 1.1.2001 bis 31.12.2001

	Gezeichnetes Kapital	Kapitalrücklage	Gewinnrücklagen	Neubewertungsrücklage[1]	Bewertungsergebnis aus Cash Flow Hedges	Rücklage aus der Währungsumrechnung	Konzerngewinn	Gesamt **2001**	Gesamt **2000**
Mio €									
Eigenkapital zum 31.12. des Vorjahres	1 386	6 052	4 517	-	-	26	542	12 523	11 141
Auswirkungen aus der Erstanwendung von IAS 39	-	-	-331	1.505	-79	-	-	1 095	-
Eigenkapital zum 1.1.	**1 386**	**6 052**	**4 186**	**1 505**	**-79**	**26**	**542**	**13 618**	**11 141**
Kapitalerhöhung gegen Bareinlagen									608
Kapitalerhöhung gegen Sacheinlagen									360
Ausgabe von Belegschaftsaktien									69
Einstellung in Gewinnrücklagen aus dem Jahresüberschuss									800
Entnahme aus den Gewinnrücklagen			-115					-115	-
Ausschüttung Dividendenzahlung							-542	-542	-411
Konzerngewinn							217	217	542
Netto-Veränderungen der Neubewertungsrücklage				-1 316				-1 316	-
Netto-Veränderungen aus Cash Flow Hedges					-318			-318	-
Zugang eigener Aktien								0	-255
Abgang eigener Aktien	8	145						153	-
Sonstige Veränderungen			-25			88		63	-331
Eigenkapital zum 31.12.	**1 394**	**6 197**	**4 046**	**189**	**-397**	**114**	**217**	**11 760**	**12 523**

[1] für Beteiligungs- und Wertpapierbestand

Entwicklung des Eigenkapitals der Dresdner Bank vom 1.1.2000 bis 31.12.2001

Mio €	Gezeichnetes Kapital	Kapitalrücklage	Kumulierter Bewertungseffekt	Bestand eigener Aktien	Rücklage für Währungsumrechnung	Gewinnrücklagen	Bilanzgewinn der Dresdner Bank AG	Eigenkapital des Dresdner Bank-Konzerns
Bestand zum 1. Januar 2000	**1 354**	**5 394**		**-14**	**-133**	**4 497**	**469**	**11 567**
Wertänderungen aus der Währungsumrechnung					-41			-41
Ausschüttung Bilanzgewinn							-469	-469
Kapitalerhöhung aus genehmigtem Kapital zur Ausgabe von Belegschaftsaktien	2	23						25
Ausübung von Optionsrechten aus der 1997 von der Dresdner Finance B.V. begebenen Optionsanleihe	12	110						122
Ergebnis aus dem Handel mit eigenen Aktien		13						13
Veränderungen des Bestands eigener Aktien								
Sonstige Kapitalveränderungen						73		73
Jahresüberschuss							1 730	1 730
Einstellung in Gewinnrücklagen aus dem Jahresüberschuss 2000						1 230	-1 230	
Bestand zum 31. Dezember 2000	**1 368**	**5 540**		**-14**	**-174**	**5 800**	**500**	**13 020**
Wertänderungen aus der Währungsumrechnung					-120			-120
Ausschüttung Bilanzgewinn							-500	-500
Kapitalerhöhung aus genehmigtem Kapital zum Erwerb der Investmentbank Wasserstein Perella Group Inc.	76	1 247						1 323
Kapitalerhöhung aus genehmigtem Kapital zur Ausgabe von Belegschaftsaktien	3	31						34
Ausübung von Optionsrechten aus der 1997 von der Dresdner Finance B.V. begebenen Optionsanleihe	49	440						489
Ergebnis aus dem Handel mit eigenen Aktien		60						60
Veränderungen des Bestands eigener Aktien				-4				-4
Bewertungsänderungen aus Available-for-Sale-Finanzinstrumenten			7 226					7 226
Sonstige Kapitalveränderungen						-75		-75
Jahresüberschuss							180	180
Entnahme aus den Gewinnrücklagen						-573	573	
Bestand zum 31. Dezember 2001	**1 496**	**7 318**	**7 226**	**-18**	**-294**	**5.152**	**753**	**21 633**

Entwicklung des Eigenkapitals der HypoVereinsbank vom 1.1.2000 bis 31.12.2001

in Mio €	Gezeichnetes Kapital	Kapital-rücklage	Gewinn-rücklagen	Bewertungsänderungen von Finanzinstrumenten Afs-Rücklage	Hedge-Rücklage	Konzern-gewinn	Eigen-kapital
Bestand zum 1.1.2000	**1 265**	**7 146**	**3 670**			**359**	**12 440**
Ausschüttung der HypoVereinsbank AG						- 359	- 359
Einstellung/Zugang aus Jahresüberschuss			+ 623			+ 456	1 079
Kapitalerhöhung gegen Sacheinlagen und für Belegschaftsaktien	+ 342						+ 342
Einstellung aus Agio durch Kapitalerhöhungen gegen Sacheinlagen und für Belegschaftsaktien		+ 6 082					+ 6 082
Bestandsveränderungen und Ergebnis eigener Aktien							
Veränderungen im Konsolidierungskreis			+ 49				+ 49
Veränderungen aus Währungseinfluss und sonstige Veränderungen			- 38				- 38
Bestand zum 31.12.2000	**1 607**	**13 228**	**4 304**			**456**	**19 595**
Erstanwendungseffekte IAS 39			- 335	10 222	- 130		+ 9 757
Bestand zum 1.1.2001	**1 607**	**13 228**	**3 969**	**10 222**	**- 130**	**456**	**29 352**
Erfolgsneutrale Bewertungsänderungen von Finanzinstrumenten				- 4 133	- 424		- 4 557
Erfolgswirksame Bewertungsänderungen von Finanzinstrumenten				+ 46	4		+ 50
Ausschüttung der HypoVereinsbank AG						- 456	- 456
Einstellung/Zugang aus Jahresüberschuss			+ 481			+ 457	+ 938
Kapitalerhöhungen für Belegschaftsaktien	+ 2						+ 2
Einstellung aus Agio durch Kapitalerhöhungen für Belegschaftsaktien		+ 46					+ 46
Bestandsveränderung und Ergebnis eigener Aktien		- 141					- 141
Veränderungen im Konsolidierungskreis			- 9				- 9
Veränderungen aus Währungseinfluss und sonstige Veränderungen			- 115				- 115
Bestand zum 31.12.2001	**1 609**	**13 133**	**4 326**	**6 135**	**- 550**	**457**	**25 110**

Entwicklung des Eigenkapitals der UBS vom 1.1.2000 bis 31.12.2001

Mio CHF

Für das Geschäftsjahr endend am	31.12.01	31.12.00	31.12.99
Ausgegebenes und einbezahltes Aktienkapital			
Stand am Anfang des Geschäftsjahres	4 444	4 309	4 300
Kapitalerhöhung	12	135	9
Kapitalrückzahlung durch Nennwertreduktion	(683)		
Vernichtung eigener Aktien der zweiten Handelslinie (Programm 2000)	(184)		
Stand am Ende des Geschäftsjahres	3 589	4 444	4 309
Kapitalreserven			
Stand am Anfang des Geschäftsjahres	20 885	14 437	13 617
Agio aus Ausgabe von Aktien und Ausübung von Optionsrechten	80	139	45
Erfolg aus Veräußerung eigener Aktien und Derivaten auf eigenen Aktien	(239)	(391)	775
Erhöhung Kapitalreserve durch Erwerb von PaineWebber		4 198	
Geborgte eigene Aktien aus Lieferverpflichtungen		5.895	
Erfüllung von Lieferverpflichtungen für eigene Aktien	(2 502)	(3 393)	
Vernichtung eigener Aktien der zweiten Handelslinie (Programm 2000)	(3 816)		
Stand am Ende des Geschäftsjahres	14 408	20 885	14 437
Nicht in der Erfolgsrechnung berücksichtigte Gewinne/(Verluste)			
Umrechnungsdifferenzen			
Stand am Anfang des Geschäftsjahres	(687)	(442)	(456)
Veränderungen während des Geschäftsjahres	(82)	(245)	14
Subtotal - Stand am Ende des Geschäftsjahres	(769)	(687)	(442)
Nicht realisierte Gewinne/(Verluste) auf zur Veräußerung verfügbaren Finanzanlagen, nach Steuern			
Stand am Anfang des Geschäftsjahres	0		
Änderungen in den Rechnungslegungsgrundsätzen[1]	1 577		
Netto nicht realisierte Gewinne/(Verluste) auf zur Veräußerung verfügbaren Finanzanlagen	(92)		
in die Erfolgsrechnung transferierte Gewinne	(461)		
in die Erfolgsrechnung transferierte Verluste	11		
Subtotal - Stand am Ende des Geschäftsjahres	1 035		
Fair-Value-Änderung von als Cashflow-Absicherung bezeichneten Derivaten, nach Steuern			
Stand am Anfang des Geschäftsjahres	0		
Änderungen in den Rechnungslegungsgrundsätzen	(380)		

Netto nicht realisierte Gewinne/(Verluste) aus Derivaten zur Cashflow-Absicherung	(316)		
In die Erfolgsrechnung transferierte Netto-Verluste	237		
Subtotal - Stand am Ende des Geschäftsjahres	(459)		
Stand am Ende des Geschäftsjahres	(193)	(687)	(442)
Gewinnreserven			
Stand am Anfang des Geschäftsjahres	24 191	20 327	16 224
Änderungen in den Rechnungslegungsgrundsätzen[1]	(61)		
Stand am Anfang des Geschäftsjahres (angepasst)	24 130	20 327	16 224
Konzernergebnis für das Geschäftsjahr	4 973	7 792	6 153
Dividendenausschüttung[2, 3]		(3 928)	(2 050)
Stand am Ende des Geschäftsjahres	29 103	24 191	20 327
Eigene Aktien (zu Anschaffungskosten)			
Stand am Anfang des Geschäftsjahres	(4 000)	(8 023)	(4 891)
Erwerb	(13 506)	(16 330)	(6 595)
Veräußerungen	10 129	20 353	3 463
Vernichtung eigener Aktien der zweiten Handelslinie (Programm 2000)	4 000		
Stand am Ende des Geschäftsjahres	(3 377)	(4 000)	(8 023)
Total Eigenkapital	43 530	44 833	30 608

[1]Änderungen in den Anfangsbeständen widerspiegeln die Umsetzung von IAS 39 (siehe Anmerkung 1: Zusammenfassung der wichtigsten Rechnungslegungsgrundsätze).
[2]Dividendenausschüttung pro Aktie von 1.50 CHF per 2000 und 1.83 CHF per 1999, die entsprechenden Auszahlungen erfolgten im Jahr 2000.
[3]Am 16. Juli 2001 nahm UBS anstelle einer Dividendenzahlung eine Nennwertrückzahlung an die Aktionäre von 1.60 CHF pro Aktie vor, was den Nennwert von 10.00 CHF auf 8.40 CHF reduzierte. Gleichzeitig führte die UBS einen Aktiensplit im Verhältnis 3 zu 1 durch, womit der neue Nennwert pro Aktie auf 2.80 CHF beträgt.

Edgar Löw

Kapitalflussrechnung

1. Rechtsgrundlagen

Zu einem Abschluss nach IAS gehört neben den Instrumenten Bilanz, Gewinn- und Verlustrechnung, Eigenkapitalveränderungsrechnung und Notes als weiterer Bestandteil zwingend auch eine Kapitalflussrechnung nach IAS 7. Dies gilt auch für Banken. IAS 7 wurde im Jahr 1992 überarbeitet; er ersetzte den zuvor geltenden Standard aus dem Jahr 1977 und ist einer der ältesten, noch bestehenden Standards. IAS 7 gilt bereits für Abschlüsse, deren Berichtsperioden am oder nach dem 1. Januar 1994 beginnen.

Bei seiner Überarbeitung wurde IAS 7 der Entwicklung der anglo-amerikanischen Rechnungslegungspraxis angepasst. „Er stimmt nunmehr weitgehend mit FAS 95 überein“[1] und wurde als bislang einziger Standard von der International Organization of Securities Commissions (IOSCO) als supranationaler Einrichtung staatlicher Börsenaufsichtsbehörden anerkannt. Auch die amerikanische Wertpapieraufsichtsbehörde Securities and Exchange Commission (SEC) hat akzeptiert, dass eine Kapitalflussrechnung nach IAS 7 als mit einer nach FAS 95 erstellten Kapitalflussrechnung gleichwertig anzusehen ist.

IAS 7 ist ein Standard, der eindeutig nicht auf Banken ausgerichtet ist. Für eine Bank gibt IAS 7 insofern keine Gesamtdarstellung zum Aufbau einer Kapitalflussrechnung aus einem Guss. Es besteht lediglich im Anhang des Standards das Muster zur Kapitalflussrechnung einer Bank nach der sogenannten direkten Methode. Nach dem gegenwärtigen Rechtsverständnis der IAS zählen die Anhänge eines Standards jedoch nicht zum Pflichtanwendungsbereich, sondern sollen ausschließlich erläuternden Charakter besitzen und dem Anwender eine Hilfestellung bieten[2]. Die exemplarisch abgedruckte Kapitalflussrechnung bedeutet also weder eine verbindliche Zuordnung zu den drei Cash-Flow-Bereichen noch eine zwingend einzuhaltende Mindestgliederung. Sie bietet nur eine mögliche Ausgestaltung an, wenn eine Bank hinsichtlich der Zuordnung des gesonderten Ausweises in den einzelnen Cash-Flow-Bereichen die Schwerpunkte ihrer Geschäftstätigkeit entsprechend betrachtet.

Auch nach amerikanischem Recht zählt die Kapitalflussrechnung zu den Pflichtbestandteilen eines Abschlusses. So fordert die SEC zum Schutz des öffentlichen Interesses und der Anleger von Unternehmen, die an einer Börse im amtlichen Handel gelistet werden

1 PFUHL, J.M., Konzernkapitalflussrechnung, Stuttgart 1994, S. 32.

2 Dies ergibt sich im übrigen auch aus dem Text vor dem numerischen Beispiel in IAS 7, denn dort heißt es, dass der Anhang nur zur Illustration dient und nicht Teil des Standards selbst ist. Das Anliegen des Anhangs wird darin gesehen, die Anwendung des Standards (beispielhaft) zu zeigen, um damit eine Hilfe zur praktischen Aufstellung zu leisten.

wollen, unter anderem ein konsolidiertes „Statement of changes in financial position" der letzten drei Geschäftsjahre[3]. Für Banken gibt es insoweit keine Ausnahme. Inhalt und Gestaltung des Statements wurden im Jahr 1987 vom Financial Accounting Standards Board (FASB) festgelegt. Für Banken enthält das Statement FAS 95 selbst keine gesonderten Regeln. Im Anhang von FAS 95 finden sich bestimmte Anmerkungen in Appendix B, Tz. 58-65 sowie ein Beispiel für die Erstellung einer Kapitalflussrechnung einer Bank nach der direkten Methode in Appendix C, Example 3.

Von der (Un-)Verbindlichkeit der Beispiele unterscheiden sich FAS 95 und IAS 7 nicht. Die Anhänge beider Standards können insofern lediglich eine gewisse Hilfestellung in der Zuordnung zu den Cash-Flow-Bereichen geben. Dabei sind indes gewisse Unterschiede festzustellen. So nimmt die operative Geschäftstätigkeit einer Bank nach dem Beispiel von IAS 7 einen sehr breiten Raum ein, während die operative Geschäftstätigkeit nach dem Beispiel von FAS 95 eher eng abgegrenzt wird.

Rechtsgrundlagen der Kapitalflussrechnung

Nationale Regelungen

- Neue Rechtslage für börsennotierte Konzernmütter
  - Aufstellung einer Kapitalflussrechnung nach § 297 Absatz 1 HGB
  - Einfügung in das HGB durch das KonTraG im Jahr 1998
  - Verpflichtende Anwendung für Geschäftsjahre, die nach dem 31. Dezember 1998 beginnen
- Konkretisierung der Anforderung durch das Deutsche Rechnungslegungs Standards Committee (DRSC)
  - Arbeitskreis Kapitalflussrechnung
  - Arbeitskreis Banken

In Deutschland besteht seit 1998 nach § 297 Abs. 1 HGB für börsennotierte Mutterunternehmen ebenfalls die Pflicht, eine Kapitalflussrechnung zu erstellen. Diese gilt auch für Kreditinstitute gemäß § 297 Abs. 1 Satz 2 HGB i.V.m. § 340i HGB. Der Deutsche

3 Vgl. SEC, Reg S-X Rule 3-02.

Standardisierungsrat (DSR) hat den unbestimmten Rechtsbegriff des HGB durch Deutsche Rechnungslegungsstandards (DRS) konkretisiert. Neben dem branchenübergreifenden allgemeinen Standard DRS 2 ist von Banken der ergänzende brachenspezifische Standard DRS 2-10 anzuwenden.

Aufgrund der Bekanntmachung dieser Standards durch das Bundesministerium der Justiz (BMJ) im Jahr 2000 gilt für die Erstellung einer Kapitalflussrechnung nach diesen Standards die Vermutung der Erfüllung der Grundsätze ordnungsmäßiger Buchführung. Gleichzeitig können Kreditinstitute sicher sein, dass sie bei Anwendung der deutschen Standards auch die Anforderungen nach IAS 7 erfüllen.

Nationaler Standard zur Kapitalflussrechnung für Banken

Bankspezifische Ergänzung des allgemeinen Standards durch DRS 2-10

- Anwendungsbereich für
  - Kreditinstitute, die nach § 297 Abs. 1 HGB zur Erstellung einer Kapitalflussrechnung verpflichtet sind
  - Kreditinstitute, die eine Kapitalflussrechnung freiwillig erstellen (Empfehlung)
  - Keine Anwendungspflicht für Kreditinstitute mit befreiendem Konzernabschluss nach § 292a HGB

Zuvor bestand nach deutschem Recht keine Verpflichtung zur Erstellung einer Kapitalflussrechnung, obwohl dies prima facie nach dem Wortlaut der §§ 264 Abs. 2 und 297 Abs. 2 HGB als Zielvorschriften zur Erstellung des Jahres- und Konzernabschlusses einer Kapitalgesellschaft hätte vermutet werden können. Danach ist nämlich im Einzelabschluss wie auch im Konzernabschluss ein den tatsächlichen Verhältnissen entsprechendes Bild nicht nur der Vermögens- und Ertragslage, sondern auch der Finanzlage zu vermitteln. In Deutschland wurden deshalb Kapitalflussrechnungen lediglich freiwillig erstellt – in durchaus unterschiedlichen Formen. Zur Erstellung einer (freiwilligen) Kapitalflussrechnung wurde vom Institut der Wirtschaftsprüfer in Deutschland e.V. (IDW) im Jahre 1978 eine Empfehlung in Form einer Stellungnahme veröffentlicht[4]. Diese Stellungnahme wurde im Jahre 1995 durch eine gemeinsam vom Hauptfachausschuss (HFA) des IDW und vom Arbeitskreis Finanzierungsrechnung der Schmalenbach-Gesellschaft (SG) verfasste Stellungnahme ersetzt, die auf der internationalen Entwicklung basierte[5]. Die Stellungnahmen gingen inhaltlich letztlich in den allgemeinen DRS 2 ein.

Die traditionellen Mittelherkunfts-/Mittelverwendungsrechnungen, die sowohl in den Geschäftsberichten deutscher Banken unter HGB wie auch nach den Fachempfehlungen zur Rechnungslegung (FER Nr. 6) in der Schweiz üblich waren, werden dauerhaft keinen Bestand mehr haben. Bei ihnen handelt es sich um eine Bewegungsrechnung, die häufig mit „Veränderungen in der Konzernbilanz"[6] oder „Bewegungsbilanz"[7] bezeichnet wurden. Dabei wird die Differenz der einzelnen Bilanzpositionen des Vorjahres zum Berichtsjahr gebildet. Der Ausweis erfolgte in Deutschland freiwillig.

Die Schweizer Banken veröffentlichten noch Mitte der 90er Jahre eine sogenannte „Mittelflussrechnung"[8]. Hierbei werden Mittelherkunft und Mittelverwendung einander gegenübergestellt ausgewiesen, gegliedert in den Mittelfluss aus operativem Ergebnis (Innenfinanzierung), Eigenkapitaltransaktionen, Vorgängen im Anlagevermögen und Bankgeschäft. Die Veröffentlichung ist nach schweizerischem Obligationenrecht ebenfalls nicht verpflichtend. Die Offenlegung stützt sich auf die FER der gleichnamigen schweizerischen Fachkommission, deren Rechtsträgerin die von der schweizerischen Treuhandkammer gegründete „Stiftung für Empfehlungen zur Rechnungslegung" ist. Die Fachempfehlung FER Nr. 6, die sich mit der Mittelflussrechnung befasst, stammt vom Mai 1992 und gilt branchenübergreifend, also auch für Banken.

In Österreich gibt es inzwischen ebenfalls eine Empfehlung zur Erstellung einer Kapitalflussrechnung. Es handelt sich dabei um eine von der Österreichischen Vereinigung für Finanzanalyse und Anlageberatung (ÖVFA) veröffentlichte Empfehlung, die sich an die internationalen Usancen sehr eng anlehnt[9].

---

4 Vgl. IDW, Stellungnahme HFA 1/1978, Die Kapitalflussrechnung als Ergänzung des Jahresabschlusses, WPg 1978, S. 207.

5 Vgl. IDW, Stellungnahme HFA 1/1995, Die Kapitalflussrechnung als Ergänzung des Jahres- und Konzernabschlusses, WPg 1995, S. 210-213.

6 Vgl. COMMERZBANK, Geschäftsbericht 1995, Seite 13.

7 Vgl. DRESDNER BANK, Geschäftsbericht 1996, Seite 51.

8 Vgl. SCHWEIZERISCHER BANKVEREIN, Geschäftsbericht 1995, Seite 100, SCHWEIZERISCHE KREDITANSTALT, Geschäftsbericht 1995, Seite 67 sowie SCHWEIZERISCHE BANKGESELLSCHAFT, Geschäftsbericht 1995, Seite 51/52.

9 Vgl. ÖSTERREICHISCHE VEREINIGUNG FÜR FINANZANALYSE UND ANLAGEBERATUNG, ÖVFA-Ergebnis- und Cash Flow-Formeln für den Einzel- und Konzernabschluss nach RLG, Schriftenreihe Nr. 3, Wien 1993, Seite 21.

Arten von Kapitalflussrechnungen

Kapitalflussrechnungen im weiteren Sinne (präzise: Finanzierungsrechnungen)

Rechnungsart:	Bewegungs- bzw. Veränderungsbilanzen, Mittelflussrechnungen	Cash Flow-Rechnungen	Kapitalflussrechnungen im engeren Sinn direkte Methode	 indirekte Methode
Anknüpfung an:	Bilanz	Gewinn- und Verlustrechnung	eigenständige (interne) Datenerhebung notwendig	Bilanz und Gewinn- und Verlustrechnung (partiell Anlagespiegel)
Beispiel:	FER Nr. 6 (Schweiz) auch traditionelle Mittelherkunft-/ Mittelverwendungsrechnung deutscher Banken	Ergebnis nach DVFA bei Banken[1)]	IAS 7, SFAS No. 95; Stellungnahme HFA 1/1995	

1) Vgl. dazu Busse von Colbe, W./Becker, H./Berndt, H./Geiger, K.M./Haase, H./Schellmoser, F./Schmitt, G./Seeberg, T./Wysocki, K. v. - Ergebnis nach DVFA/SG; 3. Auflage, Stuttgart 2000, insbes. Seite 91-103.

2. Hintergrund und Ziele

Bei der Kapitalflussrechnung handelt es sich um ein Rechnungslegungsinstrument, in welchem Veränderungen liquider Mittel für einen Zeitabschnitt dargestellt werden. Nach IAS 7 liegt die Zielsetzung einer Kapitalflussrechnung darin, den Abschlussadressaten eine Grundlage zu vermitteln, die ihnen eine Beurteilung der Fähigkeit des Unternehmens erlaubt, Zahlungsmittel und Zahlungsmitteläquivalente zu erwirtschaften. DRS 2.1 ergänzt dies um die Aufgabe, eine Indikatorfunktion wahrzunehmen über die Fähigkeit, künftig Ausschüttungen an die Anteilseigner leisten zu können.

Hintergrund und Ziele der Kapitalflussrechnung (1)

Allgemeiner Sinn und Zweck

- Ergänzung der Bilanz und Gewinn- und Verlustrechnung um ein Rechnungslegungsinstrument, das
  - sich nicht an Vermögensbeständen oder Aufwendungen und Erträgen orientiert, sondern
  - an Aus- und Einzahlungen ausgerichtet ist
- Zusätzlicher Informationsgewinn insbesondere im Hinblick auf die Frage, ob ein Unternehmen
  - Einzahlungsüberschüsse erzielt aus
    - operativer Geschäftstätigkeit,
    - (Des-) Investitionen oder durch
    - Finanzierungstätigkeit

Betriebswirtschaftlich auf ein Kreditinstitut übertragen, würde dies bedeuten, dass Informationen aus der Treasury zu veröffentlichen wären. Da die Offenlegung von Daten zu diskontierten Zahlungsströmen, die in der Zukunft zu erwarten sind, weder von dem internationalen noch von den nationalen Standards verlangt werden, ist die Aussagefähigkeit einer Kapitalflussrechnung für Banken eher eingeschränkt.

Die Kapitalflussrechnung nach IAS 7 und DRS 2-10 beschränkt sich vielmehr auf retrospektive Größen des abgelaufenen Geschäftsjahres. Dabei wird vernachlässigt, dass sich die Liquiditätslage eines Kreditinstituts in besonderem Maße von ungenutzten Kreditfazilitäten bestimmt, die es selbst in Anspruch nehmen kann, aber auch von solchen, die es seinen Kunden eingeräumt hat. Außerdem kommt die zeitliche Struktur – in diesem Sinne die Fälligkeit von Zahlungsforderungen und Zahlungsverpflichtungen – in einer Kapitalflussrechnung nur unzureichend zum Ausdruck. Hier hilft ein ergänzender Blick in die Notes eines Abschlusses nach IAS. Dort sind die in der Bilanz nach Restlaufzeiten gegliederten Forderungs- und Verbindlichkeitspositionen vertieft nach Restlaufzeitenbändern aufzuschlüsseln.

Aus der beschränkten Aussagefähigkeit resultiert, dass die Kapitalflussrechnung keine Liquiditäts- bzw. Finanzplanung ersetzen kann.

Insgesamt ergibt sich, dass die Rechnungsziele unscharf formuliert sind. Sie werden selten näher begründet. Branchenspezifische Zwecke, insbesondere für Banken, werden in den internationalen Standards ebenso wenig herausgestellt wie in dem allgemeinen DRS 2. Gleichwohl lassen sich die vagen und teilweise wiederholenden Aufgabenumschreibungen auf übergeordnete Rechnungsziele zurückführen. Die sich dann ergebenden originären Ziele einer Kapitalflussrechnung sind erstens die Darstellung der bilanziellen (nicht der tatsächlichen) Liquiditätslage als statisch-aktuelle Komponente sowie zweitens die Darstellung der Einflussfaktoren auf die Liquiditätsentwicklung als dynamisch-historische Komponente.

Hintergrund und Ziele der Kapitalflussrechnung (2)

Originärer Sinn und Zweck

- Darstellung
  - der bilanziellen (nicht tatsächlichen) Liquiditätslage (statisch-aktuelle Komponente) sowie
  - der Einflussfaktoren auf die Liquiditätsentwicklung (dynamisch-historische Komponente)

Neben der konzeptionell bedingten Vernachlässigung von noch nicht rechtlich fälligen Auszahlungsverpflichtungen und Einzahlungsrechten kommt für Banken hinzu, dass sie zur Abwicklung des Zahlungsverkehrs ihrer Kunden einen bestimmten Zahlungsmittelbestand als Bodensatz vorzuhalten haben, dessen Höhe nicht allein von der Bedeutung des Zahlungsverkehrs im Vergleich zu den sonstigen Geschäftsaktivitäten der Bank abhängt, sondern maßgeblich von den Zahlungsgewohnheiten der Kunden. Die Interpretation der absoluten Höhe eines bestimmten Zahlungsmittelbestandes ist mithin schwierig. Zur Erzielung einer angemessenen Eigenkapitalrentabilität wird im übrigen auch eine Bank nur einen möglichst geringen Zahlungsmittelbestand vorhalten.

Eine Betrachtung des Liquiditätsbestandes per se ist demzufolge bei einer Bank von nur geringem Informationsnutzen. Je nach gewählter Abgrenzung ist der Liquiditätsbestand überdies bereits aus den betreffenden Bilanzpositionen ablesbar. Nach DRS 2-10.9 und DRS 2-10.11 handelt es sich bei dem Liquiditätsbestand einer Bank beispielsweise um den Kassenbestand, Guthaben bei Zentralnotenbanken, Schuldtitel öffentlicher Stellen und Wechsel, die zur Refinanzierung bei Zentralnotenbanken zugelassen sind. Um den ersten Zweck einer Kapitalflussrechnung – die Darstellung der Liquiditätslage im Sinne einer Stichtagsgröße Liquiditätsbestand – zu erfüllen, bedarf es grundsätzlich keiner Kapitalflussrechnung bei einer Bank.

Insofern verbleibt eine eher bescheidene Aufgabe, die die Kapitalflussrechnung eines Kreditinstituts zu erfüllen vermag. Als vordringlich zu erfüllender Zweck einer Kapitalflussrechnung ist damit die Wiedergabe der Entwicklung des Liquiditätsbestandes einer Periode in Form einer Stromgrößenbetrachtung anzusehen. Der Zielerreichungsgrad ist abhängig von der Gliederungstiefe. Dieser Überblick wird durch eine strukturierte Darstellung der Quellen der Mittelherkunft und der Mittelverwendung erleichtert. Es soll gezeigt werden, wohin Geld abgeflossen (=ausgezahlt) und woher Geld zugeflossen (=eingezahlt) ist. Sowohl der nationale als auch die internationalen Standards sehen hierzu eine Zuordnung von Zahlungsströmen zu den drei Bereichen der operativen (laufenden) Geschäftstätigkeit, der Investitionstätigkeit sowie der Finanzierungstätigkeit vor.

Aufgrund der doch sehr beschränkten Aussagefähigkeit haben sich die Banken bei ihren Stellungnahmen zu dem Entwurf, der dem amerikanischen Standard FAS 95 vorausging, kritisch geäußert: „We are disappointed by the FASB´s continued failure to acknowledge that a statement of cash flows for banks is meaningless“[10].

Das FASB folgte den vorgebrachten Einwänden nicht, da es die Unterschiede zwischen der Geschäftstätigkeit einer Bank und der eines anderen Unternehmens nicht rechtfertigen würden, Banken von der Verpflichtung zur Erstellung einer Kapitalflussrechnung freizustellen. Auch wenn „Geld“ als das „Hauptprodukt“ einer Bank anzusehen sei, könne eine Bank doch genauso wie eine Nichtbank nur „überleben“, wenn sie durch ihre Geschäftstätigkeit Zahlungsflüsse generiere. Laut FAS 95.60 seien letztlich Informationen über die Bruttohöhe der Aktiva und Passiva sowie deren Veränderungen nicht unwichtig. Worin indes der Informationswert der Kapitalflussrechnung einer Bank tatsächlich bestehen soll, wird vom FASB im Ergebnis offengelassen.

Aus den Primärzwecken der Darstellung der Liquiditätslage und deren Entwicklung lassen sich Sekundärziele (also derivative Zwecke) ableiten, die einen stärker operationalisierbaren Charakter aufweisen. Dazu gehört erstens die Informationsvermittlung über die Fähigkeit eines Unternehmens, Zahlungsüberschüsse zu erwirtschaften, Verbindlichkeiten tilgen (mithin kreditwürdig zu bleiben) sowie Dividenden zahlen zu können. Außerdem sollen zweitens Unterschiede zwischen dem auf Ertrags- und Aufwandsgrößen beruhenden Jahresüberschuss (Jahresfehlbetrag) und den dazu gehörenden Zahlungsströmen gezeigt werden. Schließlich geht es drittens darum, die Auswirkungen zahlungswirksamer Investitions- und Finanzierungsvorgänge auf die Liquiditätslage zu erkennen.

---

10 Vgl. CHASE MANHATTEN CORPORATION, zitiert nach SCHUM, R., Die besonderen Aspekte der Mittelflussrechnung im Bankbetrieb, Bern u.a. 1995, S. 51, sowie weitere dort genannte Quellen.

Hintergrund und Ziele der Kapitalflussrechnung (3)

Derivative Zwecke

- Informationsvermittlung über
  - die Fähigkeit
    - Zahlungsüberschüsse zu erwirtschaften
    - Verbindlichkeiten zu tilgen (und kreditwürdig zu bleiben)
    - Dividenden zu zahlen
  - Unterschiede zwischen Jahresüberschuss (-fehlbetrag) und dazugehörigen Zahlungsvorgängen
  - Auswirkungen zahlungswirksamer Investitions- und Finanzierungsvorgänge auf die Finanzlage

Aufgrund der Geldnähe aller Bankprodukte zeigt sich auch hier wiederum, dass es zur Beurteilung dieser derivativen Zwecke bei einer Bank keiner traditionellen Kapitalflussrechnung bedürfte. In Reminiszenz an die Anforderungen aus FAS 95 und IAS 7, wonach auch Banken eine Kapitalflussrechnung zu veröffentlichen haben, hat sich der deutsche Standardsetter immerhin bemüßigt gesehen, die gesetzliche Anforderung von § 297 Abs. 1 HGB wenigstens durch die Vorgabe eines bankspezifischen Standards (DRS 2-10) an die Besonderheiten der Branche anzupassen. DRS 2-10 ist mit den internationalen Anforderungen voll kompatibel und kann deshalb uneingeschränkt zur Interpretation dieser Standards herangezogen werden.

Sowohl bei Kapitalflussrechnungen nach FAS 95 und IAS 7 wie auch nach DRS 2 (einschließlich den branchenspezifischen Ergänzungen durch DRS 2-10) handelt es sich um Rechnungen mit einem sogenannten ausgelagertem Zahlungsmittelfonds, der den Liquiditätsbestand eines Unternehmens repräsentiert. Ausgehend von dem Liquiditätsbestand zu Beginn einer Periode lässt sich eine originäre Finanzflussrechnung als eine Ursachenrechnung (Primärveränderungsrechnung) und ein erweiterter Finanzmittelnachweis als Liquiditätsnachweis (Sekundärveränderungsrechnung) unterscheiden.

Grundaufbau der Kapitalflussrechnung

I. Ausgangsgröße

Liquiditätsstatus zu Beginn der Periode

II. Originäre Finanzflussrechnung als Ursachenrechnung (Primärveränderungsrechnung)

Einzahlungen und Auszahlungen untergliedert nach
(1) Laufender Tätigkeit
(2) Investitionsvorgängen
(3) Finanzierungsvorgängen

III. Erweiterte Finanzmittelnachweis/Liquiditätsnachweis (Sekundärveränderungsrechnung)

Veränderungen in
- Bestand und
- Zusammensetzung der Finanzmittel
(Fondsdipositionen)

IV. Residualgrößendarstellung

Liquiditätsstatus am Ende der Periode

Die Primärveränderungsrechnung stellt – vereinfacht skizziert – die Hauptmerkmale der Veränderungen des Zahlungsmittelfonds in einer Untergliederung nach laufender Tätigkeit (operativer Cash Flow), nach Investitionsvorgängen (Cash Flow aus Investitionstätigkeit) sowie nach Finanzierungsvorgängen (Cash Flow aus Finanzierungstätigkeit) dar. Um letztlich auf den Liquiditätsstatus am Ende einer Periode als Residualgröße zu gelangen, ist es erforderlich, auch solche Veränderungen rechnerisch zu berücksichtigen, die nicht unbedingt aus Ein- und Auszahlungen resultieren. Es handelt sich dabei um Veränderungen in Bestand und Zusammensetzung der Finanzmittel, die in einer Sekundärveränderungsrechnung erfasst werden.

3. Allgemeine Gestaltungsgrundsätze

Die Kapitalflussrechnung stellt neben der Bilanz und der Gewinn- und Verlustrechnung (sowie der Eigenkapitalveränderungsrechnung und den Notes) ein weiteres Instrument des Jahresabschlusses dar. Dementsprechend sind auch an die Erstellung einer Kapitalflussrechnung jene allgemeinen Gestaltungsgrundsätze zu richten, die prinzipiell auch für die übrigen Jahresabschlussinstrumente gelten[11]:

- Grundsatz der Nachprüfbarkeit: Die Kapitalflussrechnung hat nach dem Grundsatz der Nachprüfbarkeit aus den im Rechnungswesen erfassten Daten (erforderlichenfalls unter Hinzuziehung weiterer Informationen) ableitbar zu sein. Die Daten sowie deren Herleitung sind so zu dokumentieren, dass ein sachverständiger Dritter die Verfahrensschritte bei der Aufstellung der Kapitalflussrechnung nachvollziehen kann. Dabei dürfte es nach hier vertretener Auffassung nicht erforderlich sein, eine aufwendige IT-Lösung zu implementieren, wenn die Nachprüfbarkeit auf andere Art und Weise sichergestellt ist (etwa in Form eines Excel-Sheets) – auch wenn eine vollautomatisierte Lösung aus Gründen der Datensicherheit selbstverständlich zu präferieren ist.
- Grundsatz der Wesentlichkeit: Der regelmäßig geltende Grundsatz der Wesentlichkeit besagt für die Kapitalflussrechnung, dass auf den Ausweis von einzelnen Zahlungsvorgängen im Interesse der Klarheit und Wirtschaftlichkeit der Rechnungslegung dann verzichtet werden kann, wenn diese Vorgänge für die Informationsvermittlung von untergeordneter Bedeutung sind. Hierbei sollte jedoch von expliziten Ausweisvorschriften eines Standards – etwa IAS 7 oder DRS 2-10 – nicht abgewichen werden. Dies wäre auch insofern unzweckmäßig, als das Vermeiden eines gesonderten Ausweises zwingend eine entsprechende Berichts- und Erläuterungspflicht dieser Vorgänge auslösen würde. Die daraus resultierende besondere Aufmerksamkeit würde gerade dem Zweck, einen gesonderten Ausweis aus Gründen der geringen Bedeutung zu vermeiden, entgegenlaufen.
- Grundsatz der Stetigkeit: Zur Gewährleistung einer zeitlichen Vergleichbarkeit von Kapitalflussrechnungen eines Unternehmens (einer Bank) sowie der durch sie abgebildeten Zahlungsströme sollte sowohl die Gliederung als auch die Abgrenzung des Zahlungsmittelfonds im Zeitablauf beibehalten werden. Wird von einer Bank zur Interpretation von IAS 7 zweckmäßiger Weise auf DRS 2-10 rekurriert, so dürfte insoweit eine Stetigkeit der Abgrenzung der Liquidität sichergestellt sein, da diese von

11 Vgl. zu den folgenden Ausführungen insbesondere WYSOCKI, K. VON, IAS 7 Kapitalflussrechnungen (Cash Flow Statements), in: BAETGE, J./DÖRNER, D. u.a. (Hrsg.), Rechnungslegung nach International Accounting Standards (IAS), 2. Aufl., Stuttgart 2002, Tz. 10 sowie MANSCH, H./WYSOCKI, K. von (Hrsg.), Finanzierungsrechnung im Konzern: Empfehlungen des Arbeitskreises „Finanzierungsrechnung“ der Schmalenbach-Gesellschaft/Deutsche Gesellschaft für Betriebswirtschaft e.V., ZfbF Sonderheft Nr. 37, Düsseldorf/Frankfurt a.M. 1996, Seite 117-118.

DRS 2-10.9 und DRS 2-10.11 fest vorgegeben ist. Die Einhaltung von DRS 2-10 sorgt darüber hinaus dafür, dass auch die Zuordnung der Zahlungsströme zu den drei Geschäftstätigkeiten (operative Geschäftstätigkeit, Investition und Finanzierung) weitestgehend vereinheitlicht ist. Auf diese Art und Weise ist nicht nur eine zeitliche Vergleichbarkeit, sondern auch eine Vergleichbarkeit der Kapitalflussrechnungen der Banken untereinander möglich. Zusätzlich sorgt die Angabe der Vorjahreszahlen für eine unmittelbare Vergleichbarkeit mit dem vorherigen Jahresabschluss. Während es bei der Segmentberichterstattung häufig zu strukturellen Verschiebungen und in der Folge zu starken Beeinträchtigungen in der Vergleichbarkeit kommt, weisen die Kapitalflussrechnungen der deutschen Banken unter IAS begrüßenswerter Weise ein sehr hohes Maß an Vergleichbarkeit auf.

- Grundsatz der Bruttodarstellung: Aus der Aufgabe der Kapitalflussrechnung, Ein- und Auszahlungen einer Periode auszuweisen, um so sämtliche Zahlungsvorgänge zu zeigen, resultiert ein prinzipielles Bedürfnis nach einer Bruttodarstellung. Dieses wird – systemimmanent – allerdings bei Anwendung der indirekten Methode partiell durchbrochen. Ansonsten ist eine Bruttodarstellung lediglich im Rahmen der expliziten Zulässigkeitsvoraussetzungen der jeweiligen Standards (insbesondere von IAS 7) erlaubt. IAS 7.22-24 spricht in diesem Zusammenhang von Positionen mit großen Beträgen sowie kurzer Laufzeit und begründet dies mit Praktikabilitätserwägungen.

4. Zahlungsmittelfonds

Vom Grundverständnis her lässt sich die Kapitalflussrechnung als eine Stromgrößenrechnung mit der Gewinn- und Verlustrechnung vergleichen. Entsprechend der Gewinn- und Verlustrechnung als ein Unterkonto des Eigenkapitalkontos, kann die Kapitalflussrechnung als ein Unterkonto des Kontos „Zahlungsmittel" verstanden werden. Ebenso wie die Entwicklung des Eigenkapitals zunächst einmal davon abhängt, was als Eigenkapital gilt, ist für die Kapitalflussrechnung zu überlegen, was die Liquidität einer Bank am zweckmäßigsten beschreibt. Daraus ergibt sich, dass die erste Aufmerksamkeit der Definition und Abgrenzung des Zahlungsmittelkontos zu widmen ist, das häufig auch Zahlungsmittelfonds oder Liquiditätsfonds genannt wird.

IAS 7.7 fordert eine enge Abgrenzung des Zahlungsmittelfonds, in den nur Zahlungsmittel und Zahlungsmitteläquivalente einzubeziehen sind. Unter Zahlungsmitteln versteht der Standard „normally" Geld und Sichtguthaben, unter Zahlungsmitteläquivalenten kurzfristige liquide Anlagen, die jederzeit in bestimmte Zahlungsmittelbeträge umgewandelt werden können und nur unwesentlichen Wertschwankungen unterliegen. Über IAS 7.7 wird dies präzisiert, indem Zahlungsmitteläquivalente vorrangig dazu dienen sollen, kurzfristigen Zahlungsverpflichtungen nachkommen zu können. Da die

Abgrenzung im Einzelfall schwierig sein dürfte, enthält der Standard eine zeitliche Komponente. Wertpapiere mit einer Restlaufzeit von nicht mehr als drei Monaten können in den Zahlungsmittelfonds einbezogen werden. Demgegenüber gehören Anteile an anderen Unternehmen (z.B. Aktien) grundsätzlich nicht zu den Zahlungsmitteläquivalenten.

Bei einer Bank gehören zu den Zahlungsmitteln zweifellos der Kassenbestand sowie Guthaben bei Zentralnotenbanken. Schuldtitel öffentlicher Stellen und Wechsel sind in diesem Sinne als Zahlungsmitteläquivalente anzusehen. Dem schließt sich DRS 2-10.9 an und definiert als Zahlungsmittel eines Kreditinstituts den Kassenbestand und Guthaben bei der Zentralnotenbank. „Auf eine Einbeziehung der Sichteinlagen sollte bei Kreditinstituten verzichtet werden, da diese primär nicht dazu dienen, kurzfristigen Zahlungsverpflichtungen nachzukommen. Außerdem stellen gerade sie die Basis der laufenden Geschäftstätigkeit dar und werden z.B. genutzt, um im Geldhandel Arbitragegewinne zu erzielen" (DRS 2-10.10).

In entsprechend enger Abgrenzung definiert DRS 2-10.11 für Kreditinstitute Zahlungsmitteläquivalente als Schuldtitel öffentlicher Stellen und Papiere, die zur Refinanzierung bei Zentralnotenbanken zugelassen sind.

Zahlungsmittelfonds

Abgrenzung des Zahlungsmittelfonds

- „Als Zahlungsmittel haben Kreditinstitute den Kassenbestand und Guthaben bei der Zentralnotenbank zu erfassen."
  (DRS 2-10.9)
- „Als Zahlungsmitteläquivalente gelten bei Kreditinstituten Schuldtitel öffentlicher Stellen und Papiere, die zur Refinanzierung bei Zentralnotenbanken zugelassen sind."
  (DRS 2-10.11)

Bei Kreditinstituten könnte sich die Frage stellen, ob kurzfristige Wertpapiere, insbesondere solche der im deutschen Handelsrecht vorgesehenen Liquiditätsreserve, in die Kategorie der Zahlungsmitteläquivalente einbezogen werden sollten. Unabhängig von einer Zuordnung der Wertpapiere der Liquiditätsreserve in einem Abschluss nach IAS zum Handelsbereich oder Finanzanlagevermögen (mit weiteren Untergliederungen nach IAS 39) ist von einer Einbeziehung von Wertpapieren der Liquiditätsreserve in den Zahlungsmittelfonds wegen der durch sie ausgelösten Kursschwankungen im Zahlungsmittelfonds abzuraten[12]. In diesem Sinne spricht für eine restriktive Abgrenzung des Zahlungsmittelfonds, dass die Veränderungen im Wert des Zahlungsmittelbestandes zwischen zwei Perioden möglichst nur auf Aus- und Einzahlungen beruhen sollten. Andere Faktoren, die zu einer Wertänderung des Zahlungsmittelbestandes führen, sind möglichst auszuschließen. Hieraus begründet sich die ablehnende Haltung gegen eine Abgrenzung im Sinne des Umlaufvermögens bei Nichtbanken. Folgerichtig wird von DRS 2-10.12 auch eine Einbeziehung von Wertpapieren des Handelsbestandes abgelehnt, da sie bei einem Kreditinstitut Teil des operativen Geschäftes sind.

Für eine entsprechend restriktive Abgrenzung des Zahlungsmittelfonds ohne Einbeziehung von Wertpapieren spricht, dass die Wertpapiere bei Banken ganz allgemein entweder der operativen oder der investiven Geschäftstätigkeit angehören. Diese Differenzierung sollte im Rahmen der Gliederung der Kapitalflussrechnung als Quelle der Mittelherkunft (bei Verkäufen) oder Mittelverwendung (bei Käufen) auch gezeigt werden, damit die Geschäftsaktivität als solche in der Kapitalflussrechnung erkennbar bleibt[13].

Die enge Abgrenzung gewährleistet insofern auch, dass der Zahlungsmittelbestand so wenig wie möglich von Änderungen, die nicht aus Zahlungsflüssen stammen, berührt wird, faktisch nämlich nur durch Wechselkursänderungen von Fremdwährungen. Das Ausmaß dieser Wertänderungen am Zahlungsmittelfonds ist für den Außenstehenden jedoch sichtbar, indem er in einer gesonderten Zeile in der Kapitalflussrechnung auszuweisen ist. IAS 7.28 stellt hierzu klar, dass die Auswirkungen von Wechselkursänderungen auf Zahlungsmittel und Zahlungsmitteläquivalente, die in Fremdwährung gehalten werden, in der Kapitalflussrechnung erfasst werden, um den Bestand an Zahlungsmitteln und Zahlungsmitteläquivalenten zu Beginn und am Ende der Periode abzustimmen. Der Unterschiedsbetrag ist getrennt von den Zahlungsströmen aus operativer Geschäftstätigkeit, Investitionstätigkeit und Finanzierungstätigkeit auszuweisen.

---

12 Vgl. BELLAVITE-HÖVERMANN, Y./LÖW, E., Kapitalflussrechnungen von Banken, in: WYSOCKI, K. VON (Hrsg.), Kapitalflussrechnung, Stuttgart 1998, S. 99-158, hier S. 115.

13 Bei US-amerikanischen Banken ist es ebenfalls nicht üblich, kurzfristig fällige Wertpapiere den Zahlungsmitteln zuzuordnen. Dort umfasst der entsprechende Zahlungsmittelfonds in der Regel neben originären Zahlungsmitteln in Form des Kassenbestandes noch Sichtguthaben bei Banken. Vgl. beispielsweise CITICORP (Citibank), Geschäftsbericht 1995, S. 49 und S. 53 („Cash equivalents are definied as those amounts included in cach and due from banks") oder J.P. MORGAN, Geschäftsbericht 1995, S. 44.

„Bei der Erfassung von Zahlungsströmen in Fremdwährungen sind die Bestimmungen nach § 340h HGB zu beachten“ (DRS 2-10.16). Hinsichtlich der Erstellung einer Kapitalflussrechnung nach IAS gilt entsprechend IAS 21, der die generellen Auswirkungen von Änderungen der Wechselkurse als gesonderter Standard regelt[14].

In technischer Hinsicht ist schließlich noch zu beachten, dass sich die Wertänderung des Zahlungsmittelfonds nicht nur durch Ein- oder Auszahlungen sowie durch eine Änderung der Bewertungsparameter ergeben kann, sondern auch durch eine Änderung der Fondszusammensetzung, indem beispielsweise durch einen zahlungswirksamen Kauf oder Verkauf eines Unternehmens gleichzeitig dessen Zahlungsmittel zu- oder abgehen. Eine ausführliche Betrachtung dieser Auswirkungen auf den Zahlungsmittelfonds erfolgt im Rahmen der Behandlung der Zahlungsströme aus Investitionstätigkeit.

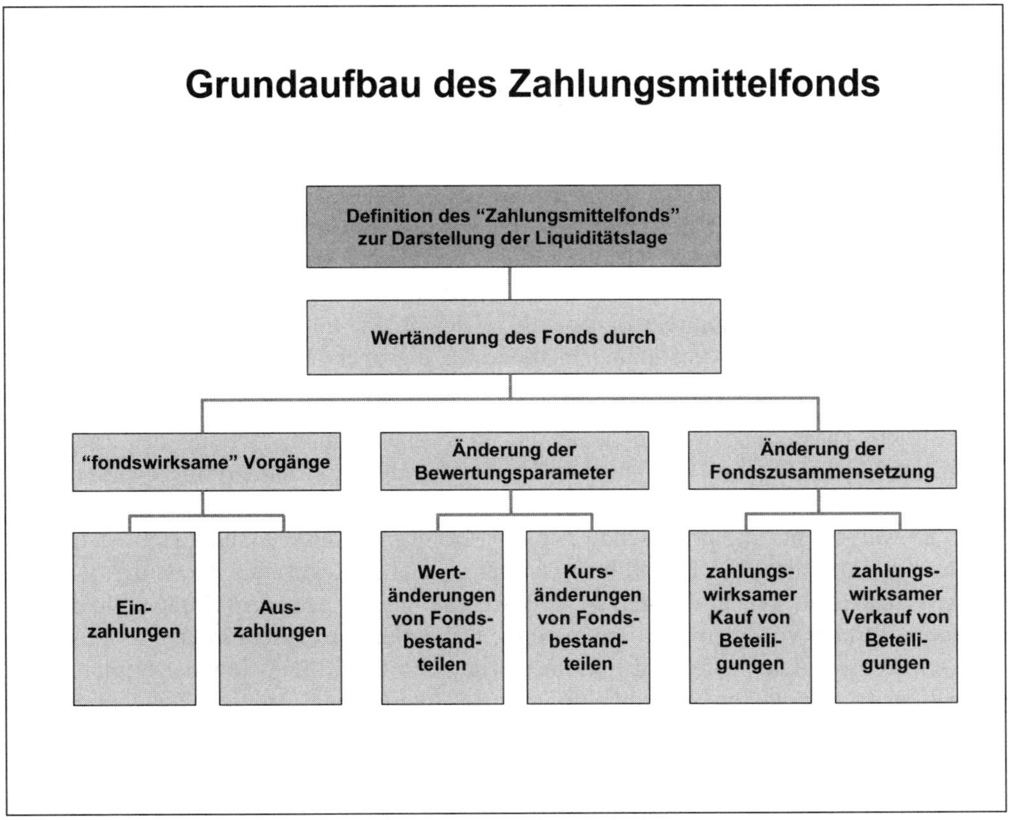

14 Vgl. hierzu LÖW, E./LORENZ, K., Bilanzielle Behandlung von Fremdwährungsgeschäften nach deutschem Recht und nach den Vorschriften des IASB, KoR 2002, S. 234-243, hier S. 236 und LÖW, E./LORENZ, K., Währungsumrechnung nach E-DRS 18 und nach den Regelungen des IASB, BB 2002, S. 2543-2547, hier S. 2545.

5. Direkte versus indirekte Darstellung von Zahlungsströmen

5.1 Vorteilhaftigkeit der indirekten Darstellungsmethode

Für den Ausweis einer Kapitalflussrechnung lassen sich grundsätzlich zwei Methoden unterscheiden: die direkte und die indirekte Darstellungsmethode. Sowohl IAS 7 als auch die Regelungen des branchenübergreifenden nationalen DRS 2 enthalten für die Darstellung der Zahlungsströme aus operativer Geschäftstätigkeit ein Wahlrecht zur Anwendung einer der beiden Methoden. „Bei der Aufstellung der Kapitalflussrechnung sind zwei Schritte zu unterscheiden, die Ermittlung und die Darstellung der Zahlungen. Die im ersten Schritt durchzuführende Ermittlung kann originär oder derivativ vorgenommen werden. Bei der originären Ermittlung werden alle Geschäftsvorfälle, die zu Veränderungen des Finanzmittelfonds führen, einzelnen Zahlungsströmen zugeordnet. Bei der derivativen Ermittlung geht man von den Zahlenwerten des Rechnungswesens aus. ... In einem zweiten Schritt kann die Darstellung des Cash Flow direkt oder indirekt erfolgen. Für die Ermittlung und Darstellung des Cash Flow aus laufender Geschäftstätigkeit wird keine Vorgehensweise bevorzugt; in der Regel wird dieser Cash Flow derivativ ermittelt und indirekt dargestellt" (DRS 2.12). Im Gegensatz dazu empfiehlt IAS 7 zwar die direkte Darstellungsmethode für die operative Geschäftstätigkeit, lässt aber auch eine indirekte Darstellung zu.

Die direkte Darstellungsform bedeutet insofern eine Bruttodarstellung der Zahlungsströme; mithin wird jede Einzahlung und jede Auszahlung gesondert ausgewiesen. Entsprechend der Ziele einer Kapitalflussrechnung wäre eigentlich die direkte Darstellungsform zu wählen. Für die praktische Erstellung der Kapitalflussrechnung stellt sich indes als Nachteil dar, dass die Buchführungssysteme in aller Regel eine Trennung der Zahlungsströme (also der Einzahlungen und Auszahlungen) von den Erträgen und Aufwendungen nicht vorsehen. Insofern wäre die Darstellung nach der direkten Methode bei Kreditinstituten gleichbedeutend mit einer originären Ermittlung, was die Implementierung einer konzernweiten Nebenbuchführung bedeuten würde. Ähnliche Schwierigkeiten sind auch bei der Aufstellung einer Kapitalflussrechnung in der Industrie feststellbar[15]. Daher hat IAS 7 für die Darstellung der Zahlungsströme der laufenden Geschäftstätigkeit die indirekte Methode erlaubt – ohne dies mit zusätzlichen Offenlegungspflichten zu verknüpfen. In den Bereichen der Investitionstätigkeit und der Finanzierungstätigkeit ist

15 Vgl. WYSOCKI, K. VON, IAS 7 Kapitalflussrechnungen (Cash Flow Statements), a.a.O., Tz. 72.

demgegenüber die Darstellung nach der direkten Methode vorgeschrieben. Dies erklärt sich daraus, dass dort die erforderlichen Informationen leichter zu generieren sind.

Direkte versus indirekte Methode

Direkte versus indirekte Darstellung der Zahlungsströme (1)

- Über die Bilanz und Gewinn- und Verlustrechnung hinausgehende Informationen liefert nur der Rekurs auf unmittelbare Zahlungsströme (direkte Methode)
- Die direkte Methode wird für die Darstellung der Zahlungsströme aus operativer Geschäftstätigkeit empfohlen (IAS 7.19); die indirekte Methode ist gleichrangig zulässig (IAS 7.18, 20)
- Für die Darstellung der Zahlungsströme aus Investitions- und Finanzierungstätigkeit ist die direkte Methode zwingend

Für die Kapitalflussrechnung einer Bank kommt hinzu, dass die direkte Methode aufgrund der Zahlungsabwicklungsfunktion des Bankensektors in einer Volkswirtschaft zu einer völligen Überzeichnung der Zahlungsströme führen würde. Die Abwicklung des Zahlungsverkehrs für Kunden löst bei einer Bank mithin nicht eine Steigerung der eigenen Liquidität aus, was die direkte Methode indes suggerieren würde. Während bei Industrie- und Handelsunternehmen Liquiditätsflüsse ein Reflex des Produktionsprozesses sind, Zahlungsmittelabflüsse und -zuflüsse mithin aus Faktoreinkäufen und Produktverkäufen stammen, für die ein Bruttoausweis durchaus zweckadäquat sein dürfte, gilt dies für Banken nur in eingeschränktem Umfang. Die Aufblähung der Zahlungsströme in der operativen Geschäftstätigkeit bei Bruttodarstellung aller Ein- und Auszahlungen spricht gegen deren Anwendung durch Banken. Hinsichtlich der volkswirtschaftlichen Zahlungsabwicklungsfunktion sind Banken durch ihre Kunden eher fremdbestimmt und nicht originärer Auslöser oder Empfänger der Zahlungsströme. Die Intention der Kapitalflussrechnung zielt demgegenüber auf die eigenen Aktivitäten ab, Mittelzuflüsse dauerhaft zu generieren.

Nach IAS 7.22 ist es auch bei Anwendung der direkten Methode gestattet, Nettoveränderungen zu zeigen, wenn große Beträge mit hoher Umschlaghäufigkeit bewegt werden und die Restlaufzeit bei Vertragsbeginn kurz ist (beziehungsweise nach FAS 95.13 nicht mehr als drei Monate beträgt). IAS 7.24 gestattet ausschließlich Banken einen Nettoausweis für Zahlungsflüsse aus der Annahme und Rückzahlung von Geldeinlagen mit festgelegtem Fälligkeitstermin, aus Einlagen von und bei anderen Banken sowie aus Darlehens- und Kreditvergaben und zugehörigen Rückzahlungen[16]. Würden diese Möglichkeiten bei Wahl der direkten Darstellungsform berücksichtigt, wäre damit ein großer Anteil des operativen Geschäftes einer Bank abgedeckt. Der unmittelbare Ausweis von Ein- und Auszahlungen der operativen Geschäftstätigkeit wäre insofern erheblich eingeschränkt, so dass die direkte Methode praktisch obsolet wäre.

Zudem zeigen empirische Untersuchungen, dass auch Finanzanalysten der indirekten Methode besonderen Informationswert beimessen[17]. Dies gilt wohl auch deshalb, weil sie dadurch die Rechnung besser nachvollziehen können.

Direkte versus indirekte Methode

Direkte versus indirekte Darstellung der Zahlungsströme (2)

- Die Wahl der indirekten Darstellungsmethode ist für eine Bank vorteilhaft, da
  - empirische Untersuchungen zeigen, dass auch Finanzanalysten der indirekten Methode besonderen Informationswert beimessen
  - die Jahresabschlussadressaten die Rechnung nachvollziehen können
  - in der Praxis der Veröffentlichung internationaler Banken die indirekte Methode der Regelfall ist und damit eine bessere Vergleichbarkeit gegeben ist
  - bei Banken durch die Zahlungsverkehrsabwicklungsfunktion die direkte Methode einen verzerrten Einblick vermittelt
  - geringere Anforderungen an die Datenerfassung gestellt werden, ohne negative Einflüsse auf eine Fair Presentation auszulösen

16 FAS 95 enthält demgegenüber keine speziellen Aussagen über einen Nettoausweis bei Banken, sondern erlaubt unter obigen Voraussetzungen nicht nur Banken, sondern auch Nichtbanken einen Nettoausweis. Insofern wird keine Notwendigkeit gesehen, Banken weitere spezielle Regelungen einzuräumen (vgl. FAS 95.65).

17 Vgl. BELLAVITE-HÖVERMANN, Y./LÖW, E., Kapitalflussrechnungen von Banken, a.a.O., Seite 111.

Andererseits ist einzugestehen, dass der Nachteil der indirekten Darstellungsmethode darin zu sehen ist, dass einzelne Zahlungsarten nicht oder nur schwer erkannt werden können, weil durch die Rückrechnungen Saldierungen zwischen Erfolgsgrößen und Bestandsänderungen erfolgen.

5.2 Systemimmanente Korrektur des Jahresüberschusses um zahlungsunwirksame Bestandteile

Bei der Darstellung des Cash Flow aus operativer Geschäftstätigkeit ist technisch zu beachten, dass die Ausgangsgröße „(Konzern-)Jahresüberschuss" üblicherweise zunächst um zahlungsunwirksame Vorgänge bereinigt wird. Bei den zahlungsunwirksamen Vorgängen, die im Jahresüberschuss enthalten sind, handelt es sich insbesondere um Abschreibungen, Zuschreibungen, Wertberichtigungen, latente Steuern und Veränderungen von Rückstellungen. Außerdem gehören hierzu Fair Value-Änderungen, die sich zeitgleich in der Bilanz und der Gewinn- und Verlustrechnung niederschlagen, obwohl die dahinter stehenden Bilanzpositionen noch nicht zu einem Vermögensabgang geführt haben (also etwa die Fair Value-Bewertung von Handelsaktivitäten).

Während bei Abschreibungen eine Zahlungsunwirksamkeit tatsächlich gegeben ist, wird diese bei Rückstellungen implizit unterstellt, indem der Jahresüberschuss nicht (getrennt) um die Bildung und Auflösung von Rückstellungen, sondern nur um die Rückstellungsveränderungen bereinigt wird. Diese Implikation trifft zwar für eine Rückstellungsbildung zu; sie ist jedoch nicht zwingend bei einer Rückstellungsauflösung. Auch wenn IAS 7 hierauf nicht ausdrücklich eingeht, sollte – unter Beachtung des Wesentlichkeitsprinzips – der Jahresüberschuss nicht um auszahlungswirksame Rückstellungsauflösungen bereinigt werden, wenn es sich um größere Beträge handelt.

Da die Einbeziehung von Rückstellungsveränderungen zum Ziel hat, die entsprechenden zahlungsunwirksamen Aufwendungen (und ggf. Erträge) zu bereinigen, ist im Fall von Unternehmensübernahmen zu bedenken, dass bei der Übernahme der Rückstellungen des erworbenen Unternehmens (der Tochtergesellschaft) Rückstellungen hinzutreten, die nicht die Gewinn- und Verlustrechnung des übernehmenden Unternehmens (der Muttergesellschaft) durchlaufen haben. Bei den Pensionsrückstellungen kann es sich hierbei um durchaus gravierende Beträge handeln. In solchen Fällen ist eine Bereinigung selbstverständlich nicht vorzunehmen.

Durch IAS 39 wurde die Bewertung von Finanzinstrumenten grundlegend neu geregelt. Hierzu sind auf der Aktivseite vier Kategorien und auf der Passivseite zwei Kategorien von Finanzinstrumenten zu bilden, die teilweise unterschiedliche Folgebewertungen auslösen und in der Kapitalflussrechnung technisch entsprechend unterschiedlich zu berücksichtigen sind.[18]

Die Bewertung von Handelsaktivitäten erfolgt umfassend zu Fair Values. Fair-Value-Änderungen durchlaufen zwingend die Gewinn- und Verlustrechnung. Dabei werden nicht nur Schuldverschreibungen und Aktien des Handelsbestandes zu Fair Values bilanziert, gegebenenfalls auch über die Anschaffungskosten hinaus. Aus der Fair-Value-Bewertung des Handels resultiert darüber hinaus eine umfassende Berücksichtigung von positiven und negativen Wertänderungen von Derivaten, also von positiven und negativen Bewertungsergebnissen aus zu Marktwerten bilanzierten Derivaten des Handels. Den nach IAS 39 aktivierten Gewinnen und passivierten (drohenden) Verlusten aus Handelsaktivitäten entsprechen keine Zahlungsflüsse. Gleichwohl sind sie im Jahresüberschuss enthalten. Für die Kapitalflussrechnung ist eine Bereinigung um diese zahlungsunwirksamen Teile prinzipiell erforderlich, sofern eine Trennung von realisierten und unrealisierten Komponenten mit vertretbarem Aufwand möglich ist. Angesichts der schnellen Umschichtung von Handelspositionen dürfte der Fehler einer Nichtbereinigung die Informationsfunktion der Kapitalflussrechnung jedoch tendenziell nicht gravierend beeinträchtigen. Gegebenenfalls ist allerdings eine Bereinigung vorzunehmen.

Die Bewertung der sogenannten Held-to-Maturity-Position zu fortgeführten Anschaffungskosten, die in der Praxis der meisten Banken ohnehin kaum oder nicht bestückt wird, weil eine entsprechende Zuordnung mit starken Restriktionen verbunden ist, führt für die Kapitalflussrechnung prinzipiell zu keinen Besonderheiten. Sollten erfolgswirksam verrechnete Wertminderungen vorliegen, wären diese mangels Zahlungsstromcharakter zu bereinigen.

Das Gleiche gilt für die herausgereichten Kredite, die auch nach IAS 39 – wie bisher und wie nach deutschem Recht – zu fortgeführten Anschaffungskosten zu bewerten sind. Falls Wertberichtigungen vorgenommen werden, so sind diese für die Kapitalflussrechnung zu bereinigen.

Entsprechend wäre zu verfahren, wenn sich Verbindlichkeiten außerhalb des Handels, die ebenfalls zu fortgeführten Anschaffungskosten zu bewerten sind, im Wert erhöht hätten. Wegen des fehlenden Zahlungsstroms wäre eine erfolgswirksame Werterhöhung zu eliminieren.

Eine Besonderheit stellt die Position der sogenannten Available-for-Sale Financial Assets dar. Nach IAS 39 ist diese Position in der Bilanz – von geringfügigen Ausnahmen abgesehen - zwingend zum Fair Value anzusetzen. Die Fair Value-Änderungen dürfen nach einem gegenwärtig noch bestehenden Wahlrecht erfolgsneutral mit einer Position des Eigenkapitals verrechnet werden (Available-for-Sale-Rücklage oder Neubewertungsrücklage). Bis zur Veräußerung, Abtretung oder Schließung einer Position werden die

[18] Vgl. speziell zu den Kategorien Abschnitt 2.3 im Beitrag „Ansatz und Bewertung von Financial Instruments“.

Wertänderungen, wenn von dem Wahlrecht Gebrauch gemacht wird (was der Regelfall in der Bilanzierungspraxis ist), mithin im Eigenkapital geparkt und durchlaufen erst beim Vermögensabgang die Gewinn- und Verlustrechnung. Eine Ausnahme bilden primär bonitätsbedingte Wertminderungen, die unmittelbar über die Gewinn- und Verlustrechnung zu verrechnen sind.

Zur Erstellung der Kapitalflussrechnung besteht für Bereinigungen des Jahresüberschusses so lange kein Raum, wie sich die Wertänderungen ausschließlich in der Bilanz und ohne Berührung der Gewinn- und Verlustrechnung abspielen. Zumindest insoweit werfen die Available-for-Sale Financial Assets keine Probleme auf.

Durch die Korrektur des Jahresüberschusses um alle diese zahlungsunwirksamen Bestandteile wird die Gewinn- und Verlustrechnung auf die Zahlungsmittelebene gebracht und damit grundsätzlich unterstellt, dass die verbliebenen Erträge und Aufwendungen nach vorgenommener Bereinigung zahlungswirksam sind. Verbleibende Unschärfen werden dabei in Kauf genommen. So erfolgt etwa keine Bereinigung um aktivierte oder passivierte Zinsen oder Provisionen, obwohl tatsächlich nicht notwendigerweise in der gleichen Periode Zahlungen fließen.

Arithmetische Zusammenhänge bei der indirekten Methode und Interpretation der Aussagen (1)

Korrektur um zahlungsunwirksame Jahresüberschussbestandteile

(1) Ausgangsgröße: Jahresüberschuss

Jahresüberschuss = Erträge ./. Aufwendungen

Jahresüberschuss = zahlungswirksame Erträge
+ zahlungsunwirksame Erträge
./. zahlungswirksame Aufwendungen
./. zahlungsunwirksame Aufwendungen

(2) Nach Bereinigung um zahlungsunwirksame Bestandteile befindet sich der Jahresüberschuss auf der Zahlungsmittelebene

Jahresüberschuss bereinigt = Jahresüberschuss
./. zahlungsunwirksame Erträge
+ zahlungsunwirksame Aufwendungen

Jahresüberschuss bereinigt = zahlungswirksame Erträge
./. zahlungswirksame Aufwendungen

Die so gewonnenen Zahlungsströme umfassen ausschließlich solche Zahlungsströme, die auch die Gewinn- und Verlustrechnung durchlaufen haben, mithin die erfolgswirksamen Zahlungsströme. Zur vollständigen Berücksichtigung haben indes noch die erfolgsneutralen Zahlungsströme hinzuzutreten, die sich nur in der Veränderung von Bilanzpositionen niederschlagen, nicht jedoch die Gewinn- und Verlustrechnung durchlaufen haben.

Arithmetische Zusammenhänge bei der indirekten Methode und Interpretation der Aussagen (2)

Erfassung der nicht im Jahresüberschuss enthaltenen Zahlungsströme

(1) Ausgangsgröße: Jahresüberschuss bereinigt

Jahresüberschuss bereinigt	=	zahlungswirksame Erträge
		./. zahlungswirksame Aufwendungen
Jahresüberschuss bereinigt	=	erfolgswirksame Einzahlungen
		./. erfolgswirksame Auszahlungen
denn:		
zahlungswirksame Erträge	=	erfolgswirksame Einzahlungen
zahlungswirksame Aufwendungen	=	erfolgswirksame Auszahlungen

(2) Die erfolgsneutralen Einzahlungen und erfolgsneutralen Auszahlungen ergeben sich nicht aus der Ableitung von Größen der Gewinn- und Verlustrechnung, sondern aus Veränderungen von Bilanzpositionen, die zusätzlich zu berücksichtigen sind.
Die erfolgswirksamen, aber zahlungsunwirksamen Veränderungen (z.B. Abschreibungen) wurden bereits unter (I) eliminiert und dürfen nicht doppelt erfasst werden.

Veränderung der Bilanzposition	=	erfolgsneutrale Einzahlungen
		./. erfolgsneutrale Auszahlungen

(3) Bei Wahl der indirekten Methode werden die „Veränderungen der Bilanzpositionen" auch tatsächlich unter entsprechender Bezeichnung dargestellt.

Bei Aufstellung der Kapitalflussrechnung ist hierbei allerdings darauf zu achten, dass die Veränderung einer Bilanzposition ebenfalls mehrere Komponenten umfassen kann. Sollte die Veränderung der Bilanzposition Wertpapiere des Handelsbestandes beispielsweise ausschließlich auf einer durch eine Abschreibung berücksichtigte Wertminderung zurückzuführen sein (also ein Impairment-Fall vorliegen), so spiegelt die Veränderung der Bilanzposition gerade nicht die erfolgswirksamen Zahlungsströme wider. Im vorliegenden Beispielsfall handelt es sich nämlich überhaupt nicht um einen Zahlungsstrom, weder um einen erfolgsneutralen noch um einen erfolgswirksamen. Es ist also darauf zu achten, dass vor Berücksichtigung der Veränderung einer Bilanzposition eine Bereinigung vorgenommen wird, um die erfolgswirksamen Bewertungsänderungen ohne Zahlungsstromcharakter zu neutralisieren.

Bei Wahl der indirekten Methode ist allerdings zuzugestehen, dass bestimmte Informationen verschüttet werden. So arbeitet die indirekte Methode systemimmanent mit einer Fiktion. Die um zahlungsunwirksame Erträge und Aufwendungen bereinigte Veränderung einer Bilanzposition wird gleichgesetzt mit Zahlungsmittelzuflüssen beziehungsweise -abflüssen, ohne dass dadurch die tatsächlichen Veränderungen des Zahlungsmittelbestandes einer Periode gezeigt würden. Die tatsächlichen Geschäftsvorfälle, die Zahlungsströme auslösen, sind bei indirekter Darstellung nicht mehr erkennbar.

Arithmetische Zusammenhänge bei der indirekten Methode und Interpretation der Aussagen (3)

Ausweis der Liquiditätsveränderung in der operativen Geschäftstätigkeit bei Anwendung der indirekten Methode

■ Veränderung der Bilanzposition:	
– Wertpapiere des Handelsbestandes t_0	100
– Wertpapiere des Handelsbestandes t_1	110
➔ Veränderung	**+ 10**
■ Mögliche tatsächliche Geschäftsfälle der Periode:	
– Kauf von Wertpapieren zu	510
– Verkauf von Wertpapieren zu	500
■ Ausweis in der Kapitalflussrechnung bei der indirekten Methode:	
– Veränderung des Vermögens aus operativer Geschäftstätigkeit	
• Wertpapiere des Handelsbestandes (= Auszahlung für den Kauf)	**./. 10**
■ Ausweis in der Kapitalflussrechnung bei der direkten Methode:	
– Auszahlung für den Kauf von Wertpapieren	**./. 510**
– Einzahlung aus dem Verkauf von Wertpapieren	**+ 500**

Die Interpretation einer Kapitalflussrechnung bei Darstellung der Zahlungsströme nach der indirekten Methode bereitet bisweilen Schwierigkeiten. Dies liegt an der verklausulierten Wiedergabe der Geschäftstätigkeit. So wird der Teil der Kapitalflussrechnung, der die operative Geschäftstätigkeit zeigt, positionsübergreifend üblicherweise eingeleitet mit der Beschreibung „Veränderungen des Vermögens und der Verbindlichkeiten aus operativer Geschäftstätigkeit", um danach die einzelnen Bilanzpositionen aufzugreifen, die für die Veränderung der Zahlungsmittel verantwortlich waren. Im Gegensatz zur eigentlichen Bilanzposition erscheinen die Veränderungen in der Kapitalflussrechnung quasi „vorzeichenverkehrt". Ein Zuwachs einer Bilanzposition drückt sich in der Kapitalflussrechnung als Zahlungsmittelabgang, mithin mit negativem Vorzeichen aus. Dies mag auf den ersten Blick etwas gewöhnungsbedürftig sein, liegt aber in der Logik der Zahlungsstromabbildung.

Arithmetische Zusammenhänge bei der indirekten Methode und Interpretation der Aussagen (4)

Wiedergabe der Geschäftstätigkeit in der Kapitalflussrechnung bei indirekter Darstellungsmethode

- Formulierung in der Kapitalflussrechnung (beispielsweise):
  - „Veränderungen des Vermögens und der Verbindlichkeiten aus operativer Geschäftstätigkeit
    z.B. Wertpapiere des Handbestandes ./. 10 Mrd. Euro"
- Interpretation
  - Der Kauf von „Wertpapieren des Handelsbestandes" zeigt sich in der Kapitalflussrechnung als Abgang von Zahlungsmitteln (= Minusbetrag)
  - Nicht die (Bilanz-) Position „Wertpapiere des Handelsbestandes" hat sich um 10 Mrd. Euro verringert, sondern – im Gegenteil – für die Erhöhung der (Bilanz-) Position „Wertpapiere des Handelsbestandes" wurden 10 Mrd. Euro ausgegeben (= ausgezahlt)

In der Praxis der Veröffentlichung einer Kapitalflussrechnung eines Kreditinstituts ist die Wahl der indirekten Darstellung für die laufende Geschäftstätigkeit gleichwohl die Regel. Dies gilt im übrigen auch für die amerikanischen Kreditinstitute. Die Vorteile der indirekten Methode überwiegen deren Nachteile bei einer Bank. Nur mit dieser Methode erfüllt eine Kapitalflussrechnung auch bei Banken den Schwerpunkt ihrer Zielsetzung – die Darstellung der Liquiditätsentwicklung – in akzeptabler Weise, indem sie zeigt, in welchen Bereichen Zahlungsmittel erwirtschaftet und wofür Zahlungsmittel verwendet wurden.

5.3 Technisch bedingte Korrekturen bei Ausweis von Ein- oder Auszahlungen trotz Wahl der indirekten Methode

Nach Bereinigung des Jahresüberschusses um zahlungsunwirksame Bestandteile sind aus rein technischen Gründen noch diejenigen Erträge und Aufwendungen zu bereinigen, für die eine Einzelangabe als Ein- oder Auszahlung erfolgt. Diese Art der Bereinigung dient ausschließlich der Vermeidung einer Doppelberücksichtigung und ist stets erforderlich, wenn Zahlungsströme (Ein- und Auszahlungen) in der Kapitalflussrechnung separat aufzugliedern und die korrespondierenden Erträge und Aufwendungen bereits im Jahresüberschuss enthalten sind.

Die Verpflichtung eines gesonderten Ausweises von Ein- und Auszahlungen besteht sowohl nach IAS 7 als auch nach FAS 95 als auch nach DRS 2 für Zahlungsströme der Investitionstätigkeit sowie für die Darstellung des Cash Flow aus Finanzierungstätigkeit. Darüber hinaus ist eine Offenlegung der Ein- und Auszahlungen für bestimmte Positionen innerhalb der operativen Geschäftstätigkeit obligatorisch, etwa für Zinsen, Ertragsteuerzahlungen oder außerordentliche Zahlungsströme.

Wenn also beispielsweise erhaltene Zinsen als Zinseinzahlungen ausgewiesen werden sollen, ist bei der indirekten Methode zu bedenken, dass diese erhaltenen Zinsen in der Gewinn- und Verlustrechnung des abgelaufenen Jahres als Zinserträge bereits vorhanden sind. Sie wurden (bislang) nicht bereinigt, weil ihnen ein Zinszahlungsstrom zugrunde liegt, sie also zahlungsmittelwirksam sind. Insofern sind sie implizit im Jahresüberschuss enthalten. Sollen sie zusätzlich in einer gesonderten Zeile innerhalb der Gliederung der Kapitalflussrechnung explizit offengelegt werden, droht eine doppelte Berücksichtigung. Zur Vermeidung einer Doppelberücksichtigung – nämlich ein Mal im Jahresüberschuss, der zuvor nur um zahlungsunwirksame Komponenten bereinigt wurde, und ein zweites Mal durch gesonderten Ausweis als separaten Gliederungsposten – ist mithin eine weitere Bereinigung vorzunehmen. Sie stellt eine rein technische Korrektur dar und stellt sicher, dass die Kapitalflussrechnung rechnerisch aufgeht.

Technische Korrekturen zum separaten Ausweis von Einzahlungen und Auszahlungen

Beispiel: Zinseinzahlungen und Zinsauszahlungen

- Sachverhalt: Eine Bank habe Provisionsaufwendungen von 100 € gehabt und Provisionserträge von 200 € erzielt. Außerdem seien ihr Zinsen von 300 € zugeflossen. Der Zinsaufwand habe 100 € betragen. Im Jahresüberschuss seien zusätzlich Abschreibungen von 50 € bei den Sachanlagen vorgenommen worden. Der Jahresüberschuss betrage 700 €.
- 1. Schritt: Bereinigung um zahlungsunwirksame Jahresüberschussbestandteile:

Ausgangsgröße:	Jahresüberschuss	700 €
	+ Bereinigung um Abschreibungen	50 €
	= Jahresüberschuss bereinigt (Zahlungsstromebene)	750 €

- 2. Schritt: Korrektur des Jahresüberschusses zum Einzelausweis von Zinszahlungen

Ausgangsgröße:	In Schritt 1 bereinigter Jahresüberschuss	750 €
	./. Zinsertrag	300 €
	+ Zinsaufwand	100 €
	= Jahresüberschuss nach (technischen) Korrekturen	550 €

- **Separater Ausweis der Zinszahlungen in der Gliederung der Kapitalflussrechnung**

- Erhaltene Zinsen	+	300 €
- Gezahlte Zinsen	./.	100 €

In der Praxis der Darstellung der Kapitalflussrechnung werden die Bereinigungen des 1. Schrittes und des 2. Schrittes bisweilen in einer Summe ausgewiesen, obwohl es sich um zwei fundamental unterschiedliche Korrekturen handelt.

Die erste Bereinigung ist inhaltlich begründet. Sie ergibt sich daraus, dass in der Ausgangsgröße der Kapitalflussrechnung – bei der indirekten Methode in der Regel der Jahresüberschuss – in den zugrunde liegenden Erträgen und Aufwendungen sowohl zahlungswirksame als auch zahlungsunwirksame Bestandteile vorhanden sind. Die zahlungsunwirksamen Bestandteile sind zu eliminieren, damit die solchermaßen bereinigte Ausgangsgröße auf eine Zahlungsmittelebene gebracht wird. Demgegenüber nimmt die zweite Art von Bereinigung lediglich eine technisch erforderliche Korrektur vor, wenn an anderer Stelle innerhalb der Kapitalflussrechnung ein gesonderter Ausweis dieser Position vorgenommen wird.

Im Unterschied zu den Zinsen ist eine Bereinigung des Jahresüberschusses um beispielsweise Provisionen so lange nicht erforderlich, wie kein Einzelausweis als Einzahlungen oder Auszahlungen erfolgt. Sollte sich die rechnungslegende Bank allerdings aus geschäftspolitischen Gründen entschließen, die Zahlungsströme, die durch provisionsträchtiges Geschäft ausgelöst wurden, ebenfalls gesondert auszuweisen, ist der Jahresüberschuss genauso zu bereinigen, wie dies bei den Zinsen notwendig wurde. Ansonsten käme es zu einem Doppelausweis – wiederum implizit innerhalb des Jahresüberschusses (als Provisionsertrag und als Provisionsaufwand) sowie explizit in der Gliederung der Kapitalflussrechnung (als Provisionseinzahlung und als Provisionsauszahlung).

Technische Korrekturen zum separaten Ausweis von Einzahlungen und Auszahlungen

Varianten des Ausweises von Bereinigungen und (technischen) Korrekturen in der Kapitalflussrechnung

■ 1. Zusammengefasste Darstellung

	Jahresüberschuss	700 €
./.	Bereinigung um zahlungsunwirksame Bestandteile sowie (technische) Korrekturen zum Zwecke des gesonderten Ausweises von Ein- und Auszahlungen	150 €
=	Zwischensumme	550 €

■ 2. Differenzierte Darstellung:

	Jahresüberschuss	700 €
+	Bereinigung um zahlungsunwirksame Bestandteile	50 €
./.	Korrektur zum Einzelausweis von Zinseinzahlungen (./. 300 €) und Zinsauszahlungen (+100 €)	200 €
=	Zwischensumme	550 €

Ein Ausweis aller Korrekturen in einer Summe vermeidet Interpretationsmissverständnisse. Durch einen einzigen Korrekturposten wäre klargestellt, dass es sich um der indirekten Methode systemimmanente Korrekturen handelt, die vornehmlich rechentechnisch bedingt sind. Allerdings könnte die Korrekturposition eine außergewöhnliche Größenordnung annehmen, die wiederum Rückfragen auslösen würde.

Sowohl IAS 7 als auch FAS 95 als auch DRS 2 verlangen selbst bei Anwendung der indirekten Darstellungsmethode einen gesonderten Ausweis von Zahlungsströmen für die Investitions- und für die Finanzierungstätigkeit.

Für die Darstellung der Einzahlungen aus Veräußerungen von Vermögensgegenständen, zum Beispiel von Sachanlagen, ist bei der praktischen Aufstellung der Kapitalflussrechnung zu bedenken, dass sich bei Veräußerungsvorgängen einerseits ein Ertrag ergibt, andererseits aber auch ein Aufwand aus dem Buchwertabgang des Vermögensgegenstandes zu verzeichnen ist. Beides ist aus dem Jahresüberschuss zu eliminieren, wenn die Einzahlungen innerhalb der Gliederung der Kapitalflussrechnung als separate Position offengelegt werden. Diese Eliminierung folgt dem gleichen Grundgedanken der Bereinigung, die oben unter dem 2. Schritt gezeigt wurde; sie vermeidet eine doppelte Berücksichtigung, nämlich implizit im Jahresüberschuss sowie explizit in einer gesonderten Zeile der Kapitalflussrechnung.

Korrekturen bei indirekter Darstellungsmethode

Zwei Korrekturschritte

- Indirekte Ableitung der Zahlungszuflüsse aus laufender Geschäftstätigkeit aus der Gewinn- und Verlustrechnung durch
  - Korrektur des Jahresüberschusses um zahlungsunwirksame Bestandteile (insbesondere Bereinigung um Abschreibungen, Wertberichtigungen, latente Steuern und Rückstellungsveränderungen) sowie
  - Korrektur der zahlungswirksamen Erträge aus der Veräußerung von Vermögensgegenständen (insbesondere Bereinigung um Veräußerungsgewinne/Veräußerungsverluste, weil die Einzahlungen gesondert ausgewiesen werden)

Der Saldo aus Ertrag und Aufwand ergibt den Veräußerungsgewinn. Kapitalflussrechnungen nach der indirekten Methode weisen deshalb häufig die Position „Gewinn aus der Veräußerung von (zum Beispiel) Sachanlagen“ als Korrekturposition aus. Dabei steht für den Saldo Gewinn (Verlust) die entsprechende Einzahlung, die wiederum in einer anderen Zeile der Kapitalflussrechnung erscheint (im Beispiel unter dem Cash Flow aus Investitionstätigkeit als Position „Einzahlungen aus der Veräußerung von Sachanlagen“). Die Korrektur ergibt sich mithin aus rechentechnischen Gründen.

Demgegenüber wird der Erwerb von Vermögen bilanziell erfolgsneutral verbucht, so dass der Jahresüberschuss unberührt bleibt. Demzufolge sind bei Erwerbsvorgängen für die praktische Aufstellung der Kapitalflussrechnung keine Korrekturen des Jahresüberschusses notwendig.

Nach den im 1. Schritt sowie im 2. Schritt vorgenommenen Korrekturen wird in der Praxis üblicherweise eine Zwischensumme gezogen. Die Zwischensumme ist nicht obligatorisch. Sie trennt jedoch deutlich erkennbar die bloße Bereinigung von dem unmittelbar anschließenden Bereich, in dem Zahlungsmittelveränderungen aus operativer Geschäftstätigkeit aufgegliedert werden, die aus nicht bereits im Jahresüberschuss enthaltenen Zahlungsflüssen resultieren oder – wie beispielsweise bei Zinsen – gesondert gezeigt werden.

Wurden alle oben beschriebenen Bereinigungen vorgenommen und ggf. eine Zwischensumme gebildet, sind ergänzend noch diejenigen Zahlungsvorgänge zu erfassen, die die Gewinn- und Verlustrechnung nicht tangiert haben. Es handelt sich hierbei um Zahlungsströme aus erfolgsneutralen Veränderungen der der operativen Geschäftstätigkeit zugeordneten Aktiva und Passiva. In der Praxis wird dieser Teil in der Regel eingeleitet mit der Bezeichnung „Veränderung des Vermögens und der Verbindlichkeiten aus operativer Geschäftstätigkeit nach Korrektur um zahlungsunwirksame Bestandteile“.

6. Darstellung der Kapitalflussrechnung

6.1 Grundlagen

Kennzeichen der Kapitalflussrechnung mit ausgegliedertem Zahlungsmittelfonds ist, dass ein festgelegter Zahlungsmittelfonds vom Beginn einer Periode bis zum Ende einer Periode fortzuentwickeln ist. Die Zahlungsmittel verändern sich primär durch Einzahlungen und Auszahlungen, die nach Art der Herkunft oder Verwendung aufgegliedert zu zeigen sind. Zusätzlich sind weitere Veränderungen des Fonds zu erfassen und auszuweisen.

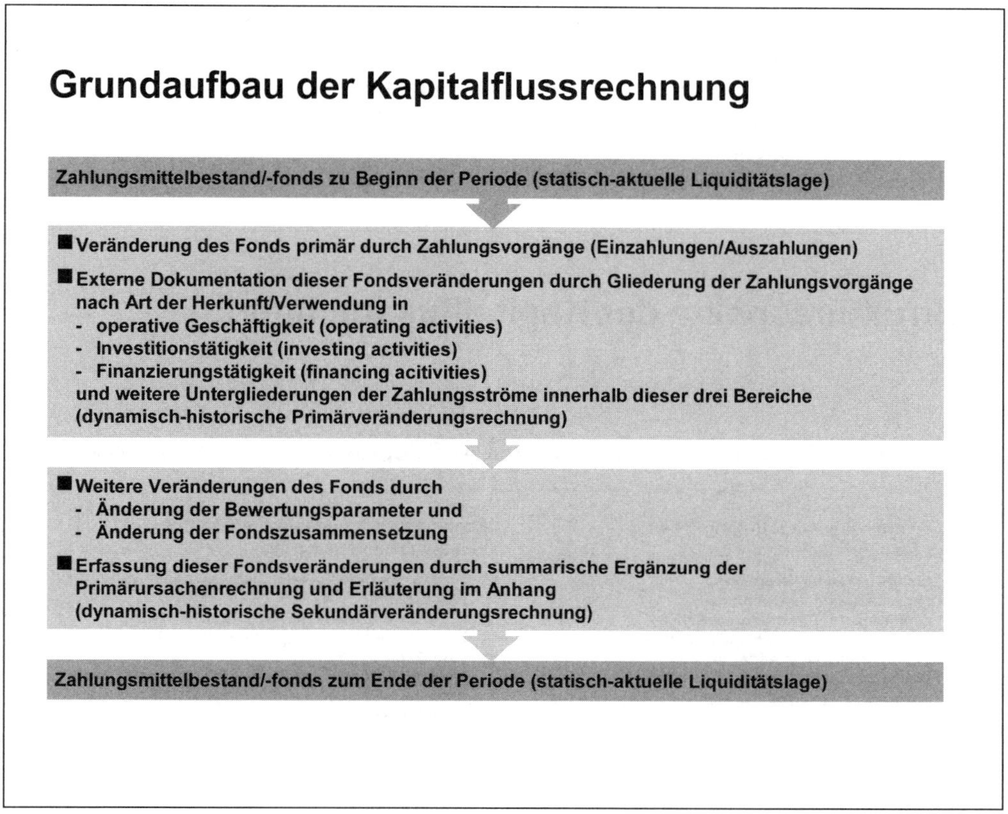

Aus dieser Anforderung ergeben sich verschiedenartige Problembereiche. Nach einer Entscheidung, ob die Zahlungsströme grundsätzlich direkt ausgewiesen oder durch Ableitung aus Größen der Gewinn- und Verlustrechnung generiert werden sollen, geht es insbesondere um Gliederungsfragen. Die Einflussfaktoren auf die Veränderung der Liquidität sind extern zu dokumentieren. Dabei ist von dem bilanzierenden Kreditinstitut darüber zu befinden, wie die Gliederung ausfallen soll und inwieweit einzelne Gliederungspositionen brutto oder netto (im Sinne von Einzahlungsüberschüssen) offengelegt werden sollen. Es ist also zu überlegen, wie detailliert die Veränderungen des Zahlungsmittelfonds sowie dessen zahlungsmittelunwirksame Änderungen (die den absoluten Wert des Zahlungsmittelbestandes nicht berühren, nur dessen Zusammensetzung) externen Adressaten gezeigt werden, mithin welche Positionen im einzelnen auszuweisen sind.

Sowohl IAS 7 als auch FAS 95 sowie der allgemein gültige DRS 2 treffen hierzu relativ vage Aussagen. DRS 2-10 enthält einige Zuordnungsregeln, aber ebenfalls relativ geringe explizite Ausweisvorschriften. Abgesehen von dem Pflichtausweis bestimmter Positionen verbleibt durchaus Raum für institutsindividuelle Lösungen. Eine Bank kann also durchaus innerhalb eines vorgegebenen Rahmens entscheiden, welche Positionen für eine Offenlegung in der Kapitalflussrechnung als wesentlich – im Sinne der geschäftspolitischen Ausrichtung – gelten. Deshalb finden sich in der internationalen Praxis von Unternehmen und Banken hinsichtlich der Gliederungstiefe keine völlig einheitlichen Darstellungen.

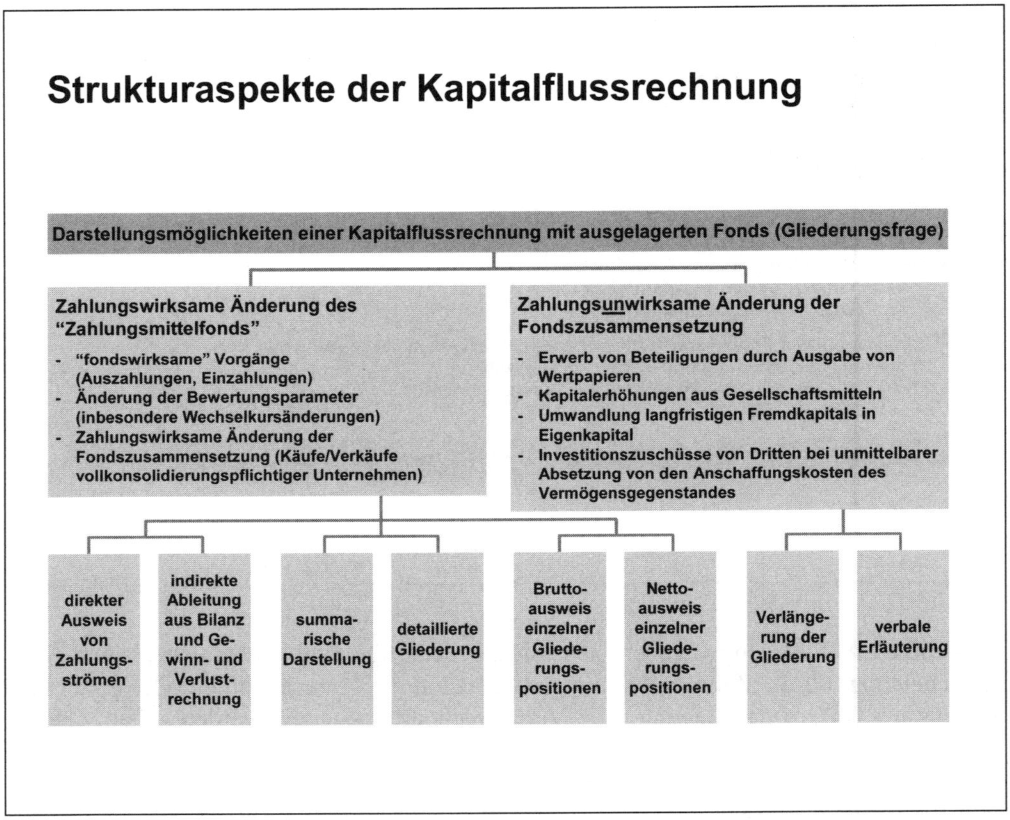

6.2 Zahlungsströme aus operativer Geschäftstätigkeit

Ziel der Kapitalflussrechnung ist nicht nur eine bloße Darstellung der Veränderungen des Finanzmittelfonds in der abgelaufenen Periode. Es geht vielmehr darum, die Quellen, aus welchen der Finanzmittelfonds „gespeist" worden ist, zu zeigen. Dabei ergibt sich aus IAS 7.10 eine Dreiteilung der Tätigkeitsbereiche in operative (laufende) Geschäftstätigkeit, Investitionstätigkeit und Finanzierungstätigkeit.

Nach IAS 7.6 gelten als operative Geschäftstätigkeiten die wesentlichen erlöswirksamen Tätigkeiten eines Unternehmens. Nach IAS 7.13 gibt der Zahlungsstrom aus laufender Geschäftstätigkeit entscheidende Hinweise darauf, inwieweit ein Unternehmen ausreichend Mittelzuflüsse erwirtschaften konnte, um Verbindlichkeiten zu begleichen, die operative Geschäftstätigkeit aufrecht zu erhalten, Dividenden zu zahlen und Erweiterungsinvestitionen durchführen zu können, ohne auf sonstige Finanzierungsquellen angewiesen zu sein.

Der Cash Flow aus operativer Geschäftstätigkeit leitet sich nach IAS 14 von den wichtigsten Aktivitäten zur Erzielung von Einkünften ab. Damit legt IAS 7 den Schwerpunkt der operativen Geschäftstätigkeit auf das originäre Geschäft eines Unternehmens, das Kerngeschäft. Diejenige Geschäftstätigkeit, durch die sich ein Unternehmen auszeichnet, mit der sich das Unternehmen selbst in Verbindung bringt, ist seine übliche, regelmäßige Tätigkeit. Das Ergebnis, das das Unternehmen aus seiner gewöhnlichen Geschäftstätigkeit erzielt, wird allgemein als Ergebnis aus dem operativen Geschäft bezeichnet.

IAS 7.14 zählt einige Zahlungsströme für die operative Geschäftstätigkeit von Nichtbanken auf. In IAS 7.15 heißt es wörtlich: Veränderungen des Zahlungsmittelbestandes „by financial institutions are usually classified as operating activities since they relate to the main revenue-producing activity of that enterprise“. Insofern geht es um die Darstellung der Innenfinanzierung[19]. IAS 7.14 stellt mithin klar, dass Mittelzuflüsse aus der operativen Geschäftstätigkeit vornehmlich aus der umsatzbezogenen Tätigkeit stammen, die bei einer Bank nach IAS 7 als weit gefasst angesehen wird. Es geht mithin um die Darstellung der Innenfinanzierung, die in erster Linie aus der umsatzbezogenen Unternehmenstätigkeit stammt.

Banken haben keine Umsatzerlöse im klassischen Sinn. § 34 Abs. 2 RechKredV enthält eine Definition von Komponenten eines Gesamtbetrages, der zusammengenommen als Äquivalent der industriellen Umsatzerlöse anzusehen ist.[20] Die Komponenten dieses Gesamtbetrages stellen dar: Zinserträge, laufende Erträge aus Aktien und anderen nicht festverzinslichen Wertpapieren, Beteiligungen, Anteilen an verbundenen Unternehmen, Provisionserträge, Nettoertrag aus Finanzgeschäften sowie Sonstige betriebliche Erträge. Werden hierzu die entsprechenden Aufwandsgrößen hinzugefügt – einschließlich der Risikovorsorge und der Verwaltungsaufwendungen –, so ergibt sich als Saldo das Betriebsergebnis. Insofern bildet das Betriebsergebnis innerhalb der Gewinn- und Verlustrechnung die banktypische Geschäftstätigkeit zweckadäquat ab. Diese Definition des Betriebsergebnisses lässt nicht nur die aus dem Jahresüberschuss abgeleiteten zahlungswirksamen Aufwendungen und Erträge, sondern auch die aus den Veränderungen der Bilanzpositionen resultierenden Zahlungsströme in die operative Geschäftstätigkeit einfließen.

---

19 Vgl. WYSOCKI, K. VON, IAS 7 Kapitalflussrechnungen (Cash Flow Statements), a.a.O. Tz. 49.

20 Vgl. hierzu auch Abschnitt 3.2.2 im Beitrag „Bilanz, Gewinn- und Verlustrechnung sowie Notes“.

Übertragen auf eine Kapitalflussrechnung lässt sich daraus ableiten, dass der Zahlungsfluss aus der laufenden Tätigkeit in Analogie zu diesen Erkenntnissen abgegrenzt werden sollte[21]. Folgerichtig formuliert DRS 2-10.17, dass die Abgrenzung des Zahlungsflusses aus der laufenden Geschäftstätigkeit der Zusammensetzung des Betriebsergebnisses folgt.

DRS 2-10 zur Zuordnung zur operativen Geschäftstätigkeit

Cash Flow aus operativer Geschäftstätigkeit

- „Kreditinstitute definieren den Cash Flow aus laufender Geschäftstätigkeit entsprechend der operativen Geschäftstätigkeit; die Abgrenzung folgt der Zusammensetzung des Betriebsergebnisses." (DRS 2-10.17)
- „Erhaltene und gezahlte Zinsen sowie erhaltene Dividenden sind bei Kreditinstituten dem Cash Flow aus laufender Geschäftstätigkeit zuzuordnen." (DRS 2-10.29)

Während DRS 2-10.29 hinsichtlich der Zuordnung der Zinsen eine klare Vorgabe zugunsten der operativen Geschäftstätigkeit trifft, enthält IAS 7 hierzu ein Wahlrecht. Alternativ zu einer Zuordnung zur laufenden Geschäftstätigkeit wäre eine Subsumtion unter die Finanzierungstätigkeit denkbar. Entsprechend dieser Zuordnungsmöglichkeit wären dann also Zahlungsströme aus der Fremdkapitalaufnahme und für deren Rückzahlung – wie üblicherweise bei Nichtbanken so gehandhabt – der Finanzierungstätigkeit zuzuordnen. Dies resultierte daraus, dass die Zahlungsströme aus der Kreditvergabe und -tilgung als Investitionstätigkeit angesehen würden. In dieser Weise abgeleitet erschiene die operative Geschäftstätigkeit eng begrenzt. Hiermit korrespondiert die beispielhaft abgedruckte Kapitalflussrechnung (nach der direkten Methode) in Example 3 von FAS 95 – ohne allerdings theoretische Überlegungen hinsichtlich der Zuordnung voranzustellen. Mit ihrem Wechsel von IAS auf die US-GAAP hat die Deutsche Bank gleichzeitig die Struktur ihrer Kapitalflussrechnung entsprechend verändert. Die von amerikanischen Banken publizierten Kapitalflussrechnungen weisen allerdings ein eher willkürliches Spektrum von Zuordnungen auf die Cash-Flow-Bereiche auf.

---

21 So schon BELLAVITE-HÖVERMANN, Y./LÖW, E., Kapitalflussrechnungen von Banken, a.a.O., S. 120-121.

Im Gegensatz zu FAS 95 ist die von IAS 7.15 beschriebene breite Zuordnung zur operativen Geschäftstätigkeit – die sich im übrigen auch im Musterbeispiel des Anhangs von IAS 7 für eine Bank wiederfindet – sachlogisch begründbar und folgt einer nachvollziehbaren Grundüberlegung. Insofern ist der Zahlungsstrom aus laufender Geschäftstätigkeit bei Kreditinstituten auch weiter gefasst als bei Unternehmen anderer Branchen. Dementsprechend werden die Bereiche der Investition und der Finanzierungstätigkeit eingeschränkt und eng abgegrenzt. Begrüßenswerter Weise schließt sich DRS 2-10 diesen Überlegungen an.

„Da sich die Definition des Cash Flows aus laufender Geschäftstätigkeit am Betriebsergebnis orientiert, fließen die aus dem Jahresüberschuss abgeleiteten zahlungswirksamen Aufwendungen und Erträge sowie ggf. die Zahlungsströme, die auf Veränderungen der Bilanzpositionen durch operative Geschäftstätigkeit zurückgehen, in den Cash Flow aus laufender Geschäftstätigkeit ein (z.B. Risikovorsorge)“ (DRS 2-10.19). Dies entspricht im übrigen auch den ersten Kapitalflussrechnungen deutscher Banken im Jahr 1995, nämlich der Deutschen Bank unter IAS sowie der HypoVereinsbank unter HGB.

In Bezug auf die Offenlegung einzelner Positionen bei der Veränderung des Vermögens und der Verbindlichkeiten aus operativer Geschäftstätigkeit bestehen nach IAS 7 nahezu keine festen Vorgaben. Die beispielhafte Aufzählung von Aktivitäten im Bereich der operativen Geschäftstätigkeit von IAS 7.14 schreibt zwar die Zuordnung zur operativen Geschäftstätigkeit vor, so gut wie nicht jedoch den Ausweis bestimmter Einzelpositionen[22]. Dies gilt auch für das im Anhang von IAS vorgestellte Muster einer Kapitalflussrechnung für Banken, das insoweit lediglich die breite Zuordnung zur operativen Geschäftstätigkeit verdeutlicht.

Eine konkrete Zuordnungsvorschrift enthält allerdings IAS 7.15. Danach gehören Zahlungsflüsse aus Käufen oder Verkäufen von Wertpapieren des Handelsbestandes in den Cash Flow aus operativer Geschäftstätigkeit.

IAS 7 wurde im Zuge der Veröffentlichung von IAS 39 nicht angepasst. Bereits vor IAS 39 bestand für sogenannte Short Term Investments nach IAS 25 die Verpflichtung einer mark to market-Bilanzierung, was sich im Handelsbereich in einer Aktivierung von dem Handel angehörenden festverzinslichen und nicht-festverzinslichen Wertpapieren, aber auch der zugehörigen positiven wie negativen Marktwerte der eingesetzten Derivate niedergeschlagen hat. Durch IAS 39 ist insoweit keine Änderung eingetreten.

Für die Interpretation von IAS 7.15 stellt sich mithin die Frage der Handhabung von positiven und negativen Marktwerten der Derivate. Die Marktwertänderungen durchlaufen periodengleich die Gewinn- und Verlustrechnung. Im Zusammenhang mit technisch durchzuführenden Bereinigungen bei Wahl der indirekten Darstellungsmethode wurde die Auffassung vertreten, eine Bereinigung sei dann erforderlich, wenn eine Trennung von realisierten und unrealisierten Komponenten mit vertretbarem Aufwand möglich ist.

---

22 Vgl. hierzu die gesonderten Ausführungen an späterer Stelle.

Die schnelle Umschichtung von Handelspositionen spricht allerdings dafür, dass eine Nichtbereinigung kaum zu einer gravierenden Informationsbeeinträchtigung führen dürfte.

Daraus ergibt sich die Forderung nach einer konsequenten Behandlung in der Kapitalflussrechnung. Sind die erforderlichen Informationen mit angemessenem Aufwand verfügbar, hat eine Bereinigung des Jahresüberschusses zu erfolgen. Daraus ergibt sich zwingend, dass die Wertveränderungen der korrespondierenden Bilanzpositionen als solche ebenfalls nicht als Einzelpositionen in der Kapitalflussrechnung noch im Zusammenhang mit den entsprechenden physischen Wertpapieren in einer Gesamtposition ausgewiesen werden dürfen. Der resultierende Zahlungsstrom ist in diesem Fall erst dann in die Kapitalflussrechnung aufzunehmen, wenn die Gewinne durch Veräußerung, Abtretung oder Schließung der Position tatsächlich realisiert sind.

Ist eine Trennung der Handelsaktivitäten in realisierte und unrealisierte Komponenten indes nicht mit vertretbarem Aufwand möglich, so ist für die Kapitalflussrechnung zu unterstellen, dass die gesamten Handelsaktivitäten zu dem Zeitpunkt zu Zahlungsmittelzuflüssen oder -abflüssen geführt haben, zu welchen die Fair Value-Änderungen die Gewinn- und Verlustrechnung durchlaufen haben. In diesem Fall ist eine Ausweistrennung von Zahlungsströmen der Handelsaktivitäten in die Komponenten Wertpapiere und Derivate obsolet; die Zahlungsströme lassen sich zusammengefasst in einer Gesamtposition für die Handelsaktivitäten – jedoch in Bruttodarstellung getrennt für Ein- und Auszahlungen – offen legen.

Verbriefte Verbindlichkeiten sind nach IAS 7.17 grundsätzlich der Finanzierungstätigkeit zuzuordnen. Allerdings ist eine differenzierte Zuordnung von unverbrieften Verbindlichkeiten unter operative Geschäftstätigkeit und von verbrieften Verbindlichkeiten unter Finanzierungstätigkeit für eine Bank unzweckmäßig. Deshalb sollte hier von der Generalklausel des IAS 7.11 Gebrauch gemacht und dem Ausweis im Rahmen der operativen Geschäftstätigkeit als einer Abbildung, die dem Geschäftsgebaren einer Bank besser entspricht, der Vorzug gegeben werden. Allerdings sollte aus Gründen der Klarheit ein Einzelausweis erfolgen. DRS 2-10.21 hat sich ebenfalls für eine Zuordnung zur operativen Tätigkeit entschlossen, da dies der bankspezifischen Tätigkeit am ehesten gerecht werde.

Zum gesonderten Ausweis bestimmter Positionen in der operativen Geschäftstätigkeit, mithin zur konkreten Aufgliederung, enthält der Standard nur wenige verpflichtende Aussagen. Aus IAS 7.20 geht hervor, dass bei Wahl der indirekten Methode die Veränderungen der der operativen Geschäftstätigkeit zugeordneten Bestände, Forderungen und Verbindlichkeiten festzuhalten sind. Dies bedeutet lediglich, dass sie zu erfassen sind – aus technischen Gründen eine Selbstverständlichkeit: Eine bloße Bereinigung des Jahresüberschusses um zahlungsunwirksame Bestandteile reicht nicht aus. Der Detaillierungsgrad dieser Erfassung wird nicht weiter thematisiert, geschweige denn eine Aussage zum gesonderten Ausweis getroffen.

In Verbindung mit dem für die Berichterstattung des Cash Flow aus Investitions- und Finanzierungstätigkeit geltenden IAS 7.21 ist klar, dass es auf die „wesentlichen“ Positionen ankommt. Dies erlaubt es jedem rechnungslegenden Unternehmen nach IAS 7 aufgrund seiner individuellen Sichtweise zu entscheiden, welche Positionen einzeln aufgeführt werden sollen. Insbesondere hinsichtlich der Offenlegung einzelner Positionen bei Veränderungen des Vermögens und der Verbindlichkeiten aus operativer Geschäftstätigkeit bestehen also keine verbindlichen Vorgaben durch IAS 7.

Nach DRS 2-10.20 haben Kreditinstitute allerdings bestimmte Bilanzpositionen in die Ermittlung der zahlungswirksamen Veränderungen des Vermögens und der Verbindlichkeiten aus laufender Geschäftstätigkeit einzubeziehen. Im einzelnen handelt es sich dabei um Forderungen (getrennt nach Kreditinstituten und Kunden), Wertpapiere (soweit nicht Finanzanlagen), andere Aktiva aus laufender Geschäftstätigkeit, Verbindlichkeiten (getrennt nach Kreditinstituten und Kunden), verbriefte Verbindlichkeiten (soweit sie nicht sonstiges Kapital darstellen) und andere Passiva aus laufender Geschäftstätigkeit.[23]

Für bestimmte, aus dem Jahresüberschuss ableitbare Positionen ist indes nach IAS 7 ein separater Ausweis konkret vorgeschrieben. Außerdem bestimmt IAS 7 für den Regelfall eine Zuordnungsentscheidung für den Cash Flow aus operativer Geschäftstätigkeit. Die entsprechenden Einzelausweispflichten werden etwas später gesondert behandelt.

6.3 Zahlungsströme aus der Investitionstätigkeit

Wie auch beim Cash Flow aus operativer Geschäftstätigkeit ist bei den Zahlungsströmen aus Investitionstätigkeit zu unterscheiden zwischen Zuordnungsfragen (also der Abgrenzung) und Ausweisfragen (mithin der Gliederung).

Nach IAS 7.16 ist die gesonderte Angabe von Zahlungsströmen aus der Investitionstätigkeit von besonderer Bedeutung, da die Cash Flows das Ausmaß angeben, in dem Aufwendungen für Ressourcen getätigt wurden, die künftige Erträge und Zahlungsflüsse erwirtschaften sollen. Zur Verdeutlichung werden in IAS 7.16 im Anschluss einige Beispiele für Zahlungsströme aus der Investitionstätigkeit aufgeführt. Diese zeigen an, dass der Cash Flow aus Investitionstätigkeit Zahlungsströme zur Erschließung neuer Ressourcen aufnehmen soll. Insofern geht es also um Informationen über den Mitteleinsatz für zukünftige Einzahlungsüberschüsse.

Die Zuordnung zum Cash Flow aus Investitionstätigkeit wird insbesondere beeinflusst durch die (enge oder weite) Entscheidung, die für den Cash Flow aus operativer Geschäftstätigkeit getroffen wurde. Unter IAS 7 besteht hier weitgehende Entscheidungs-

---

[23] Vgl. zu den Bilanzpositionen Abschnitt 3.2 im Beitrag „Bilanz, Gewinn- und Verlustrechnung sowie Notes“.

freiheit, so dass es sich letztlich um eine subjektive Zuordnungsentscheidung der bilanzierenden Bank handelt.

Für Kreditinstitute ergibt sich die Zuordnung von Zahlungsströmen zur Investitionstätigkeit mithin als logische Folge der zuvor getroffenen Entscheidung einer Abgrenzung der operativen Geschäftstätigkeit. Bei einer breiten Definition der operativen Geschäftstätigkeit stellen sich die entsprechenden Zahlungsströme als Summe der Einzahlungen und Auszahlungen im Bereich strategischer Investitionen (Desinvestitionen) dar. Folgerichtig gehören nach DRS 2-10.22 zum Cash Flow aus Investitionstätigkeit Ein- und Auszahlungen aus der Veräußerung bzw. dem Erwerb von Anlagevermögen, vor allem Finanzanlagen und Sachanlagen.

DRS 2-10 zur Zuordnung zur Investitionstätigkeit

Cash Flow aus Investitionstätigkeit

- „Zum Cash Flow aus der Investitionstätigkeit gehören bei Kreditinstituten Ein- und Auszahlungen aus Veräußerungen beziehungsweise Erwerb von Anlagevermögen, vor allem
  - Finanzanlagen und
  - Sachanlagen.“

(DRS 2-10.22)

Die Verpflichtung, Ein- und Auszahlungen brutto darzustellen, bedeutet noch keine Gliederungsvorschrift, konkretisiert mithin nicht die einzeln auszuweisenden Positionen (mit Ausnahme der unten behandelten Pflicht zum gesonderten Ausweis von Zahlungsströmen aus Käufen und Verkäufen von Unternehmen und deren Zuordnung zur Investitionstätigkeit). Grundsätzlich besteht hier für das rechnungslegende Kreditinstitut ein Ermessensspielraum. So schreibt IAS 7.21 lediglich vor, „wesentliche“ Zahlungsflüsse (brutto) offen zu legen. Praktisch ergeben sich daraus institutsspezifische Unterschiede. Daher besteht in der Praxis eine institutsindividuell unterschiedliche Handhabung; dies gilt besonders für Banken, die eine Kapitalflussrechnung nach FAS 95 vorlegen.

Aufgrund von Vorgaben durch IAS 38 dürfte sich künftig in zahlreichen Abschlüssen von Kreditinstituten nach IAS auch aktivierte Software als immaterieller Vermögenswert finden. Je nach Akquisitionsverhalten enthalten die Abschlüsse auch aktivierte Geschäftswerte. In diesen Fällen wird es auch in der Kapitalflussrechnung zu weiteren Positionen im Ausweis kommen, nämlich Einzahlungen und Auszahlungen im Bereich der immateriellen Vermögenswerte. Sollten die entsprechenden Beträge indes vernachlässigbar gering sein, werden sie unter der Auffanggröße der Mittelveränderungen aus sonstiger Investitionstätigkeit miterfasst. Außerdem fallen nach DRS 2-10.24 unter die Mittelveränderungen aus sonstiger Investitionstätigkeit beispielsweise Auszahlungen für aktivierte Aufwendungen für die Ingangsetzung und Erweiterung des Geschäftsbetriebs – Aktivierungsmöglichkeiten, die indes in einem Abschluss nach IAS nicht gegeben sind, sich mithin in einer nach IAS erstellten Bilanz nicht finden und daher für die Kapitalflussrechnung nach IAS 7 keine Bedeutung besitzen.

In praktischer Hinsicht ist von Bedeutung, dass sowohl IAS 7 als auch der branchenübergreifende DRS 2 für die Darstellung der Investitionstätigkeit den getrennten Ausweis von Einzahlungen und Auszahlungen verlangen. Es besteht jedoch keine Verpflichtung, die Vorgänge konzernweit mittels einer gesonderten Nebenbuchführung zu erheben. Eine Ableitung aus dem Rechnungswesen ist ebenfalls zulässig. Für die Erstellung einer Kapitalflussrechnung eines Kreditinstituts können daraus gravierende Arbeitserleichterungen resultieren, insbesondere wenn die materielle Bedeutung der zugrunde liegenden Bilanzpositionen in die Überlegung mit einbezogen wird.

So umfasst das Sachanlagevermögen in einem Abschluss eines Kreditinstituts regelmäßig kaum mehr als 1% der Bilanzsumme. Das Finanzanlagevermögen, dessen Bedeutung für die Aktiva sehr gewichtig ist, wird – sofern deutsche Börsenusancen unterstellt werden – innerhalb von zwei Börsentagen zu bezahlen sein. Bei beiden Positionen dürfe es daher kaum fehlerhaft ins Gewicht fallen, wenn zur Darstellung der Auszahlungen vereinfachungsbedingt auf die Zugänge des ohnehin aufzustellenden Anlagespiegels rekurriert wird[24].

Auf die Einzahlungen ist diese Überlegung übertragbar. Dabei ist jedoch zu berücksichtigen, dass nicht nur die Abgänge der vormaligen Vermögenswerte zu erfassen sind. Mit dem Buchwertabgang ist zugleich ein Abgang der entsprechenden Abschreibungen oder Zuschreibungen verbunden. In diesem Sinne zahlungswirksam sind schließlich auch die

---

24 So bereits BELLAVITE-HÖVERMANN, Y./LÖW, E., Kapitalflussrechnungen von Banken, a.a.O., S. 128. Für die Industrie deutlich zurückhaltender WYSOCKI, K. VON, IAS 7 Kapitalflussrechnungen (Cash Flow Statements), a.a.O. Tz. 42: „Es wird ausdrücklich darauf hingewiesen, dass die Auszahlungen im Investitionsbereich nicht identisch sein müssen mit den im Anlagenspiegel unter „Zugänge“ enthaltenen Beträgen. Eine Überleitung von den Veränderungen der einzelnen Bilanzposten zu den Zahlungsvorgängen im Investitionsbereich ist aber stets dadurch möglich, dass von den Gesamtzunahmen laut Bilanzen die auszahlungsunwirksamen (fondsunwirksamen) oder von den Gesamtabnahmen der betreffenden Bilanzposten die einzahlungsunwirksamen (fondsunwirksamen) Vorgänge in Abzug gebracht werden und eine Bereinigung hinsichtlich derjenigen Vorgänge vorgenommen wird, die bereits im Teilbereich der laufenden Geschäftstätigkeit erfasst worden oder Bestandteile des Finanzmittelfonds sind.“

entsprechenden Veräußerungsgewinne. Dies ergibt sich bereits aus der für die indirekte Darstellung der Zahlungsströme entwickelten Überlegung, dass die Veränderung einer Bilanzposition lediglich die erfolgsneutralen Einzahlungen und erfolgsneutralen Auszahlungen umfasst und daher um die erfolgswirksamen Ein- und Auszahlungen zu ergänzen ist. Netto zeigt sich dies in der Gewinn- und Verlustrechnung aber als Veräußerungsgewinn (-verlust) der zugrunde liegenden Position.

Arithmetische Zusammenhänge bei der indirekten Methode und Interpretation der Aussagen (5)

Korrekturen, wenn Einzahlungen und Auszahlungen auszuweisen sind

(1) Wenn keine „Veränderungen von Bilanzpositionen" gezeigt werden dürfen, sondern Einzahlungen und Auszahlungen (insb. Cash Flow aus Investition und Cash Flow aus Finanzierung), sind die Veränderungen von Bilanzpositionen in anderer Form zu zeigen.

(2) Ausgangsgröße:

Veränderung einer Bilanzposition	=	erfolgsneutrale Einzahlungen
	./.	erfolgsneutrale Auszahlungen
Veränderung einer Bilanzposition	=	(alle) Einzahlungen ./. (alle) Auszahlungen
	./.	erfolgswirksame Einzahlungen
	+	erfolgswirksame Auszahlungen
Veränderung einer Bilanzposition	=	Einzahlungen ./. Auszahlungen
	./.	Veräußerungsgewinne

(3) Wenn nur Einzahlungen und Auszahlungen gezeigt werden, ist der Jahresüberschuss, in welchem die erfolgswirksamen Einzahlungen und Auszahlungen enthalten sind, um diese Komponenten (oder verkürzt: um Veräußerungsgewinne/-verluste) zu korrigieren, damit eine Doppelerfassung vermieden wird.

Arithmetische Zusammenhänge bei der indirekten Methode und Interpretation der Aussagen (6)

Praktikabilitätsprobleme der Ableitung von Zahlungsströmen aus der Veränderung einer Bilanzposition

(1) In der Veränderung einer Bilanzposition sind Einzahlungen und Auszahlungen kumuliert vorhanden, eine Differenzierung ist nicht darstellbar.

(2) Ein Einzelausweis von Einzahlungen und Ausahlungen kann beim Anlagevermögen aus dem Anlagespiegel abgeleitet werden, denn

Einzahlungen	=	Abgänge (zu historischen Anschaffungskosten/Herstellungskosten)
	./.	Abgänge der zugehörigen Abschreibungen
	+	Abgänge der zugehörigen Zuschreibungen
	+	Veräußerungsgewinne
Auszahlungen	=	Zugänge (zu Anschaffungskosten/Herstellungskosten)

(3) Bei einem Einzelausweis solcher Einzahlungen und Auszahlungen, die den Jahresüberschuss beeinflusst haben (z.B. Zinsen) wird häufig vereinfacht auf die Erträge und Aufwendungen rekurriert, ohne diese um zahlungsunwirksame Bestandteile zu bereinigen.

Die entsprechend erforderliche Korrektur des Jahresüberschusses um die Veräußerungsgewinne (-verluste) dient ausschließlich der Vermeidung einer zweifachen Berücksichtigung (implizit in der verbliebenen, um zahlungsunwirksame Teile bereinigten Jahresüberschussgröße und nochmals explizit in Form von Einzahlungen). Sie hat rein rechentechnische Gründe und ist nur bei Anwendung der indirekten Methode erforderlich.

Die Ein- und Auszahlungen lassen sich indes nicht aus der Veränderung von Bilanzpositionen ableiten. Hierzu ist vereinfachungsbedingt auf den Anlagespiegel zurückzugreifen. Auf diese Weise lassen sich die Auszahlungen und Einzahlungen aus dem Bereich der Finanzierungstätigkeit in einem vereinfachten Verfahren approximativ relativ leicht ermitteln.

Die Auszahlungen lassen sich unmittelbar aus dem Anlagespiegel ablesen, indem auf die Zugänge (zu Anschaffungskosten) rekurriert wird.

Arithmetische Zusammenhänge bei der indirekten Methode und Interpretation der Aussagen (7)

Berechnung für und Ausweis in der Kapitalflussrechnung
Beispiel 1: Auszahlung

- **Entwicklung in der Bilanz:**

Buchwert Wertpapiere des Anlagevermögens t_{-2}	100
Abschreibungen	20
Buchwert Wertpapiere des Anlagevermögens t_{-1}	80
Abschreibungen	20
Buchwert Wertpapiere des Anlagevermögens t_0	60
Abschreibungen	20
Kauf Wertpapiere des Anlagevermögens zu	*50*
Buchwert Wertpapiere des Anlagevermögens t_1	90

- **Ausweis im Anlagespiegel:**

Stand Anschaffungs-/Herstellungskosten (Wertpapiere des Anlagevermögens) t_0	100
Zugänge	50
Stand Anschaffungs-/Herstellungskosten (Wertpapiere des Anlagevermögens) t_1	150
Stand Abschreibungen (Wertpapiere des Anlagevermögens) t_0	40
laufende Abschreibungen	20
Stand Abschreibungen (Wertpapiere des Anlagevermögens) t_1	60

- **Berechnung für die Kapitalflussrechnung:**

= Zugänge (gemäß Anlagespiegel) = 50

➔ *Ausweis als Auszahlung für den Erwerb von Wertpapieren des Anlagevermögens* *-50*

Einzahlungen ergeben sich durch die Gleichung Abgänge (zu historischen Anschaffungs-/Herstellungskosten) abzüglich Abgänge der entsprechenden Abschreibungen zuzüglich Abgänge eventuell vorgenommener Zuschreibungen zuzüglich Veräußerungsgewinne. Auch diese Größen sind dem Anlagespiegel unmittelbar entnehmbar.

Arithmetische Zusammenhänge bei der indirekten Methode und Interpretation der Aussagen (8)

Berechnung für und Ausweis in der Kapitalflussrechnung
Beispiel 2: Einzahlung

- **Entwicklung in der Bilanz:**

Buchwert Wertpapiere des Anlagevermögens t_{-2}	100
Abschreibungen	20
Buchwert Wertpapiere des Anlagevermögens t_{-1}	80
Abschreibungen	20
Buchwert Wertpapiere des Anlagevermögens t_0	60
Verkauf Wertpapiere des Anlagevermögens zu	*70*
Buchwert Wertpapiere des Anlagevermögens t_1	0

- **Ausweis im Anlagespiegel:**

Stand Anschaffungs-/Herstellungskosten (Wertpapiere des Anlagevermögens) t_0	100
Abgänge	100
Stand Anschaffungs-/Herstellungskosten (Wertpapiere des Anlagevermögens) t_1	0
Stand Abschreibungen (Wertpapiere des Anlagevermögens) t_0	40
Abgänge Abschreibungen (kumuliert)	40
Stand Abschreibungen (Wertpapiere des Anlagevermögens) t_1	0

- **Berechnung für die Kapitalflussrechnung:**

= Abgänge ./. Abgänge von Abschreibungen + Veräußerungsgewinne = 100 ./. 40 + 10 = 70

➔ *Ausweis als Einzahlung aus der Veräußerung von Wertpapieren des Anlagevermögens* *70*

Die beiden getrennt gezeigten Varianten von Auszahlungen und Einzahlungen kommen in der Praxis selbstverständlich innerhalb der gleichen Periode vor. Indem nach IAS ein differenzierter und kein kumulierter Anlagespiegel – wie etwa nach § 34 Abs. 3 RechKredV zugelassen – aufzustellen ist, ergeben sich insoweit ebenfalls keine Erstellungsschwierigkeiten.

Arithmetische Zusammenhänge bei der indirekten Methode und Interpretation der Aussagen (9)

Berechnung für und Ausweis in der Kapitalflussrechnung
Beispiel 3: Auszahlung und Einzahlung in einer Periode

- **Entwicklung in der Bilanz:**

Buchwert Wertpapiere des Anlagevermögens t_{-2}	100
Abschreibungen	20
Buchwert Wertpapiere des Anlagevermögens t_{-1}	80
Abschreibungen	20
Buchwert Wertpapiere des Anlagevermögens t_0	60
Kauf Wertpapiere des Anlagevermögens zu	*50*
Verkauf Wertpapiere des Anlagevermögens zu	*70*
Abschreibungen	10
Buchwert Wertpapiere des Anlagevermögens t_1	30

- **Ausweis im Anlagespiegel:**

Stand Anschaffungs-/Herstellungskosten (Wertpapiere des Anlagevermögens) t_0	100
Zugänge	50
Abgänge	100
Stand Anschaffungs-/Herstellungskosten (Wertpapiere des Anlagevermögens) t_1	50
Stand Abschreibungen (Wertpapiere des Anlagevermögens) t_0	40
laufende Abschreibungen	10
Abgänge Abschreibungen	40
Stand Abschreibungen (Wertpapiere des Anlagevermögens) t_1	10

- **Berechnung für die Kapitalflussrechnung:**

= (1) Zugänge = 50 ➔ *Auszahlung*	*-50*
= (1) Abgänge ./. Abgänge von Abschreibungen + Veräußerungsgewinne = 100 ./. 40 + 10 =70 ➔ *Einzahlung*	*70*

Schließlich sind unter die Kategorie der Investitionstätigkeit noch Zahlungsströme aus Veränderungen des Beteiligungsportfolios zu subsumieren, nämlich Einzahlungen aus dem Verkauf oder Auszahlungen für den Erwerb von konsolidierten Unternehmen und sonstigen Geschäftseinheiten. In der Veröffentlichungspraxis werden diese Zahlungsströme bisweilen auch netto ausgewiesen als Effekte aus Veränderungen des Konsolidierungskreises. Sollte es sich um verhältnismäßig geringe Zahlungsbewegungen handeln, ist gegen den Nettoausweis nichts einzuwenden. Dies gilt umso mehr als nach IAS 7.41 ohnehin u.a. die Kauf- und Verkaufpreise (in den Notes) offen zu legen sind.

Grundsätzlich gehen Auszahlungen für den Erwerb von Unternehmen und Auszahlungen für die Veräußerung von Unternehmen nach IAS 7.39 jedoch jeweils mit dem Kaufpreis abzüglich der erworbenen oder abgegebenen Zahlungsmittel und Zahlungsmitteläquivalente ein und sind daher im Regelfall aus der Kapitalflussrechnung ersichtlich. Dies erklärt sich aus dem besonderen Einfluss solcher Vorgänge auf den Zahlungsmittelbestand eines Konzerns.

Die oben beschriebene Erleichterung ist demnach nicht anwendbar bei Zahlungsströmen, die aus Käufen oder Verkäufen von Unternehmen resultieren. Sie sind vielmehr konzernweit gesondert zu ermitteln. Aufgrund des besonderen strategischen Einflusses auf die Geschäftsaktivität eines Kreditinstituts dürften diese Angaben aber ohnehin vorliegen.

In diesem Zusammenhang stellt sich der Kauf oder Verkauf eines zu konsolidierenden Unternehmens für die Kapitalflussrechnung noch in anderer Weise als Besonderheit dar. So dürfen bei Erwerb oder Veräußerung in der Kapitalflussrechnung nur die tatsächlichen Zahlungsströme gezeigt werden. Insofern ist bei der Ermittlung der Zahlungsströme zu beachten, dass mit Erwerb (Veräußerung) gleichzeitig auch der Zahlungsmittelfonds des entsprechenden (Tochter-) Unternehmens zugeht (abgeht), so dass insoweit Anpassungen vorzunehmen sind.

Wenn Unternehmen gekauft werden, verlassen Zahlungsmittel den Konzern. Gleichzeitig erhält der Konzern durch den Kauf des Unternehmens dessen Zahlungsmittel. Bei Veräußerungen verhält es sich natürlich genau umgekehrt.

Bei Änderungen des Konsolidierungskreises durch Käufe/Verkäufe (oder werden Unternehmen aus anderen Gründen erstmals oder nicht mehr vollkonsolidiert) sind wegen der Vergleichbarkeit der Zahlungsmittel des Konzerns zwischen zwei Perioden weitere Informationen notwendig. Falls Unternehmen erstmals (letztmals) in den Konzernabschluss als vollkonsolidierte Unternehmen einbezogen werden, dürfen in der Kapitalflussrechnung nur die tatsächlichen Zahlungsmittel gezeigt werden.

Der zahlungsmittelwirksame Betrag stellt sich als Kaufpreis (Verkaufspreis) abzüglich der mit dem Unternehmen (Unternehmensanteil) erworbenen (verkauften) Barmittel dar und ist als Mittelabfluss (Mittelzufluss) im Bereich der investiven Geschäftstätigkeit gesondert auszuweisen.

Der Zeitpunkt der Erfassung der zahlungsmittelwirksamen Beträge bemisst sich nach dem Erstkonsolidierungszeitpunkt in der Bilanz und ist mit diesem zu vereinheitlichen. Es ist also erforderlich, eine Synchronität mit den Aufwendungen und Erträgen der Gewinn- und Verlustrechnung sicherzustellen. Da Aufwendungen und Erträge sowie Veränderungen von Buchwerten der Vermögensgegenstände und Schulden der vollkonsolidierten Tochterunternehmen vom Tag der Erstkonsolidierung an als „konzerneigne“ behandelt werden, sind die Veränderungen des Zahlungsmittelbestandes ab diesem Zeitpunkt unter den entsprechenden Gliederungspositionen der Kapitalflussrechnung auszuweisen. Wenn auf das entsprechende Datum bei der Berücksichtigung von Veränderungen des Konsolidierungskreises für die Kapitalflussrechnung zurückgegriffen wird, ist der Gleichlauf gewährleistet.

Bei größeren unterjährigen Akquisitionen ist zudem zu beachten, dass die Veränderungen von Bilanzpositionen durch die hinzuerworbenen (abgegangenen) Vermögensgegenstände stark beeinflusst worden sein können. In diesem Fall ist es unzweckmäßig, auf die Jahresveränderung einer Bilanzposition zu rekurrieren. Statt dessen sollte die Veränderung einer Bilanzposition bis zum Erwerbszeitpunkt (Veräußerungszeitpunkt) sowie (getrennt davon) die Veränderung der durch den Erwerb sprungartig gestiegenen (gefallenen) Position betrachtet werden. Durch Addition der Einzelveränderungen ergibt sich die approximativ korrekte Veränderung des aus der Position resultierenden Zahlungsstromes.

Bei Unternehmen, die nicht vollkonsolidiert, sondern nach der Equity-Methode in einen Konzernabschluss einbezogen werden, stellt sich die Frage, wie Änderungen des Beteiligungsbuchwertes aufgrund der Aktivierung anteiliger Gewinne und der Absetzung der auf die Beteiligung entfallenden Gewinnausschüttungen vom Beteiligungsbuchwert zu behandeln sind. Dem Grundgedanken der Kapitalflussrechnung entspricht eine Korrektur des Jahresüberschusses um (noch) nicht zugeflossene aktivierte Gewinne. Alternativ wird toleriert, von einer solchen Bereinigung abzusehen.

Der Grund liegt in der Fiktion, „dass die anteiligen Jahresergebnisse dem Konzern als Cash Flow zugeflossen sind, dieser die Mittel jedoch umgehend der jeweiligen Unternehmung wieder zur Verfügung gestellt, d.h. reinvestiert hat“[25]. Diese Sichtweise sei insbesondere damit zu rechtfertigen, dass der Konzern einen „maßgeblichen“ Einfluss auf die Geschäfts- und Finanzpolitik des assoziierten Unternehmens ausübe und damit faktisch den Zeitpunkt der Ausschüttung bestimmen könne. In diesem Sinne kann davon ausgegangen werden, dass die Entscheidung hinsichtlich einer Bereinigung des Jahresüberschusses im Ermessen der rechnungslegenden Bank liegt.

6.4 Zahlungsströme aus der Finanzierungstätigkeit

Ebenso wie bei der Begründung des Ausweises von Zahlungsströmen aus der Investitionstätigkeit beschränkt sich IAS 7 auch beim Ausweis von Zahlungsströmen aus der Finanzierungstätigkeit lediglich auf eine kurze Anmerkung. Nach IAS 7.17 ist die gesonderte Angabe der Cash Flows aus der Finanzierungstätigkeit von Bedeutung, da sie nützlich ist für die Abschätzung zukünftiger Ansprüche der Kapitalgeber gegenüber dem Unternehmen. Zur Erläuterung dieser Aussage werden anschließend bestimmte Beispiele enumeriert. Im industriellen Bereich finden sich im Rahmen der Darstellung der Finanzierungstätigkeit Zahlungsströme aus Außenfinanzierungstätigkeiten. Diese stellen sich in den Formen der Aufnahme von Eigenkapital und Fremdkapital dar.

Für Kreditinstitute hat die Emission von verbrieften Verbindlichkeiten, mehr aber noch das Eingehen von Verpflichtungen gegenüber Kunden und gegenüber anderen Kreditinstituten im Vergleich zu Industrieunternehmen eine andere Bedeutung. Bei Kreditinstituten stellt sich die Aufnahme von Fremdkapital eher als typische Geschäftstätigkeit dar. Daraus erklärt sich die oben beschriebene Zuordnung der entsprechenden Zahlungsströme zur operativen Geschäftstätigkeit. Eine unterschiedliche Zuordnung von Zah-

---

[25] Vgl. BIEG, H./REGNERY, P., Bemerkungen zur Grundkonzeption einer aussagefähigen Konzern-Kapitalflussrechnung, BB 1993, Beilage 6 zu Heft 11, S. 1-19, hier S. 16.

lungsströmen aus unverbrieften und verbrieften Verbindlichkeiten wäre für eine Bank im übrigen auch nicht angemessen.

Wird in der Kapitalflussrechnung nach IAS 7 der breiten Zuordnung von Zahlungsströmen zur operativen Geschäftstätigkeit gefolgt, liegt der Schwerpunkt der Zuordnung zur Finanzierungstätigkeit in der Abbildung der Beziehungen zu den Eigenkapitalgebern.

Dem entspricht auch die Zuordnungsentscheidung, die DRS 2-10 vornimmt. So ergibt sich für den Cash Flow aus der Finanzierungstätigkeit eine enge Abgrenzung.

DRS 2-10 zur Zuordnung zur Finanzierungstätigkeit

Cash Flow aus Finanzierungstätigkeit

- „Zum Cash Flow aus der Finanzierungstätigkeit gehören bei Kreditinstituten Zahlungsströme aus Transaktionen mit Eigenkapitalgebern und anderen Gesellschaftern konsolidierter Tochterunternehmen sowie aus sonstigem Kapital."
(DRS 2-10, Tz. 25)
- „Gezahlte Dividenden sind der Finanzierungstätigkeit zuzuordnen und gesondert anzugeben."
(DRS 2-10, Tz. 26)

Unter den Cash Flow aus Finanzierungstätigkeit lassen sich als wesentliche Komponenten Dividendenzahlungen sowie Einzahlungen aus der Emission von Aktien subsumieren. Zu den Auszahlungen gehören darüber hinaus gegebenenfalls Kapitalrückzahlungen und sämtliche weiteren Ausschüttungen. In den Einzahlungen aus Kapitalerhöhungen werden die zahlungswirksamen Erhöhungen des gezeichneten Kapitals und der Kapitalrücklage ausgewiesen.

IAS 7 enthält auch für den Einzelausweis kaum spezifische Anforderungen. Nach IAS 7.21 besteht lediglich die Pflicht, wesentliche Positionen einzeln zu zeigen. Insofern verbleibt dem rechnungslegenden Kreditinstitut ein gewisser Ermessensspielraum für eine Untergliederung der Finanzierungstätigkeit.

Als Mindestangaben unter der Finanzierungstätigkeit verlangt der bankspezifische DRS 2-10.27 den Ausweis von Einzahlungen aus Eigenkapitalzuführungen, Auszahlungen an Unternehmenseigner und Minderheitsgesellschafter, Dividendenzahlungen, sonstige Auszahlungen sowie als Saldogröße Mittelveränderungen aus sonstigem Kapital.

DRS 2-10 über Mindestangaben zur Finanzierungstätigkeit

Abgabepflichten (DRS 2-10, Tz. 27)

- Einzahlungen aus Eigenkapitalzuführungen
- Auszahlungen an Unternehmenseigner und Minderheitsgesellschafter
- Dividendenzahlungen
- Sonstige Auszahlungen
- Mittelveränderungen aus sonstigem Kapital (Saldo)

Bei dem sonstigen Kapital handelt es sich nach der Definition von DRS 2-10.8 um bankaufsichtsrechtliches Ergänzungskapital, darunter Nachrangkapital wie nachrangige Verbindlichkeiten, Genussrechte sowie bankaufsichtsrechtliches Kernkapital, etwa Vermögenseinlagen stiller Gesellschafter.

Für die gezahlten Dividenden, die nach IAS 7.34 wahlweise auch der laufenden Geschäftstätigkeit zugeordnet werden dürfen, präzisiert DRS 2-10.26 einen Pflichtausweis unter der Finanzierungstätigkeit bei einem Kreditinstitut.

6.5 Gesonderter Ausweis von Einzelpositionen

6.5.1 Allgemeine Anforderungen

So, wie die Gewinn- und Verlustrechnung ein Unterkonto des Eigenkapitalkontos ist, so lässt sich die Kapitalflussrechnung als ein Unterkonto des Kontos Zahlungsmittel verstehen. Ebenso, wie sich die Gliederung der Gewinn- und Verlustrechnung statt in einer Kontoform in einer Staffelform darstellen lässt, ist es üblich – und von IAS 7 auch vorgeschrieben – die Änderungen des Kontos Zahlungsmittel in einer Staffelform auszuweisen.

Die Gewinn- und Verlustrechnung verdeutlicht in ihrer Gliederung, durch welche Geschäfte sich das Eigenkapital während einer Periode verändert hat. Die von den Geschäften ausgelösten Aufwands- und Ertragspositionen werden offengelegt. IAS 30 enthält für Kreditinstitute entsprechende Anforderungen an den Einzelausweis.

In der Kapitalflussrechnung werden Zahlungsmittel aufgeschlüsselt und die dahinter stehenden Geschäfte in Zahlungsströmen abgebildet. Um so erstaunlicher ist es, dass es sowohl in IAS 7 als auch in FAS 95 nur rudimentäre Verpflichtungen zum gesonderten Ausweis von Einzelpositionen gibt.

Gesonderter Ausweis von Einzelpositionen

Gliederungstiefe innerhalb der Geschäftstätigkeiten

- Detailaufgliederung innerhalb der Geschäftstätigkeiten grundsätzlich frei wählbar
- Gesonderter Ausweis gefordert für
  - gezahlte und (gesondert davon) erhaltene Zinsen (IAS 7.31)
  - erhaltene Dividenden (bei Banken nach IAS 7.33 üblicherweise im Cash Flow aus operativer Geschäftstätigkeit)
  - gezahlte Dividenden (nach IAS 7.34 wahlweise im Cash Flow aus operativer Geschäftstätigkeit oder aus Finanzierungstätigkeit)
  - Ertragsteuerzahlungen (nach IAS 7.35 im Cash Flow aus operativer Geschäftstätigkeit)
  - außerordentliche Ein- und (getrennt davon) Auszahlungen (IAS 7.29)

6.5.2 Zinsen und Dividenden

Cash Flows aus erhaltenen und gezahlten Zinsen und Dividenden sind entsprechend IAS 7.31 gesondert anzugeben. In IAS 7.33 findet sich ein seltener Hinweis an die Adresse von Kreditinstituten. Dort heißt es, dass gezahlte Zinsen sowie erhaltene Zinsen und Dividenden bei einer Finanzinstitution im Normalfall als Cash Flows aus der betrieblichen Tätigkeit klassifiziert werden. Dementsprechend legt DRS 2-10.29 für Kreditinstitute verbindlich fest, dass erhaltene und gezahlte Zinsen sowie erhaltene Dividenden dem Cash Flow aus laufender Geschäftstätigkeit zuzuordnen sind.

Für die gezahlten Dividenden enthält IAS 7.34 ein Wahlrecht. Diese können dem Finanzierungsbereich zugeordnet werden, da es sich um Finanzierungsaufwendungen handelt. Hierdurch kommt die Verbindung zur Außenfinanzierung besonders deutlich zum Ausdruck, da es sich um Kosten erhaltener finanzieller Ressourcen handelt. Alternativ ist nach IAS 7.34 aber auch möglich, gezahlte Dividenden als Bestandteil der Cash Flows aus der betrieblichen Tätigkeit zu klassifizieren, damit die Fähigkeit eines Unternehmens, Dividenden aus laufenden Cash Flows zu zahlen, leichter beurteilt werden kann. Die Alternative lässt DRS 2-10.26 für Kreditinstitute nicht zu. Danach sind gezahlte Dividenden der Finanzierungstätigkeit zuzuordnen und dort gesondert anzugeben. Insofern finden sich in der Finanzierungstätigkeit die kompletten finanziellen Beziehungen eines Kreditinstituts zu seinen Eigenkapitalgebern, soweit hieraus Zahlungsströme resultieren.

Angesichts der Aussagefähigkeit einer Kapitalflussrechnung für ein Kreditinstitut sowie der entsprechenden Größenordnungen ist es für die praktische Aufstellung einer Kapitalflussrechnung einer Bank nicht erforderlich, die als Forderungen aktivierten bzw. als Verbindlichkeiten passivierten Zinsen, die im Folgejahr gezahlt werden, entsprechend der tatsächlichen Zahlungen zu erfassen und auszuweisen. Es handelt sich grundsätzlich um eine reine Periodenverschiebung. Unterstellt, die Zinserträge und Zinsaufwendungen einer Bank seien von Jahr zu Jahr identisch, hätte eine Bereinigung lediglich Auswirkungen auf die erste und letzte Kapitalflussrechnung. In allen dazwischenliegenden Periodenabschlüssen käme es zu keinem Unterschied im Vergleich zur präzisen Abgrenzung der Zahlungsströme. Dies erklärt sich aus dem revolvierenden Charakter der Abgrenzungsposten.

Würden also die ökonomisch dem Dezember zugehörigen Zinsen erst im Januar beglichen, würde eine präzise Abgrenzung eine Verschiebung des Zahlungsstromausweises in den Januar bewirken. Am Jahresende würden die entsprechenden Zinserträge und -aufwendungen des Dezember wieder aus dem Jahresüberschuss eliminiert und in das Folgejahr übertragen. Die Gesamthöhe der auszuweisenden Zinszahlungen deckt sich mithin ab dem zweiten Jahr der Erstellung einer Kapitalflussrechnung mit den entsprechenden Zinserträgen und Zinsaufwendungen – periodisch konstante Erträge und Aufwendungen unterstellt.

Hinzu kommt, dass es sich bei den potentiell abzugrenzenden Beträgen um solche von untergeordneter Bedeutung handelt. So umfassen die Beträge normalerweise nicht mehr als 5% der Einzelposition Zinsen. Im Verhältnis zum gesamten Cash Flow aus operativer Geschäftstätigkeit liegt die Bedeutung üblicherweise bei höchstens 2,5-3%. Insofern ist es durchaus auch bei steigenden Zinserträgen und -aufwendungen vertretbar, die in der Gewinn- und Verlustrechnung ausgewiesenen Aufwendungen und Erträge ohne weitere Adjustierungen in die Kapitalflussrechnung zu übernehmen[26]. Die Zinseinzahlungen und Zinsauszahlungen würden in diesem Sinne approximiert durch die entsprechenden Ertrags- und Aufwandsgrößen der Gewinn- und Verlustrechnung.

Selbstverständlich bleibt es einer Bank auch unbenommen, die theoretisch zu präferierende Bereinigung vorzunehmen.

6.5.3 Ertragsteuern

IAS 7.35 verlangt die gesonderte Angabe von Cash Flows aus Ertragsteuern im Bereich der operativen Geschäftstätigkeit. Von der Zuordnung zur laufenden Geschäftstätigkeit kann nur abgewichen werden, wenn die Ertragsteuerzahlungen direkt bestimmten Investitions- oder Finanzierungsaktivitäten zugeordnet werden können. „Während Investitions- oder Finanzierungstätigkeiten in der Regel der entsprechende Steueraufwand zugeordnet werden kann, sind die damit verbundenen steuerbezogenen Cash Flows häufig praktisch nicht zu bestimmen und erfolgen unter Umständen in einer anderen Periode als die Cash Flows des zugrunde liegenden Geschäftsvorfalles. Aus diesem Grund werden gezahlte Steuern im Regelfall als Cash Flows aus der betrieblichen Tätigkeit klassifiziert“ (IAS 7.36).

In der Praxis ist die Erfassung der tatsächlichen Zahlungsströme im Bereich der Ertragsteuern bei Konzernunternehmen mit zahlreichen Gesellschaften, die der Besteuerung unterliegen, sehr aufwendig. Hier kann üblicherweise keine direkte Zuordnung von Steuern zu einer entsprechenden Transaktion vorgenommen werden. Aus Vereinfachungsgründen sollte deshalb eine Ermittlung durch Bereinigung des Konzernsteueraufwandes um latente Steuern und Ertragsteuerrückstellungen zulässig sein.

Bei Wahl der indirekten Darstellungsmethode ist zu berücksichtigen, dass der Steueraufwand (ggf. auch der Steuerertrag) durch die Gewinn- und Verlustrechnung gegangen ist. Der im Jahresüberschuss enthaltene Steueraufwand (-ertrag) ist um die gesondert ausgewiesenen Ertragsteuern zu bereinigen, um eine Doppelberücksichtigung zu vermeiden.

Unabhängig davon wird der Jahresüberschuss generell um zahlungsunwirksame Aufwendungen und Erträge bereinigt, etwa um Abschreibungen oder Zuschreibungen. In

---

26 Vgl. BELLAVITE-HÖVERMANN, Y./LÖW, E., Kapitalflussrechnungen von Banken, a.a.O., S. 124.

diesen Bereinigungsschritt fällt auch die Korrektur um latente Steuern sowie die Veränderung der Steuererstattungsansprüche und der Steuerrückstellungen. Aufwendungen für latente Steuern sind mithin dem Jahresüberschuss hinzuzurechnen, weil sie das Periodenergebnis gemindert haben, ohne zahlungswirksam zu sein. Dementsprechend sind Erträge, etwa aus der Zuführung zur aktiven Steuerabgrenzung, wegen ihrer Zahlungsunwirksamkeit vom Jahresüberschuss zu subtrahieren.

Sonstige Steuern gehören grundsätzlich nicht der operativen Geschäftstätigkeit an. Da sie sich aber noch weniger den Cash-Flow-Bereichen der Investition oder Finanzierung zuordnen lassen, wird der Jahresüberschuss nicht um diese Position korrigiert und ein Einzelausweis in einer gesonderten Zeile der Kapitalflussrechnung vorgenommen. IAS 7 toleriert diese Ungenauigkeit der Abgrenzung.

6.5.4 Außerordentliche Posten

Nach IAS 7.29 sind die Cash Flows aus außerordentlichen Posten als Zahlungsströme aus laufenden Tätigkeiten, aus Investitionstätigkeiten oder aus Finanzierungstätigkeiten zu klassifizieren und gesondert anzugeben. Gelingt die differenzierte Zuordnung zu den entsprechenden Cash-Flow-Bereichen nicht, sollte der Vorgang unter der operativen Geschäftstätigkeit ausgewiesen werden. Die gesonderte Ausweispflicht der außerordentlichen Zahlungen begründet sich gemäß IAS 7.30 daraus, dass die Adressaten die Art dieser Zahlungsflüsse und die Auswirkungen auf gegenwärtige und künftige Cash Flows des Unternehmens durch den gesonderten Ausweis einschätzen können.

Es empfiehlt sich für die Kapitalflussrechnung die Definition von außerordentlichen Posten zu übernehmen, die für einen Ausweis von außerordentlichen Aufwendungen und außerordentlichen Erträgen in der Gewinn- und Verlustrechnung gewählt wurde. IAS 8 enthält Definitionen zu außerordentlichen Posten. Nach IAS 8.6 sind außerordentliche Posten Erträge und Aufwendungen, die aus Ereignissen oder Geschäftsvorfällen entstehen, welche sich klar von der gewöhnlichen Tätigkeit des Unternehmens unterscheiden und von denen nicht anzunehmen ist, dass sie häufig oder regelmäßig wiederkehren. Klarstellend weist IAS 8.13 darauf hin, dass diese Unterscheidung von der Art des Ereignisses oder Geschäftsvorfalls im Hinblick auf die gewöhnlich von Unternehmen betriebenen Geschäfte und weniger durch die Häufigkeit, mit der solche Ereignisse erwartet werden oder auftreten, abhängt. Als Beispiele für Ereignisse oder Geschäftsvorfälle, die von den meisten Unternehmen als außerordentlich ausgewiesen werden können, werden in IAS 8.14 Enteignungen von Vermögenswerten oder Erdbeben und andere Naturkatastrophen genannt. Aus der Beschreibung des Postens und den aufgeführten Beispielen ist erkennbar, dass ein Abschluss nach IAS nur in äußerst seltenen Fällen außerordentliche Posten in der Gewinn- und Verlustrechnung enthalten wird. Entsprechend selten wird es dann aber auch in der Kapitalflussrechnung zu einem solchen Ausweis kommen.

Demgegenüber fasst das deutsche Handelsrecht den Begriff der Außerordentlichkeit nicht ganz so eng. Würden insofern bestimmte Restrukturierungsaufwendungen von einem Kreditinstitut im Rahmen seiner Gewinn- und Verlustrechnung als außerordentliche Aufwendungen ausgewiesen, so wären die daraus resultierenden Auszahlungen in der Kapitalflussrechnung ebenfalls als außerordentlich zu bezeichnen. Sie würden die Kapitalflussrechnung in der Periode durchlaufen, in der die tatsächliche Zahlung geleistet wird. Dies kann ein vom Aufwandsausweis in der Gewinn- und Verlustrechnung abweichendes Geschäftsjahr sein.

Wurden beispielsweise für die Schließung von Zweigstellen zu Lasten außerordentlicher Aufwendungen Sozialplanrückstellungen gebildet, während die Auszahlung von Abfindungen an ausscheidende Mitarbeiter in einer anderen Periode erfolgt, so stellt sich dies in der Gewinn- und Verlustrechnung sowie in der Bilanz zunächst als außerordentlicher Aufwand und Erhöhung der Rückstellungen dar. In einer späteren Periode ist der Vorgang als Minderung von Zahlungsmitteln und Minderung der Rückstellungsposition erfolgsneutral abgebildet.

Für die Kapitalflussrechnung ergibt sich daraus, dass die Bildung der Rückstellung als zahlungsunwirksamer Vorgang durch Bereinigung des Jahresüberschusses berücksichtigt wird. In der gleichen Periode kann mangels Zahlungswirksamkeit selbstverständlich kein Ausweis von außerordentlichen Zahlungen erfolgen.

In einer späteren Periode wird dann die Abfindung geleistet (ausgezahlt) und die zugrundeliegende Rückstellung verwendet/aufgelöst. Erst in diesem Moment wird der außerordentliche Aufwand zahlungswirksam und ist – bei Wesentlichkeit – in der Kapitalflussrechnung entsprechend auszuweisen.

Dabei sind zwei Arbeitsschritte auseinander zu halten. Erstens wird bei der Bereinigung des Jahresüberschusses um zahlungsunwirksame Bestandteile im Rahmen der Rückstellungsveränderungen diese Rückstellungsverwendung/-auflösung nicht mitbereinigt, weil in diesem Fall nur die Gesamtveränderung der Position ohne den zahlungswirksamen Anteil zu bereinigen ist, ohne dass unmittelbar auf die Veränderung der Rückstellungen zurückgegriffen werden kann. Zweitens ist die Abfindungsleistung als außerordentliche Auszahlung in der Kapitalflussrechnung auszuweisen. Eine Bereinigung des Jahresüberschusses zur Vermeidung eines Doppelausweises erübrigt sich, da die Auszahlung nicht in der gleichen Periode die Gewinn- und Verlustrechnung durchlaufen hat und der Jahresüberschuss demzufolge keine zu korrigierenden Aufwendungen oder Erträge enthält (die Aufwandsbuchung lag in einer vorausgegangenen Periode und wurde dort bereits als zahlungswirksam korrigiert).

Würde nicht wie oben beschrieben verfahren, so würde im Zahlungszeitpunkt, etwa der Abfindungsleistung, wenn Aufwandsverrechnung und Auszahlung in verschiedene Perioden fallen, der entsprechende außerordentliche Sachverhalt in der Kapitalflussrechnung überhaupt nicht ausgewiesen.

6.6 „Abstimmungsteil" der Kapitalflussrechnung

Die Entwicklung des Zahlungsmittelbestandes vom Beginn bis zum Ende einer Periode wird durch Addition des Cash Flow aus operativer Geschäftstätigkeit, aus Investitionstätigkeit und aus Finanzierungstätigkeit vorbereitet.

Um die Veränderung des Zahlungsmittelbestandes vollständig wiederzugeben, sind Effekte aus Wechselkursänderungen zu berücksichtigen und nach IAS 7.28 gesondert auszuweisen. Wegen der Notwendigkeit, eine Beziehung zwischen dem Zahlungsmittelfonds zu Beginn und am Ende einer Periode herzustellen, sollte die gesonderte Offenlegung zweckmäßigerweise unmittelbar im „Abstimmungsteil" der Kapitalflussrechnung und nicht etwa in dem verbalen Erläuterungsteil erfolgen.

Hinsichtlich der Erstellung einer Konzernkapitalflussrechnung lassen sich verschiedene Möglichkeiten der Ableitung unterscheiden. In der Bankenpraxis völlig vernachlässigbar ist eine unternehmensübergreifende einheitliche Konzernbuchführung. Diese wäre angesichts der Aussagefähigkeit der Kapitalflussrechnung für eine Bank völlig unangemessen.

Alternativ besteht eine Möglichkeit darin, zunächst Einzelkapitalflussrechnungen auf der Ebene der rechtlichen Einheit aufzustellen. Die sich daraus ergebenden Einzelkapitalflussrechnungen wären anschließend – im Falle von Tochtergesellschaften, die in ausländischer Währung operieren, nach Umrechnung der betreffenden Kapitalflussrechnung in die Berichtswährung – um konzerninterne Zahlungsvorgänge zu bereinigen, mithin zu konsolidieren. Auch diese Vorgehensweise ist in der Praxis eher selten anzutreffen.

Die letzte Möglichkeit der Entwicklung einer Konzernkapitalflussrechnung besteht in einer Ableitung aus der vorhandenen Konzern-Gewinn- und Verlustrechnung und der dazugehörigen Konzernbilanz. Hierbei handelt es sich um die am weitesten verbreitete Verfahrensweise, weil sie in praktischer Hinsicht am einfachsten umzusetzen ist.

Wird die Konzernkapitalflussrechnung aus dem Konzernrechnungswesen abgeleitet, mithin auf konsolidierte Daten zurückgegriffen, so sind im Abstimmungsteil der Kapitalflussrechnung lediglich wechselkursbedingte Änderungen des seit der Vorperiode gehaltenen Zahlungsmittelbestandes zu erfassen. Diese resultieren daraus, dass ein in Währung gehaltener Kassenbestand aufgrund einer Abwertung (Aufwertung) der lokalen Währung nunmehr in Konzernwährung gerechnet weniger (oder mehr) wert ist. Diesen Änderungen des Zahlungsmittelfonds liegen keine Ein- oder Auszahlungen zugrunde.

IAS 7.28 enthält für die Ermittlung und Darstellung der wechselkursbedingten Wertänderungen des Zahlungsmittelfonds lediglich den allgemeinen Hinweis, dass die Änderung des Zahlungsmittelbestandes entsprechend zu korrigieren sei um in fremden Währungen gehaltene Bestandsveränderungen. Die Auswirkung von Wechselkursänderungen auf in Fremdwährung gehaltene Zahlungsmittelbestände ist bei der Überleitung des Zahlungsmittelbestandes zu Beginn der Periode auf den Zahlungsmittelbestand am Ende der

Periode getrennt von den Zahlungsströmen aus operativer Geschäftstätigkeit, Investition und Finanzierung zu zeigen. Die entsprechende Position wird in der Praxis zweckmäßigerweise als „Effekte aus Wechselkursänderungen" bezeichnet und üblicherweise vor der Position „Zahlungsmittelbestand zum Ende der Periode" ausgewiesen.

7. Verbale Zusatzerläuterungen in den Notes (im Anhang)

7.1 Vorgeschriebene Angaben

Nach IAS 7 werden einige Angaben zur Kapitalflussrechnung gefordert, die im wesentlichen das Zahlenwerk erläutern oder ergänzen. Dabei geht es vornehmlich um Zusatzangaben zum Zahlungsmittelfonds, um den gesonderten Ausweis bestimmter Zahlungen innerhalb des relevanten Teilbereichs der Kapitalflussrechnung, um Angaben zu wesentlichen, nicht zahlungswirksamen Investitions- und Finanzierungsvorgängen und um die Vermittlung von Informationen über den Erwerb und den Verkauf von Unternehmen und sonstigen Geschäftseinheiten. Darüber hinaus werden einige zusätzliche Offenlegungen auf freiwilliger Basis empfohlen.

Aufgrund der Bedeutung des Zahlungsmittelfonds und seiner Abgrenzung ist nach IAS 7.46 vorgeschrieben, die Bestandteile des Fonds anzugeben. Besondere Bedeutung erlangt diese Verpflichtung, wenn der Zahlungsmittelfonds nicht mit bestimmten Bilanzpositionen übereinstimmt und dadurch nicht aus der Bilanz ersichtlich ist, also beispielsweise Wertpapiere des Handelsbestandes umfassen sollte. Für solche Fälle ist eine Überleitungsrechnung der Komponenten des Zahlungsmittelfonds auf die entsprechenden Bilanzpositionen vorgeschrieben. Dies bedeutet, dass jede Bilanzposition, die Zahlungsmittel und Zahlungsmitteläquivalente enthält, aufzugliedern ist in Teile, die in den Zahlungsmittelfonds einbezogen sind, und in Teile, die in den einzelnen Cash-Flow-Bereichen erfasst werden.

Sollte ein Kreditinstitut die Abgrenzung des Zahlungsmittelfonds entsprechend DRS 2-10 vornehmen, so genügt ein Hinweis, dass der Fonds die nach IAS bilanziell ausgewiesene Barreserve umfasst. Falls die Abgrenzung des Zahlungsmittelfonds in einer Periode geändert wird, ist auf die Auswirkung dieser Änderung nach IAS 7.47 in Verbindung mit IAS 8 einzugehen.

Sollten im Zahlungsmittelfonds Bestände enthalten sein, über die das Kreditinstitut nicht oder nur beschränkt verfügen kann, so ist nach IAS 7.48 darüber zu berichten, weil der Einblick in die Liquiditätslage insoweit eingeschränkt ist. Eine Beeinträchtigung der

Verfügbarkeit ist etwa gegeben, wenn Zahlungsmittel nicht länderübergreifend transferiert werden dürfen. „Eine Beschränkung der Konvertierbarkeit der im internationalen Konzern benutzten Währungen kann darin bestehen, dass die Verwendbarkeit einzelner Währungen auf regionale (nationale) Bereiche begrenzt ist. Die betreffenden Währungen können deshalb nicht oder nur beschränkt in die Zahlungsdispositionen des Gesamtkonzerns einbezogen werden. Eine weitere Folge kann sein, dass die betreffenden Währungen (offiziell) nur zu unrealistischen Kursen in andere Währungen, vor allem in die Berichtswährung des Konzerns, umgetauscht werden können. Es geht schließlich um jene Fälle, in denen Bestände von an sich voll konvertierbaren Währungen durch administrative Maßnahmen der nationalen Regierungen mehr oder weniger strengen Verwendungsbeschränken unterworfen sind“[27]. Das Halten einer Mindestreserve bei einer Zentralnotenbank gehört jedoch nicht zu den Angabepflichten, da die grundsätzliche Verfügbarkeit nicht eingeschränkt ist.

Obwohl in der Bankbilanzierungspraxis selten anzutreffen, ist es jedoch prinzipiell unter bestimmten Voraussetzungen möglich, eine Quotenkonsolidierung vorzunehmen. Dies gilt sowohl für einen Abschluss nach § 310 HGB, grundsätzlich aber auch für eine Bilanzierung unter IAS 31, wobei geringfügige Auffassungsunterschiede zwischen einem Gemeinschaftsunternehmen nach HGB und den „gemeinsam kontrollierten Unternehmen“ („jointly controlled entities“) nach IAS bestehen könnten. Werden Unternehmen quotal konsolidiert, resultieren Verfügungsbeschränkungen daraus, dass über einbezogene Zahlungsmittel nur in Verbindung mit anderen Unternehmen (den weiteren Partnern an dem quotal berücksichtigten Unternehmen) verfügt werden kann. Hierüber wäre gegebenenfalls ebenfalls zu berichten[28].

Die in der Kapitalflussrechnung auszuweisenden zahlungsmittelwirksamen Veränderungen im Bereich der Investition oder der Finanzierung indizieren nur einen Teil der insgesamt vorgenommenen Investitions- oder Finanzierungsmaßnahmen. Zur Vermittlung eines umfassenden Bildes ist es erforderlich, zusätzlich noch die zahlungsmittelunwirksamen Geschäftsvorfälle der Investition oder der Finanzierung zu kennen. IAS 7.43 verlangt deshalb ergänzend eine Angabe der wesentlichen zahlungsunwirksamen Investitions- und Finanzierungsvorgänge. IAS 7.44 nennt hierzu u.a. beispielhaft den Erwerb eines Unternehmens gegen Ausgabe von Anteilen oder die Umwandlung von Verbindlichkeiten in Eigenkapital.

Liegt ein Erwerb oder eine Veräußerung von Unternehmen vor, so zeigt sich dies in der Kapitalflussrechnung als Kaufpreis abzüglich der erworbenen oder abgegebenen Finanzmittel. Der Ausweis erfolgt als Cash Flow aus der Investitionstätigkeit. Zusätzlich sind nach IAS 7.40 in den Notes folgende Angaben offen zu legen: gesamter Kauf- oder Verkaufspreis, Begleichung des Kauf- oder Verkaufspreises durch Zahlungsmittel bzw. Zahlungsmitteläquivalente, Betrag der Zahlungsmittel oder Zahlungsmitteläquivalente,

27 WYSOCKI, K. VON, IAS 7 Kapitalflussrechnungen (Cash Flow Statements), a.a.O., Tz. 127.

28 Vgl. WYSOCKI, K. VON, IAS 7 Kapitalflussrechnungen (Cash Flow Statements), a.a.O., Tz. 127.

die mit dem Erwerb übernommen oder im Zusammenhang mit dem Verkauf abgegeben worden sind sowie Beträge der nach Hauptgruppen gegliederten Vermögenswerte und Verbindlichkeiten mit Ausnahme der Zahlungsmittel und der Zahlungsmitteläquivalente, die übernommen oder abgegeben worden sind.

Über IAS 7 hinausgehend enthält der branchenübergreifende DRS 2 als weitere Mindestangabepflichten den Ausweis der Einzahlungen aus Eigenkapitalzuführungen von Minderheitsgesellschaftern, die Angabe von Auszahlungen an Minderheiten sowie die Aufgliederung von Zahlungsvorgängen im Investitionsbereich nach Investitionen und Desinvestitionen im Bereich des immateriellen Anlagevermögens, des Sachanlagevermögens sowie des Finanzanlagevermögens. Die entsprechenden Maßnahmen im Investitionsbereich dürften bei Kreditinstituten in der Regel entweder von untergeordneter Bedeutung sein (immaterielles Anlagevermögen, Sachanlagevermögen) oder aus entsprechenden Aufgliederungen an anderer Stelle in den Notes ohnehin erkennbar sein (Finanzanlagevermögen), so dass diese Offenlegungsanforderung üblicherweise bei Kreditinstituten keine zusätzlichen Veröffentlichungspflichten auslösen wird.

7.2 Freiwillige Angaben

Über die Pflichtangaben hinausgehend werden von IAS 7 einige zusätzliche Angaben auf freiwilliger Basis empfohlen.

Dazu gehört nach IAS 7.50 (a) die Angabe der nicht ausgenutzten Kreditlinien, die für die künftige Geschäftstätigkeit und zur Kapitalbeschaffung eingesetzt werden können – unter Angabe aller Beschränkungen der Verwendung dieser Kreditlinien.

In den Abschlüssen deutscher Kreditinstitute finden sich kaum quotal konsolidierte Gemeinschaftsunternehmen. Sollte dies ausnahmsweise gleichwohl gegeben sein, so sollte nach IAS 7.50 (b) der Gesamtbetrag der Mittelzuflüsse oder Mittelabflüsse angegeben werden, die sich auf quotal konsolidierte Gemeinschaftsunternehmen beziehen. Die Angabeempfehlung erklärt sich daraus, dass bei quotaler Einbeziehung eines Unternehmens in die Kapitalflussrechnung nur ein Teil der Zahlungsströme des Gemeinschaftsunternehmens in die Kapitalflussrechnung eingeht, andererseits selbst über diesen Teil in der Regel nur im gemeinschaftlichen Zusammenwirken aller Eigner des Gemeinschaftsunternehmens verfügt werden kann.

Nach IAS 7.50 (c) soll die Summe des Betrages der Cash Flows angegeben werden, die Erweiterungen der betrieblichen Kapazität betreffen, im Unterschied zu den Cash Flows, die zur Erhaltung der Kapazität erforderlich sind. Diese Angabeempfehlung zielt eindeutig auf produzierende Industrieunternehmen ab. Sie wird von Kreditinstituten eher selten angewendet werden.

Entsprechend der Bedeutung der Segmentberichterstattung für Externe zur Beurteilung der Leistungsfähigkeit eines diversifizierten Konzerns empfiehlt IAS 7.50 (d) ergänzend zu den Pflichtangaben einer Segmentberichterstattung eine Aufgliederung der Zahlungsflüsse aus laufender Geschäftstätigkeit, aus Investitionstätigkeit und aus Finanzierungstätigkeit nach Unternehmensbereichen und nach Regionen. Angesichts der generell eingeschränkten Aussagefähigkeit einer Kapitalflussrechnung eines Kreditinstituts stellt sich die Frage, inwieweit die Angabe der entsprechenden Informationen lohnenswert ist. Dies gilt umso mehr als die segmentierten Erfolgsgrößen, die nach dem bankspezifischen DRS 3-10 ohnehin auszuweisen sind, einen ausreichenden Einblick in die Leistungsfähigkeit eines Kreditinstituts zu gewähren vermögen.

Anlagen

Anlage 1: Gegenüberstellung wesentlicher Merkmale der Anforderungen an die Erstellung von Kapitalflussrechnungen nach FAS 95 und IAS 7

Grundlage	FAS 95	IAS 7
Erlassende Organisation:	FASB	IASC
Jahr des Erlasses:	1987	1992
Bezeichnung:	Statement of Cash Flows	Cash Flow Statements
Verpflichtungsgrad:	Pflichtbestandteil des Jahresabschlusses	Pflichtbestandteil des Jahresabschlusses
Fondsabgrenzung:	eng: Cash and cash equivalents (FAS 95, Tz. 7-10)	eng: Cash and cash equivalents (IAS 7, Tz. 7)
Bereiche:	Cash Flow from Operating Activities (FAS 95, Tz. 21-24) Cash Flow from Investing Activities (FAS 95, Tz. 15-17) Cash Flow from Financing Activities (FAS 95, Tz. 18-20)	Cash Flow from Operating Activities (IAS 7, Tz. 13-15) Cash Flow from Investing Activities (IAS 7, Tz. 16) Cash Flow from Financing Activities (IAS 7, Tz. 17)
Ermittlung des Cash Flow aus operativer Geschäftstätigkeit:	direkte Methode empfohlen, indirekte Methode erlaubt (FAS 95, Tz. 27-28)	direkte Methode empfohlen, indirekte Methode erlaubt (IAS 7, Tz. 18-20)
Ausweis von Zinsen und Dividenden:	gesonderter Ausweis: - gezahlte Zinsen - erhaltene Zinsen - erhaltene Dividenden im Cash Flow aus operativer Geschäftstätigkeit (FAS 95, Tz. 22-23) - gezahlte Dividenden im Cash Flow aus Finanzierungstätigkeit (FAS 95, Tz. 20)	gesonderter Ausweis: (IAS 7, Tz. 31) - gezahlte Zinsen - erhaltene Zinsen - erhaltene Dividenden im Cash Flow aus operativer Geschäftstätigkeit (IAS 7, Tz. 33) - gezahlte Dividenden wahlweise im Cash Flow aus Finanzierungstätigkeit oder im Cash Flow aus operativer Geschäftstätigkeit (IAS 7, Tz. 34)

Grundlage	FAS 95	IAS 7
Ausweis zahlungsunwirksamer Vorgänge:	gesonderter Ausweis von dauerhaft zahlungsunwirksamen Investitions- und Finanzierungstätigkeiten, (zum Beispiel Kapital erhöhung) (FAS 95, Tz. 32)	gesonderter Ausweis von dauerhaft zahlungsunwirksamen Investitions- und Finanzierungstätigkeiten, (zum Beispiel Kapitalerhöhung) (IAS 7, Tz. 43)
eigenständige bankspezifische Regelungen:	keine Vorschriften, rudimentäre Erläuterung für Banken im Anhang (Appendix B)	keine Vorschriften, vereinzelte Aussagen
eigenständige bankspezifische Zuordnungsvorschriften:	unverbindliches Musterbeispiel einer Zuordnung nach der direkten Methode im Anhang (Appendix C, Example 3), tendenziell geringe Zuordnung zur operativen Geschäftstätigkeit	unverbindliches Musterbeispiel einer Zuordnung nach der direkten Methode im Anhang (Appendix 2), tendenziell breite Zuordnung zur operativen Geschäftstätigkeit

Anlage 2: Synopse zur Kapitalflussrechnung für Banken gemäß FAS 95, IAS 7 und DRS 2-10

	FAS 95 **Appendix C, Example 3** **- direkte Methode -**	**IAS 7** **Appendix 2** **- direkte Methode -**	**DRS 2-10**	**Anmerkungen**
	Cash Flow aus operativer Geschäftstätigkeit	**Cash Flow aus operativer Geschäftstätigkeit**	**Cash Flow aus operativer Geschäftstätigkeit**	
1	-/-	-/-	Periodenergebnis (einschließlich Ergebnisanteilen von Minderheitsgesellschaftern vor außerordentlichen Posten)	übliche Ausgangsgröße bei Anwendung der indirekten Darstellungsmethode zum Ausweis der operativen Geschäftstätigkeit
2	-/-	-/-	Im Periodenergebnis enthaltene zahlungsunwirksame Posten und Überleitung auf den Cash Flow aus operativer Geschäftstätigkeit - Abschreibungen, Wertberichtigungen und Zuschreibungen auf Ford., Sach- und Finanzanlagen - Zu-/Abnahme d. Rückstellungen - Andere zahlungsunwirksame Aufwendungen/ Erträge - Gewinn/Verlust aus der Veräußerung von Finanz- und Sachanlagen - Sonstige Anpassungen	erforderliche Korrekturen bei Anwendung der indirekten Methode gemäß IAS 7.20 durch die Anpassungen wird der Jahresüberschuss auf die Zahlungsmittelebene gebracht außerdem werden Doppelberücksichtigungen – implizit im Jahresüberschuss und explizit in einer gesonderten Zeile der Gliederung – vermieden

	FAS 95 Appendix C, Example 3 - direkte Methode -	IAS 7 Appendix 2 - direkte Methode -	DRS 2-10	Anmerkungen
	Cash Flow aus operativer Geschäftstätigkeit	**Cash Flow aus operativer Geschäftstätigkeit**	**Cash Flow aus operativer Geschäftstätigkeit**	
3	Zinseinnahmen	Zins-/Provisionseinnahmen	Erhaltene Zinsen und Dividenden	erhaltene Zinsen und Dividenden sind nach IAS 7.31 gesondert auszuweisen, von Banken gemäß IAS 7.33 üblicherweise und gemäß DRS 2-10.29 zwingend in der operativen Geschäftstätigkeit
4	Gebühren-/ Provisionseinnahmen	vgl. Zeile 3	vgl. Zeile 3	nach IAS 7.14 (b) gewöhnlich der operativen Geschäftstätigkeit zuzuordnen
5	Einnahmen aus dem Leasinggeschäft	-/-	enthalten in Zeile 3	bei Banken im Zinsergebnis erfasst
6	gezahlte Zinsen	gezahlte Zinsen	gezahlte Zinsen	nach IAS 7.31 als Einzelposition auszuweisen, gemäß IAS 7.33 üblicherweise und nach DRS 2-10.29 zwingend in der operativen Geschäftstätigkeit
7	Zahlungen an Lieferanten/ Mitarbeiter	Zahlungen an Mitarbeiter/ Lieferanten	-/-	bei direkter Methode Einzelausweis nur erforderlich, wenn von wesentlicher Bedeutung
8	Ertragsteuerzahlungen	Ertragsteuerzahlungen	Ertragsteuerzahlungen	nach IAS 7.35 Einzelausweis in der operativen Geschäftstätigkeit vorgesehen, sofern Zuordnung zur Investitions- oder Finanzierungstätigkeit unmöglich
9	-/-	Eingänge auf abgeschriebene Forderungen	-/-	bei direkter Methode Einzelausweis nur erforderlich, wenn von wesentlicher Bedeutung

	FAS 95 Appendix C, Example 3 - direkte Methode -	IAS 7 Appendix 2 - direkte Methode -	DRS 2-10	Anmerkungen
	Cash Flow aus operativer Geschäftstätigkeit	**Cash Flow aus operativer Geschäftstätigkeit**	**Cash Flow aus operativer Geschäftstätigkeit**	
10	vgl. investiver CF, Zeile 24/finanzbezogener CF, Zeile 37	Zu-/Abnahme kurzfristiger Mittel	Veränderung der (kurzfristigen) Forderungen	nach IAS 7.15 üblicherweise Teil der operativen Geschäftstätigkeit
11	vgl. investiver CF, Zeile 26	Zu-/Abnahme der Ausleihungen an Kunden	Veränderung der (langfristigen) Forderungen	nach DRS 2-10 keine explizite Unterscheidung zwischen kurz- und langfristigen Forderungen, sondern nach dem Empfänger, also an Kreditinstitute und an Kunden
12	vgl. investiver CF, Zeilen 21 und 22	Zu-/Abnahme anderer kurzfristiger, börsennotierter WP	Wertpapiere (soweit nicht Finanzanlagen)	nach IAS 7.15 gehören WP des Handelsbestandes zur operativen Geschäftstätigkeit
13	vgl. investiver CF, Zeile 23	Nettoanstieg der Kreditkarten-anforderungen	-/-	Einzelausweis nur bei wesentlicher Bedeutung
14	-/-	Einlagen, die aus aufsichtsrechtlichen Gründen oder zur Geldmengensteuerung gehalten werden	-/-	Einzelausweis nur erforderlich, wenn von wesentlicher Bedeutung
15	-/-	-/-	andere Aktiva aus operativer Geschäftstätigkeit	im Musterbeispiel von IAS 7 für Banken sind keine zusammengefassten Positionen „Sonstige“ enthalten
16	vgl. finanz bezogener CF, Zeile 35	Zu-/Abnahme der Kundeneinlagen	Veränderung der Verbindlichkeiten	nach der Anlage von DRS 2-10 Vorschlag zur weiteren Untergliederung in solche gegenüber Kreditinstituten und gegenüber Kunden

	FAS 95 Appendix C, Example 3 - direkte Methode -	IAS 7 Appendix 2 - direkte Methode -	DRS 2-10	Anmerkungen
	Cash Flow aus operativer Geschäftstätigkeit	**Cash Flow aus operativer Geschäftstätigkeit**	**Cash Flow aus operativer Geschäftstätigkeit**	
17	vgl. finanzbezogener CF, Zeilen 38 und 39	Zu-/Abnahme begebener börsengängiger Schuldverschreibungen	Veränderung der verbrieften Verbindlichkeiten	nach IAS 7.17 (c) normalerweise der Finanzierungstätigkeit zuzuordnen, für Banken eigenständige Interpretation notwendig; nach DRS 2-10.21 wird die Zuordnung zur operativen Geschäftstätigkeit der bankspezifischen Tätigkeit am ehesten gerecht
18	-/-	-/-	andere Passiva aus operativer Geschäftstätigkeit	im Musterbeispiel von IAS 7 für Banken sind keine zusammengefassten Positionen „Sonstige“ enthalten
19	-/-	-/-	außerordentliche Einzahlungen	nach IAS 7.29 gesondert auszuweisen
20	-/-	-/-	außerordentliche Auszahlungen	nach IAS 7.29 gesondert auszuweisen

	FAS 95 Appendix C, Example 3 - direkte Methode -	IAS 7 Appendix 2 - direkte Methode -	DRS 2-10	Anmerkungen
	Cash Flow aus Investitions-tätigkeit	**Cash Flow aus Investitions-tätigkeit**	**Cash Flow aus Investitions-tätigkeit**	Starke Abhängigkeit von der Zuordnung zum operativen Bereich
21	Einnahmen aus Verkäufen von Handels- und Investitions-Wertpapieren	Einzahlungen durch Veräußerung von WP (nicht Handel); vgl. operativer CF, Zeile 12	Einzahlungen aus Abgängen von Finanzanlage-vermögen	Einzelausweis nach IAS 7.21 nur erforderlich, wenn von wesentlicher Bedeutung; DRS 2-10.23 sieht einen gesonderten Ausweis zwingend vor
22	Käufe von Handels- und Investitions-Wertpapieren	Kauf von WP (nicht Handel); vgl. operativer CF, Zeile 12	Auszahlungen für Investitionen in das Finanzanlage-vermögen	Einzelausweis nach IAS 7.21 nur erforderlich, wenn von wesentlicher Bedeutung; DRS 2-10.23 sieht einen gesonderten Ausweis zwingend vor
23	Nettoanstieg der Kreditkarten-forderungen	vgl. operativer CF, Zeile 13	-/-	
24	Nettorückgang der Kundenforde-rungen mit Fälligkeiten von 3 Monaten und weniger	vgl. operativer CF, Zeile 10	vgl. operativer CF, Zeile 10/11	
25	Kapital aus längerfristigen Anleihen	vgl. finanz-bezogener CF, Zeile 45	vgl. operativer CF, Zeile 16	
26	Längerfristige Darlehen an Kunden	vgl. operativer CF, Zeile 11	vgl. operativer CF, Zeile 10/11	
27	Kauf von Gegenständen für das Leasinggeschäft	-/-	-/-	
28	Kapitalzahlungen aus Leasing-geschäften	-/-	-/-	
29	Investitions-auszahlungen	vgl. Zeile 22 sowie Zeile 32	vgl. Zeile 22 sowie Zeile 32	

	FAS 95 Appendix C, Example 3 - direkte Methode -	IAS 7 Appendix 2 - direkte Methode -	DRS 2-10	Anmerkungen
	Cash Flow aus Investitions-tätigkeit	**Cash Flow aus Investitions-tätigkeit**	**Cash Flow aus Investitions-tätigkeit**	Starke Abhängigkeit von der Zuordnung zum operativen Bereich
30	-/-	Veräußerung von Tochterunternehmen	enthalten in Zeile 21	Zuordnung zur Investitionstätigkeit gemäß IAS 7.16; Einzelausweis gemäß IAS 7.21 nur erforderlich, wenn von wesentlicher Bedeutung; Bruttodarstellung nach IAS 7.21 in Verbindung mit IAS 7.24 notwendig; Zuordnung zur Investitionstätigkeit nach DRS 2-10.22 zwingend
31	Einnahmen durch die Veräußerung von Sachanlagegegenständen	-/-	Einzahlungen aus Abgängen des Sachanlagevermögens	
32	-/-	Kauf von Sachanlagegegenständen	Auszahlungen für Investitionen in das Sachanlagevermögen	
33	vgl. operativer CF, Zeile 3	erhaltene Zinsen (vgl. aber auch operativer CF, Zeile 3)	vgl. operativer CF, Zeile 3	erhaltene Zinsen und Dividenden sind nach IAS 7.31 gesondert auszuweisen, von Banken gemäß IAS 7.33 üblicherweise gemäß DRS 2-10. 29 in der operativen Geschäftstätigkeit
34	-/-	erhaltene Dividenden	vgl. operativer CF, Zeile 3	
35	-/-	-/-	Einzahlungen aus dem Verkauf von und (getrennt) Auszahlungen aus dem Erwerb von konsolidierten Unternehmen und sonst. Geschäftseinheiten	Einzelausweis und Zuordnung zur Investitionstätigkeit gemäß IAS 7.39; Ausweistrennung nach DRS 2-10.23 vorgesehen
36	-/-	-/-	Mittelveränderungen aus sonstiger Investitionstätigkeit (Saldo)	im Beispiel von IAS 7 für Banken sind keine zusammengefassten Positionen „Sonstige“ enthalten

	FAS 95 **Appendix C, Example 3** **- direkte Methode -**	**IAS 7** **Appendix 2** **- direkte Methode -**	**DRS 2-10**	**Anmerkungen**
	Cash Flow aus Finanzierungs-tätigkeit	**Cash Flow aus Finanzierungs-tätigkeit**	**Cash Flow aus Finanzierungs-tätigkeit**	Starke Abhängigkeit von der Zuordnung zum operativen Bereich
37	Nettoanstieg täglich fälliger Einlagen auf Spar-Giro-Konten und auf Sparkonten	vgl. operativer CF, Zeile 16	vgl. operativer CF, Zeile 16	
38	Einnahmen aus dem Verkauf verbriefter Verbindlichkeiten	vgl. operativer CF, Zeile 17	vgl. operativer CF, Zeile 17	
39	Zahlungen für fällige verbriefte Verbindlichkeiten	vgl. operativer CF, Zeile 17	vgl. operativer CF, Zeile 17	
40	Nettoanstieg gekaufter öffentlicher Anleihen	-/-	-/-	
41	Nettoanstieg der 90-Tage-Ausleihungen	-/-	-/-	
42	Einnahmen aus der Ausgabe von projektbezogenen Verbindlichkeiten	-/-	-/-	
43	Kapitalzahlungen für projekt bezogene Verbindlichkeiten	-/-	-/-	
44	Einnahmen aus der Ausgabe von 6-Monats-Schuldscheinen	-/-	-/-	
45	Einnahmen aus der Ausgabe von langfristigen Verbindlichkeiten	Emission von Anleihen	vgl. operativer CF, Zeile 16	

	FAS 95 Appendix C, Example 3 - direkte Methode -	IAS 7 Appendix 2 - direkte Methode -	DRS 2-10	Anmerkungen
	Cash Flow aus Finanzierungs-tätigkeit	**Cash Flow aus Finanzierungs-tätigkeit**	**Cash Flow aus Finanzierungs-tätigkeit**	Starke Abhängigkeit von der Zuordnung zum operativen Bereich
46	Rückzahlungen von langfristigen Verbindlichkeiten	Rückzahlungen langfristiger Ausleihungen	vgl. operativer CF, Zeile 16	
47	Einnahmen aus der Ausgabe von Aktien	Einzahlungen aus der Ausgabe von Aktien	Einzahlungen aus Eigenkapital-zuführungen (beispielsweise Kapitalerhöhung, Verkauf eigener Anteile)	nach IAS 7.17 (a) der Finanzierungstätigkeit zuzuordnen; die Vorschrift ist rechtsformunabhängig auszulegen, so dass sämtliche Erhöhungen des gezeichneten Kapitals eingeschlossen sind
48	Zahlungen für den Erwerb eigener Aktien	-/-	Auszahlungen an Unternehmens-eigner und Minderheits-gesellschafter; ansonsten vgl. Zeile 47	
49	gezahlte Darlehen	gezahlte Dividenden	Dividenden-zahlungen	Dividendenzahlungen dürfen gemäß IAS 7.34 wahlweise der Finanzierungstätigkeit zugeordnet werden; nach DRS 2-10.26 ist die Zuordnung zur Finanzierungstätigkeit zwingend
50	-/-	Nettoabnahme anderer Ausleihungen	Mittelveränderungen aus sonstigem Kapital (Saldo)	im Beispiel von IAS 7 für Banken sind keine zusammengefassten Positionen „Sonstige“ enthalten

Anlage 3: Musterbeispiel IAS 7 (revised 1992)

Appendix B

Cash Flow Statement for a Financial Institution

The appendix is illustrative only and does not form part of the standards. The purpose of the appendix is to illustrate the application of the standards to assist in clarifying their meaning.

1. The example shows only current period amounts. Comparative amounts for the preceding period are required to be presented in accordance with IAS 1, Presentation of Financial Statements.

2. The example is presented using the direct method.

		19-2
Cash flows from operating activities		
Interest and commission receipts	28,447	
Interest payments	(23,463)	
Recoveries on loans previously written off	237	
Cash payments to employees and suppliers	(997)	
Operating profit before changes in operating assets	4,224	
(Increase) decrease in operating assets:		
Short-term funds	(650)	
Deposits held for regulatory or monetary control purposes	234	
Funds advanced to customers	(288)	
Net increase in credit card receivables	(360)	
Other short-term negotiable securities	(120)	
Increase (decrease) in operating liabilities:		
Deposits from customers	600	
Negotiable certificates of deposit	(200)	
Net cash from operating activities before income tax	3,440	
Income taxes paid	(100)	
Net cash from operating activities		3,340
Cash flows from investing activities		
Disposal of subsidiary Y	50	
Dividends received	200	
Interest received	300	
Proceeds from sales of non-dealing securities	1,200	
Purchase of non-dealing securities	(600)	
Purchase of property, plant and equipment	(500)	
Net cash from investing activities		650
Cash flows from financing activities		
Issue of loan capital	1,000	
Issue of preference shares by subsidiary undertaking	800	
Repayment of long-term borrowings	(200)	
Net decrease in other borrowings	(1,000)	
Dividends paid	(400)	
Net cash from financing activities		200
Effects of exchange rate changes on cash and cash equivalents		600
Net increase in cash and cash equivalents		4,790
Cash and cash equivalents at beginning of period		4,050
Cash and cash equivalents at end of period		8,840

Anlage 4: Musterbeispiel FAS 95

Example 3

147. Presented below is a statement of cash flows for Financial Institution, Inc., a U.S. corporation that provides a broad range of financial services. This statement of cash flows illustrates the direct method of presenting cash flows from operating activities, as encouraged in paragraph 27 of this Statement.

FINANCIAL INSTITUTION, INC.
STATEMENT OF CASH FLOWS
FOR THE YEAR ENDED DECEMBER 31, 19X1
Increase (Decrease) in Cash and Cash Equivalents

Cash flows from operating activities:		
Interest received	$ 5,350	
Fees and commissions received	1,320	
Financing revenue received under leases	60	
Interest paid	(3,925)	
Cash paid to suppliers and employees	(795)	
Income taxes paid	(471)	
Net cash provided by operating activities		$ 1,539
Cash flows from investing activities:		
Proceeds from sales of trading and investment securities	22,700	
Purchase of trading and investment securities	(25,000)	
Net increase in credit card receivables	(1,300)	
Net decrease in customer loans with maturities of 3 months or less	2,250	
Principal collected on longer term loans	26,550	
Longer term loans made to customers	(36,300)	
Purchase of assets to be leased	(1,500)	
Principal payments received under leases	107	
Capital expenditures	(450)	
Proceeds from sale of property, plant, and equipment	260	

Net cash used in investing activities		(12,683)
Cash flows from financing activities:		
Net increase in demand deposits, NOW accounts, and savings accounts	3,000	
Proceeds from sales of certificates of deposit	63,000	
Payments for maturing certificates of deposit	(61,000)	
Net increase in federal funds purchased	4,500	
Net increase in 90-day borrowings	50	
Proceeds from issuance of nonrecourse debt	600	
Principal payment on nonrecourse debt	(20)	
Proceeds from issuance of 6-month note	100	
Proceeds from issuance of long-term debt	1,000	
Repayment of long-term debt	(200)	
Proceeds from issuance of common stock	350	
Payments to acquire treasury stock	(175)	
Dividends paid	(240)	
Net cash provided by financing activities		10,965
Net increase in cash and cash equivalents		(179)
Cash and cash equivalents at beginning of year		6,700
Cash and cash equivalents at end of year		$ 6,521

Reconciliation of net income to net cash provided by operating activities:

Net income		$ 1,056
Adjustments to reconcile net income to net cash provided by operating activities:		
Depreciation	$ 100	
Provision for probable credit losses	300	
Provision for deferred taxes	58	
Gain on sale of trading and investment securities	(100)	
Gain on sale of equipment	(50)	
Increase in taxes payable	175	
Increase in interest receivable	(150)	
Increase in interest payable	75	
Decrease in fees and commissions receivable	20	
Increase in accrued expenses	55	
Total adjustments		483
Net cash provided by operating activities		$ 1,539

Supplemental schedule of noncash investing and financing activities:

Conversion of long-term debt to common stock	$ 500

Disclosure of accounting policy:

For purposes of reporting cash flows, cash and cash equivalents include cash on hand, amounts due from banks, and federal funds sold. Generally, federal funds are purchased and sold for one-day periods.

148. Summarized below is financial information for the current year for Financial Institution, Inc., which provides the basis for the statement of cash flows presented in paragraph 147:

FINANCIAL INSTITUTION, INC.
STATEMENT OF FINANCIAL POSITION

	1/1/X1	**12/31/X1**	**Change**
Assets:			
Cash and due from banks	$ 4,400	$ 3,121	$ (1,279)
Federal funds sold	2,300	3,400	1,100
Total cash and cash equivalents	6,700	6,521	(179)
Investment and trading securities	9,000	11,400	2,400
Credit card receivables	8,500	9,800	1,300
Loans	28,000	32,250	7,250
Allowance for credit losses	(800)	(850)	(50)
Interest receivable	600	750	150
Fees and commissions receivable	60	40	(20)
Investment in direct financing lease	--	421	421
Investment in leveraged lease	--	392	392
Property, plant, and equipment, net	525	665	140
Total assets	$ 52,585	$ 64,389	$ 11,804
Liabilities:			
Deposits	$ 38,000	$ 43,000	$ 5,000
Federal funds purchased	7,500	12,000	4,500
Short-term borrowings	1,200	1,350	150
Interest payable	350	425	75
Accrued expenses	275	330	55
Taxes payable	75	250	175
Dividends payable	0	80	80
Long-term debt	2,000	2,300	300
Deferred taxes	--	58	58
Total liabilities	49,400	59,793	10,393
Stockholders' equity:			
Common stock	1,250	2,100	850
Treasury stock	0	(175)	(175)
Retained earnings	1.935	2,671	736
Total stockholders' equity	3,185	4,596	1,411
Total liabilities and stockholder`s equity	$ 52,585	$ 64,389	$ 11,804

FINANCIAL INSTITUTION, INC.
STATEMENT OF INCOME
FOR THE YEAR ENDED DECEMBER 31, 19X1

Revenues:		
Interest income	$ 5,500	
Fees and commissions	1,300	
Gain on sale of investment securities	100	
Lease income	60	
Gain on sale of equipment	50	
Total revenues		$ 7,010
Expenses:		
Interest expense	4,000	
Provision for probable credit losses	300	
Operating expenses	850	
Depreciation	100	
Total expenses		5,250
Income before income taxes		1,760
Provision for income taxes		704
Net income		$ 1,056

149. The following transactions were entered into by Financial Institution, Inc., during 19X1 and are reflected in the above financial statements:

a. Financial Institution sold trading and investment securities with a book value of $22,600 for $22,700 and purchased $25,000 in new trading and investment securities.
b. Financial Institution had a net decrease in short-term loans receivable (those) with original maturities of 3 months or less of $2,250. Financial Institution made longer term loans of $36,300 and collected $26,550 on those loans. Financial Institution wrote off $250 of loans as uncollectible.
c. Financial Institution purchased property for $500 to be leased under a direct financing lease. The first annual rental payment of $131 was collected. The portion of the rental payment representing interest income totaled $52.
d. Financial Institution purchased equipment for $1,000 to be leased under a leveraged lease. The cost of the leased asset was financed by an equity investment of $400 and a long-term nonrecourse bank loan of $600. The first annual rental payment of $90, of which $28 representes principal, was collected and the first annual loan install-

ment of $ 74, of which $20 represented principal, was paid. Pretax income of $8 was recorded.

e. Financial Institution purchased new property, plant, and equipment for $450 and sold property, plant, and equipment with a book value of $210 for $260.

f. Customer deposits with Financial Institution consisted of the following:

	1/1/X1	12/31/X1	Increase
Demand deposits	$ 8,000	$ 8,600	$ 600
NOW accounts and savings accounts	15,200	17,600	2,400
Certificates of deposit	14,800	16,800	2,000
Total deposits	$ 38,000	$ 43,000	$ 5,000

Sales of certificates of deposit during the year totaled $63,000; certificates of deposit with principal amounts totaling $61,000 matured. For presentation in the statement of cash flows, Financial Institution chose to report gross cash receipts and payments for both certificates of deposit with maturities of three months or less and those with maturities of more than three months.

g. Short-term borrowing activity for Financial Institution consisted of repayment of a $200 90-day note and issuance of a 90-day note for $250 and a 6-month note for $100.

h. Financial Institution repaid $200 of long-term debt and issued 5-year notes for $600 and 10-year notes for $400.

i. Financial Institution issued $850 of common stock, $500 of which was issued upon conversion of long-term debt and $350 of which was issued for cash.

j. Financial Institution asquired $ 175 of treasury stock.

k. Financial Institution declared dividends of $320. The fourth quarter dividend of $80 was payable the following January.

l. Financial Institution's provision for income taxes included a deferred provision of $58.

m. In accordance with paragraph 7, footnote 1, of this Statement, interest paid includes amounts credited directly to demand deposit, NOW, and savings accounts.

Anlage 5: Anlage zu DRS 2-10

Anlage

Für die Kapitalflussrechnung von Kreditinstituten gilt bei Anwendung der indirekten Methode die nachfolgende Mindestgliederung. Sie ermöglicht zusätzliche Angaben, die sich durch die spezifische Geschäftstätigkeit eines Kreditinstituts anbieten können.

Tabelle 3: Gliederungsschema

1.			Periodenergebnis (einschließlich Ergebnisanteilen von Minderheitsgesellschaftern) vor außerordentlichen Posten
			Im Periodenergebnis enthaltene zahlungsunwirksame Posten und Überleitung auf den Cash Flow aus laufender Geschäftstätigkeit
	2.	+/-	Abschreibungen, Wertberichtigungen und Zuschreibungen auf Forderungen, Sach- und Finanzanlagen
	3.	+/-	Zunahme/Abnahme der Rückstellungen
	4.	+/-	Andere zahlungsunwirksame Aufwendungen/Erträge
	5.	-/+	Gewinn/Verlust aus der Veräußerung von Finanz- und Sachanlagen
	6.	-/+	Sonstige Anpassungen (Saldo)
	7.	=	Zwischensumme
			Veränderung des Vermögens und der Verbindlichkeiten aus laufender Geschäftstätigkeit

Tabelle 3: (Forts.)

	8.		Forderungen
	8a.	+/-	- an Kreditinstitute
	8b.	+/-	- an Kunden
	9.	+/-	Wertpapiere (soweit nicht Finanzanlagen)
	10.	+/-	Andere Aktiva aus laufender Geschäftstätigkeit
	11.		Verbindlichkeiten
	11a.	+/-	- gegenüber Kreditinstituten
	11b.	+/-	- gegenüber Kunden
	12.	+/-	Verbriefte Verbindlichkeiten
	13.	+/-	Andere Passiva aus laufender Geschäftstätigkeit
	14.	+	Erhaltene Zinsen und Dividenden
	15.	-	Gezahlte Zinsen
	16.	+	Außerordentliche Einzahlungen
	17.	-	Außerordentliche Auszahlungen
	18.	+/-	Ertragsteuerzahlungen
19.		=	Cash Flow aus der laufenden Geschäftstätigkeit
	20.		Einzahlungen aus Abgängen des
	20a.	+	- Finanzanlagevermögens
	20b.	+	- Sachanlagevermögens
	21.		Auszahlungen für Investitionen in das
	21a.	-	- Finanzanlagevermögen
	21b.	-	- Sachanlagevermögen

	22.	+	Einzahlungen aus dem Verkauf von konsolidierten Unternehmen und sonstigen Geschäftseinheiten
	23.	-	Auszahlungen aus dem Erwerb von konsolidierten Unternehmen und sonstigen Geschäftseinheiten
	24.	+/-	Mittelveränderungen aus sonstiger Investitionstätigkeit (Saldo)
25.		=	Cash Flow aus der Investitionstätigkeit
	26.	+	Einzahlungen aus Eigenkapitalzuführungen (Kapitalerhöhungen, Verkauf eigener Anteile, etc.)
	27.		Auszahlungen an Unternehmenseigner und Minderheitsgesellschafter
	27a.	-	- Dividendenzahlungen
	27b.	-	- sonstige Auszahlungen
	28.	+/-	Mittelveränderungen aus sonstigem Kapital (Saldo)
	29.	=	Cash Flow aus der Finanzierungstätigkeit
	30.		Zahlungswirksame Veränderungen des Finanzmittelfonds (Summe aus 19, 25, 29)
	31.	+/-	Wechselkurs-, konsolidierungskreis- und bewertungsbedingte Änderungen des Finanzmittelfonds
32.		+	Finanzmittelfonds am Anfang der Periode
33.		=	Finanzmittelfonds am Ende der Periode

Anlage 6: Kapitalflussrechnung der HypoVereinsbank 2001 nach IAS

KAPITALFLUSSRECHNUNG

	2001 in Mio. €	2000 in Mio. €
Jahresüberschuss	**967**	**1 184**
Abschreibungen, Wertberichtigungen und Zuschreibungen auf Forderungen und Zuführungen zu Rückstellungen im Kreditgeschält	2 231	1 256
Abschreibungen abzüglich Zuschreibungen auf Anlagevermögen	1 859	808
Veränderung anderer zahlungsunwirksamer Posten	-685	1 483
Gewinne aus der Veräußerung von Anlagevermögen	-750	-491
Sonstige Anpassungen (i. W. gezahlte Ertragsteuern, erhaltene Zinsen abzüglich gezahlte Zinsen und erhaltene Dividenden)	-7 147	-3 919
Zwischensumme	**-3 525**	**321**
Veränderung von Vermögenswerten und Verbindlichkeiten der operativen Geschäftstätigkeit nach Korrektur um zahlungsunwirksame Vorgänge		
Zugänge Vermögenswerte/Abgänge Verbindlichkeiten (-)		
Abgänge Vermögenswerte/Zugänge Verbindlichkeiten (+)		
Handelsaktiva	4 769	-2 025
Forderungen an Kreditinstitute	-1 278	8 808
Forderungen an Kunden	-8 817	-14 732
Andere Aktiva aus operativer Geschäftstätigkeit	2 078	508
Verbindlichkeiten gegenüber Kreditinstituten	-4 577	534
Verbindlichkeiten gegenüber Kunden	13 127	2 763
Verbriefte Verbindlichkeiten	-4 410	14 938
Andere Passiva aus operativer Geschäftstätigkeit	2 098	-3 068
Gezahlte Ertragsteuern	-239	-632
Erhaltene Zinsen	39 935	29 271
Gezahlte Zinsen	-34 094	-25 076
Erhaltene Dividenden	573	438
Außerordentliche Auszahlungen	—	-82
Cash Flow aus operativer Geschäftstätigkeit	**5 640**	**11 966**

Einzahlungen aus der Veräußerung von Finanzanlagen	14 449	4 894
Einzahlungen aus der Veräußerung von Sachanlagen	267	128
Auszahlungen für den Erwerb von Finanzanlagen	-13 977	-17 287
Auszahlungen für den Erwerb von Sachanlagen	-1 407	-860
Effekte aus der Veränderung des Konsolidierungskreises	-2 013	1 635
Außerordentliche Auszahlungen	—	-7
Cash Flow aus Investitionstätigkeit	**-2 681**	**-11 497**
Einzahlungen aus Kapitalerhöhungen	-93	—
Dividendenzahlungen	-456	-359
Mittelveränderungen aus Nachrangkapital sowie sonstigem hybriden Kapital (per saldo)	1428	1286
Mittelveränderungen aus sonstiger Finanzierungstätigkeit	-2 383	60
Außerordentliche Einzahlungen		
Cash Flow aus Finanzierungstätigkeit	**-1 504**	**987**
Zahlungsmittelbestand zum Ende der Vorperiode	6 509	5 031
+/- Cash Flow aus operativer Geschäftstätigkeit	5 640	11 966
+/- Cash Flow aus Investitionstätigkeit	-2 681	-11 497
+/- Cash Flow aus Finanzierungstätigkeit	-1 504	987
+/- Effekte aus Wechselkursänderungen	72	22
Zahlungsmittelbestand zum Ende der Periode	**8 036**	**6 509**

Anlage 7: Kapitalflussrechnung der Deutschen Bank 2001 nach US-GAAP

Kapitalflussrechnung Konzern Deutsche Bank

Kapitalflussrechnung			
	1.1.-31.12.	1.1.-31.12.	1.1.-31.12.
in Mio. €	2001	2000	1999
Jahresüberschuss	167	13 513	1 613
Überleitung auf den Cash Flow aus operativer Geschäftstätigkeit			
Risikovorsorge im Kreditgeschäft	1 024	478	725
Restrukturierungsaufwand	294	125	459
Gewinne aus dem Verkauf von Wertpapieren „Available-for-sale", sonstigen Finanzanlagen, Krediten und sonstige Ergebniskomponenten	-2 806	-4 161	-658
Latente Steuern, netto	-159	-8 332	-501
Abschreibungen, Wertberichtigungen und Zuschreibungen	4 886	3 320	2 155
Kumulierter Effekt aus Änderungen der Bilanzierungsmethoden nach Steuern	207	-	-
Anteilige Gewinne (-)/Verluste aus at equity bewerteten Finanzanlagen	278	-338	-38
Ergebnisveränderung aus operativer Geschäftstätigkeit nach Korrektur um zahlungsunwirksame Posten	3 891	4 605	3 755
Nettoveränderung:			
Handelsaktiva	-1 263	-35 599	-18 806
Sonstige Aktiva	-9 670	11 258	6 425
Handelspassiva	-3 022	-16 411	-5 177
Sonstige Passiva	-4 559	-264	-328
Sonstige, per saldo	1 412	3 075	6 039
Netto-Cash Flow aus operativer Geschäftstätigkeit	-13 211	- 33 336	-8 092
Nettoveränderung:			
Verzinsliche Einlagen bei Kreditinstituten	9 232	-11 238	1 025
Forderungen aus übertragenen Zentralbankeinlagen	236	2 445	2 903
Forderungen aus Wertpapierpensionsgeschäften	-48 195	33 740	7 050
Forderungen aus Wertpapierleihen	33 138	-7 272	-12 464
Forderungen aus dem Kreditgeschäft	5 802	-28 064	-16 454
Erlöse aus			
Verkauf von Wertpapieren „Available-for-sale"	41 128	43 058	61 129
Endfälligkeit von Wertpapieren „Available-for-sale"	2 746	17 369	5 762
Verkauf von sonstigen Finanzanlagen	7 096	4 405	1 309
Verkauf von Krediten	16 185	16 496	10 342
Verkauf von Sachanlagen	1 015	344	803
Erwerb von			
Wertpapieren „Available-for-sale"	-34 289	-55 463	-79 135
Sonstigen Finanzanlagen	-7 976	-7 702	-3 968
Krediten	-8 903	-7 586	-5 529
Sachanlagen	-3 689	-2 164	-3 331
Netto-Cash Flow aus Unternehmensakquisitionen und -verkäufen	924	-1 096	-4 547
Sonstige, per saldo	958	252	-149
Netto-Cash Flow aus Investitionstätigkeit	15 408	-2 476	- 35 254

Nettoveränderung:			
Einlagen	22 548	13 623	15 261
Verbindlichkeiten aus Wertpapierleihen und -pensionsgeschäften	-1 645	-29 998	14 155
Sonstige kurzfristige Verbindlichkeiten	-29 602	26 940	-8 925
Emission langfristiger Verbindlichkeiten und hybrider Kapitalinstrumente (Trust Preferred Securities)	32 958	61 233	55 588
Rückzahlung/Rücklauf langfristiger Verbindlichkeiten und hybrider Kapitalinstrumente (Trust Preferred Securities)	-22 884	-40 371	-35 629
Ausgabe von Stammaktien	320	193	3 383
Kauf Eigener Aktien	-37 032	-35 731	-22 065
Verkauf Eigener Aktien	36 024	35 514	22 134
Dividendenzahlung	-801	-706	-600
Sonstige, per saldo	-522	-664	-706
Netto-Cash Flow aus Finanzierungstätigkeit	-636	30 033	42 596
Nettoeffekt aus Wechselkursänderungen der Barreserve	325	2710	908
Nettoveränderung Barreserve	1 886	- 3 069	158
Anfangsbestand Barreserve	8 502	11 571	11 413
Endbestand Barreserve	10 388	8 502	11 571
Gezahlte Zinsen	48 099	46 250	28 462
Gezahlte Ertragsteuern, netto	1 251	1 819	1 467
Nicht liquiditätswirksame Vorgänge:			
Reklassifizierung von Wertpapieren „Available-for-sale" in Handelsaktiva	22 101	507	-
Reklassifizierung von Handelsaktiva in Wertpapiere „Available-for-sale"	14 938	-	-

Anne Schurbohm-Ebneth und Hans Lieck

Konsolidierungskreis und Konsolidierungsmethoden

1. Vorbemerkung

Der Konzernabschluss hat nach den International Financial Reporting Standards (IFRS, vormals International Accounting Standards oder kurz IAS genannt) die Aufgabe, über die Vermögens-, Finanz- und Ertragslage des Konzerns zu informieren (IAS 27.9). Zum Konzern (*group*) gehören das Mutterunternehmen (*parent*) und alle Tochterunternehmen (*subsidiaries*) (IAS 27.6). Neben den Tochterunternehmen (Konzern i.e.S.) gelten auch für Gemeinschaftsunternehmen (IAS 31) und assoziierte Unternehmen (IAS 28) besondere Bilanzierungsregeln, die in folgendem Schaubild dargestellt sind.

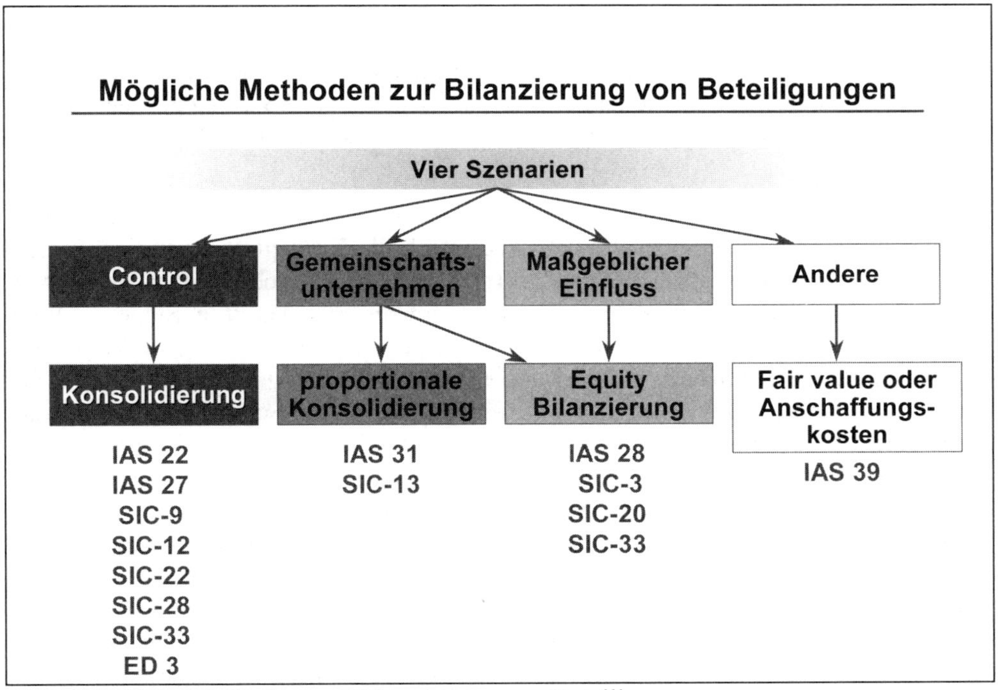

Abb.: Mögliche Methoden zur Bilanzierung von Beteiligungen

Durch die Konsolidierung werden Informationen über den Konzern in der Form bereitgestellt, als ob der Konzern ein fiktives, einziges Unternehmen wäre. Die tatsächliche rechtliche Selbständigkeit der einbezogenen Unternehmen wird dabei nicht berücksichtigt (IAS 27.9).

Der Konzernabschluss besteht aus der Konzernbilanz, der Konzern-Gewinn- und Verlustrechnung, der Veränderungsrechnung für das Konzerneigenkapital, der Konzern-Kapitalflussrechnung sowie der Darstellung der Bilanzierungs- und Bewertungsmethoden und den erläuternden Angaben in den Notes (IAS 1.7, 27.4). Unternehmen, deren Dividendenpapiere oder schuldrechtliche Wertpapiere öffentlich gehandelt werden oder dies in die Wege geleitet haben, sind verpflichtet, eine Segmentberichterstattung zu erstellen (IAS 14.3).

Bei der Aufstellung eines Konzernabschlusses sind für ähnliche Geschäftsvorfälle und andere Ereignisse unter vergleichbaren Umständen einheitliche Bilanzierungs- und Bewertungsmethoden *(uniform accounting policies)* anzuwenden (IAS 27.21). Sofern die Anwendung einheitlicher Bilanzierungs- und Bewertungsmethoden nicht durchführbar oder wirtschaftlich nicht vertretbar ist, muss dies angegeben werden. Der jeweilige Teil jedes einzelnen Abschlusspostens, auf den abweichende Methoden angewandt worden sind, ist dabei zu erläutern (IAS 27.21). Es wird davon ausgegangen, dass abweichende Abschlüsse vor der Konsolidierung entsprechend angepasst werden (IAS 27.22, IAS 28.20).

ED IAS 27.21 stellt nunmehr klar, dass die Anwendung einheitlicher Bilanzierungs- und Bewertungsmethoden zwingend zu erfolgen hat. Gemäß ED IAS 28.20 gilt das auch für assoziierte Unternehmen, allerdings können in Ausnahmefällen Anpassungen ausreichen.

Das grundsätzliche Konzept für den Konzernabschluss nach den IAS ähnelt der Grundkonzeption des Handelsgesetzbuches (HGB). Durch die Ergänzungen des Transparenz- und Publizitätsgesetzes vom 19.7.2002 (TransPuG) besteht bei Mutterunternehmen, selbst oder durch Tochterunternehmen an einem organisierten Markt im Sinne des Wertpapierhandelsgesetzes teilnehmen oder die Zulassung beantragt haben, der Konzernabschluss zusätzlich zur Konzernbilanz, der Konzern-Gewinn- und Verlustrechung und dem Konzernanhang aus einer Kapitalflussrechnung, einer Segmentberichterstattung sowie einem Eigenkapitalspiegel (§ 297 Abs. 1 HGB). Darüber hinaus ist ein Konzernlagebericht zu erstellen (§ 315 HGB). Auch der Konzernabschluss nach HGB ist nach einheitlichen Bilanzierungsgrundsätzen zu erstellen (§ 308 Abs. 1 HGB). In den Konzernabschluss sind alle Tochterunternehmen gemäß der Definition der §§ 294ff. HGB einzubeziehen. Wegen der Konsolidierungsverbote des § 295 HGB und der Konsolidierungswahlrechte des § 296 HGB einerseits sowie der Vorschriften des SIC-12 (IAS) andererseits können sich der Konsolidierungskreis nach HGB und nach IAS unterscheiden. Auch nach HGB existieren besondere Bilanzierungsvorschriften für die Darstellung von Gemeinschaftsunternehmen (§ 310 HGB) und assoziierten Unternehmen (§§ 311ff. HGB).

Das IASB hat die Bilanzierung von Business Combinations gemäß ED 3 Business Combinations grundlegend neu gefasst. Der ED 3 soll im zweiten Quartal 2004 endgültig verabschiedet werden und im Wesentlichen mit Veröffentlichung wirksam werden.

2. Aufstellungspflicht

2.1 Mutter-Tochter-Verhältnis

Jedes Mutterunternehmen hat grundsätzlich einen Konzernabschluss aufzustellen (IAS 27.7), es sei denn, es handelt sich um ein untergeordnetes Mutterunternehmen in einem mehrstufigen Konzern (IAS 28.8). Andere Befreiungsvorschriften, wie sie in §§ 291ff. HGB kodifiziert sind, insbesondere größenabhängige Befreiungsvorschriften, kennen die IAS nicht.

Zur Definition eines Mutter-Tochter-Verhältnisses wird ausschließlich das Beherrschungskonzept herangezogen (IAS 27.12). Beherrschung *(control)* ist die Möglichkeit, die Finanz- und Geschäftspolitik eines Unternehmens zu bestimmen, um aus dessen Tätigkeiten Nutzen zu ziehen (IAS 27.6). Ein Beherrschungsverhältnis wird widerlegbar vermutet, wenn einer Muttergesellschaft unmittelbar oder mittelbar mehr als die Hälfte der Stimmrechte der Tochtergesellschaft zustehen. Die Vermutung eines Beherrschungsverhältnisses gilt als widerlegt, wenn eindeutig feststeht, dass eine tatsächliche Beherrschung trotz Stimmrechtsmehrheit nicht möglich ist (IAS 27.12). Das Konzept der einheitlichen Leitung (§ 290 Abs. 1 HGB) ist in den IAS nicht enthalten.

Ein Beherrschungsverhältnis ist auch dann gegeben, wenn das Mutterunternehmen die Hälfte oder weniger als die Hälfte der Stimmrechte eines anderen Unternehmens besitzt und das Mutterunternehmen bei dem Tochterunternehmen entweder (IAS 27.12):

- aufgrund einer vertraglichen Vereinbarung mit anderen Anteilseignern mehr als die Hälfte der Stimmrechte ausüben kann, oder
- die Möglichkeit hat, einen beherrschenden Einfluss aufgrund eines mit diesem Unternehmen geschlossenen Beherrschungsvertrages oder aufgrund einer Satzungsbestimmung dieses Unternehmens auszuüben, oder
- die Möglichkeit hat, die Mehrheit der Mitglieder des Geschäftsführungs- und/oder Aufsichtsgremiums oder ähnlicher Organe zu bestellen oder abzuberufen, oder
- die Möglichkeit hat, die Mehrheit der Stimmen bei Versammlungen des Geschäftsführungs- und/oder Aufsichtsgremiums und ähnlicher Organe zu beeinflussen.

Bei der Ermittlung der Stimmrechtsverhältnisse werden dem Mutterunternehmen die von seinen anderen Tochterunternehmen gehaltenen Stimmrechte zugerechnet (IAS 27.12).

SIC-12 regelt zusätzlich die Konsolidierung von sogenannten Zweckgesellschaften (*special purpose entities*). Eine Zweckgesellschaft wird oftmals gegründet, um ein enges und genau definiertes Ziel zu erreichen.[1] Der Geschäftsführung der Zweckgesellschaft werden dabei strenge oder dauerhafte Schranken auferlegt, die so weit gehen können, dass die Geschäftspolitik, die selbst die operative Tätigkeit bestimmt, nicht ohne Zustimmung der gründenden Gesellschaft geändert werden kann (sog. Autopilot in SIC-12.1). Häufig werden von der gründenden Gesellschaft Vermögenswerte oder Schulden auf die Zweckgesellschaft übertragen. Im Gegenzug erhält die gründende Gesellschaft beispielsweise das Recht, die übertragenen Vermögenswerte der Zweckgesellschaft zu nutzen (SIC-12.2). In den meisten Fällen räumt sich die gründende Gesellschaft ein umfassendes. nutzenstiftendes Beteiligungsrecht an der Geschäftstätigkeit der Zweckgesellschaft ein, selbst wenn die gründende Gesellschaft wenige oder keine Anteile an der Zweckgesellschaft hält (SIC-12.3). Anhaltspunkte für die Frage, ob eine konsolidierungspflichtige Zweckgesellschaft vorliegt, können die Indikatoren Geschäftstätigkeit, Entscheidungsmacht, Nutzen und Risiken sein (Anhang SIC-12). Eine Zweckgesellschaft ist immer dann zu konsolidieren, wenn die wirtschaftliche Betrachtung der Verhältnisse zwischen einem Unternehmen und der Zweckgesellschaft zeigt, dass die Zweckgesellschaft durch das Unternehmen beherrscht wird (SIC-12.8).

Nach HGB ist die Zweckgesellschaft ein konsolidierungspflichtiges Tochterunternehmen des Initiators, wenn zwischen diesem und der Zweckgesellschaft ein Mutter-Tochter-Verhältnis nach § 290 Abs. 2 HGB besteht. Spezifische Regelungen für Zweckgesellschaften sind im HGB jedoch nicht enthalten. Auch ein Standard des DRSC liegt nicht vor. In der neueren Literatur wird gefordert, dass der risk and reward approach im handelsrechtlichen Konzernabschluss maßgeblich sein sollte. D.h., wenn der Initiator die Mehrheit der Chancen und Risiken aus der Zweckgesellschaft trägt, ist die Zweckgesellschaft in den Konzernabschluss einzubeziehen.[2] Dennoch ist eine sorgfältige Analyse der mit dem Konzern verbundenen Zweckgesellschaften beim Übergang auf IAS notwendig.

SIC-33 statuiert Regelungen für die Reichweite des Beherrschungskonzepts für den Fall, dass ein Unternehmen im Besitz von potenziellen Stimmrechten ist (*potential voting rights*). Ein Unternehmen kann Finanzinstrumente besitzen, die sich unter bestimmten Bedingungen in Anteile an einem anderen Unternehmen umwandeln lassen können und dem Unternehmen somit möglicherweise Stimmrechte einräumen. Als Beispiel wären Optionsrechte auf Anteile an anderen Unternehmen zu nennen (SIC 33.1). Sofern die potenziellen Stimmrechte beispielsweise durch Ausübung einer Option jederzeit entstehen können, sind diese zusätzlich zu berücksichtigen. Nur für den Fall, dass Ausübungsbeschränkungen bestehen, sind die potenziellen Stimmrechte nicht in die Berechnung mit einzubeziehen (SIC 33.3).

---

[1] Vgl. INSTITUT DER WIRTSCHAFTSPRÜFER, Entwurf Fortsetzung 4 zum IDW RS HFA: Einzelfragen zur Anwendung von IAS-Konsolidierung von Special Purpose Entities, in: FN-IDW Nr. 8/2002, S. 406.

[2] SCHRUFF, W./ROTHENBURGER, M., Zur Konsolidierung von Special Purpose Entities im Konzernabschluss nach US-GAAP, IAS und HGB, WPg 2002, S. 755.

Im ED IAS 27 wird beabsichtigt, die wesentlichen Regelungen von SIC-33 in den neuen Standard zu integrieren (ED 27.12B). Es besteht zudem die widerlegbare Vermutung, dass eine Beherrschung ausgeschlossen ist, falls sich das Tochterunternehmen im Insolvenzverfahren befindet (ED 27.12A).

2.2 Mehrstufiger Konzern

Ein Mutterunternehmen, das selbst wiederum eine 100%ige Tochter eines übergeordneten Mutterunternehmens ist, wird durch die Offenlegung des Konzernabschlusses des übergeordneten Mutterunternehmens grundsätzlich von der Aufstellung eines Teil-Konzernabschlusses befreit (IAS 27.8).

Steht das zu befreiende Mutterunternehmen nahezu vollständig im Besitz eines übergeordneten Mutterunternehmens (i.d.R. zu mindestens 90%), so ist eine solche Befreiung nur möglich, wenn die Zustimmung der übrigen Gesellschafter erlangt wird (IAS 27.10 i.V.m. IAS 27.8).

Ein Mutterunternehmen, das durch die Offenlegung des Konzernabschlusses seines übergeordneten Mutterunternehmens befreit wird, hat in seinem Jahresabschluss folgendes anzugeben (IAS 27.8):

- Gründe für die Befreiung von der Teil-Konzernrechnungslegung,
- Methode, nach der die Beteiligungen an Tochterunternehmen in seinem Jahresabschluss bilanziert sind,
- Name und Sitz des übergeordneten Mutterunternehmens, das den befreienden Konzernabschluss offen legt.

ED IAS 27 sieht vor, dass ein Mutterunternehmen bei mehrstufigen Konzernen von der Aufstellungspflicht nur dann befreit ist, sofern entweder alle Anteile im Besitz der übergeordneten Muttergesellschaft sind oder die Minderheitsgesellschafter zustimmen, die Anteile weder öffentlich notiert sind noch eine Emission vorbereitet wird und die unmittelbar übergeordnete oder oberste Muttergesellschaft einen IAS-Konzernabschluss offen legt (ED 27.8).

Da durch das TransPuG § 291 HGB geändert wurde, ergeben sich künftig keine wesentlichen Unterschiede zum HGB.

3. Konsolidierungskreis

3.1 Einbeziehungspflicht

Grundsätzlich sind nach dem Weltabschlussprinzip alle inländischen und ausländischen Tochterunternehmen in den Konzernabschluss einzubeziehen (IAS 27.11). Unternehmen, die nicht mehr die Voraussetzungen eines Tochterunternehmens erfüllen, dürfen von diesem Tag an nicht mehr als solche einbezogen werden (IAS 27.24), sondern müssen, wenn sie nicht als assoziierte Unternehmen (IAS 28) gelten, gem. IAS 39 bilanziert werden.

Der Verzicht auf die Einbeziehung wegen unverhältnismäßig hoher Kosten oder großer Verzögerungen ist in IAS 27 nicht explizit vorgesehen, dürfte aber durch die im Rahmenkonzept genannten Beschränkungen (*constraints*) nicht kategorisch ausgeschlossen sein (IASB Framework 29).

3.2 Einbeziehungsverbot

Ein Tochterunternehmen darf in den Konzernabschluss nicht einbezogen werden, wenn (IAS 27.13):

- eine Beherrschung nur vorübergehend ist, weil die Anteile an dem Tochterunternehmen ausschließlich zum Zwecke der Weiterveräußerung erworben wurden und gehalten werden,
- das Tochterunternehmen unter erheblichen langfristigen Beschränkungen tätig ist, die seine Möglichkeiten zum Mitteltransfer an das Mutterunternehmen wesentlich beeinträchtigen.

Tochterunternehmen von untergeordneter Bedeutung brauchen nicht in die Konsolidierung einbezogen werden (IASB Framework 29).

Es ist ausdrücklich ausgeschlossen, dass ein Tochterunternehmen allein aufgrund einer abweichenden Tätigkeit nicht in den Konsolidierungskreis einbezogen wird. Gegebenenfalls ist mit Hilfe zusätzlicher Angaben die Bedeutung abweichender Geschäftsfelder zu erläutern. Dies kann z.B. im Rahmen der Segmentberichterstattung geschehen (IAS 27.14).

Tochterunternehmen, die nicht konsolidiert werden dürfen und keine assoziierten Unternehmen sind, sind gemäß IAS 39 zu bilanzieren.

ED IAS 27 schränkt das Konsolidierungsverbot wegen einer beabsichtigten Weiterveräußerung insoweit ein, als die Veräußerung innerhalb von zwölf Monaten ab Erwerbszeitpunkt zu erfolgen hat (ED 27.13). Der Einbezug von Tochterunternehmen, bei denen das Beteiligungsverhältnis durch erhebliche, langfristige Beschränkungen gekennzeichnet ist, soll in ED IAS 27.13 gestrichen werden. Statt dessen wurde eine entsprechende Regelung in ED IAS 27.12A aufgenommen. Demnach kann die Beherrschung durch das Bestehen von langfristigen Beschränkungen ausgeschlossen sein, was im Ergebnis mangels Kontrolle nicht zur Konsolidierung führen dürfte. Zusätzlich wird klargestellt, dass ein Tochterunternehmen auch dann in den Konzernabschluss einzubeziehen ist, wenn der Kapitalgeber eine Venture Capital Organisation, ein Anlagefonds, eine Investmentgesellschaft oder ähnliche Gesellschaft ist (ED 27.13A). In ED IAS 27 wird zusätzlich gefordert, dass mögliche Wertänderungen der Anteile im beizulegenden Zeitwert, die nach IAS 39 zu bilanzieren sind, als Aufwand oder Ertrag der laufenden Berichtperiode zu erfassen sind (ED 27.13).

4. Währungsumrechnung ausländischer Einzelabschlüsse

4.1 Konzept der funktionalen Währung

Die Methode der Währungsumrechnung folgt dem Konzept der funktionalen Währung. Danach wird zwischen ausländischen Teileinheiten, die in den Geschäftsbetrieb des berichtenden Unternehmens integriert sind *(foreign operations)* und wirtschaftlich selbständigen ausländischen Teileinheiten *(foreign entities)* unterschieden (IAS 21.7, 23).

Ausländische Teileinheiten, die in den Geschäftsbetrieb des berichtenden Unternehmens integriert sind, üben ihre Geschäftstätigkeit so aus, als wären sie unmittelbar Bestandteil des Geschäftsbetriebes des berichtenden Unternehmens. Kursänderungen zwischen der Währung des Landes des ausländischen Geschäftsbetriebes und der Berichtswährung haben in diesen Fällen einen direkten Einfluss auf den operativen Cash Flow des berichtenden Unternehmens (IAS 21.7, 24). Die funktionale Währung derartiger Tochterunternehmen ist i.d.R. die Währung des Mutterunternehmens.

Wirtschaftlich selbständige ausländische Teileinheiten sind Tochterunternehmen, die in ihrer Geschäftstätigkeit eher eigenständig sind (IAS 21.7, 25). Die funktionale Währung derartiger Unternehmen ist i.d.R. die Währung, in der das Tochterunternehmen seine Geschäfte betreibt. Das ist in den meisten Fällen die Währung des Landes, in dem das Tochterunternehmen seinen Sitz hat. Änderungen in den Wechselkursen zwischen der Berichtswährung (*reporting currency*) und der lokalen Währung (*local currency*) haben nur einen geringen oder überhaupt keinen direkten Einfluss auf den gegenwärtigen und künftigen operativen Cash Flow des berichtenden Unternehmens oder der wirtschaftlich selbständigen ausländischen Teileinheit (IAS 21.25). IAS 21.26 nennt weitere Indikatoren für die Abgrenzung von ausländischen Teileinheiten, die in den Geschäftsbetrieb des berichtenden Unternehmens integriert sind, und wirtschaftlich selbständigen ausländischen Teileinheiten.

Da für jedes Tochterunternehmen eine gesonderte Klassifizierung vorgenommen werden muss, können die Regelungen des IAS 21 dazu führen, dass innerhalb eines Konzernabschlusses zwei verschiedene Umrechnungsmethoden zur Anwendung kommen. Sonderregelungen gelten für die Umrechnung von (inflationsbereinigten) Abschlüssen aus Hochinflationsländern (IAS 29).

SIC-19 regelt die Frage, ob ein Unternehmen zwei verschiedene Währungen im selben Abschluss verwenden darf. Die Posten dürfen demnach mit einer Bewertungswährung (*measurement currency*) im Abschluss umgerechnet werden, aber in einer anderen Darstellungswährung (*reporting currency*) ausgewiesen werden (SIC-19.9).

SIC-30 spezifiziert die Regelungen des SIC-19 insoweit, als Vorschriften für die Transformation von der Bewertungswährung in eine andere Darstellungswährung statuiert werden. So sind beispielsweise Vermögenswerte und Schulden mit dem Schlusskurs der Darstellungswährung zu jedem Bilanzstichtag umzurechnen, einschließlich der Vorjahreszahlen. Dies gilt auch für das Eigenkapital. Aufwendungen und Erträge sind zu den Wechselkursen im jeweiligen Transaktionszeitpunkt oder einem Näherungskurs umzurechnen. Die entstandenen Umrechnungsdifferenzen sind direkt mit dem Eigenkapital zu verrechnen (SIC-30.6).

In ED IAS 21 ist vorgesehen, dass die Unterscheidung zwischen ausländischen Teileinheiten, die in den Geschäftsbetrieb des berichtenden Unternehmens integriert sind, (*foreign operations*) und wirtschaftlich selbständigen ausländischen Teileinheiten (*foreign entities*) entfällt. Dennoch wird bei der Bestimmung der funktionalen Währung auf Begriffe zurückgegriffen, die sich an die frühere Unterscheidung anlehnen (ED 21.9a), indem beispielsweise auf den Unabhängigkeitsgrad und den Umfang der Geschäftsbeziehungen abgestellt wird. Der Begriff Berichtswährung soll durch die funktionale Währung und die Darstellungswährung ersetzt werden, die bereits im SIC-19 und SIC-30 verwendet werden. Die funktionale Währung entspricht dabei der Bewertungswährung aus SIC-19 und soll die Währung des primären wirtschaftlichen Umfelds des Unternehmens werden.

4.2 Umrechnungsmethoden

(1) Ausländische Teileinheiten, die in den Geschäftsbetrieb des berichtenden Unternehmens integriert sind

Für ausländische Teileinheiten, die in den Geschäftsbetrieb des berichtenden Unternehmens integriert sind, ist die sog. Zeitbezugsmethode anzuwenden (IAS 21.27). Damit wird der Tatsache Rechnung getragen, dass die lokalen Währungen dieser ausländischen Teileinheiten nicht deren funktionale Währungen sind. Die funktionale Währung derartiger Unternehmen ist i.d.R. die Währung des Mutterunternehmens. Die Zeitbezugsmethode soll gewährleisten, dass im umgerechneten Abschluss die Posten so dargestellt werden, als wären es von vornherein Fremdwährungsgeschäfte des Mutterunternehmens gewesen. Die Währungsumrechnung stellt damit gleichzeitig einen Bewertungsvorgang dar.

Die allgemeinen Bewertungsgrundsätze (z.B. Pflicht zur außerplanmäßigen Abschreibung) werden auf Grundlage des umgerechneten Abschlusses angewandt.

(2) Wirtschaftlich selbständige ausländische Teileinheiten

Für wirtschaftlich selbständige ausländische Teileinheiten sind die monetären und nicht monetären Vermögenswerte und Schulden mit Hilfe der Stichtagskursmethode umzurechnen (IAS 21.30). Die Landeswährung eines derartigen ausländischen Tochterunternehmens ist i.d.R. auch dessen funktionale Währung. Die Währungsumrechnung dient dazu, gleichnamige Beträge zu erhalten, d.h. sie ist ein reiner Transformationsvorgang. Kursveränderungen werden nicht als Erträge oder Aufwendungen der Periode der Transformation erfasst, da die Änderungen nur einen geringen oder überhaupt keinen direkten Einfluss auf den gegenwärtigen oder künftigen Cash Flow der Geschäftstätigkeit der wirtschaftlich selbständigen Teileinheit oder des berichtenden Unternehmens haben (IAS 21.32).

Aufwendungen und Erträge sind mit dem Wechselkurs am Tag des jeweiligen Geschäftsvorfalles umzurechnen, es sei denn, die wirtschaftlich selbständige ausländische Teileinheit berichtet in der Währung einer hyperinflationären Volkswirtschaft. In diesem Fall werden die inflationsbereinigten GuV-Posten zum Stichtagskurs umgerechnet (IAS 21.30).

Aus praktischen Gründen dürfen zur Umrechnung von Aufwendungen und Erträgen Wechselkurse verwendet werden, die dem Wechselkurs am Tag des Geschäftsvorfalles sehr nahe kommen, z.B. ein gewichteter Durchschnittskurs der Periode (IAS 21.31).

Differenzen aus der Verwendung unterschiedlicher Kurse für die Umrechnung der GuV-Posten werden erfolgsneutral behandelt. Das Jahresergebnis in Berichtswährung ergibt sich als Saldo der nach den oben genannten Regelungen umgerechneten Aufwendungen und Erträge. Die Differenz zwischen dem so ermittelten Jahresergebnis in Berichtswährung und dem zum Stichtagskurs umgerechneten Ergebnis wird in der Bilanz erfolgsneutral mit dem Eigenkapital verrechnet.

Bei der Behandlung des im Zusammenhang mit dem Erwerb einer wirtschaftlich selbständigen Teileinheit entstehenden Goodwill und die Anpassungen der Buchwerte der Vermögenswerte und Schulden an den beizulegenden Zeitwert kann zwischen den folgenden Alternativen gewählt werden (IAS 21.33):

- Umrechnung wie Vermögenswerte und Schulden der wirtschaftlich selbständigen Teileinheit zum Stichtagskurs,
- Umrechnung wie Vermögenswerte und Schulden des berichtenden Unternehmens, welche entweder bereits in der Berichtswährung angegeben werden oder als nicht monetäre Fremdwährungsposten, die mit den Wechselkursen zum Zeitpunkt der Geschäftsvorfälle umgerechnet werden.

ED IAS 21 sieht die Abschaffung der bisherigen Wahlmöglichkeit im Rahmen der bilanziellen Behandlung des Goodwill vor. Ein Goodwill, der aus dem Erwerb eines ausländischen Geschäftsbetriebs und Anpassungen des Buchwerts der Vermögenswerte und Schulden an den beizulegenden Zeitwert entsteht, ist wie ein Vermögenswert des ausländischen Geschäftsbetriebs zu behandeln und damit zum Stichtagskurs umzurechnen (ED 21.45).

4.3 Behandlung von Umrechnungsdifferenzen

4.3.1 Ausländische Teileinheiten, die in den Geschäftsbetrieb des berichtenden Unternehmens integriert sind

(1) Benchmark-Methode

Die Umrechnung des Abschlusses einer ausländischen Teileinheit, die in den Geschäftsbetrieb des berichtenden Unternehmens integriert ist, folgt den Regelungen, die für die Umrechnung einzelner Fremdwährungsgeschäfte des Mutterunternehmens gelten (IAS 21.27). Dementsprechend werden alle Bewertungsänderungen aufgrund von Kursveränderungen bei monetären Posten erfolgswirksam behandelt (IAS 21.15). Ausgenommen sind Währungsdifferenzen bei Posten, die als Bestandteil der Nettoinvestition in ein anderes selbständiges, ausländisches Unternehmen anzusehen sind (IAS 21.17). Diese Differenzen werden solange erfolgsneutral im Eigenkapital berücksichtigt, bis die Beteiligung veräußert wird. Ausgenommen sind ferner Bewertungsunterschiede, die sich bei isolierter Betrachtung solcher Transaktionen ergeben, die als Sicherungsgeschäfte *(hedges)* anzusehen sind.

(2) Alternativ zulässige Methode

Für die Währungsumrechnung einer integrierten ausländischen Teileinheit ist es alternativ zulässig, Währungsverluste, gegen die keine Möglichkeit der Kurssicherung besteht und die aus Währungsverbindlichkeiten aus dem Erwerb eines Vermögenswertes resultieren, dem Wertansatz des Vermögenswertes als nachträgliche Anschaffungskosten zuzurechnen. Dies gilt nur, solange der Buchwert nicht höher ist als der niedrigere der beiden Werte aus Wiederbeschaffungswert und erzielbarem Betrag *(recoverable amount)* aus dem Verkauf oder der Nutzung des Vermögenswertes (IAS 21.21).

Veränderungen in der finanziellen oder operativen Beziehung zum Mutterunternehmen können zu einer Veränderung in der Klassifizierung als ausländische Teileinheit, die in den Geschäftsbetrieb des berichtenden Unternehmens integriert ist, bzw. wirtschaftlich selbständige ausländische Teileinheit führen. Wird eine ausländische Teileinheit, die in den Geschäftsbetrieb des berichtenden Unternehmens integriert ist, zur wirtschaftlich selbständigen ausländischen Teileinheit, so sind die Umrechnungsdifferenzen aus der Übertragung nicht-monetärer Vermögenswerte am Tag der Umklassifizierung als Eigenkapital zu klassifizieren (IAS 21.40).

ED IAS 21 sieht die Abschaffung der alternativ zulässigen Methode vor. Begründet wird diese Entschluss mit der Tatsache, dass Währungsverluste nicht die Definition eines Vermögenswerts erfüllen (ED IAS 21, Anhang 20). Zudem entfällt künftig ein Wechsel der Klassifizierung von ausländischen Einheiten. Statt dessen wäre die funktionale Währung des ausländischen Geschäftsbetriebs an die funktionale Währung des Mutterunternehmens anzupassen, wobei diese Anpassung taggenau und prospektiv zu erfolgen hat (ED 21.33).

4.3.2 Wirtschaftlich selbständige ausländische Teileinheiten

Bilanzielle Umrechnungsdifferenzen entstehen aufgrund der einheitlichen Umrechnung aller Bilanzposten zum Stichtagskurs nicht.

Das Jahresergebnis in Berichtswährung ergibt sich als Saldo der mit den historischen Kursen oder dem Durchschnittskurs umgerechneten Aufwendungen und Erträge. Die Differenz zwischen dem so ermittelten Jahresergebnis in Berichtswährung und dem zum Stichtagskurs umgerechneten Ergebnis wird in der Bilanz erfolgsneutral mit dem Eigenkapital verrechnet (IAS 21.30).

Wird eine wirtschaftlich selbständige ausländische Teileinheit konsolidiert, an der das Mutterunternehmen zu weniger als 100% beteiligt ist, so werden die durch die Währungsumrechnung entstehenden kumulierten Umrechnungsdifferenzen, soweit sie auf die Anteile anderer Gesellschafter entfallen, im Ausgleichsposten für Anteile anderer Gesellschafter ausgewiesen (IAS 21.32).

Währungsdifferenzen aus der Schuldenkonsolidierung werden grundsätzlich erfolgswirksam behandelt (IAS 21.34).

Wird eine wirtschaftlich selbständige ausländische Teileinheit zu einem ausländischen Geschäftsbetrieb, so gelten die zum Stichtagskurs umgerechneten Beträge für nicht monetäre Vermögenswerte *(non-monetary items)* künftig als deren historische Anschaffungskosten (IAS 21.40).

4.4 Behandlung von Kursveränderungen im Anlagespiegel

Innerhalb der Darstellung der Entwicklung des Sachanlagevermögens sind die Umrechnungsdifferenzen, die sich aus der Umrechnung einer wirtschaftlich selbständigen ausländischen Teileinheit (zum Stichtagskurs) ergeben, als Nettobetrag für jede Kategorie des Sachanlagevermögens auszuweisen (IAS 16.60e viii). Für das übrige Anlagevermögen besteht diesbezüglich keine Ausweispflicht.

ED IAS 16.60e passt diese Angabepflicht den geplanten Neuregelungen in IAS 21 bezüglich des Wechsels der funktionalen Währung in eine andere Darstellungswährung an.

4.5 Angabepflichten

Im Zusammenhang mit der Währungsumrechnung sind anzugeben (IAS 21.42):

- der Betrag der erfolgswirksam behandelten Umrechnungsdifferenzen,
- der Betrag der Netto-Umrechnungsdifferenz, der als Eigenkapital zu klassifizieren ist, mit einer Überleitungsrechnung (reconciliation) zum Anfang und zum Ende des Geschäftsjahres,
- der Betrag im Geschäftsjahr entstandener Umrechnungsdifferenzen, der im Buchwert eines Vermögenswertes enthalten ist, sofern die alternativ zulässige Methode angewandt wird.

Wenn sich die Klassifizierung einer ausländischen Teileinheit, die in den Geschäftsbetrieb des berichtenden Unternehmens integriert ist, geändert hat, sind anzugeben (IAS 21.44):

- die Art der Änderung,
- der Grund der Änderung,
- die Auswirkungen der Änderung auf das Eigenkapital,

- die Auswirkungen auf die Nettoergebnisse jedes dargestellten Geschäftsjahres, als wäre die Klassifizierung bereits zu Beginn des ersten der dargestellten Geschäftsjahre geändert worden.

Außerdem ist die angewandte Methode für die Umrechnung des Goodwill und der zugerechneten stillen Reserven und Lasten aus der Erstkonsolidierung anzugeben (IAS 21.45).

5. Inflationsbereinigung von Abschlüssen aus Hochinflationsländern

5.1 Methode

Bei der Rechnungslegung in der Währung einer hyperinflationären Volkswirtschaft entsteht das Problem, dass Transaktionen ohne währungsbereinigende Anpassungen selbst innerhalb eines Berichtszeitraums aufgrund des großen Kaufkraftverlustes nicht miteinander vergleichbar sind (IAS 29.2). Folgende Indikatoren deuten auf das Vorliegen einer Hyperinflation hin (IAS 29.3):

- Flucht in Sachwerte bzw. unmittelbarer Umtausch einheimischer Währung nach Zufluss in harte Auslandswährungen,
- stabile Parallelwährung, in der auch Preise angegeben werden können,
- Indizierung selbst kurzfristiger Kredite,
- Koppelung von Zinsraten, Löhnen und Preisen an einen Preisindex,
- die kumulierte Inflationsrate beträgt über drei Jahre zumindest 100%.

Der Abschluss ist entsprechend den Kaufkraftverhältnissen zum Stichtag von der Inflation zu bereinigen, unabhängig davon, ob zu Anschaffungskosten oder zu Tageswerten bewertet wurde (Indexierung). Die Vergleichszahlen des Vorjahres sind anzupassen (IAS 29.8). Der Gewinn oder Verlust aus der Nettoposition der monetären Posten *(net monetary position)* ist in die Gewinn- und Verlustrechnung einzubeziehen und getrennt auszuweisen (IAS 29.9).

Die Anpassung betrifft grundsätzlich nur die nicht-monetären Posten, da sie bei Inflation zu gering bewertet sind; die Werte werden entsprechend der Veränderung des allgemeinen Preisindex zwischen Anschaffungsdatum und Stichtag angepasst; dabei ist auch eine Schätzung zulässig (IAS 29.14). Falls für bestimmte Vermögenswerte und Schulden Preisanpassungsklauseln vereinbart wurden, sind diese zu berücksichtigen (IAS 29.13).

Wenn die Hyperinflation beendet ist und folglich Inflationsbereinigungen gegenstandslos werden, bilden die Ansätze des letzten Abschlusses die Basis für die Anschaffungskosten der Folgeperioden (IAS 29.38).

5.2 Angabepflichten

Anzugeben sind (IAS 29.39):

- Hinweis auf Inflationsbereinigung des Abschlusses und der Vorjahreszahlen,
- ob der Abschluss auf dem Konzept historischer Anschaffungs- oder Herstellungskosten oder dem Konzept der Tageswerte basiert,
- Art und Höhe des Preisindexes und seiner Veränderung während des Berichtszeitraums und der Vorperiode.

6. Kapitalkonsolidierung

6.1 Vorbemerkung

Die Einbeziehung eines Tochterunternehmens in den Konzernabschluss kann als Erwerbsvorgang angesehen werden, bei dem ein Unternehmen die Beherrschung *(control)* über ein anderes Unternehmen erlangt und ein Erwerber zu identifizieren ist (IAS 22.10). In diesen Fällen ist die Erwerbsmethode anzuwenden (IAS 22.17).

Falls es jedoch in seltenen Ausnahmefällen nicht möglich ist, einen Erwerber zu identifizieren, wird das Ergebnis des Unternehmenszusammenschlusses als eine gegenseitige, gleichberechtigte Beteiligung an Risiken und Chancen der neuen wirtschaftlichen Einheit angesehen (IAS 22.13). Ein solcher Sonderfall der Interessenzusammenführung *(uniting of interests)* liegt bei kumulierter Erfüllung der folgenden Voraussetzungen vor (IAS 22.15):

- die überwiegende Mehrzahl oder sämtliche stimmberechtigte Anteile der zusammengeführten Unternehmen werden ausgetauscht oder zusammengefasst,

- die beizulegenden Zeitwerte beider Unternehmen unterscheiden sich nicht wesentlich,
- die Anteilseigner jedes der beiden Unternehmen behalten im Verhältnis zueinander nach der Zusammenführung annähernd die gleiche Position hinsichtlich Stimmrechts- und Kapitalanteil in der zusammengefassten Einheit wie vor dem Zusammenschluss.

Als Indikatoren, die eine Einordnung als Interessenzusammenführung im Zweifel ausschließen, wären finanzielle Vereinbarungen zu nennen, mit denen sich eine Gruppe von Anteilseignern Vorteile gegenüber einer anderen Gruppe von Anteilseignern verschafft oder die Beteiligungsverhältnisse vom zukünftigen Geschäftsverlauf abhängig gemacht werden (IAS 22.16). Aus dem Gesamtbild des Erwerbsvorgangs ist zu beurteilen, ob ein Erwerber identifiziert werden kann (SIC-9.5). Eine Angabe von bestimmten Quoten, um die unbestimmten Begriffe »annähernd gleich« oder »nicht wesentlich unterscheiden« zu konkretisieren, ist daher auch in SIC-9 nicht vorgenommen worden.

Ist der Vorgang als Interessenzusammenführung anzusehen, ist die Methode der Interessenzusammenführung (*uniting of interests*) zwingend anzuwenden (IAS 22.77). Nach dem ED 3 wird die Interessenzusammenführungsmethode künftig nicht mehr zulässig sein (vgl. ED 3.2-3, 17-20). Stattdessen ist die Erwerbsmethode anzuwenden.

Im HGB sind zwei Konsolidierungsmethoden vorgesehen. Grundsätzlich beschreibt der § 301 HGB zwei Ausprägungen der Erwerbsmethode, während im § 302 HGB die Kapitalkonsolidierung bei Interessenzusammenführung geregelt ist. § 302 HGB darf nur unter den in § 302 Abs. 1 HGB genannten restriktiven Voraussetzungen angewandt werden. Die Voraussetzung für die Anwendung der Methode der Interessenzusammenführung nach IAS und HGB sind grundsätzlich unterschiedlich. Praktische Bedeutung hatte die Methode der Interessenzusammenführung unter HGB kaum.

6.2 Erwerbsmethode

6.2.1 Erstkonsolidierung

Die Erstkonsolidierung ist grundsätzlich auf den Stichtag des Erwerbs zu beziehen, an dem die Beherrschung des Reinvermögens und der Geschäftstätigkeit des erworbenen Unternehmens tatsächlich auf den Erwerber übergeht (IAS 22.20). Ihr liegt nicht der Buchwert der erworbenen Anteile zugrunde, sondern die Anschaffungskosten, deren Ermittlung detailliert geregelt ist (IAS 22.21ff.). Dies gilt insbesondere für die Ausgabe von Wertpapieren als Teil der Kaufpreisleistung (IAS 22.24). Zu den Anschaffungsnebenkosten gehören zwingend die Einzelkosten im Zusammenhang mit dem Beteiligungserwerb, nicht aber die Gemeinkosten, die beim Erwerber im Rahmen des Erwerbs anfallen (IAS 22.25).

SIC-28 regelt für den Fall, dass der Erwerber die Gegenleistung für den Erwerb durch Ausgabe eigener Eigenkapitalinstrumente erbringt und der Unternehmenserwerb im Rahmen einer einzigen Transaktion erfolgt, dass als Tag des Tauschvorgangs der Zeitpunkt anzusehen ist, an dem der Erwerber die tatsächliche Beherrschung über das erworbene Unternehmen erlangt (SIC-28.5). Wird das Unternehmen in mehreren Schritten erworben, ist für jeden einzelnen Akquisitionsschritt eine gesonderte Bewertung zum beizulegenden Zeitwert zu dem Zeitpunkt vorzunehmen, zu dem die jeweils erworbenen Anteile vom Erwerbsunternehmen bilanziert werden (SIC-28.5).

6.2.1.1 Buchwertmethode (Benchmark-Methode)

Die in den Konzernabschluss zu übernehmenden erworbenen Vermögenswerte und Schulden des Tochterunternehmens sind nach den Verhältnissen am Erwerbsstichtag gesondert anzusetzen (IAS 22.26), auch wenn sie nicht im Einzelabschluss des Tochterunternehmens angesetzt werden konnten (IAS 22.28). Die Ansatzvoraussetzungen entsprechen den Ansatzkriterien des Rahmenkonzeptes (IASB Framework 83) und beinhalten (IAS 22.26):

- die hinreichende Wahrscheinlichkeit dafür, dass der mit den Vermögenswerten bzw. mit den Schulden verbundene künftige wirtschaftliche Nutzen dem Erwerber zufließt bzw. von ihm abfließt,
- dass der Erwerber die Anschaffungskosten oder den beizulegenden Zeitwert zuverlässig ermitteln kann.

Die für die Zuordnung eines Unterschiedsbetrages notwendige Bestimmung der beizulegenden Zeitwerte der Vermögenswerte und Schulden werden in detaillierten Regelungen für die Bestimmung der beizulegenden Zeitwerte von verschiedenartigen Vermögenswerten und Schulden festgelegt (IAS 22.39). Aus den Vorschriften ergibt sich, dass zwingend für das erworbene Unternehmen eine IAS-Bilanz mit Zeitwerten auf den Erwerbszeitpunkt zu erstellen ist.

Im Fall eines Beteiligungserwerbs von weniger als 100% der Anteile ist die Aufdeckung stiller Reserven und Lasten auf den beteiligungsproportionalen Anteil begrenzt (IAS 22.33). Der Ausgleichsposten für andere Gesellschafter wird daher auf Basis der Buchwerte der Vermögenswerte und Schulden vor dem Erwerb ermittelt (IAS 22.32).

Der Geschäfts- oder Firmenwert oder negative Unterschiedsbetrag ergibt sich als Differenz zwischen dem beizulegenden Zeitwert des einbezogenen Nettovermögens und den Anschaffungskosten (IAS 22.27).

Die Behandlung von Rückbeteiligungen an dem Mutterunternehmen ist in den IAS nicht geregelt.

Die Benchmarkmethode des IAS 22 entspricht grundsätzlich der Buchwertmethode des § 301 Abs. 1 Satz 2 Nr. 1 HGB. Dabei ist jedoch zu berücksichtigen, dass nach IAS 22 eine volle anteilige Aufdeckung der stillen Reserven stattzufinden hat. Anders als nach HGB kann daher bei Anwendung des IAS 22 ein negativer Unterschiedsbetrag allein deswegen entstehen, weil stille Reserven aufgedeckt werden.

ED 3 sieht vor, dass das angesetzte Netto-Vermögen zum Erwerbszeitpunkt mit dem Fair Value bewertet wird. Immaterielle Vermögenswerte sind nach ED 3.36 getrennt vom Geschäfts- oder Firmenwert in der Bilanz anzusetzen, wenn sie die Definition eines asset erfüllen und von einem Vertrag oder sonstigem Recht abgeleitet werden können oder separierbar, d.h veräußerbar oder verwertbar sind (ED 3.43-44). Auch Eventualschulden (contingent liabilities), sofern sie zuverlässig bewertet werden können, sind in der Bilanz zum Erwerbszeitpunkt mit dem Fair Value anzusetzen (ED 3.36). Das Wahlrecht, die stillen Reserven nur in Höhe des Anteils der Muttergesellschaft aufzudecken, wird abgeschafft. Damit entfällt die Buchwertmethode (bisher Benchmark-Methode) und es wird nur noch die Neubewertungsmethode (bislang alternative Methode) zulässig sein (vgl. ED 3.35, 39).

6.2.1.2 Neubewertungsmethode (alternativ zulässige Methode)

Die Neubewertungsmethode unterscheidet sich von der Buchwertmethode dahingehend, dass die stillen Reserven und Lasten unabhängig von der Beteiligungsquote aufgedeckt werden. Dementsprechend wird der Ausgleichsposten für Anteile anderer Gesellschafter bei dieser Methode auf der Basis des neubewerteten Eigenkapitals ermittelt (IAS 22.34). Für die Ermittlung der beizulegenden Zeitwerte der Vermögenswerte und Schulden gelten dieselben Grundsätze wie bei der Buchwertmethode (IAS 22.35).

Die Neubewertungsmethode nach IAS entspricht der Neubewertungsmethode des § 301 Abs. 1 Satz 2 Nr. 2 HGB. Insbesondere durch die Aufhebung der Anschaffungskostenrestriktion durch das TransPuG sind die diesbezüglichen Unterschiede zwischen HGB und IAS künftig nicht mehr vorhanden.

6.2.1.3 Spätere Änderungen der Erstkonsolidierung

Die Vereinbarung über den Beteiligungserwerb kann Bestimmungen enthalten, nach denen die Gegenleistung abhängig vom Eintritt eines oder mehrerer Ereignisse ist (IAS 22.66). Ein so möglicherweise entstehender Anpassungsbetrag ist in die Anschaffungskosten der Beteiligung im Erwerbszeitpunkt einzubeziehen, wenn der Eintritt wahrscheinlich ist und der Betrag verlässlich geschätzt werden kann (IAS 22.65). Die Anschaffungskosten sind spätestens dann anzupassen, wenn eine Bedingung, von der der Betrag der Gegenleistung für den Erwerb abhängt, nach dem Erwerbszeitpunkt eintritt. Voraussetzung ist, dass die Begleichung der Gegenleistung wahrscheinlich ist und der Betrag zuverlässig geschätzt werden kann (IAS 22.68). Dies gilt jedoch nicht für etwaige Kompensationszahlungen, die der Erwerber nachträglich an den Veräußerer zu entrichten hat, beispielsweise bei einer Garantieerklärung des Erwerbers bezüglich der Werthaltigkeit der hingegebenen Anteile (IAS 22.70).

Erworbene Vermögenswerte und Schulden, die zum Zeitpunkt der erstmaligen Bilanzierung des Unternehmenserwerbs die Ansatzkriterien nicht erfüllen, sind nachträglich zu bilanzieren, sobald sie die Kriterien erfüllen (IAS 22.71). Gleichermaßen sind die beizulegenden Zeitwerte der Vermögenswerte und Schulden anzupassen, sofern sich nach dem Erwerbszeitpunkt substanzielle Hinweise ergeben, die einen anderen Wertansatz als bei der Erstkonsolidierung erforderlich machen (IAS 22.71). Werden nach der ersten auf den Unternehmenserwerb folgenden Berichtsperiode (ausgenommen Zwischenperioden) Vermögenswerte oder Schulden angesetzt oder werden die Buchwerte nach diesem Zeitpunkt angepasst, so ist dies als Aufwand oder Ertrag der Periode und nicht als Anpassung des Goodwill oder negativen Unterschiedsbetrages zu bilanzieren (IAS 22.72).

Eine Anpassung des Goodwill oder negativen Unterschiedsbetrags erfolgt nur dann, wenn die Anpassung den Buchwert des Goodwill nicht über den erzielbaren Betrag (IAS 36) erhöht und solche Anpassungen bis zum Ende des ersten auf den Erwerb folgenden Geschäftsjahres erfolgen (IAS 22.71). Falls im Zuge der Erstkonsolidierung eine Restrukturierungsrückstellung gebildet wurde (IAS 22.31) und diese später unter den Voraussetzungen des IAS 22.75 aufgelöst wird, ist dies stets ein erfolgsneutraler Vorgang, der den Goodwill bzw. den negativen Unterschiedsbetrag ändert.

SIC-22 regelt die Anpassung des Buchwerts der erworbenen identifizierbaren Vermögenswerte und Schulden. Der Anpassungsbetrag ist so zu ermitteln, als ob die angepassten beizulegenden Zeitwerte bereits ab dem Erwerbszeitpunkt angewendet worden wären (SIC-22.5). Dies gilt auch entsprechend für den Buchwert eines Geschäfts- oder Firmenwerts bzw. negativen Unterschiedsbetrags (SIC-22.6).

Zusätzliche Restrukturierungsrückstellungen dürfen nur bis zu dem Tag, an dem die Jahresabschlüsse zur Veröffentlichung freigegeben werden, spätestens jedoch innerhalb von drei Monaten nach dem Erwerbszeitpunkt, angesetzt werden (IAS 22.31c). Zu beachten ist allerdings, dass nach ED 3 Restrukturierungsrückstellungen als Aufwand zu erfassen sind, es sei denn, der Erwerber hat zum Erwerbszeitpunkt eine bestehende Verpflichtung zur Restrukturierung.

6.2.2 Stichtag der Erstkonsolidierung

Als Stichtag der Erstkonsolidierung ist der Zeitpunkt des Erwerbs zugrunde zu legen (IAS 22.19). Maßgeblich ist nicht der rechtliche Übertragungszeitpunkt, sondern der Zeitpunkt, zu dem die Beherrschung tatsächlich begründet worden ist (IAS 22.20). Daraus ergibt sich insbesondere, dass eine in der Praxis häufig vertraglich vereinbarte Rückwirkung für die Erstkonsolidierung im IAS-Abschluss keine Rolle spielt. Von diesem Zeitpunkt an ist das Tochterunternehmen in den Konzernabschluss einzubeziehen (IAS 22.19).

Anders als § 301 Abs. 2 HGB gibt es unter IAS 22 keine alternativen Zeitpunkte der Erstkonsolidierung. Weder die Konsolidierung zum Zeitpunkt der erstmaligen Einbeziehung des Tochterunternehmens in den Konzernabschluss, noch der Zeitpunkt, zu dem das Unternehmen erstmals Tochterunternehmen geworden ist, sind zulässig.

Für den Fall des sukzessiven Anteilserwerbs wird verlangt, dass die Maßnahmen der Erstkonsolidierung (Ermittlung der Unterschiedsbeträge und der beizulegenden Zeitwerte) für jeden wesentlichen Erwerbsschritt gesondert vorgenommen werden (IAS 22.36).

6.2.3 Unterschiedsbeträge

6.2.3.1 Geschäfts- oder Firmenwert

Der verbleibende positive Unterschiedsbetrag zwischen den Anschaffungskosten des Beteiligungserwerbs und dem zum Tage des Erwerbsvorgangs erworbenen Anteil an den beizulegenden Zeitwerten der identifizierbaren Vermögenswerte und Schulden aus dem Erwerb wird als Geschäfts- oder Firmenwert bzw. Goodwill bezeichnet und ist als Vermögenswert anzusetzen (IAS 22.41).

Der Geschäfts- oder Firmenwert ist planmäßig über seine Nutzungsdauer abzuschreiben. IAS 22.51 stellt klar, dass die Nutzungsdauer immer begrenzt ist. Die Nutzungsdauer ist so festzulegen, dass sie der bestmöglichen Schätzung des Zeitraums des Nutzungsverlaufs entspricht. Es besteht dabei die widerlegbare Vermutung, dass die Nutzungsdauer vom Zeitpunkt des erstmaligen Ansatzes 20 Jahre nicht überschreitet (IAS 22.44). Als Abschreibungsmethode ist diejenige Methode auszuwählen, die die wirtschaftliche Nutzungsentwertung am besten abbildet. Sofern es keine substanziellen Hinweise dafür gibt, dass eine andere Methode als die lineare Abschreibung den Nutzungsverlauf besser abbildet, sind die Anschaffungskosten linear über die Nutzungsdauer zu verteilen (IAS 22.45). Die Abschreibungsbeträge sind in jeder Periode erfolgswirksam zu erfassen (IAS 22.46).

Die Nutzungsdauer und die Abschreibungsmethode sind mindestens zum Ende eines jeden Geschäftsjahres zu überprüfen. Falls sich die neu geschätzte Nutzungsdauer wesentlich von den bisherigen Schätzungen unterscheidet, ist eine Anpassung erforderlich. Das gleiche gilt für die Abschreibungsmethode. Etwaige Veränderungen sind gemäß IAS 8 als changes in accounting estimates zu berücksichtigen (IAS 22.54). Um festzustellen, ob eine Wertminderung des Goodwill gegeben ist, hat das berichtende Unternehmen IAS 36 entsprechend anzuwenden (IAS 22.55). Sofern die Nutzungsdauer mehr als 20 Jahre umfasst, ist die Anwendung von IAS 36 insoweit zu erweitern, dass der erzielbare Betrag des Goodwill auch dann mindestens einmal jährlich zu schätzen ist, selbst wenn es keine Anhaltpunkte für eine Wertminderung gibt (IAS 22.56).

ED 3 sieht vor, dass Geschäfts- oder Firmenwerte, wie auch immaterielle Vermögenswerte mit unbestimmter Nutzungsdauer, zukünftig nicht mehr abzuschreiben sind (ED 3.53). Stattdessen wird der Geschäfts- oder Firmenwert jährlich auf Wertminderung (impairment) getestet. Der Test ist ebenso durchzuführen, wenn Ereignisse oder Änderungen der Gegebenheiten auf eine Wertminderung hindeuten (ED 3.54). Eine Wertaufholung des Geschäfts- oder Firmenwertes ist nicht zulässig.

6.2.3.2 Negativer Unterschiedsbetrag

Ein negativer Unterschiedbetrag entsteht, wenn die beizulegenden Zeitwerte der erworbenen Vermögenswerte und Schulden die Anschaffungskosten der Beteiligung übersteigen (IAS 22.59). Zunächst wird der Teil des negativen Unterschiedsbetrags abgegrenzt, der sich auf erwartete künftige Verluste und Aufwendungen bezieht. Dieser wird in der Folgezeit in dem Maße ertragswirksam aufgelöst, wie die erwarteten Verluste und Aufwendungen auftreten. Bleiben letztere für die jeweils erwartete Periode aus, wird der negative Unterschiedsbetrag so behandelt, als würde er sich nicht auf künftig erwartete Verluste und Aufwendungen beziehen (IAS 22.61).

Der Teil des negativen Unterschiedsbetrags, der nicht erwarteten künftigen Verlusten und Aufwendungen entspricht, wird mit den beizulegenden Zeitwerten der nicht-monetären Vermögenswerte verglichen. Ist er kleiner, wird der negative Geschäfts- oder Firmenwert planmäßig über die gewichtete, durchschnittliche Nutzungsdauer der abnutzbaren, nicht-monetären Vermögenswerte ertragswirksam aufgelöst. Sollte er die beizulegenden Zeitwerte der nicht-monetären Vermögenswerte übersteigen, so ist die entstehende Differenz sofort ertragswirksam zu erfassen (IAS 22.62).

Die Behandlung des Geschäfts- oder Firmenwertes nach IAS 22 unterscheidet sich vom HGB im Wesentlichen dadurch, dass die Verrechnung des Unterschiedsbetrages mit dem Eigenkapital gemäß § 309 Abs. 1 Satz 3 HGB nicht zulässig ist. Im HGB ist außerdem eine Höchstgrenze für die Nutzungsdauer des Geschäfts- oder Firmenwertes nicht vorgesehen.

ED 3.55-56 fordert die sofortige erfolgswirksame Erfassung eines negativen Goodwills.

6.2.4 Folge- und Entkonsolidierung

Die Sachverhalte für Folge- und Entkonsolidierungen sind in IAS nicht geregelt. Es gelten deshalb die allgemeinen Grundsätze der Konsolidierung. Die Entkonsolidierung ist vorzunehmen, wenn tatsächlich keine Kontrolle über das Tochterunternehmen mehr ausgeübt werden kann. Eine vorzeitige Entkonsolidierung, weil ein Beschluss zur Veräußerung eines Tochterunternehmens gefasst wurde, ist nicht zulässig.

Zur Entkonsolidierung enthalten die IAS lediglich den Hinweis, wie der Veräußerungserfolg bei Ausscheiden eines Tochterunternehmens aus Konzernsicht zu ermitteln ist (IAS 27.23). Die Anforderungen an die Periodenabgrenzung im Fall des unterjährigen

Ausscheidens sind dabei zu beachten. Bis zum Zeitpunkt des Ausscheidens sind die Aufwendungen und Erträge des Tochterunternehmens in die Gewinn- und Verlustrechnung des Konzerns einzubeziehen.

Auch das HGB kennt keine Vorschriften zur Folge- und Entkonsolidierung.

6.2.5 Anteile anderer Gesellschafter

Minderheitenanteile an den Jahresergebnissen der einbezogenen Tochterunternehmen sind, um das auf die Anteilseigner des Mutterunternehmens entfallende Nettoergebnis auszuweisen, vom konsolidierten Jahresergebnis abzusetzen (IAS 27.15; IAS 27.26).

Der Ausweis des konsolidierten Jahresergebnisses vor Abzug der Ergebnisanteile anderer Gesellschafter wird nicht verlangt.

Falls die auf andere Gesellschafter entfallenden Verluste eines Tochterunternehmens das anteilige Eigenkapital dieser Gesellschafter übersteigen, werden die übersteigenden Beträge nicht mehr dem Ausgleichsposten für Anteile anderer Gesellschafter zugewiesen, sondern grundsätzlich mit dem auf das Mutterunternehmen entfallenden Eigenkapital in der Konzernbilanz verrechnet. Auf diese Weise ist die Entstehung eines negativen Ausgleichspostens ausgeschlossen. Spätere Gewinne werden zunächst diesem Eigenkapital gutgeschrieben, bis die frühere Verlustverrechnung kompensiert ist. Eine Ausnahme von diesem Grundsatz gilt für den Fall, dass die Minderheitsgesellschafter verpflichtet und in der Lage sind, die anteiligen Verluste des Tochterunternehmens auszugleichen (IAS 27.27). Gemäß § 307 Abs. 2 HGB ist in der Konzern- Gewinn- und Verlustrechnung der im Jahresergebnis enthaltende, anderen Gesellschaftern zustehende Gewinn und der auf sie entfallende Verlust nach dem Posten „Jahresüberschuss/Jahresfehlbetrag" unter entsprechender Bezeichnung gesondert auszuweisen. Dies gilt auch, wenn negative Ergebnisbeiträge dazu führen, dass der Minderheitenanteil am Eigenkapital negativ wird. Daraus ergibt sich ein deutlicher Unterschied gegenüber IAS 27.27.

6.3 Interessenzusammenführungs-Methode

Bei der Kapitalkonsolidierung nach der Methode der Interessenzusammenführung wird ein Unterschiedsbetrag zwischen dem anteiligen gezeichneten Kapital des Partnerunternehmens – zuzüglich eines Spitzenausgleichs in bar oder in Form von Sachleistungen – und dem Buchwert der Anteile an dem Partnerunternehmen gegen das Eigenkapital in der Konzernbilanz verrechnet (IAS 22.79).

Ausgaben im Zusammenhang mit der Durchführung des Zusammenschlusses sind in der Periode, in der sie entstehen, als Aufwand zu erfassen (IAS 22.82).

Nach dem Exposure Draft ED 3 Business Combinations wird die Interessenzusammenführungsmethode abgeschafft (vgl. ED 3.2-3, 17-20).

7. Equity-Methode

7.1 Anwendungsbereich

Ein assoziiertes Unternehmen ist ein Unternehmen, auf das ein Anteilseigner (*investor*) einen maßgeblichen Einfluss ausüben kann und das weder Tochterunternehmen noch Gemeinschaftsunternehmen *(joint venture)* ist (IAS 28.3). Maßgeblicher Einfluss ist die Möglichkeit, an den finanz- und geschäftspolitischen Entscheidungsprozessen des Beteiligungsunternehmens teilzunehmen, ohne es zu beherrschen (IAS 28.3). Beherrschung hingegen ist die Möglichkeit, die Finanz- und Geschäftspolitik eines Unternehmens zu bestimmen, um aus dessen Tätigkeiten Nutzen zu ziehen (IAS 28.3).

Maßgeblicher Einfluss wird widerlegbar vermutet, wenn der Anteilseigner unmittelbar oder mittelbar zumindest 20% der Stimmrechte hält (IAS 28.4). Im Fall einer Beteiligung unter 20% wird umgekehrt widerlegbar vermutet, dass kein maßgeblicher Einfluss vorliegt. Die bloße Tatsache, dass ein anderer Anteilseigner eine Mehrheitsbeteiligung an dem Unternehmen hält, schließt einen möglichen maßgeblichen Einfluss eines Anteilseigners nicht zwingend aus (IAS 28.4).

Bei Erfüllung von wenigstens einem der nachfolgenden Kriterien kann regelmäßig auf das Bestehen eines maßgeblichen Einflusses geschlossen werden (IAS 28.5):

- Zugehörigkeit zu einem Leitungs- oder Aufsichtsorgan des assoziierten Unternehmens,
- Beteiligung an den Entscheidungsprozessen des assoziierten Unternehmens,
- wesentliche Geschäftsbeziehungen mit dem assoziierten Unternehmen,
- Entsendung/Austausch von Führungskräften,
- technologische Abhängigkeit des assoziierten Unternehmens.

Beteiligungen an assoziierten Unternehmen sind im Konzernabschluss grundsätzlich nach der Equity-Methode zu bewerten (IAS 28.8). Eine Ausnahme kommt nur dann in Betracht, wenn die Anteile ausschließlich zum Zwecke der Weiterveräußerung in der nahen Zukunft erworben wurden und gehalten werden oder die mit den Anteilen verbundenen Mitgliedschaftsrechte wesentlichen, nachhaltigen Beschränkungen unterliegen, die mögliche Ausschüttungen an den Anteilseigner wesentlich beeinträchtigen. In diesem Fall sind die Anteile nach Maßgabe von IAS 39 zu bilanzieren (IAS 28.8).

Die Anwendung der Equity-Methode wird ausgesetzt, wenn (IAS 28.11):

- die Möglichkeit einer maßgeblichen Einflussnahme des Anteilseigners nicht mehr gegeben ist, die Beteiligung aber aufrechterhalten wird, oder
- die Fähigkeit des assoziierten Unternehmens, finanzielle Mittel an den Anteilseigner zu transferieren, wesentlichen, nachhaltigen Beschränkungen unterliegt.

Bei einer Aussetzung der Anwendung der Equity-Methode sind die Anteile ab diesem Zeitpunkt mit ihren Anschaffungskosten zu bilanzieren (IAS 28.11).

Sofern ein Anteilseigner, der einen Konzernabschluss aufstellt, die Anteile am assoziierten Unternehmen gleichzeitig in seinem Einzelabschluss erfasst, sind die Anteile entweder mit ihren Anschaffungskosten, nach der Equity-Methode oder als zur Veräußerung verfügbarer finanzieller Vermögenswerte nach IAS 39 zu bilanzieren, es sei denn, die Anteile werden ausschließlich in der Absicht einer Veräußerung in der nahen Zukunft gehalten (IAS 28.12).

Die Anteile an einem assoziierten Unternehmen sind bei einem Anteilseigner, der keinen Konzernabschluss aufstellt, in seinem Einzelabschluss entweder mit den Anschaffungskosten, nach der Equity-Methode (soweit sachgerecht) oder wie zur Veräußerung verfügbare bzw. zu Handelszwecken gehaltene finanzielle Vermögenswerte nach IAS 39 zu bilanzieren (IAS 28.14).

Nach dem allgemeinen Grundsatz der Wesentlichkeit kann auf die Anwendung der Equity-Methode verzichtet werden, wenn die Gesamtheit der aus diesem Grund nicht mit der Equity-Methode bewerteten Beteiligungen nur von untergeordneter Bedeutung ist.

ED IAS 28 schränkt den Anwendungsbereich dahingehend ein, dass Anteile von assoziierten Unternehmen, die von Venture Capital Organisationen, Investmentgesellschaften oder ähnlichen Gesellschaften gehalten werden, nicht mehr nach der Equity-Methode zu bilanzieren sind. Vielmehr sind die Anteile nach Maßgabe von IAS 39 zum beizulegenden Zeitwert anzusetzen; Veränderungen im beizulegenden Zeitwert sind als laufender Aufwand oder Ertrag der Periode zu erfassen (ED 28.1). Optionsrechte, die in Schuldtiteln oder Eigenkapitalinstrumenten an assoziierten Unternehmen verbrieft sind, sind wie Anteile am assoziierten Unternehmen zu behandeln, sofern diese zu potenziellen Stimmrechten (potential voting rights) führen können. Das Bestehen von potenziellen Stimmrechten kann ein Indikator für einen maßgeblichen Einfluss des Anteilseigners sein (ED 28.5A).

Der Begriff „nahe Zukunft" im Sinne des IAS 28.8 wird insoweit präzisiert, dass für diesen Zeitraum eine Spanne von zwölf Monaten zugrunde zulegen ist (ED 28.8). Eine wesentliche, nachhaltige Beschränkung soll eine Behandlung der Beteiligung nach der Equity-Methode nicht mehr entgegenstehen und nicht zu einem Aussetzen der Equity-

Methode führen. Insoweit wird die Einstellung der Anwendung der Equity-Methode auf den Tatbestand der Nicht-Verfügbarkeit eines maßgeblichen Einflusses reduziert (ED 28.8; IAS 28.11).

Sämtliche Regelungen zur Bewertung der Beteiligung zu Anschaffungskosten, wie beispielsweise in IAS 28.12 und IAS 28.14, sollen ersatzlos gestrichen werden. Sofern kein Anwendungsverbot vorliegt, würden Beteiligungen an assoziierten Unternehmen im Einzel- und Konzernabschluss mittels der Equity-Methode bilanziert.

Die Beteiligungen an assoziierten Unternehmen sind im HGB im § 311ff. geregelt. Grundsätzlich ist davon auszugehen, dass die Qualifizierung als assoziiertes Unternehmen nach IAS 28 und HGB sich nicht voneinander unterscheiden. Allerdings reicht nach IAS die Möglichkeit maßgeblichen Einfluß auszuüben (IAS 28.3), während das HGB auf die Ausübung des maßgeblichen Einflusses abstellt (§ 311 HGB). Die Anwendung der Equity-Methode ist gemäß HGB dann nicht notwendig, wenn ihre Anwendung für die Vermittlung eines den tatsächlichen Verhältnissen entsprechenden Bildes der Vermögens-, Finanz- und Ertragslage des Konzerns von untergeordneter Bedeutung ist.[3]

7.2 Methode

(1) Erstmalige Anwendung

Beteiligungen an assoziierten Unternehmen sind als langfristige Vermögenswerte zu qualifizieren und unter einem gesonderten Posten auszuweisen (IAS 28.28).

Zur Methode bei erstmaliger Anwendung wird auf die Grundsätze der Vollkonsolidierung verwiesen, die analog anzuwenden sind, sofern diesbezüglich keine Sonderregelungen in IAS 28 zu beachten sind (IAS 28.16). Zwischengewinne, die aus Transaktionen zwischen Anteilseigner und assoziiertem Unternehmen resultieren, sind zu eliminieren (SIC-3.3).

Als Stichtag für die erstmalige Anwendung ist der Zeitpunkt zugrunde zu legen, an dem das Unternehmen erstmals als assoziiertes Unternehmen zu qualifizieren ist (IAS 28.17). Ein positiver oder negativer Unterschiedsbetrag zwischen den Anschaffungskosten und dem Anteil des Anteilseigners an den beizulegenden Zeitwerten des identifizierbaren Reinvermögens (*Fair Values of the net identificable assets of the associate*) ist nach Maßgabe von IAS 22 (Goodwill oder negativer Unterschiedsbetrag) zu bewerten und fortzuschreiben.

Die Bilanzierung des positiven und negativen Unterschiedsbetrags soll gemäß ED 3.82, 83 der Vorgehensweise wie unter 6.2.3.1 dargestellt, angepasst werden.

---

3 Vgl. zur Equity-Bewertung Abschnitt 3.1.2 im Beitrag „Bilanz, Gewinn- und Verlustrechnung sowie Notes".

(2) Anwendung in Folgejahren

Der Wertansatz der Beteiligung wird, ausgehend vom Buchwert, in den Folgejahren um anteilige Gewinne oder Verluste erhöht bzw. vermindert. Dividenden werden vom Wertansatz abgesetzt (IAS 28.6). Darüber hinaus können Wertanpassungen der Beteiligungsquote des Anteilseigners erforderlich werden, die auf erfolgsneutralen Eigenkapitalveränderungen beruhen (z.B. Neubewertung von Sachanlagen).

Grundsätzlich ist auch der Abschluss des assoziierten Unternehmens nach den Bilanzierungs- und Bewertungsgrundsätzen des Anteilseigners aufzustellen. Gegebenenfalls sind notwendige Anpassungen der dem Abschluss des assoziierten Unternehmens zugrunde liegenden Ansatz- und Bewertungsvorschriften vorzunehmen. Sind solche Anpassungen nicht durchführbar oder wirtschaftlich nicht vertretbar, ist diese Tatsache im allgemeinen anzugeben (IAS 28.20).

Planmäßige Abschreibungen abnutzbarer Vermögenswerte des assoziierten Unternehmens auf Basis ihrer beizulegenden Zeitwerte sind in den Folgejahren gegen das übernommene anteilige Jahresergebnis zu verrechnen. Ebenso wird mit planmäßigen Abschreibungen auf einen etwaigen Geschäfts- oder Firmenwert verfahren (IAS 28.17).

Das Ergebnis aus assoziierten Unternehmen ist als gesonderter Posten in der GuV auszuweisen (IAS 28.28).

Die Grundsätze der Anwendung der Equity-Methode in den Folgejahren nach Erwerb der Beteiligung unterscheiden sich grundsätzlich nicht von denen des § 312 HGB.

(3) Negativer Wert der Beteiligung

Entspricht oder übersteigt der anteilige Jahresfehlbetrag den Wertansatz der Beteiligung, wird der Beteiligungsbuchwert auf Null reduziert. Darüber hinausgehende Verluste werden nur insoweit erfasst, als der Anteilseigner Ausgleichsverpflichtungen eingegangen oder Zahlungen im Namen des assoziierten Unternehmens geleistet hat. Wenn die Anteile eines assoziierten Unternehmens mit Null ausgewiesen werden, ist für die danach bei diesem Unternehmen entstehenden anteiligen Verluste eine Fortschreibung notwendig, da die in der Folge ggf. wieder erwirtschafteten Gewinne erst dann im Equity-Ansatz berücksichtigt werden, wenn sie die fortgeschriebenen Verluste übersteigen (IAS 28.22; SIC-20.8). Darüber hinaus ist zu prüfen, ob nicht eine Vermerkpflicht für Eventualschulden bei bestehenden Haftungs- oder Zahlungsverpflichtungen nach IAS 37 beim Anteilseigner entstanden ist (SIC-20.9; IAS 28.26).

(4) Außerplanmäßige Abschreibungen auf den Wertansatz

Falls es Anhaltspunkte dafür gibt, dass eine Wertminderung bei einer Beteiligung an einem assoziierten Unternehmen vorliegt, ist eine Wertminderungsabschreibung nach Maßgabe von IAS 36 vorzunehmen (IAS 28.23). Der gegenwärtige Nutzungswert (*value in use*) bestimmt sich dabei wahlweise als anteiliger Barwert der prognostizierten, zukünftigen Zahlungsströme, die von assoziierten Unternehmen als Ganzes erzeugt werden oder als der Barwert der prognostizierten, zukünftigen Dividendenzahlungen und erzielbaren Veräußerungsgewinne (*gains*) der Beteiligung (IAS 28.23). Der erzielbare Betrag (*recoverable amount*) ist für jedes assoziierte Unternehmen gesondert zu bestimmen, solange ein assoziiertes Unternehmen nicht Mittelzuflüsse beim Anteilseigner erzeugt, die größtenteils unabhängig von denen anderer Vermögenswerte des berichtenden Unternehmens sind (IAS 28.24).

Jeglicher Wertminderungsaufwand ist zunächst einem etwaigen verbleibenden Geschäfts- oder Firmenwert zuzuordnen (IAS 28.23).

(5) Stichtag des verwendeten Abschlusses

Für die Anwendung der Equity-Methode ist der letzte verfügbare Abschluss des assoziierten Unternehmens heranzuziehen. Falls das assoziierte Unternehmen Mutterunternehmen eines Konzerns ist, muss der Konzernabschluss herangezogen werden. Dieser ist gewöhnlich zum selben Stichtag aufgestellt wie der Abschluss des Anteilseigners. Andernfalls hat das assoziierte Unternehmen einen Zwischenabschluss zu erstellen. Wenn dies nicht durchführbar oder wirtschaftlich vertretbar sein sollte, kann auch der auf einen anderen Stichtag aufgestellte Abschluss verwendet werden. Das Stetigkeitsprinzip verlangt jedoch, dass die Länge der Berichtsperioden und die Abweichung in den Stichtagen von Periode zu Periode unverändert bleiben (IAS 28.18).

Werden Abschlüsse mit einem abweichenden Stichtag verwendet, sind bedeutsame Ereignisse oder Geschäftsvorfälle zwischen dem Anteilseigner und dem assoziierten Unternehmen, die zwischen den Stichtagen liegen, zu berücksichtigen (IAS 28.19).

In ED IAS 28 werden die Regelungen des SIC-3 und SIC-20 eingearbeitet (ED 28.16B; IAS 28.22). Demnach sind unrealisierte Gewinne aus Upstream- und Downstream-Transaktionen in Höhe der Beteiligungsquote des Anteilseigners zu eliminieren. Es wird weiterhin klargestellt, dass der Stichtag des einzubeziehenden assoziierten Unternehmens grundsätzlich dem des Anteilseigners zu entsprechen hat. Nur für den Fall, dass die Erstellung eines Zwischenabschlusses mit unangemessenen Kosten verbunden ist, darf ein Abschluss mit abweichendem Stichtag einbezogen werden. Die Stichtage dieser Abschlüsse dürfen jedoch nur maximal drei Monate voneinander abweichen (ED 28.18). Bei abweichenden Bilanzierungs- und Bewertungsmethoden sind sachgerechte Berichtigungen vorzunehmen (ED 28.20). Anteilige Verluste, die den Buchwert der Anteile übersteigen, sollen künftig mit allen Komponenten der langfristigen finanziellen Beteiligungen verrechnet werden. Neben dem Buchwert der Anteile zählen dazu beispielsweise auch Vorzugsaktien, langfristige Forderungen und Kredite (ED 28.22).

7.3 Angabepflichten

Bezüglich der Beteiligung an assoziierten Unternehmen sind anzugeben (IAS 28.27):

- eine zutreffende Auflistung und Beschreibung der wesentlichen assoziierten Unternehmen sowie die Beteiligungsquote und, falls davon abweichend, der Anteil der Stimmrechte,
- die jeweils angewandte Bewertungsmethode.

ED IAS 28 ersetzt die bisherigen Angaben durch folgende (ED 28.27f.):

- beizulegender Zeitwert der Anteile von assoziierten Unternehmen, sofern amtlich notiert,
- zusammengefasste Bilanz nebst Gewinn- und Verlustrechnung,
- Begründung, falls die Vermutung für das Bestehen oder Nichtbestehen eines maßgeblichen Einflusses widerlegt wurde,
- Bilanzstichtag des assoziierten Unternehmens, sofern dieser vom Konzernabschluss abweicht,
- Bestehen und Umfang von Transferbeschränkungen der assoziierten Unternehmen an den Anteilseigner,
- Umfang der laufenden und fortgeschriebenen anteiligen Verluste,
- erfolgsneutral erfasste Erhöhungen des Beteiligungsbuchwerts nach der Equity-Methode,
- gesonderter Ausweis einer Nachsteuergröße in der Gewinn- und Verlustrechnung.

8. Quotenkonsolidierung von Gemeinschaftsunternehmen

8.1 Anwendungsbereich

Gemeinschaftsunternehmen (*joint ventures*) können in verschiedenen Formen und Strukturen auftreten. In IAS 31 wird zwischen gemeinschaftlich geführten Tätigkeiten *(jointly controlled operations),* gemeinschaftlich geführten Vermögenswerten *(jointly controlled assets)* und gemeinschaftlich geführten Gesellschaften *(jointly controlled entities)* unterschieden (IAS 31.3). Als Gemeinschaftsunternehmen im Rahmen der Quotenkonsolidierung sind nur gemeinschaftlich geführte Gesellschaften, die als eigenständige Unternehmen organisiert sind, von Bedeutung (IAS 31.19).

Für die bilanzielle Einordnung als Gemeinschaftsunternehmen kommt es auf den wirtschaftlichen Gehalt der Vereinbarung zwischen den Partnerunternehmen, nicht auf die bloße rechtliche Struktur oder Form, an (IAS 31.26).

Ein Gemeinschaftsunternehmen ist insbesondere dadurch gekennzeichnet, dass die beteiligten Partnerunternehmen jeweils über ihren Anteil an den Vermögenswerten, Schulden sowie am künftigen wirtschaftlichen Erfolg des Gemeinschaftsunternehmens verfügen können (IAS 31.26).

Im Konzernabschluss des beteiligten Partnerunternehmens wird als *Benchmark-Methode* die Quotenkonsolidierung vorgeschrieben (IAS 31.25). Die Equity-Methode kann dennoch als alternativ zulässige Methode angewandt werden (IAS 31.32).

Ein Partnerunternehmen darf die Anteile am Gemeinschaftsunternehmen nicht nach der Benchmark-Methode oder alternativ zulässigen Methode bilanzieren, soweit (IAS 31.35):

- diese ausschließlich zum Zwecke der anschließenden Weiterveräußerung in naher Zukunft erworben wurden und gehalten werden,
- diese nachhaltigen, umfassenden Beschränkungen unterliegen, die die Fähigkeit des Mitteltransfers an das Partnerunternehmen erheblich einschränken.

Diese Anteile sind nach Maßgabe von IAS 39 zu bilanzieren.

Das HGB kennt ausschließlich spezielle Vorschriften zu Gemeinschaftsunternehmen. Es handelt sich dabei um Unternehmen, die von einem in einen Konzernabschluss einbezogenes Mutter- oder Tochterunternehmen gemeinsam mit einem anderen oder mehreren nicht in den Konzernabschluss einbezogenen Unternehmen geführt werden. Eine darüber hinaus gehende Definition des Gemeinschaftsunternehmens enthält das HGB nicht. Wie unter IAS 31 besteht auch im HGB ein faktisches Wahlrecht, Gemeinschaftsunternehmen entweder quotal zu konsolidieren oder mit der Equity-Methode in den Konzernabschluss einzubeziehen.

8.2 Methode

Bei der Quotenkonsolidierung werden die Vermögens- und Schuldposten des Gemeinschaftsunternehmens in Höhe des beteiligungsproportionalen Anteils des beteiligten Unternehmens in dessen Konzernbilanz und die entsprechenden Anteile an den Aufwendungen und Erträgen des Gemeinschaftsunternehmens in dessen Gewinn- und Verlustrechnung des Konzerns einbezogen (IAS 31.27).

Für den Ausweis in der Konzernbilanz bzw. Gewinn- und Verlustrechnung des Konzerns werden zwei verschiedene Berichtsformate für zulässig gehalten (IAS 31.28):

- die Teilbeträge der einzelnen Posten werden in die entsprechenden Posten der Konzernbilanz bzw. Gewinn- und Verlustrechnung des Konzerns einbezogen oder
- die Teilbeträge aus der Quotenkonsolidierung von Gemeinschaftsunternehmen werden unter Erweiterung der Gliederung als Unterposten unter dem jeweiligen Hauptposten im Konzernabschluss gesondert ausgewiesen.

In jedem Fall sind die Vermögenswerte und Schulden sowie die Aufwendungen und Erträge des Gemeinschaftsunternehmens grundsätzlich brutto, d.h. unsaldiert in den Konzernabschluss einzubeziehen (IAS 31.29).

8.3 Angabepflichten

(1) Eventualverbindlichkeiten im Zusammenhang mit Gemeinschaftsunternehmen

Ein Partnerunternehmen hat den Gesamtbetrag der folgenden Eventualschulden, deren Eintritt nicht unwahrscheinlich (*remote*) ist, getrennt vom Betrag anderer Eventualschulden anzugeben (IAS 31.45):

- Eventualschulden, die auf das Partnerunternehmen entfallen, oder anteilige Schulden, falls alle Partnerunternehmen gemeinsam Schulden eingegangen sind,
- anteilige Eventualschulden, denen sich das Gemeinschaftsunternehmen ausgesetzt sieht, für die das Partnerunternehmen möglicherweise einzustehen hat,
- Eintreten eines Partnerunternehmens für Schulden anderer Partnerunternehmen.

(2) Investitionsverpflichtungen im Zusammenhang mit Gemeinschaftsunternehmen

Ein Partnerunternehmen hat den Gesamtbetrag der folgenden anteiligen Verpflichtungen getrennt von anderen Verpflichtungen anzugeben (IAS 31.46):

- Anteil der Verpflichtung, der auf das Partnerunternehmen entfällt, oder anteilige Verpflichtungen, falls alle Partnerunternehmen die Verpflichtung gemeinsam eingegangen sind,
- Verpflichtungen, die die Gemeinschaftsunternehmen selbst betreffen.

(3) Sonstiges

Erforderlich ist eine Auflistung und Beschreibung von Beteiligungen an bedeutenden Gemeinschaftsunternehmen einschließlich der Beteiligungsquote sowie eine Angabe des Gesamtbetrags der kurzfristigen Vermögenswerte *(current assets)*, langfristigen Vermögenswerte *(long-term assets)*, kurzfristigen Schulden *(current liabilities)*, langfristigen

Schulden *(long-term liabilities),* Erträge *(income)* und Aufwendungen (*expenses*), die anteilig auf das Partnerunternehmen entfallen (IAS 31.47).

9. Schuldenkonsolidierung

Bei der Erwerbsmethode sind Forderungen und Verbindlichkeiten zwischen den einbezogenen Unternehmen in voller Höhe zu eliminieren (IAS 27.18 i.V.m. IAS 27.17). Dies gilt auch bei Minderheiten.

Bei der Equity-Methode ist durch den Generalverweis des IAS 28.16 auf den IAS 27 von einer anteiligen Eliminierung der Forderungen und Verbindlichkeiten auszugehen. Dagegen enthält das HGB keine gesetzliche Regelung zur Schuldenkonsolidierung bei Anwendung der Equity-Methode.

Auf die Eliminierung kann in Fällen von untergeordneter Bedeutung verzichtet werden (IASB Framwork 12).

10. Zwischenergebniseliminierung

Bei der Erwerbsmethode werden unrealisierte Gewinne aus konzerninternen Transaktionen, die in den Wertansatz von Vermögenswerten eingeflossen sind, eliminiert (IAS 27.17f.). Als Beispiel für solche Vermögenswerte werden Vorräte und Sachanlagen genannt. Die Eliminierung des Zwischengewinns erfolgt, auch bei Minderheiten, in voller Höhe. Dasselbe gilt für unrealisierte Verluste aus konzerninternen Transaktionen, die den Wertansatz von Vermögenswerten reduziert haben. Zwischenverluste werden nicht eliminiert, wenn dies zu einer Überschreitung des beizulegenden Wertes führt (IAS 27.17f.).

Grundsätzlich sind nicht realisierte Gewinne und Verluste nach IAS bei Upstream- und Downstream-Transaktionen bei joint ventures und assoziierten Unternehmen anteilsmäßig zu eliminieren (SIC-3). Dagegen besteht nach § 312 Abs. 5 HGB bei Anwendung der Equity-Methode ein Wahlrecht zur anteiligen oder vollständigen Eliminierung soweit die maßgeblichen Sachverhalte bekannt oder zugänglich sind.

Auf die Eliminierung unwesentlicher Zwischenergebnisse kann verzichtet werden (IASB Framwork 12).

11. Aufwands- und Ertragskonsolidierung

Sämtliche Auswirkungen konzerninterner Transaktionen sind bei der Erwerbsmethode vollständig, auch bei Minderheiten, zu eliminieren (IAS 27.18). Hierzu gehören insbesondere die Innenumsätze, die konzerninternen Aufwendungen und Erträge sowie Dividendenvereinnahmungen.

Während das HGB keine gesetzliche Regelung zur Aufwands- und Ertragskonsolidierung bei der Equity-Methode enthält, ist durch den Generalverweis des IAS 28.16 auf den IAS 27 von einer anteiligen Eliminierung der Aufwendungen und Erträge auszugehen.

In Fällen von untergeordneter Bedeutung kann auf die Konsolidierung verzichtet werden (IAS Framework 12).

12. Latente Steuern

Im Rahmen der Konsolidierungsmaßnahmen sind latente Steuern zu bilden, sofern die Voraussetzungen des IAS 12.15 und IAS 12.24 erfüllt sind (vgl. auch IAS 27.16, 18 sowie IAS 22.85).

Folgende speziellen Vorschriften sind für den Konzernabschluss zu beachten (IAS 12.66):

Die Aufdeckung stiller Reserven und Lasten der Vermögenswerte und Schulden des Tochterunternehmens im Rahmen der Erstkonsolidierung führt regelmäßig zum Ansatz latenter Steuern. Es ist dagegen grundsätzlich nicht zulässig, für einen Geschäfts- oder Firmenwert (falls dieser steuerlich nicht abschreibbar ist) oder einen nicht zu versteuernden negativen Unterschiedsbetrag latente Steuern anzusetzen.

Gemäß § 306 HGB sind aktive und passive latente Steuern aus temporären Unterschieden aufgrund erfolgswirksamer Konsolidierungsbuchungen zu bilden. Die Abgrenzung latenter Steuern auf die Aufdeckung stiller Reserven und Lasten bei der Erstkonsolidierung ist im HGB nicht geregelt. Der DRS 10 zu latenten Steuern im Konzernabschluss schreibt vor, dass latente Steuern auf die Aufdeckung stiller Reserven und Lasten zu bilden sind. In der Praxis wurde dies häufig in Anbetracht der gesetzlichen Lage bisher nicht vorgenommen. Insofern kann sich bei der Umstellung von HGB auf IAS ein erheblicher Unterschied ergeben.

13. Weitere Angabepflichten zur Konsolidierung

13.1 Änderung des Konsolidierungskreises

Auswirkungen des Erwerbs oder der Veräußerung von Tochterunternehmen auf die Vermögens- und Finanzlage am Bilanzstichtag, auf das Jahresergebnis sowie auf die entsprechenden Vorjahresbeträge sind anzugeben (IAS 27.32).

13.2 Anwendung des Einbeziehungsverbotes

Für den Fall, dass Tochterunternehmen nicht in den Konsolidierungskreis einbezogen werden, sind die Gründe dafür anzugeben (IAS 27.32).

13.3 Angaben zu den Konsolidierungsmethoden

(1) Für alle Arten von Unternehmenszusammenschlüssen (IAS 22.86):

- Name und Beschreibung der Unternehmen,
- Angabe der angewandten Konsolidierungsmethode (Erwerbs- oder Interessenzusammenführungs-Methode),
- der für die bilanzielle Abbildung maßgebliche Stichtag des Zusammenschlusses,
- Angabe der Geschäftsbereiche, die nach der Übernahme aufgegeben werden sollen.

(2) Für Unternehmenszusammenschlüsse, die als Unternehmenserwerb zu qualifizieren sind (IAS 22.87):

- prozentualer Anteil der erworbenen Stimmrechte,
- Anschaffungskosten und Beschreibung der Art der Kaufpreisleistung.

(3) Für einen Geschäfts- oder Firmenwert sind anzugeben (IAS 22.88):

- die geschätzte Nutzungsdauer; sofern der Geschäfts- oder Firmenwert über einen Zeitraum abgeschrieben wird, der länger als 20 Jahre ist, die Gründe für die Widerlegung der vermuteten Nutzungsdauer von maximal 20 Jahren. Dabei ist auch auf die konkreten wertbestimmenden Faktoren einzugehen, die eine derartige Annahme rechtfertigen,

- bei nicht linearer Abschreibung des Geschäfts- oder Firmenwertes die Angabe der gewählten Methode. Es ist zu begründen, weshalb diese Methode sachgerechter als die lineare Abschreibung ist,
- die Posten der Gewinn- und Verlustrechnung, in denen die Abschreibung auf den Geschäfts- oder Firmenwert enthalten ist
- eine Überleitungsrechnung, die die Entwicklung des Buchwerts zu Beginn und Ende der Periode zeigt, unter Angabe:
  - des Bruttobetrags der kumulierten Abschreibungen (einschließlich der kumulierten Wertminderungsaufwendungen) zu Beginn der Berichtsperiode,
  - zusätzliche Wertansätze beim Geschäfts- oder Firmenwert, die während der Berichtsperiode zugegangen sind,
  - sämtliche Korrekturen in Folge nachträglich identifizierter Vermögenswerte und Schulden oder nachträglichen Bewertungsänderungen von identifizierbaren Vermögenswerten oder Schulden,
  - der Anteil des Geschäfts- oder Firmenwertes, der aufgrund einer Veräußerung in der Berichtsperiode ausgebucht wurde,
  - die auszuweisenden Abschreibungen,
  - den Wertminderungsaufwand gemäß IAS 36, sofern vorhanden,
  - andere Veränderungen im Wertansatz des Geschäfts- oder Firmenwertes,
  - des Bruttobetrags und der kumulierten Abschreibungen (einschließlich der kumulierten Wertminderungsaufwendungen) zum Ende der Berichtsperiode.

Die Bereitstellung von Vergleichsinformationen ist nicht notwendig.

(4) Für einen negativen Unterschiedsbetrag sind anzugeben (IAS 22.91):

- bis zu dem Maße, wie ein negativer Unterschiedsbetrag als Ertrag erfasst wird, eine Beschreibung, die Höhe und der Zeitpunkt des künftigen wirtschaftlichen Verlustes und der Aufwendungen,
- die Berichtsperioden, über die der negative Unterschiedsbetrag als Ertrag erfasst wird,
- die Posten der Gewinn- und Verlustrechnung, in denen der negative Unterschiedsbetrag als Ertrag erfasst wird.

Eine Überleitungsrechnung, die die Entwicklung des Buchwerts zu Beginn und Ende der Periode zeigt, unter Angabe:

- des Bruttobetrags des negativen Unterschiedsbetrags und des kumulierten Betrags, der bereits erfolgswirksam erfasst wurde, zum Beginn der Berichtsperiode,

- zusätzliche Wertansätze beim negativen Unterschiedsbetrag, die während der Berichtsperiode zugegangen sind,
- sämtliche Korrekturen in Folge nachträglich identifizierter Vermögenswerte und Schulden oder nachträglicher Bewertungsänderungen von identifizierbaren Vermögenswerten oder Schulden,
- der Anteil des negativen Unterschiedsbetrags, der aufgrund einer Veräußerung in der Berichtsperiode ausgebucht wurde,
- des negativen Unterschiedsbetrags, der als Ertrag erfasst wurde, welcher den gemäß IAS 22.61 ausgewiesenen Teil des Geschäfts- oder Firmenwerts erkennen lässt, sofern vorhanden,
- anderer Veränderungen im Wertansatz des negativen Unterschiedsbetrags,
- des Bruttobetrags des negativen Unterschiedsbetrags und des kumulierten Betrags, der bereits erfolgswirksam erfasst wurde, zum Ende der Berichtsperiode.

Die Bereitstellung von Vergleichsinformationen ist nicht erforderlich.

(5) Vorläufige Bestimmung von beizulegenden Zeitwerten

Es ist anzugeben, ob die beizulegenden Zeitwerte der Vermögens- und Schuldposten oder die Gegenleistung am Ende des Geschäftsjahres, in dem die Übernahme stattfand, nur vorläufig bestimmt werden können. Spätere Änderungen dieser Werte sind ebenfalls anzugeben und zu erläutern (IAS 22.93).

(6) Für Unternehmenszusammenschlüsse, die als Interessenzusammenführung zu qualifizieren sind (IAS 22.94):

- Art und Zahl der ausgegebenen Aktien und Angabe des prozentualen Anteils der stimmberechtigten Aktien jedes Unternehmens, die zur Durchführung des Zusammenschlusses ausgetauscht wurden,
- Beträge der Vermögenswerte und Schulden, die von jedem Unternehmen beigesteuert wurden,
- Umsatzerlöse und andere Erträge, außerordentliche Aufwendungen und Erträge sowie das Nettoergebnis jedes Unternehmens bis zum Stichtag des Zusammenschlusses, soweit diese Beträge in das konsolidierte Ergebnis eingeflossen sind.

(7) Änderung der Konsolidierungsmethoden

Konsolidierungsmethoden unterliegen dem Stetigkeitsgebot. Abweichungen vom Grundsatz der Stetigkeit sind anzugeben und zu begründen (IAS 1.27).

(8) Abweichender Konzernabschlussstichtag

Falls der Stichtag des Konzernabschlusses vom Stichtag des Mutterunternehmens maximal drei Monate abweicht, sind in dem Zwischenzeitraum abgeschlossene wesentliche

Geschäfte oder eingetretene Ereignisse durch nachträgliche Korrekturbuchungen stets zu berücksichtigen (IAS 27.19).

(9) Beteiligungsliste

Zu den wesentlichen einbezogenen Tochterunternehmen sind Name, Sitz und Anteil am Kapital sowie ggf. ein abweichender Stimmrechtsanteil anzugeben (IAS 27.32).

Außerdem sind ggf. anzugeben (IAS 27.32):

- die Gründe für die Nichtkonsolidierung eines Tochterunternehmens,
- die Art der Beziehung zwischen Mutter- und Tochterunternehmen, wenn das Mutterunternehmen unmittelbar und mittelbar nicht mehr als die Hälfte der Stimmrechte inne hat,
- der Name der Unternehmen, an denen das Mutterunternehmen unmittelbar oder mittelbar mehr als die Hälfte der Stimmrechte hält, die aber mangels Beherrschungsmöglichkeit keine Tochterunternehmen sind,
- die Auswirkungen, die sich durch den Erwerb oder die Veräußerung von Tochterunternehmen auf die Vermögens- und Finanzlage am Bilanzstichtag, auf den Periodenerfolg sowie auf die Vorperiodenzahlen ergeben.

Zusätzlich ist eine Auflistung und Beschreibung für die wesentlichen assoziierten Unternehmen anzugeben (IAS 31.47):

- Anteil am Kapital,
- Anteil an den Stimmrechten, sofern abweichend vom Kapitalanteil,

die wesentlichen Gemeinschaftsunternehmen unter Angabe der Beteiligungsquote.

Anlage: Vergleich zwischen HGB, IAS und US-GAAP zur Konzernrechnungslegung

Normensystem / Kriterium	HGB	IAS	US-GAAP
Aufstellungspflicht	Control-Konzept Konzept der einheitlichen Leitung (§ 290 HGB) Besonderheiten für Unternehmen best. Rechtsformen nach §§ 11, 13 PublG	Control-Konzept (Mehrheit der Stimmrechte nach IAS 27.7, 12)	Control-Konzept (Mehrheit der Stimmrechte nach ARB 51.1, FAS 94.61)
Befreiungsmöglichkeiten	Größenabhängige Befreiungen (§ 293 HGB) Befreiender Konzernabschluss durch ein Mutterunternehmen unter best. Voraussetzungen (§§ 291, 292, 292a HGB)	Keine größenabhängige Befreiungen Befreiender Konzernabschluss durch ein Mutterunternehmen unter best. Voraussetzungen (IAS 27.8,10)	Keine Befreiungsmöglichkeiten
Konsolidierungskreis			
Einbeziehungspflicht	Weltabschlussprinzip (§ 294 HGB, § 13 PublG)	Weltabschlussprinzip (IAS 27.11), rechtsformunabh.; Zweckgesellschaften (SIC 12) Potenzielle Stimmrechte bei Ermittlung von Beteiligungsquoten (SIC 33) Abweichende Tätigkeiten (IAS 27.14)	Weltabschlussprinzip

Normensystem / Kriterium	HGB	IAS	US-GAAP
Einbeziehungs-wahlrechte	Dauernde Beschränkung der Rechte des Mutter-unternehmens (§ 296 HGB) Unverhältnismäßig hohe Kosten, zeitliche Verzögerung Weiterveräußerungsabsicht Tochterunternehmen von untergeordneter Bedeutung	Grundsatz der Wesentlichkeit gilt für Tochterunternehmen von untergeordneter Bedeutung (Balance between benefit and cost; IAS-F44)	Keine
Einbeziehungs-verbote	Stark abweichende Tätigkeiten (§ 295 HGB)	Kurzfristige Weiterveräußerungsabsicht oder dauernde Beschränkung der Rechte (IAS 27.13)	Keine oder vorübergehende Kontrollmöglichkeit durch Weiter-veräußerungsabsicht oder fehlende Beherrschung, z.B. Insolvenzverfahren (ARB 51.2 u. 3, FAS 94.13, FAS 144.C2)
Währungsumrechnung ausländischer Einzelabschlüsse	Keine bestimmte Umrechnungs-methode vorgeschrieben Angabepflicht im Konzernanhang (§ 313 HGB)	Konzept der funktionalen Währung (IAS 21.27, 30, SIC 19) Modifizierte Stichtagsmethode bei wirtschaftl. selbständigen Auslandsunternehmen (foreign entities), Zeitbezugsmethode bei wirtschaftl. nicht selbständigen aus-	Konzept der funktionalen Währung (FAS 52.5, 52.42) Modifizierte Stichtagsmethode bei foreign entities, Zeitbezugsmethode bei foreign operations

Normensystem / Kriterium	HGB	IAS	US-GAAP
		ländischen Betriebsstätten (foreign operations)	
Inflationsbereinigung von Abschlüssen aus Hochinflationsländern	Keine Regelung	Korrektur um Inflationsauswirkungen vor der Umrechnung in die Berichtswährung (IAS 29)	Umrechnung in die funktionale Währung des Mutterunternehmens (FAS 52)
Kapitalkonsolidierung			
Erwerbsmethode	Buchwertmethode (anteilige Aufdeckung der stillen Reserven bis zur Höhe des Unterschiedsbetrags) oder Neubewertungsmethode (§ 301 HGB)	Benchmark Methode: Beteiligungsproportionale Neubewertung (vollständige anteilige Aufdeckung stiller Reserven) (IAS 22.32) Alternative Methode: Volle Neubewertung (IAS 22.34) ED 3: - Abschaffung der Buchwertmethode; nur volle Neubewertung zum Fair Value (ED 3.35, 39) - Getrennter Ansatz immaterieller Vermögenswerte, wenn Definition eines asset erfüllt (ED 3.36,43-44) - Ansatz von Even-	Keine explizite Variantenunterscheidung in APB 16 oder FAS 141; in Unternehmenspraxis findet meist die beteiligungsproportionale Neubewertung Anwendung (h.M.)

Normensystem / Kriterium	HGB	IAS	US-GAAP
		tualschulden, sofern zuverlässig bewertbar (ED 3.36) - Restrukturierungsrückstellungen als Aufwand zu erfassen, es sei denn, Erwerber hat zum Erwerbszeitpunkt eine bestehende Verpflichtung	
Stichtag der Erstkonsolidierung	Wahlweise (§ 301 Abs. 2 HGB): - Zeitpunkt des Erwerbs - Zeitpunkt der erstmaligen Einbeziehung des Tochterunternehmens - Bei sukzessivem Anteilserwerb: Zeitpunkt der Begründung eines Mutter-/Tochter-Verhältnisses	Tag des Unternehmenserwerbs (IAS 22.8, 19, 20; SIC 28.5) Sukzessiver Anteilserwerb (IAS 22.36)	Grundsätzlich Tag des Unternehmenserwerbs (FAS 141.48) In Ausnahmefällen kommt auch das Ende der Geschäftsperiode in Frage (FAS 141.48) Sukzessiver Anteilserwerb (ARB 51.10, AIN-APB 16.26)
Unterschiedsbeträge			
Geschäfts- oder Firmenwert	Wahlrechte: - Erfolgswirksame Abschreibung zu mind. ¼ in jedem folgenden Geschäftsjahr, - Planmäßige erfolgswirksame Abschreibung über wirtschaftliche Nutzungsdauer oder	Aktivierungpflicht (IAS 22.41) Planmäßige Abschreibung über wirtschaftliche Nutzungsdauer (widerlegbare Vermutung: max. 20 Jahre; IAS 22.44). Abschreibung erfolgt im Regelfall	Aktivierungspflicht (FAS 141.43,47) keine planmäßige Amortisation über die voraussichtliche Nutzungsdauer FAS 142) Regelmäßige Impairment-Tests auf Basis von Reporting Units

Normensystem / Kriterium	HGB	IAS	US-GAAP
	- Erfolgsneutrale Verrechnung mit Konzernrücklagen (§ 309 HGB)	linear (IAS 22.45) Erfolgsneutrale Verrechnung ist unzulässig ED 3: Keine planmäßige Abschreibung; Impairment-Test zumindest jährlich (ED 3.53); keine Wertaufholung	Units
Negativer Unterschiedsbetrag	Passivierung und erfolgswirksame Auflösung, wenn (§ 309 HGB): erwartete ungünstige Entwicklung eintritt oder zum Zeitpunkt erwartete Aufwendungen anfallen oder am Stichtag feststeht, dass er realisiertem Gewinn entspricht.	Passivierung (IAS 22.59) Bei Bezug zu künftigen Verlusten: Auflösung, wenn zukünftige Verluste eintreten, sonst: bis zur Höhe des Fair Values der nicht-monetären Vermögenswerte über die durchschnittliche Nutzungsdauer der abnutzbaren Vermögenswerte erfolgswirksam zu erfassen; darüber hinaus sofort als Ertrag zu erfassen (IAS 22.61-22.62 [b]). ED 3: Sofortige erfolgswirksame Erfassung	Proportionale Reduktion (Abstockung) aller erworbenen Vermögenswerte auf Buchwertbasis (FAS 141.44) Ausgenommen hiervon sind: - Finanzanlage vermögen, - erworbene Vermögenswerte mit Weiterveräußerungsabsicht, - latente Steuern, - Vermögenswerte im Zusammenhang mit Pensionsplänen, - Best. andere kurzfristige Vermögenswerte Ein verbleibender nicht verteilbarer passiver Unterschiedsbetrag wird als außerordentlicher Ertrag in der

Normensystem / Kriterium	HGB	IAS	US-GAAP
		Erfassung (ED 3.55-56)	Erwerbsperiode erfasst (FAS 141.45).
Anteile anderer Gesellschafter/ Minderheitenanteile	Ausweis innerhalb des Konzerneigenkapitals (§ 307 HGB)	Minderheiten sind zwischen Eigen- und Fremdkapital gesondert auszuweisen (IAS 27.26, 27).	Minderheiten sind zwischen Eigen- und Fremdkapital gesondert auszuweisen.
Interessenzusammenführungs-Methode	Wahlrecht zwischen Interessenszusammenführungsmethode und Erwerbsmethode unter best. Voraussetzungen (§ 302 HGB)	Derzeit verpflichtend anzuwenden, wenn kein Erwerber identifiziert werden kann (IAS 22.13, SIC 9) Nach ED 3 nicht mehr zulässig	Nicht mehr zulässig
Equity-Methode	Grundsätzliche Anwendungspflicht bei assoziierten Unternehmen bei Ausübung maßgeblichen Einflusses (§ 311 HGB) Ausnahme: Beteiligung von untergeordneter Bedeutung Wahlrecht zwischen Buchwert- und Kapitalanteilsmethode (§ 312 HGB)	Grundsätzliche Anwendungspflicht bei assoziierten Unternehmen bei Möglichkeit, maßgeblichen Einfluss auszuüben (IAS 28.3) Ausnahmen (IAS 28.8,11): - Erwerb mit Weiterveräußerungsabsicht in naher Zukunft - Beteiligung von untergeordneter Bedeutung - Beschränkung in der Ausübung der Rechte Wie bei Buchwertmethode zum Zeitpunkt der erstmali-	Anwendungspflicht bei assoziierten Unternehmen bei Möglichkeit, maßgeblichen Einfluss auszuüben (APB 18.17, FAS 94.15) Vgl. IAS!

Normensystem / Kriterium	HGB	IAS	US-GAAP
		gen Anwendung der Equity-Methode mit Anschaffungskosten zu bilanzieren und kein gesonderter Ausweis eines Goodwill; anteilige Neubewertung des Eigenkapitals ohne Anschaffungs-kostenrestriktion (IAS 28.17, 22.32,34)	
Quotenkonsolidierung von Gemeinschaftsunternehmen	Wahlrecht: Quotenkonsolidierung für Gemeinschaftsunternehmen als Alternative zur Equity-Methode (§ 310 HGB)	Benchmark Treatment (IAS 31.25): Quotenkonsolidierung Allowed Alternative Treatment (IAS 31.32): Equity-Methode	Im Grundsatz Quotenkonsolidierung nicht zulässig, sondern Equity-Methode anzuwenden (APB 18.2)
Schulden-konsolidierung	Auch bei Minderheiten vollständige Eliminierung; Ausnahme bei Unwesentlichkeit (§ 303 HGB) Bei Equity-Methode: keine gesetzliche Regelung	Auch bei Minderheiten vollständige Eliminierung; Ausnahme bei Unwesentlichkeit (IAS 27.17) Bei Equity-Methode: anteilige Eliminierung durch Generalverweis (IAS 28.16) auf IAS 27	Auch bei Minderheiten vollständige Eliminierung; Ausnahme bei Unwesentlichkeit (APB 18.19) Bei Equity-Methode: anteilige Eliminierung
Zwischengewinn-eliminierung	Auch bei Minderheiten vollständige Eliminierung	Auch bei Minderheiten vollständige Eliminierung	Auch bei Minderheiten vollständige Eliminierung

Normensystem / Kriterium	HGB	IAS	US-GAAP
	Ausnahme bei Unwesentlichkeit (§ 304 HGB) Wahlrecht zur anteiligen oder vollständigen Eliminierung soweit bekannt oder zugänglich (§ 312 Abs. 5 HGB)	Ausnahme bei Unwesentlichkeit und bei Verlusten, die nicht wieder eingebracht werden (IAS 27.17) Nicht realisierte Gewinne u. Verluste bei upstream u. downstream Transaktionen bei joint ventures und assoziierten Unternehmen sind anteilsmäßig zu eliminieren (SIC 3); keine Eliminierung von Zwischenverlusten unter best. Voraussetzungen	Ausnahme bei Unwesentlichkeit (APB 18.19) Nicht realisierte Gewinne bei upstream u. downstream Transaktionen bei joint ventures und assoziierten Unternehmen sind anteilsmäßig zu eliminieren
Aufwands- und Ertragskonsolidierung	Auch bei Minderheiten vollständige Eliminierung; Ausnahme bei Unwesentlichkeit (§ 305 HGB) Bei Equity-Methode: keine gesetzliche Regelung	Auch bei Minderheiten vollständige Eliminierung; Ausnahme bei Unwesentlichkeit (IAS 27.17) Bei Equity-Methode: anteilige Eliminierung durch Generalverweis (IAS 28.16) auf IAS 27	Auch bei Minderheiten vollständige Eliminierung; Ausnahme bei Unwesentlichkeit (APB 18.19) Bei Equity-Methode: anteilige Eliminierung

Normensystem / Kriterium	HGB	IAS	US-GAAP
Latente Steuern	Abgrenzung aktiver u. passiver latenter Steuern aufgrund temporärer erfolgswirksamer Konsolidierungsbuchungen (§ 306 HGB); Kein Verweis bei der Equity-Methode auf § 306 HGB DRS 10: - latente Steuern auf timing differences und quasipermanente Differenzen, aber nicht auf permanente Differenzen - aktive latente Steuern auf Verlustvorträge sind anzusetzen, sofern Realisation hinreichend wahrscheinlich ist	Bildung für alle temporären Differenzen inkl. quasipermanente Differenzen sowie aktive latente Steuern auf Verlustvorträge (IAS 12; 28.25)	Bildung für alle temporären Differenzen (FAS 109)

Birte Kusterle

Ansatz und Bewertung von Financial Instruments

1. Überblick über die relevanten Rechtsvorschriften: IAS und US-GAAP

Der vorliegende Beitrag behandelt die Vorschriften zum Ansatz und zur Bewertung von Financial Instruments nach International Accounting Standards (IAS), die mit ihren umfangreichen Regelungen zur Bewertung sowie restriktiven Vorschriften zum Hedge Accounting sehr komplex sind. Dabei wird zunächst ein Überblick über die relevanten Rechtsvorschriften nach IAS, aber auch nach HGB und US-GAAP, gegeben. Auf die Einzelvorschriften nach IAS wird im Hauptteil des Beitrags detailliert und praxisbezogen eingegangen. An den entsprechenden Stellen werden – wenn zutreffend – Abweichungen zu den zentralen Vorschriften zur Rechnungslegung von Finanzinstrumenten nach US-GAAP aufgezeigt. Ebenso werden im Zusammenhang mit der Behandlung eines Themenbereichs aus IAS 39 die erforderlichen Schritte für eine Umstellung auf IAS dargestellt.

In dem IAS-Regelwerk behandeln zwei Standards das Thema der Rechnungslegung von Finanzinstrumenten: der seit dem Geschäftsjahr 1998 anzuwendende IAS 32, Financial Instruments: Disclosure and Presentation[1] und IAS 39, Financial Instruments: Recognition and Measurement, der seit dem Geschäftsjahr 2001 anzuwenden ist. Ergänzt werden diese Standards um Interpretationen des Standing Interpretations Committee (SIC):

- SIC-5, Classification of Financial Instruments – Contingent Settlement Provisions beschäftigt sich mit der Fragestellung, ob ein Finanzinstrument, bei dem die Rechte und Verpflichtungen hinsichtlich der Art der Erfüllung vom Eintreten oder Nichteintreten ungewisser zukünftiger Ereignisse, oder dem Ausgang ungewisser Umstände abhängen, als Eigenkapital oder als Schuld zu klassifizieren ist.
- SIC-12, Consolidation – Special Purpose Entities behandelt die Frage, unter welchen Umständen ein Unternehmen eine Special Purpose Entity (SPE) zu konsolidieren hat.
- SIC-16, Share Capital – Reacquired Own Equity Instruments verdeutlicht, wie eigene Anteile in der Bilanz des emittierenden Unternehmens auszuweisen sind und wie der Unterschied zwischen den Anschaffungskosten und der erhaltenen Gegenleistung im Abschluss darzustellen ist, wenn die Anteile nachfolgend verkauft oder emittiert werden.

1 Vgl. zu den Offenlegungspflichten nach IAS 32 den Beitrag “Offenlegung von Finanzinstrumenten”.

- SIC-17, Equity – Costs of an Equity Transaction beschäftigt sich damit, was unter Transaktionskosten für die Ausgabe von Eigenkapitalinstrumenten zu subsumieren ist und wie diese zu bilanzieren sind.

Zusätzlich zu den genannten, rechtsverbindlich anzuwendenden IAS und Interpretationen des SIC existieren Implementierungshilfen in Form von Questions & Answers, die von einem eigens dafür ins Leben gerufenen Implementation Guidance Committee (IGC) herausgegeben wurden.

Im Vergleich zu IAS, in denen die Rechnungslegung von Finanzinstrumenten lediglich in zwei zentralen Standards behandelt wird, befassen sich nach US-GAAP eine Vielzahl von Standards mit der Materie. Dazu gehören im Wesentlichen:

- FAS 52: Foreign Currency Translation,
- FAS 107: Disclosure about Fair Value of Financial Instruments,
- FAS 115, Accounting for Certain Investments in Debt and Equity Securities,
- FAS 133, Accounting for Derivative Instruments and Hedging Activities,
- FAS 140, Accounting for Transfers and Servicing of Financial Assets and Extinguishments of Liabilities.
- Die Implementierung und Anwendung der US-GAAP-Regelungsinhalte zu Finanzinstrumenten wird durch die Hilfestellungen der Derivatives Implementation Group (DIG), die als Vorbild für das IGC diente, unterstützt.

Die Regelungen zur Bilanzierung von Finanzinstrumenten und zum Hedge Accounting nach US-GAAP werden allgemein als ähnlich zu denen im IAS 39 bezeichnet. Dennoch finden sich bei genauerer Untersuchung der jeweiligen Vorschriften einige Unterschiede, die bei den folgenden Ausführungen an entsprechender Stelle Erwähnung finden.

1.1 Entstehungsgeschichte von IAS 39

Mit IAS 39 liegt erstmals in der Geschichte des IASC ein Standard vor, in dem die Bilanzierung und Bewertung aller Financial Instruments umfassend geregelt wird. Drei Vorgängerentwürfe, E 40 „Financial Instruments" aus dem Jahr 1991, E 48 „Financial Instruments" aus dem Jahr 1994 und E 62 „Financial Instruments: Recognition und Measurement" aus dem Jahr 1998 sowie ein umfangreiches Diskussionspapier DP „Accounting for Financial Assets and Financial Liabilities" aus dem Jahr 1997 waren erforderlich, um den gegenwärtigen Standard IAS 39 „Finanzinstrumente: Ansatz und Bewertung" im seinerzeitigen Board des IASC im Dezember 1998 zu verabschieden und im Januar 1999 der Öffentlichkeit vorzustellen.

Dabei zeigte sich bei den Exposure Drafts E 40 und E 48, die Lösungen für Ansatz, Bewertung, Offenlegung und Abgrenzung von Eigenkapital- und Fremdkapitalinstrumenten anstrebten, dass sich stark widerstreitende Interessen zur Bilanzierung herausbildeten, die vorerst nicht kompromissfähig waren. Sowohl E 40 als auch E 48 scheiterten an der erforderlichen ¾-Mehrheit im Board. Insofern sollte ein Weg eingeschlagen werden, der durch den amerikanischen Standard Setter, den Financial Accounting Standards Board (FASB), vorgezeichnet war. Es erfolgte eine Abtrennung der scheinbar unproblematischeren Regelungen zur Offenlegung. Tatsächlich gelang es, im Jahr 1995 den Standard IAS 32 „Finanzinstrumente: Angaben und Darstellung“ zu verabschieden, dessen Anwendung für Geschäftsjahre seit dem Jahr 1996 vorgeschrieben ist.

Gleichzeitig wurde weiter an einer Lösung der Ansatz- und Bewertungsfragen gearbeitet. Erstes Ergebnis dieser Bemühungen war die Veröffentlichung des Discussion Paper (DP) „Accounting for Financial Assets and Financial Liabilities“, dessen Grundgedanken Pate bei dem Vorschlag zu einem künftigen und endgültigen Bilanzierungsstandard zu Financial Instruments gestanden haben. Das Discussion Paper fußt auf der Idee einer umfassenden Fair-Value-Bilanzierung. Im Jahre 1997 war indes noch nicht die Zeit für einen kompletten, fundamentalen Paradigmenwechsel in der Bilanzierung reif.

Andererseits sah sich das IASC unter politischem Druck, die Vereinbarung mit der IOSCO, bis zum Jahre 1999 einen vollständigen Katalog von Standards erarbeitet zu haben, zeitgerecht zu erfüllen, um in den Genuss einer Anerkennungsempfehlung für Cross-Boarder-Listings zu kommen. Dazu gehörte unzweifelhaft die Vorlage eines Standards, der Fragen zu Ansatz und Bewertung von Financial Instruments regelt. Daher wurde nach der Herauslösung der Fragen zur Offenlegung von Financial Instruments durch IAS 32 ein zweites Mal nach einer Kompromisslösung gesucht. Überlegungen, aus Vereinfachungsgründen die amerikanischen Regelungen direkt als IAS zu übernehmen, wurden letztlich zwar verworfen. Im Jahre 1998 wurde mit E 62 jedoch ein Exposure Draft veröffentlicht, der den amerikanischen Regelungen bereits ähnelte. Eine noch weitere Annäherung an diese Vorschriften erfolgte dann in den abschließenden Beratungen des Board im Dezember 1998 in Frankfurt am Main. Die zwischen dem Exposure Draft und dem endgültigen Standard vorgenommenen über 50 Änderungen – zum Teil durchaus gravierend – hätten es nach dem Selbstverständnis des IASC eigentlich geboten, die neuen Überlegungen zunächst wieder in Entwurfsform zu veröffentlichen. Aufgrund der erhofften Anerkennung der IAS für den internationalen Kapitalmarkt wurden entsprechende Bedenken indes zurückgestellt und dem neuen Standard IAS 39 von Beginn an nur ein Interimsdasein zugestanden.

Auf diese Weise wurde sowohl der Anforderung entsprochen, das Projekt zur Entwicklung eines Core Set of Standards abzuschließen, als auch offen zu bleiben für weitere Überlegungen. Endgültige Lösungen sollen auf der Grundlage eines Diskussionspapiers der im Jahre 1997 gegründeten, sogenannten Joint Working Group of Standard Setter erarbeitet werden. Im Juni 2002 hat das IASB einen rund 340-seitigen Exposure Draft mit Änderungen des IAS 39 und IAS 32 als Teil eines länger andauernden Improvement

Projects vorgeschlagen. Durch einige dieser Änderungen wird erwartet, dass die Konvergenz mit US-GAAP verbessert wird, während andere sich auf praktische Probleme bei der Anwendung des Standards beziehen. Dies ist durchaus als ein Indiz dafür zu sehen, unter welchem Druck IAS 39 letztlich verabschiedet wurde.

Darüber hinaus zeigten erste Reaktionen der Praxis, dass die Implementierung auf bislang nicht gekannte Schwierigkeiten stoßen würde. Insofern wurden Implementierungshilfen seitens eines eigens hierzu gegründeten Implementation Guidance Committee (IGC) entwickelt. Die in Form von Fragen und Antworten formulierten Hilfen zur praktischen Anwendung der Vorschriften liegen in sogenannten sechs Batches vor. Das IGC hat seine eigentliche Tätigkeit mit dem Zeitpunkt der erstmaligen Anwendung von IAS 39 eingestellt und steht nunmehr in beratender Funktion zur Verfügung.

Bei Einrichtung einer solchen speziellen Implementierungsgruppe stellte sich sofort die Frage nach dem Rechtsgehalt der erlassenen Stellungnahmen. Da sie von vorneherein nur als Unterstützung für die Praxis gedacht waren, kommt den Fragen und Antworten keine Rechtsverbindlichkeit zu. In diesem Sinne setzen sich die Unternehmen bei Nichtbeachtung formal betrachtet zwar nicht der Gefahr aus, den Standard nicht berücksichtigt zu haben. Andererseits können sich die Unternehmen bei Anwendung der entsprechenden Implementierungshinweise sicher sein, Standard-konform zu bilanzieren. Die Fragen und Antworten gewähren also nicht nur eine Orientierungshilfe, sondern bieten darüber hinaus eine gewisse Anwendungssicherheit. Es ist vorgesehen, einige der Questions and Answers im Rahmen des Überarbeitungsprojektes in den Standard zu integrieren, was ihnen eine rechtsverbindliche Wirkung verschaffen würde.

1.2 Zielsetzung, Bedeutung und Anwendungsbereich von IAS 39

IAS 39 ist grundsätzlich von allen Unternehmen anzuwenden, unabhängig von der Branche, der Rechtsform oder der Unternehmensgröße (Tz. 1). Es bestehen mithin keine branchenspezifischen Regelungen oder Einschränkungen, etwa für Banken. Eine Anwendungspflicht ist für Geschäftsjahre gegeben, die am oder nach dem 1. Januar 2001 begannen (Tz. 171). Entgegen der üblichen Verfahrensweisen von neuen Standards, in welchen eine frühere Anwendung regelmäßig empfohlen wird, durfte IAS 39 nicht für vor dem 15. März 1999 endende Geschäftsjahre angewendet werden.

Der Standard ist – von wenigen, genau enumerierten Sachverhalten abgesehen – auf alle Finanzinstrumente anzuwenden, die die weite Definition des Standards erfüllen. Vom Anwendungsbereich sind folgende Sachverhalte ausgenommen, da sie in den überwiegenden Fällen in gesonderten Standards behandelt werden (Tz. 1 und 6):

- Anteile an Tochterunternehmen, assoziierten Unternehmen und Gemeinschaftsunternehmen,[2]
- Rechte und Pflichten aus Leasingverhältnissen,[3]
- Vermögen und Schulden aus Altersversorgungsprogrammen,[4]
- Ansprüche und Verpflichtungen aus Versicherungsverträgen, soweit es sich nicht um hierin eingebettete Derivate handelt,
- Emittierte Eigenkapitalinstrumente des Unternehmens selbst,
- Garantien für Forderungsausfälle oder im Zusammenhang mit aus der Bilanz genommenen Werten,[5]
- Verträge mit bedingter Gegenleistung im Rahmen eines Unternehmenszusammenschlusses,[6]
- Verträge, die eine Zahlung bei Eintritt bestimmter klimatischer, geologischer oder sonstiger physikalischer Ereignisse vorsehen,
- Warenterminkontrakte, die vom Unternehmen zur Abdeckung des erwarteten Einkaufs-, Verkaufs- oder Nutzungsbedarfs eingegangen wurden, die auch weiterhin diesem Zweck dienen und die voraussichtlich durch Lieferung beglichen werden (Tz. 6).

Der Begriff „Finanzinstrumente“ wird in Tz. 8 als Vertrag definiert, der gleichzeitig bei einem Unternehmen zu einem finanziellen Vermögenswert und bei dem anderen zu einer finanziellen Schuld oder einem Eigenkapitalinstrument führt. Nach dem Verständnis des Standards umfassen Finanzinstrumente daher nicht nur die klassischen bilanziellen Finanzinstrumente, wie den Kassenbestand, Forderungen, Verbindlichkeiten oder Wertpapiere, sondern auch aus originären Finanzinstrumenten abgeleitete Instrumente, sogenannte Derivate.[7] Derivative Finanzinstrumente zeichnen sich durch drei Eigenschaften aus (Tz. 10): (a) ihr Wert ändert sich in Abhängigkeit einer bestimmten Variablen (Basiswert), (b) verglichen mit anderen Verträgen, die ähnlich auf Änderungen der Marktbedingungen reagieren, bedürfen sie keiner oder nur einer geringen anfänglichen

2 IAS 27, Consolidated Financial Statements, IAS 28, Accounting for Investments in Subsidiaries und IAS 31, Financial Reporting of Interest in Joint Ventures

3 IAS 17, Leases

4 IAS 19, Employee Benefits

5 IAS 37, Provisions, Contingent Liabilities and Contingent Assets

6 IAS 22, Business Combinations

7 Aus der weitreichenden Definition der Finanzinstrumente resultiert auch eine wesentliche Änderung gegenüber der bisherigen Bilanzierungspraxis, zugleich eine der Hauptzielsetzungen des Standards, darin, neben einer sauberen Klassifizierung von finanziellen Vermögenswerten und finanziellen Schulden und der Bewertung von Investments (Tz. 10 und 93ff.), Regelungen zur Behandlung von Wertminderungen und Ausbuchungen (Tz. 109ff.) zu entwickeln.

Nettoinvestition und (c) sie werden in der Zukunft glattgestellt. Eine unwiderrufliche Kreditzusage stellt gemäß Klarstellung des IGC ein Derivat dar, wogegen ein Kreditrahmen allgemein nicht unwiderruflich ist, aber entsprechend den Allgemeinen Geschäftsbedingungen täglich kündbar ist (Question 30-1, „Regular way“ transactions: loan commitments).[8]

FAS 133.6 definiert abweichend zu IAS 39 ein Derivat als Finanzinstrument oder anderen Vertrag, d.h., dass unter Umständen auch Warentermingeschäfte in den Anwendungsbereich von FAS 133 fallen können, die von IAS 39.6 ausgeschlossen werden. In den Anwendungsbereich von IAS 39 fallen insofern nur solche Warentermingeschäfte, bei denen eine der Parteien das Recht auf Barerfüllung oder Erfüllung durch andere Finanzinstrumente hat (Tz. 6). Von der Anwendung ausgenommen sind nur solche Kontrakte, die (a) vom Unternehmen zur Abdeckung des erwarteten Einkaufs-, Verkaufs- oder Nutzungsbedarfs eingegangen werden, die (b) bereits zu Beginn für diesen Verwendungszweck vorgesehen waren und, die (c) voraussichtlich durch Lieferung beglichen werden.

In dem Entwurf zur Änderung des IAS 39 wird die Ausnahmeregelung im Anwendungsbereich für Warentermingeschäfte neu formuliert, dass Einkaufgeschäfte eines Händlers trotz physischer Lieferung wie derivative Finanzinstrumente bilanziert und bewertet werden müssen, sofern die erhaltenen Güter innerhalb kurzer Zeit nach Lieferung mit der Absicht weiterveräußert werden sollen, um daraus einen Gewinn zu erzielen.

Kreditzusagen sollen gemäß Entwurf nunmehr ausdrücklich aus dem Anwendungsbereich ausgeschlossen werden, es sei denn,

- die Kreditzunahme kann durch Net Cash Settlement abgewickelt werden oder
- das Unternehmen hat in der Vergangenheit die aus der Kreditzusage resultierenden Forderungen anschließend kurzfristig weiterveräußert oder
- das Unternehmen entscheidet sich dafür, solche Zusagen dem Handelsbestand zuzuordnen.

Für finanzielle Garantieverträge gilt gemäß Vorschlag, dass diese bei erstmaligem Ansatz entsprechend IAS 39 bilanziert und bewertet werden. In den folgenden Perioden hat der Emittent eines solchen Vertrags diesen mit dem Betrag zu bewerten, von dem erwartet wird, dass das Unternehmen diesen zur Glattstellung der Verpflichtung am Bilanzstichtag oder zur Übertragung auf Dritte zu zahlen wäre.

---

8 PwC DEUTSCHE REVISION (Hrsg.), IAS für Banken, 2. Auflage, Frankfurt am Main 2002, S. 174.

Aktiva	Passiva
⇒ Barreserve	⇒ Verbindlichkeiten ggü. Kreditinstituten
⇒ Forderungen an Kreditinstitute	⇒ Verbindlichkeiten ggü. Kunden
⇒ Forderungen an Kunden	⇒ Verbriefte Verbindlichkeiten
Risikovorsorge	⇒ Handelspassiva
⇒ Handelsaktiva	⇒ Rückstellungen
⇒ Finanzanlagen	Ertragsteuerverpflichtungen
Immaterielle Vermögenswerte	⇒ Sonstige Passiva
Sachanlagen	Nachrangkapital
Ertragsteueransprüche	Anteile in Fremdbesitz
⇒ Sonstige Aktiva	Eigenkapital
Summe Aktiva	**Summe Passiva**

Umfang der Finanzinstrumente in einer Bankbilanz

Erstmals werden damit Anforderungen an die Erfassung, Ausbuchung und Bewertung von Derivaten gestellt. Alle derivativen Finanzinstrumente gehen zum Fair Value in die Bilanz ein (Tz. 69). Einen außerbilanziellen Raum für Derivate gibt es damit grundsätzlich nicht mehr. Außerdem durchlaufen – von der Ausnahme einer Absicherung im Rahmen eines sogenannten Cash Flow Hedges abgesehen – alle Wertänderungen der Derivate die Gewinn- und Verlustrechnung. Vor dem Hintergrund des weit verbreiteten Vorurteils, Derivate würden häufig zu rein spekulativen Zwecken eingesetzt, waren diese Regelungen bei Standardsetzung durchaus gewollt. Andererseits sollte den Unternehmen, die Derivate zu Sicherungswecken einsetzen, ermöglicht werden, diesen Sicherungszusammenhang auch bilanziell abzubilden (Tz. 121ff.). Es waren mithin Regeln zu setzen, die eine kompensierende Wirkung von Wertänderungen der Derivate gestatten.

Die erforderlichen Maßnahmen für eine Umstellung auf IAS 39 werden in Tz. 172 des Standards beschrieben und in diesem Beitrag im Zusammenhang mit der Behandlung eines Themenbereiches aus IAS 39 an entsprechender Stelle erläutert. Der Standard ist nicht rückwirkend anzuwenden (Tz. 171). Das Grundkonzept bei der Umstellung auf IAS allgemein - und damit auch auf IAS 39 - besteht dabei darin, die in dem Standard nicht geregelten Zweifelsfälle so zu entscheiden, als wäre auch in den Jahren vor der erstmaligen Anwendung von IAS 39 bereits nach den Regeln des Standards bilanziert worden (SIC-8). Die in dem Standard mit Tz. 172 enthaltenen Vorschriften sind gegenüber SIC-8 als vorrangig zu betrachten. Die durchzuführenden Neubewertungen, die als Folgebewertung zukünftig GuV-wirksam zu vereinbaren wären, sind gegen das Konto „Gewinnrücklagen“ als Anpassungsposten zu buchen. Neubewertungen, die zukünftig erfolgsneutral in die „Revaluation Reserve“ einzustellen wären, werden auch bei der Umstellung auf IAS 39 auf das gleichnamige Konto gebucht. Für die Anpassungsbeträge, die aus der Neubewertung resultieren, sind latente Steuern gemäß Tz. 5 aus IAS 12, Income Taxes zu ermitteln.

2. Regelungen von IAS 39 im Einzelnen, deren Auslegung und Implementierung

2.1 Ansatz und Abgang von Financial Instruments

Die Regelungen zum Ansatz und Abgang von Finanzinstrumenten nach IAS 39 scheinen auf den ersten Blick relativ simpel: Ein Finanzinstrument ist von einem Unternehmen einzubuchen, sobald dieses Unternehmen Vertragspartei eines Kontraktes über das Finanzinstrument geworden ist (Tz. 27). Ein Unternehmen hat also sämtliche vertraglichen Rechte und Pflichten aus derivativen Vermögenswerten oder Schulden zu bilanzieren (Tz. 28). Daraus folgt, dass sich bei Derivaten, die zu deren Abschluss einen Fair Value von Null haben, nicht die Frage stellt, ob diese anzusetzen sind, sondern zu welchem Wert.

Für die durchzuführenden Maßnahmen bei der Umstellung auf IAS 39 resultiert daraus, dass alle derivativen Finanzinstrumente als finanzielle Vermögenswerte und finanziellen Schulden erfasst werden müssen. Die Gegenbuchung erfolgt in den Gewinnrücklagen.

Die Ausbuchung eines Finanzinstruments erfolgt entsprechend, sobald die Rechte und Pflichten aus dem Finanzinstrument auf einen Dritten durch Ausübung, Verfall, Veräußerung oder Abtretung übergehen (Tz. 35), d.h., sobald der Bilanzierende die Verfügungsmacht verloren hat.

IAS 39 sieht vor, dass eine Ausbuchung vor Beginn des Geschäftsjahres, in dem IAS 39 erstmals zur Anwendung kommt, nicht zu einer rückwirkenden Änderung der Transaktion führt, um den Ausbuchungs-Kriterien des Standards in Tz. 35ff. zu entsprechen (Tz. 172(h) und Question 172-4, Transition rules: prior derecognition). Des Weiteren existieren Vertragskonstruktionen, aus denen in regelmäßigen Abständen revolvierende Ausbuchungen resultieren. In diesem Fall sind entsprechend der genannten Regelung, die vor der Anwendung von IAS 39 durchgeführten Ausbuchungen nicht wieder rückgängig zu machen. Die Ausbuchungsregeln gelten vielmehr für die Transaktionen, die während der Anwendung von IAS 39 erfolgen. Folglich ist entscheidend, ob der Zeitpunkt der Ausbuchung vor oder nach dem Beginn der Erstanwendung des Standards liegt.[9]

Nach US-GAAP, FAS 140, erfordert die Übertragung von Vermögenswerten für eine Ausbuchung des übertragenen Vermögenswertes eine sog. Rechtsübertragung (legal isolation). Des Weiteren besteht das entscheidende Kriterium für eine weitere Bilanzierung beim Übertragenden darin, ob dieser die effektive Kontrolle über den übertragenen Vermögenswert beibehält oder im Zuge der Übertragung verliert. Zum Behalt der effektiven Kontrolle ist die Bedingung zu erfüllen, dass die rückzukaufenden Vermögenswerte substanziell die gleichen sein müssen und der Übertragende zu jedem Zeitpunkt genügend Barsicherheiten oder andere Sicherheiten von dem Empfänger des Vermögenswertes hält, um den Ersatz des Vermögenswertes finanzieren zu können. Ein weiterer Unterschied zwischen der Vorgehensweise nach US-GAAP und IAS 39 besteht darin, dass nach IAS 39 ein übertragener Vermögenswert nicht auszubuchen ist, wenn er durch einen Total Return Swap mit dem Übertragungsempfänger im Wesentlichen alle, mit dem Eigentum verbundenen Risiken und Nutzen behält und der Vermögenswert nicht jederzeit am Markt verfügbar ist. Es ist davon auszugehen, dass aufgrund der genannten Unterschiede nach IAS mehr Übertragungen für eine Ausbuchung qualifizieren als nach US-GAAP.

Eine Umstrukturierung von Schulden stellt nach IAS 39 eine Tilgung der alten Schuld und Einbuchung einer neuen Schuld dar, sofern die Vertragsbedingungen substanziell verschieden sind (Tz. 61). Als substanziell verschieden gelten Vertragsbedingungen, wenn der abgezinste Barwert der Zahlungsströme unter den neuen Vertragsbedingungen mindestens 10% vom abgezinsten Barwert der restlichen Zahlungsströme des ursprünglichen Schuldinstruments abweicht. Nach US-GAAP, Emerging Issues Task Force (EITF) 96-19 erfolgt keine Ausbuchung, sondern eine Anpassung des Buchwertes. Gewinne bzw. Verluste, die bei der Änderung von Vertragsmodalitäten entstehen, sind nach IAS 8 als aus der gewöhnlichen Geschäftsbeziehung resultierend zu bezeichnen,[10] während sie nach US-GAAP einen außerordentlichen Ertrag bzw. Aufwand darstellen.

Die Ein- und Ausbuchung regulärer Käufe und Verkäufe, d.h. Transaktionen, die innerhalb eines durch Marktvorschriften oder Marktkonventionen festgelegten Zeitraum

9 Vgl. INSTITUT DER WIRTSCHAFTSPRÜFER, IDW Stellungnahme zur Rechnungslegung: Einzelfragen zur Anwendung von IAS 39 (IDW RS HFA 9), in: FN-IDW Nr. 8/2002, Tz. 8. Im Übrigen sind die Ausführungen der Stellungnahme – sofern deren Inhalt von dem der Übergangsvorschriften des Standards abweicht –, Bestandteil dieses Beitrags.

10 Nach IAS 8.12 stammen allerdings nahezu alle Erträge und Aufwendungen bei der Ermittlung des Periodenergebnisses aus der gewöhnlichen Geschäftstätigkeit. Ein Ergebnis oder Geschäftsvorfall führt nur sehr selten zu einem außerordentlichen Posten, so dass der Häufigkeit außerordentlicher Ereignisse oder Geschäftsvorfälle eine geringe Bedeutung zukommt (IAS 8.13).

zwischen Geschäftsabschluss und Geschäftserfüllung ablaufen, kann wahlweise nach dem Trade Date Accounting, d.h. Bilanzierung zum Handelstag, oder dem Settlement Date Accounting, also der Bilanzierung zum Erfüllungstag, erfolgen (Tz. 30). US-GAAP enthält keine Regelung hinsichtlich des Zeitpunkts der Einbuchung. Allerdings fordert das American Institute of Certified Public Accountants (AICPA), dass das Trade Date Accounting für bestimmte Branchen, z.B. für Banken, anzuwenden ist. Nach IAS ist die einmal gewählte Methode innerhalb einer Kategorie von Finanzinstrumenten stetig anzuwenden. Die deutschen Großbanken wenden weiterhin das Trade Date Accouting an, d.h. dass der Handelstag für den Zeitpunkt des erstmaligen Ansatzes ausschlaggebend ist.

In dem Entwurf zur Änderung von IAS 39 wird für die Ausbuchung von finanziellen Vermögenswerten die Einführung eines sog. Continuing Involvement Approach vorgeschlagen. Dieser lässt eine Ausbuchung nicht zu, sofern der Übertragende in bezug auf einen von ihm übertragenen Vermögenswert oder einen Teil eines Vermögenswerts eine andauernde Beteiligung (sog. Continuing Involvement) hat. Ein Continuing Involvement liegt vor, wenn der Übertragende die Verfügungsmacht über den übertragenen Vermögenswert zurückerwerben könnte oder müsste oder eine Vergütung auf Basis der Wertentwicklung gezahlt wird.

Die Konzeption des Continuing Involvement wird beim Vorliegen von Pass-Through-Arrangements grundsätzlich durchbrochen. Beim Abschluss eines Pass-Through-Arrangements übernimmt das übertragende Unternehmen – wie dies beispielsweise bei ABS-Transaktionen üblich ist – auch nach der Übertragung der Vermögenswerte die Abwicklung der daraus resultierenden Zahlungen und ist damit weiterhin in die Transaktion involviert. Bei Erfüllung weiterer Voraussetzungen qualifizieren aber auch solche Gestaltungen für eine Ausbuchung:

- der Übertragende hat keine Verpflichtung, Zahlungsströme an den Empfänger durchzuleiten, sofern dieser nicht entsprechende Zahlungsströme aus dem übertragenen Vermögenswert erhält;
- der Übertragende kann den übertragenen Vermögenswert nicht zu seinem Nutzen verwenden; und
- der Übertragende ist verpflichtet, Zahlungsströme, die er im Auftrag des Empfängers erhält, zeitnah an diesen weiterzuleiten.

Hinsichtlich der Ausbuchung von Finanzinstrumenten nach derzeit gültigem Standard können sich nachfolgende Schwierigkeiten bei Pensionsgeschäften, Wertpapierleihegeschäften und ABS-Transaktionen ergeben.

2.1.1 Pensionsgeschäfte

Bei echten Pensionsgeschäften verpflichtet sich der Pensionsnehmer, das Pensionsgut zu einem bereits vereinbarten oder vom Pensionsgeber noch zu bestimmenden Zeitpunkt zurückzuübertragen. Der Pensionsgeber behält nach IAS 39.38(b) die Verfügungsmacht über die übertragenen Wertpapiere, die somit weiterhin in seiner Bilanz ausgewiesen werden. Die Bilanzierung erfolgt wie eine besicherte Kreditaufnahme, wobei die übertragenen Wertpapiere Sicherheiten darstellen, die nicht besonders zu bilanzieren sind. Der Pensionsnehmer passiviert die erhaltene Barsicherheit als Rückgabeverpflichtung und verteilt den Unterschiedsbetrag zwischen Hin- und Rückgabebetrag nach der Effektivzinsmethode.

Beispiel: Echtes Pensionsgeschäft

- Ein Pensionsgeber gibt zum 30.11.2001 100 Aktien der C-AG in Pension und erhält dafür T€ 1.000 von dem Pensionsnehmer als Gegenwert (vereinbarter Kaufpreis). Es wird unterstellt, dass der Buchwert der Aktien im Übertragungszeitpunkt dem Marktwert entspricht.
- Zum 31.12. 2001 ist der Wert der Aktien auf T€ 950 gefallen.
- Die Rückübertragung der Aktien erfolgt am 31.1.2002 zu einem Betrag von T€ 1.010.
- Aus Vereinfachungsgründen wird eine Verteilung der Zinskomponente von T€ 5 pro Monat unterstellt.
- Die Aktien sind dem Available-for-Sale-Bestand zugeordnet. Für die Berücksichtigung der Fair-Value-Änderungen wurde die erfolgsneutrale Erfassung in der Neubewertungsrücklage gewählt.
- Die Forderung des Pensionsnehmers stellt eine originäre Forderung oder ein Handelsaktivum dar.
- Der Pensionsgeber passiviert die erhaltene Barsicherheit als Rückgabeverpflichtung und verteilt den Unterschiedsbetrag nach der Effektivzinsmethode.

<u>Buchung zum 30.11.2001 (Zeitpunkt der Übertragung)</u>

Pensionsgeber 30.11.2001	
Aktien AfS 1.000	Verbindlichkeit 1.000
Kasse 1.000	

Kasse T€ 1.000 an Verbindlichkeit T€ 1.000

Pensionsnehmer 30.11.2001	
Forderung 1.000	

Forderung T€ 1.000 an Kasse T€ 1.000

Buchung zum 31.12.2001 (Bilanzstichtag)

Pensionsgeber 31.12.2001			
Aktien AfS	950	Verbindlichkeit	1.005
Kasse	1.000	Neubewertungsrücklage	- 50

Pensionsnehmer 31.12.2001			
Forderung	1.005		

GuV 31.12.2001 (Pensionsgeber)			
Zinsaufwand	5		

GuV 31.12.2001 (Pensionsnehmer)			
		Zinsertrag	5

Neubewertungsreserve T€ 50 an Aktien AfS T€ 50

Zinsaufwand T€ 5 an Verbindlichkeit T€ 5

Forderung T€ 5 an Zinsertrag T€ 5

Buchung zum 31.1.2002 (Rückübertragung)

Pensionsgeber 31.1.2002			
Aktien AfS	950	Neubewertungsrücklage	- 50
Kasse	- 10		

Pensionsnehmer 31.1.2002			
Kasse	1.010		

GuV 31.1.2002 (Pensionsgeber)			
Zinsaufwand	5		

GuV 31.1.2002 (Pensionsnehmer)			
		Zinsertrag	5

Zinsaufwand T€ 5 an Verbindlichkeit T€ 5

Verbindlichkeit T€ 1.010 an Kasse T€ 1.010

Forderung T€ 5 an Zinsertrag T€ 5

Kasse T€ 1.010 an Forderung T€ 1.010

Bei unechten Pensionsgeschäften ist der Pensionsnehmer berechtigt, aber nicht verpflichtet, die in Pension gegebenen Vermögensgegenstände zu einem im Voraus bzw. noch von ihm festzulegenden Zeitpunkt zurückzuübertragen. Die bilanzielle Behandlung ist abhängig von der Art der übertragenen Wertpapiere, nämlich davon, ob diese marktgängig sind oder nicht. Werden marktgängige Wertpapiere übertragen, verliert der Pensionsgeber die Verfügungsmacht über die übertragenen Wertpapiere, da der Pensionsnehmer über die Rückgabe der Wertpapiere bestimmen kann. Die Bilanzierung erfolgt beim Pensionsnehmer zu Anschaffungskosten. Die Folgebewertung wird gemäß IAS 39 in Abhängigkeit von der Klassifizierung der Wertpapiere in eine der vier Kategorien durchgeführt. Bei der Übertragung von nicht marktgängigen Wertpapieren ist, obwohl der Pensionsnehmer über die Rückgabe der Wertpapiere bestimmen kann, nicht von einem Verlust der Verfügungsmacht beim Pensionsgeber auszugehen, da der Pensionsnehmer die Wertpapiere faktisch nur an den Pensionsgeber zurückgeben kann. Das Rückübertragungsrecht des Pensionsnehmers ist als unbedingte Put Option zu beurteilen. In dem Fall, in dem Pensionsnehmer und Pensionsgeber über die Marktgängigkeit der übertragenen Wertpapiere unterschiedlicher Auffassung sind, kann es im Einzelfall zu einer Bilanzierung bei beiden Vertragsparteien kommen.

Beispiel: Unechtes Pensionsgeschäft

- Ein Pensionsgeber gibt zum 30.11.2001 100 Aktien der C-AG in Pension und erhält T€ 1.000 als Gegenwert von dem Pensionsnehmer (vereinbarter Kaufpreis). Es wird unterstellt, dass der Buchwert der Aktien im Übertragungszeitpunkt dem Marktwert entspricht.
- Zum 31.12. 2001 ist der Wert der Aktien auf T€ 950 gefallen.
- Die Rückübertragung erfolgt am 31.1.2002 zu einem Betrag von T€ 1.010.
- Die Marktgängigkeit der Wertpapiere wird angenommen, d.h. die Aktien gehen beim Pensionsgeber ab beim Pensionsnehmer zu.
- Die Aktien sind beim Pensionsgeber vor der Übertragung dem Available-for-Sale-Bestand zugeordnet.
- Beim Pensionsnehmer werden die Aktien nach Übertragung ebenfalls dem Available-for-Sale-Bestand zugeordnet. Die Erfassung der Fair-Value-Änderungen erfolgt in der Neubewertungsrücklage.
- Darüber hinaus hat der Pensionsgeber eine Stillhalterverpflichtung (verkaufte Put Option) zu passivieren und der Pensionsnehmer entsprechend eine gekaufte Put Option zu aktivieren.
- Zur Vereinfachung wird zusätzlich unterstellt, dass der Marktwert des Put bzw. der Stillhalterverpflichtung zum 31.12.2001 jeweils T€ 60 beträgt. Bei Abschluss des Geschäfts wird von einem Wert von T€ 10 ausgegangen.

Buchungen zum 30.11.2001 (Zeitpunkt der Übertragung)

Pensionsgeber 30.11.2001

Aktien AfS	0	Handelspassiva	10
Kasse	1.000		

Kasse T€ 1.000 an Aktien AfS T€ 1.000

Zum Abschluss des Geschäfts haben Put und Stillhalterverpflichtung einen Marktwert (Fair Value) von 10.

Pensionsnehmer 30.11.2001

Aktien AfS	1.000		
Handelsaktiva	10		

Aktien AfS T€ 1.000 an Kasse T€ 1.000

Zum Abschluss des Geschäfts haben Put und Stillhalterverpflichtung einen Marktwert (Fair Value) von 10.

Buchungen zum 31.12.2001 (Bilanzstichtag)

Pensionsgeber 30.11.2001

Aktien AfS	0	Handelspassiva 60
Kasse	1.000	

Pensionsnehmer 30.11.2001

Aktien AfS	950	Neubewertungsrücklage -50
Handelsaktiva	60	

GuV 31.12.2001 (Pensionsgeber)

Handelsergebnis	60	

GuV 31.12.2001 (Pensionsnehmer)

	Handelsergebnis	60

Handelsergebnis T€ 60 an Handelspassiva T€ 60

Der Marktwert des Put bzw. der Stillhalterverpflichtung beläuft sich auf T€ 60.

Handelsaktiva T€ 60 an Handelsergebnis T€ 60

Neubewertungsrücklage T€ 50 an Aktien AfS T€ 50

Der Marktwert der Wertpapiere ist auf T€ 950 gesunken. Der Marktwert des Put bzw. der Stillhalterverpflichtung beläuft sich auf T€ 60.

Buchungen zum 31.1.2002 (Rückübertragung)

Pensionsgeber 31.1.2002

Aktien AfS	950	Neubewertungsrücklage -50
Kasse	- 10	

Pensionsnehmer 31.1.2002

Kasse	1.010	

GuV 31.1.2002 (Pensionsgeber)

Zinsaufwand	5	

GuV 31.1.2002 (Pensionsnehmer)

GuV	50	

Aktien AfS T€ 950

Handelspassiva T€ 60 an Kasse T€ 1.010

Kasse T€ 1.010 an Handelsaktiva T€ 60

Aktien AfS T€ 950

GuV T€ 50 an Neubewertungsrücklage T€ 50

2.1.2 Wertpapierleihegeschäfte

Bei Wertpapierleihegeschäften verpflichtet sich der Verleiher, dem Entleiher Wertpapiere oder Aktien für eine bestimmte Zeit aus seinem Bestand zu übertragen. Der Entleiher hat das Recht und die Pflicht, nach Ablauf der Leihfrist Wertpapiere gleicher Gattung zurückzuübertragen. Gemäß Tz. 38(b) darf der Entleiher die Wertpapiere nicht ausbuchen, wenn er durch die Übertragung des Vermögenswertes eine, einem Kreditgeber entsprechende, Verzinsung erhält. Unter einer dem Kreditgeber entsprechenden Verzinsung wird eine Verzinsung verstanden, die nicht wesentlich von einer solchen abweicht, die bei Vergabe eines vollständig durch den übertragenen Vermögenswert besicherten Kredit an den Übertragenden zu erzielen wäre. Besteht keine Möglichkeit der Ausbuchung, stellt die Transaktion in der Bilanz des Verleihers eine Wertpapierforderung dar, die ggf. durch Sicherheiten des Entleihers gedeckt ist. Der Entleiher hat den Sachverhalt, soweit Sicherheiten vorhanden sind, wie eine besicherte Kreditaufnahme zu bilanzieren.

Beispiel: Wertpapierleihegeschäft

- Ein Verleiher gibt zum 30.11.2001 100 Aktien des Available-for-Sale-Bestandes der C-AG in Leihe und erhält T€ 1.000 als Barsicherheit von dem Entleiher. Es wird unterstellt, dass der Buchwert der Aktien im Übertragungszeitpunkt dem Marktwert entspricht.
- Zum 31.12. 2001 ist der Wert der Aktien auf T€ 950 gefallen.
- Die Rückübertragung der Aktien erfolgt am 31.1.2002. Die Barsicherheit wird zu diesem Zeitpunkt mit einem Betrag von 1.010 T€ fällig.
- Aus Vereinfachungsgründen wird eine Verteilung der Zinskomponente von T€ 5 pro Monat unterstellt und von der Abbildung einer Leihgebühr bzw. Kompensationszahlung abgesehen.
- Es liegt kein Abgang beim Verleiher vor. Der Verleiher erhält vielmehr Bargeld und passiviert eine Verbindlichkeit.
- Der Entleiher aktiviert entsprechend eine Forderung.
- Die Aktien sind dem Available-for-Sale-Bestand zugeordnet, wobei die Fair-Value-Änderungen erfolgsneutral in der Neubewertungsrücklage erfasst werden.
- Die Forderung des Entleihers ist eine originäre Forderung oder ein Handelsaktivum.

<u>Buchung zum 30.11.2001 (Zeitpunkt der Übertragung)</u>

Pensionsgeber 30.11.2001

Aktien AfS 1.000	Verbindlichkeit 1.000
Kasse 1.000	

Kasse T€ 1.000 an Verbindlichkeit T€ 1.000

Pensionsnehmer 30.11.2001

Forderung 1.000	

Forderung T€ 1.000 an Kasse T€ 1.000

Buchung zum 31.12.2001 (Bilanzstichtag)

Pensionsgeber 31.12.2001

Aktien AfS	950	Verbindlichkeit	1.005
Kasse	1.000	Neubewertungsrücklage	- 50

Pensionsnehmer 31.12.2001

Forderung	1.005	

GuV 31.12.2001

Zinsaufwand	5	

GuV 31.12.2001

	Zinsertrag	5

Neubewertungsrücklage T€ 50 an Aktien AfS T€ 50

Zinsaufwand T€ 5 an Verbindlichkeit T€ 5

Forderung T€ 5 an Zinsertrag T€ 5

Buchung zum 31.1.2002 (Rückübertragung)

Pensionsgeber 31.1.2002

Aktien AfS	950	Neubewertungsrücklage	-50
Kasse	- 10		

Pensionsnehmer 31.1.2002

Kasse	1.010	

GuV 31.1.2002

Zinsaufwand	5	

GuV 31.1.2002

	Zinsertrag	5

Zinsaufwand T€ 5 an Verbindlichkeit T€ 5

Verbindlichkeit T€ 1.010 an Kasse T€ 1.010

Forderung T€ 5 an Zinsertrag T€ 5

Kasse T€ 1.010 an Forderung T€ 1.010

2.1.3 Asset Backed Securities

Asset Backed Securities sind Wertpapiere, die aus der Bewertung und Verbriefung von einem oder mehreren Forderungsportfolios resultieren. Die Zielsetzung der verbriefenden Unternehmen besteht dabei neben der Verbesserung der Liquiditätssituation, der Erschließung neuer Finanzmärkte und der Verbesserung der Finanzierungsbedingungen in der Erreichung einer Bilanzentlastung durch Übertragung der Wertpapiere auf eine

Special Purpose Entity (SPE). Der Übertragende verliert die Verfügungsmacht, wenn der Empfänger eine SPE ist, (a) deren zulässige Aktivitäten beschränkt sind[11] und (b) entweder die SPE selbst oder die wirtschaftlichen Inhaber dieses Unternehmens es vermögen, im Wesentlichen allen Nutzen aus den übertragenen Vermögenswerten zu ziehen.[12]

Nach den ergänzenden Bestimmung in Tz. 47ff. zum Financial Components Approach sind bei Abgang eines finanziellen Vermögenswertes und Zurückbehalten bestimmter Ansprüche oder Verpflichtungen (z.B. das sog. Servicing Right oder Trennung von Mantel und Bogen einer Anleihe), diese als Vermögenswerte oder Schulden in der Bilanz des Übertragenden zu bilanzieren. Dies gilt unabhängig davon, ob der übertragene finanzielle Vermögenswert bisher zum Fair Value oder zu fortgeführten Anschaffungskosten bewertet wurde. In Bezug auf die Bewertung ist der Buchwert zum Übertragungszeitpunkt im Verhältnis der Fair Values auf den übertragenen und den zurückbehaltenen Teil des finanziellen Vermögenswertes zu verteilen. Sofern der Fair Value des zurückbehaltenen Teils nicht verlässlich ermittelt werden kann, ist dieser ausnahmsweise mit Null anzusetzen (Tz. 47).

Beispiel: Asset Backed Securities

- Ein Unternehmen (Forderungsverkäufer) verkauft Forderungen in Höhe von T€ 100.000 (True Sale) an eine Special Purpose Entity (SPE; Forderungskäufer).
- Es wurde eine Ausfallgarantie in Höhe von 4% bei einer erwarteten Ausfallquote von 2% vereinbart.
- Die SPE ist derart ausgestattet, dass deren zulässige Aktivitäten beschränkt sind, und die SPE den wesentlichen Nutzen aus den übertragenen Vermögenswerten zieht.
- Es liegt ein echter Verkauf vor.
- Die Forderungen sind beim Forderungsverkäufer auszubuchen. Der für die Forderungen erhaltene Betrag ist entsprechend einzubuchen.
- Der Forderungskäufer verbrieft die Forderungen und emittiert Asset Backed Securities.
- In Höhe der erwarteten Ausfallquote ist beim Verkäufer eine Rückstellung zu bilden.

11 Eine Beschränkung der Tätigkeit resultiert allein aus der Definition einer Zweckgesellschaft in SIC-12.1, nach der eine Zweckgesellschaft gegründet wird, um ein enges und genau definiertes Ziel, beispielsweise die Verbriefung von Finanzinstrumenten, zu erreichen.

12 Die Kriterien, anhand derer die Chancen-Risiken-Betrachtung, die ausschließlich auf einer wirtschaftlichen Beurteilung beruht, durchzuführen ist, finden sich in SIC-12.10. Weitere Ausführungen zum Wechselspiel zwischen IAS 39 und SIC-12 finden sich am Ende dieses Abschnitts.

Bilanz vor Verkauf

Forderungsverkäufer			
Sonstige Aktiva	100	Eigenkapital	100
Forderungen	300	Verbindlichkeit	300

Forderungskäufer (SPE)	

Bilanz nach Verkauf

Forderungsverkäufer			
Sonstige Aktiva	100	Eigenkapital	98
Forderungen	200	Rückstellungen	2
Kasse	100	Verbindlichkeit	300

Kasse T€ 100 an Forderungen T€ 100

Eigenkapital T€ 2 an Rückstellungen T€ 2

Forderungskäufer (SPE)			
Forderungen	100	ABS	100

Forderung T€ 100 an ABS T€ 100

Die Behandlung von Asset Backed Securities nach IAS stellt einen problematischen Bereich, da neben den Ausbuchungsregeln in IAS 39 zusätzlich die Interpretation SIC-12, Consolidation – Special Purpose Entities (SPE) zu beachten ist. SIC-12 schreibt vor, dass eine SPE unter der Voraussetzung, dass sie durch ein Unternehmen beherrscht wird, von diesem Unternehmen zu konsolidieren ist. Insofern ergänzt diese Interpretation die bereits in IAS 27, Consolidated Financial Statements and Accounting in Subsidiaries genannten Situationen, in denen eine Beherrschung vorliegt (Control-Prinzip) durch die folgenden Beispiele:

- Die Geschäftstätigkeit der SPE wird zugunsten der Bedürfnisse des Unternehmens geführt, das daraus Nutzen zieht,
- das Unternehmen verfügt über die Entscheidungsmacht oder hat diese durch einen sog. Autopilot delegiert, um Nutzen aus der Geschäftstätigkeit der SPE zu ziehen,
- das Unternehmen hat das Recht auf den mehrheitlichen Nutzen aus der SPE und ist unter Umständen Risiken ausgesetzt oder
- das Unternehmen hat die wesentlichen Residual- oder Eigentümerrisiken oder Vermögenswerte der SPE.

Aus den Vorschriften des SIC-12 resultiert eine Vollkonsolidierung, wenn dem Forderungsverkäufer mehr als 50% der Chancen und Risiken zugeordnet werden können. Eine SPE ist also selbst dann zu konsolidieren, wenn wenig oder kein Eigenkapital gehalten wird, sondern allein die wirtschaftliche Betrachtungsweise der Verhältnisse zeigt, dass eine Beherrschung existiert.

Es ist daher neben der Beurteilung, ob die im Rahmen einer Asset-Backed-Securities-Transaktion verkauften Forderungen aus der Bilanz des Verkäufers auszubuchen sind, die Frage zu klären und anhand der in SIC-12 genannten Kriterien zu prüfen, ob die SPE als Ganzes von dem Forderungsverkäufer wiederum zu konsolidieren ist.

2.1.4 Forderungen aus Finance Lease

Forderungen aus Finanzierungsleasingverträgen (sog. Finance Lease[13]) stellen einen finanziellen Vermögenswert gemäß IAS 39.10 dar, der mit seinem Nettoinvestitionswert (IAS 17, Leases, Tz. 28) beim Leasinggeber zu bilanzieren ist. Insofern fallen Leasingforderungen in den Anwendungsbereich von IAS 39 (Tz. 1(b)).

Bei Verkauf der Leasingforderungen durch den Leasinggeber finden daher entsprechend die Vorschriften zur Ausbuchung von finanziellen Vermögenswerten gemäß IAS 39.35ff. Anwendung. Fraglich ist, ob beim Leasinggeber ein für eine Ausbuchung erforderlicher Verlust der Verfügungsmacht vorliegt. Dies ist je nach Ausgestaltung des konkret zu beurteilenden Sachverhalts zu prüfen. In IAS 39.38 werden exemplarisch Fälle unterschieden, in denen dem Verkäufer des finanziellen Vermögenswerts das Recht zum Rückkauf gewährt wird und dieser daher - eigentlich widersprüchlicher Weise - weiterhin die Verfügungsmacht über die Leasingforderungen ausübt, obwohl er diese veräußert hat:

- Dem Verkäufer wird das Recht eingeräumt, den verkauften, finanziellen Vermögenswert zurückzukaufen, es sei denn, der Rückkaufspreis entspricht dem Fair Value zum Zeitpunkt des Rückkaufs oder der finanzielle Vermögenswert ist jederzeit am Markt verfügbar,
- der Verkäufer hat sowohl das Recht, als auch die Pflicht, den verkauften finanziellen Vermögenswert zu Bedingungen zurückzuerlangen, die den Empfänger in die Position eines Kreditgebers versetzt oder
- der verkaufte Vermögenswert ist jederzeit am Markt verfügbar und Verkäufer und Empfänger sind durch einen Total Return Swap, über den Risiken und Nutzen zugeteilt werden, miteinander verbunden.

13 Vgl. zum Thema Leasing den Beitrag „Leasingverhältnisse“.

2.2 Zugangsbewertung

Bei der erstmaligen Erfassung sind finanzielle Vermögenswerte und finanzielle Schulden mit den Anschaffungskosten anzusetzen.[14] Diese entsprechen bei Vermögenswerten dem Fair Value der Gegenleistung oder bei Schulden dem erhaltenen Betrag. Transaktionskosten, wie Aufwendungen für Courtage, Provisionen und andere Gebühren an Vermittler, Berater, Makler etc., sind einzubeziehen (Tz. 66). Prospektive Erfolgselemente, z.B. Transaktionskosten für den Veräußerungsfall, sind nicht in die Erstbewertung einzubeziehen. Ebenso sind Wertberichtigungen nicht bei der Höhe des erstmaligen Bilanzansatzes zu berücksichtigen (Question 110-1, Impairment: future losses).

US-GAAP kennt im Unterschied zu IAS 39 keine Vorschrift über den Einbezug oder Nichteinbezug von Transaktionskosten, so dass ein Wahlrecht angenommen werden kann.

Bei Derivaten ist der Zugangswert üblicherweise Null. Dies ist beispielsweise bei Devisen- und Wertpapiertermingeschäften, Zins- und Währungsswaps oder Forward Rate Agreements der Fall. Optionen sind Finanzinstrumente, die einen Wert ungleich Null haben, da bei deren Abschluss eine Optionsprämie gezahlt wird. Gekaufte Optionen stellen insofern finanzielle Vermögenswerte, verkaufte Optionen hingegen finanzielle Schulden dar.

Bei der erstmaligen Anwendung von IAS 39 ist die Differenz zwischen Buchwert und Fair Value bei allen Finanzinstrumenten als Überleitungsposten in die Gewinnrücklagen zu buchen. Bei bisher nicht bilanzierten Derivaten entspricht die Höhe des einzubuchenden Betrages der Höhe des kompletten Fair Values. Bei der Einbuchung von internen Geschäften, die bisher als Sicherungsinstrumente dienten, ist darauf zu achten, dass diese möglicherweise nicht mehr als Sicherungsinstrumente qualifizieren und dann als normale freistehende derivative Finanzinstrumente zu behandeln sind.

2.3 Klassifizierung und Folgebewertung von Financial Instruments

Zum Zweck der Folgebewertung sind sämtliche finanziellen Vermögenswerte in eine der folgenden Kategorien einzuteilen: zu Handelszwecken gehaltene finanzielle Vermögenswerte (Financial Assets Held-for-Trading), bis zur Endfälligkeit zu haltende finanzielle Vermögenswerte (Held-to-Maturity Investments), durch das Unternehmen begründete Forderungen (Loans and Receivables Originated by the Enterprise) und zur

[14] Von der Bewertung zum Fair Value sind die derivativen Finanzinstrumente ausgenommen, deren Fair Value nicht verlässlich ermittelt werden kann und die daher zu Anschaffungskosten zu bewerten sind (Tz. 11).

Veräußerung verfügbare finanzielle Vermögenswerte (Available-for-sale Financial Assets).

Finanzielle Schulden sind in zwei Kategorien – zu Handelszwecken gehaltene finanzielle Schulden (Financial Liabilities Held-for-Trading) und Übrige – einzuteilen.

Generell ist die Differenzierung zwischen Eigenkapital und Fremdkapital zu beachten, da Eigenkapital des eigenen Unternehmens nicht in den Anwendungsbereich von IAS 39 fällt (Tz. 11 und Tz. 172(i)). Die Folgebewertung der finanziellen Vermögenswerte und finanziellen Schulden erfolgt in Abhängigkeit von deren Klassifizierung.

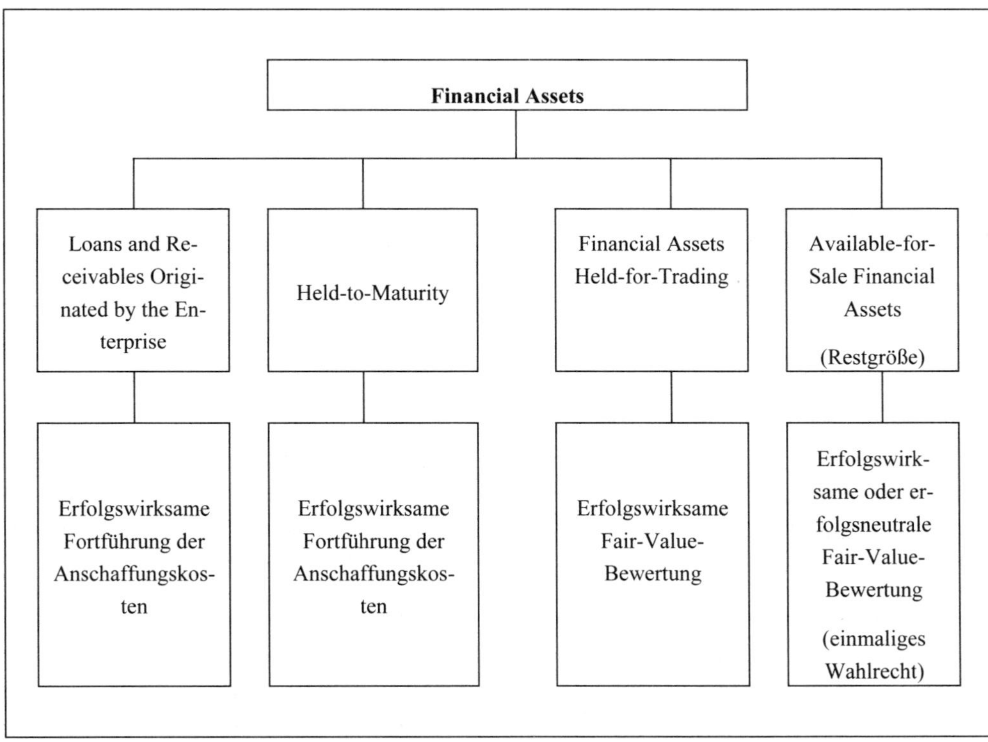

Folgebewertung von Financial Assets und Behandlung der Gewinne oder Verluste

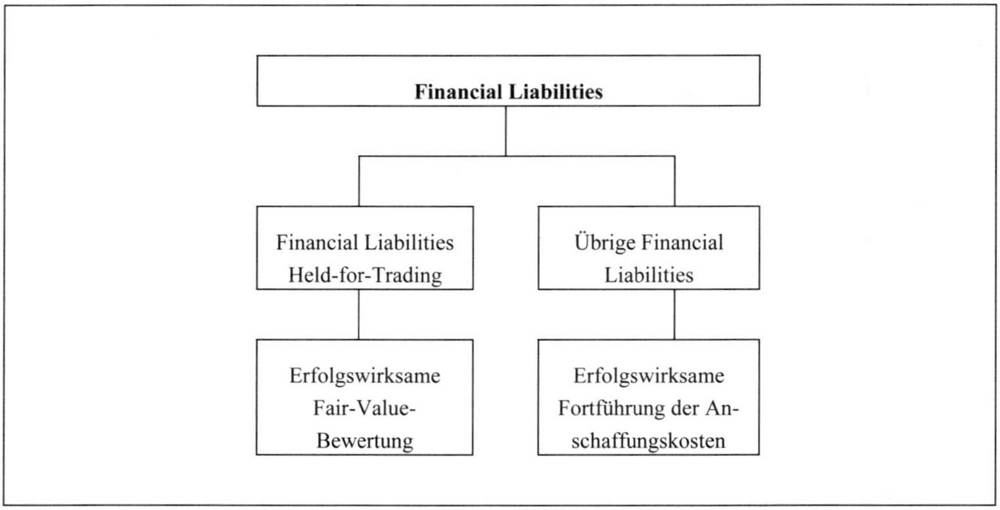

Folgebewertung von Financial Liabilities und Behandlung der Gewinne oder Verluste

2.3.1 Financial Instruments Held-for-Trading

Bei der Kategorie der zu Handelszwecken gehaltenen finanziellen Vermögenswerte und finanziellen Schulden handelt es sich um Finanzinstrumente, die mit der Absicht erworben bzw. eingegangen wurden, kurzfristig Gewinne zu generieren (Tz. 10). Das IGC stellt in diesem Zusammenhang klar, dass der Begriff „kurzfristig" nicht, wie im deutschen Recht, auf „bis zu einem Jahr" zu beziehen ist, sondern eher auf Halteperioden, von Stunden oder Tagen statt Monaten oder Jahren. Trotzdem kann ein Finanzinstrument nach Zuordnung zu einem Handelsportfolio auch für eine längere Haltedauer gehalten werden, da allein die Absicht zum Verkauf beim Zeitpunkt der Klassifizierung maßgeblich ist (Question 10-15, Definition of held for trading: purpose of acquisition).

In diese Kategorie fallen Aktien und festverzinsliche Wertpapiere, aber auch Derivate. Bei Derivaten handelt es sich nach Auffassung des Standards grundsätzlich um zu Handelszwecken abgeschlossene bzw. gehaltene Finanzinstrumente, mit Ausnahme derer, die als Sicherungsinstrumente im Rahmen des Hedge Accounting eingesetzt werden (Tz. 10).[15] Außer Derivaten können lediglich Wertpapierleerverkäufe als zu Handelszwecken gehaltene finanzielle Schulden eingeordnet werden. Auf der Passivseite besteht

15 Aus der Aufspaltung von hybriden Instrumenten resultierende eingebettete Derivate werden ebenfalls als zu Handelszwecken eingestuft.

die Position aus derivativen Finanzinstrumenten, die einen negativen Marktwert haben und nicht als Sicherungsinstrumente eingesetzt werden sowie aus Lieferverpflichtungen im Zusammenhang mit Wertpapierleerverkäufen (Tz. 29).

Die Folgebewertung der zu Handelszwecken gehaltenen Finanzinstrumente ist zum Fair Value vorzunehmen (Tz. 69). Der Fair Value ist definiert als der Betrag, zu dem zwischen sachverständigen, vertragswilligen und von einander unabhängigen Geschäftspartnern ein Vermögenswert getauscht oder eine Verbindlichkeit beglichen werden könnte (Tz. 10). Normalerweise ist der Fair Value der Marktpreis. Sofern kein aktiver, liquider Markt für den zu bewertenden finanziellen Vermögenswert vorliegt, ist der Fair Value aus Transaktionen auf vergleichbaren Märkten abzuleiten oder durch Diskontierung aller künftigen Zahlungen mit einem Zinssatz für ähnliche Instrumente gleicher Bonitätsklasse zu ermitteln. Jegliche Gewinne oder Verluste aus der Bewertung sind in der Gewinn- und Verlustrechnung zu erfassen (Tz. 103(a)). Zu den Anforderungen, die an Bewertungstechniken gestellt werden, enthält der Entwurf zu IAS 39 weitere Anwendungshilfen. Die verwendete Bewertungstechnik hat (a) alle Faktoren, welche Marktteilnehmer bei der Preisbildung bedenken würden, zu berücksichtigen und (b) konsistent mit akzeptierten wirtschaftlichen Preisfindungsmethoden für Finanzinstrumente zu sein. Des Weiteren hat das Unternehmen Schätzungen und Annahmen zugrunde zu legen, die mit den verfügbaren Informationen über Schätzungen und Annahmen zur Preisfindung der Marktteilnehmer konsistent sind.

IAS 39 in Tz. 70 sieht vor, dass finanzielle Vermögenswerte, die normalerweise einer Fair-Value-Bewertung unterliegen, deren Fair Value jedoch nicht verlässlich bestimmt werden kann, beispielsweise GmbH-Anteile, ausnahmsweise zu fortgeführten Anschaffungskosten zu bewerten sind. IAS 39 enthält zwar nicht den expliziten Gedanken, finanzielle Schulden in Ausnahmefällen auch zu fortgeführten Anschaffungskosten zu bewerten, doch kann dies als folgerichtig angesehen werden. Entsprechend wären die Offenlegungspflichten in Tz. 170(b) zu erfüllen, nach denen eine Beschreibung der finanziellen Vermögenswerte und - dann auch - der finanziellen Schulden zu machen ist, deren Buchwerte, eine Erläuterung, warum deren Fair Value nicht verlässlich ermittelt werden konnte und, sofern möglich, eine Schätzungsbandbreite, innerhalb derer der Fair Value höchstwahrscheinlich liegt, anzugeben ist.

Die Angaben der deutschen Großbanken in den Geschäftsberichten 2001 zur Möglichkeit der verlässlichen Fair-Value-Ermittlung sind unterschiedlich: Die HypoVereinsbank schreibt, dass der Fair Value für Finanzinstrumente verlässlich ermittelt werden konnte[16]. Die Dresdner Bank und Commerzbank erwähnen in ihrem Geschäftsbericht

16 HYPOVEREINSBANK, Finanzbericht 2001, München, S. 45; Die HypoVereinsbank macht folgende Angaben zur Fair-Value-Ermittlung der einzelnen Bilanzposten: „Für die Fair-Value-Ermittlung werden generell zwei Möglichkeiten in Betracht gezogen: Verwendung von zur Verfügung stehender quotierter Marktpreise oder Abdiskontierung zukünftiger erwarteter Zahlungsströme auf den Barwert des Finanzinstruments. Für die Abzinsung wird im Fall von Forderungen und Verbindlichkeiten der aktuelle Zinssatz, bei Zins- und Zinswährungs-Swap-Vereinbarungen sowie Zinstermingeschäften der für die Rest-

immerhin die Ausnahme, nach der bei einer nicht möglichen verlässlichen Ermittlung des Fair Value eine Bewertung zu Anschaffungskosten erlaubt ist. Daraus kann geschlossen werden, dass von dieser Ausnahme auch Gebrauch gemacht wurde.

Als Maßnahme zur Erstellung der Eröffnungsbilanz für IAS 39 ist für die finanziellen Vermögenswerte und finanziellen Schulden, die zu Handelszwecken gehalten werden, die Differenz zwischen dem bisherigen Buchwert und dem Fair Value als neuem Wertansatz in die Gewinnrücklagen einzustellen (Tz. 172(d)). Der Fair Value der bisher noch nicht bilanzierten derivativen Finanzinstrumente, die zu Handelszwecken gehalten werden, wird dabei in voller Höhe in den Gewinnrücklagen erfasst. Eine Ausnahme von der Fair-Value-Bewertung gilt in diesem Zusammenhang für derivative Finanzinstrumente, die sich auf nicht notierte Eigenkapitalinstrumente eines anderen Unternehmens beziehen und bei deren Fälligkeit solche Eigenkapitalinstrumente zu liefern sind. Allerdings muss in diesem Fall das Unternehmen aufzeigen können, dass der Fair Value nicht verlässlich ermittelt werden kann und daher eine Bewertung zu fortgeführten Anschaffungskosten erfolgt (Tz. 172(c) i.V.m. Tz. 70). Der Ausweis der als zu Handelszwecken gehaltenen finanziellen Vermögenswerte und finanziellen Schulden erfolgt unter dem Bilanzposten „Handelsaktiva" bei positiven Marktwerten bzw. „Handelspassiva" bei negativen Marktwerten.

2.3.2 Held-to-Maturity Investments

Eine Einstufung in die Kategorie der bis zur Endfälligkeit zu haltenden finanziellen Vermögenswerte erfordert aus der Investition resultierende feste oder bestimmbare Zahlungen sowie eine feste Laufzeit (Tz. 10). Aufgrund dieser Kriterien können beispielsweise Aktien mangels Fälligkeit niemals dieser Kategorie zugeordnet werden. Des Weiteren muss das Unternehmen die zu Beginn und an folgenden Stichtagen nachprüfbare Absicht sowie die rechtliche und finanzielle Möglichkeit haben, die Papiere auch weiterhin bis zur Endfälligkeit zu halten (Tz. 87 i.V.m. Tz. 89). Gemäß Klarstellung des IGC in Question 10-16, Definition of held-to-maturity investments: high default risk hat die Wahrscheinlichkeit für den Ausfall eines Emittenten keine Auswirkung auf die Einordnung in diese Kategorie. Anlagen mit einer ewigen Laufzeit und fixen oder vertraglich vereinbarten Zahlungen können ebenfalls dieser Kategorie zugeordnet werden. In diesem Fall stellt der letzte Zinszahlungstermin den erforderlichen Fälligkeitszeitpunkt dar (Question 10-17, Definition of held-to-maturity investment: fixed maturity).

Als bis zur Endfälligkeit zu haltende eingestufte finanzielle Vermögenswerte werden bei der erstmaligen Bewertung zu Anschaffungskosten inklusive Transaktionskosten bewer-

laufzeit der Finanzinstrumente geltende Marktzinssatz verwendet. Die Ermittlung der Fair Values der Devisentermingeschäfte erfolgt auf Basis aktueller Terminkurse; zur Fair-Value-Bewertung von Optionen werden Optionspreismodelle angewandt", HYPOVEREINSBANK, a.a.O., S. 86.

tet (Tz. 66). Zu späteren Bewertungsstichtagen erfolgt die Bewertung zu fortgeführten Anschaffungskosten (Tz. 69(b)).

Ein Unternehmen darf keine finanziellen Vermögenswerte als bis zur Endfälligkeit zu halten einstufen, wenn es im laufenden oder während der vergangenen zwei Geschäftsjahre mehr als einen wesentlichen Teil der in dieser Kategorie gehaltenen Investments verkauft, übertragen oder darauf eine Verkaufsoption ausgeübt hat (sog. „schädlicher Verkauf", Tz. 83). In diesem Fall ist die gesamte Kategorie in die Kategorie der zum Verkauf zur Verfügung stehenden finanziellen Vermögenswerte umzugliedern. Daraus resultiert eine Änderung der Bewertung zu Anschaffungskosten in eine Bewertung zum Fair Value. Eine Begrenzung der Umklassifizierung auf das Portfolio, aus dem der Vermögenswert verkauft wurde, ist lt. IGC ausgeschlossen (Question 83-5, Held-to-maturity investments: sub-categorisation for the purposes of applying the „tainting" rule). Die Belegung der Kategorie der bis zur Endfälligkeit zu haltenden finanziellen Vermögenswerte ist erst nach zwei Jahren Sperre wieder zulässig. Diese sog. „Tainting Rule" kennt US-GAAP in FAS 115 nicht, was darin resultiert, dass bereits der Verkauf eines unwesentlichen Teils aus dieser Kategorie als „schädlich", inklusive aller Konsequenzen, zu betrachten ist.

Die genannten Sanktionen bleiben aus, wenn der Verkauf oder die Übertragung sehr nah am Endfälligkeitstag erfolgt, dem Unternehmen bereits der wesentliche Teil des gesamten Kapitalbetrages des finanziellen Vermögenswertes zugeflossen ist oder aufgrund eines von dem Unternehmen nicht beeinflussbaren Ereignisses erfolgt (sog. „unschädliche Verkäufe", Tz. 83). In Tz. 86 werden explizit Beispiele aufgezählt, die eine generelle Durchhalteabsicht nicht in Frage stellen:

- eine wesentliche Verschlechterung der Bonität des Emittenten,
- Änderungen der Steuergesetzgebung, welche die Steuerfreiheit der Zinsen auf bis zur Endfälligkeit zu haltende Anlagen beseitigt oder erheblich reduziert,
- Unternehmenszusammenschlüsse oder -umstrukturierungen, aus denen eine geänderte Risiko- oder Anlagepolitik resultiert,
- wesentliche gesetzliche oder aufsichtsrechtliche Änderungen, die eine vorzeitige Veräußerung bestimmter Finanzanlagen notwendig machen oder
- eine wesentliche Erhöhung der aufsichtsrechtlichen Risikokapitalgewichtung von bis zur Endfälligkeit zu haltenden Anlagen.

Im Gegensatz zu den vorgenannten Beispielen rechtfertigen hingegen aufgrund eines Managementwechsels durchgeführte Verkäufe von finanziellen Vermögenswerten eine unschädliche Umklassifizierung nicht (Question 86-1, Held-to-maturity financial assets: permitted sales).

Eine Übertragung von Wertpapieren als Sicherheiten und im Zusammenhang mit Pensions- oder Wertpapierleihegeschäften führt hingegen nicht zu einer Umbuchung der

Kategorie (Question 87-1, Held-to-maturity financial assets: pledged collateral, repurchase agreements and securities lending agreements).

Die Klassifizierung von Finanzinvestitionen in die Kategorie der bis zur Endfälligkeit zu haltenden finanziellen Vermögenswerte findet insbesondere aufgrund des Kriteriums der Durchhalteabsicht und Durchhaltemöglichkeit bis zur Fälligkeit in der Praxis wenig Anwendung und stellt somit eher eine Ausnahme dar. Insofern sollte bei der Einführung von IAS 39 im Einzelfall grundsätzlich darüber entschieden werden, ob die Nutzung dieser Kategorie überhaupt sinnvoll ist. Sowohl die Dresdner Bank als auch die Commerzbank haben im Geschäftsjahr 2001 diese Kategorie nicht verwendet.[17] Umso überraschender ist das Volumen der Schuldverschreibungen und anderen festverzinslichen Wertpapiere in Höhe von rund 38 Mio. €[18], welches die HypoVereinsbank dieser Kategorie zugeordnet hat.

Bei einer Zuordnung zu der Kategorie der bis zur Endfälligkeit zu haltenden finanziellen Vermögenswerte im Zusammenhang mit der Erstanwendung von IAS 39 ist es unerheblich und damit „unschädlich", ob in den letzten zwei Jahren vor der Umstellung Finanzinstrumente dieser Art veräußert wurden (Question 172-7, Transition rules: held-to-maturity financial assets). Das IGC begründet diese Entscheidung damit, dass vor der Anwendung von IAS 39 diese Kategorie nicht existierte und insofern auch keine Klassifizierung hat stattfinden können. Der Ausweis der dieser Kategorie zugeordneten Finanzinstrumente erfolgt in der Praxis unter dem Bilanzposten „Finanzanlagen".

2.3.3 Loans and Receivables Originated by the Enterprise

Bei den vom Unternehmen herausgereichten Krediten und Forderungen handelt es sich um finanzielle Vermögenswerte, die vom Unternehmen durch direkte Bereitstellung von Bargeld, Waren oder Dienstleistungen geschaffen wurden (Tz. 10).

Bei Banken sind hier insbesondere Forderungen an Kunden oder Kreditinstitute, bei Industrieunternehmen Forderungen aus Lieferungen und Leistungen zu nennen. In diese Kategorie werden auch bei der Zentralbank und anderen Banken eingelegte Gelder sowie Schuldverschreibungen, die direkt während des Emissionszeitraums vom Emittenten erworben wurden und die Gegenleistung direkt an diesen geleistet wird, eingeordnet (Question 10-7, Definition of loans and receivables: banks' deposits in other banks; Question 10-11a, Definition of originated loans and receivables). Auf dem Sekundärmarkt erworbene Kredite und Forderungen, z.B. im Factoring, fallen nicht in die Kategorie der durch das Unternehmen begründeten Forderungen, sondern sind je nach Zweck

17 DRESDNER BANK, Geschäftsbericht 2001, Frankfurt, S. 95 und COMMERZBANK, Geschäftsbericht 2001, Frankfurt, S. 73.

18 HYPOVEREINSBANK, a.a.O., S. 70.

des Erwerbs in eine der übrigen Kategorien einzustellen. Sofern der Erwerb jedoch beispielsweise über eine Investmentbank erfolgt, die lediglich als Vermittler auftritt, ist eine Kategorisierung als vom Unternehmen begründete Forderung möglich.[19]

Sofern die Darlehen und Forderungen im Rahmen eines Unternehmenskaufs erworben wurden, gelten sie weiterhin als vom Unternehmen ausgereicht, wenn diese durch den Erwerber ebenso eingestuft werden (Tz. 19). Bei Forderungen, die durch die Teilnahme an einer Darlehensgewährung eines anderen Unternehmens entstehen, ist hinsichtlich der Kategorisierung der Zeitpunkt der Partizipation ausschlaggebend. Besteht die Partizipation bereits seit dem Entstehungszeitpunkt der Darlehensgewährung, spricht einer Klassifizierung als Loans and Receivables Originated by the Enterprise nichts entgegen. Daraus folgt, dass syndizierte Forderungen und Konsortialkredite in jedem Fall als originär vom Unternehmen ausgereicht zu betrachten sind, da alle Beteiligten von Anfang an daran beteiligt sind.[20] Sofern allerdings der Konsortialführer nicht von Anfang an für die Konsorten mitverhandelt hat, sondern sich das Konsortium erst nach erfolgter Darlehensgewährung bildet und zu diesem späteren Zeitpunkt Anteile übernommen hat, so hat der Neuerwerber seinen Anteil am Konsortialkredit als zu Veräußerungszwecken gehalten, zu klassifizieren. Diese Unterscheidung ist bedeutend, da mit der Klassifizierung als zu Veräußerungszwecken gehalten eine Bewertung zum Fair Value verbunden ist.

Die Bestände der Kategorie Loans and Receivables Originated by the Enterprise sind bei der Erst- und Folgebewertung zu (fortgeführten) Anschaffungskosten zu bewerten (Tz. 66 und Tz. 69(a)). Die in die Kategorie „Loans and Receivables Originated by the Enterprise“ klassifizierten Finanzinstrumente finden sich in der Bankbilanz in den Posten “Forderungen an Kreditinstitute“ bzw. „Forderungen an Kunden“ wieder.

Hinsichtlich der Kategorisierung der Finanzinstrumente für die Folgebewertung bezieht sich die entsprechende US-GAAP-Vorschrift, FAS 115, ausschließlich auf die Bewertung von Wertpapieren. Nach US-GAAP werden Kredite grundsätzlich zwar wie nach IAS 39 auch zu fortgeführten Anschaffungskosten bewertet. Allerdings existieren für bestimmte Arten von Krediten gesonderte Vorschriften, z.B. für Hypothekenkredite, die „at the lower of cost or market“ bewertet werden.

---

19 PwC Deutsche Revision (Hrsg.), a.a.O., S. 172.

20 PwC Deutsche Revision (Hrsg.), a.a.O., S. 177.

2.3.4 Available-for-Sale Financial Assets

Zum Verkauf verfügbare finanzielle Vermögenswerte stellen eine Restgröße der Vermögenswerte dar, die keiner der zuvor genannten Kategorien zugeordnet werden können (Tz. 10). Der Ausweis erfolgt unter den „Finanzanlagen".

Die in diese Kategorie eingestuften finanziellen Vermögenswerte sind bei Zugang zu Anschaffungskosten, welche dem Wert der gegebenen Gegenleistung entsprechen und unter Berücksichtigung von Transaktionskosten zu bewerten (Tz. 66). Zu späteren Bewertungsstichtagen erfolgt eine Bewertung zum Fair Value (ohne Einbezug von Transaktionskosten; Tz. 69). Für die Berücksichtigung der Fair-Value-Änderungen sieht IAS 39 ein einmaliges, konzernweit einheitlich zu entscheidendes Wahlrecht vor. Das Wahlrecht besteht in der sofortigen Berücksichtigung der Bewertungsergebnisse in der Gewinn- und Verlustrechnung oder alternativ in der Berücksichtigung in einem gesonderten Posten des Eigenkapitals, aus dem die Bewertungsergebnisse erst bei Verkauf und Ausbuchung des entsprechenden finanziellen Vermögenswertes GuV-wirksam umgebucht werden (Tz. 103(b)). Bei der Erfassung der Fair-Value-Änderungen von Available-for-Sale-Papieren lässt US-GAAP mit FAS 115 ausschließlich die erfolgsneutrale Berücksichtigung im sog. Other Comprehensive Income (OCI) zu. In dem Entwurf zur Änderung von IAS 39 wird vorgeschlagen, das bisher existierende Wahlrecht zu eliminieren und insofern eine Anpassung an die US-GAAP-Regel zu erreichen.

Fraglich ist im Zusammenhang mit der Fair-Value-Bewertung der Available-for-Sale Vermögenswerte, ob ein Fair Value zuverlässig bewertet werden kann, wenn die Finanzinstrumente, beispielsweise das Portfolio einer Venture-Capital-Gesellschaft, nicht börsennotiert sind. Bei Nichtvorliegen eines Börsenpreises sind andere Bewertungsmethoden heranzuziehen. Nach Tz. 70 darf eine Fair-Value-Bewertung nur unterlassen werden, wenn es keine anderen zuverlässigen Bewertungsmethoden zur Fair-Value-Ermittlung gibt. Es ist insofern davon auszugehen, dass das Portfolio einer Venture-Capital-Gesellschaft zunächst mit Hilfe von Unternehmensbewertungsmethoden bewertet werden kann. Da die Bewertung mit dem Fair Value gemäß Tz. 70 Priorität gegenüber der Bewertung zu fortgeführten Anschaffungskosten besitzt, darf von der Fair-Value-Bewertung erst abgewichen werden, wenn dies nachweislich unangemessen oder nicht praktikabel ist, d.h. unter Kosten-Nutzen-Aspekten kein wesentlicher zusätzlicher Nutzen für den Abschlussadressaten zu erwarten ist. Da davon wohl nur in Ausnahmefällen ausgegangen werden kann, ergibt sich aus der Anwendung von IAS auf Abschlüsse von Venture-Capital-Gesellschaften die Notwendigkeit, dass entsprechende Bewertungsprozesse in den Unternehmen angewendet werden.[21]

---

21 Vgl. Institut der Wirtschaftsprüfer (Hrsg.), 43. Arbeitstagung, November 2001, Bilanzierung und Prüfung von Finanzinstrumenten, S. 9.

Es stellt sich des Weiteren die Frage, in welcher Kategorie die von einem Fondsmanager verwalteten Finanzinstrumente einzuordnen sind, wobei sich die Kategorie der zu Handelszwecken gehaltenen Vermögenswerte sowie die Kategorie der zur Veräußerung verfügbaren Vermögenswerte anbietet. Unter Berücksichtigung des IAS 39 zugrundeliegenden Konzepts, Finanzinstrumente möglichst zum Fair Value zu bewerten, dessen Änderungen sich idealerweise direkt GuV-wirksam auswirken, ist einer Klassifizierung als zu Handelszwecken gehalten vorzuziehen. Die Kategorie bietet im Vergleich zu den zur Veräußerung zur Verfügung stehenden finanziellen Vermögenswerten kein Wahlrecht hinsichtlich der Behandlung der Fair-Value-Änderungen. Des Weiteren stellt die Kategorie der zur Veräußerung verfügbaren Vermögenswerte lediglich eine Restgröße dar, die bestückt wird, wenn eine Zuordnung zu einer der anderen Kategorien nicht möglich ist.[22]

Für die Abwägung zwischen den Wahlmöglichkeiten von GuV-wirksamer Verrechnung und direkter Eigenkapitalverrechnung für die Kategorie Available-for-Sale gilt es zu berücksichtigen, ob sich eine Kompensation aus den Fair-Value-Änderungen der zu Handelszwecken gehaltenen finanziellen Vermögenswerte und der Derivate ergibt. Die Fair-Value-Änderungen der zu Handelszwecken gehaltenen finanziellen Vermögenswerte und Schulden schlagen sich sofort erfolgswirksam in der Gewinn- und Verlustrechnung nieder. Die Gewinne oder Verluste der Nicht-Handels-Derivate werden ebenfalls erfolgswirksam berücksichtigt, soweit sie nicht in einer Sicherungsbeziehung eingesetzt werden und daher eine gewisse kompensatorische Ergebniswirkung erzielen. Es wäre nun eine logische Folgerung, dass auch bei der Berücksichtigung der Gewinne oder Verluste aus der Bewertung der zur Veräußerung zur Verfügung stehenden finanziellen Vermögenswerte die erfolgswirksame Methode (Tz. 103(b)(ii)) gewählt wird, um auf diese Art eine kompensierende Wirkung zwischen den freistehenden Derivaten, d.h. nicht in Sicherungsbeziehungen eingesetzten Derivaten, und den zur Veräußerung zur Verfügung stehenden finanziellen Vermögenswerte in der Gewinn- und Verlustrechnung zu erreichen. Da in der Praxis aber bei weitem nicht alle Positionen durch Derivate abgesichert sind oder ihnen im entsprechenden Volumen Derivate gegenüberstehen, ist der Effekt aus der Fair-Value-Änderung der zum Verkauf zur Verfügung stehenden finanziellen Vermögenswerte möglicherweise um ein Vielfaches größer als der GuV-Effekt aus den freistehenden Derivaten. Infolgedessen stellt sich die erwartete kompensierende Wirkung nicht immer ein.

Die Entwicklungen der Neubewertungsreserve stellen Jahresabschlussleser vor die Herausforderung der Interpretation dieser Bilanzgröße. Denn bei genauerer Betrachtung der Neubewertungsrücklage wird erkennbar, dass sich diese - neben den Bewertungsergebnissen aus Cash Flow Hedges - aus Fair-Value-Änderungen zweier unterschiedlicher Available-for-Sale-Bestände zusammensetzt:[23]

---

22 Vgl. INSTITUT DER WIRTSCHAFTSPRÜFER (Hrsg.), 43. Arbeitstagung, a.a.O., S. 8.

23 Vgl. NAUMANN, T., IAS 39 sorgt nicht für eine bessere Aussagefähigkeit der Abschlüsse, in: Börsen-Zeitung vom 16. August 2002, S. 19.

- nicht festverzinsliche Wertpapiere und
- festverzinsliche Wertpapiere.

Eine Fair-Value-Änderung eines börsennotierten nicht festverzinslichen Wertpapiers, z.B. einer Aktie, ist so zu verstehen, dass in entsprechender Höhe ein Gewinn bzw. Verlust im Fall der Veräußerung und damit eine tatsächliche Veränderung der Vermögenslage der Bank entstehen würde. Liegt keine Veräußerungsabsicht vor, kommt es auch zu keiner erfolgswirksamen Auswirkung. Die Bewertungsergebnisse bleiben vielmehr – sofern es keinen Grund für ein Impairment gibt – weiterhin im Eigenkapital. Bei festverzinslichen Wertpapieren, wie Schuldverschreibungen und Schuldscheindarlehen, verhält es sich mit der Veränderung der Vermögenslage davon möglicherweise abweichend. Allein aus dem unterschiedlichen Wertansatz zwischen den festverzinslichen Wertpapieren der Kategorie Available-for Sale zum Fair Value und deren Refinanzierung zu Anschaffungskosten kann – je nach Zinsentwicklung – ein Gewinn oder Verlust, der jedoch als Reserve bzw. Last zu interpretieren ist, resultieren. Die Vermögenslage der Bank bleibt insofern sowohl durch die Zinsbewegung als auch die Bewertung von IAS 39 unberührt.[24]

Ein Blick in die Geschäftsberichte 2001 der Banken zeigt, dass die Häuser ausnahmslos die erfolgsneutrale Erfassung der Fair-Value-Änderungen aus Available-for-Sale Vermögenswerten gewählt haben. Interessant ist allerdings, wie unterschiedlich der „gesonderte Posten im Eigenkapital“ bezeichnet wird: die Dresdner Bank nennt den Posten „Kumulierter Bewertungseffekt aus Available-for-Sale-Finanzinstrumenten“[25], die Commerzbank „Neubewertungsrücklage“[26] und die HypoVereinsbank „AfS-Rücklage“[27].

Im Zusammenhang mit der Erstellung der Eröffnungsbilanz zur erstmaligen Anwendung von IAS 39 ist die Differenz zwischen dem bisherigen Buchwert und dem Fair Value in den Gewinnrücklagen zu erfassen. Wenn zukünftige Fair-Value-Änderungen gemäß Wahlrechtsausübung (Tz 103(b)(ii)) in der Revaluation Reserve erfasst werden sollen, weist das IGC ausdrücklich darauf hin, dass Anpassungen aus der Erstanwendung dennoch über die Gewinnrücklagen gebucht (Question 172-1, Transition rules: available-for-sale financial assets previously carried at cost) und von dort erst im Fall eines Abgangs des finanziellen Vermögenswertes GuV-wirksam umgebucht werden. Der Fair Value der bisher noch nicht bilanzierten finanziellen Vermögenswerte, die zur Veräußerung verfügbar sind, wird in voller Höhe in den Gewinnrücklagen berücksichtigt. Das IDW hält es abweichend davon auch für möglich, die Differenz zwischen Buchwert und

24 Vgl. NAUMANN, T., a.a.O., S. 19.

25 DRESDNER BANK, a.a.O., S. 94.

26 COMMERZBANK, a.a.O., S. 73.

27 Diese bleibt bei der Berechnung von Rentabilitätskennziffern der HypoVereinsbank unberücksichtigt; vgl. HYPOVEREINSBANK, a.a.O., S. 45.

Fair Value im Fall von zur Veräußerung zur Verfügung stehenden finanziellen Vermögenswerten, deren spätere Fair-Value-Änderungen erfolgsneutral gemäß Tz. 103(b)(ii) behandelt werden, in der Neubewertungsrücklage zu erfassen.[28] Das IDW begründet diese Vorgehensweise damit, dass Neubewertungsdifferenzen nur insoweit in den Gewinnrücklagen erfasst werden sollen, als die Differenzen nicht zu einer späteren Erfolgswirksamkeit führen.

Sofern es sich bei den als Available-for-Sale eingruppierten finanziellen Vermögenswerten um solche Finanzinstrumente handelt, die vor IAS 39 gemäß IAS 25, Accounting for Investments zum sog. revalued amount erfasst wurden, sind die bis zur Anwendung von IAS 39 im Eigenkapital berücksichtigten kumulierten Wertänderungen dort in der Revaluation Reserve zu belassen, wenn die Erfassung der künftigen Fair-Value-Änderungen gemäß Wahlrechtsausübung nach IAS 39.103(b)(ii) auch erfolgsneutral erfolgen wird. Hat das Unternehmen jedoch bei der Anwendung von IAS 39 die erfolgswirksame Berücksichtigung gewählt, so erfolgt eine Umbuchung der Beträge in die Gewinnrücklagen (Question 172-3, Transition rules: previous revaluation under IAS 25).[29]

2.4 Wertminderungen und Uneinbringlichkeit

Unabhängig davon, ob es sich um Vermögenswerte, die zu fortgeführten Anschaffungskosten oder zum Fair Value bewertet werden, oder um eine Gruppe von Vermögenswerten handelt, ist an jedem Bilanzstichtag zu prüfen, ob eine Wertminderung der finanziellen Vermögenswerte vorliegt (Impairment Test). Eine Wertminderung liegt vor, wenn der Buchwert höher ist als der für den Vermögenswert erzielbare Betrag, wobei der erzielbare Betrag durch den Barwert der erwarteten Zahlungsströme bestimmt wird (Tz. 109). Dies ist nach Klarstellung des IGC beispielsweise der Fall, wenn ein Schuldner seinen vertraglichen Pflichten gar nicht oder nur zum Teil entsprechend dem ursprünglich vereinbarten Zahlungsmodus nachkommt (Question 111-1, Assessment of impairment: principal and interest). Nach IAS werden Wertminderungen direkt in der Gewinn- und Verlustrechnung berücksichtigt. Der zur Ermittlung des erzielbaren Betrages eines Vermögenswertes verwendete Diskontierungssatz ist über die Laufzeit des Instruments für die weitere Erfassung der Zinsen zu verwenden (Tz. 116).

Objektive substanzielle Hinweise auf eine mögliche Wertminderung oder gar vollständige Uneinbringlichkeit können sein (Tz. 110):

- Drohender Konkurs oder sonstiger Sanierungsbedarf,

---

[28] Vgl. INSTITUT DER WIRTSCHAFTSPRÜFER, Stellungnahme zur Rechnungslegung: Einzelfragen zur Anwendung von IAS 39 (IDW RS HFA 9), Tz. 24.

[29] Vgl. INSTITUT DER WIRTSCHAFTSPRÜFER, Stellungnahme zur Rechnungslegung: Einzelfragen zur Anwendung von IAS 39 (IDW RS HFA 9), Tz. 25.

- Zugeständnisse des Kreditgebers an den Kreditnehmer im Zusammenhang mit finanziellen Schwierigkeiten,
- erhebliche finanzielle Schwierigkeiten des Emittenten,
- Vertragsbruch, z.B. Ausfall, Verzug von Zins- oder Tilgungszahlungen,
- bereits in früheren Perioden gebildete Wertminderungen desselben Vermögenswertes,
- Verschwinden eines aktiven Marktes für diesen finanziellen Vermögenswert aufgrund finanzieller Schwierigkeiten,
- negative Erfahrungen mit dem Forderungseinzug in der Vergangenheit, so dass zu erwarten ist, dass nicht der vollständige Wert einzubringen ist.

Eine Wertminderung kann allerdings häufig nicht an einem einzigen, in der Vergangenheit aufgetretenen Ereignis festgemacht werden, sondern es spielen oft mehrere Ereignisse zusammen. So gibt beispielsweise eine Herabstufung des Bonitätsratings eines Unternehmens für sich noch keinen zwingenden Hinweis auf eine Wertminderung, kann allerdings mit anderen verfügbaren Informationen zusammen einen zusätzlichen Anhaltspunkt hierfür darstellen (Question 109-1, Objective evidence of impairment).

Der Entwurf zu IAS 39 enthält weitere Indikatoren für die Beurteilung, ob bei Eigenkapitaltiteln eine Wertminderung vorzunehmen ist: Demnach ist ein Impairment vorzunehmen, wenn aufgrund von signifikant negativer Veränderungen im technologischen, ökonomischen, rechtlichen Umfeld oder dem Marktumfeld des Emittenten, die Anschaffungskosten des Eigenkapitaltitels nicht mehr erzielt werden können.

Generell kann zu dem Bereich Wertminderungen und Uneinbringlichkeit in IAS 39 festgehalten werden, dass die Unterscheidung zwischen Abschreibungsbedarf (Impairment) und sonstigen Fair-Value-Änderungen ein Umdenken gegenüber der am Imparitätsprinzip ausgerichteten Vorgehensweise im deutschen Handelsrecht erfordert, wonach Verluste stets sofort GuV-wirksam erfasst werden müssen, Gewinne aber erst bei Realisierung GuV-wirksam erfasst werden dürfen.

Nach IAS 39 wird eine Wertminderung nur ermittelt, wenn objektive, substanzielle Hinweise dafür vorliegen. Dafür ist bei jedem Sinken eines Fair Values zu untersuchen, ob es sich bei der Fair-Value-Änderung um einen substanziellen Abschreibungsbedarf handelt oder um eine sonstige – möglicherweise nur vorübergehende – Wertschwankung.[30]

---

[30] Der Versicherungsausschuss (VFA) des Instituts der Wirtschaftsprüfer (IDW) hat sich mit aktuell in seiner 149. Sitzung mit der Frage beschäftigt, wann nach deutschem Recht eine Wertminderung als voraussichtlich vorübergehend einzuschätzen oder dauerhaft ist. Der Inhalt dieser Stellungnahme ist auf Banken analog anwendbar.

Die Feststellung der voraussichtlichen Dauerhaftigkeit einer Wertminderung ist grundsätzlich für jede einzelne gehaltene Kapitalanlage gesondert zu treffen. Da sowohl Versicherungen als auch Banken über eine

Bei Available-for-sale-Vermögenswerten führt diese Unterscheidung in aller Regel zu zwei verschiedenen Vorgehensweisen hinsichtlich des Wertminderungsbetrages bzw. der Fair-Value-Änderung. Handelt es sich um eine der üblichen Fair-Value-Änderungen, die sich nicht mit einem der genannten objektiven substanziellen Hinweise begründen lässt, führt diese in der Kategorie der zur Veräußerung verfügbaren finanziellen Vermögenswerte ggf. nicht sofort, sondern erst später bei Vorliegen eines Impairments oder bei Abgang zu einer GuV-Wirksamkeit. Dies ist der Fall, wenn - (als generelle, einmal zu treffende Entscheidung - die Alternative der direkten Verrechnung von Fair-Value-Änderungen im Eigenkapital gewählt wurde. Handelt es sich hingegen um fundamentale Beeinträchtigungen des erzielbaren Werts, ist dieser Abschreibungsbedarf – wie nach HGB – GuV-belastend zu verrechnen. Für derartige Abschreibungen müssen aber in IAS 39 genannte objektive substanzielle Hinweise existieren (Tz. 110). Insofern ist auch die Klarstellung des IGC verständlich, wonach Abschreibungen nicht bereits bei der Höhe des erstmaligen Bilanzansatzes berücksichtigt werden dürfen (Question 110-1, Impairment: future losses).[31]

Im Vergleich zu IAS 39 sind nach FAS 133 Wertminderungen zu bilden, wenn ein Rückgang im Fair Value vorliegt, der nicht zeitlich begrenzt ist. Der Standard nennt keine spezifizierten, objektiven substanziellen Hinweise auf eine Wertminderung.

Ein zusätzlicher Unterschied zwischen der Vorgehensweise nach IAS und US-GAAP besteht darin, dass nach IAS 39 in dem Moment Zuschreibungen durchzuführen sind, in dem sich die Höhe der zuvor gebildeten Wertminderung in einer der folgenden Berichtsperioden verringert und dieser Rückgang objektiv auf einen nach der Wertminderung aufgetretenen Sachverhalt zurückführen lässt. Nach US-GAAP ist die Durchführung von Zuschreibungen nicht erlaubt. Der Entwurf zur Änderung von IAS 39 sieht in diesem Bereich den Vorschlag vor, IAS 39 an US-GAAP anzupassen.

Für die erstmalige Anwendung von IAS 39 ist zu beachten, dass soweit außerplanmäßige Abschreibungen bislang auf Basis undiskontierter Zahlungsströme ermittelt wurden, nun aber gemäß Tz. 111 auf der Grundlage diskontierter Zahlungsströme zu ermitteln sind, in

Vielzahl an Kapitalanlagen verfügen, kann die voraussichtliche Dauerhaftigkeit einer Wertminderung anhand eines pauschalierten Verfahrens unter Anwendung sog. Aufgreifkriterien erfolgen.

Ein Aufgreifkriterium besteht darin, dass der Zeitwert des Wertpapiers in den dem Bilanzstichtag vorangehenden sechs Monaten permanent um mehr als 20% unter dem Buchwert liegt. Soweit die Wertpapiere das Aufgreifkriterium erfüllen, muss einzeln geprüft werden, ob eine Abschreibung wegen dauerhafter Wertminderung erforderlich ist. Darüber empfiehlt das IDW die Anwendung eines strengeren Aufgreifkriteriums, sofern der Zeitwert länger als ein Geschäftsjahr unter dem Buchwert liegt. Hier nennt das IDW als Aufgreifkriterium, dass der Durchschnittswert der täglichen Börsenkurse des Wertpapiers in den letzten zwölf Monaten um mehr als 10% unter dem Buchwert liegt.

Wird von einem Wertpapier ein Aufgreifkriterium erfüllt, ist das Wertpapier außerplanmäßig auf den niedrigeren Wert abzuschreiben, der ihm am Bilanzstichtag beizulegen ist.

31 Weitere Ausführungen zur Berücksichtigung von Wertminderungen bei Available-for-Sale-Papieren finden sich in einem gesonderten Abschnitt dieses Beitrages.

Höhe des sich ergebenden Unterschiedsbetrages eine Anpassung der entsprechenden finanziellen Vermögenswerte vorzunehmen, welche in den Gewinnrücklagen zu berücksichtigen ist (Tz. 172(d)).[32] Sofern der Grund der Abweichung allerdings nicht in einer abweichenden Ermittlungsmethode, sondern z.B. in geänderten Erwartungen hinsichtlich des Eintritts der Zahlungsströme besteht, so handelt es sich nicht um eine gemäß IAS 39 durchzuführende Änderung, sondern vielmehr um eine Änderung der Bewertungsmethoden nach IAS 8, Net Profit or Loss for the Period, Fundamental Errors and Changes in Accounting Policies (Question 172-10, Transition: impairment).

2.4.1 Zu fortgeführten Anschaffungskosten bewertete finanzielle Vermögenswerte

Liegt bei finanziellen Vermögenswerten, deren Bewertung zu fortgeführten Anschaffungskosten erfolgt, ein Abschreibungsbedarf vor, ist dieser GuV-wirksam zu verrechnen. Die Höhe der Abschreibung ergibt sich als Differenz zwischen bisherigem Wertansatz und dem Barwert der erwarteten Zahlungseingänge unter Zugrundelegung des ursprünglichen Effektivzinssatzes als Abzinsungsfaktor (Tz. 111). Als Abzinsungsfaktor ist der ursprüngliche Effektivzinssatz anzusetzen, da die Anwendung des aktuellen Marktzinssatzes bei diesen finanziellen Vermögenswerten, die ansonsten – ohne Abschreibungsbedarf – zu Anschaffungskosten zu bilanzieren sind, auf eine Fair-Value-Bewertung hinausliefe (Tz. 113). Insofern wird durch den Rückgriff auf den ursprünglichen Effektivzinssatz die Einheitlichkeit der Bewertungsmethodik bei diesen finanziellen Vermögenswerten gewahrt (Question 113-3, Impairment: observable market price). In zwei Fällen ist von einer Verwendung des ursprünglichen effektiven Zinssatzes abzusehen:

- bei variabel verzinslichen Titeln ist der aktuelle, vertraglich vereinbarte Referenzzins zu verwenden,
- bei Finanzinstrumenten, die mangels verlässlicher Bestimmbarkeit nicht mit dem Fair Value bewertet werden, da dieser nicht verlässlich bestimmt werden konnte, ist der aktuelle Marktzins zu verwenden.

Bei besicherten Forderungen, für die eine Zwangsvollstreckung absehbar ist, ist der Abschreibungsbedarf unter Berücksichtigung des Fair Values der Sicherheiten zu ermitteln (Tz. 113). Im Falle eines variablen Zinssatzes stellt der unter den jeweiligen Zinssatzvereinbarungen derzeit maßgebliche Zinssatz den Abzinsungsfaktor dar (Tz. 113). Bei kurzfristigen Forderungen kann auf eine Abzinsung verzichtet werden, solange sich aus

32 Vgl. INSTITUT DER WIRTSCHAFTSPRÜFER, Stellungnahme zur Rechnungslegung: Einzelfragen zur Anwendung von IAS 39 (IDW RS HFA 9), Tz. 27.

dieser Berechnungsvereinfachung keine wesentlichen Einflüsse ergeben (Tz. 111 i. V. m. Tz. 74).

Die Ermittlung des Abschreibungsbedarfs kann auf Einzelbasis (bei signifikanten Einzelpositionen) oder auf Basis von Gruppen ähnlicher Vermögenswerte erfolgen (Tz. 112). Hinsichtlich der Bildung von Gruppen für die Bewertung ist gemäß Klarstellung des IGC für IAS 39 zu beachten, dass es zu keiner Verrechnung von Wertminderungen eines finanziellen Vermögenswertes mit einer Wertsteigerung eines anderen finanziellen Vermögenswertes kommen darf. In diesem Fall kann ein Portfolio nicht als Ganzes bewertet werden, sondern ist in einzelne Gruppen aufzuspalten. Die Bildung von Wertminderungen für ein gesamtes Portfolio ist nur erlaubt, wenn substanzielle Hinweise dafür existieren, dass die ganze Gruppe der darin enthaltenen (ähnlichen) Vermögenswerte von der Wertminderung betroffen ist (Question 112-1, Recognition of impairment on a portfolio basis).

Inwieweit die im Bankenbereich bedeutsamen Pauschalwertberichtigungen auf Forderungen gegenüber Kunden wie bisher gebildet werden können, dürfte fraglich sein. Nach IAS sind anstelle von Pauschalwertberichtigungen nur sog. pauschalierte Einzelwertberichtigungen - insbesondere im standardisierten Massenkundengeschäft - möglich, da die Bewertung und Erfassung einer Wertminderung auf Portfoliobasis nur für ein Portfolio gleichartiger finanzieller Vermögenswerte durchführbar ist (Tz. 112). Das bedeutet, dass das pauschal wertzuberichtende Kreditvolumen in zahlreiche Portfolien mit gleichem Risikocharakter einzuteilen ist, bevor auf der Basis einzelner Portfolien die Wertminderung vorgenommen werden kann. Die Portfoliobildung ist für Dritte entsprechend nachvollziehbar zu dokumentieren. Ausgeschlossen hat das IGC zudem, dass zu fortgeführten Anschaffungskosten bewertete, wertgeminderte finanzielle Vermögenswerte mit zum Fair Value bewerteten Vermögenswerten zu einer Gruppenbewertung zusammengefasst werden (Question 112-2, Impairment: portfolio for individually impaired asset).

Wertaufholungen sind in der Periode der Werterholung vorzunehmen (direkt oder in dem Wertminderungsposten) und GuV-wirksam einzustellen. Die Obergrenze stellen die Anschaffungskosten dar (Tz. 114). Für die Durchführung einer Wertaufholung hat ein bestimmter, einzelner Grund vorzuliegen. Dies geht aus der Formulierung "...kann diese Verringerung auf einen nach der außerplanmäßigen Abschreibung aufgetretenen Sachverhalt zurückgeführt werden..." hervor.

Wertminderungen von finanziellen Vermögenswerten, die mangels verlässlicher Bestimmbarkeit des Fair Values zu fortgeführten Anschaffungskosten bewertet werden, sind durch Wertaufholungen wieder auszugleichen, wenn dies in einer späteren Periode anhand objektiver Kriterien notwendig ist (Question 115-1, Impairment: assets carried at amortised cost because fair value cannot be reliably measured). Wertaufholungen eines zu fortgeführten Anschaffungskosten gehaltenen finanziellen Vermögenswertes dürfen jedoch nicht dazu führen, dass der Buchwert größer ist, als er ohne Wertminderung gewesen wäre.

2.4.2 Zum Fair Value bewertete finanzielle Vermögenswerte

Besteht bei finanziellen Vermögenswerten, die zum Fair Value anzusetzen sind und bei denen eine aus gesunkenen Wiederbeschaffungskosten resultierende Wertminderung direkt im Eigenkapital verrechnet wurde, ein vollständiger oder auch nur teilweiser Abschreibungsbedarf, ist die ursprüngliche Verrechnung im Eigenkapital zu eliminieren und der gesamte Wertminderungsbetrag GuV-wirksam zu verrechnen (Tz. 117 und 118). Für diesen Fall stellt das IGC klar, dass auch ohne Ausbuchungen Wertminderungen eines finanziellen Vermögenswertes, dessen Abschreibungen bisher ergebnisneutral im Eigenkapital berücksichtigt wurden, in entsprechender Höhe aufwandswirksam in die Gewinn- und Verlustrechnung umzubuchen sind, wenn substanzielle Hinweise auf bonitätsinduzierte Wertänderungen vorliegen (Question 117-1, Impairment of available-for-sale financial assets und Question 117-2, Impairment of non-monetary available-for-sale assets).

Bei der für die Bestimmung des Abschreibungsbedarfs erforderlichen Ermittlung des voraussichtlich erzielbaren Betrages aus einem Schuldinstrument geht IAS 39 zwar nicht darauf ein, welcher Marktzins anzuwenden ist. Das IGC stellt aber klar, dass bei Verwendung eines Marktzinses für ähnliche vergleichbare finanzielle Vermögenswerte dessen Effektivrendite zu verwenden ist, da diese die vom Markt erwarteten Verluste berücksichtigt (Question 118-1, Impairment: debt instrument remeaured at fair value).

Wertaufholungen sind bei Wegfallen des Grundes für die in der Vergangenheit vorgenommene Wertminderung in der Periode der Werterholung GuV-wirksam zu erfassen (Tz. 119).

2.5 Embedded Derivatives

Unter Embedded Derivatives sind in einen anderen Kontrakt eingebettete derivative Finanzinstrumente zu verstehen, die nicht separat vom Basisvertrag handelbar, sondern integraler Bestandteil von diesem sind. Charakteristisch für diese zusammengesetzten (sog. strukturierten) Instrumente ist, dass ein Teil der Zahlungsströme ähnlichen Schwankungen wie das eigenständige derivative Instrument ausgesetzt ist (Tz. 22). Dabei ist es auch möglich, dass ein zusammengesetztes Instrument mehr als ein eingebettetes Derivat enthält (Question 23-8, Embedded derivatives: more than one embedded derivative). Häufig vorzufindende hybride Instrumente sind beispielsweise Wandelanleihen, Schuldverschreibungen mit variablem Rückzahlungsanspruch bei Endfälligkeit, Anleihen mit Rückzahlungsrecht in Aktien und Anleihen mit Zinsbegrenzungsvereinbarungen sowie Kreditverträge mit Kündigungsrecht nach § 489 BGB n.F. Derivate können jedoch auch in bilanzunwirksame Kontrakte wie Operating-Lease-Vereinbarungen oder Verkaufs- und Kaufverpflichtungen eingebettet sein.

Die praktische Bedeutung der Embedded Derivatives und der entsprechenden Regelungen in IAS 39 ist insofern groß. Dennoch behandelt die Mehrheit der deutschen Großbanken dieses Thema in den Notes ihrer Geschäftsberichte nicht. Lediglich die Commerzbank widmet den Embedded Derivatives einen Absatz in dem Abschnitt über die Bilanzierungs- und Bewertungsmethoden[33].

Zur Erstellung der Eröffnungsbilanz nach IAS 39 sind zur Identifizierung eventueller Embedded Derivatives die Bestände an Finanzinstrumenten und sonstigen Kontrakten sorgfältig zu untersuchen. Wurden eingebettete Derivate identifiziert, ist in einem weiteren zweiten Schritt zu prüfen, ob diese von ihren Basisverträgen zu trennen und getrennt nach den Bewertungsvorschriften des Standards zu bilanzieren sind. Da die Verträge häufig individualisiert sind, kann es erforderlich sein, eine große Anzahl von Verträgen einzeln zu überprüfen.

2.5.1 Trennung von Embedded Derivative und Basisvertrag

IAS 39 enthält Kriterien, bei deren kumulativer Erfüllung das eingebettete derivative Finanzinstrument und der Basisvertrag voneinander zu trennen, separat zu bilanzieren und zu bewerten sind. Es handelt sich um die folgenden Bedingungen (Tz. 23):

- die wirtschaftlichen Merkmale und Risiken des eingebetteten derivativen Finanzinstruments sind nicht eng mit den wirtschaftlichen Merkmalen und Risiken des Basisvertrages verbunden,
- ein eigenständiges Instrument mit den gleichen Bedingungen wie das eingebettete Derivat würde die Definition eines derivativen Finanzinstruments erfüllen und
- das hybride Instrument wird nicht mit dem Fair Value bewertet, dessen Änderungen sich im Periodenergebnis niederschlagen.

Es ist einem Unternehmen jedoch nicht gestattet, ein eingebettetes derivatives Finanzinstrument vom Basisvertrag zu trennen und als eigenständiges Derivat zu bilanzieren, wenn dies nicht vom Standard aufgrund der Erfüllung der oben genannten Bedingungen verlangt wird (Question 23-4, Separation of embedded derivatives).

IAS 39 führt eine Reihe von typischen Verträgen mit eingebetteten Derivaten auf, die zu trennen sind. Das IGC hat diese Guidance durch die Aufstellung von Regeln zur Identifizierung der mit einem eingebetteten Derivat verbundenen Cash Flows ausgeweitet. Das IGC kommt zu dem Schluss, dass die mit einem anderen Derivat als einer Option verbundenen Cash Flows als Cash Flows zu erfassen sind, die einen Fair-Value von Null bei Vertragsabschluss bedeuten, wohingegen mit einem eingebetteten Options-Derivat verbundene Cash Flows sich nach dem in den Emissionsunterlagen festgelegten Aus-

---

33 COMMERZBANK, a.a.O., S. 74.

übungspreis richten (Question 22-1, Embedded derivatives: separation of host debt instrument; Question 22-2, Embedded derivatives: separation of embedded option). Die Separierung und Bewertung gestaltet sich umso schwieriger, je mehr eingebettete Derivate zu identifizieren und ggf. zu separieren sind. Da das Ziel beim Einsatz eingebetteter Derivate darin besteht, das Profil der laufenden Erträge und/oder der Tilgung zu modifizieren,[34] kann das Vorliegen eines eingebetteten Derivats immer dann vermutet werden, wenn ein Finanzinstrument anders auf sich ändernde Marktparameter reagiert, als normalerweise zu erwarten ist.[35]

2.5.2 Ausweis und Bewertung

Obwohl IAS 39 keine Regelungen zu Ausweisfragen enthält, hat sich das IGC in Question 23-1, Embedded derivatives: presentation zum Ausweis von Basisvertrag und Embedded Derivative dahingehend geäußert, dass bezüglich der Bilanzpositionen kein getrennter Ausweis erforderlich ist. Allerdings sind entsprechend IAS 32.46 und

---

34 Vgl. SCHARPF, P., Rechnungslegung von Financial Instruments nach IAS 39, Stuttgart, 2001, S. 59.

35 Eine Trennung von eingebettetem Derivat und Basisvertrag ist des Weiteren immer dann vorzunehmen, wenn aus einem Liefervertrag Zahlungen in einer anderen Währung als der Währung des primären wirtschaftlichen Umfeldes einer der beteiligten Parteien oder einer anderen Währung als der Währung, in der das Produkt üblicherweise international gehandelt wird, resultieren (Question 25-2, Embedded derivatives: purchases and sales contracts in foreign currency; Question 25-5, Embedded foreign currency derivative: currency of international commerce und Question 25-6, Foreign currency derivative: currency of primary economic environment). Eine Trennung ist selbst dann vorzunehmen, wenn lediglich aufgrund von Inflationseinflüssen eine harte Währung als Vertragswährung gewählt wird und diese nicht die lokale Währung eines der Vertragspartner darstellt (Question 25-9, Embedded derivatives: hard currency supply contracts).

Als Beispiel für eine Währung, in der eine bestimme Ware üblicherweise international gehandelt wird, kann unter Umständen neben dem Handel von Öl in USD, der Handel von Teilen für die Flugzeugproduktion in USD genannt werden: Ein Flugzeughersteller in Deutschland kauft Teile für die Produktion bei einem Mitbewerber und einzigen Konkurrenten in den USA. Sämtliche Geschäfte zwischen den beiden Vertragspartnern werden in USD fakturiert. Question 25-5, Embedded foreign currency derivative: currency of international commerce des IGC erklärt dazu, dass die im internationalen Handel übliche Währung nicht die Währung darstellt, in der ein bestimmtes Produkt oder eine bestimmte Dienstleistung im internationalen Handel innerhalb eines lokalen Bereiches eines der beiden wesentlichen Vertragspartner abgewickelt wird. Das Vorliegen einer im internationalen Handel üblichen Währung ist vielmehr auf einer weltweiten Basis zu beurteilen. Es ist entsprechend zu prüfen, ob anhand von Erfahrungen aus der Vergangenheit nachweisbar ist, dass derartige Transaktionen immer in USD abgewickelt werden. Sofern dies der Fall ist, kann USD als international übliche Währung angenommen werden. Es würde entsprechend keine Separierung vorgenommen.

Bei den Embedded Derivatives in Fremdwährung besteht ein Unterschied zwischen FAS 133 und IAS 39 dahingehend, dass nach FAS 133 und zusätzlicher Klarstellung durch die Derivatives Implementation Group (DIG) ein Embedded Derivative und ein nicht-finanzieller Basisvertrag nicht voneinander zu trennen sind, wenn eine der beteiligten Parteien eine Fremdwährung eines hochinflationären Umfeldes als funktionale Währung verwendet. Nach IAS 39 und Klarstellung des IGC in Question 25-9, Embedded derivatives: hard currency supply contracts sind in diesem Fall das Embedded Derivative und der Basisvertrag zu trennen und getrennt zu bewerten und zu bilanzieren.

IAS 32.77 Angaben über die finanziellen Vermögenswerte, die zu Anschaffungskosten und zum Fair Value bewertet wurden, zu machen.

Sofern die Voraussetzungen zur getrennten Bilanzierung von Embedded Derivative und Basisvertrag kumulativ erfüllt sind, erfolgt die Bewertung folgendermaßen: Handelt es sich bei dem Basisvertrag um ein Finanzinstrument, wird dieser nach den Regelungen von IAS 39 bewertet. Die Bewertung erfolgt also in Abhängigkeit der Zuordnung zu einer vier der Kategorien zu Handelszwecken gehaltene finanzielle Vermögenswerte, bis zur Endfälligkeit zu haltende finanzielle Vermögenswerte, durch das Unternehmen begründete Forderungen und zur Veräußerung verfügbare finanzielle Vermögenswerte. Ist der Basisvertrag kein Finanzinstrument, erfolgt die Bewertung entsprechend der Regeln, die für das entsprechende Instrument relevant sind (Tz. 23).

Der Wert eines Basisvertrages ergibt sich aus dem Wert des zusammengesetzten Instruments abzüglich dem Wert des separierten eingebetteten Derivats (Question 23-3, Embedded derivatives: allocation of carrying amounts). Das abgetrennte Derivat gilt als „freies" Derivat, das somit der Kategorie der zu Handelszwecken gehaltenen Finanzinstrumente zugeordnet und mit dem Fair Value bewertet wird.

Wenn das abzuspaltene Derivat weder beim Erwerb noch an den folgenden Stichtagen gesondert bewertet werden kann, so ist das gesamte zusammengesetzte Instrument wie ein zu Handelszwecken gehaltenes Finanzinstrument zu behandeln, d.h. mit dem Fair Value zu bewerten, dessen Änderungen unmittelbar in der Gewinn- und Verlustrechnung erfasst werden (Tz. 26). Aus dieser Vorschrift wird deutlich, dass mit den Regeln zur Bilanzierung von Embedded Derivatives vermieden werden soll, über Konstruktionen mit hybriden Instrumenten die Bewertung von Derivaten zum Fair Value zu umgehen. Im Zusammenhang mit Tz. 26 stellt sich die Frage, wie es eine sinnvolle Fair-Value-Bewertung des gesamten zusammengesetzten Instruments geben kann, wenn bereits das eingebettete Derivat nicht sinnvoll mit dem Fair Value bewertet werden kann. Die Antwort lässt sich aus der Definition des Fair-Value-Begriffs herleiten: der Fair Value ist lt. Tz. 8 der Betrag, zu dem zwischen sachverständigen, vertragswilligen und voneinander unabhängigen Geschäftspartnern ein Vermögenswert getauscht oder eine Schuld beglichen werden könnte. Grundsätzlich ist der Fair Value aus Börsennotierungen zu gewinnen. Sofern diese weder für das zusammengesetzte Instrument noch für das eingebettete Derivat vorliegen, ist ein Vergleich mit Finanzinstrumenten ähnlicher Eigenschaften vorzunehmen. Als letzte Möglichkeit wäre die Fair-Value-Ermittlung mit Hilfe eines Modells durchzuführen.

2.6 Hedge Accounting

Der Begriff „Hedging" beschreibt die Absicherung einer offenen Position durch Aufbau einer gegenläufigen Position (Tz. 10). Die kompensatorische Abbildung gegenläufiger Wertentwicklungen eines risikobehafteten Grundgeschäfts und eines Sicherungsgeschäfts in der Buchführung wird als „Hedge Accounting“ bezeichnet (Tz. 136). Mit der Anwendung von Hedge Accounting wird das Ziel verfolgt, den Nettoeinfluss auf die Gewinn- und Verlustrechnung zu eliminieren. Die umfangreichen Vorschriften zum Hedge Accounting sind aufgrund der Bewertungskonzeption des IAS 39 – der eine Teil der Finanzinstrumente wird zum Fair Value, der andere Teil zu fortgeführten Anschaffungskosten bewertet – und der unterschiedlichen Ergebniswirksamkeit, erforderlich.

Die Vorschriften zum Hedge Accounting (Tz. 121ff.) können als der einschneidendste Bereich von IAS 39 angesehen werden. Deren Anwendung erfordert nicht nur eine grundlegende Analyse der bisherigen Sicherungsbeziehungen und ihrer Abbildung, sondern kann auch fundamentale Konsequenzen für die Risikosteuerung haben. Strikte Regelungen wurden getroffen, um Gebrauch und Missbrauch von Hedge Accounting zu kontrollieren und um sicherzustellen, dass nur vollständig wirksame Sicherungsbeziehungen in dieser Form erfasst werden. Hochentwickelte und in der Praxis bewährte Verfahren des Risikomanagements werden dadurch zum Teil in Frage gestellt. Die Unternehmen stehen letztendlich vor der Entscheidung, Ihr bisheriges Risikomanagement beizubehalten und aufgrund der Nichtanerkennung bisheriger Sicherungsstrategien, erhebliche Ergebnisschwankungen in Kauf zu nehmen, oder Ihr Risikomanagement an die restriktiven Regelungen des Hedge Accounting, die im folgenden detailliert erläutert werden, anzupassen.

2.6.1 Hedge-Arten

Zum Zweck des Hedge Accounting unterscheidet IAS 39 zwischen drei Arten von Sicherungsbeziehungen (Tz. 137). Die Behandlung der Gewinne oder Verluste aus den Sicherungsbeziehungen steht in Abhängigkeit zu der gewählten Art des Hedge.

2.6.1.1 Fair Value Hedge

Fair Value Hedges werden zur Absicherung von Bilanzpositionen oder identifizierbaren Komponenten hiervon gegen mögliche Fair-Value-Änderungen, die das Ergebnis beeinflussen, abgeschlossen (Tz. 137(a)). Als grundlegendes Beispiel für einen Fair Value Hedge kann die Absicherung einer Festzinsposition gegen Fair-Value-Veränderungen aufgeführt werden, die durch Veränderungen der Marktzinssätze hervorgerufen werden (Tz. 138). Weitere Beispiele für Fair Value Hedges sind die Absicherung von festverzinslichen Krediten gegen ein aus Marktzinsänderungen resultierendes Kursrisiko und die Absicherung von variabel verzinslichen Finanzinstrumenten gegen Marktwertänderungen, wenn der Marktwert zwischen den Zinsanpassungsterminen wesentlichen Schwankungen unterliegt (Question 137-1, Fair value hedge: risk that could affect reported income und Question 137- 11, Fair value hedge: variable rate debt instrument). Noch nicht bilanzierte Vermögenswerte und Schulden können nach Klarstellung durch das

IGC im Rahmen eines Fair Value Hedge nicht als Grundgeschäft dienen (Question 137-3, Hedge accounting: unrecognised assets).

2.6.1.2 Cash Flow Hedge

Cash Flow Hedges dienen der Absicherung von Bilanzpositionen und zukünftigen Transaktionen gegen aus einem bestimmten Risiko resultierende Cash-Flow-Änderungen, die ebenfalls das Ergebnis beeinflussen (Tz. 137(b)). Als grundlegende Beispiele für einen Cash Flow Hedge können folgende Beziehungen genannt werden:

- ein Swap, um einen variabel verzinslichen Vermögenswert oder eine variabel verzinsliche Verbindlichkeit in einen festverzinslichen Vermögenswert oder eine festverzinsliche Verbindlichkeit zu wandeln,
- die Absicherung eines Fremdwährungsrisikos für eine Kaufzusage mit fixem Preis in Fremdwährung oder
- die Absicherung eines Preisänderungsrisikos für eine Kaufzusage mit fixem Preis in Heimatwährung (Question 142-8, Cash flow hedge: documentation of timing of forecasted transaction).

Bei der Beurteilung der Wahrscheinlichkeit des Eintritts eines zukünftigen Geschäftsvorfalls, die gemäß IAS 39 als hoch einzuschätzen sein muss, sind folgende Sachverhalte zu prüfen (Question 142-1, Hedge accounting: forecasted transaction):

- Häufigkeit ähnlicher Transaktionen in der Vergangenheit,
- finanzielle und operative Situation des Unternehmens, das in Frage stehende Geschäft evtl. nicht ausführen zu können,
- erheblicher Ressourceneinsatz für einen bestimmten Bereich,
- aus Störungen des Unternehmensablaufs resultierendes Verlustpotential, wenn das Geschäft nicht abläuft,
- Existenz von Alternativen, die zum gleichen Ergebnis führen wie der geplante Geschäftsvorfall und
- Unternehmensplanung.

Sofern hingegen zukünftige Geschäftsvorfälle nicht genügend spezifiziert werden können, wie z.B. geplante Ausschüttungen oder nicht genau identifizierbare Käufe oder Verkäufe, kommen diese nach Klarstellung des IGC nicht als Grundgeschäft für einem Cash Flow Hedge infrage (Question 137-16, Cash flow hedge: forecasted transaction related to an enterprises's equity und Question 142-5, Hedge accounting: identification of hedged forecasted transactions). Eine mögliche Änderung des zeitlichen Eintritts eines abgesicherten zukünftigen Geschäftsvorfalls hat hingegen nach Verlautbarung des IGC keinen Einfluss auf die ursprünglich designierte Sicherungsbeziehung (Question 158-3, Cash flow hedge: forecasted transaction occurs prior to specified period).

Um zu gewährleisten, dass Fair-Value-Änderungen der zur Absicherung von Unternehmensverbindlichkeiten eingesetzten Derivate für die Periode erfasst werden, in die auch der Erwerb des Vermögenswertes fällt, erfolgt die Bilanzierung als Cash Flow Hedge, obwohl es sich bei dem Sicherungsgeschäft theoretisch um einen Fair Value Hedge handelt. Zur Gewährleistung einer angemesseneren Absicherung ist es notwendig, Verbindlichkeiten des Unternehmens als Cash Flow Hedges abzubilden (Tz. 140).

Beim Hedge Accounting existiert ein wesentlicher Unterschied zwischen IAS 39 und FAS 133 darin, dass Hedges of Firm Commitments nach FAS 133 bilanziell als Fair Value Hedges und nicht wie nach IAS 39 als Cash Flow Hedges abgebildet werden. Eine Ausnahme stellt der Hedge of a Firm Commitment gegen Währungsrisiken dar, der nach FAS 133 alternativ auch als Foreign Currency Cash Flow Hedge behandelt werden kann. Der Entwurf zu IAS 39 schlägt eine zukünftige Darstellung entsprechend US-GAAP vor, nämlich die Abbildung von Absicherungen von Firm Commitments als Fair Value Hedges.

Ein weiterer Unterschied besteht darin, dass FAS 133 Hedge Accounting für den Fair Value einer Option auf eine vorzeitige Rückzahlung einer Held-to-Maturity Anlage gestattet. Nach IAS 39 und ausdrücklicher Klarstellung durch das IGC ist diese Absicherung nicht zulässig (Question 127-6, Hedge of prepayment risk of a held-to-maturity investment).

2.6.1.3 Cash Flow Hedge versus Fair Value Hedge

Bei Einzelpositionen lässt sich die Art der Hedge-Beziehung (Fair Value Hedge oder Cash Flow Hedge) zweifelsfrei aus dem Sicherungszweck ablesen, d.h. entweder soll durch das Sicherungsgeschäft eine Fair-Value-Änderung abgesichert oder eine Änderung des Cash Flows vermieden werden. Bei dem Ausgleich von Überhängen aus zusammengesetzten Positionen im Rahmen des Asset-Liability-Managements stellt sich hingegen die Frage, von welchem Standpunkt aus der Vergleich vorgenommen wird.

Veranschaulicht an der Asset-Liability-Steuerung von Banken lässt sich häufig ein Überhang variabel verzinslicher Verbindlichkeiten über variabel verzinsliche Kreditvergaben feststellen, während bei Festzinskonditionen die verzinslichen Kreditvergaben die festverzinslichen Verbindlichkeiten übersteigen. Unter der Annahme eines ansonsten ausgeglichenen Verhältnisses zwischen Gesamtvolumen der Kredite und Gesamtvolumen der Verbindlichkeiten kann das bestehende Zinsänderungsrisiko von zwei Ausgangspunkten abgesichert werden: der Festzinsüberhang im Kreditgeschäft kann mittels eines Swaps in eine variabel verzinsliche Vermögensposition umgewandelt werden, so dass der Fair Value unverändert bleibt (Fair Value Hedge), oder mittels eines Swaps können variabel verzinsliche Verbindlichkeiten in eine Verbindlichkeitsposition mit einem für das Kreditgeschäft passenden festen Cash Flow umgewandelt werden (Cash Flow Hedge). Wie auch vom IGC festgestellt, kann insofern sowohl der Abschluss eines Fair Value Hedge als auch der Abschluss eines Cash Flow Hedge zu dem gewollten Absicherungsergebnis führen. (Question 121-1(a), Hedge accounting: management of interest rate risk in financial institutions). Die Wahl der Absicherungsmethode bleibt hierbei grundsätzlich dem sichernden Unternehmen überlassen.

Bezüglich der aus der Entscheidung über die Ausübung der Wahlrechte resultierenden Berücksichtigung der Ergebnisse aus den unterschiedlichen Hedge-Arten ist zu bedenken, dass sich nur bei dem Fair Value Hedge die Wertänderungen von Grund- und Sicherungsgeschäft in der Gewinn- und Verlustrechnung ausgleichen, während bei dem Cash Flow Hedge nur die Wertänderungen des Sicherungsinstruments in der Gewinn- und Verlustrechnung erfasst werden. Der effektive Teil der Wertänderungen ist im Eigenkapital zu berücksichtigen, der ineffektive Teil ist unmittelbar GuV-wirksam zu verrechnen, so dass insoweit kein Ausgleich aus den Fair-Value-Änderungen des Grund- und Sicherungsinstrumentes in der Gewinn- und Verlustrechnung erzielt wird.

2.6.1.4 Hedge of a Net Investment in a Foreign Entity

Der Hedge of a Net Investment in a Foreign Entity (Absicherung einer Nettoinvestition in eine wirtschaftlich selbständige ausländische Teileinheit) wird bereits in IAS 21 geregelt. IAS 39 ergänzt die in IAS 21 vorhandenen Regelungen durch Voraussetzungen, die bei Anwendung des Hedge Accountings an derartige Sicherungsbeziehungen gestellt werden. Des Weiteren werden Regelungen aufgestellt, wie die im Zusammenhang mit dem Hedge Accounting anfallenden Gewinne oder Verluste bilanziell zu behandeln sind. Insofern sind bei der Bilanzierung eines Hedge of a Net Investment in a Foreign Entity sowohl die Vorschriften in IAS 39 als auch die in IAS 21 zu beachten.[36]

Im Rahmen eines Hedge of a Net Investment in a Foreign Entity werden Nettoinvestitionen in wirtschaftlich selbständige Teileinheiten gegen Differenzen aus der Währungsumrechnung abgesichert (IAS 39.137(c) i.V.m. IAS 39.164). Eine wirtschaftlich selbständige ausländische Teileinheit ist definiert als ein ausländischer Geschäftsbetrieb, dessen Aktivitäten kein integraler Bestandteil des berichterstattenden Unternehmens sind (IAS 21.7). Wirtschaftlich selbständige Teileinheiten sind Einheiten, die überwiegend in ihrer Landeswährung Barmittel und andere monetäre Posten ansammeln, Ausgaben tätigen, Einnahmen erzielen und eventuell Fremdmittel aufnehmen (IAS 21.25). Dies schließt nicht aus, dass auch Transaktionen in anderen Währungen ausgeführt werden. Änderungen der Wechselkurse zwischen der Berichtswährung und der lokalen Währung haben nur einen geringen oder überhaupt keinen direkten Einfluss auf den gegenwärtigen oder künftigen operativen Cash Flow des berichtenden Unternehmens oder der wirtschaftlich selbständigen Teileinheit. Aus diesem Grund wirkt sich eine Währungsschwankung weniger auf die einzelnen monetären und nicht-monetären Posten der wirtschaftlich selbständigen ausländischen Teileinheit als vielmehr auf die

---

36 Vgl. in diesem Zusammenhang auch LÖW, E./LORENZ, K., Bilanzielle Behandlung von Fremdwährungsgeschäften nach deutschem Recht und nach den Vorschriften des IASB, KoR, September/Oktober 2002, S. 234-243.

Nettoinvestition des berichterstattenden Unternehmens in die wirtschaftlich selbständige ausländische Teileinheit aus. Die ausländische Einheit operiert weitgehend selbständig und unabhängig auf ihrem Teilmarkt. In IAS 21.26 werden Indizien aufgeführt, die auf das Vorliegen einer wirtschaftlich selbständigen ausländischen Teileinheit schließen lassen.

Nach dem Grundprinzip in IAS 21 sind Umrechnungsdifferenzen aus Fremdwährungsschulden in der Gewinn- und Verlustrechnung zu erfassen. Kursdifferenzen aus der Umrechnung des Abschlusses einer wirtschaftlich selbständigen Teileinheit im Ausland werden dagegen im Eigenkapital erfasst, was ohne besondere Vorschriften zur Bilanzierung von Sicherungsgeschäften zu Ergebnisschwankungen führen würde. Daher gestattet IAS 21 die ergebnisneutrale Erfassung von Umrechnungsdifferenzen aus einer Fremdwährungsschuld, die der Absicherung einer Nettoinvestition dient (IAS 21.19 i.V.m. 30 (c)). Eine erfolgswirksame Umbuchung erfolgt bei Veräußerung der Nettoinvestition (IAS 21.37 und IAS 9.141).

IAS 39 verlangt für die Absicherung einer Nettoinvestition die Erfüllung derselben restriktiven Voraussetzungen hinsichtlich der Dokumentation und Effektivität von Sicherungsgeschäften wie für Fair Value Hedges und Cash Flow Hedges (Tz. 142). Unternehmen, die vor der erstmaligen Anwendung von IAS 39 Nettoinvestitionen als Sicherungsgeschäfte bilanzierten, haben daher die neuen Anforderungen sorgfältig dahingehend zu prüfen, ob ihre bestehenden Transaktionen die Voraussetzungen für das Hedge Accounting nach IAS 39 erfüllen. Ggf. sind Änderungen vorzunehmen, damit diese auch in Zukunft als Sicherungsgeschäfte bilanziert werden dürfen (Question Other-2, Hedge of a net ivestment in a foreign entity: whether IAS 39 applies)

Fair Value Hedge	**Cash Flow Hedge**	**Hedge of a Net Investment in a Foreign Entity**
- Absicherung von (Teilen von) Vermögensgegenständen oder Schulden sowie bindenden Vereinbarungen gegen ein fest umrissenes Marktrisiko - Hauptanwendungsabsicht: Schuldinstrumente mit fester Verzinsung, d.h. der Fair Value Hedge setzt im Wesentlichen auf der Festzinsseite der Aktivseite auf	- Absicherung von zukünftigen, risikobehafteten Zahlungsströmen - Hauptanwendungsabsicht: Schuldinstrumente mit variabler Verzinsung, d.h. der Cash Flow Hedge setzt im Wesentlichen auf dem variablen Zins der Passivseite auf	- keine Veränderung der bisherigen Rechtslage des IAS 21 - Behandlung ähnlich Cash Flow Hedges, allerdings Unterscheidung zwischen derivativem und nicht-derivativem Sicherungsinstrument

Hedge-Arten nach IAS 39

2.6.2 Grundgeschäfte

Grundsätzlich kann ein gesichertes Grundgeschäft ein bilanzwirksamer Vermögenswert oder eine bilanzwirksame Schuld, eine bilanzunwirksame feste Verpflichtung oder ein noch nicht erfolgter aber höchstwahrscheinlich eintretender erwarteter künftiger Geschäftsvorfall sein (Tz. 127).

Held-to-Maturity Investments sind jedoch als Grundgeschäfte bei der Absicherung gegen Zinsänderungen ausgeschlossen (Tz. 127), da eine Zuordnung des finanziellen Vermögenswertes zu dieser Kategorie bedeutet, dass das Unternehmen Zinsänderungen während der Laufzeit aufgrund der Bewertung zu (fortgeführten) Anschaffungskosten bilanziell nicht berücksichtigt (Question 127-2, Held-to-maturity investments: hedging variable rate interest rate payments).

Derivative Finanzgeschäfte qualifizieren ebenfalls grundsätzlich nicht als zu sichernde Grundgeschäfte, da diese der Kategorie Held-for-Trading zugeordnet sind und sich jegliche Änderungen des Fair Value ohnehin im Periodenergebnis niederschlagen. Eine Ausnahme stellt die Designierung gekaufter Optionen als Grundgeschäft im Rahmen eines Fair Value Hedge dar (Question 127-5, Whether a derivative can be designated as a hedged item).

Eine häufig vorgebrachte Kritik an der Ausgestaltung der Regeln zum Hedge Accounting nach IAS 39 bezieht sich auf das Verbot von Makro-Hedges sowie die Absicherung mit internen Derivaten.[37]

2.6.2.1 Portfolio ähnlicher finanzieller Vermögenswerte und ähnlicher finanzieller Schulden

Während das moderne Risikomanagement üblicherweise im Rahmen einer Portfoliobildung einen Risikoausgleich über die (natürliche) Diversifikation herzustellen versucht, um anschließend lediglich die Nettorisikoposition zu ermitteln und diese Spitze – vornehmlich durch den Einsatz von Derivaten – abzusichern (Makro-Hedge/Portfolio-Hedge), gehen die Rechnungslegungsregeln des IAS 39 von der Grundvorstellung einer 1:1-Beziehung zwischen Grundgeschäft und Zahlungsstrom einerseits und Derivat andererseits aus.

Davon ausgenommen sind Portfolien finanzieller Vermögenswerte und finanzieller Schulden ähnlicher Risikocharakteristik (IAS 39.132 i.V.m. Tz. 133). Eine Ähnlichkeit im Risikoprofil liegt vor, wenn sich Marktwertänderungen eines im Portfolio vorhandenen Instruments annähernd proportional zur Gesamtveränderung aller darin enthaltenen Geschäfte verhalten. Dies im Falle eines Fair Value Hedges gegeben, wenn Zinssensitivitäten der einzelnen Grundgeschäfte bezüglich des abgesicherten Risikos annähernd gleich sind[38]. Das IGC stellt in diesem Zusammenhang klar, dass ein Aktienportfolio, welches einen Index nachbildet, nicht durch eine Put Option auf diesen Index gesichert werden kann. Das Index-Portfolio ist kein Portfolio ähnlicher Vermögenswerte, da die einzelnen Aktien einen unterschiedlichen Risikocharakter aufweisen (Question 132-1,

---

[37] Die Regelungen zum Hedge Accounting lassen ein ausgeprägtes Misstrauen gegen den Einsatz von Derivaten erkennen, das sicherlich auch geprägt wurde durch spektakuläre Schieflagen großer Unternehmen oder Banken aufgrund unsachgemäßer oder unkontrollierter Verwendung von derivativen Finanzinstrumenten. Inwieweit sich dies in der Zukunft jedoch durch entsprechende Rechnungslegungsvorschriften vermeiden lässt, ist fraglich. Zielführend scheint wohl eher, verstärkte Anstrengungen in dem Erkennen, Steuern oder Vermeiden von operativen Risiken zu unternehmen und die Risikoberichterstattung (z.B. DRS 5, DRS 5-10, DRS 5-20) in der Praxis um diese Aspekte zu erweitern. Einige der Angabepflichten von IAS 39 gehen bereits in diese Richtung.

[38] DRESDNER BANK, a.a.O., S. 102.

Hedge accounting: stock index). Obwohl es sich um einen nahezu perfekten Hedge handelt, sind die Fair-Value-Änderungen der Aktien weiterhin erfolgsneutral im Eigenkapital auszuweisen, während die Wertänderungen der Indexoption erfolgswirksam in der Gewinn- und Verlustrechnung erfasst werden.

Mit der in Tz. 132 beschriebenen Vorschrift ergeben sich erhebliche Schwierigkeiten bei der gegenwärtigen Vorgehensweise im Rahmen der Kreditportfolio-Bildung. Forderungen gleicher Bonität basieren zwar auf demselben Risiko, dem Zinsänderungsrisiko, reagieren aufgrund ihrer unterschiedlichen Laufzeit aber nicht gleichgerichtet auf Änderungen dieses Risikofaktors. Banken sind somit gefordert, ihre Forderungen, die durch Cash Flow Hegdes gesichert werden sollen, in Laufzeitbänder einzuteilen, denn Question 121-2-c, Hedge accounting considerations when interest rate risk is managed on a net basis erlaubt es, zu einer Gruppe zusammengefasste Zahlungsströme als Grundgeschäft zu designieren. Die Laufzeitbänder werden sich bei längeren Laufzeiten in Bandbreiten mit Jahresabständen, bei kürzeren Restlaufzeiten im Monats-, Wochen- oder sogar Tagesbereich abspielen. Dies führt zu einem größeren administrativen Aufwand, da jeder einzelne Kredit bei Unterschreiten einer entsprechenden Restlaufzeit in das Portfolio der nächsten Laufzeit umgegliedert werden muss.

Die Bildung von Laufzeitbändern ist notwendig, um eine andauernde Effektivität der Hedges sicherzustellen. Um einen effektiven Hedge durchführen zu können, müssen die in einem Laufzeitband zusammengefassten Geschäfte in folgender Weise einheitlich sein:

- die den Geschäften zugrundeliegenden Zahlungsströme werden in der gleichen Währung generiert,
- die Geschäfte haben den gleichen Referenzzins und die gleiche Zinsbindungsfrist,
- die ersten 24 Monate der Laufzeit sind in monatliche Laufzeitbänder einzuteilen, so dass sich bei Zinssatzänderungen praktisch keine Ineffektivität ergibt.

Neben der Absicherung in Form von Makro-Hedges ist Hedge Accounting auch nicht zulässig, wenn eine Gruppe finanzieller Vermögenswerte gegen finanzielle Schulden genettet und die Netto-Cash-Flow-Position abgesichert wird (Question 127-1, Hedge accounting: netting of assets and liabilities). Da es nicht erlaubt ist, die offene Nettoposition abzusichern, kann das Unternehmen alternativ nur einen Teil des Portfolios absichern (zum Beispiel bei einem aktivischen Überhang, bei dem nur ein Teil der finanziellen Vermögenswerte als gesichert designiert wird) und sich so für Hedge Accounting qualifizieren, soweit die finanziellen Vermögenswerte dasselbe Risikoprofil aufweisen. Liegen dem Überhang festverzinsliche Posten (auf einer Seite oder beiden Seiten) zugrunde, kommen die Hedge Accounting-Regeln für Fair Value Hedges zur Anwendung; liegen diesem auf beiden Seiten variabel verzinsliche Posten zugrunde, kommen die Hedge Accounting-Regeln für Cash Flow Hedges zur Anwendung (Tz. 133 und Question 121-1, Hedge accounting: management of interest rate risk in financial institutions).

In dem Entwurf zur Änderung von IAS 39 wird die Einführung einer neuen Bewertungskategorie vorgeschlagen, nach der alle finanziellen Vermögenswerte und finanziellen Schulden zum Fair Value, dessen Änderungen in der Gewinn- und Verlustrechnung zu berücksichtigen sind, bewertet werden können. Sofern es zur Übernahme dieses Vorschlags in den verabschiedeten Standard kommt, sind erhebliche Erleichterungen im Bereich des Hedge Accountings allein dadurch zu erwarten. Positive und negative Fair-Value-Änderungen werden sich ohne aufwendiges Hedge Accounting in der Gewinn- und Verlustrechnung aufrechnen (sog. natürliches Hedging). Des Weiteren wäre die Anwendung dieser Kategorie sicherlich als ein großer Schritt in Richtung Full-Fair-Value-Accounting - auch in anderen Bereichen als der Bewertung von Finanzinstrumenten - zu deuten.

2.6.2.2 Absicherung mit internen Geschäften

Im modernen Risikomanagement von Banken, Versicherungsunternehmen und in der Industrie werden zur Verbesserung der Risikosteuerung und zur Erzielung eines einheitlichen Marktauftritts gegenüber Externen sogenannte interne Geschäfte eingesetzt. Unter internen Geschäften sind Transaktionen zwischen organisatorischen Einheiten eines Unternehmens zu verstehen, wobei eine organisatorische Einheit ein Portfolio eines Händlers, eine aufbauorganisatorische Einheit oder auch ein rechtlich selbständiges Unternehmen sein kann. Häufig übernimmt eine zentrale Treasury-Abteilung das Management bestimmter Risiken. Sicherungsgeschäfte werden dabei durch interne Geschäfte an eine am Markt operierende Abteilung (Handel) weitergereicht und von dort nach außen an den Markt, d.h. an externe Dritte gegeben. Die Vorteile bei der Verwendung interner Geschäfte zur Risikosteuerung liegen darin, dass das Produktmandat bei der Stelle liegt, die hierin die beste Marktkenntnis hat und diese in optimaler Weise zum Einsatz bringen kann. Durch die Bündelung der Geschäfte zu marktüblichen Größen und eventuelles Pre-Netting lassen sich wesentliche Kosten einsparen.

Auch dieses Verfahren findet nach den Rechnungslegungsregeln des IAS 39 nur Akzeptanz, wenn ganz bestimmte eingrenzende Kriterien erfüllt sind (Tz 134). Um die Hedge Accounting-Regeln anwenden zu dürfen, ist es erforderlich, dass die Absicherung mit Dritten erfolgt (Tz. 134). Absicherungsgeschäfte zwischen Konzerngesellschaften oder Geschäftsbereichen, bei denen das Risiko nicht zu Marktkonditionen an externe Dritte durchgereicht wird, sondern im Konzern verbleibt, sind für Hedge Accounting-Zwecke nicht zugelassen. Erst wenn das Risiko des internen Geschäfts spiegelbildlich an eine externe Partei auf Einzelgeschäftsbasis weitergereicht und dokumentiert wurde, wird das interne Geschäft für das Hedge Accounting auf Konzernebene anerkannt (Question 134-1, Internal Hedges) Hedge Accounting könnte auf Unternehmensebene anerkannt werden, auf Konzernebene hingegen nicht, da sich das abgesicherte Risiko auf einzelne Unternehmen bezieht.

Es könnte also bei der Erstanwendung von IAS 39 notwendig sein, dass Unternehmen einen Review ihrer bestehenden externen Derivate durchführen müssen, um abzuschätzen, ob diese die internen Sicherungsgeschäfte kompensieren und somit für Hedge Accounting auf Konzernebene geeignet sind. Wenn in der Praxis die Treasury-Abteilung auch weiterhin eine Bankbuchposition netto über ihr Front-Office absichert, wird das Front-Office das interne Sicherungsgeschäft 1:1 an den Markt herausreichen müssen, um den Konzern für Hedge Accounting zu qualifizieren. Ebenso wäre es denkbar, dass die Treasury-Abteilung selbst an den Markt geht, wobei dieses Vorgehen den Verlust des einheitlichen Marktauftritts zur Folge hätte. Unabhängig davon entstehen zusätzliche Transaktionskosten für den Abschluss weiterer Sicherungsgeschäfte zur Erreichung des Spiegeleffekts. Darüber hinaus werden die Bücher durch zusätzliche Kreditrisiken belastet (Question 134-4, Internal contracts: external derivative contracts that are settled net).[39] Ein Blick in die Geschäftsberichte 2001 der deutschen Großbanken führt zu dem Ergebnis, dass sich keine Ausführungen zur Vorgehensweise im Fall von internen Geschäften im Hedge Accounting finden.

Nicht zum Hedge Accounting zugelassene Grundgeschäfte

- Derivate (Question 127-5, Whether a derivative can be designated as a hedged item), sofern es sich nicht um die Absicherung von Optionsrechten mit geschriebenen Optionen handelt (Tz. 124)
- Held-to-Maturity Investments, sofern sie nicht gegen Währungs- oder Bonitätsrisiken abgesichert werden (Tz. 127)
- Nettopositionen in Form eines Makro-Hedge (Tz. 133)
- Interne Geschäfte, sofern deren Risiko nicht 1:1 an den Markt herausgegeben wird (Tz. 134)
- Feste Verpflichtung zum Erwerb eines Unternehmens im Rahmen eines Unternehmenszusammenschlusses, sofern nicht die damit verbundenen Währungsrisiken abgesichert werden (Tz. 135)
- Nicht ausreichend spezifizierbare zukünftige Geschäftsvorfälle, wie geplante Ausschüttungen oder nicht genau identifizierbare Käufe oder Verkäufe (Question 137-16, Cash flow hedge: forecasted transaction related to an enterprise's equity)
- Absicherung nur allgemeiner Geschäftsrisiken, Veralterungsrisiken materieller Vermögenswerte sowie Risiken einer staatlichen Enteignung (Tz. 149)
- Nach der Equity-Methode bilanzierte Finanzinvestitionen (Tz. 150)

Zusammenfassung der nicht zum Hedge Accounting zugelassenen Grundgeschäfte

39 Vgl. ARTHUR ANDERSEN (Hrsg.), Zulassung interner Geschäfte zum Hedge Accounting, Quarterly Report II/2001, S. 7.

2.6.2.3 Umfang der Absicherung

Zum Umfang der Absicherung stellt das IGC klar, dass gegebenenfalls auch nur eine Risikokomponente, z.B. das Zinsänderungsrisiko, Credit Spread Risiko oder Fremdwährungsrisiko von einem Grundgeschäft abgesichert werden kann (Question 128-3, Hedge accounting: risk components). Teilabsicherungen von Finanzinstrumenten werden im Hedge Accounting aber nur anerkannt, sofern die Effektivität verlässlich messbar ist (Tz. 128). Gleichzeitige Absicherungen gegen mehrere Risiken durch ein Absicherungsinstrument sind im Hedge Accounting möglich, sofern die Risiken klar identifizierbar sind und die Effektivität sowie der Absicherungszusammenhang nachgewiesen werden können (Question 131-1, Hedges of more than one risk, Question 131-2, Hedging instrument: cross-currency interest rate swap und Question 131-3, Hedging instrument: dual foreign currency forward exchange contract). Bei Positionen, die nicht unter die Finanzinstrumente fallen, wird im Hedge Accounting nur eine Absicherung gegen das Fremdwährungsrisiko oder die Gesamtheit aller Risiken anerkannt (Tz. 129f.).

2.6.3 Sicherungsinstrumente

Zum Hedge Accounting können grundsätzlich nur derivative Finanzinstrumente als Sicherungsinstrumente eingesetzt werden (Tz. 122). Gleichwohl kann ein nicht-derivatives Finanzinstrument als Sicherungsinstrument eingestuft werden, wenn es sich bei dem Sicherungsziel um die Absicherung eines Währungsrisikos handelt (Question 122-3, Hedging with a non-derivative financial asset or liability). Im Unterschied zu IAS 39 ist der Einsatz nicht-derivativer Sicherungsinstrumente nach FAS 133 auf die Absicherung von Fremdwährungsrisiken aus nicht bilanzierten Firm Commitments und Fremdwährungsrisiken von Net Investments in a Foreign Entity begrenzt. Ebenso limitiert FAS 133 den Einsatz von Basisswaps, d.h. Swaps, mit denen unterschiedliche variable Zinssätze getauscht werden. Diese dürfen nach den Vorschriften des Standards ausschließlich nur zur Absicherung von Zinsrisiken existierender variabel verzinslicher Forderungen oder Verbindlichkeiten verwendet werden. Weniger restriktiv ist FAS 133 sowie die DIG im Gegensatz zu IAS 39 bei der Verwendung der Änderungen des Zeitwerts einer Option als Sicherungsinstrument eines erwarteten gesicherten Zahlungsstroms.

Eigenkapital des eigenen Unternehmens kann nicht als Sicherungsinstrument eingesetzt werden. Voraussetzung für eine Qualifizierung zur Absicherung ist, dass das Unternehmen einem bestimmten Risiko ausgesetzt ist, welches sich negativ auf das Periodenergebnis auswirken könnte (Question 137-16, forecasted transaction related to an enterprise's equity).

Ebenso wird eine geschriebene Option im allgemeinen nicht als Absicherungsinstrument im Hedge Accounting anerkannt, da das Unternehmen durch das Schreiben der Option in der Regel eher einem weiteren Risiko ausgesetzt wird, als dass eine Risikoabsicherung erzielt wird. In vielen Fällen kann das Verlustrisiko einer geschriebenen Option die Gewinnchance durch die Optionsprämie deutlich übersteigen. Eine Stillhalterposition qualifiziert nur dann zum Hedge Accounting, wenn diese zur Absicherung einer Kaufoption dient und die Effektivität des Hedges sichergestellt ist (Tz. 124). Als wirtschaftlich gerechtfertigte Ausnahmeregelung stellt das IGC klar, dass eine Kombination aus Stillhalterposition und Kaufoption dann als Sicherungsbeziehung anerkannt wird, wenn folgende Bedingungen erfüllt sind (Question 124-1, Hedge accounting: use of written options in combined hedging instruments):

- keine Vereinnahmung einer Optionsprämie über die gesamte Laufzeit,
- abgesehen vom Strike Price gleiche Vertragsbedingungen der gegenläufigen Optionen und
- gleiches oder höheres Nominalvolumen der Long Position gegenüber der Short Position.

Finanzinstrumente, deren Fair Value nicht verlässlich bestimmbar ist, können keine Sicherungsinstrumente darstellen (Tz. 126), da eine Einschätzung der Effektivität ohne eine verlässliche Wertbestimmung nicht möglich ist.

In Tz. 145 wird klargestellt, dass ein Sicherungsinstrument auch quotal für eine Hedge-Beziehung eingesetzt werden darf. Nicht anerkannt wird hingegen eine Hedge-Beziehung, die kürzer befristet ist als das Sicherungsinstrument läuft. Das IGC fügt erklärend hinzu, dass Zahlungsströme eines Teils der Gesamtlaufzeit eines originären Vermögenswerts oder einer originären Schuld nicht als Sicherungsinstrument qualifizieren (Question 145-1, Hedging instrument: proportion of the cash flows of a cash instrument), da die Zahlungsströme nicht exakt identifizierbar sind. Ebenso kann ein Grundgeschäft mit einer Laufzeit von zwei Jahren nicht durch ein Sicherungsinstrument mit einer Laufzeit von fünf Jahren abgesichert werden. Bei Wegfall des Grundgeschäfts würde durch das noch bestehende Sicherungsinstrument eine offene Position entstehen. Hingegen ist es nach Klarstellung des IGC möglich, ein Instrument für die Restlaufzeit des Grundgeschäftes als Sicherungsinstrument einzusetzen (Question 128-2, Partial term hedging).

Nicht zum Hedge Accounting zugelassene Sicherungsinstrumente

- Eigenkapitalinstrumente des eigenen Unternehmens (Tz. 123)
- Geschriebene Optionen (Tz. 124), es sei denn, es handelt sich um eine Stillhalterposition, die zur Absicherung einer Kaufoption dient (Question 124-1, Hedge accounting: use of written options in combined hedging instruments)
- Interne Geschäfte, sofern deren Risiko nicht 1:1 an den Markt herausgegeben wird (Tz. 134)
- Mit einem gleichen Kontrahenten abgeschlossene gegenläufige Derivate, sofern kein objektiver Geschäftszweck für den Abschluss der beiden Geschäfte besteht (Question 137-15, Concurrent offsetting swaps and use of one as hedging instrument)

Zusammenfassung der nicht zum Hedge Accounting zugelassenen Sicherungsinstrumente

2.6.4 Formale Grundvoraussetzungen

An die Sicherungsbeziehungen wird zur Eignung für das Hedge Accounting die kumulative Erfüllung verschiedener Kriterien hinsichtlich Dokumentation und Effektivität verlangt (Tz. 142).

Es muss bei Beginn des Hedge eine Dokumentation der Sicherungsbeziehung vorliegen (Tz. 142(a)). Diese darf nicht nachträglich angelegt werden (Question 142-4, Retroactive designation of hedges). Die Dokumentation umfasst zu Beginn der Sicherungsbeziehung die Identifikation des Sicherungsinstrumentes und der abgesicherten Position (1:1-Dokumentation) sowie der Art des abgesicherten Risikos. Des Weiteren sind neben dem Risikomanagementziel des Unternehmens und der einzelnen Absicherung die Prüfung der Effektivität zu dokumentieren. Die Dokumentation der Sicherungsbeziehung umfasst bei Cash Flow Hedges die eindeutige Festlegung der abzusichernden Cash Flows und des Sicherungsinstruments. Das Sicherungsinstrument muss den entsprechenden variablen Zahlungsströmen zuordenbar sein. Dabei ist es nicht ausreichend, nachweisen zu können, dass die künftigen variablen Zahlungen brutto größer sind als die künftigen variablen Zahlungen aus dem Sicherungsinstrument. Nach IAS 39 muss vielmehr entweder eine 1:1-Zuordnung der Cash Flows aus dem Grundgeschäft und dem Sicherungsgeschäft oder eine Portfoliozuordnung (z.B. Absicherung von X% der zeitlich zuerst entstehenden Zahlungsströme) erfolgen.

Ein weiteres Kriterium besteht in der Annahme einer hoch effektiven Sicherungsbeziehung (Tz. 142(b)). Diese Annahme gilt nicht nur für den Zeitpunkt des Abschlusses des Hedges, zu dem die Effektivität nahezu 100% („almost fully offset) betragen muss, sondern ist über die gesamte Laufzeit, mindestens an jedem Berichtsstichtag, d.h. in der Regel aufgrund der Veröffentlichung von Quartalsberichten vierteljährlich, nachzuweisen (Tz. 142(e) i.V.m. Tz. 151). Eine Hedge-Beziehung wird während der Laufzeit als hoch effektiv eingestuft, wenn während der gesamten Laufzeit davon ausgegangen werden kann, dass Fair-Value-Änderungen der abgesicherten Position und Fair-Value-Änderungen des Sicherungsinstruments sich in einer Bandbreite von 80-125%, nach FAS 133 von 80-120%, ausgleichen (Tz. 146). Die Hedge-Effektivität muss verlässlich messbar sein (Tz. 142(d)). Die Verlässlichkeit der Effektivitätsmessung resultiert aus einer verlässlichen Messung der Fair Values oder Cash Flows der abgesicherten Position und des Sicherungsinstruments. IAS 39 schreibt keine bestimmte Methode zur Beurteilung der Hedge-Effektivität vor (Question 146-1, Hedge effectiveness: effectiveness tests). Das IGC stellt in diesem Zusammenhang klar, dass die Effektivität entweder für jede einzelne Periode oder über die gesamte Laufzeit der Absicherung nachgewiesen werden kann (Question 142-3, Hedge effectiveness: assessment on cumulative basis).

Im Zusammenhang mit den beim Hedge Accounting auftretenden Ineffektvitäten stellt sich die Frage, ob ein Brutto- oder Netto-Ausweis sachgerecht ist. IAS 39 geht auf Fragestellungen zum Ausweis in der Bilanz und Gewinn- und Verlustrechnung generell nicht ein. IAS 30, Disclosure in the Financial Statements of Banks and Similar Financial Institutions, enthält in seiner derzeitigen Fassung auch keine Ausweisregelungen zu diesem Bereich. Es bieten sich insofern zwei mögliche Ausweisalternativen an. Eine Darstellungsmöglichkeit besteht in der Bildung einer eigenen Position, in der alle Derivate zusammengefasst werden, vorausgesetzt, die Position ist wesentlich. Handelsaktiva und Handelspassiva würden weiterhin unsaldiert ausgewiesen. Die Grundgeschäfte würden wie bisher in den Finanzanlagen gezeigt. Um die in den Finanzanlagen enthaltenen Grundgeschäfte deutlich zu machen, ist entweder ein direkter Davon-Vermerk oder eine Aufgliederung in den Notes zu dem Posten erforderlich. Eine Offenlegung in den Notes wäre zu Gunsten einer straffen Bilanzgliederung zu präferieren. Die zweite Darstellungsmöglichkeit besteht darin, den Handel weiterhin so auszuweisen wie bisher, so dass der Handel nur die Handelsgeschäfte enthält. Die Finanzanlagen bestehen bei dieser Alternative neben den Grundgeschäften auch aus den dazugehörigen Derivaten. Der Vorteil dieser Ausweisform besteht darin, dass das Handelsergebnis transparent bleibt.[40]

Hinsichtlich der Platzierung der Offenlegungsanforderungen, die sich aus den zu erfüllenden Grundvoraussetzungen (Tz. 142) des Hedge Accounting ergeben, bietet es sich an, einen Teil im Risikobericht nach Deutschen Rechnungslegungs Standards (DRS) des Deutschen Rechnungslegungs Standards Committee (DRSC) zu integrieren. Je nach Branche des bilanzierenden Unternehmens ist DRS 5, Risikoberichterstattung, DRS 5-

40 Vgl. INSTITUT DER WIRTSCHAFTSPRÜFER (Hrsg.), 43. Arbeitstagung, a.a.O., S. 12.

10, Risikoberichterstattung von Kredit- und Finanzdienstleistungsinstituten, oder DRS 5-20, Risikoberichterstattung von Versicherungsunternehmen relevant.

Im Zusammenhang mit der Umsetzung der Effektivitätsmessung wird in der Praxis beispielsweise über eine Kombination aus periodischer und kumulierter Effektivitätsmessung nachgedacht. Dabei wird die Effektivität generell mittels Korrelation nachgewiesen. Stellt sich zu einem Zeitpunkt in dem betrachteten Quartal eine Ineffektivität heraus, wird diese kenntlich gemacht. Erst am Ende des Quartals wird endgültig beurteilt, ob der Hedge effektiv war oder nicht – je nachdem, ob das Unternehmen sich für die kumulative oder periodische Effektivitätsmessung entschieden hat. Diese Vorgehensweise ist allerdings nach Aussagen des IGC nicht zulässig. Question 142-3 besagt zwar, dass die Effektivität auf kumulativer Basis überprüft werden kann, dafür aber der Hedge entsprechend designiert und dokumentiert sein muss („if the hedge is so designated and this is incorporated into the appropriate hedging documentation"). Des Weiteren ist Question 146-1, Hedge effectiveness: effectiveness tests zu entnehmen, dass die Methode des Effektivitätstests sinnvoll und konsistent mit der von anderen ähnlichen Hedges zu sein hat. Dies schließt einen Wechsel zwischen kumulativer und periodischer Effektivitätsmessung aus, zumal in Question 146-1 ein weiteres Mal auf die erforderliche Dokumentation hingewiesen wird. Die Auswahl der verwendeten Methode zur Effektivitätsmessung hat sich vielmehr an dem mit dem Sicherungsgeschäft zu sichernden Risiko, der Art des Sicherungsinstruments und der angewendeten Risikomanagementstrategie zu orientieren. Die angewandte Methode ist stetig für gleiche Arten von Sicherungsgeschäften anzuwenden und zu dokumentieren. Allerdings ist die Effektivität einer Sicherungsbeziehung immer zwischen externem Sicherungsgeschäft und abgesichertem Grundgeschäft zu messen.

Ein Sicherungsgeschäft kann nach Klarstellung des IGC als perfekt angesehen werden, wenn die wesentlichen Vertragsbedingungen, d.h. Nominal- und Kapitalbetrag, Laufzeiten, Zinsanpassungstermine, Zeitpunkte der Zins-, Tilgungsein- und -auszahlungen sowie die Bemessungsgrundlage zur Festsetzung der Zinsen bei Grundgeschäft und Sicherungsinstrument identisch sind. Gleichwohl ist es nicht zulässig, auf eine fortlaufende Dokumentation der Hedge-Effektivität während der Laufzeit des Hedge zu verzichten (Question 147-1, Assuming perfect hedge effectiveness). Hier besteht ein wesentlicher Unterschied zwischen den Regelungen des IAS 39 und denen des FAS 133. Der letztgenannte enthält nämlich gerade hier eine Vereinfachungsmethode für Sicherungsgeschäfte mit Zinsswaps (sog. Short Cut Method), bei denen die wesentlichen Bedingungen des gesicherten Grundgeschäfts und des als Sicherungsinstrument eingesetzten Zinsswaps identisch sind. Liegt diese Konstellation vor, braucht die Effektivität der Sicherungsbeziehung nicht mehr fortlaufend geprüft und nachgewiesen zu werden. Eine Möglichkeit der Umgehung der restriktiveren Vorschrift in IAS 39 ist nicht möglich, in dem auf die Befolgung der Question 147-1, Assuming perfect hedge effectiveness verzichtet und damit der Nachweis der Effektivität unterlassen wird. Die Q&A sind zwar nicht rechtsverbindlich anzuwenden - sie haben weder den rechtlichen Status eines Standards noch den einer Interpretation -, dennoch stellt sich die Frage, mit welchem Argument eine Anwendungshilfe „missachtet" werden kann, während andere

Anwendungshilfe „missachtet" werden kann, während andere Anwendungshilfen, insbesondere Erleichterung bringende, angewendet werden. Die damit erzeugte Außenwirkung ist inakzeptabel.

Die deutschen Großbanken erbringen den Effektivitätsnachweis im Fall von Cash Flow Hedges beispielsweise mit Hilfe von bereits zuvor beschriebenen gebildeten Laufzeitbändern, sog. Maturity-Schedules, in denen die künftigen variablen Zins-Cash-Flows aus den zu sichernden variablen Verbindlichkeiten und Forderungen zum Berichtsstichtag den variablen Zinszahlungen aus den zur Sicherung designierten Zinsderivaten gegenübergestellt werden.[41]

2.6.5 Bilanzierung von Sicherungsbeziehungen

Die Bilanzierung von Sicherungsbeziehungen, d.h. die bilanzielle Behandlung von Gewinnen und Verlusten aus dem gesicherten Grundgeschäft und dem Sicherungsinstrument, ist abhängig von der verwendeten Hedge-Art: Fair Value Hedge, Cash Flow Hedge und Hedge of a Net Investment in a Foreign Entity.

2.6.5.1 Fair Value Hedge

Sind die in Tz. 142 genannten Voraussetzungen für das Hedge Accounting erfüllt, erfolgt die Erfassung der Bewertungsergebnisse aus Fair Value Hedges gemäß Tz. 153:

- Fair-Value-Änderungen des Sicherungsinstruments sind unmittelbar GuV-wirksam zu verrechnen,
- Wertänderungen, die bei dem abgesicherten Grundgeschäft entstehen, werden in dessen Wertansatz berücksichtigt und ebenfalls unmittelbar GuV-wirksam erfasst.

Ineffektivitäten außerhalb der Bandbreite von 80-125% führen zur Beendigung der Sicherungsbeziehung (Tz. 156). Jegliche Ineffektivität wird automatisch in der Gewinn- und Verlustrechnung erfasst, da sowohl Gewinne oder Verluste aus dem Sicherungsinstrument und Gewinne oder Verluste, die dem gesicherten Risiko zugerechnet werden können, in der Gewinn- und Verlustrechnung erfasst werden.

Sofern nur bestimmte, mit dem Grundgeschäft verbundene Risiken abgesichert werden, ist der Anteil der Wertänderungen, der sich nicht dem Sicherungsgeschäft zurechnen lässt, gemäß einer der in Tz. 103 beschriebenen Methoden, d.h. entweder erfolgsneutral im Eigenkapital oder erfolgswirksam in der Gewinn- und Verlustrechnung, zu erfassen (Tz. 155). Auf diese Weise ist gewährleistet, dass Hedge Accounting nur auf die Fair-Value-Änderungen angewendet wird, die sich auf das gesicherte Risiko zurückführen

41 HypoVereinsbank, a.a.O., S. 46.

lassen. Die verbleibenden Fair-Value-Änderungen werden je nach Klassifizierung des finanziellen Vermögenswertes oder der finanziellen Schuld behandelt.

2.6.5.2 Cash Flow Hedge

Erfüllt ein Cash Flow Hedge die Bedingungen in Tz. 142 sind beim Sicherungsinstrument die eingetretenen Wertänderungen wie folgt zu behandeln (Tz. 158):

Der Anteil der Wertänderungen, der als effektiv im Sinne von Tz. 142 gilt, ist im Eigenkapital zu verrechnen. Die HypoVereinsbank nennt diesen Posten im Eigenkapital „Hedge-Rücklage", die - wie die AfS-Rücklage auch – bei der von der Bank selbst vorgenommenen Berechnung von Rentabilitätskennziffern unberücksichtigt bleibt.[42]

Die Beschränkung der Regel auf den effektiven Teil eines Sicherungsinstruments ist folgerichtig, da die Regelungen des Hedge Accounting nur für Sachverhalte vorgesehen sind, die dem Sicherungsziel dienen. Durch die Erfassung im Eigenkapital wird die Ergebniswirkung der Gewinne und Verluste, die sich auf den effektiven Teil des Hedge beziehen, zeitlich in die Zukunft verlagert. Damit unterschiedet sich die bilanzielle Behandlung des Cash Flow wesentlich von der des Fair Value Hedge. Eine Umgliederung der im Eigenkapital „geparkten" Beträge in die Gewinn- und Verlustrechnung erfolgt erst in der Periode, in der die Hedge-Beziehung beendet wird (Tz. 162).

Der ineffektive Anteil der Wertänderungen ist gemäß Tz. 103 unmittelbar GuV-wirksam zu verrechnen, sofern das Absicherungsinstrument ein Derivat ist. In dem als Ausnahme zu bezeichnenden Fall, dass es sich nicht um ein Derivat handelt, ist bei einer Zuordnung zum Handelsbestand ebenfalls eine unmittelbare GuV-Verrechnung vorzunehmen; bei einer Zuordnung zur Kategorie der "Available-for-Sale Assets" besteht hingegen ein Wahlrecht, entweder eine unmittelbare GuV-Verrechnung oder - über die Eigenkapitalveränderungsrechnung - eine Verrechnung im Eigenkapital vorzunehmen.

Führt eine abgesicherte feste Verpflichtung oder eine vorhergesehene Transaktion zum Ansatz eines Vermögenswertes oder einer Schuld, so sind zum Zeitpunkt der Erfassung des Vermögenswertes oder der Schuld die direkt im Eigenkapital erfassten Gewinne oder Verluste auszubuchen und bei der Erstbewertung der Anschaffungskosten oder des sonstigen Buchwerts des Vermögenswertes oder der Schuld zu berücksichtigen (sog. Basis Adjustment, Tz. 160). In den Folgeperioden sind diese Vermögenswerte entsprechend IAS 36, Impairment of Assets, einem Impairment Test zu unterziehen (Tz. 161). Wenn allerdings die Absicherung einer festen Verpflichtung oder eines zukünftigen Geschäftsvorfalls nicht zur Erfassung eines Vermögenswertes oder einer Schuld führt, sind die erfolgsneutral im Eigenkapital erfassten Gewinne oder Verluste in der Periode, in der das Grundgeschäft die Gewinn- und Verlustrechnung berührt, erfolgswirksam zu erfassen (Tz. 162).

42 HYPOVEREINSBANK, a.a.O., S. 46.

Nach FAS 133 verbleibt der zuvor im Eigenkapital erfasste Betrag der Wertänderungen im Gegensatz zu IAS 39 im Eigenkapital. Es gibt insofern kein Basis Adjustment, welches bei der Höhe des erstmaligen Ansatzes des neuen Vermögenswertes oder der neuen Schuld zu berücksichtigen wäre. Gemäß Vorschlag in dem Entwurf zu IAS 39 soll die Vorgehensweise an US-GAAP angeglichen werden.

2.6.5.3 Hedge of a Net Investment in a Foreign Entity

Die Bilanzierung des Hedge of a Net Investment in a Foreign Entity erfolgt nach ähnlichen Regeln wie der Cash Flow Hedge (IAS 39.164). Gewinne und Verluste aus der Währungsumrechnung des Sicherungsinstruments sind grundsätzlich im Eigenkapital zu erfassen. Die bilanzielle Behandlung unterscheidet sich jedoch geringfügig von der des Cash Flow Hedges in Abhängigkeit davon, ob es sich bei dem Sicherungsinstrument um ein Derivat oder ein Nicht-Derivat handelt.

Als derivative Sicherungsinstrumente werden beispielsweise Devisenterminkontrakte oder Währungsswaps eingesetzt. Der Nennbetrag des Derivats kann den gesamten Betrag oder einen Teil einer Nettoinvestition in die wirtschaftlich selbständige Tochtergesellschaft im Ausland abdecken (IAS 39.128). Die abzusichernde Nettoinvestition wird als einzelner Vermögenswert betrachtet – im Gegensatz zu den zahlreichen einzelnen Vermögenswerten und Schulden, die in der Bilanz der Tochtergesellschaft erfasst sind. Die Ergebnisse der Absicherung sind wie folgt zu bilanzieren:

Der Teil des Gewinns oder Verlusts aus dem Sicherungsinstrument, der als wirksames Sicherungsgeschäft einzustufen ist, ist unmittelbar im Eigenkapital zu erfassen (IAS 39.164(a)).

Der unwirksame Teil der Währungsdifferenzen aus dem Sicherungsinstrument ist in der Gewinn- und Verlustrechnung zu erfassen (IAS 39.164(b)(i)).

Der dem wirksamen Teil des Sicherungsgeschäfts zuzurechnende Gewinn oder Verlust aus dem Sicherungsgeschäft ist zusammen mit dem korrespondierenden Verlust oder Gewinn aus der Umrechnung des Abschlusses der ausländischen Tochtergesellschaft in einer gesonderten Rücklage für Währungsumrechnung zu erfassen. Die Veränderungen dieser Rücklage während der Periode sind in der Eigenkapitalveränderungsrechnung darzustellen.

Nach den Vorschriften für die Bilanzierung von Sicherungsgeschäften in IAS 39 kann ein nicht-derivativer finanzieller Vermögenswert oder eine nicht-derivative Schuld nur als Sicherungsinstrument zur Absicherung gegen Fremdwährungsrisiken eingesetzt werden (IAS 39.122).

Die Absicherung einer Nettoinvestition in eine wirtschaftlich selbständige Teileinheit mit Hilfe eines nicht-derivativen Sicherungsinstruments ist grundsätzlich wie eine Absicherung mit Hilfe eines Derivats zu bilanzieren, mit der Ausnahme, dass der unwirksame Teil der Wertänderungen des Sicherungsinstruments nicht in der Gewinn- und Verlustrechnung erfasst wird. Sowohl die wirksamen als auch die unwirksamen Teile der Gewinne oder Verluste werden gemäß IAS 21 erfolgsneutral im Eigenkapital erfasst (IAS 39.164(b)(ii) und Question Other-3 sowie Question Other-5).

In den Notes ist der Saldo der Umrechnungsdifferenzen, der als separater Posten in das Eigenkapital eingestellt wurde, sowie eine Überleitungsrechnung des Betrags dieser Umrechnungsdifferenzen zum Beginn und am Ende der Berichtsperiode anzugeben (IAS 21.42(b)).

2.6.6 Beendigung der Sicherungsbeziehung

Die Bilanzierung einer Sicherungsbeziehung nach den Vorschriften des Hedge Accounting ist zu beenden, wenn das Sicherungsinstrument ausgelaufen, veräußert, fällig oder ausgeübt wird oder die Voraussetzungen für eine Qualifikation zum Hedge Accounting in Tz. 142 nicht weiter erfüllt werden (Tz. 156 und 163). Für den Fall, dass ein Cash Flow Hedge vorliegt, führt ein nicht mehr erwarteter Eintritt einer festen Verpflichtung oder eines zukünftigen Geschäftsvorfalls ebenfalls zu einer Beendigung der Bilanzierung als Sicherungsbeziehung (Tz. 163(c)). Ohne die Grundlage, das Sicherungsziel erreichen zu können, kann konsequenterweise kein Hedge Accounting fortgeführt werden. Hingegen gilt der Ersatz oder die Weiterführung eines Sicherungsinstruments im Zusammenhang mit einer dokumentierten Roll-Over-Strategie, d.h. einer Strategie, in welcher der nahtlose Übergang eines fälligen Sicherungsinstruments in ein anderes Sicherungsinstrument festgelegt wird, nicht als Beendigung der Sicherungsbeziehung. Allerdings muss diese Vorgehensweise Bestandteil der vom Unternehmen dokumentierten Sicherungsstrategie sein.

Im Fall der vorzeitigen Beendigung eines Fair Value Hedge hat die GuV-wirksame Amortisierung der Buchwertanpassungen von zinstragenden Finanzinstrumenten bis zur Fälligkeit zu erfolgen und darf nicht später als mit dem Zeitpunkt beginnen, zu dem das gesicherte Grundgeschäft nicht mehr um Änderungen des Fair Values, die dem abzusichernden Risiko zurechenbar sind, berichtigt wird (Tz. 157). Nach Auflösung einer Sicherungsbeziehung sind diejenigen Wertanpassungen, die zuvor aufgrund des Hedge Accounting erfolgt sind, zurückzunehmen und pro rata temporis GuV-wirksam zu amortisieren. Zur Formulierung „...nicht später als mit dem Zeitpunkt zu beginnen..." hat das IGC erklärt, dass mit der Amortisierung des Buchwerts eines Grundgeschäfts auch schon eher begonnen werden kann, beispielsweise sobald die Notwendigkeit einer Fair-Value-Anpassung besteht (Question 157-1, Fair value hedge: amortisation of the adjustment to the carrying amount of a hedged interest bearing financial instrument).

Bei der vorzeitigen Beendigung der Bilanzierung eines Cash Flow Hedge bleiben die für das Sicherungsinstrument bis dahin erfolgsneutral in der Revaluation Reserve erfassten Ergebnisbeiträge dort weiterhin erfasst. Die Auflösung erfolgt erst mit Ansatz eines Vermögenswertes oder einer Schuld (Tz. 160) bzw. zum Zeitpunkt, in dem die gesicherte Verpflichtung oder die vorhergesehene Transaktion das Periodenergebnis beeinflusst (Tz. 162). Im ersten Fall sind die im Eigenkapital erfassten Gewinne oder Verluste bei der Erstbewertung des Vermögenswertes oder der Schuld zu berücksichtigen (sog. Basis Adjustment). Andernfalls werden die im Eigenkapital erfassten Beträge in die Gewinn- und Verlustrechnung gebucht.

Wenn der Eintritt eines zukünftigen Geschäftsvorfalls im Rahmen eines Cash Flow Hedge nicht länger hochwahrscheinlich ist, resultiert daraus nach Klarstellung durch das IGC nicht automatisch, dass der Eintritt gar nicht mehr zu erwarten ist. Ist weiterhin eine gewisse Wahrscheinlichkeit gegeben, dass der zukünftige Geschäftsvorfall noch Eintritt, ist entsprechend Tz. 163(b) vorzugehen, d.h., die Sicherungsbeziehung ist beendet und im Eigenkapital erfasste Ergebnisbeiträge bleiben dort weiterhin erfasst, bis die zukünftige Transaktion eingetreten ist. (Question 163-1, Cash flow hedges: forecasted transaction that is not highly probable, but is expected to occur).

2.6.7 Erstanwendung der Vorschriften zum Hedge Accounting

Im Rahmen der Erstanwendung von IAS 39 ist zunächst mit einer Analyse der bisherigen Sicherungsbeziehungen – Micro-Hedge, Macro-Hedge und sonstige Hedge-Beziehungen, wie Portfolio-Hedges – und deren Kompatibilität mit den beschriebenen Anforderungen mit IAS 39 zu beginnen. Hieraus können wertvolle Informationen für die später verfolgte Strategie gewonnen werden. Grundsätzlich ergeben sich verschiedene Möglichkeiten:

- „Weitermachen wie bisher" und akzeptieren eines hohen volatilen Handelsergebnisses, denn die Anwendung von Hedge Accounting ist freiwillig und akzeptieren eines hohen volatilen Handelsergebnisses.
- Full-Fair-Value-Accounting und Erzielung eines sog. Natural Hedging in der Gewinn- und Verlustrechnung ohne aufwendige Dokumentation und Nachweis der Effektivität.
- Implementierung der aufwendigen Anforderungen des IAS 39 zum Hedge Accounting inklusive Dokumentation und Effektivitätstest.

Sofern sich das Unternehmen für die Anwendung einer Strategie für das Hedge Accounting – also nicht gegen die Anwendung von Hedge Accounting – entschieden hat, sind Effektivitätstests für die einzelnen Buchungssystematiken zu konzipieren, die Hedge-Accounting-Anforderungen und die Dokumentation festzulegen, Buchungssystematiken zu erstellen sowie die umfangreichen Offenlegungsanforderungen zum Hedge Accounting zu erfüllen.

Im Zusammenhang mit der erstmaligen Anwendung von Hedge Accounting nach IAS 39 sind für Sicherungsbeziehungen, die bereits vor der Anwendung von IAS 39 bestanden haben und auch weiterhin als solche qualifizieren, die Vorschriften zum Hedge Accounting prospektiv anzuwenden (Tz. 172(b)). Somit darf die erforderliche Dokumentation einer Sicherungsbeziehung nicht rückwirkend auf das Datum der Erstanwendung erstellt werden (Question 172-8, Transition rules: hedge accounting documentation on first day of initial application und Question 172-5, Transition rules: retrospective application of hedging criteria by first-time adopters). Ebenso können keine vor der erstmaligen Anwendung von IAS 39 eingegangenen Geschäfte nachträglich als Hedge designiert werden (Tz. 172(g)).

Die Buchwerte der gesicherten Grundgeschäfte sind im Fall der Erstanwendung des Standards so anzupassen, dass diese mit dem Fair Value des eingesetzten Sicherungsinstruments korrespondieren (Tz. 172(e)).

Für Fair Value Hedges bedeutet dies, dass der Buchwert des gesicherten Grundgeschäftes um die seit Absicherungsbeginn eingetretenen und den Sicherungszusammenhang reflektierenden Fair-Value-Änderungen des Sicherungsinstruments anpassen sind. Der Anpassungsbetrag spiegelt sich in den Gewinnrücklagen wieder. Die Buchung über die Gewinnrücklagen erfolgt auch in dem Fall, in dem für die Kategorie der zur Veräußerung zur Verfügung stehenden finanziellen Vermögenswerte und Schulden künftige Fair-Value-Änderungen gemäß Wahlrechtsausübung (Tz 103(b)(ii)) über die Revaluation Reserve gebucht werden (Question 172-1, Transition rules: available-for-sale financial assets previously carried at cost). Die Gegenbuchung wird in den Gewinnrücklagen vorgenommen. Im Fall der bisherigen Absicherung von Nettopositionen gegen Wertänderungen (sog. Makro-Hedge/Portfolio-Hedge) ist die Nettoposition zu disaggregieren. Das Sicherungsinstrument ist, um der Forderung einer 1:1-Zuordnung (Mikro-Hedge) zu entsprechen, einem einzelnen Grundgeschäft oder einer Gruppe von Grundgeschäften ähnlicher Risikostruktur zuzuordnen.

Sofern Cash Flow Hedges, die bereits vor der Erstanwendung von IAS 39 gebildet wurden, die Voraussetzungen für Hedge Accounting erfüllen, sind diese Sicherungsbeziehungen auch als Cash Flow Hedge nach IAS 39 weiterzuführen. Die Sicherungsinstrumente, die bisher zur Absicherung zukünftiger Cash Flows eingesetzt wurden, sind um die seit Beginn der Sicherungsbeziehung eingetretenen und den Sicherungszusammenhang reflektierenden Änderungen der Fair Values anzupassen. Die Gegenbuchung erfolgt anstelle einer Korrektur der Gewinnrücklagen in der Revaluation Reserve.[43] Wenn Zahlungen aus zukünftigen Geschäftsvorfällen das zu sichernde Grundgeschäft darstellen, muss der Eintritt der gesicherten Zahlungen zwar nicht, wie ursprünglich gefordert, hoch wahrscheinlich, aber mindestens noch zu erwarten sein (Question 172-2, Transition rules: cash flow hedge).

Zur Erfüllung der Voraussetzungen für die Anwendung von Hedge Accounting stellt das IGC klar, dass bei der Absicherung von Zahlungen aus zukünftigen Geschäftsvorfällen

43 Vgl. INSTITUT DER WIRTSCHAFTSPRÜFER, Stellungnahme zur Rechnungslegung: Einzelfragen zur Anwendung von IAS 39 (IDW RS HFA 9), Tz. 18.

der Eintritt der abgesicherten Zahlungen zwar nicht hochwahrscheinlich, aber mindestens noch zu erwarten sein muss. Bei der Erstanwendung von IAS 39 ist es laut IDW hinsichtlich der für Hedge Accounting zu erfüllenden Voraussetzungen ausreichend, wenn die Anforderungen von Tz. 137(a) statt Tz. 142 erfüllt sind. Insofern muss es sich bei dem Fair Value Hedge um ein hinreichend wirksames sowie angemessen dokumentiertes Sicherungsgeschäft handeln und das Sicherungsverhältnis muss einen Mikro-Hedge darstellen, um Hedge Accounting weiterführen zu können.[44] Bei Makro-Hedges ist die Möglichkeit zu prüfen, die bisher gesicherte Nettoposition zu disaggregieren und 1:1-Zuordnungen zwischen gesichertem Grundgeschäft und Sicherungsinstrument herzustellen oder Portfolien ähnlicher finanzieller Vermögenswerte und finanzieller Schulden gemäß Tz. 132 zu bilden.

3. Exposure Draft „Improvements of Financial Instruments Standards"

Im Juni 2002 hat das IASB einen rund 340-seitigen Exposure Draft „Improvements of Financial Instruments Standards", dessen Herausgabe zunächst für das erste Quartal des Jahres 2002 geplant war, veröffentlicht.[45] Die Drafts zu IAS 32 und IAS 39 bestehen jeweils aus einer Zusammenfassung der wesentlichen Änderungen, dem Standard selbst sowie einer Anleitung zur Anwendung und der Grundlage für Schlussfolgerungen als Anhang. Der Draft zu IAS 39 verfügt außerdem über erläuternde Beispiele und eine Darstellung alternativer Meinungen von Board-Mitgliedern zu einzelnen Bereichen des Drafts zu IAS 39.

Mit dem Draft werden Änderungen in den beiden existierenden IAS, die sich mit der Rechnungslegung von Finanzinstrumenten beschäftigen, vorgeschlagen. Diese konnten innerhalb einer Frist von rund vier Monaten von der interessierten Öffentlichkeit kommentiert werden.

Die Veröffentlichung des Drafts wird als erste Stufe im Rahmen der Verbesserung der Rechnungslegung von Financial Instruments betrachtet. Da das IASB verlauten ließ, letztendlich einen auf Prinzipien basierenden Ansatz (Principles-Based Approach) für die Rechnungslegung von Finanzinstrumenten entwickeln zu wollen, sind die mit dem Draft vorliegenden Änderungen im wesentlichen dazu bestimmt, Inkonsistenzen in und

44 Vgl. INSTITUT DER WIRTSCHAFTSPRÜFER, Stellungnahme zur Rechnungslegung: Einzelfragen zur Anwendung von IAS 39 (IDW RS HFA 9), Tz. 13.

45 Der Exposure Draft „Improvements of Financial Instruments Standards" kann im Internet unter www.iasb.org.uk heruntergeladen werden.

zwischen den bestehenden Standards zu beseitigen, zusätzliche Hilfestellung bei der praktischen Anwendung der Regelungen zur Verfügung zu stellen sowie die Implementierung der Standards zu erleichtern. Eine komplette Überarbeitung des Standards hat das IASB zum momentanen Zeitpunkt als zu zeitaufwendig beurteilt, da diese eine umfassende Nachuntersuchung vieler komplexer Fragestellungen erfordern würde und damit die Zeit der Unsicherheit für börsennotierte Unternehmen in der EU, die gemäß der neuen EU-Richtlinie bis 2005 ihre Rechnungslegung auf IAS umgestellt haben müssen, verlängern würde. Des Weiteren hat sich das IASB dafür ausgesprochen, bei dem zu beobachtenden ansteigendem Volumen an Aktivitäten in Derivaten und anderen Finanzinstrumenten schon heute anwendbare Standards in Kraft zu haben. IAS 32, IAS 39 und die equivalenten Standards in den USA – FAS 52, FAS 107, FAS 115 und FAS 133 – stellen derzeit die einzigen Standards dar, welche sich der Rechnungslegung von Derivaten und anderen Finanzinstrumenten in umfassender Art und Weise widmen.

3.1 Vorgeschlagene Änderungen in IAS 32

Die vorgeschlagenen Änderungen in IAS 32, Financial Instruments: Disclosure and Presentation sind nicht primär Thema dieses Beitrages. Es sollen aber, da sie im Gegenzug auch IAS 39 tangieren, die wesentlichen Änderungen genannt werden. Diese beziehen sich auf

- die Vereinheitlichung des Anwendungsbereiches mit dem von IAS 39,
- die Klassifizierung strukturierter Produkte in der Bilanz des Emittenten sowie von Derivaten auf eigene Anteile,
- die Erweiterung der ohnehin schon umfangreichen Offenlegungspflichten sowie
- die Einarbeitung der Schlüsselaussagen von Interpretationen des SIC: SIC-5, Classification of Financial Instruments – Contingent Settlement Provisions, SIC-16, Share Capital – Reacquired Own Equity Instruments (Treasury Shares) und SIC-17, Equity – Costs of an Equity Transaction. Gleiches gilt für SIC-D34, Financial Instruments – Instruments or Rights Redeemable by the Holder, in seiner verabschiedeten Form.

Hinsichtlich der Klassifizierung strukturierter Produkte beim Emittenten wird vorgeschlagen, das Wahlrecht in IAS 32, nach der sich der Wert der Schuldkomponente eines strukturierten Produktes entweder (a) als Residualwert aus der Bewertung des Eigenkapitalinstrumentes ergibt oder (b) auf Basis einer relativen Fair-Value-Methode ermittelt wird, zu streichen. Stattdessen soll ein jeglicher finanzieller Vermögenswert bzw. jegliche finanzielle Schuld separiert und bewertet werden, so dass der verbleibende Restwert der Eigenkapitalkomponente zugewiesen werden kann.

Bei der Klassifizierung von Derivaten auf eigene Aktien geht es in dem Draft zu IAS 39 darum, Anleitungen zu geben, wann eine Klassifizierung als derivative Schuld und wann als Eigenkapitalinstrument angemessen ist. Ein Derivat, welches auf den Aktienkurs des eigenen Unternehmens indexiert ist und entweder Glattstellung in bar oder in Aktien erfordert, oder dem Vertragspartner die Wahl zwischen der Glattstellung in bar oder in Aktien ermöglicht, ist ein derivativer Vermögenswert oder eine derivative Schuld (kein Eigenkapitalinstrument) und entsprechend IAS 39 zu bilanzieren. Ein Derivat, welches auf den Aktienkurs des eigenen Unternehmens indexiert ist und dem Unternehmen das Recht gibt, eine Glattstellung in bar oder in Aktien – anstatt physische Lieferung – zu verlangen, stellt einen derivativen Vermögenswert oder eine derivative Schuld (kein Eigenkapitalinstrument) dar, es sei denn, das Unternehmen hat in der Vergangenheit derartige Transaktionen in der Regel durch einen Austausch einer festen Zahl eigener Aktien gegen einen festen Betrag an Bargeld oder anderen finanziellen Vermögenswerten brutto glattgestellt. Die Fair-Value-Änderungen eines Derivats, das vollständig auf den Aktienkurs des eigenen Unternehmens indexiert ist und in dem Erhalt oder der Lieferung einer festen Zahl eigener Aktien im Austausch für einen festen Betrag in bar oder anderer finanzieller Vermögenswerte resultiert, werden nicht im Jahresabschluss berücksichtigt. Beinhaltet ein derivatives Finanzinstrument eine Verpflichtung, den Erhalt eigener Aktien durch Zahlung flüssiger Mittel zu begleichen, hat das bilanzierende Unternehmen diese als Verbindlichkeit für den zur Tilgung der Aktien erforderlichen Betrag anzusetzen.

Die Offenlegungsanforderungen in IAS 32 sollen nach dem Änderungsvorschlag noch umfangreicher werden, als sie es bisher schon sind. Die neuen Anforderungen sollen sich beispielsweise auf Angaben zu Bewertungstechniken beziehen, die zur Ermittlung von Fair Values eingesetzt wurden sowie auf Offenlegungen hinsichtlich Art und Umfang des verbleibenden Risikos bei Übertragungen finanzieller Vermögenswerte, die nicht zu einer Ausbuchung aus der Bilanz des Übertragenden führen, beziehen. Der Emittent eines strukturierten Produktes mit mehreren eingebetteten Derivaten soll des Weiteren gefordert sein, Informationen über die verschiedenen Merkmale dieser Embeddeds sowie den Effektivzins des hybriden Instruments offenzulegen. Zur klaren Trennung der Bereiche „Darstellung und Offenlegung" in IAS 32 und „Ansatz und Bewertung" in IAS 39 wird vorgeschlagen, die derzeit in IAS 39 enthaltenen Offenlegungsanforderungen in IAS 32 zu integrieren.

3.2 Vorgeschlagene Änderungen in IAS 39

In IAS 39 werden in Bezug auf den Anwendungsbereich neben der Vereinheitlichung einige Änderungen vorgeschlagen. Es soll eine Ausnahme aus dem Anwendungsbereich für Kreditvereinbarungen eingeführt werden, die nicht als held-for-trading eingestuft und nicht netto glattgestellt werden können.

Für finanzielle Garantieverträge gilt entsprechend Draft, dass diese bei erstmaligem Ansatz entsprechend IAS 39 bilanziert und bewertet werden sollen. In den auf den erstmaligen Ansatz folgenden Perioden hat der Emittent eines solchen Vertrages den Vertrag mit dem Betrag zu bewerten, von dem er erwartet, dass das Unternehmen diesen zur Glattstellung der Verpflichtung am Bilanzstichtag oder zur Übertragung auf Dritte zu zahlen bereit wäre. Für Verträge zum Kauf oder Verkauf von nicht-finanziellen Posten sieht der Draft vor, dass diese wie Derivate bilanziert werden sollen, wenn das Unternehmen eine Praxis vorweisen kann, dass nach Lieferung des Underlyings dieses innerhalb kurzer Zeit wieder verkauft wird, um so einen Gewinn aus kurzfristigen Preisschwankungen oder der Händlermarge zu erzielen.

Zur Verdeutlichung der Vorschriften zur Ausbuchung von finanziellen Vermögenswerten wird vorgeschlagen, einen sog. Continuing-Involvement-Ansatz einzuführen. Dieser Ansatz lässt eine Ausbuchung nicht zu, wenn der Übertragende in Bezug auf einen von ihm übertragenen Vermögenswert oder einen Teil eines Vermögenswertes eine längerfristige Verpflichtung (Continuing Involvement) hat. Ein Continuing Involvement liegt lt. Vorstellung in dem Draft vor, wenn der Übertragende die Verfügungsmacht über den übertragenen Vermögenswert zurückerwerben könnte oder müsste oder eine Vergütung auf Basis der Wertentwicklung gezahlt würde.

In Anlehnung an die korrespondierende Vorschrift in US-GAAP wird vorgeschlagen, das Wahlrecht in IAS 39, wonach Gewinne und Verluste aus finanziellen Vermögenswerten der Kategorie Available-for-Sale in der Gewinn- und Verlustrechnung berücksichtigt werden können, zu streichen, so dass nur noch eine erfolgsneutrale Berücksichtigung in den Gewinnrücklagen erlaubt ist. Aufgrund des o.g. Änderungsvorschlages in Bezug auf die Ausweitung der Möglichkeit einer Bewertung zum Fair Value ist dieses nicht mehr notwendig. Denn der Draft enthält den Vorschlag, eine generelle Bewertung aller finanzieller Vermögenswerte und finanzieller Schulden zum Fair Value und deren ergebniswirksame Berücksichtigung der Fair-Value-Änderungen in der Gewinn- und Verlustrechnung zu ermöglichen. Bilanzierende Unternehmen, die diese Ausweitung der Fair-Value-Bewertung durchführen, sollen bei der Darstellung und Offenlegung dieser Instrumente eine passende und andere Bezeichnung als „trading“, z.B. „financial instruments at fair value (through net income)“, verwenden. Dies hätte die Auswirkung, dass sich die Ergebnisse aus der Fair-Value-Bewertung bereits ohne aufwendiges Hedge Accounting teilweise in der Gewinn- und Verlustrechnung verrechnen würden.

Finanzinstrumente, deren Fair Value nicht auf einem aktiven Markt festgestellt wird, sind mit Hilfe von Bewertungstechniken zu ermitteln. Zu den Anforderungen, die an die Bewertungstechniken gestellt werden, enthält der Draft mehrere als Hilfestellung zu verstehende Anmerkungen. So sollte das Ziel bei der Anwendung von Bewertungstechniken darin bestehen, den Transaktionspreis zum Bewertungsstichtag in einer arm's length Transaktion unter normalen Geschäftsbedingungen zu ermitteln. Eine Bewertungstechnik hat dabei zum einen alle Faktoren, welche Marktteilnehmer bei der Preisbildung bedenken würden, zu berücksichtigen und zum anderen mit akzeptierten wirtschaftlichen Preisfindungsmethoden für Finanzinstrumente konsistent zu sein. Außerdem sind von dem bilanzierenden Unternehmen Schätzungen und Annahmen zugrunde zu legen, die mit den verfügbaren Informationen über Schätzungen und Annahmen zur Preisfindung der Marktteilnehmer übereinstimmen.

Zum Bereich „Impairment“ enthält der Draft Anleitungen, wie eine Gruppe von Finanzinstrumenten auf Wertminderungen untersucht werden soll. Ein Vermögenswert, für den eine Wertminderung festgestellt wurde, darf insofern nicht in eine Gruppe von Vermögenswerten einbezogen werden, die in ihrer Gesamtheit auf eine Wertminderung untersucht wird. Ein Vermögenswert, der einzeln untersucht wurde, aber nicht einer individuellen Wertminderung unterlag, ist in eine Gruppe von Vermögenswerten einzubeziehen, die in ihrer Gesamtheit daraufhin untersucht wird, ob eine Wertminderung vorliegt. Das Eintreten eines Ereignisses oder einer Kombination von Ereignissen gilt nicht als Voraussetzung, um einen Vermögenswert in eine Gruppe von Vermögenswerten einzubeziehen, die in ihrer Gesamtheit auf eine Wertminderung überprüft werden. Vermögenswerte sind nach ähnlichen Merkmalen hinsichtlich des Kreditrisikos zu klassifizieren, die ein Indikator für die Fähigkeit des Schuldners sind, seine Zahlungsverpflichtungen gemäß den vertraglichen Bedingungen zu erfüllen. Vertraglich vereinbarte Zahlungsströme und die in der Vergangenheit erlittenen Verluste sollten die Grundlage für die Schätzung der erwarteten Zahlungsströme bilden. Die historischen Verlustraten sind auf der Basis der relevanten und beobachtbaren Marktdaten anzupassen, welche die aktuelle wirtschaftliche Situation widerspiegeln.

Die Methode für die Ermittlung der Wertminderungen soll gewährleisten, dass ein Wertminderungsaufwand nicht sofort beim erstmaligen Bilanzansatz erfasst wird. Zum Zwecke der Bewertung von Wertminderungen in Gruppen von Vermögenswerten sind die geschätzten Zahlungsströme (vertraglich vereinbarter Nennwert zuzüglich der um die geschätzten Kreditverluste bereinigten Zinszahlungen) unter Anwendung eines Effektivzinssatzes abzuzinsen, der den Barwert der geschätzten Zahlungsströme dem ursprünglichen Nettobuchwert dieser Vermögenswerte gleichsetzt.

In Bezug auf das Hedge Accounting sieht der Draft in Anlehnung an die Vereinheitlichung der Vorschrift an die Behandlung nach FAS 133 vor, Absicherungen von festen Verpflichtungen, sog. Hedges of Firm Commitments, zukünftig als Fair Value Hedges anstatt als Cash Flow Hedges bilanziell darzustellen.

Ein weiterer Änderungsvorschlag betrifft den Bereich der Absicherung von vorhergesehenen Transaktionen (forecasted transactions) im Rahmen des Cash Flow Hedge und führt ebenfalls zu einer Anpassung an US-GAAP. Wenn die gesicherte vorhergesehene Transaktion eintritt und in einem Vermögenswert oder einer Schuld resultiert, so ist der bis dahin im Eigenkapital „geparkte“ Gewinn oder Verlust nicht zur Anpassung des anfänglichen Buchwerts des Vermögenswertes oder der Schuld bestimmt (basis adjustment), sondern verbleibt im Eigenkapital und ist in die Gewinn- und Verlustrechnung in der Weise zu übertragen, die mit der Berücksichtigung der Gewinne und Verluste des Vermögenswertes bzw. der Schuld konsistent ist.

Neben den zuvor genannten Änderungsvorschlägen hat das IASB die Questions and Answers (Q&A) zu IAS 39 des IGC, die lediglich als Hilfe zur praktischen Anwendung vorgesehen waren, durchgearbeitet und daraufhin überprüft, welcher Einfluss auf diese durch die vorgeschlagenen Änderungen zu erwarten ist. Eine große Anzahl der Q&As wurde direkt in den Standard integriert, so dass diesen damit eine Rechtsverbindlichkeit zukommen würde. Der Status des verbleibenden Teils der Q&As, für den keine Einbindung in den Standard stattgefunden hat, soll nach Abschluss der Änderungsarbeiten erneut überprüft werden.

3.3 Hauptkritik an den Vorschlägen des Exposure Drafts

Die Kommentierungsfrist zu den Exposure Drafts zu IAS 32 und IAS 39 ist abgelaufen und die interessierte Öffentlichkeit hat ihre Stellungnahmen beim IASB eingereicht. Der Tenor der zu dem Draft eingegangenen Stellungnahmen spiegelt heftige Kritik an den Änderungsvorschlägen wieder. Die Hauptkritikpunkte können wie folgt zusammengefasst werden:

- Es wird kritisiert, dass der Board die Möglichkeit, die Vorschriften zum Hedge Accounting zu ändern, nicht genutzt hat. Besonders in den Vorschriften zum Hedge Accounting – der Unzulässigkeit der Abbildung von Makro Hedges und der nicht erlaubten Berücksichtigung von internen Geschäften – wird ein wesentlicher Schwachpunkt aufgrund des Widerspruchs zum modernen Risikomanagement gesehen. Auch in dem neuen Standardentwurf wird die Absicherung von Nettorisikopositionen und die Nutzung interner Kontrakte für das Hedge Accounting ausdrücklich weiterhin nicht anerkannt. Ebenso wird die Short-Cut-Methode – bekannt aus FAS 133 –, mit der sich Erleichterungen beim Effektivitätsnachweis ergeben können, nicht zugelassen.
- Ein weiterer vorgebrachter Punkt ist der, dass auch unter Einbezug der Änderungsvorschläge kein klares und konsistentes Bewertungskonzept fehlt.
- Ein wesentlicher, in zahlreichen Stellungnahmen nicht akzeptierter Änderungsvorschlag stellen vorgeschlagenen Ausbuchungsvorschriften, d.h. die Einführung eines sog. Continuing Involvement Ansatzes, dar.
- Bezogen auf den vorgeschlagenen Inhalt der überarbeiteten Standards wird die Gefahr gesehen, dass sich durch die Regelung zahlloser Einzelfälle und durch einen unverhältnismäßig hohen Detaillierungsgrad sich die Standards wie Kommentare und nicht wie Bilanzierungsvorschriften lesen.
- Des Weiteren wird kritisiert, dass Vorschriften ohne ersichtlichen Grund – mitunter auch konträr zur bisherigen Sichtweise – geändert werden sollen, ohne dass hieraus ein Zusatznutzen erkennbar ist. Viele Änderungen scheinen lediglich zur Vereinheit-

lichung mit US-GAAP vorgeschlagen zu werden. Dies führt lediglich zu hohen Umstellungskosten, aber zu keinen Anwendungserleichterungen.

- Die in IAS 32 geforderten Offenlegungsanforderungen sind in vielen Bereichen zu detailliert, so dass befürchtet wird, dass die Adressaten nicht mehr in der Lage sein werden, die für die Anlageentscheidungen relevanten Informationen herauszufiltern. In diesem Zusammenhang wird vorgeschlagen, dem Wesentlichkeitsprinzip aus dem IAS-Framework mehr Gewicht zu verleihen und das Verhältnis von Kosten und Nutzen nicht aus dem Auge zu verlieren.
- Es fehlen nach wie vor detaillierte Anforderungen hinsichtlich der Präsentation von Finanzinstrumenten in der Bilanz und Gewinn- und Verlustrechnung.

4. Zusammenfassung

Mit dem in diesem Beitrag vorgestellten IAS 39 liegt erstmals ein IAS-Standard vor, der umfassende Regelungen zum Ansatz und zur Bewertung von Finanzinstrumenten festlegt. Alle derivativen Finanzinstrumente, inklusive bisher nicht bilanzierter Derivate, sind in der Bilanz auszuweisen.

Zum Zweck der Bewertung ist der gesamte Bestand an finanziellen Vermögenswerten in vier Kategorien zu klassifizieren: Zu Handelszwecken gehaltene finanzielle Vermögenswerte, bis zur Endfälligkeit zu haltende finanzielle Vermögenswerte, durch das Unternehmen begründete Forderungen und zur Veräußerung verfügbare finanzielle Vermögenswerte. Für die Klassifizierung von finanziellen Schulden existieren zwei Kategorien: Zu Handelszwecken gehaltene finanzielle Schulden und Sonstige. Der Wertansatz ist abhängig von der Klassifizierung.

Die Bewertung erfolgt zum Zeitpunkt des Zugangs bei allen Finanzinstrumenten zu Anschaffungskosten. Diese entsprechen bei finanziellen Vermögenswerten dem Fair Value, bei finanziellen Schulden der erhaltenen Gegenleistung. Transaktionskosten, wie Gebühren für Vermittler, Berater, Makler etc., sind in dem erstmaligen Wertansatz zu berücksichtigen.

Die Folgebewertung wird je nach Klassifizierung in eine der genannten vier Kategorien durchgeführt. Die Kategorisierung als zu Handelszwecken gehalten bedingt eine Bewertung zum Fair Value. Fair-Value-Änderungen sind sofort GuV-wirksam zu berücksichtigen. Eine Klassifizierung als bis zur Endfälligkeit gehaltener finanzieller Vermögenswert sowie als durch das Unternehmen begründete Forderung geht mit der erfolgswirksamen Bewertung zu fortgeführten Anschaffungskosten einher. Zu der Kategorie der bis zur Endfälligkeit gehaltenen finanziellen Vermögenswerte sei hinweisend erwähnt, dass bereits der Verkauf von mehr als nur einem marginalen Anteil dieser Finanzinstrumente grundsätzlich zu einer Umklassifizierung des gesamten Bestandes in die Kategorie der zur Veräußerung verfügbaren finanziellen Vermögenswerte führt. Da diese Kategorie zum Fair Value bewertet wird, ändert sich insofern auch der Wertansatz der umklassifizierten Finanzinstrumente. Hinsichtlich der Berücksichtigung der Fair-Value-Änderungen in der Kategorie der zur Veräußerung verfügbaren finanziellen Vermögenswerte hält IAS 39 ein einmalig zu entscheidendes Wahlrecht bereit. Dieses besteht entweder in der sofortigen GuV-wirksamen Erfassung oder der ergebnisneutralen Berücksichtigung in der Neubewertungsrücklage im Eigenkapital. Sofern die Wahl zugunsten der erfolgsneutralen Erfassung getroffen wurde, werden die in der Neubewertungsrücklage des Eigenkapitals erfassten Beträge in dem Moment GuV-wirksam umgebucht, in dem der entsprechende finanzielle Vermögenswert ausgebucht oder einer Wertminderung, einem sog. Impairment, unterzogen wird.

Die Folgebewertung der finanziellen Vermögenswerte gestaltet sich ungleich einfacher als die der finanziellen Vermögenswerte. Die Bewertung der Passivseite erfolgt grundsätzlich zu fortgeführten Anschaffungskosten, mit einer Ausnahme für finanzielle Vermögenswerte, die zu Handelszwecken gehalten werden und daher zum Fair Value, dessen Änderungen sofort GuV-wirksam berücksichtigt werden, zu klassifizieren. Konkret handelt es sich um Derivate mit negativem Fair Value sowie Wertpapierleerverkäufe.

Des Weiteren enthält IAS 39 Regelungen zur bilanziellen Behandlung und Bewertung von Embedded Derivatives aus Sicht des Investors. Ein Embedded Derivative stellt ein in einen anderen Kontrakt, zum Beispiel ein traditionelles Schuldinstrument wie Wandlungsrechte in Wandelanleihen, die den Inhaber zur Wandlung in Aktien berechtigen, oder einen anderen Kontrakt wie eine Verkaufsverpflichtung oder eine Operating-Lease-Vereinbarung eingebettetes Derivat dar. Unter bestimmten, kumulativ zu erfüllenden, Umständen fordert der Standard die getrennte Bilanzierung und Bewertung von Basisvertrag und eingebettetem Derivat. Mit der Entwicklung und Anwendung der Regeln zur Bilanzierung von Embedded Derivatives wird die grundlegende Intention des Standards deutlich, eine weitreichende Fair-Value-Bilanzierung durchzuführen. Aufgrund der Bewertungsregeln im Bereich der Embedded Derivatives soll vermieden werden, über Konstruktionen mit hybriden Instrumenten die Bewertung von Derivaten zum Fair Value zu umgehen. Dies ist nicht möglich, da das gesamte hybride Instrument zum Fair Value zu bilanzieren ist, wenn das Embedded Derivative nicht getrennt zum Fair Value bewertet werden kann.

Die Abbildung von Sicherungsbeziehungen regelt IAS 39 in speziellen Vorschriften zum Hedge Accounting. Die Regelungen beschreiben Grund- und Sicherungsgeschäfte, die zum Hedge Accounting qualifizieren und legen Voraussetzungen fest, die erfüllt sein müssen, um Hedge Accounting anwenden und die daraus resultierende kompensierende Ergebniswirkung erzielen zu können. Insbesondere die Tatsache, dass die Nutzung interner Geschäfte für das Hedge Accounting stark eingeschränkt ist, und nur noch die Absicherung von Portfolien finanzieller Vermögenswerte bzw. Schulden ähnlicher Risikostruktur erlaubt ist, ist das vor der Anwendung von IAS 39 praktizierte Risikomanagement nicht mehr weiterführbar.

Der Standard unterscheidet beim Hedge Accounting zwischen drei Arten von Sicherungsbeziehungen: Fair Value Hedges zur Absicherung von Fair-Value-Änderungen, Cash Flow Hedges zur Absicherung von künftigen Zahlungsströmen und Hedges of a Net Investment in a Foreign Entity zur Absicherung von Nettoinvestitionen in rechtlich selbständige ausländische Unternehmen. Tatsächlich sind nur die beiden erstgenannten Sicherungsgeschäfte neu. Der Hedge of a Net Investment in a Foreign Entity ist bereits Gegenstand von IAS 21, The Effect of Changes in Foreign Exchange Rates. Durch die Aufnahme in IAS 39 werden nun jedoch an dieses Sicherungsgeschäft die gleichen Voraussetzungen gestellt, wie auch an den Fair Value Hedge und Cash Flow Hedge. Diese Voraussetzungen bestehen insbesondere in einer ausführlichen Dokumentation des Sicherungszusammenhanges, dem verfolgten Sicherungsziel und der angewandten Sicherungsstrategie sowie in der Annahme einer hoch effektiven Sicherungsbeziehung innerhalb der genannten Bandbreiten – sowohl zu Beginn als auch während der gesamten Laufzeit der Absicherung.

IAS 39 hat aufgrund seiner Entstehungsgeschichte von Beginn an den Status eines Interimstandards gehabt. Neben der Joint Working Group of Standard Setters (JWG), die bereits im Januar 2001 einen Entwurf zum Full-Fair-Value-Accounting von Finanzinstrumenten veröffentlicht hat, ist nunmehr im Juni 2002 ein Entwurf zu Änderungen des derzeit gültigen IAS 39 vom IASB erarbeitet und herausgegeben worden. In dem Entwurf werden jedoch keine fundamentalen Änderungen der Regelungen vorgeschlagen, sondern es wird vielmehr das Ziel verfolgt, Inkonsistenzen zwischen den bestehenden Standards zu beseitigen, eine weitere Annäherung an US-GAAP zu erzielen, zusätzliche Hilfestellungen bei der praktischen Anwendung der Regelungen zu geben sowie die Implementierung des Standards zu erleichtern. Inwieweit die Änderungsvorschläge in den verabschiedeten Standard übernommen werden, bleibt - aufgrund der zahlreichen kritischen Stellungnahmen zu dem Entwurf – interessant und spannend zu beobachten. Der Zeitplan des IASB sieht vor, dass der überarbeitete IAS 39 im ersten Quartal 2003 verabschiedet und veröffentlicht werden soll. Es ist zu erwarten, dass dieser erstmals in Berichtsperioden anzuwenden sein wird, die am oder nach dem 1. Januar 2004 beginnen.

Patrick Kehm

Offenlegung von Finanzinstrumenten

1. Einführung

Die Geschäftstätigkeit von Kreditinstituten ist maßgeblich durch den Einsatz von Finanzinstrumenten – insbesondere Krediten, Wertpapieren, Beteiligungen, Refinanzierungen und derivativen Geschäften – geprägt. Dies drückt sich nicht zuletzt darin aus, dass – unabhängig von den zugrunde liegenden Rechnungslegungsvorschriften – regelmäßig mehr als 90% der Bilanzsumme auf Finanzinstrumente entfallen. Eine wesentliche Eigenschaft dieser Geschäfte besteht darin, dass ihr Wert von einer Vielzahl von – durch die Bank nicht beeinflussbaren Faktoren – abhängt. Hierzu zählen insbesondere die Bonität von Schuldnern, das Marktzinsniveau, Wechselkurse, Aktienkurse und sonstige Marktpreise. Kreditinstitute unterliegen damit in besonderem Maße dem Risiko einer Verschlechterung ihrer Vermögens-, Finanz- und Ertragslage auf Grund einer nachteiligen Veränderung dieser Faktoren.

Die Eigen- und Fremdkapitalgeber eines Kreditinstituts haben daher ein besonderes Interesse, im Rahmen des Jahres- bzw. Konzernabschlusses über diese, aus der Verwendung von Finanzinstrumenten resultierenden Risiken, informiert zu werden. Das Interesse richtet sich dabei insbesondere auf Informationen über die Art und den Umfang der eingesetzten Finanzinstrumente, die Höhe der damit verbundenen Risiken sowie die von der Bank verwendeten Methoden zum Management dieser Risiken.

Gegenstand der nachfolgenden Betrachtung sind die in diesem Zusammenhang relevanten Offenlegungspflichten für Kreditinstitute. Im Mittelpunkt stehen dabei die Vorschriften nach den IAS, die (branchenübergreifend) in IAS 32 geregelt sind und durch Angabepflichten in IAS 30[1] und IAS 39[2] ergänzt werden. Darüber hinaus werden die Offenlegungspflichten nach HGB vorgestellt, die sich im Wesentlichen aus der Pflicht zur Risikoberichterstattung für Kreditinstitute gemäß DRS 5-10 ergeben. Nach einem kurzen Überblick zu den relevanten Angabepflichten nach US-GAAP werden die Vorschriften abschließend verglichen, wobei die Gemeinsamkeiten und Unterschiede zwischen den deutschen Regelungen und den IAS-Vorschriften im Vordergrund stehen.

1 Vgl. zu IAS 30 den Beitrag „Bilanz, Gewinn- und Verlustrechnung sowie Notes“.

2 Vgl. zu IAS 39 den Beitrag „Ansatz und Bewertung von Financial Instruments“.

2. Offenlegungsvorschriften für Finanzinstrumente nach IAS

2.1 Zweck und Inhalt der Offenlegungsvorschriften

2.1.1 Zweck der Offenlegungspflichten

Das Framework des IASB formuliert als Ziel der Rechnungslegung die Information der Abschlussadressaten über die Leistung („performance") und wirtschaftliche Lage („financial position") des berichtenden Unternehmens. Insbesondere sollen die Adressaten mittels des Abschlusses in die Lage versetzt werden, Aussagen über die künftige Unternehmensentwicklung machen zu können. In diesem Zusammenhang führt das Framework aus: „The economic decisions that are taken by users of financial statements require an evaluation of the ability of an enterprise to generate cash and cash equivalents and of the timing and certainty of their generation."[3]

Um solche Informationen im Zusammenhang mit Finanzinstrumenten zu vermitteln, wurde mit IAS 39 für viele Finanzinstrumente eine Bewertung zum Fair Value eingeführt.[4] Dies resultiert aus der Überlegung, dass der Fair Value der – im Vergleich zu den fortgeführten Anschaffungskosten – überlegene Bewertungsmaßstab ist, um über die aus einem Finanzinstrument künftig resultierenden Cash Flows zu informieren. Insbesondere spiegelt der Fair Value die seit Begründung eines Finanzinstruments eingetretenen Änderungen der relevanten Umfeldfaktoren (insbesondere des Zinsniveaus, der Wechselkurse, der Aktienkurse und der Kreditwürdigkeit von Schuldnern) wieder. In den fortgeführten Anschaffungskosten schlagen sich solche Änderungen hingegen nicht nieder.[5]

Der Fair Value ist daher eine Momentaufnahme des Werts der künftig erwarteten Cash Flows eines Finanzinstruments auf der Basis der am Bilanzstichtag gültigen Marktbedingungen. Um Aussagen über die zukünftige Unternehmensentwicklung machen zu können, ist es darüber hinaus aber auch erforderlich, die Auswirkungen einer künftigen Änderung dieser Marktbedingungen auf die wirtschaftliche Lage der Bank abschätzen zu können. Es ist also die Frage zu beantworten, welcher Einfluss sich aus einer (potenziellen) künftigen Änderung des Zinsniveaus, der Wechselkurse, der Aktienkurse oder

3 Vgl. IAS Framework Tz. 15.

4 Vgl. hierzu den Überblick in IAS 39.13-15.

5 Eine Ausnahme gilt für den Fall einer dauerhaften Wertminderung gemäß IAS 39.109ff.

der Bonität von Schuldnern auf den Wert der Finanzinstrumente ergibt. Für die Abschätzung dieser, mit dem Einsatz von Finanzinstrumenten verbundenen künftigen Risiken und Chancen benötigt der Abschlussleser allerdings zusätzliche – über die Bilanz und Gewinn- und Verlustrechnung hinausgehende – Informationen.

Die hierfür offenzulegenden Informationen werden in IAS 32 („Financial Instruments: Disclosure and Presentation")[6] umfassend geregelt, indem

- Finanzinstrumente definiert,
- die berichtspflichtigen Risikoarten erläutert sowie
- der Inhalt und die Form der Berichterstattung geklärt

werden.

2.1.2 Definition von Finanzinstrumenten

Finanzinstrumente sind gemäß IAS 32 Verträge, die gleichzeitig bei einem Unternehmen einen finanziellen Vermögenswert und bei einem anderen Unternehmen eine finanzielle Verpflichtung oder ein Eigenkapitalinstrument begründen.[7] Es handelt sich also um vertragliche Ansprüche und Verpflichtungen, die mittelbar oder unmittelbar auf den Austausch von Zahlungsmitteln gerichtet sind.[8] Diese können aus originären oder aus derivativen Geschäften resultieren. Obwohl die Definition von Finanzinstrumenten des IAS 32 mit der in IAS 39 identisch ist, ist der Anwendungsbereich des IAS 32 weiter, da sich die Offenlegungspflichten auch auf nicht bilanzierungspflichtige Finanzinstrumente beziehen.

Zu den Finanzinstrumenten im Sinne des IAS 32 zählen die folgenden Geschäfte:

1. Bilanzierungspflichtige finanzielle Vermögenswerte, insbesondere:

- Zahlungsmittel und Zahlungsmittelsurrogate,
- Kredite (selbst begründet oder im Sekundärmarkt erworben),
- Schuldtitel (z.B. Anleihen, Schuldverschreibungen),
- Eigenkapitalinstrumente (z.B. Aktien, GmbH-Anteile),

---

6 Das IASB hat kürzlich einen Exposure Draft zur Änderung des IAS 32 (ED IAS 32) vorgelegt, der unter anderem auch Änderungen zur Offenlegung für Finanzinstrumente enthält. Parallel wurde ein Exposure Draft zur Änderung des IAS 39 (ED IAS 39) vorgelegt.

7 Vgl. IAS 32.5.

8 Vgl. GEBHARDT, G./NAUMANN, T.K., Grundzüge der Bilanzierung von Financial Instruments und von Absicherungszusammenhängen nach IAS 39, DB 1999, S. 1461-1469, hier S. 1461.

- Anteile an Sondervermögen (z.B. Anteile an Aktienfonds) und
- Derivate (mit einem positiven Marktwert).

2. Bilanzierungspflichtige finanzielle Verpflichtungen, insbesondere:

- Spar- und Termineinlagen,
- begebene Geldmarktpapiere,
- begebene Schuldverschreibungen,
- nachrangige Verbindlichkeiten und Genussrechtskapital,
- Lieferverpflichtungen aus Leerverkäufen und
- Derivate (mit einem negativen Marktwert).

3. Bilanzunwirksame finanzielle Verpflichtungen, insbesondere:

- Eventualverbindlichkeiten (z.B. Bürgschaften und Garantien) und
- Unwiderrufliche Kreditzusagen.

2.1.3 Berichtspflichtige Risiken

Gegenstand der Offenlegungsvorschriften des IAS 32 sind die folgenden Risiken aus Finanzinstrumenten:[9]

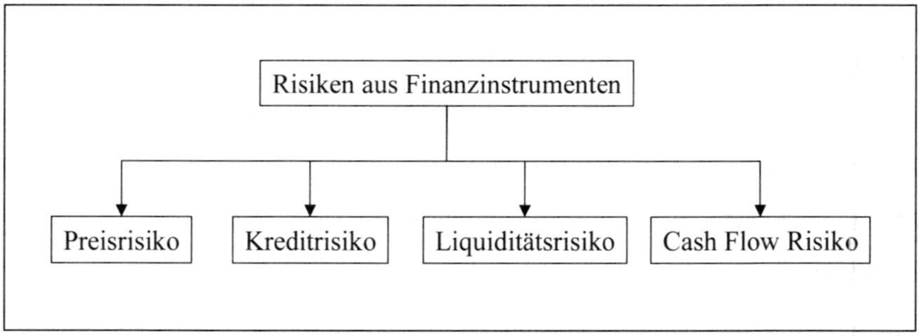

Abbildung 1: Risikoarten gemäß IAS 32

Das Preisrisiko[10] bezeichnet das Risiko, dass sich der Marktwert eines Finanzinstruments auf Grund von Marktparameter- oder Marktpreisschwankungen ändert.

---

9 Vgl. IAS 32.43.

10 ED IAS 32.43 spricht in diesem Zusammenhang – in Anlehnung an die allgemein vorherrschende Terminologie – vom Marktrisiko.

Dabei werden folgende Formen des Preisrisikos unterschieden:

1. Währungsrisiko

Das Risiko, dass sich der Wert eines Finanzinstruments (in Berichtswährung) auf Grund von Wechselkursschwankungen ändert, wird als Währungsrisiko bezeichnet. So folgt zum Beispiel aus einer Abwertung des Euro gegenüber dem US-Dollar eine Erhöhung des Marktwerts (in Euro) einer variabel verzinslichen USD-Forderung und eine Reduzierung des Marktwerts eines Terminverkaufs von USD gegen Euro.

2. Zinsrisiko

Das Zinsrisiko ist das Risiko, dass sich der Wert eines Finanzinstruments auf Grund von Schwankungen der Marktzinsen ändert.[11] So folgt zum Beispiel aus einer Reduzierung des Marktzinsniveaus eine Zunahme des Marktwerts festverzinslicher Wertpapiere und eine Abnahme des Marktwerts von Payer-Swaps[12].

3. Marktrisiko[13]

Das Risiko, dass sich der Wert eines Finanzinstruments auf Grund von Schwankungen von Marktpreisen – insbesondere Aktienkursen und Edelmetallpreisen – ändert, wird als Marktrisiko bezeichnet. So reduziert sich zum Beispiel der Marktwert eines Aktienbestandes in Folge einer Reduzierung des Aktienkurses. Der Marktwert einer Edelmetallforderung erhöht sich im Falle eines Anstiegs des Edelmetallkurses.

Das Kreditrisiko bezeichnet das Risiko, dass der Vertragspartner eines Finanzinstruments seinen Zahlungsverpflichtungen nicht nachkommt. Einem Kreditrisiko unterliegen zum Beispiel Kredite, Wertpapiere und Derivate.

Mit dem Liquiditätsrisiko (bzw. Finanzierungsrisiko) wird das Risiko beschrieben, dass ein Unternehmen seinen aus Finanzinstrumenten resultierenden Zahlungsverpflichtungen nicht termingerecht nachkommen kann. Ursache für das Finanzierungsrisiko ist unter anderem das Risiko, dass im Bestand des Kreditinstituts befindliche Finanzinstrumente kurzfristig nicht zum Fair Value (oder zu einem nahe dem Fair Value liegenden Preis) veräußert werden können.

Das Cash Flow Risiko kennzeichnet das Risiko, dass die Höhe der aus einem monetären Finanzinstrument künftig resultierenden Zahlungen nicht festgelegt ist und sich ändern kann. Dabei kann es sich lediglich um aus Schwankungen der Marktzinsen resultierende

---

11 ED IAS 32.43 spricht in diesem Zusammenhang präziser vom Fair-Value-Zinsrisiko.

12 Ein Payer-Swap ist ein derivatives Geschäft, bei dem die Bank über die Laufzeit des Swaps – bezogen auf einen Nominalbetrag – einen fixen Zins zahlt und im Austausch einen variablen Zins (z.B. den 6 Monats EURIBOR) erhält.

13 ED IAS 32.43 spricht in diesem Zusammenhang – in Anlehnung an die allgemein vorherrschende Terminologie – vom Preisrisiko.

Änderungen der künftigen Cash Flows – zum Beispiel aus einer variabel verzinslichen Forderung oder Emission – handeln.[14]

2.1.4 Inhalt der Berichterstattung

Der Inhalt der Offenlegungspflichten gemäß IAS 32 lässt sich wie folgt strukturieren:

- Zunächst sind Angaben über Art und Umfang der eingesetzten Finanzinstrumente zu machen sowie die hierfür angewandten Bilanzierungs- und Bewertungsmethoden anzugeben. Diese Anforderungen sind in IAS 32.47-55 geregelt.
- Weiterhin ist für alle in der Bilanz nicht zum Fair Value bewerteten Finanzinstrumente die Angabe des Fair Value erforderlich. Diese Angabepflicht resultiert aus der vom IASB vertretenen Sicht, wonach – mit Blick auf die Funktion des Abschlusses, künftig erwartete Cash Flows adäquat abzubilden – der Fair Value der überlegene Bewertungsmaßstab für Finanzinstrumente ist. Diese Anforderung ist in IAS 32.77-90 geregelt.
- Über diese stichtagsbezogenen Angaben hinaus sind gemäß IAS 32.43A die Ziele und Methoden des Managements der oben beschriebenen Risiken darzustellen.
- Den Kern der Offenlegungspflichten bilden die Angaben zur Kennzeichnung der Höhe der aus den Finanzinstrumenten resultierenden (Kredit-, Zins-, Währungs-, Markt-, und Liquiditäts-) Risiken. Die diesbezüglichen Anforderungen sind in IAS 32.56-76 geregelt.

2.1.5 Form der Berichterstattung

IAS 32 schreibt nicht vor, an welcher Stelle im Abschluss die geforderten Angaben vorzunehmen sind. Regelmäßig bieten sich dafür die Notes oder der Lagebericht[15], ggf. auch ein zusätzlicher Berichtsteil an.[16] Soweit sich die geforderten Angaben bereits aus der Bilanz ergeben, müssen sie jedoch nicht wiederholt werden. Auch die Form der Berichterstattung wird nicht generell vorgeschrieben, so dass grundsätzlich textliche Ausführungen ebenso in Frage kommen wie quantitative Angaben. Für Kreditinstitute werden aber regelmäßig quantitative Angaben erforderlich sein.

Bezüglich des Detaillierungsgrads der Angaben wird ausdrücklich eine Abwägung zwischen einer zu detaillierten und einer zu groben Darstellung verlangt. Gerade für

[14] ED IAS 32.43 spricht daher in diesem Zusammenhang präziser vom Cash-Flow-Zinsrisiko.

[15] Dabei ist zu bedenken, dass die IAS keine Verpflichtung zur Aufstellung eines Lageberichts kennen.

[16] Vgl. IAS 32.44.

Kreditinstitute ist es daher regelmäßig nicht zweckmäßig, Angaben zu einzelnen Finanzinstrumenten zu machen. Vielmehr sind die Angaben mit Bezug zu Gruppen von Finanzinstrumenten mit gleichen Merkmalen vorzunehmen. Dabei hängt das Kriterium der Gruppenbildung vom Gegenstand der Angabepflicht im Einzelfall ab.[17] Die Gruppierung kann zum Beispiel:

- nach Maßgabe der Bilanzwirksamkeit getrennt für bilanzwirksame und -unwirksame Finanzinstrumente vorgenommen werden,
- für die in der Bilanz ausgewiesenen Positionen vorgenommen werden,
- nach Maßgabe des zugrunde liegenden Bewertungsmaßstabs für zu fortgeführten Anschaffungskosten bzw. zum Fair Value bewerteten Finanzinstrumenten vorgenommen werden,
- zwischen originären und derivativen Finanzinstrumenten unterscheiden und/oder
- nach der Zuordnung der Finanzinstrumente zum Bank- bzw. Handelsbuch unterscheiden.

2.2 Angaben zu Art und Umfang der Finanzinstrumente sowie den Bilanzierungsmethoden

2.2.1 Art und Umfang der Finanzinstrumente

Als Ausgangspunkt der Berichterstattung über Finanzinstrumente verlangt IAS 32 Angaben über die Art, den Umfang und die wesentlichen Vertragsbedingungen („significant terms and conditions") der eingesetzten Finanzinstrumente.[18] Die Angabepflicht wird zwar unter den Vorbehalt gestellt, dass Finanzinstrumente – entweder einzeln oder in Gruppen gleichartiger Geschäfte – ein signifikantes Risiko begründen; für Kreditinstitute kann aber von einer grundsätzlichen Pflicht ausgegangen werden.

Angaben sind nur insoweit erforderlich, als sich die geforderten Informationen nicht bereits aus der Bilanz ergeben. Da IAS-Bilanzen von Kreditinstituten in der Regel eine straffe Gliederung aufweisen (vgl. beispielhaft Abbildung 2), sind weitergehende Aufgliederungen der Bilanzpositionen in den Notes jedoch zwingend erforderlich.[19]

---

[17] Vgl. IAS 32.46.

[18] Vgl. hierzu und im Weiteren IAS 32.47(a),48-51.

[19] Vgl. zur Bilanz nach IAS Abschnitt 3.1 im Beitrag „Bilanz, Gewinn- und Verlustrechnung sowie Notes".

Bilanz (Finanzinstrumente)			
Aktiva	Mio. €	**Passiva**	Mio. €
Barreserve	3.000	Verbindlichkeiten gegenüber Kreditinstituten	50.000
Forderungen an Kreditinstitute[20]	29.900	Verbindlichkeiten gegenüber Kunden	59.750
Forderungen an Kunden[21]	99.750	Verbriefte Verbindlichkeiten	99.750
Derivative Sicherungsinstrumente[22]	2.000	Derivative Sicherungsinstrumente[23]	3.000
Handelsaktiva[24]	45.000	Handelspassiva[25]	17.000
Available-for-Sale-Bestand	78.000	Nachrangkapital	5.000
Held-to-Maturity Investments	9.800		

Abbildung 2: Abbildung von Finanzinstrumenten in der Bilanz gemäß IAS (Beispiel)

Zur Kennzeichnung der Art und des Umfangs der bilanzwirksamen Finanzinstrumente bieten sich zum Beispiel folgende Untergliederungen an:

Handelsaktiva	Mio. €
Schuldverschreibungen und andere festverzinsliche Wertpapiere	19.500
Aktien und andere nicht festverzinsliche Wertpapiere	7.500
Schuldscheindarlehen	1.000
Derivative Finanzinstrumente	17.000
Zinsbezogene Derivate	*10.000*
Währungsbezogene Derivate	*5.000*
Aktien-/Indexbezogene Derivate	*1.500*
Sonstige Derivate	*500*
Gesamt	45.000

Abbildung 3: Aufgliederung der Handelsaktiva

20 Hierunter fallen nur originär begründete Kredite gemäß IAS 39.10.

21 Hierunter fallen nur originär begründete Kredite gemäß IAS 39.10.

22 Hierunter fallen nur Derivate des Bankbuchs (mit einem positiven Marktwert), für die die Regelungen des Hedge Accounting angewandt wurden.

23 Hierunter fallen nur Derivate des Bankbuchs (mit einem negativen Marktwert), für die die Regelungen des Hedge Accounting angewandt wurden.

24 Hierunter fallen alle Derivate mit positivem Marktwert aus 1. dem Handelsbuch und 2. dem Bankbuch (sofern die Regelungen des Hedge Accounting nicht angewandt wurden).

25 Hierunter fallen alle Derivate mit negativem Marktwert aus 1. dem Handelsbuch und 2. dem Bankbuch (sofern die Regelungen des Hedge Accounting nicht angewandt wurden). Darüber hinaus werden hier Lieferverpflichtungen aus Wertpapierleerverkäufen ausgewiesen.

Available-for-Sale-Bestand	Mio. €
Schuldverschreibungen und andere festverzinsliche Wertpapiere	59.000
Aktien und andere nicht festverzinsliche Wertpapiere	9.000
Erworbene Kredite	6.500
Beteiligungen	2.000
Beteiligungen an assoziierten Unternehmen	1.400
Beteiligungen an Tochterunternehmen	100
Gesamt	78.000

Abbildung 4: Aufgliederung des Available-for-Sale-Bestands

Verbriefte Verbindlichkeiten	Mio. €
Begebene Schuldverschreibungen	69.750
Begebene Geldmarktpapiere	29.000
Sonstige	1.000
Gesamt	99.750

Abbildung 5: Aufgliederung der verbrieften Verbindlichkeiten

Handelspassiva	Mio. €
Derivative Finanzinstrumente	16.000
Zinsbezogene Derivate	*9.500*
Währungsbezogene Derivate	*5.000*
Aktien-/Indexbezogene Derivate	*1.300*
Sonstige Derivate	*200*
Lieferverpflichtungen aus Wertpapierleerverkäufen	1.000
Gesamt	17.000

Abbildung 6: Aufgliederung der Handelspassiva

Zur weitergehenden Kennzeichnung der derivativen Geschäfte bietet sich darüber hinaus an, diese nach Produktarten zu unterscheiden. Dies gilt sowohl für Derivate des Handelsbestandes als auch für Sicherungsderivate (vgl. Abbildung 8 unten).

IAS 32 verlangt darüber hinaus Angaben zu den wesentlichen Vertragsbedingungen der Finanzinstrumente. Hierzu zählen insbesondere

- Nominalvolumen,
- Restlaufzeit,
- in Finanzinstrumente eingebettete Rechte (Kündigungsrechte, Wandlungsrechte oder andere eingebettete Derivate),
- geleistete bzw. erhaltene Sicherheiten oder
- sonstige Bedingungen der Finanzinstrumente (z.B. covenants).

Angaben zum Nominalvolumen und zur Restlaufzeit sind naturgemäß nur für Finanzinstrumente mit einer vertraglichen Laufzeit möglich. Die Nominalbeträge dieser Geschäfte sind nach Restlaufzeiten aufzugliedern, ohne dass IAS 32 eine Vorgabe über die anzugebenden Laufzeitbänder macht. Daneben regelt bereits IAS 30 eine Pflicht zur Aufgliederung des Buchwerts von Finanzinstrumenten nach Restlaufzeiten.[26] Um eine Aufgliederung sowohl des Buchwerts als auch des Nominalbetrags zu vermeiden, bietet es sich an:

- für nicht-derivative Finanzinstrumente entweder den Buchwert[27] oder den Nominalbetrag in Berichtswährung gemäß den Laufzeitbändern des IAS 30 aufzugliedern (vgl. Abbildung 7) und
- für Derivate den Nominalbetrag in Berichtswährung aufzugliedern, da der Buchwert (Fair Value) keine Aussagekraft bezüglich des Geschäfts- und Risikovolumens besitzt (vgl. Abbildung 8).

Restlaufzeitengliederung in Mio. €	Buchwert	**Nominalbetrag - Restlaufzeit**					
		< 1 Monat	1 bis 3 Monat(e)	3 bis 12 Monate	1 bis 5 Jahr(e)	mehr als 5 Jahre	Summe
Forderungen an Kreditinstitute	29.900	6.000	12.000	5.000	3.000	4.000	30.000
Forderungen an Kunden	99.750	9.000	20.000	10.000	21.000	40.000	100.000
Schuldverschreibungen und Schuldscheindarlehen des Handelsbestands	20.500	0	2.000	3.000	10.000	5.000	20.000
Schuldverschreibungen und erworbene Kredite des Available-for-Sale-Bestands	65.500	0	5.000	7.000	23.000	30.000	65.000
Held-to-Maturity Investments	9.800	0	1.000	1.000	5.000	3.000	10.000
Summe Aktiva	225.450	15.000	40.000	26.000	62.000	82.000	225.000
Verbindlichkeiten gegenüber Kreditinstituten	50.000	6.000	26.000	9.000	4.000	5.000	50.000
Verbindlichkeiten gegenüber Kunden	59.750	19.000	25.000	4.000	5.000	7.000	60.000
Verbriefte Verbindlichkeiten	99.750	0	18.000	20.000	39.000	23.000	100.000
Nachrangkapital	5.000	0	0	500	1.500	3.000	5.000
Summe Passiva	214.500	25.000	69.000	33.500	49.500	38.000	215.000

Abbildung 7: Restlaufzeitengliederung nicht-derivativer Finanzinstrumente

26 Vgl. IAS 30.30, der allerdings der Kennzeichnung des Liquiditätsrisikos dient.

27 Das ist für Forderungen, Held-to-Maturity Investments und Verbindlichkeiten der Betrag der fortgeführten Anschaffungskosten und für den Handels- und den Available-for-Sale-Bestand der Marktwert.

Restlaufzeitengliederung in Mio. €		**Nominalbetrag** Restlaufzeit bis 1 Jahr	1 bis 5 Jahr(e)	mehr als 5 Jahre	Summe	**Marktwert** positiv	negativ
Zinsbezogene Geschäfte		498.000	230.500	194.000	922.500	12.000	12.500
OTC-Geschäfte	Forward Rate Agreements	90.000	1.500	0	91.500	500	500
OTC-Geschäfte	Zinsswaps	353.000	200.000	169.000	722.000	10.500	11.000
OTC-Geschäfte	Zinsoptionen – Käufe	6.000	13.000	12.000	31.000	1.000	-
OTC-Geschäfte	Zinsoptionen – Verkäufe	7.000	14.000	13.000	34.000	-	1.000
OTC-Geschäfte	Sonstige Zinskontrakte	0	0	0	0	0	0
Börsengehandelte Geschäfte	Zinsfutures	12.000	1.500	0	13.500	-	-
Börsengehandelte Geschäfte	Zinsoptionen	30.000	500	0	30.500	-	-
Währungsbezogene Geschäfte		150.000	25.000	6.000	181.000	5.000	5.000
OTC-Geschäfte	Devisentermingeschäfte	115.000	7.000	0	122.000	3.000	3.000
OTC-Geschäfte	Zinswährungsswaps	12.000	15.500	6.000	33.500	1.500	1.500
OTC-Geschäfte	Devisenoptionen – Käufe	11.000	1.500	0	12.500	500	-
OTC-Geschäfte	Devisenoptionen – Verkäufe	12.000	1.000	0	13.000	-	500
OTC-Geschäfte	Sonstige Devisenkontrakte	0	0	0	0	0	0
Börsengehandelte Geschäfte	Devisenfutures	0	0	0	0	-	-
Börsengehandelte Geschäfte	Devisenoptionen	0	0	0	0	-	-
Aktien-/Indexbezogene Geschäfte		9.000	15.000	1.000	25.000	1.500	1.300
OTC-Geschäfte	Aktien-/Index-Swaps	0	0	0	0	0	0
OTC-Geschäfte	Aktien-/Index-Optionen (Käufe)	4.500	7.500	500	12.500	1.400	-
OTC-Geschäfte	Aktien-/Index-Optionen (Verkäufe)	4.000	7.000	500	11.500	-	1.200
OTC-Geschäfte	Sonstige Aktien-/Index-Kontrakte	500	500	0	1.000	100	100
Börsengehandelte Geschäfte	Aktien-/Index-Futures	0	0	0	0	-	-
Börsengehandelte Geschäfte	Aktien-/Index-Optionen	0	0	0	0	-	-
Sonstige Geschäfte		1.500	7.000	1.000	9.500	500	200
OTC-Geschäfte	Edelmetallgeschäfte	0	0	0	0	0	0
OTC-Geschäfte	Kreditderivate	1.500	7.000	1.000	9.500	500	200
OTC-Geschäfte	Sonstige Geschäfte	0	0	0	0	0	0
Börsengehandelte Geschäfte	Futures	0	0	0	0	-	-
Börsengehandelte Geschäfte	Optionen	0	0	0	0	-	-

Abbildung 8: Restlaufzeitengliederung für Derivate[28]

[28] Die Aufgliederung entspricht einer Empfehlung des BUNDESVERBANDES DEUTSCHER BANKEN, vgl. AUSSCHUSS FÜR BILANZIERUNG DES BUNDESVERBANDES DEUTSCHER BANKEN, Bilanzpublizität von Finanzderivaten, WPg 1995, S. 1-6, hier S. 4.

Zur Kennzeichnung der Art und des Umfangs der bilanzunwirksamen Finanzinstrumente sind zumindest die Nominalbeträge der Eventualverbindlichkeiten und der unwiderruflichen Kreditzusagen anzugeben.[29]

Die vorgenannten Aufgliederungen werden jeweils in der Berichtswährung des Kreditinstituts gemacht. Wenn die zugrunde liegenden Geschäfte auf eine andere Währung lauten, sind zusätzliche Angaben hierzu erforderlich. Darüber hinaus sind zu allen vorgenannten Aufgliederungen textliche Angaben über weitere wesentliche Vertragsbedingungen – zum Beispiel eingebettete Derivate, Sicherheitenleistungen usw. – zu machen.

2.2.2 Bilanzierungsmethoden

IAS 32 verlangt darüber hinaus die Angabe der für Finanzinstrumente angewandten Bilanzierungs- und Bewertungsmethoden[30] und ergänzt damit die in diesem Zusammenhang in IAS 1 allgemein geregelte Offenlegungspflicht[31].

Neben einer Beschreibung der Rechnungslegungsvorschriften für Finanzinstrumente (die sich im Wesentlichen aus IAS 39 ergeben) ist es auch erforderlich, Angaben zur Anwendung dieser Regelungen auf die im Unternehmen relevanten Geschäftsvorfälle zu machen. Diese Angaben beziehen sich auf die:[32]

- Kriterien für den bilanziellen Zu-/Abgang von Finanzinstrumenten:

  Die Vorschriften für die Ein- bzw. Ausbuchung von Finanzinstrumenten[33] sind darzulegen und für die im Unternehmen in diesem Zusammenhang relevanten Transaktionen (z.B. Pensionsgeschäfte, Wertpapierleihegeschäfte und Forderungsverbriefungen) zu spezifizieren.[34]

- Bewertungsmethoden:

  Neben einer Erläuterung der Bewertungsvorschriften für Finanzinstrumente[35] ist insbesondere

---

29 Diese Angabepflicht resultiert bereits aus IAS 30.26.

30 Vgl. IAS 32.47b.

31 Vgl. IAS 1.91(a).

32 IAS 32.53-55 enthält eine Aufzählung beispielhafter Angabepflichten. Gemäß ED IAS 39.B30 soll diese Aufzählung allerdings gestrichen werden, da IAS 39 hinreichend spezifische Vorschriften enthält.

33 Diese resultieren aus IAS 39.27-65.

34 Vgl. zur Ausbuchung von Finanzinstrumenten den Abschnitt 2.1 im Beitrag „Ansatz und Bewertung von Financial Instruments".

35 Diese resultieren aus IAS 39.66-165.

- auf die unternehmensspezifische Umsetzung dieser Regeln einzugehen (z.B. hinsichtlich der Methoden zur Bestimmung von Fair Values, Ermittlung von Wertberichtigungen auf Forderungen, Abtrennung eingebetteter Derivate aus hybriden Finanzinstrumenten oder Bestimmung des bilanziellen Anpassungsbetrags für im Rahmen eines Fair Value Hedges gesicherte Geschäfte) und
- die Nutzung von Wahlrechten zu kennzeichnen (insbesondere bezüglich der Anwendung des „trade date/settlement date accounting"[36] und der Verrechnung unrealisierter Marktwertänderungen aus Available-for-Sale-Beständen[37]).
- Erfassung und Bewertungen von Aufwendungen und Erträgen:

  Neben der Darstellung der diesbezüglichen Vorschriften ist deren Umsetzung im Unternehmen zu beschreiben (z.B. bezüglich der Verrechnung von Erträgen und Aufwendungen, Ermittlung der Ergebniswirkungen aus Cash Flow Hedges und Fair Value Hedges und der Erfassung von Zinserträgen für Kredite mit Zahlungsrückständen).

2.3 Angaben zu Fair Values von Finanzinstrumenten

Nach der vom IASB vertretenen Ansicht sollten alle Finanzinstrumente einheitlich zum Fair Value bilanziert werden, um den Abschlussadressaten entscheidungsrelevante Informationen über die Leistungsfähigkeit des Unternehmens zur Verfügung zu stellen.[38] Da sich eine solche umfassende Marktbewertung bis heute aber nicht durchsetzen konnte, besteht gemäß IAS 32 die Verpflichtung, für alle nicht zum Fair Value bilanzierten Finanzinstrumente, den Fair Value im Notes anzugeben.[39] Mit dieser Angabe sollen die Abschlussadressaten eine bessere Abschätzung der aus den Finanzinstrumenten künftig resultierenden Cash Flows vornehmen können (vgl. hierzu Beispiel 1).

Eine Notwendigkeit zur Angabe von Fair Values im Notes besteht nur für Finanzinstrumente, die zu fortgeführten Anschaffungskosten bewertet werden oder bilanzunwirksam sind. Danach sind Angaben für folgende Finanzinstrumente erforderlich:[40]

---

36 Vgl. IAS 39.30.

37 Vgl. IAS 39.103(b). ED IAS 39.103(b) sieht nur noch eine erfolgsneutrale Behandlung vor; vgl. dazu den Abschnitt 2.3.4 im Beitrag „Ansatz und Bewertung von Financial Instruments".

38 Vgl. hierzu zum Beispiel PAPE, J., Financial Instruments: Standard der Joint Working Group of Standard Setters, WPg 2001, S. 1458-1467, hier S. 1461.

39 Vgl. hierzu und im Weiteren IAS 32.77-87.

40 ED IAS 39.10 sieht die Möglichkeit einer freiwilligen Bewertung aller Finanzinstrumente zum Fair Value vor. Soweit ein solches Wahlrecht genutzt wird, sind Angaben zum Fair Value nicht erforderlich.

Beispiel 1:

Bank A begibt am 31.03.20x1 einen mit 5% festverzinslichen Kredit i.H.v. 5 Mio. € mit einer Laufzeit bis 31.03.20x7. Bis zum 31.03.x3 ist der vergleichbare Marktzins auf 4% gefallen. Zu diesem Zeitpunkt begibt die Bank einen mit 4% festverzinslichen Kredit i.H.v. 5 Mio. € mit einer Laufzeit ebenfalls bis 20.03.20x7. Beide Kredite werden gemäß IAS 39 zu fortgeführten Anschaffungskosten von 5 Mio. € bilanziert, obwohl die künftigen Zins-Cash-Flows des ersten Kredits höher sind. Dieser Unterschied spiegelt sich im Fair Value der beiden Geschäfte wieder: Während Kredit I einen Fair Value von 5,3 Mio. € aufweist, hat Kredit II einen Fair Value von nur 5 Mio. €. Die stille Reserve des Kredit I in Höhe von 0,3 Mio. € wird im Notes ausgewiesen.

Finanzinstrument	Bewertungsmaßstab	Fair Value Angabe
Bilanzwirksame finanzielle Vermögensgegenstände		
Forderungen an Kreditinstitute	Fortgeführte Anschaffungskosten	Ja
Forderungen an Kunden	Fortgeführte Anschaffungskosten	Ja
Derivative Sicherungsinstrumente	Fair Value	Nein
Handelsaktiva	Fair Value	Nein
Available-for-Sale-Bestand	Fair Value	Nein
Held-to-Maturity Investments	Fortgeführte Anschaffungskosten	Ja
Bilanzwirksame finanzielle Verpflichtungen		
Verbindlichkeiten gegenüber Kreditinstituten	Fortgeführte Anschaffungskosten	Ja
Verbindlichkeiten gegenüber Kunden	Fortgeführte Anschaffungskosten	Ja
Verbriefte Verbindlichkeiten	Fortgeführte Anschaffungskosten	Ja
Derivative Sicherungsinstrumente	Fair Value	Nein
Handelspassiva	Fair Value	Nein
Nachrangkapital	Fortgeführte Anschaffungskosten	Ja
Außerbilanzielle Finanzinstrumente		
Unwiderrufliche Kreditzusagen	-	Ja
Eventualverbindlichkeiten	-	Ja

Abbildung 9: Notwendigkeit einer Fair-Value-Angabe

Der Fair Value ist der Betrag, zu dem – unter vertragswilligen, sachverständigen und voneinander unabhängigen Parteien – Vermögensgegenstände getauscht bzw. Verpflichtungen erfüllt werden können.[41] Bei der Bestimmung dieses Betrags ist stets von der Prämisse der Unternehmensfortführung auszugehen. Der Fair Value ist daher nicht als Liquidationswert, sondern unter Bezugnahme auf die aktuellen Umfeldbedingungen des Unternehmens zu ermitteln. Dabei ist wie folgt vorzugehen:

1. Wird das Finanzinstrument in einem aktiven und liquiden Markt – Börse oder OTC-Markt – gehandelt, ist die Quotierung am Bilanzstichtag für die Bestimmung des Fair Value maßgebend.
2. Liegt in einem solchen Markt hingegen keine aktuelle Quotierung vor, können die zuletzt verfügbaren Marktpreise herangezogen werden, wenn zwischenzeitlich keine wesentlichen wertrelevanten Änderungen stattgefunden haben.
3. Liegen für ein Finanzinstrument keine Marktpreise vor – weil der Markt nicht hinreichend aktiv ist oder kein Markt vorhanden ist –, ist der Fair Value mittels anderer Methoden zu schätzen:

   a. durch Verwendung von Marktpreisen anderer, vergleichbarer Finanzinstrumente,

   b. mittels der Methode des Discounted Cash Flow, indem die zukünftig erwarteten Zahlungsströme aus dem Finanzinstrument abgezinst werden oder

   c. mittels Optionspreismodellen.

Da die Bewertung in den Fällen 1, 2 und 3a auf Marktpreisen basiert, wird sie „mark-to-market“ bezeichnet. Weil in den Fällen 3b und 3c Bewertungsmodelle verwendet werden, werden sie als „mark-to-model“ bezeichnet.

Für den überwiegenden Teil der Finanzinstrumente, für die eine Angabe der Fair Values im Notes erforderlich ist, kommt nur ein „mark-to-model“ in Frage, da diese Geschäfte nicht aktiv gehandelt werden. Dies gilt insbesondere für Kredite und für (einen wesentlichen Teil der) Verbindlichkeiten. Der Fair Value dieser Geschäfte ist daher regelmäßig mittels der Barwertmethode zu bestimmen und insbesondere von Zins-, Bonitäts- und Währungsrisiken abhängig:

- Zinsbedingte Veränderungen des Fair Value ergeben sich nur für festverzinsliche Finanzinstrumente. Für variabel verzinsliche Geschäfte besteht daher keine Angabepflicht im Notes (vgl. Beispiel 2 und 3).
- Wechselkursbedingte Veränderungen des Fair Value werden bilanziell bereits berücksichtigt.[42] Sie begründen daher allein keine Angabepflicht in den Notes (vgl. Beispiel 4).

---

[41] Vgl. IAS 32.5.

[42] Vgl. hierzu IAS 21.11.

- Bonitätsbedingte Veränderungen des Fair Value begründen dann eine Angabepflicht in den Notes, wenn sich die Veränderung bilanziell nicht niedergeschlagen hat (vgl. Beispiel 5).

Beispiel 2:

Bank A begibt am 15.2.20x1 einen Kredit i.H.v. 1 Mio. € mit dreimonatiger Zinsanpassung und einer Laufzeit von 4 Jahren. Am 31.12.20x1 wird der Kredit zu fortgeführten Anschaffungskosten i.H.v. 1 Mio. € bilanziert. Der Fair Value des Kredits beträgt (bei unveränderter Bonität des Schuldners) ebenfalls ca. 1 Mio. €, da die letzte Anpassung an das Marktzinsniveau erst sechs Wochen zurückliegt und die nächste Zinsanpassung bereits in sechs Wochen erfolgt. In den Notes ist daher keine Angabe erforderlich.

Beispiel 3:

Bank B begibt am 30.06.20x1 eine mit 5% festverzinsliche Anleihe über 15 Mio. € mit einer Laufzeit von 7 Jahren. Bis zum 30.06.20x2 ist das Zinsniveau gestiegen. Infolge der Unterverzinslichkeit der Verbindlichkeit beträgt der Fair Value –14 Mio. €. Die Differenz von 1 Mio. € zu den fortgeführten Anschaffungskosten i.H.v. –15 Mio. € ist in den Notes anzugeben.

Beispiel 4:

Wie Beispiel 2, jedoch handelt es sich um einen Kredit über 1 Mio. USD. Bei Emission beträgt der Wechselkurs USD/EUR 1,0. Am 31.12.20x1 beträgt der Wechselkurs 1,25. Der Kredit wird zu fortgeführten Anschaffungskosten (in Euro) i.H.v. 800 T€ bilanziert. Der Marktwert beträgt ebenfalls ca. 800 T€. In den Notes ist daher keine Angabe erforderlich.

Beispiel 5:

Wie Beispiel 2. Bis zum 31.12.20x3 ist die Bonität des Schuldners gesunken, ohne dass mit einem Zahlungsausfall gerechnet werden muss. Der Kredit wird zu fortgeführten Anschaffungskosten i.H.v. 1 Mio. € bilanziert. Auf Grund der verschlechterten Bonität ist der Fair Value mit einem erhöhten credit spread zu ermitteln. Daraus resultiert – trotz variabler Verzinsung – ein Rückgang des Fair Value um 0,1 Mio. €, der in den Notes anzugeben ist.

Bei der Ermittlung des Fair Value sind eingebettete Derivate, sofern sie nicht bereits bilanziell abgetrennt und zum Fair Value bilanziert werden[43], zu berücksichtigen.[44] Dabei kann es sich zum Beispiel um Kündigungsrechte oder Zinsbegrenzungsvereinbarungen handeln:

Beispiel 6:

Bank A begibt am 01.01.20x1 einen Kredit i.H.v. 20 Mio. € und einer Laufzeit von 5 Jahren. Der Zins wird vierteljährlich angepasst, ist aber nach oben bei 4% begrenzt. Bei Kreditvergabe beträgt der 3-Monats-Zins 3,5%. Am 31.12.20x2 beträgt der 3-Monats-Zins 4,5%. Da der cap gemäß IAS 39 nicht abzutrennen ist, wird der Kredit zu fortgeführten Anschaffungskosten i.H.v. 20 Mio. € bilanziert. Der Fair Value des Kredits setzt sich aus dem Fair Value des Kredits ohne Zinsbegrenzung und dem Fair Value des cap zusammen. Während der isolierte Kredit wegen der variablen Verzinsung (bei unveränderter Bonität des Kunden) einen Fair Value von annähernd 20 Mio. € aufweist, hat der cap einen Marktwert von -0,3 Mio. €. Der Fair Value i.H.v. 19,7 Mio. € ist in den Notes anzugeben.

Beispiel 7:

Wie Beispiel 3, allerdings hat der Gläubiger ein Kündigungsrecht zum Nominalbetrag. Da das Kündigungsrecht gemäß IAS 39 nicht abzutrennen ist, wird die Verbindlichkeit zum 31.12.20x3 mit den fortgeführten Anschaffungskosten zu 15 Mio. € bilanziert. Der Fair Value der Verbindlichkeit setzt sich aus dem Fair Value der Verbindlichkeit ohne Kündigungsrecht und dem Kündigungsrecht (aus Sicht der Bank ein short put auf die Verbindlichkeit) zusammen. Während die isolierte Verbindlichkeit einen Fair Value von -14 Mio. € aufweist, hat das Kündigungsrecht einen Fair Value von -1 Mio. €. Der Fair Value der Verbindlichkeit insgesamt ändert sich daher nicht. Eine Angabe in den Notes ist nicht erforderlich.

Die Angaben zu den Fair Values sind so vorzunehmen, dass sie einen Vergleich mit dem Buchwert und damit eine Ermittlung der unrealisierten Reserven oder Lasten ermöglichen (vgl. z.B. Abbildung 10). Verrechnungen sind nur für solche Finanzinstrumente erlaubt, die auch in der Bilanz auf Nettobasis ausgewiesen werden. Darüber hinaus sind die Methoden zur Ermittlung der Fair Values und die dabei zugrunde gelegten Annahmen[45] zu beschreiben. Für den Fall, dass eine Ermittlung des Fair Value aus Zeit-

---

43 Vgl. zu den Regelungen zur Abtrennung eingebetteter Derivate IAS 39.22-26.

44 Vgl. zu Embedded Derivatives den Abschnitt 2.5 im Beitrag „Ansatz und Bewertung von Financial Instruments".

45 Es ist beispielsweise zu beschreiben, in welchen Fällen der Fair Value mit dem Buchwert gleichgesetzt wurde.

und/oder Kostengründen nicht möglich ist, ist diese Tatsache, zusammen mit einer Begründung und einer Beschreibung des Finanzinstruments, anzugeben, damit sich der Abschlussadressat ein eigenes Bild über den Fair Value machen kann.

Fair Values von Finanzinstrumenten (in Mio. €)	**Buchwert**	**Fair Value**	**Differenz**
Bilanzwirksame finanzielle Vermögensgegenstände			
Forderungen an Kreditinstitute	29.900	30.650	750
Forderungen an Kunden	99.750	101.850	2.100
Held-to-Maturity Investments	9.800	10.600	800
Bilanzwirksame finanzielle Verpflichtungen			
Verbindlichkeiten gegenüber Kreditinstituten	50.000	50.850	850
Verbindlichkeiten gegenüber Kunden	59.750	60.700	950
Verbriefte Verbindlichkeiten	99.750	101.450	1.700
Nachrangkapital	5.000	5.350	350

Abbildung 10: Fair Values für Finanzinstrumente

In Ergänzung zu diesen Angaben über die Fair Values verlangt IAS 32 zusätzliche Erläuterungen für den Fall, dass der Buchwert finanzieller Vermögenswerte über deren Fair Value liegt.[46] Damit soll dem Abschlussleser eine Erklärung dafür gegeben werden, dass unrealisierte Marktwertverluste bilanziell nicht berücksichtigt wurden. Im Einzelnen ist in diesem Zusammenhang anzugeben:

- der Buchwert sowie der Fair Value der (Gruppen von) Finanzinstrumente(n) sowie
- die Gründe dafür, dass der Buchwert nicht auf den Fair Value reduziert wurde.

Einen über dem Fair Value liegenden Buchwert können grundsätzlich nur solche finanziellen Vermögenswerte aufweisen, die nicht zum Fair Value bilanziert werden. Für die vorgenannte Angabepflicht kommen daher nur Forderungen und Held-to-Maturity Investments in Frage.[47] Für diese Geschäfte ist der Buchwert dann nicht auf den (niedrigeren) Fair Value zu reduzieren, wenn der Rückgang des Fair Value:

- zinsinduziert ist oder
- durch eine Verschlechterung der Bonität des Schuldners bzw. Emittenten begründet ist und nicht damit gerechnet werden muss, dass der Vertragspartner seinen Zahlungsverpflichtungen nicht nachkommen kann. So rechtfertigt eine Reduzierung des Ratings allein keine Wertberichtigung. Eine Wertberichtigung ist erst dann erforder-

46 Vgl. hierzu und im Weiteren IAS 32.88-90.

47 Vgl. zur Kategorie Held-to-Maturity den Abschnitt 2.3.2 im Beitrag „Ansatz und Bewertung von Financial Instruments".

lich, wenn der Schuldner erhebliche finanzielle Probleme hat oder eine hohe Wahrscheinlichkeit für einen Konkurs besteht.[48]

Die geforderten Angaben zur Begründung eines über dem Fair Value liegenden Buchwerts können daher durch einen Verweis auf die Bewertungsmethoden und die diesbezüglichen Ausführungen zur Ermittlung von Wertberichtigungen erfolgen.[49]

2.4 Angaben zum Risikomanagement und Hedge Accounting

Ziel der Offenlegungspflichten ist es, dem Abschlussleser eine Einschätzung der aus dem Einsatz von Finanzinstrumenten resultierenden Risiken zu ermöglichen. In diesem Zusammenhang interessiert unter anderem auch die Art und Weise, wie das Unternehmen mit diesen Risiken umgeht. IAS 32 verlangt daher Angaben über die Zielsetzungen und Methoden des Risikomanagements für Finanzinstrumente.[50]

Eine weitergehende Konkretisierung des Inhalts und Umfangs der hierfür erforderlichen Angaben findet sich in IAS 32 nicht. Das Unternehmen hat hierüber vielmehr nach eigenem Ermessen zu entscheiden. Gegenstand einer solchen Berichterstattung sollten unter anderem sein:

- Spezifizierung der Strategien und Ziele des Risikomanagements unter Bezugnahme auf die Gesamtbanksteuerung,
- Darstellung der Organisation des Risikomanagementprozesses (Kennzeichnung der Organisationseinheiten und ihrer Aufgaben im Rahmen der Risikosteuerung und Risikoüberwachung),
- Beschreibung der relevanten Risikoarten (Adressenausfall-, Markt-, Liquiditäts- und sonstige Risiken),

Für jede Risikoart sollten angegeben werden:

- Art und Umfang der dem Risiko unterliegenden Finanzinstrumente,
- der mit dem Einsatz der Finanzinstrumente verfolgte Zweck,
- Prozess und Organisation des Risikocontrolling (Identifizierung, Analyse, Bewertung, Steuerung und Überwachung des Risikos),
- Methoden zur Risikoquantifizierung und
- Limitierung und Limitüberwachung der Risiken.

---

48 Vgl. IAS 39.109, 110.

49 ED IAS 39 sieht eine Streichung dieser Angaben vor.

50 Vgl. IAS 32.43A. Vgl. hierzu auch IAS 30.7, IAS 21.47.

Im Zusammenhang mit der Berichterstattung über das Risikomanagement bietet es sich auch an, auf die von IAS 32 geforderten Angaben zum Hedge Accounting einzugehen.[51] So sind

- die genutzten Formen des Hedge Accounting (Fair Value Hedge, Cash Flow Hedge und Hedge of a Net Investment in a Foreign Entity),[52]
- die dabei verwendeten Finanzinstrumente (insbesondere Derivate) und
- die gesicherten Risiken (Ausfall-, Zins-, Währungs- oder andere Marktpreisrisiken)[53]

anzugeben.

Für den Fall, dass die angewandten Regeln des Hedge Accounting die Risikoposition des Kreditinstituts nicht adäquat in der Bilanz bzw. der Gewinn- und Verlustrechnung abbilden, sollten zusätzliche Erläuterungen vorgenommen werden. Dies kann insbesondere aus den restriktiven Anwendungsvoraussetzungen für das Hedge Accounting gemäß IAS 39 resultieren. So darf zum Beispiel das Fair-Value-Hedge-Accounting im Falle der derivativen Sicherung offener Zinspositionen auf der Basis einer Gap-Analyse regelmäßig nicht angewendet werden.[54] In einem solchen Fall weist der Abschluss des Kreditinstituts unter Umständen ein volatiles Ergebnis und damit eine tatsächlich nicht vorhandene, offene Zinsrisikoposition aus.[55] Zur Vermeidung von Missinterpretationen sollte die Diskrepanz zwischen der tatsächlichen Risikolage der Bank und deren Abbildung im Abschluss kommentiert werden.

2.5 Angaben zu Zinsrisiken

2.5.1 Grundsätzliche Anforderungen

Neben den allgemeinen Angabepflichten zum Risikomanagement und zum Hedge Accounting verlangt IAS 32 gesonderte Angaben über die aus dem Einsatz von Finanz-

---

51 Vgl. die diesbezüglichen Angabepflichten in IAS 39.169(b).

52 Vgl. hierzu IAS 39.137 sowie die im Abschnitt 2.6 des Beitrags „Ansatz und Bewertung von Financial Instruments" gemachten Ausführungen.

53 Sofern die gesicherten Risiken aus erwarteten Transaktionen resultieren, werden gemäß IAS 39.169 (b)(iv) zusätzliche Angabepflichten verlangt.

54 Dies scheitert an der meist nicht nachweisbaren Micro-Hedge-Beziehung. Vgl. hierzu IAS 39.133.

55 Zu Unterschieden zwischen dem Risikomanagement und dessen Abbildung in der Bilanz bzw. Gewinn- und Verlustrechnung vgl. BELLAVITE-HÖVERMANN, Y./BARCKOW, A., Kommentierung zu IAS 39, in: BAETGE, J. u.a., Rechnungslegung nach International Accounting Standards (IAS), 2. Aufl., Stuttgart 2002, Tz. 187 zu IAS 39.

instrumenten resultierenden Zinsrisiken.[56] Unter dem Zinsrisiko wird allgemein das Risiko verstanden, dass sich die künftige Ertragslage der Bank auf Grund einer Veränderung des Zinsniveaus verbessert oder verschlechtert. Diesem Risiko unterliegen alle zinsabhängigen Finanzinstrumente. Zinsrisiken ergeben sich insbesondere, wenn zinsabhängige Vermögensgegenstände und Verpflichtungen unterschiedliche Zinsbindungsfristen aufweisen, z.B. wenn:

- langfristige, festverzinsliche Aktiva kurzfristig refinanziert (vgl. Beispiel 8) oder laufzeitkongruent, aber variabel verzinslich refinanziert werden (vgl. Beispiel 9),
- langfristige, festverzinsliche Verbindlichkeiten zur Refinanzierung kurzfristiger Aktiva oder laufzeitkongruenter, variabel verzinslicher Aktiva verwendet werden.

Bestehen zwischen den Vermögensgegenständen und Verbindlichkeiten keine Zinsbindungsunterschiede, existiert auch kein Zinsrisiko (vgl. Beispiel 10).

Beispiel 8:

Bank X begibt einen festverzinslichen Kredit mit einer Laufzeit von 6 Jahren. Der Kredit wird mit einem Geldmarktgeschäft mit einer Laufzeit von einem Jahr refinanziert. Aus dem Laufzeitunterschied (6 Jahre vs. 1 Jahr) resultiert ein Zinsrisiko. So ist im Falle steigender Marktzinsen – bei unveränderten Zinserträgen – für die Anschlussfinanzierung in einem Jahr ein höherer Zinssatz zu zahlen. Dadurch reduziert sich die Zinsmarge.

Beispiel 9:

Bank Y begibt einen festverzinslichen Kredit mit einer Laufzeit von 5 Jahren. Der Kredit wird durch Begebung einer fünfjährigen Anleihe mit variabler Verzinsung (6 Monats Euribor) refinanziert. Aus den unterschiedlichen Zinsbindungsfristen (5 Jahre vs. 6 Monate) resultiert ein Zinsrisiko. So erhöhen sich im Falle steigender Marktzinsen – bei gleichbleibenden Zinserträgen – die Refinanzierungszinsen. Dadurch reduziert sich die Zinsmarge.

Beispiel 10:

Bank Z begibt einen variabel verzinslichen Kredit mit halbjährlicher Zinsanpassung und einer Laufzeit von 5 Jahren. Der Kredit wird mit einem Geldmarktgeschäft mit einer Laufzeit von sechs Monaten refinanziert. Da die Zinsbindung des Kredits und der Verbindlichkeit übereinstimmen, besteht kein Zinsrisiko. Im Fall steigender Zinsen erhöhen sich sowohl die Zinserträge als auch die Refinanzierungskosten. Daher ändert sich die Zinsmarge nicht.[57]

---

[56] Vgl. hierzu und im Weiteren IAS 32.56-65.

[57] Die Marge kann sich allerdings durch eine Erhöhung oder Reduzierung des credit spread für die Refinanzierung ändern.

Die Angabepflichten zu den Zinsrisiken in IAS 32 beziehen sich auf alle zinsabhängigen Finanzinstrumente, unabhängig davon, ob sie bilanzwirksam oder -unwirksam sind. Zu den bilanzwirksamen Finanzinstrumenten zählen insbesondere Kredite, Wertpapiere und Verbindlichkeiten sowie zinsbezogene Derivate (u.a. Zinsswaps, Zinswährungsswaps und Zinsoptionen). Als bilanzunwirksame Finanzinstrumente sind insbesondere unwiderrufliche (festverzinsliche) Kreditzusagen zu berücksichtigen.

IAS 32 unterscheidet für die Angabepflicht zwei Arten von Zinsrisiken:

- Ein Fair-Value-Zinsrisiko liegt vor, wenn Zinsschwankungen eine Änderung des Fair Value eines Finanzinstruments bewirken.
- Ein Cash-Flow-Zinsrisiko liegt vor, wenn Zinsschwankungen eine Änderung der künftigen Cash Flows eines Finanzinstrument bewirken.

Die – im Zinsrisikomanagement nicht übliche – Unterteilung in Fair-Value- und Cash-Flow-Zinsrisiken kann für nicht-derivative Finanzinstrumente einfach vorgenommen werden. Während festverzinsliche Geschäfte einem Fair-Value-Zinsrisiko unterliegen, weisen variabel verzinsliche Geschäfte ein Cash-Flow-Zinsrisiko auf. Lediglich bis zum nächsten Zinsanpassungstermin unterliegen sie einem Fair-Value-Zinsrisiko. Schwieriger gestaltet sich die Klassifizierung allerdings für derivative Geschäfte. So weist zum Beispiel ein einfacher Zinsswap sowohl die Definitionsmerkmale eines Fair-Value-Zinsrisikos (weil Zinsschwankungen eine Änderung des Marktwerts des Swaps zur Folge haben) als auch eines Cash-Flow-Zinsrisikos (weil Zinsschwankungen eine Änderung der künftigen Cash Flows aus dem Swap zu Folge haben) auf. Dies resultiert daraus, dass ein Zinsswap letztlich die Zusammensetzung zweier (nicht derivativer) Geschäfte mit entgegengesetzten Zinsrisiken ist. So kann zum Beispiel ein Payer-Zinsswap als eine Kombination aus einem variabel verzinslichen (aktiven) Finanzinstrument und einem festverzinslichen (passiven) Finanzinstrument beschrieben werden.

2.5.2 Angaben zu Fair-Value-Zinsrisiken

Der Umfang des Fair-Value-Zinsrisikos eines Finanzinstruments ist unmittelbar von dessen Zinsbindungsdauer abhängig. Je länger die Zinsbindungsdauer ist, desto stärker sind die Auswirkungen einer Zinsänderung auf den Marktwert. IAS 32 verlangt daher zur Kennzeichnung des Umfangs des Fair-Value-Zinsrisikos Angaben zu den vertraglichen Fälligkeits- bzw. früheren Zinsanpassungsterminen der Finanzinstrumente.[58] Dabei ist zwischen bilanzwirksamen und -unwirksamen Geschäften zu unterscheiden.

Für bilanzwirksame Finanzinstrumente ist eine Aufgliederung der Buchwerte nach ihrer Restlaufzeit bzw. der früheren Zinsbindungsfrist in fünf Laufzeitbänder (weniger als ein Monat, ein bis drei Monate, drei bis 12 Monate, 12 Monate bis 5 Jahre und mehr als

---

58 Vgl. IAS 32.56(a).

5 Jahre[59]) vorgeschrieben. Für jedes Laufzeitband sind die aktiven und passiven Festzinsbeträge gegenüberzustellen, um die Höhe der Festzinsüberhänge zu ermitteln.

Da sich die Angabepflicht auf die in der Bilanz ausgewiesenen Buchwerte bezieht, ist der aufzugliedernde Betrag von der Bewertung des Finanzinstruments gemäß IAS 39 abhängig. Dies können sein:

- fortgeführte Anschaffungskosten:

  für Forderungen, Held-to-Maturity Investments und Verbindlichkeiten,

- gemäß den Hedge-Accounting-Regeln angepasster Betrag der fortgeführten Anschaffungskosten:

  für Forderungen, Held-to-Maturity Investments und Verbindlichkeiten, für die die Regelungen des Fair-Value-Hedge-Accounting angewandt wurden oder

- Fair Value:

  für Sicherungsderivate, Handelsaktiva und -passiva sowie den Available-for-Sale-Bestand.

Zur Kennzeichnung des Zinsrisikos ist eine solche Buchwertaufgliederung aus folgenden Gründen zu kritisieren:

- Für zwei Finanzinstrumente mit identischem Fair-Value-Zinsrisiko werden unter Umständen – auf Grund verschiedener Bewertungsregeln – unterschiedliche Beträge angegeben[60] und
- für derivative Geschäfte ist der Buchwert (Fair Value) zur Kennzeichnung des Fair-Value-Zinsrisikos nicht maßgebend. Bedeutender ist in diesem Zusammenhang der Nominalbetrag.

Abweichend vom Wortlaut des IAS 32 bietet es sich daher an, die Angaben zu den Fair-Value-Zinsrisiken für bilanzwirksame Finanzinstrumente wie folgt vorzunehmen:

1. Für nicht-derivative Finanzinstrumente werden die Buchwerte – alternativ Nominalbeträge – nach Zinsbindungsfristen aufgegliedert und für jedes Zinsbindungsband die offene Zinsposition ausgewiesen (vgl. Abbildung 11).
2. Für derivative Finanzinstrumente werden die Nominalbeträge nach Zinsbindungsfristen aufgegliedert. Dabei werden aktivische[61] und passivische[62] Zinsrisiken unter-

---

59 ED IAS 32.64(a) sieht eine weitergehende Untergliederung im überjährigen Bereich vor.

60 Für zwei Kredite mit identischem Fair-Value-Zinsrisiko werden unterschiedliche Beträge aufgegliedert, wenn ein Kredit originär begründet und der andere im Sekundärmarkt erworben wurde.

61 Hierzu zählen Derivate, deren Marktwert sich im Falle einer Erhöhung des Zinsniveaus reduziert (z.B. Receiver-Swaps).

62 Hierzu zählen Derivate, deren Marktwert sich bei einer Zinsniveauerhöhung erhöht (z.B. Payer-Swaps).

schieden. Für jedes Zinsbindungsband wird die offene Zinsposition ausgewiesen (vgl. Abbildung 12).

3. Die beiden vorgenannten offenen Zinspositionen je Laufzeitband werden zur Gesamtrisikoposition aggregiert (vgl. Abbildung 13).

Bilanzielle Zinsrisiken aus nicht-derivativen Geschäften (in Mio. €)	**Nominalbetrag – Zinsbindung**					
	< 1 Monat	1 bis 3 Monat(e)	3 bis 12 Monate	1 bis 5 Jahr(e)	mehr als 5 Jahre	Summe
Forderungen an Kreditinstitute	7.000	14.000	6.000	1.500	1.500	30.000
Forderungen an Kunden	10.000	22.000	13.000	19.000	36.000	100.000
Schuldverschreibungen und Schuldscheindarlehen des Handelsbestands	1.000	4.000	5.000	7.000	3.000	20.000
Schuldverschreibungen und erworbene Kredite des Available-for-Sale-Bestands	0	8.000	10.000	20.000	27.000	65.000
Held-to-Maturity Investments	0	2.000	1.500	4.000	2.500	10.000
Summe Aktiva	18.000	50.000	35.500	51.500	70.000	225.000
Verbindlichk. gegenüber Kreditinstituten	8.000	27.000	8.000	3.000	4.000	50.000
Verbindlichkeiten gegenüber Kunden	20.000	27.000	6.000	3.000	4.000	60.000
Verbriefte Verbindlichkeiten	500	20.500	23.000	36.000	20.000	100.000
Nachrangkapital	0	500	1.000	1.000	2.500	5.000
Summe Passiva	28.500	75.000	38.000	43.000	30.500	215.000
Offene Zinsposition	-10.500	-25.000	-2.500	8.500	39.500	10.000

Abbildung 11: Zinsbindungsfristen für nicht-derivative, bilanzwirksame Finanzinstrumente

Bilanzielle Zinsrisiken aus derivativen Geschäften (in Mio. €)	**Nominalbetrag – Zinsbindung**					
	< 1 Monat	1 bis 3 Monat(e)	3 bis 12 Monate	1 bis 5 Jahr(e)	mehr als 5 Jahre	Summe
Aktivische Zinsrisiken	46.000	84.000	140.000	112.000	78.000	460.000
Passivische Zinsrisiken	34.500	57.500	136.000	118.500	116.000	462.500
Offene Zinsposition	11.500	26.500	4.000	-6.500	-38.000	-2.500

Abbildung 12: Zinsbindungsfristen für derivative, bilanzwirksame Finanzinstrumente

Bilanzielle Zinsrisiken gesamt (in Mio. €)	Nominalbetrag – Zinsbindung					
	< 1 Monat	1 bis 3 Monat(e)	3 bis 12 Monate	1 bis 5 Jahr(e)	Mehr als 5 Jahre	Summe
Nicht-derivative Finanzinstrumente	-10.500	-25.000	-2.500	8.500	39.500	10.000
Derivative Finanzinstrumente	11.500	26.500	4.000	-6.500	-38.000	-2.500
Offene Zinsposition gesamt	1.000	1.500	1.500	2.000	1.500	7.500

Abbildung 13: Zinsbindungsfristen für bilanzwirksame Finanzinstrumente

Aus dem vorstehenden Beispiel können Abschlussleser die folgenden Aussagen bezüglich des Fair-Value-Zinsrisikos der Bank ableiten:

1. Die nicht-derivativen Finanzinstrumente weisen einen Passivüberhang im unterjährigen Bereich und einen Aktivüberhang im überjährigen Bereich auf.
2. Für die Derivate ergibt sich das umgekehrte Bild.
3. Insgesamt weist die Bank einen Aktivüberhang in allen Laufzeitenfächern auf.
4. Aus dieser offenen Zinsposition profitiert die Bank von einem Rückgang des Marktzinsniveaus, da der Marktwertgewinn der Aktivgeschäfte größer ist als der Marktwertverlust der Passivgeschäfte. Im Falle einer Erhöhung des Marktzinsniveaus erleidet die Bank einen Marktwertverlust.[63]
5. Aussagen über die Höhe der potenziellen Gewinne bzw. Verlust lassen sich aus dieser Darstellung nicht unmittelbar ableiten.

Da die zinsabhängigen Geschäfte regelmäßig auf verschiedene Währungen lauten, sind die vorstehenden Angaben zu den Fair-Value-Zinsrisiken getrennt für jede Währung vorzunehmen. In Anbetracht des damit verbundenen Berichtsumfangs – insbesondere wenn eine Vielzahl von Währungen zu berücksichtigen ist – kann in der Praxis die Detaillierung der Angaben u.U. begrenzt werden, indem für derivative und für nicht-derivative Finanzinstrumente jeweils nur nach aktivischen und passivischen Risiken unterschieden wird.

Für einem Fair-Value-Zinsrisiko unterliegende bilanzunwirksame Finanzinstrumente – insbesondere unwiderrufliche (festverzinsliche) Kreditzusagen – ist in Ermangelung eines Buchwerts die Angabe des Nominalwerts und der Restlaufzeit erforderlich.[64]

63 Da nicht alle Finanzinstrumente dieser Position erfolgswirksam zum Fair Value bewertet werden, schlagen sich diese unrealisierten Marktwertgewinne bzw. -verluste nicht unmittelbar in der GuV nieder.

64 Vgl. IAS 32.63.

2.5.3 Angaben zu Cash-Flow-Zinsrisiken

Der Umfang des Cash-Flow-Zinsrisikos eines Finanzinstruments ist abhängig von dessen Zinsanpassungsfrequenz und der Restlaufzeit. Je höher die Zinsanpassungsfrequenz und je länger die Restlaufzeit ist, desto stärker sind die Auswirkungen einer Zinsänderung auf die künftigen Cash Flows. IAS 32 verlangt daher zur Kennzeichnung des Umfangs des Cash-Flow-Zinsrisikos der Finanzinstrumente Angaben zu den vertraglichen Zinsanpassungs- und Fälligkeitsterminen.[65]

Ob solche Angaben zu Cash-Flow-Zinsrisiken – zusätzlich zu den Angaben zu Fair-Value-Zinsrisiken – für Kreditinstitute sachgerecht sind, muss allerdings bezweifelt werden. Dies resultiert aus der Tatsache, dass Cash-Flow-Zinsrisiken lediglich das Spiegelbild von Fair-Value-Zinsrisiken sind und dass somit die Gefahr besteht, eine offene Zinsposition zweimal auszuweisen. Das folgende – vereinfachte – Beispiel verdeutlicht diesen Zusammenhang:

Beispiel 11:

Eine Bank begibt einen mit 7% festverzinslichen Kundenkredit i.H.v. 100 Mio. € mit einer Laufzeit von 6 Jahren. Der Kredit wird mit einer variabel verzinslichen Verbindlichkeit i.H.v. 100 Mio. € mit einer Laufzeit von ebenfalls 6 Jahren auf der Basis des 3 Monats Euribor (aktuelles Fixing liegt bei 6,5%) refinanziert. Aus der Fristentransformation resultiert ein Zinsrisiko für die Bank. Im Falle eines Anstiegs des Zinsniveaus (3-Monats Euribor) reduziert sich die aktuelle Marge von 50 bp.

Das Beispiel spiegelt sich in den durch IAS 32 geforderten Angaben wie folgt wider:

1. Angaben zum Fair-Value-Zinsrisiko: Die Buchwerte des Kredits und der Verbindlichkeit werden gemäß ihrer Zinsbindung in die Laufzeitbänder eingestellt. Die offene Zinsposition zeigt den aus der Fristentransformation resultierenden Aktivüberhang i.H.v. 100 Mio. € zwischen dem zweiten und fünften Laufzeitband. In diesem Umfang besteht ein Fair-Value-Zinsrisiko gemäß IAS 32.
2. Angaben zum Cash-Flow-Zinsrisiko: Die Buchwerte des Kredits und der Verbindlichkeit werden in die Laufzeitbänder eingestellt, in denen sie einer Zinsanpassung unterliegen. Der Kredit bleibt dabei – auf Grund der festen Verzinsung – unberücksichtigt. Für die Verbindlichkeit erfolgt eine Zinsanpassung im dritten, vierten und fünften Laufzeitband, bezogen auf den Buchwert i.H.v. 100 Mio. €. In diesem Umfang besteht ein Cash-Flow-Zinsrisiko gemäß IAS 32.

---

65 Obwohl IAS 32.60(b) Angaben zum Umfang des Cash-Flow-Zinsrisikos verlangt, wird in IAS 32.56(a) für variabel verzinsliche Finanzinstrumente lediglich die Angabe des nächsten Zinsanpassungstermins verlangt. Aus IAS 32.64(c) ergibt sich jedoch auch die Notwendigkeit zur Angabe des Fälligkeitstermins.

Das Beispiel verdeutlicht, dass das durch die Fristentransformation verursachte Zinsrisiko zweimal dargestellt wird: als Fair-Value- und als Cash-Flow-Zinsrisiko. Deutlich wird dies auch daran, dass sich beide Zinsrisiken auf Null reduzieren, wenn die offene Zinsposition mit einem Payer-Swap (Laufzeit 6 Jahre über 100 Mio. €, 3 Monats Euribor) geschlossen wird.

Daher erscheint es für Kreditinstitute[66] nicht nur nicht notwendig, sondern zur Vermeidung falscher Interpretationen bei den Abschlussadressaten auch nicht sachgerecht, Cash-Flow-Zinsrisiken auszuweisen.

2.5.4 Angaben zu Effektivzinsen

Zusätzlich zu den vorgenannten Angaben sieht IAS 32 – zur weitergehenden Kennzeichnung des Zinsrisikos – auch die Offenlegung von Effektivzinsen vor. Der Effektivzins wird in diesem Zusammenhang als der Zinssatz definiert, der im Rahmen einer Barwertberechnung verwendet werden muss, um die künftigen Zahlungsströme eines Finanzinstruments auf dessen Buchwert zu diskontieren. Die Verpflichtung zur Angabe des Effektivzinssatzes wird ausdrücklich unter den Vorbehalt gestellt, dass ein berechenbarer Effektivzins vorhanden sein muss. Die Angabe ist daher insbesondere für Kredite, Wertpapiere und Verbindlichkeiten erforderlich. Für zinsbezogene Derivate ist die Angabe hingegen nicht notwendig, da für diese Geschäfte – obwohl sie einem Zinsrisiko unterliegen – kein Effektivzins berechnet werden kann.

Die Höhe des anzugebenden Effektivzinses hangt danach davon ab,

- nach welchem Maßstab ein Finanzinstrument in der Bilanz bewertet wird und
- ob es sich um ein variabel oder festverzinsliches Finanzinstrument handelt.

Danach lassen sich folgende Fälle unterscheiden:

1. Für zum Fair Value bewertete Finanzinstrumente entspricht der Effektivzins stets dem Marktzins am Bilanzstichtag. Dies gilt unabhängig davon, ob es sich um ein variabel oder fest verzinsliches Finanzinstrument handelt.
2. Bei einer Bewertung zu fortgeführten Anschaffungskosten ist der Effektivzins stets ein historischer Zins. Im Falle eines festverzinslichen Finanzinstruments ist dies der Marktzins im Zeitpunkt der Begründung des Finanzinstruments. Bei variabel verzinslichen Finanzinstrumenten ist dies der Marktzins im Zeitpunkt der letzten Zinsanpassung.
3. Wird ein Geschäft gemäß den Regeln des Fair-Value-Hedge-Accounting bewertet, ist der Effektivzins der historische Zins im Zeitpunkt der Begründung des Grund-

[66] Für Unternehmen anderer Branchen kann die Offenlegung von Cash-Flow-Zinsrisiken unter Umständen sinnvoll sein.

geschäfts zuzüglich der zwischen dem Beginn des Sicherungszusammenhangs und dem Bilanzstichtag eingetretenen Zinsänderungen.

Mittels des in diesem Sinne berechneten Effektivzinses lässt sich – unabhängig von dem zugrundeliegenden Bewertungsmaßstab – die Höhe der künftigen Zinszahlungen ableiten. Die Angaben zu den Effektivzinsen können entweder als Durchschnittszins oder als Zinsspanne (zwischen dem minimalen und dem maximalen Zins) aller Finanzinstrumente der Kategorie angegeben werden. Weiterhin ist eine Untergliederung nach Währungen erforderlich:

Durchschnittliche Effektivzinsen	**EUR**	**USD**	**GBP**	**YEN**
Aktiva				
Forderungen an Kreditinstitute	4,4%	4,4%	5,4%	0,5%
Forderungen an Kunden	5,5%	6,6%	6,8%	1,7%
Handelsaktiva	4,3%	3,0%	4,7%	0,7%
Available-for-Sale-Bestand	4,4%	3,1%	4,8%	0,8%
Held-to-Maturity Investments	5,0%	6,1%	6,2%	1,1%
Passiva				
Verbindlichkeiten gegenüber Kreditinstituten	4,3%	4,3%	5,3%	0,4%
Verbindlichkeiten gegenüber Kunden	2,5%	2,7%	3,0%	0,2%
Verbriefte Verbindlichkeiten	4,9%	6,0%	6,1%	1,0%
Nachrangkapital	5,4%	6,5%	6,5%	1,4%

Abbildung 14: Durchschnittliche Effektivzinsen

2.5.5 Ergänzende Offenlegung zu Zinsrisiken

Die von IAS 32 geforderten Angaben zu den Fair-Value-Zinsrisiken informieren die Abschlussadressaten über den Umfang offener Festzinspositionen. Die eigentlich interessierende Frage, welche Auswirkungen sich aus potenziellen Zinsänderungen auf den Marktwert der Finanzinstrumente ergeben, wird jedoch nicht beantwortet. Hierzu ist vielmehr die Angabe eines Risikomaßes erforderlich.

Aus diesem Grund empfiehlt IAS 32 die freiwillige Offenlegung einer Sensitivitätsanalyse, aus der sich die aus einer Änderung des Marktzinsniveaus (zum Beispiel um 1 Basispunkt) resultierenden Änderungen des Fair Value der Finanzinstrumente ergeben. Die Darstellung der Zinssensitivitäten sollte getrennt für die wichtigsten Währungen vorgenommen werden. Weitergehend kann eine Aufgliederung zum Beispiel nach Handels- und Bankbuch sowie ggf. nach Zinsbindungsbändern vorgenommen werden:

Zinssensitivitäten für eine Änderung von 1 bp (in T€)		Zinsbindung					
		< 1 Monat	1 bis 3 Monat(e)	3 bis 12 Monate	1 bis 5 Jahr(e)	mehr als 5 Jahre	Gesamt
EUR	Handelsbuch	-9	-19	-25	-40	-87	-180
	Bankbuch	2	-3	-55	-500	-644	-1.200
USD	Handelsbuch	-3	-3	-7	-14	-63	-90
	Bankbuch	2	-1	-2	-48	-51	-100
Sonstige	Handelsbuch	2	2	-3	4	-50	-45
	Bankbuch	1	-1	2	-2	-5	-5
Summe	Handelsbuch	-10	-20	-35	-50	-200	-315
	Bankbuch	5	-5	-55	-550	-700	-1.305

Abbildung 15: Zinssensitivitäten

Aus dieser Darstellung lässt sich erkennen, dass sich der Marktwert der zinsabhängigen Finanzinstrumente in Folge einer Erhöhung des Zinsniveaus um 1 bp um ca. 1,6 Mio. € reduziert. Ursache für diese Sensitivität ist der aktive Festzinsüberhang der Bank (vgl. Abbildung 13).

Die Offenlegung von Fair-Value-Zinsrisiken kann darüber hinaus auch mittels der Angabe von Value-at-Risk-Kennzahlen erfolgen. Der Value-at-Risk eines Portfolios gibt an, welche Änderung des Fair Value mit vorgegebenen Wahrscheinlichkeiten (Konfidenzniveaus) nicht überstiegen wird, wenn die zugrunde liegenden Geschäfte für eine bestimmte Dauer gehalten werden. Der Ermittlung des Value-at-Risk werden dabei historische Daten über Zinssätze für einen spezifizierten Beobachtungszeitraum zugrunde gelegt. Im Gegensatz zu Sensitivitätsanalysen muss der Abschlussleser für die Ermittlung einer potenziellen Fair Value Änderung keine eigenen Annahmen über zu erwartende künftige Zinsänderungen entwickeln. Die Darstellung des Value-at-Risk kann zum Beispiel getrennt für Finanzinstrumente des Handels- und des Bankbuchs – ggf. auch in einer weiteren Untergliederung – vorgenommen werden:

Risikopotential (Value at Risk) in Mio. €	Haltedauer	Konfidenzniveau		
		95%	97,5%	99%
Handelsbuch	1 Tag	2,1	2,4	3,5
Bankbuch	1 Tag	8,5	10,3	14,6
Gesamt[67]	1 Tag	10,1	11,9	17,4

Abbildung 16: Value-at-Risk-Kennzahlen für Zinsrisiken

67 Das Gesamtrisiko entspricht auf Grund von Korrelationseffekten nicht der Summe der Einzelrisiken.

Werden VaR-Kennzahlen verwendet, sind die angewandten Methoden angemessen zu erläutern, die zugrunde gelegten Annahmen darzulegen und der Bezug zu den in der Bilanz ausgewiesenen Finanzinstrumenten zu verdeutlichen.

2.6 Angaben zu Kreditrisiken

IAS 32 verlangt – neben den Angaben zu Zinsrisiken – explizit auch Angaben zu den mit dem Einsatz von Finanzinstrumenten verbundenen Kreditrisiken.[68] Einem Kreditrisiko – also dem Risiko eines Verlusts, weil ein Vertragspartner seinen Zahlungsverpflichtungen nicht nachkommt – unterliegen sowohl bilanzwirksame Finanzinstrumente (z.B. Kredite, Wertpapiere und Derivate) als auch bilanzunwirksame Finanzinstrumente (z.B. Kreditzusagen, Bürgschaften und Garantien).

Damit der Abschlussadressat in die Lage versetzt wird, eine eigene Einschätzung über das Risiko künftiger Verluste auf Grund von Zahlungsausfällen vornehmen zu können, sind in diesem Zusammenhang für jede Kategorie von Finanzinstrumenten

- der Betrag, der das maximale Ausfallrisiko („maximum credit risk exposure") widerspiegelt und
- wesentliche Konzentrationen von Ausfallrisiken

anzugeben.

2.6.1 Angaben zum maximalen Ausfallrisiko

Aus ökonomischer Sicht lässt sich das Ausfallrisiko eines Finanzinstruments am besten durch dessen Fair Value beschreiben. Der Fair Value ist der Betrag, der aufgewendet werden muss, um ein Finanzinstrument – auf der Grundlage der am Bilanzstichtag gültigen Marktverhältnisse – wiederzubeschaffen (sogenannter Wiedereindeckungsaufwand). Daher unterliegen nur Finanzinstrumente mit einem positiven Fair Value einem Kreditrisiko. Ein Ausfallrisiko ist aber insoweit nicht vorhanden, als der Bank im Zusammenhang mit einem Finanzinstrument verwertbare Sicherheiten gestellt wurden. Das Ausfallrisiko bestimmt sich daher grundsätzlich aus der Differenz zwischen dem Fair Value des Finanzinstruments und dem Fair Value der Sicherheit. Soweit im Zusammenhang mit einem Finanzinstrument Nettingvereinbarungen – also das Recht, Verpflichtungen gegenüber einem Vertragspartner mit gegenüber diesem bestehenden Ansprüchen aufzurechnen – getroffen wurden, besteht ein Ausfallrisiko nur nach Berücksichtigung derartiger Verrechnungsmöglichkeiten.

[68] Vgl. hierzu und im Weiteren IAS 32.66-76.

Abweichend von dieser ökonomischen Interpretation des Ausfallsrisikos verlangt IAS 32 die Angabe des sogenannten maximalen Ausfallrisikos. Dieser Betrag ist ausdrücklich ohne Berücksichtigung eventuell vorhandener Sicherheiten zu ermitteln[69].

Das maximale Ausfallrisiko entspricht gemäß IAS 32 im Falle bilanzwirksamer aktiver Finanzinstrumente dem in der Bilanz ausgewiesenen Buchwert (abzüglich der hierfür vorgenommenen Wertberichtigungen). Damit ist der maximale Ausfallbetrag von dem im Einzelfall für ein Finanzinstrument zur Anwendung kommenden Bewertungsmaßstab – fortgeführten Anschaffungskosten[70] oder Fair Value – abhängig.

Da sich das maximale Ausfallrisiko für bilanzwirksame Finanzinstrumente bereits aus der Bilanz ergibt, sind insoweit keine weiteren Angaben erforderlich. Wenn jedoch Umstände vorliegen, wonach das maximale Ausfallrisiko wesentlich von dem Buchwert abweicht – und sich auch nicht aus anderen veröffentlichten Angaben zu dem Finanzinstrument ergibt[71] – sind weitere Angaben zur Kennzeichnung des maximalen Ausfallbetrags erforderlich. Dies ist insbesondere der Fall, wenn:

- ein aktives Finanzinstrument, für das ein rechtlich durchsetzbares Recht zur Verrechnung mit einer Verbindlichkeit besteht, in der Bilanz brutto (also vor Verrechnung) ausgewiesen wird, weil die Voraussetzungen für eine bilanzielle Verrechnung[72] nicht erfüllt sind. Da hieraus gleichwohl eine Reduzierung des Ausfallrisikos resultiert, sind entsprechende (textliche) Angaben vorzunehmen.
- ein Unternehmen Master-Netting-Agreements zur Reduzierung des Ausfallrisikos abgeschlossen hat, ohne damit die Voraussetzungen für eine bilanzielle Verrechnung zu erfüllen. Auch in einem solchen Fall sind (textliche) Angaben über die ausfallrisikoreduzierenden Wirkungen erforderlich.

Für bilanzunwirksame Finanzinstrumente sind dann keine expliziten Angaben zum maximalen Ausfallrisiko erforderlich, wenn sich dieser Betrag bereits aus anderen Angaben ergibt. So ist zum Beispiel für Bürgschaften oder Kreditzusagen der Nominalbetrag (als maximaler Ausfallbetrag) im Rahmen der Offenlegung der wesentlichen Vertragsbedingungen anzugeben.[73] Angaben erübrigen sich auch für den Fall, dass der maximale Ausfallbetrag in Höhe des Fair Value des Geschäfts besteht.[74] Besteht ein Ausfallrisiko

---

69 Als Begründung wird angeführt, dass damit unternehmensübergreifend eine konsistente Bewertung des Ausfallrisikos gewährleistet werden soll. So könnten sich im Falle einer Berücksichtigung von Sicherheiten Unterschiede aus der Sicherheitenbewertung ergeben.

70 Ggf. unter Berücksichtigung eines Anpassungsbetrags gemäß den Regeln des Fair-Value-Hedge-Accounting.

71 Zum Beispiel aus den Angaben des Fair Value gemäß IAS 32.77 oder des Nominalbetrags gemäß IAS 32.47.

72 Vgl. hierzu IAS 32.33.

73 Vgl. IAS 32.47.

74 Hierzu sind bereits Angaben gemäß IAS 32.77 zu machen.

allerdings in anderer Höhe (zum Beispiel weil ein Recht zur Verrechnung mit einem bilanzunwirksamen passiven Finanzinstrument besteht), sind diesbezügliche Angaben erforderlich.

2.6.2 Angaben zu Ausfallrisikokonzentrationen

Mit der Angabe des maximalen Ausfallbetrags für (bilanzwirksame und -unwirksame) Finanzinstrumente wird zunächst ein worst case beschrieben. Für eine Beurteilung des Kreditrisikos ist aber neben der Höhe auch die Wahrscheinlichkeit künftiger Zahlungsausfälle zu berücksichtigen.

IAS 32 schreibt keine Angaben über künftige Ausfallwahrscheinlichkeiten vor. Statt dessen sind Angaben über Konzentrationen von Ausfallrisiken zu machen. Eine Kreditrisikokonzentration liegt danach vor, wenn eine Gruppe von Schuldnern bzw. Vertragspartnern gleiche Merkmale aufweisen, so dass ihre Fähigkeit, fälligen Zahlungsverpflichtungen nachzukommen, in gleicher Weise von Änderungen des wirtschaftlichen Umfelds oder anderer Rahmenbedingungen abhängt. So sind beispielsweise Schuldner eines bestimmten Wirtschaftszweigs (z.B. des Baugewerbes) in gleicher Weise von konjunkturbedingten oder strukturellen Änderungen betroffen, die einen unmittelbaren Einfluss auf ihre Zahlungsfähigkeit haben.

Da IAS 32 keine Vorgaben bezüglich dieser, eine Ausfallrisikokonzentration begründenden Merkmale macht und den Umfang der erforderlichen Angaben nicht spezifiziert, liegen die diesbezüglichen Entscheidungen im Ermessen des berichtenden Unternehmens. Folgende Merkmale kommen in diesem Zusammenhang beispielsweise in Frage:

- Branche des Schuldners,
- geographische Region des Schuldners und
- Bonität des Schuldners (ausgedrückt z.B. mittels des Ratings).

Für die auf der Aktivseite der Bilanz ausgewiesenen Finanzinstrumente sowie die außerbilanziellen Finanzinstrumente ist der maximale Ausfallbetrag – im Sinne des IAS 32 – nach Maßgabe der im Einzelfall anwendbaren Merkmale aufzugliedern (vgl. beispielhaft Abbildungen 17 und 18). Darüber hinaus sind die Merkmale – soweit erforderlich – inhaltlich zu beschreiben.

Ausfallrisikokonzentration nach Branchen	**Forderungen an Kunden**	**Wertpapiere (Available-for-Sale)**	**Wertpapiere (Held-to-Maturity)**	**Eventualverbindlichkeiten**
Öffentliche Haushalte	**20.000**	**22.000**	**8.000**	**0**
Private Haushalte	**35.000**	**0**	**0**	**100**
Unternehmen – verarbeitendes Gewerbe	**8.000**	**13.000**	**0**	**3.000**
Unternehmen – Baugewerbe	**2.000**	**2.000**	**0**	**1.000**
Unternehmen – Handel	**7.000**	**5.000**	**0**	**900**
Unternehmen – Dienstleistungen/freie Berufe	**25.000**	**20.000**	**1.800**	**3.000**
Übrige	**2.750**	**3.500**	**0**	**2.000**
Gesamt	**99.750**	**65.500**	**9.800**	**10.000**

Abbildung 17: Ausfallrisikokonzentration nach Branchen

Ausfallrisikokonzentration nach Bonitätsklassen	**Forderungen**	**Wertpapiere (Available-for-Sale)**	**Wertpapiere (Held-to-Maturity)**	**OTC-Derivate[75]**	**Eventualverbindlichkeiten**
AAA	**9.000**	**20.000**	**3.000**	**2.000**	**0**
AA	**15.000**	**15.000**	**4.800**	**6.000**	**1.000**
A	**21.000**	**17.000**	**2.000**	**8.000**	**2.000**
BBB	**42.000**	**10.000**	**0**	**2.000**	**4.000**
BB	**35.000**	**2.000**	**0**	**1.000**	**2.000**
B	**7.000**	**1.000**	**0**	**0**	**1.000**
CCC und schlechter	**650**	**500**	**0**	**0**	**0**
Gesamt	**129.650**	**65.500**	**9.800**	**19.000**	**10.000**

Abbildung 18: Ausfallrisikokonzentration nach Bonitätsklassen

2.7 Angaben zu sonstigen Risiken

Bezüglich der gemäß IAS 32 berichtspflichtigen Risiken aus Finanzinstrumenten werden explizite (quantitative) Angaben nur für die Zins- und die Kreditrisiken vorgeschrieben. Darüber hinaus lassen sich aus der Verpflichtung, Angaben zu Art und Umfang der ein-

75 Börsengehandelte Derivate werden hier nicht berücksichtigt, da sie keinem Ausfallrisiko unterliegen.

gesetzten Finanzinstrumente vorzunehmen[76], Offenlegungspflichten zu Währungsrisiken ableiten; danach ist eine Aufgliederung der Nominalbeträge der Finanzinstrumente nach Währungen erforderlich. Für nicht-derivative Finanzinstrumente kann die Angabe wie folgt vorgenommen werden:

Fremdwährungsvolumina **in Mio. €**	Nominalvolumina				
	USD	**GBP**	**YEN**	**Andere**	**Gesamt**
Barreserve	**50**	**4**	**1**	**70**	**125**
Forderungen an Kreditinstitute	**5.000**	**2.000**	**1.000**	**2.000**	**10.000**
Forderungen an Kunden	**10.000**	**4.000**	**2.000**	**4.000**	**20.000**
Handelsaktiva (ohne Derivate)	**5.000**	**1.000**	**500**	**500**	**7.000**
Available-for-Sale-Bestand	**9.000**	**1.000**	**2.000**	**3.000**	**15.000**
Held-to-Maturity Investments	**0**	**0**	**0**	**0**	**0**
Fremdwährungsaktiva	**29.050**	**8.004**	**5.501**	**9.570**	**52.125**
Verbindlichkeiten gegenüber Kreditinstituten	**12.000**	**3.000**	**4.000**	**4.000**	**23.000**
Verbindlichkeiten gegenüber Kunden	**8.000**	**4.000**	**500**	**2.500**	**15.000**
Verbriefte Verbindlichkeiten	**17.000**	**5.000**	**1.000**	**2.000**	**25.000**
Nachrangkapital	**1.000**	**500**	**0**	**0**	**1.500**
Fremdwährungspassiva	**38.000**	**12.500**	**5.500**	**8.500**	**64.500**

Abbildung 19: Fremdwährungsvolumina nicht-derivater Finanzinstrumente

Weitergehende Angabepflichten zu Währungsrisiken lassen sich weder aus IAS 32 noch aus IAS 30 oder IAS 21 ableiten.[77]

Für die anderen Marktrisiken (insbesondere Aktien- und Edelmetallrisiken) bestehen keine expliziten Angabepflichten. Dem steht allerdings nicht entgegen, hierzu freiwillige Angaben zu machen. In Betracht kommen dabei insbesondere Value-at-Risk-Kennzahlen. Im Falle der Angabe des Value-at-Risk bietet es sich darüber hinaus an, die verschiedenen Marktrisiken zu einer Gesamtrisikoposition zu aggregieren:

---

76 Vgl. hierzu IAS 32.49h.

77 IAS 21.47 und IAS 30.7 empfehlen lediglich Angaben zum Management der Währungsrisiken.

Marktrisikopotential (Value-at-Risk) **in Mio. €**	Haltedauer	Konfidenzniveau		
		95%	97,5%	99%
Zinsrisiken	**1 Tag**	**10,1**	**11,9**	**17,4**
Währungsrisiken	**1 Tag**	**2,6**	**3,1**	**3,8**
Aktien-/Indexrisiken	**1 Tag**	**2,4**	**3,5**	**4,2**
Sonstige Risiken	**1 Tag**	**0,4**	**0,5**	**0,6**
Gesamt[78]	**1 Tag**	**15,0**	**18,0**	**25,0**

Abbildung 20: Value-at-Risk-Kennzahlen für Marktrisiken

Eine Kennzeichnung des aus Finanzinstrumenten resultierenden Liquiditätsrisikos verlangt die Angabe der Höhe und des Zeitpunkts der aus diesen Geschäften künftig resultierenden Cash Flows. Ein Liquiditätsrisiko besteht dann, wenn für bestimmte Perioden ein Auszahlungsüberschuss besteht. Wird beispielsweise ein langfristiger Kredit kurzfristig refinanziert, besteht für den Zeitpunkt der Rückzahlung der Verbindlichkeit ein Liquiditätsrisiko, also ein Risiko, dass eine Anschlussfinanzierung nicht (oder nicht zu angemessenen Konditionen) möglich ist.[79] Die Höhe dieses Risikos hängt wiederum von der Liquidierbarkeit der im Bestand der Bank befindlichen Finanzinstrumente ab. Je liquider diese Geschäfte sind, desto besser können Liquiditätsengpässe durch deren Veräußerung beseitigt werden. Im vorgenannten Fall ist die Höhe des Liquiditätsrisikos somit von der Veräußerbarkeit des Kredits abhängig.

IAS 30 verlangt zur Kennzeichnung des Liquiditätsrisikos eine Aufgliederung der Buchwerte aller Aktiva und Passiva (einschließlich der Finanzinstrumente) nach ihrer vertraglichen Restlaufzeit in fünf Laufzeitbändern.[80] Dabei ist zu berücksichtigen, dass:

- die vertragliche Laufzeit auch dann zugrunde zu legen ist, wenn die erwartete Laufzeit davon abweicht, zum Beispiel, weil Einlagen über die Kündigungsfrist hinaus zur Verfügung stehen oder Kredite vorzeitig zurückgezahlt werden.
- Finanzinstrumente ohne vertragliche Laufzeit (insbesondere Eigenkapitalinstrumente) separat ausgewiesen werden sollten, da sie keinem Laufzeitband zugeordnet werden können.
- die Aufgliederung des Buchwerts (Fair Value) derivativer Finanzinstrumente nach ihrer Restlaufzeit keine Aussagekraft für das Liquiditätsrisiko besitzt. So repräsentiert der Fair Value eines Zinsswaps den Barwert aller künftigen Differenzzahlungen

---

78 Das Gesamtrisiko entspricht auf Grund von Korrelationseffekten nicht der Summe der Einzelrisiken.

79 Ursache ist insbesondere eine erhebliche Verschlechterung der Bonität der Bank.

80 Vgl. IAS 30.30. Die Laufzeitenfächer sind: unter 1 Monat, ein bis drei Monate, drei bis 12 Monate, ein Jahr bis fünf Jahre und über fünf Jahre.

bis zur Fälligkeit, aber keinen Liquiditätsfluss am Laufzeitende. Derivate sollten daher ebenfalls separat ausgewiesen werden.

- Handelsbestandspositionen regelmäßig nicht bis zur Fälligkeit gehalten werden. Unter Liquiditätsgesichtspunkten sollten sie daher auch separat ausgewiesen werden.

Zur Kennzeichnung der Liquidierbarkeit der finanziellen Vermögensgegenstände können darüber hinaus die Geschäfte, die auf einem liquiden Markt (Börse oder OTC) gehandelt werden, angegeben werden.[81]

3. Offenlegungsvorschriften für Finanzinstrumente nach HGB und US-GAAP

3.1 HGB

Die deutschen Rechnungslegungsvorschriften enthielten lange Zeit keine expliziten Offenlegungsvorschriften für Finanzinstrumente. Lediglich aus den allgemeinen Regelungen zur Berichterstattung im Anhang und Lagebericht ließen sich derartige Angabepflichten ableiten. So ist im Anhang über die verwendeten Bilanzierungs- und Bewertungsmethoden, die Grundlagen der Fremdwährungsumrechnung und den Gesamtbetrag der sonstigen finanziellen Verpflichtungen zu berichten.[82] Im Lagebericht ist der Geschäftsverlauf und die Lage der Kapitalgesellschaft bzw. des Konzerns so darzustellen, dass ein den tatsächlichen Verhältnissen entsprechendes Bild vermittelt wird.[83]

Für Kreditinstitute regelt § 36 RechKredV darüber hinaus die Verpflichtung, im Anhang eine Aufstellung über die Arten von am Bilanzstichtag noch nicht abgewickelten fremdwährungsabhängigen, zinsabhängigen und sonstigen Derivategeschäften aufzunehmen. Dabei genügen verbale Aufzählungen; betragsmäßige Angaben sind nicht erforderlich.[84]

Auf Grund dieses unzureichenden Regelungsumfangs wurden in den vergangenen Jahren verschiedene Empfehlungen zur freiwilligen Berichterstattung über Finanzin-

---

[81] Vgl. NEUẞ, A., Finanzinstrumente in IAS-Konzernabschlüssen, Köln 1998, S. 71.

[82] Vgl. § 284 Abs. 2 Nr. 1, Nr. 2 und § 285 Nr. 3 HGB sowie § 313 Abs. 1 Nr. 1, Nr. 2 und § 314 Abs. 1 Nr. 2 HGB. Vgl. hierzu auch PRAHL, R./ NAUMANN, T.K., Financial Instruments, Berlin 2000, S. 85ff. und S. 123ff.

[83] Vgl. § 289 Abs. 1 HGB sowie § 315 Abs. 1 HGB.

[84] Vgl. hierzu im Einzelnen KRUMNOW, J./SPRIẞLER, J u.a., Rechnungslegung der Kreditinstitute, Kommentierung zu § 36 RechKredV., Tz. 1ff.

strumente entwickelt.[85] Hierzu zählen insbesondere die Empfehlungen des Bundesverbandes deutscher Banken zur

- „Bilanzpublizität von Finanzderivaten“[86]

  Hierin wird vor allem eine Erweiterung der Aufstellung gemäß § 36 RechKredV um quantitative Angaben empfohlen, wonach zu den für jede Risikokategorie relevanten Derivatetypen die Nominalvolumina angegeben und nach Restlaufzeiten aufgegliedert sowie – zur Kennzeichnung des Ausfallrisikos – die (positiven) Marktwerte offengelegt werden sollen.[87] Empfehlungen zu quantitativen Angaben über Marktrisiken wurden – da anerkannte Methoden noch nicht vorlagen – ausdrücklich nicht vorgenommen. Vielmehr werden qualitative Angaben zum Risikomanagement im Lagebericht empfohlen.

- „Marktrisikopublizität“[88]

  Für alle originären und derivativen Finanzinstrumente des Handelsbestandes wird die Angabe des – nach Zins-, Währungs-, Aktien-/Index- und sonstigen Risiken untergliederten – konsolidierten Value-at-Risk am Stichtag im Lagebericht oder einem freiwilligen Berichtsteil empfohlen. Die Berechnung sollte auf der Basis der BIZ-Parameter-Vorgaben erfolgen.[89]

Mit dem KonTraG[90] wurden die Berichtspflichten im (Konzern-) Lagebericht dahingehend erweitert, dass „auch auf die Risiken der künftigen Entwicklung einzugehen“[91] ist. Eine inhaltliche Konkretisierung der Anforderungen an diese Risikoberichterstattung erfolgte mit dem Deutschen Rechnungslegungs Standard 5 „Risikoberichterstattung“, der durch den DRS 5-10 „Risikoberichterstattung von Kredit- und Finanzdienstleistungsinstituten“ ergänzt wird. Zwar handelt es sich dabei nicht um einen spezifischen Standard zur Berichterstattung über Finanzinstrumente; da das Geschäft von Kreditinstituten aber maßgeblich durch den Einsatz von Finanzinstrumenten und die damit zusammenhängenden Risiken geprägt ist, nehmen die diesbezüglichen Inhalte einen breiten Raum ein.

---

[85] Vgl. hierzu ausführlich SCHARPF, P./LUZ, G., Risikomanagement, Bilanzierung und Aufsicht von Finanzderivaten, 3. Aufl., Stuttgart 2000, S. 796ff.

[86] Vgl. AUSSCHUSS FÜR BILANZIERUNG DES BUNDESVERBANDES DEUTSCHER BANKEN, Bilanzpublizität von Finanzderivaten, a.a.O., S. 1ff.

[87] Hierzu wurde das in Abbildung 8 dargestellte Schema empfohlen.

[88] Vgl. AUSSCHUSS FÜR BILANZIERUNG DES BUNDESVERBANDES DEUTSCHER BANKEN, Marktrisikopublizität, WPg 1996, S. 64-66.

[89] 10 Handelstage Haltedauer, ein Jahr Beobachtungsperiode, Konfidenzniveau 99%.

[90] Gesetz zur Kontrolle und Transparenz im Unternehmensbereich vom 27. April 1998.

[91] § 289 Abs. 1 HGB, § 315 Abs. 1 HGB.

DRS 5-10 sieht im Konzernlagebericht eine geschlossene Darstellung zu den Risiken des Konzerns gemäß folgender Gliederung vor:[92]

- Die risikopolitischen Strategien sind zu beschreiben und das Risikomanagementsystem im Konzern ist in funktionaler und organisatorischer Hinsicht zu erläutern. In funktionaler Hinsicht ist insbesondere auf die Systeme und Methoden zur Identifizierung, Bewertung, Begrenzung und Überwachung von Risiken sowie deren Berichterstattung einzugehen. In organisatorischer Hinsicht ist über die risikosteuernden und risikoüberwachenden Organisationseinheiten zu berichten.
- Der Standard unterscheidet Adressenausfall-, Liquiditäts-, Markt-, operationale und sonstige Risiken. Für jede Risikokategorie ist im Rahmen der Berichterstattung
  - die Risikoart zu beschreiben,
  - das Risikomanagement in funktionaler und organisatorischer Hinsicht zu beschreiben und
  - das Risiko – soweit möglich – zu quantifizieren. Hierzu sind die im Konzern intern für das Risikomanagement genutzten Methoden zu verwenden. Die angewandten Verfahren und die dabei zugrunde gelegten Annahmen sind zu erläutern.
- Die Angaben zum Adressenausfallrisiko beziehen sich auf alle bilanziellen und außerbilanziellen Geschäfte[93] und sind nach den Teilrisiken Kredit-, Kontrahenten-, Länder- und Anteilseignerrisiken zu unterteilen. Anzugeben sind insbesondere
  - die Höhe der ausfallbedrohten Beträge, Ausfallwahrscheinlichkeiten und die – im Falle eines Ausfalls – realisierbaren Sicherheiten,
  - die zur Quantifizierung und Steuerung der Ausfallsrisikos angewandten Verfahren sowie
  - Ausfallrisikokonzentrationen (vorzugsweise in tabellarischer Form) auf Basis der vom Konzern zur Steuerung dieses Risikos verwendeten Merkmale.[94]
- Die Angabepflichten zum Liquiditätsrisiko beziehen sich insbesondere auf das Liquiditätsrisiko im engeren Sinne[95] und sehen zur Quantifizierung u.a. Liquiditätsablaufbilanzen, Cash-Flow-Prognosen und Liquiditätskennzahlen vor. Bezüglich der

---

[92] Vgl. hierzu insgesamt LÖW, E./LORENZ, K., Risikoberichterstattung nach den Standards des DRSC und im internationalen Vergleich, KoR 2001, S. 211-222 und PWC, IAS für Banken, 2. Aufl., Frankfurt am Main, S. 735ff.

[93] Dabei ist zu beachten, dass Derivate nach HGB als schwebende Geschäfte bilanzunwirksam sind.

[94] Damit ist die Wahl des Merkmals, nachdem die Konzentration angegeben wird, nicht freigestellt. Als Kriterien werden beispielhaft genannt: Länder, Branchen, Kreditarten, Schuldnerrisikogruppen.

[95] Hierunter wird das Risiko verstanden, dass das Kreditinstitut fällige Zahlungen nicht leisten kann.

Refinanzierungs- und Marktliquiditätsrisiken[96] werden quantitative Angaben – allerdings ohne eine weitergehende Konkretisierung – gefordert.

- Die Angaben zu den Marktrisiken sind gesondert für Zins-, Währungs-, Aktien-/Eigenkapitalpositions- sowie sonstige Preisrisiken vorzunehmen. Zur Quantifizierung sind die vom Konzern intern für das Management verwendeten Verfahren heranzuziehen. Dabei kann es sich beispielsweise um Sensitivitätsanalysen oder Value-at-Risk-Verfahren handeln. In letzterem Falle sind die zugrunde liegenden Parameter sowie die Ergebnisse aus Stress-Tests und Backtesting-Verfahren anzugeben.
- Weiterhin sind Angaben zu operationalen Risiken und ggf. zu sonstigen Risiken zu machen.
- Abschließend sind die einzelnen Risikodarstellungen zu einem Gesamtbild der Risikolage des Konzerns zusammenzuführen.

3.2 US-GAAP[97]

Die Bilanzierungs- und Bewertungsregeln für Finanzinstrumente nach US-GAAP sind in vielen Bereichen mit den Vorschriften nach den IAS identisch bzw. vergleichbar.[98] Insofern liegt nach US-GAAP eine mit IAS vergleichbare bilanzielle Ausgangsbasis für die weitergehende Berichterstattung über Risiken aus Finanzinstrumenten vor.

Mit der Verabschiedung des FAS 133 zur Rechnungslegung von Derivaten und zum Hedge Accounting wurden die Berichtspflichten für Finanzinstrumente neu geregelt und resultieren nun im Wesentlichen aus FAS 107 und FAS 133.[99] Dabei konzentrieren sich die Angabepflichten weitgehend auf derivative Finanzinstrumente.

---

96 Hiermit werden die Risiken bezeichnet, dass die Bank nicht ausreichend Liquidität beschaffen kann bzw. Vermögenswerte nicht (ohne Verluste) veräußert werden können.

97 Vgl. zu den Angabepflichten nach US-GAAP insgesamt ERNST&YOUNG, Financial Reporting Developments – Accounting for Derivative Instruments and Hedging Activities, o.O. 2001, S. 8.1ff.; WALDERSEE, GRAF G., Bilanzierung von Finanzderivaten nach HGB, IAS und US-GAAP, in: KÜTING, K./LANGENBUCHER, G., (Hrsg.), Internationale Rechnungslegung, Stuttgart 1999, S. 259ff. Auf die Angabepflichten gemäß den Regelungen des AICPA sowie die SEC-Publizitätsvorschriften wird in diesem Abschnitt nicht eingegangen. Vgl. hierzu LÖW., E./LORENZ, K., Risikoberichterstattung, a.a.O, S. 218f.; PWC, A Guide of Accounting for Derivative Instruments and Hedging Activities, o.O. 1998, S. 179ff.

98 Dies betrifft unter anderem die Bilanzierung von Derivaten (FAS 133, 138), das Hedge Accounting (FAS 133, 138), die Bilanzierung von Wertpapieren (FAS 115) und die Bestimmung von Wertberichtigungen auf Forderungen (FAS 114, 118).

99 Bis zu diesem Zeitpunkt fanden sich die Regelungen in FAS 105 „Disclosure of Information about Financial Instruments with Off-Balance-Sheet Risk and Financial Instruments with Concentrations of Credit Risk", FAS 107 „Disclosure about Fair Value of Financial Instruments" und FAS 119 „Disclosure about Derivative Financial Instruments and Fair Value of Financial Instruments".

FAS 133 sieht im Einzelnen folgende Angaben vor:

- Für alle derivativen Finanzinstrumente ist anzugeben, zu welchem Zweck sie begründet wurden und mit welchen Strategien diese Ziele erreicht werden sollen. Die Angaben sollen getrennt für Derivate, die im Rahmen eines Fair Value Hedges, Cash Flow Hedges oder Hedge of a Net Investment in a Foreign Operation zugeordnet wurden, vorgenommen werden.[100]
- Für jede dieser Kategorien sind zudem Angaben zum Risikomanagement vorzunehmen und die gesicherten Grundgeschäfte zu beschreiben.
- Darüber hinaus bestehen zu jeder der drei vorgenannten Sicherungsformen quantitative Angabepflichten über daraus resultierende Auswirkungen auf die Gewinn- und Verlustrechnung.[101]
- Da sich die vorstehenden qualitativen Angabepflichten nur auf derivative Geschäfte beziehen, geben sie naturgemäß ein nur eingeschränktes Bild der Gesamtrisikosituation eines Unternehmens wieder. Daher wird empfohlen, diese Angaben in eine Beschreibung des Risikomanagements für das gesamte Unternehmen einzubetten.

FAS 107 sieht im Einzelnen folgende Angaben vor:

- In Ergänzung zu den Angaben gemäß FAS 133 wird empfohlen (ausdrücklich nicht verlangt), quantitative Angaben zu Marktrisiken aus Finanzinstrumenten vorzunehmen. Hierzu sollen zum Beispiel Sensitivitäts-, Gap-, Durations- oder Value-at-Risk-Analysen herangezogen werden.[102]
- Für alle (derivativen und nicht-derivativen) Finanzinstrumente sind die Fair Values anzugeben.[103]
- Für alle (derivativen und nicht-derivativen) Finanzinstrumente sind Konzentrationen von Kreditrisiken anzugeben.[104]

Mit der Einführung von FAS 133 wurden – in Folge der Aufhebung von FAS 105 und FAS 119 – andere, bis zu diesem Zeitpunkt gültige Angabepflichten nicht fortgeführt. Hierzu zählt unter anderem die Angabe der wesentlichen Vertragsbedingungen sowie der Nominalvolumina derivativer Geschäfte.

---

100 Vgl. FAS 133.44.

101 Vgl. hierzu im Einzelnen FAS 133.45.

102 Vgl. FAS 107.15C, 15D, die mit Einführung des FAS 133 in FAS 107 aufgenommen wurden (vgl. hierzu FAS 133.531).

103 Vgl. FAS 107.10ff.

104 Die Angabe ist für jede Kategorie auf Basis des maximalen Ausfallrisikos – das sich nach Maßgabe der Fair Values ohne Berücksichtigung von Sicherheiten bestimmt – vorzunehmen.

4. Vergleich der Offenlegungsvorschriften für Finanzinstrumente

Der nachfolgende Vergleich der Offenlegungsvorschriften für Finanzinstrumente berücksichtigt nur die Regelungen nach HGB und IAS, da die Vorschriften gemäß US-GAAP in fast allen Bereichen hinter den Pflichten der vorgenannten Standards zurückbleiben.

Eine explizite Berichterstattungspflicht für Finanzinstrumente existiert nur nach IAS, während sie nach HGB nur impliziter (wenn auch elementarer) Bestandteil der allgemeinen Risikoberichterstattung gemäß DRS 5-10 ist. Da IAS 32 die Offenlegungspflichten aber branchenübergreifend regelt, sind die Angabepflichten zum Teil nicht genügend auf Kreditinstitute zugeschnitten, wohingegen DRS 5-10 ein spezifisch für Kreditinstitute geschaffenes Regelwerk ist. Obwohl der Begriff der Finanzinstrumente nur in IAS 32 definiert wird, ist davon auszugehen, dass diese – weite – Definition auch für DRS 5-10 gültig ist.[105] Auch bezüglich der in die Offenlegung einzubeziehenden Risikokategorien sind die beiden Standards weitgehend deckungsgleich.[106]

Hinsichtlich der Offenlegungspflichten im Einzelnen gilt folgendes:

- Die Angabepflichten des IAS 32 sind primär auf eine Aufgliederung der Buch- bzw. Nominalbeträge der Finanzinstrumente ausgerichtet.[107] DRS 5-10 orientiert sich hingegen nicht an der Bilanz, sondern verlangt eine Quantifizierung der Risiken nach Maßgabe der für die interne Steuerung verwendeten Methoden.[108]
- Angabepflichten zu Art und Umfang sowie den wesentlichen Vertragsbedingungen der eingesetzten Finanzinstrumente finden sich nur in IAS 32, da sich DRS 5-10 nicht spezifisch auf Finanzinstrumente bezieht.
- Eine Pflicht zur Beschreibung des Risikomanagements findet sich in beiden Standards. Während IAS 32 diese Anforderung aber nur knapp spezifiziert[109], wird DRS 5-10 hier deutlicher, indem nicht nur die Inhalte geklärt werden, sondern Angaben sowohl für jede Risikokategorie als auch für die Gesamtbank gefordert werden.
- Angabepflichten zum Fair Value von Finanzinstrumenten bestehen nur nach IAS.

---

105 So verweist DRS 5-10 Tz. 33 bezüglich der Angaben zu Marktrisiken – wenn auch etwas unspezifisch – darauf, dass alle Geschäfte einzubeziehen sind.

106 DRS 5-10 bezieht darüber hinaus auch die operationalen Risiken ein.

107 Vgl. hierzu IAS 32.46. Dies zeigt sich beispielsweise bei den Angaben zu den Zins- und Ausfallrisiken.

108 So ist zum Beispiel für die Quantifizierung der Zinsrisiken keine Buchwertaufgliederung, sondern die Angabe eines Risikomaßes (z.B. Value-at-Risk) vorgesehen.

109 Auch in ED IAS 32.46(a) und (b) wird die Angabepflicht nicht genauer erläutert.

- Hinsichtlich der Berichterstattung über Ausfallrisiken unterscheidet DRS 5 vier Risikoarten und verlangt Angaben zu jeder Risikoart; IAS 32 sieht eine solche Untergliederung nicht vor. Inhaltlich verlangen beide Standards Angaben zur Ausfallrisikokonzentrationen. Während IAS 32 die Art der Aufgliederung dem Kreditinstitut überlässt, sieht DRS 5-10 die Verwendung der für die interne Risikosteuerung verwendeten Kriterien vor. Angaben zu Ausfallwahrscheinlichkeiten werden nur von DRS 5-10 verlangt.
- DRS 5-10 und IAS 32 unterscheiden die gleichen dem Marktrisiko zuzuordnenden Risikoarten. Während gemäß IAS 32 eine Quantifizierung explizit nur für die Zinsrisiken gefordert wird, verlangt DRS 5-10 quantitative Angabe getrennt für Zins-, Währungs-, Aktien-, und sonstige Preisrisiken.
- Bezüglich der Angaben zu den Liquiditätsrisiken verlangt IAS 30 eine Aufgliederung der (finanzierungsrelevanten) Aktiva und Passiva nach Restlaufzeiten, während die Angabepflichten des DRS 5-10 spezifischer auf die Abbildung der künftigen Cash Flows abstellen.
- Angaben zu operationalen Risiken werden – da es nicht um mit einem einzelnen Finanzinstrument zusammenhängende Risiken handelt – von IAS 32 nicht verlangt, während DRS 5-10 als Standard zur Risikoberichterstattung hierzu explizite Angaben fordert.
- Die Zusammenführung einzelner Risiken zu einem Gesamtrisiko ist nach IAS nicht erforderlich und auf Grund der nicht für alle Risiken geforderten Quantifizierung und der Orientierung an der Buchwertaufgliederung auch nicht ohne weiteres möglich. DRS 5-10 hingegen verlangt eine solche Zusammenfassung. Die interessante Frage, wie die unterschiedlichen Risiken zu einer Gesamtrisikoposition aggregiert werden können, wird allerdings nicht geklärt.

5. Zusammenfassung

Die Regelungen der IAS zur Offenlegung von Risiken aus Finanzinstrumenten resultieren im Wesentlichen aus IAS 32, ergänzt um IAS 30 und IAS 39. Obwohl sich die Vorschriften auf alle für Kreditinstitute relevanten Risiken beziehen, werden umfassende Offenlegungspflichten nur zu den Zins- und Kreditrisiken verlangt. Darüber hinaus werden – weniger detailliert – Informationen zu Währungs- und Liquiditätsrisiken gefordert. Alle Angaben sind in der Form einer Aufgliederung von Buchwerten bzw. Nominalbeträgen vorzunehmen. Damit ist der Inhalt der Offenlegungspflichten zwar eindeutig und unternehmensübergreifend vorgegeben; eine auf die spezifischen Verhältnisse von Kreditinstituten ausgerichtete Risikoberichterstattung für die Abschlussadressaten wird damit aber erschwert.[110] Hierzu sind freiwillige Zusatzangaben – zum Beispiel mittels Value-at-Risk-Kennzahlen – erforderlich.

Auch die Risikoberichterstattung gemäß DRS 5-10 berücksichtigt alle für Kreditinstitute relevanten Risikoarten. Anders als gemäß IAS 32 werden allerdings umfangreiche Angaben zu jeder Risikoart gefordert. Darüber hinaus sind keine Aufgliederungen von Buchwerten bzw. Nominalbeträgen vorgesehen; vielmehr sind Angaben auf der Grundlage der unternehmensintern für die Steuerung der Risiken verwendeten Methoden und Kennzahlen erforderlich. Dadurch ist der Inhalt der Offenlegungsvorschriften weniger fixiert und ein Unternehmensvergleich unter Umständen erschwert. Allerdings erlauben diese Angaben eine auf die besonderen Verhältnisse des Kreditinstituts ausgerichtete Risikoberichterstattung. Darüber hinaus ist damit auch eine – von DRS 5-10 geforderte – Zusammenfassung aller Risiken zu einer Gesamtrisikoposition der Bank möglich.

110 Auch der ED 32 bringt hierzu keine wesentlichen Änderungen.

Rainer Husmann

Immaterielle Vermögenswerte

1. Einleitung

Die externe Rechnungslegung wird im Gleichlauf mit der zunehmenden Internationalisierung der Kapitalmärkte als Quelle für entscheidungsrelevante Information gesehen. Konzernabschlüsse stellen gegenüber anderen Quellen, wie Presseberichten und Analystenreports, zwar nur einen kleinen und vergangenheitsbezogenen, aber bedeutenden Teil der Investorinformation dar. Dies gilt für Finanzinstitute nicht nur hinsichtlich der Investoren, sondern auch für die Bankenaufsicht.[1] Durch die Anwendung der International Accounting Standards (IAS) wurde ein allgemein anerkanntes und weit verbreitetes Instrument geschaffen, das die Vergleichbarkeit von Abschlüssen über die nationalen Grenzen hinweg gewährleistet.[2]

Damit dieses Instrument seiner Zwecksetzung gerecht werden kann, muss es Transparenz und Verlässlichkeit vermitteln. Mit dem IAS 38 hat das IASB dieser Zielsetzung Rechnung getragen. Es wird einerseits die Bilanzierung von selbsterstellten oder erworbenen immateriellen Vermögenswerten geregelt, es werden andererseits aber auch detaillierte Anwendungsvoraussetzungen vorgegeben, so dass die Möglichkeit einer missbräuchlichen Verwendung eingeschränkt wird.

Der folgende Beitrag möchte einen Abriss der Regelungen des IAS 38 geben. Durch Beispiele soll die theoretische Darstellung untermauert und verdeutlicht werden. Die Erläuterungen sind immer dort, wo sich aus Sicht eines Finanzinstituts ein eher begrenzter Anwendungsbereich ergibt, nur knapp gehalten. Insbesondere das Vorgehen beim Software Accounting wird vertieft behandelt.

2. Begriffliche Abgrenzung der intangible assets

Die Definition des handelsrechtlichen Begriffes der immateriellen Vermögensgegenstände basiert auf der Gestalt des Vermögensgegenstandes:

---

1 Vgl. DEUTSCHE BUNDESBANK, Monatsbericht Juni 2002, S. 42.

2 Vgl. zu dieser Thematik KAHLE, H., Informationsversorgung des Kapitalmarkts über internationale Rechnungslegungsstandards, KoR 2002, S. 95 – 107, hier S. 95ff.

Einem immateriellen Vermögensgegenstand fehlt es im Gegensatz zu den materiellen Gütern an der körperlichen Gestalt oder die körperliche Gestalt ist von untergeordneter Bedeutung und der Wert wird allein durch den geistigen Gehalt bestimmt.

Als immaterielle Güter sind beispielsweise zu nennen:

- Patente,
- Lizenzen,
- Urheberrechte,
- Handelsmarken,
- Konzessionen,
- Software,
- Kundenlisten,
- Vertriebsrechte,
- technisches Know-How.

Der Begriff der intangible assets wird in IAS 38.7 ähnlich dem handelsrechtlichen Vorgehen abgegrenzt. Hierbei ist jedoch darauf zu verweisen, dass nicht jedes immaterielle Gut auch ein intangible asset im Sinne des IAS 38 darstellt. Immaterielle Güter dürfen nur dann als intangible assets in den IAS-Abschluss aufgenommen werden, wenn sie die folgenden Bedingungen kumulativ erfüllen:

- identifizierbar,
- nicht monetär,
- ohne physische Substanz,
- Einsatz innerhalb der Produktion, zur Bereitstellung von Waren oder Dienstleistungen, zur Vermietung oder zu verwaltungstechnischen Zwecken,
- assets im Sinne des Framework.

Als monetäre Vermögensgegenstände gelten hierbei Kassenbestände sowie Geldbeträge, die in festgelegter Höhe ausstehen.

Das Fehlen physischer Substanz soll die unkörperlichen von den körperlichen Vermögenswerten voneinander abgrenzen. Probleme ergeben sich, wenn die Vermögenswerte materielle wie immaterielle Bestandteile enthalten. Als Beispiel soll hierzu auf die Bilanzierung von Software verwiesen werden:[3]

3 Vgl. PwC, IAS für Banken, 2. Aufl., Frankfurt am Main 2002, S. 493f.

Beispiel: Abgrenzung materieller und immaterieller Bestandteile bei Zwittergütern

Nach IAS 38.3 ist Software danach zu unterscheiden, ob der materielle oder immaterielle Bereich überwiegt. Als mögliche Abgrenzungskriterien gelten das Wertverhältnis zwischen den Herstellungsaufwendungen für den materiellen und den immateriellen Bestandteil. Auch die Funktion der Bestandteile bzw. das wirtschaftliche Interesse des Käufers an den Bestandteilen kann für die notwendige Zuordnung der Software herangezogen werden. IAS 38 selbst nennt keine expliziten Abgrenzungskriterien.

Allgemein gilt, dass Computersoftware materielle Bestandteile wie eine Diskette oder CD enthält, gleichzeitig deren Funktionsfähigkeit in der Regel als überwiegend zu bewerten ist, so dass zumeist die Software als Ganzes als intangible asset anzusehen ist. Die materiellen Bestandteile sind prinzipiell als Transport- bzw. Dokumentationsmedium zu verstehen.

Computersoftware, die in einer computergestützten Maschine einen unlösbar integrierten Bestandteil darstellt, ist als Bestandteil des materiellen Vermögenswertes nach IAS 16 zu bilanzieren. Dies gilt auch für Betriebssysteme von Computern. Es gilt der Grundsatz, dass Software immer als immaterieller Vermögensgegenstand nach IAS 38 zu bilanzieren ist, soweit diese keinen unlösbar integrierten Bestandteil einer Hardware darstellt. Als Beispiel hierfür gilt Standardsoftware.

Dagegen ist Standardsoftware nach überwiegender handelsrechtlicher Auffassung als materieller Vermögensgegenstand zu behandeln.[4] Insofern ergibt sich ein Unterschied zur Bilanzierung nach IAS.

3. Ansatz von intangible assets nach IAS 38

3.1 Grundsätzlich zu beachtende Ansatzkriterien für intangible assets

Auch für intangible assets gelten zunächst die allgemeinen Ansatzkriterien des IAS-Frameworks. Diese werden in IAS 38.18f. durch intangible-assets-spezifische Kriterien konkretisiert, damit neben den allgemeinen Ansatzkriterien auch die Definition für intangible assets nach IAS 38.7 erfüllt ist:

4 Vgl. KRUMNOW, J./SPRIßLER, W. u.a., Rechnungslegung der Kreditinstitute, Stuttgart 1994, S. 1114.

- Es liegt ein intangible asset i.S.d. IAS 38.7 vor.
- Es ist wahrscheinlich, dass dem Unternehmen aus dem intangible asset zukünftiger Nutzen zufließt.
- Die Kosten für das intangible asset sind zuverlässig messbar.

Sind diese Kriterien kumulativ nicht erfüllt, gilt statt des Ansatzgebotes ein Ansatzverbot (IAS 38.56).
Insbesondere der Nachweis zukünftigen Nutzens wird als praktisches Problem gesehen.[5] Auch wenn im Schrifttum zumeist nicht auf mögliche Lösungen eingegangen wird, herrscht doch breiter Konsens dahingehend, dass die Nachweisführung auf Einzelfallbasis möglich ist.[6]

3.2 Konkretisierung der Ansatzkriterien für selbsterstellte intangible assets

Die in IAS 38.18f. aufgeführten Ansatzkriterien gelten für die Beurteilung selbsterstellter intangible assets gleichermaßen. Allerdings ergeben sich besondere Probleme bei der Beurteilung der Erfüllung der Kriterien. Beispielsweise kann es strittig sein, ob ein asset im Sinne des Framework vorliegt. Der IASB hat deshalb eine Konkretisierung dieser allgemeinen Vorschriften vorgenommen und gewährleistet damit die übereinstimmende Bilanzierung von selbsterstellten und erworbenen intangible assets.

Zur Feststellung der Ansatzpflicht unterscheidet der IAS 38 die folgenden Entstehungsphasen bei der Selbsterstellung eines intangible assets:

Forschungsphase

Generell gilt die Forschung als die eigenständige und planmäßige Suche mit der Aussicht, zu neuem wissenschaftlichen oder technischen Wissen und Verstehen zu gelangen. Während der Forschungsphase sucht ein Unternehmen nach neuen Prozessen, Produkten oder wissenschaftlichen Erkenntnissen bzw. evaluiert, ob ein Projekt zur Erstellung eines intangible assets sinnvoll und realisierbar ist. Beispiele für Forschungsaktivitäten sind:

- Aktivitäten zur Erweiterung des fachlichen Know-Hows,
- Suche nach und Bewertung sowie Auswahl von Anwendungen, Forschungsergebnissen und sonstigen neuen Erkenntnissen,

5 Vgl. PwC, Understanding IAS – Analysis and Interpretation of International Accounting Standards, 2. Aufl., o.O. 1998, 38-4: Nicht der zukünftige Nutzen an sich wird als das Problem gesehen, sondern der Nachweis dessen („with the emphasis on external evidence to support this assessment".

6 Vgl. KÜTING, K./PILLHOFER, J. u.a., Die Bilanzierung von Software aus der Sicht des Herstellers nach US-GAAP und IAS, WPg 2002, S. 73-85, hier S. 75; in Teilbereichen EPSTEIN, B.J./MIRZA, A.A., Interpretation and Application of International Accounting Standards, 2001, S. 337.

- Suche nach Alternativen für Geräte, Produkte, Prozesse, Systeme oder Serviceleistungen,
- Konzeption, Darstellung und Bewertung möglicher Alternativen sowie die endgültige Auswahl einer Lösung für neue oder verbesserte Geräte, Produkte, Prozesse, Systeme oder Serviceleistungen.

Entwicklungsphase

Auch für die begriffliche Abgrenzung der Entwicklung kann auf die vormalige Definition im IAS 9 zurückgegriffen werden. Danach gilt als Entwicklung die Anwendung von Forschungsergebnissen und Spezialwissen auf einen Plan oder Entwurf für die Produktion von neuen oder beträchtlich verbesserten Materialien, Vorrichtungen, Produkten, Verfahren, Systemen oder Dienstleistungen. Die Entwicklungsphase beinhaltet den Zeitraum vom Ende der Forschungsphase, d.h. dem Beginn der Entwicklung eines intangible assets, bis zu dessen Einsatz. Die Entwicklungsphase umfasst insbesondere Entwurf-, Konstruktions-, Programmierungs- und Testarbeiten. Zum Zeitpunkt ihres Einsatzes wird das intangible asset als fertig zur Implementierung angesehen.[7]

Implementierungs- und Betriebsphase

Diese Phase beginnt, wenn die Software entsprechend ihrer angedachten Nutzung zur Verfügung steht und beinhaltet Betriebs- und Wartungsaktivitäten.

Die Entwicklungsphase und damit der Abschluss der Forschungsphase gilt als erreicht, wenn die folgenden Kriterien kumulativ erfüllt sich:

- Die ‚technical feasibility' (= technische Realisierbarkeit) zur Fertigstellung der Software zum Zwecke der Eigennutzung ist gegeben.
- Es besteht die Absicht und die Fähigkeit, das intangible asset fertig zu stellen und zu nutzen bzw. zu vermarkten[8].
- Es liegt ein Nachweis über den erwarteten zukünftigen wirtschaftlichen Nutzen vor.
- Adäquate technische, finanzielle und andere Ressourcen zur Fertigstellung des intangible assets und zur Eigennutzung bzw. Vermarktung stehen zur Verfügung.
- Das Unternehmen ist fähig, die Kosten des intangible assets während der Entwicklung zuverlässig zu messen.

---

7 Es ist darauf zu verweisen, dass die Beispiele für die Forschung und Entwicklung in IAS 9 und IAS 38 weitgehend übereinstimmen. Jedoch ist die Entscheidung über verschiedene Projektalternativen nach IAS 9 der Entwicklungsphase zuzurechnen. Der IAS 38 sieht hier hingegen eine eindeutige Zurechnung zur Forschungsphase vor. Hier zeigt sich eine restriktivere Interpretation des IASB im Zeitverlauf. Der IAS 38 löst den IAS 9 ab.

8 Bei Erstellung von Software auf Basis eines kundenspezifischen Auftrages sind die allgemeinen Grundsätze des IAS 11 (construction contract) zu beachten.

Die IAS enthalten keine weiteren Erläuterungen, wie beispielsweise das Erfüllen der Kriterien zu erkennen oder nachzuweisen ist. Dem Bilanzierenden bleibt insofern erheblicher Ermessensspielraum, der in Abstimmung mit dem Abschlussprüfer durch sachgerechte Interpretation zu füllen ist.

Ausschließlich die während der Entwicklungsphase anfallenden Aufwendungen sind zu aktivieren. Nur Kosten zwischen technischer Reife und Marktreife bzw. Fertigstellung dürfen demgemäss aktiviert werden.[9] Für die in der Forschungsphase anfallenden Kosten besteht ein Aktivierungsverbot (IAS 38.42).

Diese Vorgehensweise ist dadurch zu rechtfertigen, dass für die Ergebnisse in der Forschungsphase nicht nachgewiesen werden kann, ob sie tatsächlich in der Zukunft zu Nutzen führen werden. Erst die Entwicklungsphase stellt die Phase dar, in welcher allgemein von der Erfüllung der allgemeinen Ansatzkriterien nach IAS 38.18f. auszugehen ist. Wirtschaftlich betrachtet ist die Phase der Eruierung von Nutzenpotenzialen abgeschlossen und das Ergebnis der Forschungsphase für positiv befunden worden. Das Unternehmen hat sich entschlossen, auf Basis der Voruntersuchungen die festgestellten möglichen Potenziale nutzen zu wollen. Dabei wurden die Chancen für die Realisierung des geplanten zukünftigen Nutzens höher bewertet als die damit verbundenen Risiken. Unter wirtschaftlicher Betrachtungsweise erscheint es deshalb gerechtfertigt, Aufwendungen im Zusammenhang mit dem Projekt zu aktivieren.

In strittigen Fällen bezüglich der Abgrenzung zwischen Forschungs- und Entwicklungsphase bei einem Selbsterstellungsprojekt (sachliche Zuordnung) sind die Kosten periodengleich aufwandswirksam zu erfassen, d.h. eine Aktivierung darf nicht stattfinden. Im Zweifelsfall ist demgemäss von der Fortdauer der Forschungsphase auszugehen. Das Ermessen des Bilanzierenden wird hierdurch eingeschränkt.

Sollte die Entwicklungsphase in einem Zeitpunkt erreicht werden, zu welchem eine genaue zeitliche Erfassung der Kosten (zeitliche Zuordnung) nicht möglich ist (z.B. in der Mitte einer Berichterstattungsperiode), ist zwischen dem Grundsatz der Zuordnung von Aufwendungen zur Forschungsphase bei strittigen Abgrenzungsfragen und der Verteilung auf Basis von kaufmännisch-vernünftigen Annahmen abzuwägen. Insbesondere regelmäßige Kosten, wie bspw. Personalkosten, sollten zeitanteilig verteilt werden und nicht grundsätzlich den Forschungskosten zugerechnet werden.

Auch eine Aktivierung von Kosten in der Implementierungs- und Betriebsphase ist insofern abzulehnen, da bereits mit der Implementierung die wirtschaftliche Nutzung beginnt. Das aktivierte asset unterliegt einer begrenzten wirtschaftlichen Nutzungsdauer und verliert demgemäss über diese Dauer der Nutzung und/oder seiner Existenz an Wert. Dieser wirtschaftlichen Schlussfolgerung folgt das FASB nur zum Teil. Zwar sehen auch die US-GAAP keine Aktivierung von Aufwendungen in der Implementierungs- und Betriebsphase vor, allerdings besteht für das FASB, wie mit der Verab-

9 Vgl. GRÜNBERGER, D./GRÜNBERGER, H., IAS und USGAAP 2002/2003: Ein systematischer Praxis-Leitfaden; (IAS 41 und FAS 145), Herne 2002, S. 14.

schiedung des FAS 142[10] dokumentiert, auch die Möglichkeit einer unbegrenzten Nutzungsdauer von intangible assets. Hier wurde insbesondere auf Markennamen verwiesen, wie beispielsweise Coca-Cola.

Die Anzahl der Beispiele ist äußerst begrenzt. Die Prüfung der Werthaltigkeit der intangible assets, die das FASB bei unbegrenzt nutzbaren intangible assets vorschreibt, ist von subjektiven Ermessensentscheidungen abhängig. Es ist deshalb zu hinterfragen, ob eine fiktive Abschreibung nicht tatsächlich die wirtschaftlichen Verhältnisse auch dieser intangibles besser darstellt, als die gleichbleibende Aktivierung auf Basis von Werthaltigkeitstests. Schließlich sollte hier unterstrichen werden, dass die unbegrenzte Nutzungsdauer oft erst in der retrospektiven Betrachtung konstatiert werden kann. Deshalb erscheint die Festlegung eines selbsterstellten intangible assets als unbegrenzt nutzbar nicht sachgerecht.

Neben dem Aktivierungsverbot bei Nicht-Erfüllung der Aktivierungsvoraussetzungen gemäß IAS 38.56 enthält der IAS 38 für selbsterstellte intangible assets weitere explizite Aktivierungsverbote, die losgelöst von dem Ergebnis der Kriterienüberprüfung gelten. IAS 38.36, 51, 57 definieren ein Aktivierungsverbot für:

- Selbsterstellten Geschäfts- oder Firmenwert,
- selbsterstellte Marken, Impressi, Verlagsrechte, Kundenlisten und ähnliche Güter,
- Ingangsetzungskosten,
- Trainingskosten,
- Werbekosten,
- Kosten zur Unternehmensverlagerung und Reorganisation.

Im Gegensatz zu den IAS besteht nach dem HGB keine Möglichkeit zum Ansatz selbsterstellter immaterieller Vermögensgegenstände. Nach § 248 Abs. 2 HGB besteht ein Aktivierungsverbot. Art. 9 der 4. EG-Richtlinie räumt den nationalen Gesetzgebern das Recht ein, selbst geschaffene immaterielle Vermögensgegenstände zum Ansatz in der Bilanz zuzulassen. Von diesem Wahlrecht hat der deutsche Gesetzgeber keinen Gebrauch gemacht; gleiches gilt für Belgien, Frankreich, Luxemburg und die Niederlande. Ein Ansatz ist dagegen in Dänemark und Großbritannien zulässig.

---

10 Vgl. FAS 142.10.

3.3 Beispiel: Bilanzierung selbsterstellter Software

3.3.1 Begriffliche Abgrenzungen

Als Software bezeichnet man neben Programmen auch Daten sowie begleitende Dokumente. Unter Programm wird eine Folge von Befehlen subsumiert, welche der Computer selbständig ausführen kann und dadurch eine Datenverarbeitungsaufgabe löst.

Software kann aus funktionaler Perspektive in Systemsoftware und Anwendungssoftware unterschieden werden:[11]

- Systemsoftware oder Basissoftware wird für spezielle Hardware entwickelt und übernimmt deren Steuerung. Zur Systemsoftware zählen u.a. Betriebssysteme oder Dienstprogramme.
- Anwendungssoftware oder Applikationsprogramme dienen der Lösung von Aufgaben des Anwenders mit Hilfe des Computersystems. Zur Anwendungssoftware zählen bspw. Textverarbeitungsprogramme oder Planungs- und Simulationsprogramme.

Anwendungssoftware setzt auf Systemsoftware auf, so dass Systemsoftware als Mittler zwischen Hardware und der eigentlichen Aufgabenbearbeitung mittels der Anwendungssoftware zu verstehen ist.

Je nach Anwenderkreis wird innerhalb der Anwendersoftware wiederum zwischen Individual- und Standardsoftware unterschieden. Standardsoftware wird ohne direkte Einflussnahme von Kunden entwickelt und ohne weitere Veränderung an Kunden vermarktet.[12] Die Anpassung der Standardsoftware an die Bedürfnisse des individuellen Kunden wird als Customising bezeichnet.

3.3.2 Prozess der Softwareentwicklung und Zuordnung zu den aktivierungsrelevanten Phasen

Der Softwareentwicklungszyklus nach Dumke beinhaltet die folgenden Phasen:

11 Vgl. FRIZLEN, U./MÖHRLE, M., Aktivierung eigenentwickelter Programme in den Bilanzen der Softwarehersteller nach HGB und US-GAAP, KoR 2001, S. 233-243, hier S. 233.

12 Vgl. STICKEL, E./GROFFMANN, H. u.a., Gabler Wirtschaftsinformatik Lexikon, Wiesbaden 1990, S. 676.

Phasen-Darstellung des Softwareentwicklungszyklus nach Dumke

Problemdefinition

Beschreibung des mit Hilfe der Software zu lösenden Problems.

Anforderungsanalyse

Basierend auf der Problemdefinition werden die an die Software zu stellenden Anforderungen analysiert (funktionale und qualitative Anforderungen).

Spezifikation

Die aus der Anforderungsanalyse definierten Anforderungen werden in softwarespezifische Anforderungen formuliert; komplexe Funktionen sind hierzu in einzelne Teilfunktionen aufzuteilen, Fragen zu softwarespezifischen Problemen sind vorzugeben (z.B. Schnittstellenproblematik, Datenstruktur, Datenfluss etc.).

Entwurf

Entwurf einer detaillierten Softwarearchitektur mit der Beschreibung der Struktur der Software und der Wechselbeziehungen der Funktionen untereinander. Der Detaillierungsgrad sollte eine weitere Strukturierung in den Folgephasen überflüssig machen.

Codierung

Programmierung der Software, Übersetzung der Software in eine für den Computer lesbare und ausführbare Form.

Test

Test der Funktionsfähigkeit der Software durch Überprüfung, ob eine fehlerfreie Ausführung der gewünschten Funktionalitäten gegeben ist.

Wartung

Nach Auslieferung erfolgt regelmäßige Wartung, durch die Programmierfehler, die bei der Auslieferung noch unentdeckt waren, beseitigt werden.

Basierend auf dem Software-Lebenszyklus lässt sich die in der folgenden Abbildung wiedergegebene Zuordnung der Phasen zu den durch die Rechnungslegungsstandards IAS und US-GAAP vorgegebenen Erstellungsphasen vornehmen.

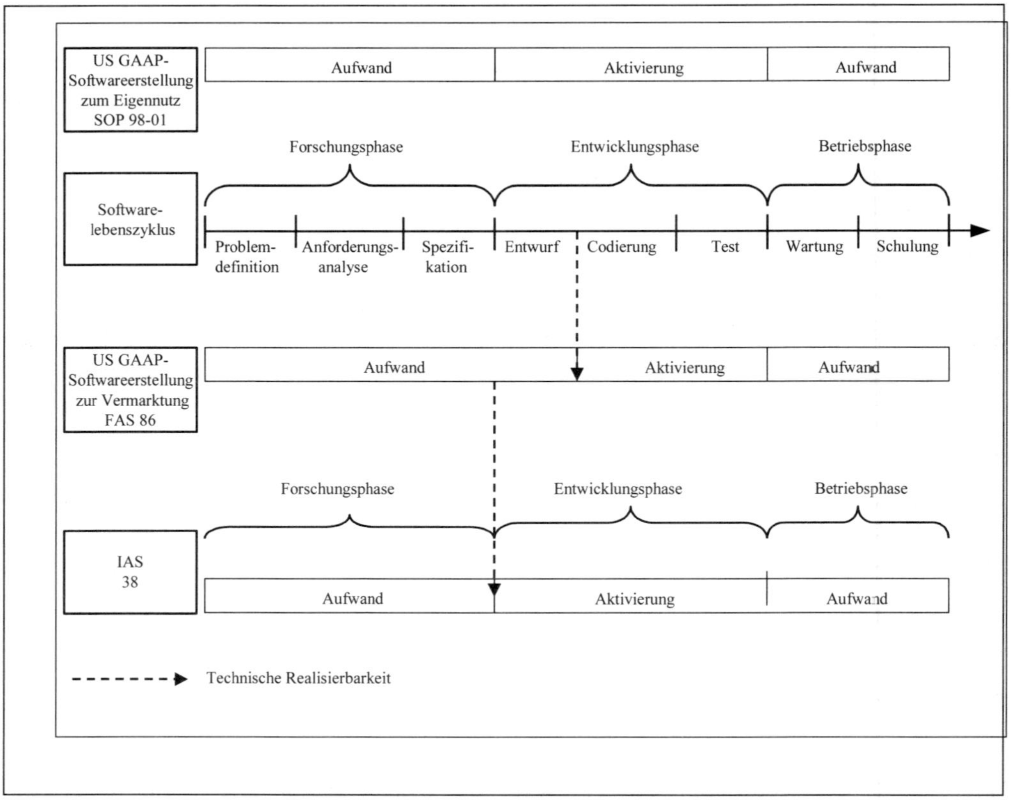

Abb. : Einordnung des Software-Entwicklungszyklus in die Phasen-Systematik der internationalen Rechnungslegungsstandards[13]

3.3.3 Feststellung des Erreichens der Entwicklungsphase

Anhand der Pläne sowie der Entscheidungsvorlage zur Verabschiedung des Entwicklungsprojektes sollte die Absicht und Fähigkeit des Unternehmens zur Fertigstellung der Software ersichtlich sein. Spätestens zur Abschlusserstellung ist hinreichende Sicherheit dahin zu gewinnen, ob weiterhin an dem Projekt gearbeitet wird oder das Projekt eingestellt wurde. Bei Einstellung ist die Absicht eindeutig widerlegt.

[13] Vgl. zur gegenüberstellenden Bilanzierung von Software nach IAS und US-GAAP sowie HGB: KÜTING, K./PILLHOFER, J. u.a., Die Bilanzierung von Software aus der Sicht des Herstellers nach US-GAAP und IAS, a.a.O, S. 73ff.; KÜTING, K./ULRICH, A., Abbildung und Steuerung immaterieller Vermögensgegenstände (Teil I) –Werttreiber im normativen Zwangskorsett, DStR 2001, S. 953-960, hier S. 953ff.

Auch der Nachweis des zukünftigen wirtschaftlichen Nutzens sollte mit diesen Unterlagen möglich sein. Bei einem angemessenen Kostenrechnungssystem in dem Unternehmen sollte zudem die Messbarkeit und Zuordenbarkeit der Projektkosten sichergestellt sein.

Insbesondere der Nachweis der technical feasibility fällt nicht leicht. Hier kann nach herrschender Literaturmeinung[14] auf FAS 86 und der dort beschriebenen Abgrenzung zurückgegriffen werden, wobei der FAS 86 selbst nur für die Bilanzierung von zur Vermarktung vorgesehenen intangible assets Verwendung findet:

Die technical feasibility ist danach durch eine der beiden folgenden Maßnahmen zu dokumentieren:[15]

- Anhand eines detaillierten Programm-Designs werden die geplanten Funktionalitäten der selbstentwickelten Software belegt:
- Das Programm-Design ist fertiggestellt und die Vollständigkeit des detaillierten Programm-Designs durch Dokumentation und Abgleich mit den Produktspezifikationen im Produktentwurf belegt.
- Alle benötigten Fertigkeiten, Kenntnisse und Ressourcen stehen zur Verfügung, um das geplante Programm fertig zu stellen.
- Potenzielle Risiken für den erfolgreichen Abschluss des Projektes sind erkannt und durch Programmier- sowie Testarbeiten ausgeschaltet.

D.h.: Der Entwurf des Softwareprodukts ist so weit vorangeschritten, dass die funktionelle und wirtschaftliche Spezifikationen erfüllt sind und mit der Programmierung der Software begonnen werden kann.

- Ein Arbeitsmodell (‘working model’) der Software liegt vor:
- Das Arbeitsmodell dient als eine operative Version der Software, die in der gleichen Programmiersprache wie das Endprodukt erstellt wurde. Es stellt alle wesentlichen Funktionalitäten und steht zu ersten Anwendertests bereit; damit ist es als Prototyp des Endproduktes zu werten.
- Die Übereinstimmung mit dem Programm-Design ist durch Testarbeiten überprüft worden.

Für den Fall, dass ein Software-Projekt auf einer Standardsoftware eines anerkannten Softwarehauses (z.B. SAP) basiert, die lediglich im Hinblick auf unternehmensspezifische Anforderungen customised oder die an bereits existierende Anwendungen ange-

---

14 Vgl. KÜTING, K./PILLHOFER, J. u.a., Die Bilanzierung von Software aus der Sicht des Herstellers nach US-GAAP und IAS, a.a.O., S. 83.

15 Vgl. FAS 86.4.

bunden werden muss, wird angenommen, das die technical feasibility eintritt, sobald diese zur Installation bereitsteht. Liegen

- die Kosten für die Weiterentwicklung oder das Customising der Standardsoftware allerdings über deren Anschaffungskosten oder
- gibt der Zeitrahmen, in dem diese Aktivitäten erfolgen, Anlass für die Vermutung einer wesentlichen Veränderung der Standardsoftware (i.d.R. als mehr als 6 Monate),

so ist das Eintreten der technical feasibility entsprechend der oben beschriebenen Maßnahmen nachzuweisen.

4. Bewertung von intangible assets nach IAS 38

4.1 Bewertung bei Ersterfassung

Grundsätzlich gilt für die Bewertung von intangible assets die gleiche Vorgehensweise wie für tangible assets:

Die Vermögenswerte sind mit ihren Anschaffungs- und Herstellungskosten zu erfassen (IAS 38.22).

Allerdings unterscheidet der IAS 38 hinsichtlich der Ermittlung der Anschaffungs- bzw. Herstellungskosten detailliert nach dem Anschaffungsvorgang:

- Separate Anschaffung,
- Anschaffung im Rahmen eines Unternehmenserwerbes,
- Herstellung,
- öffentliche Zuschüsse zum Erwerb,
- Tauschgeschäfte.

4.1.1 Erwerb mittels separater Anschaffung

Nach IAS 38.24 ergeben sich die Anschaffungskosten bei einer separaten Anschaffung (d.h. nicht im Rahmen eines Unternehmenskaufes) entsprechend folgender Übersicht:

	Kaufpreis
+	Anschaffungsnebenkosten
-	Anschaffungspreisminderungen
+	Fremdkapitalkosten (fakultativ)
=	Anschaffungskosten

Der Kaufpreis sollte aus der Rechnung unmittelbar ersichtlich sein. Die Ermittlung ist insofern unkritisch. Bei den Anschaffungsnebenkosten besteht hingegen Interpretationsspielraum. Unzweifelhaft sind Einfuhrzölle, nicht erstattungsfähige Erwerbsteuern sowie alle direkt zurechenbare Aufwendungen, die notwendig sind, um das intangible asset für seine vorgesehene Verwendung vorzubereiten, den Anschaffungsnebenkosten nach IAS 38.24 zuzurechnen. Auch Aufwendungen für rechtliche und gutachterliche Dienstleistungen sind den Nebenkosten zuzurechnen, während die Umsatzsteuer ausdrücklich kein Bestandteil der Anschaffungsnebenkosten ist.

Aus der Formulierung des IAS 38.24 ist zunächst eine reine Einzelkostenzurechnung zu ersehen. Damit sind Gemeinkosten nicht als Anschaffungsnebenkosten zu behandeln. Allerdings sehen Baetge/von Keitz[16] hier einen Bruch in der Systematik der IAS, die grundsätzlich vergleichbare Sachverhalte gleich darstellen wollen. Die Rechtsberatung durch die interne Rechtsabteilung sollte demgemäss analog einer extern erkauften Rechtsberatung behandelt werden. Daraus schlussfolgern Baetge/von Keitz, dass auch produktbezogene Gemeinkosten über einen Zeit- oder Mengenschlüssel in die Anschaffungsnebenkosten einzurechnen sind und widersprechen insoweit der Formulierung des IAS 38.24 („any directly attributable costs of preparing the asset"). Dieser Argumentation ist zu folgen, allerdings sollten aus Gründen der Vergleichbarkeit von Abschlüssen tatsächlich nur die Gemeinkosten zugerechnet werden, die aus Leistungen resultieren, für welche ein alternatives Angebot zum externen Bezug bestehen.

Für die Anschaffungspreisminderungen gelten keine Besonderheiten gegenüber der Anschaffung anderer assets: Skonti und Rabatte sind abzuziehen. In Verbindung mit dem Wahlrecht zur Aktivierung von Fremdkapitalzinsen soll allerdings auf die besondere Behandlung von nicht in Anspruch genommenen Skonti hingewiesen werden. Bei der Behandlung von Fremdkapitalzinsen unterscheiden die IAS zwei Methoden:

Benchmark treatment (IAS 23.7[17]):

Die Fremdkapitalzinsen sind in der Periode ihres Anfalls direkt als Aufwand zu berücksichtigen.

---

16 Vgl. BAETGE, J./KEITZ, V., in: Rechnungslegung nach International Accounting Standards (IAS), hrsg. von BAETGE, J./DÖRNER, D. u.a., 2. Aufl., Stuttgart 2002, IAS 38, Rn. 69.

17 IAS 23, Borrowing Costs.

Allowed alternative treatment (IAS 23.11):

Die Fremdkapitalzinsen können statt der aufwandswirksamen Erfassung den Anschaffungskosten zugerechnet werden.

Aus diesem Wahlrecht ergeben sich für die Behandlung des nicht in Anspruch genommenen Skontos folgende Implikationen:

Gemäß IAS 38.25 entsprechen die Anschaffungskosten den Barpreisäquivalenten, sofern „normal credit terms" überschritten sind. Bei handelsüblichen Skontofristen als normal credit terms ist aus dieser Vorschrift abzuleiten, dass nur das Barpreisäquivalent als Anschaffungskosten anzusetzen ist und zwar unabhängig von der Inanspruchnahme des Skontos. Der Skonto selbst ist als Zinsaufwand zu klassifizieren. In Abhängigkeit von der Wahl einer der oben beschriebenen Methoden zählt der nicht in Anspruch genommene Skonto zu den Anschaffungskosten oder zu den Periodenaufwendungen.

4.1.2 Anschaffung im Rahmen eines Unternehmenserwerbes

Analog zur separaten Anschaffung von intangible assets gelten auch für die Anschaffung der intangibles im Rahmen eines Unternehmenserwerbes die allgemeinen Grundsätze zur Bewertung von assets bei Unternehmenserwerb und nicht eine spezielle intangible-Regelung. IAS 38.27 verweist auf den IAS 22, Business Combinations, nach welchem der beizulegende Wert für das intangible anzusetzen ist. Dieser ergibt sich zunächst aus dem Marktwert, sofern ein aktiver Markt für das intangible besteht (IAS 38.28, IAS 22.39). Sollte hingegen kein Marktpreis gegeben sein, was in der Regel der praktischen Erfahrung entspricht, ist auf vergleichbare Erwerbsvorgänge und die sich daraus ergebenden Werte für das intangible zurückzugreifen. Dieser market approach versucht eine Objektivierung auf Basis von Marktpreisvergleichen anstelle direkt verfügbarer einzelobjektbezogener Marktpreise zu erzielen. Insbesondere die unterschiedlichen Intentionen der Käufer von intangibles lassen eine Objektivierung von Kaufpreisen dieser Art von assets nur bedingt zu. Zu verweisen ist hierbei bspw. auf Marken oder Kundenlisten, die zunächst einmal insbesondere an die Person des Verkäufers bzw. an das veräußernde Unternehmen gebunden sind. Es besteht eine starke Affinität zum Eigentümer. Eine Übertragung dieser intangibles zu einem vergleichbaren Preis aus vergangenen Transaktionen kann nicht als objektivierter Preis angesehen werden, da es wesentlich auf die Werterhaltungsfähigkeit durch den Käufer ankommt.

Das IASB lässt deshalb als weitere Alternative, jedoch erst nach Prüfung der zuvor genannten Preisfindungsmöglichkeiten, die Bemessung des beizulegenden Wertes mit Hilfe einer Barwertbetrachtung zu. Eine Barwertbetrachtung unterliegt subjektiven Elementen, wie bspw. die Diskontsatzfestsetzung oder die Bemessung der zeitlich gestaffelten Zahlungsmittelströme. Insofern besteht die Gefahr einer die tatsächlichen Verhältnisse verzerrenden Bilanzpolitik im Sinne des bilanzierenden Unternehmens. Das IASB hat diese Ermessensspielräume erkannt und durch die Regelungen in IAS 38.22

respektive IAS 22.40 versucht, den bilanzpolitischen Spielraum der bilanzierenden Unternehmen zu begrenzen:

Der Ansatz von intangible assets im Rahmen von Unternehmenserwerben ist nur insoweit zulässig, als durch den Ansatz kein negativer Goodwill (Badwill) entsteht. Als Ausnahme gilt hierbei ein intangible, für welches ein Marktwert gegeben ist.

Diese Vorgehensweise soll anhand eines einfachen Beispiels erläutert werden:

Beispiel: Ansatz von intangibles bei Wertbemessung mittels Barwertberechnung	
Net Assets (Netto-Zeitwert aller assets und liabilities)	
ohne der intangible assets:	100 GE
Kaufpreis:	150 GE
	50 GE
intangible I (Marktpreis: 40 GE)	- 40 GE
	10 GE
intangible II (Barwert aus DCF-Berechnung)	30 GE
Ansatz intangible II nach IAS 38.22, IAS 22.40	10 GE

Diese Vorgehensweise trägt der individuellen Ausprägung und der weitgehenden Nicht-Erfassbarkeit von intangible assets Rechnung. Sie ist deshalb begrüßenswert und fördert grundsätzlich die Objektivierung bilanzieller Ansätze und damit auch - zumindest auf den zweiten Blick - die Vergleichbarkeit der Abschlüsse.

Falls ein Wertansatz nicht zuverlässig ermittelt werden kann, ist ein im Rahmen eines Zusammenschlusses erworbenes intangible nicht als eigenständiges asset zu aktivieren und muss statt dessen unter „Geschäfts- oder Firmenwert" bilanziert werden.

4.1.3 Herstellung eines intangible assets

In IAS 38.54 sind die Komponenten der Herstellungskosten für selbsterstellte intangibles genannt.

Zu aktivieren sind die folgenden Aufwendungen (Aktivierungspflicht):

- Aufwendungen für Güter und Dienstleistungen, die im Rahmen der Entwicklung bzw. Herstellung benötigt oder verbraucht werden.
- Löhne, Gehälter und sonstige personalbezogene Aufwendungen von eigenen Mitarbeitern, die direkt in die Entwicklung bzw. Herstellung involviert sind.

- Aufwendungen, die der Entwicklung bzw. Herstellung direkt zurechenbar sind, z.B. Patentgebühren oder die Abschreibung auf Patente und Lizenzen.
- Gemeinkosten, die der Entwicklung bzw. Herstellung des intangibles zugerechnet werden können (z.B. Verrechnung von Abschreibungen auf Gebäude, Versicherungsprämien oder Mieten).

Beispiel: Spezifische Software-Herstellungskosten

Bei der Software-Entwicklung sind entsprechend der obigen Darstellung u.a. folgende spezifische Kostenkomponenten zu nennen (sofern keine spezifischen Regelungen in IAS vorhanden, wurde als Interpretationshilfe auf den SOP 98-1 zurückgegriffen):

Aufwendungen für Tests vor der internen Nutzung

Aufwendungen der Datenkonvertierung (z.B. Datenmigration), sofern Kosten aus der Lesbarmachung vorhandener Daten durch das neue System entstehen

Aufwendungen für die Dokumentation und Vervielfältigung

Die Aufwendungen für Tests vor der internen Nutzung und zur Datenkonvertierung dienen der Herstellung der Einsatzbereitschaft der selbsterstellten Software. Gleichermaßen ist die Dokumentation zu werten, die insbesondere auch die breite Verwendbarkeit und die sachgerechte Verwendung und damit Nutzung entsprechend der geplanten wirtschaftlichen Nutzungsdauer sicherstellen soll.

Bei den Aufwendungen zu Datenkonvertierung ist darauf hinzuweisen, dass diese grundsätzlich nicht aktivierungsfähig sind. Nur die Schaffung eines Zugangs für das neue System zum Lesen bereits bestehender Datenbestände gilt hier als Ausnahme. Beispielsweise sind Kosten aus der Bereinigung oder Überleitung von bestehenden Datenbeständen oder der Generierung neuer Datenbestände direkt als Aufwand zu erfassen.

Eine besondere Problematik ergibt sich bei der internen Verrechnung von Kosten. Falls die interne Verrechnung auf Basis von Personenstundensätzen erfolgt, sind diese Sätze entsprechend anzupassen, d.h. nicht-aktivierbare Kostenbestandteile sind herauszurechnen. Zu den nicht-aktivierbaren Kostenbestandteilen zählen bspw. die Overhead-Kosten, d.h. Kosten der Zentrale, die auf die dezentralen Stellen verrechnet werden und nicht dem Entwicklungsprojekt direkt zugerechnet werden können.

Das Aktivierungswahlrecht für Zinskosten gilt analog der Ausführungen zu den separat angeschafften intangibles.

Neben den aktivierungspflichtigen Kosten nennt der IAS 38 auch nicht-aktivierbare Positionen (Aktivierungsverbot):

- Vertriebs-, Verwaltungs- und sonstige Gemeinkosten, die nicht dem intangible direkt zurechenbar sind,
- eindeutig identifizierte Ineffizienzen und anfängliche operative Verluste,
- Kosten für die Schulung von Mitarbeitern zwecks Bedienung der Software.

Ineffizienzen können z.B. auftreten, wenn die erzielten Fortschritte im Projekt nicht im Einklang mit den angefallenen Aufwendungen stehen oder bereits entwickelte Funktionalitäten aufgrund einer Strategieänderung nicht mehr zum Einsatz kommen werden. Diese eindeutig nicht mit den zukünftigen Nutzenerwartungen in Verbindung stehenden Aufwendungen sind sofort ergebniswirksam zu erfassen.

Neben diesen sachlichen Aktivierungskriterien soll hier nochmals auf die zeitlichen Aktivierungsprämissen (Aktivierbarkeit ist abhängig von der Erstellungsphase) verwiesen werden. Nur bei Erfüllung beider Dimensionen (sachliche und zeitliche) ist die Aktivierung von Kosten möglich. Eine nachträgliche Aktivierung von bereits erfassten Aufwendungen ist nicht möglich.

Eine besondere Problematik ergibt sich für intangibles, die sowohl als separat erworben als auch als selbst erstellt angesehen werden können. Beispielhaft ist hier auf Standardsoftware-Produkte zu verweisen: Sollte die Standardsoftware nicht im wesentlichen in einem Projekt zur Entwicklung einer hauseigenen Softwarelösung Verwendung finden, ist diese nach den Grundsätzen für die separat erworbene intangibles sofort zu aktivieren. Die Erfüllung der zusätzlichen zeitlichen Aktivierungskriterien für selbsterstellte intangibles bleiben unbeachtlich.

4.1.4 Öffentliche Zuschüsse zum Erwerb von intangible assets

Hierbei handelt es sich um entgeltfreie oder lediglich symbolisch beglichene Transfers von intangibles, wie z.B. Importlizenzen. Es erfolgt ein Ansatz zum beizulegenden Zeitwert. Alternativ ist ein Ansatz zum Zeitwert reduziert um den öffentlichen Zuschuss, d.h. zu einem Wert Null, möglich. Diese Thematik soll hier nicht vertieft werden, da sie für Finanzinstitute von untergeordneter Bedeutung ist.

4.1.5 Erwerb von intangible assets durch Tausch

Für den Tausch sieht IAS 38.34f. eine differenzierte Handhabe in Abhängigkeit von der Übereinstimmung des erlangten und des hingegebenen assets vor:

- Hingabe eines ähnlichen assets mit ähnlicher Nutzungsdauer in dem selben Geschäftszweig und mit ähnlichem beizulegenden Wert,
- Hingabe eines unähnlichen assets.

Bei ähnlichen intangibles sind die Anschaffungskosten aus dem beizulegenden Wert des empfangenen intangibles zu ermitteln. Das abgegebene asset muss den gleichen beizulegenden Wert besitzen, da sonst nicht von der Ähnlichkeit der assets auszugehen ist (vgl. hierzu IAS 38.34). Durch den Unterschied zwischen Buchwert und beizulegendem Zeitwert des abgegebenen intangibles kommt es zu Ergebnisrealisierungen.

In manchen Fällen kann der Wertansatz des empfangenen intangibles nicht ermittelt werden. Dann ist aus Praktikabilitätsgründen auf den Zeitwert des hingegebenen assets zurückzugreifen. D.h. welcher Wertansatz heranzuziehen ist, bestimmt sich letztendlich nach der Zuverlässigkeit der Wertermittlung.

Falls ein intangible im Tausch oder teilweisen Tausch gegen ein anderes unähnliches asset erworben wird, entspricht der Wertansatz des erhaltenen intangible dem Buchwert des dafür abgegebenen assets zuzüglich aller direkt mit dem Transfer verbundenen Anschaffungskosten. Abgesehen von den Transferkosten bleibt die Transaktion ergebnisneutral. Nach Ansicht des IASB ist der Gewinnrealisierungsprozess noch nicht abgeschlossen.

Um jedoch eine Verlagerung von drohenden Verlusten zu vermeiden, ist nach IAS 38.35 vor einer Übertragung das abgegebene asset auf den Zeitwert gegebenenfalls abzuschreiben. Eine Hochschreibung ist nicht erlaubt. Es besteht hier eine dem HGB vergleichbare imparitätische Vorgehensweise. Die Argumentation des IASB erscheint nicht schlüssig: Einerseits geht man von der fehlenden Realisierung der Ergebnisse aus, andererseits wird eine vorsichtige Ergebnisermittlung vorgeschrieben. Der Betrachtung der tatsächlichen wirtschaftlichen Verhältnisse folgend sollte der Ansatz des intangible zum Zeitwert zwingend vorgeschrieben werden. Die Realisierung der Gewinne und Verluste sollte nicht imparitätisch erfolgen.

4.1.6 Behandlung von Upgrades und Erweiterungen bei Software-Produkten

Upgrades und Erweiterungen dürfen aktiviert werden. Hierbei ist unter diese Begriffe eine wesentliche Verbesserung der Funktionalität bzw. eine wesentliche Verlängerung der Nutzungsdauer der bereits bestehenden Software zu verstehen.

Voraussetzung für die Aktivierung von Aufwendungen im Zusammenhang mit Upgrades und Erweiterungen ist, dass die folgenden Punkte kumulativ erfüllt sind:

- Die zugrunde liegende primäre Software wurde aktiviert.
- Die geplanten Aufwendungen sind als wesentlich, bspw. mindestens 15%, in Bezug auf die Gesamtkosten der primären Software zu bewerten.
- Es ist wahrscheinlich, dass diese Investition zu einer Verlängerung der erwarteten wirtschaftlichen Nutzungsdauer oder zu zusätzlichen Funktionalitäten führt.
- Die Aufwendungen sind zuverlässig erfassbar und der Software zurechenbar.

Es besteht hinsichtlich des ersten Aktivierungskriteriums eine Ausnahme: Ist die primäre Software lediglich aufgrund bei Erstansatz bestehender abweichender Rechnungslegungsvorschriften nicht aktiviert worden, so sind die Aufwendungen aus der Erweiterung heute aktivierungsfähig, sofern die allgemeinen Aktivierungsvoraussetzungen erfüllt werden.

Upgrades sind von Updates abzugrenzen, die keine zusätzlichen Funktionalitäten bereitstellen, sondern der Behebung von Fehlern dienen, die bei der Softwareeinführung vorangegangenen Tests nicht entdeckt wurden. Erweiterungen wiederum sind von der Wartung zu unterscheiden, die lediglich die Aufrechterhaltung der Leistungsfähigkeit sicherstellt. Updates und Wartungsaufwendungen sind explizit von der Aktivierung gemäß SIC-6.4, Costs of Modifying Existing Software, ausgeschlossen.

4.2 Bewertung in den Folgeperioden

IAS 38 enthält ein Wahlrecht hinsichtlich der Bewertung von intangibles in den Folgeperioden. Die intangibles können entweder mit den fortgeführten Anschaffungs- oder Herstellungskosten oder mit dem Neubewertungsansatz in der Bilanz aktiviert werden:

4.2.1 Fortgeführte Anschaffungs- und Herstellungskosten

Die fortgeführten Anschaffungs- und Herstellungskosten ergeben sich entsprechend der folgenden Berechnung:

	Historische Anschaffungs- und Herstellungskosten
-	kumulierte planmäßige Abschreibungen und Wertberichtigungen
-	kumulierte Zuschreibungen
=	fortgeführte Anschaffungs- und Herstellungskosten

Die Ermittlung der historischen Anschaffungs- und Herstellungskosten wurde im Rahmen der Erläuterung der Ersterfassung dargelegt.

4.2.1.1 Abschreibungen (planmäßig)

Intangible assets besitzen ebenso wie tangible assets nur eine begrenzte Nutzungsdauer. Im Laufe der Zeit wird der wirtschaftliche Nutzen der assets dezimiert. Es ist deshalb zu überlegen, wie der planmäßige Verbrauch des Nutzenpotenzials der intangibles abzubilden ist. Dabei ist von den historischen Anschaffungs- und Herstellungskosten auszugehen und ein möglicherweise verbleibender Restwert abzuziehen. Die so ermittelte Summe ist planmäßig über die Nutzungsdauer aufzulösen.

4.2.1.1.1 Ermittlung der Nutzungsdauer

Die Abschreibungsperiode entspricht der betriebsindividuellen Nutzungsdauer und soll entsprechend des matching principle den Verbrauch des assets entsprechend seines Gebrauchs widerspiegeln. Gerade bei intangibles ist die Bestimmung der Nutzungsdauer jedoch zumeist nicht ohne weiteres gegeben, da sie oft individuell gestaltet sind, von einer Vielzahl von externen, schwer kalkulierbaren Faktoren abhängen und teilweise keine Erfahrungswerte über deren Nutzungsdauer bestehen. Gemäß IAS 38.80 sind deshalb im Rahmen der Festlegung der betriebsindividuellen Nutzungsdauer folgende Faktoren zu beachten:

- Erwartete Nutzung des intangibles durch das Unternehmen und die Fähigkeit der Nutzenstiftung auch für andere Unternehmen,
- typische Produktlebenszyklen für dieses asset oder für assets mit vergleichbarer Verwendung,
- technische, technologische oder sonstige Veralterung,
- erwartetes Verhalten der aktuellen und potenziellen Wettbewerber,
- notwendige Erhaltungsaufwendungen und die Fähigkeit diese aufzubringen,
- Zeitraum der Kontrolle des Unternehmens über das intangible, rechtliche Nutzungsbeschränkungen,
- Abhängigkeit der Nutzung des intangibles von der Nutzungsdauer anderer assets.

Außer diesen Faktoren, die nicht umfassend alle möglichen externen und internen Einflüsse auf die betriebsindividuelle Nutzungsdauer eines intangibles widerspiegeln, hat das IASB versucht, einen Rahmen für die Bestimmung der Nutzungsdauer vorzugeben:

- Intangible assets sind nach einer widerlegbaren Vermutung maximal auf zwanzig Jahre abzuschreiben. Hiervon kann abgewichen werden, sofern das intangible jährlich einem strengen Werthaltigkeitstest[18] unterliegt und das Unternehmen die Vermutung hinsichtlich der Abschreibungsdauerbegrenzung stichhaltig widerlegt.
- Nach IAS 38.84 darf kein unrealistisch kurzer Abschreibungszeitraum gewählt werden. Eine schnelle Nutzungsdauer, bspw. aufgrund technischer Fortentwicklung (z.B. bei Software), ist dennoch erlaubt (IAS 38.81). Jedoch besteht nicht die Möglichkeit einer Direktabschreibung. Im Hinblick auf den raschen Wandel wird die betriebsgewöhnliche Nutzungsdauer von Software im Regelfall 3-5 Jahre betragen.[19]

---

[18] Vgl. hierzu Kap. 4.2.1.2.

[19] Vgl. KRUMNOW J./SPRIẞLER, W. u.a., Rechnungslegung der Kreditinstitute a.a.O., S. 1114.

4.2.1.1.2 Bestimmung der Abschreibungsmethode

Als Abschreibungsmethoden nennt IAS 38.89 ausdrücklich

- Straight-line,
- Diminishing balance (degressive Abschreibung) sowie
- Unit of production (leistungsabhängige Abschreibung).

Es besteht jedoch kein Methodenwahlrecht, sondern eine Verpflichtung, die Methoden zu wählen, die den zu erwartenden Nutzenverbrauch widerspiegelt (IAS 38.88). Auch nicht genannte Methoden können verwendet werden, sofern diese die Abbildung des tatsächlichen Wertverlaufes sicherstellen. Jedes Geschäftsjahr hat der Bilanzierende die Adäquanz der gewählten Methode zu überprüfen (IAS 38.94).

4.2.1.1.3 Bestimmung des Restwertes

Der Restwert ist der Nettobetrag, den das Unternehmen am Ende der Nutzungsdauer unter Berücksichtigung der Verkaufskosten erlösen kann (IAS 38.7). Grundsätzlich ist der Restwert nach IAS 38.91 mit Null anzusetzen, es sei denn

- es besteht eine Verpflichtung eines Dritten zum Erwerb des intangibles am Ende der Laufzeit oder
- es existiert ein aktiver Markt für das asset, der eine Marktpreisermittlung zulässt und der selbst voraussichtlich die Nutzungsdauer überdauert.

Bei späteren Preisänderungen hat keine Anpassung des Wertes und damit der planmäßigen Abschreibung zu erfolgen.

4.2.1.2 Bestimmung außerplanmäßiger Abschreibungen und Zuschreibungen

Der IAS 38 verweist hinsichtlich der Wertermittlung im Rahmen des mindestens einmal jährlich durchzuführenden Wertberichtigungstests auf IAS 36. Diese Thematik soll deshalb nur insoweit vertieft werden, als in den IAS Tatbestände vorhanden sind, die sich explizit auf intangibles beziehen.

Hierbei ist insbesondere auf den strengen Wertberichtigungstest hinzuweisen. Dieser schreibt vor, dass unabhängig vom Ausgang des Wertberichtigungstests Stufe I (Hinweise auf eine mögliche Wertberichtigung aufgrund interner oder externer Indikatoren) der Wertberichtigungstest Stufe II, d.h. die Ermittlung des erzielbaren Erlöses, durchgeführt werden muss. Beispielhaft sei wiederum auf die Bilanzierung von Software und hierbei zu beachtende mögliche Indikatoren in der Stufe I verwiesen:

Beispiel: Wertberichtigungsindikatoren im Rahmen der Software-Bilanzierung

- Die ursprünglich beabsichtigte Verwendung der Software ist nicht mehr gegeben.
- Eine ursprünglich geplante Veräußerung der Software am Ende der Nutzungsdauer ist hinfällig.
- In der Entwicklungsphase wird deutlich, dass die Kosten des Projekts deren erwartete Nutzung übersteigen.

Der strenge Wertberichtigungstest gilt für

- intangibles, die noch nicht zur Verwendung verfügbar sind,
- intangibles, die über mehr als 20 Jahre abgeschrieben werden.

Aufgrund der hohen Unsicherheit hinsichtlich der Realisierbarkeit der mit diesen intangibles verbundenen geplanten Nutzenpotenzialen erscheint diese Regelung sinnvoll und der Transparenz der Bilanz dienlich.

Zuschreibungen, die sich aus der mindestens jährlichen Wertermittlung ergeben, sind auf die Höhe vorheriger Wertberichtigungen zu beschränken.[20]

4.2.2 Neubewertungsansatz

Der Neubewertungsbetrag entspricht dem Fair Value zum Zeitpunkt des Erwerbs abzüglich der kumulierten planmäßigen und außerplanmäßigen Abschreibungen/Zuschreibungen. Gemäß IAS 38.64 ist der Neubewertungsansatz nur dann anwendbar, wenn ein aktiver Markt zur regelmäßigen Ermittlung von Fair Values vorhanden ist. Ein aktiver Markt ist nach IAS 38.7 gegeben, wenn die folgenden Voraussetzungen erfüllt sind:

- Die intangibles an diesem Markt sind homogen.
- Das asset ist fungibel, d.h. es muss jederzeit eine ausreichende Zahl an Käufern und Verkäufern existieren.
- Der Preis ist öffentlich zugänglich.

Die Wertänderung des intangible ist in einer Neubewertungsrücklage (Other Comprehensive Income - OCI) zu erfassen, sofern es sich nicht um eine Korrektur einer zuvor vorgenommenen ergebniswirksamen Wertberichtigung handelt. Eine solche Korrektur ist ergebniswirksam zu erfassen (IAS 38.76).

20 Zu weiteren Informationen zu diesem Themenkreis vgl. IAS 36.94ff. Eine Zuschreibung ist bei einer Rechnungslegung nach US-GAAP nicht möglich.

Aufgrund der weitgehenden Anforderungen aus der Abgrenzung des aktiven Marktes und der Individualität der intangibles besteht nur ein geringes praktisches Anwendungsfeld für diesen Ansatz. Deshalb soll diese Thematik nicht weiter vertieft werden.

5. Ausweis von Intangibles

Die Ausweispflichten für intangible assets sind im Wesentlichen in IAS 38.107, IAS 38.108, IAS 38.111, IAS 38.113 und IAS 38.115 geregelt. IAS 38.107 verlangt die Angabe der folgenden Informationen getrennt nach intangible-Klassen und getrennt nach intern bzw. extern erworbenen intangibles:

- Nutzungsdauer,
- Abschreibungsmethode,
- Bruttobuchwert und kumulierte Abschreibungen zum Anfang und zum Ende der Berichtsperiode,
- GuV-Position, in welche die Abschreibungen eingegangen sind,
- Überleitung des Buchwertes vom Anfangsperiodenwert zum Periodenendwert durch Angabe von Zu- und Abgängen, Zu- und Abschreibungen, Nettoumrechnungsdifferenzen sowie sonstiger Veränderungen.

Als intangible-Klassen gibt der IAS 38 indikativ, d.h. nicht verbindlich und vollumfänglich, die folgende Klassifizierung vor:

- Marken,
- Impressi und Verlagsrechte,
- Software,
- Lizenzen und Kontingente,
- Patente und Urheberrechte,
- Rezepturen, Formeln, Modelle und Entwürfe sowie Prototypen,
- intangibles in der Entwicklung.

IAS 38.111 schreibt u.a. die folgenden Angaben für verschiedene individuelle assets vor (keine vollumfängliche Aufzählung):

- Bei einer Abschreibungsdauer über 20 Jahren sind die Faktoren, die diese Vorgehensweise rechtfertigen, zu beschreiben.
- Wesentliche intangible assets (>5% der Bilanzsumme) sind einzeln zu beschreiben, Buchwert und Restnutzungsdauer sind anzugeben.
- Es ist der Betrag aus Verpflichtungen zum Erwerb von intangible assets anzugeben.

Für den Fall der Nutzung der alternativen Bewertungsmethode (Neubewertungsmethode) sieht IAS 38.113 zusätzliche Angaben vor:

- Zeitpunkt der Neubewertung,
- Buchwert der neubewerteten assets,
- Buchwert bei Weiterführung des at cost-Ansatzes,
- Angaben über die Entwicklung der Neubewertungsrücklage in der Berichtsperiode.

Schließlich erfordert IAS 38.115 die Angabe des Betrages an Forschungs- und Entwicklungsaufwendungen, der sofort ergebniswirksam erfasst wurde.

Die Pflichtangaben des IAS 38 für intangible assets gehen über die Angaben zu den tangible assets hinaus. Dies spiegelt das höhere Risiko in der Aktivierung von intangibles gegenüber dem Ansatz der tangibles wider und soll die Transparenz der Bilanz steigern. Auch die bloße Nennung des Betrages der aufwandswirksam erfassten Forschungs- und Entwicklungsaufwendungen verdeutlicht, dass das IASB die aktivierten Aufwendungen als kritisch ansieht und deshalb weitergehende Informationen verlangt, nicht jedoch eine generelle Transparenz im Bereich Forschung und Entwicklung für notwendig erachtet. Dies wäre auch aus Wettbewerbsgründen kritisch zu bewerten.

6. Ausblick

Die bestehenden Regelungen nach IAS 38, aber auch die derzeitigen amerikanischen Bilanzierungsstandards werden sich weiterentwickeln müssen. Die derzeit nur nach dem IAS 38 gegebene Möglichkeit zum Fair-Value-Ansatz wird sicherlich auch im Rahmen der Konvergenzbemühungen in die amerikanischen Standards übernommen werden. Zudem ist zu erwarten, dass die Fair-Value-Berechnungen stetig weiterentwickelt werden und dass bei hinreichend sicheren und aussagekräftigen Berechnungssystematiken der Neubewertungsansatz in erweiterter Form angewendet werden darf.

Gleichzeitig ist insbesondere im Bereich des Value-Reporting der Bilanzierende zunehmend aufgefordert, schon heute über das nicht bilanzierte Intellectual Capital freiwillig zu berichten.[21] Hierzu zählen unter anderem:

- innovation capital,
- human capital,
- customer capital,
- supplier capital,
- investor capital,
- process capital,
- location capital.

Diese Entwicklung in Verbindung mit valideren und verlässlicheren Berechnungsmethoden können dazu führen, dass derartige Bestandteile an Bedeutung gewinnen und zum Pflichtbestandteil der Bilanz werden. Bereits heute müssen nach den US-GAAP die customer base oder die core deposits aktiviert werden. Unter diesem Gesichtspunkt dürften die intangible assets bei den Finanzinstituten zukünftig noch erheblich an Bedeutung gewinnen. Problematisch erscheint in diesem Zusammenhang der hohe praktische Verwaltungsaufwand, der mit der Werthaltigkeitsüberprüfung der intangible assets schon heute verbunden ist.

21 Vgl. hierzu z.B. Arbeitskreis Externe Unternehmensrechnung der Schmalenbachgesellschaft Köln, Grundsätze für das Value Reporting, DB 2002, S. 2337-2340, hier S. 2337ff.; Ruhwedel, F./Schultze, W., Value Reporting: Theoretische Konzeption und Umsetzung bei den DAX 100 – Unternehmen, Zfbf 2002, S. 602-632, hier S. 602ff.; Küting, K./Ulrich, A., Abbildung und Steuerung immaterieller Vermögensgegenstände (Teil II), Werttreiber im normativen Zwangskorsett, DStR 2001,S. 1000-1004, hier S. 1002ff.

Karsten Lorenz

Leasingverhältnisse

1. Einleitung

Die bilanzielle Behandlung von Leasinggeschäften ist eines der schwierigsten Einzelprobleme der Rechnungslegung. Zwei Fragestellungen stehen national wie international im Vordergrund: Nach welchen Kriterien erfolgt die Entscheidung über die Zurechnung des Leasinggegenstandes zum Vermögen des Leasinggebers bzw. des Leasingnehmers? Wie sind die Leasingzahlungen in deren Jahresabschlüssen zu berücksichtigen?

Da das Handelsgesetzbuch keine expliziten Regelungen zur Behandlung von Leasingverhältnissen enthält, orientiert sich die Bilanzierungspraxis in Deutschland zumeist an den – auf der Rechtsprechung des Bundesfinanzhofes basierenden – Leasingerlassen der Finanzverwaltung und an der Stellungnahme des Hauptfachausschusses des Instituts der Wirtschaftsprüfer.[1] Die Erlasse folgen für die Zurechnung des Leasingobjektes dem Grundgedanken der vollständigen und dauerhaften Übertragung von Substanz und Ertrag vom Leasinggeber auf den Leasingnehmer.[2] Erlasskonforme Leasingverträge führen zu einer Zurechnung des Objektes zum Leasinggeber. Die Erlasse werden im folgenden Beitrag als bekannt vorausgesetzt.

Auf internationaler Ebene enthält IAS 17 umfangreiche Regelungen zur bilanziellen Behandlung von Leasinggeschäften. Der Standard in seiner jetzigen Fassung ersetzte IAS 17 (alt) von 1982 und gilt für Abschlüsse, deren Berichtsperioden am oder nach dem 1. Januar 1999 beginnen. Die seither vorgenommenen geringfügigen Modifikationen sind auf die beiden neueren Standards, IAS 40 „Als Finanzinvestition gehaltene Immobilien" und IAS 41 „Landwirtschaft", zurückzuführen. Im Rahmen des Improvement Projects hat das IASB nunmehr weitere Änderungen vorgeschlagen.[3]

Neben IAS 17 existieren mit SIC-15 „Operating-Leasingverhältnisse – Anreizvereinbarungen" und SIC-27 „Beurteilung des wirtschaftlichen Gehalts von Transaktionen in der rechtlichen Form von Leasingverhältnissen" zwei Verlautbarungen des Standing In-

---

1 Vgl. BUNDESMINISTER DER FINANZEN, Vollamortisationserlass für Mobilien vom 19.4.1971, BStBl I 1971, S. 264; Vollamortisationserlass für Immobilien vom 21.3.1972, BStBl I 1972, S. 188; Teilamortisationsvertrag für Mobilien vom 22.12.1975, DB 1976, S. 172; Teilamortisationsvertrag für Immobilien vom 23.12.1991, BStBl I 1992, S. 13 sowie INSTITUT DER WIRTSCHAFTSPRÜFER, Stellungnahme HFA 1/1989, WPg 1989, S. 626. Vgl. ferner MOXTER, A., Bilanzrechtsprechung, 5. Aufl., Tübingen 1999, S. 41-42.

2 Vgl. DÖLLERER, G., Leasing – wirtschaftliches Eigentum oder Nutzungsrecht?, BB 1971, S. 535-540. Vgl. dazu auch MOXTER, A., Grundsätze ordnungsgemäßer Rechnungslegung, Düsseldorf 2003, S. 63-71 und LORENZ, K., Wirtschaftliche Vermögenszugehörigkeit im Bilanzrecht, Düsseldorf 2002, S. 44-140.

3 Vgl. zu diesen Vorschlägen unten, Abschnitt 8 dieses Beitrags.

terpretations Committees, die weitere Regelungen zur Behandlung von Leasingverhältnissen im Jahresabschluss enthalten.

Auch die US-GAAP kennen sehr detaillierte Regelungen zu Leasinggeschäften. Neben der zentralen Vorschrift FAS 13 „Accounting for Leases" enthalten FAS 28 und FAS 98 sowie zahlreiche EITF Anforderungen an die bilanzielle Behandlung von Leasinggeschäften.[4]

Der vorliegende Beitrag untersucht zuvorderst die Fragestellung, welche Implikationen aus einer Umstellung der Rechnungslegung von HGB auf IAS für Leasinggeschäfte resultieren; dabei stehen die beiden eingangs erwähnten Problembereiche im Mittelpunkt. Besonderes Augenmerk gilt der Vorgehensweise im Rahmen eines Umstellungsprojekts. Da seitens des IASB eine Annäherung der Standards an bestehende US-GAAP angestrebt wird, werden Unterschiede zwischen IAS 17 und FAS 13 kurz skizziert. Auf FAS 13 wird nachfolgend auch dann rekurriert, wenn diese Regelungen geeignet erscheinen, zu einer Konkretisierung von IAS 17 beizutragen.

Im Zusammenhang mit Immobilien-Leasingverträgen und beim Leasing von Großanlagen werden häufig Leasing-Objektgesellschaften gegründet. Die Zurechnungsproblematik ist hier eng mit der Frage der Konsolidierung der Objektgesellschaft verbunden: Eine Vertragsgestaltung, die zur Zurechnung des Leasinggegenstandes zu der Objektgesellschaft führt, schließt nicht aus, dass die Gesellschaft nicht dennoch vom Leasingnehmer zu konsolidieren ist. Der beabsichtigte Off-Balance-Sheet-Effekt wird damit auf Konzernebene eventuell nicht erreicht. IAS 27 i.V.m. SIC-12 regelt die Konsolidierung von Zweckgesellschaften; diese Vorschriften werden im Folgenden nicht weiter behandelt.[5] Unberücksichtigt bleiben in diesem Beitrag auch Fragen der Ausbuchung von Leasingforderungen, wie sie insbesondere im Zusammenhang mit Factoring-Geschäften auftreten.[6]

---

4 Vgl. etwa EITF 90-15, 95-1, 95-4, 96-21, 97-1 und 97-10. Zu den Regelungen des FAS 13, vgl. auch WIEDMANN, H., Kommentierung zu § 246 HGB, in: Bilanzrecht, Kommentar zu den §§ 238 bis 342a HGB, München 1999, Tz. 49ff.

5 Die Konsolidierung von Zweckgesellschaften bildet u.a. den Untersuchungsgegenstand im Beitrag „Konsolidierungskreis und Konsolidierungsmethoden".

6 Die Ausbuchung von finanziellen Vermögenswerten wird in dem Abschnitt 2.1 im Beitrag „Ansatz und Bewertung von Financial Instruments" näher behandelt.

2. Anwendungsbereich von IAS 17

2.1 Ausnahmen vom Anwendungsbereich

Grundsätzlich regelt IAS 17 alle Arten von Leasingverhältnissen. Als Leasingverhältnisse sind nach dem Standard Vereinbarungen anzusehen, bei denen ein Leasinggeber dem Leasingnehmer gegen eine Zahlung oder eine Reihe von Zahlungen das Recht auf Nutzung eines Vermögenswertes für einen vereinbarten Zeitraum überträgt. Damit werden von IAS 17 jene Vereinbarungen ausgeschlossen, bei denen der Leasinggegenstand nicht die Merkmale eines Vermögenswertes im Sinne des Frameworks erfüllt.[7] Bei strenger Wortlautauslegung wären auch Vereinbarungen, die eine Kündigungsmöglichkeit für eine der Vertragsparteien enthalten und somit keinen Zeitraum fixieren, nicht durch IAS 17 geregelt.

Der Standard nennt darüber hinaus drei Arten von Vereinbarungen, für die eine Anwendung ausgeschlossen wird:[8]

- Leasingvereinbarungen in Bezug auf die Entdeckung und Verarbeitung von nicht regenerativen Ressourcen (wie z.B. Mineralien, Öl, Erdgas). Das IASB plant, für diesen Bereich einen eigenständigen Standard zu entwickeln.
- Lizenzvereinbarungen über Filme, Patente, Copyrights u.ä. Für derartige Vereinbarungen kommt IAS 38 zur Anwendung.
- Dienstleistungsverträge, bei denen kein Nutzungsrecht auf den Vertragspartner übergeht.[9] Diese werden als schwebende Geschäfte eingestuft und nicht bilanziert, es sei denn der Vertrag ist etwa als belastender Vertrag im Sinne von IAS 38.66ff. einzustufen.

---

7 Vgl. IASB Framework, Tz. 89f.

8 Vgl. IAS 17.1f. Ob sog. Lease-and-lease-back-Geschäfte unter die Regelungen des Standards fallen, richtet sich nach dem wirtschaftlichen Gehalt der gesamten Transaktion, vgl. SIC-27.

9 Leasingverträge, die auch Dienstleistungen beinhalten (z.B. Wartung eines Leasingobjektes durch den Leasinggeber), sind aufzuspalten, vgl. hierzu auch unten, Abschnitt 3.2.4.2 dieses Beitrags.

2.2 Beschränkung des Anwendungsbereichs bei bestimmten Leasingverhältnissen

IAS 17 nennt zwei Bereiche, für die der Standard nur zur Klassifizierung der Leasingverhältnisse anzuwenden ist. Die Bewertung des Leasingobjektes erfolgt dann nach den Regelungen anderer Standards.

Der erste, auch für Banken bedeutsame Bereich, betrifft bestimmte Leasingvereinbarungen über Immobilien: Immobilien, die als Finanzinvestition anzusehen sind, werden nach den Vorschriften des IAS 40 bewertet, wenn sie von Leasinggebern (Leasingnehmern) im Rahmen eines Operating-Leasingverhältnisses (Finanzierungs-Leasingverhältnisses) gehalten werden.

Als Finanzinvestition im Sinne des IAS 40 gelten Immobilien, die zur Erzielung von Mieteinnahmen und/oder zum Zwecke der Wertsteigerung gehalten werden. Die vom Unternehmen oder von den Mitarbeitern des Unternehmens genutzten Immobilien stellen somit keine Finanzinvestition dar.

Aus der Sicht eines Leasing*gebers* werden Operating-Leasingverhältnisse grundsätzlich der Erzielung von Mieteinnahmen dienen. Die im Rahmen dieser Leasingverhältnisse vermieteten Immobilien sind daher nach IAS 40 als Finanzinvestition einzustufen.[10] Tritt die Bank als Leasing*nehmer* auf und wird der Leasingvertrag aus Sicht der Bank als Finanzierungsleasing klassifiziert, ist zu untersuchen, ob die Immobilie nach IAS 40 als Finanzinvestition einzustufen ist. Wird dies bejaht, erfolgt die Bewertung des Leasinggegenstandes nach IAS 40.

Der zweite Ausnahmebereich von IAS 17 in Bezug auf die Bewertung betrifft biologische Vermögenswerte. Sind die Leasingobjekte biologische Vermögenswerte im Sinne von IAS 41, so erfolgt die Bewertung beim Leasingnehmer (Leasinggeber) nach diesem Standard, wenn es sich um Finanzierungs-Leasingverhältnisse (Operating-Leasingverhältnisse) im Sinne von IAS 17 handelt.

10 Vgl. hierzu auch unten, Gliederungspunkt 7.1.1.

3. Klassifizierung von Leasingverhältnissen nach IAS 17

3.1 Überblick über die Kriterien zur Klassifizierung

Welche Ansatz-, Bewertungs- und Angabevorschriften des IAS 17 zu beachten sind, richtet sich zuvorderst danach, ob das Leasingverhältnis als Finanzierungs- oder Operating-Leasing anzusehen ist.

Der Standard verfolgt einen an den Risiken und Chancen orientierten Ansatz: Als Finanzierungsleasing sind Leasingverhältnisse einzustufen, bei denen „*im Wesentlichen* alle mit dem Eigentum verbundenen Risiken und Chancen eines Vermögenswertes übertragen werden.“[11]

Zu den Risiken gehören nach IAS 17 die Verlustmöglichkeiten aufgrund ungenutzter Kapazitäten, technischer Überholung oder Renditeabweichungen auf Grund geänderter wirtschaftlicher Rahmenbedingungen. Als Chancen sind die Erwartungen eines Gewinn bringenden Einsatzes im Geschäftsbetrieb während der Nutzungsdauer des Vermögenswerts, der Gewinn aus Wertzuwachs sowie aus der Realisation eines Restwerts anzusehen.[12]

Eine Übertragung des Eigentumsrechts auf den Leasingnehmer zum Ende der Laufzeit des Leasingvertrages ist – wie auch nach deutschem Recht – nicht erforderlich, um das Leasingverhältnis als Finanzierungsleasing einzustufen. Dies entspricht auch der Definition von Vermögenswerten im Framework, wonach auch Vermögenswerte zu bilanzieren sind, über die das Unternehmen keine gesetzliche Verfügungsmacht hat.[13]

IAS 17 nennt die folgenden fünf „Beispiele für Situationen“, die wegen der weitreichenden Übertragung von Chancen und Risiken zu einem Leasingverhältnis führen, das als Finanzierungsleasing einzustufen ist:[14]

1. Am Ende der Laufzeit des Leasingverhältnisses wird dem Leasingnehmer das Eigentum an dem Vermögenswert übertragen;
2. der Leasingnehmer hat eine Kaufoption, den Vermögenswert zu einem Preis zu erwerben, der erwartungsgemäß deutlich niedriger als der zum Optionsausübungszeitpunkt beizulegende Zeitwert des Vermögenswertes ist, so dass zu Beginn des Leasingverhältnisses hinreichend sicher ist, dass die Option ausgeübt wird;

---

[11] IAS 17.3 (Hervorhebung nicht im Original).

[12] Vgl. IAS 17.5.

[13] Vgl. IASB Framework, Tz. 57.

[14] Vgl. IAS 17.8.

3. die Laufzeit des Leasingverhältnisses umfasst den überwiegenden Teil der wirtschaftlichen Nutzungsdauer des Vermögenswertes, auch wenn das Eigentumsrecht nicht übertragen wird;
4. zu Beginn des Leasingverhältnisses entspricht der Barwert der Mindestleasingzahlungen im Wesentlichen dem beizulegenden Zeitwert des Leasinggegenstandes; und
5. die Leasinggegenstände haben eine spezielle Beschaffenheit, sodass sie nur der Leasingnehmer nutzen kann, ohne dass wesentliche Veränderungen vorgenommen werden.

Indikatoren für Situationen, die zu einem als Finanzierungs-Leasingverhältnis führen können, sind:[15]

6. bei Kündigung des Leasingvertrages durch den Leasingnehmer übernimmt dieser die Verluste des Leasinggebers, die aus der Auflösung des Vertrages resultieren;
7. der Leasingnehmer erhält die Gewinne und trägt die Verluste, die durch Schwankungen des beizulegenden Restzeitwerts entstehen. Dies kann auch in Form einer Mietrückerstattung erfolgen, die einen Großteil des Verkaufserlöses am Ende des Leasingverhältnisses abdeckt; und
8. der Leasingnehmer hat die Möglichkeit, das Leasingverhältnis für eine zweite Mietperiode zu einer Miete fortzuführen, die wesentlich niedriger ist als die marktübliche Miete.

Operating-Leasingverhältnisse sind gemäß IAS 17.3 alle Vereinbarungen, die nicht als Finanzierungsleasing einzustufen sind.

Die Klassifizierung erfolgt zu Beginn des Leasingverhältnisses. Als Beginn eines Leasingverhältnisses gilt der Tag der Leasingvereinbarung oder der Tag, an dem sich die Vertragsparteien über die wesentlichen Bestimmungen der Vereinbarung geeinigt haben.[16] Spätere, in beiderseitigem Einverständnis beschlossene Veränderungen der Bestimmungen des Leasingvertrages führen zu einer neuen Vereinbarung, die nach den genannten Kriterien erneut zu prüfen ist.

Anders als im deutschem Recht und auch bei Anwendung der US-GAAP verzichtet IAS 17 für die Klassifizierung auf die Festlegung quantitativer Kriterien. Die noch im Exposure Draft zu IAS 17 enthaltenen Grenzen, nach denen ein Leasingverhältnis als Finanzierungsleasing einzustufen war, wenn die Dauer des Leasingverhältnisses 75% der wirtschaftlichen Nutzungsdauer oder der Barwert der Mindestleasingzahlungen mindestens 90% des beizulegenden Zeitwerts des Leasinggegenstandes ausmacht, wurden nicht in den Standard übernommen.[17] Mit dem Verzicht auf quantitative Kriterien soll vermieden werden, dass die Vertragsparteien einzelne Vertragsparameter genau so wählen, dass diese Grenzen gerade noch umgangen werden. Der Standard betont insoweit die wirtschaftliche Betrachtungsweise; die formale Vertragsform soll nicht allein über

15 Vgl. IAS 17.9.

16 Vgl. IAS 17.3.

17 Vgl. den Exposure Draft zu IAS 17, ED 19.5.

die Klassifizierung entscheiden. Gleichwohl erleichterten eindeutige Kriterien eine praktikable Anwendung der Kriterien und dienten der Objektivierung.

Die in IAS 17 auch als „Indikatoren“ bezeichneten Kriterien haben keinen abschließenden Charakter. Sie sollen verdeutlichen, dass für die wirtschaftliche Würdigung der Leasingverhältnisse sämtliche Bestimmungen der Vereinbarung einschließlich etwaiger Nebenabreden zu untersuchen sind.

Zu beachten ist, dass eine gesonderte Prüfung der Kriterien bei Leasingnehmer und Leasinggeber durchzuführen ist, die im Einzelfall zu unterschiedlichen Beurteilungen führen kann. Als Gründe hierfür sind insbesondere der unterschiedliche Umfang der Mindestleasingzahlungen und die Verwendung unterschiedlicher Zinssätze im Rahmen der Anwendung des Barwerttests bei Leasingnehmer und Leasinggeber zu nennen. Auch Kauf- oder Verlängerungsoptionen können aus Sicht der Vertragsparteien unterschiedlich eingeschätzt werden. Eine Bilanzierung des Leasingobjektes sowohl beim Leasingnehmer und Leasinggeber kann daher ebenso wenig ausgeschlossen werden wie die Nicht-Bilanzierung bei beiden Vertragsparteien.

3.2 Die Bedeutung der Kriterien bei einer Umstellung von HGB- auf IAS-Rechnungslegung

3.2.1 Übertragung des Eigentums

Bei Leasingvereinbarungen, die eine spätere Übertragung des Eigentums vorsehen, gehen nach IAS 17 die wirtschaftlich wesentlichen Chancen und Risiken auf den Leasingnehmer über. Die Einstufung als Finanzierungsleasing erscheint daher zwingend. Aus der Umstellung von HGB- auf IAS-Rechnungslegung sind aus diesem Kriterium keine Umklassifizierungen zu erwarten.

Im Einzelfall bestehen allerdings Schwierigkeiten bei der Beantwortung der Frage, ob ein späterer Eigentumsübergang erfolgen wird. So können Kündigungsklauseln vereinbart worden sein, die einen späteren Eigentumsübergang fraglich erscheinen lassen. Auch eine Rückkaufoption des Leasinggebers am Ende der Laufzeit des Vertrages kann den Übergang des Eigentums in Frage stellen. Zu prüfen ist bei derartigen Vereinbarungen, ob mit der Ausübung der Option ernsthaft zu rechnen ist; dabei kann auf Erfahrungswerte aus bereits abgewickelten Verträgen zurückgegriffen werden.

3.2.2 Prüfung einer vorteilhaften Kaufoption

Für die Klassifizierung nach IAS 17 ist zu untersuchen, ob der Leasingnehmer am Ende der Laufzeit über eine vorteilhafte Kaufoption verfügt. Die Beurteilung der Vorteilhaftigkeit der Option bedingt eine Prüfung auf Einzelvertragsebene.

Als vorteilhaft sind Optionen anzusehen, die den Erwerb des Leasinggegenstandes zu einem Preis vorsehen, der erwartungsgemäß *deutlich* unter dem beizulegenden Zeitwert des Gegenstandes zum möglichen Ausübungszeitpunkt liegt. In diesem Fall kann mit hinreichender Sicherheit angenommen werden, dass die Option ausgeübt wird.

Von einer günstigen Kaufoption ist auch auszugehen, wenn die (steuerliche) betriebsgewöhnliche Nutzungsdauer erheblich unter der wirtschaftlichen Nutzungsdauer liegt.

Die Ausübung der Kaufoption hängt zudem von Faktoren wie der technischen Innovation oder der wirtschaftlichen Lage des Leasingnehmers ab, so dass die Schätzung künftiger Marktwerte im Einzelfall schwierig sein kann. Von einer Ausübung der Kaufoption dürfte auszugehen sein, wenn dem Leasingnehmer bei Rückgabe des Leasingobjektes umfangreiche Abbau- oder Rücktransportkosten entstehen, also ein wirtschaftlicher Zwang zur Ausübung der Option besteht.[18]

Zwar dürfte die Orientierung an Vergangenheitswerten und beobachteten Wertentwicklungen bei bestimmten Objekten erste Aufschlüsse über die Wahrscheinlichkeit der Optionsausübung geben. In Ermangelung einer präzisen Festlegung in IAS 17, wann ein Kaufpreis „deutlich" unter dem Zeitwert des Leasingobjektes liegt, verbleiben dem Bilanzierenden jedoch gewisse Gestaltungsspielräume.

3.2.3 Laufzeittest

Für das dritte Kriterium ist die Laufzeit des Leasingverhältnisses mit der wirtschaftlichen Nutzungsdauer des Vermögenswertes zu vergleichen.

Die *Laufzeit des Leasingvertrages* umfasst die unkündbare Zeitperiode, für die sich der Leasingnehmer vertraglich verpflichtet hat, den Vermögenswert zu mieten, sowie weitere Zeiträume, für die der Leasingnehmer mit oder ohne weitere Zahlungen eine Option ausüben kann, sofern die Ausübung dieser Option zum Beginn des Leasingverhältnisses hinreichend sicher ist.

Als *unkündbares Leasingverhältnis* definiert IAS 17 Leasingverhältnisse, die nur aufgelöst werden können, wenn einer der folgenden Umstände gegeben ist:

- Eintritt eines unwahrscheinlichen Ereignisses,

---

18 Vgl. MELLWIG, W., Die bilanzielle Darstellung von Leasingverträgen nach den Grundsätzen des IASC, DB 1998, Beilage 12 zu Heft Nr. 35, S. 1-16, hier S. 5.

- Einwilligung des Leasinggebers,
- Abschluss eines neuen Leasingverhältnisses über denselben oder einen entsprechenden Vermögenswert oder
- Zahlung eines zusätzlichen Betrags durch den Leasingnehmer, der eine Fortführung des Vertrags schon bei Vertragsbeginn als hinreichend sicher erscheinen lässt.[19]

Deutsche Leasingverträge enthalten häufig Formulierungen, wonach unter bestimmten Bedingungen eine vorzeitige Auflösung des Leasingvertrages möglich ist. Im Rahmen eines Umstellungsprojekts auf IAS stellt sich die Frage, ob diese Verträge noch als unkündbar gelten können. Da die Vereinbarungen üblicherweise nicht weiter konkretisieren, unter welchen Voraussetzungen eine außerordentliche Kündigung erfolgen darf, kann die hier vorzunehmende Wahrscheinlichkeitsbeurteilung Schwierigkeiten bereiten. Von der Vermutung eines unkündbaren Leasingverhältnisses wird indes nur ausnahmsweise dann abzugehen sein, wenn anhand eindeutiger Kriterien nachgewiesen werden kann, dass ein solches Ereignis wahrscheinlich eintreten wird. Die Einwilligung des Leasinggebers liegt in diesen Fällen wegen der vertraglich vereinbarten außerordentlichen Kündigungsmöglichkeit vor.

Bei Abschluss eines neuen Leasingverhältnisses über denselben oder einen entsprechenden Vermögenswert gilt das Leasingverhältnis als ungekündigt, so dass die Gesamtlaufzeit der Verträge zu betrachten ist.

Auf mögliche Zahlungen des Leasingnehmers, die eine Fortführung des Vertrages zu Vertragsbeginn als hinreichend sicher erscheinen lassen, wird noch an anderer Stelle eingegangen, da es sich hierbei häufig um Kündigungsentschädigungen handeln wird. Eine hinreichend sichere Fortführung des Vertrages kann darüber hinaus auch in der schwierigen wirtschaftlichen Situation des Leasinggebers begründet sein, wenn dieser etwa ein über die Vertragslaufzeit hinausgehendes, vom Leasingnehmer garantiertes oder gewährtes Darlehen in Anspruch nimmt.[20]

Die wirtschaftliche Nutzungsdauer ist entweder der Zeitraum, in dem ein Vermögenswert voraussichtlich von einem oder mehreren Nutzern wirtschaftlich nutzbar ist oder die voraussichtlich durch den Vermögenswert von einem oder mehreren Nutzern zu erzielende Anzahl an Produktionseinheiten oder ähnlichen Maßgrößen.[21] IAS 17 grenzt darüber hinaus die wirtschaftliche Nutzungsdauer von der Nutzungsdauer ab, in der sich der im Vermögenswert enthaltene wirtschaftliche Nutzen im Unternehmen verbraucht.[22]

---

19 Vgl. IAS 17.3.

20 Zu Kündigungsentschädigungen, vgl. Gliederungspunkt 3.2.6; zu Mieterdarlehen vgl. Abschnitt 3.3.4 dieses Beitrags.

21 Vgl. IAS 17.3.

22 Vgl. hierzu auch IAS 16.41.

Die im deutschen Recht verwendete betriebsgewöhnliche Nutzungsdauer im Sinne der AfA-Tabellen bietet nicht mehr als einen ersten Anhaltspunkt für die Bestimmung der wirtschaftlichen Nutzungsdauer: Die wirtschaftliche kann erheblich von der betriebsgewöhnlichen Nutzungsdauer abweichen. Die Ermittlung der wirtschaftlichen Nutzungsdauer kann zwar im Einzelfall schwierig sein und ist stärker ermessensbehaftet. Die pauschale Verwendung eines Faktors, mit dem die betriebsgewöhnliche Nutzungsdauer multipliziert wird, um so auf die wirtschaftliche Nutzungsdauer zu schließen, ist gleichwohl unzulässig.

Während nach US-GAAP der Anteil der Vertragslaufzeit an der wirtschaftlichen Nutzungsdauer unter 75% liegen muss, um eine Klassifizierung als Capital Lease zu verhindern,[23] führt nach IAS 17 ein überwiegender Anteil („major part") der Laufzeit an der wirtschaftlichen Nutzungsdauer zu einer Einstufung als Finanzierungsleasing.

In diesem Kriterium kommt erneut die dem Standard zugrunde liegende Idee zum Ausdruck, keine quantitativen Kriterien zu verwenden. Im Schrifttum werden gleichwohl aus Praktikabilitätsgründen eindeutige Grenzen eingefordert. Die dort diskutierten Vorschläge für solche Grenzen bewegen sich zwischen 50% und 90%.[24] Zur Klassifizierung ist auf den Nutzenverlauf jedes einzelnen Vermögenswertes abzustellen, es erscheint jedoch nicht unplausibel, auf die in FAS 13 angeführten 75% zu rekurrieren.

3.2.4 Barwerttest

3.2.4.1 Ökonomische Grundidee des Barwerttests

Für die Durchführung des Barwerttests nach IAS 17 wird der Barwert der Mindestleasingzahlungen zu Beginn des Leasingverhältnisses ins Verhältnis gesetzt zum Zeitwert des Leasingobjektes. Eine Klassifizierung als Finanzierungsleasing erfolgt, wenn der Barwert „im Wesentlichen" dem Zeitwert entspricht.

Ökonomische Grundidee des Barwerttests ist es, zu Beginn des Leasingverhältnisses mittels Vergleich von sicheren Leasingzahlungen und Zeitwert bzw. Anschaffungskosten des Leasingobjektes das Maß der Übertragung von Chancen und Risiken vom Leasinggeber auf den Leasingnehmer zu ermitteln. Der Barwert der Mindestleasingzahlungen spiegelt den Betrag wider, der dem Leasinggeber vergütet wird und der nicht mehr mit Investitionsrisiken behaftet ist. Je höher der Anteil dieses Betrages am Zeitwert ist, desto mehr nähert sich der Leasingvertrag einem Kaufvertrag an.[25]

---

[23] Vgl. FAS 13.7 c).

[24] Vgl. FINDEISEN, K.-D., Die Bilanzierung von Leasingverträgen nach den Vorschriften des International Accounting Standards Committee, RIW 1997, S. 838-847, hier S. 841 und HELMSCHROTT, H., Zum Einfluss von SIC 12 und IAS 39 auf die Bestimmung des wirtschaftlichen Eigentums bei Leasingvermögen, WPg 2000, S. 426-429, passim.

[25] Vgl. MELLWIG, W., Leasing im handelsrechtlichen Jahresabschluss, ZfgK 2001, S. 303-309, hier S. 306.

Die Durchführung des Barwerttests vollzieht sich in vier Schritten: Zunächst sind die Mindestleasingzahlungen zu ermitteln, anschließend wird der zur Abzinsung der Mindestleasingzahlungen erforderliche Zinssatz bestimmt. Nach der Ermittlung des beizulegenden Zeitwerts erfolgt schließlich der Vergleich von Barwert und Zeitwert. Die vier Schritte werden nachfolgend dargestellt.

3.2.4.2 Bestimmung der Mindestleasingzahlungen

Die Mindestleasingzahlungen werden im Standard als diejenigen Zahlungen definiert, die der Leasingnehmer während der Laufzeit des Leasingverhältnisses zu leisten hat, oder zu denen er herangezogen werden kann. Bedingte Mietzahlungen sowie Aufwand für Dienstleistungen und Steuern, die der Leasinggeber zahlt und die ihm erstattet werden, sind nicht in die Mindestleasingzahlungen einzurechnen. Sieht die Leasingvereinbarung zusätzliche Dienstleistungen, wie Asset Management, Bestellabwicklung, Wartungen oder Reparaturen vor, sind deren Anteile an den Leasingraten zu bestimmen und aus den Mindestleasingzahlungen herauszurechnen.

Bei der Berücksichtigung von garantierten Beträgen bei der Ermittlung von Mindestleasingzahlungen muss zwischen Leasingnehmer und Leasinggeber differenziert werden. Beim *Leasingnehmer* sind alle von ihm oder von einer mit ihm verbundenen Partei garantierten Beträge in den Barwerttest einzubeziehen. So ist bei sog. „First-loss-Garantien“ – auf einen bestimmten Betrag begrenzte Restwertgarantien des Leasingnehmers – der garantierte Betrag in die Mindestleasingzahlungen einzurechnen. Hat der Leasinggeber ein Andienungsrecht, ist auch dieses Recht als Bestandteil der Mindestleasingzahlungen anzusehen.

Verfügt der Leasingnehmer über eine Option zum Erwerb des Leasinggegenstandes zu einem Preis, der erwartungsgemäß deutlich unter dem Zeitwert des Gegenstandes zum möglichen Ausübungszeitpunkt liegt, kann mit hinreichender Sicherheit angenommen werden, dass die Option ausgeübt wird. In diesem Fall ist auch die für die Option zu leistende Zahlung in die Mindestleasingzahlungen einzurechnen.

IAS 17 lässt offen, unter welchen Voraussetzungen eine Partei als mit dem Leasingnehmer verbunden gilt. Zur Konkretisierung kann auf die in IAS 24 enthaltene Definition von nahe stehenden Unternehmen und Personen rekurriert werden.[26] Unternehmen und Personen gelten als nahe stehend, wenn eine der Parteien über die Möglichkeit verfügt, die andere Partei zu beherrschen oder einen maßgeblichen Einfluss auf deren Finanz- und Geschäftspolitik auszuüben.[27]

---

26 Vgl. MELLWIG, W., Die bilanzielle Darstellung von Leasingverträgen nach den Grundsätzen des IASC, a.a.O., S. 5.

27 Vgl. IAS 24.5. Zum Begriff der „Beherrschung“, vgl. auch IAS 27.6, zur Definition des „maßgeblichen Einflusses, vgl. IAS 28.3.

Beim *Leasinggeber* sind jegliche garantierten Restwerte bei der Ermittlung der Mindestleasingzahlungen zu berücksichtigen, wenn mit der Erfüllung zu rechnen ist. So sind etwa Rücknahmezusagen des Händlers oder Herstellers des Leasingobjektes beim Leasinggeber in die Mindestleasingzahlungen einzubeziehen.

Bedingte Leasingzahlungen sind nicht in die Mindestleasingzahlungen mit einzubeziehen, da sie vom Eintritt bestimmter Ereignisse, wie z.B. der Erreichung eines bestimmten Umsatzes oder einer Nutzungsintensität abhängen. Werden Zahlungen auf Basis eines Indizes oder eines Zinssatzes vereinbart, sind diese Zahlungen als Bestandteil der Mindestleasingzahlungen anzusehen, wenn ihre Höhe zu Beginn des Leasingverhältnisses bestimmbar ist und ihr Zufluss als hinreichend sicher gelten kann.

3.2.4.3 Bestimmung des Zinssatzes

Um den Barwert der Mindestleasingzahlungen zu ermitteln, sind die Mindestleasingzahlungen mit dem Zinssatz abzuzinsen, der dem Leasingverhältnis zugrunde liegt. Dieser interne Zinssatz ist der Abzinsungssatz, bei dem zu Beginn des Leasingverhältnisses die Summe der Barwerte der Mindestleasingzahlungen und des nicht garantierten Restwerts dem beizulegenden Zeitwert des Leasinggegenstands entspricht.

Da dieser Zinssatz üblicherweise nur dem Leasinggeber bekannt sein dürfte, verwendet der Leasingnehmer – wenn er diesen Zinssatz nicht ermitteln kann – an Stelle dieses Kalkulationszinssatzes einen Zinssatz, den er bei einem vergleichbaren Leasingverhältnis bezahlen müsste. Kann auch dieser nicht festgestellt werden, kommt der Zinssatz zur Anwendung, den er bei der Aufnahme von Fremdkapital zum Zwecke des Erwerbs des Vermögenswertes für die gleiche Dauer und mit der gleichen Sicherheit vereinbaren müsste.[28]

Verwendet der Leasingnehmer für den Barwerttest nach IAS 17 den Fremdkapitalzinssatz, entscheidet auch die Bonität des Leasingnehmers über den Zinssatz und die Klassifizierung des Leasingverhältnisses. Eine schlechte Bonität des Leasingnehmers und ein daraus resultierender hoher Fremdkapitalzinssatz könnten beim Barwerttest zu einer Einstufung als Operating-Leasing führen.[29] Dabei ist jedoch zu bedenken, dass der Verwendung eines hohen Fremdkapitalzinssatzes beim Barwerttest bonitätsbedingt erhöhte Leasingraten gegenüber stehen, da der Leasinggeber in seiner Kalkulation der Leasingraten die Bonität des Leasingnehmers berücksichtigen wird. Der Einfluss der Bonität des Leasingnehmers auf die Klassifizierung dürfte daher insgesamt eher marginal sein.

---

28 Vgl. IAS 17.3. FAS 13 stellt dagegen direkt auf diesen Fremdkapitalzinssatz ab, es sei denn, der interne Zinssatz ist dem Leasingnehmer bekannt, vgl. FAS 13.7d.

29 Kritisch hierzu äußern sich ALVAREZ, M./WOTSCHOFSKY, S./MIETHIG, M., Leasingverhältnisse nach IAS 17 – Zurechnung, Bilanzierung, Konsolidierung –, WPg 2001, S. 933-947, hier S. 939.

3.2.4.4 Bestimmung des beizulegenden Zeitwerts

Der beizulegende Zeitwert des Leasinggegenstandes ist der Betrag, zu dem der Vermögenswert zwischen sachverständigen und vertragswilligen Parteien wie unter voneinander unabhängigen Geschäftspartnern erworben oder beglichen werden könnte. Hat der Leasinggeber den Vermögenswert erworben, können die Anschaffungskosten zugrunde gelegt werden; diese sind um handelsübliche Preisnachlässe zu vermindern. Bei Händlern oder Herstellern als Leasinggeber wird für die Ermittlung des Zeitwertes auf geschätzte Marktwerte zu rekurrieren sein.

Steuergutschriften und sonstige staatliche Zuwendungen sind bei der Ermittlung des Zeitwerts abzuziehen, wenn ihre Zahlung sicher ist. Dem liegt der Gedanke zugrunde, dass mit dem Barwert der Mindestleasingzahlungen der investitionsrisikofreie Anteil am Zeitwert des Leasingobjektes ermittelt wird. Da Steuergutschriften und Zuwendungen den risikobehafteten Anteil reduzieren, sind sie von den Anschaffungskosten abzuziehen. Eine Anpassung des Zeitwerts unterbleibt jedoch, wenn dem Leasingnehmer die Begünstigung bekannt ist und diese über entsprechend verringerte Leasingraten an den Leasingnehmer weitergeleitet werden.

3.2.4.5 Vergleich des Barwerts der Mindestleasingzahlungen mit dem Zeitwert

Als letzter Schritt zur Durchführung des Barwerttests ist der Barwert der Mindestleasingzahlungen mit dem Zeitwert des Leasingobjektes zu vergleichen.

Der Vergleich soll nach dem Standard „zu Beginn des Leasingverhältnisses" erfolgen, also entweder zum Zeitpunkt des Vertragsabschlusses oder zu einem früheren Zeitpunkt, zu dem Einigung über wesentliche Inhalte des Standards erzielt wurde. Bei enger Wortlautauslegung würden Verträge, bei denen zu Beginn des Leasingverhältnisses zunächst die Errichtung des Vermögenswertes (z.B. eines Gebäudes) steht, bereits zeitlich (lange) vor Mietbeginn zu klassifizieren sein. Es stellt sich die Frage, ob eine Klassifizierung erst mit der Fertigstellung vorzunehmen ist; dabei ist insbesondere die Frage der Verteilung von Risiken und Chancen während der Bauzeit zu prüfen. Eine Klassifizierung als Finanzierungsleasing dürfte jedenfalls dann vorzunehmen sein, wenn die Höhe der später zu leistenden Leasingzahlungen von den Kosten des Bauprojekts abhängt: Der Leasingnehmer trägt dann die Risiken und Chancen des Objektes.

Wie auch bereits beim Laufzeittest konstatiert, enthält IAS 17 entsprechend der wirtschaftlichen Sichtweise keine quantitativen Kriterien, mit denen konkretisiert wird, wann der Barwert der Mindestleasingzahlungen „im Wesentlichen" bzw. „substantially" dem Zeitwert des Leasinggegenstandes entspricht. Im Schrifttum wird wiederum versucht, durch eine Quantifizierung die Klassifizierung zu erleichtern. Unstrittig erscheint lediglich, dass der Standard eine Grenze unter 100% fordert. Nach der wohl herrschenden

Meinung wird ab einem Anteil von 90% am Zeitwert eine Klassifizierung als Finanzierungsleasing vorgeschlagen.[30]

3.2.5 Spezialleasing

Spezialleasing liegt vor, wenn die Leasinggegenstände eine spezielle Beschaffenheit haben und nur vom Leasingnehmer genutzt werden können. Eine Klassifizierung als Finanzierungsleasing erscheint dann plausibel, weil dem Leasingnehmer in einer typisierenden Betrachtungsweise die Chancen und Risiken des Leasingvertrages zustehen. Allerdings ist dem Wortlaut des Standards nicht zu entnehmen, wann eine „spezielle Beschaffenheit" vorliegt und was unter „wesentlichen Veränderungen" zu verstehen sein soll. Im Einzelfall verbleiben daher Abgrenzungsprobleme.[31]

In der Praxis spielt Spezialleasing allerdings eine eher untergeordnete Rolle. Regelmäßig bleibt zu prüfen, ob nicht doch alternative Einsatzmöglichkeiten in anderen Unternehmen derselben Branche bestehen und ob dazu wesentliche Veränderungen erforderlich sind.

3.2.6 Verlustübernahme bei Kündigung

Die soeben dargestellten Kriterien (1) bis (5) beschreiben nach IAS 17 „Beispiele für Situationen, die normalerweise zu einem Leasingverhältnis führen würden, das als Finanzierungsleasing klassifiziert wird"[32]. Die im Folgenden zu untersuchenden Kriterien (6) bis (8) werden im Standard dagegen nur als „Indikatoren" bezeichnet, „die für sich genommen oder in Kombination mit anderen auch zu einem Leasingverhältnis führen *können*, das als Finanzierungsleasing klassifiziert wird".[33] Die Erfüllung eines der drei Kriterien muss also nicht in jedem Fall zu einer Einstufung als Finanzierungsleasing führen. Es besteht aber ein enges Zusammenspiel dieser Kriterien mit den Kriterien (1) bis (5), so dass die Erfüllung eines der drei Kriterien auch Implikationen auf die Erfüllung anderer Kriterien haben kann.

Entstehen dem Leasinggeber durch eine vorzeitige Auflösung des Leasingvertrages durch den Leasingnehmer Verluste und werden diese Verluste durch den Leasingnehmer getragen, kann das Leasingverhältnis als Finanzierungsleasing einzustufen sein. Dem Kriterium liegt der Gedanke zugrunde, dass der Leasingnehmer durch die Übernahme

---

[30] Vgl. FINDEISEN, K.-D., Die Bilanzierung von Leasingverträgen nach den Vorschriften des International Accounting Standards Committee, a.a.O., S. 842.

[31] Im Unterschied zu IAS 17 kennt FAS 13 kein Kriterium „Spezialleasing", vgl. hierzu FAS 13.74.

[32] IAS 17.8.

[33] IAS 17.9 (Hervorhebung nicht im Original).

der Kosten einer vorzeitigen Auflösung die Risiken und Chancen des Leasingvertrages übernimmt. Gleichwohl kann aus Kündigungsentschädigungen nicht stets auf eine weitgehende Übertragung der Investitionsrisiken auf den Leasingnehmer geschlossen werden.

Zu prüfen ist, ob wegen der vereinbarten Entschädigung eine Vertragsverlängerung zwingend erscheint; eine dementsprechende Anpassung der Vertragslaufzeit hat dann Implikationen auf den oben dargestellten Laufzeittest.[34] Ist die Zahlung der Entschädigung dagegen hinreichend sicher, muss sie in die Berechnung der Mindestleasingzahlungen einbezogen werden und kann sich damit auf den Barwerttest auswirken.

3.2.7 Gewinne und Verluste aus Restwertschwankungen

Fallen dem Leasingnehmer Gewinne oder Verluste zu, die durch Schwankungen des beizulegenden Restzeitwertes entstehen, kann dies als Indikator für Finanzierungsleasing angesehen werden.

Das Kriterium zielt nur auf jene Gewinne oder Verluste, die nach Ablauf der Grundmietzeit entstehen. Da die während der Grundmietzeit mit dem Leasingvertrag verbundenen Risiken und Chancen hier annahmegemäß beim Leasingnehmer liegen, erscheint eine Klassifizierung als Finanzierungsleasing plausibel.[35]

Der Wortlaut von IAS 17.9 (b) scheint darauf hin zu deuten, dass es ausreicht, wenn der Leasingnehmer entweder die Gewinne *oder* die Verluste übernimmt. Das Merkmal wird jedoch so zu verstehen sein, dass Schwankungen des Restzeitwertes unabhängig davon ob Gewinne oder Verluste entstehen, dem Leasingnehmer zugerechnet werden.[36]

Ob eine Beurteilung des Leasingverhältnisses anhand dieses (oder eines anderen) Kriteriums erfolgen kann, wird nicht zuletzt auch von der Höhe des verbleibenden Restwerts abhängen: Die Übernahme des Restwertrisikos bei hohem verbleibenden Restwert wird Rückschlüsse auf den Übergang des Investitionsrisikos zulassen. Umgekehrt muss das Kriterium bei vernachlässigbarem Restwert hinter die anderen Merkmale zurücktreten. Die in der Leasingpraxis übliche 25%ige Beteiligung des Leasinggebers am Verwertungserlös bedeutet bei einem sehr niedrigen Restwert, dass dem Leasinggeber faktisch keine Chancen und Risiken verbleiben.

Eine Übernahme der Gewinne oder Verluste aus Restzeitwertschwankungen lässt sich beispielsweise durch Vereinbarungen erreichen, die zugleich eine Kaufoption des Lea-

---

[34] Vgl. zu diesem Kriterium oben, Gliederungspunkt 3.2.3.

[35] Aus diesem Kriterium können Abweichungen gegenüber FAS 13 resultieren, vgl. FINDEISEN, K.-D., Internationale Rechnungslegung im Leasing-Geschäft, FLF 2002, S. 62-67, hier S. 65-66.

[36] Vgl. MELLWIG, W., Die bilanzielle Darstellung von Leasingverträgen nach den Grundsätzen des IASC, a.a.O., S. 7.

singnehmers und ein Andienungsrecht des Leasinggebers enthalten. Zu prüfen ist aber, ob mit der Ausübung des Andienungsrechts durch den Leasinggeber – und damit der Übernahme der Risiken durch den Leasingnehmer – ernsthaft zu rechnen ist. Verzichtet der Leasinggeber bei diesen Verträgen regelmäßig auf sein Andienungsrecht, weil Aussicht auf den Abschluss neuer Leasingverträge besteht, verbleiben die Risiken bei ihm. Die Übernahme von Gewinnen oder Verlusten aus Restwertschwankungen kann darüber hinaus auch zum Beispiel in Form von Mietrückerstattungen oder durch unbesicherte oder nicht ausreichend besicherte Mieterdarlehen erfolgen.[37]

3.2.8 Günstige Verlängerungsoption

Eine günstige Verlängerungsoption des Leasingnehmers allein muss noch nicht zu einer Klassifizierung des Leasingverhältnisses als Finanzierungsleasing führen: Die Chancen und Risiken des Vertrages könnten trotz dieser Option weitgehend beim Leasinggeber verbleiben.

Erst in Verbindung mit dem Laufzeitkriterium erscheint eine solche Option bedeutsam, da die entsprechenden Zeiträume bei der Ermittlung der Vertragslaufzeit zu berücksichtigen sind. Die in der verlängerten Laufzeit zu leistenden Leasingzahlungen sind zudem in die Berechnung der Mindestleasingzahlungen einzubeziehen. Aus einer günstigen Verlängerungsoption sind daher auch Implikationen für die Ermittlung der Mindestleasingzahlungen und für die Klassifizierung nach dem Barwerttest zu erwarten.

3.2.9 Besonderheiten beim Immobilien-Leasing

Leasingverhältnisse über Grundstücke und Gebäude werden entsprechend den soeben genannten Kriterien entweder als Operating-Leasingverhältnis oder als Finanzierungs-Leasingverhältnis klassifiziert.

IAS 17.11 stellt klar, dass die Übertragung von Chancen und Risiken bei Grundstücken wegen ihrer unbegrenzten wirtschaftlichen Nutzungsdauer nur durch den späteren Übergang des Eigentums erfolgen kann. Dies bedeutet, dass die Zurechnung eines Grundstücks zum Leasingnehmer auch dann unterbleibt, wenn der Leasinggeber über die Leasingraten seine Investitionsrisiken vollständig übertragen hat. Die beim Leasinggeber verbleibenden Chancen rechtfertigen in diesem Fall wohl eine Klassifizierung als Operating-Leasing. Wird der Leasingnehmer am Ende der Vertragslaufzeit jedoch an dem Erlös aus der Veräußerung des Grundstücks maßgeblich beteiligt, dürfte das Leasingverhältnis auch ohne den Eigentumsübergang wegen der weitgehenden Übertragung der Chancen als Finanzierungsleasing zu betrachten sein.

---

[37] Vgl. zur Behandlung von Mieterdarlehen auch unten, Abschnitt 3.3.4 dieses Beitrags.

IAS 17 enthält keine Regelung zur Frage, ob die Klassifizierung des Immobilien-Leasingverhältnisses getrennt nach Grundstück und Gebäude erfolgen soll oder ob eine Gesamtbetrachtung vorgenommen werden kann.[38] Eine separate Behandlung von Grundstück und Gebäude scheint im Hinblick auf die Folgebewertung (Abschreibung des Gebäudes) zwar zweckmäßig. Die Aufteilung der Leasingraten, insbesondere auch für den Barwerttest, kann jedoch im Einzelfall Schwierigkeiten bereiten.

Die im Rahmen von Operating-Leasingverhältnissen vermieteten Immobilien sind nach IAS 40 als Finanzinvestition einzustufen. Tritt die Bank als Leasing*nehmer* auf und wird der Leasingvertrag aus Sicht der Bank als Finanzierungsleasing klassifiziert, kann die Immobilie ebenfalls nach IAS 40 als Finanzinvestition einzustufen sein.

3.3 Klassifizierung von erlasskonformen deutschen Leasingverträgen

3.3.1 Vollamortisationsverträge für Mobilien

Erlasskonforme deutsche Leasingverträgen führen zu einer Zurechnung des Leasingobjektes zum Leasinggeber. Allgemeine Aussagen über die Klassifizierung solcher Leasingverträge nach IAS 17 sind nicht möglich. Eine genauere Untersuchung der einzelnen Verträge im Hinblick auf die oben dargestellten acht Kriterien ist für die Klassifizierung als Operating- oder Finanzierungsleasing zwingend.[39]

Gleichwohl können die Verträge im Bestand bei der im Rahmen einer Umstellung der Rechnungslegung von HGB auf IAS vorzunehmenden Klassifizierung zunächst nach den Vertragsgestaltungen aus den Leasing-Erlassen grob kategorisiert werden. Eine solche Einteilung lässt sich anhand der vorhandenen Systeme zumeist vornehmen. Sie kann erste Anhaltspunkte darüber geben, welche Vertragsarten voraussichtlich nach IAS 17 als Finanzierungs- oder Operating-Leasing zu klassifizieren sein werden und welche Vertragsarten nach HGB bei der Umstellung noch genauer zu untersuchen bleiben.

Bei erlasskonformen Vollamortisationsverträgen für Mobilien mit und ohne Kaufoption des Leasingnehmers werden die Anschaffungskosten des Leasingobjektes während der Grundmietzeit voll amortisiert. Ein späterer Eigentumsübergang ist nicht vorgesehen bzw. richtet sich nach der Vorteilhaftigkeit der Kaufoption.

---

38 Im Rahmen des Improvement Projects des IASB sind Änderungen der Klassifizierung von Leasingverhältnissen über Immobilien beabsichtigt, vgl. hierzu unten, Gliederungspunkt 8.

39 Vgl. zu den Kriterien oben, Abschnitt 3.1 dieses Beitrags.

Die Option ist aus Sicht des Leasingnehmers vorteilhaft, wenn der beizulegende Zeitwert im Zeitpunkt der Ausübung den vereinbarten Kaufpreis deutlich übersteigt. Der Kaufpreis liegt bei diesen Verträgen nicht unterhalb des linearen Restwerts oder des auf Grundlage eines Gutachtens ermittelten gemeinen Werts. Spiegeln die gesamten planmäßigen Abschreibungen voraussichtlich den tatsächlichen Wertverlust wider, entspricht der Restbuchwert am Ende der Vertragslaufzeit dem Zeitwert des Leasingobjektes. Gegen die Vorteilhaftigkeit der Kaufoption spricht auch, dass die Option üblicherweise nur ca. 10% der Anschaffungskosten ausmacht. Es dürfte im Regelfall schwierig sein, zum Zeitpunkt des Vertragsabschlusses festzustellen, dass eine solche Option mit hinreichender Sicherheit ausgeübt wird. Die Option kann daher regelmäßig nicht als günstig angesehen werden.[40]

Im Hinblick auf die an den deutschen Leasingerlassen ausgerichteten Vertragsgestaltungen ist ferner zu prüfen, ob die (steuerliche) betriebsgewöhnliche Nutzungsdauer erheblich unter der (tatsächlichen) wirtschaftlichen Nutzungsdauer des Leasingobjektes liegt; auch in diesem Fall kann die Kaufoption als günstig betrachtet werden.

Die Grundmietzeit der Vollamortisationsverträge beträgt üblicherweise 90% der betriebsgewöhnlichen Nutzungsdauer. Im Hinblick auf den Laufzeittest ist zu untersuchen, ob die wirtschaftliche Nutzungsdauer der Mobilien ihrer betriebsgewöhnlichen Nutzungsdauer entspricht. Im Einzelfall kann aus diesem Kriterium die Einstufung als Finanzierungsleasing resultieren.

Entscheidendes Kriterium für die Klassifizierung der Vollamortisationsverträge ist zumeist der Barwerttest. In der Regel entspricht der Barwert der Mindestleasingzahlungen im Wesentlichen dem Zeitwert des Leasinggegenstandes, so dass eine Einstufung des Vertrages als Finanzierungsleasing vorzunehmen sein wird.

Zu prüfen bleibt, ob bei diesen Verträgen eine Restamortisation durch die Verwertung des Leasingobjektes vorgesehen ist. Allerdings führen interne Restwerte, die dem Leasinggeber Verwertungschancen belassen, meist nicht zu einer Klassifizierung als Operating-Leasing, weil der Restwert nicht über 10% liegen dürfte.

Enthalten die Verträge Verlängerungsoptionen, muss schließlich auch die Wahrscheinlichkeit der Ausübung der Optionen beurteilt werden. Sofern die Marktmieten für Objekte mit ähnlicher Ausstattung und vergleichbarem Alter nicht erheblich unter den vereinbarten Anschlussraten liegen, wird die Option nicht als günstig zu anzusehen sein.[41]

Vollamortisationsverträge mit und ohne Kaufoption des Leasingnehmers werden aus der Sicht des Leasinggebers und des Leasingnehmers regelmäßig als Finanzierungsleasing zu klassifizieren sein.

---

40 Vgl. MELLWIG, W., Die bilanzielle Darstellung von Leasingverträgen nach den Grundsätzen des IASC, a.a.O., S. 9.

41 Vgl. MELLWIG, W., Die bilanzielle Darstellung von Leasingverträgen nach den Grundsätzen des IASC, a.a.O., S. 7.

3.3.2 Teilamortisationsverträge für Mobilien

Bei Teilamortisationsverträgen ist nach Verträgen mit und ohne Andienungsrechten des Leasinggebers zu differenzieren; darüber hinaus können Mehrerlösbeteiligungen und Kündigungsrechte vereinbart worden sein.

Bei Teilamortisationsverträgen *mit Andienungsrecht* werden die Anschaffungskosten des Leasinggegenstandes während der Grundmietzeit nicht vollständig amortisiert. Erst das Andienungsrecht, den Gegenstand zu einem festen Preis an den Leasingnehmer zu verkaufen, sichert dem Leasinggeber die volle Amortisation.

Bei Teilamortisationsverträgen mit Andienungsrecht ist zu prüfen, ob die Ausübung des Rechts wahrscheinlich ist. In diesem Fall geht das Eigentum am Ende der Grundmietzeit auf den Leasingnehmer über. Das Andienungsrecht stellt dann eine Restwertgarantie dar und ist bei der Berechnung der Mindestleasingzahlungen einzubeziehen. Der Vertrag ist daher aus Sicht des Leasinggebers und des Leasingnehmers als Finanzierungsleasing einzustufen sein.

Verfügt der Leasinggeber dagegen *nicht* über ein Andienungsrecht, geht auch das Eigentum am Ende der Vertragslaufzeit nicht auf den Leasingnehmer über: eine Klassifizierung als Finanzierungsleasing nach diesem Kriterium scheidet beim Leasinggeber und Leasingnehmer aus.

Der Leasinggeber trägt bei den Verträgen ohne Andienungsrecht das Restwertrisiko, Gewinne und Verluste aus Änderungen des Restwerts stehen ihm zu. Auch das Kriterium (7) wäre demnach aus Sicht beider Vertragsparteien nicht erfüllt.

Da der nicht garantierte Restwert bei diesen Verträgen wesentlich sein dürfte, wird der Barwert der Mindestleasingzahlungen regelmäßig nicht im Wesentlichen dem Zeitwert des Leasinggegenstandes entsprechen. Eine Klassifizierung der Verträge als Operating-Leasing erscheint hier wahrscheinlich, zumal der Barwert aus Sicht des Leasinggebers bei höherem nicht garantierten Restwert durch einen höheren Kalkulationszins zusätzlich reduziert wird.

Bei Teilamortisationsverträgen mit *Mehrerlösbeteiligung* wird ein Mehrerlös aus der Veräußerung des Leasinggegenstandes zwischen Leasinggeber und Leasingnehmer aufgeteilt. Da dem Leasingnehmer in erlasskonformen Leasingverträgen üblicherweise 75% des Mehrerlöses zustehen, kann das Kriterium (7) als erfüllt gelten. Der Leasingnehmer trägt somit die Risiken und Chancen; eine Einstufung als Finanzierungsleasing erscheint zwingend.

Bei *kündbaren Verträgen* hat der Leasingnehmer nach Kündigung einen Verlustausgleich in Form einer Abschlusszahlung zu leisten. Ein Erlös des Leasinggebers aus der Verwertung des Leasinggegenstands wird auf diese Abschlusszahlung angerechnet. Kritisches Kriterium ist zumeist der Barwerttest, da die Abschlusszahlung als Restwertgarantie bei der Ermittlung der Mindestleasingzahlungen zu berücksichtigen ist. Eine

Einstufung als Finanzierungsleasing kann zumeist auch dadurch nicht verhindert werden, dass dem Leasinggeber ein Mehrerlös aus der Verwertung zusteht.

Unterschiedliche Klassifizierungen bei Leasinggeber und Leasingnehmer könnten sich ergeben, wenn ein Leasingverhältnis eine *Händler- oder Herstellergarantie* enthält: Da diese Zusage bei der Ermittlung des Barwertes aus Sicht des Leasingnehmers nicht zu berücksichtigen ist, kann der Vertrag als Operating-Leasing zu qualifizieren sein. Der Leasinggeber rechnet diese Garantie dagegen in die Mindestleasingzahlungen mit ein und kann deshalb zu einer Klassifizierung als Finanzierungsleasing kommen.

3.3.3 Vollamortisationsverträge für Immobilien

Da die Leasingraten der Mietzeit vollständig die Anschaffungskosten des Leasinggegenstandes decken, entsprechen sie im Wesentlichen dem Zeitwert der Immobilie; das Barwertkriterium kann als erfüllt gelten. Die (in der Praxis eher unüblichen) erlasskonformen Vollamortisationsverträge für Immobilien werden daher grundsätzlich als Finanzierungsleasing einzustufen sein.

3.3.4 Teilamortisationsverträge für Immobilien

Bei den in Deutschland verbreiteten Teilamortisationsverträgen für Immobilien verfügt der Leasingnehmer in aller Regel über eine Option, die Immobilie zum Restbuchwert zu erwerben. Es ist zu prüfen, ob die Kaufoption als vorteilhaft anzusehen ist.

Vor dem Hintergrund der in der Vergangenheit in Deutschland zumeist steigenden Immobilienpreise scheint ein Ankaufrecht zum Restbuchwert zunächst für die Vorteilhaftigkeit der Kaufoption zu sprechen. Stark schwankende Marktwerte von Immobilien sind indes keine Seltenheit und erschweren die Beurteilung der Vorteilhaftigkeit der Kaufoption. Zu beachten ist ferner, dass wirtschaftlich wesentliche Objektrisiken, insbesondere die Gefahr des zufälligen Untergangs und der unverschuldeten Zerstörung, beim Leasinggeber verbleiben. Zudem ist bei langer Vertragslaufzeit aufgrund des technischen und wirtschaftlichen Wandels eine Wertminderung der gewerblichen Immobilie zu erwarten. Eine Zurechnung zum Leasingnehmer kann wegen des weitgehenden Verbleibs der Risiken beim Leasinggeber zumeist unterbleiben.[42]

Hat der Leasinggeber ein *Andienungsrecht*, wird dieses Recht bei der Ermittlung der Mindestleasingzahlungen berücksichtigt, da es eine Restwertgarantie des Leasingnehmers darstellt. Die Einstufung als Finanzierungsleasing erscheint dann sehr wahrscheinlich.

---

42 Vgl. MELLWIG, W., Leasing im handelsrechtlichen Jahresabschluss, a.a.O., S. 307.

Im Rahmen der Umstellung auf IAS sind die in der deutschen Praxis beim Immobilienleasing verbreiteten *Mieterdarlehen* genauer zu untersuchen. Die Gewährung des Darlehens durch den Leasingnehmer erfolgt üblicherweise über die Zahlung von erhöhten Leasingraten. Am Ende der Grundmietzeit entspricht der Darlehensbetrag dem Restbuchwert des Leasingobjekts nach linearer Abschreibung. Der Leasingnehmer kann das Leasingobjekt zu diesem Zeitpunkt erwerben, ohne dass ihm zusätzlicher Aufwand entsteht. Die beim Leasinggeber bestehende Darlehensverbindlichkeit wird in diesem Fall gegen den Restbuchwert des Objektes ausgebucht.

Da der Leasinggeber im Immobilienleasing häufig eine Objektgesellschaft ist, die nur mit geringem Kapital ausgestattet wird, besteht am Ende der Laufzeit des Vertrages für den Leasinggeber bzw. Darlehensnehmer zumeist ein wirtschaftlicher Zwang zur Verwertung des Objektes.[43] Ist die Verwertung nur zu einem geringen Preis möglich, besteht aus Sicht des Leasingnehmers die Gefahr, dass eine Rückzahlung des Darlehens unterbleibt, die Übernahme des Leasingobjektes erscheint wahrscheinlich.

Mieterdarlehen haben in einer wirtschaftlichen Sichtweise daher die Funktion einer Restwertgarantie. Die Teile der Leasingraten, die dem Aufbau des Mieterdarlehens dienen, sind daher in die Mindestleasingzahlungen einzubeziehen, sofern von einer Rückzahlung nicht auszugehen ist.

Die Vereinbarung eines Mieterdarlehens betrifft neben dem Barwerttest zwei weitere Kriterien des IAS 17: Das Darlehen deutet darauf hin, dass nach Ablauf der Vertragslaufzeit der Übergang des Eigentums auf den Leasingnehmer erfolgen wird (Kriterium (1)). Darüber hinaus ist zu prüfen, ob das Kriterium (7), die Übernahme von Gewinnen oder Verlusten aus Restwertschwankungen, erfüllt ist.

4. Bilanzierung beim Leasingnehmer

4.1 Abbildung von Finanzierungs-Leasingverhältnissen

Je nach der Klassifizierung von Leasingverhältnissen ergeben sich unterschiedliche Implikationen für die bilanzielle Behandlung bei Leasingnehmer und Leasinggeber.

Leasingnehmer haben Finanzierungs-Leasingverhältnisse entsprechend ihrem wirtschaftlichen Gehalt als Vermögenswerte und Schulden in gleicher Höhe anzusetzen. Beide

43 Vgl. PwC DEUTSCHE REVISION, IAS für Banken, 2. Aufl., Frankfurt am Main 2002, S. 345-346.

Posten werden mit dem beizulegenden Zeitwert des Leasingobjektes oder mit dem Barwert der Mindestleasingzahlungen, sofern dieser Betrag niedriger ist, bewertet.[44]

Der erstmalige Ansatz erfolgt mit Beginn des Leasingverhältnisses, wenn dem Leasingnehmer zu diesem Zeitpunkt die Verfügungsmacht an dem Leasingobjekt übertragen wurde.

In den Folgeperioden wird das Leasingobjekt nach denselben Regelungen bewertet wie jene Vermögenswerte, die im Eigentum des Leasingnehmers stehen. Das Finanzierungs-Leasingverhältnis führt in jeder Periode zu einem Abschreibungsaufwand bei abschreibungsfähigen Vermögenswerten und zu einem Finanzierungsaufwand. Im Hinblick auf die Abschreibung kommen für Sachanlagen die Vorschriften des IAS 16, für immaterielle Vermögenswerte die Regelungen des IAS 38 zur Anwendung. Ist zu Beginn des Leasingverhältnisses nicht hinreichend sicher, dass das Eigentum auf den Leasingnehmer übergeht, so wird der Vermögenswert über den kürzeren der beiden Zeiträume, Laufzeit des Leasingverhältnisses oder Nutzungsdauer abgeschrieben.[45] Der Standard lässt offen, ob ein Restwert bei der Bemessung der Abschreibungen einzubeziehen ist. Der allgemeine Verweis auf IAS 16 und die mit der Vernachlässigung eines Restwertes einher gehende Ergebnisverzerrung lässt es allerdings sachgerecht erscheinen, auch bei Leasinggegenständen einen wesentlichen Restwert zu berücksichtigen.

Die Zahlungen des Leasingnehmers an den Leasinggeber sind in einen Zins- und einen Tilgungsanteil aufzuteilen. Der Zinsanteil wird als Finanzierungskosten behandelt, der Tilgungsanteil reduziert die Verbindlichkeit. Die Finanzierungskosten sind so über die Laufzeit des Leasingvertrages zu verteilen, dass über die Perioden ein konstanter Zinssatz auf die verbliebene Schuld entsteht. Der Standard lässt zur Vereinfachung dieser Berechnungen Näherungsverfahren zu.[46]

Die Folgebewertung von Finanzierungs-Leasingverhältnissen über Immobilien richtet sich nach IAS 40. Verträge über biologische Vermögenswerte sind nach IAS 41 zu bewerten.

Handelt es sich bei der Verbindlichkeit aus dem Leasingverhältnis um eine Fremdwährungsverbindlichkeit, kommt IAS 21 zur Anwendung. Da die Verbindlichkeit monetären Charakter hat, ist sie mit dem Kassakurs zum Abschlussstichtag umzurechnen. Umrechnungsdifferenzen werden als Aufwand oder Ertrag der Periode erfasst.[47]

Zur Feststellung, ob das Leasingobjekt im Wert gemindert ist, hat das Unternehmen IAS 36 Wertminderungen von Vermögenswerten anzuwenden; Wertminderungen des Leasingobjektes werden nicht nach IAS 17, sondern nach diesem Standard behandelt.

---

44 Vgl. IAS 17.12ff.

45 Vgl. IAS 17.19f.

46 Vgl. IAS 17.17f.

47 Vgl. IAS 21.15. Zur Behandlung von Fremdwährungsgeschäften, vgl. LÖW, E./LORENZ, K., Bilanzielle Behandlung von Fremdwährungsgeschäften nach deutschem Recht und nach den Vorschriften des IASB, KoR 2002, S. 234-243.

IAS 17 enthält nur wenige Regelungen zum Ausweis der Leasingverhältnisse. Die im Rahmen eines Finanzierungsleasing-Verhältnisses zugegangenen Vermögenswerte sind dem Posten zuzuordnen, dem sie auch bei einem „normalen“ Kaufgeschäft zuzurechnen wären. Üblicherweise wird der Ausweis der Vermögenswerte unter den Posten „Sachanlagen“ bzw. „immaterielle Vermögenswerte“ erfolgen. Leasingverbindlichkeiten sind als verzinsliche Verbindlichkeiten in der Bilanz auszuweisen.[48]

4.2 Abbildung von Operating-Leasingverhältnissen

Zahlungen des Leasingnehmers im Rahmen eines Operating-Leasingverhältnisses sind als Aufwand in der Gewinn- und Verlustrechnung über die Laufzeit des Leasingverhältnisses zu erfassen. Die Verteilung des Aufwands aus den Leasingzahlungen soll grundsätzlich linear erfolgen, es sei denn eine andere systematische Grundlage entspricht dem zeitlichen Verlauf des Nutzens für den Leasingnehmer. Der vereinbarte Zahlungsmodus spielt insoweit keine Rolle.[49] Bestehen zwischen der gewählten Verteilungsmethode und dem Zahlungsmodus Unterschiede, sind die aktivischen (passivischen) Differenzbeträge in dem Bilanzposten sonstige Vermögenswerte (sonstige Verbindlichkeiten) aufzunehmen.

Operating-Leasingverhältnisse werden als schwebende Verträge angesehen, die Verpflichtungen zur künftigen Zahlung von Leasingraten werden nicht bilanziell erfasst.

Anreize, die der Leasinggeber dem Leasingnehmer für den Abschluss des Vertrages gewährt, sind beim Leasingnehmer als Bestandteil der Nettogegenleistung anzusehen. Beispiele für solche Anreize sind Barzahlungen des Leasinggebers, Übernahme von Kosten für Mietereinbauten und Kosten mit einer vorher bestehenden vertraglichen Verpflichtung. Der Leasingnehmer hat die Summe des Nutzens aus Anreizen als eine Reduktion der Mietaufwendungen linear über die Laufzeit des Leasingverhältnisses zu erfassen, es sei denn eine andere Verteilungsmethode entspricht dem zeitlichen Verlauf des Nutzens des Leasingnehmers aus der Nutzung des Vermögenswerts.[50]

Aufwendungen aus Operating-Leasingverhältnissen werden als Bestandteil der betrieblichen Tätigkeit im Ergebnis der betrieblichen Tätigkeit ausgewiesen; bei Banken erfolgt der Ausweis im Verwaltungsaufwand.

---

48 Vgl. IAS 1.66.

49 Vgl. IAS 17.25f.

50 Vgl. hierzu SIC-15 „Operating-Leasingverhältnisse – Anreizvereinbarungen“.

5. Bilanzierung beim Leasinggeber

5.1 Abbildung von Finanzierungs-Leasingverhältnissen

5.1.1 Regelungen für alle Leasingverhältnisse

Leasinggeber haben Vermögenswerte aus Finanzierungsleasing in ihren Bilanzen als Forderungen in Höhe des Nettoinvestitionswertes aus dem Leasingverhältnis anzusetzen.

Die Nettoinvestition stellt die Differenz zwischen der Bruttoinvestition in das Leasingverhältnis und dem noch nicht realisierten Finanzertrag dar. Beide Begriffe werden in IAS 17 definiert: Die Bruttoinvestition in das Leasingverhältnis ist die Summe der Mindestleasingzahlungen in ein Finanzierungsleasing aus Sicht des Leasinggebers und jeglichen, dem Leasinggeber zuzurechnenden, nicht garantierten Restwerten. Der noch nicht realisierte Finanzertrag bezeichnet die Differenz zwischen der Bruttoinvestition und der abgezinsten Bruttoinvestition; letztere wird mit dem Zinssatz abgezinst, der dem Leasingvertrag zugrunde liegt.[51]

Die Erfassung der Finanzerträge ist so vorzunehmen, dass eine konstante periodische Verzinsung der ausstehenden Nettoinvestition des Leasinggebers in das Finanzierungs-Leasingverhältnis zustande kommt. Die Zahlungen des Leasingnehmers sind daher aufzuteilen in einen Tilgungsanteil, der die Nettoinvestition in das Leasingverhältnis reduziert, und einen Zinsanteil, der den noch nicht realisierten Finanzertrag verringert und erfolgswirksam in der Gewinn- und Verlustrechnung erfasst wird.[52]

Die vom Leasinggeber bei der Berechnung der Bruttoinvestition angesetzten, nicht garantierten Restwerte sind regelmäßig auf Werthaltigkeit zu prüfen. Dies bedingt eine gesonderte Untersuchung jedes einzelnen im Bestand befindlichen Leasingvertrages.

Im Falle einer Minderung des geschätzten Restwerts wird die Ertragsverteilung über die Laufzeit des Leasingverhältnisses berichtigt; jede Minderung von bereits abgesetzten Beträgen wird unmittelbar erfasst.[53] Der Standard lässt offen, inwieweit auch eine Wertaufholung des Restwerts zu berücksichtigen ist. Ob eine analoge Vorgehensweise zu

51 Vgl. IAS 17.3.

52 Vgl. IAS 17.30f.

53 Vgl. IAS 17.32.

IAS 36 zur Anwendung kommen kann, erscheint fraglich, da in IAS 17 nur die Erfassung von Restwertminderungen erwähnt wird.[54]

Entstehen dem Leasinggeber bei den Verhandlungen und beim Abschluss des Leasingvertrages sog. „anfängliche direkte Kosten", wie etwa Provisionen oder Rechtsberatungsgebühren, werden diese entweder sofort im Periodenergebnis erfasst oder gegen die Erträge über die Laufzeit des Leasingverhältnisses verrechnet. Auch Kosten für die Erstellung des Vertrages, die Bonitätsprüfung und die Erlangung von Sicherheiten, sind als anfängliche direkte Kosten anzusehen, sofern sie dem einzelnen Vertrag direkt zugerechnet werden können. Im Rahmen der Umstellung der Rechnungslegung auf IAS sind die vorhandenen Systeme auf die Möglichkeit zur Aktivierung dieser Kosten zu untersuchen.[55] Die Verrechnung über die Laufzeit erfolgt, indem diese Kosten bei Anfall als Aufwand erfasst werden und in der gleichen Periode ein Teil der nicht realisierten Finanzerträge in Höhe der anfänglichen direkten Kosten als Ertrag erfast wird.

Handelt es sich bei der Forderung um eine Fremdwährungsforderung, kommt IAS 21 zur Anwendung. Forderungen sind nach diesem Standard als monetärer Posten einzustufen; Umrechnungsdifferenzen aus Leasingforderungen in Fremdwährung werden daher erfolgswirksam in der Gewinn- und Verlustrechnung erfasst.

Im Falle eines Forderungsverkaufs kommen für die Ausbuchung der Leasingforderung die Regelungen des IAS 39 zur Anwendung, da die Forderung ein Finanzinstrument im Sinne von IAS 39 darstellt.[56]

Der Leasinggeber weist den Gesamtbetrag der Nettoinvestition unter den Forderungen aus, ein gesonderter Ausweis wird vom Standard nicht verlangt. Der ergebniswirksam zu erfassende Finanzertrag und der ergebniswirksam zu erfassende Teil der aktivierten anfänglichen direkten Kosten werden als Bestandteil des Finanzergebnisses ausgewiesen. Bei Banken erfolgt der erfolgswirksame Ausweis üblicherweise im Zinsüberschuss.

5.1.2 Besonderheiten bei Händler- oder Herstellerleasingverhältnissen

IAS 17 enthält spezifische Vorschriften für Leasingverhältnisse, bei denen der Leasinggeber Händler oder Hersteller ist. Der Standard enthält zwar keine Definition der Begriffe „Händler" bzw. „Hersteller", es wird jedoch unterstellt, dass bei solchen Leasingverhältnissen ein Verkaufsgewinn oder -verlust entsteht.

---

54 Vgl. zur Wertaufholung IAS 36.99f.

55 Zu den Änderungen, die sich aus dem Improvement Project des IASB ergeben, vgl. unten, Abschnitt 8. Das IASB schlägt eine Aktivierungspflicht für direkte anfängliche Kosten vor.

56 Vgl. hierzu IAS 39.35ff. sowie den Abschnitt 2.1.4 im Beitrag „Ansatz und Bewertung von Financial Instruments".

Leasinggeber, die Händler oder Hersteller sind, haben den Verkaufsgewinn oder -verlust nach den gleichen Methoden im Periodenergebnis zu erfassen, die das Unternehmen bei direkten Verkaufsgeschäften anwendet. Dem liegt der Gedanke zugrunde, das Leasinggeschäft beim Leasinggeber als Verkauf mit Kreditgewährung zu behandeln. Werden dabei künstlich niedrige Zinsen verwendet, ist der Verkaufsgewinn auf die Höhe zu beschränken, die sich bei Berechnung mit dem marktüblichen Zins ergeben hätte.[57]

Der von einem Leasinggeber, der Händler oder Hersteller ist, zu Beginn erfassende Umsatzerlös ist der beizulegende Zeitwert des Vermögenswerts oder, wenn niedriger, der dem Leasinggeber zuzurechnende Barwert der Mindestleasingzahlungen. Die zu Beginn des Leasingverhältnisses zu erfassenden Umsatzkosten sind die Anschaffungs- oder Herstellungskosten bzw., falls abweichend, der Buchwert des Leasinggegenstands abzüglich des Barwerts des nicht garantierten Restwerts. Der Differenzbetrag zwischen Umsatzerlös und Umsatzkosten ist der Verkaufsgewinn. Anfängliche direkte Kosten bei Leasinggebern, die Händler oder Hersteller sind, werden zu Beginn des Leasingverhältnisses als Aufwand in der Gewinn- und Verlustrechnung erfasst.[58]

5.2 Abbildung von Operating-Leasingverhältnissen

Vermögenswerte, die Gegenstand eines Operating-Leasingverhältnisses sind, werden in der Bilanz des Leasinggebers entsprechend ihrer Eigenschaft aktiviert.[59] Ihre Bewertung richtet sich nach den Vorschriften für solche Vermögenswerte. Je nach Eigenschaft des Vermögenswertes kann IAS 16 für Sachanlagen, IAS 38 für immaterielle Vermögenswerte, IAS 40 für die als Finanzinvestition gehaltenen Immobilien oder IAS 41 für biologische Vermögenswerte zur Anwendung kommen. Für die Folgebewertung sowie die Vornahme außerplanmäßiger Abschreibungen sind ferner die Regelungen von IAS 36 zu beachten.

Leasingerträge aus Operating-Leasingverhältnissen werden erfolgswirksam linear über die Laufzeit des Leasingverhältnisse erfasst, es sei denn, eine andere planmäßige Verteilung entspricht eher dem zeitlichen Verlauf, in dem sich der aus dem Leasinggegenstand erzielte Nutzenvorteil verringert. Zahlungen des Leasingnehmers für Dienstleistungen, wie Versicherungen oder Instandhaltung werden nicht systematisch über die Laufzeit, sondern nach den allgemeinen Grundsätzen erfolgswirksam erfasst.

Die vom Leasinggeber für den Abschluss des Vertrags dem Leasingnehmer gewährten Anreize sind gemäß SIC-15 Bestandteil der vereinbarten Gegenleistung. Der Leasinggeber hat die gesamten aus Anreizvereinbarungen resultierenden Kosten entsprechend der planmäßigen Verteilung der Leasingerträge über die Laufzeit zu verteilen und auf-

57 Vgl. IAS 17.34.

58 Vgl. IAS 17. 36ff.

59 Vgl. IAS 17.41.

wandswirksam zu verbuchen. Eine sofortige ergebniswirksame Erfassung, wie dies bei anfänglichen direkten Kosten als zulässig angesehen wird, ist nicht möglich.

Eine Forfaitierung noch nicht fälliger Leasingraten hat keine Auswirkungen auf die bilanzielle Behandlung des Operating-Leasingverhältnisses. Das mit dem Forderungsverkauf zu zahlende Entgelt, dass sich aus der Differenz zwischen Nominalbetrag der Forderungen und Verkaufspreis ergibt, ist über die Laufzeit des Leasingverhältnisses verteilt als Zinsaufwand zu verbuchen.

Der Ausweis der Vermögenswerte in der Bilanz des Leasinggebers erfolgt entsprechend ihrer Eigenschaft in dem jeweiligen Bilanzposten. Aufwendungen und Erträge aus dem Operating-Leasingverhältnis, die über die Laufzeit zu verteilen sind, werden als sonstige Vermögenswerte bzw. sonstige Schulden ausgewiesen.

Leasingerträge und -aufwendungen werden als Bestandteil des betrieblichen Ergebnisses ausgewiesen. Leasingerträge können als Umsatzerlöse oder als sonstige betriebliche Erträge ausgewiesen werden.[60] Je nach Zuordnung der Erträge sind die Leasingaufwendungen im entsprechenden Posten auszuweisen.

6. Sale-And-Leaseback-Transaktionen

6.1 Sale-And-Leaseback-Transaktionen als Finanzierungsleasing

Bei Sale-And-Leaseback-Verträgen mietet ein Leasingnehmer einen Vermögenswert vom Leasinggeber zurück, der zuvor vom Leasingnehmer an den Leasinggeber veräußert wurde. Da Kauf- und Leasingvertrag üblicherweise aufeinander abgestimmt wurden und der Verkaufspreis und die Leasingzahlungen normalerweise in einem Zusammenhang stehen, sind die beiden Verträge gemeinsam zu betrachten.

Die Behandlung von Sale-And-Leaseback-Transaktionen beim Leasingnehmer und Leasinggeber richtet sich nach der Klassifizierung des Leasingvertrages. Hierzu kommen die oben dargestellten acht Kriterien zur Anwendung.[61]

Handelt es sich bei dem Leasingvertrag um ein Finanzierungs-Leasingverhältnis, geht das Eigentum zwar auf den Leasinggeber über, der Vermögenswert bleibt jedoch weiterhin beim Leasingnehmer bilanziert. Wirtschaftlich ist der Vertrag als Darlehen des Lea-

---

60 Vgl. IAS 1.82 (Umsatzkostenverfahren) bzw. IAS 1.80 (Gesamtkostenverfahren).

61 Vgl. zu den Kriterien Abschnitt 3 dieses Beitrags.

singgebers an den Leasingnehmer anzusehen, die Übertragung des Eigentums dient als Sicherheit.[62]

Der Überschuss der Verkaufserlöse über den Buchwert darf beim Leasingnehmer nicht als Ertrag verbucht werden, sondern ist über die Laufzeit des Leasingverhältnisses abzugrenzen. Der aus den Leasingraten resultierende Aufwand verringert sich dementsprechend. Der Standard enthält keine Vorschriften für den Fall, dass der Kaufpreis unter dem Buchwert liegt. Eine sofortige erfolgswirksame Erfassung des Aufwands erscheint nach IAS 36 aber zwingend.

6.2 Sale-And-Leaseback-Transaktionen als Operating-Leasing

Ist der Leasingvertrag als Operating-Leasingverhältnis einzustufen und wird die Transaktion zum Zeitwert durchgeführt, so ist jeglicher Gewinn oder Verlust sofort zu erfassen.[63] Der Leasinggeber hat den Vermögenswert in seiner Bilanz auszuweisen.

Liegt der Zeitwert des Leasinggegenstandes zum Zeitpunkt der Transaktion unter dem Buchwert des Vermögenswerts, ist eine sofortige Erfassung des Verlusts in Höhe der Differenz zwischen Buchwert und Zeitwert zwingend.

Übersteigt der Zeitwert den Buchwert des Vermögenswertes, sind verschiedene Konstellationen denkbar. Der aus der Transaktion resultierende Gewinn oder Verlust ist grundsätzlich sofort zu realisieren, wenn die Transaktion zum Zeitwert erfolgt.

Liegt der Kaufpreis *unter* dem Zeitwert, wird der Gewinn oder Verlust ebenfalls erfolgswirksam verbucht. Es erscheint nur auf den ersten Blick aus Sicht des Leasingnehmers und Verkäufers unverständlich, eine Transaktion abzuschließen, die einen Verkauf unter Zeitwert zur Folge hat. So können etwa Liquiditätsprobleme des Verkäufers einen sofortigen Verkauf bedingen.

Eine Ausnahme der sofortigen Erfassung von Gewinnen und Verlusten betrifft jene Verluste, die noch durch unter dem Marktpreis liegende Leasingraten ausgeglichen werden: Jene Verluste, die durch niedrige Leasingraten kompensiert werden, sind über die Laufzeit abzugrenzen und entsprechend den Leasingraten aufzulösen.

Übersteigt der Kaufpreis den beizulegenden Zeitwert, muss der den Zeitwert übersteigende Betrag abgegrenzt werden und über den Zeitraum der voraussichtlichen Nutzung des Vermögenswertes erfolgswirksam verteilt werden.

Im Hinblick auf den Ausweis der Sale-And-Leaseback-Transaktionen gelten die obigen Ausführungen zu Operating- und Finanzierungs-Leasingverhältnissen analog. Die abge-

---

[62] Vgl. IAS 17.50f.

[63] Vgl. IAS 17.52f.

grenzten Veräußerungsgewinne und -verluste werden als sonstige Verbindlichkeiten bzw. als sonstige Schulden ausgewiesen.

7. Angabepflichten nach IAS 17

7.1 Angabepflichten des Leasingnehmers

7.1.1 Angaben bei Finanzierungs-Leasingverhältnissen

Leasingnehmer haben die folgenden Angaben für ein Finanzierungs-Leasingverhältnis zu leisten:

- Für jede Klasse von Vermögenswerten den Nettobuchwert zum Bilanzstichtag,
- eine Überleitung von der Summe der Mindestleasingzahlungen zum Bilanzstichtag zum Barwert. Unternehmen haben darüber hinaus zusätzlich die Summe der Mindestleasingzahlungen und deren Barwert für die Perioden bis zu einem Jahr, länger als ein Jahr bis fünf Jahre und länger als fünf Jahre anzugeben,
- die erfolgswirksam erfassten bedingten Mietzahlungen,
- die Summe der zukünftigen Mindestleasingzahlungen, deren Erhalt auf Grund von unkündbaren Untermietverhältnissen am Bilanzstichtag erwartet wird, und
- eine allgemeine Beschreibung der wesentlichen Leasingvereinbarungen des Leasingnehmers, einschließlich der Grundlagen auf der bedingte Mietzahlungen festgelegt sind, der Bestimmungen von Verlängerungs- oder Kaufoptionen und Preisanpassungsklauseln und der Beschränkungen, die Dividenden, zusätzliche Schulden und weitere Leasingverhältnisse betreffen.

Über die in diesem Standard geforderten Angaben hinaus ergeben sich Anforderungen aus weiteren Standards des IASB: Verbindlichkeiten aus Finanzierungs-Leasingverhältnissen gelten als Finanzinstrumente im Sinne von IAS 32 „Finanzinstrumente: Angaben und Darstellung“. Nach IAS 32.77 sind für jede Klasse von finanziellen Verbindlichkeiten Informationen über deren beizulegenden Zeitwert anzugeben. Dies bedeutet, dass für die Leasingverbindlichkeit ein Zeitwert zu ermitteln ist. Dieser Zeitwert variiert beispielsweise mit Änderungen der Bonität des Leasingnehmers und wird zudem durch Änderungen des zugrunde liegenden Marktzinses beeinflusst.

Weitere Anforderungen an die zu leistenden Angaben resultieren aus IAS 36 „Wertminderung von Vermögenswerten"; je nach Eigenschaft des Vermögenswerts sind ferner die von IAS 16, IAS 38, IAS 40 und IAS 41 geforderten Angaben zu leisten.

Eine Besonderheit ergibt sich beim Immobilien-Leasing: Wird die Immobilie vom Leasingnehmer als Finanzinvestition gehalten – dient sie also zur Erzielung von Mieteinnahmen oder zum Zwecke der Wertsteigerung – kommt IAS 40 „Als Finanzinvestition gehaltene Immobilien" zur Anwendung. IAS 40 sieht ein Wahlrecht zur Bewertung dieser Immobilie entweder zum beizulegenden Zeitwert oder zu Anschaffungskosten vor. Wird das Anschaffungskostenmodell gewählt, ist der beizulegende Zeitwert der Immobilien in den Notes anzugeben.[64]

7.1.2 Angaben bei Operating-Leasingverhältnissen

Im Rahmen eines Operating-Leasingverhältnisses sind vom Leasingnehmer folgende Angaben zu leisten:

- Die Summe der künftigen Mindestleasingzahlungen auf Grund von unkündbaren Operating-Leasingverhältnissen für die Perioden bis zu einem Jahr, länger als ein und bis zu fünf Jahren sowie für Perioden über fünf Jahren,
- die Summe der künftigen Mindestleasingzahlungen zum Bilanzstichtag, deren Erhalt auf Grund von unkündbaren Untermietverhältnissen erwartet wird,
- Zahlungen aus Leasingverhältnissen und Untermietverhältnissen, die erfolgswirksam erfasst sind, getrennt nach Beträgen für Mindestleasingzahlungen, bedingte Mietzahlungen und Zahlungen aus Untermietverhältnissen,
- eine allgemeine Beschreibung der wesentlichen Leasingvereinbarungen des Leasingnehmers, einschließlich der Grundlage, auf der bedingte Mietzahlungen festgelegt sind, das Bestehen und die Bestimmungen von Verlängerungs- oder Kaufoptionen und Preisanpassungsklauseln sowie durch Leasingverhältnisse auferlegte Beschränkungen, die etwa Dividenden, zusätzliche Schulden und weitere Leasingverhältnisse betreffen.

64 Vgl. IAS 40.69 (e).

7.2 Angabepflichten des Leasinggebers

7.2.1 Angaben bei Finanzierungs-Leasingverhältnissen

Leasinggeber haben bei Finanzierungs-Leasingverhältnissen die folgenden Angaben zu leisten:

- Eine Überleitung von der Bruttogesamtinvestition in das Leasingverhältnis am Bilanzstichtag und dem Barwert der am Bilanzstichtag ausstehenden Mindestleasingzahlungen. Ein Unternehmen hat zusätzlich die Bruttogesamtinvestition in das Leasingverhältnis und den Barwert der am Bilanzstichtag ausstehenden Mindestleasingzahlungen für Perioden bis zu einem Jahr, länger als ein Jahr bis zu fünf Jahren und länger als fünf Jahren anzugeben,
- noch nicht realisierten Finanzertrag
- die nicht garantierten Restwerte, die zu Gunsten des Leasingnehmers anfallen,
- die kumulierten Wertberichtigungen für uneinbringliche ausstehende Mindestleasingzahlungen und
- eine allgemeine Beschreibung der wesentlichen Leasingvereinbarungen des Leasinggebers.

Da die Forderung des Leasinggebers als Finanzinstrument im Sinne von IAS 32 anzusehen ist, ergeben sich die beim Leasingnehmer für die Leasingverbindlichkeit dargestellten Konsequenzen für den Leasinggeber analog: Der Zeitwert der Leasingforderung ist gemäß IAS 32.77 anzugeben; dieser wird durch Bonitätsänderungen des Leasingnehmers und Marktzinsänderungen beeinflusst.

7.2.2 Angaben bei Operating-Leasingverhältnissen

Leasinggeber haben folgende zusätzliche Angaben für Operating-Leasingverhältnisse zu leisten:

- Die Summe der künftigen Mindestleasingzahlungen aus unkündbaren Operating-Leasingverhältnissen als Gesamtbetrag und für Perioden bis zu einem Jahr, länger als ein und bis zu fünf Jahre und länger als fünf Jahre
- Die Summe der erfolgswirksam berücksichtigten bedingten Mindestleasingzahlungen
- Eine allgemeine Beschreibung der wesentlichen Leasingvereinbarungen des Leasinggebers

Zusätzliche Angaben resultieren aus den Anforderungen von IAS 16, IAS 36, IAS 38, IAS 40 und IAS 41.

8. Ausblick: Der Exposure Draft zur Änderung von IAS 17

Im Zuge der Überarbeitung zahlreicher Standards hat das IASB jüngst auch geringfügige Änderungen zu IAS 17 vorgeschlagen. Diese Änderungen betreffen im Wesentlichen zwei Bereiche: Die Klassifizierung von Leasingverhältnissen über Grund und Boden sowie Gebäude und die Abschaffung des Wahlrechts zur Behandlung von direkten Initialkosten.

Bei der Klassifizierung von Leasingverhältnissen über Grund und Boden soll künftig eine getrennte Klassifizierung zwingend vorzunehmen sein, sofern das Eigentum nicht am Ende der Grundmietzeit auf den Leasingnehmer übergeht. Der auf den Grund und Boden entfallende Anteil wird dann als Operating-Leasingverhältnis klassifiziert. Der Anteil, der auf das Gebäude entfällt, wird gesondert untersucht und dann als Operating- oder Finanzierungs-Leasingverhältnis eingestuft.

Mindestleasingzahlungen einschließlich Mietvorauszahlungen sollen auf Grund und Boden einerseits und Gebäude andererseits im Verhältnis ihrer beizulegenden Zeitwerte zu Beginn des Leasingverhältnisses verteilt werden. Wenn diese Verteilung nicht zuverlässig erfolgen kann, soll das ganze Leasingverhältnis als Finanzierungsleasing qualifiziert werden, sofern nicht Grund und Boden sowie Gebäude eindeutig als Operating-Leasing einzustufen sind.

Ist der Wert des Grundstücks unwesentlich, können zur Klassifizierung des Leasingverhältnisses Grund und Boden und Gebäude als Einheit betrachtet werden und sind entweder als Operating- oder als Finanzierungsleasing zu behandeln. In einem solchen Fall wird die Nutzungsdauer des gesamten Grundstücks mit der Nutzungsdauer des Gebäudes gleichgesetzt.

Das IASB hat ferner die Absicht, das Wahlrecht zur Aktivierung direkter Initialkosten abzuschaffen. Es ist geplant, Kosten der Vertragsverhandlung und des Vertragsabschlusses bei der erstmaligen Bewertung des Finanzierungs-Leasingverhältnisses aktiviert und über die Laufzeit des Leasingvertrages verteilt werden. Bei Operating-Leasingverhältnissen werden die Kosten der Vertragsverhandlung und des Vertragsabschlusses dem Buchwert des Leasinggegenstandes hinzugerechnet und über die Laufzeit des Leasingvertrages als Aufwand verteilt.

Bemerkenswert erscheint, dass der Standard in jüngster Vergangenheit nicht nur mehrfach überarbeitet wurde, sondern auch Gegenstand intensiver Diskussionen im Schrifttum war, die zunächst in einen grundsätzlich neuen Vorschlag zur Bilanzierung von Leasingverhältnissen, das sog. McGregor-Papier mündeten und sodann vom IASB in einem im Jahr 2000 herausgegebenen Diskussionspapier aufgegriffen wurden.[65]

Beide Papiere empfehlen sehr weitreichende Änderungen der bilanziellen Behandlung von Leasingverhältnissen. So soll nach den Vorschlägen McGregors und dem G4+1 Position Paper, das diese Vorschläge weiter präzisiert, auf die Unterscheidung zwischen Finanzierungs- und Operating-Leasing verzichtet werden und statt dessen bei allen Miet- oder Leasing-Verträgen mit einer Laufzeit von über einem Jahr vom Leasingnehmer ein Nutzungsrecht und eine Verbindlichkeit gegenüber dem Leasinggeber bilanziert werden. Der Leasinggeber hätte nach diesen Vorschlägen eine Forderung gegen den Leasingnehmer (in Höhe des Barwerts der Mindestleasingzahlungen) und den noch verbleibenden Restwert nach Ablauf der Grundmietzeit einzubuchen.[66]

Über die im Rahmen des Improvement Projects vorgeschlagenen Änderungen hinaus beabsichtigt das IASB, in einem als „Comprehensive Project" bezeichneten gemeinsamen Projekt mit dem britischen Accounting Standards Board eine weitergehende Überarbeitung von IAS 17 vorzunehmen.[67] Derzeit ist noch nicht absehbar, wann die Veröffentlichung eines Exposure Drafts zu Leasingverhältnissen erfolgen wird und inwieweit das IASB bei der Überarbeitung auf die in den beiden Papieren vorgeschlagenen Lösungen rekurrieren wird.

---

65 Vgl. MCGREGOR, W. u.a., Accounting for Leases: A New Approach, Recognition by Lessees of Assets and Liabilities Arising under Lease Contracts, 1996 und NAILOR, H./LENNARD, A. u.a., Leases: Implementation Of A New Approach, 2000.

66 Zur Kritik an den Vorschlägen des McGregor-Papiers, vgl. MELLWIG, W., Die bilanzielle Darstellung von Leasingverträgen nach den Grundsätzen des IASC, a.a.O., S. 13-16. Zu den Vorschlägen der G4+1 Working Group, vgl. KÜTING, K./HELLEN, H.-H./BRAKENSIEK, S., Leasingbilanzierung: Vorschlag zur Neuausrichtung nach dem Positionspapier der G4+1 Working Group, BB 2000, S. 1720-1721.

67 Vgl. IASB Insight, April 2002, S. 18.

Joachim Kölschbach

Versicherungsgeschäfte

1. Einführung

Ein Blick auf die derzeit bestehenden Rechnungslegungsregeln in der Europäischen Union verdeutlicht die Notwendigkeit eines IFRS für Versicherungsgeschäfte: Von 132 Mitgliedstaatenwahlrechten in den Europäischen Bilanzrichtlinien (Vierte, Siebente und Versicherungsbilanzrichtlinie) sind beinahe alle von wenigstens einem Mitgliedstaat ausgeübt worden. Die Versicherer wenden beispielsweise unterschiedliche Methoden bei der Bewertung von Kapitalanlagen, der Erfassung von Prämieneinnahmen, der Abzinsung von Schadenrückstellungen oder dem Gewinnausweis in der Lebensversicherung an[1]. Ein Vergleich der Konzern- und Jahresabschlüsse zwischen internationalen Versicherern ist daher schwierig, wenn nicht gar unmöglich.

Eine fehlende Vergleichbarkeit zwischen nationalen Versicherern, wenn kapitalmarktorientierte Versicherer nach IAS bzw. IFRS bilanzieren und andere – je nach Ausgestaltung des o.g. Mitgliedstaatenwahlrechts – nach HGB[2], wird wohl nur eine Übergangserscheinung sein. Schließlich sind nicht nur die Kapitalmärkte, sondern auch andere Jahresabschlussadressaten an einer Vergleichbarkeit der Konzern- und Jahresabschlüsse interessiert. Auch nicht kapitalmarktorientierte Unternehmen werden sich diesen Erwartungen mittelfristig nicht entziehen können und ihre Konzernabschlüsse nach IAS bzw. IFRS erstellen.

Schon jetzt stellen fast alle deutschen börsennotierten Versicherungsunternehmen ihre Konzernabschlüsse nach IAS auf. Einige wenige bilanzieren nach US-GAAP. Angesichts der fehlenden Regelung für die versicherungsspezifischen Posten werden aber auch von den im Grundsatz nach IAS bilanzierenden Unternehmen für diese Posten selektiv die Regeln von US-GAAP angewendet[3]. Der Vorteil der US-GAAP liegt darin, dass die Regelungen bewährt und weltweit bekannter sind als alle anderen nationalen Rechnungslegungsgrundsätze. Die Anwendung von US-GAAP führt jedoch für nicht US-Unternehmen zu Problemen, insbesondere bei der Abbildung von Lebensversicherungsgeschäften, da die Rechnungslegungsregeln sehr stark auf US-übliche Produktgestaltungen abstellen.

---

1 Vgl. KPMG (Hrsg.), Options in European Insurance Accounting Rules, Köln 1999, S. 16f.

2 Vgl. FARNY, D., Zur Analyse und Aussagefähigkeit von Konzernjahresabschlüssen deutscher Versicherungskonzerne, in: Rechnungslegung von Versicherungsunternehmen, Festschrift zum 70. Geburtstag von Dr. Horst Richter, Düsseldorf 2001, S. 89-109, hier S. 99ff.

3 Vgl. dazu KPMG (Hrsg.), US GAAP for Foreign Insurers, 2002, S. 1 sowie SWISSRE (Hrsg.), Paradigmenwechsel in der Rechnungslegung? – Versicherungstechnik nach German GAAP und US-GAAP, München 2002, S. 5.

Die Aktivseite der Versicherungsbilanz ist weitestgehend durch bereits bestehende IAS-Standards abgedeckt. Insbesondere für die Kapitalanlagen der Versicherer sind IAS 39 zu Finanzinstrumenten[4] sowie IAS 40 und IAS 16 für Immobilien anzuwenden. Ein Standard für die versicherungstechnischen Posten, insbesondere die versicherungstechnischen Rückstellungen, befindet sich derzeit noch in Erarbeitung.

Ein Steering Committee der Vorgängerorganisation des IASB hat mit einem Diskussionspapier im Jahr 1999 sowie einem Draft Statement of Principles (DSOP) Ende 2001/ Anfang 2002 zwei Beiträge zur Entwicklung eines IFRS für Versicherungsgeschäfte vorgelegt[5]. Beiden Vorschlägen liegt eine Fair-Value-Bilanzierung zugrunde für Vermögenswerte und Schulden, die aus Versicherungsverträgen resultieren. Basierend auf diesen Vorschlägen könnte der Zeitplan für den IFRS wie folgt aussehen:

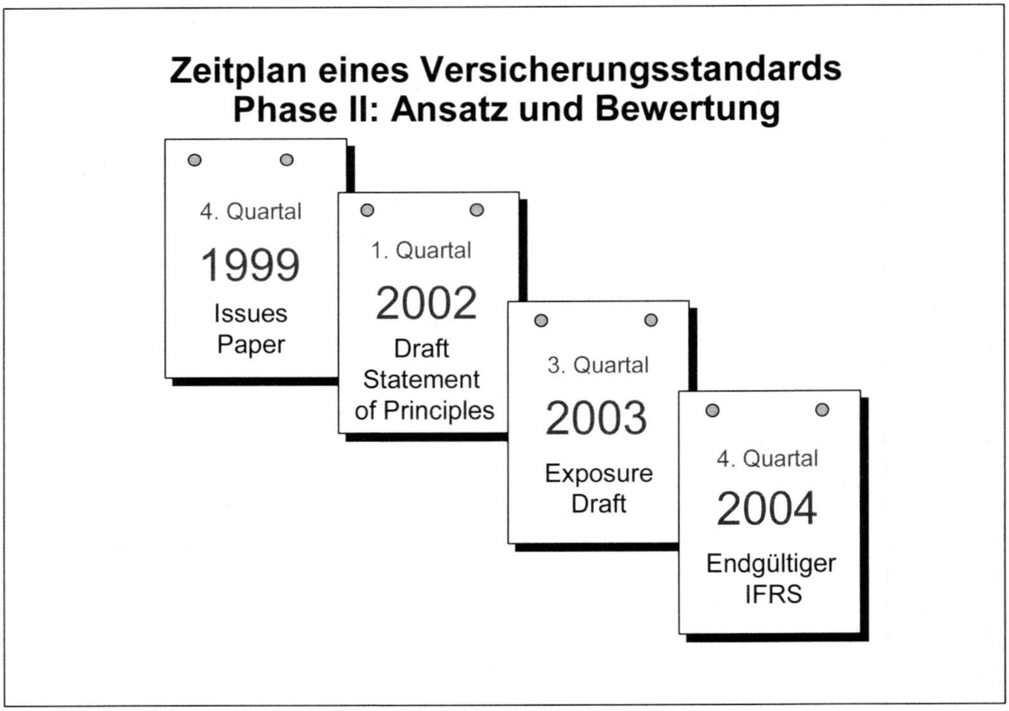

Abbildung 1: Zeitplan eines Versicherungsstandards Phase II

4 Vgl. den Beitrag „Ansatz und Bewertung von Financial Instruments“.

5 Vgl. hierzu auch DZ BANK, Versicherungen – Paradigmenwechsel in der Rechnungslegung, S. 5ff. sowie HESBERG, D., Internationalisierung der Jahresabschlüsse von Versicherungskonzernen – Anlass für eine Neuausrichtung der Rechnungslegung deutscher Versicherungsunternehmen? – in: Die deutsche Rechnungslegung und Wirtschaftsprüfung im Umbruch, Festschrift für Wilhelm Theodor Strobel zum 70. Geburtstag, München 2001, S. 175-199, hier S. 181ff.

Allerdings hat das IASB in seiner Sitzung im Mai 2002 anerkannt, dass es selbst bei Einhaltung dieses optimistischen Zeitplanes nicht realistisch ist, von den Versicherungsunternehmen ein Übergehen auf die Fair-Value-Bilanzierung bis zum Jahr 2005 zu verlangen. Das Projekt wurde daher in zwei Phasen aufgeteilt:

Phase I ist als Übergangsregelung ab 2005 anzuwenden. Für die Bilanzierung von Versicherungsgeschäften sollen die Unternehmen weitestgehend mit ihrer bisherigen Praxis fortfahren können. Eine Erhöhung der Vergleichbarkeit und Transparenz soll über Offenlegungspflichten, insbesondere in den Notes, herbeigeführt werden. Die Übergangsphase soll nur von kurzer Dauer sein. Möglichst zeitnah soll im Rahmen der Phase II ein Standard zur Bilanzierung und Bewertung von Versicherungsverträgen in der Bilanz vorgelegt werden, der ab 2007/2008 anzuwenden ist.

Eine Darstellung der Vorschläge für die Phasen I und II erfolgt in den Abschnitten 3 und 4. Die in Abschnitt 2 vorangehenden Ausführungen zum Anwendungsbereich betreffen gleichermaßen die Phasen I und II.

2. Anwendungsbereich

Das IASC hatte bereits in seinen Anfangsüberlegungen festgelegt, dass sich das Versicherungsprojekt in erster Linie mit Versicherungsverträgen als Bilanzierungsgegenstand und nicht mit sämtlichen Bilanzierungsfragen von Versicherungsunternehmen beschäftigen soll. Versicherungsunternehmen sollen alle Sachverhalte, die nicht direkt aus Rechten und Pflichten aus Versicherungsverträgen resultieren, wie jedes andere Unternehmen bilanzieren. Phase I und II finden gemäß den Beschlüssen des Boards im Oktober 2002 nur auf die folgendermaßen definierten Verträge Anwendung: „a contract under which one party (the insurer) accepts significant insurance risk by agreeing with another party (the policyholder) to compensate the policyholder or other beneficiary if a specified uncertain future event (the insured event) adversely affects the policyholder or other beneficiary"[6]. Die Definitionen von Versicherungsverträgen in bestehenden Standards, insbesondere IAS 39, IAS 38 und IAS 37, sollen dementsprechend angepasst werden. Diese Standards finden damit zwar auf Versicherungsunternehmen Anwendung, nicht jedoch auf die von ihnen abgeschlossenen Versicherungsverträge i.S.d. obigen Definition.

6 INTERNATIONAL ACCOUNTING STANDARDS BOARD, IASB Update Oktober 2002, London 2002, S. 3.

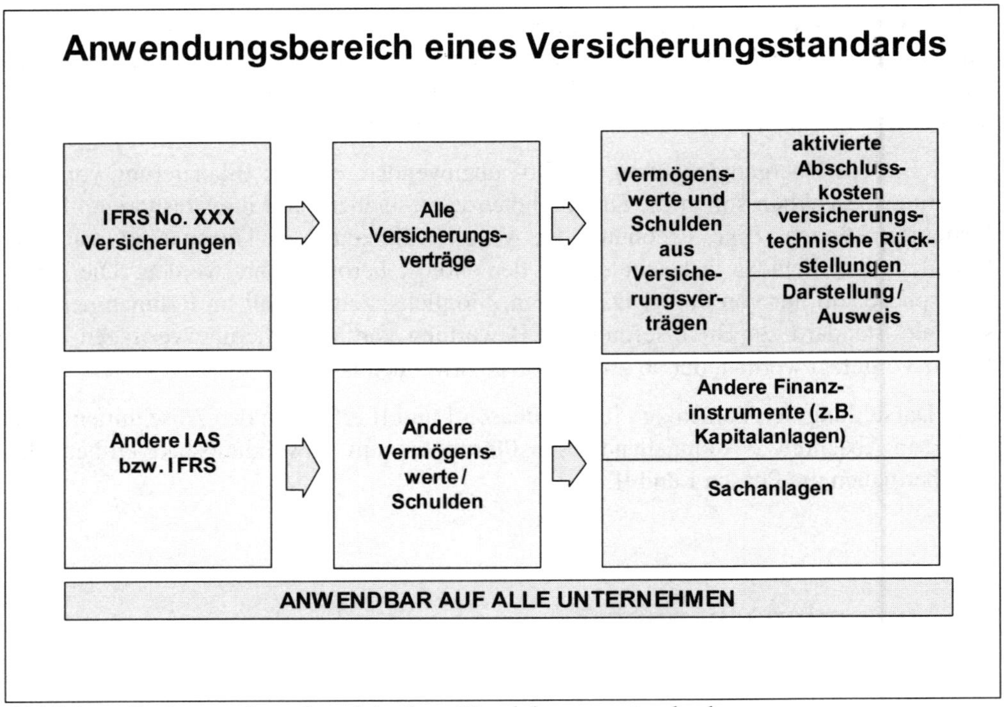

Abbildung 2: Anwendungsbereich eines Versicherungsstandards

Wesentlicher Bestandteil eines Versicherungsvertrages ist der Transfer von „Insurance Risk": „Insurance risk is significant if, and only if, there is a reasonable possibility that an event affecting the policyholder or other beneficiary will cause a significant change in the present value of the insurer's net cash flows arising from that contract"[7]. Mit der Bezugnahme auf eine Veränderung des „Present Values" deckt die Definition auch einen Transfer von Timing Risk ab. Insofern ist die Definition weitergehend als die US-amerikanische Umschreibung von Rückversicherungsverträgen, die nach FAS 113 als Versicherungsverträge zu bilanzieren sind. Diese Ausdehnung der Definition ist insofern unproblematisch, als aufgrund des sich abzeichnenden Erfordernisses einer Diskontierung von Schadenrückstellungen für die Erstversicherer kaum noch eine Motivation besteht, Loss-Portfolio-Transfers abzuschließen, bei denen ein Transfer von Timing Risk im Vordergrund steht und die bilanziell dieselben Auswirkungen wie eine Abzinsung von Rückstellungen herbeiführen sollen[8]. Bereits in Phase I soll dieser Effekt verhindert werden, da ein Versicherungsunternehmen die Bewertungsmethode für die versiche-

7 INTERNATIONAL ACCOUNTING STANDARDS BOARD, IASB Update Oktober 2002, London 2002, S. 3.

8 Vgl. im Einzelnen hierzu WORMSBÄCHER, E., Rückversicherung nach US-GAAP und SAP: Zahlungsströme aus Rückversicherungsverträgen im Sach-/Haftpflichtgeschäft, Abbildung im Jahresabschluss nach US-amerikanischem Recht, Karlsruhe 2001, S. 179ff.

rungstechnischen Rückstellungen nicht aufgrund des Abschlusses eines Rückversicherungsvertrages „ändern“ darf[9]. Wenngleich diese Zwecksetzung aus diesem Boardbeschluss nicht klar hervorgeht, ergibt er sich aus unveröffentlichten Unterlagen des IASB Staff. Empfehlungen zum Umfang von Insurance Risks, der erforderlich ist, um einen Vertrag als Versicherungsvertrag bilanzieren zu können,[11] werden bewusst nicht in quantitativer Form gegeben. Aufgrund unveröffentlichter Unterlagen ist davon auszugehen, dass praktisch jede positive Wahrscheinlichkeit, die im Versicherungsbereich vorkommt, z.B. auch bei Katastrophenrisiken, als „reasonable“ angesehen werden kann. Fraglich ist, wann eine Veränderung des Barwertes „significant“ ist. Da die hierzu bislang vorliegenden Erläuterungen noch unzureichend sind, bemüht sich die internationale Aktuarvereinigung (IAA) derzeit, andere qualitative Regeln für eine Signifikanz des Versicherungsrisikos zu entwickeln.

---

9 Vgl. INTERNATIONAL ACCOUNTING STANDARDS BOARD, IASB Update Oktober 2002, London 2002, S. 4.

3. Phase I

3.1 Zielsetzung

Für die Phase I sieht das Board folgenden Zeitplan vor: Veröffentlichung eines Exposure Drafts noch im ersten Halbjahr 2003. Der IFRS zu Phase I soll dann bis Mitte 2004 erlassen sein und kann erstmals auf die Jahre 2005 Anwendung finden.

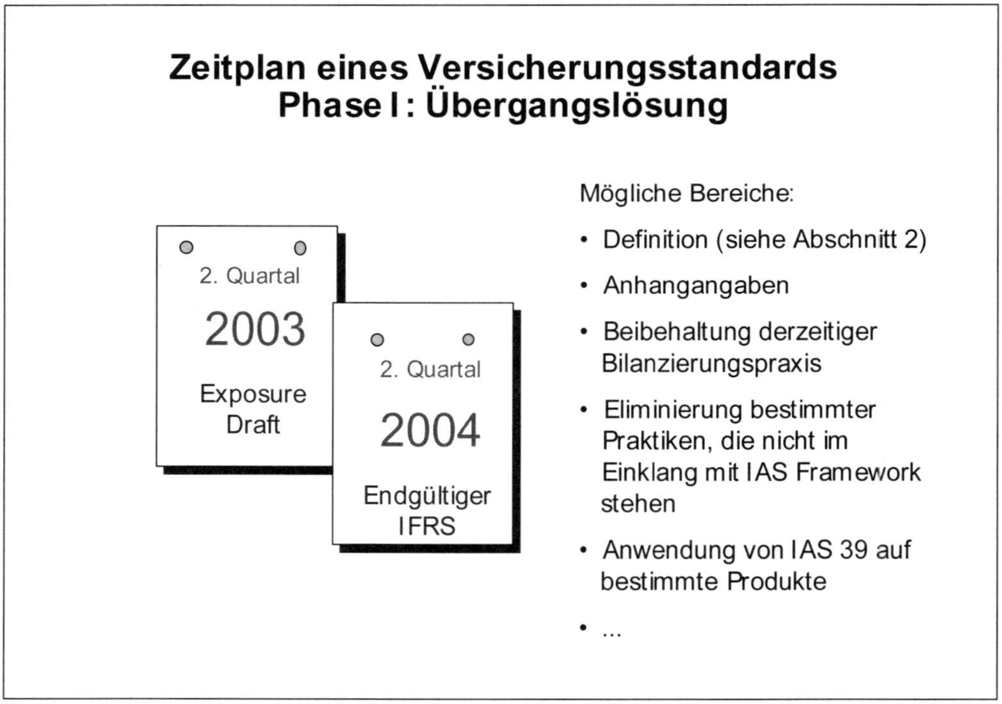

Abbildung 3: Zeitplan eines Versicherungsstandards Phase I

Ziel von Phase I ist es, bereits kurzfristig eine weitestgehende Erhöhung von Transparenz und Vergleichbarkeit über Angaben in den Notes zu erreichen. Hierzu lagen bei Drucklegung dieses Beitrages noch keine Beschlüsse vor. Zu erwarten ist, dass Angaben verlangt werden, die aus Versicherungsverträgen resultierende Vermögenswerte und

Schulden erläutern und die mit den bilanzierten Beträgen sowie erwarteten Zahlungsströmen verbundenen Unsicherheiten beschreiben. Beispielhaft seien Bilanzierungs- und Bewertungsmethoden, zugrundegelegte Annahmen, Abwicklungsdreiecke, Darstellung von Risikolage und –management aufgeführt. Angesichts der noch bestehenden Unklarheiten zur Ausgestaltung des Fair-Value-Ansatzes und der mit der Ermittlung eines beizulegenden Zeitwertes (Fair Values) verbundenen praktischen Probleme, wie Datenerhebungen und -erfassungen, scheint es nicht gerechtfertigt, bereits im Jahr 2005 die Angabe des Fair Values aus Versicherungsverträgen für die Notes zu verlangen. Schließlich werden für Angaben in den Notes keine geringeren Anforderungen an die Zuverlässigkeit gestellt werden können, als dies für die in die Bilanz aufgenommenen Werte der Fall ist. Ziel von Phase I ist es gerade, Unternehmen die Änderung oder Neuerstellung von Rechnungslegungsverfahren zu ersparen, bevor endgültige Vorgaben für die Phase II bestehen. Der Zwang, den noch nicht ausreichend beschriebenen Fair Value eines Versicherungsvertrages zwar nicht in der Bilanz, aber dafür in den Notes anzugeben, würde dieses Ziel konterkarieren. Die diesbezüglichen Beschlüsse des IASB bleiben jedoch abzuwarten.

3.2 Ansatz und Bewertung

Für den Ansatz und die Bewertung von Vermögenswerten und Schulden, die aus Versicherungsverträgen im oben definierten Sinne resultieren, sieht das Board in Phase I grundsätzlich eine Fortführung der zuletzt angewandten Bilanzierungspraxis vor[10]; Änderungen sind nur zulässig, wenn diese Verbesserungen darstellen. Diesem Ansatz liegt der Gedanke zugrunde, den Versicherungsunternehmen eine zweimalige Umstellung (für das Jahr 2005 zu einer Übergangslösung und später zu einem umfänglichen Fair-Value-Standard) zu ersparen. Allerdings sind solche Praktiken, die offensichtlich nicht im Einklang mit dem Rahmenkonzept des IASB stehen, zu eliminieren. Bislang wurden lediglich die Schwankungs- und Großrisikenrückstellung als eliminierungspflichtige Sachverhalte identifiziert. Damit entfällt für die Versicherungsunternehmen ein wesentliches Instrumentarium zur Abbildung des Risikoausgleiches in der Zeit.

Nach der oben beschriebenen Definition von Versicherungsverträgen werden bereits in der Übergangsphase gewisse Verträge, die nach nationalen Vorschriften als Versicherungsgeschäfte akzeptiert werden, unter den Standard für Finanzinstrumente fallen. Häufig sehen solche Verträge eine ganz oder teilweise im Ermessen des Managements liegende Beteiligung der Versicherungsnehmer an Überschüssen vor. Die Bilanzierung von solchen Gewinnbeteiligungen von Versicherungsnehmern bzw. Fremdkapitalgebern ist in IAS 39 nicht geregelt. Auch das Steering Committee des IASB hat im Rahmen des DSOP hierzu letztendlich keine Vorschläge vorgelegt. Dem IASB ist die Komplexität

---

[10] Vgl. INTERNATIONAL ACCOUNTING STANDARDS BOARD, IASB Update Oktober 2002, London 2002, S. 4.

der mit derartigen Vertragsgestaltungen verbundenen bilanziellen Fragestellungen klar. Es beabsichtigt daher, derartige Verträge, unabhängig davon, ob sie von Versicherungsunternehmen oder anderen Unternehmen abgeschlossen werden, während der Phase I von der Anwendung von IAS 39 auszunehmen und die bilanzielle Behandlung der Gewinnbeteiligungen im Rahmen der Phase II zu regeln[11]. Es ist noch nicht klar, wie das IASB die vorzeitige Passivierung zukünftiger willkürlicher Übernahmen von Verpflichtungen unter dem IAS-Framework rechtfertigen will. Für ebenfalls in IAS 39 nicht geregelte verbindliche erfolgsabhängige Überschussbeteiligungen sieht das IASB bislang noch keine Sonderregeln vor, insbesondere nicht für den Ausweis von Versicherungsnehmeranteilen an Periodenverschiebungen zwischen IAS und der Basis der Überschussbeteiligung, HGB (sog. „Ansprüche auf und Rückstellungen für latente Beitragsrückerstattungen").

Dasselbe gilt für solche Verträge, die mit Vertragsverlängerungsklauseln oder unbeschränkten Beitragsfreistellungsrechten versehen sind. Auch diese Fragestellungen soll in Phase II aufgegriffen und noch einer umfänglichen Lösung sowohl für Versicherungsverträge als auch für Finanzinstrumente zugeführt werden.

3.3 „Unbundling"

Bereits nach IAS 39 sind in Versicherungsverträgen eingebettete Finanzderivate („embedded derivatives") von der Versicherungskomponente zu trennen und gesondert zu bilanzieren, wenn sie die folgenden Voraussetzungen erfüllen[12]:

- die derivative Finanzkomponente beinhaltet Charakteristika und Risiken, die nicht in engem Zusammenhang mit den Charakteristika und Risiken des zugrundeliegenden Versicherungsvertrags stehen (insbesondere enthält das Finanzderivat kein versicherungstechnisches Risiko),
- ein eigenständiges Finanzinstrument mit ähnlichen Merkmalen würde die Definition eines derivativen Finanzinstruments erfüllen, und
- die Gesellschaft bewertet den kombinierten Vertrag nicht mit dem Fair Value und berücksichtigt Wertänderungen des Fair Values in der Erfolgsrechnung.

Die entscheidende Frage wird sein, ob ein enger Zusammenhang zwischen den Charakteristika und Risiken der derivativen Finanzkomponente mit denen des zugrundeliegenden Versicherungsvertrages steht. Interpretationen hierzu sehen folgendes vor[13]:

---

11 Vgl. INTERNATIONAL ACCOUNTING STANDARDS BOARD, IASB Update Januar 2003, London 2003, S. 4.

12 Vgl. zu den Bilanzierungskriterien für eingebettete Finanzderivate nach IAS 39.23 Abschnitt 2.5.1 in dem Beitrag „Ansatz und Bewertung von Financial Instruments".

13 Vgl. IASB Project Summary Insurance Contracts (Phase I), S. 6f.

- zwischen einem eingebetteten „Floor“ auf den Zinssatz eines Versicherungsvertrages – z.B. aufgrund einer vertraglichen Zinsgarantie – und diesem Versicherungsvertrag besteht ein enger Zusammenhang, sofern zum Zeitpunkt des Abschlusses des Versicherungsvertrages der „Floor“, d.h. die Mindestgarantie, höchstens den Marktzins erreicht,
- in einen Versicherungsvertrag eingebettete aktienindexgebundene Zins- oder Kapitalzahlungen, bei denen die Höhe der Zahlungen an den Wert der Aktientitel gekoppelt ist, stehen nicht in engem Zusammenhang mit dem Versicherungsvertrag,
- in einen Versicherungsvertrag eingebettete „Calls“, „Puts“ oder „Prepayment“-Optionen stehen nur dann in einem engen Zusammenhang mit dem Versicherungsvertrag, wenn der Ausübungspreis der Optionen zu jedem Ausübungsdatum annäherungsweise dem (Rest-)Buchwert des Versicherungsvertrages entspricht. Viele dieser Optionen werden jedoch schon gar nicht unter die Definition eines Derivates nach IAS 39 fallen, so dass eine getrennte Bilanzierung nicht erforderlich sein wird.

Damit sollte sich – zumindest in Bezug auf deutsche Versicherungsprodukte – keine Notwendigkeit ergeben, eingebettete Derivate gesondert zu bilanzieren. Sie sind jedoch zu berücksichtigen bei der Untersuchung, ob aus einem Versicherungsvertrag ein Verlust droht, der auf jeden Fall sofort zu bilanzieren ist („Premium deficiency“ oder „Loss recognition test“). Zur endgültigen Feststellung der Notwendigkeit einer Zerlegung sind die endgültigen Anwendungsbeispiele und -leitlinien im Zusammenhang mit dem Exposure Draft abzuwarten. Sollten sich die Vorschläge zur Fair-Value-Bilanzierung in Phase II durchsetzen, ist gemäß den o.g. Voraussetzungen eine Zerlegung und getrennte Bilanzierung nicht mehr erforderlich.

Eine getrennte Bilanzierung ist für Phase II nach dem DSOP auch nicht für solche kombinierten Verträge vorgesehen, die sowohl eine Versicherungskomponente als auch eine Investmentkomponente beinhalten. Für den gesamten Vertrag ist eine umfängliche Fair-Value-Bilanzierung vorgesehen. Da für Phase I eine Fair-Value-Bilanzierung von Versicherungsverträgen nicht vorgesehen ist, hat das Board im November 2002 beschlossen, dass Versicherungsverträge, die sowohl eine Versicherungskomponente als auch eine Investmentkomponente enthalten, in ihre Einzelkomponenten zerlegt und diese getrennt voneinander bilanziert werden sollen. Die Versicherungskomponente ist demnach wie ein Versicherungsvertrag zu bilanzieren, während die Investmentkomponente wie eine finanzielle Verpflichtung oder ein Vermögensgegenstand nach IAS 39 – falls angemessen, auch wie Fondsvermögen – zu behandeln ist[14]. Voraussetzung für die Zerlegung in Versicherungs- und Investmentkomponente und deren getrennte bilanzielle Berücksichtigung ist allerdings, dass die Cash Flows der Versicherungskomponente die der Investmentkomponente nicht beeinflussen. Aus nicht veröffentlichten Papieren der Mitarbeiter

---

14 Dies impliziert, dass erhaltene Prämien, die auf die Investmentkomponente entfallen, nicht als Erträge in der Erfolgsrechnung erfasst werden dürfen. Vgl. hierzu INTERNATIONAL ACCOUNTING STANDARDS BOARD, IASB Update November 2002, London 2002, S. 6.

beim IASB geht hervor, dass hiermit lediglich die Zerlegung solcher Produkte verlangt werden soll, die von der Form her einen einheitlichen Versicherungsvertrag darstellen, aber von der Substanz her eindeutig eine Kombination von ansonsten unabhängigen Bestandteilen sind. Auch hierzu werden Interpretationshilfen im Exposure Draft zur Phase I erwartet.

4. Phase II

4.1 Bewertungseinheiten

Aufgrund der Beschränkung des Anwendungsbereiches auf Versicherungs*verträge* statt Versicherungsunternehmen, war zu befürchten, dass wesentliche Charakteristika des Versicherungsgeschäftes nicht abgebildet werden können. Zwar wird bei den IAS grundsätzlich auch von einer Bilanzierung von „Sachverhalt für Sachverhalt“ bzw. Einzelbewertung ausgegangen; das DSOP verkennt jedoch nicht, dass das Risikoausgleichskollektiv eine wesentliche Grundlage für die Verfahrenstechnik im Risikogeschäft bildet und dementsprechend eine Zusammenfassung von einzelnen Schadenverteilungen zu Portefeuilles für Zwecke des Managements erfolgt. Demzufolge wird vorgeschlagen, dass für die Bilanzierung nicht individuelle Versicherungsverträge isoliert zu betrachten sind, sondern Portefeuilles mit homogenen Risiken das Abbildungsobjekt bilden. Insbesondere die Annahmen bei der Bewertung sind unter Berücksichtigung des Portefeuilles als Durchschnittswerte zu wählen und nicht im Sinne einer strengen Einzelbewertung.

Das Zugrundelegen von Portefeuilles zur Bilanzierung bedeutet keine Bestandsbewertung wie sie im Rahmen von Gesamt- oder Teilbestandsübertragungen oder gar Unternehmensübernahmen erfolgt. Es geht lediglich um die Bilanzierung der aus den derzeit im Bestand befindlichen Versicherungsverträgen resultierenden Vermögenswerte und Schulden. Eine Bilanzierung von Vermögenswerten ist nur soweit zulässig, als das Unternehmen hierüber eine Verfügungsmacht inne hat, das heißt, es den Zugriff Dritter auf den wirtschaftlichen Nutzen beschränken kann[15]. Bei einjährigen Versicherungsverträgen in der Schaden- und Unfallversicherung kann es das Versicherungsunternehmen nicht ausschließen, dass die Versicherungsnehmer nach Ablauf der Vertragslaufzeit den Vertrag nicht verlängern bzw. kündigen. Das bedeutet, dass abweichend von einer angenommenen wirtschaftlichen Laufzeit der Versicherungsverträge, beispielsweise aufgrund der Erfahrungen in der Vergangenheit, lediglich die Vermögenswerte und Schulden be-

---

15 Vgl. IAS 38, Tz. 13.

rücksichtigt werden können, die im Rahmen der rechtlichen Laufzeit entstehen (sogenannter „geschlossener Versicherungsbestand“). Zukünftige Vertragsverlängerungen – gleichwertig ob automatisch oder explizit – sowie Neugeschäft, etwa aus Cross-Selling-Potenzial, stellen Kundenpotenziale dar, die auch bei Unternehmen anderer Branchen keine Berücksichtigung in der Bilanz finden[16].

Auf eine Unterscheidung zwischen Lebens- und Nichtlebensversicherung verzichtet der DSOP. Entscheidend ist nicht die Art des dem Vertrag zugrundeliegenden Risikos, sondern über welche Vermögensgegenstände das bilanzierende Unternehmen aufgrund des Vertrages eine Verfügungsmacht („control“) inne hat.

Bei Mehrjahresverträgen, bei denen der Versicherungsnehmer kein vorzeitiges Kündigungsrecht hat, bedeutet das, dass auch auf die künftigen Prämien ein Anspruch entsteht, der als Vermögenswert zu aktivieren ist. Dem steht der Erwartungswert der Zahlungen aus während der Laufzeit eintretenden Schäden und Betriebskosten gegenüber, die insbesondere in ihrer Höhe von der Fortzahlung der Prämien abhängen. Dasselbe gilt, wenn der Versicherungsnehmer ein Kündigungsrecht hat, aber davon ausgegangen werden kann, dass er davon keinen Gebrauch macht, weil er sich damit zukünftiger wirtschaftlicher Vorteile selbst beraubt. Damit werden auch solche Verträge erfasst, die zwar formal eine begrenzte Laufzeit haben, bei denen der Versicherer aber den Versicherungsnehmern eine Zusage gegeben hat, trotz gestiegenen Risikos die Prämie konstant zu halten; bei einem Neuabschluss müsste der Versicherungsnehmer eine höhere Prämie entrichten[17]. Das ist in Deutschland bei einem Großteil der privaten Krankenversicherungen der Fall, die nach Art der Lebensversicherung betrieben wird.

In der Frage der Berücksichtigung von Vertragsverlängerung bzw. Neugeschäft werden sich externes und internes Rechnungswesen unterscheiden. Letzteres wird regelmäßig auf wirtschaftliche Laufzeiten der Versicherungsverträge abstellen. Angesichts der auch für andere Zweige unzulässigen Berücksichtigung von Kundenbeziehungen besteht jedoch hier für das Board nur wenig Spielraum für eine Annäherung. Kundenbeziehungen werden regelmäßig den wesentlichen Teil des originären Firmenwertes eines Versicherungsunternehmens darstellen. Demzufolge würde ihre Berücksichtigung zusammen mit einer Fair-Value-Bilanzierung von Vermögenswerten und Schulden dazu führen, dass das bilanzielle Eigenkapital weitestgehend dem Unternehmenswert entspricht. Soweit zu gehen bedeutet, nicht nur in Einzelaspekten, wie der Gewinnrealisierung und der Fair-Value-Bilanzierung bestimmter Vermögenswerte und Schulden, sondern vom gesamten Charakter des Jahresabschlusses her, die Versicherungswirtschaft von Unternehmen anderer Branchen zu isolieren.

---

[16] Vgl. IAS 38, Tz. 16.

[17] Siehe dazu auch INTERNATIONAL ACCOUNTING STANDARDS BOARD, IASB Update Januar 2003, London 2003, S. 4.

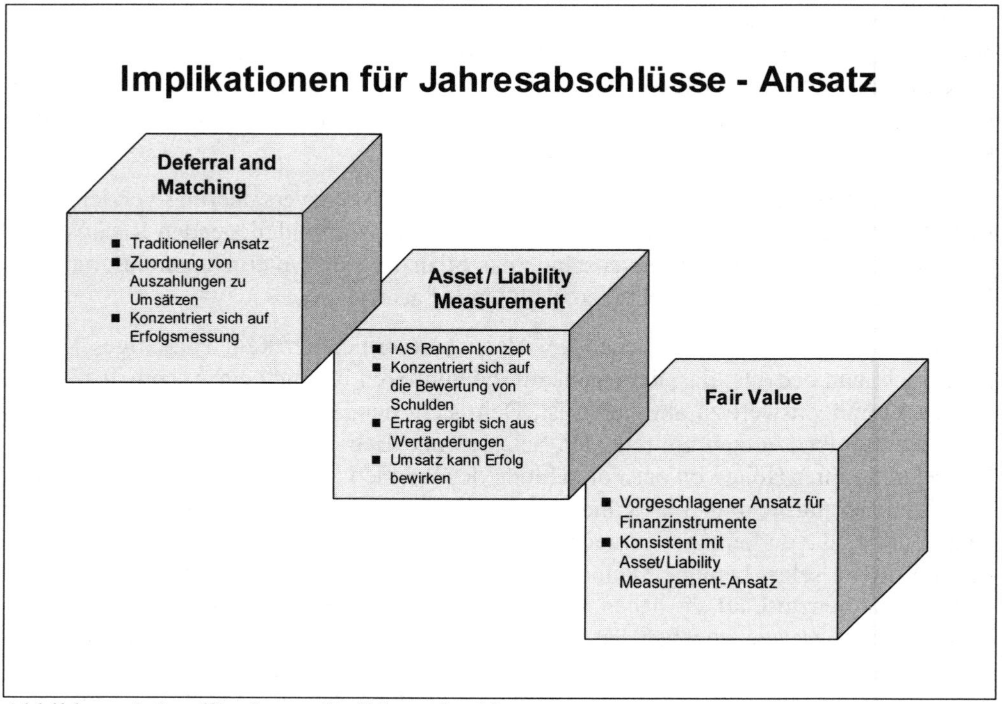

Abbildung 4: Implikationen für Jahresabschlüsse

4.2 Bilanzierungsmodelle

Das Board geht in seinen Betrachtungen von einem Asset-and-Liability-Measurement-Modell aus[18]. Danach dürfen nur Vermögenswerte und Schulden in die Bilanz aufgenommen werden, welche die diesbezüglichen Definitionen des IAS Rahmenwerks erfüllen. Der Jahreserfolg ergibt sich folglich als Differenz der Vermögenswerte und Schulden zwischen dem Beginn und dem Ende der Rechnungsperiode. Dieses Modell entspricht statischer Bilanzauffassung.

Demgegenüber steht das Deferral-and-Matching-Modell. Das Ziel der Rechnungslegung nach diesem Modell besteht in der periodengerechten Zuordnung von Ausgaben zu den korrespondierenden Einnahmen. Zusätzlich zu Vermögenswerten und Schulden ist gegebenenfalls die Aufnahme von Rechnungsabgrenzungsposten in die Bilanz notwendig, um beispielsweise noch nicht verdiente Prämieneinnahmen in die Folgeperiode zu übertragen. Abschlusskosten werden aktiviert und über die Laufzeit verteilt, um sie periodisch den entsprechenden Prämieneinnahmen zuzuordnen. Im Vordergrund steht hier der

---

18 Vgl. INTERNATIONAL ACCOUNTING STANDARDS BOARD, IASB Update Januar 2003, London 2003, S. 4.

zutreffende periodengerechte Gewinnausweis. Dieses Modell entspricht dynamischer Bilanzauffassung und liegt derzeit der Rechnungslegung von Versicherungsunternehmen in den meisten Ländern wie auch den US-GAAP zugrunde. Allerdings gibt es kein Land, in dem dieser Ansatz in Reinform umgesetzt ist.

Da nach dem Asset-and-Liability-Measurement-Modell die periodengerechte Erfolgsermittlung nicht die primäre Zielsetzung ist, wird es aber je nach Ansatz in Kauf genommen, dass Gewinne bereits mit Abschluss des Versicherungsvertrags bzw. zu Beginn der Versicherungsperiode ausgewiesen werden. Die so gegebene (ungewöhnliche) Möglichkeit, Gewinne aus einem Versicherungsvertrag auf den Zeitpunkt des Vertragsabschlusses vorzuziehen, steht im Widerspruch zur Langfristigkeit und Zeitraumbezogenheit des Versicherungsgeschäftes sowie zu entsprechenden Rechnungslegungsstandards anderer Branchen, beispielsweise für die (langfristige) Auftragsfertigung.

Weitere Konsequenzen aus der Anwendung des Asset-and-Liability-Measurement-Modells sind nach Auffassung des Steering Committees:

- Kosten für den Abschluss von Versicherungsverträgen führen per se nicht zu einem aktivierungsfähigen Vermögenswert und sind sofort als Aufwand in der Gewinn- und Verlustrechnung zu erfassen,
- es besteht nur insoweit eine Schuld, als seitens des Versicherungsunternehmens aufgrund der zukünftigen Leistungsverpflichtung und dem zukünftigen Prämienanspruch ein Erfüllungsrückstand am Bilanzstichtag besteht (prospektiver Ansatz identisch zu dem Ansatz in § 341f HGB, allerdings hier ohne einschränkendes Realisationsprinzip). Da den in den zukünftigen Prämieneinnahmen enthaltenen Gewinnmargen und Deckungsbeiträgen für Abschlusskosten keine Schuld aus Erfüllungsrückstand gegenübersteht, kommt es insoweit bei zumindest auskömmlichen Prämien zu einer negativen „Schuld“, also einer erfolgswirksamen Forderung beim Abschluss des Vertrages, wobei die erfolgsmäßig verausgabten Abschlusskosten durch die vereinnahmten Deckungsbeiträge in den Prämien zumindest in dem Umfang kompensiert werden, wie dies durch eine Aktivierung von Abschlusskosten möglich wäre (eine solche Aktivierung ist stets nur bis zur Höhe verfügbarer Margen zulässig),
- die versicherungstechnischen Verpflichtungen aus dem Lebens- und Nichtlebensgeschäft sind abzuzinsen, um die je nach Fälligkeit zukünftiger Zahlungen unterschiedliche wirtschaftliche Belastung abzubilden. Das entspricht dem allgemeinen Standard zu Rückstellungen, IAS 37,
- bei der Bewertung versicherungstechnischer Rückstellungen sind Risikozuschläge vorzunehmen. Sie sollen die Zuschläge reflektieren, die ein Marktteilnehmer in einer „at-arms-length“-Transaktion für die Übernahme der mit den zukünftigen Zahlungen verbundenen Unsicherheit verlangen würde,

- Großrisiken- oder Schwankungsrückstellungen für Schäden aus zukünftigen Verträgen dürfen nicht angesetzt werden, da sie nach mehrheitlicher Meinung des Steering Committees nicht das Kriterium einer Schuld nach dem IAS Rahmenwerk erfüllen („gegenwärtige Verpflichtung aus vergangenen Ereignissen").

Insbesondere die Konsistenz mit dem IAS Rahmenwerk und anderen jüngeren Standards sprechen für den vom Steering Committee favorisierten Asset-and-Liability-Measurement-Ansatz. Ob ein solcher Ansatz dem Jahresabschlussadressaten vergleichsweise nützlichere Informationen über die Lage eines Versicherungsunternehmens vermittelt, ist angesichts der Langfristigkeit und Zeitraumbezogenheit des Versicherungsgeschäftes noch zu belegen. Die Befürworter des Asset-and-Liability-Measurement-Modells sehen einen Vorteil darin, dass die Bewertung der Verpflichtungen nach diesem Modell die der Prämie entsprechende Situation widerspiegelt. Der im Jahresabschluss ausgewiesene Gewinn entspräche dann aber einem kalkulatorischen, nicht jedoch einem periodischen oder realisierten Gewinn.

Auch beim Asset-and-Liability-Measurement-Modell kann im Ergebnis ein periodengerechter Gewinnausweis erfolgen. Nur werden hier nicht die Ausgaben und Einnahmen als ganzes durch Aktivierung oder Passivierung anderen Perioden zugeordnet und damit die Bilanz deutlich aufgebläht, sondern es werden nur die Margen in den Bilanzposten durch entsprechende Erhöhungen und Auflösungen den Perioden der Verursachung zugeteilt. Wann Gewinn ausgewiesen wird, hängt davon ab, wie die Gewinnrealisierung bei einem Versicherungsvertrag definiert wird. Eine besondere Ausprägung des Asset-and-Liability-Measurement-Ansatzes stellt die Fair-Value-Bilanzierung dar.

4.3 Fair-Value-Bilanzierung

In den bislang vorgelegten Beiträgen des Steering Committee und vom Board bestätigt[19] wurde ein Ansatz, nach dem die Vermögenswerte und Schulden aus Versicherungsverträgen mit ihrem Fair Value bewertet werden sollen[20]. In den IAS ist der Fair Value definiert als der Betrag, zu dem zwischen sachverständigen, vertragswilligen und voneinander unabhängigen Geschäftspartnern ein Vermögenswert getauscht oder eine Schuld beglichen werden könnte.

Aus der Fair-Value-Bewertung ergibt sich, dass bei profitablen Geschäften, bei denen der Erwartungswert der künftigen Leistungen und Kosten kleiner ist als die zu ihrer Deckung erhaltenen Prämien, die kalkulatorisch verbleibenden Margen in der Rechnungsperiode als Gewinn ausgewiesen werden, in der der Versicherungsvertrag abge-

19 Vgl. INTERNATIONAL ACCOUNTING STANDARDS BOARD, IASB Update Januar 2003, London 2003, S. 4.

20 Vgl. zur Bewertung mit dem Fair Value Abschnitt 2.3.1 in dem Beitrag „Ansatz und Bewertung von Financial Instruments".

schlossen wurde. Bei mehrjährigen Versicherungsverträgen, insbesondere in der Lebensversicherung, werden damit die erwarteten Margen sowie die in den Prämien enthaltenen Deckungsbeiträge der anfänglichen Abschlusskosten, für die gesamte Laufzeit antizipiert. Eine Aktivierung bzw. Abgrenzung von Abschlusskosten ist mit diesem Ansatz nicht vereinbar und auch nicht erforderlich. Über das Vorziehen von zukünftigen kalkulatorischen Margen aus Verträgen mit einer Laufzeit von mehreren Jahrzehnten entstehen Hebelwirkungen, die zusammen mit der Subjektivität mangels Marktpreisen diesen Ansatz unakzeptabel machen.

Aus der Zufälligkeit der Versicherungsleistungen resultiert eine Unsicherheit über zukünftige Zahlungsströme. Für die Fair-Value-Bilanzierung bedeutet das, dass zu berücksichtigen ist, was ein derzeit die Verpflichtung noch innehabendes Unternehmen über den Erwartungswert der Zahlungen hinausgehend an einen Dritten bezahlen müsste, um sich dem Risiko der Zahlungen aus den unsicheren Verpflichtung zu entledigen. Die Höhe der gesetzten Sicherheitszuschläge bestimmt maßgeblich den zum Zeitpunkt des Vertragsabschlusses ausgewiesenen Gewinn.

Das IAS Rahmenkonzept beinhaltet ein Vorsichtsprinzip, wonach bei der Ermessensausübung ein gewisses Maß an Sorgfalt einzubeziehen ist, so dass Schulden oder die Erwartung bezüglich zukünftiger Aufwendungen zwar nicht zu hoch, aber stets auf der sicheren Seite angesetzt werden. Bei der Fair-Value-Bilanzierung geht es nicht um eine vom Gläubigerschutz motivierte „vorsichtige“ Bilanzierung, sondern um eine Nachstellung dessen, was zwischen sachverständigen, vertragswilligen und von einander unabhängigen Parteien beim Austausch eines Vermögenswertes oder einer Schuld als Preis vereinbart würde.

Mangels aktiver Märkte müssen Annahmen über die Höhe der am fiktiven Markt geforderten Sicherheitszuschläge getroffen werden, die die Subjektivität der Wertansätze zusätzlich erhöhen. Einschließlich der erforderlichen Vorsicht, auf der sicheren Seite liegen zu müssen, ergibt sich damit die ganz wesentliche Frage, ob wirklich Teile der Margen vorab schon als Gewinne angesehen werden können.

Das Board hat zwischenzeitlich erkannt, dass ein vorgezogener Gewinnausweis aus Versicherungsverträgen einer Vergleichbarkeit der Versicherer untereinander, aber auch zu anderen schwebenden Geschäften, entgegensteht und den Bilanzierenden unakzeptable Möglichkeiten zum „Earnings Management“ bietet. In seiner Sitzung am 23. Januar d.J. hat das Board zwar beschlossen, grundsätzlich den Fair-Value-Ansatz weiter zu verfolgen; jedoch mit einer Modifikation, die ein Vorziehen des Gewinnausweises weitestgehend unmöglich macht: Die aus dem Abschluss eines Vertrages resultierenden Verpflichtungen sollen, soweit kein Beweis aufgrund der tatsächlich verfügbaren Daten für einen niedrigeren Wert vorliegt, mindestens mit dem Wert der bei ihrer Übernahme erhaltenen Gegenleistung, also der (gesamten) Prämien abzüglich der Abschlusskosten, bewertet werden[21]. Beim Abschluss kann daher maximal ein Aktivum mit dem Betrag angesetzt werden, der zum Abschluss des Vertrages aufgewendet wurde (Abschlusskosten). An die Stelle eines nicht durch Markdaten nachweisbaren „Exit Value" tritt damit ein sogenannter „Entry Value"[22]. Derzeit noch unklar und zu diskutieren ist, wie über die Folgebilanzierung eine sachgerechte Vereinnahmung der in den Beiträgen enthaltenen Margen hergestellt werden kann, wie also der Begriff der Realisierung hier zu füllen ist.

4.4 Diskontierungssatz

Es ist unumstritten, dass den Kaufmann eine Auszahlung in ferner Zukunft weniger belastet als eine sofortige Auszahlung oder eine solche in naher Zukunft. Es ist nur schwierig zu argumentieren, warum dieser Effekt in einer Bilanz, die weder die Ermittlung eines ausschüttungsfähigen Gewinns noch – dem Asset-and-Liability-Measurement-Ansatz folgend – die periodengerechte Erfolgsvermittlung zum Zweck hat, keinenNiederschlag finden soll. Nach dem DSOP und ersten Beschlüssen des Board[23] soll der Diskontierungssatz unabhängig von der jeweiligen Verzinsung der die Rückstellungen bedeckenden Kapitalanlagen sein; eine Diskontierung soll mit risikofreien Marktzinssätzen erfolgen.

Hintergrund ist wieder der Fair-Value-Gedanke: Welchen Zinssatz würde ein sachverständiger, unabhängiger, potenzieller Geschäftspartner bei der Diskontierung künftiger Auszahlungen ansetzen? Er wäre unabhängig von den erwarteten Kapitalanlageergebnissen des bilanzierenden Versicherungsunternehmens. Dementsprechend sieht auch IAS 37 (Rückstellungen) – der ebenfalls als Fair-Value-Standard angesehen werden kann – vor, dass der Diskontierungssatz die aktuellen Markterwartungen im Hinblick auf den Zinseffekt widerspiegeln soll[24].

Zu beachten ist in diesem Zusammenhang, dass nach den vorliegenden Vorschlägen sämtliche Wertänderungen, darunter auch solche, die aus geänderten Marktzinssätzen resultieren, in der Erfolgsrechnung erfasst werden sollen. Dadurch wird die Volatilität der Ergebnisse signifikant erhöht. Die Versicherungsunternehmen fühlen sich hier berechtigterweise benachteiligt gegenüber Unternehmen anderer Branchen, die weiterhin ihre wesentlichen Bilanzpositionen nach dem Anschaffungskostenprinzip bewerten dürfen.

---

21 Vgl. INTERNATIONAL ACCOUNTING STANDARDS BOARD, IASB Update Januar 2003, London 2003, S. 4.

22 Zur konzeptionellen und praktischen Begründung dieses Ansatzes siehe ELLENBÜRGER, F./HORBACH, L./KÖLSCHBACH, J., in: Rechnungslegung von Versicherungsunternehmen, Festschrift zum 70. Geburtstag von Dr. Horst Richter, Düsseldorf 2001, S. 43-87, hier: S. 54.

23 Vgl. INTERNATIONAL ACCOUNTING STANDARDS BOARD, IASB Update Januar 2003, London 2003, S. 4.

24 Vgl. IAS 37, Tz. 47.

Eine umfängliche Fair-Value-Bilanzierung in den Versicherungsbilanzen offenbart ein eventuelles Mismatching zwischen den versicherungstechnischen Rückstellungen und den sie bedeckenden Kapitalanlagen sowie die Notwendigkeit eines Asset-Liability-Managements. Der Ansatz dürfte allerdings auch zu Veränderungen in der Produktgestaltung, insbesondere den Gewinnbeteiligungsmodalitäten, führen. Zu erwarten ist eine Tendenz zu einer stärkeren Betonung von Schlussgewinnbeteiligungen und fonds- bzw. indexgebundenen Vertragsgestaltungen zu Lasten einer laufenden Gewinnbeteiligung; ein Effekt wie man ihn in anderen Ländern mit umfänglicher Fair-Value-Bilanzierung, z.B. im Vereinigten Königreich und Skandinavien, findet.

Eine Erfassung bereits unrealisierter Wertänderungen in der Erfolgsrechnung bedeutet gleichzeitig auch, dass die Residualgröße nicht für eine Ausschüttungs- oder Steuerbemessungsfunktion geeignet ist. Die Herausforderung besteht in einer sachgerechten Untergliederung der gesamten Erfolgsrechnung im Rahmen des „Performance Reporting", um auch für Steuerungs- und Ausschüttungsbemessungszwecke weiterhin auf einem einheitlichen Rechnungslegungswerk aufsetzen zu können.

5. Fazit

Die Versicherungswirtschaft, aber auch die deutschen Wirtschaftsprüfer und Aktuare stehen einer Fair-Value-Bilanzierung von Versicherungsverträgen für Zwecke der externen Rechnungslegung aus guten Gründen kritisch gegenüber[25]. Festzustellen ist allerdings auch, dass ein derartiger Ansatz eine Annäherung an eine ökonomische Kapitaldefinition bedeutet[26]. Den Versicherungsunternehmen bietet sich damit die Chance, für Zwecke der externen Rechnungslegung einerseits und Kapital- und Risikomanagement andererseits, auf ein einheitliches Zahlenwerk zurückzugreifen. Sollte zudem für Solvabilitätszwecke künftig den Unternehmen die Möglichkeit gegeben werden, auf interne Risikomodelle zurückzugreifen oder einen risikokapitalbasierten Standardansatz anzuwenden, wie derzeit unter dem Stichwort „Solvency II" diskutiert, ließen sich hiermit zugleich aufsichtsrechtliche Zwecke erfüllen. Bis dass der Fair-Value-Ansatz eine hierzu erforderliche Reife erlangt hat, bedarf es jedoch einer umfangreichen und qualifizierten Diskussion der zuvor genannten Probleme. Es wäre fatal, wenn ein unausgereifter An-

---

25 Siehe stellvertretend PERLET, H., Zeitwertbilanzierung bei Versicherungsunternehmen, in: Rechnungslegung von Versicherungsunternehmen, Festschrift zum 70. Geburtstag von Dr. Horst Richter, Düsseldorf 2001, S. 285-305, hier S. 287ff.

26 Vgl. BASTING, A./ MEYER, L., Konvergenz von interner und externer Rechnungslegung, in: Rechnungslegung von Versicherungsunternehmen, Festschrift zum 70. Geburtstag von Dr. Horst Richter, Düsseldorf 2001, S. 1-15, hier S. 10f., S.1ff.; SWISS RE (Hrsg.): Management des Unternehmenswertes – So schaffen Versicherer Shareholder-Value, Zürich 2002, S. 5f.

satz den Versicherungsunternehmen oktroyiert würde mit der Konsequenz, dass der Jahresabschluss nicht zu einer den tatsächlichen Verhältnissen entsprechenden Vermittlung der Ertragslage der Versicherungsunternehmen führt und sich die Kapitalkosten, wie von der WestLB prognostiziert[27], erhöhen, statt – wie von einer auf Investorenbedürfnisse zugeschnittenen Rechnungslegung erwartet – vermindern. Die Versicherungsunternehmen sind gefordert, sich rechtzeitig ein Bild von den Auswirkungen zu verschaffen, um nicht von den Ergebnissen überrascht zu werden.

27 Vgl. ZIELKE, C., IAS: Versicherer werden zu Zyklikern, in VW 2002, S. 796-803, hier S. 801.

Rolf T. Müller

Pensionsverpflichtungen (und sonstige Leistungen)

1. Rechtsgrundlagen

Die Vorschriften zum Ausweis der Verpflichtung von Unternehmen, Mitgliedern der Geschäftsführung und/oder der Belegschaft sowie deren Hinterbliebenen, Pensionen und ähnliche Leistungen (Employee Benefits) zu gewähren, unterscheiden sich nach IAS von denen im deutschen Handelsrecht im Wesentlichen hinsichtlich der Bewertungsmethode sowie der Ermittlung und Darstellung des Aufwands und der Rückstellung. Bei der Wahl und dem Ansatz der Bewertungsparameter sind viele Gemeinsamkeiten festzustellen, wenn für den Vergleich statt der fiskalpolitisch begründeten Rechtsvorschriften in §6a EStG und R 41 EStR die in der Stellungnahme des Hauptfachausschusses des Instituts der Wirtschaftsprüfer - HFA 2/1988 - vom 14. Juni 1988[1] festgelegten Grundsätze für den Ausweis der Pensionsverpflichtungen im deutschen handelsrechtlichen Jahresabschluss herangezogen werden. Zur Bilanzierung von Pensionsverpflichtungen nach IAS ist IAS 19, Employee Benefits, relevant, der Gegenstand dieses Beitrages ist.

2. Von IAS 19 erfasste Leistungsarten

IAS 19 beschreibt generell die Darstellung von Leistungen des Unternehmens an Arbeitnehmer (Employee Benefits) im Jahresabschluss des Unternehmens. Ist im Falle rechtlich selbständiger Versorgungsträger (Trust, Pensionskasse, Pensionsfonds, Unterstützungskasse u.ä.) dieser selbst zu einem Abschluss nach IAS verpflichtet, so ist hier nicht IAS 19 sondern IAS 26, Accounting and Reporting by Retirement Benefit Plans, anzuwenden.

Im Einzelnen werden von IAS 19 beispielhaft folgende Leistungen des Unternehmens an Arbeitnehmer sowie deren Hinterbliebene erfasst:

- Short-term Benefits,

  Löhne, Gehälter, Sozialversicherungsbeiträge, Urlaubsgeld, Lohnfortzahlung im Krankheitsfall, Gewinnbeteiligungen, Boni (zahlbar innerhalb von 12 Monaten), so-

---

1 Vgl. HFA des IDW, Stellungnahmen HFA 2/1988: „Pensionsverpflichtungen im Jahresabschluß", WPg 1988, S. 403-405.

wie Fringe Benefits (medizinische Leistungen, Wohngelder, Dienstwagen, Preisnachlässe, Haustarife etc.) für Aktive,

- Post-employment Benefits,

  Pensions- und Versorgungspläne einschließlich im Versorgungsfall vorgesehener Überbrückungszahlungen (z.B. Gnadenquartal), Prämienzahlungen für Lebensversicherungen von Pensionären sowie medizinische Leistungen an Pensionäre, aber auch Zahlungen auf gesetzlicher oder tarifvertraglicher Basis bei Beendigung des Arbeitsverhältnisses (z.B. Abfertigungen in Österreich, Entlassungsentschädigungen in Italien), Versorgungsleistungen durch Entgeltumwandlung,

- other Long-term Employee Benefits,

  Jubiläumsleistungen (Geldleistungen und/oder Urlaub), Freistellungen für Forschungs-/Akademischen Urlaub (Sabbaticals), rein berufs- oder dienstjahresabhängige Bezügeerhöhungen (auch Treueprämien), Leistungen bei dauernder Berufsunfähigkeit, Gewinnbeteiligungen und Boni, die nach Ablauf von 12 Monaten nach dem Ende des Wirtschaftsjahres zahlbar sind, aufgeschobene Vergütung (deferred compensation),

- Termination Benefits,

  Leistungen im Zusammenhang mit der vorzeitigen Beendigung des Dienstverhältnisses, z.B. Sozialpläne, Vorruhestand, Altersteilzeit, Übergangsgelder,

- Equity Compensation Benefits,

  Leistungen in Form von Anteilen des Unternehmens bzw. seines Mutterunternehmens oder Leistungen, deren Wert vom zukünftigen Preis der Anteile am Unternehmen abhängt, z.B. Stock Option Pläne oder Belegschaftspläne.

Um den Rahmen dieses Beitrags nicht zu sprengen, wird im Folgenden nur auf die Post-employment Benefits und hier den Ausweis von Pensionsverpflichtungen im Jahresabschluss nach IAS eingegangen. Im Hinblick auf die komplexen Regelungen zur Bilanzierung von Altersteilzeitverpflichtungen sei auf die Stellungnahme des Hauptfachausschusses des Instituts der Wirtschaftsprüfer zur „Bilanzierung von Verpflichtungen aus Altersteilzeitregelungen nach IAS und nach handelsrechtlichen Vorschriften" - IDW RS HFA 3 - vom 18. November 1998[2] verwiesen.

2 Vgl. HFA des IDW, IDW-Stellungnahme zur Rechnungslegung: „Bilanzierung von Pensionsverpflichtungen aus Altersteilzeitregelungen nach IAS und nach handelsrechtlichen Vorschriften", WPg 1998, S. 1063-1065.

Abgrenzung zwischen Pensionsverpflichtungen und anderen langfristigen Verpflichtungen

- Pensionsverpflichtungen:
  Leistungen der Alters-, Invaliditäts- oder Hinterbliebenenversorgung aus Anlass des Arbeitsverhältnisses
- andere langfristige Verpflichtungen:
  Jubiläumsleistungen, Altersteilzeit, Übergangsgeld und ähnliche Verpflichtungen

3. Ursachen für höhere Pensionsrückstellungen nach IAS als nach HGB

Als Mitte der 90er Jahre die ersten deutschen Unternehmen (z.B. Hoechst, Schering, Merck, Bayer, Heidelberger Zement, Dyckerhoff, Deutsche Bank) ihre Rechnungslegung auf IAS umstellten und ihre Jahresabschlüsse veröffentlichten, waren viele Bilanzleser von den betragsmäßigen Unterschieden zum deutschen handelsrechtlichen Jahresabschluss bei einzelnen Positionen überrascht und betroffen: Die Pensionsrückstellungen stiegen um 10% bis 30%, in Einzelfällen auch noch deutlich höher. Die Schlagzeilen in der Presse lauteten seinerzeit: „Pensionsverpflichtungen in Deutschland unzureichend bilanziert!“ Oder gar: „Milliardenlöcher in deutschen Bilanzen!“. Diese Feststellungen ließen Zweifel am bislang geglaubten „vorsichtigen deutschen Kaufmann“ mit seinen vorsichtigen Bilanzierungsgrundsätzen aufkommen.

3.1 Realistische Bewertungsparameter als Hauptursache

Die meist deutlich höhere Pensionsrückstellung nach IAS hat im Wesentlichen zwei Ursachen:

- Nach IAS müssen auch künftige wahrscheinliche Erhöhungen der Pensionsansprüche sowohl in der Anwartschaftsphase (z.B. bei bezügeabhängigen Pensionszusagen) als auch in der Rentenphase (z.B. aufgrund der Anpassungsprüfungspflicht nach § 16 des Gesetzes zur Verbesserung der betrieblichen Altersversorgung, dem sogenannten Betriebsrentengesetz oder kurz BetrAVG) zwingend in die Bewertung eingehen.

  Nach der HFA-Stellungnahme 2/1988 wären diese im Jahresabschluss nach deutschen handelsrechtlichen Vorschriften grundsätzlich entsprechend zu berücksichtigen. Die meisten deutschen Unternehmen weisen in ihren Jahresabschlüssen jedoch nur die in der HFA-Stellungnahme zugelassene Mindestrückstellung in Höhe des in § 6a Abs. 3 EStG festgelegten steuerlichen Wertansatzes aus (umgekehrtes Maßgeblichkeitsprinzip). Dort dürfen aus fiskalpolitischen Gründen nur schriftlich rechtsverbindlich zugesagte Erhöhungen angesetzt werden.

- Die Höhe des im Jahresabschluss auszuweisenden Verpflichtungsumfangs wird ganz wesentlich vom berücksichtigten Rechnungszinsfuß bestimmt. Je niedriger der Rechnungszinsfuß ist, desto höher ist der im Jahresabschluss abzubildende Verpflichtungsumfang. Als ungefähre Annäherung bewirkt eine Zinsänderung um 1% bei Rentnerbeständen eine Änderung des Verpflichtungsumfanges um 10%; bei Anwärterbeständen mit einer restlichen Aktivitätszeit von 15 Jahren liegt die Auswirkung bei 25%.

  Nach IAS orientiert sich der Rechnungszins für die Abzinsung der Pensionsverpflichtungen am Kapitalmarkt, genauer an "high-quality corporate-bonds". Nach Schaffung der Europäischen Währungsunion zum 1. Januar 1999 ist hierbei auf Industrieanleihen in den Euro-Ländern abzustellen. Als high-quality gelten Industrieanleihen mit AA-Rating.

  Die Höhe des nach IAS anzusetzenden Rechnungszinsfußes hängt damit neben dem Bewertungsstichtag auch von der Laufzeit der zu bewertenden Verpflichtungen ab. Je nach Alter des Bestandes an Pensionsberechtigten kam beispielsweise Ende 2002 ein Rechnungszins von 5,25% (für reine Rentnerbestände) bis 5,75% (bei extrem jungen reinen Aktivenbeständen sogar bis 6,00%) in Betracht. Für „gemischte" Personenbestände lag damit im Ergebnis der nach IAS anzusetzende Rechnungszinsfuß bis Ende 2002 in der Größenordnung des für steuerliche Zwecke vorgeschriebenen Zinssatzes von 6%[3]. Der Zinssatz von 6% wird aus Gründen des umgekehrten Maßgeblichkeitsprinzips in den meisten Jahresabschlüssen nach deutschen handelsrechtlichen Vor-

---

3 Vgl. § 6a EStG.

schriften der Bewertung der Pensionsverpflichtungen zugrunde gelegt. Derzeit wäre nach IAS für gemischte Bestände allenfalls ein Zinssatz von 5,25% zulässig.

Aus den oben skizzierten Ursachen resultiert folgendes: Je „dynamischer“ Pensionszusagen sind[4], umso mehr liegt die Pensionsrückstellung nach IAS über der nach HGB. Bei gänzlich statischen Zusagen (insbesondere fixierten Kapitalzusagen) oder wenn im deutschen Jahresabschluss – wie in der HFA-Stellungnahme 2/1988 grundsätzlich vorgesehen – ein realistischer Rechnungszinsfuß und künftige wahrscheinliche Erhöhungen des Verpflichtungsumfanges in Ansatz gebracht werden, liegt die Pensionsrückstellung nach IAS in der Regel sogar deutlich unter derjenigen nach HGB bzw. EStG.

Vergleich der Entwicklung von Defined Benefit Obligation und Teilwert

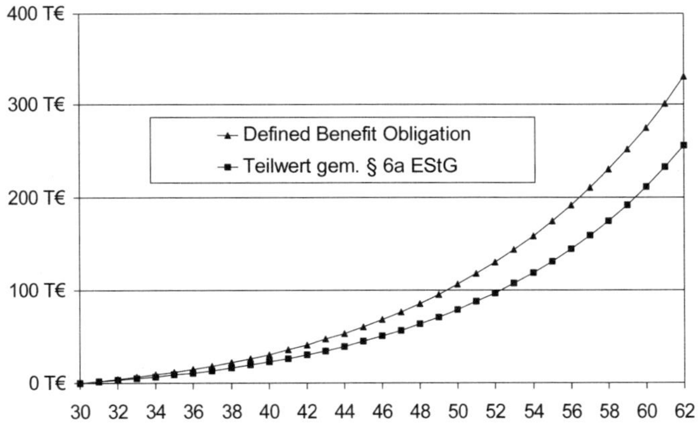

Rentenzusage von 0,5 % des Gehaltes pro Dienstjahr, Anfangsgehalt mtl. 5.000 €, Gehalts-/Rententrend 2,5 %, Rechnungszins 6 %, „Richttafeln 1998“, ohne Fluktuation

4 Vgl. Abschnitt 3.2.

3.2 Beispiele zur Abgrenzung von statischen und dynamischen Rentenzusagen

Beispiele zur Abgrenzung von statischen und dynamischen Rentenzusagen:

- Eine statische Kapitalzusage sieht einen Kapitalbetrag von 1.000 € pro Dienstjahr vor, so dass bei Ausscheiden nach 30 Dienstjahren ein Kapital von 30.000 € an den Betriebsrentner ausgezahlt wird.
- Da eine statische Rentenzusage von (monatlich) 10 € pro Dienstjahr, die nach 30 Dienstjahren zu einem Rentenanspruch von 300 € führt, ab Rentenbeginn nach § 16 BetrAVG (meist entsprechend der Inflationsrate) erhöht werden muss, ist diese Zusage „teildynamisch".
- Wird der Steigerungsbetrag von 10 € auch während der Anwartschaftszeit regelmäßig (z.B. analog zur Inflationsrate oder Gehaltserhöhung) erhöht, liegt eine „volldynamische" Pensionszusage vor. Pensionszusagen mit einer gehaltsabhängigen Formel (z.B. 0,5% des Gehaltes pro Dienstjahr) sind ebenfalls volldynamisch.
- Bei neueren Betriebsrentensystemen, die Rentenbausteine mit einer rechtsverbindlich garantierten Rentenanpassung von z.B. 1% p.a. versprechen, liegen die Pensionsrückstellungen nach IAS meist unter denjenigen nach HGB/EStG, da auch nach deutschem Recht diese garantierten Anpassungen bereits berücksichtigt werden müssen.

3.3 Weitere Bewertungsparameter

Nach IAS sollen alle Bewertungsparameter realistisch und zutreffend sein. Künftige Rentenanpassungen nach der Inflationsrate werden derzeit mit etwa 1,25% bis 2,00%, gehaltsabhängige Anwartschaftssteigerungen mit etwa 2,5% bis 4,5% angesetzt.

Die biometrischen Rechnungsgrundlagen (z.B. Wahrscheinlichkeiten für Tod und Invalidität) werden in aller Regel den steuerlich anerkannten Standardtabellen der Richttafeln von Dr. Klaus Heubeck aus dem Jahre 1998 entnommen. Die Wahrscheinlichkeiten für das Verlassen des Unternehmens wegen Kündigung sowie das wahrscheinliche Pensionierungsalter sind betriebs- bzw. branchenspezifisch zu schätzen bzw. zu modifizieren.

Zu den versicherungsmathematischen Grundlagen zählen

- die Rentnersterblichkeit,
- die Gesamtsterblichkeit,
- die Witwen- und Witwersterblichkeit,
- die Invalidensterblichkeit,

- die Invalidisierung,
- die Aktivensterblichkeit,
- die Ehewahrscheinlichkeit im Tode,
- der Altersunterschiede der Ehegatten und
- die Fluktuation.

Unter die aktuariellen Annahmen fallen

- der Rechnungszins[5],
- die erwarteten Erträge aus Planvermögen,
- die Anwartschaftsdynamik,
- die Rentendynamik,
- die Altersgrenzen,
- die Vorruhestands- und Altersteilzeitmaßnahmen sowie
- Kündigungen und Beförderungen.

Als weitere finanzielle Annahmen sind u.a. zu nennen

- Gehalts- und Karrieretrends, die als realistische, langfristige Durchschnittsannahmen einzubeziehen sind, u.U. abschnittsweise definiert und nach Gruppen getrennt,
- Rentenanpassungen, wobei als Maßstab in der Regel § 16 BetrAVG anzuwenden ist, also Teuerungsausgleich eines 4-Personen-Arbeitnehmer-Haushaltes ... , bzw. gegebenenfalls weitergehende vertragliche Anpassungsregelungen,
- die Beitragsbemessungsgrenze in der gesetzlichen Rentenversicherung,
- die Sozialversicherungsrente, also die Entwicklung des aktuellen Rentenwertes,
- die Entwicklung von anzurechnenden Renten, etwa aus Pensionskassen oder Direktversicherungen,
- die Anpassung bei Festbetragszusagen und
- die Nettoversorgung, d.h. die Entwicklung der Nettoquote.

---

5 Nach IAS 19.78 ist der Rechnungszins unter Verwendung von High Quality Corporate Bonds zu bestimmen. Ist kein tiefer Markt vorhanden, so sind Government Bonds zu verwenden. Die Laufzeit der Bonds soll mit der Fälligkeit der Verpflichtung übereinstimmen. Gemäß IAS 19.79 ist der Rechnungszins unabhängig vom Investitionsrisiko entsprechend dem Time Value of Money zu bestimmen; in der Praxis darf ein einheitlicher Zinssatz verwendet werden. Sind keine langfristigen Bonds vorhanden, so sind die entsprechenden Erträge durch Extrapolation zu ermitteln.

4. Geglätteter Pensionsaufwand statt stichtagsbezogener Bilanzausweis

Nach deutscher Rechnungslegung wird der Verpflichtungsumfang zum Bilanzstichtag vom Versicherungsmathematiker in aller Regel nach dem in § 6a EStG beschriebenen Teilwertverfahren ermittelt. Der Teilwert als Maßgröße für den Verpflichtungsumfang zum Bewertungsstichtag geht ohne Modifikation in die Bilanz ein, da wegen des Passivierungsgebots keine Verteilungswahlrechte (z.B. bei Neuzusagen oder Rentenerhöhungen) bestehen. Nach der Teilwertmethode soll der Pensionsaufwand grundsätzlich gleichmäßig auf die Perioden vom Zeitpunkt des Diensteintritts des Pensionsberechtigten bis zum Versorgungsfall verteilt werden. Der jährliche Zuführungsbetrag zur Pensionsrückstellung ergibt sich aus der Differenz zwischen dem Teilwert am Schluss des Geschäftsjahres und dem Teilwert am Schluss des vorangegangenen Geschäftsjahres. Bei komplizierten - heute zunehmend nicht mehr üblichen - Pensionsplänen, die von schwer kalkulierbaren und alljährlich oftmals stark schwankenden volatilen Bemessungsgrößen, z.B. der Sozialversicherungsrente oder dem Nettogehalt der Mitarbeiter, abhängen, wird der Finanzchef oftmals von „unpassenden“ (d.h. unerwartet hohen oder niedrigen) Teilwerten überrascht, die ihm das geplante Jahresergebnis „umwerfen“. Da die Teilwertberechnung (auch bei Inventurstichtagsvorverlegung um drei Monate) oftmals erst kurz vor oder nach dem Bilanzstichtag vorliegt (wenn sich z.B. die Bereitstellung der Berechnungsdaten an den Versicherungsmathematiker, bzw. die Berechnung selbst, verzögert hat), ist ein „bilanzpolitisches Gegensteuern“ zu diesem Zeitpunkt kaum mehr möglich.

Nach IAS steht der aufwandsbezogene Ansatz im Vordergrund; es wird der Barwert der bisher bis zum Stichtag erdienten Pensionsansprüche erfasst. Der Pensionsaufwand soll einerseits periodengerecht, andererseits aber auch langfristig möglichst glatt sein. Gerade bei so langfristigen Verpflichtungen wie den Pensionsverpflichtungen ist eine verlässliche und auf Dauer angelegte (überraschungsfreie) Aufwandsverteilung ein sinnvolles Ziel von IAS.

Da der Pensionsaufwand bereits zu Beginn des Wirtschaftsjahres ermittelt wird, steht die Pensionsrückstellung regelmäßig zum Jahresanfang fest – bilanzpolitische Überraschungen sind insoweit ausgeschlossen. Der Verpflichtungsumfang (Present Value of the Defined Benefit Obligation – DBO) wird zwar auch zum Bilanzstichtag mit den dann gültigen Bewertungsparametern[6] berechnet, die Abweichung zum vorab schon feststehenden Bilanzansatz wird lediglich im Anhang berichtet und ggf. über künftige Wirtschaftsjahre erfolgswirksam verteilt.

6 Vgl. Abschnitt 3.1.

Die grundsätzliche Struktur des Bilanzansatzes ist jedoch bei beiden Rechnungslegungssystemen ähnlich (sog. Finanzierungsstatus = Financial Status):

Ermittlungsschema zum Finanzierungsstatus der Pensionsverpflichtungen:

„Messlatte"

./. evtl. externes Kassenvermögen (z.B. einer Unterstützungskasse)

./. ausstehende Verteilungsbeträge
(Fehlbeträge oder Überdeckungen)

= Pensionsrückstellung

Beispiel (in €):

„Messlatte"	15.000.000
./. externes Kassenvermögen	- 4.000.000
./. ausstehende Fehlbeträge	- 2.000.000
= Pensionsrückstellung	9.000.000

Die Messlatte der Pensionsverpflichtungen ist nach HGB/EStG der Teilwert und nach IAS die DBO (Barwert der erdienten Teilansprüche auf Versorgungsleistungen zum Stichtag). Besteht zur Finanzierung der Pensionsverpflichtungen ein externes Kassenvermögen (z.B. Unterstützungskasse), so kann dieses Vermögen gegengerechnet werden.

Nicht bilanzierte Beträge können Fehlbeträge oder auch Überdeckungen sein (z.B. wenn der Zusatzaufwand für Neuzusagen oder Rentenerhöhungen verteilt werden kann oder wenn außergewöhnlich gute Vermögenserträge einer Unterstützungskasse dort „geparkt" werden dürfen). Für diese nicht bilanzierten Beträge gibt es Buchungsvorschriften: Nach HGB darf es bei direkten Pensionszusagen wegen der grundsätzlichen Passivierungspflicht keine Fehlbeträge geben (bei Unterstützungskassen sind allerdings Fehlbeträge erlaubt). Nach IAS bestehen dagegen (für die o.a. zusätzlichen Aufwendungen oder Erträge) großzügige - aber stetig anzuwendende - Verteilungswahlrechte. Die Rechnungslegung im Sinne von „Rechenschaft des Managements für das Wirtschaften im Geschäftsjahr" findet insofern nur im Finanzierungsstatus statt.

Bei erstmaliger Bilanzierung nach IAS ist bereits eine Eröffnungsbilanz nach IAS-Regeln zu erstellen. Meistens wird darin der volle Verpflichtungsumfang DBO (ggf. abzgl. einem externen Kassenvermögen) erfolgsneutral zurückgestellt; es wird also ohne Fehlbeträge oder Überdeckungen in die IAS-Zukunft gestartet.

5. Bewertung

5.1 Defined Contribution Plans

Die Bewertungsvorschriften nach IAS betreffen sowohl unmittelbar über den Arbeitgeber als auch mittelbar über einen externen Träger (Unterstützungskassen, Pensionskassen, Pensionsfonds oder Direktversicherungen) finanzierte Betriebsrentensysteme. Besteht die Verpflichtung des Arbeitgebers ausschließlich in der Zahlung von Beiträgen an einen externen Träger, wobei Chancen und Risiken voll bei den Arbeitnehmern liegen - somit den Arbeitgeber weder ein Nachschuss noch ein Überschuss treffen kann -, liegt ein Beitragsplan (defined contribution plan) vor. Der Pensionsaufwand besteht hier aus der Summe der gezahlten Beiträge, die als laufender Aufwand der Periode erfolgswirksam zu erfassen sind; ein Bilanzausweis ist nicht erforderlich.

Im Folgenden werden daher nur Leistungspläne (Defined Benefit Plans) behandelt.

5.2 Defined Benefit Plans

Beim Teilwert nach § 6a EStG wird die gesamte Pensionsverpflichtung gegenüber einem Arbeitnehmer (analog zu einem Versicherungsvertrag) mit einem laufenden Beitrag finanziert, der wegen des Nominalwertprinzips über die gesamte Dienstzeit gleichbleibend sein soll. Hinzu kommt noch die in der Zuführung enthaltene Aufzinsung der Pensionsrückstellung vom Jahresanfang zum Jahresende, da sich in jedem Jahr der Abzinsungszeitraum (bis zur Fälligkeit der Betriebsrente) um ein Jahr vermindert. Zu Sprüngen im Teilwertverlauf kommt es nur dann, wenn die erreichbaren Pensionsansprüche von Jahr zu Jahr stark schwanken (dies insbesondere dann, wenn ein wie oben skizziertes kompliziertes Pensionssystem mit jährlich stark schwankenden Bemessungsgrößen vorliegt).

Nach IAS wird der Verpflichtungsumfang (DBO) nach dem Anwartschaftsbarwertverfahren (Projected Unit Credit Method – PUCM) ermittelt. Die DBO ist der Barwert der am Bewertungsstichtag erdienten und realistisch bewerteten Pensionsansprüche - inklusive wahrscheinlicher künftiger Erhöhungen von Renten und Gehältern. Der Verpflichtungsumfang (DBO) für einen aktiven Mitarbeiter erhöht sich alljährlich um die Aufzinsung und um den Barwert der im Wirtschaftsjahr neu erdienten Pensionsansprüche (Current Service Cost).

Current Service Cost

Leistungsverlauf :

$$\frac{1}{m+1} \times R^{dyn}_{m+1};\ \frac{1}{m+2} \times R^{dyn}_{m+2};\ \dots\ ;\ \frac{1}{n-1} \times R^{dyn}_{n-1};\ \frac{1}{n} \times R^{dyn}_{n}$$

m	zurückgelegte Dienstzeit am Beginn des Wirtschaftsjahres
n	mögliche Dienstzeit bis zum Pensionierungsalter
R_i^{dyn}	Rentenanwartschaft bei Eintritt des Versorgungsfalles im Dienstjahr i

Defined Benefit Obligation

Leistungsverlauf (degressive m/n - tel Methode) :

$$\frac{m}{m} \times R^{dyn}_{m};\ \frac{m}{m+1} \times R^{dyn}_{m+1};\ \dots\ ;\ \frac{m}{n-1} \times R^{dyn}_{n-1};\ \frac{m}{n} \times R^{dyn}_{n}$$

m	zurückgelegte Dienstzeit am Beginn des Wirtschaftsjahres
n	mögliche Dienstzeit bis zum Pensionierungsalter
R_i^{dyn}	Rentenanwartschaft bei Eintritt des Versorgungsfalles im Dienstjahr i

Beispiel:

Wird eine Pension von 0,5% des Gehalts pro Dienstjahr zugesagt und hat ein Arbeitnehmer 20 Dienstjahre abgeleistet, so hat er einen Pensionsanspruch von 10% seines Gehalts p.a. (z.B. 30.000 €) erdient.

Die DBO ist der Anwartschaftsbarwert einer Jahresrente von 3.000 €. Die Current Service Cost für das Folgejahr (Aufwand, der auf die im Geschäftsjahr erdienten Ansprüche entfällt) ist der Anwartschaftsbarwert eines jährlichen Rentenanspruchs von 150 € – also 1/20 der DBO.

Defined Benefit oder Defined Contribution Plan?

- In Deutschland dürfte ein Defined Contribution Plan im Sinne von IAS in der Regel lediglich bei einer Direktversicherung mit versicherungsvertraglicher Lösung bei unverfallbarem Ausscheiden vorliegen.
- Bei den meisten deutschen Pensionskassen liegt kein Defined Contribution Plan vor, da der Arbeitgeber im allgemeinen von Gewinnen/Verlusten der Pensionskasse betroffen ist.
- Unterstützungskassen sind nach IAS wegen der Subsidiärhaftung des Arbeitgebers (fast) immer als Defined Benefit Plan zu behandeln.
- Es wird die Auffassung vertreten, dass unter bestimmten Voraussetzungen eine kongruent rückgedeckte Unterstützungskasse als beitragsorientierter Plan angesehen werden kann.

6. Pensionsrückstellung

6.1 Ermittlung der Pensionsrückstellung

Nach HGB/EStG wird die Pensionsrückstellung, die i.d.R. mit dem Teilwert identisch ist, zum Bilanzstichtag originär versicherungsmathematisch errechnet und bilanziert. Die Bilanzierung folgt also dem Balance Sheet Approach durch stichtagsbezogene Ermittlung der Pensionsrückstellungen (in der Regel zum Minimalansatz nach § 6a EStG). Der in der GuV anzusetzende Pensionsaufwand wird zum Ende des Wirtschaftsjahres (also retrospektiv) ermittelt als Summe von Zuführungsbeträgen und Rentenzahlungen. Eine genaue Ergebnisplanung zu Beginn des Wirtschaftsjahres ist bei diesem Ansatz nur bedingt möglich, aber als Mittel zur Bilanzpolitik gezielt einsetzbar.

Nach IAS 19 besteht grundsätzlich eine Passivierungspflicht in Höhe der Pensionsverpflichtungen, soweit diese nicht durch Fondsvermögen (Plan Assets) gedeckt sind. Tatsächlich führen aber verschiedene Verteilungsvorschriften (Übergangsfehlbetrag, rückwirkende Veränderungen des Pensionsplans, versicherungsmathematische Gewinne und Verluste) dazu, dass die zu bilanzierende Pensionsrückstellung nach IAS (Defined Benefit Liability) vom Verpflichtungsumfang abweicht. Zur Bilanzierung der Pensionsrückstellung wird der Income Approach (aufwandsbezogener Bilanzansatz) angewandt. Der in der GuV anzusetzende Pensionsaufwand wird zu Beginn des Wirtschaftsjahres auf der Grundlage der zu Beginn des Wirtschaftsjahres maßgeblichen Daten (also prospektiv) ermittelt, allerdings mit Wertstellung zum Ende des Jahres. Dieser Aufwand bleibt in der Regel für das laufende Wirtschaftsjahr unverändert. Eine genaue Ergebnisplanung zu Beginn des Wirtschaftsjahres ist so zwar möglich, aber als Mittel zur Bilanzpolitik nicht geeignet. Darzustellen sind nach IAS der (oben beschriebene) Finanzierungsstatus der Pensionsverpflichtungen sowie die Entwicklung der Pensionsrückstellungen vom Jahresanfang zum Jahresende:

	Pensionsrückstellung (Defined Benefit Liability) zum Jahresanfang
+	Pensionsaufwand (Pension Expense)
+/-	Zahlungen des Unternehmens wie folgt:
./.	direkte Rentenzahlungen
./.	ggf. Zahlungen an einen externen Träger
./.	Abfindungen von Pensionsansprüchen
+/-	Übertragungen von/an andere Unternehmen oder Träger
=	Pensionsrückstellung zum Jahresende

Die Pensionsrückstellung verändert sich also um den vom Versicherungsmathematiker zu errechnenden Pensionsaufwand, dessen recht komplexe Ermittlung im nächsten Abschnitt dargestellt wird, sowie dem Saldo der Zahlungen des Unternehmens.

Beispiel zur Rückstellungsentwicklung (in €):

Pensionsrückstellung Jahresanfang		9.000.000
+ Pensionsaufwand	+	1.245.000
./. Zahlungen des Unternehmens wie folgt:		
./. direkte Rentenzahlungen	-	400.000
./. Zahlung an externen Träger	-	350.000
./. Abfindungen	-	10.000
+ Übertragungen von Fremdunternehmen	+	30.000
= Pensionsrückstellung Jahresende	=	9.515.000

Überleitung von HGB nach IAS

Das Rechenschema zur Ermittlung der Pensionsrückstellungen zum Jahresende[7] ist formal auch nach HGB möglich und wird auch in vielen Prüfberichten von Wirtschaftsprüfern so vorgenommen. Eine solche Darstellung ist dann eine Kontrollrechnung für den Pensionsaufwand nach HGB, der aus den Zahlungen des Unternehmens und der Veränderung der Teilwerte (Pensionsrückstellungen) vom Jahresanfang zum Jahresende besteht.

Nach IAS wird der Pensionsaufwand originär ermittelt, so dass sich die Pensionsrückstellung zum Jahresende als Ergebnis ergibt. Insoweit ergibt sich für den Buchhalter in der Darstellung grundsätzlich kein Unterschied.

Die Buchhaltung eines deutschen Unternehmens erfolgt i.d.R. nach HGB-Regeln, so dass bei der Überleitung von HGB nach IAS lediglich der deutsche Pensionsaufwand sowie die deutschen Pensionsrückstellungen zum Jahresanfang und zum Jahresende durch die entsprechenden IAS-Werte zu ersetzen sind (Anpassungsbuchungen).

Bei einem sehr gut dotierten externen Träger (Pensionskasse oder Pensionsfonds) kann die Pensionsrückstellung auch negativ (also ein Aktivposten) sein. Nach IAS ist ein solcher Aktivposten auf den Anteil beschränkt, der zum Nutzen des Unternehmens verwendet werden kann (z.B. durch Beitragsrückgewähr oder Beitragssenkung). Die Ermittlung dieses Anteils kann in der Praxis durchaus kompliziert werden.

---

7 Vgl. Abschnitt 4.

6.2 Pensionsaufwand

Der Pensionsaufwand nach HGB ergibt sich (wie in obigem Schema dargestellt) aus der Veränderung der Pensionsrückstellung zzgl. der Zahlungen des Unternehmens im Wirtschaftsjahr.

Nach IAS wird der Pensionsaufwand (Pension Expense bzw. Net Periodic Pension Cost) originär vom Versicherungsmathematiker folgendermaßen ermittelt:

	Dienstzeitaufwand/Prämien (Current Service Cost)
+	Zinsaufwand/Zinsanteil auf die DBO (Interest Cost)
./.	ggf. erwarteter Ertrag eines externen Trägers (Expected Return on Plan Assets)
+	Tilgungsbetrag für versicherungsmathematische Gewinne und Verluste (Actuarial Gains or Losses)
+	Tilgungsbetrag für rückwirkende Pensionsplanänderungen (Past Service Cost)
+/-	Tilgungsbetrag für evtl. Unter- oder Überdeckung bei erstmaliger Bilanzierung (Transition Amount)
=	Pensionsaufwand (Pension Expense)

Beispiel (in €):

Dienstzeitaufwand (Service Cost)		600.000
+ Zinsaufwand (6% von 15 Mio. der DBO)	+	900.000
./. erwarteter Ertrag eines externen Trägers	-	280.000
(7% von 4 Mio. des externen Kassenvermögens)		
+ Tilgungsbetrag Gewinne/Verluste	+	25.000
(lt. Vorjahresberechnung)		
+ Tilgungsbetrag Planänderungen	+	0
+ Tilgungsbetrag erstmalige Anwendung	+	0
= Pensionsaufwand	=	1.245.000

6.3 Die Komponenten des Pensionsaufwands

Zu den entscheidenden Komponenten des Pensionsaufwands zählen

- der originär versicherungsmathematisch ermittelte Dienstzeitaufwand (Current Service Cost), der den Barwert der im Wirtschaftsjahr neu erdienten Pensionsansprüche misst,
- der Zinsaufwand (Interest Cost), der sich durch Multiplikation des (kapitalmarktorientiert) gewählten Zinssatzes mit der DBO zum Jahresanfang ergibt,
- der erwartete Ertrag eines externen Trägers (Expected Return on Plan Assets), der langfristig realistisch zu schätzen ist, und
- der Tilgungsbetrag für versicherungsmathematische Gewinne und Verluste (Actuarial Gains or Losses).

Nach IAS kann der Zinsaufwand (ggf. vermindert um einen erwarteten Ertrag eines externen Trägers) auch formell unter Zinsaufwand erfolgswirksam gebucht werden. Hierdurch vermindert sich der Personalaufwand entsprechend, so dass sich das operative Ergebnis (EBIT: Earnings Before Interest and Tax) des Unternehmens steigert. Der Zinsaufwand resultiert aus der Anwendung des Rechnungszins auf die DBO zu Beginn des Wirtschaftsjahres unter Berücksichtigung geschätzter materieller Veränderungen der DBO im Laufe des Jahres, wie etwa unterjährig auszuzahlende direkte Versorgungsleistungen des Unternehmens, Zuwendungen an eine externe Versorgungseinrichtung oder übertragene Vermögenswerte an andere Versorgungsträger (IAS 19.7 und IAS 19.82).

Unter den erwarteten Ertrag eines externen Trägers ist zum einen der erwartete Nettovermögensertrag auf die Plan Assets, der für die Bestreitung der Versorgungsleistungen zur Verfügung steht, zu subsumieren; Kosten für die Kapitalanlagenverwaltung und die Personalbestandsführung sowie eventuell Steuern sind in Abzug zu bringen (IAS 19.7 und IAS 19.105ff.). Zum anderen fallen unter den erwarteten Ertrag eines externen Trägers der erwartete Ertrag auf Vermögenswerte, die zwar der Deckung von Pensionsverpflichtungen dienen, aber nicht alle für die Einstufung als Plan Assets notwendigen Bedingungen erfüllen.

Versicherungstechnische Gewinne und Verluste (Actuarial Gains or Losses) entstehen aufgrund der prospektiven Vorgehensweise durch

- Abweichung der tatsächlichen von der erwarteten (d.h. rechnungsmäßigen) Entwicklung der Pensionsverpflichtungen (sowohl hinsichtlich des Risikoverlaufes als auch hinsichtlich der Bemessungsgrundlagen),
- Änderung der Annahmen (insbesondere in Bezug auf den Rechnungszins sowie Gehalts- und Rententrends) und

- Vermögensgewinne und -verluste, die sich als Differenz zwischen dem tatsächlichen und dem erwarteten Ertrag auf das Vermögen des Pensionsfonds (Plan Assets) ergeben.

Die wesentlichen Unterschiede zwischen den versicherungstechnischen Gewinnen und Verlusten nach HGB und IAS bestehen darin, dass

- Gewinne und Verluste nach IAS nicht im Jahr des Entstehens erfolgswirksam gebucht werden müssen und
- in einer „Nebenbuchhaltung" ein fiktives Konto „Gewinne und Verluste" geführt wird, auf dem jeweils die jährlichen entstandenen Gewinne und Verluste erfasst werden.

IAS verlangt nicht, dass versicherungstechnische Gewinne und Verluste sowie Vermögensgewinne und -verluste im Jahr des Entstehens erfolgswirksam erfasst werden. Erst unter bestimmten Voraussetzungen muss im folgenden Wirtschaftsjahr ein Mindestbetrag amortisiert werden (IAS 19.7 u.19.92 ff.). Versicherungstechnische Gewinne und Verluste brauchen so lange nicht erfolgswirksam gebucht zu werden, bis die aufgelaufenen, noch ungetilgten Beträge einen Korridor von 10 % des Maximums aus DBO und marktbezogenem Wert der Plan Assets zum Bewertungsstichtag übersteigen. Erst wenn diese aufgelaufenen, noch nicht erfolgswirksam gebuchten Gewinne und Verluste am Ende des Wirtschaftsjahres den 10%-Korridor überschreiten, muss im folgenden Wirtschaftsjahr ein Mindestbetrag gebucht werden. Der Mindestbetrag ergibt sich in der Regel durch Division des den Korridor übersteigenden Betrages durch die künftige Restaktivitätsdauer der pensionsberechtigten Arbeitnehmer.

Nach IAS dürfen auch größere Beträge als der Mindestbetrag erfolgswirksam gebucht werden. Insbesondere ist auch eine sofortige Tilgung zulässig. Eine einmal gewählte Tilgungsmethode ist indes grundsätzlich beizubehalten. Die Methode der sofortigen vollständigen Tilgung im Jahr des Entstehens der Gewinne und Verluste kann insbesondere bei Änderungen der Annahmen erhebliche Aufwandsschwankungen verursachen. Die Anwendung dieser Methode führt praktisch zum Balance Sheet Approach zurück, dem das HGB folgt. Hierin besteht ein Konflikt mit den Intentionen des IASB.

Wird ein Pensionsplan verbessert, so dass sich auch die erdienten Pensionsansprüche erhöhen (z.B. der Pensionssteigerungsbetrag von 10 € wird auf 15 € pro Dienstjahr erhöht), ist der Mehraufwand nach IAS über die Zeit zu verteilen, in der die neuen Ansprüche unverfallbar werden - i.d.R. also sofort voll zu buchen.

Der Pensionsaufwand steht i.d.R. bereits zu Beginn des Wirtschaftsjahres fest. Unvorhergesehene Änderungen der DBO (Differenz von erwartetem zu tatsächlichem Verpflichtungsumfang) durch abweichende tatsächliche Bestandsveränderungen oder Gehalts- bzw. Rentenerhöhungen oder durch am Ende des Wirtschaftsjahres neu festgelegte Berechnungsparameter (und auch abweichendem tatsächlichem Ertrag eines externen Trägers) müssen nicht sofort bilanziert werden. Ggf. ist ein Mindestteilbetrag im nächsten Wirtschaftsjahr erfolgswirksam zu buchen, der sich nach der Korridormethode ergibt: Der den Korridor (von 10% des Maximums aus DBO und evtl. Vermögenswerten eines externen Trägers) übersteigende Betrag an noch ungetilgten Gewinnen und Verlusten wird durch die erwartete Restdienstzeit der Aktiven dividiert (sog. Dienstzeitverteilung; vgl. nachfolgende Beispiele). Hierdurch ergeben sich großzügige Glättungsmöglichkeiten.

Beispiel zur erwarteten und tatsächlichen DBO (in €):

DBO Ende Vorjahr		15.000.000
+ Dienstzeitaufwand (Current Service Cost)	+	600.000
+ Zinsaufwand (Interest Cost)	+	900.000
./. Rentenzahlungen	-	700.000
./. Abfindungen	-	10.000
+ Übertragungen	+	30.000
= erwartete DBO zum Jahresende	=	15.820.000

Der Versicherungsmathematiker ermittelt aber zum Jahresende auf Basis der tatsächlichen Personendaten und ggf. neuer Berechnungsannahmen (z.B. Zins) mit 16.000.000 € eine um 180.000 € höhere tatsächliche DBO, was grundsätzlich einen Verlust darstellt. Andererseits meldet der Finanzchef des externen Träger (z.B. Unterstützungskasse) um 40.000 € höhere tatsächliche Erträge als erwartet. Per Saldo sind also 140.000 € neue Verluste entstanden.

Beispiel zur Korridormethode (in €):

ungetilgte Verluste zum Jahresanfang (stammend aus Vorjahren[8])		2.000.000
+ neu entstandene Verluste im Geschäftsjahr (siehe zuvor)	+	140.000
./. getilgte Verluste im Geschäftsjahr (lt. Vorjahresberechnung)	-	25.000
= ungetilgte Verluste zum Jahresende	=	2.115.000

8 Vgl. Beispiel in Abschnitt 4.

./. Korridor (10% von 16 Mio. der DBO)	-	1.600.000
= den Korridor übersteigender Betrag	=	515.000
: Restdienstzeit der Aktiven	:	20
= Tilgungsbetrag für Verluste für das Folgejahr	=	25.750

Im ersten Jahr der Anwendung von IAS sind die „ungetilgten Verluste (Gewinne) zum Jahresanfang“ sowie die „getilgten Verluste im Geschäftsjahr“ gleich Null, da ohne Fehlbeträge und Überdeckungen in die IAS-Zukunft gestartet wird. In dem vorgestellten Beispiel befindet sich das Unternehmen also bereits in einem späteren Jahr der Bilanzierung nach IAS.

Zur Kontrolle ergibt sich der folgende Finanzierungsstatus:

Beispiel zum Finanzierungsstatus am Jahresende (in €):

DBO zum Jahresende (lt. Berechnung)	16.000.000
./. externes Kassenvermögen (lt. Buchhaltung der Kasse)	- 4.370.000
./. ausstehende Fehlbeträge (siehe Beispiel zur Korridormethode)	- 2.115.000
= Pensionsrückstellung zum Jahresende	= 9.515.000

Diese ist identisch mit der Zahl oben[9]; dies zeigt, dass richtig gerechnet wurde.

(vgl. auch mit dem Finanzierungsstatus am Jahresanfang)

7. Besonderheiten

Über die vorstehend dargestellte Bilanzierung hinaus gibt es viele Besonderheiten im Detail, bei denen der Rat des Versicherungsmathematikers und des Wirtschaftsprüfers eingeholt werden sollte. Beispielhaft seien hier rückgedeckte Pensionszusagen sowie Settlements und Curtailments von Pensionsplänen genannt.

9 Vgl. Abschnitt 6.1.

7.1 Rückgedeckte Pensionszusagen

Nach HGB sind Rückdeckungsversicherungen als normale Vermögenswerte des Unternehmens mit dem Wert der Versicherung (Aktivwert) zu aktivieren. Wird die Rückdeckungsversicherung durch Verpfändung oder Treuhandvertrag dem Zugriff des Unternehmens und dritter Gläubiger effektiv entzogen, so gelten diese nach IAS als Qualifying Insurance Policies und können wie Plan Assets (Vermögenswerte eines externen Trägers) behandelt werden. Treuhandlösungen mit anderen Vermögenswerten[10] können bei passender Konstruktion auch als Plan Assets anerkannt werden. Plan Assets werden in der Bilanz des Unternehmens nicht aktiviert. Die Pensionsrückstellung mindert sich um den gleichen Betrag. Es kommt zu einer Bilanzverkürzung durch Plan Assets, wodurch sich ggf. Bilanzkennzahlen verbessern.

7.2 Settlements (Abfindungen, Übertragungen) und Curtailments (Kürzungen) von Pensionsplänen

Entstehen bei Abfindungen von Pensionsverpflichtungen (durch Barzahlungen an Versorgungsberechtigte), bei entgeltlichen Übertragungen von Pensionsverpflichtungen auf einen neuen Arbeitgeber (Stellenwechsel) oder bei Kürzungen von Pensionsplänen (z.B. bei Personalstrukturmaßnahmen) neue Gewinne oder Verluste, sind diese nach IAS (wie nach HGB) sofort voll erfolgswirksam zu vereinnahmen. Noch aus Vorjahren bestehende ungetilgte Gewinne und Verluste (die noch „im Korridor schlummern") sind anteilig erfolgswirksam zu buchen.

Vorruhestands- oder Altersteilzeitregelungen haben meist auch einen indirekten Effekt auf den Pensionsplan des Unternehmens, da Vorruheständler und Altersteilzeitnehmer im allgemeinen ihre Betriebsrente früher als eingerechnet beziehen werden (z.B. mit Erreichen des Alters von 60 statt 63 Jahren). Dies stellt ein sog. Curtailment dar, da insoweit ansonsten zu erwartende Dienstjahre wegfallen. Dies führt meist zu einer Verteuerung des Pensionsplans. Der entsprechende Mehraufwand ist nach IAS sofort erfolgswirksam zu buchen.

---

10 Vgl. z.B. Siemens, DaimlerChrysler, VW.

8. Offenlegung

Nach IAS 19.120 sind für leistungsorientierte Pläne (Defined Benefit Plans) folgende Angaben zu machen:

- Tilgungsmethode für versicherungstechnische Gewinne und Verluste,
- allgemeine Beschreibung des Pensionsplans,
- Überleitung (Reconciliation) zu den in der Bilanz erfassten Aktiv- und Passivposten,
- die im Marktwert der Plan Assets enthaltenen Beträge,
- eine Überleitung, die die Entwicklung der bilanzierten Nettoschuld (oder des bilanzierten Nettovermögens) in der Periode zeigt,
- der gesamte in der GuV erfasste Aufwand mit allen Komponenten, sowie die Position, unter der der Aufwand jeweils gebucht ist,
- die tatsächlichen Nettovermögenserträge aus den Plan Assets und den Reimbursement Rights und
- die wesentlichen zum Bilanzstichtag verwendeten versicherungsmathematischen Annahmen.

Für einen beitragsorientierten Plan ist nach IAS 19.46 nur der im Geschäftsjahr gebuchte Pensionsaufwand anzugeben.

Disclosure nach IAS 19

Überleitung (reconciliation) zu der in der Bilanz erfassten Rückstellung (bzw. ggf. Aktivposten)

	Barwert (DBO) der leistungsorientierten Verpflichtungen, soweit nicht über Planvermögen finanziert (wholly unfunded)
+	Barwert (DBO) der leistungsorientierten Verpflichtungen, soweit ganz/teilweise über Planvermögen finanziert (wholly/partly funded)
–	Zeitwert des externen Planvermögens (fair value of plan assets)
+/–	noch nicht erfasste versicherungsmathematische Gewinne/Verluste (unrecognized gains/losses)
–	noch nicht erfasster nachzuverrechnender Dienstzeitaufwand (unrecognized past service cost)
+	jeder aufgrund der Begrenzung von IAS 19.58 (b) nicht als Aktivposten erfasste Betrag
=	in der Bilanz ausgewiesene Rückstellung (bzw. ggf. Aktivposten)

Disclosure nach IAS 19

Entwicklung der bilanzierten Nettoschuld (oder des bilanzierten Nettovermögens) in der Periode

	Rückstellung (ggf. Aktivposten) zu Beginn der Periode (defined benefit liability or asset)
+	Altersversorgungsaufwand in der Periode (pension expense)
–	Zuwendungen an ein externes Planvermögen (contributions)
–	direkte Rentenzahlungen des Unternehmens
+/–	ggf. Auswirkungen von Plankürzungen oder –abgeltungen (curtailments or settlements)
=	Rückstellung (ggf. Aktivposten) am Ende der Periode

9. Fallstudie

Bewertungsannahmen zum 1.1.2001

■ Rechnungszins	6,0 %
■ Gehaltstrend	2,5 %
■ Rententrend	2,0 %
■ Erwartete Rendite des Pension-Fund-Vermögens	6,5 %

Rohergebnisse zum 1.1.2001

Die Rohergebnisse (beinhalten Pensionsverpflichtungen aus Direktzusage und dem *pension fund*)

■ Present Value of the Benefit Obligation (PVDBO) zum 1.1.2001	1.500.000 €
■ Current Service Cost für 2001	60.000 €
■ Marktwert des *pension fund*	200.000 €
■ Erwartete Rentenzahlungen in 2001	
aus Direktzusage	40.000 €
aus dem *pension fund*	20.000 €

Überleitung (reconciliation) der Pensionsrückstellung in der Bilanz zum 1.1.2001

(1)	PVDBO zum 1.1.2001	1.500.000 €
(2)	Kassenvermögen zum 1.1.2001	200.000 €
(3)	ausstehende Fehlbeträge	0 €

---

defined benefit liability am 1.1.2001
= (1) - (2) - (3): 1.300.000 €

Pensionsaufwand in 2001

(1)	current service cost	60.000 €
(2)	interest cost (= 6 % x [1.500.000 € - 0,5 x 60.000 €])	88.200 €
(3)	expected return on plan assets (= 6,5 % x [200.000 € - 0,5 x 20.000 €])	12.350 €

---

expense = (1) + (2) - (3) 135.850 €

Erwartete Pensionsrückstellung nach IAS 19 zum 31.12.2001

(1)	defined benefit liability zum 1.1.2001	1.300.000 €
(2)	expense in 2001	135.850 €
(3)	erwartete Rentenzahlungen aus Direktzusage in 2001	40.000 €

---

erwartete defined benefit liability
zum 31.12.2001 = (1) + (2) - (3): 1.395.850 €

Zuwendungen an den *pension fund* sind nicht geplant.

Korrektur der erwarteten Pensionsrückstellung

- Am Ende des Jahres 2001 wird die tatsächliche Pensionsrückstellung dann analog ermittelt, allerdings mit den tatsächlichen, statt der erwarteten Rentenzahlungen und unter Berücksichtigung aller sonstigen in 2001 erfolgten liquiden Auszahlungen oder Einnahmen.

Tatsächliche Pensionsrückstellung nach IAS 19 zum 31.12.2001

(1)	defined benefit liability zum 1.1.2001	1.300.000 €
(2)	expense in 2001	135.850 €
(3)	tatsächliche Rentenzahlungen aus Direktzusage in 2001	42.000 €
(4)	Übertragung der Rückstellung für einen Wechsler auf das Mutterunternehmen	25.000 €

---

tatsächliche defined benefit liability zum 31.12.2001 = (1) + (2) - (3) - (4) 1.368.850 €

Zuwendungen an den *pension fund* gab es nicht.

Beispiel: Ermittlung der versicherungstechnischen Gewinne und Verluste (1)

Ermittlung des erwarteten PVDBO zum 31.12.2001

(1)	PVDBO zum 1.1.2001	1.500.000 €
(2)	current service cost in 2001	60.000 €
(3)	interest cost in 2001	88.200 €
(4)	tatsächliche Rentenzahlungen in 2001	62.000 €
(5)	Übertragung der Rückstellung für einen Wechsler auf das Mutterunternehmen	25.000 €

---

erwarteter PVDBO zum 31.12.2001
= (1) + (2) + (3) - (4) - (5) 1.561.200 €

Ermittlung der versicherungstechnischen Gewinne und Verluste (2)

(1)	erwarteter PVDBO zum 31.12.2001	1.561.200 €
(2)	tatsächlicher PVDBO zum 31.12.2001	1.387.273 €

---

aktueller versicherungstechnischer
Gewinn zum 31.12.2001 = (1) - (2) 173.927 €

Da aus dem Vorjahr kein versicherungstechnischer Gewinn oder Verlust vorgetragen wurde, ist dies auch zugleich der aufgelaufene versicherungstechnische Gewinn.

Zur Vereinfachung wird angenommen, dass keine Vermögensgewinne/-verluste aufgetreten sind.

Tilgung des versicherungstechnischen Gewinns

(1)	aufgelaufener versicherungstechnischer Gewinn zum 31.12.2001	173.927 €
(2)	Korridor = 10 % des Maximums aus PVDBO und Marktwert der plan assets:	138.727 €

---

den Korridor übersteigender Teil des Gewinns
zum 31.12.2001 = (1) - (2) 35.200 €

künftige Restaktivitätszeit zum 31.12.2001 16

---

annual amortization of actuarial gain 2.200 €

Antje Walter

Tatsächliche und latente Ertragsteuern

1. Von HGB nach IAS - Rechtliche Grundlagen

In HGB-Abschlüssen deutscher Unternehmen spielte die Problematik der Bilanzierung von Ertragsteuern, speziell von latenten Steuern, in der Vergangenheit eine untergeordnete Rolle. Ursache hierfür war zum einen der Maßgeblichkeitsgrundsatz nach § 5 Abs. 1 EStG, der als Grundprinzip der steuerlichen Gewinnermittlung über viele Jahre eine weitgehende Angleichung des Handelsbilanzgewinns mit dem steuerlichen Ergebnis erreichte. Insbesondere durch die Steuergesetzgebung seit Mitte der neunziger Jahre weichen die steuerlichen Gewinnermittlungsvorschriften dagegen immer stärker von den handelsrechtlichen Bestimmungen ab, so dass vermehrt Ergebnisdifferenzen auftreten, die zu latenten Steuern führen können. § 274 HGB regelt die Steuerabgrenzung – der Begriff der „latenten Steuern“ wird nicht verwendet – für den Einzelabschluss als Passivierungspflicht für einen Überhang an passiven Steuerabgrenzungsposten und als Aktivierungswahlrecht für einen aktiven Abgrenzungsposten. Für latente Steuern aus Konsolidierungsmaßnahmen besteht im Konzernabschluss nach § 306 HGB grundsätzlich eine Ansatzpflicht. Durch die Ausgestaltung der aktiven Abgrenzungsposten als Bilanzierungshilfe (und einer damit verbundenen Ausschüttungssperre) wurde das Ansatzwahlrecht von den Unternehmen im Einzelabschluss nur selten ausgeübt, so dass auch aus diesem Grund die Bilanzierung latenter Steuern in Deutschland ein Schattendasein führte. Im Januar 2002 hat das DRSC den Standard DRS 10, Latente Steuern im Konzernabschluss, verabschiedet, der am 9. April 2002 im Bundesanzeiger veröffentlicht wurde. DRS 10 lehnt sich weitgehend an die Regelungen nach IAS und US-GAAP an und ist für Geschäftsjahre, die nach dem 31. Dezember 2002 beginnen, anzuwenden. Für alle Gesellschaften, die in Deutschland einen Konzernabschluss aufstellen, ist deshalb spätestens ab 2003 die Beschäftigung mit latenten Steuern ein absolutes „Muss“.

Für IAS-Abschlüsse regelt IAS 12 (revised 2000) die Bilanzierung von Ertragsteuern. Durch die Überarbeitung im Jahre 2000 wurde er nicht grundlegend geändert. Vielmehr wurden die Auswirkungen von Dividenden auf die Steuerposition eines Unternehmens erstmals geregelt. In der jetzt vorliegenden Fassung ist IAS 12 für Berichtsperioden, die am oder nach dem 1. Januar 2001 beginnen, verpflichtend anzuwenden.

Wichtige Hinweise für die Ermittlung der Steuerposition im Zwischenabschluss bietet IAS 34, Anhang B 12 – 22 sowie IAS 34, Anhang C 5.

Darüber hinaus befassen sich zwei SIC-Interpretationen, die ab dem 15. Juli 2000 anzuwenden sind, mit IAS 12:

- SIC-21: Ertragsteuern – Realisierung von neubewerteten, nicht abschreibungsfähigen Vermögenswerten,
- SIC-25: Ertragsteuern – Änderungen im Steuerstatus eines Unternehmens oder seiner Anteilseigner.

US-GAAP bietet mit FAS 109 eine IAS im Ansatz vergleichbare Regelung der Bilanzierung von Ertragsteuern. Auf die wesentlichen Unterschiede in den einzelnen Vorschriften wird nachfolgend eingegangen.

2. Zielsetzung

Die generelle Zielsetzung des IAS 12 ist es, durch die Abbildung gegenwärtiger und zukünftiger Steueransprüche und -schulden eine genauere Darstellung der Vermögenslage eines Unternehmens zu geben. Dabei sind steuerliche Konsequenzen zu ziehen aus

- allen Geschäftsvorfällen der Berichtsperiode und
- der künftigen Realisierung der in der Bilanz angesetzten Buchwerte von Vermögensgegenständen/Schulden.

Hierdurch wird in der Regel auch eine periodengerechte Abgrenzung des Steueraufwands gewährleistet und eine Verprobung des Steueraufwands ermöglicht.

Beispiel: Darstellung der Vermögenslage nach IAS im Vergleich zu HGB

Kreditinstitut A erzielt in 02 einen Nettoertrag aus dem operativen Geschäft in Höhe von 2 Mio. €. In 01 hatte das Unternehmen ein festverzinsliches Wertpapier für 400.000 € erworben, das dem Liquiditätsbestand zugeordnet wurde. Sowohl nach IAS als auch nach HGB ist auf das Wertpapier in 02 eine Teilwertabschreibung in Höhe von 50% erforderlich, so dass der Buchwert des Wertpapiers in der Bilanz zum 31.12.02 noch 200.000 € beträgt. Die Teilwertabschreibung wird steuerlich nicht anerkannt, da das Kreditinstitut eine voraussichtlich dauernde Wertminderung gem. § 6 Abs. 1 Nr. 2 EStG nicht nachweisen kann. Nach Abschreibung beläuft sich der Gewinn vor Ertragsteuern auf 1.800.000 €. Die tatsächlichen Steuern betragen 800.000 € bei einem angenommenen Steuersatz von insgesamt 40%.

Der Aufwand aus der Teilwertabschreibung wird steuerlich erst in der Zukunft, spätestens bei Veräußerung des Wertpapiers, wirksam und mindert erst dann das steuerpflichtige Ergebnis und damit die Steuerbelastung des Unternehmens. Für diesen künftigen Steuervorteil ist nach IAS eine aktive latente Steuer anzusetzen. Bei einem angenommenen Gesamtsteuersatz von 40% ergibt sich ein Steueranspruch von 80.000 €.

Die GuV des Unternehmens für 02 stellt sich vereinfacht wie folgt dar:

	IAS	HGB	Steuer
Gewinn vor Steuern	1 800 000	1 800 000	2 000 000
Tatsächliche Steuern	-800 000	-800 000	-800 000
Latente Steuern	80 000	0	0
Gewinn nach Steuern	1 080 000	1 000 000	1 200 000
Steuerquote	40,0%	44,4%	40,0%

Der nach IAS ausgewiesene Steueraufwand von insgesamt 720.000 € entspricht einer Steuerquote von 40,0% und damit genau dem Betrag, der anfallen würde, wenn das IAS-Ergebnis selbst Bemessungsgrundlage für die Besteuerung wäre.

Die Bilanz des Unternehmens für 02 stellt sich vereinfacht wie folgt dar:

31.12.02	IAS	HGB	Steuer
<u>Aktiva</u>			
Bank	2 050 000	2 050 000	2 050 000
Wertpapier	200 000	200 000	400 000
Aktive latente Steuern	80 000	0	0
Bilanzsumme	2 330 000	2 250 000	2 450 000
<u>Passiva</u>			
Kapital	50 000	50 000	50 000
Jahresüberschuss	1 080 000	1 000 000	1 200 000
Verbindlichkeiten	400 000	400 000	400 000
Steuerrückstellung	800 000	800 000	800 000
Bilanzsumme	2 330 000	2 250 000	2 450 000

In der IAS-Bilanz wird die Vermögenslage des Unternehmens konkretisiert, denn die Bilanz zeigt nicht nur den um 200.000 € niedrigeren Buchwert des Wertpapiers, sondern auch den auf der Wertminderung beruhenden, gegenläufigen Steueranspruch von 800.00 €.

3. Anwendungsbereich

IAS 12 gilt für alle Unternehmen, die einen Abschluss nach IAS aufstellen, und bezieht sich auf die Bilanzierung von Ertragsteuern. Ertragsteuern sind alle in- und ausländischen Steuern, deren Höhe von dem zu versteuernden Ergebnis eines Unternehmens abhängig ist. Für in Deutschland steuerpflichtige Kapitalgesellschaften ist diese Voraussetzung für die Gewerbesteuer und die Körperschaftsteuer sowie den Solidaritätszuschlag erfüllt. Bei Personengesellschaften wird nur die Gewerbesteuer, für die die Gesellschaft Steuerschuldner ist, einbezogen. Vom Einkommen oder Ertrag unabhängige Steuern wie Umsatzsteuer, Grundsteuer oder KfZ-Steuer werden von IAS 12 nicht erfasst. Nach § 233a AO geleistete/erstattete Zinsen stellen wie die Aussetzungszinsen nach § 237 AO keinen Steueraufwand/-ertrag dar, sondern sind unter dem Zinsaufwand/Zinsertrag auszuweisen.

Der Steueraufwand/-ertrag setzt sich zusammen aus:

- tatsächlichen Steuern (current taxes) und
- latenten Steuern (deferred taxes).

4. Tatsächliche Steuern

Die tatsächlichen oder laufenden Steuern werden in IAS 12.5 als Betrag der fälligen Ertragsteuerverpflichtungen/-ansprüche einer Abrechnungsperiode definiert. Hierbei handelt es sich im Regelfall um den Steueraufwand des jeweiligen Jahres. Nachzahlungen/Erstattungen für Steuern früherer Jahre, zum Beispiel auf Grund von Betriebsprüfungen, gehören jedoch ebenfalls zu den tatsächlichen Steuern. Noch nicht bezahlte tatsächliche Steuern sind als Schulden, noch nicht erstattete Steuern als Vermögenswerte anzusetzen (IAS 12.12); dies gilt auch für Erstattungsansprüche aus einem Verlustrücktrag (IAS 12.13f.).

Die tatsächlichen Ertragsteuern werden grundsätzlich nach den nationalen, steuerlichen Vorschriften ermittelt; auf Besonderheiten - wie nachfolgend für HGB dargestellt - ist zu achten. Der Konzernabschluss nach IAS (vor Konsolidierungsmaßnahmen) spiegelt deshalb in der Regel die Summe aller tatsächlichen Ertragsteuern wider, die in den Konzernabschluss einbezogene Unternehmen in ihren lokalen Einzelabschlüssen ausgewiesen haben.

Eine wesentliche Ausnahme zwischen HGB und IAS besteht bei körperschaftsteuerpflichtigen Kapitalgesellschaften bezüglich der Berechnung des laufenden Steueraufwands im Zusammenhang mit Gewinnausschüttungen[1]. Nach dem Systemwechsel bei der Dividendenbesteuerung vom Anrechnungsverfahren zum Halbeinkünfteverfahren gilt eine Übergangsregelung von 15 Jahren. Während dieses Zeitraums kann es bei Ausschüttungen von Kapitalgesellschaften, die noch über Altbestände an verwendbarem Eigenkapital verfügen, zu einer Minderung oder Erhöhung der Körperschaftsteuer kommen. Gemäß § 37 Abs. 2 Satz 2 KStG ändert sich die Körperschaftsteuer des Veranlagungszeitraums, in dem das Wirtschaftsjahr endet, in dem die Gewinnausschüttung erfolgt. In der Steuerbilanz ist die Körperschaftsteueränderung im Jahr der Ausschüttung zu erfassen[2]. IAS schreibt vor, dass die steuerlichen Konsequenzen aus einer Dividendenausschüttung erst ab dem Zeitpunkt im Abschluss berücksichtigt werden dürfen, an dem die zugrunde liegende Gewinnausschüttung als Verbindlichkeit gegenüber den Anteilseignern zu buchen ist (IAS 12.52B); bei deutschen Kapitalgesellschaften ist dies regelmäßig erst nach Beschluss der Gesellschafter-/Hauptversammlung erfüllt. Im Gegensatz hierzu ist die Steuerminderung nach Auffassung des HFA[3] nach § 278 HGB in dem Abschluss zu berücksichtigen, an dessen Ergebnis sie anknüpft.

Beispiel: Ausschüttungsbedingte Änderung des Körperschaftsteueraufwands

Kreditinstitut B erzielt im Wirtschaftsjahr 02 einen Jahresüberschuss von 900.000 €, der vollständig ausgeschüttet werden soll. Das zum 31. Dezember 02 festgestellte Körperschaftsteuerguthaben beträgt 200.000 €. Die Ausschüttung wird von der Hauptversammlung im Mai 03 beschlossen und erfolgt im Juni 03.

Die Körperschaftsteuerminderung beträgt 1/6 der Ausschüttung, d.h. 150.000 €. Sie wird bei Ermittlung der Körperschaftsteuer des Veranlagungszeitraumes 03 berücksichtigt. Im Einzelabschluss nach HGB wird die Steuerminderung bereits in 02 gewinnerhöhend erfasst, da sie an das Ergebnis 02 anknüpft. Im Konzernabschluss nach IAS ist die Minderung erst in 03 zu erfassen.

---

1 Vgl. etwa BISCHOF, S., Erfassung der ausschüttungsbedingten Änderung des Körperschaftsteueraufwands nach dem Handelsrecht und nach International Accounting Standards im Licht der §§ 37 und 38 KStG, DB 2002, S. 1565-1569, hier S. 1565.

2 BMF-Schreiben vom 16.5.2002 IV A 2 – S. 2741 – 4/02, DStR 2002, S. 1048.

3 INSTITUT DER WIRTSCHAFTSPRÜFER, 179. Sitzung des HFA, FN-IDW Nr. 12/2001, S. 688f.

5. Latente Steuern

5.1 Abgrenzungskonzept

Für die Abgrenzung latenter Steuern gibt es zwei Konzepte:

- Timing-Konzept und
- Temporary-Konzept.

§ 274 HGB lehnt sich an das Timing-Konzept an. Dieses orientiert sich an der Gewinn- und Verlustrechnung und bezieht nur diejenigen Unterschiede zwischen Handelsbilanz und Steuerwert ein, die sowohl bei ihrer Entstehung als auch bei ihrer Umkehr Einfluss auf das steuerliche Ergebnis haben. IAS und US-GAAP verwenden dagegen das Temporary-Konzept. Das Temporary-Konzept ist bilanzorientiert und bezieht alle Unterschiede ein, die sich zukünftig steuerbelastend oder -entlastend auswirken; es werden deshalb auch die Unterschiede erfasst, die bei ihrer Entstehung erfolgsneutral gebildet werden[4]. Der Anwendungsbereich des Temporary-Konzepts ist deshalb weitgehender und schließt die Unterschiede nach dem Timing-Konzept als Teilmenge mit ein. Die Unterschiede zwischen Handelsbilanz und Steuerwert werden wie folgt klassifiziert:

- Zeitlich begrenzte = temporäre Differenzen sind Unterschiede, die in der Zukunft zu einer Verminderung oder Erhöhung der steuerlichen Bemessungsgrundlage und damit zu einer Steuerbelastung oder -entlastung führen. Auch Unterschiede, die sich nicht automatisch umkehren, sondern erst einer unternehmerischen Disposition oder der Unternehmensauflösung bedürfen (quasi permanente Differenzen), werden von dem Temporary-Konzept erfasst. Die Bildung latenter Steuern ist grundsätzlich geboten.
- Zeitlich unbegrenzte = permanente Differenzen sind Unterschiede, die sich auch in der Zukunft nicht umkehren und – in Deutschland – auf außerbilanziellen Hinzurechnungen oder Kürzungen beruhen. Beispiele hierfür sind steuerfreie Einnahmen oder nicht abzugsfähige Betriebsausgaben. Die Bildung latenter Steuern ist unzulässig.

---

4 Siehe Abschnitt 6.2.1.

5.2 Gründe für die Bildung latenter Steuern

Latente Ertragsteuern sind Steuern, die in künftigen Perioden zahlbar oder erstattungsfähig sind, deren Ursache aber in Vermögenswerten/Schulden liegt, die in der Bilanz bereits angesetzt sind. Mit der Begriffsdefinition in IAS 12.5 gibt der Standard gleichzeitig eine Auflistung der Gründe für die Bildung latenter Steuern:

- Latente Steuerschulden (passive latente Steuern; deferred tax liabilities) sind die Beträge an Ertragsteuern, die in zukünftigen Perioden aus zu versteuernden temporären Differenzen zahlbar sind.
- Latente Steueransprüche (aktive latente Steuern; deferred tax assets) sind die Beträge an Ertragsteuern, die in zukünftigen Perioden erstattungsfähig sind aus
    - abzugsfähigen temporären Differenzen,
    - noch nicht genutzten steuerlichen Verlustvorträgen,
    - noch nicht genutzten Steuergutschriften.
- Temporäre Differenzen (temporary differences) sind die Unterschiede zwischen dem IAS-Buchwert eines Vermögenswertes oder einer Schuld und dem jeweiligen Steuerwert.
- Der Steuerwert (tax base) eines Vermögenswertes oder einer Schuld ist der diesem Wirtschaftsgut für steuerliche Zwecke beizulegende Wert.

5.2.1 Temporäre Differenzen

Die Bilanzierung nach IAS ist nicht von einzelnen, nationalen Steuergesetzen beeinflusst, so dass temporäre Unterschiede zwischen IAS-Bilanz und Steuerbilanz zwangsläufig entstehen. Es gibt

- abzugsfähige temporäre Differenzen, deren Umkehr in der Zukunft zu einer Minderung der steuerlichen Bemessungsgrundlage und damit zur Bildung von aktiven latenten Steuern führt, und
- zu versteuernde temporäre Differenzen, deren Umkehr eine Erhöhung des zu versteuernden Einkommens und damit passive latente Steuern hervorruft.

Temporäre Differenzen entstehen sowohl auf der Ebene der Einzelabschlüsse durch Unterschiede zwischen dem lokalen Abschluss und der Steuerbilanz als auch durch Überleitung des lokalen Abschlusses auf einen IAS-Abschluss. Zudem ergeben sich temporäre Differenzen durch Konzernmaßnahmen und Konsolidierungsvorgänge. Die Summe aller temporären Differenzen läßt sich also in verschiedenen Stufen ermitteln. Die verschiedenen Stufen sind technisch jedoch so zusammenzufassen, dass am Ende der Konzernbilanz nach IAS die jeweiligen Steuerwerte gegenübergestellt werden. Dies bedeutet im Zweifel auch eine Umgliederung der Steuerbilanz nach IAS-Kriterien. Basis für die Ermittlung latenter Steuern sollte eine Aufstellung nach zum Beispiel folgendem Schema sein:

Bilanzposition	IAS	Steuer	abzugsfähige Differenz	zu versteuernde Differenz
Finanzanlagen (afs)	100 000	70 000	0	30 000
Sachanlagen	50 000	45 000	0	5 000
Rückstellungen	70 000	50 000	20 000	0
§ 6b-Rücklage	0	60 000	0	60 000

Verboten ist der Ansatz aktiver und/oder passiver latenter Steuern auf

- temporäre Differenzen, die aus dem Ansatz eines Goodwills/Badwills aus der Erstkonsolidierung resultieren, dessen Abschreibung mit steuerlicher Wirkung nicht möglich ist (IAS 12.15 und IAS 12.24). Der Goodwill/Badwill stellt die Differenz aus dem Kaufpreis und dem um stille Reserven und daraus resultierenden latenten Steuern bereinigten Eigenkapital dar. Die Bildung einer latenten Steuer auf diese Residualgröße würde den Firmenwert wieder verändern. Dies wird durch das Verbot verhindert.
- zu versteuernde temporäre Unterschiede im Zusammenhang mit Beteiligungen an verbundenen Unternehmen, Gemeinschaftsunternehmen oder assoziierten Unternehmen (z.B. durch thesaurierte Gewinne bei einem verbundenen Unternehmen, das nach der Equity-Methode bewertet wird), wenn die Muttergesellschaft die Umkehr der temporären Differenz steuern kann und eine Umkehr in absehbarer Zeit nicht stattfinden wird (IAS 12.39).

5.2.1.1 Abzugsfähige temporäre Differenzen

Eine aktive latente Steuerabgrenzung ist in allen Fällen vorzunehmen, in denen es wahrscheinlich (probable) ist, dass künftig ausreichend zu versteuernde Gewinne verfügbar sind, um die gebildeten aktiven latenten Steuern wirksam nutzen zu können. IAS selbst nennt keinen Grad der Wahrscheinlichkeit, der für den Ansatz aktiver latenter Steuern vorliegen muss; in der Praxis wird jedoch von einem Satz von 75-80% ausgegangen. Kann mit der Realisierung des Steuerabgrenzungspostens nicht gerechnet werden, ist zwingend eine Wertberichtigung (valuation allowance) auf den Steuerabgrenzungsposten vorzunehmen. Der Wahrscheinlichkeitstest ist jährlich zu überprüfen.

US-GAAP schreibt im Gegensatz dazu vor, dass eine Wertberichtigung vorzunehmen ist, sobald die Realisierung mit mehr als 50% unwahrscheinlich (more likely than not) ist.

Nach IAS 12.27-12.30 ist die Nutzbarkeit der aktiven latenten Steuern dann gegeben, wenn

- ausreichende zu versteuernde temporäre Differenzen vorliegen, die sich voraussichtlich in der gleichen Periode umkehren wie die abzugsfähigen temporären Differenzen oder
- künftig ausreichende Gewinne erwartet werden, die nicht aus der Umkehr von zu versteuernden temporären Differenzen resultieren, oder
- das Management geeignete Maßnahmen ergreifen kann, um die aktiven latenten Steuern zu realisieren.

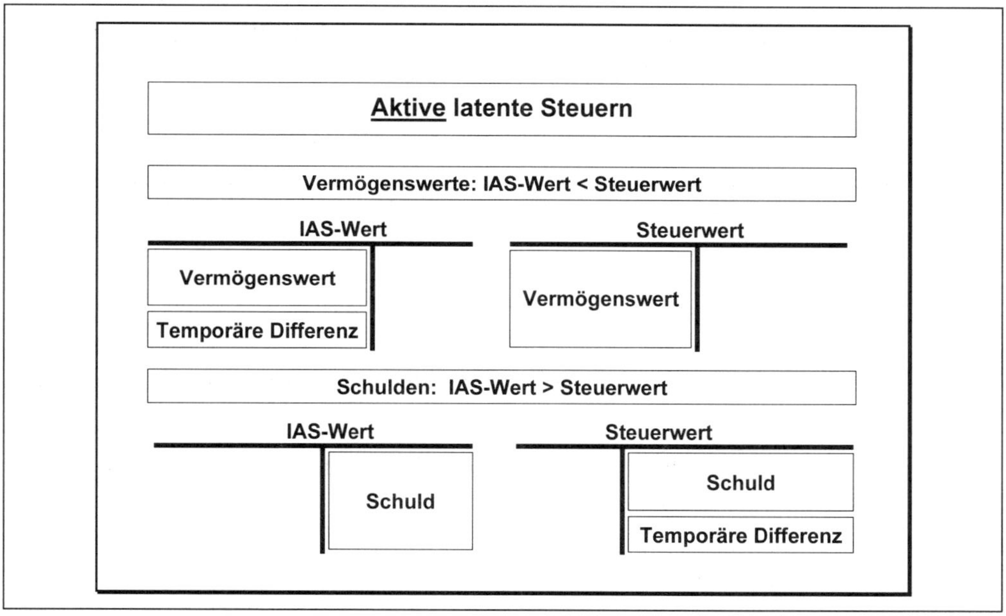

Aktive latente Steuern

5.2.1.2 Zu versteuernde temporäre Differenzen

Für passive latente Steuern auf zu versteuernde temporäre Differenzen besteht eine Ansatzpflicht. Wegen existierender Ausnahmen wird auf Abschnitt 5.2.1 verwiesen.

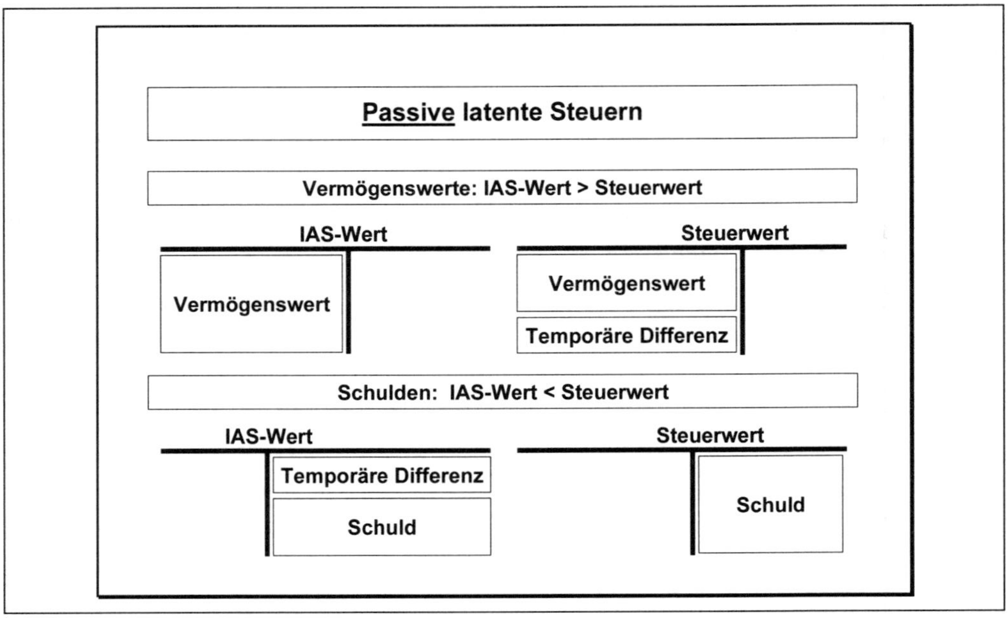

Passive latente Steuern

5.2.1.3 Beispiele

Typische Beispiele für abzugsfähige/zu versteuernde temporäre Differenzen im Bankbereich sind:

- Mark-to-market-Bewertung von Handelsbeständen nach IAS gegenüber dem Anschaffungskostenprinzip in der Steuerbilanz,[5]
- Bilanzierung von Spezialfonds zu Marktwerten bei auf Fondsebene thesaurierten Veräußerungsgewinnen,
- Erstanwendung von IAS 39: Neubewertung von AfS-Wertpapieren,[6]
- Hedge-Accounting,[7]
- Bildung einer § 6b-Rücklage in der Steuerbilanz, die nach IAS nicht möglich ist,

---

5 Vgl. zur Bewertung von Handelsbeständen den Abschnitt 2.3.1 im Beitrag „Ansatz und Bewertung von Financial Instruments".

6 Vgl. zur Bewertung von Handelsbeständen den Abschnitt 2.3.4 im Beitrag „Ansatz und Bewertung von Financial Instruments".

7 Vgl. zur Bewertung von Handelsbeständen den Abschnitt 2.6 im Beitrag „Ansatz und Bewertung von Financial Instruments".

- Unterschiede im Ansatz von Grundstücken und Gebäuden durch die Übertragung von § 6b-Rücklagen,
- Fonds zur bauspartechnischen Absicherung,
- Aktivierung selbsterstellter Software nach IAS, wohingegen der Aufwand nach Steuerrecht sofort abzugsfähig ist,[8]
- höhere Pensionsrückstellungen, Rückstellungen für Altersteilzeit und Vorruhestand nach IAS als nach Steuerrecht,
- Unterschiede in der Behandlung von Jubiläumsrückstellungen,
- Drohverlustrückstellungen, die in der Steuerbilanz nicht abzugsfähig sind,
- Rückstellungen, die in der Steuerbilanz mit 5,5% abzuzinsen sind,
- Restrukturierungsrückstellungen,
- passivierte Optionsprämien, die nach Auffassung der Finanzverwaltung in der Steuerbilanz sofort zu vereinnahmen sind,
- Differenzen im Ansatz von nicht konsolidierten (Objekt-) Personengesellschaften durch die Spiegelbildmethode in der Steuerbilanz,
- Zwischengewinneliminierung (IAS 12, Anhang 1B).

5.2.2 Ungenutzte Verlustvorträge

Soweit in der Zukunft zu versteuerndes Einkommen verfügbar ist, gegen das ein steuerlich vortragsfähiger Verlust verrechnet werden kann, stellt dieser einen Vermögensanspruch dar, weil er künftigen Ertragsteueraufwand „erspart“. IAS - ebenso US-GAAP - sehen daher die Bilanzierung aktiver latenter Steuern auf ungenutzte steuerliche Verlustvorträge vor (IAS 12.34). Die Verlustvorträge müssen, wie die abzugsfähigen temporären Differenzen, daraufhin überprüft werden, ob der mit ihnen verbundene Steuervorteil zukünftig erzielt werden kann[9]. Es sind deshalb positive und negative Anhaltspunkte gegeneinander abzuwägen, um die Wahrscheinlichkeit künftiger steuerpflichtiger Gewinne, gegen die der Verlustvortrag verrechnet werden kann, auszuloten.

Eine besondere Rolle spielt dabei, ob ein Verlustvortrag unbegrenzt nutzbar ist. In einigen Steuerjurisdiktionen sind Verlustvorträge zeitlich nur eingeschränkt verrechenbar. So erlauben zum Beispiel Frankreich und Japan eine Nutzung nur innerhalb von fünf

---

8 Vgl. zur Bilanzierung selbsterstellter Software den Abschnitt 3.3 im Beitrag „Immaterielle Vermögenswerte“.

9 Siehe Wahrscheinlichkeitstest unter 5.2.1.1.

Jahren. Nach deutschem Steuerrecht sind derzeit sowohl der körperschaftsteuerliche als auch der gewerbesteuerliche Verlustvortrag (§ 10d EStG, § 10a GewStG) von der Höhe und der zeitlichen Befristung her unbegrenzt.

Weist ein Unternehmen eine Historie von Verlusten aus, muss es substantielle Hinweise dafür vorlegen können, dass künftig ausreichender Ertrag erwirtschaftet wird, um den Verlustvortrag zu nutzen. Dies sollte durch eine Steuerplanungsrechnung, die auf einer möglichst detaillierten Budgetplanung des Unternehmens basiert, gestützt werden. IAS 12.82 fordert bei einer Historie von Verlusten und gleichzeitigem Ansatz aktiver latenter Steuern eine Erläuterung in den Notes.

Beispiel: Verlustvortrag

Kreditinstitut B ist in Frankreich ansässig und erzielt in 01 einen steuerlichen Verlust von 500.000 €. Der Verlust ist fünf Jahre nutzbar. Nach der Budgetplanung erwartet das Kreditinstitut bis 06 ein zu versteuerndes Ergebnis von insgesamt 400.000 €, das mit voraussichtlich 30% zu versteuern sein wird.

Der maximale Ansatz aktiver latenter Steuern zum 31.12.01 beträgt	150.000 €.
Der Ansatz ist zu korrigieren um	30.000 €,
da der Verlustvortrag wahrscheinlich nur in Höhe von	120.000 €

zu einer steuerlichen Entlastung führt (400.000 €*30%). Der korrigierte Betrag wird als Wertberichtigung (valuation allowance) bezeichnet.

Nach einhelliger Auffassung in der Fachliteratur durften nach HGB bis auf eng umgrenzte Ausnahmen aktive latente Steuern für steuerliche Verlustvorträge und Steuergutschriften weder im Einzel- noch im Konzernabschluss angesetzt werden. DRS 10 dagegen sieht den Ansatz aktiver latenter Steuern auf Verlustvorträge auch nach dem jetzigen Wortlaut der HGB-Normen als möglich an. Der Standard ist insoweit umstritten[10], eröffnet einem Unternehmen jedoch gewisse Dispositionsmöglichkeiten.

In der Praxis ist die Thematik „Latente Steuern auf Verlustvorträge" unternehmenspolitisch brisant. Ihr wird sowohl von dem Management als auch von Seiten der Wirtschaftsprüfer und Analysten besonderes Interesse entgegengebracht. Entscheidet sich ein Unternehmen, keine aktiven latenten Steuern auf den Verlustvortrag eines Tochterunternehmens anzusetzen, kann dies zum Beispiel einen Hinweis auf ein langfristig defizitäres Geschäftsfeld geben und/oder mögliche Felder für Umstrukturierungen im Konzern aufzeigen. Bei einem Übergang von HGB auf IAS ist der Frage der zutreffenden Ermittlung der Verlustvorträge und der daraus resultierenden aktiven latenten Steuern deshalb besondere Aufmerksamkeit zu widmen.

10 Vgl. SAUTER, T./HEURUNG, R./FISCHER, W.-W., Erfassung von latenten Steuern im Konzernabschluss nach E-DRS 12, BB 2001, S. 1783-1788, hier S. 1783.

Neben dem allgemeinen körperschaftsteuerlichen und gewerbesteuerlichen Verlustvortrag können auch nicht verrechenbare Verluste nach § 2a (1) EStG, § 2b EStG, § 15 Abs. 4 EStG und § 15a EStG zur Bildung aktiver latenter Steuern führen. Vororganschaftliche Verluste sind bei der Körperschaftsteuer bis zum Ende der Organschaft eingefroren und deshalb nicht anzusetzen, es sei denn, dass Planungen über eine künftige Beendigung der Organschaft und anschließende Nutzung des Verlustvortrages vorliegen.

Um eine bessere Kontrolle über die Entwicklung der Verlustvorträge und der darauf basierenden aktiven Steuern zu haben, empfiehlt sich eine Fortschreibung und Gliederung der Verlustvorträge. Auch für die Steuerplanung und optimale Nutzung von Verlustvorträgen im Konzern ist eine Übersicht beispielsweise nach folgendem Schema hilfreich:

Gesellschaften	**A**	**B**	**Summe**
Steuersatz	50%	30%	
Steuerlicher Verlustvortrag 31.12.01	100 000	50 000	150 000
Maximaler Steueranspruch 31.12.01	50 000	15 000	65 000
Wertberichtigung	-10 000	0	-10 000
Aktivierter Steueranspruch 31.12.01	40 000	15 000	55 000
Korrektur früherer Jahre	0	6 000	6 000
Zugang laufendes Jahr	50 000	0	50 000
Verbrauch laufendes Jahr	0	-10 000	-10 000
Verfall laufendes Jahr	-5 000	0	-5 000
Währungsdifferenzen	0	2 000	2 000
Steuerlicher Verlustvortrag 31.12.02	145 000	48 000	193 000
Maximaler Steueranspruch 31.12.02	72 500	14 400	86 900
Wertberichtigung	-32 500	0	-32 500
Aktivierter Steueranspruch 31.12.02	40 000	14 400	54 400
Steuerlicher Verlustvortrag nutzbar in			
03	0	0	0
04	5 000	0	5 000
05	0	0	0
06	90 000	0	90 000
07	50 000	0	50 000
>5 Jahre	0	0	0
>10 Jahre	0	0	0
Unbegrenzt	0	48 000	48 000

5.2.3 Ungenutzte Steuergutschriften

Für den Ansatz aktiver latenter Steuern auf ungenutzte Steuergutschriften gelten die gleichen Voraussetzungen wie für ungenutzte Verlustvorträge.

Ungenutzte Steuergutschriften sind für in Deutschland ansässige Kapitalgesellschaften nach derzeitigem Steuerrecht im Regelfall nicht zu berücksichtigen. IAS 12.52B legt eindeutig fest, dass die steuerlichen Konsequenzen von Ausschüttungen erst dann zu zeigen sind, wenn eine Verpflichtung zur Ausschüttung der Dividende anzusetzen ist. Fließt eine Dividende im Jahr der Beschlussfassung ab, ist das Körperschaftsteuerguthaben nach § 37 Abs. 1 KStG[11] deshalb als laufender Steueranspruch und nicht als latenter Steueranspruch zu zeigen.

Ungenutzte Steuergutschriften ergeben sich zum Beispiel, wenn nach den steuerlichen Vorschriften eines Landes bisher nicht anrechenbare Quellensteuern vorgetragen werden können.

5.2.4 Steuerwert

Nach IAS wird jedem Vermögenswert und jeder Schuld ein Steuerwert zugeordnet. Der Steuerwert ist der Wert, der bei Realisierung eines Vermögenswertes/Begleichung einer Schuld von dem erzielten Vorteil/handelsrechtlichen Buchwert abgezogen werden kann und Auswirkungen auf die steuerliche Bemessungsgrundlage hat. In Deutschland lässt sich der steuerliche Wertansatz in der Regel aus der Steuerbilanz ablesen.

Beispiel: Steuerwert - Regelfall

1. Eine Maschine wird im Januar 01 für 800.000 € erworben und nach IAS planmäßig auf fünf Jahre abgeschrieben. Für steuerliche Zwecke beträgt die Abschreibungsdauer gemäß den amtlichen AfA-Tabellen acht Jahre. Der IAS-Wert per 31.12.01 beträgt 640.000 €, der Steuerwert 700.000 €.

2. Eine Rückstellung für Prozesskosten wird nach IAS per Ende 01 mit 250.000 € passiviert. Nach Steuerrecht ist eine Abzinsung mit 5,5% gem. § 6 Abs. 1 Nr. 3a EStG erforderlich, die zu einer Differenz in der Bewertung der Rückstellung von 15.000 € führt. Der Steuerwert der Rückstellung beträgt 235.000 €.

---

11 Siehe Beispiel in Abschnitt 4.

Problematischer wird es, wenn Vermögensgegenstände/Schulden bilanziert werden, deren Realisierung kein steuerliches Ereignis nach sich zieht. Nach IAS 12.7 soll der Steuerwert in solchen Fällen dem Buchwert gleichgesetzt werden.

Beispiel: Steuerwert – Ausnahme

Kreditinstitut A erwirbt Aktien (Streubesitz) der Gesellschaft X im Liquiditätsbestand für 100.000 €. Die Gesellschaft X nimmt in 01 eine Ausschüttung aus dem steuerlichen Einlagekonto in Höhe von 10.000 € vor, die bei A handelsrechtlich als Ertrag erfasst werden. Steuerlich liegt eine Minderung der Anschaffungskosten vor. Bei Veräußerung der Aktien wäre ein Veräußerungsgewinn nach § 8b Abs. 2 KStG steuerbefreit. In der IAS-Bilanz zum 31.12.01 sind die Aktien weiterhin mit ihren Anschaffungskosten von 100.000 € bilanziert. Der Buchwert in der Steuerbilanz beträgt hingegen 90.000 €.

Lösung A nach IAS 12.7: Der Steuerwert wird dem IAS-Buchwert gleichgesetzt und entspricht damit ebenfalls 100.000 €. Eine temporäre Differenz liegt nicht vor. Latente Steuern werden nicht gebildet.

Lösung B nach Fußnote 1 zu Beispiel 4 in IAS 12.7: Der Steuerwert wird mit 90.000 € angesetzt. Es entsteht eine temporäre Differenz in Höhe von 10.000 €. Da eine Veräußerung steuerfrei ist, wird auf die temporäre Differenz ein Steuersatz von Null angewendet. Latente Steuern werden nicht gebildet.

Lösung B ist aus pragmatischen Gründen der Vorzug zu geben. Zum einen kann die Summe der Steuerwerte mit der Steuerbilanz abgestimmt werden. Zum anderen sind alle Unterschiede zwischen IAS- und Steuerbilanz systemseitig erfasst und stehen zur Verfügung, sollte die steuerliche Behandlung der Veräußerungsgewinne von Aktien wieder geändert werden.

Darüber hinaus sind auch Fälle denkbar, bei denen (k)ein Steuerwert besteht, denen aber (k)ein Wert in der IAS-Bilanz gegenübersteht. Der Unterschiedsbetrag stellt eine temporäre Differenz dar, die eine latente Steuer zur Folge hat.

Beispiel: Steuerwert, aber kein IAS-Ansatz

Kreditinstitut B veräußert ein Grundstück und stellt den Gewinn in der Steuerbilanz in eine § 6b EStG-Rücklage von 50.000 € ein. Nach IAS ist die Bildung eines Schuldpostens nicht möglich und der Gewinn auszuweisen. Der Unterschied zwischen dem Buchwert von Null und dem Steuerwert von 50.000 € stellt eine zu versteuernde temporäre Differenz dar.

5.3 Bewertung latenter Steuern

5.3.1 Anzuwendender Steuersatz

Die Bewertung erfolgt nach der Verbindlichkeitsmethode, die auf den zutreffenden Bilanzausweis abstellt. Danach sind latente Steuern gem. IAS 12.47 mit den Steuersätzen zu bemessen, die für den Zeitpunkt der voraussichtlichen Umkehr der temporären Differenzen erwartet werden. Es gelten die Steuersätze, die am Bilanzstichtag bereits wirksam sind oder mit deren Inkrafttreten mit an Sicherheit grenzender Wahrscheinlichkeit gerechnet werden kann. IAS erläutert nicht, was hierunter im einzelnen zu verstehen ist. Es ist jedoch davon auszugehen, dass das Gesetzgebungsverfahren weitestgehend abgeschlossen sein sollte; in Deutschland sind hierfür die Zustimmung von Bundestag und Bundesrat erforderlich. Nach US-GAAP ist es im Gegensatz zu IAS notwendig, dass das Gesetz offiziell verabschiedet ist; in Deutschland ist dazu die Unterzeichnung durch den Bundespräsidenten erforderlich.

Beispiel: Anzuwendender Steuersatz

Bei einem Kreditinstitut bestehen zum 31.12.01 abzugsfähige temporäre Differenzen wegen festverzinslichen Wertpapieren in Höhe von 30.000 € und wegen Rückstellungen in Höhe von 50.000 €. Das Unternehmen rechnet damit, dass sich die temporären Differenzen wegen der Rückstellungen in 02 umkehren; wann sich die Unterschiede in bezug auf die Wertpapiere ausgleichen, ist nicht absehbar. Der für 01 und 02 gültige Körperschaftsteuersatz beträgt 34%; mit Wirkung ab 03 wurde eine Senkung des Körperschaftsteuersatzes von 34% auf 30% verabschiedet. Die aktiven latenten Steuern ermitteln sich wie folgt:

Wertpapiere	30 000 * 30% = 9.000 €
Rückstellungen	50 000 * 34% = 17.000 €

In Ländern mit einem gespaltenen Körperschaftsteuersatz – wie er in Deutschland während des Anrechnungsverfahrens galt – sind die latenten Steuern mit dem Thesaurierungssatz zu bewerten. Dies gilt einheitlich sowohl nach IAS (IAS 12.52A) als auch nach US-GAAP (EITF No.95-10).

Soweit in manchen Ländern für unterschiedliche Einkünfte unterschiedliche Steuersätze gelten, ist dies bei Ermittlung der latenten Steuern entsprechend zu berücksichtigen. Verbreitet sind beispielsweise Sondersteuersätze für Veräußerungsgewinne (capital gains tax). Durch die Körperschaftsteuerreform sind Dividendenerträge und Veräußerungsgewinne auf der Ebene von Kapitalgesellschaften in Deutschland steuerfrei. Auf entsprechende temporäre Differenzen sind deshalb in der Regel keine latenten Steuern zu bilden[12]. Sind die Steuersätze je nach Höhe des Einkommens gestaffelt, ist ein wahrscheinlicher Mischsteuersatz anzuwenden (IAS 12.49).

Bei Änderungen des Steuersatzes findet eine Neubewertung der latenten Steuern statt, um der Verbindlichkeitsmethode Rechnung zu tragen. Die Auswirkungen aus einer Steuersatzänderung sind bereits in dem Quartal zu bilanzieren, in dem die Zustimmung des Bundesrates erfolgt.

Beispiel: Änderung des Steuersatzes

In der Bilanz des Unternehmens C bestehen zum 31.12.01 aktive latente Steuern von 500.000 €, die unter Zugrundelegung eines Steuersatzes von 50% GuV-wirksam gebildet wurden. Im Januar 02 wird eine Senkung des Steuersatzes auf 40% beschlossen. Die aktiven latenten Steuern sind neu zu bewerten und betragen bei sonst unveränderter Ausgangsposition noch 400.000 €. Der Steueraufwand hieraus beträgt 100.000 € und belastet die GuV des ersten Quartals.

Steuersatzänderungen sind nach IAS dann über die GuV auszuweisen, wenn die zugrunde liegende latente Steuer ebenfalls erfolgswirksam war. Bei erfolgsneutral entstandenen temporären Differenzen ist die Steuersatzänderung entsprechend über das Eigenkapital zu erfassen. Nach US-GAAP sind Anpassungen auf Grund von Steuersatzänderungen grundsätzlich ergebniswirksam zu erfassen. Dies kann zu gravierenden Unterschieden zwischen IAS und US-GAAP führen.

In der Praxis verwenden in Deutschland ansässige Kapitalgesellschaften in der Regel einen Gesamtsteuersatz für die Bewertung latenter Steuern, der die Effektivsteuerbelastung aus Körperschaftsteuer von 25%, Solidaritätszuschlag von 5,5% und je nach Hebesatz der Gemeinde variierende Gewerbesteuer widerspiegelt. Der Gesamtsteuersatz beträgt derzeit je nach Hebesatz rd. 40%. Unterliegen einzelne temporäre Differenzen nur der Körperschaftsteuer und dem Solidaritätszuschlag, nicht aber der Gewerbesteuer, ist dies entsprechend zu berücksichtigen. Es bietet sich an, die temporären Differenzen nach den jeweils anzuwendenden Steuersätzen zu kennzeichnen.

Da die steuerlichen Verlustvorträge für Körperschaftsteuer und Gewerbesteuer nach unterschiedlichen Bemessungsgrundlagen ermittelt werden, sind die hierfür anzusetzenden aktiven latenten Steuern mit den für die jeweilige Steuerart geltenden Steuersätzen zu berechnen. Die Gewerbesteuer stellt eine abzugsfähige Betriebsausgabe dar; deshalb ist bei der Berechnung des für den gewerbesteuerlichen Verlustvortrag maßgeblichen Steuersatzes die Steuerentlastung bei der Körperschaftsteuer und dem Solidaritätszuschlag einzukalkulieren. Bei einem Hebesatz von 450% beträgt der anzuwendende Steuersatz 13,52% (Hebesatz/(2000 + Hebesatz) * (100 - (Körperschaftsteuersatz + Körperschaftsteuersatz * Satz für Solidaritätszuschlag) % = 450/2450 * 73,625%).

12 Siehe Beispiel „Steuerwert-Ausnahme" in Abschnitt 5.2.4.

Im Konzern empfiehlt es sich, den Konzerngesellschaften zur Ermittlung der latenten Steuern pro Land einen einheitlich anzuwendenden Steuersatz vorzugeben, auch wenn kleinere, regionale Unterschiede wegen lokaler Steuern bestehen.

Werden deutsche Personengesellschaften in den Konzern einbezogen, ist Folgendes zu bedenken: Die Personengesellschaft selbst ist nicht körperschaftsteuerpflichtig, sondern nur gewerbesteuerpflichtig. Temporäre Differenzen, die ihren Ursprung bei der Personengesellschaft haben, wären auf Ebene der Personengesellschaft demnach allein mit dem Gewerbesteuersatz zu belegen. Soweit Gesellschafter der Personengesellschaft jedoch im Inland steuerpflichtige Kapitalgesellschaften sind, die ebenfalls konsolidiert werden, ist auf Konzernebene die Körperschaftsteuer und der Solidaritätszuschlag ebenfalls zu berücksichtigen. Um dies zu erreichen, gibt es zwei Lösungsansätze:

- Die temporären Differenzen sind zweimal anzusetzen: Auf Ebene der Personengesellschaft sind sie zur Ermittlung der latenten Steuern mit dem effektiven Gewerbesteuersatz zu bilanzieren. Auf der Ebene des Gesellschafters erfolgt die Erfassung der Körperschaftsteuer und des Solidaritätszuschlages.
- Sollte die Personengesellschaft keinen Einzelabschluss nach IAS veröffentlichen, könnte die Personengesellschaft für die Zumeldung der latenten Steuern zu Konzernzwecken auch den Gesamtsteuersatz verwenden. Auch wenn diese Methode bei der Saldierung[13] zu Ungenauigkeiten führen kann, erscheint sie am praktikabelsten.

5.3.2 Abzinsung und Stichtagsprinzip

Eine Abzinsung latenter Steuern würde einen detaillierten Plan über die voraussichtliche Umkehr temporärer Differenzen erfordern. Da diese Aufstellung als zu komplex und nicht praktikabel empfunden wird, besteht für latente Steuern derzeit sowohl nach IAS als auch nach US-GAAP ein Abzinsungsverbot (IAS 12.53). Der DSR hat sich dieser Auffassung angeschlossen (DRS 10.27).

Gerade bei sehr langfristigen temporären Differenzen stellt sich allerdings die Frage, ob eine Abzinsung nicht erforderlich wäre, um eine Überbewertung von Bilanzpositionen zu verhindern. Die Frage, ob latente Steuern abgezinst werden sollten, wird insbesondere wegen des beim IASB laufenden Projekts „Present Value“ aktuell diskutiert[14].

Die temporären Differenzen werden regelmäßig zu den Abschlusszeitpunkten ermittelt. Aktive latente Steuerpositionen sind zu jedem Bilanzstichtag hinsichtlich der Bewertung neu zu prüfen (IAS 12.56). Sollte sich die Einschätzung über die Werthaltigkeit der aktiven latenten Steuern aufgrund neuer Rahmenbedingungen ändern, sind die Wertberichtigungen anzupassen oder gegebenenfalls erstmals vorzunehmen.

---

13 Siehe Abschnitt 7.1.

14 Vgl. LOITZ, R./RÖSSEL, C., Die Diskontierung von latenten Steuern, DB 2002, S. 645-651, hier S.645.

Bei Steuersatzänderungen ist eine Neubewertung der Steuerpositionen vorzunehmen[15].

6. Ansatz

Tatsächliche und latente Steuern sind in Übereinstimmung mit den Geschäftsvorfällen zu erfassen, aus denen sie resultieren (IAS 12.57). Da sich die meisten Geschäftsvorfälle auf das Ergebnis eines Unternehmens auswirken, gilt gemäß IAS 12.58 als generelle Regel die ergebniswirksame Erfassung. Ausnahmen gelten für Steuern im Zusammenhang mit

- Geschäftsvorfällen, die unmittelbar dem Eigenkapital belastet werden, und
- Unternehmensakquisitionen.

6.1 Ausnahmen bei tatsächlichen Steuern

Eine Ausnahme besteht bei allen der deutschen Kapitalertragsteuer vergleichbaren Steuern, die eine Gesellschaft bei Ausschüttung der Dividende an die Anteilseigner einbehalten und an die Finanzbehörde abführen muss. Diese Quellensteuer wird als Teil der Dividende direkt mit dem Eigenkapital verrechnet (IAS 12. 65A). Die Handhabung nach IAS entspricht den bestehenden Regeln nach HGB.

In der Praxis kann sich eine Korrektur der Ertragsteuern im Vergleich zum HGB ergeben, wenn in dem Ergebnis vor Steuern Gewinne oder Verluste aus der Veräußerung eigener Aktien enthalten sind. Diese Ergebnisbeiträge werden nach SIC 16 dem Eigenkapital zugeordnet. Als Konsequenz sind die entsprechenden anteiligen Ertragsteuern ebenfalls ergebnisneutral zu behandeln.

15 Siehe Abschnitt 5.3.1.

6.2 Ausnahme bei latenten Steuern

6.2.1 Erfolgsneutrale Erfassung

Ist eine temporäre Differenz bei ihrer Entstehung erfolgsneutral, hat auch die Bildung der korrespondierenden latenten Steuern ergebnisneutral zu erfolgen (IAS 12.61).

Bei Kreditinstituten dürfte der häufigste Fall der ergebnisneutralen Entstehung temporärer Differenzen aus IAS 39 resultieren. Nach IAS 39 sind zur Veräußerung verfügbare finanzielle Vermögenswerte (Available-for-Sale) zum Fair Value zu bewerten. Es besteht ein einmaliges Wahlrecht, Gewinne und Verluste sofort erfolgswirksam zu vereinnahmen oder zunächst erfolgsneutral mit dem Eigenkapital zu verrechnen.[16] Die Ergebniswirkung tritt dann erst im Zeitpunkt der tatsächlichen Realisierung ein. Zwischen dem Fair Value eines Vermögenswertes und dem jeweiligen Steuerwert bestehen häufig Unterschiede, die zum Ansatz latenter Steuern führen.

Beispiel: Erfolgsneutrale Bildung latenter Steuern

Kreditinstitut M bilanziert zum 31.12.02 festverzinsliche Wertpapiere (Anschaffungskosten von 20.000 €), die als Available-for-Sale-Securities mit dem Fair Value von 30.000 € bewertet werden. Der steuerliche Buchwert der Wertpapiere entspricht den Anschaffungskosten. Das Kreditinstitut entschließt sich, den Ertrag aus der Bewertung zum Fair Value nicht erfolgswirksam zu vereinnahmen, sondern erfolgsneutral mit dem Eigenkapital zu verrechnen. Die Wertpapiere werden Anfang 03 für 30.000 € veräußert. Der Veräußerungsgewinn von 10.000 € unterliegt einem Steuersatz von 40%.

Auf die zu versteuernde Differenz zwischen IAS- und Steuerbilanz von 10.000 € ist in 02 eine passive latente Steuer von 4.000 € zu bilden, die in 03 aufgelöst wird. Sowohl die Bildung als auch die Auflösung der latenten Steuer erfolgt ergebnisneutral[17].

GuV-Wirkung	02	03
Ergebnis vor Steuern	0	10 000
Latente Steuern	0	0
Laufende Steuern	0	4 000
Ergebnis nach Steuern	0	6 000

16 Vgl. zur Kategorie Available-for-Sale den Abschnitt 2.3.4 im Beitrag „Ansatz und Bewertung von Financial Instruments“.

17 Vgl. HEURUNG, R./KURTZ, M., Latente Steuern nach dem Temporary Differences-Konzept: Ausgewählte Problembereiche, BB 2000, S. 1775-1780, hier S. 1775.

Weitere Anwendungsfälle sind (IAS 12.62):

- erfolgsneutrale Neubewertung von Vermögensgegenständen des Sachanlagevermögens gem. IAS 16 oder IAS 40,
- Änderung im Vortrag der Gewinnrücklagen wegen schwerwiegender Bilanzierungsfehler oder der Änderung von Bilanzierungs- und Bewertungsmethoden (IAS 8),
- Währungsdifferenzen bei Anwendung der Stichtagskursmethode (IAS 21),
- Einstellung eines Agios in die Kapitalrücklage bei der Ausgabe von Wandelschuldverschreibungen (IAS 12.23, IAS 32).

6.2.2 Unternehmensakquisition

Werden bei der Erstkonsolidierung eines Unternehmens die Vermögensgegenstände und Schulden in der Konzernbilanz mit den Fair Values angesetzt, die sich von den Steuerwerten unterscheiden, entstehen temporäre Differenzen, die mit latenten Steuern zu belegen sind. Die latenten Steuern erhöhen oder vermindern den Goodwill (Anschaffungskosten abzüglich zuzuordnende stille Reserven). Sie sind nicht erfolgswirksam.

Hat das übernommene Unternehmen mangels Ertragsaussichten bisher keine aktiven latenten Steuern angesetzt und schätzt der Erwerber die Realisierbarkeit der Steueransprüche beispielsweise aufgrund von konzerninternem Zusatzgeschäft als wahrscheinlich ein, ist auch in diesem Fall eine aktive latente Steuer erfolgsneutral zu bilden und der Goodwill entsprechend zu vermindern.

Auf den im Rahmen einer Erstkonsolidierung entstehenden Goodwill wird keine latente Steuer gebildet[18].

---

18 Siehe Abschnitt 5.2.1.2.

7. Ausweis

7.1 Bilanz

Steueransprüche und -schulden sind in der Bilanz separat von allen anderen Vermögenswerten und Schulden auszuweisen; latente Steueransprüche und -schulden sind von den tatsächlichen Steuererstattungsansprüchen und den Steuerrückstellungen zu trennen (IAS 12.69). Unterscheidet ein Unternehmen in seinem Abschluss nach IAS zwischen kurzfristigen und langfristigen Bilanzpositionen, darf es die latenten Steuern nicht als kurzfristig ausweisen (IAS 12.70).

Tatsächliche Steuererstattungsansprüche sind mit tatsächlichen Steuerschulden nach IAS 12.71 dann zu verrechnen, wenn

- die rechtlichen Voraussetzungen für eine Aufrechnung (gleiche Steuerbehörde, gleiches Steuersubjekt) gegeben sind und
- das Unternehmen auch aufrechnen bzw. die Schuld zeitgleich bei Eingang der Forderung begleichen will.

Vergleichbare Voraussetzungen gelten auch zur Saldierung latenter Steuern nach IAS 12.74.

In der Praxis sind latente Steueransprüche und -schulden pro steuerlicher Einheit getrennt zu ermitteln. Eine Saldierung hat nach weitgehender Zuordnung der Konsolidierungsmaßnahmen und Konzernmaßnahmen zu diesen steuerlichen Einheiten zu erfolgen.

7.2 Gewinn- und Verlustrechnung

In der GuV sind laufende und latente Steuern in einer Position auszuweisen. Der Steueraufwand/-ertrag, der sich auf die gewöhnliche Geschäftstätigkeit bezieht, ist gesondert darzustellen (IAS 12.77).

8. Notesangaben

8.1 Übersicht

Für die Notes bestehen nach IAS umfangreiche Angabepflichten, die in IAS 12.79 bis IAS 12.88 erläutert sind:

- Tatsächlicher Steueraufwand/-ertrag [19] (IAS 12.80(a)),
- latenter Steueraufwand/-ertrag [20] (IAS 12.80(c)),
- tatsächliche Steuern früherer Jahre (IAS 12.80(b)),
- Betrag latenter Steuern wegen Steuersatzänderungen oder der Einführung neuer Steuern (IAS 12.80(d)),
- Betrag der Minderung der tatsächlichen Steuern aus der Nutzung zuvor nicht angesetzter Steuern auf Verlustvorträge oder abzugsfähige temporäre Differenzen (IAS 12.80(e)),
- Betrag der latenten Steuerminderung aus Verlustvorträgen oder abzugsfähigen temporären Differenzen, für die keine aktiven latenten Steuern gebildet worden waren (IAS 12.80(f)),
- latenter Steueraufwand, der bei der jährlichen Überprüfung aus einer Wertberichtigung von aktiven latenten Steuern resultiert (IAS 12.80(g)); bei einer Wertaufholung ist der latente Steuerertrag ebenfalls anzugeben,
- Betrag der Steuern, der auf Änderungen der Bilanzierungs- bzw. Bewertungsmethoden oder auf grundlegenden Fehlern beruht (IAS 12.80(h)),
- tatsächliche und latente Steuern, die direkt mit dem Eigenkapital verrechnet werden (IAS 12.81(a)),
- tatsächliche und latente Steuern, die außerordentliche Posten betreffen (IAS 12.81(b)),
- Erläuterung der Relation zwischen dem ausgewiesenen Steueraufwand/-ertrag und dem handelsrechtlichen Ergebnis vor Steuern[21] (Überleitungsrechnung; IAS 12.81(c)),

---

19 Nach US-GAAP ist zusätzlich nach inländischen und ausländischen Steuern zu differenzieren. Dies empfiehlt sich auch für IAS.

20 Siehe vorstehende Fußnote.

21 Siehe Abschnitt 8.2.

- Erläuterung zu Änderungen in den anzuwendenden Steuersätzen (IAS 12.81(d)),
- Höhe und Verfallsdatum der abzugsfähigen temporären Differenzen, ungenutzten Verlustvorträge und Steuergutschriften, für die keine latenten Steuern angesetzt worden sind[22] (IAS 12.81(e)),
- Summe der temporären Differenzen im Zusammenhang mit Anteilen an Tochterunternehmen, assoziierten Unternehmen und Joint Ventures, für die nach IAS 12.39 keine latenten Steuerschulden bilanziert wurden[23] (IAS 12.81 (f)),
- Betrag der latenten Steuerforderungen und -verbindlichkeiten, getrennt nach der Art der temporären Differenz und für jede Art von Verlustvorträgen und Steuergutschriften (IAS 12.81(g)).

Beispiel:

	Jahr 01	Jahr 02
Sachanlagen	5 000	6 000
Rückstellungen	100 000	50 000
Verlustvorträge	40 000	2 000
Summe Aktive latente Steuern	145 000	58 000
Finanzanlagen	300 000	500 000
(davon gegen Eigenkapital[24]	*50 000*	*52 000)*
Sonstige Vermögensgegenstände	20 000	10 000
Summe Passive latente Steuern	320 000	510 000

- Steueraufwand hinsichtlich eingestellter Bereiche (IAS 12.81(h)),
- Betrag der ertragsteuerlichen Konsequenzen von Dividendenzahlungen, die vor Veröffentlichung des Abschlusses vorgeschlagen oder beschlossen wurden, die aber nicht als Verbindlichkeit im Abschluss bilanziert sind[25] (IAS 12.81(i)),
- Begründung für den Ansatz aktiver latenter Steuern, wenn keine ausreichenden steuerpflichtigen temporären Differenzen vorliegen und eine Historie von Verlusten gegeben ist[26] (IAS 12.82),
- Angabe der ertragsteuerlichen Konsequenzen von potentiellen Dividendenausschüttungen (IAS 12.82A).

22 Siehe Abschnitt 5.2.1.1 und 5.2.2.

23 Siehe Abschnitt 5.2.1.2.

24 Damit Angabe nach IAS 12.81(a) erfüllt.

25 Siehe Beispiel in Abschnitt 4.

26 Siehe Abschnitt 5.2.2.

8.2 Überleitungsrechnung

Eine wichtige Rolle unter den Notesangaben spielt die Überleitungsrechnung (effective tax reconciliation), die nach IAS, US-GAAP und DRS 10 vorgesehen ist. Ziel der Überleitungsrechnung ist es, die Relation zwischen dem in der GuV ausgewiesenen Steueraufwand/-ertrag und dem handelsrechtlichen Ergebnis vor Steuern transparent zu machen. Die ausgewiesenen Steuern stimmen regelmäßig nicht mit dem Steueraufwand überein, der sich durch Multiplikation des Ergebnisses vor Steuern mit dem anzuwendenden Steuersatz ergibt. Durch die Überleitungsrechnung werden die wesentlichen Gründe für die Abweichung aufgezeigt.

IAS lässt alternativ zwei Darstellungsmethoden zu, wovon sich in der Praxis die erste Alternative durchgesetzt hat:

- eine zahlenmäßige Überleitungsrechnung zwischen dem ausgewiesenen Steueraufwand/-ertrag und dem Produkt aus handelsrechtlichem Ergebnis und dem hierauf anzuwendenden Steuersatz,
- eine Überleitungsrechnung zwischen dem durchschnittlichen effektiven Steuersatz und dem anzuwendenden Steuersatz.

Für die Überleitungsrechnung ist nach IAS 12.85 der Steuersatz mit der höchsten Aussagekraft anzuwenden (applicable tax rate). Wenn ein Konzern überwiegend in Deutschland steuerpflichtig ist, wird dies der Gesamtsteuersatz unter Einschluss von Gewerbesteuer, Körperschaftsteuer und Solidaritätszuschlag sein. Für einen in mehreren Steuerjurisdiktionen tätigen Konzern kann dies auch ein gewichteter, durchschnittlicher Steuersatz sein. Für die Überleitungsrechnung sind die für die Periode gültigen Steuersätze zugrunde zu legen; diese können von den für latente Steuern anzuwendenden Steuersätzen abweichen.

Beispiel: Überleitungsrechnung

Bank B hat in 01 einen IAS-Gewinn vor Steuern von 100.000 €. Die nach IAS gebildeten Pensionsrückstellungen sind um 20.000 € höher als die nach steuerlichen Gesichtspunkten anzuerkennenden Pensionsrückstellungen (abzugsfähige temporäre Differenz). Im Gewinn enthalten sind nach Doppelbesteuerungsabkommen steuerfreie Dividenden von 25.000 €. Die nicht abziehbaren Betriebsausgaben betragen 10.000 €. Steuernachforderungen aus einer Betriebsprüfung belaufen sich auf 1.000 €.

Der für die Überleitungsrechnung anzuwendende Steuersatz beträgt in 01 40%; auch die latenten Steuern sind mit 40% zu bewerten.

Das zu versteuernde Einkommen beträgt:

IAS-Gewinn vor Steuern		100 000
nicht abzugsfähige Pensionsrückstellungen		20 000
steuerfreie Dividenden		- 25 000
nicht abzugsfähige Betriebsausgaben		10 000
zu versteuerndes Einkommen		105 000
=> laufende Steuern für 01	105 000 * 40% =	42 000
=> laufende Steuern Vorjahre wegen Betriebsprüfung		1 000
=> aktive latente Steuern	-20 000 * 40% =	- 8 000
=> Gesamtsteueraufwand lt. GuV		35 000

Die Überleitungsrechnung stellt sich wie folgt dar:

IAS-Gewinn vor Steuern		100 000
theoretischer Steuersatz		40%
erwarteter Steueraufwand		40 000
ausgewiesener Steueraufwand		35 000
Differenz		- 5 000
wegen		
steuerfreier Erträge	-25 000 *40% =	- 10 000
nicht abzugsfähiger Betriebausgaben	10 000 * 40% =	4 000
Steuern früherer Jahre		1 000
Konzernsteuerquote		35%

Gründe für die Abweichung zwischen dem erwarteten und tatsächlichen Steueraufwand/ -ertrag ergeben sich insbesondere aus:

- steuerfreien Erträgen (z.B. Dividendenerträge, Veräußerungsgewinne aus Anteilen an Kapitalgesellschaften, steuerfreie Wertaufholungen im Zusammenhang mit Anteilen an Kapitalgesellschaften),
- nicht abzugsfähigen Betriebsausgaben (Veräußerungsverluste/Teilwertabschreibung bei Anteilen an Kapitalgesellschaften, Geschenke, Bewirtungskosten),
- Goodwillabschreibung im Konzern[27],
- Steuern Vorjahre,
- Neubewertung von latenten Steuern wegen Steuersatzänderungen,
- Veränderung der Wertberichtigung aktiver latenter Steuern,
- Körperschaftsteuerminderung/-erhöhung während der Übergangszeit von 15 Jahren,
- Sondersteuersätzen für bestimmte Einkünfte, die durch den anzuwendenden Steuersatz nicht widergespiegelt werden,
- Unterschieden zwischen angewendetem (inländischen) Steuersatz und ausländischen Steuersätzen,
- abweichender Bemessungsgrundlage bei Steuerarten, die in die Ermittlung des anzuwendenden Steuersatzes einbezogen wurden,
- Anrechnung fiktiver Quellensteuer,
- nicht anrechenbarer, tatsächlich gezahlter Quellensteuer,
- Zuführungen/Auflösungen der Rückstellung für allgemeine Steuerrisiken[28].

In der Praxis können sich auch bei der Ermittlung latenter Steuern Effekte aus Vorjahren ergeben, wenn beispielsweise temporäre Differenzen aufgrund von (berichtigten) Steuererklärungen oder der Betriebsprüfung anzupassen sind. Zu diesem Zweck ist es ratsam, bei der Ermittlung temporärer Differenzen zwischen Zu- und Abgängen des laufenden Jahres einerseits und Korrekturen wegen früherer Jahre andererseits zu unterscheiden, da der Steuereffekt aus den Korrekturen früherer Jahre für die Überleitungsrechnung benötigt wird.

Die Überleitungsrechnung ist eine gute Kontrolle dafür, ob alle Steuereffekte im Rechenwerk erfasst sind und sollte deshalb mit besonderer Sorgfalt aufgestellt werden.

---

27 Siehe Abschnitt 5.2.1.2.

28 Siehe Abschnitt 10.

9. Zwischenberichterstattung

Für den Zwischenberichtszeitraum folgt die Steuerermittlung einem eigenen Schema. Sowohl nach IAS 34 als auch US-GAAP (APB 28 Interim Financial Reporting, FIN 18 Accounting for Income Taxes in Interim Periods) und DRS (DRS 6.25) werden die Ertragsteuern auf der Grundlage des voraussichtlichen Ertragsteuersatzes erfasst, der für das gesamte Geschäftsjahr erwartet wird. Um eine effektive Steuerquote ermitteln zu können, müssen für alle konsolidierten Einheiten Planungen für den IAS-Gewinn vor Steuern und die permanenten Differenzen vorliegen. Die Planungen werden im Laufe des Jahres an aktuelle Entwicklungen angepasst. Steuersatzänderungen sind im Quartal des Inkrafttretens der Gesetzesänderung zu berücksichtigen; so sind zum Beispiel die Auswirkungen aus dem Flutopfersolidaritätsgesetz, das seit dem 21. September 2002 in Kraft ist, ab dem 3. Quartal 2002 zu berücksichtigen. Wesentliche ungewöhnliche oder außerordentliche Einflüsse sind allerdings im jeweiligen Quartal zu berücksichtigen und wirken sich auf den voraussichtlichen Ertragsteuersatz nicht aus. Erläuterungen zu der Steuerposition sind für die Zwischenberichterstattung nicht vorgesehen; für Nachfragen des Managements und der Analysten sollten aber mindestens eine (gegebenenfalls vereinfachte) Überleitungsrechnung und eine aktualisierte Aufstellung der Verlustvorträge vorgehalten werden.

Beispiele für die Ermittlung der Steuerposition im Zwischenabschluss bietet IAS 34, Anhang B 12 – 22 sowie IAS 34, Anhang C 5.[29]

10. Rückstellung für allgemeine Steuerrisiken

In vielen Unternehmen wird eine „Rückstellung“ für allgemeine Steuerrisiken (tax cushion, provision for tax exposures) bestehend aus Steuern, Zinsen und möglicherweise Strafen ausgewiesen, die Unsicherheiten aus der künftigen Behandlung steuerlich strittiger Sachverhalte durch die Steuerbehörden, insbesondere durch Betriebsprüfungen, berücksichtigt. Diese Rückstellung beinhaltet nach IAS und US-GAAP nur bezüglich der permanenten Differenzen auch Risiken aus der eigentlichen Steuernachzahlung, während bezüglich temporärer Differenzen nur Risiken für Zinseffekte und Strafen eingeschlossen sind. Im HGB-Einzelabschluss gebildete Rückstellungen können dagegen auch Steuerrisiken aus temporären Differenzen enthalten, so dass eine nach HGB gebildete Rückstellung nicht ohne weiteres in den IAS-Abschluss übernommen werden sollte.

29 Vgl. zum Thema Zwischenberichterstattung auch den gleichnamigen Beitrag.

Beispiel: Steuerrisiko
Das Kreditinstitut A hat eine Teilwertabschreibung auf ein Grundstück sowohl nach HGB als auch nach IAS vorgenommen. Es besteht die Gefahr, dass die Betriebsprüfung die Abschreibung für steuerliche Zwecke nicht anerkennen wird. Im Einzelabschluss nach HGB erhöht das Kreditinstitut deshalb die allgemeine Vorsorge für Betriebsprüfungsrisiken gewinnwirksam um 50.000 € wegen möglicher Steuernachzahlungen. Der Anstieg der Rückstellung kann nicht nach IAS übernommen werden: Die im Jahr der Feststellung durch die Betriebsprüfung entstehenden laufenden Steuern für frühere Jahre werden durch die Bildung aktiver latenter Steuern auf quasi permanente Differenzen ausgeglichen, so dass sich per Saldo keine Gewinnwirkung ergibt.

Da IAS 12 keine Regelung über allgemeine Steuerrisiken enthält, stellt sich die Frage, wie diese Rückstellungen auszuweisen sind:

Zins- und Strafbestandteile der Rückstellung sind nicht unter den Steuerverbindlichkeiten, sondern als Rückstellung nach IAS 37 auszuweisen; die Zuführungen stellen insoweit keinen Ertragsteueraufwand dar.

Die Rückstellungen für allgemeine Steuerrisiken werden in der Praxis regelmäßig unter den Steuerverbindlichkeiten ausgewiesen. In der Überleitungsrechnung sollte die Zuführung unter den „Steuern für frühere Jahre" erfolgen.

11. Organisatorische Anforderungen

Bei dem Übergang von HGB auf IAS ist den erhöhten Anforderungen für die Bilanzierung von Ertragsteuern organisatorisch Rechnung zu tragen:

- Im Vorfeld sind klare Verantwortlichkeiten zu verteilen. Während die Ermittlung der tatsächlichen Steuern traditionell eher von der Steuerabteilung wahrgenommen wird, erfolgt die Berechnung der latenten Steuern in praxi teils durch die Steuerabteilung, teils durch das Rechnungswesen. Hier sollte ein Erstverantwortlicher für den gesamten Themenkomplex benannt werden, der dann auch Ansprechpartner für das Management, für Pressefragen etc. ist.
- Die Bilanzierung latenter Steuern erfordert eine intensive Kommunikation zwischen Rechnungswesen und Steuerabteilung, da zur Entscheidung oft die Kenntnisse beider Einheiten erforderlich sind. Die Schnittstelle ist durch einen gegenseitigen Datenzugriff zu unterstützen.
- Es ist ein Tax Reporting sowohl für den Jahresabschluss als auch für die Zwischenabschlüsse aufzubauen, das die Erfassung aller wesentlichen steuerlich relevanten

Daten sicherstellt. Eine Verknüpfung mit den übrigen Daten aus Bilanz und GuV ist notwendig.

- Die gestiegenen Ansprüche sind in personeller und fachlicher Hinsicht zu berücksichtigen, d.h. die Mitarbeiterkapazität ist aufzustocken.
- Mitarbeiter sowohl der Konzernmutter als auch der konsolidierten Gesellschaften sind zu schulen, da Kenntnisse über die Bilanzierung latenter Steuern oft nur rudimentär vorhanden sind und dadurch das Gespür für die Wichtigkeit des Themas fehlt.

12. Ausblick

Die Bedeutung der Bilanzierung von Ertragsteuern ist mit zunehmender Internationalisierung gewachsen. Dies lässt sich sowohl an DRS 10 als auch an der Zahl der Publikationen und der Veranstaltungen zu diesem Thema ablesen. Insbesondere die „Konzernsteuerquote" ist zur Zeit in aller Munde[30]. Sie spiegelt das Verhältnis des Ertragsteueraufwandes zum Jahresergebnis vor Steuern wider und bietet für Kenner der Materie im Zusammenhang mit einer aussagekräftigen Überleitungsrechnung einen Einblick in die Steuerpolitik eines Unternehmens. Die nähere Beschäftigung mit dieser Kennziffer sprengt den Rahmen des Beitrags, wird aber für jede Konzernsteuerabteilung, sofern noch nicht geschehen, zur Pflicht werden und die traditionelle Steuerberatung wirkungsvoll ergänzen. Sollte Deutschland als EU-Mitgliedsstaat IAS ab 2005 auch für Einzelabschlüsse und für nicht kapitalmarktorientierte Unternehmen vorschreiben oder erlauben, wird das Thema nochmals an Bedeutung gewinnen. Auch die Frage, ob bei der Übernahme der IAS in den handelsrechtlichen Einzelabschluss die Maßgeblichkeit der Handelsbilanz für die Steuerbilanz beibehalten werden soll oder ob ein eigenständiges Bilanzsteuerrecht zu installieren ist, beeinflusst die Bilanzierung von Ertragsteuern. Die Entwicklung in diesem Bereich wird deshalb spannend bleiben.

---

30 Vgl. etwa HERZIG, N./DEMPFLE, U., Konzernsteuerquote, betriebliche Steuerpolitik und Steuerwettbewerb, DB 2002, S. 1-8, hier S. 1; MÜLLER, R., Die Konzernsteuerquote – Modephänomen oder ernst zu nehmende neue Kennziffer?, DStR 2002, S. 1684.

Edgar Löw und Harald E. Roggenbuck

Segmentberichterstattung

1. Heutiger Stellenwert der Segmentberichterstattung

Auf dem Weg zu einer transparenteren Geschäftsberichtserstattung stellt die Segmentberichterstattung einen wesentlichen Meilenstein dar. Sie ermöglicht den Einblick in den Wertschöpfungsprozess von Unternehmen. Insbesondere im Rahmen der Diversifikationswelle der achtziger Jahre, als große Unternehmen ihre Aktivitäten auf unterschiedliche Geschäftsfelder auszuweiten begannen und sich zunehmend auf internationale Märkte ausgerichtet haben, entwickelte sich die bis dahin noch überschaubare Wertschöpfungskette vieler Unternehmen zu einem Wertschöpfungsnetzwerk mit vielfachen Wirkungsmechanismen und strukturell schwer durchschaubaren Querverbindungen.

Im Kreditgewerbe ist aus der in der Bundesrepublik Deutschland traditionellen Universalbank, die ihr Ergebnis vorrangig aus der Zinsmarge sowie aus dem Provisionsergebnis erzielte, ein Banktypus hervorgegangen, in dem der Eigenhandel als dritte Ertragssäule erstarkt ist und in dem Investmentbanking und Asset Management zu so bedeutenden Geschäftsbereichen avanciert, dass insbesondere bei den privaten Geschäftsbanken das klassische Kreditgeschäft und das Privatkundengeschäft in der Wahrnehmung zurückgestuft wurde bis hin zu zeitweiligen Überlegungen, sich des Massengeschäfts im Privatkundenbereich völlig zu entledigen. Geänderte Marktbedingungen haben mittlerweile die Volatilität des Investmentbanking und des Asset-Management-Geschäfts in das Bewusstsein gerückt und zu einer Rückbesinnung auf die margenärmeren, aber verlässlicheren Ertragssäulen geführt. Konzeptionell stellt sich der aus der klassischen Universalbank weiterentwickelte Banktypus heute als gesellschaftsrechtliche oder organisatorische Klammer für mehrere spezifische Unternehmensbereiche dar, die sehr unterschiedlichen Einflüssen unterliegen können und daher jeweils einer gesonderten Betrachtung bedürfen.

International seit Anfang der achtziger Jahre etabliert, hat sich – mit einem „time-lag" von zwei Jahrzehnten – auch in der Bundesrepublik Deutschland die traditionell eher zurückhaltende Berichterstattung zu einer modernen Publizitätstransparenz entwickelt. Welche Konsequenz dieser Wandel in der Einstellung bedeutet, wird in der nachfolgenden Gegenüberstellung charakteristischer Merkmale der traditionellen und modernen Segmentpublizität konkretisiert:

Vergleich charakteristischer Merkmale der traditionellen und modernen Segmentpublizität

Sichtweise und Merkmale

traditionell	modern
– Segmentveröffentlichung führt zu Wettbewerbsnachteilen	– Wettbewerb um Kapital führt zur freiwilligen Offenlegung von Segmentinformationen
– Anknüpfung an wenige Größen der externen Rechnungslegung	– Anknüpfung an diverse Größen der internen Berichterstattung
– Maximal Offenlegung geographischer Angaben	– Aussagefähigkeit und Transparenz nehmen zu
– Stark retrospektive Focussierung	– Prognosetauglichkeit wird erwartet

Inzwischen ist die Segmentberichterstattung für börsennotierte Muttergesellschaften und Unternehmen obligatorisch geworden, die eine Zulassung von Wertpapieren ihres Unternehmens oder ihrer Tochterunternehmen an einem organisierten Markt beantragt haben, und gilt aus finanzanalytischer Sicht als Kernkomponente der externen Geschäfts- und Zwischenberichtspublizität von Konzernen mit hohem Nutzen[1]. Gleichwohl ist festzustellen, dass die Erstellung und Aufbereitung in einer für externe Adressen verständlichen und aussagekräftigen Form das Rechnungswesen von Großkonzernen erheblich beansprucht[2].

1 Vgl. MUJKANOVIC, R., Die Vorschläge des Deutschen Standardisierungsrats (DSR) zur Segmentberichterstattung, AG, 2000, S. 122-127, hier S. 123.

2 Vgl. HACKER, B./DOBLER, M., Empirische Untersuchung der Segmentpublizität in Deutschland, WPg 2000, S. 811-819, hier S. 819.

2. Rechtsgrundlagen

Innerhalb der Arbeit des IASC gehörte die Erarbeitung von Vorschriften zur „Segmentinformationen“ zu den frühen Betätigungsfeldern. Erstmals 1980 als International Accounting Standard (IAS) veröffentlicht, ist der in der aktuellen Fassung für Geschäftsjahre ab 1998 verbindliche IAS 14 „Reporting Financial Information by Segment“ für diejenigen Unternehmen verpflichtend, die nach IAS bilanzieren und deren Aktien oder sonstige Wertpapiere in den Börsenhandel einbezogen sind oder einbezogen werden sollen[3]. Auch anderen nach IAS bilanzierenden Unternehmen wird eine Segmentberichterstattung nach IAS 14 empfohlen[4].

Die Anforderungen von IAS 14 gelten ausnahmslos für alle Branchen. Auch der Standard IAS 30 „Disclosures in the Financial Statements of Banks and Similar Financial Institutions” enthält keine spezifischen Regeln für die Segmentberichterstattung von Kreditinstituten.

Ursprünglicher Anlass für eine Segmentberichterstattung in den US-amerikanischen Vorschriften war, dass in den USA der Konzernabschluss den Einzelabschluss ersetzt und demzufolge disaggregierte Daten fehlten. Der aktuelle, alle früheren Segmentvorschriften ersetzende Standard FAS 131 „Disclosures about Segments of an Enterprise“ ist seit dem 15. Dezember 1997 gültig. Wie die IAS enthält auch FAS 131 keine bankspezifischen Regelungen.

In der Bundesrepublik Deutschland beschränkten sich die allgemeinen Vorschriften des Handelsgesetzbuches bis 1998 auf die Aufgliederung der Umsatzerlöse von großen Kapitalgesellschaften nach Tätigkeitsbereichen und geographisch bestimmten Märkten (§ 285 Nr. 4 HGB). Für das Kreditgewerbe, in dem die Größe „Umsatzerlöse“ keine Aussagekraft hat, ist an Stelle der HGB-Vorschrift im Jahre 1992 bei der Umsetzung der EU-Bankbilanz-Richtlinie durch die Rechnungslegungsverordnung für Kreditinstitute (RechKredV)[5] in § 34 Abs. 2 Nr. 1 RechKredV die Aufgliederung des Gesamtbetrages bestimmter GuV-Posten[6] vorgeschrieben worden. Diese Anforderung ist allerdings reduziert auf eine Segmentierung nach Regionen und umfasst lediglich bestimmte, das Betriebsergebnis der Bank kennzeichnende Größen als Gesamtsumme.

---

3 Vgl. IAS 14.3.

4 Vgl. IAS 14.4.

5 Verordnung über die Rechnungslegung der Kreditinstitute (RechKredV) v. 10. Februar 1992, BGBl., Jg. 1992, Teil I, Nr. 6, S. 203-222, zuletzt geändert durch das Euro-Bilanzgesetz v. 10. Dezember 2001, BGBl., Jg. 2001, Teil I, Nr. 66, S. 3414-3419; der Anwendungsbereich wurde zwischenzeitlich auf Kreditinstitute und Finanzdienstleistungsinstitute ausgeweitet.

6 Im Einzelnen handelt es sich um die GuV-Posten „Zinserträge“, „laufende Erträge aus Aktien und anderen nicht festverzinslichen Wertpapieren, Beteiligungen, Anteilen an verbundenen Unternehmen“, „Provisionserträge“, „Nettoertrag aus Finanzgeschäften“ und „sonstige betriebliche Erträge“.

Rechtsgrundlagen der Segmentberichterstattung

Bisherige Rechtsgrundlagen in Deutschland

- Aufgliederung der Umsatzerlöse für große Kapitalgesellschaften
  - nach Tätigkeiten und
  - nach geographisch bestimmten Märkten
- Exkulpationsvorschrift: § 286 Absatz 2 HGB gestattet die Unterlassung der Aufgliederung, soweit sie nach vernünftiger kaufmännischer Beurteilung geeignet ist, der Kapitalgesellschaft einen erheblichen Nachteil zuzuführen
- Sonderregelung für Banken:
  Aufgliederung des Gesamtbetrages bestimmter GuV-Posten[1)] als Äquivalent für Umsatzerlöse
  - nur nach geographisch bestimmten Märkten
- Exkulpationsvorschrift: § 34 Absatz 2 Nr. 1 Satz 2 RechKredV

1) Zinserträge; laufende Erträge aus Aktien und anderen nicht festverzinslichen Wertpapieren, Beteiligungen, Anteilen an verbundenen Unternehmen; Provisionserträge; Nettoertrag aus Finanzgeschäften; Sonstige betriebliche Erträge

Erst 1998 ist durch das Gesetz zur Kontrolle und Transparenz im Unternehmensbereich (KonTraG)[7] für börsennotierte Mutterunternehmen eines Konzerns als neue zusätzliche Anforderung in § 297 Abs. 1 HGB die Pflicht zur Segmentberichterstattung ab Geschäftsjahr 1999 eingeführt worden. Durch Art. 2 Nr. 4 des Transparenz- und Publizitätsgesetzes (TransPuG)[8] vom 19. Juli 2002 ist die Segmentberichterstattungspflicht zudem mit Wirkung ab Geschäftsjahr 2003 auch auf Unternehmen ausgedehnt worden, die eine Zulassung von Wertpapieren ihres Unternehmens oder ihrer Tochterunternehmen an

---

7 Gesetz zur Kontrolle und Transparenz im Unternehmensbereich (KonTraG) v. 27. April 1998, BGBl., 1998, Teil I, Nr. 24, S. 786-794.

8 Gesetz zur weiteren Reform des Aktien- und Bilanzrechts, zu Transparenz und Publizität (Transparenz- und Publizitätsgesetz) v. 19. Juli 2002, BGBl., 2002, Teil I, Nr. 50, S. 2681-2687.

einem organisierten Markt beantragt haben[9]. Außerdem ist die Segmentberichterstattung in diesem Rahmen insoweit aufgewertet worden, als sie nach § 297 Abs. 1 HGB ab 2003 als eigenständige Komponente des Konzernabschlusses auszuweisen und damit nicht mehr Bestandteil des Konzernanhangs ist. Hinsichtlich dieses Stellenwerts hat Deutschland gegenüber den internationalen Rechnungslegungsgrundsätzen eine Vorreiterrolle übernommen, da nach IAS 14 und FAS 131 die Segmentberichterstattung lediglich im Rahmen der Notes zu veröffentlichen ist.

Rechtsgrundlagen der Segmentberichterstattung

Neue zusätzliche Rechtslage in Deutschland für börsennotierte Konzernmütter seit Geschäftsjahr 1999

- Erweiterung des Konzernanhangs um eine Segmentberichterstattung nach § 297 Absatz 1 HGB durch das KonTraG
- Verpflichtende Anwendung für Geschäftsjahre, die nach dem 31. Dezember 1998 beginnen
- Konkretisierung der Anforderung durch das Deutsche Rechnungslegungs Standards Committee (DRSC)
  - Arbeitskreis Segmentberichterstattung
  - Arbeitskreis Banken
- Aufwertung als eigenständige Konzernabschlusskomponente durch das TransPuG

Die Erweiterung der Anforderung von § 297 Abs. 1 HGB gibt allerdings lediglich den Begriff „Segmentberichterstattung" vor und liefert keine inhaltlichen Anhaltspunkte für deren Erstellung mit. Die Konkretisierung bleibt vielmehr dem Deutschen Rechnungslegungs Standards Committee überlassen. Dieses hat einen entsprechenden allgemeinen, branchenübergreifenden Standard entwickelt und 1999 unter der Bezeichnung Deutscher Rechnungslegungs Standard Nr. 3 (DRS 3) „Segmentberichterstattung" verabschiedet. Infolge der Bekanntmachung durch das Bundesministerium der Justiz am 17. Mai 2000 hat der Standard den Status eines „Grundsatzes ordnungsmäßiger Buchführung" erhalten.

---

9 Vgl. auch LENZ, H./FOCKEN, E., Die Prüfung der Segmentberichterstattung, WPg, 2002, S. 853-863, hier S. 853f.

Zeitgleich zu dem allgemeingültigen, branchenübergreifenden Standard ist für Banken und Versicherungen jeweils ein branchenspezifischer Standard zur Segmentberichterstattung entwickelt worden. Diese als DRS 3-10 „Segmentberichterstattung von Kreditinstituten“ und DRS 3-20 „Segmentberichterstattung von Versicherungsunternehmen“ bezeichneten Standards werden explizit als „Ergänzung zu dem allgemeinen Standard zur Segmentberichterstattung (DRS 3) deklariert[10] und sollen den branchenspezifischen Besonderheiten bei Kreditinstituten bzw. Versicherungsunternehmen Rechnung tragen. Beide branchenspezifischen Standards sind zusammen mit dem allgemeinen Standard verabschiedet und bekannt gemacht worden.

Die Anwendung von DRS 3-10 ist gemäß DRS 3-10.2 für alle Kreditinstitute verpflichtend, die nach § 297 Abs. 1 Satz 2 i.V.m. § 340i Abs. 1 Satz 1 HGB den Konzernabschluss um eine Segmentberichterstattung als eigenständige Komponente zu erweitern haben (bis einschließlich Geschäftsjahr 2002 war die Segmentberichterstattung noch Bestandteil des Konzernanhangs). Für den Kreditinstitutsbegriff wird in DRS 3-10.3 sinnvollerweise auf die umfassende Definition des § 1 Abs. 1 KWG Bezug genommen unter der üblichen Ausklammerung von denjenigen Kreditinstituten, die nach § 2 Abs. 1, 4 und 5 nicht dem Anwendungsbereich des KWG unterliegen.

Zugleich spricht sich DRS 3-10.5 dafür aus, dass auch diejenigen Kreditinstitute, die die Befreiungsregelung gemäß § 292a HGB in Anspruch nehmen und statt des Konzernabschlusses nach HGB einen Konzernabschluss nach internationalen Rechnungslegungsstandards veröffentlichen, den DRS 3-10 anwenden. Auf diese Art soll gemäß DRS 3-10.5 die Vergleichbarkeit der Rechnungslegung von Kreditinstituten gefördert werden. Konflikte sind vor dem Hintergrund der Entstehungsgeschichte von DRS 3 sowie DRS 3-10 und DRS 3-20 hieraus nicht zu erwarten, da bei der Konzeption der deutschen Standards auf eine Kompatibilität mit den internationalen Standards besonderer Wert gelegt worden ist.

10 Vgl. DRS 3-10.1 und DRS 3-20.1.

Segmentierung der Erfolgsquellen im Bankkonzern

Bankspezifische Ergänzung des allgemeinen Standards zur Segmentberichterstattung (DRS 3) durch DRS 3-10

- Anwendungsbereich
  - Kreditinstitute, die nach § 297 Abs. 1 HGB zur Erstellung einer Segmentberichterstattung verpflichtet sind
  - Kreditinstitute, die eine Segmentberichterstattung freiwillig erstellen
  - Keine Anwendungspflicht für Kreditinstitute mit befreiendem Konzernabschluss nach § 292a HGB

3. Hintergrund und Ziele

IAS 14 unterscheidet im Abschnitt „Objective" zunächst zwischen Zielen des Standards per se und Zielen der Segmentberichterstattung. Ziel des Standards per se ist die Aufstellung von Grundsätzen zur Darstellung von Finanzinformationen nach Segmenten. Als Ziele der Segmentaufgliederung nach „Informationen über die unterschiedlichen Arten von Produkten und Dienstleistungen, die ein Unternehmen produziert und anbietet, und die unterschiedlichen geographischen Regionen"[11] werden hingegen die folgenden drei Gesichtspunkte für Abschlussadressaten explizit aufgeführt:

- Besseres Verständnis der bisherigen Ertragskraft des Unternehmens,
- bessere Einschätzbarkeit der Risiken und Erträge des Unternehmens,
- sachgerechtere Beurteilbarkeit des Unternehmens als Ganzes.

Aus allen drei Aspekten, insbesondere aber aus dem dritten, wird ersichtlich, dass die Aufgliederung nicht nur auf die Darstellung der einzelnen Segmente zielt, sondern durch

[11] Vgl. Abschnitt „Objective" in IAS 14.

die Segmentberichterstattung vor allem eine besser fundierte Beurteilung des Gesamtunternehmens ermöglicht werden soll[12].

Abweichend zu IAS 14 nimmt die US-GAAP-Regelung FAS 131 zwar nicht die formale Unterscheidung nach den Zielen des Standards und den Zielen der Aufgliederung vor, die Segmentierung nach Geschäftsfeldern und verschiedenen wirtschaftlichen Umfeldern soll den Abschlussadressaten aber zu folgenden, weitgehend mit IAS 14 vergleichbaren Zwecken dienen[13]:

- Besseres Verständnis der Ertragskraft des Unternehmens,
- bessere Beurteilbarkeit der Aussichten auf künftige Netto-Cash-Flows,
- sachgerechtere Beurteilbarkeit des Unternehmens als Ganzes.

Wie bei den Zielen der Segmentberichterstattung nach IAS 14 wird auch aus FAS 131.3 ersichtlich, dass die Aufgliederung nicht nur der Darstellung der einzelnen Segmente dient, sondern vor allem eine bessere Beurteilung des Gesamtunternehmens ermöglichen soll.

Hintergrund und Ziele der Segmentberichterstattung

Ziel nach internationalen Standards

- Offenlegung von Segmentinformationen zur Beurteilung der Ertragschancen und Risiken eines diversifizierten Unternehmens, die aus aggregierten Daten nicht zu erkennen sind
- Blickrichtung ist nach FASB „the way that management organizes ... the enterprise for making operating decisions and assessing performance“
- Ursprungsidee: In Amerika ersetzt der Konzernabschluss den Einzelabschluss; disaggregierte Daten fehlen

12 Vgl. hierzu auch NARDMANN, H., Die Segmentberichterstattung – Anforderungen nach DRS 3 im internationalen Vergleich, Herne/Berlin 2002, S. 215.

13 Vgl. FAS 131.3.

Im allgemeingültigen, brachenübergreifenden deutschen Standard zur Segmentberichterstattung DRS 3 wird in DRS 3.1 das Ziel, „Informationen über die wesentlichen Geschäftsfelder eines Unternehmens zu geben", insoweit konkretisiert, als durch die Segmentberichterstattung der „Einblick in die Vermögens-, Finanz- und Ertragslage" der Unternehmens verbessert werden soll wie auch „die Einschätzung der Chancen und Risiken der einzelnen Geschäftsfelder". Im Blickwinkel dieser beiden Anforderungen stehen insofern zum einen das Unternehmen in seiner Gesamtheit und zum anderen die jeweiligen Geschäftsfelder. Die ergänzenden branchenspezifischen DRS 3-10 und DRS 3-20 enthalten keine zusätzlichen Ausführungen zum Ziel.

Verständlich sind die Segmentierungsanforderungen in allen drei Normen vor dem wirtschaftlichen Hintergrund, dass insbesondere bei diversifizierten Unternehmen aus den aggregierten Konzerndaten selbst kaum noch Aussagen zur Entwicklung des operativen Geschäfts abgeleitet werden können und möglicherweise gegenläufige Geschäftsentwicklungen nivelliert werden[14]. Ohne nähere Kenntnisse der Zusammenhänge haben diese Zahlen für einen externen Adressaten allenfalls den Wert einer historischen Statusgröße ohne jegliche Aussagekraft für die Nachhaltigkeit. Weder die Bilanz noch die Gewinn- und Verlustrechnung reichen daher für die heutigen Anforderungen einer externen Analyse aus. Ohne detailliertere Angaben zu den Entwicklungen in den einzelnen Geschäftsfeldern lassen sich nachteilige Einzeltrends in dem Gesamtspektrum oft nur schwer oder spät erkennen, da sie in den aggregierten Zahlen durch Quersubventionierungen überdeckt werden. Mangels Publizität könnte hierdurch das Unternehmen Gefahr laufen, dass strategische Maßnahmen nicht oder verspätet ergriffen werden und dadurch das Unternehmen als Ganzes seine Widerstandsfähigkeit einbüßt.

In den vergangenen drei bis fünf Jahren der Anwendung der aktuell gültigen Standards ist bei den Abschlussadressaten der Informationswert der Segmentberichterstattung auf reges Interesse gestoßen und zum Kernpunkt der analytischen Unternehmensbeurteilung geworden. Parallel zu dem zusätzlichen Informationsangebot sind allerdings auch die Anforderungen des Marktes an weitere Informationen gewachsen. Im gegenwärtigen Zeitalter einer kennzifferndominierten Unternehmensbewertung wird von Analysten vielfach der „Einblick in die Chancen und Risiken der einzelnen Geschäftsfelder" nicht mehr als Ausgangspunkt für eine eigene Beurteilung genutzt, sondern eine fertige, vollständige Segmenterfolgsrechnung erwartet – einschließlich segmentspezifischer Angaben zum Wertmanagement.

---

14 Vgl. HALLER, A., IAS 14 Segmentberichterstattung (Segment Reporting), in: BAETGE, J./DÖRNER, D. u.a. (Hrsg.), Rechnungslegung nach International Accounting Standards (IAS), 2. Aufl., Stuttgart 2002, Tz. 22.

4. Gestaltungserfordernis in zwei Berichtsformaten

4.1 Primäres Berichtsformat

Wie schon das Ziel ist auch die Vorgehensweise, nach der die Segmente zu bilden sind, in allen drei Standards weitgehend identisch, weist allerdings im Ansatz gewisse – für die Anwendung jedoch weniger relevante – Unterschiede auf.

Definition der Segmente und Berichtsformate

Berichtsformate der Segmentierung nach IAS 14, FAS 131 und DRS 3

- Segmentinformationen sind anzugeben für
  - primäre Berichtsformate, üblicherweise Unternehmensbereiche
  - sekundäre Berichtsformate, üblicherweise Regionen
- Einordnung als primäres Berichtsformat richtet sich nach der
  - Hauptart der Risiken und Erträge
- Kriterien zur Qualifikation
  - interne Organisations- und Führungsstruktur
  - interne finanzielle Berichterstattung

Alle drei Standards unterscheiden zwischen einem primären Berichtsformat mit umfassenderen Offenlegungsanforderungen und einem sekundären Berichtsformat. Erstmals und im Gegensatz zu den traditionellen Jahresabschluss-Komponenten stellt nicht eine Legalstruktur den Ansatzpunkt für die Berichterstattung im primären Berichtsformat dar, sondern die innere Managementstruktur des Unternehmens. In der Praxis kann diese zwar im Einzelfall sehr stark nach rechtlichen Einheiten ausgerichtet sein, wie beispielsweise im Bankenbereich bei der Credit Suisse Group, die als Struktur ab 1. Januar

2002 explizit die Bereiche „Rechtseinheit Credit Suisse“, „Rechtseinheit Winterthur“ sowie „Rechtseinheit Credit Suisse First Boston“ ausweist[15]. Üblicherweise ist aber die interne Managementstruktur eher losgelöst von der Legalstruktur und nach Produkt- oder Kundenverantwortung organisiert. Beide Alternativen sind in dem nachfolgenden Schaubild gegenübergestellt:

Alternative Segmentierungsausprägungen in der Unternehmenspraxis

Zwei alternative Segmentierungs-Ausprägungen in der Unternehmenspraxis

- nach rechtlichen Einheiten
  - Einfaches Handling der Abgrenzung
  - Unproblematisch, solange es keine Überschneidungen der Geschäftsfelder gibt

- nach Produkt-/Kundenverantwortung
  - Bei integriertem Unternehmen in einer rechtlichen Einheit erforderlich
  - Bedarf einer komplexen Abgrenzungssystematik

In den Anforderungen von IAS 14 wird zum einen klargestellt, dass für die Segmentberichterstattung ein primäres Format zu bestimmen ist und zusätzlich eine Segmentierung nach einem sekundären Berichtsformat vorzunehmen ist[16]. Gleichzeitig bestimmt IAS 14.27 in den Fällen, in denen die Risiken und die Eigenkapitalverzinsung eines Unternehmens sowohl aus Unterschieden in den Produkten und Dienstleistungen, die es herstellt oder anbietet, als auch aus Unterschieden in den geographischen Regionen, in denen es tätig ist, stark beeinflusst werden, die Priorisierung der Berichtsformate. Grundsätzlich geht hiernach das „business“ vor, so dass in aller Regel Geschäftssegmente als primäres Berichtsformat und geographische Segmente als sekundäres

---

15 Vgl. CREDIT SUISSE, Geschäftsbericht 2001, S. 6.

16 Vgl. IAS 14.26-27.

Berichtsformat zu verwenden sind. In der Praxis wird selbst bei solchen Banken, die als Spezialkreditinstitute tätig sind, wie beispielsweise Hypothekenbanken oder Bausparkassen, im primären Berichtsformat eine Segmentierung nach Geschäftssparten und nicht nach Regionen vorgenommen.

Die Rechnungslegung nach IAS unterstellt dabei, dass Geschäftssegmente im Unternehmen so festgelegt sind, dass ein einzelnes Geschäftssegment keine Produkte und Dienstleistungen mit signifikant unterschiedlichen Risiken und Erträgen umfasst[17]. Dieser Homogenitätsansatz relativiert die Anforderungen allerdings insofern, als bei einzelnen oder sogar einer Reihe von Faktoren Ungleichgewichte auftreten dürfen. Erwartet wird jedoch, dass die in ein einzelnes Geschäftssegment einbezogenen Produkte und Dienstleistungen mindestens in der Mehrheit der Faktoren ähnlich sind.

Im Rahmen dieser Konzeption unterstellt IAS 14.13, dass die wesentlichen Risikoquellen eines Unternehmens dafür verantwortlich zeichnen, wie die meisten Unternehmen organisiert sind und geleitet werden. Aus diesem Grunde wird gemäß IAS 14.13 bei der Bestimmung der berichtspflichtigen Segmente in IAS 14.27 vorausgesetzt, dass die Organisationsstruktur eines Unternehmens und sein internes Finanzberichtssystem die Grundlagen zur Bestimmung seiner Segmente bilden. In der Anwendungspraxis gibt hierfür die Zuständigkeitsverteilung innerhalb des Vorstands einen gewichtigen Anhaltspunkt.

Hintergrund und Ziele der Segmentberichterstattung

Ansatzpunkt zur Zielerreichung

- Internationale Standards rekurrieren an verschiedenen Stellen wörtlich auf die Struktur der internen Berichterstattung, so ist zum Beispiel
  - bei Definition,
  - bei Abgrenzung und
  - bei Zuordnung

  der auszuweisenden Angaben vom internen Management-informationssystem auszugehen.

---

17 Vgl. IAS 14.11.

Wie in den Anforderungen nach IAS ist auch die Segmentberichterstattung nach US-GAAP in zwei Berichtsformaten vorzunehmen. Ohne ausdrücklich von einem „primären" Berichtsformat zu sprechen, wird hinsichtlich der internen Struktur der Unternehmen die Organisation nach Produkten oder Dienstleistungen an erster Stelle genannt und anschließend die Aufstellung nach Regionen[18].

Für die Segmentberichterstattung nach US-GAAP hat sich das FASB ausdrücklich auf den „Management Approach" festgelegt. So heißt es in FAS 131.4 „The method the Board (FASB) chose for determing what information to report ... is based on the way that management organizes the segments within the enterprise for making operating decisions assessing performance." Auf diese Weise lassen sich nach FAS 131.4 die Segmente aus der internen Organisation abbilden und von den Unternehmen zudem kosteneffizient und zeitnah zur Verfügung stellen. Da FAS 131 bezüglich der primären Segmentbildung keine formale Verknüpfung zu damit verbundenen Chancen und Risiken zieht, stellt der Risk-and-Reward-Ansatz keine methodische Grundlage für die primäre Segmentbildung dar[19]. Trotz der konzeptionellen Ausrichtung an dem Management-Approach muss dieser allerdings nicht 1 : 1 für die Segmentierung übernommen werden. Nach FAS 131.72 können sowohl ein zu hoher Detaillierungsgrad als auch bestimmte Hinderungsgründe eine Aggregation für sinnvoll erscheinen lassen, um den Abschlussadressaten den größten Nutzen zu bieten. Als Hinderungsgründe für einen separaten Segmentausweis könnten beispielsweise schutzwürdige Kundeninteressen oder Wettbewerbsaspekte angeführt werden, die einer detaillierten Offenlegung im Wege stehen[20].

Zur Bestimmung der anzugebenden Segmente stellt der allgemeingültige, branchenübergreifende deutsche Standard zur Segmentberichterstattung DRS 3 in DRS 3.9-10 klar, dass die Segmentierung „primär anhand der operativen Segmente des Unternehmens" zu erfolgen hat und sich „somit aus der internen Organisations- und Berichtsstruktur des Unternehmens" ergibt[21].

---

18 Vgl. die Angaben zu einem durchgeführte Feldtest in FAS 131.102.

19 Vgl. auch NARDMANN, H., a.a.O., S. 169.

20 Vgl. zu Schutzklauseln auch VEIT, K.-R./BERNARDS, O., Anforderungen an die Segmentberichterstattung im internationalen Vergleich, WPg, 1995, S. 493-498, hier S. 494.

21 So DRS 3.9-10.

Definition der Segmente und Berichtsformate

Definition der Segmente nach IAS 14, FAS 131 und dem deutschen Rechnungslegungsstandard DRS 3

- Die Segmentierung hat anhand der operativen Segmente des Unternehmens entsprechend der internen Organisations- und Berichtsstruktur zu erfolgen
- Bestehen mehrere Segmentierungen nebeneinander, ist die Segmentierung offenzulegen, die die Chancen und die Risikostruktur des Unternehmens am besten widerspiegelt
- Ein operatives Segment ist grundsätzlich anzugeben, wenn Umsatzerlöse, Segmentergebnis oder Segmentvermögen mindestens jeweils 10 % des entsprechenden Gesamtbetrages ausmachen

Nahezu gleichlautend soll auch in der Segmentberichterstattung von Banken nach DRS 3-10.8 die Segmentierung „die interne Organisations- und Berichtsstruktur eines Kreditinstituts widerspiegeln". DRS 3-10.9 formuliert diese Beziehung noch anwendungsorientierter, indem die „interne Organisations- und Berichtsstruktur und damit die Chancen und Risiken eines Kreditinstituts dessen anzugebende Segmente (bestimmen)". Das erweiterte Segmentkriterium „Chancen und Risiken" kann allerdings in wissenschaftlicher Hinsicht nicht ohne weiteres als Folgerung aus dem Segmentkriterium „interne Organisations- und Berichtsstruktur" akzeptiert werden. Diese Ergänzung ist vielmehr zum einen als Brückenschlag zu den Zielparametern in DRS 3.1 verwendet worden und unterstellt (ohne erkennbare Rechtfertigung), dass die interne Struktur ohnehin stets nach Chancen und Risiken organisiert ist[22]. Ohne eine Alternative als erwähnenswert mitzuliefern, bestimmt DRS 3-10.9 darüber hinaus die Berichtsformate und deren Rangfolge im Detail wie folgt:

„Werden die interne Organisationsstruktur sowie die Chancen und Risiken im Wesentlichen von den Produkten und Dienstleistungen bestimmt, bilden die Geschäftsfelder die primär anzugebenden Segmente und die geographischen Tätigkeitsgebiete die sekundär anzugebenden Segmente."

[22] Vgl. hierzu auch NARDMANN, H., a.a.O., S. 66.

Das in allen drei Standards verfolgte Konzept einer Segmentierung nach der internen Organisation eines Unternehmens ist auf dem theoretischen Abstraktionsniveau überzeugend und wird im einschlägigen Schrifttum auch nicht infrage gestellt. Die abstrakte Formulierung im Standard ist allerdings um ein Vielfaches einfacher als die Umsetzung in der Praxis, wenn die Segmentberichterstattung dem Adressaten eine aussagekräftige Informationsgrundlage bieten soll. Die einfachste Konstellation, dass die innere Struktur eines Konzerns mit der Legalstruktur übereinstimmt und keine sich überschneidenden Leistungsangebote zu berücksichtigen sind, kommt in den seltensten Fällen vor und wäre vor allem bei einer „reinen" Holdingfunktion der Muttergesellschaft denkbar.

In der Regel – und insbesondere bei Kreditinstituten – ist ein Konzern hingegen keine Zusammenfassung von unabhängigen Bereichen, sondern ein interaktiver Unternehmensverbund. Viele Konzerne haben aus diesem Grund auch keine eindimensionale Organisationsstruktur, sondern eine mehrdimensionale, beispielsweise nach Kundengruppen, Produkten und Regionen ausgerichtete Führungsorganisation in Matrixform. Allein hieraus wird schon deutlich, dass ein eindimensionaler Segmentbericht diese vielseitigen Verflechtungen nicht alle gleichzeitig zum Ausdruck bringen kann. Für die Praxis resultiert daraus das Problem der Konsolidierungsposten, da die interne Verrechnung in aller Regel über Stromgrößen erfolgt und bisher von den IT-Systemen die entsprechenden Volumensgrößen nicht automatisch mitgeliefert wurden. In Projekten empfiehlt es sich daher, diese Thematik frühzeitig anzugehen, um IT-bedingten Projektverzögerungen zu begegnen.

4.2 Sekundäres Berichtsformat

Nach den Anforderungen von IAS 14 ist neben der Segmentberichterstattung im primären Berichtsformat zusätzlich eine Segmentierung nach einem sekundären Berichtsformat vorzunehmen[23], für das allerdings weniger umfangreiche Offenlegungsanforderungen bestehen. Gleichzeitig bestimmt IAS 14.27, dass grundsätzlich „business" vorgeht, so dass in aller Regel Geschäftssegmente als primäres Berichtsformat und geographische Segmente als sekundäres Berichtsformat zu verwenden sind. Zu den Ausweispositionen im Einzelnen vgl. Abschnitt 5.1.

Auch nach US-GAAP wird bezüglich der Berichtsformate die Darstellung anhand der Organisation nach Produkten oder Dienstleistungen an erster Stelle genannt und anschließend die Aufstellung nach Regionen[24]. Nach FAS 131.104 wird gleichwohl einer regionalen Aufgliederung der Erträge für Analystenkreise eine große Bedeutung zugemessen, um im Umfeld unterschiedlicher Entwicklungen der einzelnen Volkswirtschaften Risikokonzentrationen besser beurteilen zu können. Gleiches gilt auch für Investi-

[23] Vgl. IAS 14.26-27.

[24] Vgl. die Angaben zu einem durchgeführten Feldtest in FAS 131.102.

tionen in verschiedenen Regionen, die besonderen Risiken unterliegen. Zu den Ausweispositionen im Einzelnen vgl. Abschnitt 5.2.

Analog zu IAS 14 verlangt auch der allgemeingültige, nicht branchenspezifische Standard DRS 3 bei der geographischen Segmentbildung gemäß DRS 3.39 das gleiche kleinere Spektrum an segmentweise offenzulegenden Posten. Im bankspezifischen DRS 3-10 werden bei der geographischen Aufgliederung allerdings in detaillierterer Form GuV- und Bilanzposten sowie betriebswirtschaftliche Kennziffern herangezogen, die zu den Kerngrößen der bankbetrieblichen Betätigung gehören und für die Risikobeurteilung von maßgeblicher Bedeutung sind. Zu den Ausweispositionen im Einzelnen vgl. Abschnitt 5.3.

5. Allgemeingültige und bankspezifische Segmentpositionen

5.1 Segmentpositionen nach IAS 14

In der Rechnungslegung nach IAS gibt es für die Positionen des primären Berichtsformats nur die allgemeingültigen, branchenübergreifenden Vorgaben nach IAS 14 und keine branchenspezifischen Regelungen für Kreditinstitute oder Versicherungsunternehmen. Im Einzelnen sind die angabepflichtigen Positionen in IAS 14.50-66 geregelt und umfassen folgende, in der nachfolgenden Übersicht dargestellten neun an der Gewinn- und Verlustrechnung oder Bilanz orientierten Werte:

Definition der Segmente und Berichtsformate

Angabepflichtige Positionen für das primäre Berichtsformat nach IAS 14

- Segmenterlöse mit Überleitung auf die GuV
- Segmentergebnis mit Überleitung auf die GuV
- Segmentvermögen mit Überleitung auf die Bilanz
- Segmentverbindlichkeiten mit Überleitung auf die Bilanz
- Investitionen in Segmentvermögen
- Segmentabschreibungen
- Sonstige nicht zahlungswirksame Segmentaufwendungen
- Ergebnisanteil und Beteiligungswert der nach der Equity-Methode einbezogenen Unternehmen

Der nahezu durchgängige Verzicht branchenspezifischer Regelungen innerhalb der IAS und das Fehlen segmentspezifischer Vorgaben in dem Branchenstandard IAS 30 trägt den Konflikt in sich, dass einerseits dem Wortlaut der allgemeingültigen Regelungen Rechnung zu tragen ist, andererseits aber der Wortlaut das maßgebliche Unternehmensgeschehen nicht sachgerecht abbildet.

Bei Kreditinstituten wird dieses besonders deutlich in der Position Segmentvermögen. Bankaufsichtsrechtlich werden die Risiken aus dem Anlagebuch bereits seit Jahrzehnten differenziert nach bestimmten Risikokategorien, die abgestuft mit unterschiedlichen Gewichtungssätzen von 100%, 50%, 20% oder bei höchster Bonitätsklasse sogar zu 0% mit Eigenkapital zu unterlegen sind. Wie wichtig eine derartige risikogerechte Differenzierung ist, wird aus den intensiven Bemühungen um die Novellierung der Basler Eigenkapitalvorschriften („Basel II") deutlich. Es wäre verfehlt, diese für die Kreditwirtschaft grundlegenden Erkenntnisse bei der Segmentberichterstattung zu ignorieren. Für eine aussagefähige Segmentberichterstattung von Banken ist es daher nahezu zwingend, zumindest zusätzlich auf Position zurückzugreifen, die die für Kreditinstitute charakteristischen Chancen und Risiken abbilden. Vorbild für die Anwendungspraxis kann in diesem Fall DRS 3-10 sein, der insbesondere im Hinblick auf die berichtspflichtigen Angaben den Besonderheiten der Kreditwirtschaft gezielt Rechnung trägt[25]

Für das sekundäre Segmentberichtsformat ist die Offenlegungspflicht in IAS 14 auf lediglich drei Positionsangaben beschränkt. Gemäß IAS 14.69 sind bei geographischer Aufgliederung im sekundären Berichtsformat die in nachfolgender Übersicht dargestellten Positionen anzugeben:

Definition der Segmente und Berichtsformate

Angabepflichtige Positionen für das sekundäre Berichtsformat nach IAS 14

- Segmenterlöse
- Segmentvermögen
- Investitionen in Segmentvermögen

25 Vgl. hierzu Abschnitt 6.3 sowie zu praktischen Problemen bei der Bereitstellung der einzelnen Segmentdaten Abschnitt 7.

5.2 Segmentpositionen nach FAS 131

Die Angabepflichten nach US-GAAP für das primäre Berichtssegment umfassen analog zu IAS 14 ebenfalls periodenbezogene und stichtagsbezogene Größen. Während nach IAS 14 jedoch ein fixer Katalog von erforderlichen Angaben vorgeschrieben ist, hängen die Angabepflichten nach FAS 131 davon ab, ob diese Größen für die Steuerung des Unternehmenserfolgs oder der Vermögenswerte des Unternehmens tatsächlich verwendet werden[26]. Nach FAS 131 sind insofern die Positionen nicht so schematisch festgelegt wie nach IAS 14. Gleichwohl nennt FAS 131.27 aber explizit eine Liste von zehn Erfolgsgrößen[27], die möglicherweise im Rahmen der Unternehmenssteuerung herangezogen werden und in diesem Fall segmentierungspflichtig sind.

Abweichend zu IAS 14 verzichtet FAS 131 auf eine Zuordnung der Verbindlichkeiten[28] auf Segmente sowie auf einen segmentbezogenen Ausweis von Kennziffern.

Wie in der Rechnungslegung nach IAS gibt es auch nach US-GAAP keinen branchenspezifischen Standard für die Segmentberichterstattung von Kreditinstituten. Konzeptionell ist allerdings der Rahmen der Angabepflichten nicht schematisch fixiert wie der Katalog nach IAS, sondern durch die Größen bestimmt, die tatsächlich zur internen Steuerung verwendet werden. Der Management Approach reicht insofern über die Segmentaufteilung hinaus und setzt sich auch in der Auswahl der Angabepflichten fort. Für die Angabepflichten von Kreditinstituten sind insofern konsequenterweise die Größen heranzuziehen, die für die Banksteuerung zur Anwendung kommen.

Analog zu IAS 14 ist auch nach FAS 131 neben den Angaben nach Geschäftfeldern eine geographische Segmentierung erforderlich. Angabepflichtig sind hierbei die Positionen externe Umsatzerlöse sowie langfristige Vermögenswerte[29].

---

26 Vgl. PORTER, T.L., Comparative Analysis of IAS 14 (1997), Segment Reporting, and U.S. GAAP including FASB Statement No. 131, Disclosures about Segments of an Enterprise and Related Information, in: Bloomer, C., The IASC-U.S. Comparison Project: A Report on the Similarities and Differences between IASC Standards an U.S. GAAP, 2. Aufl., Norwalk 1999, S. 161-172, hier S. 166f.

27 Diese umfasst: Umsatzerlöse mit externen Dritten; Umsatzerlöse aus Transaktionen mit anderen Segmenten des Unternehmens; Zinserlöse; Zinsaufwendungen; Abschreibungen und sonstige Wertminderungen; Ungewöhnliche Aufwendungen und Erträge; Anteilige Erträge aus Beteiligungen, die in den Konzernabschluss at equity einbezogen werden; Aufwand oder Ertrag aus Steuern vom Einkommen und vom Ertrag; Außerordentliches Ergebnis; Wesentliche nicht zahlungswirksame Aufwendungen außer Abschreibungen und sonstige Wertminderungen.

28 Begründet wird der Verzicht auf eine Segmentierung der Verbindlichkeiten in FAS 131.96 damit, dass in der Praxis im Allgemeinen die Fremdfinanzierung zentral erfolgt und diese Mittel üblicherweise nicht segmentbezogen zugeordnet werden. Diese Argumentation ist allerdings sehr pauschal formuliert und vernachlässigt wichtige Finanzierungsstrukturen bestimmter Branchen. So bleiben beispielsweise Lieferantenkredite unberücksichtigt, die durchaus für verschiedene Segmente von unterschiedlicher Bedeutung sein können. Insbesondere wird aber dem Einlagengeschäft von Kreditinstituten nicht Rechnung getragen, bei denen allenfalls die Emission verbriefter Verbindlichkeiten als ein eher zentrales Instrument der Fremdfinanzierung angesehen werden kann.

5.3 Segmentpositionen nach DRS 3 und DRS 3-10

Sowohl in dem primären als auch in dem sekundären Berichtsformat des allgemeingültigen, branchenübergreifenden DRS 3 kann eine weitgehende Übereinstimmung der Positionen[30] mit den berichtspflichtigen Angaben nach IAS 14 festgestellt werden und ist aus der Entstehungsgeschichte des DRS 3 verständlich. In dessen Konzeption stand das Ziel im Vordergrund, dass mit der Erfüllung der Anforderungen nach DRS 3 zugleich auch die international anerkannten Rechnungslegungsgrundsätze, also IAS und US-GAAP, miterfüllt sind.

Die besonderen Determinanten, die das Bankgeschäft wie auch das Versicherungsgeschäft charakterisieren, schlagen sich nicht nur in einer spezifischen und stark reglementierenden Branchenaufsicht nieder, sondern auch in jeweils spezifischen Schemata für die Darstellung der Bilanz und Gewinn- und Verlustrechnung. Aus diesem Bewusstsein heraus ist bei der Konzeption der deutschen Regelung für die Segmentberichterstattung die Notwendigkeit erkannt worden, dass ein aussagekräftiger Segmentbericht für Banken und Versicherungen ebenfalls nur durch branchencharakteristische Positionsbestimmungen erreicht werden kann.

In dem branchenspezifischen Standard für Banken sind in DRS 3-10.26 in einem sehr viel weitergehenden Maße als in dem allgemeingültigen DRS 3 die Pflichtangaben aufgeführt, die in bankspezifisch sinnvoller Auslegung von IAS 14 und DRS 3 für jedes Segment von Kreditinstituten offen zu legen sind. Hierbei handelt es sich für die Segmentdarstellung im primären Berichtsformat um die in der nachfolgenden Übersicht dargestellten sechs periodenbezogenen und vier stichtagsbezogene Größen sowie zwei Kennziffern:

29 Mit bestimmten Ausnahmen, wie Investitionen in Finanzinstrumente, Kundenbeziehungen (bei Finanzinstitutionen) oder Grundschulden.

30 Vgl. DRS 3-31.

Segmentierung der Erfolgsquellen bei Banken

Angabepflichtige Positionen für das branchenspezifische primäre Berichtsformat nach DRS 3-10

- Zinsüberschuss
- Risikovorsorge im Kreditgeschäft
- Provisionsüberschuss
- Nettoüberschuss aus Finanzgeschäften
- Verwaltungsaufwand
- Ergebnis nach Risikovorsorge

- Segmentvermögen
- Segmentverbindlichkeiten
- Risikopositionen
- Allokiertes Kapital
- Rentabilität des allokierten Kapitals
- Aufwand/Ertrag-Relation

Mit Ausnahme der Aufwand/Ertrag-Relation sind dabei gemäß DRS 3-10.26 sämtliche Angaben auf die entsprechenden Gesamtwerte des Konzerns überzuleiten. Auf die praktischen Probleme bei der Bereitstellung der einzelnen Segmentdaten geht im Einzelnen Abschnitt 6 ein.

Im Vergleich zu den Anforderungen nach IAS 14 und DRS 3 ist festzustellen, dass in DRS 3-10 auf eine separate Zuordnung der Positionen Sachanlagevermögen, Investitionen in langfristiges Vermögen und Abschreibungen zu Segmenten verzichtet worden ist. Mit Blick auf die Bilanzrelationen der Banken ist der Verzicht auf die separaten Angaben für das Sachanlagevermögen verständlich und sinnvoll. So belief sich beispielsweise der Anteil des Sachanlagevermögens im Verhältnis zur gesamten Bilanzsumme im Konzern Dresdner Bank per 31. Dezember 2001 auf lediglich 0,8 Prozent[31]. DRS 3-10.29 begründet diese in der Regel zulässige Ausnahme daher auch durch den Wesentlichkeitsgrundsatz. Der Verzicht auf die Position Segmentabschreibungen wird hingegen durch die bankspezifische Angabe der Risikovorsorge kompensiert.

In der Segmentdarstellung für das sekundäre Berichtsformat sind statt der zwölf Positionen für das primäre Berichtsformat lediglich die sechs in der nachfolgenden Übersicht dargestellten Positionen segmentweise auszuweisen:

31 Vgl. DRESDNER BANK, Geschäftsbericht 2001, S. 91.

Segmentierung der Erfolgsquellen im Bankkonzern

Für jedes sekundäre berichtspflichtige Segment (in der Regel Regionen) sind folgende Größen gesondert auszuweisen:

- Ergebnis vor Risikovorsorge
- Risikovorsorge im Kreditgeschäft
- Ergebnis nach Risikovorsorge
- Segmentvermögen oder Risikopositionen
- Segmentverbindlichkeiten oder allokiertes Kapital
- Aufwand/Ertrag-Relation

6. Segmentberichterstattung in der Anwendungspraxis

Anhand von Geschäftsberichten des Zeitraumes 1996 bis 2001 soll im Folgenden die Anwendungspraxis ausgewählter deutscher Kreditinstitute aufgezeigt werden. Der erste Abschnitt geht dabei auf die jeweilige Segmentabgrenzung bei den einzelnen Banken sowie auf Veränderungen im mehrjährigen Zeitablauf ein. Im zweiten Abschnitt werden die Segmentabgrenzungen der Kreditinstitute nebeneinander gestellt und einem Vergleich unterzogen. Im dritten Abschnitt werden die Positionen dargestellt, die von den jeweiligen Kreditinstituten auf ihre Segmente aufgegliedert werden.

6.1 Segmentabgrenzung der einzelnen Banken im primären Berichtsformat

6.1.1 Segmentabgrenzung der Deutschen Bank

In der nachfolgenden Darstellung für die Deutsche Bank werden die Geschäftsberichte des Zeitraumes 1996 bis 2001 zugrunde gelegt. Die Einführung der Segmentberichterstattung nach operativen Geschäftssparten ist bei der Deutschen Bank erstmals für das Geschäftsjahr 1996 erfolgt, d.h. ein Jahr nach der erstmaligen Veröffentlichung ihres Konzernabschlusses nach IAS. Nach Übergang der Deutschen Bank von der Rechnungslegung nach IAS auf US-GAAP ist der Geschäftsbericht für das Jahr 2001 nach US-GAAP erstellt worden.

Intertemporaler Überblick über die Segmentabgrenzung im primären Berichtsformat in den Geschäftsberichten 1996 bis 2001 der Deutschen Bank

1996	1998	2000	2001
Privat- und Geschäftskunden	Privat- und Geschäftskunden	Privat- und Geschäftskunden	Corporate Banking & Securities
Unternehmen und Institutionen	Unternehmen und Immobilien	Unternehmen und Immobilien	Global Transaction Banking
Investment Banking	Globale Unternehmen und Institutionen	Globale Unternehmen und Institutionen	Personal Banking
Konzerndienste	Asset Management	Asset Management	Private Banking
	Global Technology and Services	Global Technology and Services	Asset Management
	Corporate Center (soweit nicht verrechnet)	Corporate Center	Corporate Investments

Intertemporaler Überblick über die Segmentabgrenzung im primären Berichtsformat in den Geschäftsberichten 1996 bis 2001 der Deutschen Bank			
1996	1998	2000	2001
			Total Management Reporting
Sonstige/Konsolidierung	Sonstige/Konsolidierung	Sonstige/Überleitung/ Konsolidierung	Überleitung
Insgesamt Konzern	Insgesamt Konzern	Insgesamt Konzern	Konzern (US-GAAP) insgesamt

Quellen: Geschäftsberichte 1996 bis 2001 der Deutschen Bank.

In dem Überblick in grundsätzlich Zwei-Jahres-Schritten ist die Reihenfolge der Sparten so übernommen worden, wie sie in den jeweiligen Geschäftsberichten dargestellt wird. Ersichtlich werden erhebliche Umstrukturierungen, insbesondere in den ersten Jahren sowie zum Übergang auf US-GAAP im Geschäftsbericht für das Jahr 2001.

Zu diesen intertemporalen Veränderungen wie auch zur Behandlung der Vorjahresvergleichszahlen werden zu grundsätzlichen Aspekten verbale Erläuterungen vorgenommen. So ist beispielsweise die verbale Erläuterung zur Segmentabgrenzung im Geschäftsbericht 1998 wie folgt gefasst:

„Strukturellen Änderungen und methodischen Verfeinerungen wird in der Berichterstattung über das laufende Geschäftsjahr und – soweit möglich – in den Vergleichen mit dem vergangenen Geschäftsjahr Rechnung getragen. Die Vergleichzahlen 1997 wurden auf die neue Organisationsstruktur übergeleitet.“[32]

Dieser Wortlaut wird auch in den Folgejahren unverändert übernommen[33], allerdings konnte dann auf die Einschränkung „soweit möglich“ verzichtet werden, wodurch eine qualitative Verbesserung der Vergleichbarkeit suggeriert wird. Eine jährliche Wiederholung desselben Wortlauts birgt allerdings die Gefahr in sich, dass dieser eher phrasenhaft zur Kenntnis genommen wird. Wünschenswert und aussagekräftiger wären vielmehr detailliertere Hinweise auf die geschäftsjahrspezifischen Änderungen.

---

32 Vgl. DEUTSCHE BANK, Geschäftsbericht 1998, S. 89.

33 Vgl. DEUTSCHE BANK, Geschäftsbericht 2000, S. 122.

Detailliertere Angaben zu einzelnen Zuordnungen wie auch zu Vergleichzahlen werden jedoch teilweise in der tabellarischen Darstellung in Form von Fußnoten vorgenommen, wie beispielsweise im Geschäftsbericht 1998 in folgender Weise:

„Die Vergleichszahlen 1997 wurden auf die neuer Organisationsstruktur übergeleitet. Die Vorjahresvergleichswerte sind wegen der Strukturverfeinerung 1998 nur bedingt aussagefähig; 1997 wurden noch nicht alle Ergebnisbestandteile der Treasury aus dem Corporate Center den Segmenten zugeordnet.“[34]

Angesichts des begrenzten Raums in tabellarischen Offenlegungen und hierin insbesondere für Fußnoten, kommt diesen Angaben jedoch häufig nur der Charakter eines Minimalhinweises zu statt einer erläuternden Hilfe für die Beurteilung der Bedeutung von Änderungen.

In dem nach US-GAAP erstellten Geschäftbericht 2001, in dem Vergleichszahlen für zwei vorhergehende Jahre ausgewiesen werden, wird verbal auf die „Modifizierung der Management-Berichtssysteme“ hingewiesen, „um die Abbildung der neuen Organisationsstruktur zu reflektieren“ sowie darauf, dass die „für die Geschäftsjahre 2000 und 1999 ausgewiesenen Zahlen an die neue Organisationsstruktur angepasst wurden, um sie mit den Zahlen für 2001 vergleichbar zu machen.“[35]

6.1.2 Segmentabgrenzung der Dresdner Bank

Die Einführung einer Segmentberichterstattung nach operativen Geschäftssparten ist bei der Dresdner Bank für das Geschäftsjahr 1998 erfolgt, für das erstmalig der Konzernabschluss nach IAS veröffentlicht wurde.

Intertemporaler Überblick über die Segmentabgrenzung im primären Berichtsformat in den Geschäftsberichten 1998 bis 2001 der Dresdner Bank			
1998	1999	2000	2001
Investment Banking	Asset Management	Private Kunden	Private Kunden
Institutional Asset Management	Firmenkundengeschäft	Asset Management	Asset Management

34 Vgl. DEUTSCHE BANK, Geschäftsbericht 1998, S. 91.

35 Vgl. DEUTSCHE BANK, Geschäftsbericht 2001, S. 150.

Intertemporaler Überblick über die Segmentabgrenzung im primären Berichtsformat in den Geschäftsberichten 1998 bis 2001 der Dresdner Bank			
1998	1999	2000	2001
Firmenkundengeschäft	Investment Banking	Investment Banking	Corporates & Markets
Privatkundengeschäft	Private Kunden	Firmenkundengeschäft	
		Immobilien	Immobilien
Corporate Items	Corporate Items	Corporate Items	Corporate Items
Konzern insgesamt	Konzern insgesamt	Konzern insgesamt	Konzern insgesamt

Quellen: Geschäftsberichte 1998 bis 2001 der Dresdner Bank.

In dem Überblick ist die Reihenfolge der Sparten so übernommen worden, wie sie in den jeweiligen Geschäftsberichten dargestellt wird. Aus der Betrachtung der ersten beiden Jahre lässt sich der Eindruck gewinnen, dass sich – abgesehen von der Diskontinuität der Reihenfolge – vor allem Bezeichnungen einzelner Unternehmensbereiche verändert haben. Ein Grund für die Änderung der Reihenfolge in der Darstellung der Unternehmensbereiche vom Geschäftsjahr 1998[36] zum Geschäftsjahr 1999[37] wird aus den Erläuterungen zur Segmentberichterstattung nicht ersichtlich, so dass die Frage offen bleibt, welcher Zweck hinter dieser – möglicherweise als formale Hürde wirkenden – Änderung steht.

Gleichermaßen geben die Erläuterungen zur Segmentberichterstattung des Geschäftsjahres 1999 keine Hinweise darauf, ob die Änderungen der Unternehmensbereichsbezeichnungen von „Institutional Asset Management“ im Geschäftbericht 1998 in „Asset Management“ im Geschäftsbericht 1999 sowie „Privatkundengeschäft“ 1998 in „Private Kunden“ 1999 auch mit Änderungen in den Segmentabgrenzungen verbunden sind. Eine indirekte Folgerung aus der Beschreibung der Segmente gibt keine klaren Indizien für

36 Vgl. DRESDNER BANK, Geschäftsbericht 1998, S. 72f.

37 Vgl. DRESDNER BANK, Geschäftsbericht 1999, S. 88f.

eine Identität, zumal auch die differierenden Zahlenangaben über den Vorjahresvergleich[38] keine direkten Schlussfolgerungen erlauben.

Im Geschäftsbericht 2000 wird erstmals ein genereller Hinweis zur Behandlung von Änderungen in der Segmentberichterstattung aufgeführt. Nach diesem Wortlaut werden „Änderungen der divisionalen Organisationsstruktur sowie Modifikationen und Verbesserungen der Ertrags- und Kostenzuordnung rückwirkend in der Berichterstattung über das laufende Jahr als auch in der Darstellung des Vorjahres berücksichtigt."[39] Im vorjährigen Geschäftsbericht fehlte ein entsprechender Hinweis noch, obwohl auch dort Änderungen in den Vergleichszahlen festzustellen sind[40].

Konsequenterweise wird die strukturelle Veränderung der Organisation im Geschäftsjahr 2000 durch Schaffung eines eigenständigen Unternehmensbereiches „Immobilien" in den Erläuterungen zur Segmentberichterstattung des Geschäftsjahres eingehend erläutert. Dabei wird zum einen offengelegt, dass hierin „im Berichtsjahr ausschließlich die operativen Aktivitäten der Hypothekenbank-Tochtergesellschaft Deutsche Hyp" ausgewiesen werden, aber ab Geschäftsjahr 2001 „in diesem Unternehmensbereich das gesamte Leistungsspektrum des Dresdner Bank Konzerns rund um die Immobilie zusammengefasst wird"[41]. Zum anderen erfolgt auch der Hinweis, dass die Aktivitäten der Deutschen Hyp zuvor den Unternehmensbereichen „Private Kunden" und „Firmenkundengeschäft" zugeordnet waren[42]. Eine Quantifizierung der Aufteilung ist zwar nicht unmittelbar ersichtlich, aber durch Differenzrechnung zwischen den Zahlenangaben für 1999 im Geschäftsbericht 1999 und den Vorjahreszahlen im Geschäftsbericht 2000 im Wesentlichen nachvollziehbar[43].

Als strukturelle Veränderung des Geschäftsjahres 2001 werden die bisher selbständig operierenden Unternehmensbereiche „Investment Banking" und „Firmenkundengeschäft" in dem neugeschaffenen Unternehmensbereich „Corporates & Markets" zusammengefasst. Auf diese Änderung und die entsprechende Anpassung der Vorjahreszahlen gehen die Erläuterungen zur Segmentberichterstattung zwar verbal ein[44], liefern allerdings an dieser Stelle keine Einzelheiten zu der Zusammenfassung oder Hinweise

---

38 Vgl. die Zahlenangaben für 1998 im Geschäftsbericht 1998 der Dresdner Bank, S. 73, mit den Vorjahreszahlen im Geschäftsbericht 1999, S. 89, für die Unternehmensbereiche „Institutional Asset Management" bzw. „Asset Management" sowie „Privatkundengeschäft" bzw. „Private Kunden".

39 Vgl. DRESDNER BANK, Geschäftsbericht 2000, S. 120.

40 Vgl. DRESDNER BANK, Geschäftsbericht 1999, S. 89, im Vergleich zu DRESDNER BANK, Geschäftsbericht 1998, S. 73.

41 Vgl. DRESDNER BANK, Geschäftsbericht 2000, S. 119.

42 Vgl. DRESDNER BANK, Geschäftsbericht 2000, S. 120.

43 Vgl. die Zahlenangaben für 1999 im Geschäftsbericht 1999, S. 89, für die Unternehmensbereiche „Private Kunden" und „Firmenkundengeschäft" mit den Vorjahreszahlen für diese Unternehmensbereich im Geschäftsbericht 2000, S. 121, und die ungefähre Entsprechung mit den Zahlen für den Unternehmensbereich „Immobilien" im Geschäftsbericht 2000, S. 121.

44 Vgl. DRESDNER BANK, Geschäftsbericht 2001, S. 114.

auf andere Abschnitte im Geschäftsbericht, wie eine Begründung zur Neuorganisation oder mögliche Zahlenentwicklungen in den Einzelbereichen ohne die Zusammenfassung. Da sich insbesondere bei Zusammenfassungen die Frage möglicher Quersubventionierungen stellt, wäre eine detailliertere Berichterstattung durchaus wünschenswert, um eine fundiertere Beurteilungsgrundlage zu erhalten.

6.1.3 Segmentabgrenzung der Commerzbank

Wie bei der Dresdner Bank ist auch bei der Commerzbank die Einführung einer Segmentberichterstattung nach operativen Geschäftssparten zum Geschäftsjahr 1998 erfolgt, für das erstmalig der Konzernabschluss nach IAS veröffentlicht wurde.

Intertemporaler Überblick über die Segmentabgrenzung im primären Berichtsformat in den Geschäftsberichten 1998 bis 2001 der Commerzbank			
1998	1999	2000	2001
Inländisches Filialgeschäft	Private Kunden und Immobilien	Private Kunden	Private Kunden
Internationales Finanzgeschäft	Firmenkunden und Institutionen	Asset Management	Asset Management
Investment Banking	Investment Banking	Firmenkunden und Institutionen	Firmenkunden und Institutionen
		Securities	Securities
		Treasury und Devisen	Treasury und Devisen
Hypothekenbankgeschäft	Hypothekenbankgeschäft	Hypothekenbanken	Hypothekenbanken

Intertemporaler Überblick über die Segmentabgrenzung im primären Berichtsformat in den Geschäftsberichten 1998 bis 2001 der Commerzbank			
1998	1999	2000	2001
Konzernsteuerung/ Sonst./Konsolidierung	Konzernsteuerung/ Sonst./Konsolidierung	Sonstige und Konsolidierung	Sonstige und Konsolidierung
Gesamt	Gesamt	Gesamt	Gesamt

Quellen: Geschäftsberichte 1998 bis 2001 der Commerzbank.

In dem Überblick ist die Reihenfolge der Sparten so übernommen worden, wie sie in den jeweiligen Geschäftsberichten dargestellt wird. Hierbei wird ersichtlich, dass bereits im zweiten Jahr der Segmentberichterstattung nach Unternehmensbereichen eine einschneidende Änderung der Segmentabgrenzung erfolgt.

Statt einer Abgrenzung der Unternehmensbereiche „Inländisches Filialgeschäft" und „Internationales Finanzgeschäft" im Geschäftsbericht 1998[45], d.h. einer Zuordnung nach regionalen Kriterien auch im primären Berichtsformat[46], orientiert sich diesbezüglich die Segmentberichterstattung im Geschäftsbericht 1999[47] nach Kundengruppen und grenzt zwischen den Unternehmensbereichen „Private Kunden und Immobilien" und „Firmenkunden und Institutionen" ab. Für die übrigen Unternehmensbereiche, dem Bereich „Investment Banking" und dem Bereich „Hypothekenbanken", in dem die Aktivitäten der Hypothekenbank-Tochtergesellschaften gezeigt werden, sind hingegen keine Änderungen ersichtlich[48]. Ausdrücklich weisen die verbalen Erläuterungen zur Segmentberichterstattung darauf hin, dass bereits die Segmentberichterstattung 1999 die neue Ordnung der Unternehmensbereiche darstellt, obwohl die Neuordnung erst ab dem Jahr 2000 wirksam wird[49]. Außerdem wird in den Erläuterungen zum Ausdruck gebracht, dass die Daten der in einer separaten Matrix gezeigten Vorjahresvergleichszahlen[50] der neuen Darstellungssystematik angepasst wurden[51].

---

45 Vgl. COMMERZBANK, Geschäftsbericht 1998, S. 73.

46 Im sekundären, geographischen Berichtsformat wird zwischen den Regionen „Deutschland", „Europa (ohne Deutschland)", „Amerika", „Asien" und „Afrika" unterschieden; vgl. Commerzbank, Geschäftsbericht 1998, S. 74.

47 Vgl. COMMERZBANK, Geschäftsbericht 1999, S. 80f.

48 Vgl. COMMERZBANK, Geschäftsbericht 1998, S. 73 und COMMERZBANK, Geschäftsbericht 1999, S. 80-82.

49 Vgl. COMMERZBANK, Geschäftsbericht 1999, S. 80.

50 Vgl. COMMERZBANK, Geschäftsbericht 1999, S. 82.

51 Vgl. COMMERZBANK, Geschäftsbericht 1999, S. 80.

Auch im dritten Jahr der umfassenderen Segmentberichterstattung erfolgt eine einschneidende Änderung der Segmentdarstellung. Im Geschäftsbericht 2000 werden in der Segmentberichterstattung die Unternehmensbereiche weiter aufgebrochen in Geschäftsfelder, hiervon allerdings einige Geschäftsfelder wiederum zusammengefasst. In den verbalen Erläuterungen zur Segmentberichterstattung wird diese Änderung wie folgt begründet:

„Um eine größere Transparenz darzustellen, berichten wir in diesem Jahr nicht mehr über Unternehmensbereiche, sondern über die Ergebnisse der einzelnen Geschäftsfelder, die wir als primäre Segmente ausweisen. Dabei haben wir einige Geschäftsfelder zusammengefasst."[52]

Zu der Zusammenfassung werden allerdings keine Gründe angeführt. In der Veröffentlichungspraxis sollte dabei bedacht werden, dass das Fehlen solcher Hinweise leicht den Schluss nahe legen kann, durch geeignete Aggregationen würden ungünstige Ergebnisse einzelner Geschäftsfelder kaschiert, obwohl möglicherweise gar nicht die Quersubventionierung, sondern andere Gründe das ausschlaggebende Motiv gewesen sind.

Im Einzelnen werden bei der Änderung der Segmentdarstellung zum einen statt des Unternehmensbereichs „Private Kunden und Immobilien" in der Segmentberichterstattung des Geschäftsjahres 1999 aus dem im Geschäftsjahr 2000 neu formierten Unternehmensbereich „Private Kunden und Asset Management" die Geschäftsfelder „Private Kunden" und „Asset Management" separat dargestellt[53]. Zum anderen werden die in der Segmentberichterstattung des Geschäftjahres 1999 separat ausgewiesenen Unternehmensbereiche „Firmenkunden und Institutionen" und „Investment Banking" im Geschäftsjahr 2000 neu formiert in einem Unternehmensbereich „Firmenkunden und Investment Banking"[54]. Aus dessen sieben Geschäftsfeldern „Firmenkunden", „Relationship Management", „Internationale Banken", „Corporate Finance", „Immobilien" (1999 noch Teil des Unternehmensbereichs „Private Kunden und Immobilien"), „Securities" und „Treasury und Devisen" werden wiederum die ersten fünf Geschäftsfelder zusammengefasst und in der Segmentberichterstattung als „Firmenkunden und Institutionen" ausgewiesen[55], während die Geschäftsfelder „Securities" und „Treasury und Devisen" einzeln gezeigt werden[56]. Weiterhin separat ausgewiesen wird der Bereich „Hypothekenbanken"[57], der die beiden Hypothekenbank-Tochtergesellschaften „Rheinische Hypothekenbank" und „Hypothekenbank in Essen" umfasst[58].

---

52 Vgl. COMMERZBANK, Geschäftsbericht 2000, S. 93.

53 Vgl. COMMERZBANK, Geschäftsbericht 2000, S. 92 und 94.

54 Vgl. COMMERZBANK, Geschäftsbericht 2000, S. 92.

55 Vgl. COMMERZBANK, Geschäftsbericht 2000, S. 92.

56 Vgl. COMMERZBANK, Geschäftsbericht 2000, S. 92 und 94.

57 Vgl. COMMERZBANK, Geschäftsbericht 1999, S. 80-82 und COMMERZBANK, Geschäftsbericht 2000, S. 92-94.

58 Vgl. COMMERZBANK, Geschäftsbericht 2000, S. 93.

Das Aufbrechen der Segmentberichterstattung nach Geschäftsfeldern ist aus Transparenzaspekten begrüßenswert und wird seitens der Commerzbank auch entsprechend begründet[59]. Gleichzeitig wird allerdings der Stellenwert der für erforderlich gehaltenen Transparenz wieder relativiert, indem „aus arbeitsökonomischen Gründen“[60] eine Anpassung der Vorjahresvergleichswerte an die neue Systematik nicht vorgenommen wird – obwohl nach IAS die Vorjahreszahlen aus Vergleichbarkeitsgründen anzupassen sind.

Erstmals im Geschäftsjahr 2001 hat bei der Commerzbank die im Vorjahr dargestellte Segmentabgrenzung auch für die Folgeperiode Bestand[61], so dass zumindest aus dieser organisatorischen Kontinuität die Voraussetzungen für eine intertemporale Vergleichbarkeit gegeben sind. Inhaltlich ist allerdings zu berücksichtigen, dass aufgrund der Anwendung von IAS 39 zu Ansatz und Bewertung von Finanzinstrumenten die Zahlen für das Geschäftsjahr 2001 mit den (nicht angepassten) Vorjahresangaben nur bedingt vergleichbar sind[62]. In diesem Zusammenhang soll jedoch auf folgende zusätzliche Offenlegung hingewiesen werden: Da die Commerzbank in der unterjährigen Berichterstattung IAS 39 noch nicht angewendet hatte[63], sind im Geschäftsbericht 2001 ergänzend für alle vier Quartale des Geschäftsjahres 2001 Segmentberichte einschließlich der Effekte aus IAS 39 ausgewiesen worden[64].

6.1.4 Segmentabgrenzung der HypoVereinsbank

Die durch Fusion der Bayerischen Hypotheken- und Wechsel-Bank und der Bayerischen Vereinsbank am 1. September 1998 hervorgegangene Bayerische Hypo- und Vereinsbank (HypoVereinsbank) legt von Beginn an einen Geschäftsbericht nach IAS einschließlich einer Segmentberichterstattung vor.

59 Vgl. COMMERZBANK, Geschäftsbericht 2000, S. 93.

60 Vgl. COMMERZBANK, Geschäftsbericht 2000, S. 93.

61 Vgl. COMMERZBANK, Geschäftsbericht 2000, S. 92-94 und COMMERZBANK, Geschäftsbericht 2001, S. 94-101.

62 Vgl. COMMERZBANK, Geschäftsbericht 2000, S. 98.

63 Vgl. COMMERZBANK Geschäftsbericht 2000, S. 98.

64 Vgl. COMMERZBANK Geschäftsbericht 2000, S. 98-102.

Intertemporaler Überblick über die Segmentabgrenzung im primären Berichtsformat in den Geschäftsberichten 1998 bis 2001 der HypoVereinsbank			
1998	1999	2000	2001
Privat- und Geschäftskunden	Privat- und Geschäftskunden	Privatkunden und Geschäftskunden	Privatkunden und Geschäftskunden
Firmenkunden	Firmenkunden	Firmenkunden	Firmenkunden
Immobilienfinanzierungsgeschäft und Immobilienkunden	Immobilienfinanzierungsgeschäft und Immobilienkunden	Immobilienfinanzierungsgeschäft und Immobilienkunden	Immobilienfinanzierungsgeschäft und Immobilienkunden
International Markets	International Markets	International Markets	International Markets
Asset Management	Asset Management	Asset Management	Asset Management
	Workout Immobilien	Workout Immobilien	Workout Immobilien
Sonstige/ Konsolidierung	Sonstige/ Konsolidierung	Sonstige/ Konsolidierung	Sonstige/ Konsolidierung
Konzern	Konzern	Konzern	Konzern

Quellen: Geschäftsberichte 1998 bis 2001 der HypoVereinbank.

In dem Überblick ist die Reihenfolge der Sparten so übernommen worden, wie sie in den jeweiligen Geschäftsberichten dargestellt wird. Die im Rahmen der Fusion geschaffene Organisationsstruktur hat sich bislang als weitgehend stabil erwiesen. Auf den ersten Blick erkennbar sind allenfalls die Erweiterung um einen als „Workout Immobilien" bezeichneten Unternehmensbereich ab Geschäftsjahr 1999[65] sowie der „Namens-

65 Vgl. HYPOVEREINSBANK, Geschäftsbericht 1999, S. 164-167.

wechsel“[66] des bis zum Geschäftsjahr 1999 als „Privat- und Geschäftskunden“ geführten Unternehmensbereiches in „Privatkunden und Geschäftskunden“ ab Geschäftsjahr 2000[67].

Zu dem neu geschaffenen Unternehmensbereich „Workout Immobilien“ gibt der Geschäftsbericht 1999 ganzseitig verbale Erläuterungen[68]. Auf diesen Unternehmensbereich sind neben „problembehafteten Joint-Venture-Projekten“, die zuvor in dem Segment „Sonstige/Konsolidierung“ geführt wurden, nach dem Wortlaut der HypoVereinsbank „problembehaftete Developerfinanzierungen sowie Vermittlergeschäfte“ aus dem Unternehmensbereich „Immobilienfinanzierungsgeschäft und Immobilienkunden“ übertragen worden. Der Unternehmensbereich „Workout Immobilien“ hat den Auftrag, „das gesamte Portfolio schnellstmöglich und optimal zu vermarkten und durch ein spezielles Risikomanagement weitere Verluste zu vermeiden“. Unter diesem Zweck handelt es sich insofern um einen „vorübergehenden“ Unternehmensbereich. Zu beachten ist hierbei allerdings, dass durch die Herausnahme von „Problemfällen“ aus bestimmten Segmenten deren Ergebnis besser dargestellt wird, als es den gegenwärtigen Verhältnissen entspricht, und somit eine Vergleichbarkeit mit anderen Banken nur noch bedingt gegeben ist. In der Praxis sollte daher eine solche Vorgehensweise auf „Ausnahmesituationen“ in der Unternehmensgeschichte, wie beispielsweise Portfoliobereinigungen nach einer Fusion, begrenzt sein.

Im Hinblick auf Vorjahresvergleichszahlen beschränkt sich der Geschäftsbericht 1999 auf die Unternehmensbereiche ohne strukturelle Änderungen, d.h. „Privat- und Geschäftskunden“, „Firmenkunden“, „International Markets“ und „Asset Management“. Zu den Bereichen mit strukturellen Änderungen werden hingegen mit folgender Begründung keine Vorjahresvergleichzahlen ausgewiesen:

„Da die Umgliederung zum Jahresende erfolgte und somit völlig neue Strukturen geschaffen wurden, sind für die Segmente >Immobilienfinanzierungsgeschäft und Immobilienkunden<, >Workout Immobilien< sowie >Sonstige/Konsolidierung< keine Vorjahreszahlen verfügbar.“[69]

Die im Geschäftsbericht 2000 zunächst als „Namenswechsel“ erkennbare Bezeichnung des bis 1999 als „Privat- und Geschäftskunden“ geführten Unternehmensbereiches in „Privatkunden und Geschäftskunden“ hat auch einen inhaltlichen Hintergrund. Die verbalen Erläuterungen zur Segmentberichterstattung im Geschäftsbericht 2000 weisen ausdrücklich darauf hin, dass die Betreuungszuständigkeit für die Kunden als Kriterium für die Abgrenzung der Unternehmensbereiche dient, und es hierin eine „leichte Verschie-

[66] Dass mit dem Namenswechsel auch inhaltliche Änderungen verbunden sind, wird im Geschäftsbericht 2000, S. 175, allerdings erläutert.

[67] Vgl. HypoVereinsbank, Geschäftsbericht 2000, S. 175-180.

[68] Vgl. im Einzelnen HypoVereinsbank, Geschäftsbericht 1999, S. 164.

[69] Vgl. HypoVereinsbank, Geschäftsbericht 1999, S. 164.

bung“ im dritten Quartal 2000 gegeben hat[70]. Im Rahmen der „Repositionierung des Firmenkundengeschäfts“ wurden dabei vom Segment „Firmenkunden“ Betreuungszuständigkeiten an das ab 2000 neu bezeichnete Segment „Privatkunden und Geschäftskunden“ abgegeben. Gleichzeitig wird in den verbalen Erläuterungen der Hinweis gegeben, dass die Vorjahreszahlen entsprechend angepasst worden sind[71].

Im Geschäftsjahr 2001 hat es gegenüber der Segmentberichterstattung des Geschäftsjahres keine Änderungen hinsichtlich der Segmentbezeichnungen gegeben, wohl aber im Einzelnen verbal erläuterte Verschiebungen bei der Zurechnung bestimmter Geschäfte zu den einzelnen Unternehmensbereichen[72]. Als mustergültiges Zeichen von adressatenorientierter Transparenz ist zugleich die Vorgehensweise bei den Vorjahresvergleichszahlen anzusehen, um einen wesentlichen Erstkonsolidierungseffekt zu bereinigen. Im konkreten Fall ist der Erwerb der Bank Austria im Jahre 2000 in den Ergebniswerten und Kennziffern des Geschäftsjahres 2000 aufgrund des Erwerbszeitpunktes nur mit einem Monat enthalten. Da die tatsächlichen Vorjahreszahlen in diesem Fall keine zweckmäßige Beurteilungsgrundlage bieten, hat sich die HypoVereinsbank „zur besseren Vergleichbarkeit“ entschlossen, neben der Pflichtangabe der tatsächlichen Vorjahresvergleichswerte auch „Pro-forma-Werte“ für das Vorjahr anzugeben, in denen die Aufwands- und Ertragspositionen der Bank Austria mit ihren Jahreswerten enthalten sind[73].

6.1.5 Fazit zur intertemporalen Vergleichbarkeit der Segmentabgrenzung einzelner Banken

Eine durchgehende intertemporale Vergleichbarkeit der Segmentabgrenzung vom Geschäftsjahr 1998 bis zum Geschäftsjahr 2001 ist bei keiner der betrachteten Kreditinstitute gegeben. Vielmehr lässt sich ein breites Spektrum von nahezu jährlichen Umstrukturierungen bis zu einer grundlegenden Kontinuität mit eher einzelnen Anpassungsmaßnahmen erkennen.

Diese Einschränkung der intertemporalen Vergleichbarkeit ist zum Teil noch darauf zurückzuführen, dass sich sowohl die Unternehmensbereichsrechnung als auch die Segmentberichterstattung im Vergleich zur externen Rechnungslegung in einem eher frühen Entwicklungsstadium befinden. Zum Teil ist die Einschränkung der intertemporalen Vergleichbarkeit aber konzeptioneller Art, da Veränderungen der internen Organisationsstruktur von der Segmentberichterstattung aus konzeptionellen Gründen verpflich-

---

70 Vgl. HYPOVEREINSBANK, Geschäftsbericht 2000, S. 175.

71 Vgl. HYPOVEREINSBANK, Geschäftsbericht 2000, S. 175.

72 Vgl. hierzu im Einzelnen HYPOVEREINSBANK, Geschäftsbericht 2001, S. 53.

73 Vgl. HYPOVEREINSBANK, Geschäftsbericht 2001, S. 53-56.

tend nachzuvollziehen sind. Von praktischer Relevanz sind in dem Spannungsverhältnis zwischen Kontinuität und Neuorganisation vor allem strukturelle Veränderungen infolge eines Vorstandswechsels. Zu betonen ist allerdings diese Reihenfolge zwischen Ursache und Maßnahme in der Segmentberichterstattung. Keineswegs darf eine nicht gewünschte Offenlegung von ungünstigen Segmententwicklungen dazu veranlassen, dass Segmente lediglich deshalb neu abgegrenzt werden, um die ungünstige Entwicklung in „tragfähigeren" Segmenten zu kaschieren.

Um auf längerfristige Sicht den Nutzen der Segmentberichterstattung zu gewährleisten, der von Adressaten erwartet und von Finanzanalysten eingefordert wird, sollte die Anwendungspraxis künftig in stärkerem Ausmaß die intertemporale Vergleichbarkeit sicherstellen. Ohne diese Kontinuität bleibt die Aussagekraft der Segmentberichterstattung beschränkt.

6.2 Segmentabgrenzungen im Bankenvergleich

Das in Deutschland für die meisten Kreditinstitute charakteristische Betätigungsspektrum als Universalbank und die in der Kreditwirtschaft kurzfristigen Produktinnovationszeiten könnten zu der Annahme verleiten, dass die betrachteten Kreditinstitute eine weitgehend identische Organisationsstruktur aufweisen. In der zu Vergleichszwecken vorgenommen Gegenüberstellung werden nachfolgend die Geschäftsberichte des Jahres 2000 zugrunde gelegt, da in diesem Geschäftsjahr noch alle in den Vergleich einbezogenen Kreditinstitute nach IAS bilanziert haben.

Segmentabgrenzungen deutscher Banken im primären Berichtsformat für das Geschäftsjahr 2000 im Vergleich			
Deutsche Bank	Dresdner Bank	Commerzbank	HypoVereinsbank
Privat- und Geschäftskunden	Private Kunden	Private Kunden	Privatkunden und Geschäftskunden
Unternehmen und Immobilien	Asset Management	Asset Management	Firmenkunden
Globale Unternehmen und Institutionen	Investment Banking	Firmenkunden und Institutionen	Immobilienfinanzierungsgeschäft und Immobilienkunden

Segmentabgrenzungen deutscher Banken im primären Berichtsformat für das Geschäftsjahr 2000 im Vergleich			
Deutsche Bank	Dresdner Bank	Commerzbank	HypoVereinsbank
Asset Management	Firmenkunden-geschäft	Securities	International Markets
Global Technology and Services	Immobilien	Treasury und Devisen	Asset Management
Corporate Center	Corporate Items	Hypothekenbanken	Workout Immobilien
Sonstige/Überleitung/ Konsolidierung		Sonstige und Konsolidierung	Sonstige/Konsolidierung
Insgesamt Konzern	Konzern insgesamt	Gesamt	Konzern

Quellen: Geschäftsberichte 2000 der jeweiligen Kreditinstitute.

In dem vergleichenden Überblick ist die Reihenfolge der Sparten so übernommen worden, wie sie in dem Geschäftsbericht des jeweiligen Kreditinstituts dargestellt wird. Als grundsätzliche Gemeinsamkeit kann festgestellt werden, dass sich – abweichend zum Geschäftsjahr 1998[74] – eine weitgehend kundengruppenorientierte Segmentabgrenzung durchgesetzt hat. Gleichwohl endet diese Gemeinsamkeit häufig bereits bei der Bestimmung der jeweiligen Kundengruppen. So unterscheidet die Deutsche Bank beispielsweise in den drei Segmenten „Privat- und Geschäftskunden", „Unternehmen und Immobilien" sowie „Globale Unternehmen und Institutionen" explizit zwischen drei Kundengruppen[75], legt aber in der Segmentberichterstattung keine Trennlinie offen. Die Abgrenzung für Überschneidungsbereiche, wie z.B. bei „Geschäftskunden" und „Unternehmen", kann daher allenfalls den Berichtsabschnitten entnommen werden, in denen sich die einzelnen Unternehmensbereiche selbst darstellen.

Umgruppierungen von Kunden von einem Unternehmensbereich auf einen anderen werden möglicherweise dann nicht extern erkennbar, wenn hierüber nicht ausdrücklich

---

74 Im Geschäftsjahr 1998 hatte die Commerzbank im primären Berichtsformat noch die Unternehmensbereiche „Inländisches Filialgeschäft" und „Internationales Finanzgeschäft" gegeneinander abgegrenzt; vgl. COMMERZBANK, Geschäftsbericht 1998, S. 73, sowie die Ausführungen in Abschnitt 6.1.3.

75 Vgl. DEUTSCHE BANK, Geschäftsbericht 2000, S. 124.

berichtet wird. Als begrüßenswertes Beispiel einer nutzenorientierten Transparenz hat die HypoVereinsbank in ihrem Geschäftsbericht 2000 auf eine Verschiebung der Betreuungszuständigkeit zwischen dem Unternehmensbereich „Privatkunden und Geschäftskunden" und dem Unternehmensbereich „Firmenkunden" und die Konsequenzen in der Segmentberichterstattung hingewiesen[76]. Eine Neupositionierung der Trennlinie zu Großkunden ist dabei nicht nur eine Veränderung eines Zuordnungskriteriums, sondern kann infolge veränderter Transaktionsvolumina auch das Verhältnis zwischen Aufwand und Ertrag maßgeblich beeinflussen und beispielsweise bei TOP-1000-Kunden andere Performanceerwartungen rechtfertigen als bei einer breiteren Basis.

Sehr unternehmensindividuell abgegrenzt ist auch der Bereich „Investment Banking". Die Deutsche Bank hatte in ihrer Organisationsstruktur bis Ende Januar 2001[77] diesbezüglich in einem Unternehmensbereich „Globale Unternehmen und Institutionen" einen „eng verzahnten Service im Corporate und im Investment Banking"[78] angeboten, der sich im Einzelnen in die Geschäftsbereiche „Investment Banking Division", „Global Markets", „Global Equities" und „Global Banking Services" aufteilte[79]. Die HypoVereinsbank stellt hingegen in diesem Bereich bei der Segmentbezeichnung nicht auf Kunden sondern auf Märkte ab und hat die Aktivitäten des Investment Banking in dem Bereich „International Markets" integriert[80]. Die Commerzbank hat dagegen aus dem Unternehmensbereich „Firmenkunden und Investment Banking" die Geschäftsfelder „Securities" und „Treasury und Devisen" als so bedeutend eingestuft, dass ein separater Ausweis erfolgt, während die Geschäftsfelder „Firmenkunden", „Relationship Management", „Internationale Banken", „Corporate Finance" und „Immobilien" zusammengefasst unter der Bezeichnung „Firmenkunden und Institutionen" ausgewiesen werden[81]. Eine unmittelbare Identifikation einer mit anderen Banken vergleichbaren Abgrenzung des Investment Banking ist in diesen Strukturen nur bedingt möglich.

Auch bei Unternehmensbereichen, die bei verschiedenen Banken die gleiche Bezeichnung tragen, wie dieses beispielsweise im Geschäftsjahr 2000 durchgängig für das „Asset Management" der Fall ist, kann nicht unbesehen davon ausgegangen werden, dass diese identisch abgegrenzt sind. So kann beispielsweise die Researchfunktion in diesem Bereich integriert sein oder als Service eines anderen Unternehmensbereiches in Anspruch genommen werden. Als unmittelbar hilfreich erweist sich hierfür eine diesbezügliche Beschreibung der Bereiche in der Segmentberichterstattung, wie von der

---

76 Vgl. HYPOVEREINSBANK, Geschäftsbericht 2000, S. 175, sowie die diesbezüglichen Ausführungen in Abschnitt 6.1.4.

77 Vgl. zur Organisationsstruktur DEUTSCHE BANK, Geschäftsbericht 2000, S. 6.

78 So explizit in DEUTSCHE BANK, Geschäftsbericht 1999, S. 29.

79 Vgl. DEUTSCHE BANK, Geschäftsbericht 1999, S. 7.

80 Vgl. HYPOVEREINSBANK 2000, Geschäftsbericht 2000, S. 176-180.

81 Vgl. COMMERZBANK, Geschäftsbericht 2000, S. 92.

Dresdner Bank[82] und der Commerzbank[83] vorgenommen, während ein Verweis auf die Berichtsteile, in denen sich die Unternehmensbereiche selbst darstellen, in der Regel ein Hindernis ist, die Informationen herauszufiltern.

Auch in speziellen Bereichen, wie insbesondere den Aktivitäten „rund um die Immobilie", verfahren die betrachteten Kreditinstitute sehr unterschiedlich. Während die Deutsche Bank diese Aktivitäten im Geschäftsjahr 2000 dem Unternehmensbereich „Unternehmen und Immobilien" zugeordnet hat[84], fasst die Dresdner Bank das gesamte diesbezügliche Leistungsspektrum in einem eigenständigen Unternehmensbereich „Immobilien" zusammen[85]. Die Commerzbank weist hingegen im Geschäftsjahr 2000 nur das Geschäft ihrer beiden Hypothekenbank-Tochtergesellschaften in einem separaten Unternehmensbereich „Hypothekenbanken" aus[86], während die HypoVereinsbank einen zweigeteilten Ausweis in unterschiedlichen Unternehmensbereichen vornimmt[87], indem neben dem Segment „Immobilienfinanzierungsgeschäft und Immobilienkunden" ein separater Unternehmensbereich „Workout Immobilien" geschaffen worden ist, der den Auftrag hat, das ihm zugeordnete Portfolio schnellstmöglich und optimal zu vermarkten[88]. Analytisch ergeben sich hieraus erhebliche Abweichungen in Beurteilungsgrundlagen, wie Quote der Risikovorsorge oder Ausfallquote.

Grundsätzlich sind daher alle Segmente des primären Berichtsformats stets im Umfeld der übrigen ausgewiesenen Segmente zu sehen. Insbesondere Kennziffern können insofern nicht unbesehen 1 : 1 übernommen werden.

Die Beeinträchtigung der Vergleichbarkeit der Segmentabgrenzung im primären Berichtsformat zwischen verschiedenen Banken ist allerdings eine konzeptionelle Konsequenz der von allen drei Standardsettern geforderten Ausrichtung der Segmentberichterstattung an der internen Organisations- und Berichtsstruktur des Unternehmens. Insofern wird in diesem Fall bereits durch die Standardsetter ein Hindernis für die Vergleichbarkeit der Segmentberichterstattung gesetzt.

Die anfängliche Erwartung, dass bei Universalbanken die Segmentabgrenzungen weitgehend identisch und im Zeitablauf stabil sind, wird durch die Anwendungspraxis der letzten Jahre nicht gestützt. Gleichwohl sollte zumindest bei der einzelnen Bank im Spannungsverhältnis zwischen Neuorganisation der Geschäftsbereiche und Kontinuität auf längerfristige Sicht dem Nutzen vergleichbarer Informationen ein stärkeres Gewicht beigemessen werden, wie von Finanzanalysten gefordert.

---

[82] Vgl. DRESDNER BANK, Geschäftsbericht 2000, S. 113.

[83] Vgl. COMMERZBANK, Geschäftsbericht 2000, S. 93.

[84] Vgl. DEUTSCHEN BANK, Geschäftsbericht 2000, S. 124.

[85] Vgl. DRESDNER BANK, Geschäftsbericht 2000, S. 113.

[86] Vgl. COMMERZBANK, Geschäftsbericht 2000, S. 93.

[87] Vgl. HYPOVEREINSBANK, Geschäftsbericht 2000, S. 176-180.

[88] Vgl. HYPOVEREINSBANK, Geschäftsbericht 1999, S. 164.

Möglicherweise sind aber sogar die Homogenität der Produktpalette und die bisher fehlende Spezialisierung ein Grund, dass die Kreditinstitute sich im Wettbewerb um den Markt in ihren Vertriebsformen in immer kürzeren Zeiten neu organisieren und dadurch zwangsläufig Veränderungen in der Segmentberichterstattung nach sich ziehen.

Ergänzend zu dem vergleichenden Überblick über die Ausweispraxis der einzelnen Banken soll nachfolgend für das gleiche Geschäftsjahr auch ein Überblick über die Handhabung der einzelnen Banken bei der Segmentberichterstattung nach Regionen gegeben werden:

Segmentabgrenzungen deutscher Banken im sekundären, geographischen Berichtsformat für das Geschäftsjahr 2000 im Vergleich			
Deutsche Bank	Dresdner Bank	Commerzbank	HypoVereinsbank
Deutschland	Deutschland	Deutschland	Deutschland
			Österreich
Europa (ohne Deutschland)	Europa (ohne Deutschland)	Europa (ohne Deutschland)	Übriges Westeuropa
			Zentral- und Osteuropa
Nordamerika	Nordamerika	Amerika	Amerika
Südamerika	Lateinamerika		
Asien/Pazifik/Afrika	Asien/Pazifik	Asien	Asien
		Afrika	
Konsolidierungsposten	Konsolidierung	Konsolidierung	Konsolidierung
Insgesamt	Insgesamt	Gesamt	Konzern

Quellen: Geschäftsberichte 2000 der jeweiligen Kreditinstitute.

In der Gegenüberstellung der geographischen Segmentabgrenzungen werden zum Teil historische Geschäftsschwerpunkte als auch strategische Weichenstellungen der letzten Jahre erkennbar. So hatten bei der Deutschen Bank traditionell das Geschäft in Südamerika und Nordamerika eine jeweils eigenständige Bedeutung, wenngleich im Verhältnis der regional aggregierten Bilanzsummen von 345 Mrd. € per 31.12.2000 für Nordamerika und 13 Mrd. € per 31.12.2000 für Südamerika letztere Region stark zurückgefallen ist. Der getrennte Ausweis ist heutzutage vor allem aufgrund des unterschiedlichen Länderrisikos für beide Regionen gerechtfertigt, dem die jeweiligen Volumina unterliegen.

Traditionell begründet ist auch bei der Dresdner Bank der separate Ausweis von Lateinamerika, da die Bank in Süd- und Mittelamerika schon Jahrzehnte über das Filialnetz ihrer Tochtergesellschaft Deutsch-Südamerikanische Bank (Sudamero) – heute Dresdner Bank Lateinamerika – vertreten war. Auch bei der Dresdner Bank hat Lateinamerika gegenüber Nordamerika an Bedeutung verloren, das Verhältnis der regional aggregierten Bilanzsummen beläuft sich in diesem Fall allerdings auf 62 Mrd. € per 31.12.2000 für Nordamerika gegenüber 11 Mrd. € per 31.12.2000 für Lateinamerika.

Als strategische Weichenstellung der letzten Jahre ist hingegen die regionale Differenzierung der HypoVereinbank anzusehen. Hierzu gehört zum einen die Integration der Bank Austria nach Erwerb im Geschäftsjahr 2000, die zwar zu einer organisatorischen Zusammenführung führt, aber in geographischer Hinsicht präsent bleibt und entsprechend der strategischen Bedeutung konsequenterweise ein eigenes Segment „Österreich" nach sich zieht. Zum anderen wird durch das separate Segment „Zentral- und Osteuropa" der besondere Fokus auf diese Region erkennbar.

Auch die Beeinträchtigung der Vergleichbarkeit im sekundären, geographischen Berichtsformat der Segmentberichterstattung ist letztlich eine konzeptionelle Konsequenz der Ausrichtung der Segmentberichterstattung an der Struktur des Unternehmens. Aus Nutzersicht, wie insbesondere der von Finanzanalysten, sollte die Anwendungspraxis allerdings zu einer stärkeren Kontinuität finden und Änderungen nur bei gewichtigen Einschnitten vornehmen. Da für das Verständnis der Segmentberichterstattung ohnehin ergänzende verbale Erläuterungen erforderlich sind, sollten vor allem diese genutzt werden, der Segmentberichterstattung die notwendige Aussagekraft zu verleihen.

6.3 Offengelegte Segmentpositionen im Bankenvergleich

Das Ziel einer Vergleichbarkeit der Rechnungslegung von Kreditinstituten wird von DRS 3-10.5 unter dem Blickwinkel einer möglichst breiten, gegebenenfalls auch freiwilligen Anwendung des Standards explizit zum Ausdruck gebracht. In diesem Sinne zielt DRS 3-10 auf eine Vergleichbarkeit der Segmentberichterstattung zwischen verschiedenen Kreditinstituten.

Gleichzeitig wird allerdings die Vergleichbarkeit der Segmentberichterstattung bereits durch alle drei Standardsetter konzeptionell beeinträchtigt, indem die Segmentabgrenzungen der internen Organisations- und Berichtsstruktur der Unternehmen zu folgen haben. Dass diese Beeinträchtigungen von praktischer Relevanz sind, haben die Abschnitte 6.1 und 6.2 gezeigt. Insofern muss sich der Anspruch auf Vergleichbarkeit letztlich vor allem auf die anzugebenden Positionen beziehen. Ob die Anwendungspraxis diesem Anspruch gerecht wird, soll in den nachfolgenden Gegenüberstellungen gezeigt werden.

Grundlage für die nachfolgende Übersicht über die Umsetzung der Segmentberichtsanforderungen im Hinblick auf die angegebenen Positionen sind die Geschäftsberichte des Jahres 2000 der vier größten privaten Geschäftsbanken der Bundesrepublik Deutschland, weil in diesem Jahr noch alle vier Kreditinstitute nach IAS bilanziert haben. Da es sich in allen vier Fällen um universell tätige Banken handelt, sollte davon auszugehen sein, dass für die Steuerung der Institute weitgehend identische Positionsarten herangezogen werden. Unterschiede aus dem eher starren Anforderungsschema nach IAS und dem an den tatsächlichen für die Steuerung verwendeten Komponenten dürften das Gesamtbild insofern nicht signifikant verzerren. Zur bankspezifischen Ausgestaltung steht zudem allen vier Kreditinstituten als eine Leitlinie DRS 3-10 zur Verfügung, bei dessen Konzeption auf die Kompatibilität mit den allgemeingültigen Regelungen nach IAS 14 und FAS 131 besonders Wert gelegt worden ist. Bei der in der Anlage 1 im Anhang dargestellten Übersicht der einzelnen Angabepflichten im primären Berichtsformat wurde versucht, inhaltsgleiche Positionen möglichst auf gleicher Höhe abzubilden. Die stärkere Untergliederung einzelner Banken kann hierdurch Leerfelder bei anderen Banken nach sich ziehen. Auf eine Differenzierung der Positionen nach „mit oder ohne Goodwill-Abschreibungen“ wurde aus Gründen der Übersicht und der vom IASB vorgesehenen künftigen, an einen „Impairment Test“ geknüpften Goodwill-Behandlung entsprechend der im Juni 2001 veröffentlichten FAS 141 und 142 verzichtet.

In dem Quervergleich über die ausgewählten Kreditinstitute über das primäre Berichtsformat ist auffällig, dass die Deutsche Bank für die Erträge eine aggregierte Position „Erträge“ verwendet[89], während die übrigen drei Banken den Zinsüberschuss, den Provisionsüberschuss und das Handelsergebnis einheitlich separat zuordnen[90]. Im Geschäftsjahr 1998 hatte sich auch die Dresdner Bank noch auf die Zuordnung der aggregierten Erträge beschränkt[91], ist aber im Geschäftsjahr 1999 auf die detailliertere Zuordnung übergegangen[92].

Die „Risikovorsorge im Kreditgeschäft“ wird einheitlich von allen Kreditinstituten separat ausgewiesen[93], wobei die HypoVereinsbank ergänzend eine Segmentaufteilung nach „Risikovorsorgebestand“, „Bestandsquote“, „zinslos gestellten Krediten“ und „Deckungsquoten der zinslos gestellten Kredite“ en-bloc zusammenstellt[94]. Durch diese Erweiterung wird den Berichtsadressaten eine aussagekräftige zusätzliche Beurteilungsgrundlage an die Hand gegeben.

---

[89] Vgl. DEUTSCHE BANK, Geschäftsbericht 2000, S. 124.

[90] Vgl. DRESDNER BANK, Geschäftsbericht 2000, S. 121, COMMERZBANK, Geschäftsbericht 2000, S. 94 und HYPOVEREINSBANK, Geschäftsbericht 2000, S. 176.

[91] Vgl. DRESDNER BANK, Geschäftsbericht 1998, S. 73.

[92] Vgl. DRESDNER BANK, Geschäftsbericht 1999, S. 89.

[93] Vgl. DEUTSCHE BANK, Geschäftsbericht 2000, S. 124, DRESDNER BANK, Geschäftsbericht 2000, S. 121, COMMERZBANK, Geschäftsbericht 2000, S. 94 und HYPOVEREINSBANK, Geschäftsbericht 2000, S. 176.

[94] Vgl. HYPOVEREINSBANK, Geschäftsbericht 2000, S. 179.

Bei den weiteren erfolgsbezogenen Positionen werden die Segmentzuordnungen unterschiedlich detailliert ausgewiesen und bezeichnet. Sowohl die Deutsche Bank als auch die Dresdner Bank und die HypoVereinsbank heben zudem Sonderfaktoren des Berichtsjahres durch separate Positionen besonders heraus, wie „Restrukturierungsaufwand“ bei der Deutschen Bank und Dresdner Bank[95], „Aufwand zur Sicherung der Wettbewerbsposition“ bei der Dresdner Bank[96], „Aufwendungen für E-Commerce“ bei der HypoVereinsbank[97].

Als einziges Kreditinstitut weist die Commerzbank die Ergebniszuordnung über das „Ergebnis vor Steuern“ hinaus bis zum „Jahresüberschuss“ aus und führt die Zuordnungsrechnung fort mit den Positionen „Mitverantwortetes Ergebnis“ und „Steuerungsergebnis“[98]. Als „Mitverantwortetes Ergebnis“ werden bestimmte Erträge aus der Spalte „Sonstige und Konsolidierung“ eliminiert und den jeweiligen Segmenten zugeordnet, bei deren Erzielung die Segmente mitgewirkt haben[99]. Aus dieser segmentweisen Ergänzung und dem segmentierten „Jahresüberschuss“ ergibt sich zusammen das „Steuerungsergebnis“ für jedes Segment. Diese ergänzenden zwei Zeilen gab es im Geschäftsbericht 1998 noch nicht, so dass es zuvor nicht möglich war, zwischen einem dem Segment zugerechneten Anteil des tatsächlichen Jahresüberschusses der externen Rechnungslegung und den in der Segmentberichterstattung der operativen Unternehmensbereiche dargestellten betriebswirtschaftlichen Steuerungsgrößen des internen Rechnungswesens zu unterscheiden. Vorgenommene Doppelzuordnungen eines beispielsweise in Höhe von 100 erzielten Ertrages auf zum einen diejenige Abteilung, die das Geschäft akquiriert hat, in Höhe von 100 und zum anderen auf die Abteilung, die die Leistung für das Geschäft erbracht hat, in Höhe von ebenfalls 100, können als „Motivationsumlage“ oder Anreizmechanismus für das „Cross Selling“ – statt einer 50:50 Teilung – durchaus sinnvoll sein, beinhalten aber das Problem, dass statt des verteilten Betrages von insgesamt 200 tatsächlich nur ein Betrag von 100 erwirtschaftet worden ist.

Eine Zuordnung des „Segmentvermögens“ und der „Segmentverbindlichkeiten“ wird nur von der Deutschen Bank, der Dresdner Bank und der HypoVereinsbank vorgenommen[100]. Hierbei verwendet die HypoVereinsbank allerdings nicht die aggregierten Werte, sondern untergliedert beide Positionen weiter und zeigt zum einen eine separate

---

95 Vgl. DEUTSCHE BANK, Geschäftsbericht 2000, S. 124 und DRESDNER BANK, Geschäftsbericht 2000, S. 121.

96 Vgl. hinsichtlich der Segmentposition Dresdner Bank, Geschäftsbericht 2000, S. 121, während die nähere Erläuterung hierzu – Belastung (für Maßnahmen/“Retentionpayments“ zur Begegnung von Personalfluktuationen im Investment Banking) aufgrund der nicht zustande gekommenen Fusion mit der Deutschen Bank – im Aktionärsbrief auf S. 6 veröffentlicht wurde.

97 Vgl. HYPOVEREINSBANK, Geschäftsbericht 2000, S. 176.

98 Vgl. COMMERZBANK, Geschäftsbericht 2000, S. 94.

99 Vgl. COMMERZBANK, Geschäftsbericht 2000, S. 93.

100 Vgl. DEUTSCHE BANK, Geschäftsbericht 2000, S. 124, DRESDNER BANK, Geschäftsbericht 2000 S. 121 und HYPOVEREINSBANK, Geschäftsbericht 2000, S. 178.

Zuordnung der „Handelsaktiva“[101] und des „Kreditvolumens“ sowie zum anderen jeweils separat die Zuordnung der „Verbindlichkeiten gegenüber Kreditinstituten“, der „Verbindlichkeiten gegenüber Kunden“ und der „Verbrieften Verbindlichkeiten“[102]. Während alle der drei genannten Kreditinstitute auch die „Risikoaktiva“ segmentweise zuordnen[103], wird diese Position von der Commerzbank ebenfalls nicht ausgewiesen.

Bei der Segmentzuordnung des Kapitals weist als einziges Kreditinstitut die HypoVereinsbank zusätzlich zu dem „durchschnittlichen bilanziellen Eigenkapital“ auch das „durchschnittlich gebundene Kernkapital nach KWG“ aus[104].

Das Spektrum der ausgewiesenen Rentabilitätskennziffern reicht von Größen vor Steuern bis zu Größen nach Steuern. Bei dem Nebeneinander von „Aufwand/Ertrag-Relation“[105], „Cost-Income-Ratio“[106] und „Aufwandsquote“[107] handelt es sich hingegen in erster Linie um terminologische Unterschiede.

Insgesamt zeigt sich für das primäre Berichtsformat, dass die führenden deutschen Kreditinstitute trotz einer auf Kompatibilität bedachten ausführlichen Leitlinie in DRS 3-10 keine einheitliche Linie bei der Positionsverwendung in der Segmentberichterstattung gefunden haben. Wenn dem Vorwurf mangelnder Vergleichbarkeit von Segmentberichten begegnet werden soll, wäre diesem Bereich am ehesten beizukommen.

---

[101] Vgl. zu Handelsaktiva auch Abschnitt 3.1.2 im Beitrag „Bilanz, Gewinn- und Verlustrechnung sowie Notes“ sowie Abschnitt 2.3.1 im Beitrag „Ansatz und Bewertung von Financial Instruments“.

[102] Vgl. HYPOVEREINSBANK, Geschäftsbericht 2000, S. 178.

[103] Vgl. DEUTSCHE BANK, Geschäftsbericht 2000, S. 124, DRESDNER BANK, Geschäftsbericht 2000, S. 121 und HYPOVEREINSBANK, Geschäftsbericht 2000, S. 179.

[104] Vgl. HYPOVEREINSBANK, Geschäftsbericht 2000, S. 179.

[105] Vgl. DEUTSCHE BANK, Geschäftsbericht 2000, S. 124.

[106] Vgl. DRESDNER BANK, Geschäftsbericht 2000, S. 121 und HYPOVEREINSBANK, Geschäftsbericht 2000, S. 181.

[107] Vgl. COMMERZBANK, Geschäftsbericht 2000, S. 94.

7. Praktische Probleme bei der Bereitstellung von Segmentdaten

7.1 Stichtagsbezogene Segmentpositionen

7.1.1 Segmentvermögen

Nach IAS 14.16 umfasst das Segmentvermögen „die betrieblichen Vermögenswerte, die von einem Segment für dessen betriebliche Tätigkeiten genutzt werden, und die entweder dem Segment direkt zugeordnet oder die auf einer vernünftigen Grundlage auf das Segment verteilt werden können." Zu beachten ist hierbei die Interdependenz zwischen Segmentergebnis und Segmentvermögen. Explizit fordert diesbezüglich IAS 14.16: „Wenn das Ergebnis eines Segments Zins- oder Dividendenerträge enthält, beinhaltet dessen Segmentvermögen die korrespondierenden Forderungen, Darlehen, Finanzinvestitionen oder andere, Erlöse erwirtschaftende Vermögenswerte."

Klargestellt wird in IAS 14.16 zudem, dass das Segmentvermögen keine Ertragsteueransprüche umfasst und auch keine Finanzinvestitionen, die nach der Equity-Methode bilanziert werden, es sei denn, Gewinne oder Verluste solcher Finanzanlagen sind in den Segmenterträgen enthalten. In betraglicher Hinsicht ist das Segmentvermögen gemäß IAS 14.16 „nach dem Abzug der korrespondierenden Wertminderungen", d.h. abzüglich der Risikovorsorge, darzustellen.

Aus der bankspezifischen Interpretation der Angabepflichten für das Segmentvermögen durch DRS 3-10 ergeben sich folgende Positionen, die Kreditinstitute mindestens in das Segmentvermögen einzubeziehen haben[108]:

- Barreserve,
- Forderungen an Kreditinstitute,
- Forderungen an Kunden sowie
- Handelsaktiva.

Hierbei stellt sich das Problem, wie mit Positionen zu verfahren ist, die sich nicht oder nicht vollständig segmentbezogen zuordnen lassen, wie beispielsweise die Barreserve.

108 Vgl. DRS 3-10.7.

Sicherlich wäre es kontraproduktiv, wenn zur Absicherung gegen Auszahlungsüberschüsse jeder Unternehmensbereich für sich eine Barreserve für eventuelle Spitzenbelastungen unterhielte. Auf diese Weise würden Konzernvorteile, wie die gemeinsame Nutzung von Ressourcen verschenkt. Zwar gibt es bestimmte plausible Kriterien für Zuordnungen – wie beispielsweise Kassenbestände im Filialgeschäft dem Privatkundengeschäft zuzuordnen – letztlich bleibt allerdings jede Schlüsselungsmethode Konvention.

Gemäß IAS 14.57 sind zwar grundsätzlich auch die Investitionen der Berichtsperiode in Sachanlagevermögen anzugeben, sofern diese Vermögenswerte länger als eine Berichtsperiode genutzt werden sollen, bei Kreditinstituten kann diese Angabe nach DRS 3-10.29 allerdings aufgrund des Wesentlichkeitsgrundsatzes entfallen.

Problematik bei ausgewählten Angabepflichten: Segmentvermögen (1)

- Angabepflicht nach IAS 14 und FAS 131; umfasst bei Banken nach DRS 3-10 mindestens
  - Barreserve, Forderungen an Kreditinstitute, Forderungen an Kunden, Handelsaktiva
- Problembereiche
  - Zuordnung bestimmter, nicht segmentbezogener Positionen (zum Beispiel Barreserve)
  - Zuordnung von Geschäften, die durch mehrere Unternehmensbereiche betreut werden
  - Zuordnung von Geschäftswerten
  - nicht zweckadäquate Abbildung des Risikoprofils von Banken

7.1.2 Risikopositionen

Für die Abbildung des Risikoprofils wichtiger als das Segmentvermögen sind bei Kreditinstituten allerdings die risikogewichteten Aktiva („Risikoaktiva“) und Marktrisikopositionen. Sie gelten bei der aufsichtsrechtlichen Überwachung von Kreditinstituten als Maßstab für das eingegangene Risiko. Vor allem die derzeitige Diskussion um die

Novellierung der Basler Übereinkunft über die internationale Konvergenz der Eigenkapitalbemessung und Eigenkapitalanforderungen im Kreditgewerbe, kurz „Basel II" genannt, zeigt, dass bei Kreditinstituten das zentrale Thema „Risikopositionen nach Maßstab des internen Risikomanagements" und nicht „Vermögen" heißt.

DRS 3-10.26 trägt diesem für die Banksteuerung vorrangigen Aspekt Rechnung und hat zusätzlich zu der in IAS 14 geforderten Segmentangabe des Vermögens die Anforderungen auf eine Segmentangabe der Risikopositionen erweitert.

Problematik bei ausgewählten Angabepflichten: Segmentvermögen (2)

- Bankspezifisch zweckadäquater Ausweis: Risikopositionen
  - nach DRS 3-10 bankaufsichtsrechtliche Risikoaktiva und Marktrisikopositionen, mit
    - Risikoaktiva
      - Bilanzaktiva und außerbilanzielle Geschäfte einschließlich bestimmter Derivate (entsprechend § 4 Grundsatz I gemäß § 10 KWG)
    - Marktrisikopositionen
      - Handelsbuch-Risikopositionen
      - Währungsgesamtpositionen
      - Rohwarenpositionen (entsprechend § 5 Grundsatz I gemäß § 10 KWG)
  - kommt der Chancen- und Risikoabbildung bei Banken näher als Segmentvermögen
  - Zuordnungsprobleme bleiben bestehen

7.1.3 Segmentverbindlichkeiten

Nach IAS 14.16 umfassen die Segmentverbindlichkeiten „die betrieblichen Schulden, die aus den betrieblichen Tätigkeiten eines Segments resultieren und die entweder dem Segment direkt zugeordnet oder auf einer vernünftigen Grundlage auf das Segment verteilt werden können." Zu beachten ist hierbei die Interdependenz zwischen Segmentergebnis und Segmentverbindlichkeiten. Explizit fordert diesbezüglich IAS 14.16: „Wenn das Ergebnis eines Segments Zinsaufwand enthält, beinhalten dessen Segmentschulden die korrespondierenden, verzinslichen Schulden." Klargestellt wird in IAS 14.16 zudem, dass die Segmentverbindlichkeiten keine Ertragsteuerschulden umfassen.

Aus der bankspezifischen Interpretation der Angabepflichten für die Segmentverbindlichkeiten durch DRS 3-10 ergeben sich folgende Positionen, die Kreditinstitute mindestens in die Segmentverbindlichkeiten einzubeziehen haben[109]:

In die Position Segmentverbindlichkeiten haben Kreditinstitute mindestens die

- Verbindlichkeiten gegenüber Kreditinstituten,
- Verbindlichkeiten gegenüber Kunden,
- Verbrieften Verbindlichkeiten und
- Handelspassiva.[110]

Wie bei dem Segmentvermögen besteht auch hier die gleiche Schlüsselungsproblematik bei Positionen, die sich nicht oder nicht vollständig segmentbezogen zuordnen lassen. Typisches Beispiel sind die Verbrieften Verbindlichkeiten, wenn sie als Refinanzierungsmaßnahme zentral für das gesamte Kreditinstitut und noch ohne spezifische Verwendung aufgenommen worden sind. Das Problem stellt sich allerdings nicht nur für Kreditinstitute und war auch Grund für die Ausklammerung aus den Segmentierungsvorschriften in FAS 131.

Problematik bei ausgewählten Angabepflichten: Segmentverbindlichkeiten

- Angabepflicht nach IAS 14 und FAS 131; umfasst bei Banken nach DRS 3-10 mindestens
  - Verbindlichkeiten gegenüber Kreditinstituten, Verbindlichkeiten gegenüber Kunden, Verbriefte Verbindlichkeiten, Handelspassiva
- Problembereiche
  - Zuordnung bestimmter Positionen (zum Beispiel bei Verbrieften Verbindlichkeiten, wenn als Refinanzierung für die Gesamtbank und noch ohne spezifische Verwendung aufgenommen)
  - Zuordnung von Geschäften, die durch mehrere Unternehmensbereiche betreut werden

[109] Vgl. DRS 3-10.7.

[110] Vgl. zu Handelspassiva auch Abschnitt 3.1. im Beitrag „Bilanz, Gewinn- und Verlustrechnung sowie Notes“ sowie Abschnitt 2.3.1 im Beitrag „Ansatz und Bewertung von Financial Instruments“.

7.1.4 Allokiertes Kapital

Analog zum Segmentvermögen gilt auch für die Segmentverbindlichkeiten, dass sie für Kreditinstitute wenig Aussagekraft besitzen. Relevanter Faktor bei Banken ist das vorhandene Kapital, das den eingegangenen Risiken gegenübersteht.

DRS 3-10.26 trägt diesem für die Banksteuerung vorrangigen Aspekt Rechnung und hat zusätzlich zu der in IAS 14 geforderten Segmentangabe der Verbindlichkeiten die Anforderungen auf eine Segmentangabe des Allokierten Kapitals erweitert.

Eine Besonderheit bei Banken ist, dass bei ihnen drei Arten von Kapital zu unterscheiden sind. Im Einzelnen handelt es sich um

- das „Bilanzielle Eigenkapital",
- das „Regulatorische Kapital" und
- das „Ökonomische Kapital".

Das „Bilanzielle Eigenkapital" ist das im Konzernabschluss nach IAS, US-GAAP oder HGB ausgewiesene Buchkapital. Dieses Kapital hat der Anleger in Form von Kapitaleinzahlungen und Thesaurierungen als Verzicht auf Dividendenzahlungen zur Verfügung gestellt.

Als „Regulatorisches Kapital" wird das nach bankaufsichtsrechtlichen Vorschriften ermittelte Kapital bezeichnet. Hierfür kommen international die Basler Eigenkapitalregelungen in Frage, aus denen – benannt nach dem Sitz des Basler Ausschusses für Bankenaufsicht bei der Bank für Internationalen Zahlungsausgleich – die BIZ-Eigenkapitalquote errechnet wird. National werden hingegen die Eigenkapitalanforderungen der §§ 10 und 10a KWG durch den Grundsatz I konkretisiert. Nicht ausdrücklich gesagt wird in DRS 3-10, ob hinsichtlich des Regulatorischen Kapitals nur das Kernkapital gemeint ist oder auch das Ergänzungskapital einbezogen werden soll[111]. Das Regulatorische Kapital weicht aufgrund anderer Ermittlungsvorschriften von dem bilanziellen Eigenkapital ab. So wird beispielsweise der bei der Bilanzierung aktivierungspflichtige Goodwill von dem Regulatorischen Kapital abgezogen. Darüber hinaus können sich im Konzern Abweichungen durch Unterschiede im Konsolidierungskreis ergeben, da bankaufsichtsrechtlich nicht auf die Konsolidierung nach HGB (und schon gar nicht auf die Konsolidierung nach IAS unter Einschluss von SIC – 12) abgestellt wird, sondern eine Kreditinstitutsgruppe nach § 10a KWG bestimmt wird, wonach in die Gruppe nur Kreditinstitute, Finanzdienstleistungsinstitute, Finanzunternehmen und Unternehmen mit bankbezogenen Hilfsdiensten einbezogen werden[112].

---

111 Vgl. PADBERG, T., Segmentpublizität und Analyse der Segmentinformationen von Kreditinstituten, KoR, 2001, S. 71-80, hier S. 74.

112 Vgl. hierzu § 10a Abs. 2 KWG sowie zu den einzelnen Betätigungsfeldern § 1 Abs. 1 bis Abs. 3c KWG.

Das in der jüngeren Vergangenheit entwickelte Konzept des „Ökonomischen Kapitals" bezeichnet das Kapital, das aus betriebswirtschaftlicher Sicht mit vorgegebener Wahrscheinlichkeit als Sicherheitsniveau den eingegangenen Risiken gegenüberstehen soll. Als Risiken werden die Arten Kreditrisiko, Marktrisiko und Operationale Risiken unterschieden.

Für die Segmentberichterstattung stellen sich bezüglich des Kapitals zwei Fragen:

(1) Welcher Kapitalbegriff ist für die Segmentberichterstattung zu verwenden?

Abzustellen ist nach DRS 3-10 auf einen Kapitalbegriff, und zwar denjenigen, nach dem das Unternehmen gesteuert wird. Zu berücksichtigen ist dabei, dass alle drei Kapitalarten unterschiedliche Adressaten haben. Das Regulatorische Kapital ist von Bedeutung für die Bankaufsichtsgremien, das Ökonomische Kapital für das Risikomanagement. Das Bilanzielle Eigenkapital gehört den Aktionären und ist Grundlage für die Berechnung der Eigenkapitalrentabilität.

(2) Wie ist das Gesamtkapital der Bank auf Segmente zu verteilen?

Aus betriebswirtschaftlicher Sicht bietet es sich an, vom Ökonomischen Kapital auszugehen. Dieses hat den Vorteil, dass es für alle Segmente definiert werden kann. Der Anteil der einzelnen Segmente am gesamten Ökonomischen Kapital des Kreditinstituts kann dann als Schlüssel für die Zuteilung des Bilanziellen Eigenkapitals angewandt werden. Durch diese Vorgehensweise wird eine Zuordnung des Eigenkapitals nach dem relativen Risikoprofil der Segmente erreicht. In der Berichterstattungspraxis ist dabei zu beachten, dass nach DRS 3-10.34 die Berechnungsgrundlagen für die Zuordnung des Ökonomischen Kapitals offen zu legen sind sowie die zugrunde liegenden Methoden und Annahmen zu erläutern sind.

Problematik bei ausgewählten Angabepflichten: Allokiertes Kapital

Alternativansätze zum Zwecke der Kapitalallokation

Bilanzielles Eigenkapital	Regulatorisches Kapital	Ökonomisches Eigenkapital
im Konzernabschluss nach IAS, US-GAAP oder HGB ausgewiesenes Eigenkapital	nach bankaufsichtsrechtlichen Vorschriften (KWG, BIZ) ermitteltes Kapital	betriebswirtschaftlich notwendiger Betrag zur Abdeckung unerwarteter Verluste aus den Risikoarten – Kreditrisiko – Marktrisiko – Business Risiko – Operationale Risiken

7.2 Periodenbezogene Segmentpositionen

IAS 14.59 empfiehlt grundsätzlich, „die Art und den Betrag jeglicher Segmenterträge und Segmentaufwendungen anzugeben, „die von solcher Größe, Art oder Häufigkeit sind, dass deren Angabe wesentlich für die Erklärung der Ertragskraft eines jeden berichtspflichtigen Segments für die Berichtsperiode ist."

Aus der bankspezifischen Interpretation der Angabepflichten für die Segmenterträge und Segmentaufwendungen durch DRS 3-10 ergeben sich die in den nachfolgenden Unterabschnitten behandelten Positionen, die Kreditinstitute mindestens als separat für die Segmente auszuweisen haben:

7.2.1 Zinsüberschuss

Die bereits in IAS 14.17 vorgegebene Anknüpfung der Segmentzuordnungen an den für interne Zwecke verwendeten Verteilungsmethoden wird in der bankspezifischen Interpretation durch DRS 3-10 generell in DRS 3-10.18 und für den Zinsüberschuss explizit in DRS 3-10.21 mit folgender Handlungsanweisung klargestellt: „Die Aufteilung des Zinsüberschusses auf die einzelnen Segmente erfolgt zu internen Steuerungszwecken üblicherweise entweder nach der Marktzinsmethode oder auf Basis eines Barwertkonzeptes. Die für interne Zwecke verwendete Methode ist für die Segmentberichterstattung zu verwenden.“[113]

Für die Anwendungspraxis ergibt sich hieraus das Problem, dass zwischen den Daten des betriebswirtschaftlich orientierten internen Rechnungswesens auf Bereichsebene und der externen Rechnungslegung auf Konzernebene Bewertungsdifferenzen bestehen und darüber hinaus Abweichungen bezüglich des Zeitpunktes der Ertragsrealisierung vorliegen können. Angesichts der für das Zinsmanagement weitentwickelten IT-Infrastruktur sollte in diesem Bereich die nach DRS 3-10.24 erforderliche Überleitung zwischen den Zahlen des internen Rechnungswesens auf die Zahlen der traditionellen externen Rechnungslegung in einer gesonderten Spalte der Segmentberichterstattung allerdings gut zu bewältigen sein. Erforderlich ist dabei, dass die Überleitung auch verbal erläutert wird[114].

Zu beachten ist hinsichtlich der erzielten Zinsüberschüsse auch, welches Betätigungsfeld der Treasury zugestanden wird und ob sich hieraus ggf. eine separate Segmentausweispflicht mit eigenem Zinsnutzen ergibt. Daneben besteht das Problem, dass auch im Zinsgeschäft beispielsweise innerhalb einer Kundenbeziehung verschiedene Unternehmensbereiche mitgewirkt haben können, wie Akquisition einerseits und Leistungserbringung für das Geschäft andererseits. Hierbei kann es sich auch um einen innerbetrieblichen Leistungstransfer handeln, der nach außen gar nicht in Erscheinung tritt. In diesen Fällen stellt sich die Frage, wie die erzielten Erträge aufzuteilen sind und ob ein Ausweis brutto oder netto erfolgen soll. Vermieden werden sollten Doppelzurechnungen, da hierdurch die Transparenz beeinträchtigt wird.

---

[113] Vgl. zum Zinsüberschuss allgemein Abschnitt 3.2.2 im Beitrag „Bilanz, Gewinn- und Verlustrechnung sowie Notes“.

[114] Vgl. DRS 3-10.24.

7.2.2 Risikovorsorge

Nach IAS 14.58 hat ein Unternehmen die gesamten Aufwendungen, die für die planmäßige Abschreibung des Segmentvermögens für die Berichtsperiode in dem Segmentergebnis enthalten sind, für jedes berichtspflichtige Segment anzugeben.

Gemäß der bankspezifischen Interpretation der Angabepflichten für die Segmentberichterstattung durch DRS 3-10 kann nach DRS 3-10.28 auf die Zuordnung von Abschreibungen verzichtet werden. Stattdessen ist von Kreditinstituten die für das Bankgeschäft viel bedeutsamere und charakteristischere Position „Risikovorsorge" auszuweisen und den einzelnen Segmenten zuzuordnen[115]. Inhaltlich ist die Position „Risikovorsorge" eine bankspezifische „Quasi-Korrektur" zu den Zinserträgen, da in den Zinskonditionen aus betriebswirtschaftlicher Perspektive neben dem Entgelt für die Kapitalüberlassung per se auch eine Risikoprämie für die Kapitalüberlassung kalkuliert ist.[116] Diesem Aspekt tragen weder IAS 14 noch FAS 131 Rechnung.

Das grundsätzliche methodische Problem für den Ansatz in der Segmentberichterstattung ist die Frage, ob hierin die tatsächlich angefallenen Nettoneubildungen für Bonitätsrisiken unter Berücksichtigung der Eingänge aus abgeschriebenen Forderungen sowie die Länderwertberichtigungen und Pauschalwertberichtigungen (die so genannten „Ist-Risikokosten") verwendet werden sollten und auf die einzelnen Segmente zuzuordnen sind oder kalkulatorische „Standard-Risikokosten". Bei den „Standard-Risikokosten" wird – analog zum Pendant der ex ante kalkulierten Risikoprämie innerhalb der Kreditkonditionen – auf die auf der Basis von historischen Erfahrungswerten innerhalb eines Jahres zu erwartenden Verluste durch Kreditausfälle abgestellt. Die tatsächliche Entwicklung des Risikos, die höher oder niedriger liegen kann, wird dabei für die Berichtsperiode nicht berücksichtigt und bleibt in der Steuerungsverantwortung außen vor.

Vorteile der Verwendung von „Ist-Risikokosten" sind der direkte Anschluss an die Zahlen der Gewinn- und Verlustrechnung, die unmittelbare Ersichtlichkeit signifikanter Ereignisse der Berichtsperiode und der Zuordnung der Auswirkungen in Verantwortungsbereiche. Für die Verwendung von Standard-Risikokosten spricht hingegen die Glättung extremer Verwerfungen, die sonst unterjährig zu Fehlprognosen verleiten könnten, und vor allem der dauerhaft zuverlässigere Erwartungswert durch eine breitere statistische Basis.

---

115 Vgl. DRS 3-10.26.

116 Vgl. zur Risikovorsorge auch Abschnitt 3.2.2 im Beitrag „Bilanz, Gewinn- und Verlustrechnung sowie Notes".

Problematik bei ausgewählten Angabepflichten: Risikovorsorge

Keine Angabepflicht nach IAS 14 und FAS 131, aber bankspezifisch nach DRS 3-10

Problembereiche

- Ist-Risikokosten
  - Unmittelbare Anschlussfähigkeit an die GuV
  - Signifikante Ereignisse unmittelbar erkennbar

  versus

  Standard-Risikokosten
  - Risikovorsorgeprämie glättet extreme Verwerfungen (insbesondere unterjährig)
  - Stark retrospektive Betrachtung
- Zuordnung der Länderrisikovorsorge
  - Entscheidung über Länderengagements häufig durch Gesamtvorstand
  - Widerspruch zum Verursachungsprinzip

7.2.3 Provisionsüberschuss

Die bereits in IAS 14.17 vorgegebene Anknüpfung der Segmentzuordnungen an den für interne Zwecke verwendeten Verteilungsmethoden wird in der bankspezifischen Interpretation auch in DRS 3-10.18 klargestellt. Anders als im Falle des Zinsüberschusses sind für den Provisionsüberschuss allerdings in der Regel keine signifikanten methodischen Abweichungen zwischen dem internen Rechnungswesen und der externen Rechnungslegung zu erwarten.

Als grundsätzliches Problem besteht – wie auch im Zinsgeschäft – die Möglichkeit, dass an einem Geschäft verschiedene Unternehmensbereiche mitgewirkt haben, also beispielsweise wiederum die Akquisition einerseits und die Leistungserbringung für das Geschäft andererseits. Hierbei kann es sich auch um einen innerbetrieblichen Leistungstransfer handeln, der nach außen gar nicht in Erscheinung tritt. In diesen Fällen stellt sich die Frage, wie die erzielten Erträge aufzuteilen sind und ob ein Ausweis brutto oder netto erfolgen soll. Vermieden werden sollten Doppelzurechnungen, da hierdurch die Transparenz beeinträchtigt wird.

7.2.4 Handelsergebnis/Nettoertrag/-aufwand aus Finanzgeschäften

Im Rahmen der bankspezifischen Interpretation der nach IAS 14.16 bestehenden Angabepflichten für die Segmenterlöse durch DRS 3-10 nimmt die Position „Handelsergebnis" oder „Nettoertrag/-aufwand aus Finanzgeschäften" eine maßgebliche Stellung ein, seit der Eigenhandel der Kreditinstitute ab Anfang der neunziger Jahre neben dem Zins- und Provisionsgeschäft zur dritten Ertragssäule der Kreditinstitute erstarkt ist.[117] Zugleich werden insbesondere bei den Handelsaktivitäten die unterschiedlichen Bewertungskonzepte von IAS und HGB deutlich, indem Handelsaktivitäten nach IAS einheitlich zum Fair Value zu bewerten sind, nach HGB hingegen zu fortgeführten Anschaffungskosten, wodurch ein ggf. höherer Marktwert keine Berücksichtigung findet.

Hinsichtlich der zuzurechnenden Aufwendungen und Erträge ist bezüglich des Handelsergebnisses zum einen die Anforderung von IAS 14 an das korrespondierende Verhältnis zwischen Erfolgs- und Bilanzgrößen zu beachten und zum anderen die Frage, wie in der externen Rechnungslegung des jeweiligen Kreditinstituts die Zinserträge, die der Handel erzielt, ausgewiesen werden. So ist abweichend zum HGB die Zusammensetzung des Postens „Zinserträge und ähnliche Erträge" in der Rechnungslegung nach IAS weder in den allgemeinen Standards noch in IAS 30 geregelt. Üblicherweise werden nach IAS alle Zinserträge der dem Handel zuzurechnenden Finanzinstrumente nach betriebswirtschaftlicher Sichtweise nicht dem Zinsergebnis, sondern dem Handelsergebnis zugeordnet. Durch diese – analog auch Dividendenerträge und Finanzierungsaufwendungen für Handelsbestände umfassende – Handhabung erhält einerseits das Handelsergebnis eine angemessenere Aussagekraft, andererseits ist aber auch zu beachten, dass sich infolge dieser Umgliederung bestimmte Kennziffern, wie die Zinsmarge, verändern[118].

7.2.5 Verwaltungsaufwand

Als bankspezifische Interpretation der nach IAS 14 bestehenden Anforderungen an die Segmentberichterstattung verlangt DRS 3-10.26 die segmentweise Zuordnung der Aufwendungen, die sich auf die betrieblichen Tätigkeiten des Segments beziehen und direkt zugeordnet werden können oder auf einer vernünftigen Grundlage auf das Segment verteilt werden können.

Die Zuordnung des Verwaltungsaufwandes stellt allerdings ein großes und nicht nur bankspezifisches Abgrenzungsproblem dar.[119] Bei Kreditinstituten werden unter den Be-

---

[117] Vgl. zum Handelsergebnis auch Abschnitt 3.2.2 im Beitrag „Bilanz, Gewinn- und Verlustrechnung sowie Notes".

[118] Vgl. LÖW, E., Deutsche Bankabschlüsse nach International Accounting Standards, Stuttgart 2000, S. 14.

[119] Vgl. auch Abschnitt 3.2.1 im Beitrag „Bilanz, Gewinn- und Verlustrechnung sowie Notes".

griff Verwaltungsaufwand alle Kosten gefasst, die dem betrieblichen Bereich der Bank zuzuordnen sind. Dieser Verwaltungsaufwand gliedert sich in Kosten, die direkt in den Segmenten anfallen und insofern keine Zurechnungsprobleme verursachen, und Kosten, die nicht direkt in den Segmenten anfallen, also direkte Kosten.

Die Probleme liegen im Bereich der indirekten Kosten, die sich wiederum in „Dienstleistungen oder Services" einerseits und „Corporate Overheads" andererseits unterscheiden lassen. Für die Zurechenbarkeit von Services müssen vor allem Leistungseinheiten einschließlich der Mengen- und Preisgerüste definiert werden, die Inanspruchnahmen gemessen werden und zeitnahe Verrechnungen erfolgen. Für Kreditinstitute ist diese Problematik noch relativ neu, da sie nicht die Tradition der Kosten- und Leistungsverrechnung haben wie die Industrie.

Das besondere Problem bei dem „Corporate Overhead" besteht darin, dass eine Zurechnung nicht nach dem Verursachungsprinzip erfolgen kann. Das Spektrum reicht hier von Kosten der Zentrale bis zu den Kosten des Aufsichtsrats und des Abschlussprüfers, umfasst aber auch solche Kosten, die aus der Vergangenheit herrühren und weitergetragen werden müssen, ohne dass hierfür noch eine gegenwärtige Geschäftseinheit als Verursacher angesehen werden kann.

Die Aufteilung des Corporate Overheads ist sowohl intern als auch im Hinblick auf die Transparenzanforderungen der externen Berichtsadressaten ein besonders kritisches Thema, da

- eine verursachungsgerechte Verrechnung nicht möglich ist,
- die Verrechnung unmittelbar die Performance beeinträchtigt und
- der Zuordnungsschlüssel jederzeit geändert werden kann, ohne das darüber in der Praxis berichtet würde.

Problematik bei ausgewählten Angabepflichten: Verwaltungsaufwand

Keine Angabepflicht nach IAS 14 und FAS 131, aber bankspezifisch nach DRS 3-10

Problembereich

– Gemeinkostenschlüsselung, insbesondere des Corporate Centers

■ Pro

– ohne Umlage zu positive Darstellung der Unternehmensbereiche
– Überleitungsspalte überproportional groß

■ Contra

– Aufwand durch Unternehmensbereiche nicht beeinflussbar
– Widerspruch zum Verursachungsprinzip
– Permanente Diskussion um Zurechnungsschlüssel

7.2.6 Ergebnis nach Risikovorsorge

Als bankspezifische Interpretation der nach IAS 14.52 bestehenden Anforderungen an die Offenlegung des Segmentergebnisses durch DRS 3-10 verlangt DRS 3-10.26 den Ausweis des Ergebnisses nach Risikovorsorge. Als Saldogröße bestehen für diesen Ausweis keine positionsspezifischen Probleme.

7.3 Kennziffern auf Segmentebene

7.3.1 Rentabilität des allokierten Kapitals

Nach IAS 14.53 und IAS 14.54 werden die Angabe von Rentabilitäts- und Performance-Kennziffern pro Segment empfohlen. Als bankspezifische Interpretation der nach IAS 14 bestehenden Empfehlungen zu Rentabilitätskennziffern verlangt DRS 3-10.26 die segmentweise Offenlegung einer Kennziffer zur Rentabilität des allokierten Kapitals.

DRS 3-10 enthält keinen Hinweis dazu, ob die Eigenkapital-Rentabilität der Segmente vor oder nach Steuern zu ermitteln sind. In der Geschäftsberichterstattung der deutschen Banken sind beide Verfahrensweisen anzutreffen. Bei der in der Segmentberichterstattung ohnehin sehr ausführlich berichtenden HypoVereinsbank werden sogar beide Kennziffern ausgewiesen[120].

7.3.2 Aufwand/Ertrag-Relation

Als weitere der nach IAS 14 empfohlenen Performance-Kennziffern ist nach der bankspezifische Interpretation durch DRS 3-10 die Aufwand/Ertrag-Relation pro Segment offen zu legen. Diese Kennziffer wird als Quotient aus Verwaltungsaufwand und Erträgen ohne Risikovorsorge gebildet und spiegelt die Kosteneffizienz der Geschäftsfelder wider.

Im Gegensatz zu den übrigen Angabepflichten je Segment braucht gemäß DRS 3-10.26 die Position „Aufwand/Ertrag-Relation" nicht auf den entsprechenden Gesamtwert des Konzerns übergeleitet werden.

7.4 Überleitung auf die externe Rechnungslegung

Alle Angeben zu den Segmenterlösen, dem Segmentergebnis, dem Segmentvermögen, den Segmentverbindlichkeiten und zur Rentabilität des allokierten Kapitals sind nach DRS 3-10 im Rahmen einer Überleitung mit den Konzernzahlen der externen Rechnungslegung zu verbinden.

Formal erfolgt die Überleitung im Segmentbericht durch eine oder mehrere Zusatzspalten. Die Abweichungen zwischen der Datenbasis des internen Rechnungswesens und der externen Rechnungslegung sind verursacht durch

- Bewertungsunterschiede (Valuation and Timing differences),
- Unterschiede im Konsolidierungskreis und
- nicht zugeordnete Vermögens- und Erfolgsbestandteile.

Angesichts der konzeptionellen Anbindung der Segmentberichterstattung an das interne Rechnungswesen lassen sich die Unterschiede nicht methodisch bereinigen. Hinsichtlich

---

[120] Vgl. HYPOVEREINSBANK, Geschäftsbericht 2001, S. 56.

der Bewertungsunterschiede wird die Thematik allerdings durch die zunehmende Anwendungsgebiete der Marktwertbilanzierung entschärft. Ob Unterschiede im Konsolidierungskreis einen dauerhaften Abweichungsgrund darstellen werden, hängt zum einen davon ab, ob sich die Bankkonzerne wieder stärker auf ihr Kerngeschäft fokussieren. Zum anderen wird diese Thematik auch von der künftigen Entwicklung zur Beaufsichtigung von Finanzkonglomeraten beeinflusst.

Gegenwärtig lassen die ausgewiesenen Differenzen durchaus Zweifel an der Aussagefähigkeit der Segmentberichterstattung aufkommen. Andererseits führt das daraus resultierende Bestreben, die Abweichungsgründe und -volumina so gering wie möglich zu halten, zur zunehmenden Anwendung von Zurechnungsschlüsselungen, die gegenüber externen Berichtsadressaten nur schwer kommunizierbar sind. Zugleich besteht hierbei stets die Gefahr, dass Schlüsselungen nicht ausschließlich nach dem Verantwortungskriterium erfolgen und verändert werden, ohne dass ein Berichtsadressat hierauf hingewiesen wird.

Die Forderung nach einer Minimierung der Überleitungsspalte bleibt letztlich eine Gratwanderung zwischen konkurrierenden Zielen und führt zwangsläufig zu einem zweckmäßigen Druck, das interne Rechnungswesen an die externe Rechnungslegung anzupassen. Eine völlige Übereinstimmung lässt sich dabei allerdings kaum herstellen.

8. Zusammenfassung

In den wenigen Jahren, in den deutsche Kreditinstitute bisher eine über die geographische Aufgliederung hinausgehende Segmentberichterstattung veröffentlicht haben, hat sich dieses Transparenzmedium zwischen internem Rechnungswesen und externer Rechnungslegung zu einer Kernkomponente der Geschäfts- und Zwischenberichtspublizität entwickelt. Die Herausstellung als eigenständige Komponente eines Konzernabschlusses durch das TransPuG im Jahre 2002 unterstreicht diesen Stellenwert.

Die Vielzahl der Detailinformationen in einer Segmentberichterstattung bietet insbesondere für den Analysten eine breite Grundlage zur Beurteilung der Ertragsquellen eines Bankkonzerns. Gleichzeitig entzieht sich allerdings die Segmentberichterstattung durch ihre besondere Konzeption in mehrfacher Hinsicht dem Handwerkszeug der Analysten. Vor allem zwischenbetriebliche Vergleiche und intertemporale Vergleiche aus verschiedenen Geschäftsjahren desselben Kreditinstituts sind häufig nicht oder nur unter gewissen Vorbehalten möglich.

Im Hinblick auf die Einschränkungen der Vergleichbarkeit sind drei Konstellationen zu unterscheiden:

(1) Von Bank zu Bank unterschiedliche Segmentabgrenzungen

Diese Einschränkung der Vergleichbarkeit ist konzeptioneller Art, da die Segmentabgrenzungen der internen Organisation des Kreditinstituts zu folgen haben. Diese Unterschiede können sowohl hinsichtlich der Geschäftsfelder als auch in regionaler Beziehung auftreten. Der Trend von einer universellen Betätigung der Kreditinstitute zu einer Fokussierung auf Kernkompetenzen sowie das Aufbrechen der Wertschöpfungskette durch unterschiedliche Konzepte zum Outsourcing lassen in dieser Hinsicht keine Verbesserung der Vergleichbarkeit erwarten, sondern eher das Gegenteil.

(2) Intertemporale Entwicklung bei einer einzelnen Bank

Auch diese Einschränkung der Vergleichbarkeit ist konzeptioneller Art, da Veränderungen der internen Organisationsstruktur von der Segmentberichterstattung nachzuvollziehen sind. Zu betonen ist allerdings, dass diese Reihenfolge entscheidend ist und die Anbindung an die Organisationsstruktur kein Freibrief für permanente Änderungen ist. Zu leicht könnte ansonsten der Eindruck entstehen, dem Management ermangele es an einer geeigneten Strategie.

(3) Offengelegte Segmentpositionen

Der Katalog offenzulegender Segmentpositionen nach den allgemeingültigen, branchenübergreifenden IAS 14 und DRS 3 ist grundsätzlich kompatibel und bei entsprechender tatsächlicher Anwendung auch nach FAS 131 nutzbar. Als einziger branchenspezifischer Standard für die Segmentberichterstattung von Kreditinstituten versucht DRS 3-10, als Leitlinie zur Vergleichbarkeit auch für solche Kreditinstitute zu gelten, die die Befreiungsregelung gemäß § 292a HGB in Anspruch nehmen (vgl. DRS 3-10.5).

Angesichts dieser Grundlagen sollte es der deutschen Kreditwirtschaft prinzipiell möglich sein, durch eine Vereinheitlichung des Positionsausweises wenigstens in dieser Hinsicht zu einer Annäherung der Vergleichbarkeit beizutragen.

Zusammenfassend betrachtet kann jedem Kreditinstitut nur empfohlen werden, auf eine weitgehende Vergleichbarkeit seiner Segmentberichterstattung zu achten, sowohl intertemporal als auch gegenüber anderen Banken. Die Beachtung dieses Grundsatzes trägt entscheidend zur Akzeptanz der Segmentberichterstattung bei.

Zusammenfassung

Fazit

- Segmentabgrenzungen spiegeln regelmäßig die geschäftspolitische Ausrichtung einer jeden Bank institutsindividuell wider
- Vereinheitlichungen von Inhalten gleichnamiger Segmente zwischen verschiedenen Banken sind nicht möglich
- Verständlichkeit ist nur durch ergänzende verbale Erläuterungen zu erzielen
- Zielsetzung sollte eine intertemporale Vergleichbarkeit sein

Anlagen

Anlage 1: Offengelegte Positionen in den primären Segmentberichten ausgewählter Geschäftsberichte des Jahres 2000

Offengelegte Positionen in den primären Segmentberichten ausgewählter Geschäftsberichte des Jahres 2000			
Deutsche Bank	Dresdner Bank	Commerzbank	HypoVereinsbank
Erträge	Zinsüberschuss	Zinsüberschuss	Zinsüberschuss
Risikovorsorge im Kreditgeschäft	Risikovorsorge im Kreditgeschäft	Risikovorsorge im Kreditgeschäft	Kreditrisikovorsorge
	Zinsüberschuss nach Risikovorsorge	Zinsüberschuss nach Risikovorsorge	
	Provisionsüberschuss	Provisionsüberschuss	Provisionsüberschuss
	Handelsergebnis	Handelsergebnis	Handelsergebnis
	Übrige Erträge	Finanzanlageergebnis	
Verwaltungsaufwand	Verwaltungsaufwand	Verwaltungs-aufwendungen	Verwaltungsaufwand
	davon: lfd. Abschreibungen auf Sachanlagen		Aufwendungen für E-Commerce
Saldo der Sonstigen Erträge/Aufwendungen	Übrige Aufwendungen	Sonstiges betriebliches Ergebnis	Saldo sonstige betriebliche Erträge/Aufwendungen
			Betriebsergebnis
			Finanzanlageergebnis
			Abschreibungen auf Geschäfts- oder Firmenwerte
			Saldo übrige Erträge/Aufwendungen
Ergebnis vor Aufwand für Restrukturierung und Steuern	Ergebnis vor Sonderfaktoren und vor Steuern		Ergebnis der gewöhnlichen Geschäftstätigkeit

Offengelegte Positionen in den primären Segmentberichten ausgewählter Geschäftsberichte des Jahres 2000			
Deutsche Bank	Dresdner Bank	Commerzbank	HypoVereinsbank
	Aufwand zur Sicherung der Wettbewerbsposition		
Restrukturierungsaufwand	Restrukturierungsaufwand		Saldo außerordentliche Erträge/Aufwendungen
Ergebnis der gewöhnlichen Geschäftstätigkeit vor Steuern	Gewinn vor Steuern	Ergebnis der gewöhnlichen Geschäftstätigkeit	Ergebnis vor Steuern
		Ertragsteuern	
		Ergebnis nach Steuern	
		Konzernfremden Gesellschaftern zustehende Gewinne/ Verluste	
		Jahresüberschuss	
		Mitverantwortetes Ergebnis	
		Steuerungsergebnis	
Segmentvermögen	Segmentvermögen		Handelsaktiva
			Kreditvolumen
Segmentverbindlichkeiten	Segmentschulden		Verbindlichkeiten gegenüber Kreditinstituten
			Verbindlichkeiten gegenüber Kunden
			Verbriefte Verbindlichkeiten
Risikopositionen	Risikoaktiva		Risikoaktiva
			Marktrisikopositionen
			Risikovorsorgebestand
			Bestandsquote
			Zinslos gestellte Kredite

Offengelegte Positionen in den primären Segmentberichten ausgewählter Geschäftsberichte des Jahres 2000			
Deutsche Bank	Dresdner Bank	Commerzbank	HypoVereinsbank
			Deckungsquote der zinslos gestellten Kredite
Durchschnittliches Kapital	IAS-Kapital	Durchschnittlich gebundenes Eigenkapital	Durchschnittliches bilanzielles Eigenkapital
			Durchschnittlich gebundenes Kernkapital (KWG)
RoE	Return on Equity	Eigenkapitalrendite	Eigenkapitalrentabilität vor Steuern
Wertbeitrag			Eigenkapitalrentabilität nach Steuern
Aufwand/Ertrag-Relation	Cost-Income-Ratio	Aufwandsquote	Cost-Income-Ratio
		Mitarbeiter (Durchschnitt)	Mitarbeiter

Quellen: Geschäftsberichte 2000 der jeweiligen Kreditinstitute.

Anlage 2: Segmentberichterstattung der Dresdner Bank 2001

Mio. €	Private Kunden		Asset Management		Corporates & Markets		Immobilien		Corporate Items		Konzern insgesamt	
	2001	2000	**2001**	2000	**2001**	2000	**2001**	2000	**2001**	2000	**2001**	2000
Zinsüberschuss	1 456	1 485	11	22	2 375	2 456	397	595	125	- 246	4 364	4 312
Risikovorsorge im Kreditgeschäft	309	267			1 207	575	139	608	238	136	1 893	1 586
Zinsüberschuss nach Risikovorsorge	1 147	1 218	11	22	1 168	1 881	258	- 13	- 113	- 382	2 471	2 726
Provisionsüberschuss	1 345	1 765	778	790	1 698	1 729	94	58	- 74	- 51	3 841	4 291
Handelsergebnis	32	42	2	1	1 273	1 366	1		218	- 80	1 526	1 329
Übrige Erträge	187	29	13	9	4	87	34	41	2 238	2 317	2 476	2 483
Verwaltungsaufwand	2 554	2 512	643	463	4 605	3 782	291	260	589	635	8 682	7 652
Davon: Laufende Abschreibungen auf Sachanlagen	217	266	34	27	337	286	24	48	26	14	638	641
Übrige Aufwendungen	65	49	35	6	43	61	9	1	707	419	859	536
Ergebnis vor Sonderfaktoren und vor Steuern	**92**	**493**	**126**	**353**	**- 505**	**1 220**	**87**	**- 175**	**973**	**750**	**773**	**2 641**
Aufwand zur Sicherung der Wettbewerbsposition									–	553	–	553
Integrationskosten									418	–	418	–
Restrukturierungsaufwand									202	475	202	475
Gewinn vor Steuern	**92**	**493**	**126**	**353**	**- 505**	**1 220**	**87**	**- 175**	**353**	**-278**	**153**	**1 613**
Veränderungen in %	- 81,3		- 64,3		- 141,4		149,7				- 90,5	
Segmentvermögen	45 900	49 000	700	500	320 600	300 500	82 200	86 200	57 300	47 300	506 700	483 500
Segmentschulden	47 100	41 200	1500	1 300	243 200	239 100	80 800	85 100	134 100	116 800	506 700	483 500
Risikoaktiva*)	37 600	38 100			123 400	124 400	27 600	26 000	22 100	21 900	210 700	210 400
IAS-Kapital*)	2 300	2 300			7 400	7 400	1 600	1 600	3 000	300	14 300	11 600
Return on Equity in %	4,1	21,5			- 6,8	16,3	5,3	- 11,2			1,1	13,9
Cost-Income-Ratio	86,4	76,8	83,7	56,7	86,8	67,8	56,3	37,6			77,7	64,8

*) Die Abbildung der Risikoaktiva und der hieraus resultierenden Kapitalunterlegung erfolgt für das Berichtsjahr nach den Bestimmungen gemäß BIZ; die Vorjahresvergleichswerte wurden angepasst.

Aufgeteilt nach geographischen Märkten ergibt sich für unsere geschäftlichen Aktivitäten folgendes Bild; dabei ist der Sitz der jeweiligen operativen Einheit maßgebend:

Mio. €	Erträge		Gewinn vor Steuern		Bilanzsumme	
	2001	2000	**2001**	2000	**2001**	2000
Deutschland	20 477	20 459	1 886	1 742	394 815	318 716
Europa (ohne Deutschland)	6 162	6 496	- 465	223	146 092	160 466
Nordamerika	2 426	1 393	- 922	-331	54 326	62 079
Lateinamerika	1 111	1 065	- 55	67	10 548	11 263
Asien/Pazifik	681	1 192	- 291	- 88	29 815	41 361
Konsolidierung	- 6 599	- 7 136			- 128 913	- 110 387
Insgesamt	**24 257**	**23 469**	**153**	**1 613**	**506 683**	**483 498**

Der Gesamtbetrag der Erträge enthält Zinserträge, Laufende Erträge aus Aktien und anderen nicht festverzinslichen Wertpapieren, Beteiligungen und Anteilen an verbundenen Unternehmen, Laufende Erträge aus Leasingforderungen, Provisionserträge, das Handelsergebnis und Sonstige betriebliche Erträge.

Norbert Roß und Sylke Baumunk

Aktienbasierte Vergütung

1. Einleitung[1]

Die bilanzielle Behandlung von aktienbasierten Vergütungsinstrumenten ist nach wie vor sowohl auf nationaler als auch auf internationaler Ebene Gegenstand kontroverser Diskussionen. Während die gegenwärtigen US-amerikanischen Bilanzierungsvorschriften schon seit 1972 bzw. 1995 gültig sind, steht die Entwicklung konkreter Standards in Deutschland sowie auf internationaler Ebene noch am Anfang. Um so begrüßenswerter ist es, dass das IASB am 7. November 2002 den Entwurf eines International Financial Reporting Standard (IFRS) ED 2 Share-based Payment (im Folgenden zum Teil auch kurz als ED 2 bezeichnet) vorgelegt hat.[2]

Anliegen des vorliegenden Beitrags ist es, einen ersten Überblick über die in ED 2 Share-based Payment niedergelegten Grundsätze zur Bilanzierung von aktienbasierten Vergütungen zu geben[3] und Übereinstimmungen sowie Unterschiede zwischen ED 2 Share-based Payment und den US-amerikanischen Grundsätzen (US-GAAP) sowie den in E-DRS 11 enthaltenen Vorschlägen des Deutschen Standardisierungsrates (DSR) aufzuzeigen. Da sich die Problematik der zutreffenden Bilanzierung von Aktienoptionen auf vier grundlegende Streitfragen zurückführen lässt, werden diese zunächst erläutert. Im Anschluss daran wird aufgezeigt, welche Antworten auf die genannten Fragestellungen die bestehenden (US-amerikanischen) Standards bzw. die vorhandenen (internationalen und deutschen) Standardentwürfe bereithalten. Die vier wesentlichen Streitfragen bilden dementsprechend den „roten Faden" dieser vergleichenden Darstellungen zum ED 2 Share-based Payment.

Auf eine ausführliche Darstellung der verschiedenen Möglichkeiten, Aktienoptionspläne auszugestalten, wird in diesem Beitrag bewusst verzichtet, da hierzu bereits umfangreiche Beiträge im bilanzrechtlichen Schrifttum erschienen sind.[4]

---

1 Veröffentlicht auch unter dem Titel „ED 2 Share-based Payment im Vergleich zu US-GAAP und E-DRS 11, KoR 2003, S. 29-38.

2 Abrufbar unter http://www.iasb.org.uk.

3 Vgl. zu einer ersten Stellungnahme auch KNORR, L./ZIEMES, M., Aktienoptionen sind als Aufwand zu erfassen, FAZ v. 25.11.2002, S. 23.

4 Vgl. bspw. KRAMARSCH, M., Bilanzierung von vergütungshalber gewährten Aktienoptionen, KoR 2001, S. 49-55; ROß, N./POMMERENING, S., Angabepflichten zu Aktienoptionsplänen im Anhang – Bestandsaufnahme und Regierungsentwurf TransPuG, WPg 2002, S. 371-382. Zur ausführlichen Darstellung der verschiedenen Formen von Aktienoptionsplänen vgl. auch KESSLER, M./SAUTER, T. (Hrsg.), Handbuch Stock Options, München 2003.

Betrachtet werden vielmehr jeweils grundlegend Aktienoptionspläne auf Basis junger Aktien sowie Aktienoptionspläne, die für die berechtigten Mitarbeiter eine Abgeltung der erzielten Aktienkurssteigerung in bar (Stock Appreciation Rights – SARs) vorsehen. Nicht erörtert werden Aktienoptionspläne, bei denen die Optionen mittels bereits existierender (eigener) Aktien bedient werden, sowie Pläne, bei denen die Optionen an eine Anleihe gekoppelt sind.

2. Status Quo

Die IAS bzw. IFRS enthalten derzeit (noch) keine verbindlichen Regelung zum Ansatz und zur Bewertung von aktienbasierten Vergütungsinstrumenten.[5] IAS 19, dem die Bilanzierung von „equity compensation benefits"[6] an sich inhaltlich zuzuordnen wäre (IAS 19.4 (e)), stellt dies in Tz. 145 ausdrücklich klar. Es liegt daher – bis zum In-Kraft-Treten des maßgeblichen IFRS – unter Berücksichtigung der Regelungen in IAS 1.22 im Ermessen des Managements, diejenige Bilanzierungsweise zu wählen, welche die Abschlussadressaten am aussagekräftigsten informiert.[7] Nach IAS 1.22(a), (b) kann dabei auf Anforderungen und Hinweise in anderen IAS oder auf die Grundsätze des Framework abgestellt werden.[8] Für die Bilanzierung von Aktienoptionsplänen bot es sich indes an, nach IAS 1.22(c) auf Rechnungslegungsgrundsätze anderer Standardsetter zurückzugreifen. Die für die Praxis bisher empfohlene Adaption der US-GAAP[9] wird jedoch nach In-Kraft-Treten des IFRS zur Bilanzierung von aktienbasierten Vergütungen entbehrlich.

Die im Zuge der Vorbereitung des ED 2 Share-based Payment auf internationaler Ebene geführte Diskussion wurde bislang stark geprägt von den bereits vorhandenen Verlautbarungen in den USA. Die beiden wichtigsten Regelungen unter den US-GAAP sind APB 25 und FAS 123. Möglicherweise haben die auf internationaler Ebene künftig gel-

5 Vgl. EISOLT, D., Virtuelle Aktienoptionsprogramme im deutschen Handels- und Steuerrecht sowie nach US-GAAP und IAS, IStR 1999, S. 759-764, hier S. 763; WOLLMERT, P./MANTZELL, J., Bilanzierung von Stock Options nach internationalen Grundsätzen (US-GAAP und IAS), in: ACHLEITNER, A.-K./WOLLMERT, P. (Hrsg.), Stock Options, Stuttgart 2000, S. 145. So auch das IASB unter den *„Basis for Conclusions on Exposure Draft ED 2 Share-based Payment"*, Tz. BC2.

6 Neben Optionen gehören hierzu auch SARs (IAS 19.144).

7 So auch der Hinweis bei WOLLMERT, P./MANTZELL, J., Bilanzierung von Stock Options nach internationalen Grundsätzen (US-GAAP und IAS), in: ACHLEITNER, A.-K./WOLLMERT, P. (Hrsg.), a.a.O., S. 146.

8 Vgl. auch WOLLMERT, P./MANTZELL, J., Bilanzierung von Stock Options nach internationalen Grundsätzen (US-GAAP und IAS), in: ACHLEITNER, A./WOLLMERT, P. (Hrsg.), a.a.O., S. 146.

9 So auch OSER, P./VATER, H., Bilanzierung von Stock Options nach US-GAAP und IAS, DB 2001, S. 1261-1268, hier S. 1268; WOLLMERT, P./MANTZELL, J., Bilanzierung von Stock Options nach internationalen Grundsätzen (US-GAAP und IAS), in: ACHLEITNER, A.-K./WOLLMERT, P. (Hrsg.), a.a.O., S. 146; EISOLT, IStR 1999, S. 763.

tenden Vorschriften jedoch Auswirkungen auf die US-amerikanischen Rechnungslegungsgrundsätze. Denn durch die jüngsten Bilanzskandale amerikanischer Unternehmen sind die Regelungen zur Bilanzierung aktienbasierter Vergütungssysteme wieder in die Kritik geraten. Das betrifft vor allem das für US-amerikanische Verhältnisse ungewöhnliche Wahlrecht zwischen APB 25 (der durch Sachverhaltsgestaltung – fixed plan – die Vermeidung von Personalaufwand ermöglicht) und dem als theoretisch richtig anerkannten, grundsätzlich zwingend zu Aufwand führenden FAS 123. Wenngleich die Beseitigung dieses Wahlrechts in einem im Oktober 2002 vom FASB veröffentlichten Exposure Draft (ED) Proposed Statement of Financial Accounting Standards, Accounting for Stock-Based Compensation – Transition and Disclosure[10] nicht vorgesehen ist[11], soll durch die Änderung des FAS 123 der Übergang von APB 25 zu FAS 123 geregelt werden.[12] Außerdem sieht die Änderung von FAS 123 eine Erweiterung der geforderten Angabepflichten vor.[13]

In Deutschland wird die Diskussion zur Frage der Bilanzierung aktienbasierter Vergütungssysteme seit Ende der 90er Jahre geführt. Da die maßgeblichen Rechtsnormen keine expliziten Regelungen zur Bilanzierung von Aktienoptionsplänen bereithalten, wurden zunächst aus den allgemeinen Grundsätzen der Rechnungslegung im Schrifttum unterschiedliche Lösungsansätze abgeleitet. Auch das Deutsche Rechnungslegungs Standards Committee (DRSC) hat sich mit dem Thema befasst: Im August 2000 wurde von der Arbeitsgruppe Stock Options des Deutschen Standardisierungsrates (DSR) das Positionspapier Bilanzierung von Aktienoptionsplänen und ähnlichen Entlohnungsformen zur Diskussion gestellt. In diesem Positionspapier schließt sich der DSR der bereits im Schrifttum insbesondere durch Pellens/Crasselt vertretenen Meinung an und befürwortet die (aufwandswirksame) Abbildung von Aktienoptionsplänen in Anlehnung an US-amerikanische Rechnungslegungsvorschriften. Trotz zahlreicher kritischer Stellungnahmen[14] zu der in diesem Positionspapier vertretenen Auffassung folgte im Juni 2001 der inhaltsgleiche Entwurf eines Rechnungslegungsstandards „Bilanzierung von Aktienoptionsplänen und ähnlichen Entlohnungsformen", E-DRS 11.[15]

---

10 Abrufbar unter http://www.fasb.org.

11 Vgl. FASB, ED *Accounting for Stock-Based Compensation – Transition and Disclosure*, 2002, Notice for Recipients of This Exposure Draft.

12 Vgl. FASB, ED Accounting for Stock-Based Compensation – Transition and Disclosure, 2002, Tz. 2(a)-(c).

13 Vgl. FASB, ED *Accounting for Stock-Based Compensation – Transition and Disclosure*, 2002, Tz. 2(d), (e) zu FAS 123 sowie Tz. 3 zu APB 28.

14 Vgl. bspw. HERZIG, N./LOCHMANN, U., Bilanzierung von Aktienoptionsplänen und ähnlichen Entlohnungsformen – Stellungnahme zum Positionspapier des DRSC, WPg 2001, S. 82-90; LANGE, J., Rückstellungen für Stock Options in Handels- und Steuerbilanz, StuW 2001, S. 137-149; SCHILDBACH, T., Zur Bilanzierung von realen Stock Options nach den Vorstellungen der Arbeitsgruppe des Deutschen Standardisierungsrates, StuB 2000, S. 1033-1038.

15 Entwurf und eingegangene Stellungnahmen sind unter http://www.drsc.de abrufbar.

3. Streitfragen

Ausgangspunkt der Diskussion um die Bilanzierung aktienbasierter Vergütungsinstrumente ist naturgemäß zunächst die Frage, ob Aktienoptionspläne überhaupt erfolgswirksam zu erfassen sind. Darüber hinaus ergeben sich drei weitere wesentliche Problemstellungen.

Zum einen stellt sich die Frage nach der Bewertung des ggf. zu erfassenden Personalaufwandes, d.h. nach dessen Höhe, zum anderen nach dem Zeitpunkt, auf den diese Bewertung vorzunehmen ist. Schließlich wird die Frage nach der zeitlichen Verteilung des ggf. zu erfassenden Personalaufwandes diskutiert.

Wird die Erfolgswirksamkeit von Aktienoptionsplänen bejaht, kommen für die Bewertung des Personalaufwandes sowohl der innere Wert (intrinsic value) als auch der Gesamtwert (Fair Value) der eingeräumten Optionen in Betracht. Der innere Wert ergibt sich dabei aus der Differenz zwischen dem aktuellen Kurs der Aktie am jeweiligen Bilanzstichtag und dem von den Berechtigten bei Ausübung zu zahlenden Ausübungspreis. Der Gesamtwert ist in der Regel nur durch optionspreistheoretische Methoden zu ermitteln und umfasst neben dem inneren Wert noch den Zeitwert (time value), der die Möglichkeit repräsentiert, dass der künftige innere Wert der Option positiv werden könnte.

Hinsichtlich des Zeitpunktes der Bewertung beinhalten bereits bestehende Statements (US-GAAP) sowie neuere Entwürfe (E-DRS 11, G4+1) und Literaturmeinungen zur bilanziellen Behandlung von Aktienoptionsplänen vielfältige Lösungen. Genannt werden z.B. der Zeitpunkt der Gewährung der Optionen (grant date), der Zeitpunkt, an dem die Anzahl der erwerbbaren Aktien sowie der Ausübungspreis feststehen (measurement date i.S.d. APB 25), sowie der Zeitpunkt, an dem der Berechtigte alle Leistungen erbracht hat und unwiderruflicher Inhaber der Option ist (vesting date); im Hinblick auf SARs wird auch die Bewertung zu jedem Bilanzstichtag befürwortet.

Zur zeitlichen Verteilung des ggf. zu erfassenden Personalaufwands wird sowohl vertreten, von einer Verteilung abzusehen als auch den Personalaufwand über den Leistungszeitraum (service period) zu verteilen.

Die nachfolgenden Ausführungen zum ED 2 Share-based Payment sowie zu US-GAAP und zum E-DRS 11 greifen die genannten Streitfragen auf und geben die bestehenden Regelungen bzw. Vorschläge zu deren Beantwortung wieder. Es wird jeweils dargestellt:

- ob eine erfolgswirksame Erfassung grundsätzlich vorgesehen ist,
- wie der ggf. zu erfassende Personalaufwand zu bewerten ist,
- welcher Zeitpunkt ggf. für die Bewertung heranzuziehen ist und

- ob ein ggf. zu erfassender Personalaufwand zeitlich zu verteilen ist.

Am Schluss des Beitrages sind die jeweiligen Vorschläge des ED 2, des E-DRS 11 sowie die Regelungen der US-GAAP in einer tabellarische Übersicht zusammengefasst.

4. Eckpunkte des ED 2 Share-based Payment im Vergleich zu US-GAAP und E-DRS 11

4.1 Aktienoptionspläne auf Basis junger Aktien

4.1.1 Funktionsweise

Mit Einräumung der Optionen erhält der Berechtigte – im Regelfall unentgeltlich – das Recht, bei Erfüllung vorab festgelegter Voraussetzungen Aktien des ausgebenden Unternehmens zu einem unter dem aktuellen Aktienkurs bei Ausübung liegenden Ausübungspreis zu zeichnen. Der Ausübungspreis entspricht dabei i.d.R. dem Kurs der Aktie des ausgebenden Unternehmens bei Einräumung der Option. Die Ausgabe von Optionen an Mitarbeiter auf Basis junger Aktien dürfte die wohl typischste Form von Aktienoptionsprogrammen darstellen. In Deutschland wurde die gesellschaftsrechtliche Grundlage für diese Form der Mitarbeiterbeteiligung im Rahmen des KonTraG[16] durch Änderung des § 192 AktG geschaffen. Mit Neufassung der Nr. 3 besteht seither die Möglichkeit, Bezugsrechte (sog. „nackte Optionen") an Arbeitnehmer und Mitglieder der Geschäftsführung der Gesellschaft oder eines verbundenen Unternehmens auszugeben.

4.1.2 Erfassung von Personalaufwand

Nach ED 2 Share-based Payment sollen equity settled share-based payment transactions als Personalaufwand erfasst werden und das Eigenkapital erhöhen (ED 2.4f.; auch ED

---

16 DEUTSCHER BUNDESRAT, Entwurf eines Gesetzes zur Kontrolle und Transparenz im Unternehmensbereich 1997, in: Bundesratsdrucksache 872/97.

2.7). In den „Basis for Conclusions on Exposure Draft ED 2 Share-based Payment" (kurz: ED 2 BC) wird dies ausführlich begründet (ED 2 BC25 ff.).

Innerhalb der US-GAAP ist die Bilanzierung von Aktienoptionsplänen in der Opinion APB 25 aus dem Jahre 1972 sowie in FAS 123 geregelt. Die Verabschiedung von FAS 123 im Jahr 1995 war motiviert durch die vom FASB angestrebte Einführung einer auf optionspreistheoretischen Modellen basierenden Optionsbewertung zum Gesamtwert. Das FASB fordert ausdrücklich zur Anwendung der von FAS 123 etablierten fair value based method auf (FAS 123, Introduction).[17] Als Ergebnis massiven politischen und lobbyistischen Druckes auf das FASB[18] gewährt FAS 123 indes gleichzeitig ein Wahlrecht zugunsten APB 25 (FAS 123.11), was dazu führt, dass unter bestimmten Bedingungen bei Anwendung von APB 25 die Erfassung von Personalaufwand vermieden werden kann.

Nach FAS 123.96 ist zwischen der Zusage und der Ausgabe von Optionen zu unterscheiden.[19] Erst nach Ablauf der vesting period gelten die zugesagten Optionen als ausgegeben. Nur die tatsächlich ausgegeben Optionen dienen als Grundlage der Erfassung des Personalaufwands (FAS 123.26-29).[20] Am grant date ist die noch unbekannte Zahl der ausgegebenen Optionen anhand von Erfahrungswerten zu schätzen und später an die tatsächliche Ausgabequote anzupassen.[21]

Die Regelungen des ED 2 Share-based Payment entsprechen somit grundsätzlich dem US-amerikanischen Statement FAS 123, wogegen die Spielräume zur Vermeidung von Personalaufwand, die APB 25 eröffnet, dem Anliegen des ED 2 Share-based Payment entgegenstehen.

Nach E-DRS 11 ist die Ausgabe von Aktienoptionen erfolgswirksam im Jahresabschluss des die Optionen ausgebenden Unternehmens zu berücksichtigen. Die Erfassung soll über die Buchung „Personalaufwand an Kapitalrücklage" erfolgen (E-DRS 11.7). Der Vorschlag des E-DRS 11 zur grundsätzlich erfolgswirksamen Erfassung aktienbasierter Vergütungen entspricht somit weitgehend den Vorschlägen des ED 2 Share-based Payment.

---

17 Siehe auch KIESO, D./WEYGANDT, J. u.a., Intermediate Accounting, 10th ed., New York 2001, p. 866.

18 Vgl. KIESO, D./WEYGANDT, J. u.a., a.a.O., p. 871-872; PELLENS, B./CRASSELT, N., Bilanzierung von Stock Options, DB 1998, S. 217-223, hier S. 219f.; VORWOLD, G., Das Modell „FASB" in den USA – Ein Fehlschlag, IStR 2000, S. 599-607, hier S. 603; VATER, H., Das Passauer Modell zur bilanziellen Abbildung von Stock Options im handelsrechtlichen Jahresabschluss (Teil I), BuW 2001, S. 441-451, hier S. 442; LANGE, J., a.a.o., S. 147.

19 Vgl. auch VATER, H., a.a.O., S. 441.

20 Vgl. auch RAMMERT, S., Die Bilanzierung von Aktienoptionen für Manager – Überlegungen zur Anwendung von US-GAAP im handelsrechtlichen Jahresabschluss, WPg 1998, S. 766-777, hier S. 768.

21 Vgl. PELLENS, B./CRASSELT, N., Bilanzierung von Stock Options, DB 1998, S. 219; RAMMERT, a.a.O., S. 768.

4.1.3 Höhe des Personalaufwands

ED 2 Share-based Payment bestimmt den Fair Value als Bewertungsmaßstab für aktienbasierte Vergütungssysteme (ED 2.7). Dieser lasse sich allerdings bei Ausgabe von Aktienoptionen an Mitarbeiter nicht unmittelbar durch den Wert der erhaltenen Arbeitsleistungen ermitteln, sondern nur mittelbar, d.h. durch den Fair Value der hingegebenen Eigenkapitalinstrumente (ED 2.11). Auch dies löst indes die praktischen Probleme bei der Bewertung nicht. ED 2.20 gibt zunächst dem Marktpreis solcher equity instruments den Vorzug, muss aber dann einräumen, dass ein solcher mangels „traded options with similar terms and conditions" regelmäßig nicht existiert. Aus diesem Grunde sei auf Optionspreismodelle zurückzugreifen, die wiederum an die Besonderheiten aktienbasierter Vergütungssysteme anzupassen seien (ED 2.21 ff.).

Zwei anerkannte Optionspreismodelle werden beispielhaft genannt; es sind das Black-Scholes-Modell und das Binominal-Modell. Dabei sind folgende Parameter (Preisbildungsfaktoren) zu berücksichtigen (ED 2.20):

- Ausübungspreis (exercise price),
- Laufzeit (life of the option),
- Aktienkurs bei Optionseinräumung (current price of the underlying shares),
- Volatilität (expected volatility),
- Dividende (dividends expected on the shares),
- Laufzeitadäquater risikoloser Zinssatz (risk-free interest rate for the life of the option).

Nach FAS 123 entspricht die Höhe des Personalaufwandes ebenfalls dem Gesamtwert (Fair Value) der ausgegebenen Optionen (FAS 123.16). Die Bemessung des Fair Value hat gemäß FAS 123.19 mittels anerkannten finanzwissenschaftlichen Optionspreismodellen zu erfolgen. Die dabei relevanten Preisbildungsfaktoren des für die Schätzung des Fair Value herangezogene Modells entsprechen den im ED 2 Share-based Payment genannten Parametern. Wie nach dem ED 2 werden in FAS 123 beispielhaft das Black-Scholes-Modell und das Binominal-Modell genannt (FAS 123.19). Bei der Bestimmung des Fair Value ist das verwendete Bewertungsmodell ebenfalls den Besonderheiten von Aktienoptionsplänen anzupassen.[22] Änderungen der Preisbildungsfaktoren dürfen nicht zur Änderung des am grant date ermittelten Fair Value führen (FAS 123.19).[23]

---

22 Vgl. auch WOLLMERT, P./MANTZELL, J., Bilanzierung von Stock Options nach internationalen Grundsätzen (US-GAAP und IAS), in: ACHLEITNER, A.-K./WOLLMERT, P. (Hrsg.), a.a.O., S. 143.

23 Vgl. auch PELLENS, B./CRASSELT, N., a.a.O., S. 220; EISOLT, a.a.O., S. 761.

Gemäß APB 25 ist der zu buchende Personalaufwand dagegen nach dem inneren Wert (intrinsic value) der Optionen zu bemessen (APB 25.10). Dieser innere Wert je Option ergibt sich aus der Differenz zwischen dem aktuellen Aktienkurs am jeweiligen Bilanzierungsstichtag und dem im Falle der Ausübung von den Berechtigten zu entrichtenden Ausübungspreis.

Laut E-DRS 11 richtet sich die Höhe des zu erfassenden Personalaufwandes nach dem Fair Value (Gesamtwert) der Optionen (E-DRS 11.10). Dieser Gesamtwert ist, sofern kein Marktpreis für vergleichbare Optionen existiert, anhand anerkannter finanzwirtschaftlicher Optionsbewertungsmodelle zu ermitteln (E-DRS 11.10). Der Vorschlag in E-DRS 11 entspricht demnach in der Frage nach der Bewertung des zu erfassenden Personalaufwandes dem Vorschlag des IASB sowie FAS 123.

4.1.4 Zeitpunkt der Bewertung

Entgegen den Überlegungen des G4+1 Positionspapiers spricht sich der ED 2 Share-Based Payment hinsichtlich des Bewertungszeitpunkts für den Tag der Gewährung der Optionen (grant date) aus (ED 2.8). In dem besagten G4+1-Positionspapier wurde noch das vesting date, das regelmäßig dem Ende der Sperrfrist (Haltefrist) entspricht, favorisiert.[24]

Betreffend den Zeitpunkt der Bewertung entspricht die vom IASB geplante Regelung der Handhabung nach FAS 123, der ebenfalls den Zeitpunkt der Gewährung der Optionen als Bewertungszeitpunkt vorsieht (FAS 123.17).[25] Auch Optionen mit einem inneren Wert von null führen daher sowohl nach ED 2 Share-based Payment als auch nach FAS 123 zum Entstehen von Personalaufwand.[26]

Nach APB 25 ist maßgeblicher Bewertungszeitpunkt (measurement date; APB 25.10) für die Ermittlung des Personalaufwandes hingegen der Zeitpunkt, in dem erstmalig sowohl die Anzahl der von jedem Bezugsberechtigten durch Ausübung seiner Optionen maximal erwerbbaren Aktien, wie auch der Ausübungspreis der Optionen feststeht (APB 25.10b).[27] Bedeutsam für die bilanzielle Behandlung von Optionen ist im Anwendungsbereich von APB 25 die Differenzierung zwischen fixed plans und variable plans.[28] Ein fixed plan ist dann gegeben, wenn grant date und measurement date iden-

---

24 Vgl. G4+1 Position Paper 2000, p. 6. und p. 47f.

25 Vgl. auch WOLLMERT, P./HEY, J., Einzelfragen bei der Bilanzierung von echten Aktienoptionen nach US-GAAP, DB 2002, S. 1061-1068, hier S. 1063.

26 Vgl. dazu auch OSER, P./VATER, H., Bilanzierung von Stockoptions nach US-GAAP und IAS, DB 2001, S. 1261-1268, hier S. 1262; WOLLMERT, P./MANTZELL, J., Bilanzierung von Stock Options nach internationalen Grundsätzen (US-GAAP und IAS), in: ACHLEITNER, A.-K./WOLLMERT, P. (Hrsg.), a.a.O., S. 142.

27 Vgl. auch OSER, P./VATER, H., a.a.O., S. 1263.

28 Vgl. dazu auch WOLLMERT, P./HEY; J., a.a.O., S. 1063; SCHRUFF, W., Zur Bilanzierung von Stock

tisch sind.[29] Dazu müssen am Tag der Gewährung der Optionen (grant date) die Anzahl der von jedem Begünstigten erwerbbaren Aktien und der bei Ausübung zu entrichtende Ausübungspreis unwiderruflich feststehen (APB 25.24).[30] Falls der innere Wert am measurement date null beträgt (weil der Ausübungspreis mindestens dem aktuellen Kurswert entspricht), ist mithin kein Personalaufwand auszuweisen.[31] Der Ausweis von Personalaufwand kann somit durch die Implementierung eines fixed plan vermieden werden. Die in den USA wie auch in Deutschland aus Unternehmenssicht große Bedeutung von APB 25 beruht dementsprechend darauf, dass bei Anwendung der intrinsic value based method der Ausweis von Personalaufwand vermieden werden kann.[32]

Stehen Ausübungspreis und Anzahl der von jedem Bezugsberechtigten erwerbbaren Aktien am grant date noch nicht unwiderruflich fest, fallen demnach grant date und measurement date zeitlich auseinander, handelt es sich nach APB 25.29 um einen variable plan.[33] Variable plans kommen insbesondere in Gestalt von sogenannten performance awards vor, die die Ausübbarkeit der eingeräumten Optionen und damit die Anzahl erwerbbarer Aktien durch Indexierung von der Erreichung bestimmter relativer oder absoluter Kurssteigerungen abhängig machen.[34] Im Rahmen eines variable plans ist der Ausweis von Personalaufwand geboten, wenn die Optionen in der Zeit zwischen grant date und measurement date einen inneren Wert angesammelt haben.

Options nach HGB – Übernahme internationaler Rechnungslegungstandards?, in: Gesellschaftsrecht, Rechnungslegung, Steuerrecht, Festschrift für Welf Müller zum 65. Geburtstag, herausgegeben von HOMMELHOFF, P., München 2001, S. 219-239, hier S. 226.

29 Vgl. WOLLMERT, P./HEY, J., a.a.O., S. 1063; SCHRUFF, W., Zur Bilanzierung von Stock Options nach HGB – Übernahme internationaler Rechnungslegungsstandards?, in: Gesellschaftsrecht, Rechnungslegung, Steuerrecht, Festschrift für Welf Müller zum 65. Geburtstag, a.a.O., S. 226.

30 Vgl. auch KPMG (Hrsg.), Rechnungslegung nach US-amerikanischen Grundsätzen, 2. Aufl., Berlin 1999, S. 126; BOGENSCHÜTZ, E., Stock Options und ähnliche Mitarbeiterbeteiligungsstrukturen im deutschen Steuer-, Gesellschafts-, Bilanz und Arbeitsrecht, Abschnitt I: Das Amerikanische Vorbild: Strukturen, Bilanz- und Steuerrecht (Überblick), JbFSt 1998/99, S. 546-560, hier S. 547.

31 Vgl. RAMMERT, S., a.a.O., S. 768; KUNZI, D./HASBARGEN, U. u.a., Gestaltungsmöglichkeiten von Aktienoptionsprogrammen nach US-GAAP, DB 2000, S. 285-288.

32 Vgl. HAARMANN, W., Steuer- und Bilanzierungsfragen bei der Vergütung durch Stock Options in Deutschland, in: Steuerrecht und europäische Integration, Festschrift für Albert J. Rädler zum 65. Geburtstag, herausgegeben von BREUNINGER, G., München 1999, S. 229-270, hier S. 233; HESS, D./LÜDERS, E., Mitarbeiteroptionen steigern den ausgewiesenen Gewinn: Eine Studie des NASDAQ 100, KoR 2001, S. 12-17, hier S. 12.

33 Vgl. auch KIESO, D./WEYGANDT, J. u.a., a.a.O., p. 867; OSER/VATER, a.a.O., S. 1263.

34 Vgl. KPMG (Hrsg.), a.a.O., S. 126; SCHRUFF, W., Zur Bilanzierung von Stock Options nach HGB – Übernahme internationaler Rechnungslegungsstandards?, in: Gesellschaftsrecht, Rechnungslegung, Steuerrecht, Festschrift für Welf Müller zum 65. Geburtstag, a.a.O., S. 226; ESCHBACH, W., Anmerkungen zum DRSC-Positionspapier „Bilanzierung von Aktienoptionsplänen und ähnlichen Entlohnungsformen“, DB 2001, S. 1373-1379, hier S. 1379; SCHILDBACH, T., US-GAAP, München 2000, S. 233; WOLLMERT, P./MANTZELL, J., Bilanzierung von Stock Options nach internationalen Grundsätzen (US-GAAP und IAS), in: ACHLEITNER, A.-K./WOLLMERT, P. (Hrsg.), a.a.O., S. 137; E-DRS 11.D5.

E-DRS 11 stellt für die Ermittlung des Fair Value ebenfalls auf den Zeitpunkt der Gewährung der Optionen (grant date) ab. Diese auf den Zeitpunkt der Gewährung vorgenommene Bewertung ist endgültig, d.h. spätere Änderungen des Fair Value bleiben unberücksichtigt und führen damit nicht zu einer Änderung des bereits in die Kapitalrücklage eingestellten Betrages. Dies gilt nach E-DRS 11.12 selbst dann, wenn Optionen durch Ausscheiden während der Sperrfrist oder durch Nichtausübung bis zum Ende der Laufzeit verfallen. Allerdings ist das Ausscheiden von Mitarbeitern und somit der Verfall ausgegebener Optionen insofern zu berücksichtigen, als der am aktuellen Bilanzstichtag bzw. an künftigen Bilanzstichtagen in die Kapitalrücklage einzustellende Betrag (und entsprechend der Personalaufwand) geringer ausfällt.[35]

4.1.5 Zeitliche Verteilung

Grundsätzlich soll nach ED 2 Share-based Payment für Aktienoptionspläne, in deren Rahmen die Optionen als Gegenleistung für künftige, von den Berechtigten noch zu erbringende Arbeitsleistungen gewährt werden, der Aufwand in dem Maße erfasst werden, wenn die Leistungen der Berechtigten „are rendered by the counterparty during the vesting period" (ED 2.14). Dies läuft auf eine Verteilung des Gesamtaufwandes über die vesting period, die in aller Regel der Sperrfrist entspricht, hinaus, wobei jedoch keine Gleichverteilung über die vesting period, sondern eine Dotierung der Kapitalrücklage entsprechend der bis zum jeweiligen Bilanzstichtag tatsächlich empfangenen Mitarbeiterleistung vorzunehmen ist.[36]

Die Annahme, dass der Leistungszeitraum (service period) aufgrund der Schwierigkeiten bei deren Bestimmung, mit der vesting period gleichgesetzt wird, entspricht der Handhabung nach US-GAAP. Allerdings lässt ED 2 Share-based Payment keine nachträgliche Korrektur zu, falls sich der für einen Arbeitnehmer geschätzte und bereits gebuchte Personalaufwand später als unzutreffend erweist (ED 2.15f.). Zu solchen Konstellationen kommt es, wenn nicht alle Mitarbeiter während der vesting period im Unternehmen verbleiben und daraufhin – durch vorzeitiges Ausscheiden aus dem Unternehmen – ihre Optionen verwirken. Dem Ausscheiden eines Mitarbeiters während der vesting period wird aber insoweit Rechnung getragen, als dass „für ihn" ein verminderter Aufwand in der laufenden Periode und kein Aufwand in künftigen Perioden gebucht wird.[37] Jedwede Anpassung unterbleibt indes bei einem Ausscheiden nach der vesting period.

Sollen mit den gewährten Optionen künftige Arbeitsleistungen entlohnt werden, ist der am grant date ermittelte Personalaufwand auch nach FAS 123 auf die service period zu verteilen (FAS 123.30). Ist in den Bedingungen zum Stock Option Plan nichts anderes

---

35 Vgl. dazu das Beispiel in E-DRS 11.E1.

36 Dies wird durch das Beispiel 1 in ED 2.B2 deutlich.

37 Siehe Beispiel 1 in ED 2.B2.

festgelegt, so entspricht auch laut FAS 123.30 die service period dem Zeitraum zwischen grant date und der erstmaligen Ausübungsmöglichkeit durch die Optionsberechtigten. Nach dem vesting date ist eine nachträgliche Korrektur des zu verrechnenden Personalaufwandes bei Optionsverfall gemäß FAS 123.26 unzulässig. Nach FAS 123.26 ist jedoch vor Ablauf der vesting period der bei Optionsgewährung erwartete Personalaufwand (compensation cost estimated at the grant date) an veränderte Erwartungen hinsichtlich der Ausübungsquote anzupassen (change in the estimated number of shares or options expected to vest). Diese nachträgliche Anpassung, die dazu dient, nur die tatsächlich ausgegebenen (vested), nicht aber die insgesamt gewährten (granted) Optionsrechte aufwandswirksam werden zu lassen[38], stellt eine Abweichung zu ED 2 Share-based Payment dar.

APB 25 stellt – wie bereits dargelegt – zur Ermittlung des endgültigen Personalaufwandes auf den Zeitpunkt, an dem die Anzahl der erwerbbaren Aktien sowie der Ausübungspreis feststehen, ab. Bemessungsgrundlage des endgültigen Personalaufwandes ist der innere Wert zum measurement date (APB 25.27).[39] Führt ein Aktienoptionsplan auch bei Anwendung von APB 25 zu Personalaufwand, so ist dieser aufwandswirksam auf die service period, d.h. auf den Zeitraum, während dem die Optionsberechtigten ihre Arbeitsleistungen erbringen (APB 25.12),[40] zu verteilen (APB 25.23, 27).[41] Wenn nichts anders bestimmt ist, wird gemäß FIN 28.3 angenommen, dass die service period der Sperrfrist (vesting period), also dem Zeitraum zwischen grant date und Ablauf der Sperrfirst (erstmalige Ausübungsmöglichkeit), entspricht.[42] Änderungen des inneren Wertes nach dem measurement date haben keinen Einfluss auf die Höhe des zu verrechnenden Personalaufwandes.[43]

Werden die Optionen als Entgelt für künftig zu erbringende Arbeitsleistungen gewährt, ist die Dotierung in die Kapitalrücklage und die Buchung des Personalaufwandes auch nach E-DRS 11 zeitanteilig über den Leistungszeitraum (auch nach E-DRS 11 entspricht dieser i.d.R. der Sperrfrist) zu verteilen. Wie nach dem ED 2 Share-based Payment, anders aber als nach FAS 123, kommen nachträgliche Änderungen eines in das Eigenkapital eingestellten Betrages aufgrund des Ausscheidens von Arbeitnehmern nicht in

38 Vgl. auch E-DRS 11.D4.

39 Vgl. auch EISOLT, D., a.a.O., S. 761; SCHRUFF, W., Zur Bilanzierung von Stock Options nach HGB – Übernahme internationaler Rechnungslegungsstandards?, in: Gesellschaftsrecht, Rechnungslegung, Steuerrecht, Festschrift für Welf Müller zum 65. Geburtstag, a.a.O., S. 226f.

40 Vgl. auch KIESO, D./WEYGANDT, J. u.a., a.a.O., p. 867; RAMMERT, a.a.O., S. 768.

41 Vgl. auch KIESO, D./WEYGANDT, J. u.a., a.a.O., p. 867; Eisolt, a.a.O., S. 761; Schildbach, T., a.a.O., S. 240f.

42 Vgl. auch KIESO, D./WEYGANDT, J. u.a., a.a.O., p. 867; WOLLMERT, P./MANTZELL, J., Bilanzierung von Stock Options nach internationalen Grundsätzen (US-GAAP und IAS), in: ACHLEITNER, A.-K./WOLLMERT, P. (Hrsg.), a.a.O., S. 141.

43 Vgl. WOLLMERT, P./MANTZELL, J., Bilanzierung von Stock Options nach internationalen Grundsätzen (US-GAAP und IAS), in: ACHLEITNER, A.-K./WOLLMERT, P. (Hrsg.), a.a.O., S. 139.

Betracht (E-DRS 11.12). Auch nach E-DRS 11 mindert sich lediglich der am aktuellen Bilanzstichtag und in künftigen Perioden der der Kapitalrücklage zuzuführende Betrag.

4.1.6 Disclosures

Die Angabepflichten zu Aktienoptionsplänen sind bislang in IAS 19 enthalten.[44] ED 2 Share-based Payment regelt nunmehr die Angabepflichten neu, wobei sich ED 2 stark an die detaillierten Angaben nach FAS 123 anlehnt. Die Angaben betreffen drei Teilbereiche:

Zunächst sind Angaben erforderlich, welche die „users" befähigen sollen, „to understand the nature and extent of share based payment arrangements" (ED 2.45):

- Übersicht über alle Stock Option Pläne, die während des Bilanzierungszeitraumes bestanden haben, einschließlich Angaben hinsichtlich:
    - Art der gewährten Rechte, die durch das Unternehmen an Mitarbeiter oder andere Parteien ausgegeben wurden (Aktien, Aktienoptionen, andere Eigenkapitalinstrumente, Barvergütung oder andere Vermögensgegenstände),
    - Zeitpunkt der Gewährung der Rechte,
    - Kreis der Berechtigten (Klassifikation von Arbeitnehmern oder anderen Gruppen von Berechtigten),
    - Laufzeit des Plans,
    - Ausübungspreis (fix oder variabel (wenn variabel, Angaben auch darüber, wie dieser bestimmt wird)),
    - Bedingungen, unter denen die Rechte unverfallbar werden (vesting requirements), service conditions und Erfolgsziele;
- Anzahl und durchschnittlicher Ausübungspreis für Optionen jeweils für folgende Gruppen von Optionen:
    - zu Beginn des Bilanzierungszeitraumes ausstehende Optionen,
    - während des Bilanzierungszeitraumes gewährte Optionen,
    - während des Bilanzierungszeitraumes verfallene Optionen[45],
    - während des Bilanzierungszeitraumes ausgeübte Optionen,

---

44 Vgl. WOLLMERT, P./MANTZELL, J., Bilanzierung von Stock Options nach internationalen Grundsätzen (US-GAAP und IAS), in: ACHLEITNER, A.-K./WOLLMERT, P. (Hrsg.), a.a.O., S. 147.

45 Verfallen aufgrund Ausscheidens während der vesting period, so dass das Optionsrecht verwirkt wird.

  - während des Bilanzierungszeitraumes unausgeübt ausgelaufene Optionen,
  - am Ende des Bilanzierungszeitraumes ausstehende Optionen,
  - am Ende des Bilanzierungszeitraumes ausübbare Optionen;
- des gewichteten, durchschnittlichen Aktienkurses im Ausübungszeitpunkt für während des Bilanzierungszeitraumes ausgeübte Optionen;
- der Bandbreite des Ausübungspreises sowie der erwarteten Restlaufzeit (gewichteter Durchschnitt) und der vertraglichen Laufzeit für zum Bilanzierungsstichtag ausstehende Optionen (ggf. weitere Aufteilung, wenn die Bandbreite des Ausübungspreises sehr groß ist).

Diese Angabepflichten entsprechen weitgehend dem international durch die US-GAAP vorgegebenen Umfang.

Ein zweiter Angabekomplex betrifft Informationen, welche die „users" befähigen soll, „to understand how ... the fair value of the equity instruments granted, during the period was determined " (ED 2.47). Hierbei geht es also um die Transparenz des verwendeten Optionspreismodells.

Schließlich sind auch Angaben erforderlich, welche die Auswirkungen der aktienbasierten Vergütungssysteme auf die Gewinn- und Verlustrechnung verdeutlichen sollen (ED 2.51). Für equity-settled share-based payment transactions bedeutet dies konkret, dass zumindest der gesamte Aufwand des Geschäftsjahres (einschließlich der equity-settled share-based payment transactions) anzugeben ist (ED 2.52 (a)).

Die US-GAAP sehen umfassende Angabepflichten nach FAS 123.45 ff. vor.[46] Unternehmen, die das in FAS 123.11 eingeräumte Wahlrecht zugunsten der intrinsic value based method nach APB 25 ausüben, haben die Höhe des Jahresergebnisses (net income) und den Gewinn je Aktie (earnings per share) als pro forma disclosure bezogen auf die fair value based method anzugeben (APB 25.11, 45).[47]

Nachfolgend ein Überblick über die wichtigsten disclosures nach US-GAAP:[48]

- Übersicht über alle Stock Option Pläne, einschließlich aller wichtigen Vertragsvereinbarungen, wie Ausübungsanforderungen, maximale Laufzeit und Gesamtzahl an gewährten Optionen;

---

46 Vgl. dazu auch KPMG (Hrsg.), a.a.O., S. 130; OSER, P./VATER, H., a.a.O., S. 1265.; WOLLMERT, P./MANTZELL, J., Bilanzierung von Stock Options nach internationalen Grundsätzen (US-GAAP und IAS), in: ACHLEITNER, A.-K./WOLLMERT, P. (Hrsg.), a.a.O., S. 141; EISOLT, a.a.O., S. 761.

47 Vgl. auch NIEHUS, R./THYLL, A., Konzernabschluss nach US-GAAP, Grundlagen und Gegenüberstellung mit den deutschen Vorschriften, 2. Aufl., Stuttgart 2000, S. 442 (Rz. 1267).

48 Siehe auch KRAMARSCH, M., Aktienbasierte Managementvergütung, Stuttgart 2000, S. 120f.

- Anzahl und durchschnittlicher Ausübungspreis (gewichteter Durchschnitt) für jede der folgenden Optionsgruppen:
  - ausstehend zu Beginn des Jahres,
  - ausstehend am Jahresende,
  - ausübbar am Jahresende,
  - gewährt,
  - ausgeübt,
  - verfallen,
  - unausgeübt ausgelaufen innerhalb des Jahres;
- durchschnittlicher Marktwert (Fair Value) der im Laufe des Jahres gewährten Optionen (wenn der Ausübungspreis vom aktuellen Aktienkurs abweicht, dann getrennt nach Optionen, die über, zum oder unter dem aktuellen Kurs ausgegeben wurden);
- Anzahl und durchschnittlicher Marktwert ähnlicher Entlohnungsinstrumente;
- verwendete Methode zur Bestimmung des Marktwertes zusammen mit den Durchschnittswerten der enthaltenen unsicheren Variablen: risikofreier Zinssatz, erwartete Laufzeit der Option, Volatilität, erwartete Dividendenzahlungen;
- Gesamtsumme des ausgewiesenen und unter FAS 123 fallenden Personalaufwandes;
- signifikante Modifikationen während der Bilanzperiode.

Bei Anwendung von APB 25 ist zusätzlich anzugeben: pro forma net income und pro forma earnings per share (EpS), d.h. Angabe des Jahresüberschusses nach Steuern sowie des Gewinns je Aktie, auf Basis der fair value based method anstatt der intrinsic value based method. Die Aufstellung ist um die konkreten Differenzbeträge beim ausgewiesenen Personalaufwand und die daraus resultierenden Steuereffekte zu ergänzen. Die Berechnung der EpS erfolgt im Übrigen verbindlich nach FAS 128 earnings per share.

In dem bereits unter Gliederungspunkt 2 erwähnten ED Accounting for Stock-Based Compensation – Transition and Disclosure des FASB ist eine Ausdehnung der Angabepflichten über die bislang schon gebotenen Angaben, die aus FAS 123.46, 47 resultieren, vorgesehen.[49] Das gilt vor allem bei Anwendung der intrinsic value method nach APB 25. Das pro forma net income soll künftig transparenter aus dem (tatsächlichen) net income übergeleitet werden. Dazu dient folgende Angabe: „The stock-based employee compensation, net of related tax effects, that would have been included in the determina-

[49] Vgl. dazu im Einzelnen: FASB, ED Accounting for Stock-Based Compensation – Transition and Disclosure, 2002, Tz. 2(d) bzw. – zum Interim Financial Reporting – Tz. 3.

tion of net income if the fair value method had been applied to all awards." [50] Besonders wichtig ist dem FASB in diesem Zusammenhang, dass die pro forma information in einer (einheitlichen) tabellarischen Form dargestellt werden.[51] Ferner ist vorgesehen, dass alle Angaben zur stock-based compensation – also auch bei Anwendung der fair value method – an hervorgehobener Stelle, nämlich der „Summary of Significant Accounting Policies", enthalten sind.[52] Schließlich soll sich nach den Vorstellungen des FASB die Häufigkeit der (erweiterten) Angaben künftig deutlich erhöhen. Im Hinblick darauf ist beabsichtigt, die Angaben zu stock-based compensations auch in den vierteljährlich zu veröffentlichenden Zwischenabschlüssen (interim financial statements) zu verlangen.[53]

Der DSR verlangt in seinem Standardentwurf E-DRS 11 folgende Angaben (E-DRS 11.40):[54]
„Für Aktienoptionspläne sind im Anhang folgende Angaben zu machen:

a) eine generelle Beschreibung der einzelnen Programme mit wichtigen Eckdaten. Dazu zählen insbesondere der Bezugskurs, ggf. Erfolgsziele, die Anzahl der Rechte, die Laufzeit, die Sperrfrist, ggf. Ausübungsbedingungen sowie der rechnerische Wert der Rechte bei Gewährung;

b) die Summe des insgesamt in der Periode aus den Programmen entstandenen Aufwands. Der auf Organmitglieder des Unternehmens bzw. des Mutterunternehmens entfallende Betrag ist hierbei gesondert anzugeben. Existieren mehrere Programme, ist der Aufwand für jedes Programm getrennt anzugeben;

c) für jedes Programm die Anzahl der Optionen und der durchschnittliche Bezugskurs getrennt für alle

(1) zu Jahresbeginn ausstehenden,
(2) innerhalb des Jahres gewährten,
(3) ausgeübten,
(4) aufgrund von Ausübungsbedingungen erloschenen und
(5) am Ende der Laufzeit verfallenen sowie
(6) am Jahresende ausstehenden und
(7) am Jahresende ausübbaren Rechte;

---

50 FASB, ED Accounting for Stock-Based Compensation – Transition and Disclosure, 2002, Tz. 2(d) c (1)-(3).

51 FASB, ED Accounting for Stock-Based Compensation – Transition and Disclosure, 2002, Tz. A19.

52 FASB, ED Accounting for Stock-Based Compensation – Transition and Disclosure, 2002, Tz. A19.

53 FASB, ED Accounting for Stock-Based Compensation – Transition and Disclosure, 2002, Tz. A.20, 21.

54 Siehe dazu auch Roß, N./Pommerening, S., a.a.O., S. 373f.

d) der Gesamtwert (innerer Wert plus Zeitwert) aller innerhalb des Jahres als Entgelt gewährten Optionen. Der Wert der Optionen, die Organmitgliedern des Unternehmens bzw. des Mutterunternehmens gewährt wurden, ist hierbei gesondert anzugeben;

e) die Methode zur Bewertung der Optionen sowie die dabei verwendeten Parameter. Insbesondere sind die Annahmen über die Volatilität, die Dividendenrendite und den risikolosen Zinsfuß anzugeben sowie die vorgenommenen Modifikationen zur Berücksichtigung der eingeschränkten Handelbarkeit und von Erfolgszielen offenzulegen;

f) die durch die Neufestsetzung des Bezugskurses entstehende Werterhöhung von bereits gewährten Optionsrechten."

Die Angaben entsprechen mithin weitgehend den US-GAAP und damit auch dem ED 2. Im Gegensatz zu den Regelungen nach den US-GAAP kommt aber eine Angabe zum inneren Wert nach E-DRS 11 nicht in Betracht (E-DRS 11.D8).

4.2 Stock Appreciation Rights

4.2.1 Funktionsweise

Aufgrund der Zuteilung von SARs erhalten die berechtigten Mitarbeiter zu keinem Zeitpunkt eine Kapitalbeteiligung am Unternehmen, sondern eine Abgeltung der Unternehmenswertsteigerung in bar.[55] SARs gehören daher zu den sog. virtuellen Eigenkapitalinstrumenten.[56] Der wesentliche Unterschied zu (realen) Aktienoptionen besteht also darin, dass die gesellschaftsrechtlichen Beteiligungsverhältnisse unverändert bleiben. Hinsichtlich der bilanziellen Behandlung von SARs ist von Bedeutung, dass bei Ausübung der Rechte durch die Mitarbeiter nicht – wie bei Aktienoptionsplänen auf Basis junger Aktien – Kapital in die Gesellschaft fließt, sondern vielmehr Barmittel zur Abgeltung der Rechte aufgewendet werden müssen.

---

55 Vgl. ACHLEITNER, A.-K./WICHELS, D., in: ACHLEITNER, A.-K./WOLLMERT, P. (Hrsg.), a.a.O., S. 14f.; BECKER, F., Anreizsysteme für Führungskräfte, Stuttgart 1990, S. 41f.; PELLENS, B. u.a., Wertorientierte Entlohnungssysteme für Führungskräfte – Anforderungen und empirische Evidenz, in: PELLENS, B. (Hrsg.), Unternehmensorientierte Entlohnungssysteme, Stuttgart 1998, S. 12.

56 Vgl. FRIEDRICHSEN, S., Aktienoptionsprogramme für Führungskräfte, München 2000, S. 14; PELLENS, B. u.a., Wertorientierte Entlohnungssysteme für Führungskräfte – Anforderungen und empirische Evidenz, in: PELLENS, B. (Hrsg.), a.a.O., S. 13; SCHMIDBAUER, R., Virtuelle Aktienoptionsprogramme im deutschen Handels- und Steuerrecht sowie nach US-GAAP und IAS, DStR 2000, S. 1487; SCHRUFF, W./HASENBURG, C., Stock Option-Programme im handelsrechtlichen Jahresabschluss, BFuP 1999, S. 616-645, S. 620f.

4.2.2 Erfassung von Personalaufwand

Das Board spricht sich in ED 2 Share-based Payment – wie international bereits üblich – für eine erfolgswirksame Dotierung einer Schuld (liability) aus (ED 2.31). Der Passivierung einer Schuld stehe auch nicht entgegen, dass die Aktienopionen erst nach Ablauf einer bestimmten Frist unverfallbar werden, die Rechte des Arbeitnehmers also erst nach Ablauf einer weiteren Frist rechtlich unentziehbar werden. Vielmehr handele es sich – so das IASB – bereits zuvor um eine gegenwärtige Verpflichtung (present obligation), weil allein die Pflicht zum Verbleib im Unternehmen für einen bestimmten Zeitraum (Sperrfrist – vesting period) keine passivierungshindernde Bedingung sei. Diese Sichtweise stehe im Übrigen im Einklang mit IAS 19 (ED 2 BC229).

Auch nach den US-GAAP führt die Ausgabe von SARs grundsätzlich zu Personalaufwand. Die in APB 25 niedergelegten Grundsätze zur Bilanzierung von Optionen gelten laut FIN 28.2, einer Interpretation zu APB 25, auch für die Bilanzierung von SARs. Darüber hinaus verweist auch FAS 123.25 auf FIN 28.

Nach E-DRS 11 ist die Ausgabe von SARs ebenfalls erfolgswirksam im Jahresabschluss des die SARs ausgebenden Unternehmens zu erfassen (E-DRS 11.7). Die in E-DRS 11 vorgeschlagenen Grundsätze entsprechen somit weitgehend den Vorschlägen des ED 2.

4.2.3 Höhe des Personalaufwands

Die passivierungspflichtige Schuld soll sich nach ED 2 Share-based Payment – ebenso wie bei der Bedienung über junge Aktien – am Fair Value der SARs ausrichten (ED 2.31). Die Tatsache, dass spätestens bei Ausübung der SARs der innere Wert den Betrag determiniert, der dem Unternehmen an Liquidität abfließt, wird als Einwand nicht gelten gelassen. Vielmehr erscheint dem IASB eine Durchbrechung des generell bei der share-based compensation favorisierten Fair-Value-Konzepts auch im Hinblick auf die Besonderheiten von Optionen mit Barausgleich ausdrücklich nicht als opportun (ED 2 BC232).

Hierin besteht ein bemerkenswerter Unterschied zu den Regelungen in den US-GAAP, die für SARs eine Rückstellung in Höhe des intrinsic value zum jeweiligen Bilanzstichtag vorsehen. Der zu erfassende Personalaufwand ist gem. FIN 28.2 zu bemessen „as the amount by which the quoted market value of the shares of the enterprise's stock covered by the grant exceeds the option price or value specified, by reference to a market price or otherwise, subject to any appreciation limitations under the plan". Unter „option price" ist dabei nicht etwa der Gesamtwert der Rechte nach optionspreistheoretischen Modellen zu verstehen, sondern der aktuelle Kurs der Aktien zum Zeitpunkt der Ausgabe der

Rechte.[57] Die Differenz zwischen dem jeweiligen Kurs am Bilanzstichtag und dem Ausübungspreis bildet den intrinsic value (inneren Wert) der SARs. Ist der innere Wert der Rechte bei Ausgabe der Rechte null, ergibt sich somit zunächst keine Buchung. Auch im US-amerikanischen Schrifttum gibt es allerdings Stimmen, welche die Fair-Value-Konzeption des FAS 123 auch in Bezug auf SARs zumindest fakultativ als anwendungsfähig erachten: „Because compensation expense is measured by the difference between market prices of the stock from period, multiplied by the number of SARs, compensation expense can increase or decrease substantially from one period to the next. For this reason, companies with substantial stock appreciation rights plans may choose to use FAS No. 123 guidelines because the total compensation expense is determined at the date of grant. Subsequent changes in market price are therefore ignored; total compensation expense may be lower under FAS No. 123."[58]

Die vom IASB vorgeschlagene Passivierung einer Rückstellung in Höhe des Fair Value entspricht dem im E-DRS 11 niedergelegten Vorschlag des DSR. Die Höhe des zu erfassenden Personalaufwandes richtet sich laut E-DRS 11.35 (i.V.m. E-DRS 11.10f.) nach dem Fair Value (Gesamtwert) der Optionen. Dieser Gesamtwert soll anhand anerkannter finanzwirtschaftlicher Optionsbewertungsmodelle ermittelt werden (E-DRS 11.34).

4.2.4 Zeitpunkt der Bewertung

Den Zeitpunkt der Bewertung regelt ED 2 Share-based Payment wie folgt (ED 2.34): „The liability shall be measured, initially and at each reporting date until settled, at the fair value of the share appreciation rights, ... The entity shall remeasure the fair value of the liability at each reporting date until settled." Mithin soll nach dem Entwurf das Mitarbeiteroptionsrecht zu jedem Bilanzstichtag der Fair Value der SARs neu ermittelt werden.

Nach den US-GAAP ist die zu passivierende liability dagegen nach Maßgabe des inneren Wertes am jeweiligen Bilanzstichtag zu bemessen. Während das Abstellen auf den jeweils aktuellen Bilanzstichtag dem Vorschlag in ED 2 Share-based Payment entspricht, stellt das Heranziehen des inneren Wertes zur Bewertung der Rückstellung aufgrund der ausgegebenen SARs einen ganz wesentlichen Unterschied zu der vom IASB vorgeschlagenen Bewertung zum Fair Value am jeweiligen Bilanzstichtag dar.

Auch E-DRS 11 stellt bzgl. des Bewertungszeitpunkts der Rückstellung auf den jeweils aktuellen Bilanzstichtag ab. Nach E-DRS 11 ist somit zu jedem Bilanzstichtag der Fair

---

57 Dies ergibt sich aus Appendix B zu FIN 28. In dem dort aufgeführten Beispiel entspricht der *„option price"* dem *„quoted market price at the day of grant"*.

58 KIESO, D./WEYGANDT, J. u.a., a.a.O., p. 890.

Value der SARs zu ermitteln. Insoweit entspricht E-DRS 11 den Regelungen des ED 2 Share-based Payment.

4.2.5 Zeitliche Verteilung

Das IASB spricht sich in ED 2 Share-based Payment für eine zeitliche Verteilung des Aufwandes über die vesting period aus (ED 2.34; siehe auch ED 2 BC229). Da insoweit eine Übereinstimmung des ED 2 mit E-DRS 11 vorliegt, kann zur Veranschaulichung der Vorgehensweise auf das am Ende dieses Abschnittes aufgeführte Beispiel verwiesen werden.[59]

Die US-amerikanischen Regelung (FIN 28) verlangt ebenfalls eine Verteilung des inneren Wertes über den Zeitraum, in dem der Mitarbeiter seine Leistungen im Rahmen des Plans zu erbringen hat. Ist dieser Leistungszeitraum nicht festgelegt, soll unterstellt werden, dass er der sog. vesting period entspricht (FIN 28.3). Es ist daher an jedem Bilanzstichtag der innere Wert zu ermitteln und dieser über den Leistungszeitraum zu verteilen. Etwaige „Nachholungen", weil in früheren Jahren die Rückstellung aus aktueller Sicht zu niedrig ausgefallen ist, gehen dabei zu Lasten des laufenden Geschäftsjahres. Nach Ablauf der service period eintretende Veränderungen aufgrund von Kursschwankungen stellen Aufwand (Ertrag) der Abrechnungsperiode dar, in der die Änderung eintritt.[60]

Folgendes Beispiel[61] illustriert die Behandlung von SARs nach US-GAAP (und nachfolgend auch nach E-DRS 11):

Die Ausgabe der SARs erfolgt zu Beginn des Jahres 01; der aktuelle Kurs bei Ausgabe der SARs beträgt 100 €. Die Laufzeit der SARS beträgt 3 Jahre und entspricht der Sperrfrist. Innerer Wert und Gesamtwert am Ende jeden Geschäftsjahres/Kalenderjahres können den Tabellen entnommen werden.

---

59 Darüber hinaus sei auf das Beispiel in ED 2.C2 verwiesen.

60 Vgl. KPMG (Hrsg.), a.a.O., S. 128.

61 Beispiel in Anlehnung an PELLENS, B./CRASSELT, N., Virtuelle Aktienoptionsprogramme im Jahresabschluss, WPg 1999, S. 765-772, hier S. 767 und S. 769f. Ein Beispiel zur Verdeutlichung der Rückstellungsbildung nach US-GAAP findet sich auch bei SCHMIDBAUER, R., a.a.O., S. 1488.

Zeitpunkt	Innerer Wert (€)	Verteilung (%)	Zuführung (€)			Höhe (€)
			2001	2002	2003	
01.01.01	0	0				0
31.12.01	11	33	3,67			3,67
31.12.02	15	67		6,33		10
31.12.03	33	100			23	33

Abb. 1: Rückstellung in Höhe des zeitanteiligen intrinsic value zum Bilanzstichtag nach US-GAAP

Die Vorschläge in E-DRS 11 bzgl. der zeitlichen Verteilung entsprechen den Regelungen des ED 2 Share-based Payment. Werden die Optionen als Entgelt für künftig zu erbringende Arbeitsleistungen gewährt, ist die Dotierung der Rückstellung und die Buchung des Personalaufwandes auch nach E-DRS 11 zeitanteilig über den Leistungszeitraum (i.d.R. die Sperrfrist) zu verteilen (E-DRS 11.33). Die Rückstellung aufgrund der SARs ist demnach unter Beachtung des am jeweiligen Bilanzstichtag aktuellen Fair Value über die Sperrfrist anzusammeln.

Zeitpunkt	Fair Value (€)	Verteilung (%)	Zuführung (€)			Höhe (€)
			2001	2002	2003	
01.01.01	24	0				0
31.12.01	27	33	9			9
31.12.02	24	67		7		16
31.12.03	33	100			17	33

Abb. 2: Rückstellung in Höhe des zeitanteiligen Fair Value zum Bilanzstichtag nach E-DRS 11

4.2.6 Disclosures

Die Ausführungen unter Gliederungspunkt 4.1.6 zu den Angabepflichten nach dem ED 2 Share-based Payment gelten grundsätzlich auch für SARs. Besonders erwähnenswert ist jedoch die Angabepflicht nach ED 2.52 (b). In Auslegung des Erfordernisses, über die Auswirkungen auf die Ergebnisrechnung zu informieren (ED 2.51), wird dort speziell für cash settled share-based payment transactions verlangt, eine fiktive Vergleichsrechnung aufzustellen: „... the portion of the expense recognised for the period that is attributable to the transaction having been measured as a cash-settled transaction rather than as an equity-settled transaction.“ Damit soll dem Bilanzleser der Ergebniseffekt aus der zu jedem Bilanzstichtag wiederkehrenden Bewertung (remeasurement) zum Fair Value verdeutlicht werden (ED 2 C2). Wie dieser Differenzbetrag konkret zu ermitteln ist, zeigt Appendix C des ED 2 Share-based Payment auf.

Die unter Gliederungspunkt 4.1.6 dargestellten Angabepflichten nach US-GAAP bzw. E-DRS 11 gelten auch für SARs.[62] Eine der Angabe nach IFRS 2.51 (b) vergleichbare Angabe ist dabei derzeit nicht vorgesehen. Nach US-GAAP könnten sich aber Änderungen durch den gleichfalls unter Gliederungspunkt 4.1.6 kurz erwähnten ED Accounting for Stock-Based Compensation – Transition and Disclosure des FASB ergeben.

5. Zusammenfassung und Ausblick

Nachdem sich das IASB lange zurückgehalten hat, wird mit dem ED 2 Share-based Payment eine Lücke im Regelungsgeflecht der IAS bzw. IFRS möglicherweise bald geschlossen. Vielleicht hat der Entwurf auch Ausstrahlungswirkung auf Rechtskreise, bei denen wieder (USA) bzw. immer noch (Deutschland) über die zutreffende Abbildung solcher Vergütungsinstrumente gestritten wird.

Eine erste Analyse zeigt, dass der Entwurf des IASB in bemerkenswertem Ausmaß den im E-DRS 11 niedergelegten Vorschlägen des DSR entspricht. Die in Deutschland sehr umstrittenen Ansichten des DSR haben somit zweifellos eine (indirekte) Aufwertung erfahren.

Das FASB hat durch seinen Vorsitzenden kürzlich bereits signalisiert, für Änderungen in Richtung ED 2 Share-based Payment offen zu sein: „Our next Step will be to consider whether to change the U.S. GAAP requirements relating to the accounting for employee

62 Kritisch zur handelsrechtlichen Angabepflicht im Hinblick auf SARs aus der Sicht des DSR – auch nach Ergänzung des Wortlauts von § 285 Nr. 9a Satz 1 HGB durch das TransPuG („sonstige aktienbasierte Vergütungen“) – ROß, N./POMMERENING, S., a.a.O., S. 379 und S. 380f.

stock compensation, including whether we should mandate the fair value approach for stock options... [I]f we are to make such a change, we would like to do so in a way that achieve as much international convergence as possible."[63]

6. ED 2 Share-based Payment, US-GAAP und E-DRS 11 im Überblick

	equity settled share-based payment transaction (hier: Aktienoptionspläne auf Basis junger Aktien)		
	IASB	**FASB**	**DRSC**
wichtige Standards/ Verlautbarungen	ED Share-based Payment	FAS 123, APB 25, FIN 44	E-DRS 11
Erfassung von Personalaufwand	ja (Personalaufwand an Kapitalrücklage)	bei Anwendung von FAS 123: ja (Personalaufwand an Kapitalrücklage) bei Anwendung von APB 25: ggf. vermeidbar	ja (Personalaufwand an Kapitalrücklage)
Bewertung des Personalaufwandes	Fair Value	bei Anwendung von FAS 123: Fair Value bei Anwendung von APB 25: Intrinsic Value	Fair Value
Zeitpunkt der Bewertung	Grant Date	bei Anwendung von FAS 123: Grant Date bei Anwendung von APB 25: Intrinsic Value	Grant Date
Zeitliche Verteilung	ja	ja	ja

63 HERZ, R., Remarks to FEI's Current Financial Reporting Issues Conference, 11/4/2002. In diesem Sinne auch FASB, ED *Accounting for Stock-Based Compensation – Transition and Disclosure*, 2002, Summary – International Convergence.

	cash settled share-based payment transaction (stock appreciation rights)		
	IASB	**FASB**	**DRSC**
wichtige Standards/ Verlautbarungen	ED Share-based Payment	FAS 123, APB 25, FIN 44	E-DRS 11
Erfassung von Personalaufwand	ja (Personalaufwand an Rückstellung)	ja (Personalaufwand am Rückstellung)	ja (Personalaufwand am Rückstellung)
Bewertung des Personalaufwandes	Fair Value	Intrinsic Value	Fair Value
Zeitpunkt der Bewertung	jeweils aktueller Bilanzstichtag	jeweils aktueller Bilanzstichtag	jeweils aktueller Bilanzstichtag
Zeitliche Verteilung	ja	ja	ja

Harald E. Roggenbuck

Gewinn pro Aktie

1. Rechtsgrundlagen und nationale Normen für „Gewinn-pro-Aktie"-Kennziffern

Unter dem Ziel, „hochwertige, verständliche und weltweit durchsetzbare Standards der Rechnungslegung für transparente und vergleichbare Informationen in Unternehmensabschlüssen zu entwickeln"[1], hat am 15. Mai 2002 das International Accounting Standards Board (IASB) im Rahmen seines Improvement Project[2] unter anderem Vorschläge zu einer Überarbeitung des seit 1997 bestehenden International Accounting Standards (IAS) 33, Earnings per Share, veröffentlicht[3].

Als weitere maßgebliche Grundlagen für anerkannte Kennzahlenangaben zum „Gewinn pro Aktie" gelten neben dem IAS 33, Earnings per Share, zudem das vom US-amerikanischen Financial Accounting Standards Board (FASB) publizierte Statement of Financial Accounting Standards No. 128 (FAS 128), Earnings per Share, sowie die in Deutschland verbreitet angewendete „Gemeinsame Empfehlung der DVFA und der Schmalenbach-Gesellschaft zur Ermittlung eines von Sondereinflüssen bereinigten Jahresergebnisses je Aktie" (Ergebnis je Aktie nach DVFA/SG)[4].

Zu diesen drei Normen sollen im Folgenden zunächst der Hintergrund der Entwicklung sowie die Ziele dargelegt werden und danach der Anwendungsbereich, das Spektrum der zu veröffentlichenden Kennziffern sowie die Ermittlung der Kennziffern erläutert werden. Im Anschluss an eine vergleichende Wertung der drei „Gewinn-pro-Aktie"-Normen werden letztlich noch Berechnungsmuster für die Anwendungspraxis dargestellt.

---

1 Vgl. IASC FOUNDATION CONSTITUTION, Part A, Names and Objectives, in: IASCF: International Accounting Standards 2002, London 2002, S. C – 1.

2 IASB: Exposure Draft of Proposed Improvements to International Accounting Standards, London, 15.05.2002.

3 Vgl. IASB: Exposure Draft of Proposed Improvements to International Accounting Standards, London, 15.05.2002, S. 277-338.

4 Vgl. BUSSE VON COLBE, W./BECKER, W. u.a. (Hrsg.), Ergebnis je Aktie nach DVFA/SG, 3. Aufl., Stuttgart 2000.

1.1 Internationale Normen zur Angabe von „Earnings per Share"

International maßgebliche Grundlagen für Kennzahlenangaben zum „Gewinn pro Aktie" sind der vom International Accounting Standards Board (IASC) veröffentlichte IAS 33, Earnings per Share, und die gleichnamige US-GAAP-Vorschrift FAS 128, Earnings per Share.

Beide Standards sind in enger dreijähriger Kooperation zwischen dem IASC und dem FASB erarbeitet und Anfang 1997 mit nur einmonatigem Zeitunterschied veröffentlicht worden[5]. Insofern ist es nicht überraschend, dass die Regelungen in grundlegenden konzeptionellen Aspekten weitgehend deckungsgleich sind und bei den Untersuchungen eines IASC-U.S. Comparison Projects nur einige wenige, methodisch nicht substanzielle Unterschiede identifiziert werden konnten[6]. Hierzu zählten bisher in erster Linie die unterschiedlichen Publizitätsanforderungen hinsichtlich ergänzender „Teil"-Kennzahlen für nicht fortgeführte Unternehmensbereiche (Angabe nach FAS 128 zwingend, nach IAS 33 in der derzeit noch gültigen Fassung hingegen nur empfohlen) sowie die teilweise umfassenderen Berechnungsleitlinien in FAS 128. Im Rahmen des gegenwärtigen Arbeitsprogramms des IASB zum „Improvement to International Accounting Standards" sind allerdings Maßnahmen vorgesehen, die zu einer Angleichung von IAS 33 an FAS 128 führen. Hierauf wird an entsprechender Stelle eingegangen.

Die im übrigen weitgehende Identität zwischen IAS 33 und FAS 128 wird zudem durch die Intention des FASB für FAS 128 unterstrichen: Während das IASC erstmals eine Regelung für die Kennziffernpublizität veröffentlicht hat, gab es in den USA bereits eine als „Accounting Principles Board Opinion" (APB) qualifizierte Vorläuferregelung APB 15, Earnings per Share. Diese Norm ist vom FASB vor allem deswegen ersetzt worden ist, um die komplexen Berechnungsverfahren zu vereinfachen und an die Regelungen anderer Länder und des IASC anzugleichen[7]. Der eingeschlagene Weg für das erklärte Ziel, eine globale Vergleichbarkeit der Kennziffern zu ermöglichen[8], kann durchaus als Vorläufer der gegenwärtigen Anzeichen dafür gesehen werden, dass die USA ihren Pfad, in der Rechnungslegung nur amerikanisches Gedankengut zu akzeptieren, zu überdenken beginnen.

Angesichts der weitgehenden Deckungsgleichheit der IAS- und US-GAAP-Regelungen zum „Gewinn pro Aktie" wird im Vergleich mit der Kennziffer nach DVFA/SG zum

---

5 Vgl. FÖRSCHLE, G., Earnings per Share, in: Festschrift für Jörg Baetge, Düsseldorf 1997, S. 502.

6 Vgl. PETRONE, K., Comparative Analysis of IAS 33, Earnings per Share" and U.S. GAAP including FASB Statement No. 128, Earnings per Share, in: BLOOMER, C., The IASC-U.S. Comparison Project, 2. Aufl., Norwalk 1999, S. 377-386.

7 Vgl. FAS 128.1.

8 Vgl. FAS 128.4.

„Ergebnis je Aktie“ eine Differenzierung zwischen IAS und US-GAAP nur dann vorgenommen, wenn sich hieraus Abweichungen für die Anwendungspraxis ergeben.

1.2 Die gemeinsame DVFA/SG-Empfehlung zur Ermittlung eines „Ergebnisses je Aktie“

Die Veränderungen in der Bilanzierungspraxis deutscher Konzerne seit Inkrafttreten der Befreiungsregelung des § 292a HGB durch das Kapitalaufnahmeerleichterungsgesetz (KapAEG v. 24. April 1998) hatten auch die Deutsche Vereinigung für Finanzanalyse und Anlageberatung (DVFA) veranlasst, ihre gemeinsam mit dem Arbeitskreis „Externe Unternehmensrechnung“ der Schmalenbach-Gesellschaft/Deutsche Gesellschaft für Betriebswirtschaft (SG) im Jahre 1990 auf dem Deutschen Betriebswirtschaftertag in Berlin erstmals der Öffentlichkeit vorgestellten Empfehlungen zur Ermittlung des „Ergebnisses je Aktie nach DVFA/SG“ grundlegend zu überarbeiten[9]. Durch die Neufassung der Ermittlungsschemata sollten die Empfehlungen von DVFA/SG unabhängig davon anwendbar werden, ob die jeweiligen Anwender ihren Abschluss nach deutschem Handelsgesetzbuch (HGB), International Accounting Standards (IAS) oder US-amerikanischen Generally Accepted Accounting Principles (US-GAAP) erstellen. Die DVFA/SG-Kennziffer hat dadurch ihr Image als HGB-Kenngröße abgestreift und einen eher methodisch fokussierten Stellenwert erhalten[10].

Wie bereits in der vorherigen Regelung wird auch in den aktuellen DVFA/SG-Empfehlungen neben den generellen Regelungen branchenspezifischen Besonderheiten Rechnung getragen.

So gibt es jeweils gesonderte Berechnungsschemata für Banken und Versicherungsunternehmen und klarstellende Regelungen zu Abweichungen bei der Zugehörigkeit bestimmter Positionen zur „gewöhnlichen Geschäftstätigkeit“ für Immobiliengesellschaften mit Bestandscharakter und Unternehmensbeteiligungsgesellschaften. Für den Sektor der Banken sollen nachfolgend die IAS- sowie US-GAAP-Regelungen mit den DVFA/SG-Empfehlungen verglichen werden.

Im Unterschied zu diesen branchenspezifischen Anpassungen in der DVFA/SG-Empfehlung sehen weder die IAS- noch US-GAAP-Normen zum „Gewinn pro Aktie“ besondere Regelungen für einzelne Branchen vor. Auch in anderen Normen der anglo-amerikanischen Rechnungslegung sind keine diesbezüglichen Anpassungen der Regelungen an besondere Verhältnisse der Branche vorgesehen.

---

9 Vgl. BUSSE VON COLBE, W./BECKER, W. u.a. (Hrsg.): Ergebnis je Aktie nach DVFA/SG, a.a.O, S. XI.

10 Vgl. LÖW, W./ROGGENBUCK, H.E., Ergebnis-je-Aktie-Kennziffern für Banken im Blickwinkel nationaler und internationaler Rechnungslegung, in: BB 2001, S. 1460-1468.

2. Hintergrund und Ziele der „Gewinn-pro-Aktie"-Kennzahlen

2.1 Hintergrund und Ziele der „Gewinn-pro-Aktie"-Kennzahlen nach internationalen Normen

Der Zweck der Veröffentlichung von „Gewinn-pro-Aktie"-Angaben besteht nach IAS und US-GAAP darin, Investoren Kennziffern zur Verfügung zu stellen, die einen

- intertemporalen Vergleich der Ertragslage bei einem Unternehmen und einen
- Vergleich der Ertragslage von verschiedenen Unternehmen

ermöglichen. IAS 33 nennt diese beiden Ziele im Abschnitt „Objective" explizit, während FAS 128 dieses Ziel implizit einbezieht, indem es an das bereits in APB 15 formulierte Ziel, eine Basis für eine „konsistente Berechnungsmethode" sicherzustellen, anknüpft und dessen unveränderten Fortbestand bestätigt[11].

Abweichend zum Ergebnis je Aktie nach DVFA/SG sind die Kennziffern nach internationalen Normen retrospektiv ausgerichtet. Ihre Berechnungsgrundlage orientiert sich eng an dem in der Berichtsperiode tatsächlich erzielten Ergebnis. In die Kennziffern sind alle Ergebniskomponenten einzubeziehen, unabhängig davon, ob sie in der Folgeperiode wieder erzielbar sind oder nicht. Im Gegensatz zur Ausklammerung bei dem Ergebnis nach DVFA/SG spielt es bei den für die umfassenden Kennzahlen zugrunde zu legenden „Earnings" nach IAS und US-GAAP auch keine Rolle, ob die einzelne Ergebniskomponente außerordentlichen Charakter hat oder nicht.

Als eine besondere Anforderung der US-GAAP verlangen FAS 128.9 und FAS 128.37, neben den auf das Gesamtergebnis abstellenden Kennziffern zusätzlich spezifisch aufgegliederte „Teil"-Kennziffern für

- fortgeführte Aktivitäten („Continuing Operations"),
- aufgegebene Aktivitäten („Discontinued Operations"),
- außerordentliche Positionen („Extraordinary Items") und
- den kumulativen GuV-Effekt von Änderungen in den Bilanzierungs- und Bewertungsmethoden („Cumulative Effect of an Accounting Change"),

11 Vgl. FAS 128.2.

sofern die Gewinn- und Verlustrechnung entsprechende Ergebnispositionen ausweist. Die drei letztgenannten Kennziffernpositionen müssen allerdings nicht auf der GuV-Seite herausgehoben dargestellt werden, sondern können nach FAS 128.37 und FAS 128.123, wahlweise auch in den Notes ausgewiesen werden.

Das IASC ließ die Veröffentlichung zusätzlicher Kennziffern zwar auch bereits in dem derzeit gültigen IAS 33 zu[12], hatte bisher aber von einer Pflichtpublizität abgesehen, um die Abschlüsse nicht mit zu vielen parallelen Kennziffern zu überladen.

Nach dem „Exposure Draft of Proposed Improvements to International Accounting Standards“, Tz. 58, sollen künftig neben den „Gewinn-pro-Aktie”-Kennziffern, die sich auf das Periodenergebnis insgesamt beziehen, auch Kennziffern ausgewiesen werden, die auf das Ergebnis aus fortgeführten Geschäftsbereichen („Continuing Operations“) eingegrenzt sind. Für diese Publizitätserweiterung ist der Ausweis auf der GuV-Seite vorgesehen. Darüber hinaus sollen künftig im Falle aufgegebener Geschäftsbereiche für deren Ergebnis ebenfalls „Gewinn-pro-Aktie“-Kennziffern veröffentlicht werden (Tz. 60). Für diese Kennziffern soll allerdings ein Wahlrecht zwischen einer Veröffentlichung auf der GuV-Seite und einer Angabe in den Notes eingeräumt werden. Insgesamt führen diese Erweiterungen zu einer Angleichung an die in FAS 128 bereits bestehende US-GAAP-Regelung.

2.2 Hintergrund und Ziele des „Ergebnisses je Aktie“ nach DVFA/SG

Als Zweck ihrer gemeinsam entwickelten Kennziffer Ergebnis je Aktie benennen DVFA und SG die Bereitstellung eines möglichst objektiven Vergleichsmaßstabs zur Beurteilung der Ertragskraft von Unternehmen[13]. Im Fokus steht dabei nicht der zeitlich spezifizierte Blick auf die Ertragskraft der abgelaufenen Periode, sondern die „Sichtbarmachung“ der nachhaltig erzielbaren Ertragskraft. Der in einer Periode tatsächlich erzielte und ausgewiesene Gewinn wird dementsprechend als „häufig nicht geeignet“ angesehen. Zu leicht können Sondereinflüsse nicht wiederkehrender Gewinn- und Verlustkomponenten das Ergebnis verzerrt haben, um hieraus Schlüsse für die Zukunft zu ziehen.

Obwohl die Empfehlungen von DVFA/SG Sondereinflüsse in bestimmten Zeiträumen auszuklammern versuchen, hat die zeitliche Dimension für die Messung der nachhaltigen Ertragskraft dennoch eine Bedeutung. Veröffentlicht ein Unternehmen unter sonst weitgehend gleichen Konstellationen Ergebnis-je-Aktie-Kennziffern regelmäßig von Periode zu Periode, legt es damit die Veränderungen seiner nachhaltigen Ertragskraft im

12 Vgl. IAS 33.51-52.

13 Vgl. BUSSE VON COLBE, W./BECKER, W. u.a. (Hrsg.): Ergebnis je Aktie nach DVFA/SG, a.a.O, S. 3.

Zeitablauf offen. Die Entwicklung der Kennziffer von Jahresabschluss zu Jahresabschluss lässt dabei erkennen, ob das Unternehmen seine Ertragskraft gestärkt hat oder dazu nicht in der Lage war. Der Wortlaut des in einem späteren Abschnitt erläuterten Berechnungsschemas stellt zwar auf jährliche Zeiträume und zugehörige Vorjahresvergleichszahlen ab, wünschenswert sind aber auch längerfristige Übersichten und kürzerfristige Anwendungen. In der Praxis sind beispielsweise Mehrjahresübersichten[14] bis hin zu „Zehnjahresvergleichen“[15] üblich, wobei allerdings infolge der zwischenzeitlich geänderten Bilanzierungsregeln methodische Brüche der Zeitreihen in Kauf genommen werden müssen.

Einsetzbar ist die Kennziffer auch unterjährig, vor allem in der Quartalsberichterstattung. Auf diese Weise können sehr zeitnah Veränderungen der Ertragskraft aufgezeigt werden. Unterjährig bestehen zudem in der Quartalsberichterstattung nebeneinander die beiden Möglichkeiten, sowohl die Ertragskraft des einzelnen Quartals als auch die kumulierte Ertragskraft mehrerer Quartale eines Berichtsjahres auszuweisen. Die diesbezügliche Handhabung ist in der Praxis aber durchaus noch unterschiedlich[16]. Durch die kumulierten Werte zum Halbjahresende oder zum Ende des dritten Quartals wird gleichzeitig deutlich, ob die quotale Entwicklung in Bezug auf das Jahresziel im Plan liegt.

Neben dem Periodenvergleich soll die Kennziffer Ergebnis je Aktie nach DVFA/SG auch den Vergleich der Ertragskraft verschiedener Unternehmen ermöglichen. Einem unmittelbaren Vergleich steht allerdings zunächst entgegen, dass die Zahl der ausgegebenen Aktien unternehmensindividuell erfolgt ist und kein Beurteilungskriterium per se darstellt. So führt beispielsweise ein „pures“ Aktiensplitting ohne sonstige Kapitalveränderungen zu einer Halbierung des Kennziffernwertes, ohne dass hierdurch die Ertragskraft anders zu beurteilen ist.

Der Vergleich zwischen verschiedenen Unternehmen bedarf insofern stets einer Relativierung. Üblicherweise wird hierzu der Börsenkurs herangezogen und ein Quotient aus Börsenkurs als Zähler und Ergebnis je Aktie als Nenner gebildet. Der Wert dieser Relation, die als „Kurs/Gewinn-Verhältnis“ (KGV) oder „Price Earnings Ratio“ (PER) bezeichnet wird, kann dann als Vergleichsmaßstab für die „Preiswürdigkeit“ von Aktien herangezogen werden. Da sowohl Zähler als auch Nenner auf je eine Aktie bezogen sind, gibt der erhaltene Wert den Faktor an, mit dem das Periodenergebnis zu multiplizieren ist, um eine Aktie zu kaufen. Eine Aktie eines Unternehmens mit niedrigerem KGV ist nach diesem Beurteilungskriterium preisgünstiger (vorteilhafter) als eine Aktie eines anderen Unternehmens mit höherem KGV. Eine Steigerung des Ergebnisses je

---

14 Vgl. HYPOVEREINSBANK, Geschäftsbericht 2001, S. 96.

15 So die DEUTSCHE BANK bis zum Geschäftsbericht 2000, S. 180-181; nach Übergang auf US-GAAP im Geschäftsbericht 2001 allerdings auf einen Fünfjahresvergleich beschränkt.

16 So veröffentlicht im Zwischenbericht zum 30. September 2002 beispielsweise die DEUTSCHE BANK sowohl kumulierte Werte als auch Quartalswerte (S. 21), während die COMMERZBANK nur die kumulierten Kennziffern angibt (S. 5).

Aktie in einem Unternehmen würde bei einem zunächst als gleichbleibend angenommenen Börsenkurs zu einem niedrigeren KGV führen und im partiellen Vergleich in einem ansonsten unveränderten Umfeld einen Kaufanreiz für die Aktie auslösen.

3. Anwendungsbereich nach IAS, US-GAAP und DVFA/SG

3.1 Anwendungsbereich für die Regelungen nach IAS und US-GAAP

In Bezug auf den Anwenderkreis von Unternehmen, an die sich die Normen zur Offenlegung von Gewinn-pro-Aktie-Kennziffern richten, geben IAS 33 und FAS 128 detailliertere Abgrenzungen als DVFA/SG.

Der Anwendungsbereich des IAS 33 umfasst als Spektrum

- Unternehmen, deren Stammaktien börsengehandelt werden (IAS 33.1),
- Unternehmen, die den Börsenhandel ihrer Stammaktien anstreben (IAS 33.1) und
- andere Unternehmen, die freiwillig ein Ergebnis je Aktie angeben wollen (diese Unternehmen werden aufgefordert, ebenfalls den Berechnungsmodus von IAS 33 anzuwenden, IAS 33.4).

Ähnlich ausgerichtet wie IAS 33 ist FAS 128 auf alle Unternehmen bezogen, deren Stammaktien (oder deren Bezug begründende Rechte, wie z.B. Optionen oder Wandelschuldverschreibungen) auf einem öffentlichen Markt gehandelt werden, deren Handel beantragt wird oder deren Handel über eine regulatorische Institution vorbereitet wird (FAS 128.6). Als öffentlicher Markt gelten hierbei sowohl nationale oder ausländische Börsen, unabhängig davon, ob eine Notierung nur lokal oder regional erfolgt, als auch OTC-Märkte[17]. Nicht anzuwenden sind die Anforderungen des FAS 128 von Kapitalanlagegesellschaften („Investment Companies" nach der Definition des AICPA[18] Audit and Accounting Guide „Audits of Investment Companies") sowie von Unternehmen, die sich vollständig im Besitz eines Eigentümers befinden (FAS 128.6). Analog zu

[17] Als OTC-(Over-the-Counter-)Märkte gelten die Märkte, bei denen die Abwicklung der Geschäfte nicht über die Börse erfolgt; hierzu zählen insbesondere der Freiverkehr und Telefonverkehr, in denen Kontrakte häufig individuell ausgehandelt werden.

[18] American Institute of Certified Public Accountants.

sich vollständig im Besitz eines Eigentümers befinden (FAS 128.6). Analog zu IAS 33 werden andere Unternehmen, die freiwillig ein Ergebnis je Aktie angeben wollen, nach FAS 128.6, aufgefordert, den Berechnungsmodus von FAS 128 anzuwenden.

3.2 Anwendungsbereich für die Empfehlung nach DVFA/SG

Die gemeinsame Empfehlung von DVFA und SG zur Veröffentlichung eines Ergebnisse je Aktie richtet sich an börsennotierte Muttergesellschaften von Konzernen. Obwohl als Bezugsbasis die Aktien der Muttergesellschaft maßgeblich sind, wird in Anbetracht der Wertschöpfungszusammenhänge im Konzern für die Ergebnisermittlung nicht auf das Zahlenwerk der Muttergesellschaft, sondern auf den Konzern abgestellt. Demzufolge ist von der GuV des Konzernabschlusses auszugehen, der in der Regel die ergebnismäßigen Auswirkungen aller wesentlichen Tochter- und Gemeinschaftsunternehmen sowie assoziierten Unternehmen nach Erwerb und Anpassung an die konzerneinheitlichen Bilanzierungsgrundsätze enthält[19].

Um bei der Konzernbetrachtung allerdings die Vergleichbarkeit der Gewinn-pro-Aktie-Kennziffern nach DVFA/SG zwischen HGB-, IAS- und US-GAAP-Konzernabschlüssen zu erreichen, ist bei Beteiligungen mit einer Anteilsquote der Muttergesellschaft von unter 100% eine einheitliche Handhabung bei den auf konzernfremde Gesellschafter entfallenden Anteilen am Konzernergebnis erforderlich. Nach der Interessentheorie im US-amerikanischem Verständnis gelten Minderheitenanteile nicht als Eigenkapital des Konzerns, so dass auch hierauf entfallende Ergebnisanteile nicht zum Konzernergebnis gehören, sondern als auf Minderheitenanteile entfallende Aufwands- oder Ertragsposten in die Konzern-GuV einfließen. Nach IAS 33 ist aus den gleichen Gründen eine analoge Handhabung geboten, wenngleich der diesbezügliche Wortlaut in IAS 33.12, „income and expense … including … minority interests“, eher den gegenteiligen Eindruck erweckt[20]. Im Rahmen des Improvement Project des IASB sollen in formaler Hinsicht allerdings Minderheitenanteile in der Konzernbilanz nicht mehr als separater Posten getrennt von Eigenkapital und Fremdkapital ausgewiesen werden, sondern künftig innerhalb des Eigenkapitals als separater Posten, getrennt von dem Eigenkapital, das auf Anteilseigner des Mutterunternehmens entfällt[21]. Ergebnisbestandteile, die konzernfremde Gesellschafter betreffen, sind weiterhin separat auszuweisen.

---

19 Vgl. BUSSE VON COLBE, W./BECKER, W. u.a. (Hrsg.): Ergebnis je Aktie nach DVFA/SG, a.a.O, S. 7.

20 Vgl. zu dieser Frage auch die Diskussion in: LÖW, E./ROGGENBUCK, H.E., Earnings per Share nach IAS und Gewinn pro Aktie nach DVFA für Banken, in: DBW 1998, S. 659-671, hier S. 663, wo die Sachgerechtigkeit der Einbeziehung bereits in Frage gestellt wurde. Seinerzeit war der Konsultationsprozess mit dem IASC und Anwendern jedoch noch nicht abgeschlossen, so dass der Wortlaut „included“ als formelles Argument zur Einbeziehung ausgelegt wurde.

21 Vgl. Tz. 26 im Exposure Draft of revised IAS 27, in: IASB: Exposure Draft of Proposed Improvements to International Accounting Standards, London, 15.05.2002, S. 244.

Der internationalen Handhabung entsprechend wird die Vergleichbarkeit mit HGB-Konzernabschlüssen in der DVFA/SG-Empfehlung dadurch hergestellt, dass das Ergebnis der Konzern-GuV nach HGB in einer Bereinigungsrechnung um konzernfremden Gesellschaftern zustehende Gewinne zu verringern ist und um die auf konzernfremde Gesellschafter entfallenden Verluste zu erhöhen ist. Hierbei sind zudem gegebenenfalls spezifische Steuerquoten zu berücksichtigen.

Hinsichtlich der Rechtsform der Adressaten ist die gemeinsame Empfehlung von DVFA und SG nicht auf „reine" Aktiengesellschaften beschränkt, sondern richtet sich auch an Kommanditgesellschaften auf Aktien. Bei Unternehmen dieser Rechtsform sind Modifikationen bei der zugrunde zu legenden Aktienzahl vorzunehmen, wenn auch die persönlich haftenden Gesellschafter Kapitaleinlagen geleistet haben und gewinnberechtigt sind, sowie u.U. Fiktionen bezüglich der Versteuerung von Gewinnanteilen der Komplementäre zu treffen.

Inhaltlich gibt es neben dem allgemeinen Arbeitsschema von DVFA/SG zur Ermittlung des Ergebnisses je Aktie noch branchenspezifische Regelungen jeweils für Banken, Versicherungen, Immobiliengesellschaften mit Bestandscharakter und Unternehmensbeteiligungsgesellschaften.

4. Spektrum der zu veröffentlichenden Kennziffern

4.1 Nach IAS 33 anzugebende Kennziffern

Im Gegensatz zur weitgehenden Fokussierung der DVFA-Empfehlung auf das Basisergebnis und dem eher ergänzenden Informationscharakter des voll verwässerten Ergebnisses, ist IAS 33 a priori auf eine gleichrangige Veröffentlichung von zwei Kennziffern ausgerichtet[22]. Zwingend vorgeschrieben sind die Veröffentlichung des

- fundamentalen Ergebnisses je Aktie („Basic Earnings per Share") und des
- verwässerten Ergebnisses je Aktie („Diluted Earnings per Share").

Beiden Kennziffern misst IAS 33 eine so herausragende Bedeutung zu, dass sie direkt auf der GuV-Seite („on the Face of the Income Statement") zu veröffentlichen sind.

22 Vgl. IAS 33.47.

Gegenwärtig sind nach Tz. 47 des derzeitigen IAS 33 mehr als zwei Kennziffern zwingend nur in den Fällen zu veröffentlichen, in denen ein Unternehmen verschiedene Klassen von Stammaktien mit abweichenden Rechten am Periodengewinn emittiert hat. Auch in diesen Fällen ist jeweils paarweise pro Klasse ein fundamentales und ein verwässertes Ergebnis je Aktie anzugeben.

Künftig sollen nach den Vorschlägen im Exposure Draft of revised IAS 33 im Rahmen des Improvement Project des IASB allerdings neben den „Gewinn-pro-Aktie"-Kennziffern, die sich auf das Periodenergebnis insgesamt beziehen, auf der GuV-Seite auch die beiden Kennziffern ausgewiesen werden, die auf dem Ergebnis aus fortgeführten Geschäftsbereichen („Continuing Operations") basieren[23]. Darüber hinaus sollen im Falle aufgegebener Geschäftsbereiche für deren Ergebnis ebenfalls die fundamentalen und verwässerten „Gewinn-pro-Aktie"-Kennziffern angegeben werden[24]. Für die beiden letztgenannten Kennziffern soll gemäß dem Exposure Draft allerdings ein Wahlrecht zwischen einer Veröffentlichung auf der GuV-Seite und einer Angabe in den Notes eingeräumt werden.

Wie in der Empfehlung von DVFA/SG besteht die Angabepflicht für die Kennziffern zum Ergebnis je Aktie nach IAS 33.48 regelmäßig auch dann, wenn die Ergebnisse negativ sind, d.h. ein Verlust je Aktie zu verzeichnen ist. In der unterjährigen Berichterstattung kann es dabei durchaus vorkommen, dass ein kumuliertes Ergebnis je Aktie über beispielsweise die ersten drei Quartale positiv ist, das quartalsbezogene Ergebnis je Aktie jedoch negativ ist, da im dritten Quartal ein Verlust erwirtschaftet wurde. Gleichwohl sollte diese Erkenntnis der Veröffentlichung von Quartalskennziffern nicht im Wege stehen, da der Sachverhalt im Prinzip auch aus dem Rückgang des kumulierten Ergebnisses je Aktie vom Halbjahr zum Neunmonatszeitraum ersichtlich wird.

Weitere Kennziffern in der Form von bestimmten Beträgen je Aktie für spezifische Komponenten des Periodengewinns können von Unternehmen gemäß IAS 33.52, auf freiwilliger Basis erfolgen; von einer Verpflichtung hierzu hat das IASC aber abgesehen, um einen Abschluss nicht mit einem Übermaß an Kennziffern zu belasten. Sollten jedoch weitere Kennziffern veröffentlicht werden, ist die Aktienzahl als Bezugsbasis stets entsprechend IAS 33 zu berechnen, um die Vergleichbarkeit der ausgewiesenen Beträge je Aktie zu gewährleisten. Auf dieser Basis weist beispielsweise die Deutsche Bank in ihrem Geschäftsbericht 2000 die beiden Pflichtkennziffern sowohl auf der GuV-Seite[25] als auch in den übrigen Übersichten und im Zehnjahresvergleich[26] noch differenzierter

23 Vgl. Tz. 58 im Exposure Draft of revised IAS 33, in: IASB: Exposure Draft of Proposed Improvements to International Accounting Standards; London, 15.05.2002, S. 297.

24 Vgl. Tz. 60 im Exposure Draft of revised IAS 33, in: IASB: Exposure Draft of Proposed Improvements to International Accounting Standards; London, 15.05.2002, S. 298.

25 Vgl. Deutsche Bank, Geschäftsbericht 2000, S. 66.

26 So im „Konzern im Überblick" auf der vorderen inneren Umschlagseite, in den „Notes" auf S. 84 und in dem „Zehnjahresvergleich" auf S. 180.

aus durch die zusätzliche Veröffentlichung jeweils einer Kennziffer „inklusive Goodwill-Abschreibungen" (wie nach IAS 33 vorgesehen) und einer Kennziffer „ohne Goodwill-Abschreibung". Letztere Kennziffer führt gegebenenfalls durch den noch nicht vorgenommenen Abzug der Goodwill-Abschreibungen zwangsläufig zu höheren Kennziffernwerten[27].

4.2 Nach FAS 128 anzugebende Kennziffern

Analog zu IAS 33 sind auch nach FAS 128.36 die beiden Kennziffern

- fundamentales Ergebnis je Aktie („Basic Earnings per Share") und
- verwässertes Ergebnis je Aktie („Diluted Earnings per Share")

gleichrangig auf der GuV-Seite offenzulegen.

Abweichend zu der gegenwärtig noch gültigen Fassung des IAS 33 fordern jedoch FAS 128.9 und FAS 128.37 zusätzlich, aber teilweise mit der Wahlmöglichkeit zwischen einer Platzierung auf der GuV-Seite oder in den Notes, einen spezifischen Ausweis dieser beiden Kennziffernausprägungen für

- weiterhin fortgeführte Geschäftsaktivitäten („Continuing Operations"),
- aufgegebene Geschäftsaktivitäten („Discontinued Operations"),
- das außerordentliche Geschäft („Extraordinary Items") und
- den kumulativen GuV-Effekt von Änderungen in den Bilanzierungs- und Bewertungsmethoden („Cumulative Effect of an Accounting Change"),

sofern die GuV entsprechende Ergebnispositionen ausweist. Als Beispiel, das zwar nicht aus dem Kreditgewerbe stammt, aber immerhin zu acht Kennziffernwerten führt, kann der DaimlerChrysler Geschäftsbericht 2001 herangezogen werden[28]. In ihm werden als spezielle Positionen zum einen das „Außerordentliche Ergebnis" und zum anderen die „Effekte aus der Erstanwendung von FAS 133[29] und EITF 99-20[30]" auf die Zahl umlaufender Aktien heruntergebrochen und auf der GuV-Seite ausgewiesen. Im Extremfall hat ein Unternehmen, das seinen Konzernabschluss nach US-GAAP erstellt, insgesamt zwölf „Gewinn-pro-Aktie"-Kennzahlen auszuweisen.

---

27 Vgl. Deutsche Bank, Geschäftsbericht 2000, S. 66.

28 Vgl. DaimlerChrysler, Geschäftsbericht 2001, S. 70.

29 Statement of Financial Accounting Standards No. 133, Accounting for Derivative Instruments and Hedging Activities.

30 FASB Emerging Issues Task Force Issue No. 90-20, Impact of an Uncollateralized Irrevocable Letter of Credit on a Real Estate Sale-Leaseback Transaction.

Die Angabe der „Gewinn-pro-Aktie"-Kennziffern für fortgeführte Geschäftsaktivitäten und aufgegebene Geschäftsaktivitäten soll nach den Vorschlägen im Exposure Draft zu IAS 33 im Rahmen des Improvement Project künftig auch nach IAS verpflichtend werden[31], so dass diesbezüglich eine Angleichung von IAS 33 an FAS 128 abzusehen ist.

Bei Unwesentlichkeit der Positionen besteht allerdings durch FAS 128.43 eine generelle Befreiungsregelung. Die drei letztgenannten Kennziffernkategorien brauchen zudem nicht auf der GuV-Seite veröffentlicht werden, sondern können nach FAS 128.37 und FAS 128.123 wahlweise auch in den Notes ausgewiesen werden. Einen ausdrücklichen Hinweis auf eine Ausweispflicht im Verlustfall enthält FAS 128 zwar nicht. Diese kann gleichwohl implizit aus den Berechnungserläuterungen in FAS 128.9 für negative Ergebnisse gefolgert werden.

Unterschiede in den Ausweispflichten zwischen IAS und US-GAAP waren dem IASC und dem FASB vor der Verabschiedung der Standards bekannt, wie die expliziten Begründungen in FAS 128.130-132 zu Konsensbestrebungen belegen. Ein Unvereinbarkeitskonflikt zwischen IAS und US-GAAP ergibt sich hieraus jedoch nicht, da bereits der derzeitig gültige IAS 33 gemäß Tz. 51-52 die Offenlegung von zusätzlichen Angaben zulässt und zudem die im Improvement Project vorgesehenen Erweiterungen zu einer Angleichung an die US-GAAP-Regelung führen.

4.3 Nach der DVFA-Empfehlung anzugebende Kennziffern

Im Mittelpunkt der gemeinsamen Empfehlung von DVFA/SG steht die zentrale Kennziffer „Ergebnis nach DVFA/SG je Aktie"[32]. Dabei wird nicht ausdrücklich angesprochen, dass die Kennziffer auch in dem Falle eines negativen Ergebnisses angegeben werden soll. Implizit bestehen an dieser Anforderung aber keine Zweifel, da die erläuternde Ergänzung „Überschuss/Fehlbetrag" bei der Ausgangsgröße in den Berechnungsschemata[33] auch den Verlustfall einbezieht. Erst nach dem Betrachtungsschwerpunkt „Ergebnis" wird in den darauf folgenden Erläuterungen der Empfehlung zu der Anzahl der zugrunde zu legenden Aktien eine Unterscheidung zwischen dem „Unverwässerten Wert je Aktie" und dem „Verwässerten Wert je Aktie" getroffen.

Im anschließenden allgemeinen Arbeitsschema der Empfehlung werden diese beiden Kennziffern als

- Ergebnis nach DVFA/SG je Aktie („Basisergebnis") und

31 Vgl. Tz. 58 und Tz. 60 im Exposure Draft of revised IAS 33, in: IASB: Exposure Draft of Proposed Improvements to International Accounting Standards; London, 15.05.2002, S. 297-298.

32 Vgl. Busse von Colbe, W./Becker, W. u.a. (Hrsg.): Ergebnis je Aktie nach DVFA/SG, a.a.O, S. 3-5.

33 Vgl. Busse von Colbe, W./Becker, W. u.a. (Hrsg.): Ergebnis je Aktie nach DVFA/SG, a.a.O., S. 71 und S. 101.

- voll verwässertes Ergebnis nach DVFA/SG je Aktie

bezeichnet.

Die offiziellen Bezeichnungen dieser beiden Kennziffern im Arbeitsschema für Banken sind

- Ergebnis nach DVFA/Banken je Aktie („Basisergebnis") und
- voll verwässertes Ergebnis nach DVFA/Banken je Aktie[34].

Zweck der zusätzlichen Kennziffer ist es, den derzeitigen und potenziellen Aktionären oder Investoren des Unternehmens mögliche Effekte aus einer Erhöhung der Aktienzahl aufzuzeigen. Die Betrachtung erfolgt aus dem Blickwinkel der gegenwärtigen Verhältnisse. Grundlage ist hierbei zum einen das während der Berichtsperiode ermittelte tatsächlich erzielte (Basis-)Ergebnis nach DVFA/Banken, dessen Entwicklung prognostiziert werden soll, wenn sich die Aktienzahl erhöht. Zum anderen werden alle zum Berichtszeitraum eingeräumten Bezugsrechte zugrunde gelegt und Berechnungen vorgenommen, ob eine Wandlung in Aktien zu einem festgelegten späteren Zeitpunkt unter den gegenwärtigen Verhältnissen für den Bezugsrechtsinhaber vorteilhaft ist. Dieses ist immer dann der Fall, wenn er aus der Bezugsrechtsausübung Aktien günstiger beziehen kann als durch einen Aktienkauf direkt über die Börse. Aus der Summe dieser Vorteile gegenüber dem Bestand der bisherigen Aktien ergibt dann der maximale Verwässerungseffekt durch Erhöhung der Aktienzahl aus zum Berichtszeitpunkt eingeräumten Bezugsrechten.

5. Ermittlung des „Fundamentalen Ergebnisses je Aktie"

Zur begrifflichen Abgrenzung gegenüber dem „Verwässerten Ergebnis je Aktie" wird das Ergebnis je Aktie ohne Berücksichtigung der Verwässerungseffekte im Folgenden einheitlich als „Fundamentales Ergebnis je Aktie" bezeichnet. Der Terminus umfasst insofern die in der Empfehlung der DVFA/SG als „Basisergebnis" oder häufig lediglich als „Ergebnis nach DVFA/SG je Aktie" oder branchenspezifisch als „Ergebnis nach DVFA/Banken je Aktie" bezeichnete Kennziffer und die nach IAS und US-GAAP als „Basic Earnings per Share" oder in der deutschen Ausgabe der IAS als „Unverwässertes Ergebnis je Aktie" bezeichnete Kennziffer.

34 Vgl. BUSSE VON COLBE, W./BECKER, W. u.a. (Hrsg.): Ergebnis je Aktie nach DVFA/SG, a.a.O., S. 103.

Zur Ermittlung des „Fundamentalen Ergebnisses je Aktie“ wird ein adjustiertes Konzernergebnis für Aktionäre der Muttergesellschaft einer durchschnittlichen Gesamtzahl umlaufender Aktien gegenübergestellt:

$$\frac{\text{auf Aktionäre der Muttergesellschaft entfallendes adjustiertes Konzernergebnis}}{\text{durchschnittliche Zahl umlaufender Aktien}}$$

5.1 Adjustierung der Ergebnis-Komponente im „Fundamentalen Ergebnis je Aktie“

5.1.1 Adjustierung der Ergebnis-Komponente im „Fundamentalen Ergebnis je Aktie“ nach IAS und US-GAAP

Abweichend zur gemeinsamen Empfehlung von DVFA/SG, die sowohl ein Arbeitsschema als auch Erläuterungen enthält, beschränken sich die internationalen Normen zum Gewinn pro Aktie – von Beispielrechnungen abgesehen – auf verbale Beschreibungen. Die nachfolgende skizzierte Übersicht ist insofern kein „offizielles“ Arbeitsschema.

	Konzern-Jahresergebnis nach Steuern (Überschuss oder Fehlbetrag)
-	Ausschüttungen für Vorzugsaktien, sofern die Ausschüttungen die Berichtsperiode betreffen
-	Auf Konzernfremde entfallende Erträge
+	Auf Konzernfremde entfallende Aufwendungen
Σ	Maßgebliches Konzernergebnis für das „Fundamentale Ergebnis je Aktie“

Schematische Übersicht zur Ergebnisbereinigung im „Fundamentalen Ergebnis je Aktie“

In beiden internationalen Standards zum „Gewinn pro Aktie“ liegt das Hauptaugenmerk einer Normierung in der Bestimmung der zugrunde zu legenden Aktienzahl. So weist IAS 33 im Abschnitt „Objective“ explizit darauf hin, dass es nach wie vor aufgrund unterschiedlicher Bilanzierungs- und Bewertungsmethoden bei der Ergebnisermittlung zu Einschränkungen in der Aussagefähigkeit der Kennziffern kommen kann, der ergebnisbezogene Teilaspekt aber nicht Betrachtungsgegenstand des Standards ist. Insbesondere methodische Ergebnisunterschiede zwischen einem IAS-Abschluss und einem US-GAAP-Abschluss schlagen sich insofern zwangsläufig in den Kennziffern pro Aktie nieder. Zu betonen ist allerdings, dass diese in Kauf genommenen Beeinträchtigungen nur den zwischenbetrieblichen Vergleich betreffen, während sie für den innerbetrieblichen Vergleich von mehreren Berichtsperioden angesichts der methodischen Kontinuität üblicherweise keine Bedeutung haben.

Ausgangspunkt für die Ergebniskomponente im „Fundamentalen Ergebnis je Aktie" ist nach IAS 33.11 der Jahresüberschuss oder -fehlbetrag nach Steuern. Analog zu IAS 33 gilt auch nach FAS 128.9 der Jahresüberschuss oder -fehlbetrag nach Steuern („Net Income or Loss") als Ausgangsbasis. Zusätzlich ist nach US-GAAP bei Ausweis eines Ergebnisses aus dem fortgeführten Geschäft („Income from Continuing Operations") in der GuV dieses als Ausgangsbasis für die parallel auszuweisende weitere Kennziffer heranzuziehen.

Von dem Jahresergebnis sind nach IAS 33.12 die Ausschüttungen für Vorzugsaktien („Amount of Net Profit attributable to Preference Shareholders") abzuziehen, sofern die Ausschüttungen das Berichtsjahr betreffen. Ob über die Ausschüttung bereits eine Beschlussfassung erfolgt ist oder nicht, ist nach IAS 33.13 unerheblich. Handelt es sich dagegen bei den Ausschüttungen um nachträgliche Zahlungen für in den Vorperioden unterlassene Ausschüttungen, wie es die Emissionsbedingungen von Vorzugsaktien in der Praxis durchaus vorsehen, erfolgt nach IAS 33.13 keine Bereinigung.

Vergleichbar zu IAS 33 sind auch nach FAS 128 Ausschüttungen für Vorzugsaktien abzuziehen, im Unterschied hierzu verlangt FAS 128.9 allerdings eine Beschlussfassung („declared") und fordert den Abzug unabhängig davon, ob der Zahlungsvorgang bereits erfolgt ist oder nicht. Bei kumulativen Vorzugsaktien ist der Ausschluss von Zahlungen für Vorperioden in FAS 128 nur mittelbar angesprochen durch die Formulierung des Abzugskriteriums als „Dividends accumulated for the Period". Klargestellt wird, dass im Verlustfall der Abzug den zugrunde zu legenden Fehlbetrag erhöht.

Abzuziehen sind nach IAS 33.12 auf Konzernfremde entfallende Erträge und Aufwendungen. Der diesbezügliche Wortlaut in Tz. 12, „income and expense ... including ... minority interests", vermittelt zwar eher den gegenteiligen Eindruck, macht wirtschaftlich aber keinen Sinn und wird von englischen Anwendern als „Blick auf die GuV" interpretiert und somit ebenfalls als „Abzug" ausgelegt. Zur Thematik „auf Konzernfremde entfallende Erträge und Aufwendungen" gibt es im FAS 128 keine Hinweise, sie sind aus US-amerikanischem Verständnis, der so genannten „Interessentheorie", aber auch nicht zu erwarten, da nach US-GAAP (analog zur derzeitigen Regelung nach IAS[35]) Minderheitenanteile nicht als Eigenkapital gelten und daher die Ergebnisanteile der

---

35 Im Rahmen des Improvement Project des IASB sollen in formaler Hinsicht künftig Minderheitenanteile in der Konzernbilanz allerdings nicht mehr als separater Posten getrennt von Eigenkapital und Fremdkapital ausgewiesen werden, sondern innerhalb des Eigenkapitals als separater Posten, getrennt von dem Eigenkapital, das auf Anteilseigner des Mutterunternehmens entfällt. Ergebnisbestandteile, die konzernfremde Gesellschafter betreffen, sind aber weiterhin separat auszuweisen. Vgl. hierzu Tz. 26 im Exposure Draft of revised IAS 27, in: IASB: Exposure Draft of Proposed Improvements to International Accounting Standards, London, 15.05.2002, S. 244.

Minderheitsgesellschafter bereits als Aufwands- oder Ertragsposten in die GuV eingeflossen sind[36].

Durch diese nach IAS und US-GAAP parallel vorgesehenen Regelungen wird sichergestellt, dass erstens nur solche Ergebniskomponenten berücksichtigt werden, die dem laufenden Geschäftsjahr zuzuordnen sind, und zweitens nur das für Stammaktien relevante Ergebnis zugrunde gelegt wird.

Sonstige Ergebnisbereinigungen, wie z.B. aufgrund einer von Unternehmen unterschiedlich ausgeübten Anwendung von alternativ zugelassenen Bilanzierungsmethoden und damit verbundener Ergebniswirkungen, sind nach IAS 33 nicht vorgesehen. Auf gewisse Einschränkungen der Vergleichbarkeit durch unterschiedliche Bilanzierungsmethoden weist das IASC zwar durchaus hin[37], diese Thematik wird allerdings in IAS 33 nicht weiter verfolgt. Analog zu IAS 33 sind auch nach US-GAAP für die Berechnung des Fundamentalen Ergebnisses je Aktie keine sonstigen Ergebnisbereinigungen vorgesehen.

Über die Veröffentlichungsempfehlung von DVFA/SG hinausgehend, sind gemäß IAS 33.49 sowohl das für die Kennziffer „Fundamentales Ergebnis je Aktie" zugrunde gelegte Ergebnis als auch dessen Berechnung zu veröffentlichen. Für Dritte soll auf diese Weise eine Ableitung aus der GuV ermöglicht werden. Vergleichbare Anforderungen bestehen nach FAS 128.40, die Ableitung des zugrunde gelegten Ergebnisses offen zu legen. Anzugeben ist dabei aber zusätzlich aber auch der Ausschüttungsbetrag für Vorzugsaktien.

5.1.2 Adjustierung der Ergebnis-Komponente im „Fundamentalen Ergebnis je Aktie" nach DVFA/Banken

Für die Ermittlung der „Gewinn-pro-Aktie"-Kennziffern haben die Methodenkommission der DVFA und der Arbeitskreis Externe Unternehmensrechnung der SchmalenbachGesellschaft Arbeitsschemata entwickelt und zusammen mit ihrer gemeinsamen Empfehlung zum Ergebnis je Aktie nach DVFA/SG veröffentlicht. Für das Ergebnis nach DVFA/Banken je Aktie besteht ein branchenspezifisches „Arbeitsschema für Banken"[38], dessen Einzelschritte bei der Adjustierung der Ergebniskomponente im Anschluss an die im Folgenden skizzierte Übersicht erläutert werden.

---

36 Vgl. NIEHUS, R./THYLL, A., Konzernabschluss nach US-GAAP – Grundlagen und Gegenüberstellung mit den deutschen Vorschriften, 2. Aufl., Stuttgart 2000, S. 100.

37 Vgl. Abschnitt „Objective" in IAS 33.

38 Abgedruckt in BUSSE VON COLBE, W./BECKER, W. u.a. (Hrsg.): Ergebnis je Aktie nach DVFA/SG, a.a.O., S. 100-103.

	Konzern-Jahresergebnis nach Steuern (Überschuss oder Fehlbetrag)
+/-	Ergebnisse nicht konsolidierter Tochterunternehmen
+/-	Ergebnisse erworbener noch nicht konsolidierter Tochterunternehmen
-/+	Ergebnisse nicht konsolidierter Tochterunternehmen, die seit mehr als einem Jahr zum Verkauf bestimmt sind
+/-	Ergebnisse von nicht at equity bilanzierten wesentlichen Beteiligungen
+/-	Abweichung zwischen bilanziellem Ansatz von Rückstellungen und steuerlicher Berücksichtigung
+	Latente Steuererträge auf Verlustvorträge
Σ A	Angepasstes Konzernergebnis
+/-	Legung oder Auflösung von Reserven nach § 340g HGB (offen ausgewiesener Fonds für allgemeine Bankrisiken)
+/-	Legung oder Auflösung von Reserven nach § 340f HGB (Stille Reserven zur Sicherung gegen die besonderen Risiken der Banken)
-/+	Gewinne oder Verluste aus der Veräußerung von Wertpapieren des Liquiditätsbestandes (HGB), unter bestimmten Voraussetzungen
-/+	Gewinne oder Verluste aus der Veräußerung von Wertpapieren aus dem Anlagebestand (IAS), unter bestimmten Voraussetzungen
-/+	Gewinne oder Verluste aus der Umbuchung von Wertpapieren aus dem Anlagebestand (IAS), unter bestimmten Voraussetzungen
-/+	Gewinne oder Verluste aus Immobilienverkäufen
Σ B	Zusammenfassung der bankspezifischen Bereinigungspositionen
+/-	Bereinigungspositionen nach DVFA/GDV-Schema für Versicherungen
+/-	Bereinigungspositionen nach dem allgemeinen DVFA/SG-Schema, soweit noch nicht berücksichtigt
Σ C	DVFA/Banken-Konzernergebnis für das Gesamtunternehmen (Σ C = Σ A +/- Σ B +/- Bereinigungspositionen aus dem Versicherungs- und allgemeinen Schema)
-/+	Ergebnisanteile Dritter am Jahresüberschuss oder -fehlbetrag
-/+	Ergebnisanteile Dritter an latenten Steueranpassungen
-/+	Ergebnisanteile Dritter an Bereinigungspositionen
ΣΣ	DVFA/Banken-Konzernergebnis für Aktionäre der Muttergesellschaft

Schematische Übersicht zur Ermittlung der Ergebniskomponente nach DVFA/ Banken

Ausgangspunkt für die Bereinigungsrechnung ist das Konzernergebnis nach Steuern, wobei die Berechnung sowohl im Falle eines Überschusses als auch im Falle eines Fehlbetrages vorzunehmen ist. Der Ausweis der Kennziffer als „Nach-Steuern-Größe“ entspricht der international üblichen Praxis.

Bei den ersten vier Bereinigungspositionen handelt es sich um konsolidierungskreisbezogene Anpassungen des Konzernergebnisses. Diesbezügliche Bereinigungen sind nach der Empfehlung von DVFA/SG vorzunehmen, wenn

- wesentliche Beteiligungen, über die ein beherrschender Einfluss oder die Kontrolle ausgeübt wird, nicht im Konzernabschluss enthalten sind,
- Tochterunternehmen, deren Anteile im Berichtsjahr erworben worden sind, nicht zeitanteilig in den Konzernabschluss einbezogen worden sind,
- wesentliche Tochterunternehmen in den Konzernabschluss nur deshalb nicht einbezogen worden sind, weil sie zur Veräußerung bestimmt sind, und diese Absicht seit mehr als einem Jahr besteht,
- wesentliche Beteiligungen, auf deren Geschäfts- und Bilanzpolitik ein maßgeblicher Einfluss ausgeübt wird, nicht at equity bilanziert sind.

Zweck der konsolidierungsbezogenen Bereinigungsmaßnahmen im DVFA-Schema sind in erster Linie Anpassungen an die Konsolidierungsmethodik nach internationalen Bilanzierungsnormen. Während das DVFA-Ergebnis früher nur auf HGB-Abschlüsse zugeschnitten war, wurde im neuen Schema durch diese Adjustierungsmaßnahmen die Anwendbarkeit auf Abschlüsse nach den international anerkannten Bilanzierungsnormen erweitert. Dadurch wird eine Vergleichbarkeit zwischen den DVFA-Kennziffern unabhängig davon erreicht, ob diese Konzernabschlüsse nach HGB, IAS oder US-GAAP aufgestellt worden sind. Die zeitanteilige Einbeziehung der Ergebnisse von im Berichtsjahr erworbenen Tochterunternehmen (zweiter Punkt) lässt dabei deutlich erkennen, dass aus Vergleichbarkeitsgründen Kompromisse gegenüber den internationalen Bilanzierungsnormen eingegangen worden sind, denn für den von DVFA/SG ansonsten fokussierten Aspekt der Nachhaltigkeit wäre sogar die ganzjährige Einbeziehung angebracht.

Auch die beiden nächsten Bereinigungspositionen, in denen Anpassungen bei den latenten Steuern erfolgen, dienen der Vergleichbarkeit der DVFA-Kennziffern unabhängig davon, ob die Konzernabschlüsse nach HGB, IAS oder US-GAAP aufgestellt worden sind. Die Anpassung erfolgt dabei an die international übliche Handhabung. Unternehmen, die ihren Konzernabschluss nach IAS oder US-GAAP aufstellen, haben nach diesen Vorschriften latente Steuern in vollem Umfang zu berücksichtigen, so dass in den beiden Steuer-Positionen keine Anpassungen vorzunehmen sind. Unternehmen, die ihren Konzernabschluss hingegen nach HGB aufstellen, berücksichtigen aktive latente Steuern üblicherweise nicht in vollem Umfang. Im Falle von „Rückstellungen“, wie z.B. bei Drohverlustrückstellungen, die bilanziell angesetzt sind, steuerlich aber nicht mehr anerkannt werden, und „Verlustvorträgen“ wird die Berücksichtigung nach der DVFA-

Empfehlung durch eine Bereinigungsrechnung für zwingend erforderlich gehalten. In anderen Fällen ist dieses lediglich erwünscht, wird aus Praktikabilitätsgründen aber ggf. auch für verzichtbar gehalten.

Nach diesen Anpassungen an die internationalen Normen und dem Zwischensaldo „Angepasstes Konzernergebnis", folgen sechs bankspezifische Korrekturpositionen. Hierzu gehören zum einen die unter Analyseaspekten immer stärker in den Vordergrund gestellte Thematik der Bildung und Auflösung versteuerter Stiller Reserven nach § 340f HGB und die durch die EU-Bankbilanz-Richtlinie als Alternative vorgeschriebene Dotierungs- oder Auflösungsmöglichkeit eines „Fonds für allgemeine Bankrisiken" nach § 340g HGB. Durch diese nur für die HGB-Konzernabschlüsse relevanten Anpassungen wird im Bereich der allgemeinen Risikovorsorge für das Bankgeschäft ein Gleichklang mit den internationalen Rechnungslegungsstandards hergestellt, die eine stille Bildung von Zweckreserven gar nicht zulassen und eine offene Dotierung oder Auflösung von Zweckreserven erst im Rahmen der Gewinnverwendung erlauben.

Zum anderen gehören zu den bankspezifischen Bereinigungspositionen bestimmte Gewinne oder Verluste aus Wertpapier- und Immobilienveräußerungen. Die generelle Abgrenzungsfrage ist hierbei, ob diese Veräußerungen als gewöhnliche Geschäftstätigkeit anzusehen sind[39] oder nicht. Zu bejahen ist diese Zuordnung in jedem Fall für den Handelsbestand und üblicherweise auch bei Wertpapierveräußerungen aus dem Liquiditätsreservebestand. Letztere Wertpapierkategorie wird allerdings nur nach HGB separat behandelt. Nach internationalen Rechnungslegungsstandards waren diese Wertpapiere hingegen bisher den Kategorien Handelsbestand oder Anlagebestand zuzuordnen. Seit der verpflichtenden Anwendung von IAS 39 ab Berichtsperioden, die am oder nach dem 1. Januar 2001 begonnen haben, ist letztere Kategorie noch weiter aufgebrochen in „bis zur Endfälligkeit zu haltende Positionen" („Held-to-Maturity Investments") und „zur Veräußerung verfügbare Positionen" („Available-for-Sale Financial Assets"). Ob jedoch Veräußerungen aus letzterer Kategorie als gewöhnliche Geschäftstätigkeit einzustufen sind oder nicht, kann letztlich nur anhand der konkreten Verhältnisse beurteilt werden.

In den Fällen allerdings, in denen es sich um die Veräußerung größerer Aktienpakete aus dem Nicht-Handelsbestand handelt, die sich schon länger im Besitz der Bank befinden und deren Veräußerungsgewinne oder -verluste einen wesentlichen Einfluss auf das Ergebnis der Bank haben, ist eine Bereinigung zwingend vorzunehmen. Verkäufe von Aktien aus dem Nicht-Handelsbestand, die eine Anteilsquote von 10% oder mehr an der jeweiligen Aktiengesellschaft verkörpern, bilden stets einen Korrekturtatbestand, ebenso Veräußerungsgewinne, die in ihrer Summe einen wesentlichen Ergebniseinfluss haben. Das Durchhandeln von Aktienpaketen oder der Verkauf von ganzen Unternehmen oder Anteilen daran, die ausschließlich mit der Absicht der Weiterveräußerung oder Börsen-

[39] Die Empfehlung von DVFA/SG verwendet den Terminus „Bestandteil des ordentlichen Ergebnisses", vgl. BUSSE VON COLBE, W./BECKER, W. u.a. (Hrsg.): Ergebnis je Aktie nach DVFA/SG, a.a.O., S. 95.

einführung in den Bestand genommen worden sind, gilt hingegen als gewöhnliches Geschäft.

Gewinne und Verluste aus Immobilienverkäufen werden dann als gewöhnliche Geschäftsvorfälle angesehen, wenn die Höhe des verwalteten Grundvermögens quasi regelmäßig solche Transaktionen mit sich bringt. Ungewöhnliche und seltene Transaktionen erfordern hingegen eine Ergebnisbereinigung. Grundsätzlich wird die Veräußerung von Immobilien, die die Bank selbst nutzt, als ungewöhnliche Transaktion angesehen, Ausnahmen bestehen allerdings für Filialbanken in dem Umfang, der noch als üblicher Rahmen für Veränderungen im Filialnetz gelten kann.

Neben diesen bankspezifischen Bereinigungspositionen können u.U. bei Banken mit allfinanzorientierter Konzernstruktur noch Bereinigungen aus versicherungsgeschäftlicher Betätigung erforderlich werden, wie z.B. im Falle von Sondereinflüssen auf die versicherungstechnischen Rückstellungen, sowie weitere, bisher noch nicht berücksichtigte Sonderkonstellationen aus dem allgemeinen Bereinigungsschema, wie beispielsweise planmäßige Abschreibungen außerhalb der üblichen Bandbreiten.

Als letzte Bereinigungsposition ist im Falle eines HGB-Konzernabschlusses der Ergebnisanteil Dritter einschließlich der diesen zuzurechnenden Steueranteile und Bereinigungskomponenten auszukehren. Durch die Anpassung an die internationale Handhabung soll auch unter diesem Aspekt die Vergleichbarkeit zwischen den Kennziffern aus HGB-Konzernabschlüssen einerseits und aus IAS- sowie US-GAAP-Konzernabschlüssen andererseits erreicht werden.

Wegen der Einbeziehung von unternehmensinternen Daten, wie z.B. Stillen Reserven im Konzernabschluss nach HGB, wird das DVFA-Ergebnis für Banken von diesen selbst ermittelt und nur als Endergebnis veröffentlicht. Der Ausweis von Einzelkomponenten ist entsprechend einer bei der Entwicklung des Bankenschemas getroffenen Vereinbarung zwischen der DVFA und den Kreditinstituten in der DVFA-Empfehlung nicht vorgesehen. Gleichwohl sollten zumindest auf Anfrage die wichtigsten Bereinigungsposten genannt werden.

5.2 Adjustierung der „pro-Aktie"-Komponente im „Fundamentalen Ergebnis je Aktie"

5.2.1 Adjustierung der „pro-Aktie"-Komponente im „Fundamentalen Ergebnis je Aktie" nach IAS und US-GAAP

Sowohl nach IAS 33.14 als auch nach FAS 128.8 gilt als maßgebliche Bezugskomponente für die Anzahl der Aktien, die im „Fundamentalen Ergebnis je Aktie" zu berücksichtigen sind, die gewichtete durchschnittliche Zahl der Stammaktien, die in der Berichtsperiode im Umlauf waren. Anders als in der Empfehlung von DVFA/SG werden weder nach IAS noch nach US-GAAP Vorzugsaktien in die Berechnung einbezogen.

Bei der Ermittlung der durchschnittlichen Zahl der Stammaktien sind übereinstimmend nach IAS und US-GAAP Neuemissionen und Aktienrückkäufe[40] von Stammaktien zeitanteilig zu berücksichtigen. Wie in der Empfehlung von DVFA/SG kann dabei nach IAS 33.15 bzw. FAS 128.45 die taggenaue Erfassung durch angemessene Näherungsverfahren ersetzt werden.

Auf die Frage, ob als „Rückkauf" z.B. neben dem Rückerwerb im Rahmen eines Aktienrückkaufprogrammes auch Handelsbestände zu verstehen sind, die möglicherweise bereits am nächsten Tag dem Markt wieder zur Verfügung stehen, gehen weder IAS 33 noch FAS 128 ein. Angesichts des branchenübergreifenden Anwendungsbereichs der beiden internationalen Standards sind Bankspezifika völlig außer acht geblieben. So wird heutzutage im Aktienhandel der Banken im Prinzip keine Unterscheidung mehr getroffen, ob ein Handel in Aktien der eigenen Bank, in Aktien der Nachbarbanken oder in sonstigen Aktien getätigt wird. Einzige Ausnahme stellen noch die Quartalsultimostichtage dar, zu denen üblicherweise nach internen Richtlinien eine Glattstellung in eigenen Aktien erfolgen soll, d.h. keine Bestände gehalten werden.

Für IAS 33 ist als nachträgliche Auslegungshilfe für die Frage, ob Handelsbestände als „Rückkauf" zu behandeln sind, die im Januar 1999 veröffentlichte Interpretation SIC-16 des IASC nur bedingt förderlich. Dort wird im Wesentlichen klargestellt, dass „Eigene Aktien"[41] in der Bilanz vom Eigenkapital abzuziehen sind und aus Rückkauf, Entwertung oder Wiederverkauf erzielte Gewinne oder Verluste nicht in der GuV, sondern über die Eigenkapitalveränderungsrechnung im Eigenkapital zu verrechnen sind. Die bankspezifische Frage der Behandlung von Beständen in eigenen Aktien, die der Wertpapierhandel vorübergehend hält, bleibt letztlich auch in SIC-16 unbeantwortet. Deutlich wird hingegen, dass Eigenkapitalabzug und Abzug bei der Berechnung der Kennziffer „Ergebnis je Aktie" stets einheitlich zu handhaben sind, d.h., wenn ein Abzug beim Eigenkapital erfolgt, hat auch ein Abzug bei der Zahl der umlaufenden Stammaktien zu erfolgen.

Wie in IAS 33 geht auch FAS 128 nicht auf Branchenspezifika ein. Anders als in Deutschland stellt sich die Frage nach der Behandlung von Handelsbeständen aber für die US-Anwendungspraxis nicht, da in den USA ein Handel in eigenen Aktien nicht üblich ist oder keine Trennung zwischen Beständen aus dem Handel und aus einem Rückkaufprogramm vorgenommen wird. In diesem Fall wird das Handling gar nicht hinterfragt, sondern ein Abzug als selbstverständlich hingenommen. Gewisse Anhaltspunkte

40 „Bought back" nach IAS 33, „reacquired" nach FAS 128.

41 Dieser vom IASC in der deutschen Fassung verwendete Begriff wird in der englischen Fassung als „Treasury Shares" bezeichnet und dient nur als Kurzform für die umfassendere Kategorie „Eigene Eigenkapitalinstrumente/Own Equity Instruments" gemäß IAS 32.

für Ausnahmen ergaben sich ursprünglich zwar aus bestimmten Veröffentlichungen des Accounting Principles Board (APB)[42] und des Accounting Research Bulletins (ARB)[43], diese Handhabung ist aber in neueren Abschlüssen nicht mehr belegbar und nach Streichung in den APB- und ARB-Veröffentlichungen nicht mehr zulässig.

Der Abzug der zurückgekauften eigenen Aktien bei der Berechnung des gewichteten Durchschnitts der Zahl umlaufender Stammaktien nach IAS 33 und FAS 128 hat – analog zur DVFA/SG-Regelung – zur Folge, dass sich der Nenner des Quotienten verringert und sich dementsprechend die Kennziffer selbst erhöht.

In entsprechender Weise wie es die Empfehlung von DVFA/SG vorsieht, ist der Zeitbeginn für die unterjährige Adjustierung nach IAS üblicherweise durch die Gegenleistung oder Leistungsanpassung bestimmt. IAS 33.16-17 gibt hierzu folgende Anwendungsbeispiele:

- Abrechnungstag bei Neuemissionen,
- Dividendenzahltag bei Emission zum Re-Investment von Dividenden,
- Ende der Zinszahlung bei aus Wandelschuldverschreibungen oder aus anderen Finanzinstrumenten bezogenen Stammaktien,
- Abwicklungstag bei der Ausgabe von Stammaktien zur direkten Ablösung von Verbindlichkeiten,
- Zeitpunkt der Leistungserbringung bei der Ausgabe von Stammaktien zur Abgeltung von fremdbezogenen Leistungen,
- Rechtswirksamkeit bei der Ausgabe von Stammaktien gegen Sacheinlagen,
- Zeitpunkt der Akquisition bei der Ausgabe von Stammaktien als Entgelt für einen Unternehmenskauf (bei einem Zusammenschluss mit einem anderen Unternehmen erfolgt hingegen nur noch eine Betrachtung des neuen Unternehmens als Ganzes; in diesem Fall sind auch Vergleichszahlen für Vorperioden so zu ermitteln, als hätte der Zusammenschluss schon retrospektiv bestanden).

Gegebenenfalls können auch spezifische Faktoren einzelner Emissionen den Beginn der Einbeziehung in die Gewichtung determinieren. Hierunter könnten z.B. Wandelschuldverschreibungen fallen, wenn die Ausübung über einen Zeitraum möglich war. In diesem Fall dürften aus praktischen Erwägungen monatliche Zusammenfassungen der Ausübungen als angemessene Näherungsverfahren angebracht sein.

FAS 128 geht im Gegensatz zu IAS 33 auf Detailfragen, an welchen Anhaltspunkten der genaue Zeitpunkt für eine Änderung der Aktienzahl zu bemessen ist, nicht in Form eines

[42] APB 6, Tz. 12b, gestattete den aktivischen Ausweis von Treasury Shares „under certain Circumstances“, traf jedoch hierzu jedoch keine weiteren erläuternden Aussagen.

[43] ARB 43, Chapter 1 A, Tz. 1, mit gleichem Wortlaut wie APB 6, Tz. 12b (vgl. vorhergehende Fußnote).

spezifischen Katalogs von Bestimmungsfaktoren ein. Die als Berechnungsleitlinie aufgeführten Beispiele in FAS 128.148 basieren lediglich auf den vereinfachten Grundannahmen[44], dass zu einem fixen Datum Aktien verkauft oder gewandelt werden. Für bedingte Aktienausgaben ohne (oder mit nur geringer) Zuzahlung ist nach FAS 128.10 die Einbeziehung in die Berechnung ab dem Zeitpunkt vorzunehmen, zu dem alle Bedingungen erfüllt sind. Vice versa ist mit bedingten Rückgaben umlaufender Stammaktien zu verfahren[45]. Differenzierungen nach verschiedenen Zahlungsmodalitäten oder Formen der Gegenleistung werden in FAS 128 nicht angesprochen, wie auch FAS 128 nicht auf spezifische Determinanten für die Bestimmung des Zeitbeginns eingeht.

Teileingezahlte Stammaktien sind in analoger Handhabung zwischen IAS 33.18 und FAS 128.64 gegenüber volleingezahlten Stammaktien nur im Verhältnis ihrer entsprechenden proportionalen Dividendenberechtigung zu berücksichtigen. Diese Verfahrensweise ist durchaus sachgerecht, da nur das zur Verfügung stehende Eigenkapital als Ausgangsbasis für die Wertschöpfung dient (einschließlich der bankaufsichtsrechtlichen Multiplikatorwirkung für den Geschäftsumfang und der auf dem Eigenkapital aufbauenden weiteren Kapitalbeschaffung zur Ausnutzung des Leverage-Effektes). Sofern bis zur Volleinzahlung gar kein Anspruch auf eine Dividendenzahlung besteht, sind nach US-GAAP diese Aktien wie Optionsrechte zu behandeln und nur in der Berechnung des „Verwässerten Ergebnisses je Aktie“ zu berücksichtigen.

Nach IAS 33.20-22, sind ferner auch Änderungen in der Zahl umlaufender Aktien zu berücksichtigen, die mit keiner Gegenleistung oder Leistungsanpassung verbunden sind. Hierzu zählen beispielsweise

- die Ausgabe von Gratisaktien („Bonus Issue“),
- Aktien-Splits („Share Splits“),
- Aktien-Zusammenlegungen („Reverse Share Splits“/„Consolidation of Shares“).

Adjustierungen dieser Art sind auch bei den Vorjahresvergleichszahlen sowie darüber hinaus in Mehrjahresübersichten sogar für weiter zurückliegende Zeiträume vorzunehmen.

Wie in IAS 33 sind auch nach FAS 128.42 bei der Berechnung der Kennziffern die Effekte aus der Ausgabe von Gratisaktien („Stock Dividends“) und Aktien-Splits zu berücksichtigen. Nicht genannt werden in FAS 128 Aktien-Zusammenlegungen, zusätzlich hingegen Effekte aus Unternehmenszusammenschlüssen.

Üblicherweise gibt es bei Kapitalerhöhungen ein Bonuselement in der Form, dass der Emissionskurs der neuen Aktien unterhalb des Börsenkurses festgelegt wird. Dieses Bonuselement wird sowohl nach IAS als auch nach US-GAAP durch eine spezielle Ad-

44 Vgl. FAS 128.147.

45 Vgl. FAS 128.10.

justierung der ursprünglichen Zahl umlaufender Stammaktien berücksichtigt. Die Berechnung erfolgt dabei über den Kursveränderungsfaktor zwischen dem Kurs vor und dem rechnerischen Kurs nach Bezugsrechtsausübung. Durch diesen Faktor wird für die Berichtsperiode auf kalkulatorisch vereinfachtem, aber inhaltlich adäquatem Wege dem Sachverhalt Rechnung getragen, dass die Eigenkapitalbasis für den Wertschöpfungsprozess infolge des niedrigeren Emissionskurses nur unterproportional zur Aktienzahl mitgewachsen ist.

Wie bei der Ergebniskomponente sind nach den beiden internationalen Standards die insgesamt angesetzte Anzahl an Stammaktien als auch deren Berechnung offen zu legen, so dass für Dritte die zugrunde gelegte Bezugsbasis der Kennziffer nachvollziehbar ist.

5.2.2 Adjustierung der „pro-Aktie"-Komponente im „Fundamentalen Ergebnis je Aktie" nach DVFA/Banken

Für die Bezugsbasis „pro Aktie" in der Kennziffer „Gewinn pro Aktie" ist in der aktuellen Empfehlung von DVFA/SG als maßgebliches Kriterium die „Dauer der Kapitalverfügbarkeit" eingeführt worden. Hierdurch wurde die Berechnung des Nenners an die Handhabung in der internationalen Rechnungslegung angepasst. Insbesondere für den Rückkauf eigener Aktien ist seitdem die Handhabung vereinheitlicht, dass deren Bestände ab Rückerwerbszeitpunkt nicht mehr in die Berechnung der Aktienzahl eingerechnet werden. Diese Regelung gilt unabhängig davon, ob die Aktien eingezogen werden oder zur Wiederveräußerung verfügbar bleiben[46]. Auf Unterscheidungen zwischen Stamm- und Vorzugsaktien sowie hiermit u.U. verbundene abweichende Dividendenberechtigungen, wie z.B. Mehr- oder Mindestdividenden, verzichtet die Empfehlung von DVFA/SG allerdings ausdrücklich, da auch ohne diese Differenzierung eine „hinreichend genaue Beurteilung der Ertragslage des Unternehmens erreicht wird."[47]

Hat ein Unternehmen statt Stückaktien noch Aktien mit unterschiedlichen Nennwerten im Umlauf, ist das Ergebnis auf die Anzahl der Aktien zu beziehen, die sich ergibt, wenn das Gezeichnete Kapital durch den Nennwert der börsennotierten Gattung dividiert wird. Sind mehrere Gattungen mit unterschiedlichen Nennwerten nebeneinander notiert, ist auf die liquideste Gattung abzustellen. Wahlweise können in diesen Fällen aber auch gattungsspezifische Kennziffern bekannt gegeben werden. Teileingezahlte Aktien sind entsprechend ihrer Dividendenberechtigung als Bruchteil einer Aktie anzusehen.

Für die Berechnung des „Fundamentalen Ergebnisses je Aktie" ist gemäß dem Kriterium der Kapitalverfügbarkeitsdauer der zeitgewichtete Durchschnitt der Gesamtzahl an

---

46 Vgl. BUSSE VON COLBE, W./BECKER, W., u.a. (Hrsg.): Ergebnis je Aktie nach DVFA/SG, a.a.O., S. 57.

47 Vgl. BUSSE VON COLBE, W./BECKER, W., u.a. (Hrsg.): Ergebnis je Aktie nach DVFA/SG, a.a.O., S. 55.

Aktien zugrunde zu legen, die während der Berichtsperiode im Umlauf waren. Die Zeitgewichtung kann dabei taggenau oder über angemessene Näherungsverfahren erfolgen.

Der Zeitpunkt, ab oder bis zu dem Aktien in den gewichteten Durchschnitt einzubeziehen sind, ist an dem Kapitalverfügbarkeitskriterium auszurichten und bemisst sich daher üblicherweise am zu- oder abgeflossenen Gegenwert. Hierfür gibt die Empfehlung von DVFA/SG folgende Anwendungsbeispiele:

- Tag des Geldeingangs bei Neuemissionen gegen Zahlungsmittel,
- Periodenbeginn bei Kapitalerhöhungen aus Gesellschaftsmitteln,
- Periodenbeginn bei Aktienzusammenlegungen (Kapitalschnitten),
- Tag des rechtlichen Erwerbs bei Kapitalerhöhungen gegen Sacheinlagen,
- Zeitpunkt der Einbeziehung in den Konzernabschluss bei Kapitalerhöhungen im Zuge des Erwerbs einer Unternehmenseinheit,
- Periodenbeginn bei Unternehmenszusammenschlüssen nach der Interessenzusammenführungsmethode,
- Tag des Wegfalls der Zinsverpflichtung bei Umwandlungen aus Wandelanleihen und Wandelgenussscheinen,
- Tag des Geldeingangs bei der Ausübung von Optionsrechten mit Barleistung,
- Periodenbeginn bei der Ausübung von Optionsrechten ohne Barleistung,
- Termin des Rückkaufs eigener Aktien unabhängig davon, ob die Aktien eingezogen werden oder nicht.

Jeder Zeitraum der Nichteinbeziehung in den gewichteten Durchschnitt verkleinert hierbei zunächst den Nenner als Bezugsbasis der Kennziffer, vergrößert auf diese Weise allerdings den Betrag des Quotienten. Ein Aktienrückkauf wirkt sich als Beispiel dadurch im Endeffekt in einer Erhöhung der Kennziffer aus.

6. Ermittlung des „Verwässerten Ergebnisses je Aktie“

Die Kennziffer des „Verwässerten Ergebnisses je Aktie“ dient dazu, den Einfluss von potenziell ausstehenden Aktien aus der zukünftigen Ausübung von Bezugsrechten auf Aktien, wie z.B. aus Wandel- oder Optionsschuldverschreibungen, auf das „Fundamentale Ergebnis je Aktie“ sichtbar zu machen. Zur Ermittlung des „Verwässerten Ergebnisses je Aktie“ wird ein auf Aktionäre der Muttergesellschaft entfallendes Konzernergebnis um Ergebniseffekte aus einer Bezugsrechtsausübung adjustiert und einer Bezugsbasis aus derzeitigen Aktien und potenziellen Aktien gegenübergestellt:

$$\frac{\text{adjustiertes Konzernergebnis} + \text{Ergebniseffekte aus Bezugsrechtsausübung}}{\text{durchschnittliche Zahl umlaufender Aktien} + \text{potenzielle Aktien aus Bezugsrechten}}$$

6.1 Adjustierung der Ergebnis-Komponente im „Verwässerten Ergebnis je Aktie"

6.1.1 Adjustierung der Ergebnis-Komponente im „Verwässerten Ergebnis je Aktie" nach IAS und US-GAAP

Sowohl nach IAS 33.11 als auch nach FAS 128.11 ist der Ausgangspunkt für die Ergebniskomponente im „Verwässerten Ergebnis je Aktie" das für das „Fundamentale Ergebnis je Aktie" verwendete Konzernergebnis. Hierin sind nach IAS 33.26-27 Bereinigungen vorzunehmen um Nach-Steuer-Effekte aus

- Dividenden für Finanzinstrumente, aus denen unter Wegfall des Dividendenanspruchs Stammaktien beziehbar sind,
- Zinszahlungen, die durch Ausübung eines Stammaktienbezugs entfallen,
- jeglichen sonstigen Ertrags- oder Aufwandsänderungen durch Ausübung eines Bezugsrechts auf Stammaktien, wie z.B. Bezugsgebühren, Ab- oder Aufgeld, ergebnisabhängiger Aufwand.

Entsprechend sind nach FAS 128.11 Ergebnisbereinigungen um Nach-Steuer-Beträge vorzunehmen um

- Vorzugsdividenden für in Stammaktien wandelbare Finanzinstrumente,
- Zinszahlungen für Wandelschuldverschreibungen, die durch Wandlung in Stammaktien entfallen,
- jegliche sonstigen Ertrags- oder Aufwandsänderungen, die durch die Wandlung in Stammaktien anfallen, wie z.B. ergebnisabhängiger Aufwand, oder durch Wahlmöglichkeiten des Bezugsbegünstigten bestehen.

Nach IAS 33.49, sind sowohl das für die Kennzahl zugrunde gelegte Ergebnis als auch dessen Berechnung offen zu legen, so dass für Dritte die Ableitung aus der GuV nachvollziehbar ist.

Vergleichbar zu IAS 33 ist auch nach FAS 128.40 die Ableitung des zugrunde gelegten Ergebnisses auszuweisen. Zusätzlich sind hierfür allerdings nach US-GAAP noch einzeln die betragsmäßigen Angaben der jeweiligen Ergebnisveränderungseffekte aus allen Arten von Verwässerungsursachen erforderlich.

6.1.2 Adjustierung der Ergebnis-Komponente im „Verwässerten Ergebnis je Aktie" nach DVFA/Banken

Für die Ergebniskomponente in dem „Verwässerten Ergebnis je Aktie" sind diejenigen Ergebnisbestandteile auszukehren, die im Verwässerungsfall zusätzlich oder weniger anfallen. Ausgangspunkt ist das für das „Fundamentale Ergebnis je Aktie" verwendete Ergebnis. Dieses wird korrigiert um die Erträge und Aufwendungen nach Steuern, die bei einer Umwandlung von potenziellen Aktien durch Ausübung von Bezugsrechten hinzukommen oder entfallen. Hierzu gehören beispielsweise die um die Steuerwirkung gekürzten Zinsen auf Wandelanleihen wie auch steuerliche Entlastungen durch die erhöhte Dividendensumme.

6.2 Adjustierung der „pro-Aktie"-Komponente im „Verwässerten Ergebnis je Aktie"

6.2.1 Adjustierung der „pro-Aktie"-Komponente im „Verwässerten Ergebnis je Aktie" nach IAS und US-GAAP

Ausgangspunkt für die Berechnung der Bezugskomponente „pro-Aktie" für die Kennziffer „Verwässertes Ergebnis je Aktie" ist sowohl nach IAS als auch nach US-GAAP die Bezugsbasis aus dem „Fundamentalen Ergebnis je Aktie".

6.2.1.1 Regelungen nach IAS

Nach IAS 33.29 und IAS 33.38 ist die dem „Fundamentalen Ergebnis je Aktie" zugrunde gelegte Aktienzahl zu ergänzen um sämtliche eingeräumten Bezugsrechte auf weitere Stammaktien, sofern hieraus „Verwässerungseffekte" angenommen werden. Den bestehenden und potenziellen Investoren wird hierdurch die Information zur Verfügung gestellt, inwieweit die Ausgabe weiterer Stammaktien maximal zu einer Verringerung des Ergebnisses je Aktie führen kann. Eine Einschränkung durch die Unterstellung bestimmter Annahmen ist insofern erforderlich, als die Ausübung der Bezugsrechte auf neue Aktien unter bestimmten Bedingungen als „verwässerungsneutral" angesehen wird.

In diesen Fällen wird angenommen, dass aus dem Gegenwert der neu emittierten Aktien der gleiche Ergebnisbeitrag erzielt wird wie aus den alten Aktien. Für die Kennziffer bedeutet dieses, dass sich das Ergebnis je Aktie auch auf der Basis der erhöhten Aktienzahl nicht verringert.

Insbesondere der Bezug von Stammaktien zum durchschnittlichen Kurswert der Berichtsperiode wird als verwässerungsneutral angesehen, so dass hieraus nach IAS 33.33 keine Adjustierung der Aktienzahl vorzunehmen ist. In diesem Fall wird davon ausgegangen, dass das zusätzlich erhaltene Eigenkapital im gleichen Maße zur Wertschöpfung beiträgt wie das bisherige Eigenkapital.

Die üblicherweise bei Neuemissionen eingeräumten Bezugsmöglichkeiten von Stammaktien unterhalb des durchschnittlichen Kurswertes der Berichtsperiode werden hinsichtlich der zu berücksichtigenden zusätzlichen Aktienzahl nach IAS wie folgt behandelt. Bei der Berechnung der Anzahl zusätzlich einzubeziehender Aktien ist zunächst der rechnerische Emissionserlös aller potenziellen Aktien zu ermitteln. Dieser Emissionserlös wird durch den durchschnittlichen Börsenkurs der Aktien während der Berichtsperiode geteilt. Wird die so errechnete Stückzahl, die einer Emission zum Börsenkurs entspricht, von der tatsächlich wandelbaren oder durch Optionsrecht erwerbbaren Aktienzahl abgezogen, ergibt sich die Anzahl der verwässernden potenziellen Aktien. Zusammen mit der Zahl der durchschnittlich im Umlauf befindlichen Aktien ergibt sich hieraus die Bezugsbasis für das „Verwässerte Ergebnis je Aktie". Rechnerisch werden auf diese Weise die potenziellen Aktien aufgeteilt in einen Teil, der zum Börsenkurs der alten Aktien abgegeben wird und somit zu keinem Verwässerungseffekt führt, und einem Teil, der gratis abgegeben wird und damit voll verwässernd wirkt.

Einschränkend ist nach IAS 33.3 eine Verwässerung allerdings nur zu berücksichtigen, wenn durch den Bezug neuer Stammaktien eine Verminderung der Kennziffer „Operatives Ergebnis je Aktie" eintritt. Während bei dem vollumfänglichen Ergebnis je Aktie auf den Konzernergebnisüberschuss abgestellt wird und damit auch außerordentliche Ergebniskomponenten einbezogen werden, ist für zukünftige Auswirkungen allein das laufende Geschäft maßgeblich. Durch diese Ausklammerung aus den als verwässernd geltenden Sachverhalten wird vermieden, dass außerordentliche Ergebniseffekte der Vergangenheit in die Zukunft fortgeschrieben werden. Dieser „Bruch" in der ansonsten auf das Gesamtergebnis abstellenden Systematik des IAS 33 ist eine konzeptionell folgerichtige Konsequenz des übergeordneten Aspekts der „Decision Usefulness" in den IAS.

Eine zusätzliche Offenlegungspflicht ist mit dieser Berechnungsmethodik nach IAS nicht verbunden, da diese Kennzahl nur der internen Bestimmung dient, durch welches Bezugspotenzial für Stammaktien Verwässerungseffekte eintreten.

Bezugsmöglichkeiten, die an Stelle einer Verwässerung zu einer Verbesserung des operativen Ergebnisses je Aktie führen, sind nach IAS 33.40 bei der Berechnung des „Verwässerten Ergebnisses je Aktie" nicht einzubeziehen. Diese Handhabung erklärt sich aus dem Ziel, den „Altaktionären“ den maximal möglichen Verwässerungseffekt vor Augen zu führen.

Sofern aus mehreren Kategorien eingeräumter Bezugsrechte Verwässerungen herrühren können, sind nach IAS 33.41 die Adjustierungsmaßnahmen in der Reihenfolge der Verwässerungsintensität vorzunehmen. Indem die stärkste Verwässerung zuerst berücksichtigt wird, lässt sich die maximale kumulative Verwässerung am zügigsten ermitteln, da alle gegenüber dem kumulierten Wert schwächeren Verwässerungseffekte eine gegenüber diesem Wert anti-dilutive Wirkung haben und somit ohnehin auszusparen sind.

Um den Altaktionären und potenziellen Investoren den größtmöglichen Verwässerungseffekt aufzuzeigen, werden nach IAS 33.30 jeweils die für den potenziellen Bezieher der Stammaktien vorteilhaftesten Bedingungen angenommen. Hierzu gehört auch die Regelung in IAS 33.31, dass als Umwandlungszeitpunkt für potenzielle Stammaktien grundsätzlich der Beginn der Berichtsperiode unterstellt wird. Diese Bedingungen stellen sich aus Sicht des emittierenden Unternehmens als ungünstigste Konstellation dar. Hierdurch stellt IAS 33 als eine Art Vorsichtsprinzip sicher, dass für jede Bezugsmöglichkeit der jeweils größtmögliche Verwässerungseffekt abgebildet wird.

Da sich in Konzernen die Bezugsmöglichkeiten für Aktien des Mutterunternehmens häufig nicht auf dessen Aktionäre beschränken, weist IAS 33.32 ausdrücklich darauf hin, dass bei den Adjustierungen auch solche Bezugsrechte zu berücksichtigen sind, die Tochter-, Gemeinschafts- oder assoziierte Unternehmen auf Stammaktien des Mutterunternehmens eingeräumt haben. Von Dritten ausgestellte Optionsrechte auf Aktien des betrachteten Unternehmens müssen hingegen üblicherweise aus dem Markt bedient werden und haben insofern keine Verwässerungseffekte.

Nach IAS 33.49 sind sowohl die Zahl der umlaufenden Stammaktien und die Zahl der potenziellen Stammaktien als auch deren jeweilige Berechnung offen zu legen, so dass für Dritte die zugrunde gelegte Bezugsbasis der Kennziffer nachvollziehbar ist.

6.2.1.2 Regelungen nach US-GAAP

Im Prinzip schlagen sich die Verwässerungseffekte nach FAS 128 in der gleichen Weise nieder wie nach IAS 33. Insbesondere die Beschränkung auf „echte“ Verwässerungen („dilutive“) und die Ausklammerung von nicht verwässernden Konstellationen („anti-dilutive“) sind identisch. Gleichwohl können sich nach Ansicht des US-amerikanischen Financial Accounting Standards Board aufgrund des in FAS 128 gegenüber IAS 33 umfassenderen Leitfadens zur Berechnung der Anzahl verwässernder Aktien je nach Auslegung des Interpretationsspektrums in IAS 33 Zahlenabweichungen gegenüber FAS 128 ergeben[48]. Zugrunde liegende Ursache können ausstehende Options- und Wandlungsrechte, wie insbesondere aus Stock-Options-Plänen, bedingt begebbare Aktien sowie

48 Vgl. PETRONE, K., Comparative Analysis of IAS 33, Earnings per Share“ and U.S. GAAP including FASB Statement No. 128, Earnings per Share, a.a.O., S. 379.

Kontrakte sein, bei denen ein Wahlrecht zur Begleichung in Aktien oder bar besteht. Die Unterschiede sind jedoch nicht zwangsläufig, da IAS 33 eine Auslegung, wie sie im Leitfaden von FAS 128 vorgegeben ist, ausnahmslos zulässt.

Als Besonderheit für unterjährige Veröffentlichungen von Kennziffern ist allerdings noch darauf hinzuweisen, dass FAS 128 explizit auf die einzelnen Zwischenberichtsperioden, d.h. in der Regel Quartalszahlen, abstellt, statt auf eine kumulierte Zeitraumbetrachtung („Year-to-date Period“), während IAS 33 hierzu keine Prioritäten setzt. Abweichungen können sich dann ergeben, wenn in einzelnen Zwischenperioden kein Verwässerungseffekt besteht. Die Nichtberücksichtigung für diese Zeiträume führt zu einer geringeren Zahl verwässernder Aktien, d.h. zu einem höheren Wert bei der Kennziffer „Verwässertes Ergebnis je Aktie“.

6.2.2 Adjustierung der „pro-Aktie“-Komponente im „Verwässerten Ergebnis je Aktie“ nach DVFA/Banken

Für die Adjustierung der „pro-Aktie“-Komponente im „Verwässerten Ergebnis je Aktie“ enthält die Empfehlung von DVFA/SG die nachfolgend erläuterte Leitlinie[49]. Bei der Berechnung der Anzahl zusätzlich einzubeziehender Aktien ist zunächst der rechnerische Emissionserlös aller potenziellen Aktien zu ermitteln, wobei für die Inhaber von Options- und Wandelrechten mit gestaffeltem Bezugspreis der für sie günstigste Preis zugrunde zu legen ist. Durch die Heranziehung des günstigsten Preises wird die am stärksten verwässernde Variante gewählt, d.h. die für das Unternehmen und die Altaktionäre ungünstigste Konstellation. Dieser Emissionserlös wird durch den durchschnittlichen Börsenkurs der Aktien während der Berichtsperiode geteilt. Wird die so errechnete Stückzahl, die einer Emission zum Börsenkurs entspricht, von der tatsächlich wandelbaren oder durch Optionsrecht erwerbbaren Aktienzahl abgezogen, ergibt sich die Anzahl der verwässernden potenziellen Aktien.

Zusammen mit der Zahl der durchschnittlich im Umlauf befindlichen Aktien ergibt sich hieraus die Bezugsbasis für das „Verwässerte Ergebnis je Aktie“. Rechnerisch werden auf diese Weise die potenziellen Aktien aufgeteilt in einen Teil, der zum Börsenkurs der alten Aktien abgegeben wird und somit zu keinem Verwässerungseffekt führt, und einem Teil, der gratis abgegeben wird und damit voll verwässernd wirkt. Im Ergebnis entspricht dieses Verfahren der sogenannten „Treasury Stock Method“.

Der Berechnungsweg soll anhand des nachfolgenden Beispiels veranschaulicht werden. Hierzu wird die Gesamtzahl der neu beziehbaren Aktien aus einem Bezugskontrakt hypothetisch zerlegt in

---

49 Vgl. BUSSE VON COLBE, W./BECKER, W. u.a. (Hrsg.): Ergebnis je Aktie nach DVFA/SG, a.a.O., S. 61.

- einen Teilkontrakt N, der den Bezug zum durchschnittlichen Kurswert der Berichtsperiode ermöglicht, und
- einen Teilkontrakt V, der den Bezug ohne Gegenleistung, d.h. quasi „gratis“ ermöglicht.

Angenommen wird in vereinfachter Rechnung, dass der Durchschnittskurs einer Aktie einschließlich der insgesamt 2000 Aktien aus dem zugrunde gelegten Bezugskontrakt in der Berichtsperiode 100 € beträgt und die neuen Aktien zu einem Bezugskurs von 75 € angeboten werden. Auf dieser Grundlage wird die Emission von 2000 Stück x 75 €/Stück = 150.000 € kalkulatorisch zerlegt in eine Emission N von 1500 Stück zu 100 €/Stück (= 150.000 €) und eine Emission V von 500 Stück zu 0 €/Stück (= 0 €). Der Teilkontrakt N über 1500 Aktien ist nach IAS 33.35 verwässerungsneutral, so dass dessen Aktienzahl bei der Adjustierung der Bezugsbasis nicht zu berücksichtigen ist. Der Teilkontrakt V über 500 Aktien ist hingegen voll verwässernd, so dass die Bezugsbasis um diese 500 Aktien zu erhöhen ist. In den Annahmen vereinfacht wird hieraus folgende Tendenz ersichtlich: Je niedriger der Emissionskurs im Vergleich zu dem Kurs der alten Aktien ist, desto größer ist der Anteil der als voll verwässernd zu berücksichtigenden neuen Aktien (im Beispiel ein Viertel).

7. Vergleichende Wertung der „Gewinn-pro-Aktie“-Normen

Bei einer vergleichenden Wertung der zuvor dargestellten Normen für die Kennziffer „Ergebnis je Aktie“ nach DVFA/Banken, IAS und US-GAAP ist das Resümee im Wesentlichen durch die unterschiedlichen Aussageziele zwischen der DVFA/Banken-Norm einerseits sowie der IAS- und US-GAAP-Norm andererseits geprägt. Die DVFA-Kennziffer ist auf die nachhaltige Ertragskraft ausgerichtet, während die Kennziffern nach den international anerkannten Normen das tatsächlich erzielte Ergebnis je Aktie abbilden sollen. Zudem gibt es nach DVFA branchenspezifische Adjustierungen, während die internationalen Normen nur allgemeingültige Kennziffernausprägungen vorsehen. Angesichts dieser unterschiedlichen Ziele gibt es keine qualitative Abstufung im Sinne eines allgemeinen „besser-schlechter“-Ratings, sondern nur eine an den Informationsadressaten ausgerichtete Eignungsprüfung.

Die DVFA-Empfehlung zielt auf eine Kennziffer, die dem Aktionär oder potenziellen Investor die nachhaltige Ertragskraft des betrachteten Konzerns vor Augen führen soll. Die Kennziffer soll dabei eine möglichst stabile Grundlage für Anlageentscheidungen liefern und ist diesbezüglich grundsätzlich prospektiv ausgerichtet. Diesem Ziel folgend liegt der Schwerpunkt der Empfehlung sehr offenkundig bei der Adjustierung der Ergebnisgröße. Die bei Abgrenzung der als Bezugsbasis zugrunde zu legenden Aktienzahl durch die DVFA in der aktuellen Empfehlung vorgenommene enge Anlehnung an die Abgrenzungsmethodik der Aktienzahl nach IAS oder US-GAAP hat dazu beigetragen, dass das Nebeneinanders von zwei Kennziffern verstanden wird. Auf dieser Grundlage kann die seit 1999 verwendete DVFA-Kennziffer im Prinzip als eine unter analytischem Fokus spezifisch weiterentwickelte Stufe der Kennziffer nach IAS oder US-GAAP angesehen werden.

Die Kennziffern nach IAS und US-GAAP nehmen hingegen nicht in Anspruch, eine Aussage für die Zukunft zu treffen, sondern sollen in retrospektiver Sichtweise lediglich das tatsächlich erzielte Ergebnis der Berichtsperiode in einer durch die Aktienzahl relativierten Größe abbilden. Unter diesem Aspekt ist auch die Pflicht zur Veröffentlichung auf der GuV-Seite folgerichtig, auf der über die abgelaufene Periode Rechenschaft gelegt wird. Auch für das „Verwässerte Ergebnis je Aktie" löst sich die Betrachtungsrichtung nicht von der Vergangenheit, sondern beschränkt sich auf die für die derzeitigen Aktionäre wichtige Frage, wie sich das tatsächlich erzielte Ergebnis der Vergangenheit darstellen würde, wenn von den ausstehenden Bezugsrechten Gebrauch gemacht würde. Das prospektive Element ist insofern im Wesentlichen auf die Aktienzahl begrenzt und beeinflusst die Ergebniskomponente nur in den Fällen, in denen ein unmittelbarer Zusammenhang zwischen Ergebnis und Ausübung des Bezugsrechts besteht, wie z.B. der Wegfall von Zinsaufwendungen aus Wandelanleihen nach Ausübung des Wandlungsrechts. Gemeinsamer Kernpunkt von IAS 33 und FAS 128 ist vielmehr die Methodik für eine sachgerechte Abgrenzung der zugrunde zu legenden Aktienzahl. Grundsätzlich sind hierbei die Berechnungsmodalitäten von IAS identisch zu denen von FAS 128, in einzelnen Fällen enthalten die US-GAAP allerdings detailliertere Leitlinien für spezifische Sachverhalte.

Die Unterschiede in den Schwerpunkten der Bereinigung bei DVFA einerseits und IAS sowie US-GAAP andererseits lassen sich letztlich wie folgt skizzieren:

Kennziffer nach DVFA/Banken		Kennziffer nach IAS und US-GAAP
<u>Ergebnis</u> Aktienzahl	◄ Schwerpunkt der Bereinigung Schwerpunkt der Bereinigung ►	<u>Ergebnis</u> Aktienzahl
prospektiv	◄ Betrachtungshorizont ►	retrospektiv

8. Berechnungsmuster

Zusätzlich zu dem bereits zuvor abgebildeten Schema zur Adjustierung der Ergebniskomponente nach DVFA/Banken sind nachfolgend einige Grundmuster für die aktienzahlbezogene Berechnung der Kennziffern und ihre Dokumentation abgebildet.

8.1 Berechnungsmuster für die gewichtete durchschnittliche Aktienzahl im „Fundamentalen Ergebnis je Aktie"

Unterstellt werden in retrospektiver Betrachtung am 30.6.2002 eine Stammaktienzahl von 200.000 Stück am 31.12.2001, dem letzten Bilanzstichtag vor der Berichtsperiode 1.1.-30.6.2002, eine Kapitalerhöhung um 10% am 15. März 2002 sowie die Ausgabe von 1.000 Stück Belegschaftsaktien am 15. April 2002. Vereinfachend wird angenommen, dass der Emissionskurs dem Durchschnittskurs der Berichtsperiode entspricht und dass für die Gewichtung monatliche Zeiträume als Näherungsverfahren angewendet werden.

Zeitpunkt/ Zeitraum	Tatsächliche Aktienzahl	Emissionsanlass	Gewichtungs-Faktor	Gewichtete Aktienzahl	
31.12.2001	200.000		6/6	200.000	
März 2002	+ 20.000	Kapitalerhöhung am Markt	4/6	+ 13.333	
April 2002	+ 1.000	Ausgabe Belegschaftsaktien	3/6	+ 500	
30.06.2002	221.000			213.833	= ø Aktienzahl 1.1.-30.06.2002

8.2 Berechnungsmuster für das „Fundamentale Ergebnis je Aktie"

Unterstellt werden eine unveränderte Aktienzahl im Vorjahr sowie die in der vorhergehenden Berechnung zugrunde gelegten Aktienzahlveränderungen im Berichtsjahr, ein Gewinn nach Steuern ohne Fremdanteile in der Berichtsperiode 1.1.-30.6.2002 von 500 Tsd. € sowie in der entsprechenden Vorjahresperiode von 400 Tsd. €.

Berechnungsschritte	Daten für 1.1.-30.6.2001	Daten für 1.1.-30.6.2002
Gewinn nach Steuern ohne Fremdanteile	400 Tsd. €	500 Tsd. €
:		
Ø Aktienzahl	200.000	213.833
= Ergebnis je Aktie	2,00 €	2,34 €

8.3 Kalkulationsformel für den rechnerischen neuen Marktpreis bei Kapitalerhöhungen

Unterstellt wird die in dem ersten Berechnungsmuster aufgeführte Kapitalerhöhung um 10%. Für den Kurswert der alten Aktien wird nunmehr allerdings ein Stückpreis von 60 € und für die neuen Aktien ein Bezugspreis von 40 € pro Stück angenommen. Hieraus ergibt sich über die Formel

$$\frac{(\text{Zahl alter Aktien} \times \text{alter Kurswert}) + (\text{Zahl neuer Aktien} \times \text{Bezugspreis})}{\text{Zahl alter Aktien} + \text{Zahl neuer Aktien}}$$

im Zahlenbeispiel

$$\frac{(200.000 \text{ Stück} \times 60 \text{ €}) + (20.000 \text{ Stück} \times 40 \text{ €})}{200.000 \text{ Stück} + 20.000 \text{ Stück}}$$

ein rechnerischer neuer Kurswert für den Gesamtbestand von 58 € pro Stück.

8.4 Berechnungsformel für die Gesamtzahl der im „Verwässerten Ergebnis je Aktie" zu berücksichtigenden Aktien

Unterstellt werden die im dritten Berechnungsmuster angenommenen Werte. Hieraus ergibt sich über die Formel

$$\text{Zahl alter Aktien} \times \frac{\text{alter Kurswert}}{\text{neuer Kurswert}}$$

im Zahlenbeispiel

$$200.000 \text{ Stück} \times \frac{60 \text{ €}}{58 \text{ €}}$$

eine Gesamtzahl von 206.897 Stück Aktien, die für das „Verwässerte Ergebnis je Aktie" zu berücksichtigen sind. Aus der Gesamtzahl von 20.000 neuen Aktien sind demzufolge 6.897 Stück voll verwässernd und 13.103 Stück verwässerungsneutral.

8.5 Darstellungsmuster für die Ableitung des „Verwässerten Ergebnis je Aktie"

Unterstellt, dass die Bezugsrechte auf die 20.000 neuen Aktien zu den o. a. Bedingungen und Kurskonstellationen schon im Jahre 2001 bestanden hätten, kann für den Konzernabschluss 2001, bei dem ein Jahresüberschuss nach Steuern ohne Fremdanteile von 800 Tsd. € angenommen wird, die Berechnung nach folgendem Muster dargestellt werden:

Durchschnittskurs 2001	Kapitalerhöhung 15.04.02 zum Bezugskurs von 40 €	#	Potentielle Erhöhung der Aktienzahl	davon verwässerungsneutral	davon voll verwässernd	Zahl der Aktien im Umlauf	Gesamtzahl der Aktien für „verwässerte" Kennziffer"	Jahresüberschuss nach Steuern ohne Fremdanteile	Verwässertes Ergebnis je Aktie
60 €	X		20.000	13.103	6.897	200.000	206.897	800.000 €	3,87 €
		#							

#) für weitere potentielle Kapitalveränderungen sind jeweils eine Spalte und eine Zeile zu ergänzen

Diese zur Veranschaulichung zahlenmäßig auf nur einen Verwässerungseffekt beschränkte Darstellung lässt sich bei mehreren eingeräumten Kategorien von Bezugsrechten matrixartig erweitern. Hierzu werden neben der zweiten Spalte zusätzliche Spalten für die weiteren Bezugsrechtskategorien eingefügt und hieraus jeweils entsprechende Berechnungszeilen für die aus dieser Bezugskategorie zusätzlich zu berücksichtigenden voll verwässernden Aktien generiert. Insbesondere bei Programmen zur gewinnabhängigen Mitarbeiterbeteiligung über Stock-Option-Pläne laufen diese über Jahre hinweg nebeneinander. Durch zeilenmäßige Fortschreibung lässt sich zudem die Berechnung über die weiteren Perioden festhalten und auf diese Weise ein Gesamtüberblick über die Entwicklung der Kennziffer „Verwässertes Ergebnis je Aktie" schaffen.

Harald E. Roggenbuck

Zwischenberichterstattung

1. Stellenwert und Rechtsgrundlagen der Zwischenberichterstattung

Bis vor einem Jahrzehnt wurde die Zwischenberichterstattung in den deutschen Anforderungen zur externen Rechnungslegung eher stiefmütterlich behandelt. Die gesetzlichen Anforderungen per se beschränken sich[1] sogar noch in der aktuellen, am 21. Juni 2002 bekannt gemachten Fassung des Börsengesetzes (BörsG)[2] auf das seit 1988 bestehende kleinstmögliche Anspruchsniveau eines Halbjahresberichts, indem nach § 40 BörsG Unternehmen, deren Aktien im „Amtlichen Markt" zugelassen sind, lediglich verpflichtet werden, innerhalb eines Geschäftsjahres einen einzigen Zwischenbericht zu veröffentlichen. Für Unternehmen, deren Aktien im „Geregelten Markt" zugelassen sind, fehlt in der Gesetzesgrundlage sogar diese „Minimalanforderung". Auch die Börsenzulassungsverordnung (BörsZulV)[3] knüpft nur an dieser Minimalpublizität an, konkretisiert aber den Zeitraum und Zeitpunkt, indem nach § 53 BörsZulV der Zwischenbericht eine Beurteilung ermöglichen muss, wie sich die Geschäftstätigkeit des Unternehmens in den ersten sechs Monaten des Geschäftsjahres entwickelt hat. Gleichwohl ist die heutige Erwartung an eine Quartalsberichterstattung kein neues Gedankengut, sondern wurde bereits im Jahre 1873 gegenüber Banken und Versicherungen auf einer Tagung des Vereins für Socialpolitik gefordert[4].

Ein Umdenken in der deutschen Unternehmenspraxis, die noch 1967 starken Widerstand gegen eine Gesetzesinitiative des Bundesministerium für Wirtschaft zur Zwischenberichterstattung geleistet hatte, erfolgte erst mit der zunehmenden Inanspruchnahme ausländischer Kapitalmärkte. Vor allem an der New York Stock Exchange (NYSE) hatte bereits 1960 der Anteil der gelisteten Unternehmen, die Zwischenberichte (überwiegend Quartalsberichte) erstellen, die 99%-Grenze überschritten[5]. Seit 1970 verlangt auch die

---

1 Abgesehen von spezifischen Sonderregelungen, wie beispielsweise dem Halbjahresbericht gemäß § 24a KAGG für Kapitalanlagegesellschaften.

2 Vgl. Bekanntmachung des Börsengesetzes in der Neufassung durch Art. 1 des Gesetzes zur weiteren Fortentwicklung des Finanzplatzes Deutschland (Viertes Finanzmarktförderungsgesetz) v. 21. Juni 2002, in: BGBl., Jg. 2002, Teil I, Nr. 39, S. 2010-2028.

3 Vgl. Bekanntmachung der Börsenzulassungsverordnung in der Neufassung v. 9. September 1998, in: BGBl., Jg. 1998, Teil I, Nr. 62, S. 2832-2852.

4 Vgl. WAGNER, A., Aktiengesellschaftswesen, in: Das Aktiengesellschaftswesen, Schriften des Vereins für Socialpolitik, Teil IV, Verhandlungen von 1873, Leipzig 1874, S. 51-89, hier S. 55, zitiert nach MÜLLER, W., Die Zwischenberichtspublizität der deutschen Aktiengesellschaften, Düsseldorf 1976, S. 3.

5 Vgl. GREEN, D., Interim Reports, in: DAVIDSON, S. (Hrsg.), Handbook of Modern Accounting, New York 1970, Kap. 6, S. 1-22, hier S. 12.

US-amerikanische Börsenaufsicht „Securities and Exchange Commission" (SEC) Quartalsberichte[6]. Als Anforderungsschema für die Zwischenberichtspublizität nach US-GAAP ist „Form 10-Q" verpflichtend, ferner sind die „Regulation S-X" (Financial Statement Requirements) und „Regulation S-K" (Non Financial Information) sowie die Stellungnahme des Accounting Principles Board (APB) vom Mai 1973, APB Opinion No. 28, Interim Financial Reporting, zu beachten[7].

Seitens des International Accounting Standards Committee (IASC) ist im Februar 1998 der International Accounting Standard (IAS) 34, Interim Financial Reporting, veröffentlicht worden, der für Abschlüsse in Kraft trat, die am oder nach dem 1. Januar 1999 begannen.

Durch Aufnahme der „Zwischenberichterstattung" in sein Arbeitsprogramm hat der Deutsche Standardisierungsrat (DSR) der gestiegenen Bedeutung der Zwischenberichte für die Kapitalmarktteilnehmer Rechnung getragen und die Initiative ergriffen, bestehende Regelungslücken zu internationalen Normen zu schließen[8]. Hieraus ist der Deutsche Rechnungslegungs Standard Nr. 6 (DRS 6), Zwischenberichterstattung, hervorgegangen, der durch den DSR am 11. Januar 2001 verabschiedet und durch das Bundesministerium der Justiz am 13. Februar 2001 bekannt gemacht worden ist. Dieser Standard trat in Kraft für nach dem 30. Juni 2001 beginnende Geschäftsjahre.

Besondere Anforderungen hatten sich bis dahin bereits im Rahmen von Regulierungen durch die Börsen herausgebildet. So wurden insbesondere Unternehmen bei Aufnahme in die auf privatrechtlicher Basis von der Deutschen Börse AG in den Jahren 1997 und 1999 geschaffenen weiteren Marktsegmente „Neuer Markt" und „SMAX" Informationspflichten unterworfen, die sich an den internationalen Standards orientieren und deutlich über die gesetzlichen deutschen Vorschriften hinausgehen[9]. Bezüglich der Zwischenberichterstattung schreiben die Regelwerke für den Neuen Markt und den SMAX eine quartalsweise Berichterstattung für die ersten drei Quartale eines Geschäftsjahres vor. Grundsätzlich sind die Quartalsberichte für beide Marktsegmente seit 2002 sowohl in deutscher als auch in englischer Sprache abzufassen, die Deutsche Börse AG kann jedoch eine Beschränkung auf englisch zulassen. Um die Vergleichbarkeit der Zwischenberichterstattung im Neuen Markt zu verbessern, ist zudem ab dem dritten Quartal 2001 die freie Formatwahl durch die Einführung sogenannter „Strukturierter Quartalsberichte" ersetzt worden.

Im Zuge der neuen Segmentierung des Aktienmarktes durch die Deutsche Börse AG besteht seit Anfang 2003 nunmehr auch für alle diejenigen gelisteten Unternehmen eine

---

6 Vgl. MÜLLER, W., Die Zwischenberichtspublizität der deutschen Aktiengesellschaften, a.a.O., S. 8.

7 Vgl. HANFT, S./KRETSCHMER, T., Quartalspublizität am Neuen Markt, in: AG, 2001, S. 84-87, hier S. 85.

8 Vgl. KNORR, L., Zwischenberichterstattung, in: BFuP, 53. Jg., 2001, S. 1-6, hier S. 1.

9 Vgl. AMMEDICK, O./STRIEDER, T., Zwischenberichterstattung börsennotierter Gesellschaften – Bestimmungen des BörsG, DRS, IAS und US-GAAP sowie deutscher Börsensegmente, München 2002, S. 74.

Pflicht zur Quartalsberichterstattung, die in dem Prime Standard aufgenommen worden sind oder aufgenommen werden wollen[10]. Die im § 63 der Börsenordnung für die Frankfurter Wertpapierbörse festgelegten Anforderungen an die Quartalsberichterstattung bauen grundsätzlich auf den Anforderungen nach IAS und US-GAAP auf, fordern erweiternd in Abs. 4 allerdings noch zusätzliche Offenlegungen. Zu diesen Anforderungen gehören insbesondere Angaben zu gezahlten oder vorgeschlagenen Dividenden, zum Bestand eigener Aktien und zu Bezugsrechten von Organmitgliedern und Arbeitnehmern, zu personellen Veränderungen von Geschäftsführungs- oder Aufsichtsorganen, zur Zahl der Arbeitnehmer, zur Auftragslage und zu Vorgängen von besonderer Bedeutung sowie zu Aussichten für das laufende Geschäftsjahr.[11]

2. Anwendungsadressaten

2.1 Anwendungsadressaten nach IAS

Als allgemeingültiger Standard ist IAS 34 nicht auf bestimmte Unternehmenskategorien ausgerichtet. Expressis verbis schreibt IAS 34.1 „weder vor, welche Unternehmen Zwischenberichte zu veröffentlichen haben, noch wie häufig oder innerhalb welchen Zeitraums nach dem Ablauf einer Zwischenberichtsperiode dieses zu erfolgen hat.“ IAS 34.1 knüpft vielmehr an den nationalen Verpflichtungen zur Zwischenberichterstattung an, die von „Regierungen, Aufsichtsbehörden, Börsen und sich mit der Rechnungslegung befassenden Berufsverbänden“ erlassen sind. Neben den nach IAS bilanzierenden Unternehmen, die durch diese Bezugnahme IAS 34 verpflichtend anzuwenden haben, empfiehlt IAS 34.1 zudem die freiwillige Zwischenberichterstattung nach den Grundsätzen des Standards. Wenn ein Zwischenbericht den Vorschriften des IAS 34 entspricht, ist hierauf ausdrücklich hinzuweisen[12]. In diesem Fall müssen die Anforderungen des Standards alle erfüllt sein[13].

---

10 Vgl. § 63 der Börsenordnung für die Frankfurter Wertpapierbörse, Stand 01.01.2003.

11 Vgl. auch ZIELKE, W./KRONNER, M., Umstrukturierung der Deutschen Börse, in: FB, 2003, S. 44-49, hier S. 47.

12 Vgl. IAS 34.19.

13 Vgl. IAS 34.3.

Anforderungen nach IAS 34

Anwendungsbereich

- Keine Beschränkung auf bestimmte Unternehmen (IAS 34.1)
- Auf Übereinstimmung mit IAS 34 ist expressis verbis hinzuweisen (IAS 34.19)
- Im Falle einer Zwischenberichterstattung sind die Anforderungen komplett zu erfüllen (IAS 34.3)

2.2 Anwendungsadressaten nach US-GAAP

Nach US-GAAP muss von SEC-berichtspflichtigen Unternehmen ein „Quarterly Report" erstellt werden. Der unterjährige Bericht für das vierte Quartal kann entfallen, wenn im „Annual Report" quartalsbezogene Zusatzangaben ergänzt werden. Ausländische Unternehmen haben allerdings i.d.R. die Möglichkeit, sich auf die Einreichung von Abschlüssen entsprechend den Vorschriften ihres Sitzlandes, ggf. Halbjahresabschlüssen, zu beschränken. APB 28 ist sowohl von berichtspflichtigen Unternehmen als auch im Rahmen der freiwilligen Zwischenberichterstattung anzuwenden[14].

2.3 Anwendungsadressaten nach deutschem Recht

Der Anwendungsbereich von DRS 6 erstreckt sich zwingend auf die Unternehmen, die nach § 40 BörsG i.V.m. den §§ 53 bis 62 BörsZulV, den Börsenordnungen der regionalen Börsen und den Regelwerken der Deutschen Börse AG zur Erstellung eines Zwischenberichts verpflichtet sind[15]. Darüber hinaus wird allen Unternehmen, die freiwillig einen Zwischenbericht erstellen, die Anwendung von DRS 6 empfohlen[16]. Die

14 Vgl. HAYN, S./GRAF WALDERSEE, G., IAS/US-GAAP/HGB im Vergleich – Synoptische Darstellung für den Einzel- und Konzernabschluss, 3. Aufl., Stuttgart 2002, S. 290.

15 Vgl. DRS 6.4.

16 Vgl. DRS 6.6.

Zwischenberichterstattung hat nach DRS 6.8 auf konsolidierter Basis zu erfolgen. Für Unternehmen, die die Befreiung nach § 292a HGB in Anspruch nehmen, sind die Zwischenberichte nach den Rechnungslegungsgrundsätzen zu erstellen, die für den Konzernabschluss angewendet werden[17]. Weder im HGB noch für nicht börsennotierte Unternehmen sind ansonsten Verpflichtungen zu einer Zwischenberichterstattung vorgesehen[18].

3. Aussageziele

Ziel des IAS 34 ist, für die unterjährige Berichterstattung den Mindestinhalt sowie die Grundsätze für die Erfassung und Bewertung in einem vollständigen oder verkürzten Abschluss einer Zwischenberichtsperiode vorzuschreiben[19]. Durch eine rechtzeitige und verlässliche Zwischenberichterstattung soll Investoren, Gläubigern und anderen Adressaten eine bessere Grundlage geboten werden, die Fähigkeit eines Unternehmens, Periodenüberschüsse und Mittelzuflüsse zu erzeugen, sowie seine Vermögenslage und Liquidität zu beurteilen.

Nach US-GAAP wird die Zwischenberichterstattung als wesentliches Medium angesehen, Investoren und anderen Adressaten zeitnah Informationen über die Entwicklung des Unternehmens zur Verfügung zu stellen[20]. Als weiterer wichtiger Grund für die Aufstellung von Quartalsabschlüssen wird neben dem hohen Informationswert zudem die vierteljährliche Dividendenzahlung vieler US-amerikanischer Unternehmen aufgeführt[21].

Gemäß Tz. 1 in DRS 6 hat die Zwischenberichterstattung das Ziel, „regelmäßige, zeitnahe und verlässliche Informationen über die Vermögens-, Finanz- und Ertragslage eines Unternehmens und die künftige Entwicklung des Geschäftsjahres zu geben. Der Zwischenbericht wird dabei als ein Rechnungslegungsinstrument angesehen, das die Entwicklung seit dem letzten Jahresabschluss darstellt und gleichzeitig eine Prognose des Jahresergebnisses für das laufende Geschäftsjahr ermöglichen soll[22]. Nach DRS 6.2

---

17 Vgl. DRS 6.5.

18 Vgl. HAYN, S./GRAF WALDERSEE, G., IAS/US-GAAP/HGB im Vergleich, a.a.O., S. 291.

19 Vgl. Abschnitt „Objective“ in IAS 34.

20 Vgl. APB 28.9.

21 Vgl. ALVAREZ, M./WOTSCHOFSKY, Zwischenberichterstattung nach Börsenrecht, IAS und US-GAAP – Konzeptionelle Grundlagen mit einer Analyse des Publizitätsverhaltens der DAX100-Unternehmen, Bielefeld 2000, S. 27.

22 Vgl. DRS 6.2.

soll eine Konzentration auf „wesentliche Aktivitäten, Ereignisse und Umstände des Zwischenberichtszeitraums erfolgen."

4. Inhaltliche Anforderungen für die Zwischenberichterstattung

4.1 Berichtsperioden

In IAS 34 erfolgt angesichts der Bezugnahme auf nationale Usancen über Pflichtveröffentlichungen von Zwischenberichten explizit keine Festlegung zur Häufigkeit einer unterjährigen Berichterstattung. Als Mindestanforderung wird aber ein Halbjahresbericht befürwortet[23]. Bei einer weiteren Aufteilung der Berichtsperioden, wie beispielsweise einem zusätzlichen Zwischenbericht zum 30. September, steht nach IAS 34.16, Satz 2, der kumulierte Zeitraum seit dem letzten Jahresabschluss im Vordergrund. Betreffen bestimmte für das Verständnis des Berichtsadressaten wichtige Ereignisse nur den Zeitraum seit dem letzten Zwischenabschluss des Berichtsjahres, wie beispielsweise nur das dritte Quartal, so ist hierauf gesondert hinzuweisen[24]. Das Fehlen einer Zwischenberichterstattung für das vierte Quartal erfordert gemäß IAS 34.27 keine zusätzlichen Berichtspflichten speziell für diesen Zeitraum im nächsten Jahresabschluss.

Als Regelberichtsperiode nach US-GAAP gilt sowohl für SEC-berichtspflichtige Unternehmen als auch nach APB 28 im Rahmen der freiwilligen Zwischenberichterstattung der „Quarterly Report". Zwingend vorgeschrieben ist der vierteljährliche Zwischenbericht bei den SEC-berichtspflichtigen Unternehmen zumindest für die ersten drei Quartale eines jeden Geschäftsjahres, für die jeweils ein nach Form 10-Q erstellter Bericht bei der SEC einzureichen ist[25]. Obwohl die SEC für das vierte Quartal keinen eigenständigen Quartalsabschluss verlangt, wird dieser von den Unternehmen in der Regel erstellt[26]. Entfällt hingegen der unterjährige Bericht für das vierte Quartal, ist es allerdings erforderlich, dass im „Annual Report" quartalsbezogene Zusatzangaben ergänzt werden. Diese Abweichung zu IAS 34, in dem weder eine Zwischenbericht-

23 Vgl. IAS 34.1.

24 Vgl. IAS 34.16, Satz 3.

25 Vgl. PELLENS, B., Internationale Rechnungslegung, 4. Aufl., Stuttgart 2001, S. 371.

26 Vgl. EISOLT, D., Die rechtlichen Grundlagen der amerikanischen Konzernrechnungslegung, in: AG 1993, S. 209-233, hier S. 218.

erstattung für das vierte Quartal noch quartalsbezogene Zusatzangaben im Geschäftsbericht gefordert werden, dürfte in der stärkeren Quartalsorientierung der US-amerikanischen Rechnungslegung begründet sein.

Abweichend zu den Anforderungen an US-amerikanische Unternehmen unterliegen ausländische Gesellschaften, die bei der SEC registriert sind, hingegen nicht der Verpflichtung zur Quartalsberichterstattung, sofern die jeweiligen nationalen Regelungen im Sitzland des Unternehmens keine Quartalspublizität zwingend vorschreiben[27]. Statt dessen haben die ausländischen Unternehmen lediglich die nach den Vorschriften der jeweiligen Heimatbörse aufgestellten Zwischenberichte auf Form 6-K bei der SEC einzureichen[28].

Differenzierte Zwischenberichtsanforderungen der SEC

Unterscheidung zwischen in- und ausländischen Unternehmen

- Pflicht zur Einreichung eines Zwischenberichtes nach Form 10 - Q für alle inländischen (also amerikanischen), der SEC unterliegenden Unternehmen
- Pflicht zur Einreichung eines Zwischenberichtes nach der jeweiligen Heimatbörse auf Form 6 - K für alle ausländischen der SEC unterliegenden Unternehmen

Nach DRS 6 sind Zwischenberichte jeweils zum Stichtag der ersten drei Quartale eines Geschäftsjahres aufzustellen[29]. Unternehmen wird allerdings in DRS 6.12 freigestellt, zusätzlich auch separat über das vierte Quartal zu berichten.

27 Vgl. ALVAREZ, M./WOTSCHOFSKY, a.a.O., S. 27.

28 Vgl. PELLENS, B., a.a.O., S. 372.

29 Vgl. DRS 6.11.

4.2 Konformität der Bilanzierungs- und Bewertungsmethoden

Gemäß IAS 34 unterliegen Zwischenabschlüsse den gleichen Bilanzierungs- und Bewertungsmethoden wie jährliche Abschlüsse[30]. Da der Fokus der Zwischenberichterstattung nach IAS 34.15 auf wesentliche Veränderungen seit dem letzten Abschlussstichtag gesetzt wird, kann auf Erläuterungen zu den Bilanzierungs- und Bewertungsmethoden verzichtet werden, wenn es diesbezüglich keine Änderungen gegenüber dem letzten Abschluss gegeben hat. IAS 34 setzt hierbei voraus, dass ein Adressat des Zwischenberichts eines Unternehmens auch Zugang zu dem letzten Geschäftsbericht dieses Unternehmens hat[31]. Auf diese Weise werden Wiederholungen bereits bekannter Sachverhalte und eine unnötige Überfrachtung des Zwischenberichts vermieden. Sind andererseits Änderungen in den Bilanzierungs- und Bewertungsmethoden erfolgt, ist auf diese gemäß IAS 34.28 sowohl in dem Zwischenbericht als auch in dem nächsten jährlichen Abschluss einzugehen.

Grundsätzlich sind auch in der Zwischenberichterstattung nach US-GAAP die gleichen Bilanzierungs- und Bewertungsmethoden anzuwenden, die das Unternehmen bereits bei der Erstellung des letzten Jahresabschlusses zugrunde gelegt hat[32]. Eine Angabepflicht zu Bilanzierungs- und Bewertungsmethoden in der Zwischenberichterstattung beschränkt sich daher nach APB 28.23 auf Änderungen. Abweichend zu IAS 34 unterscheidet hierbei APB 28 .23 explizit zwischen folgenden drei Bezugsgrundlagen der Änderung:

- Änderungen gegenüber der entsprechenden Zwischenberichtsperiode des Vorjahres,
- Änderungen gegenüber der vorangegangenen Zwischenberichtsperiode im laufenden Geschäftsjahr,
- Änderungen gegenüber dem Jahresabschluss des Vorjahres.

Über diese Änderung ist gemäß APB 28.24 und unter Zugrundelegung der Vorschriften von APB 20, Accounting Changes, in der Periode zu berichten, in der die Änderung stattgefunden hat

Für bestimmte im Jahresabschluss angewendete Bilanzierungs- und Bewertungsmethoden lässt APB 28.10 allerdings Modifikationen, wie beispielsweise pro-rata-temporis-Ansätze von Budgetwerten oder eine erweiterte Anwendung von Schätzverfahren, zu, die im Einzelnen in APB 28.12 bis APB 28.20 erläutert werden.

In enger Anlehnung an die Anforderungen nach IAS 34 sind auch nach DRS 6 im Zwischenbericht die gleichen Bilanzierungs- und Bewertungsmethoden zu beachten wie

30 Vgl. IAS 34.28.

31 Vgl. IAS 34.15.

32 Vgl. APB 28.10.

im Jahresabschluss[33]. Ausgenommen sind hiervon nach DRS 6.18 lediglich solche Änderungen, „die nach dem Stichtag des letzten Jahresabschlusses vorgenommen wurden und die im nächsten Jahresabschluss anzuwenden sind.“ Im Unterschied zu IAS 34 und APB 28 verlangt DRS 6.26 allerdings in jedem Fall eine Angabe zu den Bilanzierungs- und Bewertungsmethoden, d.h. völlig unabhängig davon, ob überhaupt eine Änderung erfolgt ist. Hat eine solche stattgefunden, ist diese zu beschreiben und deren betragsmäßige Auswirkung offen zu legen[34].

Als besonderen Fall einer Berichterstattungspflicht über unterjährige Änderungen der Bilanzierungs- und Bewertungsmethoden geht DRS 6.19 auf Änderungen im vierten Quartal des Geschäftsjahres ein. Wird für dieses Quartal, wie üblicherweise in Deutschland gehandhabt, kein gesonderter Zwischenbericht erstellt, ist auf die Art und die betragsmäßige Auswirkung dieser Änderung in der Berichterstattung zum Geschäftsjahr einzugehen[35].

4.3 Komponenten des Zwischenberichts

4.3.1 Bilanz

Nach IAS 34 besteht für die Zwischenberichterstattung grundsätzlich die Wahlmöglichkeit zwischen einer verkürzten Darstellung[36] oder einem vollständigen Abschluss[37]. Bei Veröffentlichung eines vollständigen Abschlusses müssen gemäß IAS 34.9 Form und Inhalt dem Jahresabschluss entsprechen. Verkürzte Darstellungen in einem Zwischenabschluss haben dagegen gemäß IAS 34.10 als Mindestanforderung für die Bilanzgliederung jede der Überschriften und Zwischensummen zu enthalten, die in dem letzten jährlichen Abschluss enthalten waren. Darüber hinaus sind zusätzliche Posten dann einzubeziehen, „wenn ihr Weglassen den Zwischenbericht irreführend erscheinen lassen würde.“[38]

Angesichts der in der Anwendungspraxis in der Geschäftsberichterstattung nach IAS üblicherweise ohnehin komprimierten Bilanzdarstellung bietet es sich an, aus Gründen

33 Vgl. DRS 6.18.

34 Vgl. DRS 6.26(a).

35 Vgl. DRS 6.19.

36 Vgl. IAS 34.8.

37 Vgl. IAS 34.9; zur Bilanz nach IAS vgl. Abschnitt 3.1 im Beitrag “Bilanz, Gewinn- und Verlustrechnung sowie Notes”.

38 Vgl. IAS 34.10.

der Ausweisstetigkeit dieses Schema unverändert für die Zwischenberichtspublizität nach IAS zu übernehmen. Als Beispiel sind in Abb. 1 die Bilanzposten aus der Darstellung der HypoVereinsbank im Zwischenbericht zum 30. September 2002 aufgeführt.

Abb. 1: Ausgewiesene Bilanzposten der HypoVereinsbank im Zwischenbericht zum 30. September 2002

Aktiva	Passiva
Barreserve	Verbindlichkeiten gegenüber Kreditinstituten
	darunter: begebene Hypotheken- und
	öffentliche Namenspfandbriefe
Handelsaktiva	Verbindlichkeiten gegenüber Kunden
	darunter: begebene Hypotheken- und
	öffentliche Namenspfandbriefe
Forderungen an Kreditinstitute	Verbriefte Verbindlichkeiten
darunter: Hypothekendarlehen	darunter: Hypothekenpfandbriefe- und
Kommunalkredite	öffentliche Namenspfandbriefe
Forderungen an Kunden	Handelspassiva
darunter: Hypothekendarlehen	
Kommunalkredite	
Risikovorsorge	Rückstellungen
Finanzanlagen	Sonstige Passiva
Sachanlagen	Nachrangkapital
Immaterielle Vermögenswerte	Anteile in Fremdbesitz
Sonstige Aktiva	Eigenkapital
	Gezeichnetes Kapital
	Kapitalrücklage
	Gewinnrücklagen
	Bewertungsänderungen von Finanzinstrumenten
	Konzerngewinn 2001
	Gewinn 1.1.-30.9.2002
Summe der Aktiva	**Summe der Passiva**

Analog zu IAS 34 ermöglichen auch die US-GAAP eine verkürzte Bilanzdarstellung. Gemäß Form 10-Q müssen dabei alle Daten analog zum Jahresabschluss eingereicht werden, dürfen aber nach Komponenten zusammengefasst werden.

Nach DRS 6 reicht es aus, wenn die Gliederung der Bilanz die wesentlichen Posten und Zwischensummen aufweist, die im letzten Abschluss enthalten waren[39]. Gemäß DRS 6.15 ist allerdings eine Ergänzung um zusätzliche Posten oder Erläuterungen erforderlich, „wenn anders kein den tatsächlichen Verhältnissen entsprechendes Bild der Vermögens-, Finanz- und Ertragslage vermittelt würde."

4.3.2 Gewinn- und Verlustrechnung

Wie bei der Bilanz besteht nach IAS 34 auch für die Gewinn- und Verlustrechnung die Wahlmöglichkeit zwischen einer verkürzten Darstellung[40] oder einem vollständigen Abschluss[41]. Bei Veröffentlichung eines vollständigen Abschlusses müssen gemäß IAS 34.9 Form und Inhalt dem Jahresabschluss entsprechen. Verkürzte Darstellungen in einem Zwischenabschluss haben dagegen gemäß IAS 34.10 als Mindestanforderung jede der Überschriften und Zwischensummen zu enthalten, die in dem letzten jährlichen Abschluss enthalten waren. Darüber hinaus sind zusätzliche Posten dann einzubeziehen, „wenn ihr Weglassen den Zwischenbericht irreführend erscheinen lassen würde."[42]

Analog zur Bilanzdarstellung bietet es sich für die Gewinn- und Verlustrechnung an, die nach IAS üblicherweise ohnehin komprimierte Darstellungsform aus dem Jahresabschluss beizubehalten. Dem Berichtsadressaten stehen damit für beide Kernkomponenten kontinuierlich gleichbleibende Schemata zur Verfügung. Als Beispiel sind in Abb. 2 die GuV-Posten aus der Darstellung der HypoVereinsbank im Zwischenbericht zum 30. September 2002 aufgeführt.

---

39 Vgl. DRS 6.15.

40 Vgl. IAS 34.8; zur Gewinn- und Verlustrechnung nach IAS vgl. Abschnitt 3.1 im Beitrag "Bilanz, Gewinn- und Verlustrechnung sowie Notes".

41 Vgl. IAS 34.9.

42 Vgl. IAS 34.10.

Abb. 2: Ausgewiesene GuV-Posten der HypoVereinsbank im Zwischenbericht zum 30. September 2002

Zinserträge
Zinsaufwendungen
Zinsüberschuss
Kreditrisikovorsorge
Zinsüberschuss nach Kreditrisikovorsorge
Provisionserträge
Provisionsaufwendungen
Provisionsüberschuss
Handelsergebnis
Verwaltungsaufwand
Saldo sonstige betriebliche Erträge/Aufwendungen
Betriebsergebnis
Finanzanlageergebnis
Abschreibungen auf Geschäfts- oder Firmenwerte
Saldo übrige Erträge/Aufwendungen
Ergebnis der gewöhnlichen Geschäftstätigkeit/Ergebnis vor Steuern
Ertragsteuern
Ergebnis nach Steuern
Fremdanteile am Ergebnis
Gewinn
Ergebnis je Aktie (bereinigt um Goodwillabschreibungen)
Ergebnis je Aktie

Analog zu IAS 34 ermöglichen auch die US-GAAP eine verkürzte Darstellung der Gewinn- und Verlustrechnung. Gemäß Form 10-Q müssen dabei alle Daten analog zum Jahresabschluss eingereicht werden, dürfen aber nach Komponenten zusammengefasst werden.

Auch in der Zwischenberichterstattung nach DRS 6 kann eine straffe Gliederungsform für die Gewinn- und Verlustrechnung verwendet werden. Ausweispflichtig sind dabei grundsätzlich nur die wesentlichen Posten und Zwischensummen, die im letzten Abschluss in der Gewinn- und Verlustrechnung enthalten waren[43]. Wie bei der Bilanzdarstellung muss hierdurch allerdings sichergestellt sein, dass dem Bilanzadressaten ein den tatsächlichen Verhältnissen entsprechendes Bild der Vermögens-, Finanz- und Ertragslage vermittelt wird. Ist diese Voraussetzung nicht gegeben, hat das Unternehmen gemäß DRS 6.15 die erforderliche Informationsvermittlung durch Ergänzung der Gewinn- und Verlustrechnung um weitere Posten oder durch zusätzliche Erläuterungen vorzunehmen.

4.3.3 Kapitalflussrechnung

Analog zur Bilanz sowie Gewinn- und Verlustrechnung kann sich nach IAS 34 ein Unternehmen auch bei der Kapitalflussrechnung auf eine verkürzte Darstellung in der Zwischenberichterstattung beschränken[44] oder einen vollständigen Abschluss für die Zwischenberichtsperiode publizieren[45]. Entschließt sich das Unternehmen zur Veröffentlichung eines vollständigen Abschlusses, haben gemäß IAS 34.9 Form und Inhalt dem Jahresabschluss zu entsprechen.[46] Bei einer verkürzten Darstellung in einem Zwischenabschluss gelten hingegen entsprechend der formellen und inhaltlichen Konkretisierung der Kapitalflussrechnungen in IAS 7 die folgenden Angaben als wesentliche Bestandteile einer Kapitalflussrechnung und unterliegen folglich implizit der Mindestangabepflicht des IAS 34[47]:

---

43 Vgl. DRS 6.15.

44 Vgl. IAS 34.8.

45 Vgl. IAS 34.9.

46 Vgl. den Beitrag "Kapitalflussrechnung".

47 Vgl. ALVAREZ, M./WOTSCHOFSKY, a.a.O., S. 55.

Präsentation der Kapitalflussrechnung

Anforderungen nach IAS 34.10

- Ausweis der Hauptbereiche, also
  - Cash Flow aus operativer Geschäftstätigkeit
  - Cash Flow aus Investitionstätigkeit
  - Cash Flow aus Finanzierungstätigkeit
- Abstimmung mit
  - Zahlungsmittelbestand am Ende der Vorperiode und
  - Zahlungsmittelbestand am Ende der Periode

  durch zusätzlichen
  - Ausweis der Effekte aus Wechselkursänderungen

  gewährleistet

Im Gegensatz zu der Anwendungspraxis bei der Darstellung der Bilanz und Gewinn- und Verlustrechnung in der Zwischenberichterstattung nach IAS wird bei der Kapitalflussrechnung von der Möglichkeit einer verkürzten Darstellung im Zwischenbericht regelmäßig Gebrauch gemacht. Als Beispiel sind in Abb. 3 die Positionen der Kapitalflussrechnung aus der Darstellung der HypoVereinsbank im Zwischenbericht zum 30. September 2002 aufgeführt.

Abb. 3: Ausgewiesene Positionen in der Kapitalflussrechnung der HypoVereinsbank im Zwischenbericht zum 30. September 2002

Zahlungsmittelbestand zum 1.1.
Cashflow aus operativer Geschäftstätigkeit
Cashflow aus Investitionstätigkeit
Cashflow aus Finanzierungstätigkeit
Effekte aus Wechselkursänderungen
Zahlungsmittelbestand zum 30.9.

Wie IAS 34 ermöglichen auch die US-GAAP eine verkürzte Darstellung der Kapitalflussrechnung. Gemäß Form 10-Q müssen dabei alle Daten analog zum Jahresabschluss eingereicht werden, dürfen aber nach Komponenten zusammengefasst werden.

Die Möglichkeit einer gestrafften Darstellung der Kapitalflussrechnung im Zwischenbericht besteht auch nach DRS 6. Als zwingender Ausweis vorgeschrieben sind hierbei die wesentlichen Posten und Zwischensummen, die in der Kapitalflussrechnung des letzten Abschlusses enthalten waren[48]. Sollte sich hieraus für den Berichtsadressaten kein den tatsächlichen Verhältnissen entsprechendes Bild der Vermögens-, Finanz- und Ertragslage ergeben, sind gemäß DRS 6.15 Ergänzungen um zusätzliche Posten oder Erläuterungen erforderlich.

4.3.4 Eigenkapitalveränderungsrechnung

Für die Darstellung der Eigenkapitalveränderungsrechnung im Zwischenbericht bestehen nach IAS 34 in doppelter Hinsicht Wahlmöglichkeiten. Zum einen gibt es – wie bei Bilanz, Gewinn- und Verlustrechnung sowie Kapitalflussrechnung – die Wahl zwischen einer verkürzten Darstellung der Eigenkapitalveränderungsrechnung[49] oder einer Darstellung entsprechend dem vollständigen Abschluss[50]. Veröffentlicht das Unternehmen den Zwischenbericht in der Form eines vollständigen Abschlusses, müssen gemäß IAS 34.9 Form und Inhalt dem Jahresabschluss entsprechen. Zum anderen besteht bei der Entscheidung für eine verkürzte Darstellung der Eigenkapitalveränderungsrechnung im Zwischenabschluss nach IAS 34.8 darüber hinaus die zusätzliche Wahlmöglichkeit

- alle Veränderungen des Eigenkapitals während der Berichtsperiode zu zeigen oder
- nur die Veränderungen des Eigenkapitals während der Berichtsperiode zu zeigen, die nicht aus Kapitaltransaktionen mit Eigentümern oder Ausschüttungen an Eigentümer resultieren.

Als Beispiel einer alle Veränderungen des Eigenkapitals während der Berichtsperiode umfassenden Darstellung sind in Abb. 4 die Positionen der Eigenkapitalveränderungsrechnung aus der Darstellung der HypoVereinsbank im Zwischenbericht zum 30. September 2002 aufgeführt.

---

48 Vgl. DRS 6.15.

49 Vgl. IAS 34.8.

50 Vgl. IAS 34.9; vgl. den Beitrag "Eigenkapitalveränderungsrechnung".

Abb. 4: Ausgewiesene Positionen in der Eigenkapitalveränderungsrechnung der HypoVereinsbank im Zwischenbericht zum 30. September 2002

Eigenkapital zum 1.1.

Veränderungen 1.1.-30.9.

Gezeichnetes Kapital

Kapitalrücklage

Kapitalerhöhungen

Bestandsveränderungen und Ergebnis eigener Aktien

Gewinnrücklagen

Veränderungen im Konsolidierungskreis und Veränderungen aus Währungseinfluss

Bewertungsänderungen von Finanzinstrumenten

Konzerngewinn (Ausschüttung der HypoVereinsbank AG)

Gewinn 1.1.-30.9.

Eigenkapital zum 30.9.

Eine Eigenkapitalveränderungsrechnung ist nach US-GAAP für den Zwischenbericht zwar nicht vorgeschrieben, wird in der Bilanzierungspraxis aber häufig ausgewiesen[51].

In der deutschen Rechnungslegung ist die Eigenkapitalveränderungsrechnung expressis verbis erst durch Art. 2 Nr. 4 des Transparenz- und Publizitätsgesetzes (TransPuG)[52] vom 19. Juli 2002 eingeführt worden und mit Wirkung ab Geschäftsjahr 2003 obligatorisch für börsennotierte Mutterunternehmen eines Konzerns sowie für Unternehmen, die eine Zulassung von Wertpapieren ihres Unternehmens oder ihrer Tochterunternehmen an einem organisierten Markt beantragt haben. Analog zur Kapitalflussrechnung und zur Segmentberichterstattung, die im Rahmen des TransPuG eine Aufwertung erfahren haben[53] und seit 2003 als eigenständige Komponente des Konzernabschlusses auszuweisen sind, hat auch die Eigenkapitalveränderungsrechnung den Status einer eigenständigen Abschlusskomponente erhalten.

Eine entsprechende Ergänzung für die Zwischenberichterstattung ist in DRS 6 derzeit noch nicht nachvollzogen worden. Gleichwohl empfiehlt es sich, die Basiskomponenten der Geschäftsberichterstattung auch in die Zwischenberichte aufzunehmen, um eine

51 Vgl. HAYN, S./GRAF WALDERSEE, G., IAS/US-GAAP/HGB im Vergleich, a.a.O., S. 292.

52 Gesetz zur weiteren Reform des Aktien- und Bilanzrechts, zu Transparenz und Publizität (Transparenz- und Publizitätsgesetz) v. 19. Juli 2002, BGBl., Jg. 2002, Teil I, Nr. 50, S. 2681-2687.

53 Statt als Bestandteil des Anhangs.

gewisse Stetigkeit in der externen Berichterstattung zu erreichen und den Stellenwert dieser Komponenten zu unterstreichen.

4.3.5 Notes

Durch die Fokussierung der Zwischenberichterstattung nach IAS 34 auf die Änderungen seit dem letzten Jahresabschluss[54] reicht es nach IAS 34.15 aus, zu Zwischenberichtsterminen über Ereignisse und Geschäftsvorfälle zu berichten, „die für ein Verständnis von Veränderungen der Vermögens-, Finanz- und Ertragslage eines Unternehmens seit dem Abschlussstichtag wesentlich sind". Die Berichtsanforderungen für die einzelnen Komponenten des Zwischenberichts in IAS 34.8 beschränken sich daher bezüglich der Notes auf „ausgewählte erläuternde Anhangangaben"[55].

Gleichwohl enthält IAS 34.16 einen Katalog von mindestens erforderlichen Informationen. Diese sind allerdings nur verpflichtend, wenn sie wesentlich sind und müssen nicht zwingend in den Notes erfolgen, sondern können auch „an einer anderen Stelle des Zwischenberichts gegeben werden."[56] Diese Informationen sind nach IAS 34.16 in der Regel auf einer „vom Geschäftsjahresbeginn bis zum Zwischenberichtstermin fortgeführten Grundlage darzustellen"[57], ggf. können sich bestimmte Erläuterungen aber auch auf die aktuelle Zwischenberichtsperiode beschränken, wenn die Ereignisse nur für diesen Zeitraum wesentlich sind[58].

Im Einzelnen werden nach IAS 34.16 nachfolgende Sachverhalte als besonders informationsrelevant angesehen:

- Änderungen der Bilanzierungs- und Bewertungsmethoden; ggf. sind deren Art zu beschreiben sowie die Auswirkungen aufzuzeigen,
- saisonale und konjunkturelle Einflüsse auf die Geschäftstätigkeit innerhalb der Zwischenberichtsperiode,
- Sachverhalte, die Vermögenswerte, Verbindlichkeiten, Eigenkapital, Periodenergebnis oder Cash Flows beeinflussen, soweit sie aufgrund ihrer Art, ihres Ausmaßes oder ihrer Häufigkeit ungewöhnlich sind; ggf. sind deren Art sowie deren Umfang aufzuzeigen,
- wesentliche Änderungen von in Vorperioden des aktuellen Geschäftsjahres oder in früheren Geschäftsjahren getroffenen Schätzungen und deren Bezifferung, soweit

54 Vgl. IAS 34.6, Sätze 3 und 4.

55 Vgl. IAS 34.8(e).

56 Vgl. IAS 34.16, Satz 1.

57 Vgl. IAS 34.16, Satz 2.

58 Vgl. IAS 34.16, Satz 3.

diese Änderungen eine wesentliche Auswirkung auf die aktuelle Zwischenberichtsperiode haben; ggf. sind deren Art sowie deren Umfang aufzuzeigen,

- Emissionen, Rückkäufe und Rückzahlungen von Schuldverschreibungen oder Eigenkapitaltiteln,
- gezahlte Dividenden als Gesamtsumme oder in einer Angabe je Aktie, bei unterschiedlichen Aktiengattungen ggf. gesondert für Stammaktien und sonstige Aktien,
- Segmenterlöse und Segmentergebnis nach der übergeordneten Segmentierungsebene, d.h. üblicherweise nach Unternehmensbereichen, ansonsten geographisch, sofern das Unternehmen nach IAS 14, Segmentberichterstattung, zur Angabe von Segmentdaten in seinem jährlichen Abschluss verpflichtet ist[59],
- wesentliche Ereignisse nach dem Ende der Zwischenberichtsperiode, die nicht im Abschluss der Zwischenberichtsperiode widergespiegelt worden sind,
- Auswirkungen von Änderungen in der Zusammensetzung eines Unternehmens während der Zwischenberichtsperiode, einschließlich Unternehmenszusammenschlüssen, dem Erwerb oder der Veräußerung von Tochterunternehmen und langfristigen Finanzinvestitionen, Restrukturierungsmaßnahmen sowie Aufgabe von Geschäftsbereichen,
- Änderungen bei Eventualverbindlichkeiten oder Eventualforderungen seit dem letzten Bilanzstichtag.

Darüber hinaus werden exemplarisch in IAS 34.17 weitere Sachverhalte aufgeführt, bei denen Änderungen möglicherweise als signifikant anzusehen sind. Im Einzelnen handelt es sich hierbei um:

- außerplanmäßige Abschreibungen oder deren Rückbuchung,
- Erfassung eines Aufwands aus der Wertminderung von Sachanlagen, immateriellen Vermögenswerten oder anderen Vermögenswerten, sowie die Rückgängigmachung von solchen Wertminderungsaufwendungen,
- Auflösungen von Rückstellungen für Restrukturierungsmaßnahmen,
- Anschaffungen und Veräußerungen von Sachanlagen,
- Verpflichtungen zum Kauf von Sachanlagen,
- Beendigungen von Rechtsstreitigkeiten,
- Berichtigungen grundlegender Fehler in bereits berichteten Finanzdaten,
- außerordentliche Posten,

---

59 Vgl. zur Segmentberichterstattung den Beitrag „Segmentberichterstattung“.

- jegliche Forderungsausfälle oder Verletzungen von Zahlungsvereinbarungen, sofern nicht unmittelbar darauf ein Ausgleich erfolgt ist,
- Geschäftsvorfälle mit nahe stehenden Unternehmen und Personen.

Bei allen aufgeführten Beispielen ist allerdings die Angabepflicht auf wesentliche Auswirkungen beschränkt. Keinesfalls ist dieser Katalog so auszulegen, dass Kreditinstitute z.B. grundsätzlich über jeden Forderungsausfall zu berichten haben.

In der Anwendungspraxis der deutschen Großbanken erfolgen die Angaben in den Notes überwiegend tabellarisch. Hierbei werden teilweise die Tabellen formal unverändert aus dem Geschäftsbericht übernommen, wie z.B. für den Zinsüberschuss[60], Provisionsüberschuss[61], das Handelsergebnis[62], das Ergebnis je Aktie[63], das Kreditvolumen[64], die Sachanlagen[65], die Verbrieften Verbindlichkeiten[66], die Rückstellungen[67] und die Segmentberichterstattung nach Geschäftsfeldern[68]. Teilweise werden die Tabellen aber auch durch Zusammenfassungen[69] oder Verzicht auf Untergliederungen[70] in verkürzter Form dargestellt.

In dieser Hinsicht geht die enge Anlehnung der Zwischenberichtsdarstellung an die Geschäftsberichte über die Anforderungen von IAS 34 hinaus, wonach nur eine ausge-

---

60 So beispielsweise HYPOVEREINSBANK, Zwischenbericht zum 30. September 2002, S. 22, im Vergleich zum Geschäftsbericht 2000, S. 61.

61 So beispielsweise COMMERZBANK, Zwischenbericht zum 30. September 2002, S. 9, im Vergleich zum Geschäftsbericht 2000, S. 87, wie auch HYPOVEREINSBANK, Zwischenbericht zum 30. September 2002, S. 23, im Vergleich zum Geschäftsbericht 2000, S. 62.

62 So beispielsweise COMMERZBANK, Zwischenbericht zum 30. September 2002, S. 10, im Vergleich zum Geschäftsbericht 2000, S. 88, wie auch HYPOVEREINSBANK, Zwischenbericht zum 30. September 2002, S. 23, im Vergleich zum Geschäftsbericht 2000, S. 62.

63 So beispielsweise HYPOVEREINSBANK, Zwischenbericht zum 30. September 2002, S. 24, im Vergleich zum Geschäftsbericht 2000, S. 65.

64 So beispielsweise COMMERZBANK, Zwischenbericht zum 30. September 2002, S. 15, im Vergleich zum Geschäftsbericht 2000, S. 105.

65 So beispielsweise COMMERZBANK, Zwischenbericht zum 30. September 2002, S. 17, im Vergleich zum Geschäftsbericht 2000, S. 110.

66 So beispielsweise COMMERZBANK, Zwischenbericht zum 30. September 2002, S. 18, im Vergleich zum Geschäftsbericht 2000, S. 114.

67 So beispielsweise COMMERZBANK, Zwischenbericht zum 30. September 2002, S. 19, im Vergleich zum Geschäftsbericht 2000, S. 116.

68 So beispielsweise COMMERZBANK, Zwischenbericht zum 30. September 2002, S. 12-13, im Vergleich zum Geschäftsbericht 2000, S. 96-97.

69 So beispielsweise für die „Risikovorsorge im Kreditgeschäft“ wie auch für die „Segmentberichterstattung nach geographischen Märkten“ bei der COMMERZBANK, Zwischenbericht zum 30. September 2002, S. 9 und 14, im Vergleich zum Geschäftsbericht 2000, S. 87 und 102.

70 So beispielsweise für die „Verwaltungsaufwendungen“ wie auch für das „Nachrangkapital“ bei der COMMERZBANK, Zwischenbericht zum 30. September 2002, S. 11 und 20, im Vergleich zum Geschäftsbericht 2000, S. 90 und 119.

wählte Berichterstattung in den Notes über wesentliche Änderungen erforderlich ist. Gleichwohl hat diese Vorgehensweise für den Berichtsadressaten einen erheblichen Vorteil. Für die wichtigsten Basisdaten erhält er eine kontinuierliche Informationsgrundlage und kann durch die Stetigkeit der Darstellungsform leichter längerfristige Vergleiche von Entwicklungen vornehmen.

In der Berichterstattungspraxis der deutschen Großbanken ist hingegen der Umfang der verbalen Erläuterungen in den Notes eher spärlich. Bei der HypoVereinsbank setzen sich beispielsweise im Zwischenbericht zum 30. September 2002 die Notes aus insgesamt 25 Tabellen zusammen[71], zu denen lediglich in vier Fällen verbale Erläuterungen ergänzt werden. Hierin werden zum Teil Volumina von Unterpositionen aufgeführt[72], zum Teil aber auch methodische Verfahren beschrieben. So wird zum einen bei der tabellarischen Darstellung der „Kreditrisikovorsorge" der verbale Hinweis hinzugefügt, dass die Kreditrisikovorsorge im Zwischenbericht auf der Basis des voraussichtlichen Jahresbedarfs ermittelt wird[73]. Zum anderen wird bei der tabellarischen Darstellung des „Marktrisikopotenzials der Handelsaktivitäten" verbal ergänzt, dass als Messverfahren die „Value-at-Risk"-Methode eingesetzt wird und eine diesbezügliche Beschreibung im vorhergegangen Geschäftsbericht erfolgt ist[74].

Auch nach US-GAAP werden von börsennotierten Unternehmen gemäß „Form 10-Q" unterjährig neben der Bilanz, der Gewinn- und Verlustrechnung und der Kapitalflussrechnung ergänzende Erläuterungen gefordert. Hierbei dürfen – wie nach IAS – die ergänzenden Angaben und Erläuterungen auf wesentliche und neue Informationen beschränkt werden, da vorausgesetzt werden kann, dass der Zwischenberichtsadressat die Möglichkeit hat, diese Informationen dem letzten Jahresabschluss zu entnehmen[75].

Analog zu IAS 34 liegt auch der Fokus der Zwischenberichterstattung nach DRS 6 auf der Information über „Aktivitäten, Ereignisse und Umstände des Zwischenberichtszeitraums."[76] Gleichwohl enthält auch DRS 6.26 einen Katalog von mindestens erforderlichen Informationen. Diese müssen allerdings nicht zwingend in den erläuternden Angaben aufgeführt werden, sondern können auch an anderen Stellen im Zwischenbericht veröffentlicht werden.

Im Einzelnen sind nach DRS 6.26 folgende erläuternde Angaben im Zwischenbericht aufzuführen:

---

71 Vgl. HYPOVEREINSBANK, Zwischenbericht zum 30. September 2002, S. 14-31.

72 So zum „Handelsergebnis" und zu den „Derivativen Geschäften" im Zwischenbericht zum 30. September 2002, S. 23 und 30.

73 Vgl. HYPOVEREINSBANK, Zwischenbericht zum 30. September 2002, S. 22.

74 Vgl. HYPOVEREINSBANK, Zwischenbericht zum 30. September 2002, S. 31.

75 Vgl. hierzu im Einzelnen ALVAREZ, M./WOTSCHOFSKY, S., a.a.O., S. 36-41.

76 Vgl. DRS 6.2.

- Angabe, dass die gleichen Bilanzierungs- und Bewertungsmethoden im Zwischenbericht befolgt werden wie im letzten Konzernabschluss und dem entsprechenden Zeitraum des Vorjahres oder, wenn diese Methoden geändert worden sind, eine Beschreibung der Art und betragsmäßigen Auswirkung der Änderung,
- Angaben zu Vorgängen, die aufgrund ihrer Art oder ihres Ausmaßes von besonderer Bedeutung für die Vermögens-, Finanz- und Ertragslage des Konzerns sind,
- Angaben zu Änderungen des Eigenkapitals einschließlich gezahlter oder vorgeschlagener Zwischendividenden (aggregiert oder je Aktie), gesondert für Stammaktien und sonstige Aktien,
- Erläuterungen der Auswirkung von Änderungen in der Zusammensetzung des Konsolidierungskreises, einschließlich Unternehmenszusammenschlüssen, dem Erwerb oder der Veräußerung von Tochterunternehmen,
- Erläuterungen zu Restrukturierungsmaßnahmen und Einstellungen von Geschäftszweigen,
- Erläuterungen zu bedeutenden Investitionen sowie Forschungs- und Entwicklungsaktivitäten,
- Angabe der Berechnungsmethode für das Ergebnis je Aktie,
- Segmentumsatzerlöse sowie Segmentergebnis für jedes anzugebende Segment,
- Änderungen in der Segmentberichterstattung,
- Zahl der Arbeitnehmer,
- Angabe, ob der Zwischenbericht in Übereinstimmung mit DRS 6 erstellt wurde.

Bei diesen Anforderungen ist allerdings zu berücksichtigen, dass das DRSC für die Zwischenberichterstattung nur den allgemeingültigen, branchenübergreifenden Standard DRS 6 veröffentlicht hat, während für die Kapitalflussrechnung, die Segmentberichterstattung und die Risikoberichterstattung neben den allgemeingültigen Standards DRS 2, DRS 3 und DRS 5 auch branchenspezifische Standards für Kreditinstitute und Versicherungsunternehmen erlassen worden sind, von denen für Kreditinstitute DRS 2-10, DRS 3-10 und DRS 5-10 maßgeblich sind. Die Angabepflichten in DRS 6.26 sind insofern in der Anwendungspraxis zum Teil bankspezifisch auszulegen, wie beispielsweise der Stellenwert von Forschungs- und Entwicklungsaktivitäten in der Kreditwirtschaft ungleich niedriger ist als in der Chemiebranche.

4.3.6 Angaben zum Geschäftsverlauf und zur voraussichtlichen Entwicklung des Geschäftsjahres

Eine als besondere Komponente herausgestellte Berichterstattung über den Geschäftsverlauf und die voraussichtliche Entwicklung des Geschäftsjahres sieht IAS 34 nicht vor. Innerhalb des Katalogs von möglichen Angabepflichten innerhalb der Notes sind allerdings eine Reihe von Sachverhalten vorgesehen, die speziell die Berichtsperiode betreffen und über die bei Wesentlichkeit zu berichten ist. Hierzu gehören u.a. saisonale, konjunkturelle oder ungewöhnliche Einflüsse während der Berichtsperiode, so dass hierdurch den Berichtsadressaten wichtige Informationen über den Geschäftsverlauf zur Verfügung stehen. Zur Berichterstattung über die voraussichtliche Entwicklung des Geschäftsjahres enthält IAS 34 allerdings keine explizite Anforderung.

Auch nach US-GAAP ist keine als besondere Komponente herausgestellte Berichterstattung über den Geschäftsverlauf und die voraussichtliche Entwicklung des Geschäftsjahres vorgesehen, so dass sich die Berichterstattung über den Geschäftsverlauf im Wesentlichen in den Notes oder in anderen Stellen des Zwischenberichts widerspiegelt. Wie IAS 34 sehen auch die US-GAAP für den Zwischenbericht keine explizite Anforderung an eine Berichterstattung über die voraussichtliche Entwicklung des Geschäftsjahres vor.

In der Zwischenberichterstattung nach DRS 6 gehören zu den Mindestbestandteilen auch Angaben zum Geschäftsverlauf und der voraussichtlichen Entwicklung des Geschäftsjahres[77]. Diese Anforderungen lehnen sich an die handelsrechtlichen Vorschriften zum Lagebericht an[78]. Während die Berichterstattung über den Geschäftsverlauf durch die internationalen Standards zur Zwischenberichterstattung abgedeckt ist, nimmt bezüglich der Prognoseberichterstattung DRS 6 im Rahmen der unterjährigen Publizität eine Vorreiterrolle ein.

4.4 Berichtstiefe und Anwendung von Schätzverfahren

Hinsichtlich der Berichtstiefe erlaubt IAS 34 für die Komponenten Bilanz, Gewinn- und Verlustrechnung, Eigenkapitalveränderungsrechnung und Kapitalflussrechnung eine verkürzte Form der Darstellung[79]. Da zugleich die für die Notes erforderlichen Angabepflichten auf wesentliche Änderungen beschränkt sind[80], kann hinsichtlich der Berichtstiefe von einem generell niedrigeren Anforderungsniveau ausgegangen werden.

77 Vgl. DRS 6.13.

78 Vgl. KNORR, L., a.a.O., S. 4.

79 Vgl. IAS 34.8.

80 Vgl. IAS 34.15.

Als generelle Leitlinie für die Vorgehensweise bei Bewertungen, fordert IAS 34, dass sie so ausgestaltet ist, „dass die resultierenden Informationen verlässlich sind und dass alle wesentlichen Finanzinformationen, die für ein Verständnis der Vermögens-, Finanz- und Ertragslage des Unternehmens relevant sind, angemessen angegeben werden."[81] Im Verhältnis zu Bewertungen in Geschäftsberichten geht IAS 34.41 davon aus, dass bei der Aufstellung von Zwischenberichten in der Regel in größerem Umfang Schätzungsmethoden erforderlich sind als für die jährliche Rechnungslegung. Aus der Reihe von Beispielen, die IAS 34 für die Verwendung von Schätzungen anführt[82], sind für Kreditinstitute insbesondere folgende Anwendungsbereiche von Bedeutung:

- Rückstellungen – Die Bestimmung eines angemessenen Betrages für eine Rückstellung kann schwierig und kosten- sowie zeitintensiv sein. Die Durchführung von Schätzungen an Zwischenberichtsterminen ist daher häufig eher eine Aktualisierung bereits zum vorangegangenen Bilanzstichtag gebildeter Rückstellungen als die Erstellung einer neuen Berechnung.
- Pensionen – IAS 19, Employee Benefits, schreibt vor, dass ein Unternehmen den Barwert von Verpflichtungen aus einem leistungsorientierten Plan sowie den Marktwert des Planvermögens an jedem Bilanzstichtag bestimmt, und empfiehlt einem Unternehmen, einen fachlich qualifizierten Versicherungsmathematiker zur Bewertung der Verpflichtungen heranzuziehen. Für Zwecke der Zwischenberichterstattung ist eine verlässliche Bewertung oft durch die Extrapolation der letzten versicherungsmathematischen Bewertungen zu erhalten.
- Ertragsteuern – Unternehmen können den Ertragsteueraufwand und latente Ertragsteuerschulden zu jährlichen Stichtagen berechnen, indem sie den Steuersatz für jeden einzelnen Rechtskreis auf die Erträge des jeweiligen Rechtskreises anwenden. Obwohl ein solcher Grad an Präzision auch an Zwischenberichtsstichtagen wünschenswert wäre, kann statt dessen ein gewichteter Durchschnitt der Steuersätze von den Rechtskreisen oder von den Ertragskategorien verwendet werden, wenn hierdurch eine vernünftige Annäherung an die Auswirkungen erreicht wird, die sich bei der Verwendung von spezielleren Sätzen ergeben würden.
- Überleitungsrechnungen zwischen konzerninternen Unternehmen – Einige konzerninterne Salden, die bei der Aufstellung des Konzernabschlusses am Ende eines Geschäftsjahres auf einem detaillierten Niveau übergeleitet werden, können bei der Aufstellung des Konzernabschlusses an einem Zwischenberichtstermin auf einem weniger detaillierten Niveau übergeleitet werden.

Auch nach US-GAAP ist im Spannungsverhältnis zwischen zeitnaher Berichterstattung und Berichtstiefe gemäß APB 28.30 eine weniger detaillierte unterjährige Berichterstattung zulässig. Zugleich gibt APB 28.30 für Zusammenfassungen allerdings auch

---

81 Vgl. IAS 34.41.

82 Vgl. IAS 34, Anhang C.

einen Leitfaden, für welche Angaben weiterhin ein eigenständiger Ausweis erforderlich ist. Spezielle Anhaltspunkte für die Anwendung von Schätzverfahren in der Zwischenberichterstattung werden nicht explizit aufgeführt.

Eine generelle Leitlinie zur Berichtstiefe und zu Schätzverfahren wird in DRS 6 nicht gegeben. Zu besonderen Sachverhalten geht allerdings DRS 6 zum einen in DRS 6.17 auf die Zulässigkeit von Schätzungen bei erstmaliger Einbeziehung eines Tochterunternehmens in den Konzernabschluss ein sowie zum anderen in DRS 6.25 auf Anpassungen bei geänderten Schätzungen des voraussichtlichen Ertragsteuersatzes.

4.5 Vergleichzahlen

Nach IAS 34 sind für die Bilanz die entsprechenden Zahlen des letzten Jahresabschlusses anzugeben. Für die Gewinn- und Verlustrechnung sind hingegen bei quartalsweiser Zwischenberichterstattung ab dem zweiten Quartal zum einen die Quartalszahlen sowie zusätzlich die kumulierten Zahlen des laufenden Geschäftsjahres bis Ende der Berichtsperiode anzugeben, so dass ggf. zwei Vergleichzahlen zu veröffentlichen sind. Grundsätzlich ist hierbei jeweils die periodenechte Vergleichzahl anzugeben.

Für die Kapitalflussrechnung sind die Vergleichzahlen aus der entsprechenden Periode des Vorjahres zu verwenden. Aus der Eigenkapitalveränderungsrechnung müssen bei quartalsweiser Berichterstattung zum einen die Veränderungen während des Quartals sowie zusätzlich die kumulierten Veränderungen während des laufenden Geschäftsjahres ersichtlich sein, so dass auch hier ggf. zwei periodenechte Vergleichzahlen zu veröffentlichen sind.

Für die Notes werden keine speziellen Anforderungen zu Vergleichzahlen gestellt. Hier kommt es im Einzelfall darauf an, ob die jeweilige Veränderung überhaupt einen quantitativen Ausweis zulässt und Vergleichzahlen oder nur verbale Erläuterungen möglich sind. In der von der Anwendungspraxis üblicherweise verwendeten Darstellung durch eine kontinuierliche tabellarische Veröffentlichung wesentlicher Positionen ist allerdings in aller Regel die Angabe von Vergleichzahlen unproblematisch.

Anforderungen nach IAS 34

Vergleichszahlen

■ Bilanz	Zahlen des letzten Jahresabschlusses
■ Gewinn- und Verlustrechnung	Zu den kumulierten Zahlen und den Zahlen der Berichtsperiode jeweils Angabe der periodenechten Vergleichszahlen des Vorjahres
■ Kapitalflussrechnung	Vergleichszahlen der entsprechenden Periode des Vorjahres
■ Eigenkapitalveränderungsrechnung	In den kumulierten Zahlen und den Zahlen der Berichtsperiode jeweils Angabe der periodenechten Vergleichszahlen des Vorjahres
■ Notes	Keine speziellen Anforderungen

Die Veröffentlichung von Vorjahresvergleichzahlen oder der Zahlen der korrespondierenden Vorjahresberichtsperiode nach US-GAAP entspricht der Verfahrensweise nach IAS 34.

Nach DRS 6 sind für die Gewinn- und Verlustrechnung sowohl für das Quartal als ggf. auch für den Zeitraum zwischen dem Beginn des Geschäftsjahres bis zum Stichtag der Berichtsperiode die Vergleichzahlen aus dem entsprechenden Vorjahrzeitraum zu veröffentlichen[83]. Der Bilanz zum Stichtag des Zwischenberichtszeitraum sind nach DRS 6.13 die entsprechenden Vergleichzahlen zum Stichtag des vorangegangenen Geschäftsjahres gegenüberzustellen. Als Vergleichzahlen für die Kapitalflussrechnung sind die Zahlen des entsprechenden Zeitraums des vorangegangenen Geschäftsjahres zu verwenden.

83 Vgl. DRS 6.13.

5. Veröffentlichungsfristen

Die Anknüpfung der Zwischenberichterstattung nach IAS 34 an die jeweiligen nationalen Bestimmungen zur Zwischenberichterstattung hat zur Konsequenz, dass IAS 34 selbst keinen Zeitraum festlegt, innerhalb dessen ein Zwischenbericht zu veröffentlichen ist. Als Leitlinie wird allerdings ein Zeitraum von 60 Tagen empfohlen, der damit länger ist als die 45-Tage-Frist nach US-GAAP.

Nach DRS 6.30 müssen Zwischenberichte spätestens 60 Tage nach dem Stichtag der Zwischenberichtsperiode veröffentlicht werden.

6. Prüfungsanforderungen

Zur Prüfung des Zwischenabschlusses durch einen Abschlussprüfer trifft IAS 34 keine Aussage. Insofern kann davon ausgegangen werden, dass keine Prüfungspflicht besteht.

Die Quartalsabschlüsse nach US-GAAP bedürfen grundsätzlich keiner Prüfung und Testierung durch einen US-amerikanischen Wirtschaftsprüfer. Unternehmen, die bei der SEC registriert sind, müssen allerdings ihre Quartalsberichte einer prüferischen Durchsicht unterziehen lassen.

Nach DRS 6 besteht für Zwischenabschlüsse keine Prüfungspflicht. Im Falle einer prüferischen Durchsicht durch den Abschlussprüfer verlangt DRS 6.27 allerdings, dass über das Ergebnis der prüferischen Durchsicht im Zwischenabschluss zu berichten ist. Für die verpflichtende Quartalsberichterstattung im Prime Standard der Deutschen Börse AG ist hingegen vorgesehen, dass die Angaben im Quartalsbericht einer prüferischen Durchsicht durch den Abschlussprüfer unterzogen werden sollen und das Ergebnis in den Zwischenbericht aufzunehmen ist.

Britta Graf-Tiedtke

Bankbilanzanalyse

1. Bankbilanzanalyse - Definition und Formen

Die Bankbilanzanalyse zielt darauf, durch die Aufbereitung und Auswertung entsprechender Jahresabschlussdaten mittels Kennzahlen, -systemen und sonstiger Methoden, Informationen über die Substanz-, Finanz- und Ertragslage einer Bank zu erhalten[1]. Je nachdem, welche Ziele mit der Auswertung dieser Informationen verknüpft sind, zieht der Analyst dafür den entsprechenden Einzelabschluss zur Analyse von Bereichen oder den Konzernabschluss zur Betrachtung der Gesamtbank heran.

Die Bilanzanalyse umfasst dabei nicht nur die Betrachtung der Bilanz, sondern auch der Gewinn- und Verlustrechung (GuV). Viele für den Analysten wichtige Hinweise zu Inhalt und zur Bewertung der einzelnen Abschlussdaten sind zudem im Anhang/Notes und Lagebericht enthalten. Darüber hinaus ist es von Vorteil, weitere Hintergrundinformationen beispielsweise aus der Zwischenberichterstattung, Presseveröffentlichungen oder Ansprachen der Geschäftsleitung zu erfassen. Hier erweist sich das Internet immer häufiger als sehr nützliche Quelle.

Der Zusatznutzen der im Jahresabschluss enthaltenen Kapitalflussrechnung erscheint dagegen vergleichsweise gering. So können die wesentlichen Daten der Kapitalflussrechnung bereits durch die anderen Angaben im Jahresabschluss ermittelt werden (Duplizität)[2]. Gleichzeitig passt das ursprünglich für Industrieunternehmen entwickelte Cash Flow Konzept in seiner Struktur nicht zum Bankgeschäft und sein Aussagegehalt ist daher vergleichsweise gering.[3]

Grundsätzlich können zwei wesentliche Formen der Bilanzanalyse unterschieden werden:

- Interne und externe Bilanzanalyse (Adressatenkreis),
- quantitative und qualitative Bilanzanalyse (Gegenstand der Analyse).

Die Unterscheidung in interne oder externe Bilanzanalyse wird je nach Adressatenkreis getroffen. Die interne Bankbilanzanalyse bezieht sich auf das eigene Institut und dient vorrangig bankinternen Controllingzwecken, also der Steuerung und Überwachung des eigenen Bankbetriebes. Die internen Adressaten sind hier vor allem die oberste Führung der Bank und sonstige Leitungsebenen. Die externe Analyse von Bilanz sowie GuV

1 Vgl. im Folgenden KÜTING, K./WEBER, C.-P., Bilanzanalyse, 3. Aufl., Stuttgart 1997, S. 3ff.

2 Vgl. WERNER, T./PADBERG, T., Bankbilanzanalyse, Stuttgart 2002, S. 43.

3 Vgl. zur Anwendung von IAS 7 bei Banken den Beitrag „Kapitalflussrechnung“.

durch einen außenstehenden Analysten versorgt dagegen einen Adressatenkreis außerhalb der Bank, wie beispielsweise Aktionäre, Arbeitnehmervertreter aber auch Wettbewerber mit entsprechenden Informationen, mit dem Ziel, zu einem Werturteil über die wirtschaftliche Lage der Bank zu gelangen. Dabei stehen zwei zentrale Fragestellungen im Vordergrund: Ertragslage und Stabilität. Die Frage nach der gegenwärtigen Ertragslage der Bank hat in der Regel das Ziel, die künftige, nachhaltige Ertragskraft zu prognostizieren. Die Fragestellung der Stabilität richtete sich auf die Fähigkeit der Bank, ihren gegenwärtigen und zukünftigen Zahlungsverpflichtungen (z.B. Rückzahlung von Spareinlagen) nachzukommen sowie zukünftiges Wachstum und Anpassungsmaßnahmen an veränderte Markt- und Konjunkturlagen finanzieren zu können.

Quantitative und qualitative Bilanzanalyse unterscheiden sich hinsichtlich ihres Analysegegenstandes. Die traditionelle quantitative Bilanzanalyse basiert auf den im Jahresabschluss enthaltenen Zahlen. Sie werden zu Kennzahlen verdichtet und dann ausgewertet. Der Jahresabschluss und sonstige unterjährige Berichterstattungen der Banken enthalten jedoch auch eine Fülle von qualitativen, verbalen Mitteilungen. Die Auswertung dieser Informationen ist Grundlage der qualitativen Bilanzanalyse. Untersuchungsgegenstand ist beispielsweise der Grad der Bestimmtheit von Aussagen, die Intensität der freiwilligen Berichterstattung oder auch die bevorzugte Wortwahl im Unternehmens- und Zeitvergleich.

Die nachfolgenden Ausführungen konzentrieren sich auf die externe, quantitative Bilanzanalyse mittels Kennzahlen. Im Vordergrund steht dabei der Konzernabschluss nach IAS.

Formen der Bankbilanzanalyse und Gegenstand der Ausführungen

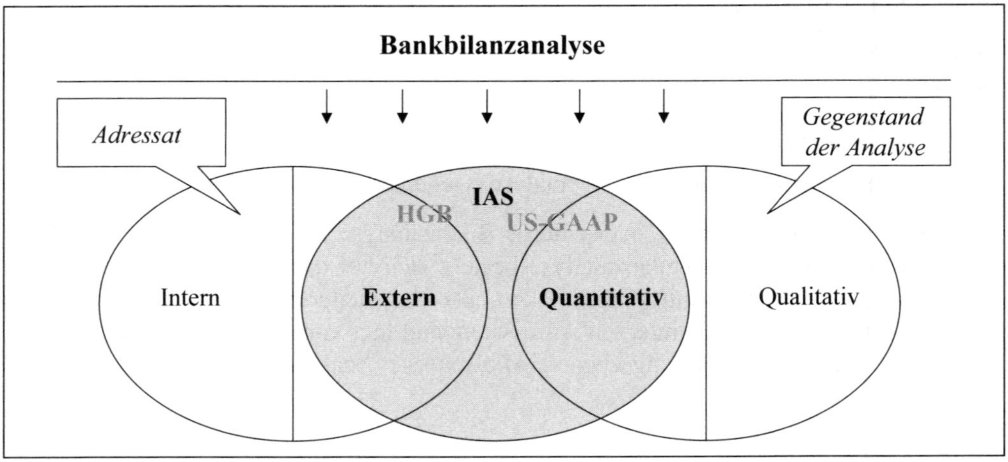

2. Grundlagen zur praktischen Durchführung

Das nachfolgende Kapitel umfasst die Grundlagen der Bankbilanzanalyse:

- Struktur und Aufbereitung von Bilanz und GuV (Abschnitt 2.1),
- Praktische Schritte der Durchführung und ihre Besonderheiten (Abschnitt 2.2).

Auf eine detaillierte Erläuterung von Inhalt und Struktur der einzelnen Bilanz- und GuV-Positionen wird jedoch an dieser Stelle bewusst verzichtet. Eine Grundkenntnis von Bankbilanz und Bank-GuV nach IAS wird vorausgesetzt.

2.1 Bilanzstruktur und GuV-Praxisschema nach IAS

Die Inhalte von Bankbilanz und -GuV ergeben sich aus

- IAS 1 (Basisregelung für alle bilanzierenden Unternehmen),
- IAS 30 (Spezialvorschriften für Kreditinstitute) und
- verschiedenen, sachverhaltsspezifischen Standards[4].

Keine der Vorschriften schreibt eine bestimmte Darstellungsform vor. Die IAS verlangen lediglich, gewisse Mindestanforderungen für den Inhalt von Bilanz und GuV sowie den Notes einzuhalten[5], die dem bilanzierenden Institut verschiedene Wahl- sowie Gestaltungsmöglichkeiten aufgrund fehlender, präziser Regelungen offen lassen. Daher ist es nicht überraschend, dass sich die Jahresabschlüsse der Banken in der Praxis unterscheiden. Dies betrifft vor allem die GuV. In den letzten fünf Jahren hat sich jedoch ein allgemein anerkanntes Praxisschema als Grundgerüst für einen GuV-Standard herausgebildet, welches sich ähnlich auch in der HGB- und US-GAAP-Rechnungslegung wiederfindet. Es soll auch Basis für die nachfolgenden Ausführungen sein. Allerdings war und ist dieses Schema durch neue Branchentrends bzw. Rechnungslegungsvorschriften immer wieder Veränderungen unterworfen[6]. Gleichzeitig lassen sich die Banken gewisse gestalterische Freiheiten im Rahmen der gesetzlichen Vorschriften nicht nehmen.

Es kommt daher immer wieder zu

---

4 Z.B. IAS 12, Ertragssteuern, IAS 14, Segmentberichterstattung oder IAS 39, Finanzinstrumente: Ansatz und Bewertung.

5 Vgl. BELLAVITE-HÖVERMANN, Y./PRAHL, R., Bankbilanzierung nach IAS, Stuttgart 1997, S. 101ff. sowie den Beitrag „Bilanz, Gewinn- und Verlustrechnung sowie Notes".

6 Beispiel: Berücksichtigung von Versicherungsgeschäften durch die Hinwendung zum Allfinanzgeschäft.

- unterschiedlichen Bezeichnungen von inhaltlich identischen Bilanz- und GuV-Positionen,
- verschiedenen Gliederungstiefen sowie
- unterschiedlichen Zuordnungen der einzelnen Buchungspositionen zu den jeweiligen GuV-Aggregaten.

Bankbilanz nach IAS am Beispiel des HypoVereinsbank (Konzern)

Aktiva in Mio. €	**2000**	**2001**
Barreserve	8 036	6 509
Handelsaktiva	69 210	79 296
Forderungen an Kreditinstitute	89 499	91 378
Forderungen an Kunden	431 060	424 372
Risikovorsorge	-12 852	-12 754
Finanzanlagen	114 493	109 512
Sachanlagen	4 736	5 677
Immaterielle Vermögenswerte	3 634	3 862
Sonstige Aktiva	20 354	8 662
Summe	**728 170**	**716 514**
Passiva in Mio. €		
Verbindlichkeiten gegenüber Kreditinstituten	145 170	153 217
Verbindlichkeiten gegenüber Kunden	215 404	202 093
Verbriefte Verbindlichkeiten	256 421	261 199
Handelspassiva	29 150	40 849
Rückstellungen	9 490	6 958
Sonstige Passiva	20 888	9 718
Nachrangkapital	23 487	20 703
Anteile im Fremdbesitz	3 050	2 182
Eigenkapital	25 110	19 595
Gezeichnetes Kapital	1 609	1 607
Kapitalrücklage	13 133	13 228
Gewinnrücklagen	4 326	4 304
Bewertungsänderungen von Finanzinstrumenten	5 585	-
Konzerngewinn	457	456
Summe	**728 170**	**716 514**

Quelle: HYPOVEREINSBANK, Geschäftsbericht 2001, S. 36f.

Praxisschema der GuV am Beispiel der HypoVereinsbank (Konzern)

	GuV in Mio. €	2000	2001
+	Zinserträge	31 106	38 784
-	Zinsaufwendungen	25 956	31 453
=	Zinsüberschuss (ZÜ)	5 150	7 331
-	Kreditrisikovorsorge (RV)	1 186	2 074
=	Zinsüberschuss nach Kreditrisikovorsorge	3 964	5 257
+	Provisionserträge	2 812	3 592
-	Provisionsaufwendungen	389	715
=	Provisionsüberschuss (PÜ)	2 423	2 877
+	Handelsergebnis (HE)	548	592
+	Sonstige betriebliche Erträge/Aufwendungen (SE)	55	485
=	***Gesamtertrag (GE = ZÜ + PÜ + HE + SE)***	***8 176***	***11 285***
-	Verwaltungsaufwand (VA)	5 117	7 735
=	**Betriebsergebnis (BE = GE – VA - RV)**	**1 873**	**1 476**
+	Finanzanlageergebnis (FA)	325	530
-	Abschreibungen auf Geschäfts- oder Firmenwerte (GA)	89	321
+	Saldo übrige Erträge/Aufwendungen (SÜ)	-131	-136
=	**Ergebnis der gewöhnlichen Geschäftstätigkeit (BE-FA-GA+SÜ)**	**1 978**	**1 549**
+	Saldo außerordentliche Erträge/Aufwendungen	-126	0
=	**Ergebnis vor Steuern**	**1 852**	**1 549**
-	Ertragssteuern	668	582
=	**Jahresüberschuss**	**1 184**	**967**
-	Fremdanteile im Jahresüberschuss	105	29
=	**Jahresüberschuss ohne Fremdanteile**	**1 079**	**938**

Quelle: HYPOVEREINSBANK, Geschäftsbericht 2001, S. 35; eigene Daten.

So weist die HypoVereinsbank in ihrer GuV ein Betriebsergebnis aus, während die Commerzbank darauf verzichtet[7]. Einige Banken verbuchen ihre sogenannten Available-for-Sale-Bestände (AfS) und Held-to-Maturitiy-Bestände (HtM)[8] getrennt, andere

[7] Vgl. HYPOVEREINSBANK, Geschäftsbericht 2001, München, S. 35; COMMERZBANK, Geschäftsbericht 2001, Frankfurt, S. 65.

[8] Vgl. zur Definition und Bedeutung der Finanzinstrumente unter IAS Abschnitt 3.1.6.2. in diesem Beitrag sowie den Abschnitt 2.3 im Beitrag „Ansatz und Bewertung von Financial Instruments".

gemeinsam unter der Bilanzposition „Finanzanlagen“[9] und geben erst in den Notes die entsprechenden Erläuterungen und Aufschlüsselungen dazu.

Aufmerksamkeit ist auch bei der Zuordnung der einzelnen Buchungspositionen zu den jeweiligen Aggregaten gefordert. Hier greifen zusätzlich länderspezifische Unterschiede. Generell bieten alle gesetzlich möglichen Buchungswahlrechte Raum für kreative Bilanzierung. Beispielsweise enthalten weder IAS 30 noch IAS 39 eine explizite Regelung zur Zusammensetzung der Positionen Ergebnis aus AfS- und HtM-Beständen. Daher können die Zinserträge und Dividenden der dort verbuchten Wertpapiere und Beteiligungen sowohl im Zinsüberschuss als auch im sogenannten Ergebnis aus AfS-Beständen bzw. im Ergebnis aus HtM-Beständen oder, falls gemeinsam verbucht, im Finanzanlageergebnis eingeordnet werden. Die Mehrheit der Banken folgt in diesem Beispiel der ersten Möglichkeit (Zinsüberschuss). Unterschiede gibt es dagegen regelmäßig in den folgenden vier Bereichen:

- Abschreibungen auf Firmenwerte (Goodwill)[10],
- sonstige Steuern,
- Restrukturierungsaufwendungen,
- Provisionsaufwendungen (internationaler Kontext).

Was die Goodwill-Abschreibungen und sonstigen Steueraufwendungen (außer Ertragssteuern) betrifft, so verrechnet beispielsweise die Commerzbank diese Aufwendungen bislang traditionell in ihrem sonstigen betrieblichen Ergebnis. Der Goodwill wird dabei über 15 Jahre linear abgeschrieben[11]. Die HypoVereinsbank weist dagegen diese Abschreibungen unterhalb ihres Betriebsergebnisses in einer eigenständigen Position aus und schreibt ihren Goodwill über einen Zeitraum von wahlweise 15-20 Jahren linear ab[12]. Die sonstigen Steuern weist sie zusammen mit Verlustübernahmen als Saldo „übrige Erträge/Aufwendungen“ aus[13].

Restrukturierungsaufwendungen (z.B. für neue Informationstechnologien, anlässlich einer Fusion bzw. Übernahme oder Bereinigungen von Geschäftsportefeuilles) werden gerne als außerordentlicher Aufwand im Rahmen des außerordentlichen Ergebnisses erfasst, wie beispielsweise anlässlich der Fusion der HypoVereinsbank (im Jahr 1997) oder

---

9 Vgl. HYPOVEREINSBANK, Geschäftsbericht 2001, München, S. 36; COMMERZBANK, Geschäftsbericht 2001, Frankfurt, S. 67.

10. Das Thema Goodwill (Geschäfts-/Firmenwerte) sollte jedoch ab Mitte des Jahres 2003 in dieser Hinsicht seine Brisanz verlieren. Es wird dann allgemein erwartet, dass auch die IAS-Vorschriften analog zu US-GAAP auf die planmäßige Abschreibung von Geschäfts- bzw. Firmenwerten verzichten; vgl. dazu auch Abschnitt 3.3.

11 Vgl. COMMERZBANK, Geschäftsbericht 2001, Frankfurt, S. 81 und S. 91.

12 Vgl. HYPOVEREINSBANK, Geschäftsbericht 2001, München, S. 35 und S. 51.

13 Vgl. HYPOVEREINSBANK, Geschäftsbericht 2001, München, S. 63.

für die Restrukturierung des Immobilienportefeuilles der Bank im Jahr 1997 und 1998[14]. Viele Banken folgen der Auffassung, dass diese Aufwendungen Einmalcharakter haben und damit nicht operativ sind. Vor dem Hintergrund, dass die deutschen Banken nunmehr seit Jahren regelmäßig umstrukturieren bzw. hohe Abschreibungen auf Kreditengagements vorweisen, kann diese Sichtweise diskussionswürdig erscheinen. Mit ihrem Jahresabschluss 2001 hat die Commerzbank dem Bilanzleser dagegen eine Zwischenlösung angeboten: Für die Restrukturierungsaufwendungen wurde eine eigene Position geschaffen und zusätzlich ein Ergebnis der gewöhnlichen Geschäftstätigkeit vor und nach Restrukturierungsaufwendungen ausgewiesen[15].

Obwohl das Praxisschema sich auch im internationalen Kontext wiederfindet, gibt es vor allem im englischsprachigen Raum häufig einen wesentlichen Unterschied in der Gliederung: die Zuordnung der Provisionsaufwendungen. Sie werden dort mit den anderen Verwaltungsaufwendungen dem Gesamtaufwand zugerechnet. Sie sind damit in der Kennzahl „Total Revenues“[16] nicht enthalten. In Deutschland ist es dagegen üblich, Provisionserträge und -aufwendungen gegeneinander aufzurechnen und zum sogenannten Provisionsüberschuss zusammenzufassen (vgl. Schaubild). Der Provisionsüberschuss zählt dann zusammen mit dem Zinsüberschuss, dem Eigenhandel und dem sonstigen betrieblichen Ergebnis zur Kennzahl „Gesamtertrag“.

Insgesamt bleibt festzuhalten, dass diese Unterschiede identifiziert und gegebenenfalls adjustiert werden müssen (vgl. Abschnitt 2.2), um bei einer Bankbilanzanalyse gute, verwertbare Ergebnisse zu erzielen.

2.2 Die vier Schritte der Bankbilanzanalyse

Bei der Durchführung der Bankbilanzanalyse empfiehlt es sich, in folgenden vier Schritten vorzugehen:
1. Bestimmung des Analyseziels,
2. Aufbereitung der Daten,
3. Berechnung der Kennzahlen und
4. Auswertung der ermittelten Kennzahlen.

---

14 Seit dem Jahr 1997 bis zum Jahr 2000 wurden insgesamt 750 Mio. € Integrationsaufwendungen für die Fusion der Bayerischen Hypobank mit der Bayerischen Vereinsbank im außerordentlichen Ergebnis der neuen HypoVereinsbank verbucht; vgl. HYPOVEREINSBANK, Geschäftsbericht 2000, München, S. 184. In den Jahren 1998 und 1997 (Pro-forma-IAS-Abschluss) berücksichtigte die HypoVereinsbank zusätzlich insgesamt rund 2.556 Mio. € für Bewertungsmaßnahmen aus Joint Ventures und Developer-Finanzierungen ihres Immobiliengeschäftes im außerordentlichen Aufwand; vgl. HYPOVEREINSBANK, Geschäftsbericht 1998, München, S. 64.

15 Vgl. COMMERZBANK, Geschäftsbericht 2001, Frankfurt, S. 65.

16 Vgl. dazu beispielsweise GOLDMAN SACHS, Geschäftsbericht 2001, Frankfurt.

Das Analyseziel bestimmt zum einen, mit welcher Intensität die Daten aufzubereiten und zum anderen welche Kennzahlen zur Analyse heranzuziehen sind (Beispiel: Analyse eines Geschäftsbereiches versus Analyse der Gesamtbank).

Analyseschema zur Bankbilanzanalyse

Analyseziele festlegen	**Daten aufbereiten**	**Kennzahlen berechnen**	**Kennzahlen auswerten**
z. B. • Wettbewerbs-analyse • Bewertung • Rating • Aktienanalyse	• Excel Sheet anlegen • Einheitliches Gliederungsschema festlegen • Inhalte der einzelnen Positionen prüfen • Gegebenenfalls Adjustierungen vornehmen	• Absolute Kenn-zahlen • Verhältniszahlen	• Vergleich mit Branchendurch-schnitten • Vergleich im Zeit-ablauf • Erklärung der Ab-weichungen • Entwickung strate-gischer Maßnahmen

Besonders wichtig ist die nachfolgende Aufbereitung der Daten unter Zuhilfenahme eines Tabellenkalkulationsprogramms (z.B. Excel). Dies nimmt in der Regel die meiste Zeit in Anspruch und sollte dennoch sehr sorgfältig erfolgen, da die Aufbereitung der Daten das Analyseergebnis und die damit verbundene unternehmerische Entscheidung (z.B. Investition in eine Aktie, Kauf einer Anleihe oder gar die Übernahme einer Bank) nachhaltig beeinflusst. Da die IAS, wie unter Abschnitt 2.1 bereits dargestellt, keine verbindliche Darstellungsform vorschreiben, sondern lediglich inhaltliche Vorgaben machen, empfiehlt es sich, beim statischen Vergleich einer oder mehrerer Banken im Zeitablauf einheitliche Gliederungsschemata zu verwenden. Es ist dabei wichtig, dass die Zuordnung der Buchungsvorgänge zu den jeweiligen Aggregaten identisch ist. Wesentliche Hinweise dazu findet der Analyst in den Notes. Gegebenenfalls müssen entsprechende Bereinigungen bzw. Umgliederungen vorgenommen werden. Ansonsten werden bei der nachfolgenden Kennzahlenanalyse sehr schnell Äpfel mit Birnen verglichen und letztendlich die falschen Schlussfolgerungen gezogen. Im vorangegangenen Abschnitt 2.1 wurden bereits wichtige Abweichungen vorgestellt.

Die darauf folgende Berechnung der Kennzahlen ist vergleichsweise einfach und schnell gemacht. Weitaus anspruchvoller ist dann im letzten Schritt die Auswertung der Kennzahlen. Daher ist im nachfolgenden Abschnitt nicht nur aufzeigen, welche Kennzahlen für die Bilanzanalyse geeignet sind, vielmehr sollen dort auch praktische Tipps zur Bewertung dieser Kennzahlen gegeben werden. Wichtige Ansatzpunkte sind der Vergleich mit Branchendurchschnitten oder der Vergleich im Zeitablauf. Bevor die eigentliche Bewertung der Kennzahlen beginnt, sollte jeder Analyst mit Hilfe dieser Vergleiche versuchen, seine Analyseergebnisse kritisch zu hinterfragen. Es sollte möglich sein, Abweichungen zur Branche und/oder im Zeitablauf über die Geschäftstätigkeit und -struktur der analysierten Bank zu erklären. Gelingt dies nicht, kann dies ein Hinweis auf eine fehlerhafte Berechnung bzw. falsche oder fehlende Adjustierungen von Bilanz- und GuV-Positionen sein. Erscheinen die Ergebnisse jedoch plausibel, liefern die ermittelten Kennzahlen ein gutes Instrumentarium zur weiteren Zielanalyse und darauf folgenden Maßnahmenauswahl.

Möglichkeiten der Auswertung: Statische und dynamische Kennzahlenanalyse

Auswertung von Kennzahlen

Statisch (Zeitpunkt)	**Dynamisch** (im Zeitablauf)
Einjahresvergleich der Kennzahlen einer Bank mit denen einer oder mehrerer ausgewählter, vergleichbarer anderer Banken bzw. veröffentlichter Branchendurchschnitte (z. B. Bundesbankstatistiken)	• Vergleich der Entwicklung von Kennzahlen einer Bank im Zeitablauf • Vergleich der Entwicklung von Kennzahlen einer Bank mit der Entwicklung der entsprechenden Kennzahlen einer oder mehrerer ausgewählter, vergleichbarer anderer Banken bzw. veröffentlichter Branchendurchschnitte (z. B. Bundesbankstatistiken)

3. Kennzahlenanalyse und -auswertung

Die nachfolgenden Ausführungen konzentrieren sich auf die Analyse der Struktur, des Risikos und darauf aufbauend des Geschäftserfolges einer Bank. Dabei werden ausgewählte, in der Praxis übliche, absolute und relative Kennzahlen vorgestellt und deren Bedeutung für den externen Analysten anhand von Praxisbeispielen erläutert. Diese Kennzahlen sind dabei keineswegs ein festgeschriebener Standard. Neue Branchen- und Rechnungslegungstrends (z.B. die Entwicklung selbständiger Internetbanken und -broker, wie Comdirect, DAB-Bank und Entrium oder die Entstehung von Allfinanzkonzernen) zwingen regelmäßig sowohl zu Anpassungen etablierter als auch zur Entwicklung neuer Kennzahlen.

Aufbau der Kennzahlenanalyse

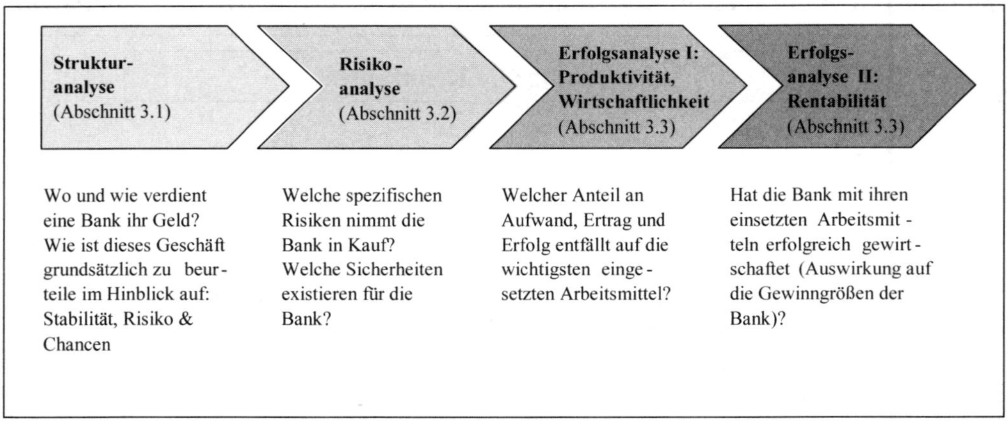

3.1 Strukturanalyse

Die Strukturanalyse von Bilanz und GuV bildet die Grundlage der Bankbilanzanalyse. Sie gibt dem Analysten Auskunft bzw. lässt Schlussfolgerungen zu über

- die Art der Bank (z.B. Retail-, Hypothekenbank, Vermögensverwalter),
- exogene, auf den Geschäftsverlauf wirkende Einflussfaktoren,
- die damit verbundenen, generellen Chancen und Risiken für die Geschäftstätigkeit,
- die Qualität ihrer Eigenkapitalausstattung,

- die Qualität ihrer Refinanzierungsstruktur sowie
- die Verfügbarkeit und Qualität stiller Reserven.

Aber nicht alle Geschäfte werden in der Bilanz abgebildet. So zählen Dienstleistungsgeschäfte von Banken, wie die Vermögensverwaltung oder das Brokerage zu den sogenannten nicht bilanzwirksamen Geschäften, deren wesentliche Kernaktivitäten nicht in der Bilanz berücksichtigt werden, da im Beispiel Vermögensverwaltung die verwalteten Kundengelder nicht aktiviert werden. Daher müssen für diese Bereiche Kennzahlen entwickelt werden, die den entsprechenden Erfolgsfaktoren dieser Banken Rechnung tragen (vgl. Abschnitt 3.1.7).

Gegenstand der Strukturanalyse

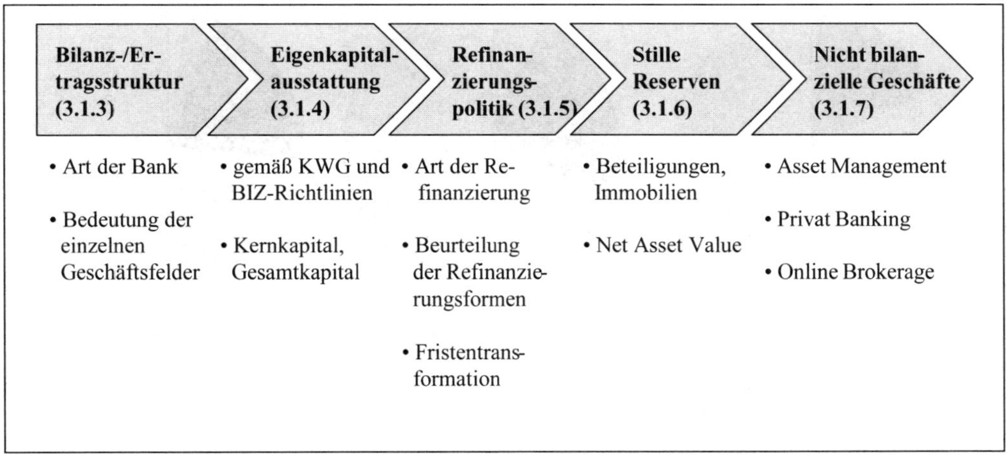

Die Strukturanalyse ist wichtig, um bei der nachgelagerten Erfolgsanalyse die für die Bank passenden Kennzahlen auszuwählen. Sie ist aber auch Grundlage dafür, die berechneten Zahlen richtig zu interpretieren.

3.1.1 Grundlage: Bilanz und GuV als Spiegelbild der Geschäftstätigkeit

Bilanz- und Ertragsstruktur einer Bank sind grundsätzlich Spiegelbild ihrer Geschäftstätigkeit. Das Vorhandensein sowie die Höhe bestimmter Bilanz- und GuV-Positionen geben dem Analysten Auskunft darüber, ob eine Bank ein bestimmtes Geschäft betreibt und welche Bedeutung dieses Geschäftsfeld für sie hat („Wo und wie verdient die Bank ihr Geld?"). Ausnahmen sind, wie bereits erwähnt, die bilanzunwirksamen Bankgeschäfte. Sie finden, von den eingesetzten Betriebsmitteln (z.B. Sachanlagen) der Bank abgesehen, erst in der GuV, traditionell im Provisionsüberschuss, ihren Niederschlag.

Grundsätzlich wird zwischen Universalbanken und Spezialinstituten unterschieden. Während Universalbanken fast alle Bankgeschäfte an Privat- und Firmenkunden sowie Institutionen anbieten, sind die Spezialbanken auf bestimmte Kundengruppen bzw. Geschäfte spezialisiert (z.B. Hypothekenbanken, Investmentbanken, Retailbanken). Unter den großen, börsennotierten, deutschen Banken dominiert traditionell das Universalbanksystem. Allerdings haben sich dort in den letzten Jahren Verschiebungen in den Geschäftsschwerpunkten ergeben. So hat das provisionsgetriebene Geschäft zulasten des Zinsgeschäftes an Gewicht gewonnen:

Die Ertragsstruktur der deutschen Banken 1994-2001

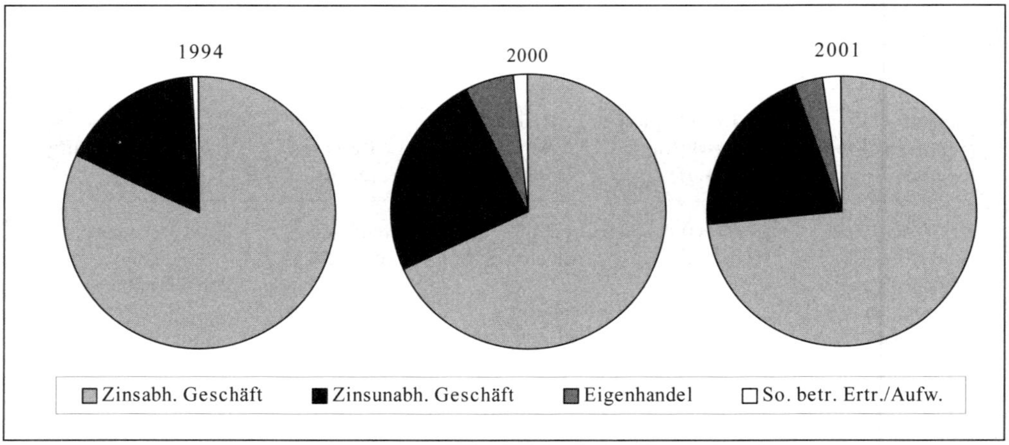

Quelle: Deutsche Bundesbank, Monatsbericht September 2002, S. 40f.

Nachfolgend ist eine allgemeine Übersicht über die Hauptgeschäftsfelder der Banken mit den ihnen entsprechenden, wichtigsten Bilanz- und GuV-Positionen nach IAS dargestellt. Der Inhalt des Schaubildes umfasst dabei ausschließlich die grundlegende Geschäftstätigkeit. Entsprechend Aktiva des allgemeinen Geschäftsbetriebes und deren Erfolgswirksamkeit (z.B. Sachanlagen und Abschreibungen auf Sachanlagen, Personalaufwand, Aufwendungen für Miete) sowie Sicherungsgeschäfte sind nicht berücksichtigt.

Bankgeschäfte und ihre Auswirkung auf Bilanz und GuV gem. IAS		
Aktivität	**Auswirkungen auf die Bilanz**	**Auswirkungen auf die GuV**
Kreditgeschäft (Firmen-, Privatkunden)	Forderungen an Kunden (Kredite) Risikovorsorge (Kreditausfälle) Refinanzierung: Verbindlichkeiten gegenüber Kreditinstituten/Kunden, Schuldverschreibungen	Kreditzinsen/Aufwand für Refinanzierung: Zinsüberschuss Abschlussprovision: Provisionsüberschuss Abschreibungen: Risikovorsorge
Hypothekengeschäft	Forderungen an Kunden (Kredite) Risikovorsorge (Kreditausfälle) Refinanzierung: Verbriefte Verbindlichkeiten (im wesentlichen Hypothekenpfandbriefe)	Kreditzinsen/Aufwand für Refinanzierung: Zinsüberschuss Abschlussprovision: Provisionsüberschuss Abschreibungen: Risikovorsorge
Staatsfinanzierung	Forderungen an Kunden Risikovorsorge Refinanzierung: Verbriefte Verbindlichkeiten (im wesentlichen öffentliche Pfandbriefe)	Kreditzinsen/Aufwand für Refinanzierung: Zinsüberschuss Abschlussprovision: Provisionsüberschuss Abschreibungen: Risikovorsorge
Retailgeschäft (Einlagen)	Verbindlichkeiten gegenüber Kunden (Spar-, Termin-, Sichteinlagen) Kredite an Kunden/Kreditinstituten	Verzinsung aus Anlage der Kundeneinlagen: Zinsüberschuss Kontoführungsgebühr: Provisionsüberschuss
Investment Banking		
Auftragshandel (für Kunden)	Nicht bilanzwirksam	Handelsprovisionen: Prov.überschuss
M&A/Kapitalmaßn.	Nicht bilanzwirksam	Berat.- /Platzierungsprov: Prov.überschuss
Brokerage	Nicht bilanzwirksam	Salesprovisionen: Provisionsüberschuss
Eigenhandel	Handelsaktiva/-passiva	Handelsergebnis
Private Banking	Nicht bilanzwirksam	Beratungsprovision, Erfolgsbeteiligung: Provisionsüberschuss
Asset Management	Nicht bilanzwirksam	Ausgabeaufschlag, Verwaltungsprovision: Provisionsüberschuss
Private Equity/ Venture Capital	Beteiligungs- und Wertpapierbestand bzw. Finanzanlagen	Zinsüberschuss (z.B. Dividenden, Zinserträge Bonds, Zinserträge aus stille Beteiligungen) Managementgebühr: Provisionsüberschuss ggf. auch Personalaufwand

3.1.2 Wirkung exogener Einflussfaktoren

Der folgende Abschnitt soll einen Einstieg zur grundlegenden Beurteilung der Attraktivität der einzelnen Bankgeschäfte geben. So ist es möglich, allgemeine Aussagen darüber zu treffen, in welchem Ausmaß die exogenen Einflussfaktoren Konjunktur, Finanzmarkt und Wettbewerb auf die einzelnen Bankgeschäfte wirken. Dies ist wichtig, um die zukünftige Entwicklung von Bankgeschäften abzuschätzen und damit zu bewerten, welche Art von Bankgeschäft in welcher Marktphase am attraktivsten ist, d.h. die höchsten Renditen verspricht. Je nach Wirkung der Einflussfaktoren werden die jeweiligen Bankgeschäfte nach folgenden drei Kategorien beurteilt: Stabilität/Volatilität des Ergebnisses, geringes/hohes, allgemeines Risiko der Geschäfte und ihre Chancen im Hinblick auf Wachstum und Margen.

Beurteilung der Geschäftsstruktur	
Kategorien	**Einflussfaktoren**
Stabilität	Nachhaltige Wirkung konjunktureller und finanzmarktinduzierter Schwankungen der Nachfrage bzw. von Preisen auf die Bilanz- und GuV-Struktur (Betrachtungszeitraum in der Regel min. fünf Jahre).
Risiko	Genereller Einfluss von Marktrisiken (Finanzmarkt, Konjunktur) und Kreditrisiken auf die Bilanz- und GuV-Struktur.
Chancen	Wachstumserwartungen für das Geschäft sowie seine Wettbewerbsstrukturen und ihr Einfluss auf die Margen.

Die nachfolgende Tabelle gibt einen Überblick über die Wirkungszusammenhänge der exogenen Einflussfaktoren auf die verschiedenen Bankgeschäfte. Aus Gründen der Vollständigkeit wurde dabei auch die Kapitalintensität (Höhe des benötigten, regulatorischen Eigenkapitals) der Geschäfte berücksichtigt (vgl. dazu im Detail Abschnitt 3.1.4).

Im idealtypischen Fall sollte eine Bank vor allem in solchen Geschäftsbereichen tätig sein, die bei geringen Risiken eine hohe Stabilität mit guten Wachstumsaussichten und Margen aufweisen, um gleichzeitig bei geringen Eigenkapitalkosten eine überdurchschnittliche Rendite zu erzielen. Daher haben viele Banken in den letzten 5 Jahren vor allem in die Bereiche Asset Management und Private Banking investiert. In der aktuellen Phase allgemeiner Finanzmarkt- und Konjunkturschwäche scheinen die Banken auch das lange Zeit wenig geliebte Retailgeschäft wiederzuentdecken.

So zeichnet sich das Retailgeschäft mit Privatkunden in Deutschland durch eine vergleichsweise hohe Stabilität aus, da die Kunden auch in Zeiten schwieriger Konjunktur und schlechter Finanzmärkte ihren Zahlungsverkehr abwickeln müssen. Gleichzeitig verhindert eine gewisse Hausbankbindung noch immer einen raschen Wechsel von Bank zu Bank. Auch die Risiken sind vergleichsweise moderat: Das Wertpapierhandelsrisiko liegt beim Kunden selbst (Auftragshandel) und das Kreditrisiko ist im Vergleich zum Firmenkundenkredit aufgrund entsprechender Sicherheiten viel geringer. Allerdings zählt das Geschäft mit dem privaten Kunden nicht mehr zu den Wachstumsbereichen. Wachstum ist hier lediglich im Rahmen des allgemeinen Bevölkerungswachstums bzw. über Marktverdrängung von Wettbewerbern möglich. Gleichzeitig waren die in Deutschland erzielbaren Margen bislang eher gering, was vor allem der Wettbewerbsstruktur des deutschen Marktes zugeschrieben wird. Jedoch beweisen derzeit internationale Banken wie die Citybank, dass mit schlanken Kostenstrukturen und gutem Service auch im deutschen Retailgeschäft gute Gewinne erwirtschaftet werden können.

Attraktivität der Geschäftsfelder der Banken im Hinblick auf exogene Einflussfaktoren

Geschäftsfeld	**Geringe Volatilität**	**Geringes Risiko**	**Hohe Margen**	**Hohes Wachstum**	**Niedrige Kapitalintensität**	**Bemerkungen**
Private Banking/Asset Management	✓	✓	✓	✓	✓	Mittlere Abhängigkeit von Finanzmarkt und Konjunktur; kein Kreditrisiko
Retailgeschäft	✓	✓	möglich	✗	✓	Margen in Deutschland eher niedrig, grundsätzlich aber hohe Margen möglich; geringes/ mittlere Kreditrisiko
Investment Banking	✗	✗	möglich	möglich	✓	Starke Abhängigkeit vom Finanzmarkt (hohes Marktrisiko)
Firmenkundenkreditgeschäft	✗	✗	möglich	✗	✗	Starke Abhängigkeit von der Konjunktur (hohes Kreditrisiko); sehr kapitalintensiv
Hypothekengeschäft	✗	möglich	✗	✗	✗	Mittleres/hohes Kreditrisiko, mittlere Kapitalintensität
Staatsfinanzierungsgeschäft	✓	✓	✗	✗	✓	Industrieländer mit gutem Rating: geringes Kreditrisiko und niedrige Kapitalintensität
Private Equity Venture Capital (VC)	✗	✗	möglich	möglich	✓	VC: hohes Risiko (vor allem Marktrisiko),Volatilität und Margen am höchsten
Online Brokerage	✗	✓	möglich	möglich	✓	Starke Abhängigkeit vom Finanzmarkt (hohes Marktrisiko, geringes/mittleres Kreditrisiko

Quelle: Eigene Daten; BNP Paribas; ✓ = trifft zu; ✗ = trifft nicht zu

3.1.3 Durchführung der Bilanz- und Ertragsstrukturanalyse

Die rechnerische Durchführung der Strukturanalysen ist vergleichsweise einfach: bei der Bilanzstrukturanalyse setzt der Analyst die einzelnen Bilanzposten in Relation zur Bilanzsumme (z.B. Forderungen an Kunden in % der Bilanzsumme) und bei der Ertragsstrukturanalyse wird der Anteil der einzelnen Ertragskomponenten (z.B. Zins- und Provisionsüberschuss, Eigenhandel und sonstige betriebliche Aufwendungen/Erträge) zum Gesamtertrag in Beziehung gesetzt (z.B. Zinsüberschuss in % des Gesamtertrages). Dadurch werden nicht nur die Größenverhältnisse der Bankgeschäfte deutlich, sondern der Analyst erhält auch einen ersten Eindruck von ihrer Bedeutung für den Geschäftserfolg der Bank. Da unterschiedliche Geschäfte häufig unterschiedliche Margenstrukturen besitzen, kann die Bilanz- und Ertragsstrukturanalyse zu anderen Ergebnissen führen, d.h. ein bilanziell bedeutsames Geschäft kann bei der Ertragsstrukturanalyse relativ an Bedeutung verlieren und umgekehrt.

In der nachfolgenden Tabelle wird am Beispiel der DAB-Bank eine einführende Bilanzstruktur- und Ertragsstrukturanalyse durchgeführt. Zusätzlich ist die DAB-Bank auch ein sehr gutes Beispiel für die Bedeutung nicht bilanzwirksamer Geschäfte.

Als Online-Broker für Privatkunden zählt die DAB zu den Spezialbanken. Die Bilanzstruktur der DAB lässt dies erkennen: die Kundeneinlagen (Verbindlichkeiten gegenüber Kunden) bestimmen in den Jahren 2000 und 2001 rund 70% der Bilanzsumme. Es ist auffällig, dass die Kundeneinlagen die Kredite an Kunden (Forderungen an Kunden) sowohl absolut als auch relativ deutlich übersteigen. Es scheint damit, dass diese Bank eher von der Passivseite, also dem Einlagengeschäft bestimmt wird, als vom Kreditgeschäft (Aktivseite). Offensichtlich kann oder möchte die Bank ihre Kundeneinlagen nicht stärker zur Kreditvergabe an Kunden nutzen und leiht fast die Hälfte der Mittel an andere Kreditinstitute aus, was grundsätzlich weniger risikoreich ist. Gleichzeitig ist die Bank nicht im privaten Hypothekengeschäft tätig. Die DAB-Bank führt daher keinerlei Refinanzierung über Pfandbriefe durch (keine „Verbrieften Verbindlichkeiten"). Die äußerst geringen Handelsaktiva/-passiva zeigen, dass die Bank kein Eigenhandelsgeschäft im großen Stil betreibt. Die vergleichsweise hohen Positionen „Finanzanlagen" und „Geschäfts-/Firmenwerte" weisen darauf hin, dass die DAB eine oder mehrere Übernahmen getätigt hat. Aus dem Konzernlagebericht und den Notes wird deutlich, dass die Bank im Jahr 2000 den großen französischen Wettbewerber Self-Trade übernommen hat.

Ein wichtiger Teil des Kerngeschäfts der DAB findet jedoch in der Bilanz keine Berücksichtigung. Als Online-Broker generiert die Bank den überwiegenden Teil ihrer Erträge über den Auftragshandel von Wertpapieren, Fonds und anderen Finanzinstrumenten. Eine Analyse der Ertragsstruktur zeigt: Selbst im schwierigen Börsenjahr 2001 lag der errechnete Anteil des Provisionsüberschusses an den Gesamterträgen bei rund 62% gegenüber einem Anteil des Zinsüberschusses von 34%. Im Lagebericht des Jahresabschlusses wird das dem Provisionsertrag zugrunde liegende Geschäftsvolumen dargestellt: Ende 2001 hat die DAB rund 10,35 Mrd. €[17] Kundengelder verwaltet – die Bilanzsumme der Bank lag im gleichen Zeitraum mit rund 2,6 Mrd. € deutlich darunter. Die Anzahl der Wertpapiertransaktionen umfasste 6,2 Mio., dies sind rund 13 Transaktionen pro Kunde[18].

Bilanzstruktur DAB-Bank-Konzern				
T €	**2000**	**in % der BS**	**2001**	**in % der BS**
Barreserve, Guthaben bei Zentralbanken	40 616	1,6%	35 579	1,4%
Forderungen an Kreditinstitute	654 550	25,4%	778 017	30,0%
Forderungen an Kunden	642 930	24,9%	466 072	18,0%
Risikovorsorge	- 4 405	-0,2%	- 10 114	-0,4%
Handelsaktiva	-	0,0%	4 397	0,2%
Finanzanlagen	944 339	36,6%	995 822	38,4%
Sachanlagen	41 441	1,6%	41 880	1,6%
Immaterielle Vermögenswerte	205	0,0%	203	0,0%
Geschäfts- oder Firmenwerte	173 042	6,7%	170 073	6,6%
Sonstige Aktiva	88 368	3,4%	113 937	4,4%
Summe Aktiva (BS)	**2 581 086**	**100,0%**	**2 595 866**	**100,0%**
Verb. gegenüber Kreditinstituten	242 574	9,4%	256 360	9,9%
Verbindlichkeiten gegenüber Kunden	1 778 066	68,9%	1 888 674	72,8%
Verbriefte Verbindlichkeiten	-	0,0%	-	0,0%
Handelspassiva	-	0,0%	4 039	0,2%
Rückstellungen	2 460	0,1%	3 878	0,1%
Sonstige Verbindlichkeiten	74 889	2,9%	55 088	2,1%
Nachrangkapital	6 175	0,2%	6 163	0,2%
Minderheitenanteile	54 215	2,1%	3 412	0,1%
Eigenkapital	422 707	16,4%	378 252	14,6%
Summe Passiva (BS)	**2 581 086**	**100,0%**	**2 595 866**	**100,0%**

Quelle: DAB-Bank, Geschäftsbericht 2001, S. 51.

17 Vgl. DAB-BANK, Geschäftsbericht 2001, S. 35.

18 Vgl. DAB-BANK, Geschäftsbericht 2001, S. 32.

Ertragsstruktur der DAB-Bank-Konzern				
T €	**2000**	**in % des GE**	**2001**	**in % des GE**
Zinsüberschuss	40 799	28%	45 315	34%
+ Provisionsüberschuss	107 453	73%	84 069	62%
+ Handelsergebnis	449	0%	- 335	0%
+ So. betriebliche Aufwendungen/Erträge	-2 008	-1%	6 169	5%
= Gesamtertrag (GE)	**146 693**	**100%**	**135 218**	**100%**

Quelle: DAB-Bank, Geschäftsbericht 2001, S. 50.

Nach der Analyse der Gesamtstruktur empfiehlt es sich, weitere Detailanalysen der wichtigen Ertragsquellen, wie beispielsweise des Zinsüberschusses, durchzuführen. Die Strukturanalyse des Zinsüberschusses zeigt, dass die DAB im Jahr 2001 einen großen Anteil ihres Zinsertrages nicht über ihr traditionelles Kerngeschäft erzielt hat. Ende 2001 lag der Zinsüberschuss bei rund 45 Mio. € (vgl. Tabelle unten). Er setzt sich zusammen aus rund 107 Mio. € Zinserträgen und rund 62 Mio. € Zinsaufwendungen. Eine Detailanalyse zeigt, dass nur 60% der Zinserträge der DAB aus dem Kreditgeschäft mit Wertpapierkrediten stammen. Die restlichen 40% sind Zinserträge, welche die Bank aus der Anlage eigener Barmittel, die überwiegend aus dem Börsengang des Jahres 1999 resultieren, erwirtschaftet hat. Dies bedeutet aber auch: Reduzieren sich diese Barmittel deutlich oder kommt es zu einem deutlichen Zinsrückgang auf der Geldanlageseite, hat dies sichtbare Auswirkungen auf den Zinsüberschuss der DAB-Bank. Damit wird deutlich, dass die DAB-Bank nicht nur in ihrem Provisionsgeschäft abhängig von den Entwicklungen an den Finanzmärkten ist.

Zinsüberschuss des DAB-Bank-Konzerns		
T €	**2000**	**2001**
Zinserträge aus	**90 483**	**106 915**
- Kredit-/Geldmarktgeschäften	52 401	63 115
- Festverzinslichen Wertpapieren, Schuldbuchforderungen	1 185	2 163
- Aktien/anderen nicht festverzinslichen Wertpapieren	36 897	41 637
Zinsaufwendungen für	**49 684**	**61 600**
- Einlagen	49 394	61 294
- Nachrangkapital	290	306
Zinsüberschuss	**40 799**	**45 315**

Quelle: DAB-Bank, Geschäftsbericht 2001, S. 60.

In der Bilanz schlägt sich das Handelsgeschäft mit den Privatkunden auf der Passivseite nur in Form von Sichteinlagen der Kunden und auf der Aktivseite über die Vergabe von Wertpapierkrediten an Kunden (Forderungen an Kunden) nieder, falls diese nicht über genügend Liquidität zum Wertpapierkauf verfügen.

Bei einer Detailanalyse der Bilanzposition „Forderungen an Kunden“, Ende 2001 rund 466 Mio. €[19], tritt ebenfalls eine Besonderheit zu Tage: Da die DAB kein Firmenkundenkreditgeschäft betreibt, ist davon auszugehen, dass in dieser Position überwiegend Wertpapierkredite an Privatkunden verbucht werden. Aus dem Konzern-Lagebericht ergibt sich jedoch, dass die DAB-Bank Ende 2001 lediglich rund 234 Mio. € „Kredite an Kunden“ vergeben hat[20], die in der Bilanzposition „Forderungen an Kunden“ enthalten sind. Das Kreditgeschäft mit Privatkunden der DAB-Bank ist also weitaus niedriger als eine erste Strukturanalyse zunächst hätte vermuten lassen. Die restlichen rund 232 Mio. € sind dagegen Flugzeugleasinggeschäfte, welche die DAB-Bank in Kooperation mit ihrem Mutterkonzern HypoVereinsbank durchgeführt hat. Möglich macht dies der Passivüberhang des Online-Brokers (Kundeneinlagen übersteigen Wertpapierkredite an Kunden).

3.1.4 Eigenkapitalanalyse

3.1.4.1 Grundlagen: Eigenkapitalbegriffe nach KWG und BIZ

In der Bankbilanzanalyse wird neben dem bilanziellen (handelsrechtlichen) Eigenkapital zwischen dem ökonomischen Eigenkapital (von einer Bank als wirtschaftlich notwendig erachtetes Eigenkapital) sowie den Eigenmitteln unterschieden. Letztere umfassen einerseits das haftende (regulatorische) Eigenkapital (eingeteilt in die Klassen 1 und 2), andererseits die sogenannten Drittrangmittel (Klasse 3). Das haftende Eigenkapital, in diesem Zusammenhang auch Gesamtkapital genannt, besteht aus dem Kern- und dem Ergänzungskapital. Vor allem das Kernkapital ist ein grundlegender Bestandteil der praktischen Gesamtbanksteuerung und eine wichtige Kennzahl für Rating-Agenturen.

---

[19] Vgl. DAB-BANK, Geschäftsbericht 2001, S. 65.

[20] Vgl. DAB-BANK, Geschäftsbericht 2001, S. 35.

Übersicht: Eigenkapitalbegriffe gemäß § 10 KWG und BIZ

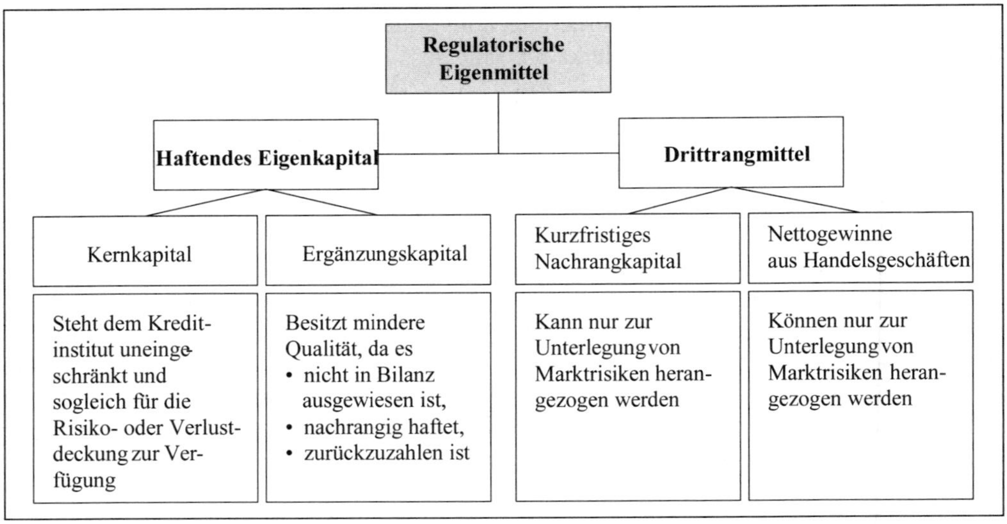

Quelle: SCHIERENBECK, H./HÖLSCHER, R., Bank Assurance, 4. Aufl., Stuttgart 1998, S. 121.

Die regulatorischen Eigenkapitalanforderungen sind im Kreditwesengesetz (KWG) und ergänzend dazu im sogenannten Grundsatz I über die Eigenmittel der Institute verankert. Sie sind dort Teil einer grundlegenden Risikobegrenzungsnorm für Adressausfallrisiken und gültig für alle Kreditinstitute in Deutschland. Grundlage dieser Regelung ist die Baseler Eigenkapitalempfehlung von 1988 des Basler Ausschusses für Bankenaufsicht (Basel I; veröffentlicht über die Bank für Internationalen Zahlungsausgleich, BIZ)[21], die über EU-Richtlinien auch in deutsches Recht eingeflossen ist.

Beide Normen sind inhaltlich ähnlich, aber nicht identisch. Da die deutsche Norm des KWG etwas enger gefasst ist, führt die Berechnung von Kern- und Ergänzungskapital nach KWG tendenziell zu einem leicht niedrigeren Eigenkapitalbetrag. So sind nach BIZ im Gegensatz zum KWG Pauschalwertberichtigungen im Ergänzungskapital anrechenbar (vgl. Tabelle). Das Gleiche gilt für nicht realisierte Reserven in Wertpapieren, die nach KWG nur zu 35% (begrenzt auf 1,4% der Risikoaktiva) im Ergänzungskapital anrechnungsfähig sind, sofern die Kernkapitalquote mindestens 4,4% erreicht.

Zusätzlich kann es innerhalb einer Eigenkapitalnorm je nach Rechnungslegungsstandard, vor allem zwischen HGB auf der einen und IAS auf der anderen Seite, zu verschiedenen Eigenkapitalbeträgen kommen. Ein wesentlicher Unterschied liegt in der Berücksichti-

---

21 Vgl. BASLE COMMITTEE ON BANKING SUPERVISION, International convergence of capital measurement and capital standards, Basle 1988.

gung der stillen Vorsorgereserven gemäß § 340f HGB (vgl. dazu Abschnitt 3.1.6) und den Rücklagen nach § 6b EStG: beide sind grundsätzlich nach KWG (und BIZ) voll bzw. zu 45% im Ergänzungskapital anrechenbar. Die IAS sehen solche Positionen jedoch nicht vor. Sie müssen daher beim Wechsel der Rechnungslegung von HGB zu IAS aufgelöst werden. Des Weiteren haben die stillen Reserven in Wertpapieren bei den IAS-Banken an Bedeutung verloren, da nach IAS der weitaus überwiegende Teil der zu bilanzierenden Wertpapiere zu Marktwerten und nicht mehr zu Anschaffungskosten bewertet werden muss. Allerdings kann durch die wahlweise erfolgsneutrale Behandlung von Veränderungen in der Bewertung von AfS-Wertpapier-/Beteiligungsbeständen sowie sogenannter Cash Flow Hedges eine Neubewertungsrücklage im Eigenkapital entstehen (vgl. dazu im Detail Abschnitt 3.1.6.2). Diese Neubewertungsrücklage gemäß IAS 39 hat vergleichsweise großen Einfluss auf das bilanzielle Eigenkapital nach IAS und ist je nach Marktlage sehr starken Schwankungen unterworfen. Daher bleibt diese Neubewertungsreserve bei der Berechnung der regulatorischen Eigenmittel unberücksichtigt.

Ohne zusätzliche Angaben der bilanzierenden Bank kann der externe Analyst jedoch die Kapitalquote nicht exakt aus der Bilanz errechnen. In der Regel werden die jeweiligen Quoten jedoch vom berichtenden Kreditinstitut in den Notes genannt und dort mehr oder weniger ausführlich aufgeschlüsselt.

Berechnung der Eigenmittel nach KWG und BIZ unter Berücksichtigung der Vorschriften von IAS und HGB

Regulatorische Eigenmittel	KWG	BIZ	HGB	IAS
Kernkapital				
= Gezeichnetes Kapital	✓	✓	✓	✓
+ Gewinn-, Kapitalrücklagen	✓	✓	✓	✓
+ Fremdanteile am Eigenkapital	✓	✓	✓	✓
+ Einlagen stiller Gesellschafter [1)]	✓	✓	✓	✓
+ Bankspezifische stille Reserven	✓	✓	§ 340g	✓
- Goodwill	✓	✓	✓	✓
Ergänzungskapital				
= Vorsorgereserven nach § 340f HGB	✓	✓	§ 340f	✗
+ Rücklagen nach § 6b EStG [2)]	✓	✓	§ 6b EStG	✗
+ Genussrechtskapital	✓	✓	✓	✓
+ Unrealisierte Reserven in Wertpapieren, Immobilien [3)]	✓	✓	✓	✓
+ Pauschalwertberichtigungen	✗	✓	✓	✓
+ Langfristige, nachrangige Verbindlichkeiten (mit fester Laufzeit)	✓	✓	✓	✓
Drittrangmittel				
= Kurzfristige, nachrangige Verbindlichkeiten	✓	✓	✓	✓

[1)] Anrechnung bis max. 15% des Kernkapitals
[2)] Anrechnung bis max. 45%
[3)] Anrechnung bis max. 45%; KWG: Wertpapiere nur bis 35%; grundsätzlich nur Reserven aus der Bewertung zu Anschaffungskosten ≠ Neubewertungsrücklage nach IAS 39

✓= zählt dazu / vorhanden ✗ = zählt nicht dazu / nicht vorhanden

Quelle: Eigene Daten, KWG, BIZ

Im nachfolgenden Schaubild ist die Berechnung der Eigenmittel und ihrer Komponenten am Beispiel der Commerzbank dargestellt[22]. Ausgangspunkt ist das bilanzielle Eigenkapital. Zur Berechnung des Kernkapitals muss dieses bilanzielle Eigenkapital um den Bilanzgewinn und die Neubewertungsreserven gem. IAS 39 bereinigt werden. Des Weiteren müssen auch immaterielle Vermögenswerte, wie der Goodwill abgezogen werden, da dieser sich im Konkursfall nicht immer als werthaltig erweist. Gleichzeitig sind die Anteile Konzernfremder am Eigenkapital hinzuzurechen. Da im Nachrangkapital neben dem Genussrechtskapital auch Drittrangmittel und solches Nachrangkapital mit einer

22 Vgl. COMMERZBANK, Geschäftsbericht 2001, Frankfurt, S. 138f.

Laufzeit unter 10 Jahren enthalten ist, muss dies bei der Berechnung des Ergänzungskapitals abgezogen werden.

Berechnung der Eigenmittel am Beispiel des Commerzbank-Konzerns

Kernkapital nach BIZ in Mio. €	**2001**
Bilanzielles Eigenkapital	11 760
+ Fremdanteile	1 289
- Bilanzgewinn/-verlust	217
- Goodwill	458
- Neubewertungsrücklage	189
+/- Unterschiede des Konsolidierungskreises	- 9
+/- Sonstige Unterschiede	11
Summe	**12 187**

Ergänzungskapital nach BIZ in Mio. €	
Nachrangkapital (inkl. Genussrechtskapital)	10 524
- Nicht anrechenbare Anteile wg. Restlaufzeitenbeschränkung	1 489
- Drittrangmittel	1 175
+ Latente Neubewertungsrücklagen für Wertpapiere	55
+ Pauschalwertberichtigungen	410
+/- Sonstige Unterschiede	- 80
Summe	**8 245**

Drittrangmittel nach BIZ in Mio. €	
Drittrangmittel	1 175
- Ungenutztes, aber anrechenbares Eigenkapital der Klasse 3	709
Summe	**466**
Summe Eigenmittel	**20 898**

Quelle: COMMERZBANK, Geschäftsbericht 2001, S. 139.

Wie stellen sich die Risikobegrenzungsnormen auf Basis der im vorangegangenen Abschnitt erläuterten regulatorischen Eigenmitteln nach KWG und BIZ im Detail dar? Gemäß § 10 KWG in Verbindung mit dem (Eigenkapital-)Grundsatz I des Bundesaufsichtsamts und in Übereinstimmung mit den BIZ-Richtlinien müssen ausfallrisikobehaftete Geschäfte (Risikoaktiva) und Marktpreisrisiken im Handelsbestand (z.B. aus Währungen, Optionen) mit haftenden Eigenmitteln unterlegt werden. Der Anteil des Kernkapitals an den Risikoaktiva (Kernkapitalquote) muss dabei mindestens 4% betragen, der des haftenden Eigenkapitals insgesamt (Gesamtkapital) an den Risikoaktiva mindestens 8% (Gesamtkapitalquote). Die Risikoaktiva eines Kreditinstituts dürfen damit das 12,5-fache des haftenden Eigenkapitals nicht überschreiten. Gleichzeitig schreibt das KWG vor, dass die Eigenmittel mindestens 8% der Summe aus gewichteten Risikoaktiva und Marktpreisrisiken (der Wertpapiere des Handelsbestandes) erreichen sollen (vgl. Schaubild).

Regulatorische Eigenmittelforderung nach KWG und BIZ (Basel I)

$$\frac{\textbf{Anrechenbare Eigenmittel}}{\textbf{Gewichtete Risikoaktiva aus Kreditrisiken} + 12{,}5 \times \textbf{Anrechnungsbeträge für Marktrisiken}} \geq 8\%$$

Quelle: DEUTSCHE BUNDESBANK, Monatsbericht Januar 2002, S. 52.

Nach § 4 Grundsatz I gliedern sich die Risikoaktiva, soweit diese Positionen nicht dem Handelsbuch zuzurechnen sind, in Bilanzaktiva, Swapgeschäfte, Termingeschäfte und Optionsrechte sowie sonstige außerbilanzielle Geschäfte. Der Grundsatz I enthält zudem sogenannte Adressengewichtungssätze von 0%, 20%, 50%, 70% und 100%, um den unterschiedlichen Adressausfallrisiken der jeweiligen Geschäftspartner der Bank Rechnung zu tragen. Die Gesamtsumme der Risikoaktiva, als Basis für die Ermittlung der Eigenkapitalquote einer Bank, errechnet sich dann als Summe der mit den jeweiligen Risikofaktoren gewichteten Bilanzaktiva. Daher sind die Risikoaktiva einer Bank in der Regel niedriger als die Bilanzsumme der Bank. So werden Kassenbestände beispielsweise mit 0% gewichtet, da sie keinerlei Risiken beinhalten, und fließen damit praktisch nicht in die gewichtete Risikoposition ein. Kredite an Kunden werden dagegen in der Regel mit 100% gewichtet und daher vollständig bei der Ermittlung der regulatorisch geforderten Eigenmittel berücksichtigt. Die nachstehende Tabelle zeigt einen Überblick über die wichtigsten Geschäfte bzw. Kunden und ihre entsprechenden Risikofaktoren.

Die dargestellten Risikogewichte sind jedoch in dieser Form nur noch bis Ende 2006 gültig. Dann tritt die neue Basler Eigenkapitalvereinbarung (Basel II) in Kraft. Die endgültige Beschlussfassung ist für das vierte Quartal 2003 geplant – Änderungen sind folglich bis dahin noch möglich. Der nachfolgende Abschnitt gibt einen kurzen, einführenden Abriss über den Stand der wichtigsten geplanten Regelungen.

Risikogewichte ausgewählter Risikoaktiva gemäß Grundsatz I und BIZ	
Geschäfte/Kunden	**Gewichte**
Deutschland: Bund, Länder, Gemeinden; Börseneinrichtungen, Kassenbestand, Guthaben bei den Zentralbanken; außerhalb Deutschlands: OECD Staaten, EU	0%
Banken, Kammern, Europäische Entwicklungsbank, ausländische Regionalregierungen bzw. örtliche Gebietskörperschaften in der EU und anderen OECD Staaten	20%
Hypothekarkredite	50%
Bausparkredite	70%
Privatsektor, Unternehmen, Banken mit Sitz außerhalb der OECD und sonstige Aktiva ohne expliziten Anrechnungssatz	100%

Quelle: BASLE COMMITTEE ON BANKING SUPERVISION, International convergence of capital measurement and capital standards, appendix 2, Basle, July 1988.

3.1.4.2 Die neue internationale Eigenkapitalvereinbarung, Basel II

Die noch gültige Basler Eigenkapitalvereinbarung von 1988 war in den letzten Jahren zunehmender Kritik ausgesetzt, da die vorgegebene, standardisierte Berechnung der Kreditrisiken (vgl. Abschnitt 3.1.4.1, Tabelle „Risikogewichte ausgewählter Risikoaktiva") die tatsächlichen ökonomischen Risiken der Institute nur sehr grob und daher ungenau abbildet[23]. Mit der neuen Vereinbarung (Basel II) wird nunmehr der Versuch gestartet, dies zu verbessern.

Wie auch bei Basel I wird die Einhaltung der Eigenkapitalanforderungen zunächst anhand des Kapitalkoeffizienten gemessen: die Eigenmittel müssen in Relation zur Summe der gewichteten Risikoaktiva, Marktpreisrisiken und operationellen Risiken[24] mindestens 8% betragen. Neu ist allerdings die Unterlegung des operationellen Risikos. Als

23 Vgl. im Folgenden DEUTSCHE BUNDESBANK, Die neue Basler Eigenkapitalvereinbarung (Basel II), Monatsbericht April 2001, S. 16ff.; DEUTSCHE BUNDESBANK, Das Eigenkapital der Kreditinstitute aus bankinterner und regulatorischer Sicht, Monatsbericht Januar 2002.

24 Operationelle Risiken sind laut Basler Ausschuss für Bankenaufsicht die Gefahr von unmittelbaren oder mittelbaren Verlusten, die infolge der Unangemessenheit oder des Versagens von internen Verfahren, Menschen und Systemen oder von externen Ereignissen eintreten.

Kern von Basel II wird die Bemessung der Eigenkapitalunterlegung von Kreditrisiken ebenfalls neu geregelt: Die Risikogewichte werden stärker unterteilt und können erstmals 100% überschreiten (im sog. Standardansatz bis zu 150%; im sog. IRB-Ansatz, der mit Ausfallwahrscheinlichkeiten und Restlaufzeiten arbeitet, sind auch höhere Gewichte möglich).

Regulatorische Eigenmittelforderung nach Basel II

$$\frac{\text{Anrechenbare Eigenmittel}}{\text{Gewichtete Risikoaktiva aus Kreditrisiken} + 12{,}5 \times \left(\text{Anrechnungsbeträge für Marktrisiken} + \text{Operationelles Risiko}\right)} \geq 8\%$$

Quelle: DEUTSCHE BUNDESBANK, Monatsbericht April 2001, S. 17.

3.1.4.3 Beurteilung der Eigenkapitalausstattung

Kernkapital und Kernkapitalquote repräsentieren die in der Praxis wichtigste Eigenkapitalkennzahl. Grund dafür ist, dass es die eigentlich knappe Ressource im Rahmen des regulatorisch notwendigen Eigenkapitals darstellt. Es kann nur durch Kapitalerhöhungen, Gewinnthesaurierungen oder durch Umwandlung stiller in offene Reserven neu gebildet werden, während Ergänzungskapital durch einfache dispositive Entscheidung generiert werden kann[25].

Damit ist das Kernkapital eine äußerst wichtige Steuerungsgröße für die Bank selbst und Qualitätsindikator für den externen Analysten zur Beurteilung der Sicherheit und in gewisser Weise auch des Geschäfts- und Managementerfolgs einer Bank. So beeinflusst die Höhe der Kernkapitalquote neben anderen Faktoren, wie beispielsweise der Qualität des Kreditportefeuilles, das Rating der Bank entscheidend. Idealerweise verfügt die Bank, je nach geplantem zukünftigen Geschäftswachstum, über einen gewissen Puffer zur Mindestforderung nach KWG/BIZ, um kurzfristige Eigenkapitalengpässe je nach Änderung der Geschäftspolitik zu vermeiden. Eine gut gemanagte Bank ist in der Lage, ihr internes Wachstum aus dem laufenden Geschäft selbst zu finanzieren. Das heißt, das Wachstum der Risikoaktiva wird entsprechend vom Wachstum thesaurierter Gewinne als Bestandteil des Kernkapitals getragen. In der Praxis wird häufig eine Kernkapitalquote von 6% als ideal betrachtet. Banken, die eine Kernkapitalquote ausweisen, die nur leicht über 4% liegt, laufen schnell Gefahr, in einen Kapitalengpass zu geraten. Sie müssen dann relativ kurzfristig ihr Kernkapital beispielsweise mittels Kapitalerhöhung durch Ausgabe neuer Aktien am Kapitalmarkt erhöhen, oder sie sind gezwungen, ihre Risikoaktiva entsprechend zu reduzieren. Die aktuelle Lage an den Kapitalmärkten zeigt, dass

25 Vgl. dazu auch WERNER, T./PADBERG, T., Bankbilanzanalyse, a.a.O., S. 168.

dies nicht immer problemlos möglich ist und dann auch sehr teuer mit entsprechenden Preisabschlägen erkauft werden muss. Am Kapitalmarkt werden solche Maßnahmen von Anlegern daher meist negativ beurteilt und mit entsprechenden Kursabschlägen der jeweiligen Aktien quittiert. Rating-Agenturen, die die Sicherheit einer Bank und die von ihr begebenen Schuldverschreibungen und sonstigen Wertpapiere bewerten, tragen diese Verschlechterung der Sicherheiten in der Regel mit einer Reduzierung ihres für die Bank ausgestellten, offiziellen Ratings Rechnung.

Das Bankenrating der großen Agenturen, wie beispielsweise Moodys oder Standard & Poor's (S&P), hat jedoch maßgeblichen Einfluss auf die Refinanzierungskosten einer Bank. Je besser das Rating, umso niedriger die Refinanzierungskosten und umgekehrt. So gab Commerzbank-Vorstand Klaus-Peter Müller in einer Pressemeldung vom 10.10.2002 zu bedenken, dass sich durch die unerwartete Rating-Herabstufung seitens S&P am 08.10.2002 von „A" auf „A-" die Refinanzierung der Bank so stark verteuere, dass dies die Margenverbesserung, die die Bank im Jahr 2002 im Aktivgeschäft erreichen konnte, aufzehren werde[26]. Die nachfolgende Tabelle gibt einen Überblick darüber, um wie viel Basispunkte (BP) sich die Refinanzierung bei entsprechender Verschiebung des Ratings im Durchschnitt ändern kann.

Neben einer zu geringen Kapitalisierung wird jedoch auch eine Überkapitalisierung, also eine Kernkapitalquote von deutlich über 6%, in der Regel als ineffizient betrachtet. In diesem Fall gelingt es der Bank nicht, das vorhandene Eigenkapital für neue, renditestarke Geschäfte einzusetzen. Dies kann beispielsweise der Fall sein, wenn dem Wachstum der Bank aufgrund ihrer Marktlage und Größe eine natürliche Grenze gesetzt wird. Dann kann es sinnvoll sein, durch den Rückkauf und die anschließende Vernichtung eigener Aktien das Eigenkapital zu reduzieren oder, wie im Beispiel UBS, den Aktionären anstelle einer zu versteuernden Dividende einen Teil ihres Kapitals zurückzuzahlen[27].

Einfluss von Rating und Refinanzierungskosten						
Rating	AAA	AA	A	BBB	BB	B
Risikozuschlag in BP	70	80	100	130	270	440
∅ Kreditausfälle	0%	0%	0,1%	0,3%	1%	11%

Quelle: Eigene Daten, KfW, S&P.

26 Vgl. o.V., Banken ringen um ihren Ruf, Handelsblatt v. 10.10.2002, S.10; MAISCH, M./WALTER, N., Die hilflose Macht, Handelsblatt v. 10.10.2002, S. 10; KNIPPER, H.J. u.a., Commerzbank-Chef Müller: Ich werde nicht aufgeben, Handelsblatt v. 10.10.2002, S. 21.

27 Vgl. UBS, Geschäftsbericht 2001, Zürich, S. 39.

Ende 2001 lag die Kernkapitalquote nach BIZ ohne Berücksichtigung von Marktrisiken im europäischen Durchschnitt bei rund 7% (Quelle: Morgan Stanley). In der nachfolgenden Übersicht sind beispielhaft für das Geschäftsjahr 2001 die Kernkapitalquoten nach BIZ und KWG (nur deutsche Banken) sowie die entsprechenden gewichteten Risikoaktiva (RWA) und Marktrisiken (MR) ausgewählter Banken zusammengestellt. Die Eigenkapitalausstattung der betrachteten Banken ist insgesamt gut – allerdings erscheint die UBS tendenziell überkapitalisiert. Die Bank versucht jedoch bereits seit einigen Jahren durch Aktienrückkaufprogramme, Akquisitionen und andere Maßnahmen ihre Eigenkapitalquote zu optimieren.

Kernkapitalquoten und Risikoaktiva im europäischen Vergleich							
	Kernkapitalquote (%)			**Gewichtete Risikoaktiva (RWA) nach BIZ**	**Marktrisiken (MR) nach BIZ**	**Bilanzsumme (BS) in € bzw. CHF**	**RWA in % der BS**
	ohne MR		**mit MR**				
	KWG	**BIZ**					
HypoVereinsbank	7,1	6,0	5,4	365	3,2	728	50%
Commerzbank	6,5	6,2	6,0	195	0,7	501	41%
Deutsche Bank	n.v.	8,4	8,1	297	8,0	918	32%
BNP Paribas	-	7,3	n.v.	301	n.v.	694	43%
Credit Suisse	-	9,5	n.v.	223	n.v.	1 023	22%
UBS	-	n.v.	11,6	254	n.v.	1 253	20%

Quelle: Geschäftsberichte der Banken; Stand 31.12.2001; Deutsche Bank, CS und BNP Paribas bilanzieren gemäß US-GAAP bzw. nationalen GAAP; HypoVereinsbank und Commerzbank bilanzieren nach IAS, allerdings errechnet die HypoVereinsbank ihre Kapitalquoten noch auf Basis von HGB; n.v.: nicht im Geschäftsbericht verfügbar.

3.1.5 Refinanzierungspolitik

Die Refinanzierung einer Bank beschreibt die Mittelbeschaffung zur Gewährung von Krediten bzw. die Rückfinanzierung von bereits gewährten Krediten. Sie spiegelt damit zwar die Passivseite der Bankbilanz wider, ist jedoch mit der Aktivseite unweigerlich verbunden. Daher lässt die Analyse der Refinanzierungspolitik Rückschlüsse auf die

Zinsmarge (Differenz zwischen Zinserträgen auf der Kreditseite und Zinsaufwendungen auf der Refinanzierungsseite) zu. Die Analyse der Refinanzierungspolitik ist insbesondere für solche Banken von Bedeutung, die einen Schwerpunkt im Kreditgeschäft haben.

Grundsätzlich stehen einer Bank folgende klassische Refinanzierungsformen zur Verfügung (siehe auch nachfolgendes Schaubild):

- die Geldaufnahme bei anderen Kreditinstituten
  (Bilanz: Verbindlichkeiten gegenüber Kreditinstituten),
- die Nutzung von Kundeneinlagen
  (Bilanz: Verbindlichkeiten gegenüber Kunden),
- die Ausgabe eigener Schuldverschreibungen, Geldmarktpapiere, Pfandbriefe u.ä.
  (Bilanz: Verbriefte Verbindlichkeiten).

Klassische Refinanzierungsformen der Banken

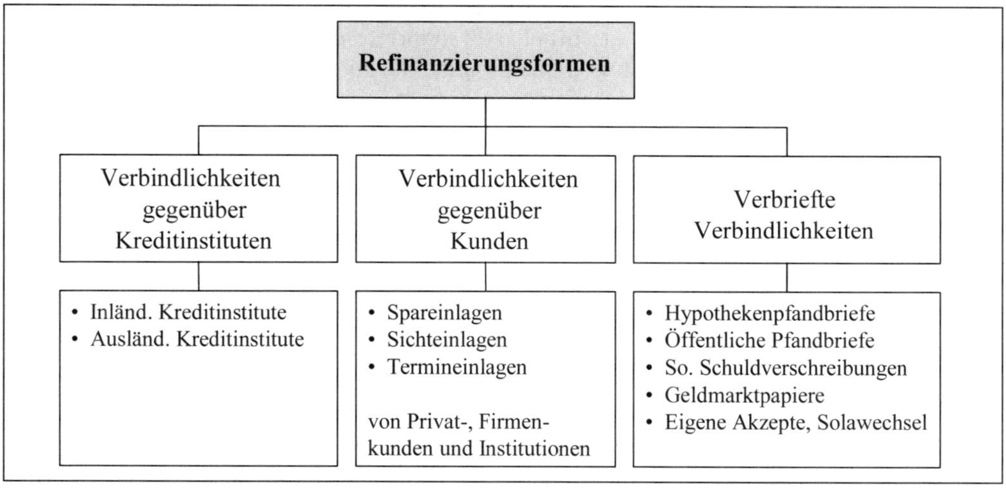

Im Folgenden werden die einzelnen Refinanzierungsmittel kurz vorgestellt:

Die Verbindlichkeiten gegenüber Kreditinstituten umfassen im Wesentlichen alle Arten von Verpflichtungen aus dem Interbankengeschäft, insbesondere die Geld- bzw. Kreditaufnahme bei anderen Kreditinstituten. Das Interbankengeschäft ist grundsätzlich kurzfristig ausgerichtet. Die Laufzeit ist festgelegt. Der Zinsaufwand richtet sich hier nach den gängigen Interbankenzinssätzen, wie beispielsweise dem LIBOR (London Interbank Offered Rate). Gleichzeitig spielt aber auch das Rating der Bank eine Rolle. Je nach Qualität dieses Ratings weicht der zu zahlende Zinssatz vom Referenzzinssatz nach oben ab.

Das Gleiche gilt für die sogenannten verbrieften Verbindlichkeiten. Sie umfassen sowohl Schuldverschreibungen, wie beispielsweise Pfandbriefe, als auch andere Verpflichtungen (z.B. Geldmarktpapiere), für die übertragbare Urkunden ausgestellt werden. Verbriefte Verbindlichkeiten sind eher längerfristig ausgerichtet. Ihre Laufzeit ist festgelegt, die Verzinsung meist fix. Als Referenz für die Höhe der Zinszahlung wird, ihrer Laufzeit entsprechend, bei deutschen Papieren die Verzinsung der deutschen Staatsanleihen herangezogen. Die Zinsaufwendungen liegen umso näher an dem Zinssatz der Bundesanleihen, je besser ihr Rating ausfällt, d.h. je schlechter die Bonität des Emittenten, desto größer der Zinsaufschlag, den er dem Käufer des Papiers zahlen muss. Zur attraktivsten Refinanzierungsmöglichkeit unter den verbrieften Verbindlichkeiten zählt der Pfandbrief. Pfandbriefe sind in der Regel festverzinsliche Schuldverschreibungen, die auf Grundlage des Hypotheken- und Pfandbriefgesetzes ausgegeben werden und speziell zur Refinanzierung von Hypotheken- und Kommunaldarlehen (Hypothekenpfandbrief und öffentlicher Pfandbrief) dienen. Ihre Attraktivität liegt in der Absicherung dieser Papiere: Dem öffentlichen Pfandbrief steht eine Staatsgarantie, dem Hypothekenpfandbrief eine entsprechende Grundschuld als Sicherheit gegenüber. Daher gelingt es großen Spezialbanken immer wieder, bei großen Pfandbriefemissionen über 500 Mio. €, den sogenannten Jumbos, im Segment öffentlicher Pfandbriefe eine Verzinsung sehr nahe an den als praktisch risikolos eingestuften Bundesanleihen zu erreichen.

Die günstigsten Refinanzierungsformen sind jedoch die Kundeneinlagen. Je nach Verfügbarkeit wird bei der Einlage für den Kunden zwischen Sicht-, Termin- und Spareinlagen unterschieden. Ihre Verzinsung ist nicht von Rating-Agenturen abhängig und grundsätzlich variabel – wobei einige Sparformen einer gesetzlichen Mindestverzinsung unterliegen. Bis auf die Termineinlagen (und ggf. Spareinlagen mit besonderen Vereinbarungen) sind keine Laufzeiten vorgegeben. Die täglich verfügbaren Sichteinlagen (Einlagen auf Girokonten und Tagesgelder) werden in der Regel nicht oder nur sehr gering verzinst (z.B. mit 0,5%). Bei Termineinlagen liegt der Zinssatz dagegen je nach Höhe und Zeitdauer der Geldanlage entsprechend höher. Die Spareinlagen müssen gemäß § 21 Abs. 4 Rechnungslegungsverordnung eine Kündigung von mindestens 3 Monaten aufweisen, sind aber grundsätzlich in ihrer Laufzeit unbegrenzt. Sie sind speziell durch Ausfertigung einer Urkunde gekennzeichnet und nicht für den Zahlungsverkehr bestimmt. Auch hier ist die Verzinsung vergleichsweise moderat und lag im Durchschnitt der letzten sechs Jahre bei stabilen 2% (Quelle: Deutsche Bundesbank, Zeitreihen).

Damit ergibt sich insgesamt das folgende Bild: Banken mit einem hohen Anteil an Kundeneinlagen (insbesondere Spareinlagen) erscheinen insgesamt im Vorteil. Dank der fehlenden Laufzeitbegrenzung und eingeschränkten Verfügbarkeit der Gelder für die Kunden (Kündigungsfristen) zeichnen sich vor allem die Spareinlagen noch immer durch eine relativ große Stabilität im Hinblick auf ihr Anlagevolumen und sehr stabile

Zinsniveaus aus[28]. Daher sind Banken mit einem hohen Anteil solcher größtenteils längerfristigen Einlagen auch auf der Kreditseite weniger unter Druck, Zinserhöhungen durchzuführen, als solche Institute, deren Refinanzierungskosten zeitgleich und in ähnlichem Umfang wie die Marktsätze steigen[29]. Dies betrifft insbesondere die Refinanzierung durch Kredite anderer Kreditinstitute. Andererseits müssen diese Banken auch einen gewissen Nachteil in Phasen sinkender Zinsen hinnehmen. Dann ist es umgekehrt schwieriger, die Einlagenzinsen entsprechend abzusenken, so dass sich die Zinsmarge tendenziell reduzieren dürfte. Aufgrund der attraktiven Grundverzinsung dieser Einlageform sollte das Margenniveau insgesamt dennoch vergleichsweise interessant bleiben.

3.1.5.1 Rechtliche Grundlagen: Grundsatz II und § 11 KWG

Die Refinanzierungspolitik einer Bank wird durch den sogenannten Liquiditätsgrundsatz II in Verbindung mit § 11 KWG begrenzt. Dabei wurde ab dem 31.12.1997 auf die Restlaufzeit statt auf die ursprünglich vereinbarte Laufzeit oder Kündigungsfrist abgestellt.[30] Im Rahmen eines in vier Fristenbändern (täglich fällig bis zu einem Monat, über einen Monat bis zu drei Monaten, über drei Monate bis zu sechs Monaten und über sechs Monate bis zu zwölf Monaten) untergliederten Schemas werden die während der künftigen zwölf Monate dem Institut zur Verfügung stehenden liquiden Aktiva und die tatsächlichen sowie potenziellen Mittelabflüsse erfasst. Die Liquiditätslage eines Instituts wird dann von der Bundesanstalt für Finanzdienstleistungsaufsicht anhand einer monatlich zu meldenden Liquiditätskennziffer beurteilt. Sie errechnet sich ex ante aus dem Quotient aus liquiden Aktiva und Liquiditätsabflüssen während des auf den Meldestichtag folgenden Monats. Die Zahlungsbereitschaft gilt als ausreichend, wenn die Kennziffer Werte gleich oder größer eins annimmt. Die Liquiditätskennziffern werden häufig im Risikobericht des Geschäftsberichtes aufgeführt. So lag z.B. bei der Commerzbank im Berichtsjahr 2001 die Liquiditätskennziffer zwischen 1,13 und 1,23 und im Vorjahr zwischen 1,17 und 1,31 und damit jederzeit über dem geforderten Wert. Dies zeigt, dass die Commerzbank in beiden Jahren stets über ausreichend Liquidität verfügt hat[31]. Letztendlich ist jedoch die aktuelle Situation und die erwartete zukünftige Entwicklung entscheidend. Die Beurteilung durch den externen Analysten ist hier jedoch aufgrund fehlender Daten kaum möglich. Da auch die Quartalsberichte in der Regel erst rund einen Monat nach Ablauf des Berichtszeitraums veröffentlicht werden, sind auch

---

[28] Zwar sind die Spareinlagen in der jüngeren Vergangenheit beweglicher geworden und ihre Bedeutung hat durch zunehmenden Wettbewerb der Kreditinstitute im Vergleich zu früheren Jahren abgenommen. Dennoch stellen sie in Deutschland noch immer ein bedeutende Einlagenkategorie dar, deren Zinsen vergleichsweise wenig marktreagibel sind; vgl. dazu EUROPÄISCHE ZENTRALBANK, Geldpolitische Transmission im Euro-Währungsgebiet, Monatsbericht Juli 2000, S. 45-62.

[29] Vgl. im Folgenden DEUTSCHE BUNDESBANK, Zum Zusammenhang zwischen Kreditzinsen deutscher Banken und Marktzinsen, Monatsbericht März 2002, S. 56f.

[30] Vgl. im Folgenden BUNDESAUFSICHTSAMT FÜR DAS KREDITWESEN, Erläuterungen zum Grundsatz II vom 25.11.1998.

[31] Vgl. COMMERZBANK, Geschäftsbericht 2001, Frankfurt, S 57.

nach Ablauf des Berichtszeitraums veröffentlicht werden, sind auch diese wenig hilfreich, um die notwendigen, zeitnahen Informationen zu erhalten.

3.1.5.2 Refinanzierungsrisiken durch Fristentransformation

Betreibt eine Bank Fristentransformation, kann dies zu erheblichen Refinanzierungsrisiken führen. Fristentransformation bedeutet, dass die Laufzeiten der Grundgeschäfte auf der Aktivseite (Kredit) und die der Laufzeit entsprechenden Refinanzierungsgeschäfte auf der Passivseite (z.B. Einlage) nicht deckungsgleich sind. Durch Sicherungsgeschäfte (Derivate) können Banken jedoch die Risiken der Fristentransformation entsprechend steuern. Analysegrundlage dafür ist die sogenannte Zinsbindungsbilanz. Sie liefert den Mitarbeitern der Treasuryabteilung eine Übersicht über die Laufzeiten und Margen der einzelnen Geschäfte. Dieses wettbewerbssensitive Instrument wird jedoch nicht veröffentlicht.

Folgendes Beispiel soll die Funktionsweise der Fristentransformation verdeutlichen (vergleiche dazu auch das nachfolgende Schaubild): Unterstellt wird ein normaler Verlauf der Zinsstrukturkurve (Zinsniveau steigt mit der Länge der Laufzeit an). Mit dem Ziel, die bankinterne Zinsmarge zu erhöhen, und in Erwartung, dass das allgemeine Zinsniveau langfristig sinken wird, refinanziert eine Bank einen Kredit mit 10 Jahren Laufzeit und einem Zinssatz von 6% zunächst kurzfristig über ein Jahr mit einem Zinssatz von 3%. In diesem Jahr erreicht die Bank damit eine Zinsmarge von 3%. Der Zinssatz für eine fristenkongruente Refinanzierung von 10 Jahren hätte dagegen bei 5,8% gelegen. Wäre der Kredit folglich entsprechend über 10 Jahre refinanziert worden, hätte die Bank lediglich eine Marge von 0,2% erzielen können. Allerdings ist die Marge für dieses Jahr noch nicht geschlossen. Erst im nächsten Jahr zeigt sich, ob die Transaktion insgesamt erfolgreich verlaufen ist. Sinken die langfristigen Zinsen erwartungsgemäß, so kann die Bank ihre verbleibende Refinanzierung über neun Jahre zu einem niedrigeren Zins vornehmen, als noch ein Jahr zuvor, z.B zu 5%. Die Zinsmarge läge dann in den Jahren zwei bis neun bei 1%.

Diese Form der Fristentransformation wird Aktivvorlauf genannt, da Geldmittel auf der Aktivseite längerfristig ausgeliehen werden, als sie zunächst auf der Passivseite hereingenommen werden. Sinken die langfristigen Zinsen jedoch nicht wie erwartet, sondern steigen stattdessen, dann muss sich die Bank zu einem entsprechend höheren Zinssatz refinanzieren. Je nachdem, auf welchem Niveau dieser Zinssatz liegt, kann damit die positive Marge aus dem ersten Jahr teilweise kompensiert bzw. im schlechtesten Fall sogar überkompensiert werden. Die Bank macht dann ein Verlustgeschäft.

Beispiel: Wirkungen der Fristentransformation auf die Zinsmarge

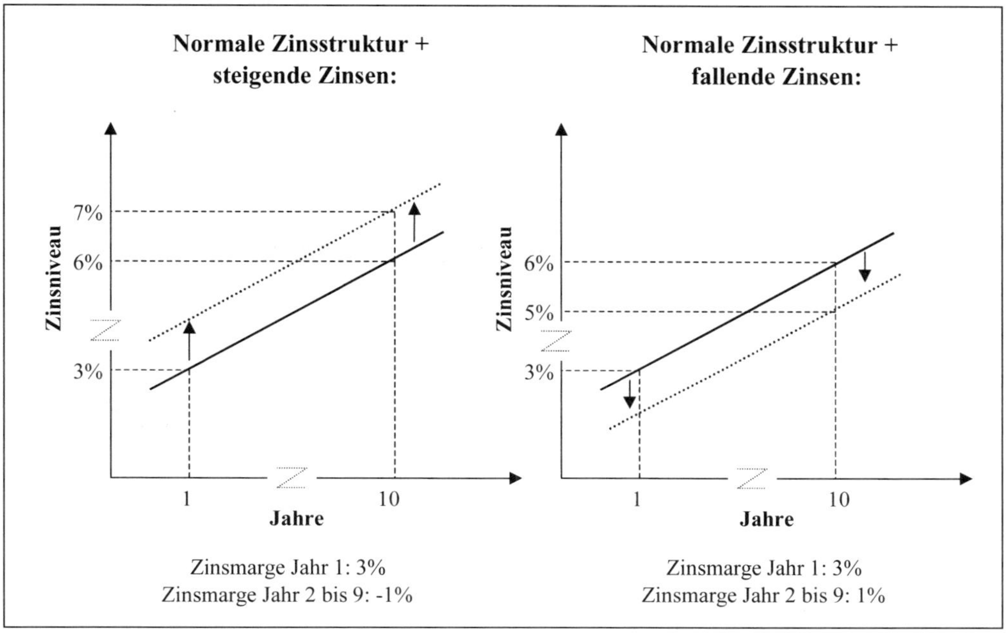

Quelle: Eigene Daten

Vom Aktivvorlauf ist der sogenannte Passivvorlauf zu unterscheiden. Er wäre im Gegensatz zum Aktivvorlauf bei steigenden Zinsen erfolgreich: Gelder werden längerfristiger refinanziert als sie aktivisch vergeben werden. Er ist jedoch wesentlich riskanter als der Aktivvorlauf, da es in diesem Fall zunächst zu einer negativen Marge kommt, und die Marge erst bei tatsächlich steigenden Zinsen tendenziell ins Positive dreht. Nur bei inverser Zinsstrukturkurve (kurzfristige Zinsniveaus sind höher als langfristige Zinsen) ist der Passivüberhang von Beginn an erfolgreich (vgl. nachfolgende Tabelle).

Die Fristentransformation ist nicht in beliebigem Umfang erlaubt und wird ebenfalls durch Grundsatz II begrenzt. Das Ergebnis aus Fristentransformation ist im Zinsüberschuss enthalten. Informationen, ob und in welchem Umfang sowie in welcher Form ein Institut Fristentransformation durchführt, sind in der Regel nicht Gegenstand der Geschäftsberichte der Banken. Allerdings können starke Schwankungen im Zinsüberschuss auf die mehr oder weniger erfolgreiche Durchführung von Fristentransformation hindeuten, sofern Ursachen im zugrunde liegenden Kerngeschäft ausgeschlossen sind.

Zusammenhang zwischen Zinsstruktur, Zinstrend und Fristentransformation

Zinsstruktur, -trend / Fristentransformation	Normal + steigende Zinsniveaus	Normal + sinkende Zinsniveaus	Invers + steigende Zinsniveaus	Invers + sinkende Zinsniveaus
Aktivvorlauf	positiv	negativ	negativ	positiv
Passivvorlauf	negativ	positiv	positiv	negativ

▭ = tendenzieller Transformationsbeitrag

Angelehnt an: SCHIERENBECK, H., Ertragsorientiertes Bankmanagement, Wiesbaden 1990, S. 79.

3.1.5.3 Berechnung und Beurteilung der Kennzahlen

Welche Kennzahlen zur Beurteilung der Refinanzierung einer Bank gibt es und was sagen sie aus?

Die Analyse der Refinanzierung einer Bank zielt, wie bereits eingangs dargestellt, letztendlich auf die Beurteilung ihrer Zinsmarge ab. Offensichtlich gibt es Refinanzierungsmittel, die tendenziell attraktiver, d.h. in den verschiedenen Marktphasen vergleichsweise niedriger verzinslich sind als andere. Sie führen damit zu tendenziell höheren und stabileren Margen. Es sind dies, wie unter Abschnitt 3.1.5 dargestellt, vor allem die Spar- und Sichteinlagen. Sie zeichnen sich aus durch

- unbegrenzte Laufzeit sowie
- vergleichsweise stabile und niedrige Verzinsung im Zeitablauf.

Alle anderen Refinanzierungsmittel, vor allem die Gruppe der verbrieften Verbindlichkeiten, aber auch das Interbankengeschäft, ist stark vom aktuell vorherrschenden Zinsniveau und vom Rating der betrachteten Bank (Emittent) abhängig. Daher sind Banken mit einem hohen Anteil Spareinlagen unter Refinanzierungsaspekten generell besser gestellt und damit positiver zu beurteilen.

Ausgewählte Kennzahlen zur Analyse der Refinanzierungsstruktur

Kennzahlen zur Analyse der Refinanzierung

Struktur

in % der Passiva

- Kundeneinlagen insgesamt
- Spareinlagen
- Sichteinlagen
- Termineinlagen
- Verbriefte Verbindlichkeiten
- Verbindlichkeiten gegenüber Kreditinstituten

Deckungsgrad

in % der Kredite an Kunden

- Kundeneinlagen
- Spareinlagen

In der vorangegangenen Übersicht sind die wichtigsten Kennzahlen zur Analyse der Refinanzierungsstruktur einer Bank zusammengestellt. Zunächst gilt es, die Struktur als solches zu ermitteln. Danach wird überprüft, inwieweit es einer Bank gelingt, ihr Kundenkreditgeschäft mit den attraktiven Einlageformen, also mittels Kundeneinlagen und speziell mittels Spareinlagen, zu refinanzieren. Zusätzlich empfiehlt es sich zu prüfen, ob und in welchem Umfang die analysierte Bank Fristentransformation betreibt, da dies signifikante und nicht immer positive Auswirkungen auf die Margen und damit das Ergebnis der Bank haben kann (vgl. Abschnitt 3.1.5.2).

In der nachstehenden Tabelle sind die oben dargestellten Kennzahlen für einige deutsche Banken auf Basis ihrer Jahresabschlüsse 2001 beispielhaft dargestellt. Es zeigt sich, dass die DAB-Bank, gefolgt von der Postbank, mit 73% bzw. 45% die stärkste Refinanzierungsbasis im Bereich der Kundeneinlagen hat. Bei der DAB-Bank zeigt sich sogar ein deutlicher Passivüberhang (vgl. Abschnitt 3.1.3)[32]. Die Commerzbank verfügt dagegen insgesamt über die schwächste Refinanzierungsbasis: Über die Hälfte der benötigten Einlagen muss sich das Institut bei anderen Kreditinstituten beschaffen bzw. werden über die Ausgabe von Schuldverschreibungen und ähnliches erzielt – nur 2% der Aktiva sind stabile, vergleichsweise niedrigverzinsliche Spareinlagen. Nur 6% der Kredite an Kunden werden durch Spareinlagen gedeckt.

32 Die Kundeneinlagen sind viermal so hoch wie die Kredite an Kunden.

Vergleich der Refinanzierungsstruktur ausgewählter Banken				
Kennzahlen/ 2001	**Commerz-bank**	**Hypo-Vereinsbank**	**DAB-Bank**	**Post-bank**
in % der Passiva				
- Kundeneinlagen	23	30	73	45
- Spareinlagen	2	4	0	17
- Termineinlagen	14	n.v.	11	14
- Sichteinlagen	7	n.v.	61	13
- Verbriefte Verbindlichkeiten	38	35	0	28
- Verbindlichkeiten gegenüber Kreditinstituten	22	20	10	19
in % der Kredite an Kunden				
- Kundeneinlagen	53	52	807	141
- Spareinlagen	5	6	0	55

Quelle: Geschäftsberichte der Banken; n.v.: nicht im Geschäftsbericht verfügbar.

3.1.6 Stille Reserven und Net Asset Value

Der Net Asset Value (NAV) beschreibt den Nettovermögenswert einer Bank und setzt sich zusammen aus dem bilanziellen Eigenkapital (auch als Buchwert bezeichnet) sowie aller stiller, in der Bilanz nicht berücksichtigter Reserven. Er wird häufig als Instrument zur Bewertung einer Bank herangezogen. Die im NAV enthaltenen stillen Reserven können jedoch auch als Kennzahl zur Beurteilung der Ergebnisqualität einer Bank dienen.

Allerdings hat sich die Bedeutung der stillen Reserven für die deutschen Banken verändert – im internationalen Kontext haben diese Reserven ohnehin keine große Rolle gespielt. Im nachfolgenden Abschnitt wird dieser Entwicklungstrend und die dem Thema zugrunde liegenden wichtigsten Rechnungslegungsvorschriften diskutiert. Daran anschießend folgt die Berechnung des NAV. Anhand von Beispielen soll dann seine Aussagekraft für den externen Analysten erläutert werden.

3.1.6.1 Entwicklungstrends der letzten Jahre

Stille Reserven haben bei den deutschen Banken, insbesondere bei den börsennotierten Grossbanken, traditionell eine sehr wichtige Rolle gespielt. Es handelte sich dabei vor allem um Reserven in

- Beteiligungen,
- Immobilien sowie
- sogenannte bankspezifische stille Reserven (nach § 340f HGB).

Die Hinwendung zur internationalen Rechnungslegung einerseits und der Preisverfall an den Finanzmärkten andererseits hat jedoch in den letzten Jahren dazu geführt, dass die Bedeutung dieser stillen Reserven deutlich zurückgegangen ist. So konnte beispielsweise die Commerzbank Ende des Jahres 2000 noch auf rund 1,7 Mrd. € stille Kursreserven in ihren börsennotierten Finanzanlagen (im Wesentlichen aus Beteiligungen) blicken. Zum 30.9.2002 sind diese Reserven nicht nur abgeschmolzen, sondern haben sich mit rund -1,3 Mrd. € sogar zu stillen Lasten entwickelt.

Wie stellen sich diese Veränderungen im Detail dar? Zunächst zum Thema Beteiligungsbesitz: Die technische Hinwendung zur internationalen Rechnungslegung und die entsprechende Neuorientierung vom reinen Gläubiger- zum Shareholder-Value-Denken hat die strategische Ausrichtung vieler Grossbanken in den letzten Jahren sichtbar verändert. Vor allem die Deutsche Bank, die mit dem Jahresabschluss 2001 von den IAS zu den US-GAAP übergewechselt ist, verfügt seit Jahrzehnten über beachtliche stille Reserven in ihrem umfangreichen Industrie- und Versicherungsbeteiligungsbesitz. Er wurde traditionell als strategisch und daher als langfristig und tendenziell unverkäuflich eingestuft. Ende der neunziger Jahre setzte hier die Trendwende ein. Mit der Gründung der eigenen Transaktionsgesellschaft DB Investor Ende 1998 und der Ausgliederung aller nicht mehr als strategisch eingestuften Beteiligungen, wurde bei der Deutschen Bank die Wende vollzogen. Andere Banken zogen nach. Gleichzeitig nutzen die Banken ihre Beteiligungsverflechtungen untereinander als Akquisitions- bzw. Fusionswährung. Diese Entflechtung der „Deutschland AG" und die damit verbundene Reduktion der „Macht der Banken" wurde von den Kapitalmärkten und den Wettbewerbshütern allgemein begrüßt. Zum 1.1.2001 wurde diese Entwicklung durch gesetzliche Veränderungen zusätzlich unterstützt: Im Zuge der Steuerreform 2000 befreiten die Gesetzgeber alle Kapitalgesellschaften von ihrer Pflicht, Steuern auf den Verkaufserlös ihrer Beteiligungen zu zahlen. Seit Ende 1999 bis zum 30.9.2002 hat die Deutsche Bank beispielsweise stille Reserven in Beteiligungen von über 7 Mrd. € aufgelöst und damit ihr Ergebnis vor allem in den schwierigen Geschäftsjahren 2001 und 2002 nachhaltig unterstützt. Sie steht damit jedoch nicht alleine. Auch die HypoVereinsbank hat inzwischen einen Großteil ihres Beteiligungsbesitzes veräußert und damit erhebliche stille Reserven gehoben.

Deutsche Bank: Wesentliche Anteilsverkäufe seit Ende 1999

Datum	Verkaufte Beteiligung
Oktober 1999	Allianz (2,3%)
Juni 2000	Allianz (2,8%)
März 2001	Allianz (k.A.)
Juni 2001	Münchener Rück (2,2%)
Dezember 2001	Münchener Rück (k.A.)
März 2002	Münchener Rück (k.A.)
März 2002	Allianz (k.A.)
Oktober 2002	Deutsche Börse (9,3%)
November 2002	Continental(7,5%)

Erlöse >7 Mrd. €

Quelle: DEUTSCHE BANK, Geschäftsberichte und Pressemeldungen.
k.A.: keine Angaben

Nicht nur das aktive Management der Beteiligungen hat zu einem Rückgang der stillen Reserven beigetragen. Auch der Preisverfall an den Finanzmärkten hat den Marktwert der noch vorhandenen Aktiva und damit auch ihre stillen Reserven als Differenz zwischen Markt- und Buchwert deutlich abschmelzen lassen. Seit Ende des Jahres 2000 bis zum 30.9.2002 sind die Aktienkurse, gemessen am DAX-Index, um rund 57%, gemessen am STOXX 50, um rund 54% und am Neuen Markt (NEMAX 50) sogar um rund 88% gefallen.

Die nachfolgende Übersicht zeigt die Veränderung der Kursreserven im Beteiligungs- und Wertpapierbestand bei Commerzbank und HypoVereinsbank von 1999 bis zum 30.9.2002:

Beispiel: Kursreserven im Beteiligungs- und Wertpapierbestand

Mio. € (Konzern)	**31.12.99**	**31.12.00**	**31.12.01**	**30.6.02**	**30.9.02**
Commerzbank	1 574	1 659	189	-640	-1 282
HypoVereinsbank	6 700	10 700	6 900	4 200	100

Quelle: COMMERZBANK, HYPOVEREINSBANK

Der starke Rückgang der Kursreserven zum 30.09.2002 wurde bei allen Banken insbesondere vom Wertverfall an den Finanzmärkten geprägt. So blickte beispielsweise die Commerzbank Ende September 2002 zwar auf unrealisierte Gewinne in ihren Beteiligungen bei Crédit Lyonnais, MAN und Unibanco. Diese wurden jedoch durch unrealisierte Verluste aus ihren Beteiligungen bei Banca Intesa, Santander Central Hispano, Generali, Linde und Münchener Rück deutlich überkompensiert. Bei der HypoVereinsbank ist zusätzlich der Verkauf von Beteiligungen (vor allem Allianz, e.on und Deutsche Börse) zu Buche geschlagen und hat die Reserven deutlich abschmelzen lassen.

Schließlich veränderte sich mit der Einführung von IAS 39 zum Geschäftsjahr 2001 auch die Bilanzierung der Beteiligungen. Als sogenannte Wertpapiere „Available-for-Sale" (AfS-Bestände) werden sie seitdem, soweit dies möglich ist, zu Marktpreisen in der Bilanz bewertet (bislang zu Anschaffungskosten). Allerdings erfolgt nicht zwangsläufig auch eine erfolgswirksame Verrechnung der Marktpreisänderungen in der GuV. Die meisten Banken nutzen ein durch IAS 39 mögliches Wahlrecht und verbuchen die Veränderung der Marktwerte (Fair Value) erfolgsneutral in den sogenannten Neubewertungsrücklagen innerhalb des bilanziellen Eigenkapitals. Dieses Thema wird im nachfolgenden Kapitel 3.1.6.2 noch gesondert diskutiert werden.[33]

Neben den stillen Reserven in den Beteiligungen verfügen viele Banken aber auch noch über umfangreichen, teilweise sehr alten Immobilienbesitz. Die Bedeutung der dort enthaltenen stillen Reserven war jedoch bislang deutlich geringer als die Reserven in den Beteiligungen. Gemäß IAS 16.28 wird dieser Immobilienbesitz in der Bilanz zu fortgeführten Anschaffungs- und Herstellkosten bewertet, sofern es sich nicht um einen eigenen Geschäftszweig handelt. Zwar ist auch hier grundsätzlich die Neubewertungsmethode erlaubt, keine der Banken hat diese Alternative jedoch bislang gewählt. Der Immobilienbesitz ist zudem weit weniger fungibel als der oben beschriebene Beteiligungsbesitz und sein Verkauf auch nicht entsprechend steuerlich begünstigt. Daher ist es gängige Praxis, bei der Ermittlung der stillen Reserven aus Immobilien diese sowohl um die fiktive Ertragsteuerbelastung als auch um einen subjektiven Fungibilitätsabschlag von 20-30% zu reduzieren.

Schließlich sind der Vollständigkeit halber auch die sogenannten stillen, versteuerten Vorsorgereserven nach § 340f HGB zu erwähnen. Diese Reserven waren bei den deutschen Banken sehr beliebt und haben vor der Hinwendung zur internationalen Rechnungslegung eine wichtige Rolle gespielt. Allerdings haben sie bei weitem nicht die Größenordnung der Reserven in Beteiligungen und Immobilien erreicht. Die Bildung solcher, in der Bilanz und GuV nicht sichtbarer Reserven[34] ist nach IAS 30.25 ausdrücklich untersagt worden. Sie müssen daher beim Übergang zur IAS-Rechnungslegung vollständig aufgelöst werden.

3.1.6.2 Theoretischer Hintergrund – IAS 39

Die Einführung von IAS 39 hat die Bilanzierung des Beteiligungsbesitzes der Banken nachhaltig verändert. Die neuen Regelungen sind mit denen unter US-GAAP vergleich-

33 Vgl. auch Abschnitt 2.3.4 im Beitrag „Ansatz und Bewertung von Financial Instruments".

34 Grundsätzlich können unter HGB-Recht sogenannte Wertpapiere der Liquiditätsreserven, deren Ergebnis im GuV-Posten „Risikovorsorge" ihren Eingang findet, um bis zu 4% ihres Gesamtbetrages unterbewertet werden. Die dadurch entstehenden stillen Reserven müssen direkt bei Bildung versteuert werden.

bar und grenzen sich daher deutlich gegenüber dem HGB ab (vgl. nachfolgende Tabelle). IAS 39.10 unterscheidet vier Kategorien finanzieller Vermögenswerte:

1. Held-for-Trading Financial Assets (HfT; Handel),
2. Held-to-Maturity Investments (HtM; Anlagebestand, Halteabsicht bis zur Endfälligkeit),
3. Available-for-Sale Financial Assets (AfS; Liquiditätsbestand, Finanzinstrumente, die keiner übrigen Kategorie zugeordnet werden können),
4. Loans and Receivables Originated by the Enterprise (Originäre Darlehen und Forderungen – im Wesentlichen Kreditgeschäft).

Die Beteiligungen der Banken werden in der Kategorie „AfS“ erfasst, da sie keine Endfälligkeit aufweisen (HGB: Anlagebestand). In der Bilanz sind sie wahlweise als eigenständige Position oder gemeinsam mit den HtM-Beständen unter der Position Finanzanlagen auszuweisen[35]. Neu nach IAS 39 ist die Bewertung zu Marktpreisen statt wie bislang zu Anschaffungskosten (HGB: Anschaffungskosten und gemildertes Niederstwertprinzip). Dies hat direkte Auswirkung auf den Ausweis der stillen Reserven in Beteiligungen. Bis zum Jahr 2000 haben die Großbanken diese stillen Reserven lediglich in den Notes aufgeschlüsselt. Mit In-Kraft-Treten der neuen Regelung sind die Reserven nunmehr bereits in der Bilanz aufgedeckt. Häufig werden dabei unter IAS im Gegensatz zum HGB die stillen Reserven in Beteiligungen im bilanziellen Eigenkapital und damit im Buchwert der Bank berücksichtigt. Unter HGB müssen die Marktwerte anhand des offengelegten, börsennotierten Beteiligungsbesitzes ermittelt und den entsprechenden Buchwerten in der Bilanz gegenübergestellt werden. Angaben dazu finden sich bei den meisten großen Banken im Anhang. Die so ermittelten stillen Reserven sind dann zum bilanziellen Eigenkapital zu addieren. Erst dann sind die Buchwerte unter HGB und IAS annähernd vergleichbar.

Die Veränderungen im Fair Value der AfS-Bestände muss eine IAS-Bank nicht zwangsläufig erfolgswirksam erfassen. Sie hat vielmehr ein einmaliges Wahlrecht zwischen einer erfolgsneutralen Erfassung der Veränderungen im Eigenkapital der Bilanz oder der Berücksichtigung in der GuV und damit auch im Konzernergebnis. Bei erfolgswirksamer Bilanzierung werden Bewertungs- und Bestandsänderungen als Ergebnis aus AfS-Beständen (bzw. saldiert mit den HtM-Beständen im Finanzanlageergebnis) verbucht. Laufende Erträge (Dividenden) und Aufwendungen aus den Beteiligungen fließen in der Regel in den Zinsüberschuss, können jedoch auch im Ergebnis aus AfS-Beständen bzw. im Finanzanlageergebnis berücksichtigt werden. Dagegen gilt bei der erfolgsneutralen Verrechnung: Erst bei der Veräußerung des finanziellen Vermögenswerts wird das in der Neubewertungsrücklage bilanzierte, kumulierte Bewertungsergebnis aufgelöst und in der GuV erfasst. Die nach IAS bilanzierenden deutschen Banken folgen, wie bereits be-

35 Die Aufsplittung in AfS und HtM erfolgt dann in den Notes; vgl. HYPOVEREINSBANK, Geschäftsbericht 2001, München, S. 70. Andere Banken, wie die Commerzbank, weisen die AfS-Bestände direkt als eigenständige Position „Beteiligungs- und Wertpapierbestand“ (zur Veräußerung verfügbare finanzielle Vermögenswerte) in der Bilanz aus; vgl. COMMERZBANK, Geschäftsbericht 2001, Frankfurt, S. 67.

schrieben, in der Regel der erfolgsneutralen Methode und erfassen die Fair-Value-Änderungen ihrer AfS-Bestände in den sogenannten Neubewertungsrücklagen als Position des bilanziellen Eigenkapitals. Damit spiegeln die Neubewertungsrücklagen aus AfS-Beständen prinzipiell die stillen Reserven bzw. Lasten in den Beteiligungen der Banken wider. Allerdings gilt es dabei einige Ausnahmen und Besonderheiten zu beachten (vgl. dazu auch die Beispiele im nachfolgenden Abschnitt):

- AfS-Bestände, die nicht zu Marktpreisen bewertet werden können, werden weiterhin zu Anschaffungskosten in der Bilanz berücksichtigt. Folglich sind ihre stillen Reserven nicht in den Neubewertungsrücklagen enthalten;
- einige Banken weisen eine mit den Bewertungsänderungen aus Cash Flow Hedges saldierte Neubewertungsrücklage aus;
- bei dauerhaften Wertminderungen ist eine erfolgsneutrale Verrechnung nicht möglich und eine sofortige Abschreibung in der GuV zwingend vorgeschrieben.

<table>
<tr><th colspan="5">Wertpapierbestände nach HGB</th></tr>
<tr><th>Bezeichnung</th><th>Beschreibung</th><th>Bilanz</th><th>GuV</th><th>Bewertung</th></tr>
<tr><td>Anlagebestand</td><td>Wertpapiere, die dem Geschäftsbetrieb dauernd dienen (Beteiligungen, Anteile an verbundenen Unternehmen, sonstige Wertpapiere).</td><td rowspan="3">Alle drei Kategorien können enthalten sein in
- Beteiligungen,
- Schuldverschreibungen und anderen festverzinslichen Wertpapieren,
- Aktien und anderen nicht festverzinslichen Wertpapieren.</td><td>Zinsüberschuss: Zinserträge und Dividenden.
Finanzanlageergebnis: Abgang und Abschreibungen bei dauerhafter Wertminderung.</td><td>Gemildertes Niederstwertprinzip in der Bilanz; erfolgswirksam bei Veräußerung in der GuV.</td></tr>
<tr><td>Handelsbestand</td><td>Wertpapiere, die eigenen Handelszwecken dienen.</td><td>Zinsüberschuss: Zinserträge und Dividenden.
Ergebnis aus Finanzgeschäften (Handelserfolg).</td><td rowspan="2">Strenges Niederstwertprinzip in der Bilanz; erfolgswirksam bei Veräußerung in der GuV.</td></tr>
<tr><td>Liquiditätsbestand</td><td>Wertpapiere, die direkt keiner der anderen Kategorien zuzuordnen sind.</td><td>Zinsüberschuss: Zinserträge und Dividenden.
Risikovorsorge (Abgang, Abschreibung und Bildung stiller Reserven nach § 340f).</td></tr>
</table>

<table>
<tr><th colspan="5">Kategorien finanzieller Vermögenswerte nach IAS 39.10</th></tr>
<tr><th>Bezeichnung</th><th>Beschreibung</th><th>Bilanz</th><th>GuV</th><th>Bewertung</th></tr>
<tr><td>Held-for-Trading (HfT)</td><td>Finanzinstrumente, die zu Handelszwecken gehalten werden; Position beinhaltet neben Wertpapieren auch erworbene und originäre Forderungen, sofern sie Handelszwecken dienen (Handelsbestand).</td><td>Handelsaktiva und -passiva.</td><td>Handelsergebnis (inkl. Derivate, die keine Sicherungsgeschäfte sind).</td><td>Bilanzierung zum Fair Value; Veränderung des Fair Value als Ertrag/Aufwand in der GuV.</td></tr>
<tr><td>Available-for-Sale (AfS)</td><td>Finanzinstrumente, die keiner übrigen Kategorie zugeordnet werden können (Liquiditätsbestand), im Wesentlichen Anteile an nicht konsolidierten Tochterunternehmen, an assoziierten Unternehmen, Aktien und andere nicht festverzinsliche Wertpapiere und sonstiger Anteilsbesitz, aber auch erworbene Forderungen, die entsprechende Eigenschaften aufweisen.</td><td rowspan="2">Gemeinsamer Ausweis unter der Position Finanzanlagen möglich bzw. getrennt als AfS-Bestände und Finanzanlagen (HtM-Bestände).

AfS-Bestände: Erfolgsneutrale Verrechnung der Änderung des Fair Value in den Neubewertungsrücklagen (bilanzielles Eigenkapital).</td><td rowspan="2">Wahlrecht/Zinsüberschuss oder Ergebnis aus AfS-Beständen bzw. Finanzanlagen: Zinserträge und Dividenden aus AfS- und HtM-Beständen;

AfS/Ergebnis aus AfS-Beständen: Abgang, Änderung des Fair Value, Abschreibungen bei dauerhafter Wertminderung erfolgsneutral bewerteter Bestände;

HtM/Ergebnis aus Finanzanlagen: Abgang und Abschreibung bei dauerhafter Wertminderung.</td><td>Bilanzierung zum Fair Value[1)].

Wahlrecht: Veränderung des Fair Value wird entweder erfolgsneutral in der Bilanz (Neubewertungsrücklage) bzw. erfolgswirksam in der GuV verrechnet.</td></tr>
<tr><td>Held-to-Maturity (HtM)</td><td>Finanzinstrumente, die mit der Absicht und Fähigkeit erworben wurden, sie bis zur Endfälligkeit zu halten. Sie müssen folglich eine Endfälligkeit aufweisen (Anlagebestand). Im Wesentlichen sind dies festverzinsliche Wertpapiere, aber auch erworbene Forderungen, die entsprechende Eigenschaften aufweisen; insgesamt eher geringere Bedeutung.</td><td rowspan="2">Zu Anschaffungskosten in der Bilanz; HtM: erfolgswirksam in der GuV erst bei Veräußerung.</td></tr>
<tr><td>Originated Loans and Receivables (L&R)</td><td>Originäre Forderungen, die durch die Bereitstellung von Geld, Waren oder Dienstleistungen an Schuldner entstanden sind und nicht veräußert werden sollen (inkl. Konsortialkredite und syndizierte Forderungen sowie wertpapiermäßig verbriefte Forderungen).</td><td>Je nach Schuldner
- Forderungen an Kreditinstitute und
- Forderungen an Kunden.</td><td>Zinsüberschuss: Zinserträge

Risikovorsorge: Abschreibungen</td></tr>
</table>

1) Ist eine Marktpreisbewertung nicht möglich, kann zu Anschaffungskosten bewertet werden (z.B. bei nicht börsennotierten Beteiligungen)

3.1.6.3 Berechnung und Auswertung

Wie wird der NAV berechnet und was ist dabei zu beachten? Durch die Einführung von IAS 39 und die Änderung der Bewertung von Beteiligungen in der Bilanz hat sich das bilanzielle Eigenkapital dem NAV angenähert. Da die stillen Reserven (bzw. stillen Lasten) aus Beteiligungen prinzipiell im Eigenkapital enthalten sind, müssen lediglich die Nettoreserven aus dem Immobilienbesitz hinzugerechnet werden. Problematisch ist jedoch, dass im Eigenkapital auch die Neubewertungsreserven aus Cash Flow Hedges[36] enthalten sind. Diese sollten nicht im NAV berücksichtigt werden. Gleichzeitig sind bei einigen Banken in der Neubewertungsreserve aus AfS-Beständen nicht alle stillen Reserven aus Beteiligungen enthalten, da einige der Beteiligungen nicht zu Marktpreisen bewertet werden können.

Was spricht gegen die Berücksichtigung von Neubewertungsreserven aus Cash Flow Hedges im NAV? Es liegt in der Natur von Sicherungsgeschäften, dass die verwendeten Derivate durch die Absicherung an Wert verlieren bzw. sogar einen negativen Wert annehmen können. Das Grundgeschäft dagegen, dessen Wert von der Absicherung profitiert, wird jedoch unter IAS weiterhin zu Anschaffungskosten bewertet. Es enthält folglich in diesem Fall stille Reserven. Sie werden erst durch den Abgang des Geschäftes erfolgswirksam in der GuV realisiert. Bis dahin besteht ein Ungleichgewicht in der Bilanz. Durch die Nichtberücksichtigung der Neubewertungsreserven aus Cash Flow Hedges wird verhindert, dass sich dieses Ungleichgewicht auf den NAV überträgt.

Ein weiterer Punkt ist die unvollständige Berücksichtigung der stillen Reserven aus AfS-Beständen innerhalb der ihnen entsprechenden Neubewertungsreserven. Nicht alle Beteiligungen und Wertpapierbestände dieser Kategorie können zu Marktpreisen bewertet werden (in der Regel alle nicht börsennotierten Aktiva). Sie werden daher weiterhin in der Bilanz zu Anschaffungskosten verbucht. Dies kann, wie das Beispiel der HypoVereinsbank zeigt, durchaus zu nennenswerten Unterschieden führen: So lagen im Jahr 2001 die Neubewertungsrücklage aus AfS-Beständen bei 6,1 Mrd. €, die stillen Reserven jedoch fast 7 Mrd. €. Grund dafür war, dass die HypoVereinsbank einige ihrer Beteiligungen, wie beispielsweise e.on[37], indirekt über eine nichtbörsennotierte Beteiligungsgesellschaft gehalten hatte.

In der nachfolgenden Übersicht ist der NAV von Commerzbank und HypoVereinsbank beispielhaft dargestellt.

---

[36] Cash Flow Hedges sind eine von insgesamt drei unterschiedlichen Formen von Sicherungsgeschäften mittels Derivate gemäß IAS 39.137. Cash Flow Hedges dienen dabei der Absicherung zukünftiger, erfolgswirksamer Schwankungen von Zahlungsströmen. Der effiziente, also wirksame Teil des Cash Flow Hedges wird erfolgsneutral als Neubewertungsrücklage erfasst, der ineffiziente Teil wird dagegen erfolgswirksam in der GuV berücksichtigt.

[37] Die HypoVereinsbank hat sich im drittes Quartal 2002 vollständig von ihrer indirekten Beteiligung an e.on getrennt; vgl. Präsentation der HypoVereinsbank anlässlich des Analystenmeetings vom 24.10.2002 in München.

Beispiel: Berechnung des NAV ausgewählter deutscher Banken zum 31.12.2001		
Mio. € (Konzern)	**Commerzbank**	**Hypo-Vereinsbank**
Bilanzielles Eigenkapital (Buchwert)	11 760	25 110
- Neubewertungsrücklagen aus Cash Flow Hedges	- 397	- 550
+ Stille Reserven in nichtbörsennotierten Beteiligungen	122	765
+ Stille Reserven in Immobilien[1)]	82	630
= NAV	**12 361**	**27 055**
%-Anteil stiller Reserven am NAV	1,6	5,2

Quelle: Eigene Schätzungen, Geschäftsberichte 2001 der Banken.
[1)] Bereinigt um Steuern und um einen Fungibilitätsabschlag von 20%

Was sagt der NAV aus? Der NAV ist zum einen eine Kennzahl zur Bewertung einer Bank. Im Gegensatz zu neueren Methoden der Bankenbewertung, die den Wert einer Bank mittels zukünftiger Ertragsdiskontierungen feststellen, ist die NAV-Bewertung statisch und stellt rein auf Bilanzgrößen ab. Als erweiterter Buchwert bewertet der NAV einer Bank daher weniger ihr Wachstum, als ihre tatsächlich, vorhandene Substanz. Allgemein gelten NAV und insbesondere Buchwert als Mindestwert. Liegt bei börsennotierten Banken der Marktwert des Instituts über einen längeren Zeitraum deutlich unter seinem NAV bzw. sogar unter seinem Buchwert, kann dies ein Zeichen für sehr negative Markterwartungen (z.B. drohende Insolvenz der Bank) sein. Anders bei einer gesunden Bank. Hier könnte diese Konstellation in volatilen Märkten für einen Anleger auch auf eine Unterbewertung und damit eine günstige Kaufgelegenheit hinweisen.

Die im NAV enthaltenen stillen Reserven/Lasten zeigen dem Analysten jedoch auch potenzielle Erträge bzw. potenzielle Aufwendungen an, die das Ergebnis einer Bank, sollten die zugrunde liegenden Beteiligungen bzw. Wertpapiere verkauft werden, deutlich beeinflussen können. Vor allem bei der Beurteilung der Eigenkapitalrendite (vgl. Abschnitt 3.3.3.2) sollte dies nicht außer Acht gelassen werden. Da unter IAS die stillen Reserven/Lasten im Eigenkapital berücksichtigt werden, könnte eine Bank durch den gezielten Verkauf von Beteiligungen bzw. Wertpapieren mit positiver Fair-Value-Entwicklung Bilanzpolitik betreiben: Der Verkauf reduziert die Neubewertungsreserve und damit das Eigenkapital[38] und erhöht gleichzeitig das Ergebnis (bei einer Verschlechterung des Fair Value würde das Ergebnis entsprechend belastet). Es käme zu einem doppelt positiven Effekt auf die Eigenkapitalrendite. Dieser Effekt und die damit erzielte Rendite ist jedoch selten nachhaltig.

38 Zwar fließt über die Gewinnthesaurierung wieder ein Teil des realisierten Gewinnes in das Eigenkapital zurück, allerdings ist dieser Betrag geringer als die aufgelöste Neubewertungsreserve (Steuern, Ausschüttungspolitik).

3.1.7 Analyse nicht bilanzwirksamer Geschäftsfelder

Im Folgenden soll die Analyse nicht bilanzwirksamer Bankgeschäfte am Beispiel der Geschäftsfelder Vermögensverwaltung (Asset Management, Private Banking) und Online Brokerage diskutiert werden. Diese Geschäftsfelder sind in den letzten fünf Jahren sehr stark gewachsen und haben damit deutlich an Bedeutung gegenüber den traditionellen, zinsabhängigen Bankgeschäften, wie beispielsweise dem Kreditgeschäft, gewonnen (vgl. dazu auch Abschnitt 3.1.1).

3.1.7.1 Ausgewählte Kennzahlen

Bankgeschäfte mit Dienstleistungscharakter, wie z.B. Vermögensverwaltung oder Online Brokerage, sind im Gegensatz zum traditionellen Kredit- und Einlagengeschäft nur teilweise über die Bilanz zu analysieren. Wichtige Erfolgsfaktoren, die die Struktur des Geschäfts beschreiben und damit auch die Basis für die weitere Kennzahlenanalyse bilden, werden in der Bilanz nicht abgebildet.

Für die Vermögensverwaltung sind dies vor allem

- das Fondsvolumen (Höhe des für Kunden verwalteten Vermögens) und
- die Mittelzu- bzw. -abflüsse (brutto und netto).

Für das Online Brokerage sind dies insbesondere

- die Anzahl der ausgeführten Wertpapiertransaktionen (Trades) und
- die Anzahl der Kunden (Konten).

Zunächst zur Vermögensverwaltung: Das Fondsvolumen bzw. die Höhe des für Kunden verwalteten Vermögens ist die wichtigste Basiskennzahl dieses Geschäftsfeldes. Sie dient häufig auch als Grundlage für die Preisfindung in M&A-Deals[39]. So ist die Höhe des verwalteten Vermögens Maßstab für die Bedeutung und Größe einer Geschäftseinheit. Analog zur Bilanzstrukturanalyse empfiehlt es sich, sofern es die Informationslage erlaubt, eine Strukturanalyse des verwalteten Vermögens durchzuführen (Welche Vermögenswerte werden für welche Kundengruppen gemanagt?).

Je nach Kundengruppe werden Publikumsfonds (börsennotiert, werden in der Regel an Privatkunden vertrieben) oder Spezialfonds (werden nicht öffentlich aufgelegt, sondern nur einem kleinen Kreis institutioneller Anleger, wie z.B. Großunternehmen, Versicherungen oder Kirchen angeboten) unterschieden. Generell gilt, dass die Margen im Geschäft mit Publikumsfonds höher als im Spezialfondsbereich sind. So wurde von Exper-

---

39 Beispiel: Für die Übernahme von Zürich Scudder Investments (ohne Threadneedle) im Dezember 2001 hat die Deutsche Bank weniger als 1% des von Scudder verwalteten Vermögens in Publikumsfonds (ca. 296 Mrd. US-$) als Kaufpreis (2,5 Mrd. US-$) bezahlt.

ten ermittelt, dass gemessen am Ergebnis nach Steuern bezogen auf das jeweilige Fondsvolumen im Geschäftjahr 2000 die durchschnittliche Rendite bei Publikumsfonds zwischen 8 und 64 Basispunkten (BP) und im Spezialfondsbereich lediglich zwischen 0,2 BP und 5 BP schwankte. Je nach Art der Geldanlage gibt es inzwischen vielfältige Arten von Investmentfonds, grundlegend sind dabei Aktien-, Renten-, Immobilien- und Geldmarktfonds.

Ein wichtiger Erfolgsindikator für den Bereich Vermögensverwaltung sind auch die Mittelzu- bzw. -abflüsse. Hier wird zwischen Brutto- und Nettozu-/-abflüssen unterschieden. Der Bruttozu-/-abfluss wird einfach als Differenz der Fondsvolumen am Ende und Anfang des Betrachtungszeitraums ermittelt. Allerdings sind in dieser Bruttogröße neben der Entwicklung des Neugeschäfts auch die Wertveränderung der zugrunde liegenden Vermögenswerte (Preis- und Währungsveränderungen) und gegebenenfalls auch sonstige Faktoren, wie Akquisitionseffekte (Beispiel: Übernahme des US-Asset Managers Scudder und der US-Immobilienfondsgesellschaft RREEF durch die Deutsche Bank, vgl. detailliertes Beispiel in Abschnitt 3.1.7.2) enthalten. Um den Erfolg des Neugeschäfts und damit auch den Vertriebserfolg zu beurteilen, müssen diese anderen Faktoren daher aus der Bruttogröße herausgerechnet werden. Allerdings ist eine exakte Ermittlung der Nettoveränderungen aus externer Sicht oft nicht möglich, da die Banken dazu keine Angaben im Geschäftsbericht machen müssen. Allerdings lassen sich Schätzungen anhand der allgemeinen Entwicklung der Aktien-, Renten- oder Immobilienmärkte vornehmen.

Im Online Brokerage bestimmt dagegen die Anzahl der Trades[40] das Geschehen. Zum einen spiegeln sie die Aktivität der Kunden wider. Da es in der Branche üblich ist, dass der Kunde eine Provision pro ausgeführter Transaktion bezahlt, sind die Trades zum anderen auch eine wichtige Größe für den Geschäftserfolg. Eine weitere, wichtige Basiskennzahl ist die Anzahl der Kunden. Sie ist grundsätzlich gleichzusetzen mit der Anzahl der Konten bzw. Depots der Bank, da ein Kunde in der Regel nur ein Depot auf seinen Namen eröffnet. Die Anzahl der Kunden ist ein guter Wachstumsindikator, jedoch kein unmittelbarer Maßstab für den Geschäftserfolg, da in Marktphasen hohen Wettbewerbs den Kunden häufig ein kostenloses Depot zur Verfügung gestellt wird. Nur mit aktiven Kunden sind jedoch entsprechende Erträge zu erwirtschaften. Die Anzahl dieser aktiven Kunden wird jedoch von den deutschen Brokern in der Regel nicht im Geschäftsbericht aufgeführt.

3.1.7.2 Beispiele zu Vermögensverwaltung und Online Brokerage

Im folgenden Abschnitt sollen am Beispiel der Deutschen Bank die grundlegenden Kennzahlen der Geschäftsfelder Asset Management und Private Banking vorstellt wer-

---

40 Von den Trades sind die sogenannten Orders zu unterscheiden. Sie beinhalten im Gegensatz zu den Trades auch alle nicht ausgeführten Transaktionen. Allerdings wird diese begriffliche Abgrenzung nicht von allen Brokern einheitlich verwendet.

den. Die Deutsche Bank verfügt hier, abgesehen von der deutschen Bankassurance-Gruppe Allianz/Dresdner, über das größte Geschäftsvolumen unter den deutschen Banken. Zwar bilanziert die Deutsche Bank, wie bereits beschrieben, seit dem Geschäftsjahr 2001 nach US-GAAP. Dies spielt jedoch für dieses Beispiel eine untergeordnete Rolle. Im Anschluss daran werden am Beispiel der größten deutschen Online Broker DAB-Bank und Comdirect die Erfolgsfaktoren im Online Brokerage mit den entsprechenden Kennzahlen kurz vorgestellt.

Zunächst zum Beispiel der Deutschen Bank: Sie hat im Jahr 2001 eine neue Führungs- und Organisationsstruktur eingeführt[41]. Die einzelnen Bankbereiche werden nunmehr in drei operative Einheiten zusammengefasst, so dass sich der Bereich Vermögensverwaltung (Asset Management und Private Banking) neben dem Personal Banking (Privatkundenfilialgeschäft) in der Geschäftseinheit „Private Clients and Asset Management" (PCAM) wiederfindet.

In den Jahren 2000 bis Ende September 2002 hat sich das von der Deutschen Bank für Kunden verwaltete Vermögen insgesamt wie folgt entwickelt:

Verwaltetes Vermögen der Geschäftseinheit PCAM der Deutschen Bank					
Mrd. €	**31.12.00**	**31.12.01**	**1Q02**	**2Q02**	**3Q02**
Asset Management	629	631	652	803[1)]	753
Veränderung zur Vorperiode (%)	6,8	0,3	3	-23[2)]	-6
Private Banking	190[3)]	167	166	162	150
Veränderung zur Vorperiode (%)	3,8	-12,1	-0,6	-2,4	-7,4
Personal Banking	110	113	116	93	89
Summe	**929**	**911**	**934**	**1 058**	**992**
Mittelzu-/-abfluss (brutto)		**-18**	**23**	**124**	**-66**

Quelle: Deutsche Bank, Geschäftsberichte und Präsentationen.
[1)] Erstkonsolidierung von Scudder und RREEF: 299 Mrd. €, bereinigte Zahl: 504 Mrd. €
[2)] Bereinigt um die Erstkonsolidierung von Scudder und RREEF
[3)] Bereinigt um Alex Brown Private Clients, 83 Mrd. € (Desinvestition)

Das im Bereich Asset Management verwaltete Vermögen entfiel dabei zu 46% auf Spezial- und zu 35% auf Publikumsfonds (30.09.2002).

41 Vgl. dazu DEUTSCHE BANK, Geschäftsbericht 2001, Frankfurt.

Zusammensetzung: Verwaltetes Vermögen im Geschäftsfeld Asset Management der Deutschen Bank

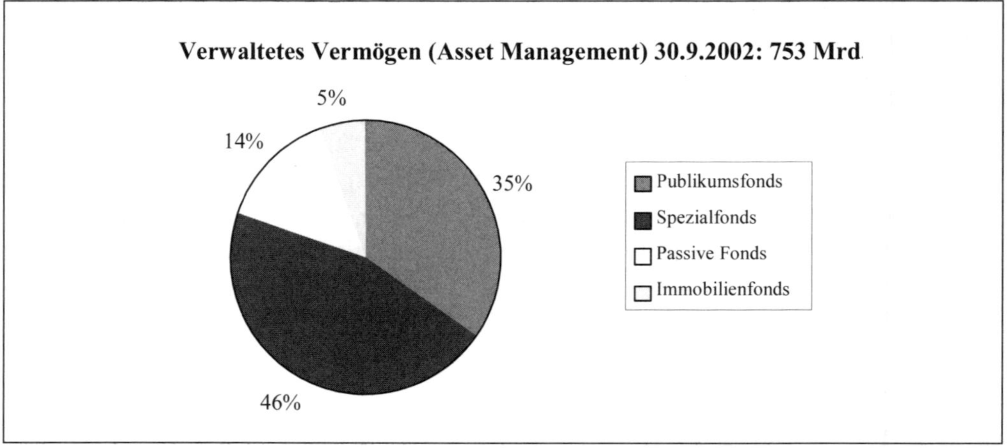

Quelle: Deutsche Bank, Präsentationen zum Zwischenbericht

Mit rund 40% Anteil entfiel dabei der Großteil des in Fonds verwalteten Vermögens auf Aktienfonds, jeweils rund 25% auf Renten- und Geldmarktfonds, der Rest auf gemischte und sonstige Fonds.

Kapitalströme des verwalteten Vermögens der Deutschen Bank (PCAM)			
Mrd. €	**2001**	**1 Hj. 2002**	**%**
Anfang der Periode	**929**	**911**	**-2**
Nettozufluss	67	- 2	-103
Marktveränderungen	- 85	- 150	-76
Akquisitionseffekte[1)]	-	299	-
Ende der Periode	**911**	**1 058**	**16**
Bruttozu-/-abfluss	**-18**	**147**	**-**
Ende der Periode ex Akquisitionen	**911**	**759**	**-17**
Veränderung zum Beginn der Periode	-2%	-17%	-

Quelle: Deutsche Bank, Geschäftsberichte und Präsentationen.
[1)] Scudder und RREEF

Eine Analyse der Kapitalströme für das Geschäftsjahr 2001 zeigt, dass der Rückgang des insgesamt im Bereich PCAM verwalteten Vermögens allein auf Marktbewegungen, also vor allem die Wertentwicklung der Wertpapiere und Währungsveränderungen in Höhe von insgesamt -85 Mrd. € (9%) zurückzuführen waren. Gleichzeitig konnten Mittelzuflüsse in Höhe von 67 Mrd. € diese Marktveränderungen teilweise kompensieren, so dass der Rückgang mit nur 2% von 929 Mrd. € auf 911 Mrd. € insgesamt noch moderat ausgefallen ist. Im gleichen Zeitraum haben die Aktienmärkte, gemessen an DAX 30 und STOXX 50, um jeweils rund 20% an Wert verloren – der NEMAX 50 sogar um 60%. Wird der vergleichsweise hohe Aktienanteil der Deutschen Bank berücksichtigt, so ist der Wachstumserfolg des Jahres 2001 insgesamt als vergleichsweise gut zu werten.

Im zweiten Halbjahr haben dagegen erstmalig Mittelabflüsse eingesetzt – ein Trend, der sich im dritten Quartal insgesamt weiter fortgesetzt hat. Dies wird deutlich, wenn das über Scudder und RREEF akquirierte, zum 30.6.2002 erstmalig konsolidierte Wachstum entsprechend adjustiert wird. Gleichzeitig scheint die Deutsche Bank deutlich stärker von Marktbewegungen erfasst worden zu sein (-12%), während sich die Talfahrt an den Aktienmärkten nicht weiter beschleunigt hat (DAX -15% und STOXX 50 -17%). Insgesamt erscheint damit der Wachstumserfolg der Deutschen Bank im ersten Halbjahr 2002 schwächer als im Jahr 2001.

Schließlich zum Geschäftsbereich Online Brokerage Die grundlegenden, absoluten Kennzahlen und damit Basis für die weiterführende Beurteilung von Profitabilität und Rentabilität sind die Anzahl der Kunden bzw. der verwalteten Depots sowie die Anzahl der für Kunden ausgeführten Trades. In der Regel werden diese Zahlen von allen Online Brokern im Lagebericht bzw. Anhang/Notes des Geschäftsberichts dargestellt und häufig auch nach Art der Kunden bzw. Regionen aufgeschlüsselt. Der Rückgang der ausgeführten Wertpapiertransaktionen ab dem Jahr 2001 zeigt deutlich den Einfluss der schwachen Finanzmärkte auf die Online Broker, und auch zum Jahresende 2002 drohen neue Tiefststände. Dagegen bleibt die Anzahl der Kunden vergleichsweise stabil. Das Angebot der häufig kostenlosen Depotführung ist sicherlich ein Grund dafür. Bei der DAB-Bank spielt zusätzlich die Erstkonsolidierung von Self Trade im Jahr 2001 eine Rolle.

Beispiel Comdirect und DAB-Bank: Kundenzahlen und Trades

Anzahl in Tsd.	1999	2000	2001	1Q02	2Q02	3Q02
Comdirect						
Trades	3 922	10 323	6 565	1 445	1 213	1 577
Veränderung in %	-	163	-36	-	-16	30
Kunden (Depots)[1)]	226	539	615	617	601	598
Veränderung in %	-	138	14	0,3	-3	-0,4
DAB						
Trades	2 225	6 101	6 244	1 208	1 072	1 289
Veränderung in %	-	174	2	-	-11	20
Kunden (Depots)	129	360	546	559	566	606
Veränderung in %	-	178	52	2	1	7

Quelle: DAB-Bank und Comdirect, Geschäftsberichte.
[1)]Nur Online-Brokerage-Kunden

3.2 Risikoanalyse

3.2.1 Risikoarten

Die Risikoüberwachung und -steuerung hat sich in den letzten Jahren bei allen Banken zu einem zentralen Thema entwickelt. Ziel ist es, bei geringem Risiko und entsprechend niedrigen Risikokosten ein möglichst hohes Ergebnis zu erwirtschaften.

Nach IAS 30 ist jede Bank durch die Bildung von Wertberichtigungen verpflichtet, Risikovorsorge für akute und potenzielle Kreditrisiken aufzubauen. Das deutsche Recht (vgl. DRS 5) sieht zusätzlich die Integration eines Risikoberichts im Geschäftsbericht vor. Der Risikobericht gibt dem externen Analysten wichtige Hinweise darüber, mit welchen Risiken[42] eine Bank konfrontiert werden kann und mit welchen Organisationsstrukturen und Kontrollmechanismen sie diese Risiken zu beherrschen versucht. Grundsätzlich sind auf Basis des DRS 5-10.23 die folgenden Risiken zu unterscheiden (vgl. folgende Tabelle):

- Marktrisiken,
- Adressenausfallrisiken,
- operationale Risiken,
- Liquiditätsrisiken,
- Geschäftsrisiken sowie
- sonstige spezielle, institutsspezifische Risiken.

---

42 Risiko ist die potenzielle negative Veränderung der prognostizierten Vermögens-, Finanz- und Ertragslage infolge eines unerwarteten Ereignisses; vgl. COMMERZBANK, Geschäftsbericht 2001, Frankfurt, S. 44.

Risiken der Banken		
Risikoarten	**Beschreibung**	**Gesetzliche Vorschriften**
Marktrisiken	Potenzieller Verlust aufgrund der Veränderungen von Preisen oder preisbeeinflussenden Parametern an den Finanzmärkten (Wertpapier-, Devisen-, Edelmetallhandel, Beteiligungen): – Zinsrisiko, – Währungsrisiko, – Aktienkursrisiko, – Edelmetall-/Rohstoffrisiko, – Volatilitätsrisiko.	Eigenkapitalvorschriften nach § 10 KWG/Grundsatz I und BIZ (vgl. 3.1.4.1)
Adressenausfallrisiken	Risiko von Verlusten oder entgangenen Gewinnen aufgrund unerwarteter Ausfälle oder Bonitätsverschlechterungen von Geschäftspartnern: – Kreditrisiko (Kreditgeschäft), – Emittentenrisiko (Wertpapiergeschäft), – Kontrahentenrisiko (Termingeschäfte), – Länderrisiko (Kredit-, Wertpapiergeschäft).	Eigenkapitalvorschriften nach § 10 KWG/Grundsatz I und BIZ (vgl. 3.1.4.1)
Operationale Risiken	Risiko von Verlusten aus unzureichenden oder fehlerhaften Systemen, Prozessen, menschlichem oder technischem Versagen sowie externen Ereignissen.	Zukünftig in den neuen Eigenkapitalvorschriften, Basel II enthalten (vgl. 3.1.4.2)
Liquiditätsrisiken	Risiko, den gegenwärtigen und zukünftigen Zahlungsverpflichtungen nicht nachkommen zu können: – Liquiditätsrisiko im engeren Sinne (generelle Zahlungsfähigkeit), – Refinanzierungsrisiko (Kredit-/Einlagengeschäft), – Marktliquiditätsrisiko (Wertpapierhandel).	Grundsatz II und § 11 KWG (vgl. 3.1.5.1)
Geschäftsrisiken	Unerwartete, vom ermittelten Trend abweichende, negative Veränderungen des Geschäftsvolumens- und/oder der Margen, die nicht auf andere Risikoarten zurückzuführen sind.	Keine
Sonstige spezielle Risiken	z.B. Rechtsrisiko, Risiko aus dem Immobilienbesitz, dem Anteils-/Beteiligungsbesitz, Reputationsrisiken	Keine

Der Stellenwert der verschiedenen Risikoarten ist von Bank zu Bank unterschiedlich. Entscheidend sind die jeweiligen Geschäftsschwerpunkte des betrachteten Instituts. Für einen externen Analysten ist es häufig schwierig, ein umfassendes und vor allem aktuelles Bild über die Risikolage einer Bank zu bekommen. Da die Geschäftsberichte der deutschen Banken in der Regel erst einen Monat nach Ende der Berichtsperiode, häufig sogar später veröffentlicht werden, geben die dort enthaltenen Daten letztendlich einen Zustand der Vergangenheit wieder. Der Analyst kann daher nur vom Vergangenen in die Zukunft schließen und bei Banken mit entsprechend schlechter Risikostruktur auch zukünftig Vorsicht walten lassen. Bei einer weiteren Verschlechterung der Risikolage würde hier der entsprechende Puffer fehlen.

Die nachfolgenden Ausführungen konzentrieren sich auf die Adressenausfallrisiken, speziell auf das traditionelle Kreditrisiko.

3.2.2 Das traditionelle Kreditrisiko

3.2.2.1 Theoretische Grundlagen

Als Kreditrisiken werden mögliche Wertverluste im kommerziellen Kreditgeschäft bezeichnet. Um für diese Risiken vorzusorgen, bildet jede Bank auf der Aktivseite der Bilanz eine sogenannte Risikovorsorge. Sie umschließt vor allem das bilanzielle, aber auch das außerbilanzielle Kreditgeschäft (z.B. Avale, Indossamentsverbindlichkeiten, Kreditzusagen)[43].

Die IAS schreiben eine detaillierte Darstellung der Risikovorsorge und ihrer Veränderungen im Konzernabschluss vor. Die Risikovorsorge hat Rückstellungscharakter und wird auf der Aktivseite der Bilanz als Negativposten unterhalb der ihr entsprechenden Aktiva, Forderungen an Kreditinstitute bzw. Kunden, aufgeführt. Die Zuführung (Aufwand) bzw. Auflösung (Ertrag) der bilanziellen Risikovorsorge erfolgt über eine gleichnamige Position in der GuV. Des Weiteren sind dort die sogenannten Direktabschreibungen (Aufwand) und gegebenenfalls auch Erträge aus dem Eingang von in früheren Perioden bereits abgeschriebenen Forderungen enthalten. Die Risikovorsorge in der GuV ist damit eine saldierte Größe. Da die Zuführungen und Direktabschreibungen die Erträge meist übersteigen, ist die Risikovorsorge häufig negativ und hat damit Aufwandscharakter. Inanspruchnahmen, also die Nutzung bereits zuvor über die GuV gebildeter Risikovorsorge bei tatsächlichem Kreditausfall, berühren die GuV dagegen nicht, sondern reduzieren lediglich den bilanziellen Risikovorsorgebestand (siehe nachfolgende Beispiele).

---

43 Für die Risiken im außerbilanziellen Kreditgeschäft können auch auf der Passivseite entsprechende Rückstellungen gebildet werden. Sie sind in der Bilanzposition „Sonstige Rückstellungen" enthalten.

Beispiel: Struktur der bilanziellen Risikovorsorge		
2001 in Mio. € (Konzern)	**HypoVereinsbank**	**Commerzbank**
Risikovorsorge zum 1.1.2001	12 754	5 658
+ Zuführungen	3 943	1 520
- Abgänge	4 204	1 272
aus Inanspruchnahmen	2 492	621
aus Auflösungen	1 712	651
+/- Sonstige Effekte [1)]	359	40
= Risikovorsorge zum 31.12.2001	**12 852**	**5 946**
Einzelwertberichtigungen	12 005	5 402
Länderwertberichtigungen	293	134
Pauschalwertberichtigungen	554	410

Quelle: Geschäftsberichte der Banken.
[1)] vor allem aus Wechselkursveränderungen und Änderungen im Konsolidierungskreis

Beispiel: Zusammensetzung der Risikovorsorge in der GuV		
2001 in Mio. € (Konzern)	**HypoVereinsbank**	**Commerzbank**
- Zuführung	3 943	1 520
+ Auflösung	1 712	651
- Direktabschreibungen	k.A. [1)]	96
+ Eingänge auf abgeschrieb. Forderungen	157	38
= Risikovorsorge $_{\text{GuV}}$	**-2 074**	**-927**

Quelle: Geschäftsberichte 2001 der Banken.
[1)] k.A.: keine Angabe; ist in den Zuführungen enthalten

Innerhalb der bilanziellen Risikovorsorge sind unter IAS analog zum HGB fünf verschiedene Formen der Wertminderung zu unterscheiden, die sich jeweils in die Kategorien „einzeln identifizierbare" und „nicht einzeln identifizierbare" Risiken einordnen lassen. Dem entsprechend müssen Einzelwertberichtigungen bzw. Direktabschreibungen gebildet werden oder das Risiko wird pauschal (Pauschalwertberichtigung, pauschalisierte Einzelwertberichtigung, Länderwertberichtigung) berücksichtigt. Im Gegensatz zum HGB ist die Bildung stiller Reserven innerhalb der Risikovorsorge nicht gestattet (vgl. dazu Abschnitt 3.1.6.2 – stille Reserven nach § 340f HGB). Die Berechnungsmethode der Risikovorsorge wird durch IAS 30 festgelegt. Demnach liegt eine Wertminderung vor, wenn der voraussichtlich einbringliche Betrag eines finanziellen Vermögenswerts niedriger als sein betreffender Buchwert ist. Die eigentliche Bemessung der Risikovorsorge ist allerdings nicht gesetzlich geregelt und folglich eine reine Managemententscheidung. Daher wäre es möglich, dass eine Bank mit extrem konservativer Bilanzierungspolitik auch unter IAS stille Reserven legt.[44]

Berücksichtigung von Kreditrisiken unter IAS 30

Formen von Wertminderungen				
Einzeln identifizierbare Risiken		**Nicht einzeln identifizierbare Risiken**		
Einzelwert-berichtigung	**Direkt-abschreibung**	**Pauschalwert-berichtigung**	**Pauschalierte Einzelwertbe-richtigungen**	**Länderwert-berichtigung**
Bilanzielle Vorsorge für akute, bereits erkennbare spezifische Ausfallrisiken.	Sofortige, erfolgswirksame Wertminderung bei tatsächlich eingetretenem Wertausfall spezifischer Adressaten.	Zur Abdeckung latenter Kredit-risiken; beziehen sich nicht auf ein spezielles Risiko.	Bilanzielle Vorsorge für ein Portfolio gleichartiger finanzieller Vermögens-werte; Beispiel: Mengenkredit-geschäfte im Retailbereich	Bilanzielle Vor-sorge in Form von pauschali-sierten Einzel-wertberichtigun-gen, die sich auf das Gesamtob-ligo der Kredit-nehmer eines bestimmten Landes beziehen.

3.2.2.2 Ausgewählte Kennzahlen mit Beispielen

Das Kreditgeschäft der Banken wird durch ihr Kreditvolumen dokumentiert, welches in den Notes veröffentlicht und weiter aufgeschlüsselt wird. Es enthält Kredite an Kreditinstitute und Kunden sowie Wechselkredite[45]. Diese beinhalten auch praktisch risikolose Kommunaldarlehen. Zur Beurteilung von Risiko und Qualität des Kreditvolumens scheint es jedoch angeraten, diese Kommunaldarlehen aus dem Kreditvolumen herauszu-

44 Vgl. Abschnitt 3.1.2 im Beitrag „Bilanz, Gewinn- und Verlustrechnung sowie Notes".

45 Im Wesentlichen enthalten in den Bilanzpositionen „Forderungen an Kunden/Kreditinstitute" sowie in Form von nicht originär erworbenen Forderungen, die nach IAS in der Position „Beteiligungs- und Wertpapierbestand" enthalten sind.

rechnen. Damit können Verzerrungen aufgrund unterschiedlicher Geschäftsschwerpunkte der Banken vermieden werden. Die Höhe der Kommunaldarlehen wird allerdings nicht immer im Geschäftsbericht aufgeführt. Bei der Bildung entsprechender Kennzahlen erscheint es zusätzlich sinnvoll, auf das durchschnittliche Kreditvolumen zurückzugreifen (arithmetisches Mittel aus Jahresanfangs- und -endbestand).

Daneben sind vor allem die unter Abschnitt 3.2.2.1 beschriebene Risikovorsorge (GuV und Bilanz) und die Anzahl der zinslos gestellten Kredite (sogenannte Non-Performing-Loans, NPL[46]) von grundlegender Bedeutung für die weitere Analyse. Angaben über diese NPL finden sich in der Regel in den Notes. Nach IAS 30.43(d) ist der Gesamtbetrag der Kredite, für die keine Zinszahlungen eingehen, anzugeben. Diese Angabepflicht wird jedoch in den IAS nicht näher spezifiziert. Ein Zeitrahmen wird nicht vorgegeben. Die deutschen Rechnungslegungsvorschriften kennen dagegen keinerlei spezifische Offenlegung zinsloser Forderungen. In Folge wird die Abgrenzung der NPL von den deutschen, nach IAS bilanzierenden Banken von Institut zu Institut unterschiedlich gehandhabt. Der Zeitpunkt, ab wann ein Kredit als zinslos klassifiziert wird, variiert. Eine Adjustierung seitens externer Analysten ist aufgrund mangelnder Datenverfügbarkeit praktisch kaum möglich. Daher ist die Aussagekraft eines Kennzahlenvergleichs mehrerer Banken in diesem Fall eingeschränkt.

In der Regel scheinen die NPL der Banken zum überwiegenden Teil abgeschrieben bzw. wertberichtigt und damit entsprechend in der bilanziellen Risikovorsorge enthalten zu sein. Nicht abgedeckte Teile repräsentieren jedoch ein Risikopotenzial für zukünftige Wertberichtigungen bzw. Abschreibungen. Damit droht in diesem Fall neben dem bereits entgangenen Zinsertrag eine weitere Belastung der Risikovorsorge der GuV.

Auf Basis von Kreditvolumen, Risikovorsorge und NPL lassen sich folgende, in der Tabelle dargestellten Kennzahlen zur Beurteilung der Qualität des Kreditgeschäfts unter Risikogesichtpunkten bilden.

---

[46] Beispiele für NPL: Kredit aus Vergleichen und Konkursen, wegen Zahlungsstörungen gekündigte Konten.

Kennzahlen zur Analyse der Qualität des Kreditgeschäfts		
Bezeichnung	**Formel**	**Beschreibung**
Kennzahlen in Relation zum Ø Kreditvolumen ohne Kommunaldarlehen		
Nettozuführungsquote	Zuführungen zur RV (inkl. Direktabschreibungen) minus Auflösungen der RV minus Eingänge auf abgeschriebenen Forderungen in % des Ø Kreditvolumens	Gibt an, in welcher Höhe relativ zum Kreditvolumen Risikovorsorge neu gebildet werden musste; ergebniswirksam in der betrachteten Periode; Aussagekraft einer Periode (Jahr) begrenzt. Analyse im Zeitablauf sinnvoll. Hohe Zuführungsquoten können auf eine schlechte Qualität des Kreditportfolios bzw. auf eine zu geringe Vorsorgepolitik in den Vorjahren hindeuten.
Ausfallquote	Kreditausfälle minus Eingänge auf abgeschriebene Forderungen in % des Ø Kreditvolumens	Effektive Kreditausfälle; häufig nicht in der betrachteten Periode ergebniswirksam; überdurchschnittliche Ausfallquoten deuten auf schlechtere Qualität des Kreditportfolios hin; die Ausfallquote sollte die Nettozuführungsquote nicht über mehrere Jahre deutlich übersteigen (Qualität des Risikomanagements).
Bestandsquote	Bilanzielle RV in % des Ø Kreditvolumens	Puffer für tatsächliche Kreditausfälle; zeigt an, für welchen Teil des Kreditvolumens Risikovorsorge getroffen wurde; eine hohe Bestandsquote ist grundsätzlich erwünscht – zu hohe Rückstellungen können jedoch auch aus Sicht der Anteilseigner ineffizient sein. Möglicher Indikator dafür: niedrige Ausfallquoten im Zeitablauf.
NPL-Quote	NPL in % des Ø Kreditvolumens	Zeigt an, welcher Teil des Kreditvolumens zinslos gestellt ist, also keinen Zinsertrag bringt. Grundsätzlich gilt: Umso niedriger die NPL-Quote, desto besser.
Sonstige Kennzahlen		
RV-NPL-Relation	Bilanzielle RV in % der NPL	Abdeckung der NPL durch die bestehende RV; ein Wert unter 100% gibt an, dass nicht alle NPL durch die Risikovorsorge gedeckt sind. Sie stellen ein theoretisches Risikopotenzial für mögliche Kreditausfälle dar.

RV: Risikovorsorge
NPL: Non-Performing-Loan(s)

Dabei ist zu berücksichtigen, dass die Bewertung der Kennzahlen von der Geschäfts- und damit der Risikostruktur einer Bank abhängig ist. So müssten gut gemanagte Hypothekenbanken, vor dem Hintergrund der nach dem Hypothekenbankgesetz festgelegten

Sicherheitenstruktur theoretisch niedrigere Bestands- und Ausfallquoten aufweisen, als solche Banken, die im mittelständischen Firmenkundengeschäft tätig sind. Insgesamt ist es daher schwer, generelle Richtwerte für die jeweiligen Kennzahlen zu geben. Gleichzeitig können die Kennzahlen je nach konjunkturellem Umfeld und individuellen Erwartungen der Banken stark schwanken. Während die Zuführung zur Risikovorsorge unmittelbar GuV-wirksam ist, sind die Kreditausfälle nur dann GuV-wirksam, wenn für sie keine Vorsorge getroffen wurde (Direktabschreibungen). Daher erscheint es sinnvoll, die Kennzahlen immer auch über einen mehrjährigen Zeitraum zu betrachten.

Beispiel: Kennzahlen zur Qualität des Kreditgeschäftes			
(Konzern)	**1999**	**2000**	**2001**
HypoVereinsbank			
Nettozuführungsquote	0,97%	0,38%	0,57%
Ausfallquote	0,48%	0,48%	0,65%
Bestandsquote	3,8%	4,1%	3,6%
NPL-Quote	2,9%	4,0%	3,6%
RV_{Bilanz}-NPL-Relation	132,7%	103,4%	99,6%
Commerzbank			
Nettozuführungsquote	0,45%	0,40%	0,47%
Ausfallquote	0,21%	0,50%	0,33%
Bestandsquote	3,8%	3,5%	3,3%
NPL-Quote	4,0%	3,9%	3,9%
RV_{Bilanz}-NPL-Relation [1)]	95,4%	90,0%	86,1%

Quelle: Geschäftsberichte HYPOVEREINSBANK und COMMERZBANK.
[1)] NPL vor Kürzung von Einzelwertberichtigungen und Sicherheiten

Die Analyse der Qualität des Kreditgeschäfts von HypoVereinsbank und Commerzbank anhand der oben dargestellten Kennzahlen zeigt ein unterschiedliches Bild. Abgesehen von konjunkturbedingten Schwankungen in den einzelnen Jahren, scheint die Risikolage und damit die Qualität des Kreditgeschäfts der HypoVereinsbank tendenziell schlechter als das der Commerzbank zu sein. Dies resultiert im Wesentlichen aus der Fusion der HypoVereinsbank von 1997. Die ähnlichen Geschäftsstrukturen der fusionierten Bayerischen Hypotheken- und Wechselbank und Bayerischen Vereinsbank haben vor allem im Kreditgeschäft, und hier insbesondere auch im Hypothekenbereich, zu einer Kumulation von Risiken geführt, die von den Beteiligten der Fusion in dieser Form zunächst nicht erwartet worden waren. Ein starker Aufbau der Risikovorsorge mit entsprechend hohen Ausfällen war die Folge. Die Ausfallquoten erscheinen im Zeitverlauf annähernd doppelt so hoch wie die entsprechenden Quoten der Commerzbank. Um drohenden Ausfällen vorzubeugen, musste die HypoVereinsbank offensichtlich auch ihre Nettozuführungsquote entsprechend höher ansetzten. Auch der im Zeitverlauf hohe Anteil der NPL am Kreditvolumen deutet auf Probleme im Kreditgeschäft hin. Allerdings hat sich die RV_{Bilanz}-NPL-Relation der Commerzbank in den letzten Jahren sichtbar reduziert und liegt im Jahr 2001 optisch deutlich unter 100%. Dies könnte, wie bereits eingangs erläutert, auf ein höheres, zukünftiges Ausfallrisiko hindeuten. Allerdings werden die NPL der Commerzbank nur vor Kürzung von Einzelwertberichtigungen und vor allem auch vor Kürzung von Sicherheiten veröffentlicht[47]. Bei entsprechender Bereinigung müssten die NPL der Commerzbank einen niedrigeren Wert annehmen und die RV_{Bilanz}-NPL-Relation sich entsprechend verbessern. So lag zum 30.9.2002 die rechnerische RV_{Bilanz}-NPL-Relation bei 93% (NPL inkl. Sicherheiten: 6,93 Mrd. €; Risikovorsorgebestand: 6,45 Mrd. €) – die bereinigte Quote erreichte nach Angaben der Commerzbank jedoch einen Wert von 101%[48].

3.3 Erfolgsanalyse

Gegenstand der Erfolgsanalyse ist die Analyse von Produktivität, Wirtschaftlichkeit und Rentabilität einer Bank. Während nach betriebswirtschaftlicher Definition bei der Berechnung der Produktivität traditionell nur Mengengrößen eingehen, werden bei der Rentabilität grundsätzlich Wertgrößen berücksichtigt[49]. Die Wirtschaftlichkeit berücksichtigt dabei speziell das Verhältnis von Aufwand und Ertrag. Die Rentabilitätsbetrachtung steht insgesamt am Ende der Analysekette und ist somit gleichzeitig auch Ergebnis von Struktur, Risiko, Produktivität und Wirtschaftlichkeit eines Kreditinstituts.

Bei der Durchführung der Erfolgsanalyse ist es wichtig, zum Vergleich mehrerer Banken sowohl Unterschieden im Rechnungslegungsstandard als auch in der Geschäftstruktur Rechnung zu tragen. Was die unterschiedlichen Rechnungslegungsformen betrifft, sollte vor allem auf die Zusammensetzung des Eigenkapitals geachtet werden. Bis schätzungsweise Mitte 2003 bleibt auch die Behandlung von planmäßigen Goodwillabschreibungen ein Thema. Entsprechende Unterschiede sind vor Berechung von Kennzahlen zu adjustieren.

---

47 Vgl. COMMERZBANK, Geschäftsbericht 2001, Frankfurt, S. 106.

48 Vgl. Rede und Präsentation von MÜLLER, K.-P., Vorstand der Commerzbank, anlässlich einer Analystenkonferenz am 13. November 2002.

49 Vgl. KÜTING, K./WEBER, C.-P., Bilanzanalyse, a.a.O., S. 286.

Die Bedeutung des Goodwill[50] hat in den letzten Jahren durch die verstärkte Übernahme- und Fusionstätigkeit in der Bankenbranche zugenommen. Gemäß FAS 142 darf seit dem 1.1.2002 der Goodwill nicht mehr planmäßig abgeschrieben werden, während IAS 22 bislang noch eine planmäßige Abschreibung von maximal 20 Jahren fordert[51]. Nach § 309 Abs. 1 HGB existiert dagegen ein Wahlrecht: Banken können ihren Goodwill entweder erfolgsneutral mit ihrem bilanziellen Eigenkapital verrechnen oder ihn über einen Zeitraum vom mindestens vier Jahren abschreiben[52]. Die meisten Banken, die nach HGB bilanzieren und deren Eigenkapitalausstattung den Erfordernissen standhält, wählen die erfolgsneutrale Verrechnung des Firmenwerts. Insgesamt weisen IAS-Banken dadurch bislang ein vergleichsweise niedrigeres Ergebnis aus, als solche Banken, die erfolgsneutral nach HGB oder nach US-GAAP bilanzieren. Hinzu kommt, dass IAS-Banken ihre Goodwillabschreibungen in unterschiedlichen GuV-Positionen berücksichtigen: einige Banken (z.B. Commerzbank, Comdirect) verbuchen die betreffenden Abschreibungen im sonstigen betrieblichen Ergebnis. Sie sind damit im Gesamtertrag und im Betriebsergebnis enthalten. Andere Banken, wie beispielsweise die HypoVereinsbank und die DAB-Bank, verrechnen ihre Goodwillabschreibungen innerhalb der übrigen Aufwendungen/Erträge unterhalb des Betriebsergebnisses bzw. wie im Jahr 2001 als eigenständige Position zusammen mit den Goodwillsonderabschreibungen unterhalb ihres Betriebsergebnisses[53]. Das Thema Goodwill dürfte sich jedoch bald als Problemfeld erledigt haben: Anfang Dezember 2002 präsentierte das International Accounting Standards Board (IASB) einen Vorschlag für die Neuregelung der Firmenwertbilanzierung. Mit dem Standardentwurf ED 3 „Business Combinations" folgt das IASB weitestgehend den US-amerikanischen Vorschriften: die planmäßigen Abschreibungen für den Goodwill sollen abgeschafft werden. An ihre Stelle treten jährliche Werthaltigkeitsprüfungen (Impairmenttests) auf Geschäftsbereichsebene, die bei entsprechender Wertminderung eine Goodwillsonderabschreibung nach sich ziehen. Bis April 2003 können diese Vorschläge kommentiert werden. Mit der endgültigen Beschlussfassung ist bereits ab Mitte 2003 zu rechnen. Bis dahin sollte bei der Berechnung der Kennzahlen jedoch die unterschiedliche Behandlung des Goodwill entsprechend bereinigt werden. Das Gleiche gilt für Unterschiede in der Verbuchung der Goodwillabschreibungen innerhalb der GuV der IAS-Banken.

---

50 Goodwill entsteht, wenn die Anschaffungskosten beim Unternehmenskauf größer sind als das Vermögen abzüglich der Schulden des erworbenen Unternehmens.

51 Bis zum 1. Januar 2002 musste der Goodwill auch unter US-GAAP über mindestens 5 bis maximal 40 Jahre abgeschrieben werden.

52 Eine vorgeschriebene Obergrenze gibt es nicht, in der Regel wird jedoch auf 15 Jahre abgeschrieben.

53 Zusätzlich können die unter IAS möglichen, unterschiedlichen Abschreibungsperioden die Vergleichbarkeit erschweren. Allerdings ist in der Praxis zu beobachten, dass die meisten Banken eine relativ einheitliche und lange Abschreibungsdauer von durchschnittlich 20 Jahren wählen. Die unterschiedlichen Abschreibungsmodalitäten sind insgesamt eher schwierig zu bereinigen.

Neben dem Goodwill unterscheiden sich vor allem zwischen HGB und IAS[54] die Zusammensetzung des bilanziellen Eigenkapitals. Dies betrifft insbesondere die Rentabilitätskennzahlen. Eine ausführliche Darstellung dieses Themas folgt daher im entsprechenden Abschnitt 3.3.3 (vgl. zum Thema Eigenkapitalanalyse auch Abschnitt 3.1.4).

Neben den Gegensätzen in der Rechnungslegung, ist auch beim Vergleich von Banken mit unterschiedlichen Geschäftsstrukturen eine gewisse Vorsicht angebracht. Häufig sind deren Ertrags- und Aufwandsstrukturen verschieden. So gibt es Bankgeschäfte, die mit niedrigen Fixkosten, jedoch auch mit einer entsprechend geringeren Ertragsmarge arbeiten. Die genaue Kenntnis dieser Strukturen ist vor allem bei der Analyse der Produktivität und der Rentabilität spezifischer Bankgeschäfte wichtig (vgl. dazu auch Abschnitt 3.1).

3.3.1 Produktivität

In der allgemeinen Betriebswirtschaftslehre wird die Produktivität als Kennzahl zur Berechnung der Ergiebigkeit der betrieblichen Faktorkombinationen definiert. Sie bezeichnet damit das Verhältnis von Output (Ausbringungsmenge) zum Input der Produktionsfaktoren[55]. Für Banken die als Finanzdienstleister nicht zur produzierenden Industrie zählen, muss diese Definition entsprechend weiter ausgelegt werden. Als Output bieten sich hier neben Mengengrößen (z.B. Transaktionen im Wertpapiergeschäft) auch Wertgrößen wie Aufwand, Ertrag und Ergebnis an. Die verwendeten Inputfaktoren sind jedoch entsprechend der allgemeinen Definition reine Mengengrößen. Im Hinblick auf das verwendete Ergebnis erscheint es sinnvoll, eine operative Ergebnisgröße wie das Betriebsergebnis oder gegebenenfalls auch das Ergebnis der gewöhnlichen Geschäftstätigkeit zur Berechnung heranzuziehen. Dies hat den Vorteil, dass die auf dieser Basis gebildete Kennzahl nicht durch außerordentliche Effekte verzerrt wird. Als Inputgröße wird häufig die Mitarbeiterzahl herangezogen. Speziell im Retailgeschäft können auch Produktivitäten auf Basis von Kundenzahlen oder Filialen hilfreich sein. Im Brokerage ist dagegen besonders die Anzahl der Wertpapiertransaktionen von Bedeutung. Durch die Kombination der verschiedenen Input- und Outputgrößen lassen sich je nach Bankgeschäft die verschiedensten Produktivitäten berechen. Eine Auswahl ist in der nachstehenden Tabelle zu sehen.

Darüber hinaus ist es, wie bereits eingangs angedeutet, zweckmäßig, beim Vergleich mehrerer Banken solche mit möglichst ähnlicher Geschäftsstruktur auszuwählen. Wird beispielsweise eine Kennzahl pro Kunde einer im Großkundengeschäft mit Firmen operierenden Bank mit einer anderen Bank verglichen, die vor allem im Filialmengen-

---

54 IAS ist dagegen US-GAAP sehr ähnlich.

55 Vgl. GABLER BANK LEXIKON, 13. Aufl., Wiesbaden 2002, S. 1052.

geschäft mit vielen kleineren Privatkunden aktiv ist, werden die Ergebnisse sehr unterschiedlich sein: Die Produktivität der Großkundenbank wird aufgrund ihrer kleineren, aber meist auch ertragsstärkeren Kundenbasis auf der Ertragsseite entsprechend besser aussehen. Auf der Aufwandsseite ergibt sich dagegen ein anderes Bild. Hier sollen die Belastungen entsprechend höher sein – vor allem, wenn neben dem allgemeinen Verwaltungsaufwand auch die Risikokosten berücksichtigt werden.

Ausgewählte Produktivitätskennzahlen		
Kennzahl	**Formel**	**Aussage**
pro Mitarbeiter		
Personalaufwand[1)]	Personalaufwand / Anzahl der Mitarbeiter	Gibt die ∅ Höhe des Personalaufwands an, der auf einen Mitarbeiter entfällt.
Verwaltungsaufwand[2)]	Verwaltungsaufwand / Anzahl der Mitarbeiter	Gibt die ∅ Höhe der administrativen Aufwendungen an, die auf einen Mitarbeiter entfallen.
Gesamtertrag[3)]	Gesamtertrag / Anzahl der Mitarbeiter	Gibt die Höhe des ∅ operativen Gesamtertrages an, den ein Mitarbeiter erwirtschaftet.
Betriebsergebnis	Betriebsergebnis / Anzahl der Mitarbeiter	Gibt die Höhe des ∅ operativen Ergebnisses an, das ein Mitarbeiter erwirtschaftet.
Mehrwert	(Operatives Ergebnis vor Abschreibungen + Personalaufwand) / Anzahl der Mitarbeiter	Gibt an, wie viel zusätzlichen Deckungsbeitrag ein weiterer Mitarbeiter erbringen könnte.
pro Kunden (insbesondere Mengengeschäft)		
Gesamtertrag[3)]	Gesamtertrag / Anzahl der Kunden	Gibt die Höhe des ∅ Gesamtertrags an, der mit einem Kunden erwirtschaftet wird.
Wertpapiertransaktionen	Wertpapiertransaktionen / Anzahl der Kunden	∅ Aktivität der Kunden; gibt die Anzahl der ausgeführten Wertpapiertransaktionen eines Kunden an.
Verwaltungsaufwand[2)]	Verwaltungsaufwand / Anzahl der Kunden	Gibt die Höhe der ∅ administrativen Aufwendungen an, die auf einen Kunden entfallen.
Akquisitionskosten	Marketingaufwand / (Kunden t_2-Kunden t_1)	Gibt den ∅ Marketingaufwand für einen neuen Kunden an.
Betriebsergebnis	Betriebsergebnis / Anzahl der Kunden	Gibt das ∅ operative Ergebnis an, das mit einem Kunden erwirtschaftet worden ist.
pro ausgeführter Wertpapiertransaktion (Brokerage Geschäft)		
Provisionsüberschuss	Provisionsüberschuss / Anzahl der Wertpapiertransaktionen	Zeigt den ∅ Provisionsüberschuss, der mit einer Wertpapiertransaktion verdient wird.
Verwaltungsaufwand[2)]	Verwaltungsaufwand / Anzahl der Wertpapiertransaktionen	Gibt die Höhe der ∅ administrativen Aufwendungen an, die für eine Wertpapiertransaktion nötig sind.
Betriebsergebnis	Betriebsergebnis / Anzahl der Wertpapiertransaktionen	Nennt die Höhe des operativen Ergebnisses, welches mit einer Wertpapiertransaktion verdient wird.

[1)] Personalaufwand: Löhne, Gehälter, soziale Abgaben sowie Aufwendungen für Altersvorsorge und Unterstützung;
[2)] Verwaltungsaufwand: Personal-, Sachaufwand und Abschreibungen;
[3)] Gesamtertrag: Zinsüberschuss, Provisionsüberschuss, Handelsergebnis, Sonstige betriebliche Erträge/Aufwendungen

Beispiel: Produktivitätskennzahlen pro Mitarbeiter				
in € (Konzern)	**1998**	**1999**	**2000**	**2001**
Commerzbank				
Personalaufwand	63 388	68 913	77 016	77 658
Verwaltungsaufwand	110 821	128 190	140 278	148 299
Gesamtertrag[1)]	158 531	172 527	215 244	175 806
Betriebsergebnis [1)]	38 965	40 235	57 422	4 027
Mehrwert	111 865	120 591	147 244	96 198
HypoVereinsbank				
Personalaufwand	62 717	55 144	67 733	60 227
Verwaltungsaufwand	109 615	98 982	118 128	111 263
Gesamtertrag[1)]	183 639	160 559	188 747	162 327
Betriebsergebnis[1)]	31 156	6 519	41 184	16 614
Mehrwert	104 697	73 489	123 599	91 959

Quelle: Eigene Daten auf Basis der Geschäftsberichte der ausgewählten Banken; [1)] Betriebsergebnis und Gesamterträge exkl. planmäßige Goodwillabschreibungen; aufgrund fehlender Daten konnten die sonstigen Steuern, bei der Commerzbank in den sonstigen betrieblichen Aufwendungen verbucht, nicht bereinigt werden.

Der Vergleich der Mitarbeiterproduktivitäten von Commerzbank und HypoVereinsbank zeigt, dass im Durchschnitt der Jahre 1999 bis 2001 die Commerzbank tendenziell eine leicht höhere Produktivität aufweist. Gleichzeitig zeichnen sich die einzelnen Werte beider Banken durch starke Schwankungen aus und haben sich in der Tendenz eher verschlechtert. Vor allem das Jahr 2001 erscheint in Summe unzureichend. Zwar liegt das Niveau der Personalaufwendungen und auch die Verwaltungsaufwendungen pro Mitarbeiter bei der HypoVereinsbank vergleichsweise niedriger. Ein wesentlicher Grund dafür ist die stärkere Ausrichtung der HypoVereinsbank auf das Hypothekengeschäft, während sich bei der Commerzbank die teure Expansion ins Investment Banking sichtbar niedergeschlagen hat. Andererseits liegen die Gesamterträge pro Mitarbeiter bei der Commerzbank höher. Bei entsprechend niedrigeren Risikokosten ergibt sich damit für die Commerzbank mit Ausnahme des Jahres 2001, ein höheres Betriebsergebnis pro Mitarbeiter. Im Jahr 2001 ist das Betriebsergebnis der Commerzbank aufgrund einer deutlichen Erhöhung der Risikovorsorge sowie einer sichtbaren Verschlechterung der sonstigen betrieblichen Erträge[56] der Bank regelrecht eingebrochen. Mit einem vergleichbaren

56 Im Jahr 2000 konnte die Commerzbank über 1 Mrd. € sonstige betriebliche Erträge aus dem Börsengang ihrer Tochtergesellschaft Comdirect erzielen.

Einbruch sah sich die HypoVereinsbank im Jahr 1999 konfrontiert. In diesem Jahr musste die Bank feststellen, dass durch die Fusion der HypoBank mit der Vereinsbank eine Kumulation von Risiken im Kreditgeschäft entstanden war. Dies machte eine entsprechende Anpassung der Risikovorsorge unumgänglich.

Bei der Berechnung der Kennzahlen wurden aus Gründen der Vergleichbarkeit in den Gesamterträgen und im Betriebsergebnis nicht die planmäßigen Goodwillabschreibungen berücksichtigt: Während die Commerzbank traditionell diese Goodwillabschreibungen im sonstigen betrieblichen Ergebnis[57] und damit innerhalb des Betriebsergebnisses verrechnet, weist die HypoVereinsbank diese Aufwendungen seit Jahren unterhalb des Betriebsergebnisses, wahlweise in den übrigen Aufwendungen/Erträgen bzw. als eigenständige Position[58] aus. Daher wurden die Zahlen der Commerzbank entsprechend bereinigt. Dies hat den Vorteil, dass sie damit auch mit US-GAAP-Banken eher vergleichbar wären. Allerdings konnten aufgrund fehlender Daten die sonstigen Steuern nicht bereinigt werden. Sie werden bei Commerzbank (und Comdirect) in den sonstigen betrieblichen Aufwendungen erfasst und sind damit analog zum Goodwill sowohl in den Gesamterträgen als auch im Betriebsergebnis berücksichtigt. Sie stellen jedoch grundsätzlich keine große Aufwandsposition dar, so dass sich Verzerrungen in Grenzen halten. HypoVereinsbank und DAB-Bank berücksichtigen die sonstigen Steuern ebenfalls unterhalb des Betriebsergebnisses innerhalb der übrigen Aufwendungen/Erträge.

---

57 Vgl. COMMERZBANK, Geschäftsbericht 2001, Frankfurt, S. 91.

58 Vgl. HYPOVEREINSBANK, Geschäftsbericht 2001, München, S. 35 und 63.

Beispiel: Produktivitätskennzahlen pro Kunde			
in % (Konzern)	**1999**	**2000**	**2001**
DAB-Bank			
Wertpapiertransaktionen	17,2	16,9	11,4
Gesamtertrag[1)]	445,6	407,0	247,4
Verwaltungsaufwand	455,7	383,1	425,6
Akquisitionskosten[2)]	106,6	141,2	222,1
Betriebsergebnis[1)]	-7,0	18,3	-189,1
Comdirect[3)]			
Wertpapiertransaktionen	17,3	19,1	10,7
Gesamtertrag[1)]	444,2	460,8	282,5
Verwaltungsaufwand	377,5	409,8	364,7
Akquisitionskosten[2)]	363,8	188,9	730,2
Betriebsergebnis[1)]	64,8	47,4	-85,6

Quelle: Eigene Daten auf Basis der Geschäftsberichte der ausgewählten Banken.
[1)] Betriebsergebnis und Gesamterträge exkl. planmäßige Goodwillabschreibungen
[2)] pro Neukunde
[3)] nur Online-Brokerage-Kunden; aufgrund nicht verfügbarer Daten im Geschäftsbericht konnten die sonstigen Steuern, verbucht im sonstigen betrieblichen Aufwand nicht bereinigt werden

Der Vergleich der Kundenproduktivität der beiden im Mengengeschäft mit Privatkunden tätigen Online Broker DAB-Bank und Comdirect zeigt, dass im Durchschnitt der Jahre 1999 bis 2001 die Comdirect tendenziell eine leicht höhere Produktivität aufweist. Zwar liegt die Aktivität der Kunden (Wertpapiertransaktionen pro Kunde) bei beiden Häusern auf einem in etwa vergleichbaren Niveau, allerdings scheint es der DAB nicht zu gelingen, auf Basis dieser Kunden den gleichen Gesamtertrag zu erwirtschaften wie die Comdirect. Zusätzlich liegt der Verwaltungsaufwand pro DAB-Kunde höher als der vergleichbare Wert bei Comdirect. Es würde sich an dieser Stelle eine Strukturanalyse der einzelnen Ertragskomponenten und Verwaltungsaufwendungen anbieten, um genauer Aufschluss über die jeweiligen Problemfelder zu erhalten (vgl. Abschnitt 3.1.3). Insgesamt hat sich die Lage beider Banken in den letzen drei Jahren jedoch deutlich verschlechtert: Schließlich konnten beide im Jahr 2001 ihre administrativen Aufwendungen nicht mehr durch entsprechende Erträge decken und sind sichtbar in die Verlustzone gerutscht.

Bei der Kennzahl „Akquisitionskosten pro Neukunde“ ist zu beachten, dass sie vor allem eine Kennzahl für die interne Produktivität ist, da die Kennzahl auf Basis der internen Marketingaufwendungen berechnet wird. Es wird damit bei dieser Kennzahlendefinition implizit unterstellt, dass die Marketingaufwendungen ausschließlich zur Gewinnung von Neukunden dienen – ein Zusammenhang, der sicherlich diskutiert werden kann. Des Weiteren berücksichtigt die Kennzahl kein externes Wachstum mittels Akquisitionen. In diesem Fall werden die Kosten vor allem auf die Goodwillabschreibungen und die entsprechenden Finanzierungsaufwendungen verlagert. Daher sind die vergleichsweise niedrigen Akquisitionskosten pro Neukunde der DAB-Bank insoweit zu relativieren, als sie ein Großteil des Neukundenwachstums über die Akquisition von Self-Trade erreicht hat.

Beispiel: Produktivitätskennzahlen pro Transaktion			
in % (Konzern)	**1999**	**2000**	**2001**
DAB-Bank			
Provisionsüberschuss	20,1	17,6	13,5
Verwaltungsaufwand	30,3	18,6	39,9
Betriebsergebnis	-0,5	0,9	-17,7
Comdirect			
Provisionsüberschuss	19,7	18,5	14,2
Verwaltungsaufwand	21,8	21,4	34,2
Betriebsergebnis[1)]	3,7	2,5	-8,0

Quelle: Eigene Daten auf Basis der Geschäftsberichte der ausgewählten Banken.
[1)] Aufgrund nicht verfügbarer Daten im Geschäftsbericht konnten die sonstigen Steuern, verbucht im sonstigen betrieblichen Aufwand, nicht bereinigt werden.

Die Kennzahlen pro Wertpapiertransaktion sind ebenfalls für Banken interessant, die sich auf Brokeragegeschäfte spezialisiert haben. Bei der Analyse einer Universalbank scheint es angeraten, diese Kennzahlen nur auf Basis von Erträgen, Aufwendungen bzw. der operativen Ergebnisse der betreffenden Konzernsparte (teilweise verfügbar in der Segmentberichterstattung der Geschäftsberichte) zu berechnen.

Die Produktivitätskennzahlen auf Basis der ausgeführten Wertpapiertransaktionen zeigen ein ähnliches Bild wie zuvor die Kundenproduktivitäten: Die Situation für die beiden Online Broker hat sich seit 1999 deutlich verschlechtert. Im Jahr 2001 sind die Transaktionen beider Häuser aufgrund der schwierigen Lage an den Finanzmärkten deutlich zurückgegangen (vgl. Abschnitt 3.1.7.2). Gleichzeitig hatte sich der Wettbewerbsdruck innerhalb der Branche erhöht. In Folge ist der Provisionsüberschuss pro Transaktion bei der Comdirect um durchschnittlich rund 15% pro Jahr bzw. um rund 18% pro Jahr bei der DAB-Bank gesunken. Gleichzeitig haben sich die relativen Verwaltungsaufwendungen erhöht, da die administrativen Aufwendungen aufgrund ihres Fixkostenanteils nicht automatisch in gleichem Maße zurückgegangen sind wie die ihnen zugrunde liegenden Transaktionen. Daher zeigt sich insgesamt auch auf Basis der Transaktionen im Jahr 2001 ein Verlust im Betriebsergebnis beider Broker.

3.3.2 Wirtschaftlichkeit

Wichtigste Kennzahl zur Analyse der Wirtschaftlichkeit - und Standard in vielen Publikationen - ist die Kostenquote. Sie gibt an, inwieweit die administrativen Aufwendungen einer Bank durch ihre operativen Erträge gedeckt werden können. Diese Kennzahl ist grundsätzlich für jedes Bankgeschäft sinnvoll anwendbar. Durch die Analyse dieser Kennzahl im Zeitablauf lassen sich sehr gute Erkenntnisse über das Kostenmanagement der Bank ableiten. Neben den administrativen Kosten spielen bei den Banken jedoch auch die Risikokosten eine Rolle (vgl. Abschnitt 3.2.2). Sie sind vor allem für Banken im Kreditgeschäft von Bedeutung. Anhand der Risikokostenquote kann ermittelt werden, inwieweit die Risikovorsorge (GuV) der Bank durch die operativen Erträge gedeckt wird.

Die Kostenquote errechnet sich als Summe aller administrativen Aufwendungen (Verwaltungsaufwand) in Prozent der Summe der operativen Gesamterträge (Zinsüberschuss, Provisionsüberschuss, Handelsergebnis und sonstiges betriebliches Ergebnis). Die Risikokostenquote ergibt sich entsprechend durch das Verhältnis der Risikovorsorge (GuV) zur Summe der operativen Erträge. Dabei sollten die Verwaltungsaufwendungen und die Risikovorsorge der Bank durch die operativen Gesamterträge mindestens gedeckt werden (Kostenquote + Risikokostenquote = 100%). Besser ist es natürlich, wenn die Verwaltungs- und Risikoaufwendungen signifikant unter den Gesamterträgen liegen (Kostenquote + Risikovorsorgequote < 100%). Die optimale Höhe der Kostenquote wird letztendlich durch die Gesamtbankrentabilität bestimmt: Das Verhältnis von Aufwendungen zu Erträgen sollte insgesamt so gestaltet sein, dass die betreffende Bank eine im internationalen Vergleich optimale Rendite von 25% vor Steuern auf das von ihr eingesetzte, bilanzielle Eigenkapital erreichen kann (vgl. dazu 3.3.3.2).

Ausgewählte Kennzahlen zur Analyse der Wirtschaftlichkeit		
Kennzahl	**Formel**	**Aussage**
Kostenquote	(Verwaltungsaufwand *100) / Operative Gesamterträge	Gibt an, inwieweit die allgemeinen Verwaltungsaufwendungen von den operativen Erträgen gedeckt werden.
Risikokostenquote	(Risikovorsorge *100) / Operative Gesamterträge	Gibt an, inwieweit die Risikokosten im Kreditgeschäft von den operativen Erträgen gedeckt werden.
Kombinierte Kostenquote	(Verwaltungsaufwand + Risikovorsorge) *100 / Operative Gesamterträge	Gibt an, inwieweit der operative Gesamtaufwand von den operativen Erträgen gedeckt wird.

Wie bereits eingangs unter 3.3 erläutert, sind Kostenquoten bei Banken mit unterschiedlichen Rechnungslegungsstandards nicht zwangsläufig vergleichbar. Bis zur endgültigen Verabschiedung des IAS-Standardentwurfs ED 3 ist hier vor allem auf die unterschiedliche Behandlung von Goodwillabschreibungen zu achten. Ohne Adjustierung weisen Banken, die nach US-GAAP und HGB bilanzieren, tendenziell eine bessere Aufwands/Ertrags-Relation auf als die IAS-Banken. Bei der Durchführung der Adjustierung erscheint es dabei am einfachsten, wie folgt vorzugehen: Die planmäßigen Goodwillabschreibungen bei IAS-Banken bzw. solchen HGB-Banken, die der erfolgswirksamen Verrechnungsweise folgen, werden aus den Aufwendungen herausgerechnet. Entsprechend sollten auch die sogenannten Sonderabschreibungen des Goodwills nicht in der Kostenquote berücksichtigt werden. Auch die Berücksichtigung der sonstigen Steuern innerhalb der sonstigen betrieblichen Aufwendungen belasten bei den betroffenen Banken die Kostenquote. Ihre Adjustierung ist jedoch aufgrund häufig fehlender Angaben im Geschäftsbericht schwierig. Ansonsten spielen die unterschiedlichen Rechnungslegungsvorschriften bei der Berechnung der Kostenquote keine große Rolle. Die Zuordnung der einzelnen Aufwands- und Ertragsarten zu ihren jeweiligen saldierten Aufwands- und Ertragskomponenten sind teilweise zwar unterschiedlich, heben sich jedoch in ihrer Gesamtheit wieder auf·.

Ein Vergleich der Wirtschaftlichkeit von Commerzbank und HypoVereinsbank macht deutlich, dass die Situation bei beiden Banken ungenügend ist. Bei der Commerzbank wurden im Jahr 2001 fast die gesamten Erträge durch administrative Aufwendungen und Risikovorsorgeaufwendungen im Kreditgeschäft aufgezehrt: Während bei der Commerzbank jedoch vor allem die Verwaltungsaufwendungen problematisch erscheinen, kämpft die HypoVereinsbank insbesondere an der Risikokostenseite. Die entsprechenden Quoten liegen jeweils sichtbar über der des Wettbewerbers. Während die Risikokostenexplosion bei der HypoVereinsbank vor allem fusionsbedingt zu sein scheint, sind die hohen Kostenquoten der Commerzbank vor allem auf ihre teure und späte Expansion ins Investment Banking zurückzuführen.

Beispiel: Kennzahlen zur Wirtschaftlichkeit				
Konzern	**1998**	**1999**	**2000**	**2001**
Commerzbank[1)]				
Kostenquote	69,9	74,3	65,2	84,4
Risikokostenquote	17,1	11,5	8,2	13,4
Kombinierte Kostenquote	87,0	85,8	73,3	97,7
HypoVereinsbank				
Kostenquote[1)]	59,7	61,6	62,6	68,5
Risikokostenquote	22,9	33,3	14,5	18,4
Kombinierte Kostenquote	82,6	95,0	77,1	86,9

Quelle: Eigene Daten auf Basis der Geschäftsberichte der ausgewählten Banken; Kennzahlen exkl. planmäßiger Goodwillabschreibungen.
[1)] Aufgrund nicht verfügbarere Datenangaben im Geschäftsbericht konnten die sonstigen Steuern, verbucht im sonstigen betrieblichen Aufwand nicht bereinigt werden.

3.3.3 Rentabilität

Die Rentabilität einer Bank gibt an, ob sie insgesamt bzw. in einzelnen Bereichen erfolgreich gewirtschaftet hat. Formal beschreibt die Rentabilität das Verhältnis zwischen einer Erfolgsgröße und einer wertmäßigen Inputgröße, wie z.B. dem eingesetzten Kapital. Als wichtigste Kennziffer für den Gesamterfolg einer Bank gilt die Eigenkapitalrentabilität (ROE) auf Konzernbasis. Hier hat sich in der Praxis in den letzten Jahren eine quantitative Richtgröße von 25% (vor Steuern) bzw. 15% (nach Steuern) herausgebildet (vgl. dazu Abschnitt 3.3.3.2). Sie dient als Messlatte für den Gesamterfolg. Allerdings gilt es, diesen Erfolg nachhaltig, also über mehrere Jahre hinweg zu erreichen. Daneben gibt es Rentabilitätskennziffern, die auf die Erfolgsmessung spezieller Bankgeschäfte ausgerichtet sind.

3.3.3.1 Beurteilung einzelner Bankgeschäfte

Zur Beurteilung des Aktivgeschäfts einer Bank erfreut sich traditionell die Zinsspanne bei den deutschen Banken großer Beliebtheit. Sie zählt auch zu den Standardkennzahlen der Bankenstatistik der Deutschen Bundesbank. Für die Sparte Vermögensverwaltung ist dagegen vor allem die sogenannte Provisionsspanne bzw. die Rendite auf das für Kunden verwaltete Vermögen interessant.

Ausgewählte Kennzahlen zur Analyse der Rentabilität spezifischer Bankgeschäfte		
Kennzahl	**Formel**	**Aussage**
Aktivgeschäft		
Zinsspanne	(Zinsüberschuss *100) / (Bilanzsumme t_2-Bilanzsumme t_1)	Marge im Zinsgeschäft; gibt die Rendite des Zinsgeschäfts auf die eingesetzten durchschnittlichen Aktiva der Periode an.
	(Zinsüberschuss * 100) / (RWA t_2 - RWA t_1)	Marge im Zinsgeschäft; gibt die Rendite des Zinsgeschäfts auf die eingesetzten durchschnittlichen und gewichteten Risikoaktiva der Periode an.
Vermögensverwaltung		
Provisionsspanne	(Provisionsüberschuss[1)2)] * 100) / (AuM t_2 - AuM t_1)	Marge in der Vermögensverwaltung; gibt die Rendite des Provisionsgeschäfts auf das für Kunden durchschnittlich in der Periode verwaltete Vermögen an.
RoAuM (Return on Assets under Management)	(Ergebnis vor Steuern[2)3)] * 100) / (AuM t_2 - AuM t_1)	Gibt die Vorsteuerrendite der Bank auf das für Kunden durchschnittlich verwaltete Vermögen an.
	(Jahresüberschuss[2)4)] * 100) / (AuM t_2 - AuMt_1)[5)]	Gibt die Nachsteuerrendite der Bank auf das für Kunden durchschnittlich verwaltete Vermögen an.

1) Alternativ: nur Provisionserträge
2) nur aus der Sparte Vermögensverwaltung
3) vor Anteilen Dritter
4) nach Anteilen Dritter
5) AuM: Assets under Management (für Kunden verwaltetes Vermögen)

Zur Berechnung der Zinsspanne wird der Zinsüberschuss häufig zur durchschnittlichen Bilanzsumme der Bank in Relation gesetzt. Teilweise werden auch die gewichteten Risikoaktiva verwendet. Als Marge für das Zinsgeschäft ist sie ein schneller und einfacher Trendindikator für die Ertragskraft in diesem Geschäft und von daher vor allem im Mehrjahresvergleich interessant. Allerdings ist ihre absolute Aussagekraft vor allem bei Universalbanken, die neben dem klassischen Einlagen und Kreditgeschäft auch über ein nennenswertes Provisionsgeschäft verfügen, eingeschränkt. So sind im Zinsüberschuss neben den Zinserträgen und -aufwendungen aus dem Kreditgeschäft auch Zinserträge aus festverzinslichen Wertpapieren und sonstigen Geldanlagemitteln sowie Dividendenzahlungen enthalten[59]. Der Zinsüberschuss umfasst damit nicht nur das Ergebnis aus

59 Ausnahme unter IAS: Wertpapiere, die dem Handel zuzuordnen sind. Deren Zinserträge bzw. Zinsauf-

dem Kreditgeschäft (vor Risikokosten), sondern auch Teile des Wertpapier- bzw. Beteiligungsgeschäfts. Gleichzeitig sind in der durchschnittlichen Bilanzsumme alle Bankaktiva, also neben dem Kreditgeschäft auch alle Wertpapier- und Beteiligungsbestände (darunter auch solche, die dem Handelsgeschäft zuzuordnen sind) sowie die Barreserve der Banken enthalten. Werden anstelle der Bilanzsumme die gewichteten Risikoaktiva (RWA) verwendet, schließt der Analyst alle mit null Prozent gewichteten Aktiva (vor allem Barmittel und sogenannte Kommunaldarlehen) aus der Betrachtung aus. Die Zinserträge dieser Aktiva sind jedoch im Zinsüberschuss enthalten. Gleichzeitig werden die Handelsaktiva weiterhin berücksichtigt, deren Erträge nicht im Zinsüberschuss enthalten sind. Eine vernünftige Adjustierung der Kennzahl scheint aus externer Sicht kaum möglich. Das Gleiche gilt für die Bereinigung von Unterschieden, die sich beim Vergleich von Banken unterschiedlicher Rechnungslegungsstandards ergeben. So führt beispielsweise die Marktbewertung von Wertpapieren, deren Fair Value sich deutlich erhöht hat, unter IAS im Vergleich zum HGB zu einer Ausweitung der Bilanzsumme.

In der nachfolgenden Tabelle sind beispielhaft die Zinsspannen von Commerzbank und HypoVereinsbank dargestellt. Es wird deutlich, dass die Zinsspannen beider Banken, berechnet auf Basis ihrer Aktiva (Bilanzsumme), seit 1998 tendenziell unter Druck gekommen sind. Dieses Bild wird im langfristigen Vergleich der Bundesbankstatistik bestätigt (vgl. folgende Grafik): Seit 1995 ist die Zinsspanne bei allen Bankengruppen in Deutschland sukzessive zurückgegangen. Die Zinsspanne auf Basis der gewichteten Risikoaktiva (RWA) zeigt dagegen vor allem bei der Commerzbank ein gegenteiliges Bild. Der Trend zeigt hier eher nach oben. Grund dafür ist das verstärkte, aktive Risikomanagement. Im Zuge dieser Politik wurde in den letzen Jahren versucht, das weitere Wachstum der RWA generell zu begrenzen und eine bessere Ertrags/Risikorelation zu erreichen. Die im vorangegangenen Abschnitt 3.3.2 dargestellten Kostenquoten zeigen jedoch auch, dass die tatsächlichen Risikokosten in Relation zu den erzielten Erträgen noch immer zu hoch sind und die getroffenen Maßnahmen offensichtlich nicht ausreichen.

---

wendungen und Dividenden werden im Handelsergebnis verbucht. Unter HGB finden sich diese Erträge/Aufwendungen dagegen auch im Zinsüberschuss wieder.

Beispiel: Zinsspanne				
in % (Konzern)	**1998**	**1999**	**2000**	**2001**
Commerzbank				
Zinsspanne (Aktiva)	1,03	0,92	0,85	0,75
Zinsspanne (RWA)	1,16	1,47	1,95	1,84
HypoVereinsbank[1)]				
Zinsspanne (Aktiva)	1,14	1,05	1,17	1,01
Zinsspanne (RWA)	2,23	2,04	2,35	2,04

Quelle: Eigene Daten auf Basis der Geschäftsberichte der ausgewählten Banken; [1)] 2000: inkl. Bank Austria

Entwicklung der Zinsspanne[1)] deutscher Banken 1995-2001 (in Prozent)

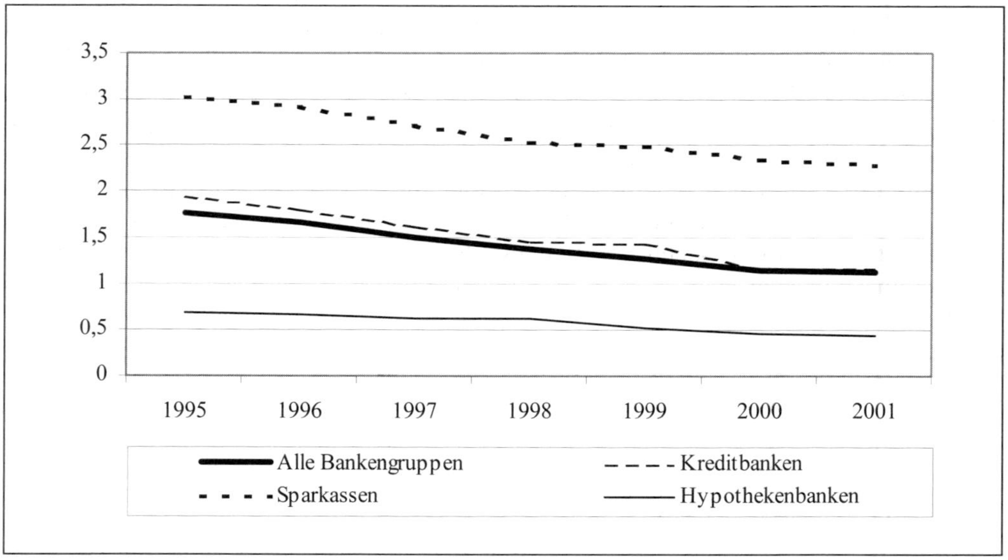

Quelle: Deutsche Bundesbank, Monatsbericht September 2002, S. 37.
[1)] Bis 1998: Zinsüberschuss in % des durchschnittlichen Geschäftsvolumens, ab 1999 in % der durchschnittlichen Bilanzsumme

Die Provisionsspanne ist im Gegensatz zur Zinsspanne speziell für die Vermögensverwaltung interessant. Bezogen auf das für Kunden eingesetzte Vermögen wird mit Hilfe des erzielten Provisionsüberschuss eine prozentuale Marge errechnet. Sie gibt an, was vor Abzug von Verwaltungs- und ähnlichen Aufwendungen, an jedem Euro verwalteten Vermögens verdient wurde. Analog zur Zinsspanne ist die Aussagekraft dieser Kennzahl bei Universalbanken mit starkem Kreditgeschäft jedoch insoweit eingeschränkt, als im Provisionsüberschuss nicht nur die Provisionen aus der Vermögensverwaltung enthalten sind. Die dort enthaltenen Kreditprovisionen sind vergleichsweise einfach zu adjustieren, da sie grundsätzlich im Geschäftsbericht innerhalb der Notes angegeben werden. Die Adjustierung von Provisionen aus IPO- und M&A-Geschäften ist dagegen schwieriger. Hier fehlen häufig die entsprechenden Informationen. Berechnungen von Branchenexperten zufolge, erreichten die deutschen Vermögensverwalter im Jahr 2001 eine durchschnittliche Provisionsspanne von 43-85 Basispunkten[60] bei Publikumsfonds bzw. nur 6-15 Basispunkten bei Spezialfonds. Gemessen am Provisionsertrag in Relation zum Fondsvolumen lag der Branchendurchschnitt in Deutschland im Jahr 2001 bei 102-256 BP bei Publikumsfonds und lediglich 6-20 BP bei Spezialfonds.

Schließlich zur Rendite auf das für Kunden verwaltete Vermögen (RoAuM): Analog zur Provisionsspanne ist diese Kennzahl zur Beurteilung des Erfolgs einer selbständigen Vermögensverwaltung oder, Datenverfügbarkeit vorausgesetzt, der entsprechenden Sparte einer Universalbank geeignet. Das Ergebnis vor bzw. nach Steuern aus der Vermögensverwaltung wird in Relation zum verwalteten Kundenvermögen gesetzt. Der Analyst bekommt damit einen Einblick, was die betrachtete Bank nach Abzug aller Aufwendungen an jedem Euro verwalteten Vermögens verdient. Im Jahr 2001 lag gemäß der Experten von Capco der Branchendurchschnitt unter den deutschen Wettbewerbern hier bei 4-64 BP im Publikumsfondssegment und nur 0,2-5 BP im Spezialfondsbereich.

3.3.3.2 Die Gesamtbankrentabilität

Zur Beurteilung der Gesamtbankrentabilität werden in der Praxis vor allem zwei Basiskennzahlen herangezogen:

- der ROA (Return on Assets, Gesamtkapitalrentabilität) und
- der ROE (Return on Equity, Eigenkapitalrentabilität).

Das Konzernergebnis (wahlweise vor bzw. nach Abzug von Steuern) der betrachteten Bank wird dabei ins Verhältnis zu ihren Aktiva (Assets) oder zum bilanziellen Eigenkapital gesetzt. Der Analyst erhält damit im Ergebnis Kennzahlen, die ihm die Verzinsung (Return) auf die für den Geschäftsbetrieb genutzten Aktiva bzw. das von der Bank für die Geschäfte eingesetzte Eigenkapital anzeigen. Da die Steuerbelastungen von Unternehmen im internationalen Vergleich noch immer differieren, wird zu internationalen Vergleichszwecken häufig auf die Rendite vor Steuern abgestellt. Aus Investorensicht zählt dagegen vielmehr die Nachsteuerrendite. Teilweise werden anstelle der Bilanzsumme (Aktiva) auch die gewichteten Risikoaktiva (RWA) eingesetzt, um den unterschiedlichen Risikoklassen der verschiedenen Aktiva Rechnung zu tragen.

60 100 Basispunkte (BP) = 1%.

Gemessen an ihrem Entwicklungsstand liegt die Erfolgsmessung mittels ROA auf der einfachsten Ebene. Der ROE befindet sich dagegen bereits auf der zweiten Entwicklungsstufe: Mit dieser Kennzahl wird erstmals Rechnung getragen, dass das Eigenkapital der Banken eine knappe Ressource ist[61]. Der ROE setzt das Ergebnis (vor bzw. nach Steuern) der Bank ins Verhältnis zu ihrem bilanziellen Eigenkapital. Bei der Eigenkapitalverzinsung vor Steuern wird auf das Ergebnis vor Steuern sowie vor Anteilen Dritter am Ergebnis zurückgegriffen und dementsprechend auch das bilanzielle Eigenkapital inklusive der Eigenkapitalanteile Dritter herangezogen. Die Berechnung der Eigenkapitalverzinsung nach Steuern erfolgt analog mit Hilfe des Ergebnisses nach Steuern sowie nach Anteilen Dritter und somit auf Basis des bilanziellen Eigenkapitals ohne die Eigenkapitalanteile Dritter.

Entwicklung des ROA vor Steuern[1)] deutscher Banken 1995-2001 (in Prozent)

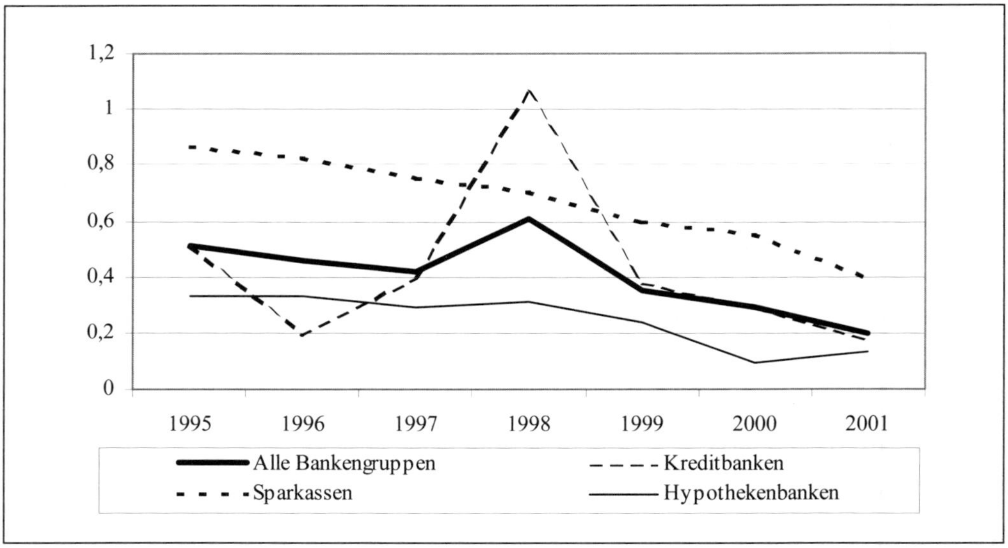

Quelle: Deutsche Bundesbank, Monatsbericht September 2002, S. 39.
[1)] bis 1998: Ergebnis vor Steuern in % des durchschnittlichen Geschäftsvolumens; ab 1999: in % der durchschnittlichen Bilanzsumme

Die ROA- und ROE-Kennzahlen bestechen vor allem durch ihre einfache Berechnungsweise und internationale Verwendung. Vor allem der ROE ist in seiner einfachen Form noch immer die wichtigste Erfolgskennzahl für den externen Analysten. Gleichzeitig hat er sich zu einer entscheidenden Grundlage für verschiedene Bankbewertungsmodelle

61 Vgl. dazu im Folgenden SCHRÖCK, G., Risiko- und Wertmanagement in Banken, Wiesbaden 1997, S. 93ff.

entwickelt. Dies sind analog zum NAV-Konzept sogenannte Value-Modelle. Sie stellen im Gegensatz zu den sogenannten Wachstumsmodellen weniger auf das erwartete Geschäfts- und Ertragswachstum der Bank, sondern vielmehr auf ihre vorhandenen Vermögenswerte und für den Investor erwirtschafteten Renditen ab.

Das ROE-Konzept wurde inzwischen mehrfach verfeinert. Wichtigste Änderung ist dabei die Berücksichtigung von Bankrisiken: Auf der komplexesten Stufe wird ein modifizierter ROE bestimmt, der die exakteste Einbindung von bestehenden Risiken mittels Value-at-Risk (VaR)[62] vornimmt. Dadurch wird das zur Unterlegung notwendige Kapital so ermittelt, dass es genau dem eingegangenen Risiko entspricht. Es ermöglicht damit die Beurteilung der Rentabilität auf risikobereinigter Basis. Grundlegende Kennzahlen dieser risikoadjustierten Rentabilitätsbetrachtung[63] sind

- der RAROC (Risk-Adjusted Return on Capital) und
- der RORAC (Return on Risk-Adjusted Capital).

Der RAROC bereinigt den erwarteten absoluten Return um das historische Risiko und stellt diesen in Relation zum dafür eingesetzten bilanziellen Eigenkapital. Er wurde bereits Anfang der 80er Jahre bei der damaligen US-Investmentbank Bankers Trust[64] eingeführt und hat sich seit Mitte der 90er Jahre auch in Deutschland etabliert[65]. Der RORAC setzt dagegen den absoluten Return ins Verhältnis zum dabei eingegangenen Risiko (z.B. gemessen durch den VaR). Der RORAC nimmt daher im Gegensatz zum RAROC die Risikobereinigung im Nenner vor.

Beide Kennzahlen dienen jedoch vor allem der internen Banksteuerung. Dem externen Analysten ist es kaum möglich, diese Zahlen aus dem Geschäftsbericht einer Bank selbst zu errechnen. So hilft die Risikosteuerung mittels RAROC dem Management bei der Entscheidung über die optimale Verteilung des Eigenkapitals auf die einzelnen Bankgeschäfte und auch über die Investitionen bzw. Desinvestitionen. Inzwischen hat sich ausgehend vom anglo-amerikanischen Sprachraum auch in Deutschland die generelle Bezeichnung RAROC für alle risikobereinigten Kennzahlen durchgesetzt.

Wie auch schon bei anderen Kennzahlen zuvor, sollte beim ROE-Vergleich mehrerer Banken den unterschiedlichen Rechnungslegungsstandards eine besondere Beachtung geschenkt werden. In Abschnitt 3.1.4 wurde bereits ausführlich dargestellt, dass sich die Zusammensetzung der Eigenkapitals unter HGB und IAS deutlich unterscheidet. Dies führt dazu, dass die absolute Höhe des bilanziellen Eigenkapitals ein und derselben Bank unter HGB und unter IAS unterschiedlich ausfallen kann. Eine pauschale Aussage dar-

62 Der VaR ist einen statistische Größe und misst den, zu einem bestimmten Konfidenzniveau, in einer vorgegebenen Liquidationsperiode, wahrscheinlichen Verlust eines Portfoliowertes.

63 Vgl. dazu im Folgenden SCHRÖCK, G., a.a.O., S. 101ff.

64 BT wurde 1999 von der Deutschen Bank übernommen.

65 Als eine der ersten deutschen Banken hatte die Deutsche Bank 1998 das RAROC-Konzept eingeführt.

über, nach welcher Rechnungslegungsform das Eigenkapital höher bzw. niedriger ist, ist schwierig. Daher sollte der externe Bilanzanalyst bei Vergleich bzw. Berechnung der Eigenkapitalrendite von Banken mit unterschiedlichen Rechnungslegungsstandards die Relevanz der Eigenkapitalunterschiede prüfen und gegebenenfalls entsprechende Adjustierungen vornehmen. Je nach Zusammensetzung der Vergleichsgruppe kann es zum einen sinnvoll sein, das Eigenkapital nach HGB um die stillen Reserven in Beteilungen und gegebenenfalls auch in Immobilien sowie um einen vom Eigenkapital abgezogenen Goodwill (bei erfolgsneutraler Goodwillverrechnung) zu ergänzen. Zum anderen kann es sich anbieten, die IAS-Größe um die Neubewertungsrücklage zu bereinigen. Werden die stillen Reserven addiert, dann ist darauf zu achten, dass dabei keine Steuern abgezogen werden, also die Bruttogröße berücksichtigt wird.

Ausgewählte Kennzahlen zur Analyse der Gesamtbankrentabilität		
Kennzahl	**Formel**	**Aussage**
ROA (Return on Assets)	$\frac{(\text{Ergebnis vor Steuern}^{2)} * 100)}{(\text{Bilanzsumme } t_2 - \text{Bilanzsumme } t_1)}$	Gibt die Vorsteuerrendite der Bank auf die eingesetzten durchschnittlichen Aktiva an.
	$\frac{(\text{Jahresüberschuss}^{1)} * 100)}{(\text{Bilanzsumme } t_2 - \text{Bilanzsumme } t_1)}$	Gibt die Nachsteuerrendite der Bank auf die eingesetzten durchschnittlichen Aktiva an.
RORWA (Return on Risk Weighted Assets)	$\frac{(\text{Ergebnis vor Steuern}^{2)} * 100)}{(\text{RWA } t_2 - \text{RWA } t_1)}$	Gibt die Vorsteuerrendite der Bank auf die eingesetzten durchschnittlichen und gewichteten Risikoaktiva an.
	$\frac{(\text{Jahresüberschuss}^{1)} * 100)}{(\text{RWA } t_2 - \text{RWA } t_1)}$	Gibt die Nachsteuerrendite der Bank auf die eingesetzten durchschnittlichen und gewichteten Risikoaktiva an.
ROE (Return on Equity)	$\frac{(\text{Ergebnis vor Steuern}^{2)} * 100)}{(\text{Bilanzielles Eigenkapital + Anteile Dritter am Eigenkapital})}$	Eigenkapitalrendite vor Steuern; gibt die Verzinsung des Eigenkapitals vor Abzug von Steuern und Anteilen Dritter am Ergebnis an.
	$\frac{(\text{Jahresüberschuss}^{1)} * 100)}{\text{Bilanzielles Eigenkapital}}$	Eigenkapitalrendite nach Steuern; gibt die Verzinsung des Eigenkapitals nach Abzug von Steuern an.

1) nach Anteilen Dritter
2) vor Anteilen Dritter

Neben der Rechnungslegungsproblematik eröffnen die IAS auch gewisse bilanzpolitische Spielräume, mit deren Hilfe eine Bank, die über ein großes Portfolio von grundsätzlich werthaltigen AfS-Beständen verfügt, in der Lage ist, die Höhe ihres ROE zu steuern. Wählt eine Bank die erfolgsneutrale Verrechnung von Bewertungsänderungen ihrer AfS-Bestände, kann sie durch den gezielten Verkauf von Beteiligungen bzw. Wertpapieren mit positiver Fair-Value-Entwicklung den eigenen ROE deutlich erhöhen, ohne tatsächlich Mehrwert geschaffen zu haben (vgl. dazu im Detail Abschnitt 3.1.6.3). Es wird jedoch sehr schwierig sein, mit Hilfe solcher Methoden eine Rendite nachhaltig zu beeinflussen.

Wie hoch sollte die optimale Eigenkapitalverzinsung einer Bank sein? Als internationale Praktikerregel hat sich, wie bereits eingangs dargestellt, ein ROE vor Steuern von 25% und ein ROE nach Steuern von etwa 15% als von den Banken angestrebte Zielgröße herausgebildet. Je nach Ertragslage wird dieses Ziel von den Banken mehr oder weniger offen im Rahmen ihrer Berichterstattung publiziert[66]. Die Referenzgrößen 15% bzw. 25% sollten von einer Bank nach Möglichkeit nachhaltig, also über einen längeren Zeitraum (Daumenregel: mindestens fünf Jahre) erreicht werden. Die als Referenzgröße genannte Eigenkapitalverzinsung von 15% ergibt sich dabei aus folgenden Überlegungen: Grundlage ist die Sicht eines privaten Investors in Deutschland. Seine erwartete Basisrendite orientiert sich an der Verzinsung einer risikolosen Anleihe. Als Maßstab wird hier in der Regel die langfristige Verzinsung der 10-jährigen Bundesanleihe (langfristig ca. 6%) angeführt. Da die Banken jedoch nicht als risikolos eingestuft werden können, müssen auf die Basisrendite entsprechende Risikozuschläge für das Gesamtmarktrisiko und das individuelle Unternehmensrisiko erfolgen. So ergibt sich eine langfristige Zielrendite von ca. 15% nach Steuern bzw. etwa 25% vor Steuern.

Entwicklung des ROE vor Steuern[1)] der deutschen Banken 1991-2001 (in Prozent)

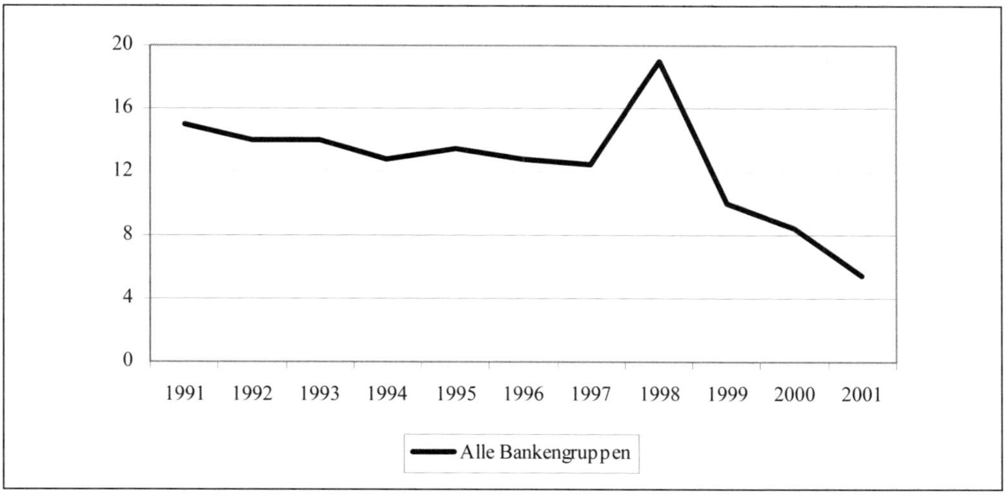

66 Vgl. dazu COMMERZBANK, Zahlen, Fakten, Ziele, Mai 2001, S. 26: Als mittelfristige Ziele werden dort ein ROE von 15% nach Steuern, eine Kostenquote (ohne Risikokosten) von 60% und eine Kernkapitalquote (BIZ) von 6,5% genannt; vgl. auch HypoVereinsbank, Präsentation von SPRISSLER, W. vom 28.05.2002, S. 4: Als Ziele werden dort ein langfristiger ROE nach Steuern und vor Goodwillabschreibungen von 15%, eine Kostenquote von 55% (ohne Risikokosten) und eine Kernkapitalquote (BIZ) von 6,5% genannt.

Quelle: Deutsche Bundesbank, Monatsbericht September 2002, S. 20.
[1)] Ergebnis vor Steuern in % des Eigenkapitals; ab 1993 inklusive ostdeutscher Kreditinstitute

Die deutschen Banken haben sich mit dem geforderten ROE bislang allerdings eher schwer getan. Neben der Wirtschaftslage wird immer wieder die Bankenstruktur in Deutschland dafür verantwortlich gemacht. Sie wird sehr stark vom öffentlich-rechtlichen Sektor dominiert. Vor allem den Landesbanken und Sparkassen wurde immer wieder vorgeworfen, durch ihre öffentlich-rechtlichen Privilegien zum Margenverfall im deutschen Bankgewerbe beizutragen. Gleichzeitig sei es den privaten Banken kaum möglich, das deutsche Filialgeschäft aufgrund ihres niedrigen Marktanteils von schätzungsweise jeweils 3-5% (über 60% des Marktes entfällt allein auf den Sparkassensektor) nachhaltig profitabel zu gestalten. Er wird daher sehr spannend, welche Auswirkungen sich ab dem Jahr 2006 ergeben, wenn Anstaltslast und Gewährträgerhaftung nach EU-Recht endgültig fallen und sich auch die öffentlich-rechtlichen Banken dem generellen Wettbewerb stellen müssen. International gibt es jedoch einige Beispiele für Banken, denen es über mehrere Jahre hinweg gelungen ist, sehr gute Renditen zu erwirtschaften. So erzielte die UK Retailbank Lloyds TSB von 1999 bis 2001 ein ROE nach Steuern von rund 29%, 26% und 22%, die UK Bank Barclays erreichte im gleichen Zeitraum Renditen von rund 21%, 19% und 18% und die französische Großbank BNP Paribas entsprechend rund 10%, 19% und 17% (Quelle: OnVista).

Die vorangegangene Profitabilitäts- und Wirtschaftlichkeitsanalyse von Commerzbank und HypoVereinsbank haben bereits gezeigt, dass die Lage beider Banken nicht sehr positiv erscheint. Die Analyse der Gesamtbankrentabilität auf Basis von ROA, RORWA und vor allem ROE bestätigen dies. Zwar haben beide Banken die Risiken innerhalb ihrer Aktiva reduziert. Dies zeigt – mit Ausnahme des Commerzbank-Abschlusses des Jahres 2001 – die sonst deutliche Verbesserung im RORWA im Vergleich zum ROA beider Häuser. Insgesamt ist der ROE jedoch absolut ungenügend: Beide Banken liegen in ihren Renditen deutlich unter 15%.

Beispiele: Gesamtbankrentabilität

in % (Konzern)	1998	1999	2000	2001
Commerzbank				
ROA v. St.	0,41	0,39	0,54	0,01
ROA n. St.	0,30	0,26	0,32	0,02
RORWA v. St.	0,81	0,86	1,24	0,02
RORWA n. St.	0,58	0,57	0,74	0,05
ROE v. St.	11,60	11,60	16,20	0,30
ROE n. St.	8,90	8,20	10,70	0,90
HypoVereinsbank[1)]				
ROA v. St.	0,31	0,15	0,31	0,21
ROA n. St.	0,15	0,07	0,20	0,13
RORWA v. St.	0,58	0,30	0,63	0,42
RORWA n. St.	0,29	0,14	0,41	0,26
ROE v. St.	10,60	5,50	10,24	5,50
ROE n. St.	5,80	2,90	7,40	3,70

Quelle: Eigene Daten auf Basis der Geschäftsberichte der ausgewählten Banken; [1)] 2000: inkl. Bank Austria

4. Grenzen der externen Bankbilanzanalyse

Die externe Bilanzanalyse hat ihre Grenzen, wo die Feinheiten der Bilanzpolitik beginnen. Problemfelder sind vor allem

- Bewertungsspielräume (fehlende Datenverfügbarkeit) und
- unterschiedliche Geschäftsstrukturen (keine exakte Vergleichbarkeit).

Es gibt eine Vielzahl von Bewertungsspielräumen, wie beispielsweise die Abschreibungspolitik bei Firmenwerten (Spanne zwischen 5-20 Jahren) oder die Wahl der Methode bei der Fair-Value-Bewertung (zulässig sind beispielsweise börsennotierte Marktpreise, unabhängige Gutachten, Diskontierung von Cash Flows). Die Offenlegung dieser Bilanzierungs- und Bewertungsmethoden erfolgt in ihrer Gesamtheit in den Notes. Dennoch ist es einem externen Bilanzanalysten in diesen Fällen regelmäßig nicht möglich, entsprechende Adjustierungen vorzunehmen, da die hierfür erforderlichen Einzeldaten nur intern vorliegen.

Beim Branchenvergleich setzt neben der Bilanzpolitik die unterschiedliche Geschäftsstruktur der jeweiligen Bank zusätzlich natürliche Grenzen. Die Geschäftsmodelle und -strukturen von Banken unterscheiden sich teilweise recht deutlich. Identische Bilanzpolitik, gleiche Gliederung der Bilanz sowie einheitliche Kennzahlenberechnung unterstellt, können Kennzahlenanalysen bei Banken mit unterschiedlichen Geschäftsstrukturen dennoch zu den falschen Schlussfolgerungen und damit fehlerhaften Ergebnissen führen.

Autorenverzeichnis

Dr. Sylke Baumunk
National Tax, KPMG Deutsche Treuhand-Gesellschaft Aktiengesellschaft, Frankfurt am Main

seit Okt. 1999	Mitarbeiterin bei KPMG im Bereich National Tax Tätigkeitsschwerpunkte: Entwicklung und Implementierung steuerlicher Produkte, u.a. Mitarbeiterbeteiligungen/Stock Options
2002	Bestellung zur Steuerberaterin
2000	Abschluss der Promotion
1996-1999	Tätigkeit als wissenschaftliche Mitarbeiterin am Lehrstuhl Wirtschaftsprüfung und betriebswirtschaftliche Steuerlehre der TU Dresden
1996	Abschluss des Studiums der BWL an der TU Dresden, Schwerpunkte Wirtschaftprüfung und betriebswirtschaftliche Steuerlehre sowie Controlling und Personalwirtschaft

Britta Graf-Tiedtke
Dipl.-Kauffrau, Finanzanalystin

2000-2002	Concord Effekten AG, Frankfurt am Main Leiterin der Abteilung Research
1997-2000	BNP Paribas S.A., Niederlassung Frankfurt am Main Finanzanalystin, stellvertretende Abteilungsleiterin der Abteilung Research Deutschland, Abteilungsdirektorin
1997-1999	Aktives Mitglied im DVFA-Arbeitskreis Banken
1994-1997	Bankhaus Metzler seel. Sohn & Co. KGaA in Frankfurt am Main Finanzanalystin, Prokuristin
1993	Sparkasse Dieburg Zweckverbandsparkasse in Groß-Umstadt Allgemeines Trainee-Programm „Bankgeschäft"
1987-1993	Studium der Betriebswirtschaftlehre an der Justus-Liebig-Universität in Gießen

Seit Anfang der 90er Jahre begleitet Britta Graf-Tiedtke als Finanzanalystin Banken und Finanzdienstleister aus Deutschland und dem europäischen Ausland. In dieser Zeit verfasst sie zahlreiche Branchen- und Unternehmensstudien im nationalen sowie internationalen Kontext. Veröffentlichung von Fachpublikationen zu den Themen Steuerreform und Unternehmensrechnungslegung nach IAS/US-GAAP, Vortragstätigkeit sowie Betreuung diverser Kapitalmarkttransaktionen als Branchenspezialistin im Investmentbanking.

Dr. Rainer Husmann
Referatsleiter Grundsatzfragen, Dresdner Bank AG, Frankfurt am Main

seit Jan. 2002	Abteilungsdirektor und Referatsleiter für Grundsatzfragen und Sonderfragen der Bilanzierung Tätigkeitsschwerpunkte: Erarbeitung von Bilanzierungsrichtlinien, gutachterliche Stellungnahme zu Kapitalmarktprodukten sowie Unternehmenstransaktionen
2000-2001	Strategic Controlling, Deutsche Bank AG, Frankfurt am Main
1999	Erfolgreiche Teilnahme an der CPA-Prüfung in Delaware, USA
1998-1999	Financial Analyst/Financial Consultant bei der DaimlerChrysler AG, Stuttgart
1994-1998	Wissenschaftlicher Mitarbeiter/Assistent am Lehrstuhl Prüfungswesen, Prof. Dr. V.H. Peemöller, Friedrich-Alexander-Universität Erlangen-Nürnberg
1994-1996	Promotionsstudium
1989-1994	Studium der Betriebswirtschaftslehre an der Friedrich-Alexander-Universität Erlangen-Nürnberg
1987-1989	Ausbildung zum Bankkaufmann in der Dresdner Bank AG, Filiale Fulda

Lehrtätigkeiten u.a. zu den Themen Internationale Rechnungslegung, Konzernrechnungslegung sowie Bilanzanalyse und Jahresabschlusserstellung an der Universität Erlangen-Nürnberg und der Fachhochschule Nürnberg.

Patrick Kehm
Zentraler Stab Bilanz und Steuern, Commerzbank AG, Frankfurt am Main

seit 1997	Patrick Kehm ist als Abteilungsdirektor bei der Commerzbank AG, Frankfurt am Main, verantwortlich für Grundsatzfragen zur internationalen Rechnungslegung. Darüber hinaus leitet er verschiedene Projekte zur Umsetzung von IAS im Commerzbank Konzern (u.a. IAS 39 und IAS 32).
1992-1997	Wissenschaftlicher Mitarbeiter bei Prof. Dr. F.W. Selchert
1986-1992	Studium der Betriebswirtschaftslehre an der Universität in Giessen

Liesel Knorr, Wirtschaftsprüfer und Steuerberater
Geschäftsführer des Deutschen Rechnungslegungs Standards Committee e.V.

seit Juli 1999	Geschäftsführer des DRSC
1994-1999	Technical Director des IASC
	Aufträge für die Europäische Kommission in Bulgarien, Russland, Vietnam
1989-1994	KPMG Deutsche Treuhand Köln
1988	Partner bei KPMG (Einführung des Partner-Status bei KPMG)
1984-1989	Expatriate in der Niederlassung Brüssel
1984	Wirtschaftsprüfer
1982	Steuerberater
1978	Eintritt in Deutsche Treuhand-Gesellschaft, Niederlassung Düsseldorf
1971	Diplom-Kaufmann, Universität zu Köln

Dr. Joachim Kölschbach
KPMG Deutsche Treuhand-Gesellschaft Aktiengesellschaft Wirtschaftsprüfungsgesellschaft, Köln

seit 2002	Leiter Center of Competence Insurance Tätigkeitsschwerpunkte: Grundsatzfragen der Rechnungslegung und Aufsicht von Versicherungsunternehmen
2000	Beförderung zum Partner
1999	Promotion zum Thema „Konzernabschlüsse von Allfinanzkonzernen“
seit 1996	Lehrbeauftragter an der Fachhochschule Köln, Fachbereich Versicherungswesen
1995	Beförderung zum Prokuristen
1991	Eintritt bei KPMG
1984-1990	Studium der Betriebswirtschaftslehre an der Universität zu Köln (Versicherungswesen und Wirtschaftsprüfung sowie Planung und Informationsverarbeitung) sowie Absolvierung des Programms für Internationales Management ESADE (Barcelona)

Mitglied im Advisory Committee Insurance beim International Accounting Standards Board (IASB) und Projektmanager für die Arbeitsgruppe „Versicherungen“ beim Deutschen Rechnungslegungs Standards Committee (DRSC).

Birte Kusterle
Department of Professional Practice Banking & Finance, KPMG Deutsche Treuhand-Gesellschaft Aktiengesellschaft Wirtschaftsprüfungsgesellschaft, Frankfurt am Main

seit Okt. 2002	Managerin und Prokuristin im Department of Professional Practice Banking & Finance der KPMG Deutsche Treuhand-Gesellschaft Aktiengesellschaft Wirtschaftsprüfungsgesellschaft, Frankfurt am Main Tätigkeitsschwerpunkte: Grundsatzfragen der Rechnungslegung nach HGB und IAS; Erstellung von Stellungnahmen zu Bilanzierungsfragen nach HGB und IAS, insbesondere zur Behandlung von Finanzinstrumenten
2001-Sept. 2002	Mitarbeiterin und seit August 2002 Managerin in der Grundsatzabteilung im Bereich Financial Services Industry der Arthur Andersen Wirtschaftsprüfungsgesellschaft, Frankfurt am Main
1999-2000	Mitarbeiterin in der Abteilung „Grundsatzfragen und Verbandsaufgaben" im Corporate Center Controlling der Zentrale der Deutschen Bank, Frankfurt am Main
1997-1999	Tätigkeit als Prüfungsassistentin im Bereich Financial Services der KPMG, Aktiengesellschaft Wirtschaftsprüfungsgesellschaft, Frankfurt am Main
1993-1997	Studium der Betriebswirtschaftslehre an der Fachhochschule Flensburg und Abschluss als Diplom-Betriebswirtin (FH)
1991-1993	Ausbildung zur Bankkauffrau bei der Deutschen Bank AG, Oldenburg

Hans Lieck, Wirtschaftsprüfer und Steuerberater
Department of Professional Practice Assurance, KPMG Deutsche Treuhand-Gesellschaft Aktiengesellschaft Wirtschaftsprüfungsgesellschaft, Berlin

seit 2001	Prokurist bei der KPMG Deutsche Treuhand-Gesellschaft, Aktiengesellschaft, Berlin, Department of Professional Practice (DPP) Assurance im Bereich Rechnungslegung nach IAS und HGB Tätigkeitsschwerpunkte: Beratung und Prüfung im Bereich deutscher und internationaler Rechnungslegung sowie im Rahmen von Due Diligence- und Umstellungsprojekten; Bearbeitung fachlicher Fragen und Veröffentlichungen im Bereich Betriebswirtschaft, Prüfung und Rechnungslegung, Schwerpunkt International Accounting Standards (IAS) und Konzernrechnungslegung sowie Entwicklung und Durchführung von Seminaren
1994-2000	Deloitte & Touche Wollmert-Elmendorff Deutsche Industrie-Treuhand GmbH, Düsseldorf Tätigkeitsschwerpunkte: Jahresabschlussprüfung und Unternehmensbewertung
1993	Studium der Betriebswirtschaftslehre an der Rheinisch-Westfälischen Technischen Hochschule Aachen und Abschluss als Diplom-Kaufmann

Dr. Edgar Löw, Steuerberater
Leiter Department of Professional Practice Banking & Finance, KPMG Deutsche Treuhand-Gesellschaft Aktiengesellschaft Wirtschaftsprüfungsgesellschaft, Frankfurt am Main

seit Okt. 2002	Leiter des Department of Professional Practice Banking & Finance der KPMG Deutsche Treuhand-Gesellschaft Aktiengesellschaft, Frankfurt am Main; Tätigkeitsschwerpunkte: Fragen der Rechnungslegung nach HGB, IAS und US-GAAP
2001-Sept. 2002	Leiter Grundsatzabteilung Financial Services Industry bei Arthur Andersen Wirtschaftsprüfungs- und Steuerberatungsgesellschaft mbH, Frankfurt am Main
1995-2000	Deutsche Bank AG, Abteilung Grundsatzfragen und Verbandsaufgaben
seit 1997	Leiter dieser Abteilung
1984-1994	Studium der Betriebswirtschaftslehre und Promotion an der Johann Wolfgang Goethe-Universität Frankfurt am Main

Mitarbeit in zahlreichen Gremien, die sich mit Fragen der Rechnungslegung beschäftigen; Dozent an der Wissenschaftlichen Hochschule für Unternehmensführung (WHU) in Koblenz, der Fachhochschule für Wirtschaft in Frankfurt am Main, der Hessischen Verwaltungs- und Wirtschaftsakademie (VWA); Autor und Mitverfasser von Beiträgen zu Rechnungslegungsfragen

Dr. Karsten Lorenz
Department of Professional Practice Banking & Finance, KPMG Deutsche Treuhand-Gesellschaft Aktiengesellschaft Wirtschaftsprüfungsgesellschaft, Frankfurt am Main

seit Okt. 2002	Manager und Prokurist im Department of Professional Practice Banking & Finance, KPMG Tätigkeitsschwerpunkte: Grundsatzfragen der Rechnungslegung nach HGB und IAS, Erstellung von Stellungnahmen zu Bilanzierungsfragen nach HGB und IAS, Bearbeitung spezifischer Fragestellungen im Rahmen von IAS-Umstellungsprojekten
2001-Sept. 2002	Mitarbeiter bei Andersen Wirtschaftsprüfungsgesellschaft, Grundsatzabteilung Financial Services Industry, Frankfurt am Main; seit Aug. 2002 als Manager
2000	Mitarbeiter bei Deutsche Bank AG, Corporate Center Controlling, Abteilung Grundsatzfragen und Verbandsaufgaben, Frankfurt am Main
1998-2000	Wissenschaftlicher Mitarbeiter von Prof. Dr. Dr. h.c. mult. Adolf Moxter am Seminar für Treuhandwesen, Johann Wolfgang Goethe-Universität Frankfurt am Main; Abschluss der Promotion März 2001
1992-1997	Studium der Betriebswirtschaftslehre an der Johann Wolfgang Goethe-Universität Frankfurt am Main
1989-1995	Ausbildung (Industriekaufmann) und Tätigkeit bei Siemens AG, Frankfurt am Main

Rolf T. Müller
Abteilung Versicherungsmathematik/betriebliche Altersversorgung, KPMG Deutsche Treuhand-Gesellschaft Aktiengesellschaft Wirtschaftsprüfungsgesellschaft, Köln

seit Mai 1996	Leiter der Abteilung Versicherungsmathematik/betriebliche Altersversorgung, KPMG Deutsche Treuhand-Gesellschaft Aktiengesellschaft Wirtschaftsprüfungsgesellschaft, Köln Tätigkeitsschwerpunkte: Versicherungsmathematik für die betriebliche Altersversorgung; zahlreiche Veröffentlichungen und Vorträge zur betrieblichen Altersversorgung
1994-1996	Prokurist der Kölner Spezial Beratungs-GmbH für betriebliche Altersversorgung
1983-1993	Leiter der Abteilung "Versorgungswerke" der Colonia Lebensversicherung AG in Köln
1976-1983	Gutachterliche Tätigkeit im Gutachter-Büro von Prof. Dr. Georg Heubeck und Dr. Klaus Heubeck
seit April 1983	Selbständige Tätigkeit als versicherungsmathematischer Sachverständiger
1969-1976	Studium der Mathematik sowie der Betriebs- und Volkswirtschaftslehre an der Universität Köln

Mitgliedschaft im Institut der versicherungsmathematischen Sachverständigen für Altersversorgung (IVS) seit Februar 1983, in der Deutschen Gesellschaft für Versicherungsmathematik (DGVM) seit April 1983, in der Fachvereinigung Mathematische Sachverständige der Arbeitsgemeinschaft für betriebliche Altersversorgung e.V. (ABA) seit Mai 1983 und in der Deutschen Aktuarvereinigung (DAV) seit Januar 1994; Öffentliche Bestellung und Vereidigung durch die Industrie- und Handelskammer Köln als Sachverständiger für Versicherungsmathematik in der betrieblichen Altersversorgung.

Dr. Harald E. Roggenbuck
Department of Professional Practice Banking & Finance, KPMG Deutsche Treuhand-Gesellschaft Aktiengesellschaft Wirtschaftsprüfungsgesellschaft, Frankfurt am Main

seit Okt. 2002	Senior Manager im Department of Professional Practice Banking & Finance der KPMG Deutsche Treuhand-Gesellschaft Aktiengesellschaft, Frankfurt am Main; Tätigkeitsschwerpunkte: Grundsatzfragen der Rechnungslegung nach HGB und IAS sowie Corporate Governance; Autor und Mitverfasser von Beiträgen zu Rechnungslegungsfragen
2001-Sept. 2002	Manager in der Grundsatzabteilung Financial Services Industry bei Arthur Andersen Wirtschaftsprüfungs- und Steuerberatungsgesellschaft mbH, Frankfurt am Main; Tätigkeitsschwerpunkte: Rechnungslegung nach HGB und IAS sowie deutsche und internationale Bankenaufsicht; Redaktion und Manuskripterstellung für Broschüren zur Bankenaufsicht sowie Mitarbeit an Publikationen zur Rechnungslegung
1991-2000	Deutsche Bank Aktiengesellschaft, Corporate Center Controlling, Referat Grundsatzfragen und Verbandsaufgaben
1991	Abschluss des Promotionsstudiums am Seminar für Bank- und Versicherungsbetriebslehre der Universität Hamburg bei Prof. Dr. Otfrid Fischer

Dr. Norbert Roß, Wirtschaftsprüfer und Steuerberater
KPMG Deutsche Treuhand-Gesellschaft Aktiengesellschaft Wirtschaftsprüfungsgesellschaft, Frankfurt am Main

seit 1995	KPMG Deutsche Treuhand-Gesellschaft in Frankfurt am Main; Tätigkeitsschwerpunkte: Grundsatzfragen zur Rechnungslegung und Prüfung
	zahlreiche Veröffentlichungen und Vorträge zu bilanzrechtlichen Themen
1994	Promotion
	Wissenschaftlicher Mitarbeiter der Georg-August-Universität Göttingen am Lehrstuhl für Rechnungslegung und Prüfungswesen (Prof. Dr. Lothar Schruff)
1991	Abschluss als Diplom-Handelslehrer
	Wirtschaftswissenschaftliches Studium in Berlin und Göttingen

Stephan Schildbach
Department of Professional Practice Banking & Finance, KPMG Deutsche Treuhand-Gesellschaft Aktiengesellschaft Wirtschaftsprüfungsgesellschaft, Frankfurt am Main

seit Okt. 2002	Senior im Department of Professional Practice Banking & Finance der KPMG Deutsche Treuhand-Gesellschaft Aktiengesellschaft Wirtschaftsprüfungsgesellschaft, Frankfurt am Main Tätigkeitsschwerpunkte: Grundsatzfragen der Rechnungslegung nach HGB und IAS; Erstellung von Stellungnahmen zu Bilanzierungsfragen nach HGB und IAS
April-Sept. 2002	Mitarbeiter in der Grundsatzabteilung im Bereich Financial Services Industry der Arthur Andersen Wirtschaftsprüfungsgesellschaft, Frankfurt am Main
seit 2001	Lehrbeauftragter am Fachbereich Wirtschaft der Fachhochschule Frankfurt am Main
2000-2001	Mitarbeiter in der Steuerberatungsgesellschaft Kröner Meltzow & Partner, Langenselbold
1999-2000	Mitarbeiter in der MPM Projektmanagement GmbH, Gründau
1995-1998	Wissenschaftlicher Mitarbeiter am Seminar für Volks- und Betriebswirtschaftliches Rechnungswesen der Johann Wolfgang Goethe-Universität Frankfurt am Main
1990-1995	Mitarbeiter in der Steuerberatungsgesellschaft Marek & Koch, Gelnhausen
1984-1989	Studium der Betriebswirtschaftslehre an der Johann Wolfgang Goethe-Universität Frankfurt am Main und Abschluss als Diplom-Kaufmann

Dr. Anne Schurbohm-Ebneth, Wirtschaftsprüfer und Steuerberater
Partner KPMG Deutsche Treuhand-Gesellschaft Aktiengesellschaft Wirtschaftsprüfungsgesellschaft, Berlin

seit 2001	Als Partner verantwortlich für den Bereich Rechnungslegung nach IAS und HGB des Department of Professional Practice (DPP) Assurance der KPMG Deutschland Tätigkeitsschwerpunkte: Beratung und Prüfung im Bereich internationaler Rechnungslegung, Beratung im Rahmen von Umstellungsprojekten, Bearbeitung fachlicher Fragen und Veröffentlichungen im Bereich Betriebswirtschaft, Prüfung und Rechnungslegung, Schwerpunkt International Accounting Standards (IAS) und Konzernrechnungslegung, Entwicklung und Durchführung von internen und externen Seminaren Mitarbeit in verschiedenen Arbeitskreisen des IDW
1995	Eintritt bei der KPMG Deutsche Treuhand-Gesellschaft Aktiengesellschaft Wirtschaftsprüfungsgesellschaft, Berlin
bis 1994	Assistentin am Lehrstuhl für Theoretische Betriebswirtschaftslehre, Prof. Busse von Colbe, Promotion, sowie freie Mitarbeiterin als Referentin am Universitätsseminar der Wirtschaft, Schloss Gracht, Erftstadt
bis 1989	Studium der Wirtschaftswissenschaft, Ruhr-Universität Bochum

Antje Walter
Abteilung „Group Tax“, Deutsche Bank AG, Frankfurt am Main

seit Okt. 2002	Abteilung „Group Tax“, Deutsche Bank AG, Frankfurt am Main
1993-2002	Steuerabteilung der Dresdner Bank AG; Leitung des Referats Körperschaftssteuer/Gewerbesteuer und Verantwortung für das Reporting der Steuerpositionen im Konzernabschluss der Dresdner Bank; seit 1998 Befassung mit IAS 12
1993	Steuerberaterexamen
1985-1993	Amtsbetriebsprüferin/Großbetriebsprüferin in der Hessischen Finanzverwaltung
1982-1985	Studium an der Verwaltungsfachhochschule Rotenburg a.d. Fulda

Tätigkeitsschwerpunkte: Betreuung der Betriebsprüfung; Bearbeitung von Spezialthemen der steuerlichen Bilanzierung und deren Einfluss auf die Steuerpositionen nach HGB und US-GAAP; Beurteilung internationaler Steuerfragen (insbesondere Quellensteuer und Außensteuerrecht)

Literaturverzeichnis

ADLER/DÜRING/SCHMALZ, Rechnungslegung nach International Standards, Stuttgart 2002.

ALVAREZ, M./WOTSCHOFSKY, S. u.a., Leasingverhältnisse nach IAS 17 – Zurechnung, Bilanzierung, Konsolidierung –, WPg 2001, S. 933-947.

ALVAREZ, M./WOTSCHOFSKY, Zwischenberichterstattung nach Börsenrecht, IAS und US-GAAP – Konzeptionelle Grundlagen mit einer Analyse des Publizitätsverhaltens der DAX100-Unternehmen, Bielefeld 2000.

AMMEDICK, O./STRIEDER, T., Zwischenberichterstattung börsennotierter Gesellschaften – Bestimmungen des BörsG, DRS und US-GAAP sowie deutscher Börsensegmente, München 2002.

ANDERSEN GRUNDSATZABTEILUNG FINANCIAL SERVICES INDUSTRY, Rechnungslegung von Financial Instruments nach IAS 39, Synopse zu den Regelungen des Standards und deren Auslegung, Frankfurt am Main 2001.

ARBEITSKREIS EXTERNE UNTERNEHMENSBERECHNUNG DER SCHMALENBACH-GESELLSCHAFT KÖLN, Grundsätze für das Value Reporting, DB 2002, S. 2337-2340.

ARTHUR ANDERSEN (Hrsg.), Zulassung interner Geschäfte zum Hedge Accounting, Quarterly Report II/2001.

AUER, K.V. (Hrsg.), Die Umstellung der Rechnungslegung auf IAS/US-GAAP, Erfahrungsberichte, Wien/Frankfurt 1998.

AUSSCHUSS FÜR BILANZIERUNG DES BUNDESVERBANDES DEUTSCHER BANKEN, Bilanzpublizität von Finanzderivaten, WPg 1995, S. 1-6.

AUSSCHUSS FÜR BILANZIERUNG DES BUNDESVERBANDES DEUTSCHER BANKEN, Marktrisikopublizität, WPg 1996, S. 64-66.

BAETGE, J. u.a., Die Restrukturierung des International Accounitng Standards Committee – Das IASC auf dem Weg zum globalen Standardsetter?, DB 2000, S. 1033-1038.

BAETGE, J. u.a., Bilanzen, 5. Aufl., Düsseldorf 2001.

BAETGE, J./DÖRNER, D. u.a. (Hrsg.), Rechnungslegung nach International Accounting Standards (IAS), Kommentar auf der Grundlage des deutschen Bilanzrechts, 2. Aufl., Stuttgart 2002.

BALLWIESER, W., IAS 16 Sachanlagen, in: BAETGE, J. u.a. (Hrsg.), Rechnungslegung nach Internationalen Standards, Stuttgart 2002.

BASLE COMMITTEE ON BANKING SUPERVISION, International convergence of capital measurement and capital standards, Basle 1988.

BASTING, A./MEYER, L., Konvergenz von interner und externer Rechnungslegung, in: Rechnungslegung von Versicherungsunternehmen, Festschrift zum 70. Geburtstag von Dr. Horst Richter, Düsseldorf 2001.

BECKER, F., Anreizsysteme für Führungskräfte, Stuttgart 1990.

BELLAVITE-HÖVERMANN, Y./PRAHL, R., Bankbilanzierung nach IAS, Stuttgart 1997.

BELLAVITE-HÖVERMANN, Y./LÖW, E., Kapitalflussrechnungen von Banken, in: Wysocki, K. von (Hrsg.), Kapitalflussrechnung, Stuttgart 1998, S. 99-158.

BELLAVITE-HÖVERMANN, Y./BARCKOW, A., IAS 39, Finanzinstrumente: Ansatz und Bewertung (Financial Instruments: Recognition and Measurement), in: BAETGE, J. u.a., Rechnungslegung nach International Accounting Standards (IAS), Kommentar auf der Grundlage des deutschen Bilanzrechts, 2. Aufl., Stuttgart 2002.

BIEG, H./REGNERY, P., Bemerkungen zur Grundkonzeption einer aussagefähigen Konzern-Kapitalflussrechnung, BB 1993, Beilage 6 zu Heft 11, S. 1-19.

BIENER, H., Die Rechnungslegungsempfehlungen des IASC und deren Auswirkungen auf die Rechnungslegung in Deutschland, BFuP 1993, S. 345-356.

BISCHOF, S., Erfassung der ausschüttungsbedingten Änderung des Körperschaftsteuer-aufwands nach dem Handelsrecht und nach International Accounting Standards im Licht der §§ 37 und 39 KStG, DB 2002, S. 1565-1569.

BLANCHET, J./CROOCH, M., Internationalization of Accounting and Financial Reporting: at the Crossroads?, in: KÜTING, K./LANGENBUCHER, G. (Hrsg.), Internationale Rechnungslegung, Stuttgart 1999.

BÖCKING, H.-J., Die Durchsetzung von Rechnungslegungsstandards, Frankfurt am Main 2000.

BÖCKING, H.-J., IAS für Konzern- und Einzelabschluss?, WPg 2001, S. 1433-1440.

BOGENSCHÜTZ, E., Stock Options und ähnliche Mitarbeiterbeteiligungsstrukturen im deutschen Steuer-, Gesellschafts-, Bilanz und Arbeitsrecht, Abschnitt I: Das Amerikanische Vorbild: Strukturen, Bilanz- und Steuerrecht (Überblick), JbFSt 1998/99, S. 546-560.

BRUNS, H.-G., Eigenkapitalausweis, in: CASTAN, E. u.a. (Hrsg.), Beck'sches Handbuch der Rechnungslegung, Band II, München 2002 (C450).

BUNDESAUFSICHTSAMT FÜR DAS KREDITWESEN, Erläuterungen zum Grundsatz II vom 25.11.1998.

BUNDESMINISTER DER FINANZEN, Schreiben des Bundesministers der Finanzen vom 19.4.1971, in: BStBl I 1971, S. 264-266.

BUNDESMINISTER DER FINANZEN, Schreiben des Bundesministers der Finanzen vom 21.3.1972, in: BStBl I 1972, S. 188-189.

BUNDESMINISTER DER FINANZEN, Schreiben des Bundesministers der Finanzen vom 22.12.1975, in: DB 1976, S. 172-173.

BUNDESMINISTER DER FINANZEN, Schreiben des Bundesministers der Finanzen vom 23.12.1991, in: BStBl I 1992, S. 13-15.

BUNDESMINISTER DER FINANZEN, Schreiben des Bundesministers der Finanzen vom 16.5.2002 IV A 2 – S2741 – 4/02, in: DStR 2002, S. 1048.

BUNDESVERBAND DEUTSCHER BANKEN, Banken wollen ihre Zwischenergebnisse umfassender offen legen, Der Bankenverband informiert, Betriebswirtschaft und Zahlungsverkehr, Juli 1993, II/Nr. 13, Ziff.1.

BUSSE VON COLBE, W./BECKER, W. u.a. (Hrsg.), Ergebnis je Aktie nach DVFA/SG, 3. Aufl., Stuttgart 2000.

CITICORP (CITIBANK), Geschäftsbericht 1995, Delaware.

COMMERZBANK, Geschäftsbericht 1995, Frankfurt.

COMMERZBANK, Geschäftsbericht 1998, Frankfurt.

COMMERZBANK, Geschäftsbericht 1999, Frankfurt.

COMMERZBANK, Geschäftsbericht 2000, Frankfurt.

COMMERZBANK, Geschäftsbericht 2001, Frankfurt.

COMMERZBANK, Zwischenbericht zum 30. September 2002.

COMMERZBANK, Zahlen, Fakten, Ziele, Frankfurt, Mai 2001.

CREDIT SUISSE, Geschäftsbericht 2001.

DAB-BANK, Geschäftsbericht 2001, Bonn.

DAIMLER BENZ, Geschäftsbericht 1993, Stuttgart.

DAIMLERCHRYSLER, Geschäftsbericht 2001, Stuttgart.

DEUTSCHE BANK, Geschäftsbericht 1998, Frankfurt.

DEUTSCHE BANK, Geschäftsbericht 1999, Frankfurt.

DEUTSCHE BANK, Geschäftsbericht 2000, Frankfurt.

DEUTSCHE BANK, Geschäftsbericht 2001, Frankfurt.

DEUTSCHE BUNDESBANK, Monatsbericht Juni 2002.

DEUTSCHE BUNDESBANK, Die neue Basler Eigenkapitalvereinbarung (Basel II), Monatsbericht April 2001.

DEUTSCHE BUNDESBANK, Das Eigenkapital der Kreditinstitute aus bankinterner und regulatorischer Sicht, Monatsbericht Januar 2002.

DEUTSCHE BUNDESBANK, Zum Zusammenhang zwischen Kreditzinsen deutscher Banken und Marktzinsen, Monatsbericht März 2002.

DEUTSCHER BUNDESRAT, Entwurf eines Gesetzes zur Kontrolle und Transparenz im Unternehmensbereich 1997, in: Bundesratsdrucksache 872/97.

DÖLLERER, G., Leasing – wirtschaftliches Eigentum oder Nutzungsrecht?, BB 1971, S. 535-540.

DRESDNER BANK, Geschäftsbericht 1996, Frankfurt.

DRESDNER BANK, Geschäftsbericht 1998, Frankfurt.

DRESDNER BANK, Geschäftsbericht 1999, Frankfurt.

DRESDNER BANK, Geschäftsbericht 2000, Frankfurt.

DRESDNER BANK, Geschäftsbericht 2001, Frankfurt.

DZ BANK, Versicherungen – Paradigmenwechsel in der Rechnungslegung? – Versicherungstechnik nach German GAAP und US-GAAP, München 2002.

EISOLT, D., Die rechtlichen Grundlagen der amerikanischen Konzernrechnungslegung, in: AG 1993, S. 209-233.

EISOLT, D., Virtuelle Aktienoptionsprogramme im deutschen Handels- und Steuerrecht sowie nach US-GAAP und IAS, IStR 1999, S. 759-764.

ELLENBÜRGER, F./HORBACH, L./KÖLSCHBACH, J., in: Rechnungslegung von Versicherungsunternehmen, Festschrift zum 70. Geburtstag von Dr. Horst Richter, Düsseldorf 2001.

ERNST, C., Bilanzrecht: quo vadis?, WPg 2001, S. 1440-1445.

ERNST&YOUNG, Financial Reporting Developments – Accounting for Derivative Instruments and Hedging Activities, o.O. 2001.

ESCHBACH, W., Anmerkungen zum DRSC-Positionspapier „Bilanzierung von Aktienoptionsplänen und ähnlichen Entlohnungsformen", DB 2001, S. 1373-1379.

EUROPÄISCHE ZENTRALBANK, Geldpolitische Transmission im Euro-Währungsgebiet, Monatsbericht Juli 2000.

FARNY, D., Zur Analyse und Aussagefähigkeit von Konzernjahresabschlüssen deutscher Versicherungskonzerne, in: Rechnungslegung von Versicherungsunternehmen, Festschrift zum 70. Geburtstag von Dr. Horst Richter, Düsseldorf 2001.

FINDEISEN, K.-D., Die Bilanzierung von Leasingverträgen nach den Vorschriften des International Accounting Standards Committee, RIW 1997, S. 838-847.

FINDEISEN, K.-D., Internationale Rechnungslegung im Leasing-Geschäft, FLF 2002, S. 62-67.

FISCHER, H., Schuldenkonsolidierung, in: CASTAN, E. u.a. (Hrsg.), Beck'sches Handbuch der Rechnungslegung, Band II, München 2002 (C420).

FÖRSCHLE, G., Earnings per Share, in: Jahresabschluß und Jahresabschlußprüfung, Festschrift für Jörg Baetge, hrsg. von FISCHER, T.R./HÖMBERG, W., Düsseldorf 1997.

FRIEDRICHSEN, S., Aktienoptionsprogramme für Führungskräfte, München 2000.

FRIZLEN, U./MÖHRLE, M., Aktivierung eigenentwickelter Programme in den Bilanzen der Softwarehersteller nach HGB und US-GAAP, KoR 2001, S. 233-243.

GABLER BANK LEXIKON, 13. Aufl., Wiesbaden 2002.

GEBHARDT, G./ NAUMANN, T.K., Grundzüge der Bilanzierung von Financial Instruments und von Absicherungszusammenhängen nach IAS 39, DB 1999, S.1461-1469.

GOLDMAN SACHS, Geschäftsbericht 2001, Frankfurt.

GREEN, D., Interim Reports, in: DAVIDSON, S. (Hrsg.), Handbook of Modern Accounting, New York 1970, Kap. 6, S. 1-22.

GRÜNBERGER, D./GRÜNBERGER, H., IAS und US-GAAP 2002/2003: Ein systematischer Praxis-Leitfaden; (IAS 41 und SFAS 145), Herne 2002.

HAARMANN, W., Steuer- und Bilanzierungsfragen bei der Vergütung durch Stock Options in Deutschland, in: Steuerrecht und europäische Integration, Festschrift für Albert J. Rädler, hrsg. von BREUNINGER, G., München 1999, S. 229-270.

HACKER, B./DOBLER, M., Empirische Untersuchung der Segmentpublizität in Deutschland, WPg 2000, S. 811-819.

HAHN, K., Deutsche Rechnungslegung im Umbruch, DStR 2001, S. 1267-1272.

HALLER, A., IAS 14 Segmentberichterstattung (Segment Reporting), in: Baetge, J./Dörner, D. u.a. (Hrsg.), Rechnungslegung nach International Accounting Standards (IAS), 2. Aufl., Stuttgart 2002.

HANFT, S./KRETSCHMER, T., Quartalspublizität am Neuen Markt, in: AG 2001, S. 84-87.

HAUPTFACHAUSSCHUSS DES IDW, Behandlung von Genussrechten im Jahresabschluss von Kapitalgesellschaften, S. 420f.

HAVERMANN, H., Konzernrechnungslegung – quo vadis, WPg 2000, S. 693-705.

HAYN, S./GRAF WALDERSEE, G., IAS/US-GAAP/HGB im Vergleich – Synoptische Darstellung für den Einzel- und Konzernabschluss, 3. Aufl., Stuttgart 2002.

HELMSCHROTT, H., Zum Einfluss von SIC 12 und IAS 39 auf die Bestimmung des wirtschaftlichen Eigentums bei Leasingvermögen, WPg 2000, S. 426-429.

HERZ, R., Remarks to FEI's Current Financial Reporting Issues Conference, 11/4/2002.

HERZIG, N., Internationalisierung der Rechnungslegung und steuerliche Gewinnermittlung, WPg 2000, S. 104-119.

HERZIG, N./LOCHMANN, U., Bilanzierung von Aktienoptionsplänen und ähnlichen Entlohnungsformen – Stellungnahme zum Positionspapier des DRSC, WPg 2001, S. 82-90.

HERZIG, N./DEMPFLE, U., Konzernsteuerquote, betriebliche Steuerpolitik und Steuerwettbewerb, DB 2002, S. 1-8.

HERZIG, N./BÄR, M., Die Zukunft der steuerlichen Gewinnermittlung im Licht des europäischen Bilanzrechts, DB 2003, S. 1-8.

HESBERG, D., Internationalisierung der Jahresabschlüsse von Versicherungskonzernen – Anlaß für eine Neuausrichtung der Rechnungslegung deutscher Versicherungsunternehmen? – in: Die deutsche Rechnungslegung und Wirtschaftsprüfung im Umbruch, Festschrift für Wilhelm Theodor Strobel zum 70. Geburtstag, München 2001.

HESS, D./LÜDERS, E., Mitarbeiteroptionen steigern den ausgewiesenen Gewinn: Eine Studie des NASDAQ 100, KoR 2001, S. 12-17.

HEURUNG, R./KURTZ, M., Latente Steuern nach dem Temporary Differences-Konzept: Ausgewählte Problembereiche, BB 2000, S. 1775-1780.

HEYMANN, G., Eigenkapital, in: CASTAN, E. u.a. (Hrsg.), Beck'sches Handbuch der Rechnungslegung, Band II, München 2002 (B231).

HFA DER IDW, Stellungnahmen HFA 2/1988: „Pensionsverpflichtungen im Jahresabschluß", WPg 1988, S. 403-405.

HFA DES IDW, IDW-Stellungnahme zur Rechnungslegung: „Bilanzierung von Pensionsverpflichtungen aus Altersteilzeitregelungen nach IAS und nach handelsrechtlichen Vorschriften", WPg 1998, S. 1063-1065.

HYPOVEREINSBANK, Geschäftsbericht 1998, München.

HYPOVEREINSBANK, Geschäftsbericht 1999, München.

HYPOVEREINSBANK, Geschäftsbericht 2000, München.

HYPOVEREINSBANK, Geschäftsbericht 2001, München.

HYPOVEREINSBANK, Zwischenbericht zum 30. September 2002.

IMPLEMENTATION GUIDANCE COMMITTEE, IAS 39 Implementation Guidance, Questions and Answers, in: International Accounting Standards Board (Hrsg.), International Accounting Standards 2002, London 2002.

INSTITUT DER WIRTSCHAFTSPRÜFER, Stellungnahme HFA 1/1978, Die Kapitalflussrechnung als Ergänzung des Jahresabschlusses, WPg 1978, S. 207.

INSTITUT DER WIRTSCHAFTSPRÜFER, Stellungnahme HFA 1/1995, Die Kapitalflussrechnung als Ergänzung des Jahres- und Konzernabschlusses, WPg 1995, S. 210-213.

INSTITUT DER WIRTSCHAFTSPRÜFER, 179. Sitzung des HFA, FN-IDW, Nr. 12/2001, S. 688-689.

INSTITUT DER WIRTSCHAFTSPRÜFER, IDW Entwurf Fortsetzung 4 zum IDW RS HFA: Einzelfragen zur Anwendung von IAS-Konsolidierung von Spezial Purpose Entities, in: FN-IDW Nr. 8/2002, S. 406-412.

INSTITUT DER WIRTSCHAFTSPRÜFER, IDW Stellungnahme zur Rechnungslegung: Einzelfragen zur Anwendung von IAS 39 (IDW RS HFA 9), in: FN-IDW Nr. 8/2002, S. 412-418.

INSTITUT DER WIRTSCHAFTSPRÜFER, Stellungnahme HFA 1/1989, WPg 1989, S. 625-627.

INTERNATIONAL ACCOUNTING STANDARDS BOARD, International Accounting Standards 2002, London 2002.

INTERNATIONAL ACCOUNTING STANDARS BOARD (Hrsg.), International Accounting Standards 2002 (Deutsche Ausgabe), Stuttgart 2002.

INTERNATIONAL ACCOUNTING STANDARDS BOARD, Exposure Draft of Proposed Improvements to International Accounting Standards, London 2002.

INTERNATIONAL ACCOUNTING STANDARDS BOARD, Exposure Draft of Proposed Amendments to IAS 32, Financial Instruments: Disclosure and Presentation, and IAS 39, Financial Instruments: Recognition and Measurement, London 2002.

INTERNATIONAL ACCOUNTING STANDARDS BOARD, Exposure Draft ED 2 Share-based Payment, London 2002.

INTERNATIONAL ACCOUNTING STANDARDS BOARD, IASB Update Oktober 2002, London 2002.

INTERNATIONAL ACCOUNTING STANDARDS BOARD, IASB Update November 2002, London 2002.

INTERNATIONAL ACCOUNTING STANDARDS BOARD, IASB Update Januar 2003, London 2003.

JOINT WORKING GROUP OF STANDARDSETTERS, Financial Instruments and Similar Items, Draft Standard and Basis for Conclusions, London 2000.

J.P. MORGAN, Geschäftsbericht 1995, New York.

KAHLE, H., Informationsversorgung des Kapitalmarkts über internationale Rechnungslegungsstandards, KoR 2002, S. 95-107.

KESSLER, W./KROENER, M. u.a., Konzernsteuerrecht, München 2002.

KESSLER, M./SAUTER, T. (Hrsg.), Handbuch Stock Options, München 2003.

KIESO, D./WEYGANDT, J. u.a., Intermediate Accounting, 10th ed., New York 2001.

KIRSCH, H., Besonderheiten des Eigenkapitalausweises und der Eigenkapitalveränderungsrechnung nach IAS, in: BuW 2002, S. 309-315.

KLEEKÄMPER, H. u.a., Ziele, Organisation, Entwicklung und Bedeutung des IASB, in: BAETGE, J. u.a. (Hrsg.), Rechnungslegung nach International Accounting Standards (IAS), 2. Aufl., Stuttgart 2002.

KNIPPER, H.J. u.a., Commerzbank-Chef Müller: Ich werde nicht aufgeben, Handelsblatt v. 10.10.2002, S. 21.

KNORR, L., Zwischenberichterstattung, in: BfuP 2001, S. 1-6.

KNORR, L./ZIEMES, M., Aktienoptionen sind als Aufwand zu erfassen, FAZ v. 25.11.2002, S. 23.

KPMG (Hrsg.), Rechnungslegung nach US-amerikanischen Grundsätzen, 2. Aufl., Berlin 1999.

KPMG (Hrsg.), Options in European Insurance Accounting Rules, Köln 1999.

KPMG (Hrsg.), US GAAP for Foreign Insurers, o.O. 2002.

KRAMARSCH, M., Bilanzierung von vergütungshalber gewährten Aktienoptionen, KoR 2001, S. 49-55.

KRAMARSCH, M., Aktienbasierte Managementvergütung, Stuttgart 2000.

KROPP, M./KLOTZBACH, D., Der Exposure Draft zu IAS 39 „Financial Instruments“ – Darstellung und kritische Würdigung der geplanten Änderungen des IAS 39 –, WPg 2002, S. 1010-1031.

KRUMNOW, J., Das Betriebsergebnis der Banken – ein aussagefähiger Indikator?, in: ZfgK 1993, S. 64-68.

KRUMNOW, J., IAS-Rechnungslegung für Banken, in: Die Bank 1996, S. 396-403.

KRUMNOW, J./LÖW, E., Kommentar zu IAS 30, in: BAETGE, J. u.a., Rechnungslegung nach Internationalen Standards, Stuttgart 2002.

KRUMNOW, J./SPRIßLER, W. u.a., Rechnungslegung der Kreditinstitute, Stuttgart 1994.

KUNZI, D./HASBARGEN, U. u.a., Gestaltungsmöglichkeiten von Aktienoptionsprogrammen nach US-GAAP, DB 2000, S. 285-288.

KÜTING, K./WEBER, C.-P., Bilanzanalyse, 3. Aufl., Stuttgart 1997.

KÜTING, K./PILHOFER, J. u.a., Die Bilanzierung von Software aus der Sicht des Herstellers nach US-GAAP und IAS, WPg 2002, S. 73-85.

KÜTING, K./HELLEN, H.-H. u.a., Leasingbilanzierung: Vorschlag zur Neuausrichtung nach dem Positionspapier der G4+1 Working Group, BB 2000, S. 1720-1721.

KÜTING, K./ULRICH, A., Abbildung und Steuerung immaterieller Vermögensgegenstände (Teil I) – Werttreiber im normativen Zwangskorsett, DStR 2001, S. 953-960.

KÜTING, K./ULRICH, A., Abbildung und Steuerung immaterieller Vermögensgegenstände (Teil II) – Werttreiber im normativen Zwangskorsett, DStR 2001, S. 1000-1004.

LANGE, J., Rückstellungen für Stock Options in Handels- und Steuerbilanz, StuW 2001, S. 137-149.

LENZ, H./FOCKEN, E., Die Prüfung der Segmentberichterstattung, WPg 2002, S. 853-863.

LÖW, E., Deutsche Bankabschlüsse nach International Accounting Standards, Stuttgart 2000.

LÖW, E./LORENZ, K., Risikoberichterstattung nach den Standards des DRSC und im internationalen Vergleich, KoR 2001, S. 211-222.

LÖW, E./LORENZ, K., Bilanzielle Behandlung von Fremdwährungsgeschäften nach deutschem Recht und nach den Vorschriften des IASB, KoR 2002, S. 234-243.

LÖW, E./LORENZ, K., Währungsumrechnung nach E-DRS 18 und nach den Regelungen des IASB, BB 2002, S. 2543-2547

LÖW, E./ROGGENBUCK, H.E., Earnings per Share nach IAS und Gewinn pro Aktie nach DVFA für Banken, in: DBW 1998, S. 659-671.

LÖW, W./ROGGENBUCK, H.E., Ergebnis-je-Aktie-Kennziffern für Banken im Blickwinkel nationaler und internationaler Rechnungslegung, in: BB 2001, S. 1460-1468.

LÖW, E./TÖTTLER, C., Bankspezifische Aspekte der Umstellung auf IAS, in: Die Umstellung der Rechnungslegung auf IAS/US-GAAP, hrsg. von AUER, K.V., Wien 1998, S. 271-309.

LÖW, E./WEIDE, T., Das Management von Stakeholder Benefits als Werttreiber in Banken, in: Wertorientiertes Management – Konzepte und Umsetzungen zur Unternehmenswertsteigerung, hrsg. von WAGENHOFER, A./HREBICEK, G., Stuttgart 2000, S. 239-258.

LOITZ, R./RÖSSEL, C., Die Diskontierung von latenten Steuern, DB 2002, S. 645-651.

LORENZ, K., Wirtschaftliche Vermögenszugehörigkeit im Bilanzrecht, Düsseldorf 2002.

MAISCH, M./WALTER, N., Die hilflose Macht, Handelsblatt v. 10.10.2002, S. 10.

MANSCH, H./WYSOCKI, K. VON (Hrsg.), Finanzierungsrechnung im Konzern: Empfehlungen des Arbeitskreises „Finanzierungsrechnung" der Schmalenbach-Gesellschaft/Deutsche Gesellschaft für Betriebswirtschaft e.V., ZfbF Sonderheft Nr. 37, Düsseldorf/Frankfurt a.M. 1996.

MCGREGOR, W. u.a., Accounting for Leases: A New Approach, Recognition by Lessees of Assets and Liabilities Arising under Lease Contracts, 1996.

MELLWIG, W., Die bilanzielle Darstellung von Leasingverträgen nach den Grundsätzen des IASC, DB 1998, Beilage 12 zu Heft Nr. 35, S. 1-16.

MELLWIG, W., Leasing im handelsrechtlichen Jahresabschluss, ZfgK 2001, S. 303-309.

MOXTER, A., Bilanzrechtsprechung, 5. Aufl., Tübingen 1999.

MOXTER, A., Zukunft der Rechnungslegung?, DB 2001, S. 605-607.

MOXTER, A., Grundsätze ordnungsgemäßer Rechnungslegung, Düsseldorf 2003.

MUJKANOVIC, R., Die Vorschläge des Deutschen Standardisierungsrats (DSR) zur Segmentberichterstattung, AG 2000, S. 122-127.

MÜLLER, R., Die Konzernsteuerquote – Modephänomen oder ernst zu nehmende neue Kennziffer?, DStR 2002, S. 1684-1688.

NAILOR, H./LENNARD, A. u.a., Leases: Implementation Of A New Approach, 2000.

NARDMANN, H., Die Segmentberichterstattung – Anforderungen nach DRS 3 im internationalen Vergleich, Herne/Berlin 2002.

NAUMANN, T.K., IAS 39 sorgt nicht für eine bessere Aussagefähigkeit der Abschlüsse, in: Börsen-Zeitung vom 16. August 2002, S. 19.

NEUß, A., Finanzinstrumente in IAS-Konzernabschlüssen, Köln 1998.

NIEHUS, R., 7. EG-Richtlinie = „US GAAP"? – „Duale" Konzernrechnungslegung in Frankreich, WPg 1991, S. 1-8.

NIEHUS, R./THYLL, A., Konzernabschluss nach US-GAAP, Grundlagen und Gegenüberstellung mit den deutschen Vorschriften, 2. Aufl., Stuttgart 2000.

NIEHUS, R., „Auch für Einzelabschlüsse gelten grundsätzlich die IAS?" – Ein Beitrag zu den (möglichen) Grenzen einer „Internationalisierung" der Rechnungslegung im Einzelabschluss, WPg 2001, S. 737-752.

ORDELHEIDE, D., Kapitalkonsolidierung nach der Erwerbsmethode, in: CASTAN, E. u.a. (Hrsg.), Beck'sches Handbuch der Rechnungslegung, Band II, München 2002 (C401-403).

OSER, P./VATER, H., Bilanzierung von Stock Options nach US-GAAP und IAS, DB 2001, S. 1261-1268.

ÖSTERREICHISCHE VEREINIGUNG FÜR FINANZANALYSE UND ANLAGEBERATUNG, ÖVFA-Ergebnis- und Cash Flow-Formeln für den Einzel- und Konzernabschluss nach RLG, Schriftenreihe Nr. 3, Wien 1993.

O.V., Banken ringen um ihren Ruf, Handelsblatt v. 10.10.2002, S. 1.

PADBERG, T., Segmentpublizität und Analyse der Segmentinformationen von Kreditinstituten, KoR 2001, S. 71-80

PAPE, J., Financial Instruments: Standard der Joint Working Group of Standard Setters, WPg 2001, S. 1458-1467.

PERLET, H., Zeitwertbilanzierung bei Versicherungsunternehmen, in: Rechnungslegung von Versicherungsunternehmen, Festschrift zum 70. Geburtstag von Dr. Horst Richter, Düsseldorf 2001.

PELLENS, B., Internationale Rechnungslegung, 4. Auflage, Stuttgart 2001.

PELLENS, B./CRASSELT, N., Bilanzierung von Stock Options, DB 1998, S. 217-223.

PELLENS, B./CRASSELT, N., Virtuelle Aktienoptionsprogramme im Jahresabschluss, WPg 1999, S. 765-772.

PELLENS, B. u.a., Wertorientierte Entlohnungssysteme für Führungskräfte – Anforderungen und empirische Evidenz, in: PELLENS, B. (Hrsg.), Unternehmensorientierte Entlohnungssysteme, Stuttgart 1998.

PETRONE, K., Comparative Analysis of IAS 33, Earnings per Share and U.S. GAAP including FASB Statement No. 128, Earnings per Share, in: BLOOMER, C., The IASC-U.S. Comparison Project, 2. Aufl., Norwalk 1999, S. 377-386.

PFAFF, D., Kapitalkonsolidierung nach der Interessenzusammenführungsmethode, in: CASTAN, E. u.a. (Hrsg.), Beck'sches Handbuch der Rechnungslegung, Band II, München 2002 (C410).

PFUHL, J.M., Konzernkapitalflussrechnung, Stuttgart 1994.

PORTER, T.L., Comparative Analysis of IAS 14 (1997), Segment Reporting, and U.S. GAAP including FASB Statement No. 131, Disclosures about Segments of an Enterprise and Related Information, in: BLOOMER, C., The IASC-U.S. Comparison Project: A Report on the Similarities and Differences between IASC Standards an U.S. GAAP, 2. Aufl., Norwalk 1999, S. 161-172.

PRAHL, R./NAUMANN, T.K., Bankkonzernrechnungslegung nach neuem Recht: Grundsätzliche Konzepte, wichtige Vorschriften zum Übergang und andere ausgewählte Einzelfragen, in: WPg 1993, S. 235-246.

PRAHL, R./NAUMANN, T.K., Financial Instruments, Berlin 2000.

PWC DEUTSCHE REVISION (Hrsg.), Understanding IAS – Analysis and Interpretation of International Accounting Standards, 2. Aufl., o.O.

PWC DEUTSCHE REVISION (Hrsg.), A Guide to Accounting for Derivative Instruments and Hedging Activities, o.O. 1998.

PWC DEUTSCHE REVISION (Hrsg.), IAS für Banken, 2. Aufl., Frankfurt am Main 2002.

RAMMERT, S., Die Bilanzierung von Aktienoptionen für Manager – Überlegungen zur Anwendung von US-GAAP im handelsrechtlichen Jahresabschluss, WPg 1998, S. 766-777.

ROß, N./BAUMUNK, S., ED 2 Share-based Payment im Vergleich zu US-GAAP und E-DRS11, KoR 2003, S. 29-38.

ROß, N./POMMERENING, S., Angabepflichten zu Aktienoptionsplänen im Anhang – Bestandsaufnahme und Regierungsentwurf TransPuG, WPg 2002, S. 371-382.

ROST, P., Der internationale Harmonisierungsprozess der Rechnungslegung, Frankfurt am Main 1991.

SAUTER, T./HEURUNG, R. u.a., Erfassung von latenten Steuern im Konzernabschluss nach E-DRS 12, BB 2001, S. 1783-1788.

SCHARPF, P., Rechnungslegung von Financial Instruments nach IAS 39, Stuttgart 2001.

SCHARPF, P./ LUZ, G., Risikomanagement, Bilanzierung und Aufsicht von Finanzderivaten, 3. Aufl., Stuttgart 2000.

SCHILDBACH, T., Zur Bilanzierung von realen Stock Options nach den Vorstellungen der Arbeitsgruppe des Deutschen Standardisierungsrates, StuB 2000, S. 1033-1038.

SCHIERENBECK, H., Ertragsorientiertes Bankmanagement, Wiesbaden 1990.

SCHIERENBECK, H./HÖLSCHER, R., Bank Assurance, 4. Aufl., Stuttgart 1998.

SCHILDBACH, T., US-GAAP, München 2000.

SCHMIDBAUER, R., Virtuelle Aktienoptionsprogramme im deutschen Handels- und Steuerrecht sowie nach US-GAAP und IAS, DStR 2000, S. 1487-1492.

SCHRÖCK, G., Risiko- und Wertmanagement in Banken, Wiesbaden 1997.

SCHRUFF, W., Zur Bilanzierung von Stock Options nach HGB – Übernahme internationaler Rechnungslegungstandards?, in: Gesellschaftsrecht, Rechnungslegung, Steuerrecht, Festschrift für Welf Müller, hrsg. von HOMMELHOFF, P., München 2001, S. 219-239.

SCHRUFF, W./HASENBURG, C., Stock Option-Programme im handelsrechtlichen Jahresabschluss, BFuP 1999, S. 616-645.

SCHRUFF, W./ROTHENBURGER, M., Zur Konsolidierung von Special Purpose Entities im Konzernabschluss nach US-GAAP, IAS und HGB, in: WPg 2002, S. 755-765.

SCHUM, R., Die besonderen Aspekte der Mittelflussrechnung im Bankbetrieb, Bern u.a. 1995.

SCHWEIZERISCHE BANKGESELLSCHAFT, Geschäftsbericht 1995, Zürich.

SCHWEIZERISCHER BANKVEREIN, Geschäftsbericht 1995, Zürich.

SCHWEIZERISCHE KREDITANSTALT, Geschäftsbericht 1995, Zürich.

STANDING INTERPRETATIONS COMMITTEE, Interpretations of International Accounting Standards, in: International Accounting Standards Board (Hrsg.), International Accounting Standards 2002, London 2002.

STICKEL, E./GROFFMANN, H. u.a. (Hrsg.), Gabler Wirtschaftsinformatik Lexikon, 1990.

SWISSRE (Hrsg.), Paradigmenwechsel in der Rechnungslegung? – Versicherungstechnik nach German GAAP und US-GAAP, München 2002.

SWISS RE (Hrsg.): Management des Unternehmenswertes – So schaffen Versicherer Shareholder-Value, Zürich 2002.

UBS, Geschäftsbericht 2001, Zürich.

VATER, H., Das Passauer Modell zur bilanziellen Abbildung von Stock Options im handelsrechtlichen Jahresabschluss (Teil I), BuW 2001, S. 441-451.

VATER, H., Das Passauer Modell zur bilanziellen Abbildung von Stock Options im handelsrechtlichen Jahresabschluss (Teil II), BuW 2001, S. 488-493.

VEIT, K.-R./BERNARDS, O., Anforderungen an die Segmentberichterstattung im internationalen Vergleich, WPg 1995, S. 493-498.

VORWOLD, G., Das Modell „FASB“ in den USA – Ein Fehlschlag, IStR 2000, S. 599-607.

VOSS, B. W., Konzernrechnungslegung der Kreditinstitute, in: CASTAN, E. u.a. (Hrsg.), Beck'sches Handbuch der Rechnungslegung, Band III, München 2002 (C810).

WAGENHOFER, A./HREBICEK, G. (Hrsg.), Wertorientiertes Management – Konzepte und Umsetzungen zur Unternehmenswertsteigerung, Stuttgart 2000.

WAGNER, A., Aktiengesellschaftswesen, in: Das Aktiengesellschaftswesen, Schriften des Vereins für Socialpolitik, Teil IV, Verhandlungen von 1873, Leipzig 1874, S. 51-89, zitiert nach MÜLLER, W., Die Zwischenberichtspublizität der deutschen Aktiengesellschaften, Düsseldorf 1976, S. 3.

WALDERSEE, GRAF G., Bilanzierung von Finanzderivaten nach HGB, IAS und US-GAAP, in: KÜTING, K./ LANGENBUCHER, G. (Hrsg.), Internationale Rechnungslegung, Stuttgart 1999.

WERNER, T./PADBERG, T., Bankbilanzanalyse, Stuttgart 2002.

WIEDMANN, H.: Kommentierung zu § 246 HGB, in: Bilanzrecht, Kommentar zu den §§ 238 bis 342a HGB, München 1999.

WOLLMERT, P./HEY, J., Einzelfragen bei der Bilanzierung von echten Aktienoptionen nach US-GAAP, DB 2002, S. 1061-1068.

WOLLMERT, P./MANTZELL, J., Bilanzierung von Stock Options nach internationalen Grundsätzen (US-GAAP und IAS), in: ACHLEITNER, A.-K./WOLLMERT, P. (Hrsg.), Stock Options, Stuttgart 2000, S. 133-151.

WORMSBÄCHER, E., Rückversicherung nach US-GAAP und SAP: Zahlungsströme aus Rückversicherungsverträgen im Sach-/Haftpflichtgeschäft, Abbildung im Jahresabschluß nach US-amerikanischem Recht, Karlsruhe 2001.

WYSOCKI, K. VON, IAS 7 Kapitalflussrechnungen (Cash Flow Statements), in: Baetge, J. u.a. (Hrsg.), Rechnungslegung nach International Accounting Standards (IAS), 2. Aufl., Stuttgart 2002.

ZABEL, M., IAS zwingend für Konzern- und Einzelabschluss?, WPg 2001, S. 919-924.

ZEIMES, M., Zur erstmaligen Anwendung von International Financial Reporting Standards - Anmerkungen zum Standardentwurf ED 1 des IASB, in: WPg 2002, S. 1001-1009.

ZIELKE, C., IAS: Versicherer werden zu Zyklikern, in VW 2002, S. 796-803.

ZIELKE, W./KRONNER, M., Umstrukturierung der Deutschen Börse, in: FB 2003, S. 44-49.

Stichwortverzeichnis